新曲綫 New Curves ｜ 用心雕刻每一本......
http://site.douban.com/110283/
http://weibo.com/nccpub

用心字里行间　雕刻名著经典

EIGHTH EDITION

Economics

Michael Parkin

University of Western Ontario

Translators

Zhang Jun et al.

Professor of Economics
Fudan University

第 8 版

经济学

迈克尔·帕金 著 张 军 等译

人民邮电出版社
北 京

本书各章译者如下

（按章节顺序排列）

第 1 章 （张　军教授，复旦大学）

第 2 章 （李善民教授，中山大学）

第 3 章 （李善民教授，中山大学）

第 4 章 （李善民教授，中山大学）

第 5 章 （贾　男讲师，西南财经大学经济学院）

第 6 章 （贾　男讲师，西南财经大学经济学院）

第 7 章 （姜忠辉副教授，中国海洋大学管理学院）

第 8 章 （姜忠辉副教授，中国海洋大学管理学院）

第 9 章 （佟　琼副教授，北京交通大学经管学院）

第10章 （佟　琼副教授，北京交通大学经管学院）

第11章 （佟　琼副教授，北京交通大学经管学院）

第12章 （刘　益教授，西南科技大学管理学院）

第13章 （董保民副教授，对外经贸大学经济系）

第14章 （朱中彬副教授，北京工商大学）

第15章 （朱中彬副教授，北京工商大学）

第16章 （朱中彬副教授，北京工商大学）

第17章 （刘　益教授，西南科技大学管理学院）

第18章 （刘　益教授，西南科技大学管理学院）

第19章 （董保民副教授，对外经贸大学经济系）

第20章 （韩立岩教授，北京航空航天大学）

第21章 （韩立岩教授，北京航空航天大学）

第22章 （费剑平副教授，华中科技大学）

第23章 （费剑平副教授，华中科技大学）

第24章 （程　瑜副教授，西安交通大学）

第25章 （程　瑜副教授，西安交通大学）

第26章 （季　莹讲师，江苏大学）

第27章 （季　莹讲师，江苏大学）

第28章 （朱中彬副教授，北京工商大学）

第29章 （季　莹讲师，江苏大学）

第30章 （赵英军教授，浙江工商大学）

第31章 （李井奎讲师，浙江财经学院）

第32章 （刘伟副教授，华东政法大学）

图书在版编目(CIP)数据

经济学(第8版)/(英)帕金(Parkin, M.)著. 张军 等译.
-北京:人民邮电出版社, 2009.7(2019.4 重印)
高等学校教材
ISBN 978-7-115-20901-6

Ⅰ. 经… Ⅱ. ①帕… ②张… Ⅲ. 经济学—高等学校—教材 Ⅳ. F0

中国版本图书馆 CIP 数据核字(2009)第 078557 号

经济学(第8版)

◆ 著 〔英〕迈克尔·帕金
译 张 军 等

策 划 刘 力 陆 瑜
责任编辑 刘 力 周敏芳 樊 妮 徐向娟

◆ 人民邮电出版社出版发行 北京市丰台区成寿寺路 11 号
邮编 100164 电子函件 315@ptpress.com.cn
网址 http://www.ptpress.com.cn
电话 (编辑部)010-84937150 (市场部)010-84937152
三河市少明印务有限公司印刷
新华书店经销

◆ 开本: 850×1092 1/16
印张: 52.25
字数: 1680 千字 2009 年 7 月第 1 版 2019 年 4 月第 4 次印刷
著作权合同登记号 图字: 01-2009-3149
ISBN 978-7-115-20901-6

定价: 99.00 元

本书如有印装质量问题,请与本社联系 电话:(010)84937153

内容提要

本书是迈克尔·帕金著的 *Economics* 2008 年第 8 版的中译本。其英文原版在美国有 800 余所大学采用，近两年在同类书中市场份额一跃排名第一。在英国、加拿大、澳大利亚、新加坡以及中国香港等国家和地区也有众多教授钟爱本书，多年来一直持续用作教材。我国的清华大学、复旦大学、浙江大学、对外经济贸易大学、北京工商大学、北京航空航天大学、北京交通大学、东华大学、江西财经大学等多所高校采用本书作为本科、MBA、MPA 经济学课程的教材。

全书共 11 编 32 章。内容包括：效率与公平、效用和需求、企业与市场、市场失灵与政府、要素市场、GDP 和经济增长的测量、就业与价格水平的监控、长期经济、短期经济、宏观经济政策以及经济全球化等经济学的全部内容。当代经济中全球化、新经济、公司丑闻、失业、缺水以及环境等 10 大问题，在相应的章节均有重点论述。

帕金的经济学教材的突出特点是以学生为中心，论述简洁、清晰，严谨、准确，亲切、有趣；引导学生一步一步深入学习并喜爱经济学，启发学生学会批判性思维，像经济学家一样思考。配套的教案课件极大地丰富和方便了教师的教学。给学生提供的《学习指南》、与英文原版配套使用的 MyEconlab 等辅助学习资料和工具更是无与伦比。

本书适合于高等院校经济学专业、财经类专业本科生及教师以及 MPA、MBA 学员及教师选作教材或参考书，也适合理论研究者参考。

译者序

帕金的《经济学》第8版中译本终于在我们的期待中与读者见面了。这本书是由全国16位活跃在高等院校教学第一线的中青年教师联袂翻译的。在我的印象中，好像还没有一本经济学的教科书有这么一个强大的翻译阵容。我非常荣幸地被邀请担当了这本教科书的审校。当然，我自己也亲自动手翻译了本书的第一章。

本书的整个翻译过程是在北京新曲线出版咨询有限公司陆瑜女士的协调下进行的。前后用去了近一年的时间。在这期间，每个译者反复对自己的译稿进行修改。整个审校的工作是我在今年3~4月间完成的。那个时候我正在耶鲁大学访学中，校对工作基本上是在每天下午4点到晚间完成的。

大约在4年前，我在上海与帕金夫妇第一次见面。帕金教授在复旦大学中国经济研究中心做了一个精彩的报告，用非常清晰的语言讲授了经济学的基本原理，给大家留下美好的印象。我还记得在讲座现场，有一个学生问他，如果请他为抑制上海不断上涨的房价提供政策建议的话，这个政策该是什么？帕金教授的回答也非常简洁："多造房子呀"。这个回答立刻赢得了现场听众的热烈鼓掌。

与他的讲座风格一样，他的教科书也具有这么一个显著的优点。我的确钦佩他把经济学的原理写得这么清新隽永，内容之清晰好像清澈见底的湖水。这也是我在1994年第一次读到帕金的经济学教科书（早期的版本）的印象。那个时候我在华盛顿州立大学，我美国的同事送给我该教科书的教授版本（非卖品），我粗粗翻阅一遍就喜欢上了这本书。比如，作者在书中对"无差异曲线"的简单而巧妙的推导就让我非常赞赏。作为一个讲授给经济学初学者的教材，书中对本来需要借助于更多数学和公理才能讲明白的重要理论和分析方法能够给出最简短和最巧妙的解析，是别的教科书中不常见的。

我曾经说起，一本教科书的课堂效果还取决于我们如何使用它。中国的经济学基础教育取得了很大的进步，这很大程度上得益于教科书日新月异的现代化，好的教科书层出不穷。但是，我们当前的经济学教学依然还存在很大的问题，不能完全适应教科书的更新速度。初级水平的经济学教科书一般都借助于现实的案例或者引人入胜的历史故事来说明经济学的原理。而且，现在帕金的教科书还增加了学生的“网上活动”，更是能达到让学生“活学活用”和“学以致用”的效果。今天，这几乎是一个写作经济学教科书的模式。这个模式的优点是多方面的，不需要赘述。但是，这个写作模式也给教授经济学原理的教师出了一个难题。既然学生们事实上可以“无师自通”和“自学成材”，作为教师，我们该在课堂上讲些什么？如何使用好的优秀的教科书？

其实，经济学教科书写得越好，我们在课堂上讲授经济学原理的难度就越大。为了解决这对矛盾，我们就需要改变课堂上的教学方式。教学手段的更新，使用视觉效果更好的展示工具自然是需要的，但我认为更重要的是要处理好教师与学生的课堂关系。具体而言，我们需要让学生亲自参与到教学中来。让学生不再是课堂上被动的受众，而是成为演示经济学原理的成员。换句话说，这样的教学方式应该不仅仅出现在MBA或者研究生教学的课堂中，也应该被引进到讲授经济学原理的本科课堂中来。通过分工，由学生来收集、准备案例，展开故事的陈述，提出不同的解决方案，最终回到经济学原理的探讨上来。

我相信，经济学原理的发现过程与物理学一样，一定是一个充满好奇的历程。如果教师能让学生参与到这个发现的过程中来，不仅去寻找故事和案例，而且能找到那些在一个个重要的阶段上对经济学有重大贡献的人物和他们的趣闻佚事，课堂还能不精彩？可以肯定地说，这会比使用给定的PPT进行满堂灌的教学方式更具效果，更令学生难忘。

除此之外，凭借我个人的教学经验，经济学原理的教科书在内容上通常可以分成两部分，一部分是关于价格决定的理论，这部分内容对需求和供给的均衡分析有精彩之处，更有解释大量经验现象的应用价值，在课堂上颇受学生的欢迎和喜爱。而第二部分的内容，也就是涉及厂商最优化决策的那部分，就不那么吸引学生了。一方面，这些内容与企业生产有关，学生缺乏个人实感；另一方面，正如诺贝尔经济学奖获得者罗纳德·科斯教授批评的那样，厂商的决策内容过于抽象，生产者被描述的根本不像企业。那些关于生产函数和成本函数的基本原理以及厂商决策的分析总体上还是过于简化与空洞，无法引起学生的兴趣。这个问题在MBA的《管理经济学》的课堂上表现得更为尖锐和突出。虽然利润最大化的假设值得同情，但是边际成本和边际收益等值的条件是无法与经验直接对应的。如果要分析和预测生产者的行为，我们只能借助于比较静态学，但比较静态分析通常不在本科的课堂上讲解。

为了要把最优化决策的基本原理讲清楚，需要教师在准备教学时尽量把这些最优化的原理与具体的个人或公司选择行为很好地结合起来。我以往的经验是，我们至少可以把商学院的很多公司决策的案例借过来，进行再加工。这固然有一定的难度，但案例分析到位的话，效果甚佳。比如，在讲授资源配置的最优化的原理时，我们有一个基本的结论说，要素的回报是按照其边际贡献来确定的。这个结论很抽象，但如果我们可以把商学院的人力资源管理课程中的有关内容引进来，学生对“劳动的边际报酬”和按照边际报酬定价的道理就会有更深入的理解：在组织的内部，职能部门的设置其实就应该理解成在为人力资源定价。

总而言之，一部教科书的内容越是丰富和精彩，留给教师发挥的空间似乎就越小，教师在课堂上面临的挑战也就越大。实际上，经济学原理的教学往往总是比讲授中高级水平的经济学理论更难。因此，在阅读和使用帕金的这部精彩的教科书时，我们是需要把更多的心思花在教科书之外的。

张　军

2008 年 8 月 7 日于上海

to Robin

关于 迈克尔·帕金

迈克尔·帕金（Michael Parkin）加拿大经济学会前主席，现为西安大略大学经济学教授。迈克尔·帕金教授曾在布朗大学、曼彻斯特大学、埃塞克斯大学和波德大学任教，并曾在《美国经济评论》和《货币经济学杂志》编辑委员会任职，曾任《加拿大经济学杂志》执行主编。帕金教授研究宏观经济学、货币经济学和国际经济学，在包括《美国经济评论》、《政治经济学杂志》、《经济研究评论》、《货币经济学杂志》和《货币、信用与银行杂志》在内的多个学术期刊上发表论文160余篇，并汇编成册。他在公众中最有影响的是关于不相信工资与价格控制可以抑制通货膨胀的研究。迈克尔·帕金是欧洲货币联盟运动的先锋，更是一位经验丰富又具有奉献精神的基础经济学教授，由他编写的经济学入门教科书，在美国、英国、加拿大、澳大利亚、新加坡、中国香港等国家和地区被广泛采用，近两年一跃成为全球基础经济学教材市场中的佼佼者。

前 言

本书所呈现的经济学是一门严肃的、生动的而又正在发展的学科。目的在于帮助学生开发“经济学思考方法”，并使他们了解经济如何运行以及怎样使经济运行得更好。

本书笔触直接、准确、清楚，讲述了经济学全面而完整的内容。

意识到许多学生感到经济学难学，因此，我始终把学生放在中心地位，为学生而写。本书采用简洁易懂的语言，并使学生集中在实质性的内容上。

每一章的开头包括简要的学习目的，一个现实世界中的例子以吸引学生兴趣，以及对该章的简要预览。我用精心选出的一些例子来说明原理，以使学生感兴趣，并使内容生动活泼。而且，通过运用原理来说明当前的现实问题与争论，以使原理变得活起来。

我使用大家所熟悉的一些核心思想和工具来介绍一些经济学的现代课题，诸如动态比较优势、博弈论、委托—代理问题、现代企业理论、公共选择理论、信息与不确定性、理性预期、新增长理论以及实际经济周期理论等。

现在的这门课程来自当代一直影响着我们生活的问题——信息革命、新经济、“9·11”事件造成的经济冲击波、全球贸易和投资的扩张、海外并购，但用来解释这些问题的原理仍然是这门学科的核心原理。

当政府和国际机构追求经济增长时，它们一直在强调一些长期基本面。本书反映了这种强调。

为帮助促成一种丰富、活跃的学习氛围 ，我开发了一个综合性在线学习网站，它具有动态电子图书、互动测试、学习计划、教学指南、每日新闻更新等特点，当然，还不止这些。

第八版的修改

《经济学》第 8 版保留了上一版在全面而详尽的介绍现代经济学方面的所有的改进。同时它突出了现实中的例子和批判性思维的能力，并且为了满足教学法、准确性以及创新技术的需要而更新了图表。

第 8 版包含了最新的和读者建议各章节需要改进的内容。同时，对阅读材料和辅助分析部分也进行了修订和更新。

在前言和微观部分，作者重点强调设计激励机制的主要挑战，以做出个人利益与社会利益相协调的选择。

最深入和最细节的改变出现在宏观部分的章节里。这些变化包括对各种课题的认识，来反映作者的中心目标，即清晰地解释现代宏观经济学理论，并显示如何使用这些理论去指导和评估宏观经济政策。

微观部分修订的重点

在这一版中，作者试图突出设计激励机制的主要挑战，以做出个人利益与社会利益相协调的选择。除了全面和深入的更新之外，微观经济学的章节有以下六个主要变化：

1. **经济问题**（第 2 章）：本章有三个主要修改：
   (1) 对边际成本的解释使学生知道为什么经济学家在起点和终点正中间作边际价值点。
   (2) 对分工、交换和经济协调的好处做出更仔细更好的图示说明。
   (3) 对个人选择怎样达到协调提出了改进性的解释。

2. **需求和供给**（第 3 章）：本章对供求组合变化的影响做了修正性的解释和全面的阐述。

3. **效率与公平**（第 5 章）：本章主要有四个方面的大范围的修改：
   (1) 删除了关于效率的复习提要，并建议读者回顾第 2 章关于效率与公平的解释。.
   (2) 增加了新的一部分，描述了可能用于分配稀缺资源的 8 种可供选择的方法：市场价格、需求、主要准则、竞争、先到先得、彩票、个人特性和影响力。通过列举这些选择方法，我们能更好地评价市场获得效率产出的能力。在本章的结尾部分回顾了这些选择方法，并提出问题：它们其中之一是否有改进市场分配的解决办法？
   (3) 为了强调从个人到社会的变动，作者完全重写了需求和边际社会利益、供给和边际社会成本是等价的这部分内容。所以，在本章中画出了市场供求曲线，并解释了个人和总体经济消费者剩余、生产者剩余之间的联系。
   (4) 为了复习市场相对于其他选择的公平与效率，作者重新列举了一个案例，它研究在一次自然灾害中水资源短缺的问题。

4. **效用与需求**（第 7章）：本章从解释收入和价格的变动如何改变预算线开始。本书把消费者预算并入了第 8 章（有关无差异曲线这章），但是它缺少了一些技术性且没有用到预算平衡。（个人需求和市场需求这部分内容已从这一章移到了第 5 章）

5. **要素市场的需求和供给**（第 17 章）：本章包含了对效率工资、补偿的差异及价格歧视的解释。解释了经济租和机会成本之间的区别。对现值的技术分析移到附录中。

6. **经济不平等**（第 18 章）本章包含对国内和国际收入分配全球化产生的影响的解释。通过本章的学习，学生可以了解全球化使百万人从极度贫穷变为世界上最贫穷的人的同时，又是如何加剧富裕国家的不平等现象的。

宏观部分修订的重点

在这一版中，作者做了大范围的和细节性的修订。

《宏观经济学》修订的编著原则是区别决定长期趋势和决定短期波动的因素。第八编关注长期经济，第九编关注短期经济，而第十编则关注短期和长期的宏观政策问题。

除了全面和深入的更新之外，宏观经济学的章节突出了以下 7 个特点：

1. **充分就业：古典模型**（第 23 章）：劳动需求的解释更加明晰；解释了均衡数量下的潜在 GDP 与在一定条件限制下 *PPF* 之间的区别；用可贷资金的需求和供给来解释资本市场；用古典模型比较在充分就业条件下美国 1981 年和 2001 年的经济状况，以及比较美国和欧洲的经济。

2. **经济增长**（第 24 章）：本章开篇解释了 70 规则和保持较高经济增长率的重要性；关于增长的统计核算和增长的理论更加简约，进而突出了核心观点，同时不再强调这些课题的技术层面。

3. **货币、价格水平和通货膨胀**（第 25 章）：货币的部分被分成了第 25 章和第 31 章。第 25 章将重点放在机制安排和长期货币理论方面，具体描述了货币和包括联邦储备的商业银行系统，解释了从长期来看，货币数量如何决定价格水平，以及货币数量的增长率如何决定通货膨胀率。

4. **汇率和国际收支**（第 26 章）：本章立足于国际金融，它是主流宏观经济学的组成部分。本章强调在长期中，汇率就像价格水平一样是一种货币现象，也强调了国际收支决定于储蓄和投资（私人投资加上公共投资）。

   这一章指出现行的宏观政策关注于美元贬值和持续的现金账户赤字，同时也解释了中国的外汇市场政策及其对中国和美国的影响。

   本章的资料尽可能保持独立性，以使得这一章既可以跳过也可以放到在这门课程的最后来讲。

5. **总供给和总需求**（第 27 章）：本章以短期经济作为开篇；与第 7 版不同的是，这一版将经济周期和美国经济增长移至第 29 章（下述）。对于更偏好这种组织本门课程方式的人来说，第 27 章的内容也可以放到一开始就学习。

6. **美国的通货膨胀、失业与经济周期**（第 29 章）：本章合并和缩短了第 7 版中通货膨胀和经济周期的内容。本章先用 *AD–AS* 模型来解释美国经济的通货膨胀、经济增长和经济周期，然后用 *AD–AS* 模型解释需求推动型和成本拉动型通货膨胀的发生过程，用菲利普斯曲线解释通货膨胀与失业率的短期权衡，结合运用传统（主流）的 *AD–AS* 模型和实际经济周期理论的新方法解释经济周期。

7. **货币政策**（第 31 章）：本章解释了货币政策的最终目标、中间目标和工具。同时它也准确地解释了美联储货币政策的决策过程和日常操作。最后，本章以更加广阔的视角讨论了有关美联储执行货币政策的争论。

   作者安排本章的目标就是尽可能准确和客观地解释美联储的行为及其效果，而在本章的最后一部分拓宽讨论范围，以避免陷于一家之言。

改善教与学的特点

在这里，我要说明的是各章旨在改善学习过程的特点，每一章都包括以下的学习辅助内容。

各章的开头

各章第一页是对学生友善及引起注意的提示，这种提示提出的问题既能激发兴趣又集中了本章的中心。我将案例引入了各章的主体部分，并使之与各章结尾阅读材料这部分内容相关联，成为前后呼应的学习经验。

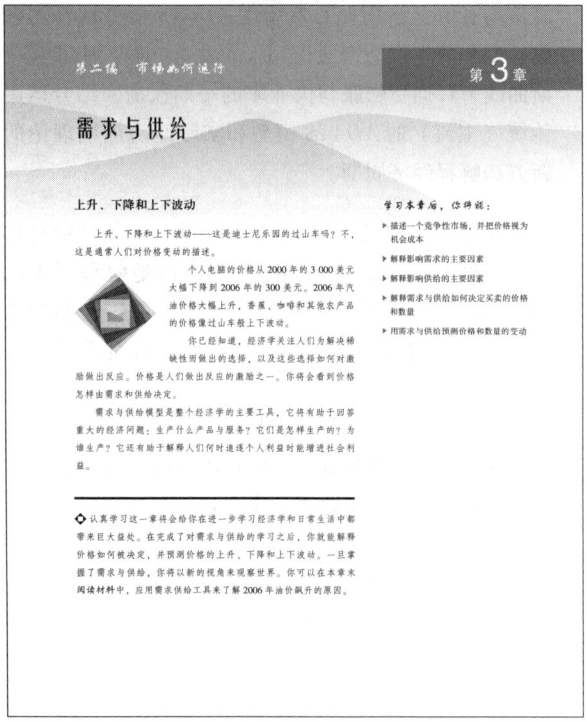
第二编 市场如何运行

第3章

需求与供给

上升、下降和上下波动

上升、下降和上下波动——这是迪士尼乐园的过山车吗？不，这是通常人们对价格变动的描述。

个人电脑的价格从2000年的3 000美元大幅下降到2006年的300美元。2006年汽油价格大幅上升，香蕉、咖啡和其他农产品的价格像过山车般上下波动。

你已经知道，经济学关注人们为解决稀缺性而做出的选择，以及这些选择如何对激励做出反应。价格是人们做出反应的激励之一。你将会看到价格怎样由需求和供给决定。

需求与供给模型是整个经济学的主要工具，它将有助于回答重大的经济问题：生产什么产品与服务？它们是怎样生产的？为谁生产？它还有助于解释人们何时追逐个人利益时能增进社会利益。

认真学习这一章将会给你在进一步学习经济学和日常生活中都带来巨大益处。在完成了对需求与供给的学习之后，你就能解释价格如何被决定，并预测价格的上升、下降和上下波动。一旦掌握了需求与供给，你将以新的视角来观察世界。你可以在本章末阅读材料中，应用需求供给工具来了解2006年油价飙升的原因。

学习本章后，你将能：

- 描述一个竞争性市场，并把价格视为机会成本
- 解释影响需求的主要因素
- 解释影响供给的主要因素
- 解释需求与供给如何决定买卖的价格和数量
- 用需求与供给预测价格和数量的变动

学习本章后，你将能：

- 描述一个竞争性市场，并把价格视为机会成本
- 解释影响需求的主要因素
- 解释影响供给的主要因素
- 解释需求与供给如何决定买卖的价格和数量
- 用需求与供给预测价格和数量的变动

各章的学习目标

一系列学习目标使学生可以准确看到本章将要讲哪些内容，并在各章开始之前设定自己的目标。我将这些目标直接与该章的主要标题相连。

正文中的复习测验

最主要各节末尾的复习测验，可以使学生决定在继续学习下去之前是否需要进一步学习这部分内容。这个特点包括参考 MyEconLab 中适当的学习计划，以帮助学生进一步测试他们对知识的理解情况。

复习测验

1. 货币价格与相对价格的区别是什么？
2. 为什么相对价格就是机会成本？
3. 举出一些产品相对价格大幅度上升或下降的例子。

myeconlab **Study Plan 3.1**

关键术语

正文内的黑体字术语简化了学生学习经济学词汇的任务。在各章末尾把每个黑体字术语列出，这些术语也出现在书末的"术语表"、索引的黑体字、网站术语表和网站闪光呈现卡中。

增加购买大多数产品，而当收入减少时，减少购买大多数产品。尽管收入增加引起大多数产品需求增加，但不会引起所有产品的需求增加。**正常品**（normal good）是随收入增加需求也增加的产品。**低档品**（inferior good）是随收入……。长途运输既是正常品的例子，又……收入增加，坐飞机旅行的需求增加……公共汽车旅行的需求减少了（低档……

关键术语

竞争性市场	货币价格
相对价格	需求量
需求定理	需 求
需求曲线	需求变动
替代品	
正常品	
需求量的变动	
供给量	
供给曲线	
供给量的变动	
均衡数量	

正常品

Normal good A good for which demand increases as income increases.

北美自由贸易协定

North American Free Trade Agreement An agreement, which became effective on January 1, 1994, to eliminate all barriers to international trade between the United States, Canada, and Mexico after a 15-year phasing-in period.

表示变动的图形

本书第 8 版有一些图形的新类型标准。我的目的是想说明“经济行为往哪里变动”。本书的这些图形一直引起积极反应；这使作者坚信，图形分析是经济学教与学的最重要工具，但许多学生发现难以用图形学习。基于这一原因，根据学生学习与复习的需要，我开发出一个完整的艺术计划。

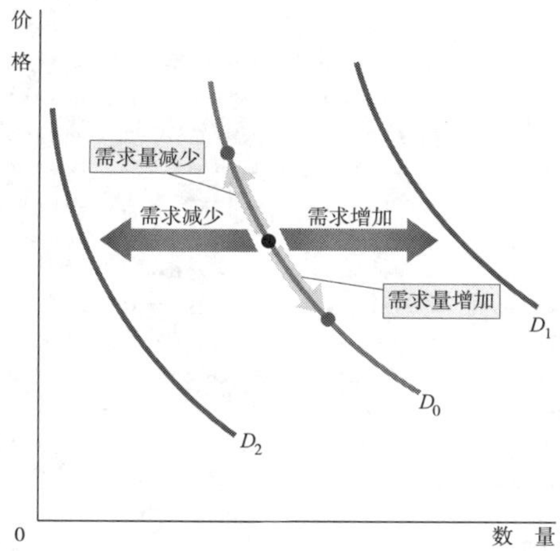

图形的特点是：

- 原始曲线始终用浅灰色表示
- 移动曲线、均衡点和其他主要特点用深灰色表示
- 箭头提示变动
- 图形与数据表对应
- 图形用方框标识
- 扩大了绘制每个图形的说明文字，而且说明文字自身包含了学习与复习的内容

各章结尾时的学习材料

各章结尾有根据主题编写的内容提要、关键术语、习题、批判性思考问题和网上活动。

各章结尾的问题包括基于新闻的问题和现实世界的问题，这是第 8 版的新特点。奇数号码的习题答案在作者的网站上。其他问题留给学生自己解决。这种安排为学生提供了帮助，也给老师布置作业带来了灵活性。

阅读材料

每章末都有阅读材料，作者告诉学生怎样运用已学的工具分析报纸或新闻网站上的文章。第 8 版新增 20 篇新文章。作者选择的每篇文章都对解决各章开头提出的问题另有帮助。

在挑选的章节里特别的“说出你的观点”部分，让学生分析典型的活动主题，并表明自己对主要公共政策问题的态度。关于文章的批判性思考与各章结尾的问题一起出现。

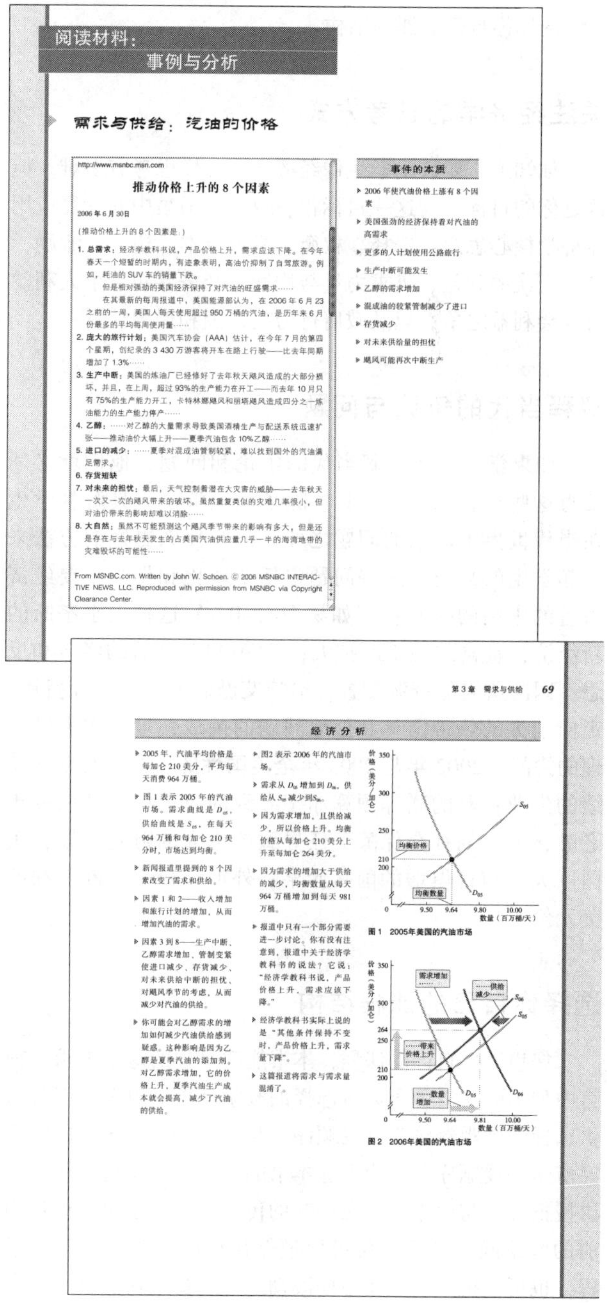

致教师*

本书使您在经济学原理课程的教学中实现三个目的：

- 关注经济学的思考方式
- 解释当代的争论与问题
- 选择你自己的课程结构

关注经济学的思考方式

你知道，要鼓励学生像经济学家一样思考有多难。但这是你的目标。与这一目标相一致，本书集中并反复应用经济学核心思想：选择、权衡、机会成本、边际、激励、自愿交换的利益、供求力量与均衡、经济寻租、个人利益与社会利益之争，以及政府行为的范围和局限性。

解释当代的争论与问题

如果学生想要理解当代的争论和问题，他们就必须运用这些核心思想和工具。除了用经济学工具解释学生在当代世界中面临的问题之外，没有什么更好的方法来引起学生的兴趣。这些问题包括全球化和作为主要经济力量的中国的崛起；诸如易趣（eBay）这种近乎垄断的新经济；贫富差距不断扩大；“9·11”之后的经济和反恐、国防所需的资源配置；治疗艾滋病的巨额医疗费用；走向消失的热带雨林和公地问题的挑战；世界水资源管理的挑战；2002 年与 2003 年全美国性的失业恢复期间持续的失业；新的联邦预算赤字导致的急迫债务和服务于老龄化人口的社会保障责任导致的更大的财政问题；美国巨大且与日俱增的国际赤字；外汇市场上不断下跌的美元价值。

选择你自己的课程结构

您想讲授自己的课程，本书能满足你的这个要求。前言中列出的“教师可灵活选择的教学计划”以及“四种可供选择的微观经济学讲授顺序”与“三种可能选择的宏观经济学讲授顺序”说明了这本书的灵活性。您可以用本书讲授把理论与政策结合在一起的传统课程，也可以讲授当前的政策问题课程。您可以遵循传统的微观经济学的进程，也可以把重点放在短期波动上。选择权在您手中。

教师手册

教师手册将教与学整合，作为所有补充材料的指南。各章都有大纲，第 8 版的新颖之处在于教学建议，考虑我们已经学到哪里以及将要学习什么，一系列有用的悬挂式的透明幻灯片，对电子补充材料的描述，附加的讨论题，复习题的答案，各章末尾的问题的解答，附加题及其解答。各章大纲和教学建议是幻灯片演讲展示的关键。

演讲注释 准备使用各章的演讲注释，这些演讲注释在教师手册的第二部分都被分组。这些注释大约有 3~5 页，并使本教材的新使用者能够走进教室发表一个精炼的演讲。该演讲注释提供了关键资料的简练陈述、预备的表格和数据、关键术语、定义、强调关键概念的方框、有趣的奇闻轶事或建议怎样掌握一种复杂的思想。

思考题 教师手册另一个新特点是由华盛顿大学的帕特里夏·库兹科准备的一系列的思考题。这些思考题要求学生去思考那些阐明经济原理的现实世界的问题。这些例子包括用边际成本和边际收益表来表现“9·11”悲剧产生的影响，测算因大量“婴儿潮”人的退休而建立社会保障基金的影响，等等。教师可以将这些布置成课堂小组作业或家庭作业。本书各章都有一个思考题。

---

* 本节提到的许多教辅资料仅在使用英文原版作为教材时提供——译者注

三个题库

三个题库里有将近6 500个题目，提供了多选题、判断题、数字题、填空题、简答题、论述题。佛罗里达大学的马克·鲁思审查和校对了所有题目，保证它们清楚明白，与第8版保持一致，并与南佛罗里达大学的苏·巴特利特和北伊利诺伊大学的杰夫·雷诺兹编写的500多道新题目连为一体。我们也能在出题软件里得到这三个题库（出题EQ和小测验EQ）。它是网络化的，可以在Windows和Macintosh系统下使用。出题EQ的图形界面使教师能浏览、编辑和添加问题，将题目转化为测试题，并能打印各种形式的测验题。测验题的格式化可以由各种字体、边距、标头和脚注完成，就像任何文字处理文件一样。查询和排序功能使教师们很快地找到问题并将它们根据自己的偏好排序。小测验EQ在学校的计算机网络上工作，能自动地打分，将结果存盘，并使教师阅读和打印各种报告。这些题库可以使用电子版的或教师资源磁盘，以及到MyEconLab的教师资源和教师资源中心上拷贝后使用。

PPT资源

我和罗宾·巴德为各章开发了一套彩色的微软PPT演讲展示，它包括书中所有数据、生动的图表和演讲注释。PPT的标题是基于教师手册中各章的标题，演讲记录基于教师手册的教学建议。该演讲展示可以以电子的方式在教室使用，或者打印出来做成平装的幻灯片。它可以在Windows和Macintosh系统下使用。

Clicker-Ready PPT资源

第8版为你使用的个人响应系统增加了Clicker-Ready PPT。本书的各章都包括10个多选题，以检测重要概念。教师可以将其布置成课堂练习或者复习题。

悬挂的透明图

课本中200多个数据的彩色悬挂透明图将改善你演讲的清晰度。采用本书作为教材的教师即可获得（与Addison Wesley销售代表联系）。

教师资源磁盘

这个CD-ROM与Windows和Macintosh完全兼容，它包含每个教师的电子文件，以作为第8版的补充。文件包括：教师手册和测试题库的微软Word和Adobe PDF文件、全部幻灯片和计算机化测试EQ测试题库。将这些有用的资源添加到你的考试拷贝书包里，或者在www.aw-bc.com/replocator网站上查找你们当地的Addison-Wesley的销售代表并索要一份拷贝。

MyEconLab

MyEconLab是一个在线的课程管理、测试和指南资源。教师选择或多或少的时间来设立和使用MyEconLab。

对于各章，学生得到两个预载的样本测试、学习计划和指导帮助，而没有要求教师设置这些内容。在线成绩簿记录了每个学生在测试和学习计划上花费的时间及其成绩，并按各个学生或章节生成报告。

教师可以在MyEconLab使用5种资源来安排考试、小测验和家庭作业：

- 预载的样本测试题
- 学习计划的问题
- 题库的问题
- 使用Econ的练习生成器自己出题
- 与各章末尾的问题相似的问题

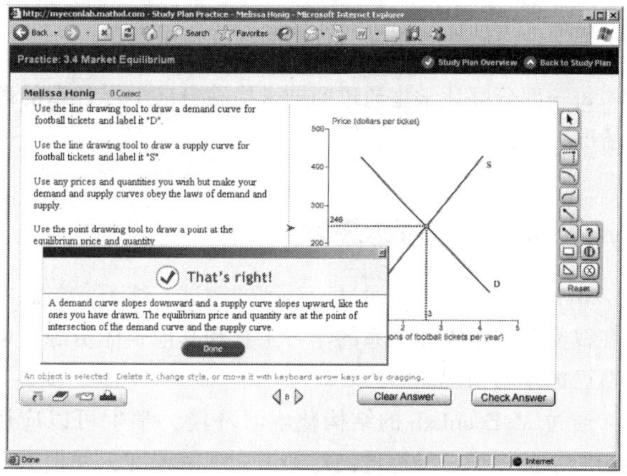

题库为教师布置作业提供很多的资源。测试题包括多选题、作图题、自由问答题，它们中的很多都是随机生成的，以使它们每次被调用时都是不同的。

MyEconLab给每个问题打分，甚至是带图表的问题。学生在做学习计划时，通过链接到另外的学习工具可得到迅速的反馈。

定制和交流 MyEconLab在课程指南里提供了另外的、可选择的定制和交流工具。教授远程学习课程或作十分大型的演讲的教师发现课程指南很有用，因为他们可以下载课程文件和作业，定制各章的顺序并使用交流功能，诸如数字下载盒和相关论坛。

致 学 生*

为学生提供的 4 种优秀的支持工具是：

- 学习指南
- MyEconLab
- 学生 PPT 课程笔记
- Econ Tutor Center

学习指南

由佛罗里达大学的马克·鲁思编写的第 8 版《学习指南》与课本、MyEconLab 和题库严谨地协调起来。各章的学习指南包括：

- 关键概念
- 有帮助的提示
- 是非题（答案为正确、错误或不确定）
- 多选题
- 简答题
- 把学生当做教师解释的普通问题或错误概念

每一部分都让学生通过问题来检验自己学习各章的理解情况。

MyEconLab

MyEconLab 让学生通过一系列的测试、练习、与课本的在线交互式版本相联系的学习工具和其他媒体资源，掌握自己的学习情况。

通过 MyEconLab 的结构化学习环境，学生可以应用他们所学的知识，检测他们对知识的理解程度，并根据他们在样本测试题和老师设定的考试中的成绩来制定个人学习计划。

MyEconLab 的核心部分有下列特征：

- 每章两套样本测试题
- 个人学习计划
- 个别指导
- 图表工具

样本测试题　MyEconLab 对各章预载了两套样本测试题，以使学生对所学内容进行练习，检验他们对知识的理解情况，明确哪些地方需要进一步学习。学生可以自主学习，也可以完成老师布置的作业。

个人学习计划　基于学生的测试成绩而产生的个人学习计划，可以告诉学生哪些地方需要进一步地学习。学习计划由一系列的附加练习题组成，这些附加练习题带有详细反馈和指导性的解答，并被输入到其他的个别指导资源中去。

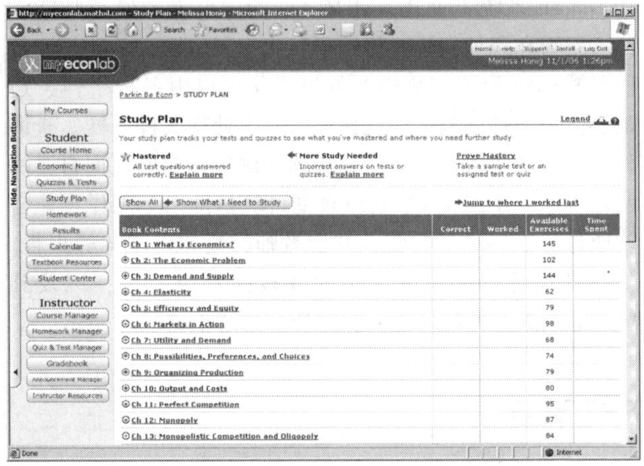

个别指导　与学习计划中的习题不同，个别指导是以循序渐进的解答方式和其他基于媒体的解释形式提供的。

图表工具　整合到测试与学习计划中的作图工具能让学生绘制和使用图表，以使他们理解概念、数据和图表是怎样联系起来的。与其他问题一样，使用作图工具的问题都是自动打分的。

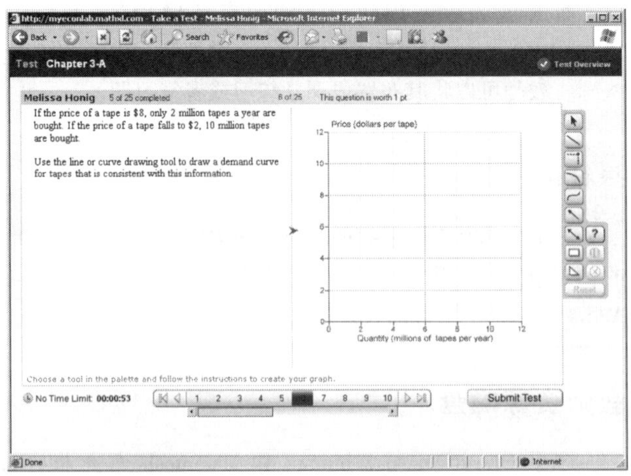

* 本节提到的许多学习辅导资料仅在使用英文原版作为教材时提供——译者注

附加的 MyEconLab 工具

1. 在线测试
2. 生动的数据——来自教科书的每个数据都在动画里，这些动画对行为做出了有声的解释。
3. 术语表——教科书术语表的一个可检索的版本，附带有另外的例子，并和相关术语相链接。
4. 术语表抽认卡——每个关键术语作为一张抽认卡，允许学生每次从一章或几章的词汇表中选择词汇进行自我测验。
5. 向作者提问——就相关经济学问题发邮件向作者提问。
6. 新闻中的经济学——为了进一步的阅读和讨论问题，在校期间将连接最新的新闻资源以对现有新闻进行日常更新。
7. 网上活动的链接——所有网上活动需要的链接地址都在课本中。
8. 时报的主题——从《纽约时报》上获取的文章，与课本的各章相关联，与批判性思考题相配合。
9. 研究导航（惟一的课程指南版本）——这个工具在研究过程中很有帮助，它有 4 个可信、可靠的专有数据库，这些数据库里包含《纽约时报》、《金融时报》和同类杂志等资源在内。

PPT 课程笔记

作者和罗宾·巴德特别为学生准备了一套 PPT 课程笔记。这些课程笔记包含了各章的大纲，带有课本中生动的数据。学生可以从 MyEconLab 上下载这些课程笔记，将其打印并带到课堂上，或者利用它们整理自己的笔记，以备测验和考试之用。

Econ Tutor Center

Econ Tutor Center（经济学指导中心）配备了合格的有经验的大学经济学教师，它每天开放 7 小时，每周 5 次。可通过电话、传真、邮件或者白纸板技术与教师联系。设计经济学指导中心的目的是为了满足学生的学习进度，它在周日到周四的夜间开放。学生可以在例子、相关的练习和问题上接受一对一的指导。

致 谢

我感谢在西安大略大学给我许多帮助的现在和以前的同事和朋友。他们是：吉姆·戴维斯、杰里·格林伍德、霍斯特门、彼得·法塔赫、格雷格·哈夫曼、大卫·莱德勒、菲尔·瑞里、克里斯·罗宾逊、约翰·沃里和罗恩·旺纳科特。我同样要感谢澳大利亚版的合作者道格·麦塔嘎特和克里斯·芬德利以及欧洲版的合作者梅兰妮·鲍威尔和肯特·马修斯。他们在前一个版本的改编过程中提出的建议对我准备本版很有帮助。

我感谢我曾经教过的那几千名学生。他们的质疑和启迪是一种及时的反馈，使我懂得如何教授经济学。

我要特别感谢许多优秀的编辑、媒体专家和其他在Addison-Wesley为了本书的出版而协作努力的人们。经济和金融总编丹尼斯·克林顿是灵感和激励的不竭的源泉，并为出版工作指明总体的方向。经济学策划编辑和责任编辑阿德里安娜·安布若茜对本书的修改和补充起了关键作用。阿德里安娜将智慧和洞察带入她的工作中，她是无可非议的杰出经济学编辑。开发总监 Kay Ueno 将他丰富的专业经验应用于对开发的管理。文字编辑辛西娅·谢里丹坚持不懈地按时推敲和总结稿件。媒体总监米歇尔·尼尔继续为改善 MyEconLab 做了出色的工作，Melissa Honig（资深媒体生产者）和 Doug Ruby（MyEconLab 内容指导）确保了所有媒体资源的正确配合。高级营销经理洛克斯安妮·霍奇提供激励式营销策略和指导。芭芭拉·威利特提供了一流、细致、前后一致的版式编辑。高级设计师查尔斯·斯鲍尔丁设计了本书封面和包装，再次超越了确保我们达到最高设计标准的挑战。乔·维特瑞对课文和插图提供了大量的技术帮助。英格里德·本森与其他优秀的编辑成员和制作团队在榆树街（Elm Street）工作，使出版工作极端紧凑地进行。我感谢所有的这些精英们！与他们共事并分享我们创造的教科书让我备受鼓舞，我认为这本教科书是一个真正优秀的教学工具。

我感谢第 8 版优秀的配套补充材料的作者们，他们是：南佛罗里达大学的苏·巴特利特、乔治亚南方大学的康斯坦丁·奥格洛布林、华盛顿州立大学的帕特·库兹克和北伊利诺伊大学的杰夫·雷诺兹。

我要特别感谢马克·鲁思，他对本书不同版本的制作起了至关重要的作用。马克一直是好建议和幽默的源泉。我感谢许多优秀的审稿人，他们对本书各个版本提出了他们的真知灼见。他们的贡献是难以估量的。我要特别感谢巴里·佛科和肯尼斯·克里斯安森格外细致而准确的审读。

我感谢与我一起共事的人。简妮·基尔默对许多主题给出了突出的研究协助，包括阅读材料里的新闻。理查德·帕金制作了电子插图文件，并对课本中数据的改进提出了许多建议。劳雷尔·戴维斯对 MyEconLab 里日益增多且更加复杂的数据库进行了管理。

与上一版一样，罗宾·巴德对这一版作出了巨大的贡献。我将本书献给她并感谢她为本书所做的工作。没有她无私的帮助，我就不可能完成本书的编写。我非常感谢她。

课堂教学将检验本书的价值。我很高兴收到教师和学生关于本书将来的新版应该怎样继续改进的来信。

迈克尔·帕金

michael.parkin@uwo.ca

审稿人

Eric Abrams, *Hawaii Pacific University*
Christopher Adams, *Federal Trade Commission*
Tajudeen Adenekan, *Bronx Community College*
Syed Ahmed, *Cameron University*
Frank Albritton, *Seminole Community College*
Milton Alderfer, *Miami-Dade Community College*
William Aldridge, *Shelton State Community College*
Donald L. Alexander, *Western Michigan University*
Terence Alexander, *Iowa State University*
Stuart Allen, *University of North Carolina, Greensboro*
Sam Allgood, *University of Nebraska, Lincoln*
Neil Alper, *Northeastern University*
Alan Anderson, *Fordham University*
Lisa R. Anderson, *College of William and Mary*
Jeff Ankrom, *Wittenberg University*
Fatma Antar, *Manchester Community Technical College*
Kofi Apraku, *University of North Carolina, Asheville*
Moshen Bahmani-Oskooee, *University of Wisconsin, Milwaukee*
Donald Balch, *University of South Carolina*
Mehmet Balcilar, *Wayne State University*
Paul Ballantyne, *University of Colorado*
Sue Bartlett, *University of South Florida*
Jose Juan Bautista, *Xavier University of Louisiana*
Valerie R. Bencivenga, *University of Texas, Austin*
Ben Bernanke, *Chairman of Federal Reserve*
Margot Biery, *Tarrant County Community College South*
John Bittorowitz, *Ball State University*
David Black, *University of Toledo*
Kelly Blanchard, *Purdue University*
S. Brock Blomberg, *Claremont McKenna College*
William T. Bogart, *Case Western Reserve University*
Giacomo Bonanno, *University of California, Davis*
Tan Khay Boon, *Nanyard Technological University*
Sunne Brandmeyer, *University of South Florida*
Audie Brewton, *Northeastern Illinois University*
Baird Brock, *Central Missouri State University*
Byron Brown, *Michigan State University*
Jeffrey Buser, *Columbus State Community College*
Alison Butler, *Florida International University*
Tania Carbiener, *Southern Methodist University*
Kevin Carey, *American University*
Kathleen A. Carroll, *University of Maryland, Baltimore County*
Michael Carter, *University of Massachusetts, Lowell*
Edward Castronova, *California State University, Fullerton*
Subir Chakrabarti, *Indiana University-Purdue University*
Joni Charles, *Texas State University*
Adhip Chaudhuri, *Georgetown University*
Gopal Chengalath, *Texas Tech University*
Daniel Christiansen, *Albion College*
Kenny Christianson, *Binghampton University*
John J. Clark, *Community College of Allegheny County, Allegheny Campus*
Meredith Clement, *Dartmouth College*
Michael B. Cohn, *U. S. Merchant Marine Academy*
Robert Collinge, *University of Texas, San Antonio*
Carol Condon, *Kean University*
Doug Conway, *Mesa Community College*
Larry Cook, *University of Toledo*
Bobby Corcoran, *Middle Tennessee State University, retired*
Kevin Cotter, *Wayne State University*
James Peery Cover, *University of Alabama, Tuscaloosa*
Erik Craft, *University of Richmond*
Eleanor D. Craig, *University of Delaware*
Jim Craven, *Clark College*
Elizabeth Crowell, *University of Michigan, Dearborn*
Stephen Cullenberg, *University of California, Riverside*
David Culp, *Slippery Rock University*
Norman V. Cure, *Macomb Community College*
Dan Dabney, *University of Texas, Austin*
Andrew Dane, *Angelo State University*
Joseph Daniels, *Marquette University*
Gregory DeFreitas, *Hofstra University*
David Denslow, *University of Florida*
Mark Dickie, *University of Central Florida*
James Dietz, *California State University, Fullerton*
Carol Dole, *State University of West Georgia*
Ronald Dorf, *Inver Hills Community College*
John Dorsey, *University of Maryland, College Park*
Eric Drabkin, *Hawaii Pacific University*
Amrik Singh Dua, *Mt. San Antonio College*

Thomas Duchesneau, *University of Maine, Orono*
Lucia Dunn, *Ohio State University*
Donald Dutkowsky, *Syracuse University*
John Edgren, *Eastern Michigan University*
David J. Eger, *Alpena Community College*
Harry Ellis, Jr., *University of North Texas*
Ibrahim Elsaify, *Goldey-Beacom College*
Kenneth G. Elzinga, *University of Virginia*
Antonina Espiritu, *Hawaii Pacific University*
Gwen Eudey, *University of Pennsylvania*
Barry Falk, *Iowa State University*
M. Fazeli, *Hofstra University*
Philip Fincher, *Louisiana Tech University*
F. Firoozi, *University of Texas, San Antonio*
Nancy Folbre, *University of Massachusetts at Amherst*
Kenneth Fong, *Temasek Polytechnic (Singapore)*
Steven Francis, *Holy Cross College*
David Franck, *University of North Carolina, Charlotte*
Roger Frantz, *San Diego State University*
Mark Frascatore, *Clarkson University*
Alwyn Fraser, *Atlantic Union College*
Marc Fusaro, *East Carolina University*
James Gale, *Michigan Technological University*
Susan Gale, *New York University*
Roy Gardner, *Indiana University*
Eugene Gentzel, *Pensacola Junior College*
Scott Gilbert, *Southern Illinois University at Carbondale*
Andrew Gill, *California State University, Fullerton*
Robert Giller, *Virginia Polytechnic Institute and State University*
Robert Gillette, *University of Kentucky*
James N. Giordano, *Villanova University*
Maria Giuili, *Diablo College*
Susan Glanz, *St. John's University*
Robert Gordon, *San Diego State University*
Richard Gosselin, *Houston Community College*
John Graham, *Rutgers University*
John Griffen, *Worcester Polytechnic Institute*
Wayne Grove, *Syracuse University*
Robert Guell, *Indiana State University*
Jamie Haag, *Pacific University, Oregon*
Gail Heyne Hafer, *Lindenwood University*
Rik W. Hafer, *Southern Illinois University, Edwardsville*
Daniel Hagen, *Western Washington University*
David R. Hakes, *University of Northern Iowa*
Craig Hakkio, *Federal Reserve Bank, Kansas City*
Bridget Gleeson Hanna, *Rochester Institute of Technology*
Ann Hansen, *Westminster College*
Seid Hassan, *Murray State University*
Jonathan Haughton, *Suffolk University*
Randall Haydon, *Wichita State University*
Denise Hazlett, *Whitman College*
Julia Heath, *University of Memphis*
Jac Heckelman, *Wake Forest University*
Jolien A. Helsel, *Kent State University*
James Henderson, *Baylor University*
Jill Boylston Herndon, *University of Florida*
Gus Herring, *Brookhaven College*
John Herrmann, *Rutgers University*
John M. Hill, *Delgado Community College*
Jonathan Hill, *Florida International University*
Lewis Hill, *Texas Tech University*
Steve Hoagland, *University of Akron*
Tom Hoerger, *Fellow, Research Triangle Institute*
Calvin Hoerneman, *Delta College*
George Hoffer, *Virginia Commonwealth University*
Dennis L. Hoffman, *Arizona State University*
Paul Hohenberg, *Rensselaer Polytechnic Institute*
Jim H. Holcomb, *University of Texas, El Paso*
Harry Holzer, *Georgetown University*
Linda Hooks, *Washington and Lee University*
Jim Horner, *Cameron University*
Djehane Hosni, *University of Central Florida*
Harold Hotelling, Jr., *Lawrence Technical University*
Calvin Hoy, *County College of Morris*
Ing-Wei Huang, *Assumption University, Thailand*
Julie Hunsaker, *Wayne State University*
Beth Ingram, *University of Iowa*
Jayvanth Ishwaran, *Stephen F. Austin State University*
Michael Jacobs, *Lehman College*
S. Hussain Ali Jafri, *Tarleton State University*
Dennis Jansen, *Texas A&M University*
Garrett Jones, *Southern Florida University*
Frederick Jungman, *Northwestern Oklahoma State University*
Paul Junk, *University of Minnesota, Duluth*

Leo Kahane, *California State University, Hayward*
Veronica Kalich, *Baldwin-Wallace College*
John Kane, *State University of New York, Oswego*
Eungmin Kang, *St. Cloud State University*
Arthur Kartman, *San Diego State University*
Gurmit Kaur, *Universiti Teknologi (Malaysia)*
Louise Keely, *University of Wisconsin at Madison*
Manfred W. Keil, *Claremont McKenna College*
Elizabeth Sawyer Kelly, *University of Wisconsin at Madison*
Rose Kilburn, *Modesto Junior College*
Robert Kirk, *Indiana University—Purdue University, Indianapolis*
Norman Kleinberg, *City University of New York, Baruch College*
Robert Kleinhenz, *California State University, Fullerton*
John Krantz, *University of Utah*
Joseph Kreitzer, *University of St. Thomas*
Patricia Kuzyk, *Washington State University*
David Lages, *Southwest Missouri State University*
W. J. Lane, *University of New Orleans*
Leonard Lardaro, *University of Rhode Island*
Kathryn Larson, *Elon College*
Luther D. Lawson, *University of North Carolina, Wilmington*
Elroy M. Leach, *Chicago State University*
Jim Lee, *Texas A & M, Corpus Christi*
Sang Lee, *Southeastern Louisiana University*
Robert Lemke, *Florida International University*
Mary Lesser, *Iona College*
Jay Levin, *Wayne State University*
Arik Levinson, *University of Wisconsin, Madison*
Tony Lima, *California State University, Hayward*
William Lord, *University of Maryland, Baltimore County*
Nancy Lutz, *Virginia Polytechnic Institute and State University*
Murugappa Madhavan, *San Diego State University*
K. T. Magnusson, *Salt Lake Community College*
Mark Maier, *Glendale Community College*
Jean Mangan, *Staffordshire University Business School*
Michael Marlow, *California Polytechnic State University*
Akbar Marvasti, *University of Houston*
Wolfgang Mayer, *University of Cincinnati*
John McArthur, *Wofford College*
Amy McCormick, *Mary Baldwin College*
Russel McCullough, *Iowa State University*
Gerald McDougall, *Wichita State University*
Stephen McGary, *Brigham Young University-Idaho*
Richard D. McGrath, *Armstrong Atlantic State University*
Richard McIntyre, *University of Rhode Island*
John McLeod, *Georgia Institute of Technology*
Mark McLeod, *Virginia Tech*
B. Starr McMullen, *Oregon State University*
Mary Ruth McRae, *Appalachian State University*
Kimberly Merritt, *Cameron University*
Charles Meyer, *Iowa State University*
Peter Mieszkowski, *Rice University*
John Mijares, *University of North Carolina, Asheville*
Richard A. Miller, *Wesleyan University*
Judith W. Mills, *Southern Connecticut State University*
Glen Mitchell, *Nassau Community College*
Jeannette C. Mitchell, *Rochester Institute of Technology*
Khan Mohabbat, *Northern Illinois University*
Bagher Modjtahedi, *University of California, Davis*
W. Douglas Morgan, *University of California, Santa Barbara*
William Morgan, *University of Wyoming*
James Morley, *Washington University in St. Louis*
William Mosher, *Clark University*
Joanne Moss, *San Francisco State University*
Nivedita Mukherji, *Oakland University*
Francis Mummery, *Fullerton College*
Edward Murphy, *Southwest Texas State University*
Kevin J. Murphy, *Oakland University*
Kathryn Nantz, *Fairfield University*
William S. Neilson, *Texas A&M University*
Bart C. Nemmers, *University of Nebraska, Lincoln*
Melinda Nish, *Orange Coast College*
Anthony O'Brien, *Lehigh University*
Norman Obst, *Michigan State University*
Constantin Ogloblin, *Georgia Southern University*
Mary Olson, *Tulane University*
Terry Olson, *Truman State University*
James B. O'Neill, *University of Delaware*
Farley Ordovensky, *University of the Pacific*
Z. Edward O'Relley, *North Dakota State University*
Donald Oswald, *California State University, Bakersfield*
Jan Palmer, *Ohio University*
Michael Palumbo, *Chief, Federal Reserve Board*

Chris Papageorgiou, *Louisiana State University*
G. Hossein Parandvash, *Western Oregon State College*
Randall Parker, *East Carolina University*
Robert Parks, *Washington University*
David Pate, *St. John Fisher College*
James E. Payne, *Illinois State University*
Donald Pearson, *Eastern Michigan University*
Steven Peterson, *University of Idaho*
Mary Anne Pettit, *Southern Illinois University, Edwardsville*
William A. Phillips, *University of Southern Maine*
Dennis Placone, *Clemson University*
Charles Plot, *California Institute of Technology, Pasadena*
Mannie Poen, *Houston Community College*
Kathleen Possai, *Wayne State University*
Ulrika Praski-Stahlgren, *University College in Gavle-Sandviken, Sweden*
Edward Price, *Oklahoma State University*
Rula Qalyoubi, *University of Wisconsin, Eau Claire*
K. A. Quartey, *Talladega College*
Herman Quirmbach, *Iowa State University*
Jeffrey R. Racine, *University of South Florida*
Peter Rangazas, *Indiana University-Purdue University, Indianapolis*
Vaman Rao, *Western Illinois University*
Laura Razzolini, *University of Mississippi*
Rob Rebelein, *University of Cincinnati*
J. David Reed, *Bowling Green State University*
Robert H. Renshaw, *Northern Illinois University*
Javier Reyes, *University of Arkansas*
Jeff Reynolds, *Northern Illinois University*
Rupert Rhodd, *Florida Atlantic University*
W. Gregory Rhodus, *Bentley College*
Jennifer Rice, *Indiana University, Bloomington*
John Robertson, *Paducah Community College*
Malcolm Robinson, *University of North Carolina, Greensboro*
Richard Roehl, *University of Michigan, Dearborn*
Carol Rogers, *Georgetown University*
William Rogers, *University of Northern Colorado*
Thomas Romans, *State University of New York, Buffalo*
David R. Ross, *Bryn Mawr College*
Thomas Ross, *Baldwin Wallace College*
Robert J. Rossana, *Wayne State University*
Jeffrey Rous, *University of North Texas*
Rochelle Ruffer, *Youngstown State University*
Mark Rush, *University of Florida*
Allen R. Sanderson, *University of Chicago*
Gary Santoni, *Ball State University*
John Saussy, *Harrisburg Area Community College*
Don Schlagenhauf, *Florida State University*
David Schlow, *Pennsylvania State University*
Paul Schmitt, *St. Clair County Community College*
Jeremy Schwartz, *Hampden-Sydney College*
Martin Sefton, *University of Nottingham*
Esther-Mirjam Sent, *University of Notre Dame*
Rod Shadbegian, *University of Massachusetts, Dartmouth*
Gerald Shilling, *Eastfield College*
Dorothy R. Siden, *Salem State College*
Mark Siegler, *California State University at Sacramento*
Scott Simkins, *North Carolina Agricultural and Technical State University*
Chuck Skoro, *Boise State University*
Phil Smith, *DeKalb College*
William Doyle Smith, *University of Texas, El Paso*
Sarah Stafford, *College of William and Mary*
Frank Steindl, *Oklahoma State University*
Jeffrey Stewart, *New York University*
Allan Stone, *Southwest Missouri State University*
Courtenay Stone, *Ball State University*
Paul Storer, *Western Washington University*
Richard W. Stratton, *University of Akron*
Mark Strazicich, *Ohio State University, Newark*
Michael Stroup, *Stephen F. Austin State University*
Robert Stuart, *Rutgers University*
Della Lee Sue, *Marist College*
Abdulhamid Sukar, *Cameron University*
Terry Sutton, *Southeast Missouri State University*
Gilbert Suzawa, *University of Rhode Island*
David Swaine, *Andrews University*
Jason Taylor, *Central Michigan University*
Mark Thoma, *University of Oregon*
Janet Thomas, *Bentley College*
Kiril Tochkov, *SUNY at Binghamton*
Kay Unger, *University of Montana*
Anthony Uremovic, *Joliet Junior College*

David Vaughn, *City University, Washington*
Don Waldman, *Colgate University*
Francis Wambalaba, *Portland State University*
Rob Wassmer, *California State University, Sacramento*
Paul A. Weinstein, *University of Maryland, College Park*
Lee Weissert, *St. Vincent College*
Robert Whaples, *Wake Forest University*
David Wharton, *Washington College*
Mark Wheeler, *Western Michigan University*
Charles H. Whiteman, *University of Iowa*
Sandra Williamson, *University of Pittsburgh*
Brenda Wilson, *Brookhaven Community College*
Larry Wimmer, *Brigham Young University*
Mark Witte, *Northwestern University*
Willard E. Witte, *Indiana University*
Mark Wohar, *University of Nebraska, Omaha*
Laura Wolff, *Southern Illinois University, Edwardsville*
Cheonsik Woo, *Vice President, Korea Development Institute*
Douglas Wooley, *Radford University*
Arthur G. Woolf, *University of Vermont*
John T. Young, *Riverside Community College*
Michael Youngblood, *Rock Valley College*
Peter Zaleski, *Villanova University*
Jason Zimmerman, *South Dakota State University*
David Zucker, *Martha Stewart Living Omnimedia*

Supplements Authors
Sue Bartlett, *University of South Florida*
James Cobbe, *Florida State University*
Carol Dole, *State University of West Georgia*
John Graham, *Rutgers University*
Jill Herndon, *University of Florida*
Sang Lee, *Southeastern Louisiana University*
Patricia Kuzyk, *Washington State University*
James Morley, *Washington University, St. Louis*
William Mosher, *Clark University*
Constantin Ogloblin, *Georgia Southern University*
Edward Price, *Oklahoma State University*
Jeff Reynolds, *Northern Illinois University*
Mark Rush, *University of Florida*
Della Lee Sue, *Marist College*
Michael Stroup, *Stephen F. Austin State University*

教师可灵活选择的教学计划

核 心	政 策	可选择的
1. 什么是经济学		1. 经济学附录图 专为害怕图的学生设计的好的附录。
2. 经济问题		
3. 需求与供给		3. 数学注释：需求、供给和市场均衡
4. 弹性		
5. 效率与公平 这一章对效率与公平做了非技术性的解释。统一了微观经济学课程内容，并且可以在课程的早期涉及一些政策议题。	6. 现实中的市场 惟一对需求与供给、弹性、效率与公平理论进行广泛应用的一章。	
		7. 效用和需求 虽然这一章是选修章节，如果想放在第 3 章需求之前也是可以的。
		8. 可能性、偏好与选择 整章论述这一严格来说可选的专题，以确保能够得到一个直观的解释和说明。对该专题只像通常那样简要处理会不易理解。这一章的附录解释了边际效用与无差异曲线的关系。
		9. 组织生产 这一章可以省略或作为阅读材料。
10. 产量与成本		
11. 完全竞争		
12. 垄断	14. 管制与反托拉斯法 介绍政府的公共选择理论，放在政策章节之后，并解释管制与反垄断法的正面的理论。	
13. 垄断竞争和寡头		

核 心	政 策	可选择的
	15. 外部性	
	16. 公共品与公共资源	
17. 生产要素市场	18. 经济不平等	19. 不确定性和信息
20. 宏观经济学概览		
21. GDP 与经济增长的测量		
22. 就业与价格水平的监控		
23. 充分就业：古典模型		
24. 经济增长 这一章可以延后并放在任何需要的地方讲解。		26. 汇率与国际收支 这一章可以延后并放在这门课程的最后讲解。
25. 货币、价格水平与通货膨胀		28. 支出乘数：凯恩斯模型 这一章可提前放在第 5 章之后的任何地方讲解。
27. 总供给与总需求 这一章可放在第 21 章以后的任何地方讲解。		29. 美国的通货膨胀、失业和经济周期
	30. 财政政策	
	31. 货币政策	32. 国际贸易

四种可供选择的微观经济学讲授顺序

传统理论与政策的结合	以挑战理论为重点	以公共选择为重点	以政策为重点（简短）
1. 什么是经济学	1. 什么是经济学	1. 什么是经济学	1. 什么是经济学
2. 经济问题	2. 经济问题	2. 经济问题	2. 经济问题
3. 需求和供给	3. 需求和供给	3. 需求和供给	3. 需求和供给
4. 弹性	4. 弹性	4. 弹性	4. 弹性
5. 效率与公平	5. 效率与公平	5. 效率与公平	5. 效率与公平
6. 现实中的市场	6. 现实中的市场	6. 现实中的市场	6. 现实中的市场
7. 效用和需求	8. 可能性、偏好和选择	7. 效用和需求	17. 生产要素市场
9. 组织生产	9. 组织生产	9. 组织生产	18. 经济不平等
10. 产量与成本	10. 产量与成本	10. 产量与成本	15. 外部性
11. 完全竞争	11. 完全竞争	11. 完全竞争	16. 公共品与公共资源
12. 垄断	12. 垄断	12. 垄断	32. 国际贸易
13. 垄断竞争和寡头	13. 垄断竞争和寡头	13. 垄断竞争和寡头	
14. 管制与反托拉斯法	14. 管制与反托拉斯法	14. 管制与反托拉斯法	
17. 生产要素市场	17. 生产要素市场	15. 外部性	
18. 经济不平等	19. 不确定性和信息	16. 公共品与公共资源	
32. 国际贸易	32. 国际贸易		

三种可供选择的宏观经济学讲授顺序

古典主义视角	凯恩斯主义视角	货币主义视角
1. 什么是经济学	1. 什么是经济学	1. 什么是经济学
2. 经济问题	2. 经济问题	2. 经济问题
3. 需求与供给	3. 需求与供给	3. 需求与供给
20. 宏观经济学概览	20. 宏观经济学概览	20. 宏观经济学概览
21. GDP 与经济增长的测量	21. GDP 与经济增长的测量	21. GDP 与经济增长的测量
22. 就业与价格水平的监控	22. 就业与价格水平的监控	22. 就业与价格水平的监控
23. 充分就业：古典模型	28. 支出乘数：凯恩斯模型	27. 总供给与总需求
24. 经济增长	27. 总供给与总需求	25. 货币、价格水平与通货膨胀
29. 美国的通货膨胀、失业和经济周期（只讲“实际经济周期”一节）	25. 货币、价格水平与通货膨胀	26. 汇率与国际收支
25. 货币、价格水平与通货膨胀	29. 美国的通货膨胀、失业和经济周期（省略实际经济周期内容）	29. 美国的通货膨胀、失业和经济周期（可省略实际经济周期内容）
26. 汇率与国际收支	30. 财政政策（省略供给方一节）	30. 财政政策
27. 总供给与总需求	31. 货币政策	31. 货币政策
29. 美国的通货膨胀、失业和经济周期（本章其他内容）	24. 经济增长	24. 经济增长
30. 财政政策	26. 汇率与国际收支	
31. 货币政策		

简要目录

目 录

第一编 导 论

第 1 章

什么是经济学

了解我们正在变化的世界

我们是在一个充满巨大变化的时代学习经济学的。大多数的变化是朝好的方面改善。由便携式电脑、无线互联网连接、iPod、DVD电影、手机、游戏以及各种各样的小玩意构成的信息时代已经改变了我们工作和消遣的方式。而且随着这些高科技的产品和服务的层出不穷，不仅美国人的收入，中国人、印度人和其他国家的人民的收入也在快速地提高。

但是有些事情变得糟糕了。随着新世纪的到来，美国的经济走向了衰退。企业削减了生产，成千上万的工人失去了工作。然后，在2001年的9月11日，恐怖主义的袭击所造成的冲击波像无法驱散的阴霾一样至今笼罩着全球经济。诸如卡特琳娜飓风和印度洋海啸那样的自然灾害，将房屋吞没并使数以百万的家庭生活陷入绝望。肆虐的艾滋病毒把一些非洲国家的预期寿命降低到了只有33岁。

我们刚刚描述的这些事件和力量无疑正在改变着今天的世界。你的经济学课程将帮助你去理解这些巨大的力量是如何塑造我们的世界的。本章是个开头。它将描述经济学试图回答的问题、经济学家是如何思考这些问题的以及在寻找答案时经济学家使用的方法。本章的附录解释了经济学家在寻找这些问题的答案时经常使用的图形的种类。

学习本章后，你将能：

- 给经济学下定义并能区别微观经济学和宏观经济学
- 解释经济学的两个重大问题
- 解释界定经济学思维方式的重要思想
- 说明经济学家作为社会科学工作者如何开展他们的研究工作

经济学的定义

所有的经济问题都起源于我们向往的东西总是超出我们能获得的。我们想要一个祥和与安全的世界；我们想要清洁的空气、清澈的湖水和河流；我们想活得更长，活得健康；我们想去好的学校读书；我们想拥有宽敞舒适的房子；我们想拥有各种各样的体育和休闲用品，从跑鞋到滑雪板；我们想有时间去欣赏体育比赛，去打游戏，去看电影，去听音乐会，去旅行或者与朋友出去玩。

由于时间、我们的收入或者由于我们必须支付的价格等原因，我们每个人所能得到的都是有限的。每个人最后总有一些欲望得不到满足。从整个社会来讲，我们的生产性资源的多少决定了我们能得到多少。这些资源包括大自然的恩赐、人类的劳动和智慧以及我们制造出来的工具和设备。

我们的欲望不可能全部得到满足，这个现象叫**稀缺性**(scarcity)。穷人与富人一样，都面临稀缺。一个孩子想要一罐1美元的饮料和一包50美分的口香糖，但他口袋里只有1美元，他遇到了稀缺。一位富婆想周末去打高尔夫，同时又想去办公室出席企业战略的会议，她也遭遇到了稀缺。一个社会希望提供越来越好的医疗，在每个教室安装一台电脑，探索太空，治理污染的江湖，等等，社会也面临稀缺。甚至鹦鹉也面临稀缺！

面对稀缺性，我们必须在各种可能性中进行选择。这个孩子必须选择要饮料还是口香糖。这位富婆要选择是去打高尔夫还是去参加会议。作为一个社会，我们必须在医疗、国防和教育之间进行抉择。

不仅仅是我想要一块饼干，——我们都想要一块饼干！

我们做出什么样的选择取决于我们面临的激励是什么。**激励**（incentive）是鼓励一个行动的奖赏，或者抑制一个行动的惩罚。假如饮料的价格下降了，这个孩子就有激励去选择更多的饮料。假如去公司开会涉及到1 000万美元的利润，她就有激励放弃去打高尔夫。随着电脑价格的下跌，学校的管理层就会有激励让更多的教室与互联网连接。

经济学（economics）是研究选择的社会科学。个人、企业和政府都面临选择的问题，因为他们都要与稀缺性以及那些影响和权衡他们选择的激励打交道。这个学科分成两个主要的部分：

- 微观经济学
- 宏观经济学

微观经济学

微观经济学（microeconimics）研究个人与企业做出的选择、这些选择在市场上的相互作用，以及政府对做出这些选择的影响。这里举个微观经济问题的例子：人们为什么更喜欢买DVD碟片而很少去电影院看电影？对电子商务征税会怎样影响eBay的生意？

宏观经济学

宏观经济学（macroeconomics）研究国民经济和全球经济的运行。这里举个宏观经济问题的例子：美国的收入在2006年为什么增长这么快？联邦储备局（美国的中央银行——译者注）降息可以使收入增长吗？

复习测验

1. 举出今天美国经济面临的一些稀缺性的例子。
2. 用当今新闻上的一些标题，列举世界面临稀缺性的例子。
3. 使用当今的新闻来说明微观经济学和宏观经济学的区别。

myeconlab **Study Plan 1.1**

经济学的两个重大问题

两个重大问题概括了经济学的范围：

- 选择如何决定生产什么、如何生产以及为谁生产？
- 在什么条件下追求个人利益的选择也能增进社会利益？

生产什么、如何生产以及为谁生产

产品和服务（goods and servies）是人们认为有价值并为了满足人们的需要而生产出来的所有东西。产品是有形的物品，如高尔夫球。服务是为了他人而操作的一种任务，如理发。到目前为止，美国所生产出来的最大的一部分东西实际上是服务，比如零售和批发贸易，以及医疗和教育。在全部的产出中，商品所占的比重并不大。

生产什么 我们生产什么是随时间而改变的。70 年前，25%的美国人从事农业，而今天这个数字下降到了 3%。在同一时期，在采掘、建筑和制造业里工作的人数从 31%减少到了 17%。农业和制造业的下降反映了服务业的增长。70 年前，美国 45%的人口从事服务业，而今天在服务领域工作的人口超过了 80%。图 1.1 显示了这些趋势。

那么，什么决定了我们生产的玉米、DVD 碟片、理发以及数百万的产品的数量呢？

如何生产 生产产品和服务要用生产性的资源。经济学家把这些资源叫做**生产要素**（factors of production）。生产要素可以分成四类：

- 土地
- 劳动
- 资本
- 企业家才能

土　地　**土地**（land）是我们用来生产产品和服务的“大自然的恩赐”。在经济学上，土地是我们日常所说的自然资源。它包括日常意义上的土地、铁矿、石油、天然气、煤炭、水以及空气。

我们的地表和水资源是可再生的。有一些矿产资源是可回收利用的。但是，我们用来产生能源的资源却不是可再生的，它们只能使用一次。

劳　动　**劳动**（labor）是人们生产产品和服务付出的时间和努力。劳动包括了那些在农场、建筑工地、工厂、商店和办公室工作的所有人的体力与脑力付出。

图 1.1　生产结构的变化趋势

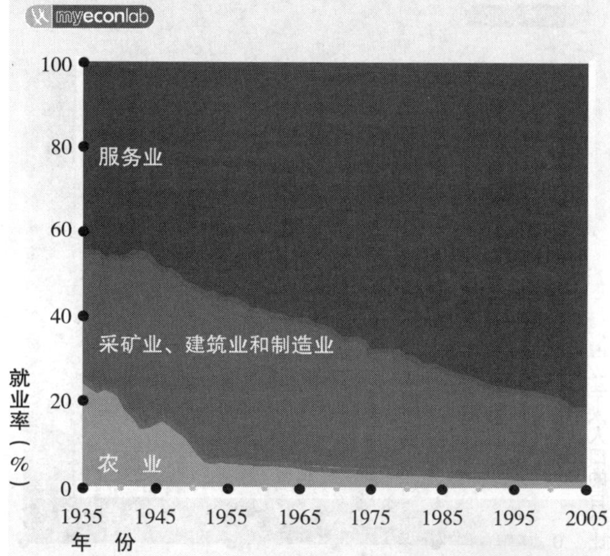

服务业扩张了，而农业、采矿业、建筑业和制造业收缩了。

资料来源：U.S. Census Bureau, *Statistical Abstract of the United States.*

劳动的质量取决于**人力资本**（human capital）的水平。后者是人们从教育、在岗培训和工作经历中获得的知识与技能。你们学习经济学这门课也是在积累自己的人力资本，而且你们的人力资本会随着你们阅历增长而增加。

人力资本随着时间而积累。今天，美国 86%的人口念完了高中，28%的人口拥有大学的学位。图 1.2 显示了过去的一个世纪里美国的人力资本的增长。

资　本　**资本**（capital）是用来生产产品和服务的工具、设备、机器和建筑物。

在我们的日常用语里，我们往往说钱、股票和债券是资本。这些东西是金融资本。金融资本的作用是帮助企业借入资金去购买资本。但是金融资本本身并不直接用来生产商品和服务。因为它不是生产性的，所以不叫资本。

企业家才能　**企业家才能**（entrepreneurship）是指把土地、劳动和资本组织起来的人力资源。企业家要在生产什

图 1.2 度量人力资本

myeconlab

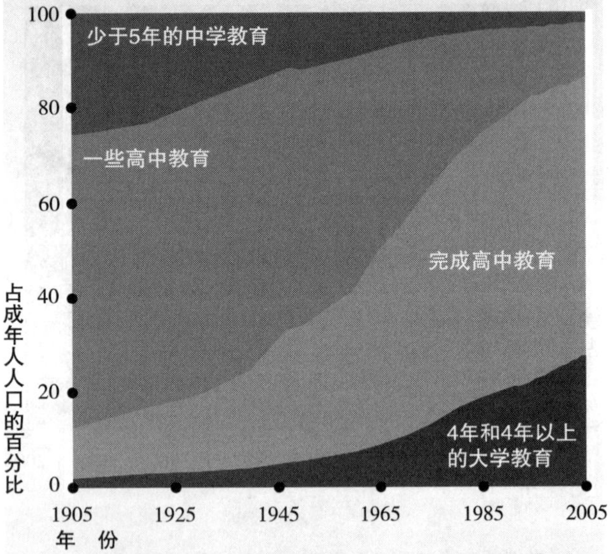

今天，美国人口的28%拥有4年以及4年以上的大学学历，而在1905年，这个数字只有2%。另外，有58%的美国人口完成了高中教育，而1905年只有10%。

资料来源：U.S. Census Bureau, *Statistical Abstract of the United States.*

么和如何生产问题上拿主意，要做出商业决策，并承担这些决策的风险。

用来生产许多不同产品和服务的生产要素的数量是怎么决定的呢？

为谁生产 我们生产出来的产品和服务由谁获得，这取决于人们的收入水平。收入高能使一个人去购买很多的产品和服务，而收入低当然会让一个人的选择余地小，从而购买的东西少。

为了挣钱，人们需要把自己拥有的生产要素提供出来：

- 土地挣得**地租**（rent）。
- 劳动挣得**工资**（wage）。
- 资本挣得**利息**（interest）。
- 企业家才能挣得**利润**（profit）。

那么，哪个生产要素挣得最多呢？答案是劳动。工薪收入占了总收入的70%左右。土地、资本和企业家才能分享其余的收入。很长时间以来，这些收入的份额都不怎么变化。

知道了收入如何在生产要素之间分配，并没有告诉我们收入在个人之间是怎么分配的。你可能认识很多能挣很多钱的人。电影大导演斯皮尔伯格2005年挣了3.32亿美元。比尔·盖茨经营微软公司的财富2005年增加了50亿美元。

但是你也认识更多的人只能挣很少的钱。麦当劳餐厅的服务员每小时的平均工资是6.35美元。收银员、酒吧招待员、清洁工以及纺织与皮革厂工人一个小时都挣不到10美元。

你也许知道其他一些关于收入的持久差别。总的来说，男人比女人挣得多，白人比少数民族挣得多，大学毕业生比高中毕业生挣得多。

这样的话，你就会通过观察不同的人群在总收入的比重，看出谁消费了我们生产出来的产品和服务。收入最低的20%的人口只拥有全部收入的5%，而最富的20%的人口几乎拥有了全部收入的一半。因此，平均而言，最顶端20%的人挣的钱是最底层20%的人收入的10倍。

收入的分配为什么这么不均等？为什么女性和少数民族挣的钱少于白人男性？

经济学对于这些生产什么、如何生产和为谁生产等问题给出了答案。

我们将要考查的经济学的第二个问题理解起来和回答起来可能都更困难一些。

在什么条件下追求个人利益符合社会的利益

每天，你们和3亿美国人与世界上另外66亿人都在选择，这些选择决定了生产什么、如何生产以及为谁生产。

产生出来的产品和服务以及它们的数量正确吗？生产要素是以最佳方式在使用吗？生产出来的产品和服务被那些最需要它们的人得到了吗？

你已经知道，你自己的选择是你能做出的最好选择，至少你认为在你做出选择的那个时刻它是最好的。你把时间和其他资源用得最好。但你并不考虑你的决策对他人产生的影响。你在家里叫一个比萨外卖，因为你饿了想吃东西。你不是因为考虑到送外卖的人或者烤比萨的人需要挣钱才叫外卖的对吧？你是从**个人利益**（self-interest）出发做出选择的——做出最有利于你的选择。

当你按照你的经济决策行动时，你与成千上万的人发生着联系。他们要么生产或者运送着你要买的东西，要么他们购买你要卖出的东西。这些人也做出了他们自己的决策——生产什么、如何生产以及雇佣什么人或者被什么人雇佣等。与你一样，每个人都是从最有利于自己的利益的方式做出选择。比萨的送货员出现在你门口的时候，他不是白来的，他在挣他的收入，并渴望你给他一个很不错的小费。

有没有这样一种可能，我们每个人为了自己最佳的利益做出的选择对整个社会也是最好的选择呢？对整个社会来讲也是最好的选择，就叫做**社会利益**（social interest）。

自 1776 年以来，经济学家就一直致力于回答这个问题；在这一年，美国独立了，同时亚当·斯密出版了里程碑式的巨著《国富论》。这个问题虽然很难回答，但经济学家还是取得了不少进展。其实，本书后面的大部分内容就是帮助你了解我们对这个问题及其答案的理解。为了对你思考这些问题有所帮助，我们用当今世界讨论热烈的 10 个话题来加以阐述。你对这些争论的问题多少是有所耳闻的吧。它们是：

- 私有化
- 全球化
- 新经济
- "9·11" 对经济的影响
- 公司丑闻
- HIV/艾滋病
- 走向消失的热带雨林
- 缺水
- 失业
- 赤字与债务

私有化　1989 年 11 月 9 日是世界经济史册上永久记载的日子。在这一天，柏林墙倒下了。因为墙倒了，两个德国走向了统一。

前西德是按照美国和西欧的模式建立的国家。在美国和西欧，个人拥有财产和经营企业。私人所有的企业生产产品和服务，并与消费者在商店和市场上进行自由的交换。所有这些经济活动都是由追求自己的利益的个人完成的。

前东德是按照前苏联模式建立的国家，它是一种中央计划的经济。在这样的经济里，个人是不能自由经商的，彼此也不能自由交换。政府拥有工厂、商店和办公楼，政府决定生产什么、如何生产和为谁生产。经济生活，不管事无巨细，都由政府的经济计划机构来管理。个人听从指令。整个经济的运行像一个巨大的公司。

今天仅有古巴、朝鲜以及越南还维持着中央计划经济。

由中央经济计划协调的公有企业难道会比像美国那样在市场上自由交换的私人企业更能增进社会利益吗？或者这么说，我们的经济体制是否在增进社会利益方面会更可能有效呢？

全球化　世界的领导人在哪里聚首，哪里就有反对全球化的抗议。以国际贸易和投资扩张为特征的全球化已经发生几个世纪了。但是在 20 世纪 90 年代，芯片、卫星和光纤技术的发展大大降低了通信的成本，加速了全球化的进程。与相隔万里的人们通个电话，甚至与他们举行一个视频会议已是寻常之事。每天，两万人在美国和亚洲之间空中飞行，美国与欧洲之间每天空中飞行的人数也不低于这个数字。

通信技术的突飞猛进把生产决策也全球化了。耐克生产的运动鞋越多，中国、印尼或者马来西亚的就业机会就越多。使用信用卡的人越多，在巴巴多斯处理销售数据的人也越多。索尼为 PS3 设计出了新的游戏，或者斯皮尔伯格在电影里设计动画特技，其程序则由印度的程序员编写。购置飞机的是中国的航空公司，而制造飞机的是波音公司的美国人。

全球化进程的一个后果是，美国生产了更多的服务，但更少的制成品；相反，中国和东亚的小型经济体却生产出了越来越多的制成品。

亚洲的一些经济体也比美国和欧洲的一些经济增长得要快。按照目前的趋势，中国到 2013 年要变成世界上最大的经济体。随着富裕的中国人和其他亚洲人越来越多地出来旅行与购买美国和世界的其他部分生产的产品与服务，亚洲的经济扩张将给全球经济带来更进一步的变化。全球化的速度会不断加快。

但是全球化也抛弃了一些经济体。非洲国家和南美的一部分国家并没有分享到全球化给这个世界的一部分地区带来的繁荣。

全球化是件好事吗？它到底对谁有利？全球化肯定对那些在低成本地区生产并以高价格出售产品的跨国公司有利。但是，全球化对你有利吗？对马来西亚缝制新跑鞋的年轻工人有利吗？对社会有利吗？

新经济　20 世纪 80 和 90 年代发生了被称为信息革命的不同寻常的经济变革。经济上的革命并不经常发生。上一

次，也就是工业革命，发生在1760~1830年，让大多数人完成了从农业生活向城市工业生活的转变。在这之前的农业革命发生在12 000年前，人类完成了从狩猎和群居向农耕社会的转变。

与过去25年所发生的变化相比，以前这两次革命也许影响更深远。但是，这25年来所发生的变化简直不可思议。这些变化都是发端于一项主要的技术：微处理器或者计算机芯片。英特尔公司创始人戈登·摩尔在1965年预言，一个集成芯片可以取代的晶体管的数量每18个月翻一番（所谓的摩尔定律）。结果，他的这个预言出奇地准确。在1980年，一个电脑的芯片上有6万个晶体管；而到2000年，就在你使用的电脑里面，芯片上有超过4千万个晶体管。

越来越快且越来越便宜的计算机，其影响可谓深远广大。通信手段变得越来越迅速，也越来越便宜。录制音乐和电影也更真实，更廉价。过去要靠人力的数以百万计的日常工作，现在都自动化了。你在超市付钱、呼叫查询电话，给政府部门或大公司打电话的时候，就会碰到自动化的服务。

所有这些新的产品和服务，以及提供它们所需要的这些成本低廉的计算处理能力，都是由追求个人利益的人做出来的。它们不是任何一个伟大的设计或者政府经济计划的结果。

戈登·摩尔创立英特尔公司和制造芯片的时候，没有人告诉他要这么做。他也不会去想到将来你有了电脑，你按时交纳作业会变得多么容易。当比尔·盖茨从哈佛大学退学创办微软的时候，他也不是去创造一个操作系统来改进人们的计算处理能力。摩尔和盖茨以及成千上万的企业家是在追求自己的巨大回报。不错，他们的作为的确让数百万人们受益。他们也的确增进了社会的利益。

可是，在信息革命的时代，资源真的以最好的方式在使用吗？英特尔生产出的芯片质量称心如意吗？价格得当吗？或者它们的质量偏低，价格偏高吗？微软又怎样呢？生产出了新一代的视窗系统，盖茨真的值300亿美元吗？微软开发出的这些程序符合社会利益吗？

“9·11”对经济的影响 2001年9月11日那个可怕的恐怖事件给经济造成的冲击波已经持续了很多年，也改变了生产什么、如何生产和为谁生产的问题。

生产中的最大改变是出行、住宿和安全。电话会议取代了商务旅行。大量的度假者出行不再乘飞机而改为利用高速公路。出国旅行削减了。航空公司没有了生意，减少了对飞机的订单。银行核销了给航空公司的贷款，损失惨重。

但是，运动越野车和休闲娱乐车的生意却很火爆。尽管利用率不高，但机场还是雇佣了大量的安检人员，安装了最新的扫描设备。

成千上万的人为了他们的个人利益而做出的选择导致了这样的变化。这些变化符合社会利益吗？

公司丑闻 在2000年，安然（Enron）和世通公司（WorldCom）的名字代表着公司诚信和非凡的成功。而今天它们被丑闻玷污了。

创建于1985年的安然公司，到2001年扩张成为美国第7大公司。但它的扩张是建立在由谎言和欺诈编织起来的优美神话之上的。在2001年10月，它的一位前执行官揭发，安然的董事会承认，安然夸大了报告的利润和隐藏债务，它的价值已经被大大高估了。安然的执行官杰佛里·斯克林和肯尼斯·莱被指控犯了欺诈罪，欺诈虽然让他们赚了大钱，但却最终让股东的财富蒸发了。

斯考特·沙利文，一位备受尊敬的首席财务官于1992年加盟世通公司，帮助公司成功地发展成为世界上最大的通信巨头之一。在沙利文服务公司的最后一年，他的薪水是70万美元，奖金（股票期权）是1 000万美元。但是就在他加盟公司的第10个年头，他被开除了，并因为财务造假而被捕。他在公司的财务上夸大利润将近40亿美元，并在此过程中抬高了自己的奖金数额。在事件败露之后不久，世通公司申请了破产保护。这是美国历史上最大的一宗申请破产保护的案件，解雇了17 000人，股东的财富被蒸发。

这些事件说明，有时候，为了追求个人的利益，人们会去违法。有些行为是不符合社会利益的。事实上，制定这些法律就是为了限制这类行为。

但是，有些公司的行为尽管合法，但也会被认为不当。例如，一些人认为公司高管层的薪水已经失控了。某些情况下，这些老总们的巨额收入可能会毁掉他们管理的公司。

雇佣高级管理人员的人是从自己的个人利益出发来任命这些人的。而这些高级管理人员也按照他们自己的个人利益做事。但是，公司股东和消费者的个人利益会怎么样？他们的利益会受到伤害吗？这些活生生的例子难道不是说明了个人利益与社会利益的冲突吗？

HIV/艾滋病 世界卫生组织和联合国估计，2005年大概有4 000万人感染了艾滋病。在那一年，300万人死于艾滋病，又有400万人新感染了艾滋病。大多数艾滋病的病

例（2005 年大约有 2 500 万人）在非洲，那里的平均收入只有一天 7 美元。医治这一疾病最有疗效的是一种由大的制药公司生产的抗病毒药。治疗的成本每年在2 700 美元左右，平均一天超过了 7 美元。为了把药卖给穷国，一年的成本降到了 1 200 美元左右，平均一天 3.3 美元。

开发新药是一种高成本高风险的活动。假如不是制药公司的私人利益的驱使，他们就会停止新药的开发。一旦药被开发出来，生产药的成本也就每剂几分钱。为了让更多的人能用得起药品，以低成本生产它们符合社会利益吗？

走向消失的热带雨林　南美洲、非洲和亚洲的热带雨林供养着 3 000 万个植物、动物和昆虫物种的生命，约占地球上所有物种的一半。这些热带雨林也为我们提供了很多产品的原料，包括肥皂、漱口液、洗头液、食品防腐剂、橡胶、坚果以及水果的原料。仅亚马逊热带雨林每年能把大约 1 万亿磅的二氧化碳转变成了氧气。

可是，热带雨林的面积只占地球表面不到 2%，而且还在不断走向灭绝。盖房子、放牧、采掘、石油钻探、建水电站大坝以及低水平的耕作每秒钟吞没着两个足球场那么大的热带雨林，每天消失的面积超过了纽约市。以当前的毁坏速度计算，到 2030 年，所有的热带雨林生物系统都将从地球上消失。

为了消费产品，我们每一个人是从我们自己的个人利益出发做出经济选择的。可是一些这样的选择正在毁坏自然资源。我们的选择伤害了我们的社会利益吗？假如伤害了，我们怎么能够改变我们面临的激励和行为呢？

水资源缺乏　这个世界是由水构成的——水是我们最丰裕的资源。但 97%的水是海水。另外 2%是冰川。假如这剩下的 1%可供人类使用的水分布得当的话，那也是足够的了。芬兰、加拿大以及其他一些地方的水是用不完的，但是澳大利亚、非洲和加利福尼亚（包括其他一些地方）的水都不够用。

一些人在水上的花费比另一些人要少。例如，加利福尼亚的农民使用的水比加利福尼亚的城市居民要便宜。在最贫穷的一些国家里，水是最贵的，因为人们要么购买供应商水箱里的水，要么跑很远的路去担水。

在英国，水由私人公司提供。在美国，公营公司经营水。

在印度和孟加拉，雨水丰富，但只在一个很短的湿季下雨，大部分时间是干旱的。建造水坝会有所帮助，但这些国家没能建造足够用的水坝。

这些国家和整个世界的水资源管理得当吗？我们每个人从自己的个人利益出发做出的使用水、保存水和输送水的决策符合社会利益吗？

失　业　在 20 世纪 30 年代，有一个被称为大萧条的时期，占美国劳动力 20%的人失业了。即使现在，大约有 30%的非洲裔美国青年人处于失业状态。为什么不是每个想工作的人都能有工作？既然稀缺导致经济的选择，为什么资源会闲置不用？

你找到了工作是因为别人雇了你可以赚到钱，你接受一个工作是因为你觉得薪水和其他条件还不错。因此，工作岗位数量是由雇主和工人的个人利益决定的。但工作岗位的数量符合社会利益吗？

赤字和债务　2002 年 9 月 30 日以来，每天美国政府发生的赤字是 17.1 亿美元，这意味着政府的债务每天增加的数量。在 2006 年 7 月 11 日，当我写下这句话的时候，你分担的政府未偿还债务是 28 140 美元。

也是在 2006 年，美国人从世界各地购买的产品和服务总值超过了世界各地从美国购买的总值，超出额几乎高达 8 000 亿美元。为了支付这些产品和服务的价款，我们必须向世界借款。

这些巨额的赤字以及由赤字引起的债务不可能长久维持下去。债务总是要偿还的。而且很可能由你们而不是你们的父母来偿还。

我们做出的以及通过联邦政府做出的这些进出口的选择符合社会利益吗？

我们刚刚讨论的这 10 个话题都涉及到一个大的问题：为了追求个人利益而做出的选择符合社会利益吗？

当你学完本书，你会发现，大多数我们按照自身利益而做出的选择是符合社会利益的，但是也存在一些个人利益与社会利益发生冲突的领域。你将会学到一些原理，它帮助经济学家弄明白什么时候会服务于社会的利益，什么时候不会；如果不会，我们该做什么。

复习测验

1. 给出一些有关生产什么、如何生产以及为谁生产的实际例子。
2. 用近来的一些新闻标题来说明个人利益与社会利益发生冲突的原因。

myeconlab **Study Plan 1.2**

经济学的思维方式

经济学试图要回答的问题给出了经济学的范围。但是，经济学的范围并没有告诉我们经济学家是怎么来思考这些问题并寻找这些问题的答案的。

现在你马上就会看到经济学家处理经济问题的方法了。首先，在这一节，我们介绍一下界定经济学思维方式的一些思想。这种思维方式需要实践，但它是有力的，你一旦熟悉了它，就会用新的和锋利的眼光来看待这个世界。

选择与权衡

因为我们面临稀缺性，所以我们必须做出选择。而我们做出选择时，我们是从各种可能性中选择一个。例如，你可以把周末用来复习迎考经济学或者与朋友出去玩。但是你不能同时做两件事。你必须决定在这两个事情上如何分配你的时间。不管你的选择是什么，你不得不放弃另一个选择。

你可以把你的选择理解为权衡。**权衡**（tradeoff）是一种交换——为得到某件东西的同时须放弃另一种东西。当你选择如何过周末时，你面临在学习和与朋友出去玩之间的权衡。

大炮与黄油 要大炮还是要黄油，这是一个经典的权衡。“大炮”与“黄油”只是任何一对商品的一个形象说法，它们也可以就是真实的大炮与黄油，也可以代表更广泛意义上的国防与食品。它们也可以是一对很具体的商品或者服务，如可乐和瓶装水、棒球棍和网球拍、大学和医院、房屋经纪人和就业指导者。

不管大炮与黄油代表了什么具体的物品，大炮与黄油的权衡抓住了我们生活中的一个铁的事实：如果我们想要更多的一件东西，我们就要用别的东西去交换它。

权衡的思想对整个经济学而言是一个核心。我们会看一些例子。先从大问题开始：生产什么？如何生产？为谁生产？我们可以根据权衡来逐一分析这些问题。

生产什么？如何生产？为谁生产

生产什么？如何生产？为谁生产？这些问题中包含的权衡与大炮和黄油之间是类似的。

生产什么的权衡 到底生产什么，取决于我们每个人、我们的政府以及生产我们购买的商品的企业的选择。

每个选择都包含权衡。我们每个人如何花钱就面临权衡。本周你去看电影，但你为了买票而少喝了几杯咖啡。你用咖啡去换了电影。

政府在如何使用税收问题上也面临权衡。国会支持增加国防开支，削减教育项目。国会在教育和国防之间权衡。

企业在决定生产什么时也面临权衡。耐克公司聘请了老虎伍德，把资源用于设计和促销一种新的高尔夫球，但减少了开发新跑鞋的支出。耐克用跑鞋去换了高尔夫球。

如何生产的权衡 如何生产产品和服务取决于生产这些产品的企业如何做出选择。它们的选择也是权衡。例如，Krispy Kreme 开了一家拥有自动化生产线的面圈店，关掉了传统厨房式的老店。Krispy Kreme 在劳动与资本之间进行权衡。

为谁生产的权衡 为谁生产取决于购买力的分配状况。购买力的再分配有三种方式：自愿的支付、偷盗或者通过政府组织的税收和福利项目。再分配也面临权衡。

当我们向联合国饥荒救济基金捐款的时候，我们也面临为谁生产的权衡。你捐了 50 美元，减少了你自己的开支。为了增加一点点的经济平等，你牺牲了自己的开销。

为了给增加防盗和执法的开支投赞成票，我们也面临为谁生产的权衡。为了增加一些财产的安全，我们牺牲了一些生产。

为了给增加税收和社会福利项目（实现从富人向穷人的再分配）投赞成票，我们又面临为谁生产的权衡。这些再分配项目让社会面临了所谓**艰难的权衡**（big tradeoff），即效率与平等之间的权衡。向富人征税补贴穷人可以提高经济平等，但是对生产性的活动，比如人们经营企业、努力工作、储蓄和投资于人力资本等进行征税会抑制这些活动的发生，从而减少生产。更平均的分配意味着大家能分享到的东西反而更少。

设想一下怎么来分配大家一起烘烤的馅饼。如果每个人得到的与其劳动成比例，那么每个人都会卖力地工作并且馅饼会越做越大。但是，假如不管贡献大小，馅饼是人人平均分配的，那么一些精兵强将就会泄气，馅饼就做不大了。馅饼的权衡是关于馅饼大小与如何分配馅饼之间的权衡。为了更平等一些，我们需要牺牲一些馅饼。

选择带来变化

生产什么？如何生产？为谁生产？这些问题随时间而改变。而且选择带来这些变化。美国今天生产出的产品与服务的数量与种类比非洲要大得多。美国今天的经济条件也比上一代人好了很多。但是经济生活的质量（以及它改善的速度）并不纯粹取决于自然条件和运气好坏，而是取决于我们每个人、政府和企业的选择，而这些选择涉及到权衡。

一个选择是关于我们多少收入用于消费，多少收入用于储蓄。我们的储蓄可以通过金融体系来为企业提供资金和购买新的资本以增加我们的生产。我们储蓄和投资得越多，我们将来能生产出来的产品和服务就越多。你决定储蓄 1 000 美元，放弃一次休假，你是用休假去换取将来更多的收入。如果每个人都增加 1 000 美元的储蓄，企业用这些钱来购买更多的设备生产更多的东西，那么将来每个人的消费都会增加。作为一个社会，我们是用当前的消费来换取经济增长和未来更大的消费。

第二个选择是，我们打算多少时间用于教育和培训。教育可以提高你的技能，使你变得更有生产率，能生产更多的产品和服务。当你决定再花两年时间去完成一个专业的学位的时候，你牺牲了大量闲暇的时间。你是用今天的闲暇来换取以后更高的收入。假如每个人都能受到更多的教育，生产就能增加，每个人的收入也能增加。从全社会来说，我们牺牲了当前的消费来换取经济增长和未来更大的消费。

第三个选择是，我们打算在研究与开发新产品和新的生产方式上花多少精力。福特汽车公司可以聘请人来设计一条新的使用机器人的生产线，也可以继续用现存的工厂生产汽车。使用机器人的工厂可以提高未来的生产率，但这意味着减少当前的生产。这是当前的生产与未来生产之间的权衡。

把选择看成权衡强调了一个思想，即为了得到一些东西，我们必须失去另外一些东西。我们失去的就是我们得到一些东西的代价。经济学家把这个代价称为机会成本。

机会成本

"天下没有免费的午餐"这个说法表达了经济学的一个中心思想：所有的选择都有成本。一件事的**机会成本**（opportunity cost）是我们为了得到它而放弃的最有价值的其他事情。

你可以退学，你也可以继续上学。假如你退学，在麦当劳做工，你赚的钱足以买些 CD、看电影或者与你的朋友消磨时间。假如你继续上学，你就没有钱做这些事情了。你要等到毕业有了工作才能做到这些，而这就是你今天继续上学的未来回报之一。但眼下，你的钱用去买书了，没有零钱再去买 CD 和看电影。每天做作业，你没有时间与朋友在一起玩。你退学情况下可以做的很多事情当中的最有价值的那个就是你上学的机会成本。

我们刚才讨论过的关于生产什么、如何生产和为谁生产的权衡的问题，也包含着机会成本。大炮的机会成本是所放弃的黄油，看电影的机会成本是你所放弃的几杯咖啡。

带来变化的选择也有机会成本。未来更多的产品和服务的机会成本就是：今天要少消费一些。

在边际上选择

你接下来的一小时是学习还是给朋友发电子邮件？选择并不是有和无之间的选择。你要选择的是每个活动花多少时间。为了做出这个决定，你需要比较一下多一点点学习时间的成本与收益——你是在**边际**（margin）上进行选择的。

增加一个活动所带来的好处叫做**边际利益**（marginal benefit，也译作"边际收益"）。例如，假如你一周花 4 个晚上学习，你的 GPA 是 3.0。你想要提高 GPA，决定每周增加一个晚上的学习时间，结果你的 GPA 增加到了 3.5。一周增加一个晚上来学习的边际利益是 0.5 个 GPA，而不是 3. 5。因为每周有 4 个晚上的学习你已经有了 3.0 的 GPA，所以你不应该再把它计算到因为你的新的决定而带来的利益中去。

增加一个活动的成本叫做**边际成本**（marginal cost）。对你而言，每周增加一个晚上的学习时间，其边际成本是你不能与朋友出去玩的代价（假如这是你消磨时间的最好方式）。它不包括你用于学习的 4 个晚上的成本。

为了做出你的决定，你要比较额外增加一个晚上的边际成本与边际利益。假如边际成本超过了边际利益，你不需要增加一个晚上的学习。

所谓把资源用到最好的用途上去，就是要比较边际利益与边际成本，并且去选择边际利益大于边际成本的那些行为。

对激励做出反应

我们的选择是对激励做出反应。边际利益或者边际成本的变化改变我们面临的激励，导致我们改变我们的选择。

例如，假设你的经济学老师给了你一组题目，并告诉你这些题目就是下次要考试的内容。不用说，复习这些题目的边际利益是很大的了，所以你会很花工夫来做些题目的；相反，假如你的数学老师也给了你一套题目，并告诉你这套题目与下次考试无关，那么你做这些题目的边际利益就会很小，所以你就会把这些题目扔到一边。

经济学的中心思想是，我们可以考查激励的变化来预测选择的变化。一个行动的边际成本下降或者边际利益增加，这样的行动十有八九就会增加；反过来，一个行动的边际成本增加或者边际利益下降，这样的行动十有八九就会减少。

激励对于协调个人利益与社会利益也是关键的。如果你的选择不符合社会的利益，那是因为我们面临的激励有问题。经济学家面临的挑战之一就是要去弄清楚让个人利益与社会利益兼容的激励制度是什么。

人性、激励与制度

经济学家把人性视为给定的，认为人以个人利益而行动。所有的人——无论消费者、生产者还是政治家或者公务员——都追求他们的个人利益。

追求个人利益的行为并不必然等于自私。你也许愿意用你的投入不仅增进你的幸福，也增进他人的幸福。但是，一个自利的行动会为你带来基于你的价值观认定的最大的价值。

假如人性是给定的，个人的行为是出于个人的利益，那么我们怎么来关照社会的利益呢？经济学家强调了制度的作用，因为制度影响着我们追求个人利益的激励。

基本的制度是法律和市场，它们保障私人的财产和自愿交换。随着你对经济学的学习，你就会明白在有制度的地方，个人利益就能促进社会的利益。

复习测验

1. 找三个权衡的日常事例并描述一下每个事例涉及到的机会成本。
2. 找三个日常事例来说明在边际上选择是什么意思。
3. 经济学家是怎么预测选择的改变的？
4. 在经济学家看来，制度在促进社会利益上有什么作用？

myeconlab **Study Plan 1.3**

经济学：一门社会科学

经济学是一门社会科学（包括政治学、心理学和社会学等）。经济学家致力于弄明白经济世界是怎么回事。为了实现这个目标（与所有的科学家一样），他们区分了两类陈述：

- *是什么*
- *应该是什么*

关于*是什么*的陈述称为*实证的*陈述，它可能对也可能错。我们可以用事实来检验一个实证的陈述。一个化学家在实验室里做一个实验，她是在用事实检验一个实证的陈述。

关于*应该是什么*的陈述叫做*规范的*陈述。这些陈述取决于价值观，无法检验。国会对一个议题进行辩论，最终是为了决定是否应该如此。它在给出一个规范的陈述。

为了弄明白实证的和规范的陈述的不同，让我们考虑一个关于全球变暖的争论。一些科学家认为，几个世纪以来人类燃烧煤炭和石油增加了大气层的二氧化碳含量，导致了温度的升高，最终给这个地球上的生命带来灾难性的后果。“地球变暖是因为大气层的二氧化碳的增加”是一个实证的陈述。它可以被检验（如果有足够的数据的话）。“我们应该减少使用煤炭和石油之类的含有二氧化碳的燃料”则是一个规范陈述。你可以同意也可以不同意这个说法，但它是不可验证的。它依赖于价值观。

医疗改革也是一个很好的例子。“全面的医疗保障会减少因为疾病而损失的工作时间”是一个实证陈述。“所有的美国人都应该平等获得医疗保障”则是一个规范陈述。

经济学的任务是寻找那些与我们的观察相一致的实证陈述，用它来帮助我们理解这个经济世界。这个任务可以分解为三个步骤：

- 观察与测量
- 建模
- 验证模型

观察与测量

弄明白经济世界是怎么回事的第一步是观察这个世界。所有的科学都需要数据。经济学家观察和测量经济行为各方面的数据，比如可用的资源有多少，工资水平和工作时间如何，生产和消费的产品与服务的数量和价格是多少。

建　模

第二步是构造一个模型。一个**经济模型**（economic model）是对经济世界某些方面的一个描述。模型抓住的不是经济世界所有的特征，而是与研究目的有关的这些特征。模型比它描述的现实要简单。模型要包含什么，舍弃什么，取决于我们的假设，就是说假设什么是重要的，什么是不重要的。

有一个模型是你天天都碰到的，那就是电视上的气象地图，它可以告诉你舍弃掉细节对于理解这个世界是多么重要。气象地图是一个帮助预报未来一段时间的天气的模型。气象地图上显示的线叫等压线，它代表相同的气压。该地图上并没有标出州际高速公路，其原因是，我们的气象理论告诉我们，决定气象的是气压的变化模式，而不是高速公路的位置。

一个经济模型与气象地图很类似。例如，关于手机网络的经济模型可以告诉我们开发一个新的低成本的技术对于手机用户和通话量的影响。但是，这个模型会舍弃掉诸如人们的手机盖的颜色和铃声类型的细节。

检验模型

第三步是检验模型。一个模型的预测结果可能与事实一致也可能不一致。用事实来对照模型的预测结果，我们就可以验证模型并提出新的理论。一个**经济理论**（economic theory）是对那些我们所理解的人们的经济选择的结论的一般化。它是经济模型与真实经济之间的一个桥梁。

建立和检验模型的过程产生了理论。例如，气象学家有一个理论，气压线在一年的某个特定的时间形成一个特定的模式（模型），它就下雪（现实）。它们是不断重复观察事实和小心翼翼地记录气压变化模式的气象资料而发展起来的理论。

经济学是一门年轻的科学。它诞生于 1776 年，那一年亚当·斯密出版了《国富论》。从那时起，经济学家发现了许多有用的理论。但是在很多方面，经济学家还在寻找答案。经济知识的缓慢积累让很多经济学家相信，他们的方法最终会为重大的经济问题提供有益的答案。

但是经济学的进步是缓慢的。这里让我们看一些经济学发展中的障碍物。

经济学中的障碍与陷阱

我们不能轻而易举地做经济实验。而且，大多数经济行为同时有许多原因。基于这两个理由，在经济学中要清理出原因与结果是困难的。

影响原因与结果　通过在一个时点上改变一种因素而使所有其他相关因素不变，我们可以分离出所关注的因素，并以最明显可能的方式研究其结果。这种所有科学家都用来确定原因与结果的逻辑工具称为**其他条件相同**（ceteris paribus）。其他条件相同是一个拉丁词，它指“其他事情都相同”，或者“如果其他相关事情都保持不变”。保证其他事情都相同在许多活动中都至关重要，所有做出科学进步的努力，都运用了这种工具。

经济模型（和所有其他学科的模型一样）能在一个假想的模型世界中把一个时点上一种因素的影响分离出来。当我们运用一个模型时，我们可以设想如果只有一种因素变动会出现什么情况。但是，当我们力图检验模型时，其他条件相同会成为经济学中的一个问题。

像化学家和物理学家这样的实验科学家，在实验中能够实际地做到使除了所研究的一个因素之外其他相关因素都不变。在像经济学（以及气象学）这样的非实验性学科中，我们通常观察到许多因素同时发生作用。因此，要分出每一种因素的结果并把这种结果与模型的预期相比较是困难的。为了解决这个问题，经济学家采取了三种互为补充的方法。

第一，他们寻找其他条件相同（或相似）的一对事件。一个例子是根据美国与加拿大的人口非常相似的假设，通过比较这两个国家来研究失业保障对失业率的影响。第二，经济学家用统计工具——称为计量经济学（econometrics）。第三，当他们可能时，他们就进行实验。这种较新的方法把真实对象（通常是学生）放在一个决策情景下，并以某种方法改变激励，以发现他们在一个时点上对一种因素的变化如何做出反应。

经济学家努力避免谬误——得出错误结论的推理失误。但是两种谬误是常见的，而且，你要提高警惕，以避免这两种谬误。它们是：

- 合成谬误
- 事后谬误

合成谬误　合成谬误（fallacy of composition）是这样一种陈述，对局部正确的就推论说对整体也正确，或者对整体正确的就推论说对局部也正确。生活中这种谬误的例子很

多。一个人要站起来观看球赛场才能看得更清楚，并不等于每个人都是这样。也就是说，局部正确的事情不等于整体也正确。

很多经济状况产生合成谬误，是因为局部之间相互影响才能产生整体的结果，而这个整体的结果与局部却不同。

例如，一个企业为了降低成本和增加利润而裁员。但是，如果所有的企业都裁员的话，那么整个经济的收入就会下降，支出也会减少。这样的话，企业的销售就会减少，利润就不会增加。

我们也可以设想另外一个情况，企业为了获得更大的市场份额，决定降低价格并进行大规模的广告宣传。同样，假如一个企业这么做，那是管用的；但如果整个产业的所有企业都这么做，那么它们的市场份额就不会变化，利润则反而减少了。

事后谬误 另一个拉丁短语——*后此*（post hoc，ergo propter hoc）——是指“在此之后，因此，由于这一点。”*事后谬误*（post hoc fallacy）是指这样的一种错误推理：由于第一个事件发生在第二个事件之前，所以第一个事件引起第二个事件。假设你是从一个遥远的世界来的旅游者，你观察到12月初有许多人购物，然后你看到他们开始赠送礼物并在圣诞节聚会。你想知道“是不是购物引起了圣诞节？”在深入研究之后，你发现是圣诞节引起购物。后一件事引起前一件事。

无法把原因与结果分开是经济学中的难题。而且，仅仅观察事件的时间往往并无帮助。例如，股票市场高涨，而且，几个月之后经济扩张——工作岗位与收入增加。是股票市场高涨引起了经济扩张吗？可能是，但也许企业开始计划扩大生产是由于降低成本的新技术更易于得到了。随着计划方面知识的扩散，股票市场对预期的经济扩张做出了反应。为了分清原因与结果，经济学家用经济模型和数据，并在他们所能做到的范围内进行实验。

经济学是一门富有挑战性的学科。经济学中得到答案的困难是否意味着一切都在变动之中，而且经济学家对大多数问题都看法不一致？也许你听过这样的笑话：“如果你把世界上所有的经济学家放倒，头对脚地排列下去，他们也仍然无法达成一致。”这确实让人惊讶，也许它描述的并非事实。

一致与分歧

经济学家在相当广泛的问题上达成了一致的看法。而且，令人惊讶的是，经济学家一致的观点往往与公众不一致，有时与政治上正确的观点也不一致。当美联储主席本·伯南克在参议院银行委员会上陈词时，尽管他的话在报刊上和国会中引起了无休止的争论，但在经济学家中却没什么争论。

对以下的12种观点，10位经济学家中至少有7位是大体上一致的：

- 关税与进口限制使大多数人状况变坏。
- 巨额联邦预算赤字对经济有不利的影响。
- 最低工资法增加了年轻工人和不熟练工人的失业。
- 向福利领取者支付现金可使他们的状况比等量现金的实物支付要好。
- 当失业率较高时，减税有助于减少失业。
- 美国的收入分配应该更平等些。
- 通货膨胀主要是由迅速的货币创造引起的。
- 政府应该根据“负所得税”的思路来重新安排福利。
- 租金上限减少了可获得的住房。
- 污染税比污染限制更有效。
- 收入再分配是美国政府的合法职责。
- 联邦预算应该在经济周期中平均而言是平衡的，但不是每年都平衡。

这些陈述哪些是实证的，哪些是规范的？要注意的是，经济学家乐意像提供他们关于实证问题的专业观点那样，提供他们关于规范问题的专家意见。当心：规范的提议伪装成实证的观点。

复习测验

1. 实证陈述和规范陈述的区别是什么？请为两种类型的表述各举出一个例子（不同于文章中的）。
2. 什么是模型？你能想出一个在日常生活中也可能经常使用的模型吗（也许不认为它是模型）？
3. 什么是理论？为什么“在理论上也许可行，但在实践中不可行”是一个浅薄的表述？
4. 什么是其他条件相同假设？如何运用它？
5. 试着举出日常生活中合成谬误与事后谬误的例子。

myeconlab **Study Plan 1.4**

内容提要

要　点

经济学的定义

- 所有的经济问题都产生于稀缺性，即我们的欲望超出了可以满足我们欲望的资源。
- 经济学是研究人们为了对付稀缺性而如何做出选择的一门社会科学。
- 经济学分为微观经济学和宏观经济学。

经济学的两个重大问题

- 两个重大问题概括了经济学的研究范围：
  1. 选择是如何决定生产什么、如何生产和为谁生产的问题。
  2. 在什么条件下追求个人利益的选择也增进社会利益。

经济学的思维方式

- 每个选择都是一种权衡——要多一些这个，就要少一些那个。
- “要大炮还是要黄油”这一经典的说法代表了所有的权衡。
- 所有的经济问题都是权衡的问题。
- 社会面临的重大权衡是效率与公平。
- 做出选择的机会成本是所放弃的选择机会中最有价值的那个选项。
- 选择是在边际上做出的对激励的反应。

经济学：一门社会科学

- 经济学家区分了实证陈述（是什么）和规范陈述（应该是什么）。
- 为了解释经济世界，经济学家通过建立和检验经济模型发展了各种理论。
- 经济学家使用“其他条件相同”的假设来区分原因与影响，避免陷入合成谬误和事后谬误的陷阱。
- 经济学家对于经济的运行的一系列问题是有共识的。

关键术语

稀缺性	激　励
经济学	微观经济学
宏观经济学	产品和服务
生产要素	土　地
劳　动	人力资本
资　本	企业家才能
地　租	工　资
利　息	利　润
个人利益	社会利益
权　衡	艰难的权衡
机会成本	边　际
边际利益	边际成本
经济模型	经济理论
其他条件相同	

习　题

1. 苹果电脑公司决定让 iTune 免费下载音乐。
   a. 苹果电脑公司的决定是否意味着音乐不再是稀缺的？
   b. 苹果电脑公司的决定会改变人们面临的激励吗？
   c. 苹果电脑公司的决定属于微观经济问题还是宏观经济问题？
   d. 苹果电脑公司的决定会改变音乐的机会成本吗？
2. 下面的哪一组合不是对应的？
   a. 劳动与工资
   b. 土地与地租
   c. 企业家才能与利润
   d. 资本与利润
3. 解释一下下列这些新闻标题是如何关注个人利益与社会利益的：
   a. 沃尔玛在欧洲扩大了业务
   b. 塔可钟（Taco Bell）在加拿大开张了
   c. 麦当劳进军沙拉市场
   d. 食品必须有标明营养信息的标签
4. 在经济学考试的前一天晚上，你决定去看电影而不是在家复习功课。通常情况下你可以考 70 分，但这次你只能考 50 分。
   a. 你面临权衡吗？
   b. 你晚上看电影的机会成本是什么？
5. 下面的陈述哪些是实证的，哪些是规范的，哪些是可以被检验的？
   a. 美国政府应该削减其进口。
   b. 中国是美国的最大贸易伙伴。
   c. 假如抗病毒药的价格提高，艾滋病患者就会减少用药。

6. 下面的陈述哪些说明了合成谬误，那些说明了事后谬误？
   a. 你踮起脚跟，你就看得更清楚。
   b. 为了避开高峰拥挤，每个人都应该提前 1 小时离开家。
   c. 抽烟的人患肺癌和心脏病的风险高。

批判性思考

1. 随着伦敦在积极筹备 2012 年的奥林匹克运动会，对筹办成本的关注也与日俱增。这里就有一个例子：

   伦敦奥林匹克运动会的成本大增——东伦敦城的旧城改造要让纳税人再掏 15 亿英镑。

   伦敦《泰晤士报》，2006 年 7 月 6 日

   东伦敦城的旧城改造成本就是伦敦举办奥林匹克运动会的机会成本吗？解释为什么。

网上活动

1. 访问 CNNMoney. Com
   a. 今天的头条新闻是什么？
   b. 这些新闻涉及到两个重大经济问题的哪一个？（它们至少涉及了一个问题，也可能涉及了更多的问题）
   c. 这些新闻讨论的是什么样的权衡的问题？
   d. 用简单的几行字概括出新闻事件，尽量用你在本章学过并罗列在关键术语表中的经济学词汇。
2. 访问 *Resources for Economists on the Internet*。这是在网上搜寻经济信息的好去处。点击“Blogs, Commentaries, and Podcasts”。
   a. 点击 Becker-Posner 的博客，阅读一下这两位著名经济学家的最新博客。
   b. 你阅读他们的博客时，想一想他们的文章中对于生产什么、如何生产和为谁生产的问题是怎么说的。
   c. 你阅读他们的博客时，想一想他们的文章中对于个人利益与社会利益的问题是怎么说的。
3. 访问美国劳工统计局，找一下你所在的州的就业、失业以及各种收入的数据。你也找一下整个美国的就业、失业以及各种收入的数据。比较一下你所在的州与整个美国的数据。

附　录

经济学中的图形

学习该附录后，你将能：

- 绘制并解释时间序列图、截面图和散点图
- 区分变量的线性与非线性关系，区分有最大值和最小值的变量的关系
- 定义并计算一条线的斜率
- 画出两个以上变量之间的关系

用数据作图

图形用线上的距离代表数量。在图 A1.1 上，水平线上的距离代表用华氏温度衡量的温度。从左向右变动表示温度上升。标着 0 的点代表华氏零度。0 的右边，温度是正的；0 的左边，温度是负的（在数字前面加一个负号来表示）。垂线的距离代表用海拔千英尺衡量的纬度或高度。标着 0 的点代表海平面。0 以上的点代表海拔以上的英尺；0 以下的点（用负号表示）代表海拔以下的英尺。

如图 A1.1 所示，确定相互垂直的两个刻度之后，你就可以把变量的关系形象地画出来了。刻度线称为轴。垂直的线叫 y 轴，水平线叫 x 轴。每个轴都有一个 0 点，是两个轴共享的，叫*原点*。

为了画出两变量的图形，我们需要两部分信息。我们需要变量 x 的值和变量 y 的值。例如，冬天阿拉斯加海岸外的温度是 32℉，我们称它为 x 轴的值。一只渔船位于海拔零英尺处，我们称它为 y 轴的值。在图 A1.1 中，这两种信息由 A 点代表。在极为寒冷的一天，在麦金利山顶的登山者是在海拔 20 320 英尺处，温度是 0℉。这两种信息由 B 点代表。温暖的一天登山者的位置可能是在标为 C 的点上。这个点代表在麦金利山的顶峰，这时温度为 32℉。

可以从图中的 C 点画出称为*坐标*的两条线。这两条线中的一条从 C 延伸到横轴上，这条线称为 y 坐标，它的长度与 y 轴上所标出的值相同。这两条线中的另一条从 C 延伸到纵轴上，这条线称为 x 坐标，它的长度与 x 轴上标出的值相同。为了描述图上的一点，我们利用了其 x 坐标与 y 坐标。

图 A1.1　绘制一个图形

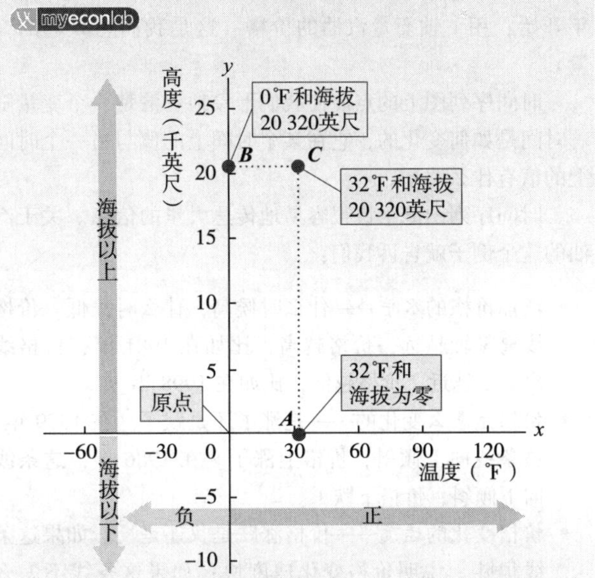

图形都有用距离衡量数量的轴。在这个图中，横轴（x 轴）衡量温度，向右变动表示温度上升。纵轴（y 轴）衡量高度，向上变动表示高度增加。A 点代表渔船在海平面上（y 轴上的 0），这时温度是 32℉（x 轴上的 32）。B 点代表登山者在温度为 0℉（x 轴上的 0）的一天在麦金利山顶上（海拔 20 320 英尺）。C 点代表登山者在温度为 32℉、海拔 20 320 英尺的麦金利山顶上。

可以用像图 A1.1 这样的图形来表示有关两个变量的任何一种数量数据。经济学家用三类与图 A1.1 类似的图形来反映和描述经济变量之间的关系。它们是：

- 时间序列图
- 截面图
- 散点图

时间序列图

时间序列图（time-series graph）在 x 轴上衡量时间（例如月或者年），而把我们感兴趣的变量用 y 轴来表示。

图 A1.2 是时间序列图的一个例子。它提供了关于汽油价格的一些信息。在图上，我们用年来衡量时间，从 1973 年开始；用 y 轴衡量汽油的价格（这是我们感兴趣的变量）。

时间序列图上的点能使我们形象地看清楚一个变量随着时间是如何变化的，它在某个时间上的值与另一个时间上的值有什么关系。

时间序列图能很快很容易地传达大量的信息。关于汽油的这个例子就告诉我们：

- 汽油价格的水平——什么时候高，什么时候低。价格线离 x 轴越远，价格越高，比如在 1981 年；价格线离 x 轴越近，价格越低，比如在 1998 年。
- 价格是怎么变化的——是涨了还是跌了。在 1979 年，这条线向上倾斜，价格上涨了。在 1986 年，这条线向下倾斜，价格下跌了。
- 价格变化的速度——价格涨跌是快还是慢。如果这条线很陡，说明价格变化速度快；如果这条线不怎么陡，说明价格变化速度慢。例如，在 1978~1980 年间，价格涨得很快，在 1994~1996 年涨得很慢。在 1985~1986 年价格下降得很快，1990~1994 年则下降得很慢。

时间序列图还表明是否存在一种**趋势**（trend）——变量的总体升降方向。趋势可以是向上的或向下的。从图 A1.2 中你可以看出，在 20 世纪 80 年代到 90 年代，汽油价格的总体趋势是下降的。也就是说，尽管价格有涨有跌，但是总体的倾向是下降的——价格有向下的趋势。在 21 世纪初，趋势变为向上。

时间序列图也能帮助我们看出来变量是如何围绕着趋势线上下波动的。从图 A1.2 上你可以看到汽油价格的峰值与谷底。

最后，时间序列图也能让我们迅速地去比较变量在不同时间上的变化。图 A1.2 显示，在 20 世纪 70 和 80 年代与 90 年代的差异。汽油价格在 20 世纪 70 和 80 年代比 90 年代波动得厉害。

你可以看出，时间序列图传达了丰富的信息，而且简洁明了。但你确实需要去“读图”才能获得所有这些信息。

图 A1.2 时间序列图

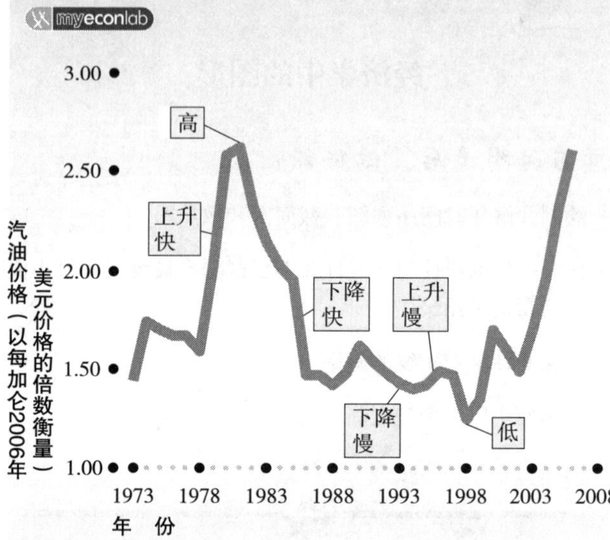

时间序列图表示与 x 轴上的时间（天、周、月或年）相对应的 y 轴上的变量值。这个图显示了在 1973~2006 年间汽油的价格（以每加仑 2006 年的美元价格的倍数衡量）。它告诉我们汽油的价格什么时候高，什么时候低；什么时候上升，什么时候下降；什么时候涨得快，什么时候涨得慢。

截面图

截面图（cross-section graph）显示的是某个时点上同一个经济变量在不同的组别或者类别上的值。图 A1.3 可以称为柱状图，也就是一个截面图。

图 A1.3 的柱状图显示的是 2005 年美国人在 10 个休闲项目上的参与比例。每个柱状的长度表示参与人口的比重。这个图可以让你看出这 10 个项目受欢迎的程度。这当然比看数字要更一目了然。

散点图

散点图（scatter diagram）勾勒出的是一个变量的值与另一个变量的值之间的关系。这种图揭示的是两个变量之间是否存在某种关系。图 A1.4 (a) 显示了收入与支出之间的关系。这个图上的每一个点给出了 1990~2000 年间每年的人均支出与人均收入。这些点在这个图上是“散乱的”。点 A 告诉我们，在 1996 年，人均收入是 20 613 美元，人均支出是 18 888 美元。图上的这些点形成了一个特征，它显示的是，收入增加支出也增加。

图 A1.4 (b) 显示的是国际长途电话价格与打长途电话次数之间的关系。它显示了，如果每分钟的价格下降，

图 A1.3 截面图

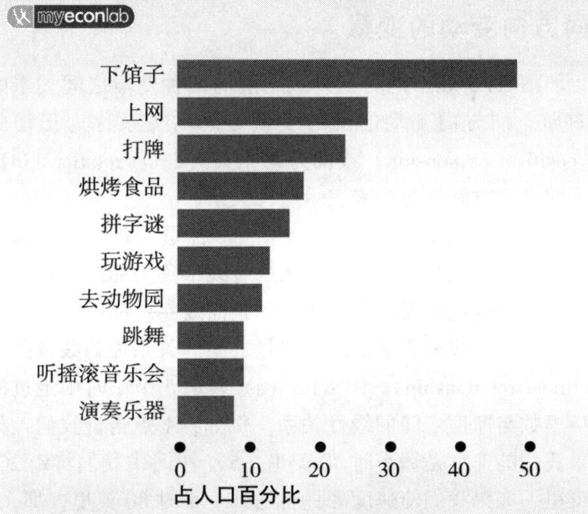

截面图表示一个变量在不同群体的水平。这个柱状图表示10个最受欢迎的项目以及这10个休闲项目的人口参与比例。

打电话的次数增加。

图 A1.4（c）幅是美国的通货膨胀率与失业率之间的散点图。从中可以看出，这些点没有形成一个清晰的关系。所以，图中的这些点告诉我们，这两个变量之间不存在简单的关系。

把轴断开 你刚刚看到的两个图上，即 A1.4（a）和 A1.4（c）上面有小缺口，就是说轴是断开的。这种断开说明数值从原点直接跳到了第一个值。

在图 A1.4（a）幅，使用了断开是因为支出的最低值超过了 14 000 美元，而收入的最低值超过了 16 000 美元。如果不把轴做断开处理，就会有很多的空白，所有的点都会挤在图的右上角，我们就不能够看出这两个变量之间有没有关系。把轴断开，我们就可以看清这种关系。

把轴断开类似于我们用变焦镜头把这种关系放到图的中间，放大它，使它占满图形。

误导的图形 断开可以用来强调一种关系，但使用断开也会误导，让图撒谎。图形撒谎的最常见方法就是使用坐标

图 A1.4 散点图

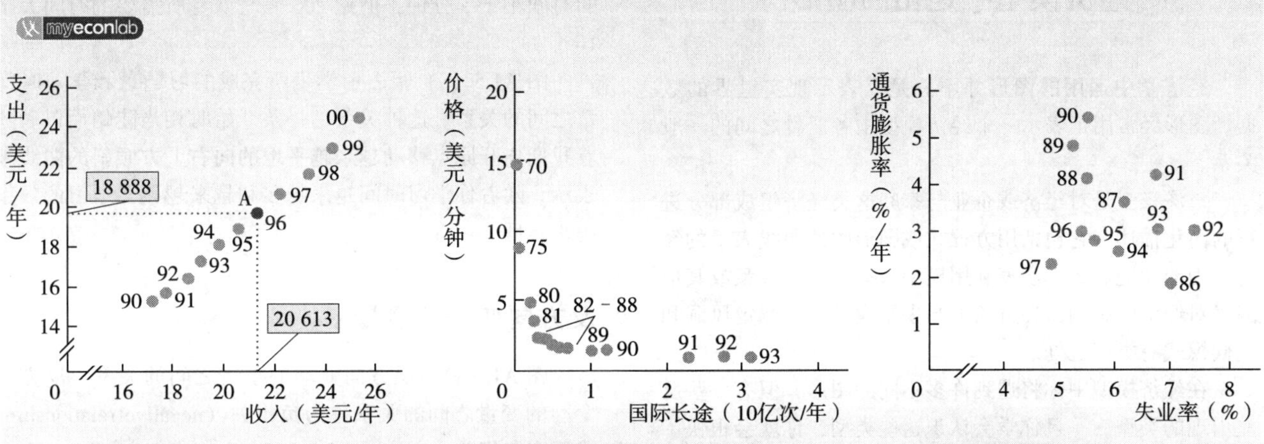

（a）支出与收入

（b）打国际长途电话次数与价格

（c）失业与通货膨胀

散点图表示两种变量之间的关系。（a）幅表示支出与收入之间的关系。每个点表示在某一年两个变量的值。例如，在1996年，平均收入是20 613美元，平均支出是18 888美元。各点形成的模式表示随着收入增加消费也增加。（b）幅表示国际电话价格与每年打电话数量之间的关系。这个图表示，随着打电话的价格下降，打电话的次数增加了。（c）幅表示美国的通货膨胀率和失业率之间的关系。这个图表示，通货膨胀与失业并不是密切相关的。

轴的断开以及伸缩刻度。例如，假设在图 A1.4 (a)，现在 y 轴度量从 0 到 45 000 美元的支出，x 轴还与原来一样。这样作的图就会给你一个印象，尽管收入有了巨大的提高，但支出基本没有变化。

为了避免被误导，在开始解释图形之前要时刻密切注意坐标轴的数值和标记，养成这样的好习惯，不失为一种好的办法。

相关关系与因果关系 散点图表示两个变量之间的清晰关系。告诉我们这两个变量之间高度相关，如图 A1.4 (a) 和图 A1.4 (b)。如果存在高度相关关系，我们可以用一个变量的变化来预测另一个变量的变化。但相关关系不意味着因果关系。

有时高度相关只是一种巧合，但有时是因为存在因果关系。例如，很可能是收入的增加引起了支出的增加（图 A1.4a），打电话变便宜了使得打电话的次数增加（图 A1.4b）。

你已经看到了，图形在经济学中可以帮助我们表示经济数据和揭示它们的关系。接下来，我们要学习经济学家怎么用图形来构造和展示经济模型。

经济模型中运用的图形

经济学中运用的图形并不总是要表示现实世界的数据。图形经常用于表示一个经济模型中各变量之间的一般关系。

经济模型是对经济或企业与家庭这类经济组成部分进行的简化描述。它包括用方程式或图形中的曲线表示的经济行为的命题。经济学家利用模型来揭示不同政策或其他因素对经济的影响，在方法上与采用模型飞机测定风洞和气候模式有类似之处。

在经济模型中你将遇到许多不同的图形，但有一些反复出现的类型。一旦你学会认识这些类型，你就会很快了解图形的含义。在这里，我们将考查经济模型中所用的不同类型的曲线，而且，我们将看到每种曲线的一些日常生活例子。在图形中看到的类型有四种情况：

- 变量同方向变动
- 变量反方向变动
- 变量有最大或最小值
- 变量是无关的

现在我们考查这四种情况。

同方向变动的变量

图 A1.5 表示同时上升或下降的两种变量之间关系的图形。同方向变动的两种变量之间的关系称为**正相关**（positive relationship）或**同方向相关**（direct relationship）。用向右上方倾斜的线来表示这种关系。

图 A1.5 表示三种类型关系，一种是一条直线，而两种是曲线。但在这三个图中的所有线都称为曲线。图形的任何一条线——无论它是直线还是曲线——都称为*曲线*。

能用直线来表示的两个变量之间的关系称为**线性关系**（linear relationship）。图 A1.5（a）表示 5 个小时中走过的英里数与速度之间的线性关系。例如，A 点告诉我们，如果我们的速度是每小时 40 英里，5 个小时中我们将走 200 英里。如果我们使速度翻一番达到 1 小时 80 英里，那么，在 5 个小时中我们将走过 400 英里。

图 A1.5（b）幅表示跑步距离与恢复时间（使心率回到正常休息时的心率所需要的时间）之间的关系。这种关系是当我们沿着从原点出发的曲线移动时，由开始相当平坦但以后越来越陡峭的曲线来表示的一种向右上方倾斜的关系。这条曲线向右上方倾斜而且越来越陡峭的原因，是多跑 100 码就需要更多的恢复时间。跑 100 码时恢复所要的时间小于 5 分钟，但跑 200 码时恢复所需要的时间大于 10 分钟。

图 A1.5（c）幅表示学生所完成的习题量和学习时间量之间的关系。这种关系用一条开始时相当陡峭而以后随着我们离开原点移动越来越平坦的向右上方倾斜的曲线来表示。随着你学习时间越来越多和越来越累，学习的效率越来越低。

反方向变动的变量

图 A1.6 表示反方向变动的事情之间的关系。反方向变动的变量之间的关系称为**负相关**（negative relationship）或**反方向相关**（inverse relationship）。

图 A1.6（a）幅表示当总时间为 5 小时时，可用于玩壁网球的小时数和玩场地网球的小时数之间的关系。多玩一小时场地网球意味着少玩一小时壁网球，反之亦然。这种关系是线性负相关。

图 A1.6（b）幅表示旅行每英里的成本和旅途长度之间的关系。旅途越长，每英里的成本越低。但是，随着旅途长度的增加，每英里成本下降，而且，旅途越长，成本

图 A1.5　正（同方向）相关

myeconlab

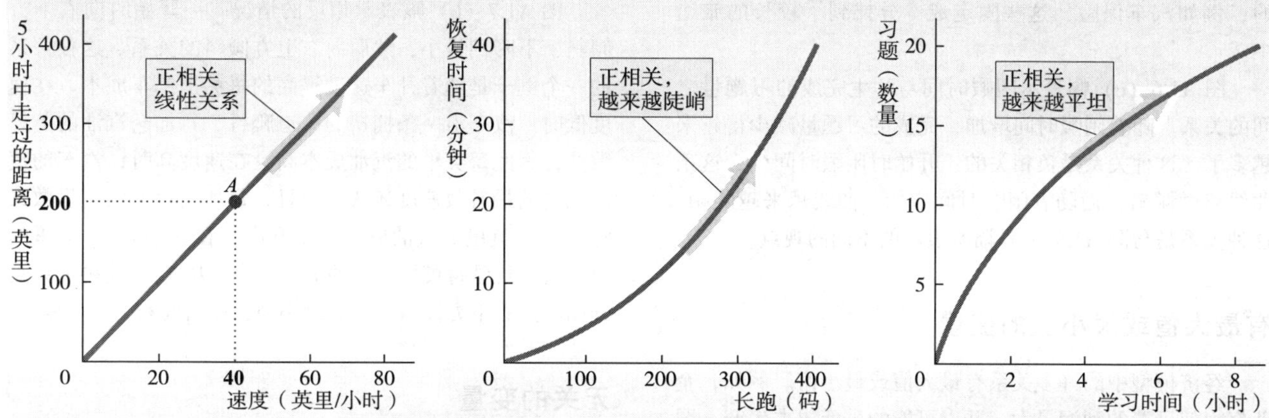

(a) 正相关线性关系　**(b) 正相关，越来越陡峭**　**(c) 正相关，越来越平坦**

每一幅均表示两个变量之间的一种正（同方向）相关关系。这就是说，随着用 x 轴衡量的变量的值增加，用 y 轴衡量的变量的值也增加。(a) 幅表示线性关系——由于两个变量同时增加，沿着一条直线移动。(b) 幅表示另一种正相关，两个变量同时增加，沿着越来越陡峭的曲线移动。(c) 幅表示又一种正相关，两个变量同时增加，沿着越来越平坦的曲线移动。

图 A1.6　负（反方向）相关

myeconlab

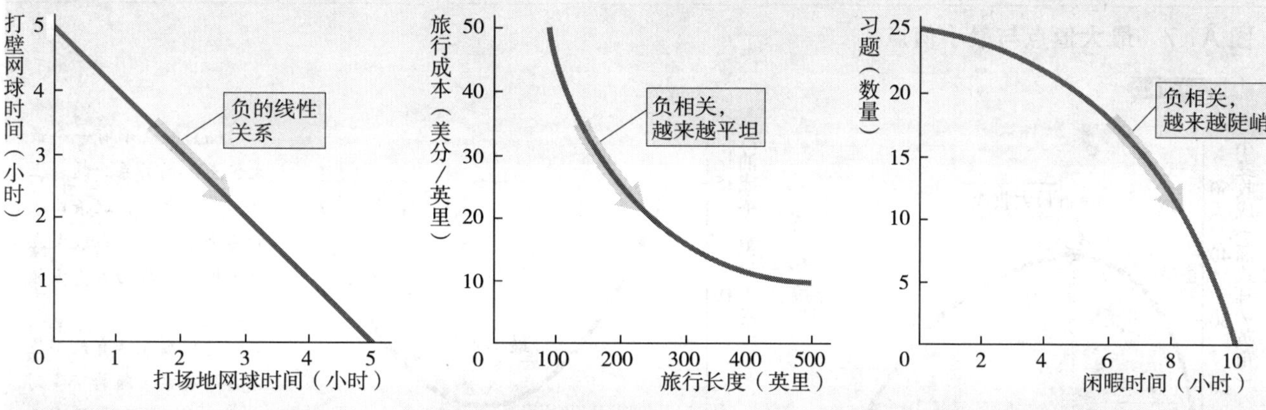

(a)负的线性关系　**(b) 负相关，越来越平坦**　**(c) 负相关，越来越陡峭**

每一幅均都表示两个变量之间的一种负（反方向）相关。这就是说，随着用 x 轴衡量的变量的值增加，用 y 轴衡量的变量的值减少。(a) 幅表示一种线性关系。花费在场地网球和壁网球上总的时间是 5 小时。随着花费在场地网球的时间增加，花费在壁网球的时间减少，并沿着一条直线变动。(b) 幅表示另一种负相关性。例如，随着旅行长度的增加，旅行成本减少，并沿着越来越平坦的曲线变动。(c) 幅表示又一种负相关性。随着闲暇时间增加，做习题的数量减少，并沿着越来越陡峭的曲线变动。

下降得越少。曲线向右下方倾斜这一事实表示这种关系的特点，这条线在旅途短时开始陡峭，然后随着旅途长度增加而越来越平坦。这种关系的产生是因为一些成本是固定的，例如汽车保险，这些固定成本分摊到了较长的旅途中。

图 A1.6（c）幅表示闲暇时间与学生完成的习题量之间的关系。随着闲暇时间增加，完成的习题量减少得越来越多了。这种关系是负相关的，开始时闲暇时间少，这条曲线略微倾斜，而随着闲暇时间增加，曲线越来越陡峭。这种关系是与图 A1.5（c）幅所表示的不同的观点。

有最大值或最小值的变量

经济模型中的许多关系有最大值或最小值。例如，企业努力使可能的利润最大，并以可能的最低成本生产。图 A1.7 表示有最大值或最小值的关系。

图 A1.7（a）幅表示降雨量和小麦收成之间的关系。当没有降雨时，小麦无法生长，因此收成为零。随着降雨量增加到一个月 10 天，小麦收成也增加。在每月降雨 10 天时，小麦收成达到每英亩 40 蒲式耳的最大量（*A* 点）。一个月的降雨量超过 10 天，小麦收成开始减少。如果每天都下雨，小麦受缺乏阳光之害，收成减少为零。这种关系是开始时向右上方倾斜，达到最大，然后向右下方倾斜。

图 A1.7（b）幅表示相反的情况——开始时向右下方倾斜，下降到最小，然后向右上方倾斜的关系。这种关系的一个例子是随着开车速度提高的每英里汽车成本。在速度低时，汽车沿一条拥挤的车道爬行。每加仑汽油的英里数低，因此每英里的汽油成本高。在速度高时，汽车的速度比它的最有效速度还快，而且，每加仑汽油的英里数又降低，每英里的汽油成本再度升高。在一小时 55 英里的速度时，行驶每英里的汽油成本最小（*B* 点）。这种关系是开始时向右下方倾斜，达到最小值，然后向右上方倾斜。

无关的变量

有许多情况是，无论一个变量发生什么变动，另一个变量都保持不变。有时我们想用一个图形来表示两个变量之间的这种无关性，图 A1.8 表示做到这一点的两种方法。

在说明图 A1.5 到图 A1.7 时，我们谈到了曲线向上斜或向下斜，曲线变平或变陡。现在让我们花点时间讨论一下斜率的含义是什么，以及怎样度量斜率。

图 A1.7　最大值点与最小值点

myeconlab

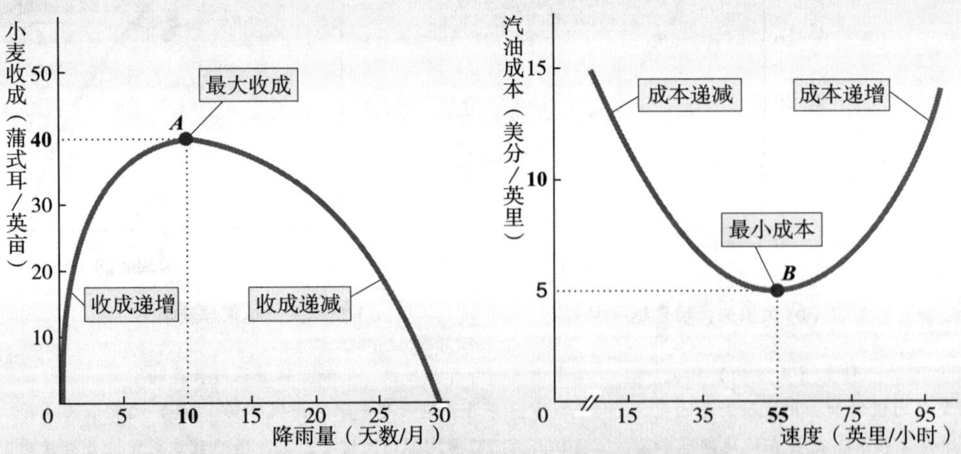

（a）有最大值的关系　**（b）有最小值的关系**

（a）幅表示有一个最大值点 *A* 的关系。随着上升到其最大点，这条曲线向右上方倾斜，在最大点时平坦，然后向右下方倾斜。

（b）幅表示有最小值点 *B* 的关系。随着下降到其最小点，这条曲线向右下方倾斜，在最小点时平坦，然后向右上方倾斜。

图 A1.8　无关的变量

myeconlab

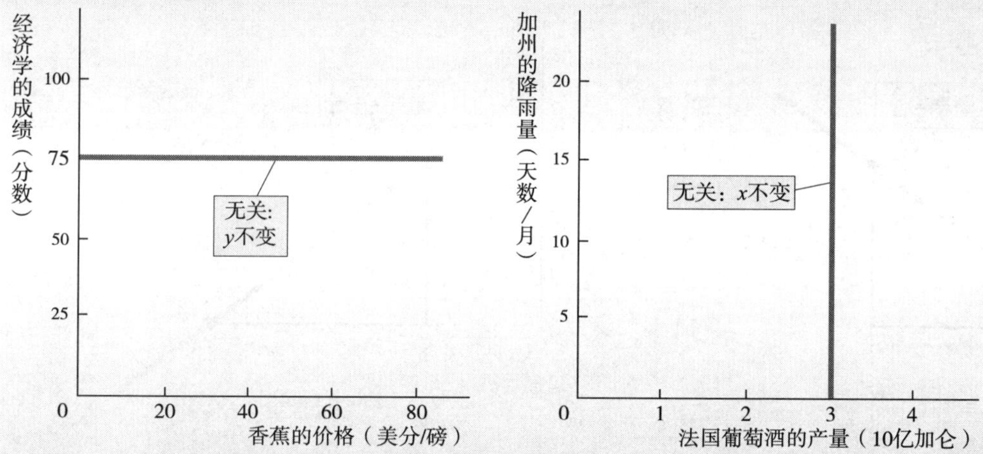

(a) 无关：y不变　　(b) 无关：x不变

这个图表明我们可以如何画出两个相互无关的变量。在 (a) 幅中，无论 x 轴上的香蕉价格如何，学生的经济学成绩都是 75 分。这条曲线是水平的。

在 (b) 幅中，法国葡萄园的产量并不随加州的降雨量而变动。这条曲线是垂直的。

一种关系的斜率

我们可以用关系的斜率来衡量一个变量对另一个变量的影响。一种关系的**斜率**（slope）是用 y 轴衡量的变量的值的变动量除以用 x 轴衡量的变量的值的变动量所得的商。我们用希腊字母 Δ 代表"变动量"。因此，Δy 指用 y 轴衡量的变量的值的变动量，Δx 指用 x 轴衡量的变量的值的变动量。因此，关系的斜率是：

$$\Delta y/\Delta x$$

如果用 y 轴衡量的变量变动（Δy）大而用 x 轴衡量的变量变动（Δx）小，那么，斜率就大，曲线陡峭。如果用 y 轴衡量的变量变动（Δy）小而用 x 轴衡量的变量变动（Δx）大，那么，斜率就小，曲线平坦。

我们可以通过一些计算来加深对斜率的认识。

一条直线的斜率

无论你计算这条线上的哪个地方，一条直线的斜率是相同的。因此，一条直线的斜率是不变的。我们来计算图 A1.9 中直线的斜率。在（a）幅中，当 x 从 2 增加到 6 时，y 从 3 增加到 6。x 的变动量是+4——Δx 是 4。y 的变动量是+3——Δy 是 3。这条线的斜率是：

$$\frac{\Delta y}{\Delta x}=\frac{3}{4}$$

在（b）幅中，当 x 从 2 增加到 6 时，y 从 6 减少到 3。y 的变动量是负 3——Δy 是−3。x 的变动量是正 4——Δx 是 4。这条线的斜率是：

$$\frac{\Delta y}{\Delta x}=\frac{-3}{4}$$

要注意的是，这两个斜率的大小相同（3/4），但（a）幅中线的斜率是正的（+3/+4=3/4），而（b）幅中线的斜率是负的（−3/+4=−3/4）。正相关的斜率是正的，负相关的斜率是负的。

一条曲线的斜率

一条曲线的斜率是多变的。曲线的斜率不是常数。它的斜率取决于我们在线上的哪个地方计算。有两种方法计算一条曲线的斜率：你可以计算一点上的斜率，也可以计算线上一段弧的斜率。现在我们考查这两种不同的斜率。

一点的斜率　为了计算曲线上一点的斜率，你需要画出一条曲线在所计算的一点上有同样斜率的直线。图 A1.10 表

图 A1.9　一条直线的斜率

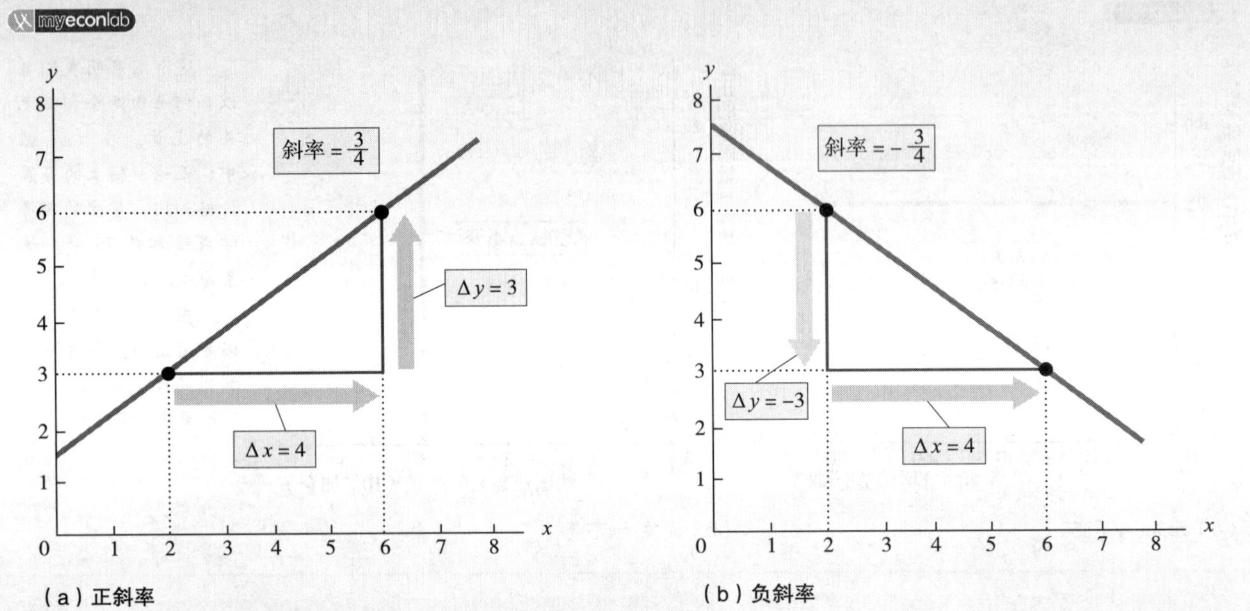

为了计算一条直线的斜率，我们用 y 轴衡量的变量的值的变动量（Δy）除以沿着一条直线变动的用 x 轴衡量的变量的值的变动量（Δx）。（a）幅表示正斜率的计算。当 x 从 2 增加到 6 时，Δx 等于 4。x 的这种变动引起 y 从 3 增加到 6，因此 Δy 等于 3。斜率（Δy/Δx）等于 3/4。（b）幅表示负斜率的计算。当 x 从 2 增加到 6 时，Δx 等于 4。x 的这种变动引起 y 从 6 减少到 3，因此 Δy 等于−3。斜率（Δy/Δx）等于−3/4。

示如何这样做。假设你想计算曲线上 A 点的斜率。在图上放一把尺子使它与 A 点相切而不与曲线上其他点相切，然后沿着尺子的边划一条直线。图中黑色的直线就是这条线，而且它与曲线在 A 点相切。如果尺子只在 A 点与曲线相切，那么，A 点处曲线的斜率就应该和尺子边缘的斜率相同。如果曲线和尺子边缘的斜率不同，沿着尺子边缘的直线就与曲线相交而不是正好相切。

现在你已经找出了与 A 点上曲线有相同斜率的一条直线，你可以通过计算直线的斜率来计算 A 点曲线的斜率。沿着这条直线，当 x 从零增加到 4 时（$\Delta x = 4$），y 从 2 增加到 5（$\Delta y = 3$），因此，这条线的斜率是：

$$\frac{\Delta y}{\Delta x} = \frac{3}{4}$$

这样，曲线在 A 点的斜率是 3/4。

一段弧之间的斜率　一条曲线上的一段弧是这条曲线的一部分。在图 A1.11 中，你看到与图 A1.10 同样的曲线。但我们不是计算 A 点上的斜率，我们将计算从 B 到 C 这一段弧的斜率。你可以看出，B 点的斜率大于 C 点的斜率。当我们计算一段弧之间的斜率时，我们是计算两点之间的平均斜率。当我们沿着这段弧从 B 变动到 C 时，x 从 3 增加到 5，而 y 从 4 增加到 5.5。x 的变动量是 2（$\Delta x = 2$），而 y 的变动量是 1.5（$\Delta y = 1.5$）。因此，这条线的斜率是：

$$\frac{\Delta y}{\Delta x} = \frac{1.5}{2} = \frac{3}{4}$$

这样，这条曲线弧 BC 的斜率是 3/4。这种计算给出了 B 点与 C 点之间曲线的斜率。所计算出的实际斜率是从 B 到 C 的直线的斜率。这个斜率接近于沿着 BC 弧的曲线的平均斜率。在这个特殊的例子中，BC 弧的斜率与曲线 A 点上的斜率相同。但是，一条曲线斜率的计算并不总能得出如此接近的结果，你可能有兴趣构建更多的例子或者一些相反的例子。

现在你知道了如何绘制和解释一个图形。但到现在为

图 A1.10 一点的斜率

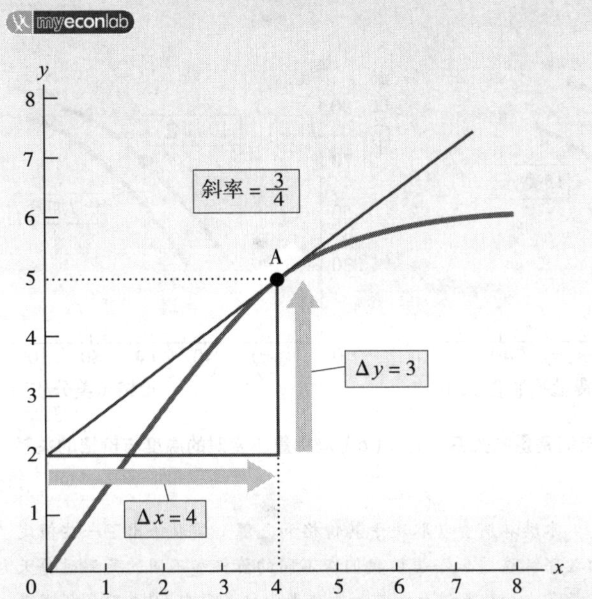

为了计算曲线在 *A* 点时的斜率，画一条正好在 *A* 点与曲线相接触——相切——的线。可以用沿着这条线 *y* 的变动量除以 *x* 的变动量来计算这条直线的斜率。当 *x* 从零增加到 4 时，Δ*x* 等于 4。与 *x* 的这种变动相关的是 *y* 从 2 增加到 5，因此，Δ*y* 等于 3。直线的斜率是 3/4。因此，曲线在 *A* 点时的斜率是 3/4。

图 A1.11 一段弧的斜率

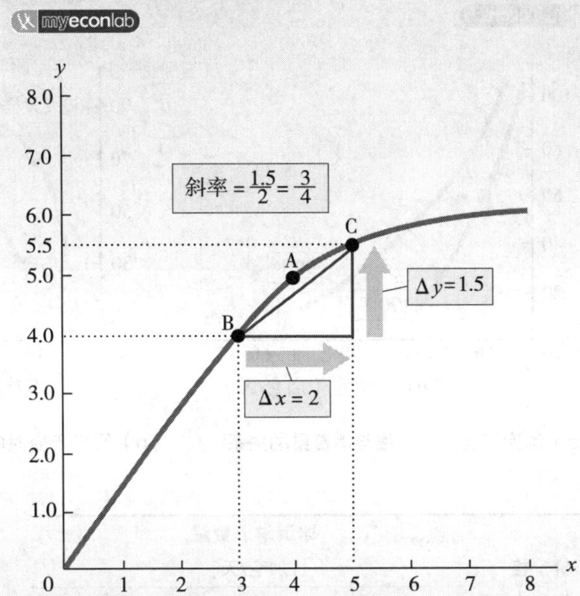

为了计算沿着弧 *BC* 的曲线的平均斜率，画一条从 *B* 到 *C* 的直线。可以用 *y* 的变动量除以 *x* 的变动量来计算直线 *BC* 的斜率。在从 *B* 变动到 *C* 时，Δ*x* 等于 2 而 Δ*y* 等于 1.5。直线 *BC* 的斜率是 1.5 除以 2，或 3/4。因此，*BC* 弧的曲线的斜率是 3/4。

止，我们仅把注意力集中在两个变量的图形上。接下来，我们学习如何绘制两个以上变量的图形。

绘制两个以上变量之间关系的图形

我们已经看到，我们可以把两种变量之间的关系画为由二维图中 *x* 与 *y* 坐标形成的一点。你会想到，尽管二维图能提供一些信息，但你想关注的许多事涉及到许多变量而不是两个变量之间的关系。例如，冰淇淋的消费量取决于冰淇淋的价格和天气的温度。如果冰淇淋是昂贵的而气温是低的，人们所消费的冰淇淋就比冰淇淋便宜而气温高时少得多。在冰淇淋的任何一个既定价格下，消费量随气温而变动；而在任何一个既定的气温下，冰淇淋的消费量随其价格而变动。

图 A1.12 表示三个变量之间的关系。图中的表表示在不同气温和冰淇淋价格时每天消费的冰淇淋加仑数量。我们如何把这些数字绘制成图形呢？

为了画出涉及两个以上变量关系的图形，我们用其他条件相同的假设。

其他条件相同 在本章第 11 页，我们介绍过，每一个实验室的实验都要创造其他条件相同，并把所关注的关系分离出来。我们用同样的方法来画出两个以上变量以上的图。

图 A1.12（a）幅表明一个例子。在这里你可以看到，当冰淇淋的价格变动而气温保持不变时，冰淇淋的消费量发生的变动。标出 70℉ 的线表示如果气温是 70℉，冰淇淋消费量与其价格之间的关系。用来画出这条线的数字是图 A1.12 中表上第三列的数字。例如，如果气温是 70℉，

图 A1.12 三种变量之间关系的图形

myeconlab

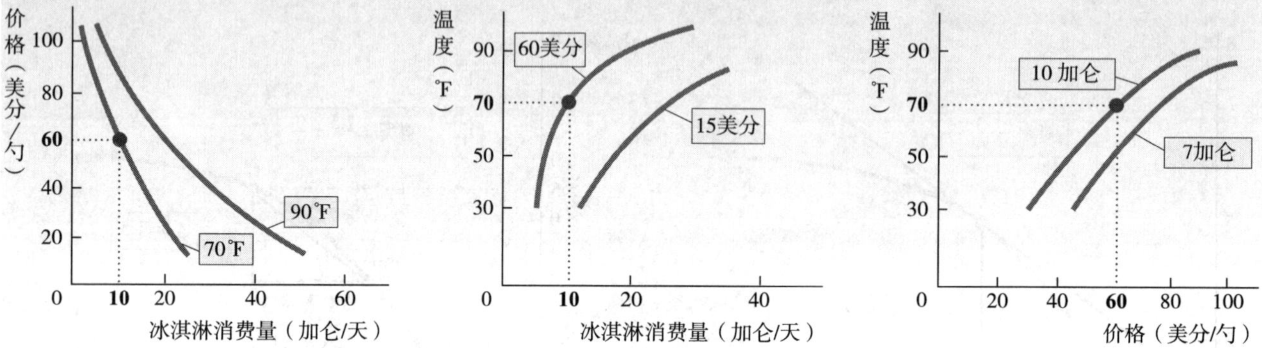

（a）温度不变时的价格与消费量的关系　（b）价格不变时的温度与消费量的关系　（c）消费量不变时的温度与价格的关系

价 格（美分/勺）	冰淇淋消费量（加仑/天）			
	30°F	50°F	70°F	90°F
15	12	18	25	50
30	10	12	18	37
45	7	10	13	27
60	5	7	10	20
75	3	5	7	14
90	2	3	5	10
105	1	2	3	6

冰淇淋消费量取决于其价格和气温。该表给出了一些假定的数字，这些数字告诉我们在不同的价格和不同的气温时每天消费多少加仑冰淇淋。例如，如果价格是每勺60美分，气温是70°F，那么就消费10加仑冰淇淋。表中和该图的每一幅都强调了这一组数值。

为了画出三个变量之间的关系，要使一个变量的值保持不变。(a) 幅表示当气温保持不变时价格与消费量之间的关系。一条曲线是气温在90°F，而另一条是在70°F。(b) 幅表示当价格保持不变时气温和消费量之间的关系。一条曲线是每勺价格为60美分，另一条是每勺15美分。(c) 幅表示当消费量保持不变时气温与价格之间的关系。一条曲线是消费量为10加仑，另一条是7加仑。

当价格是一勺冰淇淋60美分时，消费量为10加仑；当价格是一勺冰淇淋30美分时，消费量为18加仑。标出90°F的曲线表示如果气温是90°F，消费量随价格而变动的情况。

如图 A1.12（b）幅所示，我们还可以表明在冰淇淋价格不变时，冰淇淋消费量与气温之间的关系。标出60美分的曲线表示，当冰淇淋为每勺60美分时，冰淇淋消费量如何随气温而变动；第二条曲线表示当冰淇淋价格为每勺15美分时的这种关系。例如，在每勺60美分时，当气温是70°F时消费10加仑，当气温是90°F时消费20加仑。

图 A1.12（c）幅表示在冰淇淋消费量不变时引起的气温与价格的组合。一条曲线表示一天消费10加仑时产生的组合，另一条曲线表示一天消费7加仑时产生的组合。高价格和高气温引起的消费与低价格和低气温相同。例如，在90°F和每勺90美分、70°F和每勺60美分，以及50°F和每勺45美分时，都消费10加仑冰淇淋。

◆ 有了这些关于图形的知识，你就可以继续学习经济学了。在本书中没有一个图比在此附录中所解释的更复杂。

数学注释：直线的方程式

如果图形中的一条直线描述的是两个变量之间的关系，我们称之为线性关系。图 1 表示的是一个人的支出和收入之间的线性关系。当这个人的收入为零时，他每周花费 100 美元（用贷款或者花费以前的积蓄）。同时他在挣得每 1 美元后，花费掉 50 美分（同时储蓄 50 美分）。

我们可以用相同的一般方程式来描述所有这些线性关系。我们把横轴（或 x 轴）衡量的数值称为 x，把纵轴（或 y 轴）衡量的数值称为 y。对图 1 而言，x 是收入，y 是支出。

一个线性方程式

用来描述 x 和 y 之间直线关系的方程式是：

$$y = a + bx$$

在这个方程式中，a 和 b 是固定数值，它们被称为常量。x 和 y 的值是变化的，因此它们被称为变量。因为这个方程式描述的是一条直线，因此该方程式被称为线性方程式。

这个方程式告诉我们，当 x 的值为零时，y 的值为 a。我们把常量 a 称做 y 轴上的截距。这是因为在图中直线与 y 轴相交的值等于 a。图 1 说明了 y 轴的截距。

对于正的 x 的值来说，对应 y 的值都大于 a。常量 b 告诉我们随着 x 的增加，y 以怎样的速度增加超过 a。常量 b 是这条直线的斜率。

线的斜率

我们在本章里解释关系的斜率是 y 的值的变动量除以 x 的值的变动量所得的商。我们用希腊字母 Δ 表示变动量。因此 Δy 表示用 y 轴衡量的变量的值的变动量，Δx 表示用 x 轴衡量的变量的值的变动量。关系的斜率是：

$$\Delta y/\Delta x$$

为了得出斜率为什么是 b，假定最初 x 的值是 x_1，或如图 2 所示的 200 美元。对应的 y 的值是 y_1，在图 2 中也是 200 美元。直线方程式告诉我们：

$$y_1 = a + bx_1 \quad (1)$$

现在 x 的值增加了 Δx 到 $x_1 + \Delta x$（如图 2 所示的 400 美元）。同时 y 的值增加了 Δy 到 $y_1 + \Delta y$（如图 2 所示的 300 美元）。

现在直线的方程式告诉我们：

$$y_1 + \Delta y = a + b\ (x_1 + \Delta x) \quad (2)$$

为了计算直线的斜率，将表达式（1）代入表达式（2）得到：

$$\Delta y = b\Delta x \quad (3)$$

再将表达式（3）两边同时除以 Δx，得到：

$$\frac{\Delta y}{\Delta x} = b$$

因此直线的斜率是 b。

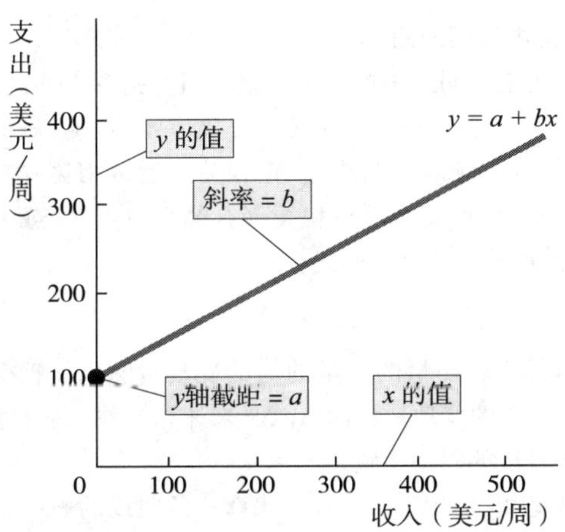

图 1 线性关系

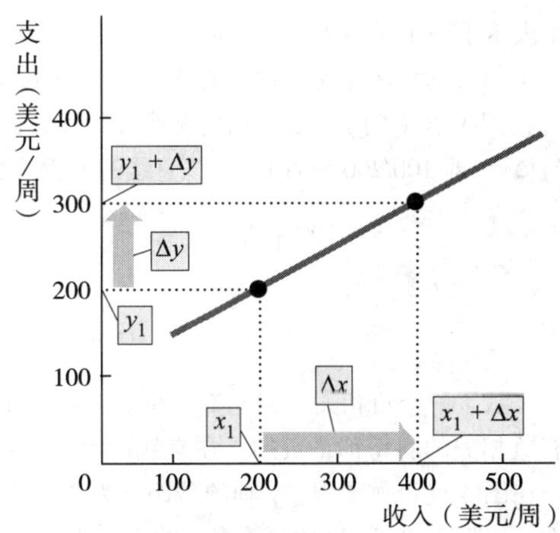

图 2 计算斜率

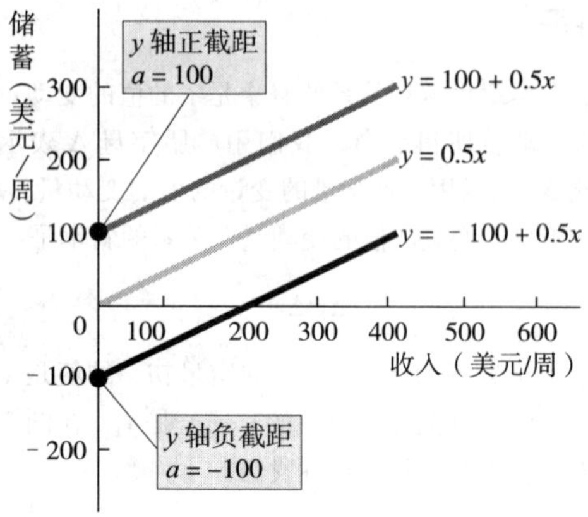

图 3　y轴截距

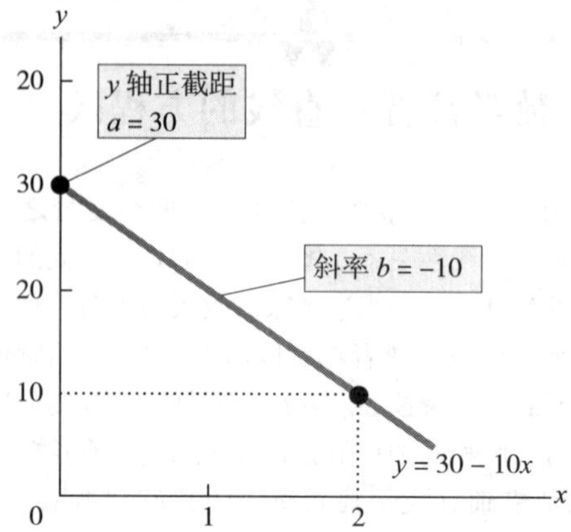

图 4　负相关

直线的位置

y 轴的截距决定了直线在图形中的位置。图 3 说明了在图中 y 轴的截距与直线的位置关系。在该图中，y 轴表示储蓄，x 轴表示的是收入。

当 y 轴的截距 a 为正时，直线与 y 轴相交于正值 y——如深灰色线所示。它在 y 轴的截距是 100。当 y 轴的截距 a 为零时，直线与 y 轴相交于原点——如浅灰色线所示。它在 y 轴的截距是 0。当 y 轴的截距 a 为负时，直线与 y 轴相交于负值 y——如黑线所示。它在 y 轴的截距是−100。

如这三条直线的方程式所示，y 轴的截距的大小并不影响直线的斜率。这三条直线的斜率都等于 0.5。

正相关

图 1 表示了一个正相关——变量 x 和变量 y 同方向变动。所有正相关的斜率都是正的。在直线的表达式中，b 恒为正。在图 1 这个例子中，y 轴的截距 a 为 100。斜率 b 等于 $\Delta y/\Delta x$，即 100/200 或者 0.5。该直线的方程式为：

$$y = 100 + 0.5x$$

负相关

图 4 表示了一个负相关——变量 x 和变量 y 反方向变动。所有负相关的斜率都是负的。在直线的表达式中，b 恒为负。在图 4 这个例子中，y 轴的截距 a 为 30。斜率 b 等于 $\Delta y/\Delta x$，即−20/2 或者−10。该直线的方程式为：

$$y = 30 + (-10)x$$

或

$$y = 30 - 10x$$

内容提要

要　点

用数据作图

- 时间序列图表示经济数据的趋势、周期与其他波动。
- 截面图表示总体中不同个体之间的变量如何变动。
- 散点图表示两个变量之间的关系。这种图表示两个变量是正相关、负相关，还是无关。

经济模型中运用的图形

- 图形用来说明经济模型中变量之间的关系。
- 关系可以是正相关（向右上方倾斜的曲线）、负相关（向右下方倾斜的曲线）、正相关然后负相关（有最大值点）、负相关然后正相关（有最小值点），或者无关（一条水平或垂直的曲线）。

一种关系的斜率

- 可以用 y 轴衡量的变量的值的变动量除以 x 轴衡量的变量的值的变动量，即 $\Delta y/\Delta x$ 来计算一种关系的斜率。
- 一条直线的斜率不变。
- 曲线有可变的斜率。为了计算一条曲线的斜率，我们可以计算一点的斜率或一段弧的斜率。

绘制两个以上变量之间关系的图形

- 为了绘制两个以上变量之间关系的图形，我们假定两个变量以外所有变量的值不变。
- 然后我们画出一个变量的值对另一个变量的值。

关键图表

图 A1.1　绘制一个图形
图 A1.5　正（同方向）相关
图 A1.6　负（反方向）相关
图 A1.7　最大值点与最小值点
图 A1.9　一条直线的斜率
图 A1.10　一点的斜率
图 A1.11　一段弧的斜率

关键术语

时间序列图	趋　势
截面图	散点图
正相关	同方向相关
线性关系	负相关
反方向相关	斜　率

复习测验

1. 用来表示经济数据的三种图形是什么？
2. 举出一个时间序列图的例子。
3. 列出时间序列图能迅速而容易地表示的三件事。
4. 举出不同于书上有关表示正相关、负相关和无关的离散图的三个例子。
5. 画出图形说明两个变量之间的以下关系：
   a. 同方向变动。
   b. 反方向变动。
   c. 有最大值点。
   d. 有最小值点。
6. 上一题的关系中哪一个是正相关，哪一个是负相关？
7. 计算一条曲线斜率的两种方法是什么？
8. 我们如何画出两个以上变量之间关系的图形？

myeconlab **Study Plan 1.A**

习　题

下表提供了有关美国经济的数据：A 列是年份，B 列是通货膨胀率，C 列是利率，D 列是增长率，而 E 列是失业率。用这个表回答 1、2、3、4 题。

	A	B	C	D	E
1	1995	2.8	7.6	2.5	5.6
2	1996	2.9	7.4	3.7	5.4
3	1997	2.3	7.3	4.5	4.9
4	1998	1.6	6.5	4.2	4.5
5	1999	2.2	7.0	4.4	4.2
6	2000	3.4	7.6	3.7	4.0
7	2001	2.8	7.1	0.8	4.7
8	2002	1.6	6.5	1.6	5.8
9	2003	2.3	5.7	2.7	6.0
10	2004	2.7	5.6	4.2	5.5
11	2005	3.4	5.2	3.5	5.1

1. a. 画出通货膨胀率的时间序列图。
   b. 在哪一年（i）通货膨胀最高；（ii）通货膨胀最低；（iii）通货膨胀上升；（iv）通货膨胀下降；（v）通货膨胀上升最大；（vi）通货膨胀下降最大？
   c. 通货膨胀的主要趋势是什么？
2. a. 画出利率的时间序列图。
   b. 在哪一年（i）利率最高；（ii）利率最低；（iii）利率上升；（iv）利率下降；（v）利率上升最大；（vi）利率下降最大？
   c. 利率的主要趋势是什么？
3. 画出一个说明通货膨胀率与利率之间关系的散点图。说明这种关系。
4. 画出一个说明增长率与失业率之间关系的散点图。说明这种关系。
5. 画出一个说明 x 和 y 两个变量之间关系的图形。

x	0	1	2	3	4	5	6	7	8
y	0	1	4	9	16	25	36	49	64

   a. 是正相关还是负相关？
   b. 随着 x 值的增加，这种关系的斜率是增加还是减少？
   c. 考虑一些与这种关系相似的经济关系。
6. 画出一个说明 x 和 y 两个变量之间关系的图形。

x	0	1	2	3	4	5
y	25	24	22	16	8	0

   a. 是正相关还是负相关？

b. 随着 x 值的增加，这种关系的斜率是增加还是减少？

c. 考虑一些与这种关系相似的经济关系。

7. 在第 5 题中，计算当 x 等于 4 时，x 与 y 之间关系的斜率。

8. 在第 6 题中，计算当 x 等于 3 时，x 与 y 之间关系的斜率。

9. 在第 5 题中，计算当 x 从 3 增加到 4 时，这段弧之间关系的斜率。

10. 在第 6 题中，计算当 x 从 4 增加到 5 时，这段弧之间关系的斜率。

11. 计算下图中 A 点上所表示的关系的斜率。

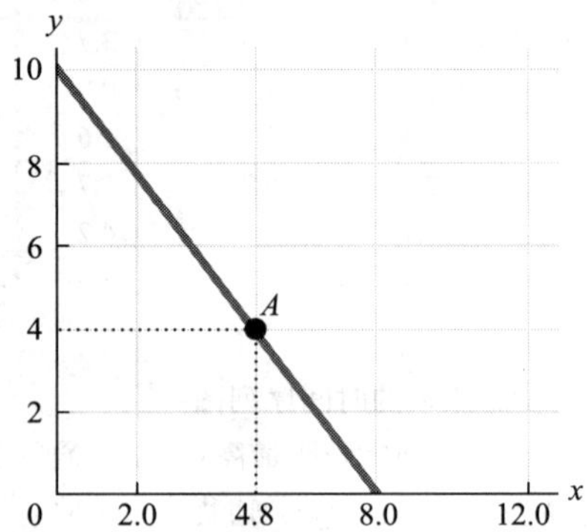

12. 计算下图中 A 点上所表示的关系的斜率。

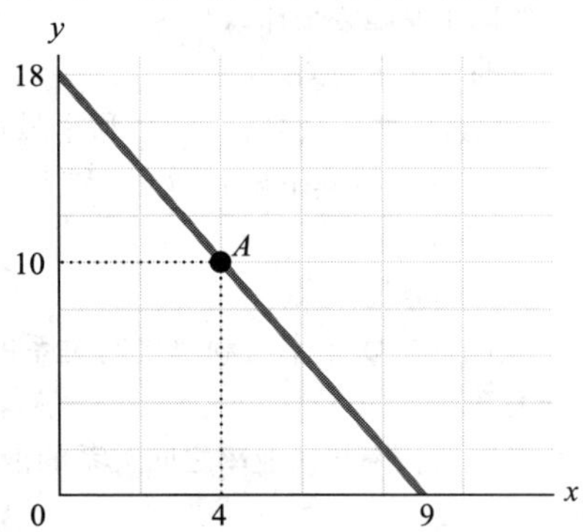

13. 用下图计算以下关系的斜率：

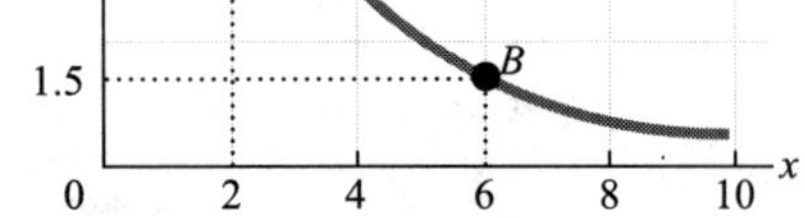

a. 在 A 点和 B 点。

b. AB 弧之间。

14. 用下图计算以下关系的斜率：

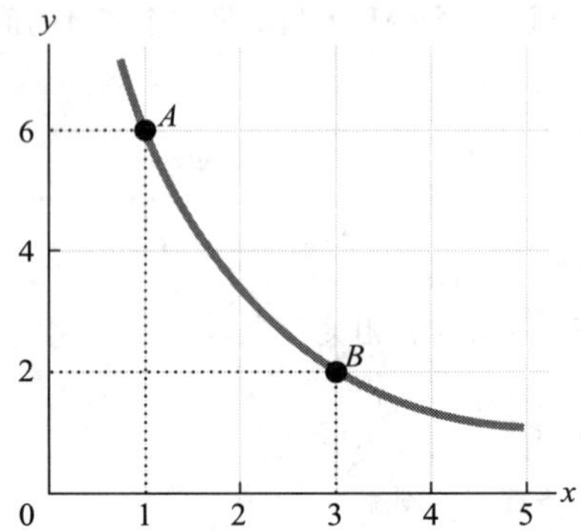

a. 在 A 点与 B 点。

b. AB 弧之间。

15. 下表给出了乘气球价格、气温和一天乘气球的次数：

价 格	乘气球（次数/天）		
（美元/次）	50℉	70℉	90℉
5.00	32	40	50
10.00	27	32	40
15.00	18	27	32
20.00	10	18	27

画出说明以下关系的图形：

a. 在气温不变时，价格与乘坐次数。

b. 在价格不变时，乘坐次数与气温。

c. 在乘坐次数不变时，价格与气温。

16. 下表给出了伞的价格、降雨量和所购买的伞的数量。

价格	伞（把/天）		
（美元/把）	0mm	2mm	10mm
10	7	8	12
20	4	7	8
30	2	4	7
40	1	2	4

画出说明以下关系的图形：

a. 在降雨量不变时，价格和伞的购买量。

b. 在价格不变时，伞的购买量和降雨量。

c. 在伞的购买量不变时，降雨量和价格。

网上活动

1. 找出最近 12 个月的消费价格指数(CPI)。作出 CPI 的图。在最近的一个月中，CPI 上升了还是下降了？上升或下降的比率递增还是递减？

2. 找出最近 12 个月的失业率。作出失业率的图。在最近的一个月中，失业率上升了还是下降了？上升或下降的比率递增还是递减？
3. 利用你在 1、2 题中得到的数据，画图得出 CPI 和失业率是否彼此相关。
4. 利用你在 1、2 题中得到的数据，计算每月 CPI 的百分比改变量。画图得出 CPI 的百分比变量与失业率是否彼此相关。

第 2 章

经济问题

好，更好，最好！

我们生活在使我们的祖辈惊讶、更令曾祖辈目瞪口呆的时代。MP3、电子游戏、移动电话、基因组合和个人电脑在25年前还未出现，而如今它们已经改变了我们的日常生活。对我们来说，生活美满而且越来越好。但我们仍旧要做出选择和面对成本。

可能你要做出的最大选择就是何时离开学校开始全职工作。当你已经完成了你现在的学位，你还会留在学校继续攻读研究生学位或专业学位吗？做出这样的选择的成本和后果是什么？我们将会在本章末的阅读材料中再讨论这个问题。

当我们做出选择的时候，我们会追求自身的个人利益，那么，我们的选择是否符合社会利益？而社会利益的含义又是什么？

我们看到了全世界难以置信的专业化程度和贸易量。我们每个人都从事某种专门工作——律师、记者或家庭主妇。这是为什么呢？我们如何从专业化和贸易中获益？

几百年来，社会制度发生了演变，我们认为这是理所当然的。这些社会制度包括企业、市场以及一个保护私人财产的政治和法律制度。为什么这些制度发生了演变？

◆这些都是我们在本章学习的问题。我们从核心经济问题——稀缺性和选择——以及生产可能性边界的概念开始。然后我们学习经济学的中心思想：追求社会利益意味着有效地利用资源。我们还会发现如何通过积累资本、拓宽我们的知识、专业化以及彼此间的贸易来扩大生产。在本章你将要学习的是整个经济学建立的基础。

学习本章后，你将能：

- 定义生产可能性边界和计算机会成本
- 区分生产可能性与偏好，并描述资源的有效配置
- 解释现在的生产选择如何扩大未来生产的可能性
- 解释专业化和贸易如何扩大生产可能性
- 描述协调决策的经济制度

生产可能性和机会成本

每个工作日，遍布美国矿山、工厂、商店、办公室、农场和建筑工地的 1.38 亿人生产出价值约为 500 亿美元不同的产品和服务。但是，我们所能生产的产品和服务的数量要受到现有可利用的资源和技术的限制。如果想增加一种产品的产量，就必须减少其他产品的产量，这就是我们要面临的权衡问题。接下来我们将要学习生产可能性边界，它描述了我们能够生产什么的限制，并提供一种灵活的方法去思考和解释权衡观点。

生产可能性边界（production possibility frontier，即 *PPF*）是指可以生产的产品与服务的组合与不能生产的组合之间的分界线。为了用一个图形说明生产可能性边界，我们把注意力集中在一个时点上的两种产品，假定所有其他产品与服务的产量都不变。这就是说，我们考查一个经济模型，在这个模型中除了我们考查的两种产品的生产之外，其他条件都相同（保持不变）。

下面我们考查一下代表任意一对产品或服务——CD 和比萨的生产可能性边界。

生产可能性边界

CD 和比萨的生产可能性边界表示在可用于生产这两种产品的总资源既定的情况下，生产这两种产品的限制。图 2.1 表示这种生产可能性边界。表中列出了在现有资源既定时，一个月内可以生产的 CD 和比萨的某些组合，图中也画出了这些组合。*x* 轴表示生产比萨的数量，*y* 轴表示生产 CD 的数量。

PPF 表示生产的稀缺性，因为我们不能达到边界线外的点，也就是一些不能满足欲望的点。我们可以在 *PPF* 以内和在 *PPF* 上的所有点进行生产，它们是可以达到的点。假设在某一个月，我们生产了 400 万个比萨和 500 万张 CD。图 2.1 中的 *E* 点和表中的可能性 *E* 都描述了这样的组合。图 2.1 还表示其他生产可能性的组合。例如，我们可以停止生产比萨，并把所有生产比萨的人调去生产 CD。图中的 *A* 点和表中的可能性 *A* 表示了这种情况。生产 CD 的数量提高到了 1 500 万张而比萨的产量变成了零。同样的道理，我们可以停止生产 CD 并用全部的资源生产比萨。在这种情况下，我们可以生产 500 万个比萨。图 2.1 中的 *F* 点和表中的可能性 *F* 表示了这种情况。

图 2.1 生产可能性边界

myeconlab

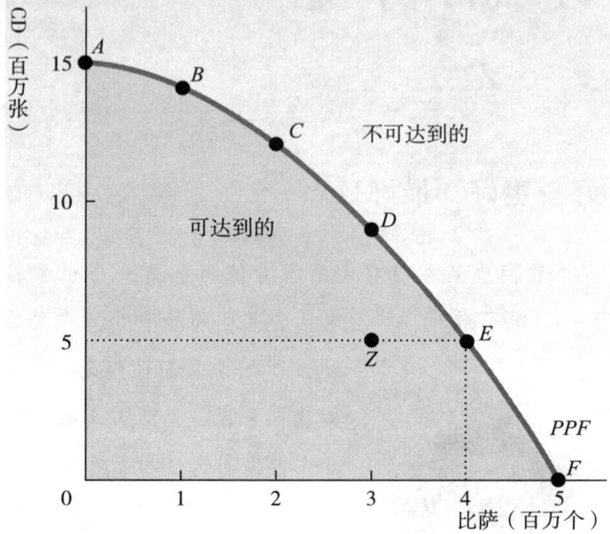

可能性	比萨（百万个）		CD（百万张）
A	0	且	15
B	1	且	14
C	2	且	12
D	3	且	9
E	4	且	5
F	5	且	0

表中列出了 CD 和比萨生产可能性边界上的 6 个点。*A* 行告诉我们，如果我们不生产比萨，我们可以生产的最多的 CD 数量是 1 500 万张。图 2.1 中的 *A*、*B*、*C*、*D*、*E*、*F* 各点对应表中的各行。将这些点连起来就是生产可能性边界（*PPF*）。

PPF 区分开了可达到的和不可达到的生产区域。我们可以在阴影的区域和线上的任何一点上生产。边界线外的点是不可达到的。边界线内的 *Z* 点是无效率的，因为现有资源被浪费或者被错误配置了。在边界线内的各点，用现有的资源可以生产更多的这两种产品中的一种或者两种。

生产效率

如果我们不能减少另一种产品的产量生产更多的某种产品，那么我们就达到了**生产效率**（production efficiency)。当生产有效率时，我们在 *PPF* 的某一点上。如果我们在 *PPF* 以内某一点上，如图 2.1 中的 *Z* 点，生产就是无效率的，因为有未利用的资源或者有一些配置失误的资源，或者两者皆有。

当可使用的资源被闲置时，这种资源就是未被利用的。例如，一些工厂被闲置或者一些工人失业。

当资源被配置到不是它们最佳的用途时，就出现了资源配置失误。例如，我们让熟练的比萨生产工人到 CD 厂工作，而让熟练的 CD 生产工人到生产比萨的工厂工作。如果我们重新把他们安排到与他们技能更匹配的工作岗位上，我们能从这些同样的工人中得到更多的比萨和 CD。

如果我们在像 *Z* 点这样的 *PPF* 以内的点上生产，我们就还可以更有效率地利用我们的资源，并生产更多的比萨或更多的 CD，或者同时生产更多的比萨和 CD。但是，如果我们在 *PPF* 上的一点生产，我们正在有效地使用我们的资源。我们要多生产某种产品，就必须少生产另一种产品。也就是说，沿着 *PPF*，我们面临权衡问题。

沿着 *PPF* 线上的权衡

沿着 *PPF* 上的每一种选择都涉及到权衡，即为了得到一些东西我们必须放弃其他一些东西。在图 2.1 的 *PPF* 上，为了得到更多的比萨，我们必须放弃一些 CD，或者说，为了得到更多的 CD，必须放弃一些比萨。

在任何一个可以想像的现实世界中都存在权衡，你可回顾第 1 章中的一些权衡。在任何一个既定的时点上，我们的劳动量、土地、资本和企业家才能是固定的。通过利用现有的技术，我们可以用这些资源生产产品与服务。但只限于我们所能生产的东西，这种限制确定了我们可达到的和我们不可达到的之间的界线。这个界线就是现实世界的生产可能性边界，而且，它界定了我们必须做出的权衡。在现实世界的 *PPF* 中，我们要多生产某种产品与服务，就必须少生产其他一些产品和服务。

当医生认为我们应该把更多的钱用于艾滋病和癌症研究时，他们提出的权衡是：做更多的医学研究，少做一些其他事情。当总统提出他想对教育和医疗服务增加预算支出时，他提出的权衡是：增加教育和医疗服务支出，减少国防或私人支出（原因是更高的税收）。当一个环境保护组织支持减少砍伐森林时，它提出的权衡是：更多保护濒临灭绝的野生动物，减少纸张消费。当你的父母说，你应该更多地学习时，他们提出了一种权衡：增加学习的时间，减少闲暇或睡眠时间。

所有的权衡都包含一种成本——机会成本。

机会成本

一种行为的机会成本是所放弃的其他可供选择行为中具有最高价值的那个行为。生产可能性边界可以帮助我们更准确地说明机会成本的概念并计算机会成本。沿着生产可能性边界，只有两种产品，因此，为了生产一种产品，我们只有放弃一种其他可选择的产品。在现有既定的资源和技术条件下，我们只有少生产一些 CD 才能多生产比萨。多生产一单位比萨的机会成本是我们必须放弃的生产 CD 的数量。同样，多生产一单位的 CD 的机会成本是我们必须放弃的生产比萨的数量。

例如，在图 2.1 的 *C* 点，我们生产的比萨比 *D* 点的比萨少，而 CD 比 *D* 点的多。如果我们选择 *D* 点而不是 *C* 点，增加 100 万个比萨的成本就是 300 万张 CD。一个比萨的成本是 3 张 CD。

我们还可以算出图 2.1 中选择 *C* 点而不是 *D* 点时的机会成本。如果我们从 *D* 点移动到 *C* 点，生产 CD 的数量增加了 300 万张，而生产的比萨的数量减少了 100 万个。因此，如果我们选择 *C* 点而不是 *D* 点，增加的 300 万张 CD 的成本就是 100 万个比萨。一张 CD 的成本是 1/3 个比萨。

机会成本是一种比率　机会成本是一种比率。它是当我们沿着生产可能性边界移动时，一种产品产量的减少量除以另一种产品产量的增加量。

由于机会成本是一种比率，所以，每多生产一张 CD 的机会成本是生产比萨的机会成本的倒数。回到我们刚刚所做过的计算就可以验证这种观点。当我们沿着生产可能性边界从 *C* 点移动到 *D* 点时，一个比萨的机会成本是 3 张 CD。3 的倒数是 1/3，因此，如果我们从 *D* 点移动到 *C* 点，减少比萨的生产增加 CD 的生产，那么一张 CD 的机会成本应该是 1/3 个比萨。你可以验证这个数量是正确的。如果我们从 *D* 点移动到 *C* 点，我们多生产了 300 万张 CD 而少生产了 100 万个比萨。由于 300 万张 CD 的成本是 100 万个比萨，所以，一张 CD 的机会成本是 1/3 个比萨。

机会成本是递增的　随着比萨产量的增加，一个比萨的机会成本是递增的。同样，随着 CD 产量的增加，一张 CD 的机会成本也是递增的。这种边际成本递增的现象反映在生产可能性边界的形状上——凹向原点。

当生产大量的 CD 和少量的比萨时——在图 2.1 上 *A*

点与 B 点之间——生产可能性边界的斜率较小。给定的比萨产量增加的成本是 CD 产量的小幅降低，因此，一个比萨的机会成本是少量的 CD。

当生产大量的比萨和少量的 CD 时——在图 2.1 上 E 点与 F 点之间——生产可能性边界陡峭。给定的比萨产量的增加的成本是 CD 产量的大幅降低，因此，一个比萨的机会成本是大量的 CD。

生产可能性边界线凹向原点是因为在所有生产活动中，资源的生产率并不完全相同。索尼企业具有多年工作经验的生产工人，很擅长生产 CD，但是并不擅长制作比萨。因此，如果我们将索尼公司的一些员工转到达美乐公司，其结果是：比萨增加的数量不多，而 CD 的数量将大量减少。

同样地，那些在达美乐公司工作多年的制作师在制作比萨时是擅长的，但他们完全不知道如何生产 CD。因此，如果我们将一些人从达美乐公司转到索尼公司，CD 增加的数量不多，但是比萨将大量减少。我们试图生产的产品越多，我们用来生产这种产品的额外资源的生产率就越低，而且一单位这种产品的机会成本就越大。

机会成本递增无处不在 你所能想到的每一项活动都是机会成本递增的。我们将最熟练的农民和最肥沃的土地配置于生产食物，而我们将最好的医生与最贫瘠的土地配置于提供医疗服务。如果我们用农场的肥沃土地建设医院，拖拉机用做救护车，并应聘农民当医院看门工，那么，食物的产量将急剧下降而医疗服务增加并不明显。一单位医疗服务的机会成本增加了。同样地，如果我们将资源从医疗服务转向农场，我们需要更多的医生和护士做农民，并把更多的医院作为栽培西红柿的工厂。医疗服务减少很多，但食物产量增加很少。一单位食物的机会成本增加了。

这个例子属于极端情况并且不太可能发生，但同样的考虑适用于你能想像到的任何一对产品。

复习测验

1. 生产可能性边界如何说明稀缺性？
2. 生产可能性边界如何说明生产效率？
3. 生产可能性边界如何显示每一个选择都涉及权衡？
4. 生产可能性边界如何说明机会成本？
5. 为什么机会成本是一种比率？
6. 为什么大多数产品的生产可能性边界凹向原点，从而随着一种产品的产量增加机会成本递增？

myeconlab **Study Plan 2.1**

我们已经注意到，生产什么要受生产可能性边界的制约。而且，我们也说明了在生产可能性边界上生产是有效的。但是，在生产可能性边界上有很多生产组合。我们该如何在它们之间进行选择呢？我们如何知道生产可能性边界上哪一点是最好的呢？

有效地利用资源

你可以看出，我们能够生产出生产可能性边界上的每一个组合。但是哪一点最好？即多少数量的 CD 和比萨最能满足社会的利益？

现实中我们面对很多这样的问题。例如：我们应该投入多少研究艾滋病和癌症？是应该扩大教育与医疗服务支出还是应该减税？是否应该用更多的投入来保护生态雨林和保护濒危的野生动物？

要回答这些问题，我们必需要找到一种衡量和比较成本与收益的方法。

生产可能性边界与边际成本

一种产品的**边际成本**（marginal cost）是多生产一单位该种产品的机会成本。我们通过生产可能性边界的斜率来计算边际成本。当比萨的生产数量增加时，生产可能性边界变得更加陡峭且比萨的边际成本增加了。图 2.2 说明了如何计算比萨的边际成本。

以每 100 万个比萨为单位来寻找比萨的边际成本。第一个 100 万个比萨的成本是 100 万张 CD，第二个 100 万个比萨的成本是 200 万张 CD，第三个 100 万个比萨的成本是 300 万张 CD，等等。图 2.2（a）中的条形表示这些结果。

图 2.2（b）中的条形表示每 100 万个比萨的平均成本。让我们来看第三个 100 万个比萨——图 2.2（a）中从 C 点到 D 点。在这段区间，因为这 100 万个比萨的成本是 300 万张 CD，所以，这些比萨一个的平均成本是 3 张 CD——图 2.2（b）图中的条形的高度。

接下来，我们计算多生产一个比萨的机会成本——比萨的边际成本。当比萨的生产数量增加的时候，比萨的边际成本增加了。C 点的边际成本小于 D 点的边际成本。从 C 点到 D 点的区间上，1 个比萨的边际成本平均为 3 张 CD。但是，仅在 C 点与 D 点区间中点上，比萨的边际成

图 2.2　*PPF* 和边际成本

myeconlab

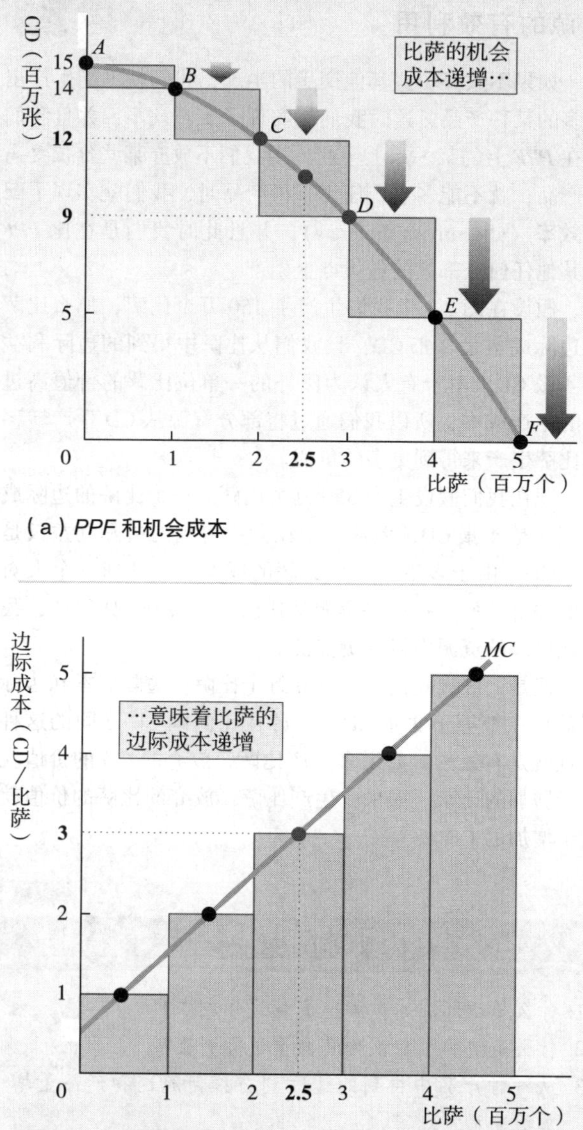

(b) 边际成本

边际成本通过 *PPF* 的斜率计算得到。当比萨的产量增加时，*PPF* 愈加陡峭，并且比萨的边际成本增加了。(a) 幅中的条形标示了每 100 万个比萨的机会成本。(b) 幅中的条形标示了每 100 万个比萨的平均成本。*MC* 曲线表示沿着 *PPF* 上每一点的比萨的边际成本。该曲线穿过 (b) 幅中每个条形的中点。

本确为 3 张 CD。

图 2.2（b）中的灰色点表示，当比萨的产量为 250 万时，比萨的边际成本为 3 张 CD。用同样的方法阐释图 2.2（b）中的每个黑点。将这些点连起来就是边际成本曲线，用 *MC* 表示。它表示当我们沿着 *PPF* 移动时，比萨在每个产量上的边际成本。

偏好及其边际利益

环视一下你的教室，注意你跟你的同学们今天穿戴的各式各样的衣服、帽子、鞋子。为什么会有如此大的差异？为什么你们不穿着相同款式和相同颜色的服饰？答案就在于经济学家们所说的偏好。**偏好**（preferences）是对一个人喜爱和厌恶的描述。

你已经了解到我们有一种具体描述生产限制的方法：*PPF*。我们需要一种类似的具体方法来描述偏好。为了描述偏好，经济学家利用了边际利益的概念。**边际利益**（marginal benefit，也译作“边际收益”）是一个人从多消费一单位某种产品或服务中所得到的利益。

我们用一个人愿意为增加一单位产品或服务所支付的最大值来衡量这种产品的边际利益。言下之意就是，你不会愿意为一种产品支付高过它对你的价值，但是你愿意支付等同于它的价值。因此，对某一产品支付的意愿衡量了它的边际利益。

经济学家用边际利益曲线来描绘偏好。**边际利益曲线**（marginal benefit curve）描述了从一单位产品中得到的边际利益与该产品消费数量之间的关系。一般的原则是，我们所拥有的任何一种产品或服务越多，我们得到的边际利益越少，并且我们对额外一单位产品的支付意愿也越小。我们称这种广泛存在的趋势为一个原则——边际利益递减原则。

随着一种产品或服务消费的增多，我们得到的边际利益反而减少的一个最基本的原因是：我们喜爱的多样性。我们消费的任何一种产品或服务越多，我们会发现更喜爱其他的产品。

考虑一下你对比萨支付的意愿（或其他产品）。如果比萨很难获得或者你每年只能买到很小的一片，你可能会愿意为得到额外的一片付出高昂的价格。但是，如果在过去的几天里你吃的都是比萨，你几乎不愿意花钱去再买一片。

在日常生活中，在为产品或服务支付的同时我们放弃了美元。但是你已经学过用所放弃的其他产品或服务来表

图 2.3 偏好和边际利益曲线

myeconlab

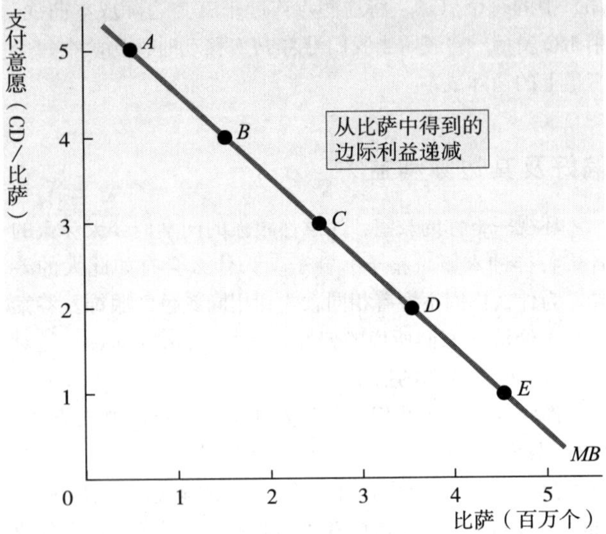

可能性	比 萨（百万个）	支付意愿（CD/比萨）
A	0.5	5
B	1.5	4
C	2.5	3
D	3.5	2
E	4.5	1

生产的比萨数量越少，人们为了多得到一个比萨愿意放弃的 CD 量越多。如果比萨的产量是 50 万，人们愿意为每个比萨放弃 5 张 CD。但是，如果比萨的产量是 450 万，人们仅愿意为每个比萨放弃 1 张 CD。支付的意愿衡量了边际利益。边际利益递减是人们偏好的普遍特征。

示成本，而不是美元成本。同样地，你可以考虑支付意愿。你愿意为某一产品支付的价格是你所放弃的其他产品和服务的数量。让我们继续用 CD 和比萨的例子来说明这种表示偏好的方式。

图 2.3 表示人们用 CD 支付比萨意愿的偏好度。在 *A* 行，比萨的产量是 50 万，且在这个产量水平，人们愿意为每个比萨支付 5 张 CD。当比萨的产量增加时，人们愿意为之付出的 CD 数量减少了。当比萨的产量为 450 万时，人们仅愿意为每个比萨付出 1 张 CD。

现在，让我们用边际成本与边际利益的概念来说明比萨的有效产量。

资源的有效利用

如果不放弃一些其他产品的生产，我们就不能生产出更多的某种产品，这时我们就实现了生产效率，并且我们是在 *PPF* 上的某一点上生产。当我们不放弃某些价值更高的产品，就不能多生产任何一种产品时，我们就实现了**配置效率**（allocative efficiency），并且此时我们是在比 *PPF* 上其他任何点都好的最优点上生产。

假设在图 2.4 中我们生产了 150 万个比萨，那么比萨的边际成本是 2 张 CD，且我们从比萨中得到的边际利益是 4 张 CD。由于有人认为额外的一单位比萨的价值高过它的生产成本，所以我们通过将部分资源从 CD 生产转移到比萨生产来得到更多的价值。

现在我们假设生产 350 万个比萨。一个比萨的边际成本现在是 4 张 CD，但从一个比萨中得到的边际利益仅是 2 张 CD。由于多生产一个比萨的成本大于任何一个人对它的评价，所以把一些资源从比萨生产转到 CD 生产，我们就可以从资源中得到更多价值。

但是，假设我们生产 250 万个比萨。边际成本和边际利益现在都等于 3 张 CD。资源在比萨跟 CD 之间的这种配置就是有效的。如果多生产比萨，放弃的 CD 的价值就大于增加的比萨。如果少生产比萨，放弃的比萨的价值就大于增加的 CD。

复习测验

1. 什么是边际成本？如何衡量边际成本？
2. 什么是边际利益？如何衡量边际利益？
3. 从一种产品中得到的边际利益如何随这种产品量增加而变动？
4. 什么是配置效率？它与生产可能性边界有何关系？
5. 资源得到有效利用的条件是什么？

myeconlab **Study Plan 2.2**

现在你已经知道了对生产的限制以及资源得到有效利用的条件。接下来的一个任务是研究生产可能性的扩张。

图 2.4　资源的有效利用

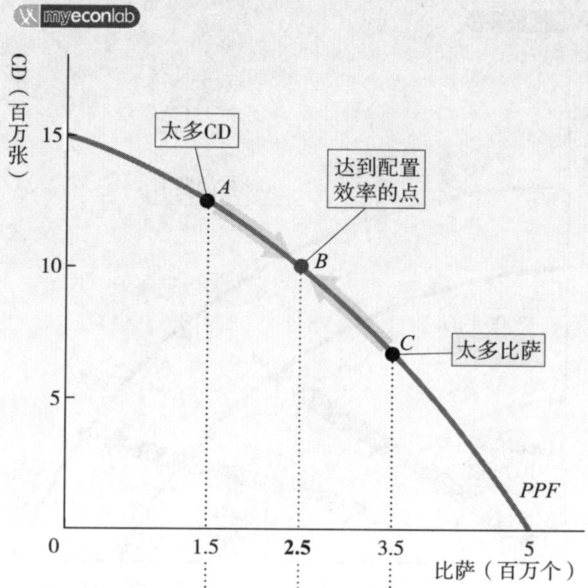

（a）在*PPF*上

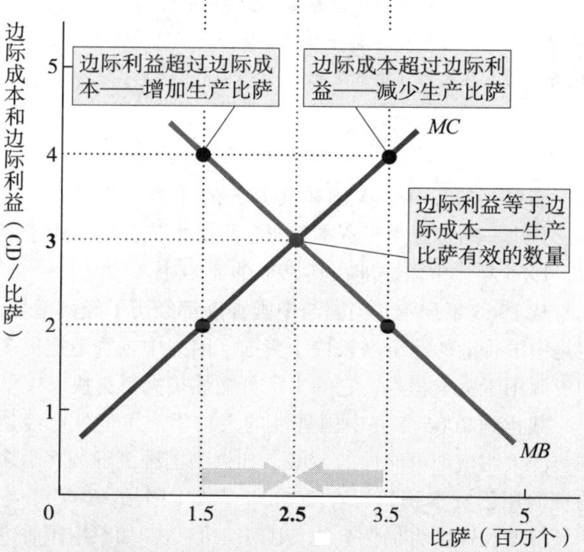

（b）边际利益等于边际成本

生产的比萨量越多，从比萨中得到的边际利益（*MB*）就越少——人们为了多得到一个比萨所愿意放弃的CD数量越少。但是，生产的比萨量越多，一个比萨的边际成本就越大——人们为了多得到一个比萨所必需放弃的CD就越多。当边际利益等于边际成本时，资源得到了有效利用。

经济增长

在过去的 30 年间，美国的人均生产水平翻了一番。这种生产的扩张称为**经济增长**（economic growth）。经济增长提高了我们的生活水平，但是它不能克服稀缺性并避免机会成本。在经济增长的过程中，我们面临一种权衡——经济增长越快，经济增长的机会成本就越大。

经济增长的成本

经济增长来源于技术变革和资本积累。**技术变革**（technological change）是新产品开发和生产产品与服务更好的方法。**资本积累**（capital accumulation）是资本资源的增长，包括人力资本。

由于技术变革和资本积累，我们有了大量汽车，汽车使我们比只能坐马车时有了更方便的交通；我们有了卫星，卫星比以前的电缆技术在更广阔的范围内使全球通信成为可能。但如果我们使用资源去开发新的技术并生产资本，我们必须减少消费品与服务的生产。新技术和新资本也有机会成本。现在我们来考查这种机会成本。

现在我们不研究比萨和 CD 的 *PPF*，而是假定生产 CD 的数量不变，考查比萨和制作比萨的烤箱。图 2.5 用 *ABC* 表示这个 PPF_0，如果我们不把资源用于生产制作比萨的烤箱，我们的生产在 *A* 点。如果我们生产 300 万个比萨，我们就可以生产 *B* 点的 6 个烤箱。如果我们不生产比萨，我们在 *C* 点每月生产 10 台比萨烤箱。

生产可能性扩大的量取决于我们用于技术变革和资本积累的资源。如果我们没有把资源用于这种活动（*A* 点），那么，生产可能性边界就仍然是在 *ABC* 上——图 2.5 中的 *ABC* 线。如果我们减少现期比萨生产，并生产 6 台烤箱（*B* 点），那么，在未来，我们就有更多的资本，而且，我们的 *PPF* 将向外扩大到 PPF_1。我们用于生产比萨的资源越少而用于生产烤箱的资源越多，我们生产的可能性的扩张就越大。

经济增长并不是免费的。为实现增长，我们要把资源用于生产新烤箱，而把较少的资源用于生产比萨。在图 2.5 中，我们从 *A* 点移到 *B* 点。世上没有免费的午餐。未来更多比萨的机会成本是现在减少的比萨。而且，经济增长并不是消除资源稀缺性的法宝。在新的生产可能性边界时，我们仍然要面对权衡和机会成本。

图 2.5　经济增长

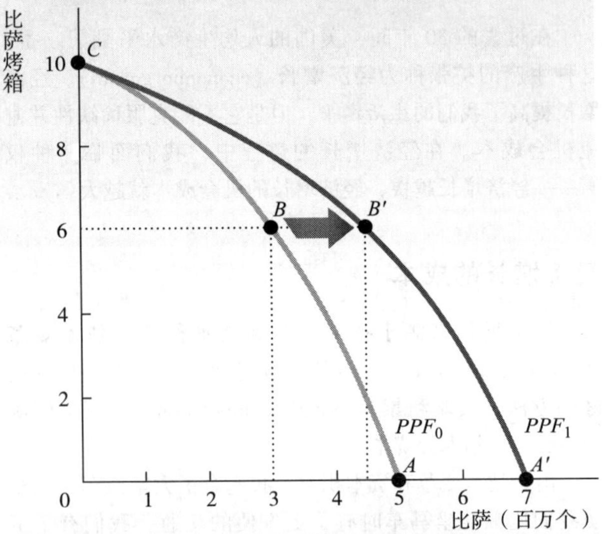

PPF_0 表示在所有其他产品与服务的生产保持不变时对生产比萨和比萨烤箱的限制。如果我们没有把资源用于生产比萨烤箱，可以生产 500 万个比萨，我们的生产可能就维持在 PPF_0 上。但是，如果我们把比萨的产量降到 300 万个并生产 6 台烤箱，即点 *B*，那么，我们的生产可能性就将扩大。在一段时间之后，PPF_0 向外移动到 PPF_1，而且我们可以在 *B'* 点生产，这一点在原来的 PPF_0 线之外。我们可以向外移动 *PPF*，但我们无法避免机会成本。在未来生产更多比萨的机会成本是现在少生产比萨。

图 2.6　美国和中国香港的经济增长

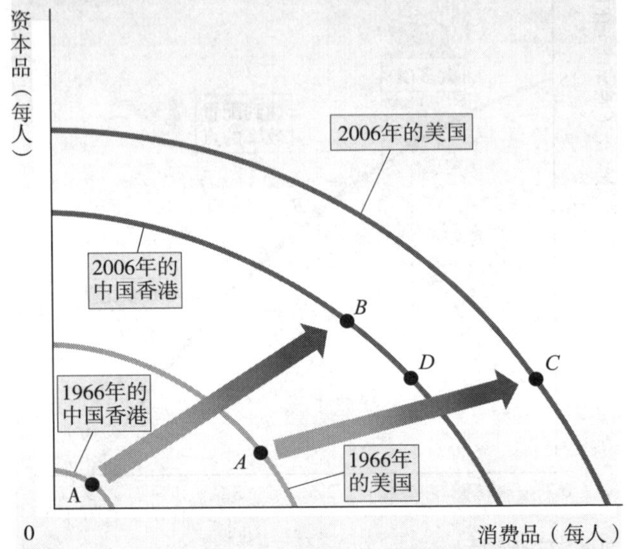

在 1966 年，美国的人均生产可能性比中国香港的要大得多。但是与美国相比，中国香港把更多的资源用于资本积累，所以它的生产可能性边界外移的速度比美国快。2006 年，中国香港的人均生产可能性是美国的 80%。

我们在对比萨行业解释的经济思想同样也适用于其他国家和地区。现在我们来看两个例子。

美国和中国香港的经济增长

如果一个国家或地区把所有的资源都用于生产消费品而不用于技术进步和资本积累，那么它未来的生产可能性就与今天的一样。为了扩大未来的生产可能性，我们必须减少生产消费品的资源，而将更多的资源用于资本积累和发展技术。减少今天的消费是增加未来消费的机会成本。

美国和中国香港的经验提供了一个关于我们的选择对经济增长率的作用的令人瞩目的例子。在 1966 年，美国的人均生产可能性水平比中国香港大 4 倍（见图 2. 6）。美国把五分之一的资源用于资本积累而把其余的五分之四用于消费。1966 年，美国在其 *PPF* 的 *A* 点。中国香港将其三分之一的资源用于资本积累，另外的三分之二用于消费。1966 年，中国香港在其 *PPF* 的 *A* 点上。

从 1966 年开始，美国与中国香港都经历了经济增长，但是中国香港的经济增长快于美国。因为中国香港把更多的资源用于资本积累，它的生产可能性扩大得更快。

截止到 2006 年，中国香港的人均生产可能性已经达到美国人均生产可能性的 80%。如果中国香港继续将更多的资源用于资本积累（在 2006 年 *PPF* 图上的 *B* 点），它的经济增长速度将仍然会比美国快。但是，如果中国香港增加消费减少资本积累（移动到 2006 年 *PPF* 图上的 *D* 点），那么它的经济增长速度将会变慢。

美国是典型的富裕工业化国家，这类国家包括西欧和日本。中国香港是典型的高速增长的亚洲地区，这类国家或地区包括中国台湾、泰国、韩国和中国。这些国家或地区的增长速度在 1998 年亚洲金融危机中变慢了，但是之后迅速回升。这些国家或地区的生产可能性扩张每年在 5%

~10%之间。如果继续保持这种高速增长的势头，这些亚洲的国家或地区最终会缩小与美国的差距，就像中国香港已经做到的那样。

复习测验

1. 经济增长由何而来？
2. 经济增长如何影响生产可能性边界？
3. 什么是经济增长的机会成本？
4. 为何中国香港比美国的经济增长速度更快？

myeconlab **Study Plan 2.3**

接下来，我们要研究扩大生产可能性的另一种方法——一种令人惊讶的事实：买者和卖者都能从专业化和贸易中获利。

从贸易中获利

人们可以生产自己消费的所有产品，也可以集中生产一种（或很少的几种产品），然后与其他人进行交易——用自己的一些产品交换其他人的产品。集中生产惟一的一种或很少的几种产品称为专业化。我们将发现人们如何通过专门生产自己有比较优势的产品并相互交易而获益。

比较优势和绝对优势

如果一个人可以以低于其他任何人的机会成本完成某项活动，那么，他在这种活动中就有**比较优势**（comparative advantage）。机会成本的差异来源于个人能力的差异以及其他资源特点的差异。

没有一个人在每一件事情上都是优秀的。某人是一个优秀的投球手，但却是一个差劲的接球手；另一个人是一个杰出的律师，但不是一个好的教师。在几乎所有的人类的努力中，一个人可以轻易做到的，其他人却发现很困难。同样的情况也适用于土地和资本。一块土地很肥沃但没有矿藏；另一块土地风景极佳但贫瘠。一部机器极为精确，但难以操作；另一部机器运行速度快，但经常出故障。

尽管没有一个人在每一件事情都优秀，但一些人在许多活动中是优秀的，甚至在所有的活动中，一个人如果比其他人更有生产效率，那么这个人具有**绝对优势**（absolute advantage）。

绝对优势涉及到比较生产率，如每小时产量；而比较优势则涉及比较机会成本。

注意，具有绝对优势的人不可能在每个活动中都具有相对优势。与大多数人相比，John Grisham 是一个好律师和高产惊险小说的作家。就这两个活动来说，他具有绝对优势。但是与其他人相比，他做作家比做律师更出色，所以他的比较优势是写作。

因为人们的能力与其资源的质量不同，他们生产各种产品具有不同的机会成本。这些差异就是比较优势的来源。

现在我们考查两个思慕雪冷饮吧（smoothie[1] bar），其中一个由利兹经营，另一个由乔恩经营，从而探讨比较优势思想。

利兹的思慕雪冷饮吧　利兹生产思慕雪和沙拉。在利兹的高科技冷饮吧中，每 90 秒就能生产出一个思慕雪或一个沙拉（见表 2.1）。如果利兹花所有的时间制造沙拉，她一小时能生产 40 个。如果她花所有的时间制造思慕雪，她一小时也能生产 40 个。如果她将时间在两者中间平分，她每小时能生产 20 个思慕雪和 20 个沙拉。为了生产额外的一个思慕雪，她必须要减少生产一个沙拉。为了生产额外的一个沙拉，她必须要减少生产一个思慕雪。所以

利兹生产一个思慕雪的机会成本是一个沙拉。

并且

利兹生产一个沙拉的机会成本是一个思慕雪。

表 2.1　利兹的生产可能性

商　品	生产 1 单位所需的分钟数	每小时生产的数量
思慕雪	1.5	40
沙　拉	1.5	40

[1] 译者注：Smoothie 是一种由新鲜水果或冰镇水果、果汁、冰混合而成，它看起来像奶昔但更粘稠，爽滑；但不同于奶昔，Smoothie 不含牛奶或冰淇淋。Smoothie 是一种健康饮品，适合各种年龄段人饮用。

表 2.2 乔恩的生产可能性

商 品	生产 1 单位所需的分钟数	每小时生产的数量
思慕雪	10	6
沙 拉	2	30

利兹的顾客购买沙拉和思慕雪的数量是相同的，所以她平分她的时间用来生产两种产品，即每小时生产 20 个沙拉和 20 个思慕雪。

乔恩的思慕雪冷饮吧 乔恩同样生产思慕雪和沙拉。但是乔恩的冷饮吧比利兹的小，而且，乔恩只有一个搅拌机，它是一台又旧又慢的机器。即使乔恩使用所有的资源来生产思慕雪，他一小时只能生产 6 个（见表 2.2）。但是乔恩擅长生产沙拉，所以如果他使用所有的资源来生产沙拉，他一小时能生产 30 个。

乔恩生产思慕雪和沙拉的能力是不变的，不管他如何在两者中划分时间。他能在 2 分钟内生产一个沙拉，或者 10 分钟内生产一个思慕雪。为了生产额外一个思慕雪，他必须减少生产 5 个沙拉。为了额外生产一个沙拉，他必须减少生产 1/5 个思慕雪，所以

乔恩生产 1 个思慕雪的机会成本是 5 个沙拉，

并且

乔恩生产 1 个沙拉的机会成本是 1/5 个思慕雪。

乔恩的顾客像利兹的顾客一样，购买思慕雪和沙拉的数量是相同的，所以，他花费 50 分钟来生产思慕雪，10 分钟生产沙拉，在这种时间分配下，乔恩生产 5 个思慕雪和 5 个沙拉。

利兹的绝对优势 你可以从描述两个思慕雪冷饮吧的数字中看出，利兹的生产能力是乔恩的 4 倍，她的 20 个思慕雪和沙拉是乔恩的 5 个的 4 倍。利兹有绝对优势，她比乔恩在生产思慕雪和沙拉上都更具有生产率。但是利兹只在一种活动中具有比较优势。

利兹的比较优势 利兹在两个活动中的哪个上具有比较优势？回忆一下，比较优势是指这样一种情况：一个人生产一种产品的机会成本比另一个人生产同一产品的机会成本要低。利兹在生产思慕雪上具有比较优势。她生产一个思慕雪的机会成本是 1 个沙拉，而乔恩生产一个思慕雪的机会成本是 5 个沙拉。

乔恩的比较优势 如果利兹在生产思慕雪上具有比较优势，乔恩必须在生产沙拉上具有比较优势。他生产一个沙拉的机会成本是 1/5 个思慕雪，而利兹生产一个沙拉的机会成本是 1 个思慕雪。

通过贸易获益

利兹和乔恩在一个单身酒吧偶然相识。经过几分钟的介绍，利兹告诉乔恩她的惊人巨大利润的思慕雪生意，她一个小时能卖掉 20 个思慕雪和 20 个沙拉。她告诉乔恩，她惟一的问题是她希望能生产更多一些，因为排队等待的时间太长，潜在的顾客离开了。

乔恩不知道是不是应该将自己从事的思慕雪生意告诉利兹，这样可能会使自己的生意减少。但是他最终还是告诉了利兹。当他给利兹解释说，他将每个小时的 50 分钟用来生产 5 个思慕雪，10 分钟用来生产 5 个沙拉时，利兹大跌眼镜。"我与你做一个交易！"她欢呼道。

下面是利兹描述在餐巾纸上的一个交易。乔恩不再生产思慕雪并分配所有的时间生产沙拉。利兹将她生产的思慕雪提高到每小时 35 个，并且将她生产的沙拉减少到每小时 5 个［见表 2.3（a）］。

然后他们开始交易，利兹卖给乔恩 10 个思慕雪，乔恩卖给利兹 20 个沙拉——1 个思慕雪的价格是 2 个沙拉——见表 2.3（b）。

交易之后，乔恩有 10 个沙拉——他生产的 30 个减去

表 2.3 利兹和乔恩从贸易中获益

(a) 生 产	利兹	乔恩
思慕雪	35	0
沙 拉	5	30
(b) 贸 易	**利兹**	**乔恩**
思慕雪	卖 10	买 10
沙 拉	买 20	卖 20
(c) 贸易后	**利兹**	**乔恩**
思慕雪	25	10
沙 拉	25	10
(d) 从贸易中获益	**利兹**	**乔恩**
思慕雪	+5	+5
沙 拉	+5	+5

他卖给利兹的20个。同时他从利兹那里买了10个思慕雪。因此，乔恩可以出售的沙拉和思慕雪是以前的2倍——见表2.3（c）。

利兹有25个思慕雪——她自己生产了35个减去卖给乔恩的10个。同时她有25个沙拉——她生产的5个沙拉加上她从乔恩那买的20个——见表2.3（c）。利兹和乔恩都得到了5个思慕雪和5个沙拉的利益——见表2.3（d）。

利兹画了一个图（参见图2.7）来解释她的建议。图2.7（a）中浅灰色的*PPF*表示乔恩的生产可能性。在*A*点，他每小时能生产5个思慕雪和5个沙拉。图2.7（b）中浅灰色*PPF*表示利兹的生产可能性。在*A*点，她每小时能生产20个思慕雪和20个沙拉。

利兹的建议是在他们拥有比较优势的领域，他们都生产更多的产品。乔恩在他的*PPF*的*B*点生产30个沙拉，不生产思慕雪。利兹在她的*PPF*的*B*点生产35个思慕雪和5个沙拉。

然后利兹和乔恩开始贸易——交换——以每个思慕雪2个沙拉或每个沙拉1/2个思慕雪的价格。乔恩用2个沙拉得到1个思慕雪，这比他花费5个沙拉来生产1个思慕雪机会成本要少。同时，利兹用1/2个思慕雪来获得1个沙拉，这比她花费1个思慕雪来生产1个沙拉要少。

因为贸易的进行，乔恩在*C*点有10个思慕雪和10个沙拉——多得到5个思慕雪和5个沙拉。乔恩移到*PPF*外的一点。

因为贸易的进行，利兹在*C*点有25个思慕雪和25个沙拉——多获得5个思慕雪和5个沙拉。利兹也移到*PPF*外的一点。

尽管利兹在生产思慕雪和沙拉都具有绝对优势，但是

图2.7 从贸易中获益

myeconlab

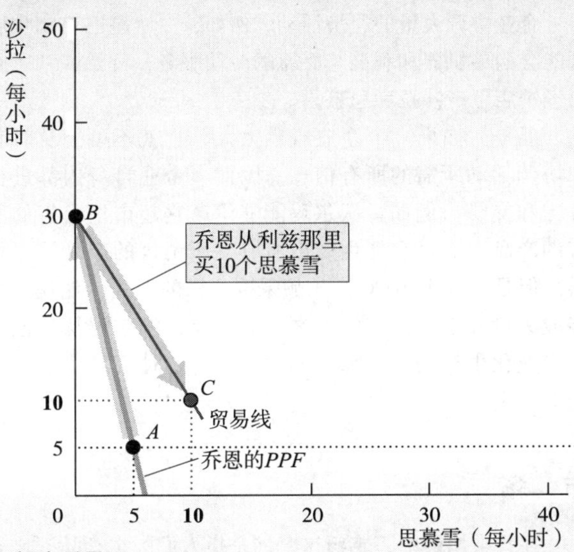

（a）乔恩

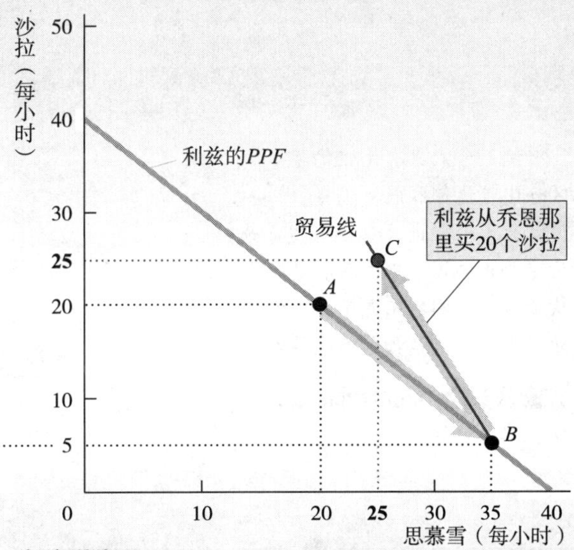

（b）利兹

乔恩最初的生产位于（a）幅中他的*PPF*上的*A*点，而利兹最初的生产位于（b）幅中她的*PPF*上的*A*点。乔恩生产一个沙拉的机会成本比利兹小。利兹生产一个思慕雪的机会成本比乔恩小，所以在生产思慕雪上利兹有比较优势。

如果乔恩只是生产沙拉，他能够生产30个沙拉和0个思慕雪，如图中*B*点所示。如果利兹生产35个思慕雪和5个沙拉，她的生产可能性位于*B*点。

他们沿着贸易线进行交换沙拉和思慕雪。利兹以低于其自己生产的机会成本的价格从乔恩那儿买入沙拉，而乔恩以低于其自己生产的机会成本从利兹那儿买入思慕雪。他们在C点相交——而C点在他们各自的*PPF*线之外，他们都能够在不改变已有的资源的情况下多获得5个思慕雪和5个沙拉。

利兹和乔恩从生产他们具有比较优势的产品然后进行贸易中获益。

我们从国际贸易中获益的方式类似于例子中乔恩和利兹的获益。当美国从中国进口T恤而中国从美国进口波音飞机时，两个国家都获益。美国以低于自己生产的成本得到T恤，而中国以低于自己生产的成本得到了飞机。

动态比较优势

在任何一个给定的时间点，现有的资源和技术决定了个人和国家具有的比较优势。但是，如果只是重复的生产某一特定的产品或服务，人们在该项活动中变得更具有生产力。这种现象叫做**干中学**（learning-by-doing），干中学是动态比较优势的基础。**动态比较优势**（dynamic comparative advantage）是指由于一个人（或国家）在某个领域的专业化分工，并由于干中学的作用，成为具有最小机会成本比较优势的生产者。

例如，当新加坡决定发展最初没有比较优势的生物科技产业的时候，它就在追求动态比较优势。

复习测验

1. 什么使一个人具有比较优势？
2. 区分比较优势和绝对优势。
3. 为什么人们要进行专业化和贸易？
4. 从专业化和贸易中的获利是什么？
5. 从贸易中获利的来源是什么？
6. 动态比较优势是如何产生的？

myeconlab **Study Plan 2.4**

经济协调

人们通过专业化生产他们具有比较优势的产品和服务，并相互贸易而获益。回顾我们上一节学习的内容，利兹和乔恩——他们生产的产品是沙拉和思慕雪——可以合作并进行贸易，使他们都能享受专业化和贸易带来的收益。但是，要几十亿人专业化生产几百万种不同的产品，我们必须以某种方式协调他们的活动。

两种竞争性的经济协调体制已经被采用：中央计划经济和分权化市场经济。

中央计划经济体制可能看起来是最好的体制，因为它代表了国家权力。这种体制在前苏联实行了60年，在中国实行了30年。今天，这两个国家和之前采用计划经济体制的其他大部分国家正采用一种分权化的市场经济体制。

为了使分权协调能发挥作用，需要4个已经演进了多个世纪的互补的社会要素。它们是：

- 企业
- 市场
- 产权
- 货币

企 业

企业（firm）是指一个利用生产要素并组织这些要素来进行生产和销售产品和服务的经济单元。企业的例子有你当地的加油站、沃尔玛和通用电气公司。

企业协调大量的经济活动。例如，一个星巴克咖啡店可能会购买机器和利兹与乔恩的劳动服务，开始在它所有的经销店生产沙拉和思慕雪。

但是，如果一个企业规模太大，它就不可能及时获知协调活动所需的所有信息。因此，企业自身内部进行分工和交易。例如，沃尔玛能够生产它超市里出售的所有的产品，而且它能生产出所有它所销售的产品的原材料。但是，如果山姆·沃尔顿采取这样的方式，他就不可能成为世界上最富有的人之一。相反，沃尔玛从其他从事专业化生产的企业那里购买产品。这种交易确实在市场上发生。

市 场

在日常用语中，市场这个词是指人们买卖产品（比如鱼、肉、水果和蔬菜）的地方。在经济学里，市场具有更为广泛的意义。**市场**（market）是指任何一种能使买卖双方获取信息并相互交易的安排。一个例子就是石油买卖的市场——世界石油市场。世界石油市场不是指一个地方。它是石油生产者、石油消费者、批发商和石油买卖的经纪人的网络。在世界石油市场上，决策者并不面对面地接触。他们通过电话、传真和互联网联接进行交易。

市场因为便利了贸易而得到发展。如果缺少有组织的市场，我们可能会错失从贸易中得到潜在的巨大利益。追求自身利益的富有进取心的个人和企业都从市场中获益——时刻准备出售或购买专门化的产品，但是，只有当产权存在的时候市场才会起作用。

产　权

产权（property rights）是指确定资源、产品服务的所有、使用和处置的社会安排。不动产包括土地和建筑物——在日常用语中，我们称为财产——以及耐用品如厂房和设备。金融资产包括股票和债券，以及储存在银行中的货币。知识产权是创造性努力的无形产品。这类产权包括受版权和专利保护的著作、音乐、计算机程序和各种各样的发明。

在实施产权保护的地方，人们有专业化和生产他们具有比较优势的产品的激励。在一个人们可以窃取他人的劳动成果的地方，资源将不是用于生产而是不得不用于保护财产。如果没有产权，我们可能仍像石器时代的祖先那样打猎和群居。

货　币

货币（money）是指作为一般支付手段的任何产品或符号。在前面的例子中，利兹和乔恩没有使用货币。他们交换沙拉和思慕雪。原则上，市场上的贸易可以用一个产品交换任何一个其他产品。但是你可以想像，如果我们使用物物交换的方式，生活将会变得多么复杂。货币的“发明”使得市场上的贸易变得更有效率。

市场上的循环流

图 2.8 说明了家庭和企业做出选择后的循环流。家庭采用专业化的方式，决定出售或出租给企业劳动、土地、资本和企业家才能的数量。企业决定使用生产要素的数量。深灰色的流向表明是通过要素市场实现。家庭可以决定产品和服务购买的数量，而企业可以决定产品和服务生产的数量。这时深灰色的流向表明是通过产品市场实现的。家庭获得收入并用于产品和服务的支出（浅灰色流向）。

市场如何协调所有的这些决策呢？

协调决策

市场通过价格调节来协调决策。为了弄清楚这是如何实现的，我们可以想像一个当地的汉堡包市场。假设一些人想买汉堡包，但却没有买到。为了使买者和卖者的选择匹配，买者必须减小他们的购买欲望或者有更多的汉堡包出售（或者两者都发生）。汉堡包价格的提高会促使这样的结果产生。提价也能促使一些人改变他们的午餐计划。更少的人买汉堡包，更多的人买热狗。因此有更多的汉堡包（和更多的热狗）出售。

另一方面，假设可以得到的汉堡包超过了人们想买的

图 2.8　市场经济中的循环流

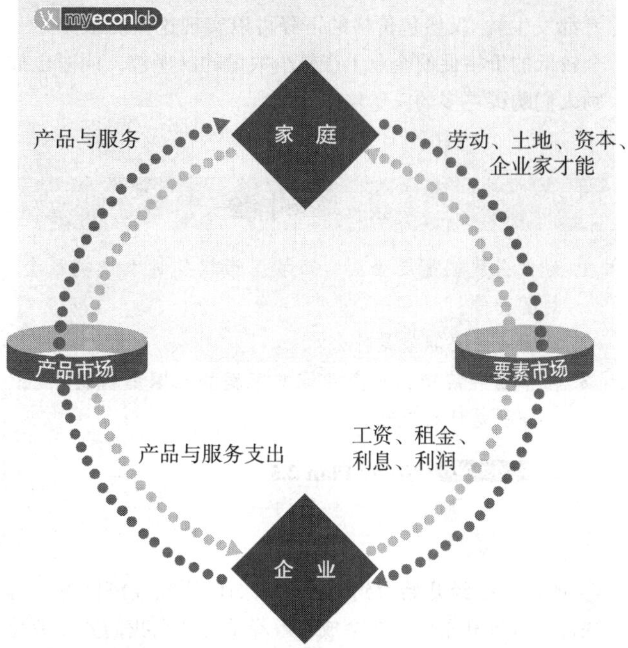

家庭和企业做出经济选择，而市场对这些选择进行协调。

家庭决定出售或者出租的劳动、土地、资本以及企业家才能的数量，以获得工资、租金、利息和利润。家庭也决定如何将自己的收入用于购买各种产品和服务。

企业决定所使用生产要素的数量以及生产各种产品与服务的数量。

产品市场和要素市场协调家庭和企业的这些选择。

顺时针的流向是现实的流向——生产要素从家庭流向企业，同时产品和服务由企业流向家庭。

逆时针的流向表示对顺时针流向的支付。该流向反映的是企业给家庭支付收入，家庭用这种收入向企业购买产品与服务。

数量。在这种情况下，为了使买者和卖者的选择匹配，人们需购买更多的汉堡包或者有更少的汉堡包出售（或者两者都发生）。汉堡包价格的下降可以实现这样的效果。一个较低的价格促使企业生产较少数量的汉堡包，同时也鼓励人们购买更多的汉堡包。

复习测验

1. 为什么我们需要企业、市场、产权和货币这类社会制度安排？
2. 市场的主要职能是什么？
3. 在市场经济中，从企业流向家庭和从家庭流向企业的分别是什么流呢？

myeconlab **Study Plan 2.5**

◆现在你已经开始看到经济学家如何研究经济问题。稀缺性、选择和不同的机会成本解释了为什么我们要专业化和贸易，以及为什么需要企业、市场、产权和货币这类社会制度安排。你可以在周围看到你在本章中所学过的这一课。本章末的阅读材料提供了一个例子。它揭示了像你这样的学生的 *PPF*，以及必须做出的选择，这些选择影响他们自己的经济增长——收入的增长。

内容提要

要 点

生产可能性和机会成本

- 生产可能性边界（*PPF*）是指，当所有资源都用到其极限时可能达到的生产水平与不能达到的生产水平之间的界线。
- 在 *PPF* 上的各点都是具有生产效率的点。
- 沿着 *PPF*，多生产一种产品的机会成本是必须放弃另一种产品的数量。
- 随着一种产品产量的增加，所有产品的机会成本也增加。

有效地利用资源

- 一种产品的边际成本是多生产一单位该产品的机会成本。
- 一种产品的边际利益是一个人为了多得到这种产品而愿意放弃的另一种产品的最大量。
- 一种产品的边际利益随着获得量的增加而减少。
- 当每种产品的边际成本等于其边际利益时，资源得到有效利用。

经济增长

- 经济增长即生产可能性扩大的经济增长，源于资本积累和技术变革。
- 经济增长的机会成本是放弃现期的消费。

从贸易中获益

- 如果一个人可以以低于其他每一个人的机会成本生产一种产品，那么，这个人在生产这种产品上就具有比较优势。
- 人们通过专门从事自己有比较优势的活动并相互交易从而获益。
- 动态比较优势来自干中学。

经济协调

- 企业协调着大部分的经济活动，但这种协调限于企业的有效规模之内。
- 市场协调人们和企业之间的经济选择。
- 只有在产权存在的时候市场才能有效运作。
- 货币使市场中的交易更具效率。

关键图表

关键术语

生产可能性边界	生产效率
边际成本	偏 好
边际利益	边际利益曲线
配置效率	经济增长
技术变革	资本积累
比较优势	绝对优势
干中学	动态比较优势
企 业	市 场
产 权	货 币

习　题

1. 用图形计算当 Wendell 打网球的时间像以下那样增加时，他打一个小时网球的机会成本。
   a. 每周由 4 小时增加到 6 小时。
   b. 每周由 6 小时增加到 8 小时。

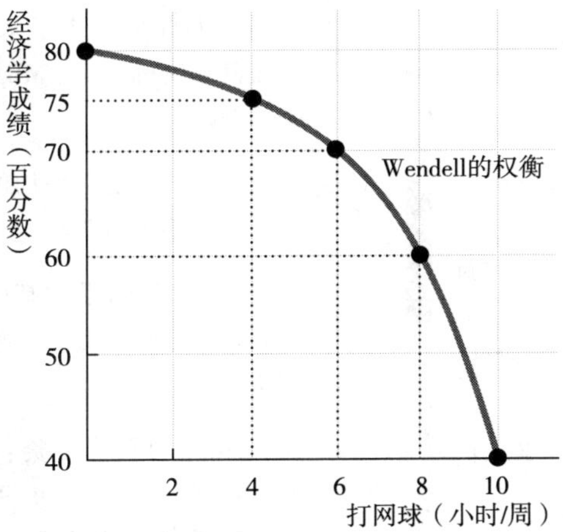

2. Wendell 的生产可能性边界在第 1 题中已经给出，边际利益曲线如下图所示。

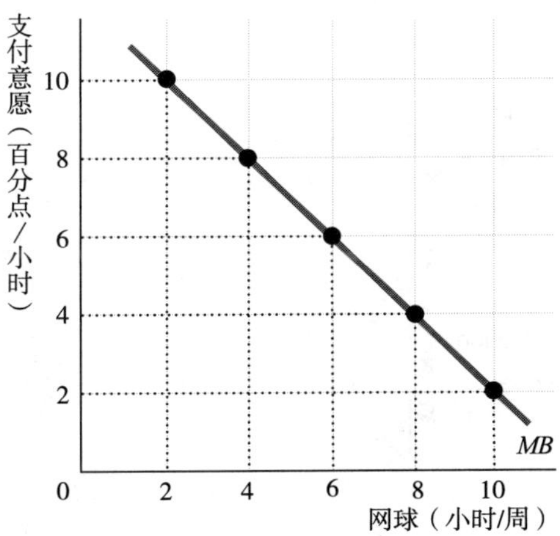

   a. 如果 Wendell 有效地利用他的时间，他的成绩怎样？他又会用多少时间打网球？
   b. 请解释为什么 Wendell 取得好成绩时情况会更坏呢？

3. Sunland 的生产可能性是

食物（磅/月）		汽车清洁剂（加仑/月）
300	和	0
200	和	50
100	和	100
0	和	150

   a. 画出 Sunland 的生产可能性边界。
   b. Sunland 生产 1 加仑食物的机会成本是多少？
   C. Sunland 生产 1 加仑汽车清洁剂的机会成本是多少？

4. Sunland 的生产可能性边界在第 3 题的表中已经画出，其偏好如下表所示。

汽车清洁剂（加仑/月）	支付意愿（磅/加仑）
25	3
75	2
125	1

   a. 画出 Sunland 对汽车清洁剂的边际利益曲线图。
   b. 如果 Sunland 实现了配置效率时他生产的汽车清洁剂的数量是多少？

5. 农场种植小麦和生产猪肉。生产这两种产品的边际成本随着产量的增加而增加。
   a. 画出农场的生产可能性边界图并加以说明。
   b. 农场采用新的技术能够使他们用更少的资源去生产更多的猪肉。请用你用图说明采用新技术对农场生产可能性边界的影响。
   c. 随着农场采用在题 b 中所提到的技术，他们生产一吨小麦的机会成本是增加、减少还是不变呢？请解释和用图说明你的判断。
   d. 通过采用新的技术，农场是否比以前更加有效率呢？

6. Tom 每小时能够生产 40 个球或者是生产 4 个球拍。Tessa 每小时能生产 80 个球或者 4 个球拍。
   a. 计算 Tom 生产一个球的机会成本。
   b. 计算 Tessa 生产一个球的机会成本。
   c. 谁在生产球时有比较优势呢？
   d. 如果 Tom 和 Tessa 都专注于生产他们有比较优势的产品，然后他们按照 1 个球拍换 15 个球的比例进行交换，谁会从专业化和交易中获益呢？

阅读材料：事例与分析

政策观察

教育的成本与收益

http://bostonworks.boston.com

MBA 毕业生能够得到更高的报酬

2005 年 5 月 29 日

商学院的毕业生们，好消息，MBA 很有可能为你们带来可观的薪水。

总部设在新汉普郡、从事咨询的肯尼迪信息公司出版的《咨询新闻》发布了以上的这则消息。它发现那些从全美顶级商业学院毕业的学生，期望能够得到与他们取得的学位相对应更高的报酬，有一些毕业生可能做到了。

时事通讯公布了一些咨询公司对毕业于顶级商学院的MBA 学生们的面试结果，MBA 学生们一般都希望他们今年的薪酬能够增加 20%。

时事通讯还披露，“今年毕业的 MBA 学生们平均的基本工资几乎达到了 110 000 美元，比去年 MBA 毕业生的工资高出了 10%左右。”我们注意到一些企业的工资只是略有提高，而个人分红能够提高至少 30%。

这篇时事通讯的数据是从 12 家顶级商学院的 85 名MBA 毕业生中收集到的，其中包括了耶鲁大学、宾夕法尼亚大学、芝加哥大学和加利福尼亚州立大学洛杉矶分校。该数据发现今年的平均工资由 2004 年的 98 751 美元提高到 109 000 美元。这是自 2002 年后平均工资的第一次提升，因为 2002 年时的平均工资由 2000 年时的 92 253 美元提高到了 99 082 美元。

事件的本质

- 《咨询新闻》报告了来自 12 家顶级商学院的 85 名 MBA 毕业生的调查结果。
- 今年 MBA 毕业生平均的期望工资比上一年高出 20%。
- MBA 2005 年的平均基础工资是 109 000 美元，比上一年高出了 10%。
- 最近几年的平均工资：2000 年 92 253 美元；2002 年 99 082 美元；2004 年 98 751 美元。

经 济 分 析

- 教育增加了人力资本，扩大了生产的可能性。
- 大学学位的机会成本是所放弃的消费。其回报是终身生产可能性的增加。
- 图 1 表示一个高中毕业生面临的选择。他可以沿着浅灰色的生产可能性边界，消费教育性的产品和服务，也可以消费其他消费性产品与服务。
- 在全职工作时，这个人所对应的是图 1 中 *PPF* 上的 *A* 点。
- 如果上大学，这个学生所对应的点，从图中浅灰色 *PPF* 线上的 *A* 点移到 *B* 点，放弃现在的消费（教育的机会成本），增加教育性的产品和服务。
- 从大学毕业后，收入快速增加，所以生产可能性边界向外扩张到图 1 中深灰色的 *PPF*。
- 图 2 表示大学毕业生面临的选择。浅灰色的 *PPF* 曲线与图 1 中深灰色的 *PPF* 曲线相同。
- 在全职工作时，这个人可以赚到足够的钱去消费位于图 2 中 *C* 点对应的产品和服务。
- 通过继续读 MBA，这个学生沿着 *PPF* 从 *C* 点移到 *D* 点，放弃了现有的消费（读 MBA 的机会成本），增加教育性的产品和服务。
- 有了 MBA 学位，这个学生的的收入再次得到提高，生产可能性边界向外扩张到了图 2 中深灰色的 *PPF*。
- 对于已经获得能力的人来说，进行的第二阶段教育和研究生教育的收益大大超过了其成本。

说出你的观点

- 既然通过第二阶段教育和研究生教育能够得到巨大的回报，但为什么没有更多的人留在学校继续深造呢？
- 你会投票支持征收更多的税收，从而提供更高的公共奖学金以鼓励更多的人去攻读研究生学位吗？请解释你为什么支持或为什么不支持。

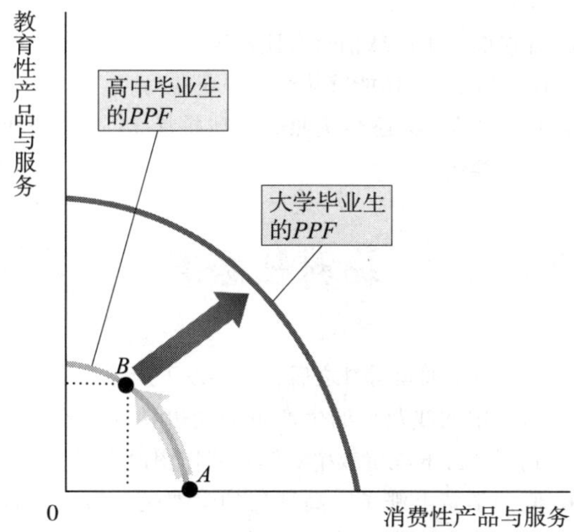

图 1　高中毕业生的选择

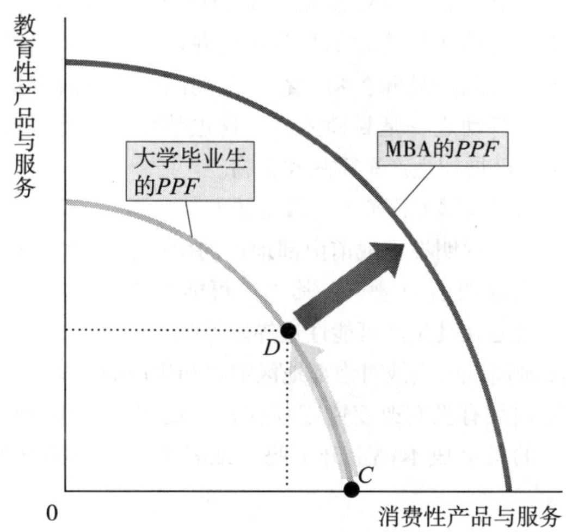

图 2　大学毕业生的选择

假如 Tessa 买了一个制造球拍的新机器，使她每个小时能够生产 20 个球拍（她每小时依然能够生产 80 个球）。

e. 现在谁在生产球拍时有比较优势呢？

f. Tom 和 Tessa 还能够从交易中获益吗？

g. Tom 和 Tessa 还会按照 1 个球拍换 15 个球的比例进行交换吗？

批判性思考

1. 在你学习了阅读材料之后，回答以下问题：

   a. 图 1 中的浅灰色的生产可能性边界线上的哪一点达到了资源的配置效率？解释并作图说明。

   b. 假如学费上涨了，高涨后的学费是如何改变教育的机会成本和如何改变在图 1 和图 2 中学生的生产可能性边界？

   c. 你认为人们获得了有效数量的教育了吗？为什么？

2. 内战前，美国的南部和北部以及英格兰之间进行交易，南部将棉花卖给北部和英格兰并从北部和英格兰买回加工后的产品和食物。在内战期间，林肯所采取的第一批行动之一是封锁港口，这也禁止了交易。南部被迫自己增加生产军需品和食物。

   a. 南部在哪方面拥有比较优势？

   b. 画图说明在内战前南部地区的生产、消费和交易量。南部的消费量是在其生产可能性边界之内、之上，还是在其生产可能性边界之外呢？

   c. 画图说明内战对南部地区消费和生产的影响。

   d. 内战有没有改变南部任何机会成本？南部所有产品的机会成本都上升了吗？或者所有产品都降价了？请画图说明。

3. 用糖或者谷类都可以生产酒精。巴西用甘蔗生产 1 加仑的酒精需要耗费 90 美分，而美国用谷类生产 1 加仑的酒精需要耗费 1 美元。美国农业部希望在 2007 年用所收成的谷类的 20%生产酒精，比 2006 年增长了 34%。

   a. 美国在生产酒精上有比较优势吗？

   b. 美国在 2007 年生产酒精时的机会成本会不会增加？

   c. 美国能从购买巴西的酒精（或者甘蔗）中获益吗？

4. “美国生育高峰期出生的人们因茶叶对健康有利而推崇喝茶。”《经济学家》杂志说（2005 年 7 月 8 日，第 65 页），文章指出：“尽管气候适宜，在美国种茶依然太过昂贵，因为种茶是劳动密集型的一项劳动。用所提供的信息：

   a. 粗略画出在美国和在印度生产茶叶和其他产品或者服务的生产可能性边界。

   b. 粗略画出美国在生育高峰前后的人们从茶叶中所获得的利益的边际利益曲线。

   c. 美国是生产茶叶还是进口茶叶呢？

   d. 人们对茶叶偏好的改变会影响生产茶叶的机会成本吗？

网上活动

1. 从你感兴趣的一个学校中获取有关参加 MBA 项目的学费和其他费用的资料。

   a. 画出一个当你选择是否读 MBA 时所面临的生产可能性边界。

   b. 你认为读 MBA 的边际利益是否超过了其边际成本？

你的经济革命

你在学习经济学上有了进步。你已经知道了经济学的重大问题与思想，而且你已经了解经济学奠基人亚当·斯密的关键见解：专业化和贸易创造了经济财富。

你正处于一个被未来历史学家称为**信息革命**的时代学习经济学。我们用“革命”这个词来指影响未来所有时代人们的重大事件。

一万年前的**农业革命**时代，人们学会了饲养动物和种植庄稼。人们不再为了寻找食物而游牧，并定居在乡村，这些定居地最终演变为城镇和城市，人们在城镇和城市里建立了交换他们生产的产品的市场。

始于240年前的**工业革命**时代，人们用科学创造了技术。这次革命给一些人带来了极大的财富，但也引起了另一些人的落后的状况。它引起了我们今天仍然面临的社会和政治的紧张态势。

在今天的**信息革命**时代，那些有能力和机会迎接新技术的人以不可思议的规模富裕起来。但受教育较少的人的收入与生活水平仍然落后，社会与政治的紧张态势加剧。今天的革命具有全球化的特点。有一些成功者生活在亚洲以前贫穷的国家，而有些失败者则生活在美国。

因此，你正在一个令人感兴趣的时候学习经济学。无论你学习经济学的动机是什么，我的目的是帮你学好课程、享受它，并加深你对周围经济世界的了解。

我希望我们都成功的理由有三个：第一，适当地了解经济学将有助于你完全加入到信息革命之中。第二，了解经济学将有助于你作为公民和选民发挥更有效的作用，并使你能把你的票投给那些寻求解决社会与政治问题的人。第三，你将从理解发挥作用的因素和它们如何形成这个世界的过程中享受到乐趣。

如果你发现经济学有趣，将其作为专业就应该认真对待。经济学学位给了你解决问题方面的最好教育，提供了许多发展概念性技能的机会，并为包括MBA在内的广泛课程学习打开了便利之门，也为广泛的任职打开了便利之门。

经济学诞生于工业革命时期。我们回顾它的诞生并认识一下它的奠基人亚当·斯密。然后，我们将与今天最杰出的经济学之一，哈佛大学的罗伯特·巴罗一起谈谈经济学的进步和今日突出的政策问题。

经济财富的来源

“我们每天所需的食物和饮料，不是出自屠夫、酿酒师或面包师的恩惠，而是出于他们自利的打算。”

——亚当·斯密

《国富论》

经济学之父

亚当·斯密（Adam Smith）是一位对伦理学、法理学和经济学都做出过贡献的大学问家。他在1723年出生于苏格兰爱丁堡附近的一个小渔村克尔卡迪，斯密是该镇一个海关官员（他在斯密出生之前去世）的独子。

斯密的第一个学术职务是哥拉斯格大学逻辑学教授，当时年仅28岁。后来他成为富有的苏格兰公爵的私人教师，并陪公爵到欧洲大陆旅行了两年，此后获得了300英镑的年薪——这是当时平均收入的10倍。

依靠他在经济上的高年薪保障，斯密用10年时间写作了《国民财富的性质与原因研究》（简称**《国富论》**），并于1776年出版。在亚当·斯密之前有许多人写过关于经济问题的著作，但他使经济学成为一门科学。

斯密的思考是如此的广泛和权威，以至于后来研究经济学的学者如果不追溯到他们与亚当·斯密这些贡献的联系，就无法发展他们的思想。

问　题

为什么一些国家富裕而另一些国家贫穷？这个问题是经济学的中心。而且，它直接引起了第二个问题：穷国如何才能变富裕？

被学者公认为经济学奠基人的亚当·斯密，在他于1776年出版的著作《国富论》中力图回答这些问题。斯密在工业革命高潮时思考这些问题。在这些时期，新技术发明不断涌现，并应用于棉毛纺织、炼铁、运输以及农业中。

斯密想了解经济财富的来源，而且，他用自己敏锐的观察力和抽象能力来解决这个问题。他的答案是：

- 劳动分工
- 自由市场

斯密说，劳动分工——把任务分成简单的工作并在这些工作上变得熟练——是“劳动生产力最巨大的提高”的源泉。当分工被应用于创造新技术时，劳动生产率甚至变得更高。在极为狭窄领域内培养的科学家和工程师成为发明专家。他们高超的技能加速了技术进步，因此，到19世纪20年代时，机器已经比任何一个工匠都更快而更精确地制造消费品。而且，到19世纪50年代，机器已经可以制造仅仅依靠劳动力绝不可能制造的其他机器。

但是，斯密说，分工的结果要受到市场范围的限制。为了使市场尽可能广泛，在国内和国家之间必须没有对自由贸易的限制。斯密认为，当每个人都做出可能是最好的经济选择时，就仿佛有“一只看不见的手”引导整个社会达到最好的结果。屠夫、酿酒师和面包师都在追求自己的利益，但他们在这样做的同时，也增进了其他人的利益。

当　时

亚当·斯密推测，一个辛勤劳作的人用18世纪70年代可以得到的手工工具大概每天可以制造20根针。但他观察到，用这些同样的手工工具，把这个过程分为许多人专门从事的个别小操作时——通过劳动分工——10个人一天可以制造48 000根针。一个人抽钢丝，另一个人将它弄直，第三个人切断钢丝，第四个人做成针，第五个人磨尖。三个专业工人做针头，第四个人放在一起。最后，将针磨好并包装。但是，需要大市场来支持分工。一个雇佣10个工人的工厂一年需要出售1 500万根以上的针才能维持下去。

现　在

如果亚当·斯密活到今天，计算机芯片会使他惊讶不已。他会认为这是分工的生产效率和用机器制造其他机器的很好的例子。从一个芯片错综复杂的电路设计开始，摄像机把一个图像传送到工作原理像模板一样的玻璃板上。工人准备好在其上印电路的硅片。一些人切硅片，另一些人磨光，一些人烤干它们，还有另一些人用感光化学药品镀膜。机器把设计好的线路复制到硅片上，然后化学家把设计浸蚀到硅片上。以后的程序存储在原子大小的传送器和铝制联接器上。最后，激光把硅片上的几百个芯片分开。创造计算机芯片过程的每一个阶段都用了其他计算机芯片。而且，与18世纪70年代一样，今日的计算机芯片也从大市场——全球市场——购买大量能够有效生产的芯片中获益。

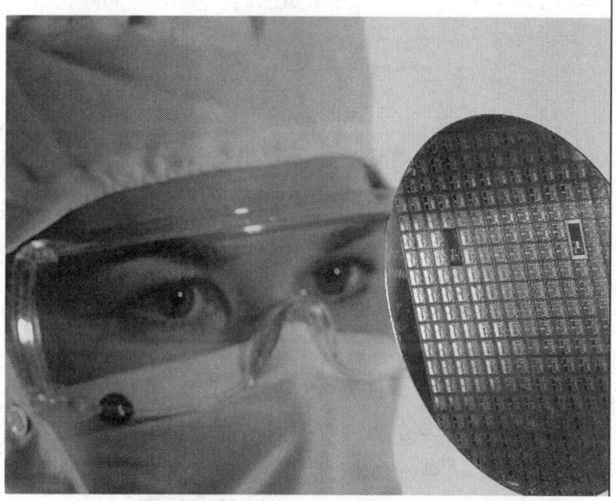

许多经济学家一直在研究亚当·斯密所提出的重大问题，哈佛大学的罗伯特·巴罗就是其中之一，在下一页你将会认识他。

与罗伯特·巴罗交谈

罗伯特·巴罗（Robert J.Barro）是哈佛大学的保罗·瓦伯格经济学教授，也是斯坦福大学胡佛研究院的高级研究员。他于1944年出生于纽约市，本科就读于加州理工学院的物理学专业，研究生就读于哈佛大学的经济学专业。

巴罗教授是世界顶尖级经济学家之一，他在宏观经济学领域每一个方面都做过研究，近几年他尤其注重于经济增长和经济与宗教的联系的研究。现在，他正在研究影响罕见的灾难（如世界大战、大萧条、流行病和自然灾难）对股票市场与其他资产市场的影响。除了他的许多学术著作和论文外，他的书《自由社会的市场与选择剖析》（Getting it Right: Markets and Choices in a Free Society，麻省理工出版社，1996年）和《不再神圣的经济学》（Nothing is Sacred: Ecomomic Ideas for the New Millenium，麻省理工出版社，2002年）用非专业的语言，解释了产权和自由市场对实现经济增长和提高生产水平的重要性。他刚刚完成了一本新的中级宏观经济学书——《宏观经济学》（Macroeconomics: a Modern Approach），将由Thomson Learning出版发行。他在《商业周刊》和《华尔街日报》上发表文章，对当前各方面的经济问题提出易于理解的看法。

迈克尔·帕金与罗伯特·巴罗进行了交谈，交谈内容涉及巴罗的著作以及自亚当·斯密的先驱性著作以来经济学家们取得的成就。

巴罗教授，你的第一个学位是物理学。当你读研究生的时候，为什么要转到经济学呢？

对我而言，经济学实现了将技术分析应用于社会问题和政策的完美结合。物理学——或真正的数学——为经济理论和计量经济学提供了一个有力的背景，但是直到上了研究生后，我才发现我具备了良好的经济洞察力。总的来说，从物理学转到经济学对我而言相对较易，而且我从未后悔过专业的选择。（或许在加州理工学院伟大的理查德·费曼教授那里上课也有帮助，我认识到自己永远也不可能成为一个出色的理论物理学家。）

我们首先讨论一下自由社会中的市场和选择。你的著作关于这些重要问题的主题和中心思想是什么？

从长远来看，成功的和失败的经济学的主要区别，在于它们孕育自由市场并提供支持产权和法律规则的运行良好的制度的程度。例如，在我最近的一次访问中国中，我在成都的西南财经大学的校园里发现亚当·斯密的雕塑。据我所知，在任何美国或加拿大的大学里，还从未有过这样的雕塑。

你的大部分研究集中于亚当·斯密已经在他的书中提出过的相同的问题。根据经济学家在近两个世纪来所发现的内容，亚当·斯密的推断在今天看来是怎样呢？我们今天所了解的，而亚当·斯密当时不知道的内容的关键所在是什么？

根据决定长期经济增长率的因素，斯密关于国家财富来源的主题，在现代研究中经常被重新描述。当然，为了使国家变得更富有，必须在长期内有较强的经济增长。自20世纪90年代初以来，经济增长的决定因素的实证研究领域取得了很大的进步。经济增长没有灵丹妙药，但是一些有利的政策、制度和国家特征确实会影响经济增长。

例如，严厉的法律规则，以教育和健康形式表现的高质量的人力资本，较低的非生产性的政府支出（和相关的税收），对外开放的程度，人口的低出生率和宏观经济的稳定性（包括较低的和稳定的通货膨胀）。给定这些和其他因素，如果一个国家开始时较为贫穷，增长趋向更快。也就是说，这种收敛趋势——贫穷地区的增长速度快于富裕地区增长速度——在一定条件下会存在，即在一系列的政策和国家特征保持不变的条件下成立。然而，收敛趋势不是绝对的，因为最穷的国家所采取的往往是最糟糕的政策（这就解释了他们为何而穷）。

经济增长没有灵丹妙药，但是一些有利的政策、制度和国家特征确实会影响经济增长。

富裕的国家可以做些什么来帮助贫穷的国家经济增长得更快一些？或者说成功的经济增长仅仅源自于自我发展吗？

大部分情况下，经济增长来自于制度和政策上的内部改进，以及国内的人力资本和物质资本的积累。现在还没有证据表明富裕国家可以通过福利计划，例如外援和债务豁免对穷国的经济增长产生帮助。相反，确实有些证据表明，因为大多数发展中国家低水平的治理，外援被主要用于增加政府支出和滋生腐败。在过去的一段时期，富裕国家也曾对一些国家进行过治理（尽管不是站在那些国家的利益的立场），但是，没有人想回到殖民主义时代。

我乐观地认为美国和许多其他国家的货币当局已经开始致力于价格稳定，他们已经知道高通货膨胀不能刺激经济增长。

国际贸易如何影响经济增长？富裕国家可以从开放与贫穷国家的自由贸易中获利更多吗？或者对于贫穷国家来讲，他们继续开放国门进行自由贸易就足够了吗？

富裕国家通过对外开放，在产品、服务、技术和金融领域达成更多的贸易，刺激本国的经济发展。贸易保护论者的政策，特别是在农业和纺织业，不仅对发展中国家有害，也对富裕国家的消费者有害。布什总统的政策一直是个大杂烩；消极的方面是支持钢铁、农业和木材的保护主义以及反对中国产品特别是纺织品的进口。当然，关于农业保护主义，西欧国家比美国做得更糟。

通货膨胀在 20 世纪 90 年代的大部分时间和 21 世纪初期被抑制。通货膨胀是否是一个已经过去的旧问题或者我们应该开始再次关注它？

我乐观地认为美国和许多其他国家的货币当局已经开始致力于价格稳定，他们已经知道高通货膨胀不能刺激经济增长。中央银行已经掌握了保持价格稳定的机制。任命本·伯南克为美联储主席是明智之举。我认为他将会逐渐使美国更加关注通货膨胀目标，这是一个不错的主意。

你最近有些著作是关于宗教和经济表现的相互影响方面的。宗教影响经济吗？或者经济表现影响宗教吗？

我的合著者（也是我的妻子）雷切尔·麦克利里和我发现，两个方向的因果关系都重要。经济发展趋向减少宗教参与和信仰，尽管这种影响不是那么强烈。但美国是通常模式的一个例外。通过对国立的有组织的宗教组织进行补贴会使参与人数增长，但是对宗教市场的一些形式的管制会趋向减少参与人数。与来世相关的宗教信仰——特别是相信地狱和天堂——趋向于鼓励增长（社会学家马克斯·韦伯理论化的回忆性结果）。但是对于给定的信仰，参与正式宗教的人数越多会趋向减少经济增长。我们认为最后的结果与时间和参与宗教消耗的其他资源有关。

在今天的宏观经济学中还存在着哪些凯恩斯的贡献？

可能的是，凯恩斯主义的经济学主要在强调货币政策的真实效果的分析中最有影响——货币政策要么作为商业波动的来源，要么作为平滑周期的方法。这种情况具有相当的讽刺性，因为凯恩斯自己不认为货币冲击是波动的来源。他强调了过度的私人经济——包括放大的乘数效应和投资对改变预期的敏感性——和补偿性财政政策的潜在的有益作用。从经验上来讲，乘数似乎只存在于凯恩斯的思维中。

你对将要学习经济学的学生有什么建议呢？它是一个好专业吗？如果是这样，你会督促学生学习除了经济学外的其他什么课程呢？或者你是否觉得选择的道路应该是，开始时学习物理或者数学然后在研究生阶段转向经济学更有效呢？

经济学是一门极适合本科生学习的专业，不管一个人学习它是为了当经济学家，或者更可能的是——进入其他领域，比如说商业界或法律。经济学家已经发现了使经济学成为社会科学的核心的框架或方法论，而且它的影响已经被其他领域所强烈觉察到，像政治学、法律和历史学科。

最近以来，经济分析方法已经被应用于一系列的社会话题中，包括婚姻和人口繁殖、犯罪、民主和法律结构。另外一个例子是，我现在正参与一项涉及经济学与宗教相互影响的项目（www.wcfia.harvard.edu/religion）。这项工作部分是关于经济发展和政府政策如何影响宗教虔诚，部分是关于宗教信仰参与如何影响经济和政治成果。所以在未来，经济学可能对神学的研究也很重要。毋庸置疑，许多经济学家（包括我）有帝国主义趋向，但是这是因为他们有大量的产品要出售。至于其他要学习的补充性科目，其中最有价值的一个大概是数学，它提供了许多完成理论性和实证性研究的有用工具。

经济学家已经发现了使经济学成为社会科学的核心框架或方法论，而且它的影响已经被其他领域所强烈觉察到，像政治学、法律和历史学科。

需求与供给

上升、下降和上下波动

上升、下降和上下波动——这是迪士尼乐园的过山车吗？不，这是通常人们对价格变动的描述。

个人电脑的价格从 2000 年的 3 000 美元大幅下降到 2006 年的 300 美元。2006 年汽油价格大幅上升，香蕉、咖啡和其他农产品的价格像过山车般上下波动。

你已经知道，经济学关注人们为解决稀缺性而做出的选择，以及这些选择如何对激励做出反应。价格是人们做出反应的激励之一。你将会看到价格怎样由需求和供给决定。

需求与供给模型是整个经济学的主要工具，它将有助于回答重大的经济问题：生产什么产品与服务？它们是怎样生产的？为谁生产？它还有助于解释当人们追逐个人利益时，同时也能增进社会利益。

◆ 认真学习这一章将会给你在进一步学习经济学和日常生活中都带来巨大益处。在完成了对需求与供给的学习之后，你就能解释价格如何被决定，并预测价格的上升、下降和上下波动。一旦掌握了需求与供给，你将以新的视角来观察世界。你可以在本章末**阅读材料**中，应用需求和供给工具来理解 2006 年油价飙升的原因。

学习本章后，你将能：

- 描述一个竞争性市场，并把价格视为机会成本
- 解释影响需求的主要因素
- 解释影响供给的主要因素
- 解释需求与供给如何决定买卖的价格和数量
- 用需求与供给预测价格和数量的变动

市场与价格

如果你需要一双新跑鞋，想要一块百吉饼和一杯拿铁咖啡，计划更换你的手机，或需要坐飞机回家过感恩节，你必须先找到提供这些产品或服务的场所。这些场所称为市场。你在第2章已经学过，市场是指任何一种能使买卖双方获取信息并相互交易的安排。

一个市场存在两方：买方与卖方。有像苹果和登山鞋这类产品的市场，也有提供像理发和网球课程这类服务的市场，有像电脑程序员和重型推土机这类资源的市场，也有像记忆芯片和汽车零件等制造业投入品的市场，还有诸如日元等货币交易和雅虎股票等证券交易的市场。只有人们的想像力能限制市场交易什么。

有些市场是买卖双方直接面对面的有形场所，在这样的市场，拍卖者或经纪人有助于决定价格，比如纽约证券交易所和鱼、肉产品的批发市场。

有些市场的参与者分布在世界各地，这些人从未谋面或彼此之间一无所知，但是他们通过网络、电话和传真联系，比如电子商务市场和货币市场。

但大多数市场是未经组织的买方与卖方的集合，大部分交易在这类市场上发生。篮球鞋市场就是一个例子。在这个每年30亿美元的市场上，买方是4 500万打篮球（或追求时尚打扮）的美国人，卖方是好几万家体育器材零售商和运动鞋商店。每个买方可以逛不同的商店，每个卖方知道买方会选择一家商店。

买卖双方面对的竞争程度不同，市场就会不同。本章中，我们将学习**竞争性市场**（competitive market）——一个有许多买方和许多卖方，并且没有一个买方或卖方能够影响价格的市场。

只有在价格高到足以弥补其机会成本时，生产者才出售产品。而且，消费者也会通过寻求用便宜产品替代昂贵产品来对机会成本的变动做出反应。

我们将研究人们如何对价格做出反应，以及决定价格的因素。但要完成这个任务，我们需要了解价格和机会成本之间的关系。

在日常生活中，一件产品的价格是为了交换它所必须放弃的美元数量。经济学家称这种价格为**货币价格**（money price）。

一种行为的机会成本是放弃的那个可供选择的价值最高的东西。当你买一杯咖啡时，如果你放弃的价值最高的是一些口香糖，那么，一杯咖啡的机会成本就是放弃的口香糖的数量。我们可以根据咖啡和口香糖的货币价格计算这个数量。

如果一杯咖啡的货币价格是1美元，而一包口香糖的价格是50美分，那么，一杯咖啡的机会成本就是两包口香糖。为了计算这种机会成本，我们可以用一杯咖啡的价格除以一包口香糖的价格，并得出一种价格与另一种价格的比率。一种价格与另一种价格的比率称为**相对价格**（relative price），而且，一种相对价格就是一种机会成本。

我们可以用口香糖或任何一种其他产品表示咖啡的相对价格。表示相对价格的一般方式是用“一篮子”的产品与服务。为了计算这种相对价格，我们用一种产品的货币价格除以“一篮子”产品的货币价格（称为物价指数）。最终得到的相对价格告诉我们，得到这种产品的机会成本，可以用放弃多少“一篮子”产品来表示。

我们将要研究的供求理论决定了相对价格，而“价格”这个词指相对价格。当我们预期价格下降时，我们并不是指它的货币价格将下降——尽管情况可能是这样，我们指的是它的相对价格将下降。这就是说，它的价格将相对于其他产品与服务的平均价格下降。

复习测验

1. 货币价格与相对价格的区别是什么？
2. 为什么相对价格就是机会成本？
3. 举出一些产品相对价格大幅度上升或下降的例子。

myeconlab **Study Plan 3.1**

现在我们开始研究需求与供给，首先从需求开始。

需　求

如果你对某种东西有需求，那么你有：

1. 想要它的欲望；
2. 同时能买得起它；
3. 已经做出购买它的计划。

欲望是人们对产品与服务无限的要求或希望。你有多少次在想"如果只有我能买得起"或者"如果价格不是太贵"，那么你将喜欢上这种东西。稀缺性使我们的许多——也许是大部分——欲望得不到满足。需求反映了满足哪些欲望的决策。

一种产品或服务的**需求量**（quantity demanded）是指消费者在某一既定时期内以特定的价格计划购买的数量。需求量并不一定和实际购买的数量相同。有时需求量大于可得到的产品的数量，因此，购买量小于需求量。

需求量用单位时间的数量来衡量。比如，你每天购买一杯咖啡。你需求的咖啡量可以表示为 1 天 1 杯、1 周 7 杯，或 1 年 365 杯。

有许多因素会影响购买计划，其中之一就是价格。我们首先看一下一种产品需求量与价格之间的关系。为了研究这种关系，我们假定所有其他影响消费者购买计划的因素都不变，并思考一下：在其他条件不变的情况下，产品的需求量如何随其价格变动而变动？

需求定律为这个问题提供了答案。

需求定律

需求定律（law of demand）认为：

> 在其他条件不变的情况下，一种产品的价格越高，需求量越小。相反，一种产品的价格越低，需求量越大。

为什么价格提高而需求量减少？这里有两个原因：

- 替代效应
- 收入效应

替代效应　其他条件不变的情况下，一种产品价格上升时，意味着它的相对价格——机会成本——上升了。虽然每种产品都是独特的，但是它有替代品——可以用来代替它的其他产品。随着一种产品机会成本的增加，人们就会减少它的购买数量，而会增加它的替代品的购买数量。

收入效应　当所有其他影响购买计划的因素保持不变，而一种产品的价格提高时，其相对于人们的收入而言上升了。因此，在面临更高的价格和不变的收入时，人们买不起他们以前购买的所有的东西。他们必须至少减少一些产品与服务的需求量，一般情况下，那些价格上升的产品会成为购买量减少的产品。

为了说明替代效应和收入效应的作用，思考一下能量棒价格变动的影响。能量棒有很多不同的替代品，比如能量饮料。

假如一根能量棒开始时卖 3 美元，后来下降到 1.5 美元。人们用能量棒替代能量饮料——替代效应。并且由于能量棒价格下降，预算宽松了，人们购买更多的能量棒——收入效应。由于这两个原因，能量棒需求量增加。

假设一根能量棒开始时卖 3 美元，后来上升到 6 美元。人们现在用能量饮料替代能量棒——替代效应。并且由于能量棒价格上升，预算变紧了，人们购买更少的能量棒——收入效应。由于这两个原因，能量棒需求量减少。

需求曲线与需求表

现在你将要学习经济学中两种最常用的曲线之一：需求曲线。而且，你将会遇到最重要的区别之一：需求与需求量之间的区别。

需求（demand）指一种产品需求量与价格之间的整体关系。需求可以用需求曲线和需求表来说明。需求量指一条需求曲线上的一点——某一种价格对应的需求数量。

图 3.1 表示能量棒的需求曲线。**需求曲线**（demand curve）表示当所有其他影响消费者购买计划的因素不变时，一种产品的需求量与其价格之间的关系。

图 3.1 中的表是能量棒的需求表。需求表列出了当所有其他影响消费者购买计划的因素不变时，每种不同的价格水平对应的需求量。例如，当每根能量棒的价格是 50 美分时，需求量是每周 2 200 万根。当每根能量棒的价格是 2.5 美元时，需求量是每周 500 万根。需求表的其他各行表示价格分别为 1 美元、1.5 美元、2 美元时的需求量。

用横轴表示需求量，纵轴表示价格，我们可以把需求表绘制成需求曲线。曲线上各点对应于需求表中的 A 到 E 行。例如，需求曲线上的点 A 代表价格为 50 美分时，需求量是每周 2 200 万根。

支付意愿与能力　考查需求曲线的另一种方法是把它作为支付意愿与能力曲线。支付意愿与能力是边际利益的衡量指标。

如果能够得到的产品数量较少，一个人愿意并能够为了多得到一单位这种产品支付的最高价格就越高。但当这种可得到产品的数量增加，增加的每单位带来的边际利益就会下降，并且，他愿意且能够支付的最高价格也沿着需求曲线下降。

在图 3.1 中，如果每周只能得到 500 万根能量棒，那

图 3.1 需求曲线

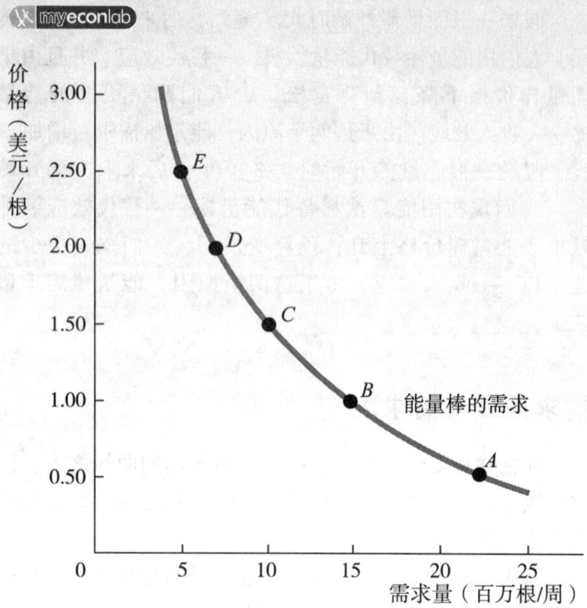

	价　格 （美元/根）	需求量 （百万根/周）
A	0.50	22
B	1.00	15
C	1.50	10
D	2.00	7
E	2.50	5

表中显示的是能量棒的需求表。当每根能量棒的价格是50美分时，需求量是每周2 200万根；当每根能量棒的价格是1.5美元时，需求量是每周1 000万根。需求曲线表示当所有其他影响因素不变时，需求量与其价格之间的关系。需求曲线向右下方倾斜：随着价格下降，需求量增加。

需求曲线可以从两个方面解读。对于一个给定的价格，需求曲线告诉我们人们计划购买的数量。例如，当每根1.5美元时，人们计划每周购买1 000万根。对于一个给定的需求量，需求曲线告诉我们消费者愿意并且能够购买最后1根的最高价格。例如，消费者愿意为第1 500万根支付的最高价格为1美元。

么，某人愿意为第500万根支付的最高价格是2.5美元。但如果每周可以得到2 200万根，他只愿意为最后购买的1根能量棒支付仅50美分。

需求的变动

除了产品价格之外任何一种影响购买计划的因素变化时，**需求的变动**（change in demand）就出现了。图3.2说明了需求的增加。当需求增加时，需求曲线向右方移动，每一个价格水平对应的需求量增加了。例如，当价格为2.5美元时，原来的需求曲线（浅灰色的线）的需求量是每周500万根能量棒。在新的需求曲线（深灰色的线）上，需求量是每周1 500万根能量棒。仔细看表格上的数字，你会发现每种价格水平对应的需求量都增加了。

有6种因素会导致需求的变动，它们是：

- 相关产品的价格
- 预期的未来价格
- 收入
- 预期的未来收入
- 人口
- 偏好

相关产品的价格 消费者计划购买能量棒的数量部分取决于能量棒的替代品价格。**替代品**（substitute）是可以用来代替另一种产品的产品。例如，乘汽车是乘火车的替代品；汉堡包是热狗的替代品；能量饮料是能量棒的替代品。如果能量棒的替代品价格上升，人们将买更少的替代品而买更多的能量棒。例如，如果能量饮料的价格上升，人们就少买能量饮料而多买能量棒。能量棒的需求增加了。

人们计划购买能量棒的数量还取决于能量棒互补品的价格。**互补品**（complement）是与另一种产品共同使用的产品。汉堡包和炸薯条是互补品，能量棒和锻炼是互补品。如果体育馆每小时的价格下降，人们会花更多的时间在体育馆并且消费更多的能量棒。

预期的未来价格 如果预期一种产品的价格在未来会上升，而且这种产品能够被储藏，那么，现在得到该产品用于未来使用的机会成本，就会低于价格上升时得到它的机会成本。因此，人们提前购买——进行时间替代。他们在预期价格上升之前，就会更多地购买这种产品（并在以后少买），所以，对这种产品的现时需求增加了。

例如，假设佛罗里达州遭受霜冻，使得本季桔子收成减少。你预期桔子汁的价格会上涨，因此，在预期到价格上升之后，你将把冻桔子汁塞满冰箱，以便能维持6个月。你现在对冻桔子汁的需求就增加了，而对未来的需求减少了。

同样地，如果预期一种产品的价格在未来下降，相对

图 3.2　需求的增加

myeconlab

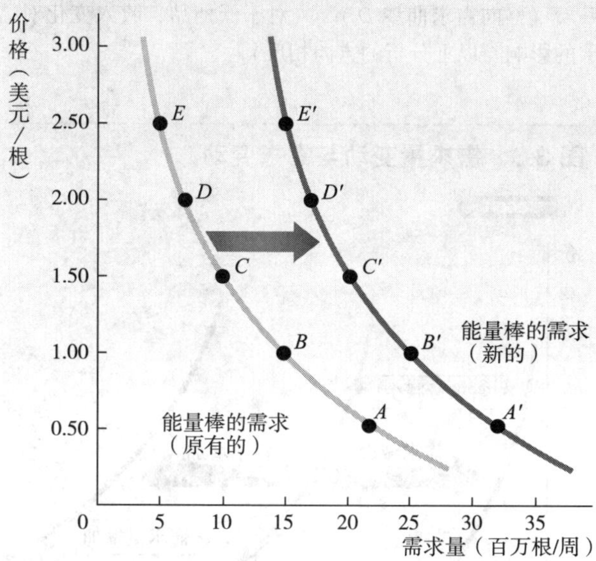

	原有需求表 原有收入			新需示表 收入提高	
	价　格（美元/根）	需求量（百万根/周）		价　格（美元/根）	需求量（百万根/周）
A	0.50	22	*A′*	0.50	32
B	1.00	15	*B′*	1.00	25
C	1.50	10	*C′*	1.50	20
D	2.00	7	*D′*	2.00	17
E	2.50	5	*E′*	2.50	15

除了一种产品本身价格以外的任何一种影响购买计划的变动，都会形成新的需求表，并会引起需求曲线的移动。收入的变化会改变能量棒的需求。当每根能量棒的价格为 1.5 美元时，在原来的收入下（表格的 *C* 行），每周需求 1 000 万根。收入提高之后，每周需求 2 000 万根。收入的提高增加了能量棒的需求，需求曲线向右移动，在图中表示为箭头向右移动生成深灰色的曲线。

于未来预期的价格而言，现在购买它的机会成本就高了。因此，人们就会重新安排他们的购买计划。他们在预期的价格下降之前少买这种产品，这样，现在对这种产品的需求就减少了。

计算机的价格一直在下降，并面临一种两难的困境。你是在开学时买台新的计算机，还是等到价格下降时再买？因为人们预期未来计算机价格一直下降，现时对计算机的需求小于（未来需求大于）没有这种预期时的需求。

收　入 消费者的收入影响需求。当收入增加时，消费者增加购买大多数产品，而当收入减少时，减少购买大多数产品。尽管收入增加引起大多数产品需求增加，但不会引起所有产品的需求增加。**正常品**（normal good）是随收入增加需求也增加的产品。**低档品**（inferior good）是随收入增加需求而减少的产品。长途运输既是正常品的例子，又是低档品的例子。随着收入增加，坐飞机旅行的需求增加了（正常品），而长途公共汽车旅行的需求减少了（低档品）。

预期的未来收入 当预期未来的收入增加时，现在的需求将会增加。例如，一个销售员获悉她将在年终得到一笔丰厚的奖金，于是，她决定现在就购买一辆新车。

人　口 需求还取决于人口的规模和年龄结构。人口越多，对所有产品与服务的需求就越多。人口越少，对所有产品与服务的需求就越少。

例如，你可以想像到，纽约市（750 万人口）对汽车停车场、电影、能量棒或任何一种东西的需求都要大于爱达荷州博伊西市（15 万人口）。

另外，在一个既定的年龄组中，人口的比例越大，对该年龄组使用的某些类型产品与服务的需求就越大。

例如，在 20 世纪 90 年代，大学生年龄的人口下降导致对大学学位的需求减少。同期，85 岁及以上的美国人口增加了 100 多万，导致家庭护理服务的需求增加。

偏　好 需求取决于偏好。偏好决定个人对产品与服务的态度。偏好本身取决于处境、信息、时尚等一些因素。例如，健康意识加强会改变对能量棒的偏好，所以能量棒的需求增加。

表 3.1 概括了影响需求的因素以及这些影响的方向。

需求量变动与需求变动

影响购买者计划的因素的变动可能引起需求量变动，也可能引起需求变动。同样，这些因素的变动会引起沿着需求曲线的变动或需求曲线的移动。需求量变动与需求变动的区别和沿着需求曲线的变动与需求曲线的移动之间的区别相同。

需求曲线上的点表示在某一价格的需求量。因此，沿

表 3.1 能量棒的需求

需求定律

能量棒的需求量

减少，如果：	增加，如果：
• 能量棒的价格上升	• 能量棒的价格下降

需求变动

能量棒的需求

减少，如果：	增加，如果：
• 替代品价格下降	• 替代品价格上升
• 互补品价格上升	• 互补品价格下降
• 预期能量棒未来价格会下降	• 预期能量棒未来价格会上升
• 收入下降*	• 收入提高*
• 预期未来收入下降	• 预期未来收入提高
• 人口减少	• 人口增加

*能量棒是正常品

着需求曲线的变动表示**需求量的变动**（change in the quantity demanded）。整条需求曲线表示需求。因此，需求曲线的移动表示需求变动。图 3.3 说明了这些区别。

沿着需求曲线的变动 如果一种产品的价格变化而其他因素保持不变，就会沿着需求曲线变动。因为需求曲线向下倾斜，所以一种产品价格下降使需求量增加，价格上升使需求量减少——需求定律。

在图 3.3 中，如果一种产品的价格下降，而其他因素保持不变，这种产品的需求量就增加，需求量沿着需求曲线 D_0 向下移动。如果一种产品的价格上升，而其他因素保持不变，这种产品的需求量就减少，需求量沿着需求曲线 D_0 向上移动。

需求曲线的移动 如果一种产品的价格保持不变，但某种其他影响购买计划的因素改变了，对这种产品的需求就会改变。我们用需求曲线的移动说明需求变动。例如，如果在体育馆锻炼的人多了，不管能量棒的价格高还是低，人们都会购买更多的能量棒。这就是需求曲线向右移动所表示的——在每一个价格水平上购买的能量棒都更多了。

在图 3.3 中，除了产品的价格外，任何一种影响购买计划的因素变动时，*需求都会变动*，并且需求曲线移动。如果替代品价格上升、互补品价格下降、该产品预期的未来价格上升、收入增加（对正常品）、预期的未来收入增加或人口增加，则*需求增加*，*需求曲线向右移动*（移向需求曲线 D_1）。如果替代品价格下降、互补品价格上升、该产品预期的未来价格下降、收入减少（对正常品）、预期的未来收入减少或人口减少，则需求减少，*需求曲线向左移动*（移向需求曲线 D_2）。（对于低档品，收入变化对需求的影响与以上分析的方向相反）。

图 3.3 需求量变动与需求变动

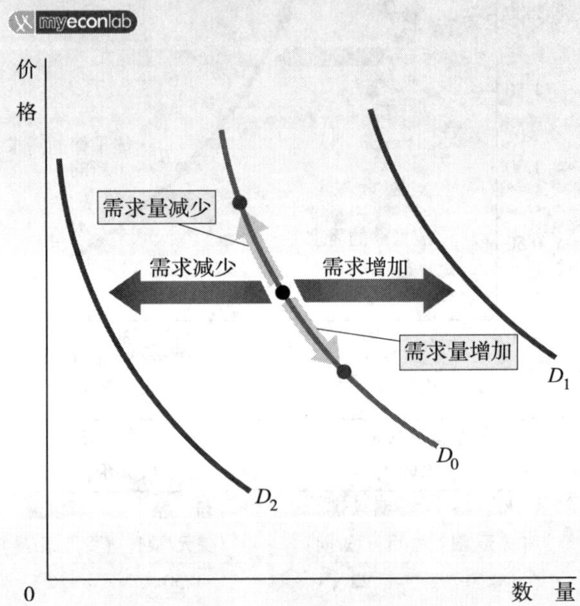

当一种产品的价格变化时，将引起沿着需求曲线的变动和需求量的变动，如需求曲线 D_0 上的箭头所示。当任何一种其他影响购买计划的因素变动时，将引起需求曲线移动和需求变动。需求增加使需求曲线向右移动（从 D_0 到 D_1）。需求减少使需求曲线向左移动（从 D_0 到 D_2）。

复习测验

1. 定义一种产品或服务的需求量。
2. 什么是需求定律？如何解释？
3. 需求曲线上消费者愿意支付的价格告诉了我们什么？
4. 列出所有影响购买计划而改变需求的因素，并指出每种因素是增加需求还是减少需求。
5. 为什么当一种产品价格变化而其他影响购买计划的因素不变时，需求不变？

myeconlab **Study Plan 3.2**

供　给

如果一个企业供给一种产品或服务，那么，该企业

1. 拥有生产它的资源和技术；
2. 可以从生产中获利；
3. 计划生产并销售。

供给不仅要具有生产某种产品的资源与技术。资源与技术还是限制生产可能的条件。

很多有用的产品都可以被生产出来，但是除非这样做是有利可图的，否则就不会被生产。供给反映了生产那些技术上可行的产品的决策。

一种产品或服务的**供给量**（quantity supplied）是生产者在某一既定时期内，在某种价格水平上计划出售的数量。供给量不一定和实际出售量相同，有时供给量大于需求量，所以购买量小于供给量。

与需求量一样，供给量也用单位时间的数量来衡量。例如，假设通用汽车公司每天生产 1 000 辆汽车，那么它的汽车供给量就可以表达为 1 天 1 000 辆，1 周 7 000 辆，或 1 年 365 000 辆。没有时间维度，我们无法区分某个数量是大还是小。

很多因素影响销售计划，价格就是其中之一。我们首先来看一下一种产品的价格与其供给量之间的关系。像我们研究需求一样，我们让所有其他影响销售计划的因素都保持不变，并思考一下：其他因素保持不变时，一种产品的供给量如何随其价格的变化而变化？

供给定律为这个问题提供了答案。

供给定律

供给定律（law of supply）认为：

> 在其他条件不变的情况下，一种产品的价格越高，供给量越多；一种产品的价格越低，供给量越少。

为什么价格提高会增加供给量？这是因为边际成本递增。随着任何一种产品生产量的增加，生产该产品的边际成本递增（参见第 2 章）。

如果一种产品得到的价格低到不能弥补边际成本，这种产品就不值得生产。因此，在其他条件不变时，当一种产品的价格上升，生产者期望更高的边际成本发生并增加供给量。价格越高，供给量越多。

现在我们用供给曲线和供给表来说明供给定律。

供给曲线与供给表

你现在将学习经济学中两种最常用曲线的第二种：供给曲线。你还将了解供给和供给量之间的重要区别。

供给（supply）一词是指一种产品供给量和价格之间的整体关系。它可以用供给曲线和供给表来说明。供给量指供给曲线上的一点——在某一种价格时的供给量。

图 3.4 显示的是能量棒的供给曲线。**供给曲线**（supply curve）说明，当所有其他影响生产者销售计划的因素不变时，某一产品的供给量与其价格之间的关系。它是根据供给表做出的图。

图 3.4 中的表显示的是能量棒的供给表。供给表列出了当所有其他影响生产者销售计划的因素不变时，每种不同的价格水平对应的供给量。例如，每根能量棒的价格是 50 美分时，供给量是 0（表中的 *A* 行）。每根能量棒的价格是 1 美元时，每周的供给量是 600 万根（表中的 *B* 行）。供给表的其他各行表示价格分别为 1.5 美元、2 美元、2.5 美元时的供给量。

为了画出供给曲线，与需求曲线的情况相同，我们用横轴表示供给量，纵轴表示价格作图。供给曲线上各点对应于供给表中的 *A* 到 *E* 行。例如，供给曲线上的点 *A* 表示价格为 50 美分时，供给量为 0。

最低供给价格　与需求曲线有两种解释一样，供给曲线也是如此。需求曲线可以解释为支付意愿与能力的曲线，供给曲线可以解释为最低供给价格的曲线——某人愿意多出售一单位的最低价格。这个最低价格就是边际成本。

如果生产量很少，某人愿意多出售一单位的最低价格就低。如果生产量增加，多生产出来产品的边际成本就提高，某人愿意多出售一单位的最低价格也会沿着供给曲线提高。

在图 3.4 中，如果每周生产 1 500 万根能量棒，某人愿意出售第 1 500 万根的最低价格是 2.5 美元。但如果每周生产 1 000 万根能量棒，某人愿意接受的第 1 000 万根的最低价格将是 1.5 美元。

供给变动

除了产品价格之外任何一种影响销售计划的因素变化时，都会引起**供给变动**（change in supply）。有 5 种影响供给变动的因素，它们是：

图 3.4 供给曲线

myeconlab

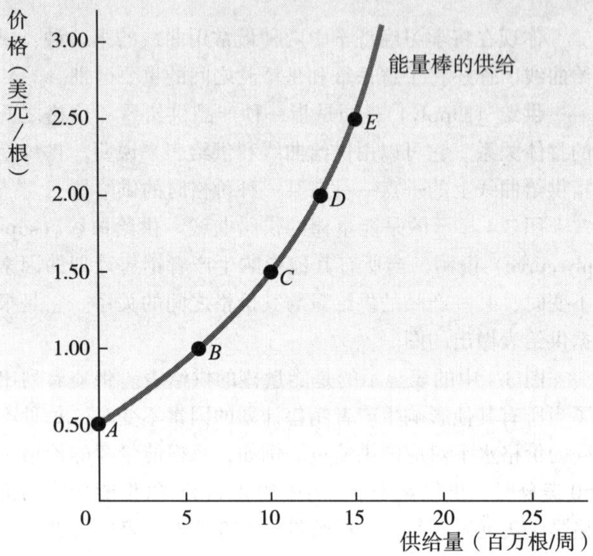

	价格（美元/根）	供给量（百万根/周）
A	0.50	0
B	1.00	6
C	1.50	10
D	2.00	13
E	2.50	15

表中显示的是能量棒的供给表。例如，价格为 1 美元时，每周供给 600 万根；价格为 2.5 美元时，每周供给 1 500 万根。供给曲线显示了其他条件保持不变时，供给量和价格之间的关系。供给曲线向右上方倾斜：当价格上升时，供给量增加。

供给曲线可以从两个方面解读：在一个给定的价格，供给曲线告诉我们，生产者在此价格下计划销售的数量。例如，价格为每根 1.5 美元时，生产者愿意每周供给 1 000 万根。在一个给定的数量，供给曲线告诉我们，生产者愿意多销售一根的最低价格。例如，每周生产 1 500 万根，某人愿意出售第 1 500 万根的最低价格是 2.5 美元。

- 生产资源的价格
- 相关产品的价格
- 预期的未来价格
- 供给者的数量
- 技术

生产资源的价格 用于生产某种产品的生产资源的价格影响其供给。说明这种影响最简单的方法就是把供给曲线作为最低供给价格曲线。如果生产资源价格上升，生产者愿意接受的最低价格上升，因此，供给减少。例如，2006 年间，喷气式飞机的燃油价格上升，空中运输的供给减少。同样，最低工资的增加也减少了汉堡包的供给。

生产的相关产品的价格 与企业生产相关的产品与服务的价格影响企业的供给。例如，如果能量凝胶的价格上升，能量棒的供给会减少。能量棒和能量凝胶是*生产的替代品*，即可以用同样资源来生产的产品。如果牛肉的价格上升，牛皮的供给就会增加。牛肉和牛皮是*生产的互补品*，即必须同时生产的产品。

预期的未来价格 如果一种产品预期的价格上升，未来从销售这种产品得到的收益就比现在多，因此现在的供给减少，未来的供给增加。

供给者的数量 生产某种产品的企业数量越多，该产品的供给越多。当一些企业进入一个行业，该行业的供给增加，当一些企业离开一个行业，该行业的供给减少。

技 术 “技术”一词广义上指的是生产要素被用来生产某种产品的方法。技术的变化可以是正向的，也可以是负向的。当一种降低某种产品生产成本的新方法被发现时，正向的技术变化就产生了。例如一种制造电脑芯片的新技术。当出现极端天气或自然灾害时，生产的成本提高，负向的技术变化就产生了。正向的技术变化增加供给，负向的技术变化减少供给。

图 3.5 说明了供给的增加。当供给增加时，供给曲线向右移动，而且在每一种价格水平上的供给量都增加了。例如，每根能量棒价格为 1 美元时，在原来的（浅灰色）供给曲线上，供给量是每周 600 万根。在新的（深灰色）供给曲线上，供给量是每周 1 500 万根。仔细观察图 3.5 表中的数字，你会发现，在每一种价格水平上，供给量都增加了。

表 3.2 概括了影响供给的因素以及这些因素影响的方向。

供给量变动与供给变动

影响生产者销售计划的因素变动会引起供给量变动或

图 3.5　供给的增加

myeconlab

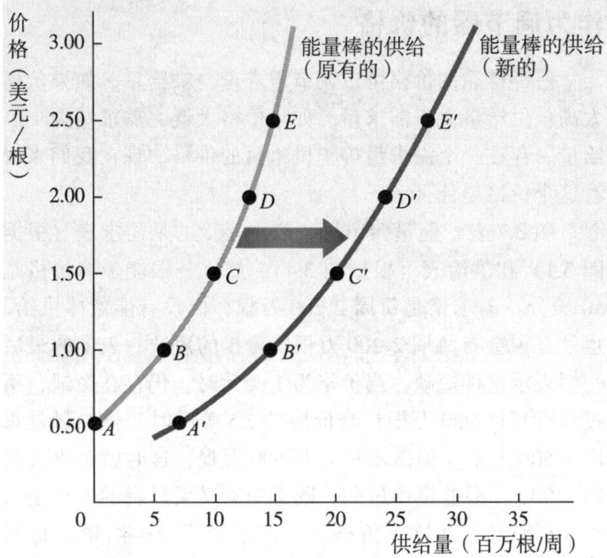

	原来的供给表 原有的			新的供给表 新的	
	价　格 （美元/根）	供给量 （百万根/周）		价　格 （美元/根）	供给量 （百万根/周）
A	0.50	0	*A′*	0.50	7
B	1.00	6	*B′*	1.00	15
C	1.50	10	*C′*	1.50	20
D	2.00	13	*D′*	2.00	25
E	2.50	15	*E′*	2.50	30

除了产品本身价格变化之外，其他影响销售者计划的因素变化都会产生新的供给表，并使供给曲线移动。例如，出现了一种节约生产能量棒成本的新技术之后，能量棒的供给发生变化。每根能量棒的价格 1.5 美元，生产者采用原有的技术时（表中 *C* 行），供给为每周 1 000 万根，当生产者使用新技术时，供给为每周 2 000 万根。技术的进步增加供给，供给曲线向右移动，如箭头所示，即移到深灰色的曲线。

供给变动。同样，它们也会引起沿着供给曲线的变动或供给曲线的移动。

供给曲线上的一点表示在某一价格对应的供给量。沿着供给曲线的变动表示**供给量的变动**（change in the quantity supplied）。整条供给曲线表示供给，因此，供给曲线的移动表示供给变动。

图 3.6 说明并归纳了这些特性。如果一种产品的价格下降，而其他因素保持不变，这种产品的供给量就减少，供给量沿着供给曲线 S_0 向下移动。如果一种产品的价格上升，而其他因素保持不变，这种产品的供给量就增加，供给量沿着供给曲线 S_0 向上移动。除了产品的价格之外任何一种影响计划销售量的因素变动时，供给曲线移动，并且供给变动。如果供给曲线是 S_0，生产成本下降，则供给增加，供给曲线由 S_0 移到 S_1。如果生产成本上升，则供给减少，供给曲线由 S_0 移到 S_2。

表 3.2　能量棒的供给

供给定律

能量棒的供给量

减少，如果：	增加，如果：
• 能量棒的价格下降	• 能量棒的价格上升

供给变动

能量棒的供给

减少，如果：	增加，如果：
• 生产能量棒的资源价格上升	• 生产能量棒的资源价格下降
• 生产的替代品价格上升	• 生产的替代品价格下降
• 生产的互补品价格下降	• 生产的互补品价格上升
• 预期能量棒的未来价格会上升	• 预期能量棒的未来价格会下降
• 生产能量棒的厂商减少	• 生产能量棒的厂商增加
• 生产能量棒的负向新技术出现	• 生产能量棒的正向新技术出现

复习测验

1. 定义一种产品或服务的供给量。
2. 什么是供给定律？如何解释？
3. 关于生产者最低供给价格，供给曲线告诉我们什么？
4. 列出所有影响销售计划的因素，每一种因素是否改变了供给？
5. 如果掌上电脑的价格下降，它们的供给量和供给如何变化？

myeconlab **Study Plan 3.3**

图 3.6 供给量变动与供给变动

myeconlab

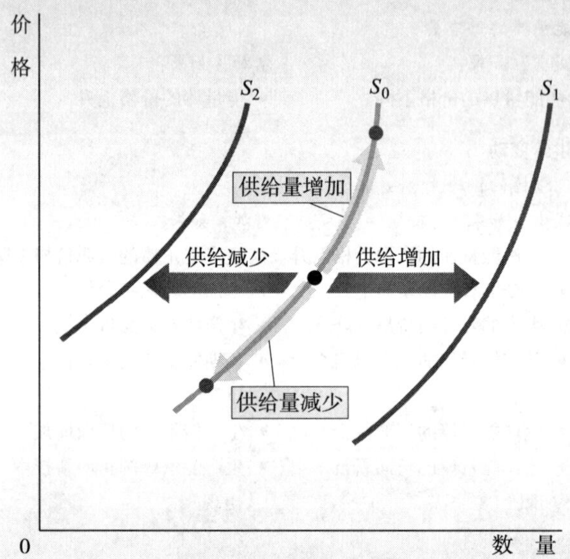

当一种产品的价格变化时，将引起沿着供给曲线的运动和供给量的变动，如供给曲线 S_0 上的箭头所示。当任何一种其他影响销售计划的因素变动时，将引起供给曲线移动和供给变动。供给增加使供给曲线向右移动（从 S_0 到 S_1），供给减少使供给曲线向左移动(从 S_0 到 S_2)。

现在，我们将结合需求和供给来了解价格和数量是如何决定的。

市场均衡

我们已经看到，当一种产品的价格上升时，需求量减少而供给量增加。我们现在将说明，价格如何协调买卖双方的计划，以实现一种均衡。

"均衡"是对立的因素相互平衡的状态。当价格使买卖双方的计划平衡时，市场均衡就出现了。**均衡价格**（equilibrium price）是需求量等于供给量时的价格。**均衡数量**（equilibrium quantity）是在均衡价格时交易的数量。市场向均衡变动，因为：

- 价格调节买卖双方的计划；
- 当计划不匹配时，价格会调整。

作为调节器的价格

一种产品的价格可以调节需求量与供给量。如果价格太高，供给量大于需求量。如果价格太低，需求量大于供给量。存在一个需求量等于供给量的价格。现在我们来看看这个价格是什么。

图 3.7 表示能量棒市场。表中显示的是需求表（根据图 3.1）和供给表（根据图 3.4）。如果一根能量棒价格是 50 美分，需求量是每周 2 200 万根，但没有能量棒供给。也就是说会有每周 2 200 万根能量棒的短缺。表中的最后一栏表示这种短缺。当价格为 1 美元时，仍存在短缺，不过只有每周 900 万根。当价格是 2.5 美元时，供给量是每周 1 500 万根，但需求量只有 500 万根，这时就会出现每周 1 000 万根能量棒过剩。既无短缺又无过剩的价格是每根 1.5 美元。在这个价格上，需求量等于供给量：每周 1 000 万根。均衡价格是每根 1.5 美元，均衡数量是每周 1 000 万根。

图 3.7 表示需求曲线与供给曲线在每根为 1.5 美元的均衡价格时相交。在高于 1.5 美元的每一个价格上，存在能量棒的过剩。例如，在 2 美元时，过剩是每周 600 万根，以浅灰色箭头表示。在低于 1.5 美元的每一个价格上，存在能量棒的短缺。例如，在 1 美元时，短缺是每周 900 万根，以深灰色箭头表示。

价格的调整

你已经看到，如果价格低于均衡价格，存在短缺；如果价格高于均衡价格，存在过剩。我们能指望价格改变并消除短缺或过剩吗？答案是可以，因为这种价格变动对买卖双方都有利。现在我们看看为什么存在短缺或过剩时，价格会发生变动。

短缺使价格上升 假定每根能量棒价格是 1 美元，消费者计划每周购买 1 500 万根，生产者计划每周出售 600 万根。消费者不能强迫生产者出售超出他们的计划的数量，因此，每周实际提供销售的数量是 600 万根。在这种情况下，使价格上升的强大的力量发生作用，并使价格向均衡价格变动。一些生产者注意到大量无法满足的消费者，就会提高价格。一些生产者增加产出。随着生产者推动价格

图 3.7 均 衡

myeconlab

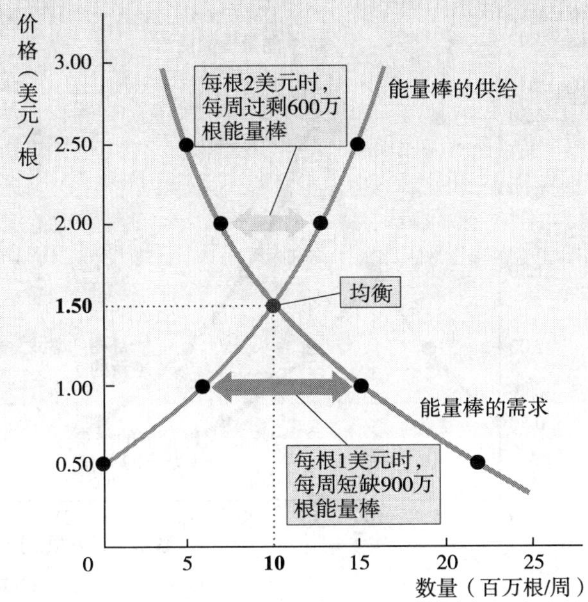

价 格 （美元/根）	需求量	供给量	短缺（-） 或过剩（+）
	（百万根/周）		
0.50	22	0	-22
1.00	15	6	-9
1.50	**10**	**10**	**0**
2.00	7	13	+6
2.50	5	15	+10

表中列出了每一价格水平对应的能量棒的需求量和供给量，以及存在的短缺或过剩。当价格为每根 1 美元时，需求量是每周 1 500 万根，供给量是每周 600 万根。每周有 900 万根的短缺，价格上升。

当价格为每根 2 美元时，需求量是每周 700 万根，供给量是每周 1 300 万根。每周有 600 万根的过剩，价格下降。

如果价格为每根 1.5 美元，供给量和需求量都是每周 1 000 万根。既没有短缺也没有剩余。买方和卖方都没有改变价格的激励。当需求量等于供给量时的价格就是均衡价格，每周 1 000 万根就是均衡数量。

上涨，价格上升到均衡价格。升高的价格减少了短缺，因为它减少了需求量并增加了供给量。当价格上升到不再有短缺的点时，使价格变动的力量停止作用，价格停在均衡价格上。

过剩使价格下降 假定每根能量棒价格是 2 美元，生产者计划每周出售 1 300 万根，消费者计划每周购买 700 万根。生产者不能强迫消费者购买超出他们的计划，因此，每周实际提供销售的数量是 700 万根。在这种情况下，使价格下降的强大的力量发生作用，并使价格向均衡价格变动。一些生产者无法卖掉自己计划卖出的能量棒，就会降低价格。此外，一些生产者减少产出。随着生产者降低价格，价格下降到均衡价格。下降的价格减少了过剩，因为它增加了需求量并减少了供给量。当价格下降到不再有过剩的某点时，使价格变动的力量停止作用，价格停在均衡价格上。

买卖双方可以得到的最好交易 当价格低于均衡价格时，价格被迫上升。为什么买者不抵制价格上升并在较高价格时停止购买呢？因为他们对产品的估价高于现行价格，而且在现行价格时他们不能满足自己的全部需求。在一些市场上（例如在 eBay），买者甚至就是使价格上升的人，他们愿意支付更高的价格。

当价格高于均衡价格时，价格被迫下降。为什么卖者不抵制价格下降并在较低价格时拒绝出售呢？因为他们的最低供给价格低于现行价格，而且他们不能在现行价格时出售完他们想卖出去的东西。一般情况下，迫使价格下降的正是卖者，他们为了获得市场份额而提供较低的价格。

在需求量与供给量相等的价格下，买卖双方都不能以一种比之更好的价格交易。买者为购买最后一单位支付他们愿意支付的最高价格，卖者为出售最后一单位得到了他们愿意接受的最低价格。

当人们自由买卖，而且当需求者努力以可能的最低价格购买，供给者努力以可能的最高价格出售时，进行交易的价格是均衡价格——需求量等于供给量的价格。价格协调了买卖双方的计划，而且买卖双方都不再有改变价格的激励。

复 习 测 验

1. 什么是一种产品或服务的均衡价格？
2. 在什么价格范围内会产生短缺？
3. 在什么价格范围内会产生过剩？
4. 存在短缺时价格会发生什么变化？
5. 存在过剩时价格会发生什么变化？
6. 为什么需求量等于供给量的价格是均衡价格？
7. 为什么均衡价格是买卖双方可以得到的最好交易？

myeconlab **Study Plan 3.4**

预测价格和数量的变动

刚刚学过的供求理论向我们提供了一种分析影响价格和买卖数量的有效方法。根据该理论，价格的变动可以来源于需求变动、供给变动，或两者的同时变动。让我们首先来看一下需求变动的影响。

需求的增加

当越来越多的人们加入健身俱乐部，对能量棒的需求增加。图 3.8 中的表列出了原有的需求表和新需求表（与图 3.2 中的相同），以及供给表。

当需求增加，在原来的均衡价格 1.5 美元下，出现了短缺。为了消除短缺，价格一定会升高。使需求量和供给量相等的价格是 2.5 美元。在这个价格下，每周买卖 1 500 万根能量棒。当需求增加时，价格和数量都增加。

图 3.8 说明了这些变化。图中表示了原有的需求和供给。原来的均衡价格是每根 1.5 美元，均衡数量是每周 1 000 万根。当需求增加时，需求曲线向右移动。均衡价格提高至每根 2.5 美元，供给量增加至每周 1 500 万根，如图中所示。供给量增加，但是供给没有变化，是沿着供给曲线的运动，而不是供给曲线的移动。

图 3.8 需求变动的影响

myeconlab

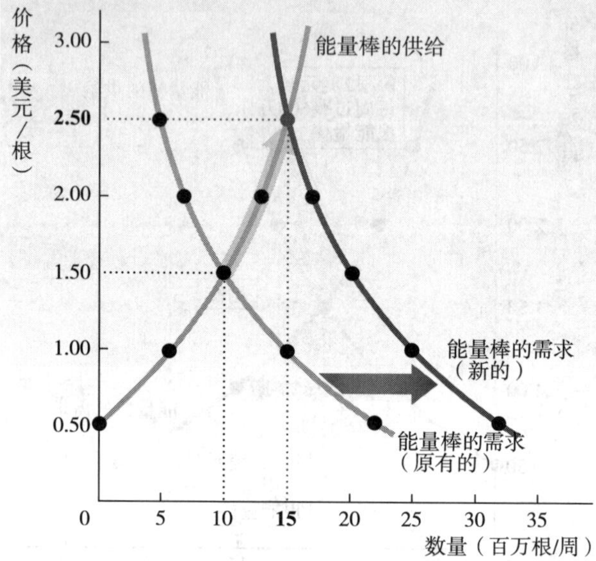

价格（美元/根）	需求量（百万根/周）		供给量（百万根/周）
	原有的	新的	
0.50	22	32	0
1.00	15	25	6
1.50	**10**	20	**10**
2.00	7	17	13
2.50	5	**15**	**15**

最初，能量棒的需求用浅灰色需求曲线表示。均衡价格是每根1.5 美元，均衡数量是每周 1 000 万根。当更多关注健康的人们开始进行锻炼，能量棒的需求增加，需求曲线向右移动，变成深灰色的曲线。

在价格为每根 1.5 美元时，存在每周 1 000 万根的短缺。价格上升至新的均衡价格 2.5 美元。当价格上升至 2.5 美元后，供给量增加——由供给曲线上的浅灰色箭头表示——到新的均衡数量每周 1 500 万根。随着需求的增加，供给量也增加，但是供给不变——供给曲线不移动。

需求的减少

我们可以将需求的变化反过来。首先考虑在价格为每根 2.5 美元的情况下，每周买卖的能量棒的数量是 1 500 万根，看一下如果需求减少到原来的水平会出现什么情况。如果人们转向使用能量凝胶（能量棒的替代品），这种需求减少的情况就会发生。这种需求的减少使得需求曲线向左移动。均衡价格下降至每根 1.5 美元，均衡数量减少到每周 1 000 万根。

现在可以做出前两个预测：

1. 当需求增加时，价格和数量都增加。
2. 当需求减少时，价格和数量都减少。

供给的增加

当雀巢公司（动力棒的生产商）和其他能量棒生产商转而采用了一种新的节约成本的技术时，能量棒的供给增加。图 3.9 提供了新供给表（与图 3.5 中的相同）。新均衡价格和均衡数量是多少？当价格下降至每根 1 美元，均衡数量增加至每周 1 500 万根。你可以考查每根能量棒为 1.5 美元的旧价格时的需求量与供给量，来说明原因。在该价格下，供给量是每周 2 000 万根，存在能量棒的过剩。因此价格下降。只有在价格为每根 1 美元时，供给量才等于需求量。

图 3.9 说明了供给增加的影响。它显示能量棒的需求曲线和原来的供给曲线，以及新的供给曲线。原来的均衡价格是每根 1.5 美元，均衡数量是每周 1 000 万根。当供给增加时，供给曲线向右移动。均衡价格下降到每根 1 美元，均衡数量增加到每周 1 500 万根，如图所示。*需求量增加，但需求没有变动*，即沿着需求曲线的运动，而不是需求曲线的移动。

供给的减少

如果开始时每根能量棒的价格是 1 美元，每周买卖数量是 1 500 万根。假设人力成本和原材料成本增加了，导致能量棒的供给减少。供给减少使得供给曲线向左移动。均衡价格上升至每根 1.5 美元，均衡数量减少至每周 1 000 万根。

现在可以再做出两个预测：

1. 当供给增加时，数量增加而价格下降。
2. 当供给减少时，数量减少而价格上升。

需求和供给两者都变动

现在你可以预测需求或供给变化对价格和数量的影响。根据已经学过的内容，你还可以预测当两者同时变化时的情况如何。为了了解这一点，让我们先总结一下已经学过的知识。

图 3.9 供给变动的影响

myeconlab

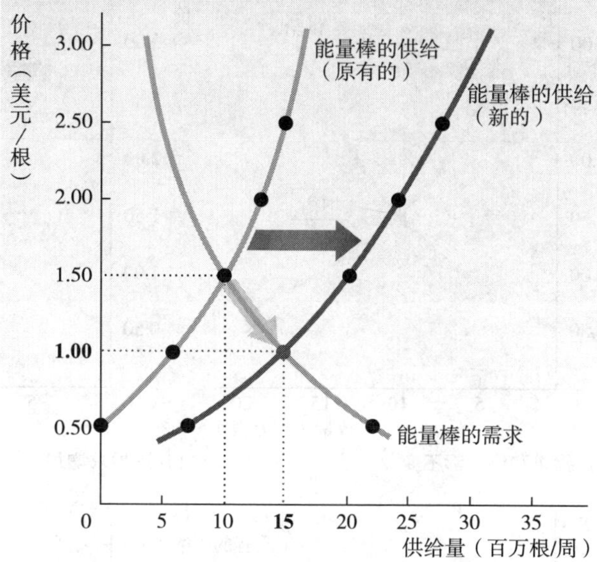

价格（美元/根）	需求量（百万根/周）	供给量（百万根/周）	
		原有的	新的
0.50	22	0	7
1.00	**15**	6	**15**
1.50	**10**	**10**	20
2.00	7	13	25
2.50	5	15	30

最初，能量棒的供给用浅灰色供给曲线表示。均衡价格是每根 1.5 美元，均衡数量是每周 1 000 万根。当新的节约成本的技术被采用之后，能量棒的供给增加，供给曲线向右移动，变成深灰色的曲线。

在价格为每根 1.5 美元时，存在每周 1 000 万根的过剩。价格下降至新的均衡价格 1 美元。当价格下降至 1 美元后，需求量增加——由需求曲线上的箭头表示——到新的均衡数量每周 1 500 万根。随着供给的增加，需求量也增加，但是需求不变——需求曲线不移动。

需求变化而供给不变 图 3.10 的第一行（a）、（b）、（c）幅，总结了需求变化而供给不变的影响。在（a）幅中，供给和需求都不变，价格和数量也都不变。在（b）幅中，需求增加而供给不变，价格和数量都增加。在（c）

图 3.10 所有可能的需求和供给变动产生的影响

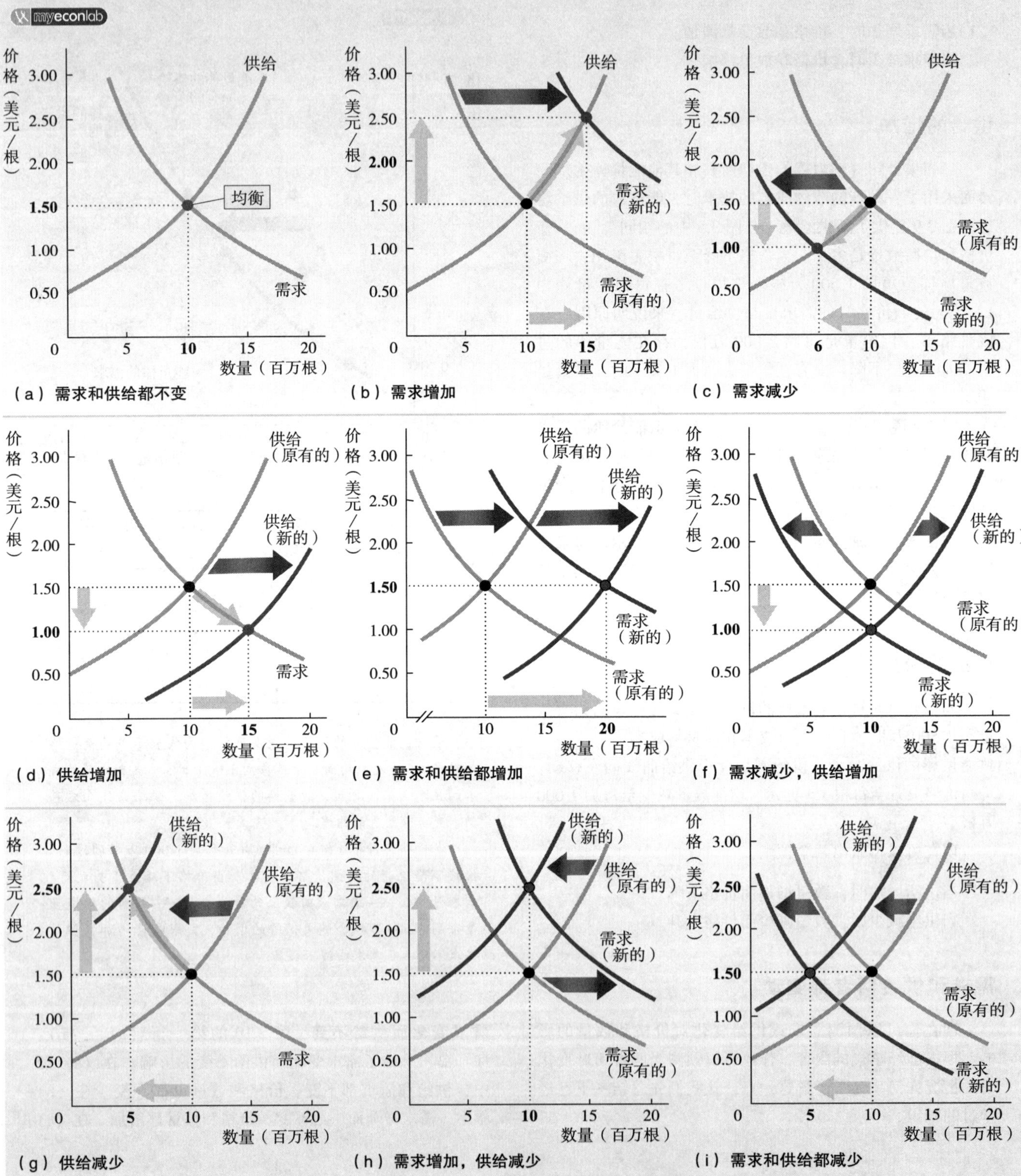

（a）需求和供给都不变

（b）需求增加

（c）需求减少

（d）供给增加

（e）需求和供给都增加

（f）需求减少，供给增加

（g）供给减少

（h）需求增加，供给减少

（i）需求和供给都减少

幅中，需求减少而供给不变，价格和数量都减少。

供给变化而需求不变 图 3.10 的第一列（a）、（d）、（g）幅，总结了供给变化而需求不变的影响。在（d）幅中，供给增加而需求不变，价格下降，数量增加。在（g）幅中，供给减少而需求不变，价格上升，数量减少。

需求和供给都增加 你已经了解到增加需求会提高价格、增加数量，以及增加供给会降低价格、增加数量。图 3.10（e）结合了这两种变化。因为不管增加供给还是增加需求，数量都会增加，所以当需求和供给都增加时，数量一定也是增加。但对价格的影响不确定。需求的增加会提高价格，供给的增加则降低价格，所以我们不能说当需求和供给都增加时，价格是升还是降。我们需要知道需求和供给变化的数量来预测对价格的影响。在图 3.10（e）幅中，价格没有变化。但是注意，如果需求比图中所示多增加一点，价格将会上升。并且，如果供给比图中所示多增加一点，价格将会下降。

需求和供给都减少 图 3.10（i）幅说明当需求和供给同时减少的情况。由于相同的原因，当需求和供给同时减少，数量减少，价格的变化则不确定。

需求减少，供给增加 你已经了解了需求减少会降低价格、减少数量。而且，供给增加会降低价格并增加数量。图 3.10（f）幅结合了这两种变化。需求减少和供给增加都会降低价格，所以价格下降。但是需求减少会减少数量，供给增加使得数量增加，所以，如果不知道需求和供给变化的数量，我们不能预测数量变化的方向。在图 3.10（f）幅中，数量没有变化。但是注意，如果需求比图中所示多减少一点，数量将会减少。并且，如果供给比图中所示多增加一点，数量将会增加。

需求增加，供给减少 图 3.10（h）幅说明了需求增加和供给减少的情况。现在，价格上升了，同样地，数量变化的方向并不能确定。

复习测验

1. 如果（a）个人电脑的价格下降，（b）下载 MP3 的价格上升，（c）更多的企业生产 MP3 播放器，（d）电子工程师的工资提高，（e）以上任何两种情况同时发生，分别对 MP3 播放器（如 iPod）的价格和数量有何影响？（画图说明）

myeconlab **Study Plan 3.5**

现在你已经了解了供求模型，以及它做出的预测。试着在你的日常生活中养成使用这个模型的习惯。为了检查你运用该模型的情况，看一下阅读材料中，利用供求模型解释 2006 年汽油价格的上升。

阅读材料：事例与分析

需求与供给：汽油的价格

http://www.msnbc.msn.com

推动价格上升的8个因素

2006年6月30日

（推动价格上升的8个因素是：）

1. **总需求：** 经济学教科书说，商品价格上升，需求应该下降。在今年春天一个短暂的时期内，有迹象表明，高油价抑制了自驾旅游。例如，耗油的SUV的销量下跌。

   但是，相对强劲的美国经济保持了对汽油的旺盛需求……

   在其最新的每周报道中，美国能源部认为，在2006年6月23日之前的一周，美国人每天使用超过950万桶的汽油，是历年来6月份最多的平均每周使用量……
2. **庞大的旅行计划：** 美国汽车协会（AAA）估计，在今年7月的第四个星期，创纪录的3 430万游客将开车在路上行驶——比去年同期增加了1.3%……
3. **生产中断：** 美国的炼油厂已经修好了去年秋天飓风造成的大部分损坏，并且，在上周，超过93%的生产能力在开工——而去年10月只有75%的生产能力开工，卡特林娜飓风和丽塔飓风造成四分之一炼油能力的工厂停产……
4. **乙醇：** ……对乙醇的大量需求导致美国酒精生产与配送系统迅速扩张——推动油价大幅上升——夏季汽油含10%乙醇……
5. **进口的减少：** ……夏季对混成油管制较紧，难以找到国外的汽油满足需求。
6. **存货短缺。**
7. **对未来的担忧：** 最后，天气掌控着潜在大灾害的威胁——去年秋天一次又一次的飓风带来一次又一次的破坏。虽然重复类似的灾难几率很小，但对油价带来的影响却难以消除……
8. **大自然：** 虽然不可能预测这个飓风季节带来的影响有多大，但是还是存在与去年秋天发生的占美国汽油供应量几乎一半的太平洋沿岸海湾地带的灾难毁坏的可能性……

事件的本质

- 2006年使汽油价格上涨的8个因素
- 美国强劲的经济保持着对汽油的高需求
- 更多的人计划使用公路旅行
- 生产中断可能发生
- 乙醇的需求增加
- 混成油的较紧管制减少了进口
- 存货减少
- 对未来供给量的担忧
- 飓风可能再次中断生产

经 济 分 析

- 2005 年，汽油平均价格是每加仑 210 美分，平均每天消费 964 万桶。
- 图 1 表示 2005 年的汽油市场。需求曲线是 D_{05}，供给曲线是 S_{05}，在每天 964 万桶和每加仑 210 美分时，市场达到均衡。
- 新闻报道里提到的 8 个因素改变了需求和供给。
- 因素 1 和 2——收入增加和旅行计划的增加，从而增加汽油的需求。
- 因素 3 到 8——生产中断、乙醇需求增加、管制变紧使进口减少、存货减少、对未来供给中断的担忧、对飓风季节的考虑，从而减少对汽油的供给。
- 你可能会对乙醇需求的增加如何减少汽油供给感到疑惑。这种影响是因为乙醇是夏季汽油的添加剂。对乙醇需求增加，它的价格上升，夏季汽油生产成本就会提高，减少了汽油的供给。
- 图2 表示 2006 年的汽油市场。
- 需求从 D_{05} 增加到 D_{06}，供给从 S_{05} 减少到S_{06}。
- 因为需求增加，且供给减少，所以价格上升。均衡价格从每加仑 210 美分上升至每加仑 264 美分。
- 因为需求的增加大于供给的减少，均衡数量从每天 964 万桶增加到每天 981 万桶。
- 报道中只有一个部分需要进一步讨论。你有没有注意到，报道中关于经济学教科书的说法？它说："经济学教科书说，商品价格上升，需求应该下降。"
- 经济学教科书实际上说的是"其他条件保持不变时，商品价格上升，需求量下降"。
- 这篇报道将需求与需求量混淆了。

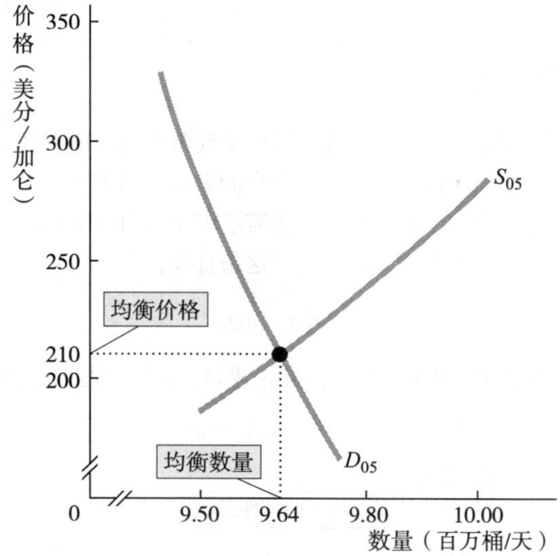

图 1　2005年美国的汽油市场

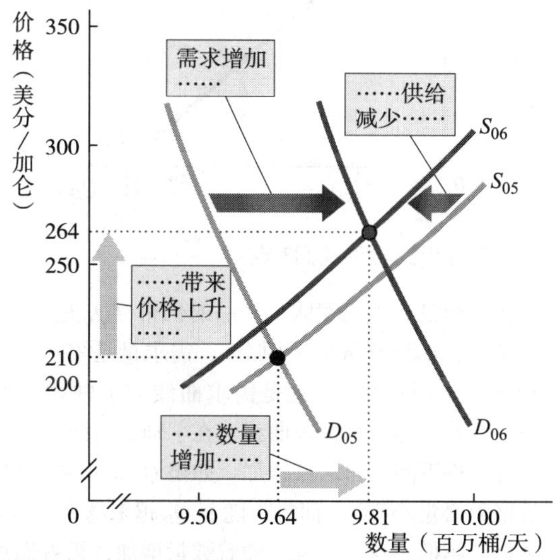

图 2　2006年美国的汽油市场

数学注释：需求、供给与市场均衡

需求曲线

需求定律认为，随着一种产品或服务的价格下降，其需求量增加。我们可以列出一个需求表，画出一条需求曲线，或写出一个方程式来说明需求定律。当需求曲线是一条直线时，下面的方程描述了这条直线：

$$P = a - bQ_D$$

在这里，P 是价格，Q_D 是需求量，a 和 b 是正的常数。

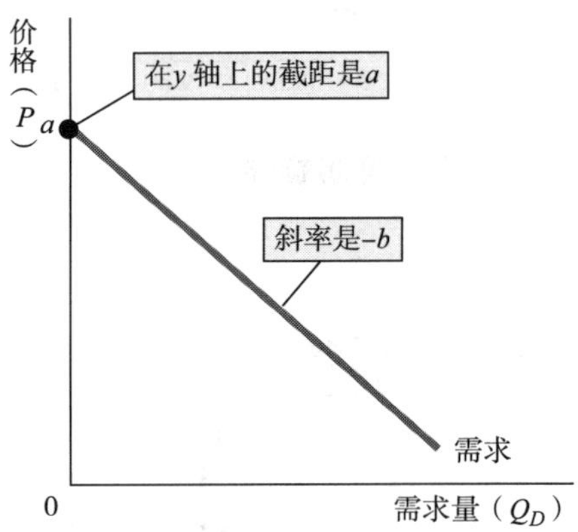

该需求方程式告诉我们3 点：

1. 存在一个没有人愿意购买产品的价格（Q_D 是零）。这就是说，如果价格是 a，那么，需求量是零。你可以看到图中的价格 a。这是需求曲线与 y 轴相交的价格——我们称之为需求曲线“在 y 轴上的截距”。
2. 随着价格下降，需求量增加。如果 Q_D 是正数，那么，价格 P 必定小于 a。而且，随着 Q_D 越来越大，价格 P 也越来越低。这就是说，随着数量增加，买者愿意为该产品支付的最高价格下降。
3. 常数 b 告诉我们，随着数量增加，一个人愿意为产品所支付的最高价格下降得有多快。这就是说，常数 b 告诉我们需求曲线的陡峭程度。这个方程式告诉我们，需求曲线的斜率是 $-b$。

供给曲线

供给定律认为，随着一种产品或服务价格上升，其供给量增加。可以列出一个供给表，画出一条供给曲线，或写出一个方程式来说明供给定律。当供给曲线是一条直线时，下面的方程式描述了这条直线：

$$P = c + dQ_S$$

在这里，P 是价格，Q_S 是供给量，c 和 d 是正的常数。

该供给方程式也告诉我们 3点：

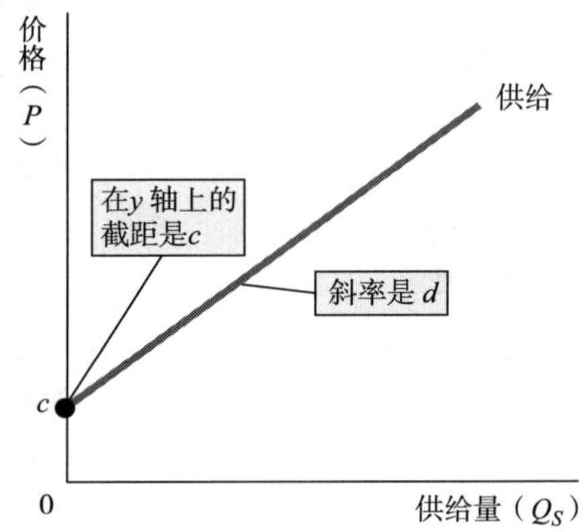

1. 存在一个没有人愿意出售产品的价格（Q_S 是零）。这就是说，如果价格是 c，那么，供给量是零。你可以看到图中的价格 c。这是供给曲线与 y 轴相交的价格——我们称之为供给曲线“在 y 轴上的截距”。
2. 随着价格上升，供给量增加。如果 Q_S 是正数，那么，价格 P 必定大于 c。而且，随着 Q_S 越来越大，价格 P 也越来越高。这就是说，随着数量增加，卖者愿意接受最后一单位的产品的最低价格上升。
3. 常数 d 告诉我们，随着数量增加，一个人愿意出售的最低价格上升得有多快。这就是说，常数 d 告诉我们供给曲线的陡峭程度。这个方程式告诉我们，供给曲线的斜率是 d。

市场均衡

需求与供给决定了市场均衡。下页的图表示均衡价格（P^*）和均衡数量（Q^*）在需求曲线与供给曲线的交点。

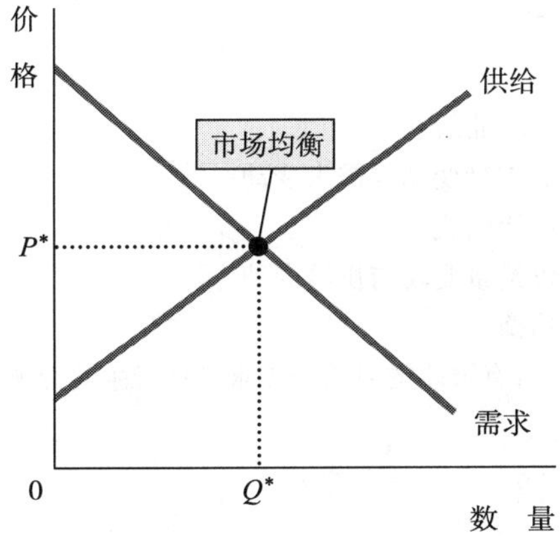

我们可以用方程式找出均衡价格和均衡数量，一种产品的价格将调整到需求量与供给量相等时为止。这就是：

$$Q_D = Q_S$$

因此，在均衡价格（P^*）和均衡数量（Q^*）时，

$$Q_D = Q_S = Q^*$$

为了找出均衡价格和均衡数量，首先用 Q^* 替代需求方程中的 Q_D，并用 Q^* 替代供给方程中的 Q_S。而且，价格是均衡价格（P^*），这就得出：

$$P^* = a - bQ^*$$
$$P^* = c + dQ^*$$

请注意

$$a - bQ^* = c + dQ^*$$

现在，解出 Q^*

$$a - c = bQ^* + dQ^*$$
$$a - c = (b+d)\ Q^*$$
$$Q^* = \frac{a-c}{b+d}$$

为了找出均衡价格（P^*），替代需求方程式供给方程中的 Q^*。

用需求方程：

$$P^* = a - b\ (\frac{a-c}{b+d})$$

$$P^* = \frac{a\ (b+d)\ - b\ (a-c)}{b+d}$$

$$P^* = \frac{ad+bc}{b+d}$$

换个方法，用供给方程，

$$P^* = c + d\ (\frac{a-c}{b+d})$$

$$P^* = \frac{c\ (b+d)\ + d\ (a-c)}{b+d}$$

$$P^* = \frac{ad+bc}{b+d}$$

一个例子

冰淇淋蛋卷的需求是：

$$P = 800 - 2Q_D$$

冰淇淋蛋卷的供给是：

$$P = 200 + 1Q_S$$

用美分来表示冰淇淋蛋卷的价格，用每天的冰淇淋蛋卷来表示数量。

为了找出均衡价格（P^*）和均衡数量（Q^*），用 Q^* 替代 Q_D 和 Q_S，并用 P^* 替代 P。这就是：

$$P^* = 800 - 2Q^*$$
$$P^* = 200 + 1Q^*$$

现在解出 Q^*：

$$800 - 2Q^* = 200 + 1Q^*$$
$$600 = 3Q^*$$
$$Q^* = 200$$

而且

$$P^* = 800 - 2\ (200)$$
$$= 400$$

均衡价格是每个冰淇淋蛋卷 4 美元，均衡数量是每天 200 个冰淇淋蛋卷。

内容提要

要 点

市场与价格

- 竞争性市场是指有很多买方和很多卖方参与并且没有人能影响价格的市场。
- 机会成本就是相对价格。
- 需求和供给决定相对价格。

需求

- 需求是当所有其他影响购买计划的因素保持不变时，一种产品的需求量与其价格之间的关系。
- 在其他条件保持不变时，一种产品的价格越高，需求量越少——需求定律。
- 需求取决于相关产品（替代品和互补品）的价格、预期的未来价格、收入、预期的未来收入、人口和偏好。

供给

- 供给是当所有其他影响销售计划的因素保持不变时，一种产品的供给量与其价格之间的关系。
- 在其他条件保持不变时，一种产品的价格越高，供给量越多——供给定律。
- 供给取决于生产一种产品所用资源的价格、生产的相关产品的价格、预期的未来价格、供给者的数量和技术。

市场均衡

- 在均衡价格时，需求量等于供给量。
- 价格高于均衡价格时，出现过剩，价格下降。
- 价格低于均衡价格时，出现短缺，价格上升。

预测价格和数量的变动

- 需求的增加使得价格上升，以及供给量的增加。需求的减少使得价格下降，以及供给量的减少。
- 供给的增加使得价格下降，以及需求量增加。供给的减少使得价格上升，以及需求量的减少。
- 需求和供给的同时增加，使得数量增加，但价格变化不确定。需求增加，且供给减少，使得价格提高，但数量变化不确定。

关键图表

关键术语

竞争性市场	货币价格
相对价格	需求量
需求定律	需 求
需求曲线	需求变动
替代品	互补品
正常品	低档品
需求量的变动	供给定律
供给量	供 给
供给曲线	供给变动
供给量的变动	均衡价格
均衡数量	

习 题

1. 威廉·格雷格在南加州拥有一家工厂。1862 年 12 月，他在《尖峰广告》上登出声明，宣布他愿意用布料来换取其他产品。以下是摘录：

   1 码布料换 1 磅熏肉
   2 码布料换 1 磅黄油
   4 码布料换 1 磅羊毛
   8 码布料换 1 蒲式耳盐

   a. 用羊毛计算的黄油的价格是多少？
   b. 如果熏肉的价格是每磅 20 美分，你预计黄油的价格是多少？
   c. 如果熏肉的价格是每磅 20 美元，盐的价格是每蒲式耳 2 美元，你认为有人愿意接受威廉·格雷格提供的以布料换盐的建议吗？

2. 区分下列成对的产品和服务是不是替代品、互补品、生产的替代品或生产的互补品。
   a. 瓶装水和健身俱乐部会员
   b. 油炸薯条和烤土豆
   c. 皮制钱包和皮鞋
   d. SUV 和敞篷小型卡车
   e. 低卡路里的可乐和常规可乐
   f. 低热量牛奶和乳酪
3. “因为越来越多的人会购买电脑，互联网服务的需求会增加，互联网服务的价格会降低。互联网服务价格的降低会导致互联网服务供给的减少。”这句话是对还是错？请说出理由。
4. 在以下情况下，对可刻录 CD 盘的价格以及可刻录 CD 盘卖出的数量有何影响？
   a. MP3 下载的价格提高？
   b. iPod 的价格下降？
   c. CD 唱机的供给增加？
   d. 消费者的收入增加？
   e. 制作 CD 工人的工资提高？
   f. 上述（a）和（e）同时发生？
5. 下列事情一次只发生一件：
   （1）原油价格上升
   （2）汽车价格上升
   （3）取消高速公路限速
   （4）机器人降低汽车制造成本

   哪一个事件将增加或减少（说明哪个会发生）
   a. 汽油的需求？
   b. 汽油的供给？
   c. 汽油的需求量？
   d. 汽油的供给量？
6. 下图表示比萨市场。

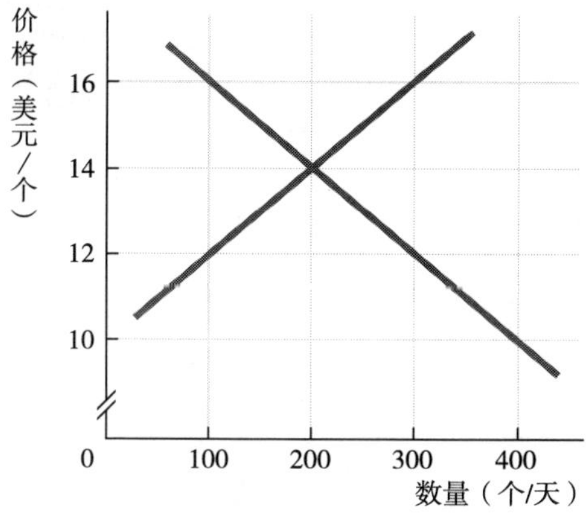

标记曲线并解释会发生什么情况
   a. 比萨的价格是 16 美元时？
   b. 比萨的价格是 12 美元时？
7. 下表描述的是口香糖的需求表和供给表。

价 格（美分/包）	需求量（百万包/周）	供给量（百万包/周）
20	180	60
40	140	100
60	100	140
80	60	180

   a. 绘制出口香糖市场的图形，标记坐标轴以及曲线，并标出均衡价格和均衡数量。
   b. 假设口香糖的价格是每包 70 美分，描述口香糖市场的状态，并解释价格如何调整。
   c. 假设口香糖的价格是每包 30 美分，描述口香糖市场的状态，并解释价格如何调整。
   d. 如果一场大火毁坏了一些口香糖工厂，口香糖供给量每周减少 4 000 万包，说明口香糖市场将发生什么变化，并解释口香糖市场曲线上的变化。
   e. 如果在大火发生的同时，10 多岁的年轻人口增加，口香糖的需求量每周增加 4 000 万包，新的均衡价格和均衡数量分别是什么？在图上描述这些变化。
8. 薯条的需求和供给表如下：

价 格（美分/包）	需求量（百万包/周）	供给量（百万包/周）
50	160	130
60	150	140
70	140	150
80	130	160
90	120	170
100	110	180

   a. 绘制出薯条市场的图形，并标出均衡价格和均衡数量。
   b. 假设薯条的价格是每包 60 美分，描述薯条市场的状态，并解释价格如何调整。
   c. 假设一种新的蘸酱导致薯条的需求量每周增加 3 000 万包，薯条的价格和数量如何调整？
   d. 如果在这种新的蘸酱上市时，一种病毒毁坏了土豆的产量，土豆供给量每周减少 4 000 万包，薯条的价格和数量如何变化？

批判性思考

1. 学习阅读材料并回答下列问题：
   a. 这篇新闻报道是如何混淆“需求变动”和“需求量的变动”的？
   b. 8 个因素中哪一个是通过增加汽油的需求来提高油价的？为什么？
   c. 8 个因素中哪一个是通过减少汽油的供给来提高油价的？为什么？
   d. 我们如何得知 2006 年夏天，汽油需求的增加比供给要多？
2. **由《达芬奇密码》提升人气的欧洲之星**

   欧洲之星是连接伦敦与巴黎的火车……据说，在周三前半段的营业额上升了 6%，其原因是由于达芬奇电影爱好者的支持。

   CNN，2006 年 7 月 26 日

   a. 解释《达芬奇密码》的影迷如何提升欧洲之星的营业额。
   b. CNN 评论说“受到航空业竞争的严峻挑战”，解释这种竞争对欧洲之星营业额的影响。
   c. 你认为这些影迷会影响巴黎的什么市场？解释对 3 个市场的影响。
3. **关于赌博业、老年人和强判断力**

   内华达州在所有州当中拥有最快的人口老龄化速度……拉斯维加斯有大量适合 50 岁以上的人们的工作职位。

   《经济学家》，2006 年 7 月 26 日

   解释老年人如何影响：
   a. 拉斯维加斯一些市场的需求。
   b. 拉斯维加斯其他一些市场的供给。

网上活动

1. 获得 1985~2002 年间香蕉的价格和数量。
   a. 画图说明 1985~2002 年间的香蕉市场。
   b. 在图上，用价格和数量的数据说明需求变动和供给变动，需求量的变动和供给量的变动。
   c. 为什么你认为需求和供给发生变动？
2. 获得自 2000 年以来的石油价格数据。
   a. 描述石油价格如何变化。
   b. 用需求—供给曲线来解释当供给增加、减少、不变时，价格如何变化。
   c. 如果一种新的开采深海的钻井技术被采用之后，你预计石油价格会如何变化？
   d. 如果一种清洁安全的核能技术被开发出来，你预计石油价格又将会如何变化？

第 4 章

弹 性

当价格下降时，收益会增加吗

个人电脑行业在激烈的竞争环境下运营。在 2006 年，笔记本电脑价格下降到平均低于 1 000 美元。台式电脑的价格也下降到平均低于 500 美元。随着个人电脑价格的下降，购买电脑的数量在增加。但是宏基、苹果、盖特威、戴尔、惠普和其他电脑制造商的收益会增加吗？

当电脑价格下降时，电脑制造商的总收益可能仍然增加。但为了达到总收益的增加，电脑厂商的电脑销售数量增加的百分比必须超过价格下降的百分比。这个情况会出现吗？是什么决定价格的单位变化对销售数量和收益的影响？在本章可以找到这些问题的答案。

学习本章后，你将能：

- 定义、计算和解释影响需求价格弹性的因素
- 定义、计算和解释影响需求交叉弹性和需求收入弹性的因素
- 定义、计算并解释影响供给弹性的因素

在本章中，你将学习一个有助于我们回答许多关于在市场中价格和交易数量变化的问题的工具。你将学到需求弹性和供给弹性。在本章末，我们将再次回到个人电脑市场，并分析电脑价格下降是减少还是增加电脑厂商的收益。

需求的价格弹性

你已经知道，当供给增加时，均衡价格下降而均衡数量增加。但是，是价格下降幅度大而数量增加小，还是价格仅下降一点而数量大幅度增加呢？

答案取决于需求量对价格变动的反应敏感程度。你可以通过学习图 4.1 知道其原因，该图表示本地比萨市场两种可能的情况。图 4.1（a）幅表示一种情况，图 4.1（b）幅表示另一种情况。

在这两种情况下，最初的供给是 S_0。在（a）幅中，需求曲线 D_A 表示比萨的需求。在（b）幅中，需求曲线 D_B 表示比萨的需求。在这两种情况下，起初的价格是每个比萨 20 美元，生产与消费比萨的数量是每小时 10 个。

现在一家大型比萨店开业了，比萨供给量增加。供给曲线向右移动到 S_1。在（a）幅情况下，比萨价格大幅度下降了 15 美元，降到 5 美元，而每小时需求量只增加 3 个，增加到 13 个。与此对比，在（b）幅情况下，价格只下降了 5 美元，降到 15 美元，而每小时需求量增加了 7 个，增加到 17 个。

这两种不同的结果是由于需求量对价格变动反应的敏感程度不同所致。但是，我们所说的反应敏感程度是指什么呢？一种可能的回答是斜率。需求曲线 D_A 的斜率比需求曲线 D_B 的斜率更大。

在这个例子中，我们可以比较两条需求曲线的斜率。但我们不能总这么做。原因在于需求曲线的斜率取决于我们衡量价格和数量时所用的单位。而且，我们必须经常比较用不相关的单位来衡量不同产品与服务的需求曲线。例如，比萨生产者可能想比较比萨的需求和软饮料的需求。哪一种需求量对价格变动反应更大呢？不能直接比较这两条需求曲线的斜率来回答这个问题。比萨和软饮料的衡量单位是不相关的，只能用与衡量单位无关的反应敏感程度来回答这个问题。弹性正是这样一种衡量指标。

需求的价格弹性（price elasticity of demand）是当所有其他影响买者计划的因素都保持不变时，一种产品的需求量对其价格变动反应敏感程度的一个无单位衡量的指标。

计算需求的价格弹性

我们采用以下公式计算需求的价格弹性：

图 4.1 供给的变动如何改变价格和数量

myeconlab

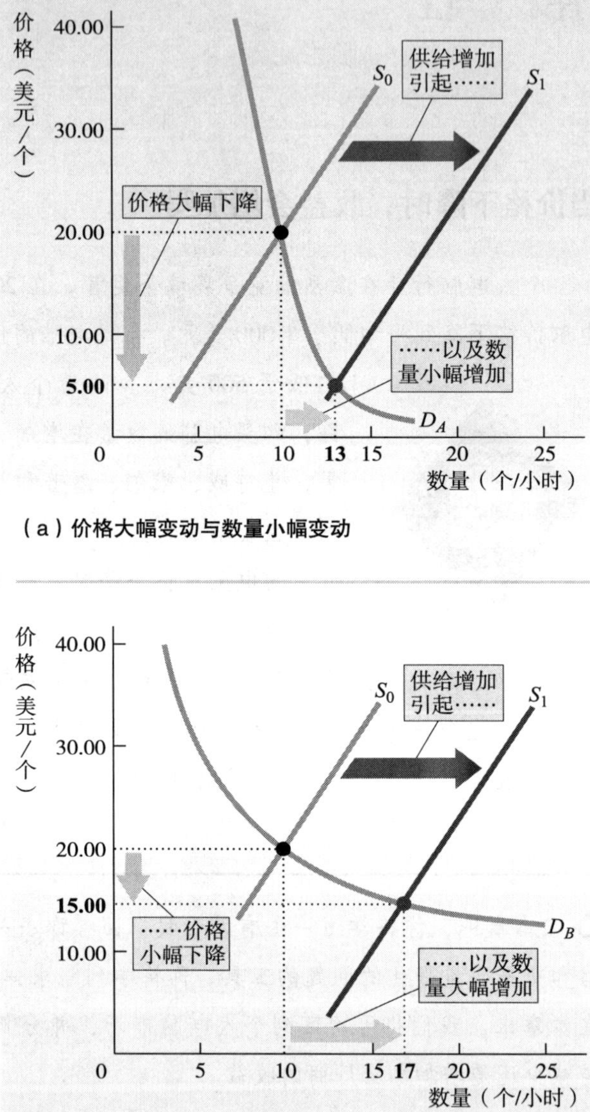

（a）价格大幅变动与数量小幅变动

（b）价格小幅变动与数量大幅变动

起初，每个比萨的价格是 20 美元，而比萨的销售量是每小时 10 个。然后供给从 S_0 增加到 S_1。在（a）幅中，价格降到 5 美元一个比萨，下降了 15 美元，而数量增加到每小时 13 个，增加了 3 个。在（b）幅中，价格降到 15 美元一个比萨，只下降了 5 美元，而数量增加到每小时 17 个，增加了 7 个。从中可以看出，（b）幅的价格变动小于（a）幅而数量变动大于（a）幅，则（b）幅的需求量对价格的反应敏感程度大于（a）幅。

$$需求的价格弹性 = \frac{需求量变动的百分比}{价格变动的百分比}$$

为了使用这个公式，我们需要知道当所有其他影响买者计划的因素不变的情况下，在不同价格时的需求量。假定我们知道比萨价格和需求量的数据，我们可以计算比萨的需求价格弹性。

图 4.2 表示比萨需求曲线的急速上升并表明了需求量如何对价格的微小变动做出反应。起初，每个比萨价格是 20.50 美元，每小时销售 9 个比萨——图中的原始点。然后每个比萨的价格下降到 19.50 美元，需求量增加到每小时 11 个比萨——图中的新点。当每个比萨价格下降 1 美元时，需求量每小时增加两个。

为了计算需求的价格弹性，我们采用平均价格和平均数量的百分比来表示价格与需求量的变动。运用平均价格和平均数量时，我们计算需求曲线在原始点和新点之间中间一点时的弹性。原始价格是 20.50 美元而新价格是 19.50 美元，则平均价格是 20 美元。价格下降 1 美元是平均价格的 5%。即：

$$\Delta P/P_{平均} = （1 美元/20 美元）\times 100\% = 5\%$$

原始的需求量是 9 个比萨而新的需求量是 11 个比萨，因此，平均需求量是 10 个比萨。增加的 2 个比萨需求量是平均数量的20%。即：

$$\Delta Q/Q_{平均} = （2/10）\times 100\% = 20\%$$

因此，需求的价格弹性——需求量变动的百分比（20%）除以价格变动的百分比（5%）等于 4。即：

$$需求的价格弹性 = \frac{\%\ \Delta Q}{\%\Delta P} = \frac{20\%}{5\%} = 4$$

平均价格与数量 要注意的是，我们使用的是平均价格和平均数量。我们这样做是因为它提供了弹性最准确的衡量——在原来价格与新价格之间的中点。如果价格从 20.50 美元下降到 19.50 美元，1 美元价格的变动是 20.50 美元的 4.9%。2 个比萨数量上的变动是原来数量 9 个的 22.2%。因此，如果我们采用这些数字，则需求的价格弹性是 22.2 除以 4.9，等于 4.5。如果价格从 19.50 美元上升到 20.50 美元，1 美元价格的变动是 19.50 美元的 5.1%。2 个比萨数量上的变动是原来数量 11 个的 18.2%。因此，如果我们用这些数字，需求的价格弹性是 18.2 除以 5.1，等于 3.6。

图 4.2 计算需求弹性

myeconlab

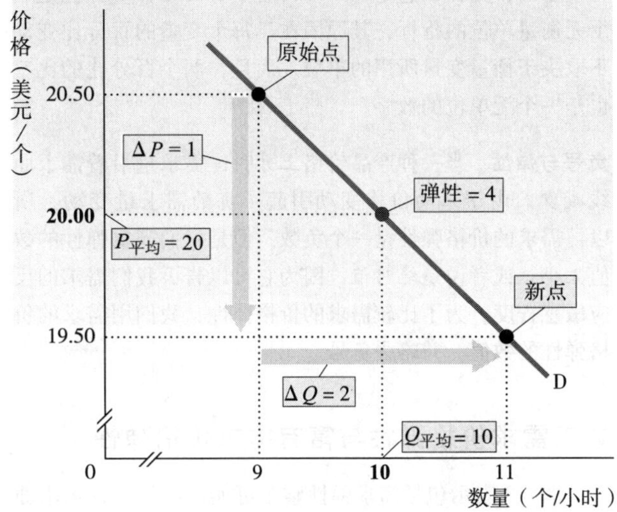

需求弹性采用以下公式计算*：

$$需求的价格弹性 = \frac{需求量变动的百分比}{价格变动的百分比} = \frac{\%\ \Delta Q}{\%\Delta P} = \frac{\Delta Q/Q_{平均}}{\Delta P/P_{平均}} = \frac{2/10}{1/20} = 4$$

这种方法根据每个比萨的平均价格为 20 美元和平均数量为每小时 10 个比萨来计算弹性。

*在这个公式中，Δ 表示变动，%Δ表示变动的百分比。

通过运用平均价格和平均数量的百分比，我们得到了相同的弹性值，无论价格是从 20.50 美元下降到 19.50 美元，还是从 19.50 美元上升到 20.50 美元。

百分比与比例 弹性是两种百分比变动的比率。因此，当我们用一个百分比变动除以另一个百分比时，消去了 100。百分比变动是比例变动乘以 100。价格变动的比例是 $\Delta P/P_{平均}$，需求量变动的比例是 $\Delta Q/Q_{平均}$。因此，当我们用 $\Delta Q/Q_{平均}$除以 $\Delta P/P_{平均}$时，其结果与我们用变动比例

得出的结果相同。

无衡量单位 现在你已经计算了一个需求的价格弹性，你可以看出，为什么它是一个无衡量单位的指标。弹性是一个无衡量单位的指标，其原因在于每个变量的百分比变动不取决于衡量变量所用的单位。而且，两个百分比的比率也是一个无单位的数字。

负号与弹性 当一种产品价格上升时，需求量沿着需求曲线减少。由于正的价格变动引起了负的需求量变动，所以，需求的价格弹性是一个负数。但是我们需要弹性的数值大小，或者说是绝对值，因为它可以告诉我们需求的反应敏感程度。为了比较需求的价格弹性，我们用需求的价格弹性的数值，并略去负号。

缺乏需求价格弹性与富有需求价格弹性

图 4.3 表示包括需求弹性整个可能范围的三种需求曲线。在图 4.3（a）幅中，无论价格如何，需求量是不变的。如果当价格变动时，需求量保持不变，那么，需求的价格弹性为零，则称该种产品有**完全缺乏需求价格弹性**（perfectly inelastic demand）。一种需求价格弹性极低（也许在某一价格范围内是零）的产品是胰岛素。胰岛素对一些糖尿病人是很重要的，因而不管价格上升或下降，他们都不改变其购买量。

如果需求量变动的百分比恰好等于价格变动的百分比，那么，需求的价格弹性等于 1，则称这种产品有**单位需求价格弹性**（unit elastic demand）。图 4.3（b）幅是单位需求价格弹性的一个例子。

在图 4.3（a）和（b）之间的情况是一般情况，在这种情况下，需求量变动的百分比小于价格变动的百分比。在这种情况下，需求的价格弹性位于零与 1 之间，则称这种产品**缺乏需求价格弹性**（inelastic demand）。食品和住房是缺乏需求价格弹性的例子。

如果对微小的价格变动，需求量做出了无限大百分比的反应，那么，需求的价格弹性是无限大的，则称这种产品**完全富有需求价格弹性**（perfectly elastic demand）。图 4.3（c）表示的就是完全富有需求价格弹性。有极大需求弹性（几乎无限大）的产品是来自两台相邻的校园饮料机中的软饮料。如果两台机器提供同样价格的软饮料，那么，一些人从一台机器购买，而另一些人从另一台机器购买。但是，如果一台机器软饮料的价格高于另一台，即使量非常小，但也没有一个人从价格较高的机器中购买软饮料。来自这两台机器的软饮料是完全替代品。

在图 4.3（b）和（c）之间的情况是一般情况，在这种情况下，需求量变动的百分比大于价格变动的百分比。

图 4.3 缺乏需求价格弹性和富有需求价格弹性

myeconlab

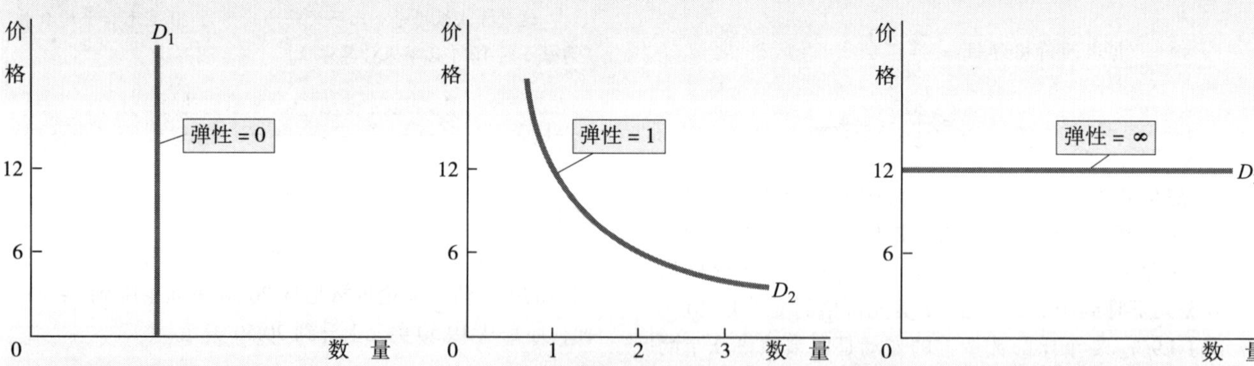

（a）完全缺乏需求价格弹性 （b）单位需求价格弹性 （c）完全富有需求价格弹性

这里描绘的需求都有不变的弹性。在（a）幅中的需求曲线描绘了对一种产品有零需求价格弹性的需求。在（b）幅中的需求曲线描绘了对一种产品有单位需求价格弹性的需求。在（c）幅中的需求曲线描绘了对一种产品完全富有需求价格弹性的需求。

在这种情况下，需求的价格弹性大于1，则称这种产品**富有需求价格弹性**（elastic demand）。汽车和家具是富有需求价格弹性产品的例子。

沿着一条直线需求曲线的弹性

弹性与斜率虽然是不相同的，但它们是相关的。为了理解它们是怎样相关的，让我们来看看沿着一条直线需求曲线的弹性——需求曲线有不变的斜率。

图4.4显示沿着一条直线需求曲线计算弹性。首先，假设每个比萨的价格从25美元下降到15美元，需求量从每小时零个比萨增加到20个比萨。平均价格是每个比萨20美元，平均数量是10个比萨。计算如下：

$$需求的价格弹性 = \frac{\Delta Q/Q_{平均}}{\Delta P/P_{平均}} = \frac{20/10}{10/20} = 4$$

也就是说，在平均价格为每个比萨20美元时的需求价格弹性是4。

其次，假设每个比萨的价格从15美元下降到10美元。需求量从每小时20个比萨增加到30个比萨。现在平均价格是每个比萨12.50美元，平均数量是每小时25个比萨。计算如下：

$$需求的价格弹性 = \frac{10/25}{5/12.50} = 1$$

也就是说，在平均价格为每个比萨12.50美元时的需求价格弹性是1。

最后，假定价格从10美元降到零，需求量从每小时30个比萨增加到50个。平均价格现在是5美元，平均数量是每小时40个比萨。计算如下：

$$需求的价格弹性 = \frac{20/40}{10/5} = 1/4$$

也就是说，在平均价格为每个比萨5美元时的需求价格弹性是1/4。

你现在已经知道了弹性沿着直线需求曲线是怎样变动的。在曲线的中点，需求是单位弹性；在中点之上，需求是富有弹性的；在中点之下，需求是缺乏弹性的。

图4.4 沿着直线需求曲线的弹性

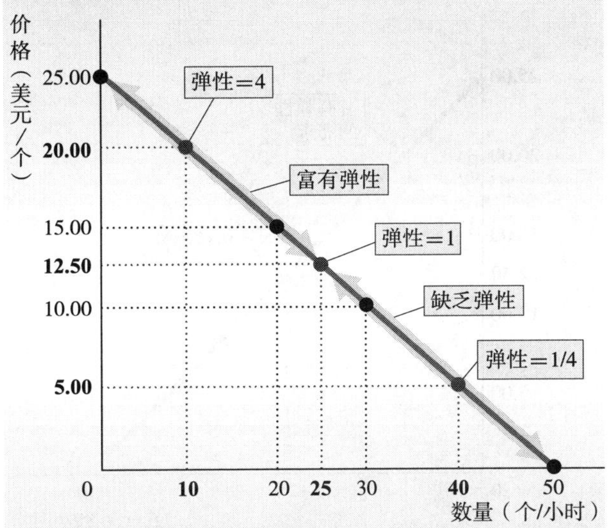

在直线需求曲线上，弹性随着价格的下降和需求量的增加而下降。在需求曲线的中点，需求是单位弹性的（弹性是1）；在中点之上，需求是富有弹性的；在中点之下，需求是缺乏弹性的。

总收益与弹性

从销售一种产品中得到的**总收益**（total revenue）等于该产品的价格乘以销售数量。当价格变动时，总收益也在变动。但是，价格上升并不总是增加总收益。总收益的变动取决于需求弹性，并存在下列情况：

- 如果需求是富有弹性的，价格下降1%所增加的销售量大于1%，则总收益增加。
- 如果需求是缺乏弹性的，价格下降1%所增加的销售量小于1%，则总收益减少。
- 如果需求是单位弹性的，价格下降1%所增加的销售量也等于1%，则总收益不变。

图4.5表示我们可以用弹性和总收益之间的关系来估算用总收益检验出来的弹性。**总收益检验**（total revenue test）是一种通过观察由价格变动（所有其他影响销售量的因素保持不变）所引起的总收益变动而来估算需求价格弹性的方法。

图 4.5 弹性与总收益

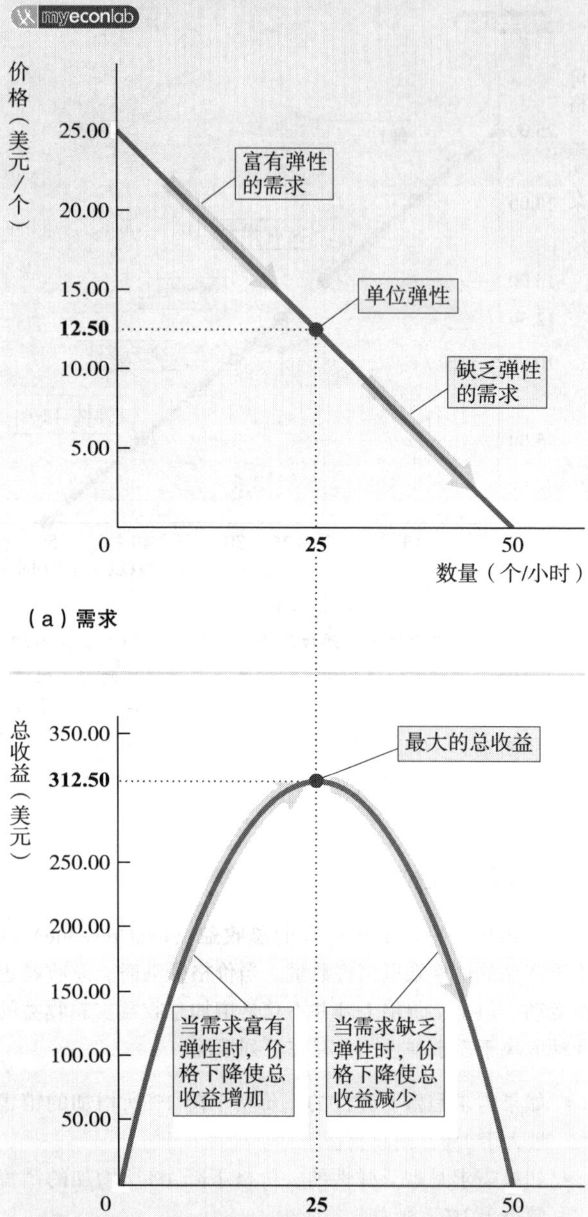

当需求富有弹性时，在价格从 25 美元到 12.50 美元的范围内，价格下降（a 幅）使得总收益增加（b 幅）。当需求缺乏弹性时，在价格从 12.50 美元到 0 美元的范围内，价格下降（a 幅）使得总收益减少（b 幅）。当需求是单位弹性时，在价格为 12.50 美元上（a 幅），总收益达到最大（b 幅）。

- 如果价格下降增加了总收益，需求是富有弹性的。
- 如果价格下降减少了总收益，需求是缺乏弹性的。
- 如果价格下降而总收益不变，需求是单位弹性的。

在图4.5（a）中，在价格从 25 美元到 12.50 美元之间的范围内，需求是富有弹性的。在价格从 12.50 美元到零之间的范围内，需求是缺乏弹性的。在价格为 12.50 美元时，需求是单位弹性的。

图 4.5（b）表示总收益。在价格为 25 美元时，销售量为零，因此，总收益也是零。在价格为零时，需求量是每小时 50 个比萨，且总收益同样也是零。在富有弹性的范围内，价格下降使总收益增加——需求量增加的百分比大于价格下降的百分比。在缺乏弹性的范围内，价格下降使总收益减少——需求量增加的百分比小于价格下降的百分比。在单位弹性时，总收益达到最大。

你的支出与你的弹性

当价格变动时，你对产品支出的变化取决于你的需求弹性。

- 如果你的需求是富有弹性，价格下降 1%使你的购买量的增加大于 1%，则你对该产品的支出增加。
- 如果你的需求是缺乏弹性，价格下降 1%使你的购买量的增加小于 1%，则你对该产品的支出减少。
- 如果你的需求是单位弹性，价格下降 1%使你的购买量增加也为 1%，则你对该产品的支出没变。

因此，当一种产品的价格下降时，如果你对其支出增加了，则你对该产品的需求是富有弹性的；如果你的支出是不变的，则你的需求是单位弹性的；如果你的支出减少了，则你的需求是缺乏弹性的。

影响需求弹性的因素

表 4.1 列出了现实世界中实际弹性的一些估算值。从表中你可以看出，这些现实世界的需求弹性范围从最富有弹性的需求，即金属为 1.52，到最缺乏弹性的需求，即石油为 0.05。是什么导致一些产品富有弹性，而另一些产品缺乏弹性呢？

弹性的大小主要取决于三个因素：

- 替代品的相近性
- 支出在产品的收入比例
- 自价格变动以来的时间长短

表 4.1 现实世界中的一些需求价格弹性

产品或服务	弹 性
富有弹性的需求	
金 属	1.52
电子工程产品	1.39
机械工程产品	1.30
家 具	1.26
汽 车	1.14
工具工程产品	1.10
专业服务	1.09
运输服务	1.03
缺乏弹性的需求	
煤气、电力和水	0.92
化学产品	0.89
饮料（各种类型）	0.78
服 装	0.64
烟 草	0.61
银行和保险服务	0.56
住房服务	0.55
农产品和渔产品	0.42
书、杂志和报纸	0.34
食 物	0.12
石 油	0.05

资料来源：Ahsan Mansur and John Whalley, "Numerical Specification of Applied General Equilibrium Models: Estimation, Calibration, and Data," in *Applied General Equilibrium Analysis*, eds. Herbert E. Scarf and John B. Shoven (New York: Cambridge University Press, 1984) , 109, and Henri Theil, Ching -Fan Chung, and James L. Seale, Jr., *Advances in Econometrics, Supplement I, 1989, International Evidence on Consumption Patterns* (Greenwich, Conn.: JAI Press Inc., 1989) , and Geoffrey Heal, Columbia University,Web site.

替代品的相近性 一种产品或服务的替代品越相近，则对该产品的需求越富有弹性。例如，石油有替代品，但并没有非常相近的替代品（想像一下蒸汽推动的、煤做燃料的汽车）。因此，石油的需求是缺乏弹性。塑料是金属相近的替代品，因此，对金属的需求是富有弹性的。

两种产品之间的替代程度还取决于我们如何狭义地（或广义地）定义它们。例如，个人电脑是没有真正很相近的替代品，但戴尔却是惠普相近的替代品。因此对个人电脑的需求弹性比对戴尔或惠普的需求弹性更低。

在日常语言中，我们称食品和住房这些产品为*必需品*，而称到国外度假这些产品为*奢侈品*。必需品是指该产品的替代品少而且对我们的福利至关重要。因此，一般来说，必需品是缺乏需求价格弹性的。在表 4.1 中，食物和石油可归为必需品。

奢侈品是指通常有许多替代品的产品，购买其中任何一种都可以。因此，一般来说，奢侈品是富有需求价格弹性的。在表 4.1 中，家具和汽车可以归为奢侈品。

支出在产品的收入比例 其他因素保持不变时，支出在一种产品的收入比例越大，该产品的需求越富有弹性。

考虑一下你自己的关于口香糖和住房需求的弹性。如果口香糖的价格翻了一番，你对口香糖的消费几乎与以前一样，所以你对口香糖的需求是缺乏弹性的。如果公寓租金翻了一番，你就会大喊大叫并找更多的同学与你共同租房。你对住房需求的弹性比对口香糖需求的弹性大。为什么有这种不同？因为住房占了你预算支出的很大比例，而口香糖只占了很小的比例。虽然你不喜欢这两种产品价格上升，但你很难注意到口香糖的价格升高了，而如果房租升高了则使你的预算紧张。

图 4.6 表示 10 个国家中用于食物的收入比例以及对食物需求的价格弹性。这个图证实了我们刚刚描述过的这种普遍倾向。用于食物的收入比例越大，则食物需求的价格弹性就越大。例如，坦桑尼亚这个国家的平均收入是美国的 3.3%，而且其 62%的收入用于食物，食物需求的价格弹性是 0.77。与此相比，在美国，12%的收入用于食物，食物需求的价格弹性是 0.12。

自价格变动以来的时间长短 价格变动的时间流逝越长，需求越富有弹性。20 世纪 70 年代石油价格上涨了 400%时，人们几乎没有改变对石油和汽油的消费量。但是随着时间的推移，汽车和飞机引擎的燃料利用效率提高了，石油的消费量下降了。由于巨大的价格上升，随着时间更多的流逝，人们对石油的需求变得更有弹性。同样地，当个人电脑价格的下降，起初个人电脑的需求量只增加了一点点。但是随着更多的人对使用电脑的各种方法有了更多的了解，个人电脑的购买量急剧增加。个人电脑的需求变得更富有弹性。

图 4.6 10 个国家的价格弹性

myeconlab

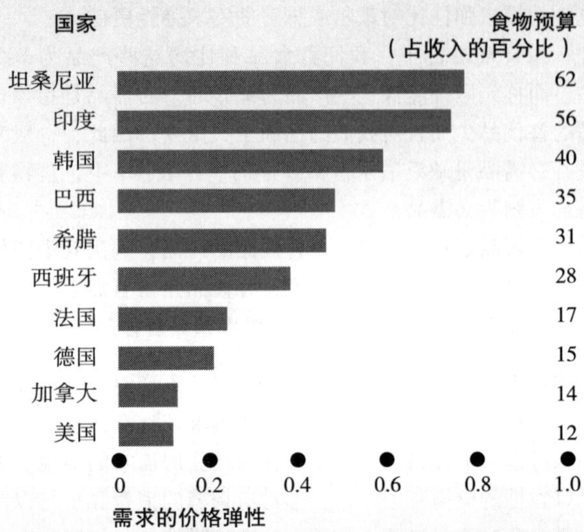

随着收入增加和收入中用于食物的比例下降，对食物的需求越来越缺乏弹性。

资料来源：Henri Theil, Ching-Fan Chung, and James L. Seale, Jr., *Advances in Econometrics, Supplement 1, 1989, International Evidence on Consumption Patterns* (Greenwich, Conn.: JAI Press, Inc., 1989)．

复习测验

1. 为什么我们需要一种产品或服务需求量对价格变动反应敏感程度的无单位衡量？
2. 定义并计算需求的价格弹性。
3. 为什么当我们计算需求的价格弹性时，我们要把价格的变动表示为平均价格的百分比，把数量的变动表示为平均数量的百分比呢？
4. 什么是总收益检验？它为什么有用？
5. 影响需求弹性的主要因素是什么？它使得一些产品富有需求弹性而另一些产品缺乏需求弹性？
6. 为什么奢侈品的需求比必需品的需求更富有弹性？

myeconlab **Study Plan 4.1**

现在你已经学习了需求的价格弹性。其他两种需求弹性的概念告诉我们其他影响需求的因素。现在让我们来考查这些其他需求弹性。

其他需求弹性

回到比萨店的情况，你正努力地想计算出邻家汉堡包店降价对你的比萨将会有怎样的影响。你知道比萨与汉堡包是替代品。而且，你也知道当比萨的替代品价格上升时，对比萨的需求是增加的，但是增加多少呢？

你也知道，比萨和软饮料是互补品。而且你也知道，如果比萨的互补品价格上升，对比萨的需求是减少的。因此，你想知道，究竟软饮料的价格上升多少会使比萨的需求减少呢？

为了回答这些问题，你需要计算需求的交叉弹性。现在让我们来考查这种弹性的衡量。

需求的交叉弹性

我们用需求交叉弹性的概念来衡量替代品或互补品的价格变动的影响。**需求的交叉弹性**（cross elasticity of demand）是在其他条件不变的情况下，一种产品的需求对其替代品或互补品价格变动的反应程度的衡量。可以用以下公式来计算需求的交叉弹性：

$$\text{需求的交叉弹性} = \frac{\text{需求量变动的百分比}}{\text{替代品或互补品价格变动的百分比}}$$

需求的交叉弹性可以是正的，也可以是负的。替代品的交叉弹性是正的，而互补品的交叉弹性是负的。

替代品 假设比萨的价格是不变的，而且每小时可以卖出 9 个比萨。汉堡包的价格从 1.5 美元上升到 2.5 美元。同时假设影响购买计划的其他因素不发生变化，则比萨的销售量增加到每小时 11 个。

需求量的变动是增加两个比萨——新的量 11 个比萨减去原来的量 9 个比萨，而平均量是 10 个比萨。因此，比萨的需求量增加了 20%（+20%）。即：

$$\Delta Q/Q_{\text{平均}} = (+2/10) \times 100\% = +20\%$$

图 4.7 需求的交叉弹性

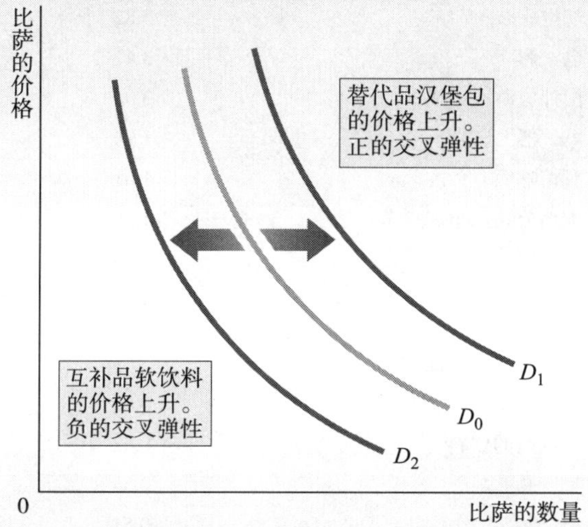

汉堡包是比萨的替代品。当汉堡包的价格上升时，对比萨的需求是增加的，比萨的需求曲线从 D_0 向右移动到 D_1，则需求的交叉弹性是正的。

软饮料是比萨的互补品。当软饮料的价格上升时，对比萨的需求是减少的，比萨的需求曲线从 D_0 向左移动到 D_2，则需求的交叉弹性是负的。

比萨的替代品汉堡包价格的变动是1 美元——新的价格 2.5 美元减去原来的价格 1.5 美元，平均价格是 2 美元一个汉堡包。因此，汉堡包的价格上升了 50%（+50%）。即：

$$\Delta P/P_{平均} = (+1/2) \times 100\% = +50\%$$

因此，比萨对汉堡包价格的需求交叉弹性为：

$$\frac{+20\%}{+50\%} = 0.4$$

图 4.7 说明了需求的交叉弹性，比萨和汉堡包是替代品。因为它们是替代品，所以，当汉堡包价格上升时，比萨的需求是增加的。比萨的需求曲线从 D_0 向右移动到 D_1。由于汉堡包价格的上升引起了比萨需求的增加，所以，比萨对汉堡包价格的需求交叉弹性是正的。价格和数量同方向变动。

互补品 假设比萨的价格是不变的，而且每小时可以卖出 11 个比萨。软饮料的价格从 1.5 美元上升到 2.5 美元。同时假设影响购买计划的其他因素不发生变化，则比萨的销售量下降到每小时 9 个。

需求量的变动是和我们刚才计算的相反的：比萨的需求量下降了 20%（–20%）。

比萨的互补品软饮料价格的变动与我们刚才计算的汉堡包价格变动的百分比是一样的：价格上升了 50%（+50%）。因此，比萨对软饮料价格的需求交叉弹性为：

$$\frac{-20\%}{+50\%} = -0.4$$

因为比萨和软饮料是互补品，当软饮料价格上升时，比萨的需求是减少的。比萨的需求曲线从 D_0 向左移动到 D_2。由于软饮料价格上升引起比萨需求减少，所以，比萨对软饮料价格的需求交叉弹性是负的。价格与数量反方向变动。

需求交叉弹性的大小决定了需求曲线移动的远近。交叉弹性（绝对值）越大，需求的变动越大，而且，需求曲线移动也越大。

如果两种产品替代关系极为密切，例如，两种品牌的矿泉水，则交叉弹性就大。如果两种产品是完全互补的，例如，电影与爆米花，则交叉弹性大。

如果两种产品相互没有什么关系，例如，报纸与桔子汁，则交叉弹性就小——也许是零。

需求的收入弹性

假设经济在扩张，而且，人们的收入在增加。这种繁荣引起大部分产品与服务的需求增加。但是，比萨的需求会增加多少呢？答案取决于**需求的收入弹性**（income elasticity of demand）。需求的收入弹性是在其他因素不变的条件下，一种产品或服务对收入变动反应程度的衡量。

需求的收入弹性可以用以下公式来计算：

$$需求的收入弹性 = \frac{需求量变动的百分比}{收入变动的百分比}$$

需求的收入弹性可以是正的，也可以是负的，并分为三种引人注意的范围：

- 大于 1（正常品，富有收入弹性）
- 在零与 1 之间（正常品，缺乏收入弹性）
- 小于零（低档品）

需求富有收入弹性 假设比萨的价格是不变的，而且每小时可以卖出 9 个比萨。一周的收入从 975 美元上升到 1 025 美元。同时假设影响购买计划的其他因素不发生变化，则比萨的销售量增加到每小时 11 个比萨。

需求量的变动是增加两个比萨而平均量是 10 个比萨。因此比萨的需求量增加了 20%（+20%）。同时收入变动了 50 美元，平均收入是 1 000 美元，因此收入增加了 5%。对比萨的收入弹性是：

$$\frac{+20\%}{+5\%} = 4$$

比萨的需求是富有收入弹性的，即比萨需求量增加的百分比超过了收入增加的百分比。*若一种产品的需求是富有收入弹性的，当收入增加时，那么用于该产品的收入百分比就会增加。*

需求缺乏收入弹性 如果需求的收入弹性是正的并小于 1，则需求是缺乏收入弹性的。需求量增加的百分比是正的，但是小于收入增加的百分比。*若一种产品的需求是缺乏收入弹性的，当收入增加时，那么用于该产品的收入百分比就会减少。*

低档品 如果一种产品的需求的收入弹性是负的，那么这种产品叫做低档品。当收入增加时，低档品的需求量和花费在其上的收入是减少的。这类产品包括小型摩托车、土豆和大米。低收入消费者购买大多数这类产品。

现实世界的需求收入弹性

表 4.2 表示现实世界一些收入弹性的估算。像食物或服装这类必需品的需求是缺乏收入弹性的，而像（包括航空旅游和国外旅游），这类奢侈品的需求是富有收入弹性的。

但是，什么是必需品、什么是奢侈品取决于收入水平。对于低收入的人来说，食物和服装是奢侈品。因此，收入水平对需求的收入弹性有重大影响。图 4.8 表示 10 个国家中对食物需求的收入弹性的这种影响。在像坦桑尼亚和印度这样的低收入国家中，食物需求的收入弹性较高。在像美国这样的高收入国家中，食物需求的收入弹性较低。

表 4.2 一些现实世界的需求收入弹性

需求富有收入弹性	
航空旅游	5.82
电 影	3.41
国外旅游	3.08
电 器	1.94
餐馆吃饭	1.61
本地公共汽车和火车	1.38
美 发	1.36
汽 车	1.07
需求缺乏收入弹性	
烟 草	0.86
含酒精的饮料	0.62
家 具	0.53
服 装	0.51
报纸和杂志	0.38
电 话	0.32
食 物	0.14

资料来源：H.S. Houthakker and Lester D. Taylor, *Consumer Demand in the United States* (Cambridge, Mass.: Harvard University Press, 1970)，and Henri Theil, Ching-Fan Chung, and James L. Seale, Jr., *Advances in Econometrics, Supplement 1, 1989, International Evidence on Consumption Patterns* (Greenwich, Conn.: JAI Press, Inc., 1989)．

复习测验

1. 需求的交叉弹性衡量什么？
2. 需求交叉弹性的符号（正与负）告诉我们两种产品之间的什么关系？
3. 需求的收入弹性衡量什么？
4. 需求收入弹性的符号（正与负）告诉我们该产品是一种什么产品？
5. 为什么收入水平影响需求收入弹性的大小？

myeconlab **Study Plan 4.2**

图 4.8 10 个国家的收入弹性

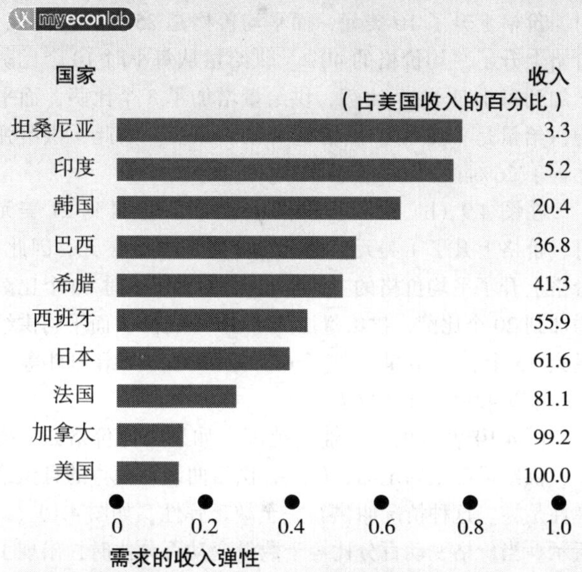

随着收入增加，对食物的需求收入弹性在下降。与高收入消费者相比，低收入消费者将任何收入的增加中用于食物的百分比更大。

资料来源：Henri Theil, Ching-Fan Chung, and James L. Seale, Jr., *Advances in Econometrics, Supplement 1, 1989, International Evidence on Consumption Patterns* (Greenwich, Conn.: JAI Press, Inc., 1989).

现在你已经学完了需求的交叉弹性和需求的收入弹性。现在让我们来看看市场的另一方面，并考查供给弹性。

供 给 弹 性

你已经知道，当需求增加时，价格上升和数量增加。但是，是价格上升多而数量增加少呢？还是价格上升少而数量增加多呢？

答案在于供给量对价格变动的反应敏感程度。通过图 4.9，你可以看出为什么是这样。该图表示在本地比萨市场上两种可能的情况。图 4.9（a）表示一种情况，图 4.9（b）表示另一种情况。

图 4.9 需求的变动如何改变价格和数量

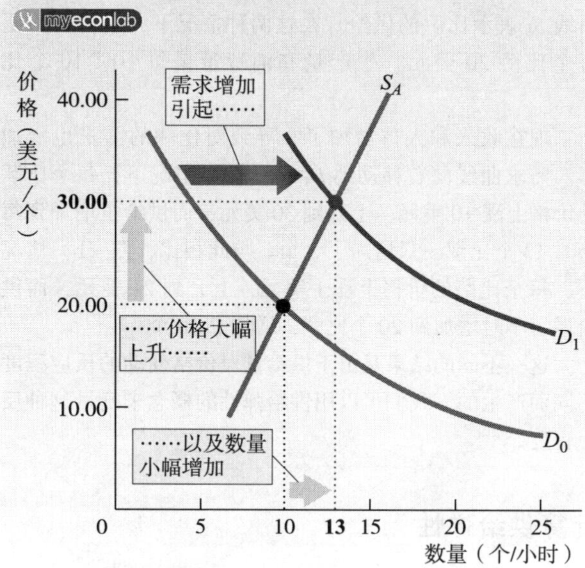

（a）价格大幅变动与数量小幅变动

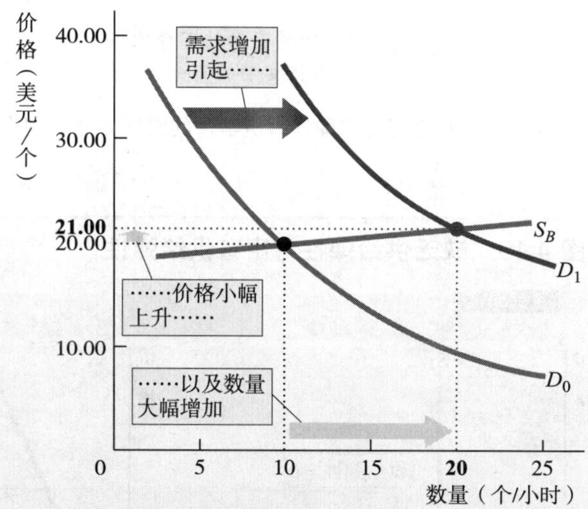

（b）价格小幅变动与数量大幅变动

起初，每个比萨的价格是 20 美元，而比萨的销售量是每小时 10 个。然后收入增加和人口增加使得对比萨的需求增加，需求曲线向右移到 D_1。在（a）幅中，比萨的价格上升到 30 美元，上涨 10 美元，而数量每小时增加到 13 个，增加 3 个。在（b）幅中，比萨的价格上升到 21 美元，只上涨 1 美元，而数量每小时增加到 20 个，增加 10 个。从中可以看出，（b）幅的价格变动小于（a）幅而数量变动大于（a）幅。（b）幅的供给量对价格的反应程度大于（a）幅。

在这两种情况中，最初始的需求是 D_0。在（a）幅中，供给曲线 S_A 表示比萨的供给。在（b）幅中，供给曲线 S_B 表示比萨的供给。在这两种情况下，起初价格是每个比萨 20 美元，生产量和消费量是每小时 10 个比萨。

现在收入和人口增加了，导致对比萨的需求也增加了。需求曲线向右移动到 D_1。在（a）情况下，每个比萨的价格上涨 10 美元，上升到 30 美元，而供给量增加到每小时 13 个比萨，只增加了 3 个。与此相比，在（b）情况下，每个比萨的价格上涨 1 美元，上升到 21 美元，而供给量每小时增加到 20 个比萨，增加了 10 个。

这一不同的结果是由于供给量对价格变动的反应程度不同而产生的。我们可以用供给弹性的概念来衡量这种反应程度。

计算供给弹性

供给弹性（elasticity of supply）衡量当其他所有影响销售计划的因素保持不变时，一种产品供给量对其价格变动的反应程度。可以采用以下公式计算：

$$供给弹性 = \frac{供给量变动的百分比}{价格变动的百分比}$$

我们使用在学习需求弹性时所学过的同样方法。现在我们计算图 4.9 中沿着供给曲线的供给弹性。

在图 4.9（a）中，当价格从 20 美元上升到 30 美元时，价格上升了 10 美元，而平均价格是 25 美元，因此，价格上升了平均价格的 40%。供给量从每小时 10 个比萨增加到每小时 13 个比萨，供给量增加了 3 个比萨，而平均供给量是 11.5 个，供给量增加了 26%。因此，供给弹性等于 26%除以 40%等于 0.65。

在图 4.9（b）中，当价格从 20 美元上升到 21 美元时，价格上升了 1 美元，而平均价格是 20.5 美元，因此，价格上升了平均价格的 4.9%。供给量从每小时 10 个比萨增加到 20 个比萨，供给量增加了 10 个比萨，而平均供给量是 15 个，供给量增加了 67%。因此，供给弹性等于 67%除以 4.9%等于 13.67。

图 4.10 表示供给弹性的范围。如果无论价格如何变动，供给量都是固定的，那么，供给曲线是垂直的且供给弹性是零。这种情况叫供给完全缺乏弹性，如图 4.10（a）所示。当价格变动百分比等于数量变动百分比时，出现了一种特殊的中间情况，这是供给的单位弹性，如图 4.10(b) 所示。无论供给曲线如何陡峭，如果它是一条直线并通过原点，供给就是单位弹性。如果存在一个卖者愿意在一个价格上提供任何销量，供给曲线是水平的，而且，供给弹性是无限的，供给是完全富有弹性。图 4.10（c）表示这种情况。

图 4.10　缺乏供给弹性与富有供给弹性

myeconlab

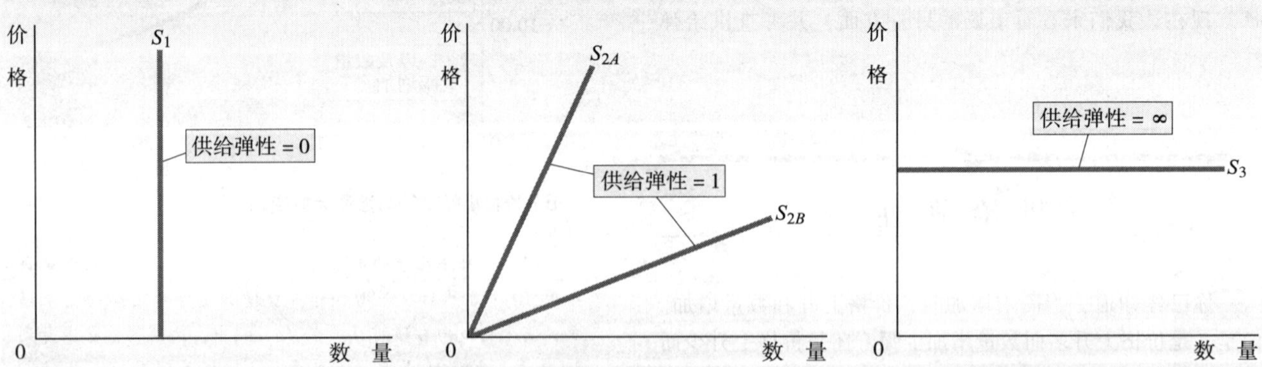

（a）完全缺乏供给弹性　（b）单位供给弹性　（c）完全富有供给弹性

这里描述的供给都有一个不变的弹性。在（a）幅中的供给曲线表示对一种产品有零供给弹性的供给。在（b）幅中的供给曲线表示对一种产品有单位供给价格弹性的供给。在（c）幅中的供给曲线表示对一种产品完全富有供给弹性的供给。

影响供给弹性的因素

供给弹性的大小取决于：

- 资源替代的可能性
- 供给决策的时间框架

资源替代的可能性 一些产品和服务只能用独特的或稀少的生产资源来生产，则这些产品的供给弹性很低，甚至为零。而另一些产品与服务可以用普遍能得到的资源生产，这些资源可广泛地用于各种用途，则这种产品的供给弹性较高。

梵高的油画是一个有垂直供给曲线而且供给弹性为零的产品的例子。在另一个极端，小麦可以在种植玉米的土地上种植。因此，种植小麦和种植玉米同样容易，而且，用放弃的玉米表示的小麦的机会成本几乎是不变的。结果，小麦的供给曲线几乎是水平，而且其供给弹性非常大。同样，当一种产品在许多不同国家生产时（例如，糖和牛肉），该产品是非常富有供给弹性的。

大多数产品与服务的供给在这两个极端之间。产量可以增加，但只有引起更高的成本才能增加产量。如果提供的价格更高，供给量就增加的话，则这些产品与服务的供给弹性在零与无限之间。

供给决策的时间框架 为了研究自价格变动以来的时间流逝对供给的影响，我们区分了供给的三种时间框架：

1. 即时供给
2. 长期供给
3. 短期供给

当一种产品的价格上升或下降时，**即时供给曲线**表示在价格变动后，供给量立即做出的反应。

一些产品，例如，水果和蔬菜，是完全无弹性的即时供给——一条垂直的供给曲线。供给量取决于以前做出的种植决策。例如，就桔子的情况而言，必须在收获之前的许多年做出种植决策。即时供给曲线垂直是因为在某一天，无论桔子的价格是多少，生产者都不能改变产出。他们已经挑选、包装，并把自己的产品运到了市场上，而且，在那一天所提供的数量是固定的。

相反，一些产品是完全有弹性的即时供给，长途电话就是一个例子。当许多人同时打电话时，对电话线、电脑接线和卫星时间的需求大大增加，而且购买量增加，但是价格仍然保持不变。长途电话局监视需求的波动并改变线路，以确保在价格不变时供给量等于需求量。

长期供给曲线表示在所有技术上可能的调整供给的方法都得到利用以后，供给量对价格变动的反应。就桔子而言，长期是指新种树到完全长大所需要的时间——约为15年。在一些情况下，长期调整发生在完全建成新的生产工厂并培训完操作它的工人之后——一般来说这个过程需要几年的时间。

短期供给曲线表示只进行了一些技术上可能的生产调整时，供给量如何对价格变动做出反应。价格变动所做出的短期调整是指一系列的调整。通常的第一种调整是雇佣的劳动量。为了在短期内增加产出，企业既可以让工人加班工作，也可以增雇工人。为了在短期内减少产出，企业可以解雇工人，也可以减少他们的工作的时间。随着时间的推移，企业可以进行更多的调整，也许可以培训增加的工人，或者购买额外的工具和其他设备。

短期供给曲线向右上方倾斜，是因为生产者可以针对价格变动迅速改变供给量。例如，如果桔子的价格下降，种植者可以停止采摘并让桔子仍在树上长着。或者，如果价格上升，他们可以使用更多肥料和改善灌溉，以增加现有果树的产量。在长期中，当既定价格上升时，他们可以采取种更多的树来增加供给量。

复习测验

1. 为什么我们需要衡量一种产品或服务供给量对其价格变动的反应程度？
2. 定义并计算供给弹性。
3. 影响供给弹性的主要因素是什么，这些因素使得一些产品的供给富有弹性而另一些产品的供给缺乏弹性？
4. 你能举出一些产品或服务的供给弹性为零、大于零而小于无限以及无限的例子吗？
5. 供给决策的时间框架如何影响供给弹性？请解释。

myeconlab **Study Plan 4.3**

◆ 你现在已经学习了需求弹性与供给弹性。表4.3概括了你在本章中所见到的所有弹性。在下一章中，我们将研究竞争市场的效率。我们首先来研究一下阅读材料中需求弹性是如何起作用的，并解释本章开始所提出的个人电脑市场问题。

表 4.3 简明弹性术语表

需求的价格弹性

所描绘的关系	弹性值的大小	含 义
完全富有弹性	无限	价格最小可能的上升引起需求量无限大减少*
富有弹性	小于无限但大于 1	需求量减少的百分比大于价格上升的百分比
单位弹性	1	需求量减少的百分比等于价格上升的百分比
缺乏弹性	大于零但小于 1	需求量减少的百分比小于价格上升的百分比
完全缺乏弹性	零	在所有价格上需求量相同

需求的交叉弹性

所描绘的关系	弹性值的大小	含 义
完全替代	无限	一种产品价格最小可能的上升引起另一产品需求量无限大增加
替 代	正的，小于无限	一种产品价格上升而另一种产品的需求量增加
无 关	零	一种产品价格上升而另一种产品的需求量保持不变
互 补	负的	一种产品价格上升而另一种产品的需求量减少

需求的收入弹性

所描绘的关系	弹性值的大小	含 义
收入富有弹性（正常品）	大于 1	需求量增加的百分比大于收入增加的百分比
收入缺乏弹性（正常品）	大于零小于 1	需求量增加的百分比小于收入增加的百分比
负的收入弹性（低档品）	小于零	当收入增加时，需求量减少

供给弹性

所描绘的关系	弹性值的大小	含 义
完全富有弹性	无限	价格最小可能的上升而供给量无限大增加
富有弹性	大于 1 小于无限	供给量增加的百分比大于价格上升的百分比
缺乏弹性	大于零小于 1	供给量增加的百分比小于价格上升的百分比
完全缺乏弹性	零	在所有价格上供给量相同

*在每一种描述中，变动的方向可以相反。例如，在这种情况下，价格最小可能的下降引起需求量无限大增加。

内容提要

要 点

需求的价格弹性

- 在其他条件不变时，弹性衡量一种产品需求量对其价格变动的反应敏感程度。
- 需求的价格弹性等于需求量变动的百分比除以价格变动的百分比。
- 需求价格弹性的量越大，则需求量对既定价格变动的反应程度越大。
- 需求的价格弹性取决于一种产品作为另一种产品替代品的容易程度、支出在这种产品的收入比例，以及自从价格变动之后经历的时间长度。
- 如果需求是富有弹性的，价格下降时总收益增加；如果需求是单位弹性，价格下降时总收益不变；如果需求是缺乏弹性，价格下降时总收益减少。

其他需求弹性

- 在其他条件保持不变时，需求的交叉弹性衡量一种产品的需求对其替代品或互补品价格变动的反应程度。
- 替代品价格的需求交叉弹性是正的。互补品价格的需求交叉弹性是负的。
- 在其他条件保持不变时，需求的收入弹性衡量需求对收入变动的反应程度。对于正常品，需求的收入弹性是正的；对于低档品，需求的收入弹性是负的。
- 当需求的收入弹性大于1（富有收入弹性）时，随着收入的增加，花费在产品上收入的百分比增加。
- 当需求的收入弹性小于1（缺乏收入弹性，低档品）时，随着收入的增加，花费在产品上收入的百分比减少。

供给弹性

- 供给弹性衡量一种产品供给量对其价格变动的反应程度。
- 供给弹性通常为正的，范围在零（垂直的供给曲线）和无限大（水平的供给曲线）之间。
- 供给决策有三种时间框架：即时、长期与短期。
- 即时供给是指卖者在价格变动的瞬间对价格变动的反应。
- 长期供给是指卖者在进行了所有技术上可行的生产调整时对价格变动的反应。
- 短期供给是指卖者在生产中进行了某些调整之后，对其价格变动的反应。

关键图表

图 4.2 计算需求弹性
图 4.3 缺乏需求弹性与富有需求弹性
图 4.4 沿着直线需求曲线的弹性
图 4.5 弹性与总收益
图 4.7 需求的交叉弹性
表 4.3 简明弹性术语表

关键术语

需求的价格弹性	完全缺乏需求价格弹性
单位需求价格弹性	缺乏需求价格弹性
完全富有需求价格弹性	富有需求价格弹性
总收益	总收益检验
需求的交叉弹性	需求的收入弹性
供给弹性	

习 题

1. 雨水损害了草莓的收成。结果，价格从每箱4美元上升到6美元，需求量从1 000箱减少为600箱。在这个价格范围内：
   a. 需求的价格弹性是多少？
   b. 描述草莓的需求。
2. 下图表示DVD出租的需求。

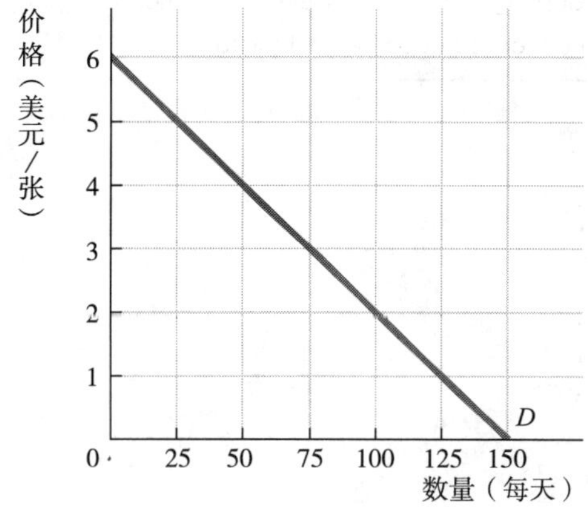

阅读材料：事例与分析

笔记本电脑与台式电脑的需求弹性

http://www.nytimes.com

电子产品市场上，新的个人电脑最佳交易时机

2006年5月27日

在电子产品世界中，价格下降是一种自然规则。有时，缓慢而无情的价格下跌变得像洪水一样一发不可收拾。这种情况现在就发生在个人电脑上……

笔记本电脑价格下跌也推动了台式电脑价格的下跌。另一家市场调研公司 Gartner 的一位分析师 Charles Smulders 说，“我期待更激烈的价格竞争。”

当电脑价格跌破了 1 000 美元的心理障碍关口时，销售量大幅增加。市场调研公司 Current Analysis 的经理 Samir Bhavnani 说，到目前为止，笔记本电脑的销售量已增加了 37%，上个月销售的笔记本电脑的 60%的价格都低于 1 000 美元。他看好戴尔，并说“它们的价格都会在激烈竞争中降下来”……

另一项统计将会告诉你，消费者如何从中获得利益。Bhavnani 先生说，虽然笔记本电脑的销售量增加了 37%，在这一时期的收益却只增加了 15.5%。公司在每台笔记本电脑上赚的钱更少了。台式电脑会逐渐被淘汰。Bhavnani 先生说在今年头 5 个月零售商对台式电脑的销售增加了 14.8%，但是收益下降了 4%。一半的电脑售价都低于 500 美元……

事件的本质

- 笔记本电脑的 60%的价格都低于 1 000 美元。
- 笔记本电脑价格的下降推动了台式电脑价格的下降，一半的台式电脑的价格低于 500 美元。
- 当电脑跌破了 1 000 美元的心理障碍关口时，销售量大幅增加。
- 在2006 年，笔记本电脑的销售量增加了 37%，销售的总收益增加了 15.5%。
- 在 2006 年，台式电脑的销售量增加了 14.8%，总收益却下降了 4%。

经 济 分 析

- 这篇新的文章提供了在笔记本电脑和台式电脑市场中的销售量和总收益变动的信息。
- 在其他条件保持不变时，根据数量和总收益的变动计算出需求的价格弹性。
- 如果价格下降而总收益增加（在笔记本电脑市场中），需求是富有弹性的。
- 如果价格下降，总收益也减少(在台式电脑市场中)，需求是缺乏弹性的。
- 但是在笔记本电脑和台式电脑市场中，其他条件并没有保持不变。
- 笔记本电脑和台式电脑是替代品。如果笔记本电脑的价格下降，则台式电脑的需求减少。如果台式电脑的价格下降，笔记本电脑的需求减少。
- 根据这篇新闻提供的信息，图 1 表示假设需求价格弹性为 4 的笔记本电脑市场。
- 当台式电脑的价格是 600 美元时，笔记本电脑的需求是 D_0；当台式电脑的价格是 500 美元时，笔记本电脑的需求是 D_1。
- 在 2006 年，笔记本电脑的价格从近 1 200 美元下降到约 1 000 美元（在平均水平上），购买量增加了 37%。
- 如果我们假定笔记本电脑的需求没有变化，则需求曲线是浅灰色曲线，并估算的需求的价格弹性是 1.83。
- 根据这篇新闻提供的信息，图 2 表示假设需求价格弹性为 4 的台式电脑市场。
- 当一台笔记本电脑的价格是 1 186 美元时，台式电脑的需求是 D_0；当一台笔记本电脑的价格是 1 000 美元，台式电脑的需求是 D_1。
- 在 2006 年，台式电脑的价格从 600 美元下降到 500 美元(在平均水平上)，购买量增加了 15%。
- 如果我们假定台式电脑的需求没有变化，则需求曲线是浅灰色曲线，并可以估算出需求价格弹性是 0.77。
- 因为其他条件并没有保持不变，这篇新闻没有提供足够的信息来计算个人电脑的需求价格弹性。
- 但是其他信息可以告诉我们，电脑的需求是富有弹性的。这篇新闻认为在 1 000 美元以下的价格时，需求变得具有极高的弹性——这就是所谓的“心理障碍关口”，在此“关口”下，销售量会大幅增加。

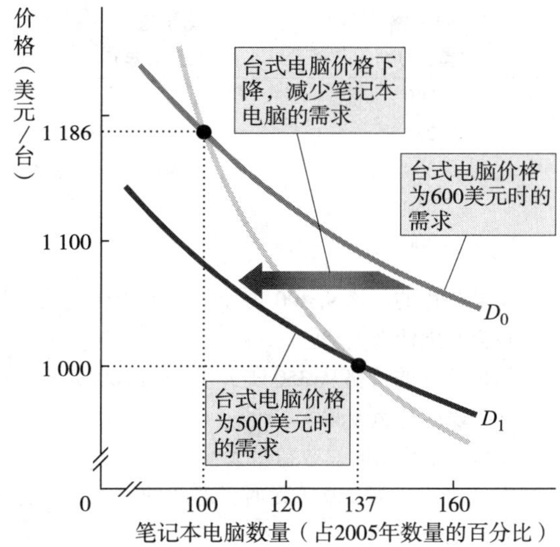

图 1 笔记本电脑市场

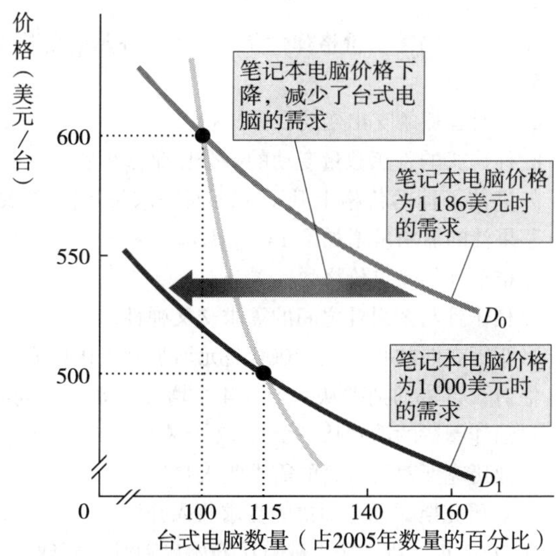

图 2 台式电脑市场

a. 计算 DVD 租赁价格从 3 美元上升到 5 美元时的需求弹性。

b. 在什么价格时需求弹性等于 1？

3. 如果当牙医服务的价格下降 10%时，牙医服务的需求量增加 10%，牙医服务的需求是缺乏弹性、富有弹性，还是单位弹性？

4. 电脑芯片的需求表如下：

价 格 （美元/片）	需求量 （百万片/年）
200	50
250	45
300	40
350	35
400	30

a. 如果芯片的价格从 400 美元下降到 350 美元，总收益会发生什么变动？

b. 如果芯片的价格从 350 美元下降到 300 美元，总收益会发生什么变化？

c. 在哪一个价格时总收益最大？

d. 在平均价格为 350 美元时，芯片的需求是富有弹性还是缺乏弹性？

5. 在问题 4 中，在平均价格为 250 美元时，芯片的需求是富有弹性还是缺乏弹性？用总收益检验回答这个问题？

6. 你对香蕉的需求价格弹性是 4。如果香蕉的价格上升 5%，那么

a. 你对香蕉的支出变动百分比是多少？

b. 你购买的香蕉数量变动的百分比是多少？

7. 如果桔子汁的价格上升了 12%而需求量下降了 22%，苹果汁的需求量增加了 14%。计算：

a. 桔子汁的需求价格弹性。

b. 桔子汁与苹果汁之间的需求交叉弹性。

8. 当亚历克斯的收入从 3 000 美元增加到 5 000 美元时，他对百吉饼的消费从一个月 4 个增加到 8 个，同时他对油炸圈饼的消费从一个月 12 个减少到 6 个。计算：

a. 亚历克斯对百吉饼的需求收入弹性。

b. 亚历克斯对油炸圈饼的需求收入弹性。

9. 在 2003 年，当音乐下载首次开始启动时，环球音乐的 CD 平均价格从 21 美元猛地下降到 15 美元。公司声称这种预期的价格的下降促进 CD 销售量增加了 30%。

a. 环球音乐的 CD 的需求价格弹性是多少？

b. 既定你在 a 中的答案，如果你要为环球音乐做出定价决策，你将是削减价格、抬高价格还是保持价格不变？解释你的决定。

10. 下表给出了长途电话的供给时间表。

价 格 （美分/分钟）	需求量 （百万分钟/天）
10	200
20	400
30	600
40	800

计算：

a. 当价格从每分钟 40 美分下降到 30 美分时的供给弹性。

b. 平均价格为每分钟 20 美分时的供给弹性。

批判性思考

1. 学习阅读材料并回答以下问题。

a. 你是否认为笔记本电脑的需求弹性就是新闻里暗示的 1.83？请解释。

b. 你认为是否台式电脑的需求弹性就是新闻暗示的 0.77？请解释。

c. 你需要什么样的弹性信息来预测接下来的五年内的个人电脑需求的变动？

2. 非法药品的需求是缺乏弹性的。大量的非法药品的支出都是来自犯罪。假设这种观点是正确的：

a. 若成功地使违法药品的供给量下降了，这将怎样影响药品的价格和药品的消费量？

b. 犯罪数量会发生怎样的变化？

c. 减少非法药品的消费量和降低与药品有关的犯罪最有效的方法是什么？

3. **为什么对更高的汽油价格只有温和的反应？**

大多数研究发现，在短期内（即是一年内）汽油价格上升 10%……伴随着汽油的购买量下降 1%~2%……

从 2004 年 9 月到 2005 年 9 月，平均汽油零售价格从每加仑 1.87 美元上涨到 2.90 美元……汽油的消费量却只下降了 3.5%……

《纽约时报》，2005 年 10 月 13 日

a. 根据大多数研究发现，汽油的需求价格弹性是多少？

b. 如果其他条件保持不变时，到 2005 年这一年的数据

表明了汽油的需求弹性是多少？

c. 与回答 b 相比，你怎样回答 a？你认为不同的原因是什么？

4. 在其他条件保持不变时，从对过去价格（汽油）变动的长期反应来看，价格上升了 10%导致了消费量减少了 5%~10%。

……在调整通货膨胀之后，从 1998~2004 年整个国家平均汽油价格上涨了 53%。而在这一时期的消费量增加了 10%。

当然，在这一时期，许多其他条件都发生了变化。可能更重要的是，收入增加了 19%……这个一般会被认为推动汽油的销售量增加了 20%……

《纽约时报》，2005 年 10 月 13 日

a. 以上资料表明了对汽油价格变动的长期反应。那么汽油的长期需求价格弹性是多少？

b. 根据以上资料，汽油的收入需求弹性是多少？

c. 如果除收入增加和价格上升之外而其他条件保持不变时，1998~2004 年的数据暗示了汽油的需求价格弹性什么？

d. 运用 1998~2004 年的数据，列出所有你认为使汽油的需求价格弹性有偏差的因素。

网上活动

1. a. 找出 2006 年夏天汽油的价格。

b. 运用需求、供给和弹性的概念解释近来汽油价格的变动。

c. 找出原油的价格。

d. 运用需求、供给和弹性的概念解释近来原油价格的变动。

2. a. 找出一桶原油的加仑量和在每加仑汽油中原油的成本是多少？

b. 构成每加仑汽油的总成本中的其他成本是什么？

c. 如果原油的价格下降了 10%，你预测在其他条件不变的情况下，汽油价格变动的百分比是多少？

d. 你认为是原油还是汽油更富有弹性？为什么？

第 5 章

效率与公平

学习本章后，你将能：

- 描述配置稀缺资源的可选方法
- 解释需求和边际利益之间的联系，并给消费者剩余下定义
- 解释供给和边际成本之间的联系，并给生产者剩余下定义
- 解释市场使资源变动到其最高价值用途的条件，以及我们经济中产生无效率的来源
- 解释有关公平的主要思想，并评价市场引起不公平结果的观点

个人利益和社会利益

每次我们购买一双运动鞋或一本教科书，给汽车加油，下载MP3文件，刻录CD光盘，点一份比萨，乘坐飞机，甚至仅仅是洗个淋浴，我们都表示了我们关于应该如何使用稀缺资源的观点。我们努力以从**我们**的稀缺资源中得到最多东西的方式支出我们的收入和时间——我们做出能增加个人利益的选择。同时市场使我们的决策和其他人协调一致。但是市场能有效地发挥资源配置的作用吗？市场能确保我们的资源以符合社会利益的方式在运动鞋、教科书、汽油、音乐、光盘、比萨、航空服务、水和我们购买的其他东西之间进行配置吗？如果我们把更多的资源用于一些产品和服务并把较少的资源用于另一些物品和劳务，整个社会能从我们的资源中得到更多的东西吗？

市场经济给一些人带来了高收入，也使另一些人陷入悲惨的境地。例如，10年来微软的软件销售产生的巨大利润使其创始人之一比尔·盖茨成为世界上最富有的人之一。比尔·盖茨如此富有而另一些人生活在悲惨的贫穷之中，这**公平**吗？

社会利益包括我们已经讨论到的两个方面：效率与公平（或平等）。因此，本章的中心问题是：市场能够有效和公平地利用资源吗？

◆ 在本章末**阅读材料**中，我们将回到第1章中首次提出的关于世界水资源使用的问题。我们是否用市场和其他安排有效率地配置了世界稀缺的水资源？

资源配置的方法

本章的目标是评价市场有效和公平地配置资源的能力。但是为了考查市场是否能有效率地配置资源，我们必须将市场与其替代方法进行比较。资源是稀缺的，因此它们必须以某种方式进行配置。市场交易只是几种可选方法中的一种。

资源可以通过以下几种方法进行配置：

- 市场价格
- 计划
- 多数法则
- 竞赛
- 先到先得
- 抽签
- 个人特征
- 暴力

接下来，我们简要地考查每一种方法。

市场价格

当以市场价格配置稀缺资源时，愿意并能够支付价格的人获得资源。有两种人选择不支付市场价格：那些有能力支付但选择不购买的人和那些太穷而无力购买的人。

对于许多产品和服务而言，选择不购买的人和没有能力购买的人之间的区别并不重要。但在少数情况下，这种区别就变得重要了。例如，穷人没有能力负担学费和医疗费用。因为穷人无法负担大多数人认为必需的产品，所以这些产品通常采用其他方法来配置。

计　划

计划体制（command system）通过当权者的命令（计划）配置资源。在美国的经济中，计划体制广泛地运用于企业和政府部门。例如，我们工作时，很可能有某个人会告诉我们应该做什么。我们的劳动通过命令配置到特定的任务上。

计划体制在权责明晰和执行行为易于被监控的组织中运行良好。但当所监控的行为范围过大以及欺骗当权者很容易时则会失效。

多数法则

多数法则以大多数投票人选择的结果来配置资源。社会运用多数法则来推选出代表人们进行某些重大决策的政府。例如，用多数法则来决定如何在私人和公共用途之间配置稀缺资源的税率。多数法则也用来决定税收资金如何在像教育和医疗这类的竞争性用途之间进行分配。

在所做的决策影响到大多数人以及必须抑制个体利益以最有效地利用资源的时候，多数法则发挥了较好的作用。

竞　赛

竞赛则是将资源配置给一个（或一组）优胜者。运动比赛用的就是这种方法。泰格·伍兹与其他高尔夫球运动员竞赛，优胜者获得最高的奖金。然而竞赛普遍存在于运动赛场之外，尽管我们通常不称之为竞赛。例如，比尔·盖茨在个人电脑操作系统的竞赛中获得了胜利。

当“参赛者”的努力难以直接监控、报酬难以直接衡量的时候，竞赛发挥了较好的作用。公司经理为每个人提供了获得某项殊荣的机会，人们都有努力工作并争取获胜的激励。虽然最终只有少数人能够胜出，但是在争取获胜的过程中人们都付出了努力。因此，工人生产的总产出比没有竞赛的时候多很多。

先到先得

先到先得的方法是将资源配置给那些先行到达的人。许多休闲餐厅不接受预订。他们使用先到先得原则分配稀缺的餐位。高速公路也用这种方式进行分配：先到达入口匝道的人获得道路的使用。如果过多的车辆进入高速公路，就可能会出现速度降低和排队等候的情况。

正如上面举到的例子，当稀缺资源能够按时间顺序只为一个使用者服务时，先到先得就是资源配置的一种好方法。该方法通过服务最先到达的使用者，使得资源闲置的时间达到最小化。

抽　签

抽签将资源配置给那些摇出幸运号码、抽到幸运卡，或在其他一些游戏中走运的人。国家彩票和赌博每年重新配置价值数百万美元的产品和服务。

但是抽签比赌博中的累积大奖和轮盘赌应用得更为广

泛。抽签被某些机场用来分配航线的着陆配位，也被用于配置捕鱼权和移动电话使用的电磁波段。

当没有更有效的方法来对稀缺资源的潜在使用者进行区分时，抽签是一个好方法。

个人特征

当资源基于个人特征进行配置时，具有某种“恰当”特征的人获得资源。某些对我们个人而言非常重要的资源就是用这种方式进行配置的。例如，我们根据个人特征选择婚姻伴侣。但是这种方法也具有不能被接受的方面。例如，把好工作分配给盎格鲁—撒克逊男性白人而歧视有色人种、少数民族和妇女。

暴　力

在稀缺资源配置中，无论从好的方面讲还是从坏的方面的讲，暴力都发挥了关键的作用。我们先讨论坏的方面。

战争作为一个国家攻打另一个国家所使用的军事暴力，在资源配置中发挥了巨大的历史性作用。欧洲殖民者在美洲和澳洲的经济霸权主要来自于这种方法的运用。

盗窃作为一种未经允许而取得别人财产的行为，对资源配置也发挥了很大的作用。每年大范围有组织的犯罪以及小规模零星的犯罪活动配置了价值数十亿美元的资源。

但是，暴力在资源配置中也发挥了关键性的正面作用。它为国家提供了一种将财富从富人转移到穷人的途径，也提供了自愿交换在市场中得以顺利进行的法律框架。

法律体制是市场经济运行的基础。如果没有法庭强制实施合约，交易就不可能进行。但是，如果法庭没有在必要时使用暴力的能力，它也无法强制合约实施。国家赋予了法庭能够保证职能得以行使的最终暴力。

更广泛地，国家暴力对于维护法律规范准则是至关重要的。这一原则是文明的经济（以及社会和政治）生活的基本原则。在法律规范的保护下，我们可以从事每天的经济生活，因为我们确信我们的财产将受到保护——我们可以控告侵占我们财产的行为（也会因为侵占他人财产而受到控告）。

由于我们没有保护财产的负担，并且确信与我们交易的人也将会尊重双方的协议，所以我们能够继续关注于我们有竞争优势的活动并为了共同的利益进行交易。

复习测验

1. 我们为什么需要配置稀缺资源的方法？
2. 描述配置稀缺资源的可选方法。
3. 各举一例说明每种配置方法如何发挥作用。
4. 各举一例说明每种配置方法如何无法发挥作用。

myeconlab **Study Plan 5.1**

下几节我们将考查市场如何实现资源的有效利用、效率实现的障碍以及某些情况下替代的方法怎样改善市场的作用。在考查完效率后，我们将把注意力转向更为复杂的公平问题。

需求和边际利益

当我们生产出人们评价最高的产品和服务时，资源的利用是有效率的。这一结果出现在边际利益等于边际成本时（参见第 2 章）。因此，要判断竞争性市场是否有效率，我们需要考查在市场均衡数量时，边际利益与边际成本是否相等。我们首先考查市场需求如何反映边际利益。

需求、支付意愿和价值

在日常生活中，我们谈论“用货币得到价值”。当我们使用这种表述时，我们区分了*价值*与*价格*。价值是我们所得到的，而价格是我们所支付的。

多得到一单位某种产品或服务的价值是其边际利益。边际利益可以表示为人们为再购买一单位某种产品或服务所愿意支付的最高价格。对一种产品或服务的支付意愿决定了对它的需求。*需求曲线是边际利益曲线。*

在图 5.1（a）中，利莎愿意为第 30 个比萨支付 1 美元，因此她从第 30 个比萨中得到的边际利益是 1 美元。在图 5.1（b）中，尼克愿意为第 10 个比萨支付 1 美元，因此他从第 10 个比萨中得到的边际利益是 1 美元。那么整个经济愿意支付 1 美元的比萨数量是多少呢？答案就在市场需求曲线中。

个人需求和市场需求

一种产品的价格与一个购买者对该产品的需求量之间的关系被称为*个人需求*。一种产品的价格与所有购买者对该产品的需求量之间的关系称为*市场需求*。

> 市场需求曲线是个人需求曲线的水平加总，是由每一价格水平上所有消费者的需求量相加形成的。

图 5.1（c）表示一个只有利莎和尼克的市场对比萨的市场需求。利莎的需求曲线（a 幅）和尼克的需求曲线（b 幅）水平加总为 c 幅中的市场需求曲线。

当价格为 1 美元时，利莎购买 30 个比萨而尼克购买 10 个，所以价格为 1 美元时的市场需求量是 40 个。

因此，从市场需求曲线可以看出，整个经济（或社会）每月愿意为 40 个比萨支付 1 美元。*市场需求曲线是整个经济的边际社会收益（MSB）曲线。*

我们之所以用美元衡量价格，是因为价格告诉我们为了多得到一个比萨而*愿意放弃的其他产品和服务的美元价值*。

消费者剩余

我们并不总是必须支付我们愿意支付的最高价格。我们经常进行讨价还价。当人们以小于某产品对他的价值购买该产品时，他们得到了消费者剩余。**消费者剩余**（consumer surplus）是一种产品的价值（或边际利益）减去为其支付的价格，并且是所有购买量的总和。

图 5.2（a）表示当每个比萨价格为 1 美元时，利莎得到的消费者剩余。在这一价格水平上，利莎每月购买 30 个比萨，因为对她而言，第 30 个比萨的价值仅为 1 美元。但是利莎愿意为第 10 个比萨支付 2 美元，因此她从第 10 个比萨中得到的边际利益比她为其支付的多 1 美元——她从第 10 个比萨中得到 1 美元的*消费者剩余*。

利莎的消费者剩余是*她从所购买的每个比萨中得到的剩余的总和*。这个总和就是图 5.2（a）中的浅灰色三角形——需求曲线以下和市场价格线以上的面积。这个三角形的面积等于底（每月 30 个比萨）乘以高（1.5 美元）再除以 2，即每月 22.50 美元。图 5.2（a）中的深灰色矩形面积是利莎为 30 个比萨所支付的量。

图 5.2（b）表示尼克的消费者剩余，（c）幅表示整个经济的消费者剩余。整个经济的消费者剩余是利莎和尼克的消费者剩余之和。

所有的产品和服务都与我们刚刚研究的比萨的例子一样具有递减的边际利益。因此，人们从其消费中得到的利益大于他们支付的量。

图 5.1　个人需求、市场需求和边际社会收益

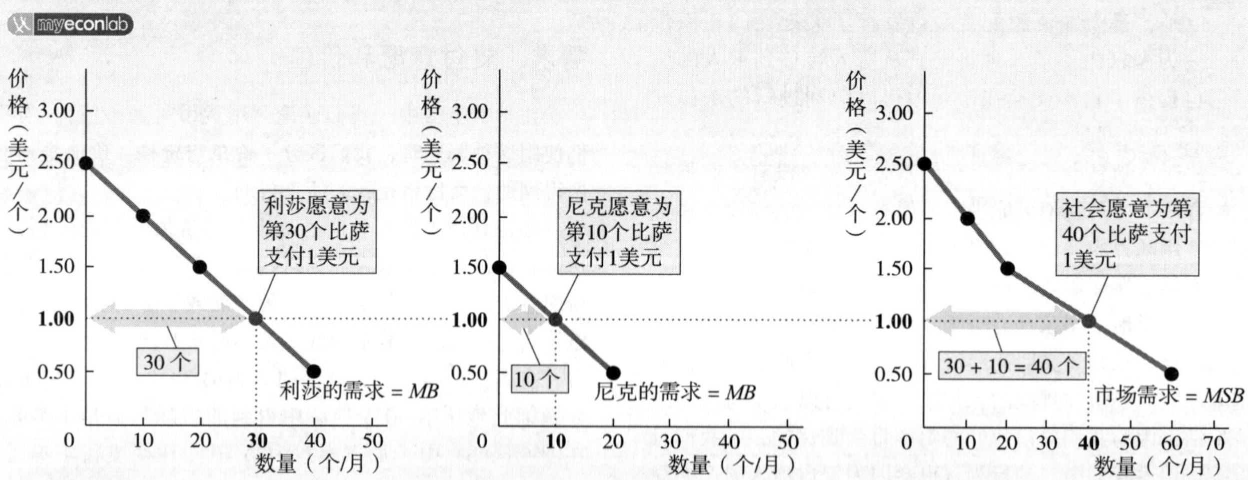

（a）利莎的需求　（b）尼克的需求　（c）市场需求

当每个比萨价格为 1 美元时，利莎的需求量是 30 个，尼克的需求量是 10 个，所以市场的需求量是 40 个。（a）幅中利莎的需求曲线和（b）幅中尼克的需求曲线水平加总为（c）幅中市场的需求曲线。市场需求曲线是边际社会收益（MSB）曲线。

图 5.2　需求和消费者剩余

myeconlab

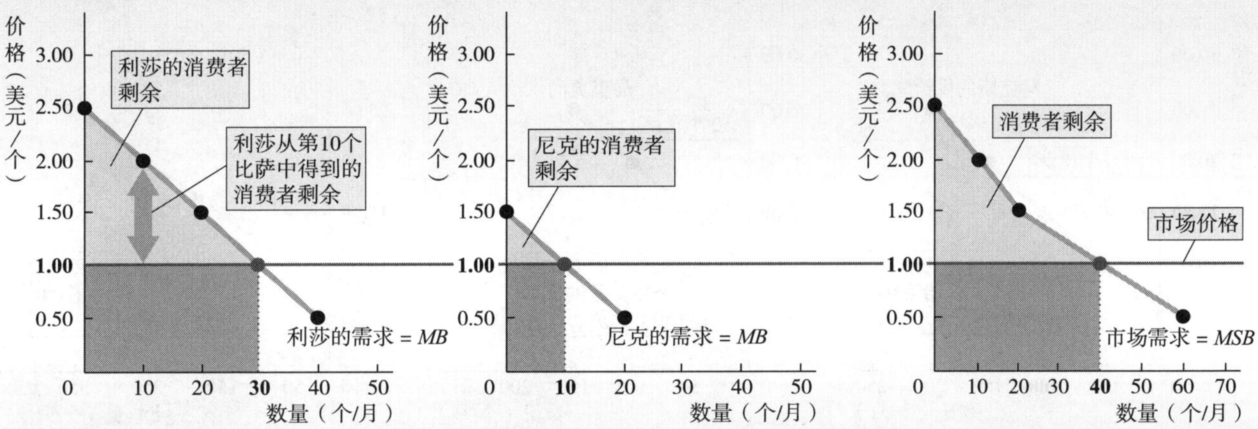

（a）利莎的消费者剩余　　**（b）尼克的消费者剩余**　　**（c）市场的消费者剩余**

利莎愿意为第 10 个比萨支付 2 美元（a 幅）。当市场价格为每个 1 美元时，利莎在第 10 个比萨上获得 1 美元的消费者剩余。浅灰色三角形表示她以每个 1 美元购买 30 个比萨所得到的消费者剩余。（b）幅中的浅灰色三角形表示尼克以每个 1 美元购买 10 个比萨所得到的消费者剩余。（c）幅中的浅灰色区域表示整个经济的消费者剩余。深灰色矩形表示为比萨支付的量。

复 习 测 验

1. 我们如何衡量一种产品或服务的价值或边际利益？
2. 什么是消费者剩余？我们如何衡量它？

myeconlab **Study Plan 5.2**

供给和边际成本

现在我们将考查市场供给怎样反映边际成本。这一节与我们刚刚学过的市场需求和边际利益相类似。企业经营是为了获利。因此，他们必须按大于生产成本的价格出售自己的产品。现在我们分析成本和价格之间的关系。

供给、成本和最低供给价格

获利意味着销售一种产品或服务中所得到的大于其生产成本。正如消费者区分价值与价格一样，生产者也区分成本与价格。成本是生产者所放弃的，价格是生产者所得到的。

多生产一单位某产品或服务的成本是边际成本。边际成本是为了使生产者再生产一单位产品或服务他们必须得到的最低价格。最低供给价格决定了供给。供给曲线是边际成本曲线。

在图 5.3（a）中，马克斯愿意以 15 美元的价格生产第 100 个比萨，因此第 100 个比萨的边际成本是 15 美元。在图 5.3（b）中，马里奥愿意以 15 美元的价格生产第 50 个比萨，因此第 50 个比萨的边际成本是 15 美元。那么整个经济愿意以 15 美元生产的比萨数量是多少呢？答案就在市场供给曲线中。

图 5.3 个人供给、市场供给和边际社会成本

myeconlab

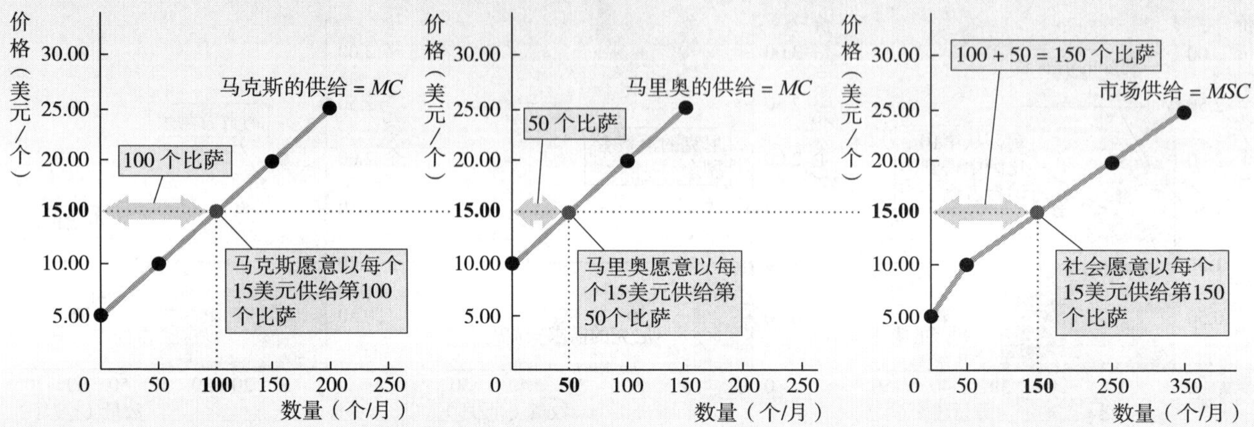

（a）马克斯的供给　（b）马里奥的供给　（c）市场供给

当价格为每个比萨 15 美元的时候，马克斯的供给量为 100 个，马里奥的供给量为 50 个，所以市场的供给量为 150 个。（a）幅中马克斯的供给曲线和（b）幅中马里奥的供给曲线水平加总为（c）幅中的市场供给曲线。市场供给曲线是边际社会成本（*MSC*）曲线。

个人供给与市场供给

一种产品的价格与一个生产者对该产品的供给量之间的关系被称为个人供给。一种产品的价格与所有生产者对该产品的供给量之间的关系被称为市场供给。

> 市场供给曲线是个人供给曲线的水平加总，是由每一价格水平上所有生产者的供给量相加形成的。

图 5.3（c）表示一个只有马克斯和马里奥的市场对比萨的市场供给。马克斯的供给曲线（a 幅）和马里奥的供给曲线（b 幅）水平加总为（c）幅中的市场供给曲线。

当价格为 15 美元时，马克斯生产 100 个比萨而马里奥生产 50 个，所以价格为 15 美元时的市场供给量是 150 个。

因此，从市场供给曲线可以看出，整个经济（或社会）每月愿意以 15 美元生产 150 个比萨。市场供给曲线是整个经济的边际社会成本（*MSC*）曲线。

同样，我们之所以用美元衡量价格，是因为价格告诉我们为了多得到一个比萨而愿意放弃的其他产品和服务的美元价值。

生产者剩余

当价格超过边际成本时，企业就得到了生产者剩余。**生产者剩余**（producer surplus）是一种产品的价格减去其最低供给价格（或边际成本），并且是所有销售量的总和。

图 5.4（a）表示当每个比萨价格为 15 美元时，马克斯得到的生产者剩余。在这一价格水平上，马克斯每月出售 100 个比萨，因为对他而言，第 100 个比萨要花费 15 美元来生产。但是马克斯生产第 50 个比萨的边际成本仅为 10 美元，因此他从第 50 个比萨中得到的生产者剩余为 5 美元。

马克斯的生产者剩余是他从所出售的每个比萨中得到的剩余的总和。这个总和是图 5.4（a）中的浅灰色三角形——市场价格线以下和供给曲线以上的面积。这个三角形的面积等于底（每月 100 个比萨）乘以高（10 美元）再除以 2，即每月 500 美元。图 5.4（a）中供给曲线以下的深灰色区域是马克斯生产 100 个比萨的成本。

图 5.4（b）表示马里奥的生产者剩余，（c）幅表示整个经济的生产者剩余。整个经济的生产者剩余是马克斯和马里奥的生产者剩余之和。

图 5.4　供给和生产者剩余

myeconlab

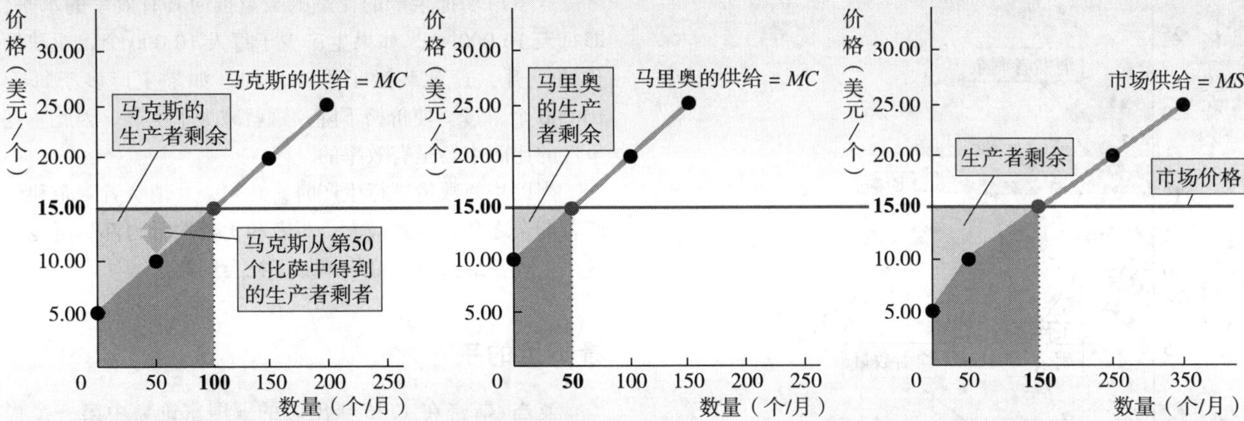

（a）马克斯的生产者剩余　（b）马里奥的生产者剩余　（c）市场的生产者剩余

马克斯愿意以 10 美元生产第 50 个比萨（a 幅）。当市场价格为每个 15 美元时，马克斯在第 50 个比萨中得到 5 美元的生产者剩余。浅灰色三角形表示他以每个 15 美元出售 100 个比萨所获得的生产者剩余。（b）幅中的浅灰色三角形表示马里奥以每个 15 美元出售 50 个比萨所获得的生产者剩余。（c）幅中的浅灰色区域表示整个经济的生产者剩余。深灰色区域表示所出售比萨的生产成本。

复习测验

1. 边际成本、最低供给价格和供给之间的关系是什么？
2. 什么是生产者剩余？我们如何衡量它？

myeconlab **Study Plan 5.3**

我们可以用消费者剩余和生产者剩余来衡量市场的效率。现在看看我们如何用这些概念来研究竞争性市场的效率。

竞争市场有效率吗

图 5.5（a）表示比萨市场。我们在第 3 章中研究的市场因素将使比萨市场达到均衡价格为 15 美元，均衡数量为每天 10 000 个比萨。买者得到消费者剩余（深灰色区域），卖者得到生产者剩余（浅灰色区域），这一竞争性均衡是有效率的吗？

竞争性均衡的效率

我们已经知道需求曲线告诉我们比萨的边际利益。如果得到边际利益的人只有比萨的购买者，那么比萨的需求曲线衡量整个社会从比萨中得到的边际利益。我们把整个社会的边际利益称为边际社会收益（*MSB*）。在这种情况下，需求曲线也是 *MSB* 曲线。

我们已经知道供给曲线告诉我们比萨的边际成本。如果承担边际成本的人只有比萨的生产者，那么比萨的供给曲线衡量整个社会的边际成本。我们把整个社会的边际成本称为边际社会成本（*MSC*）。在这种情况下，供给曲线也是 *MSC* 曲线。

因此，当（a）幅中需求曲线与供给曲线相交时，（b）幅中的边际社会收益等于边际社会成本，这是使整个社会资源得到有效率利用的条件。

如果每天的比萨生产少于 10 000 个，边际比萨的价值就高于其边际成本。如果每天的比萨生产多于 10 000

图 5.5 有效率的比萨市场

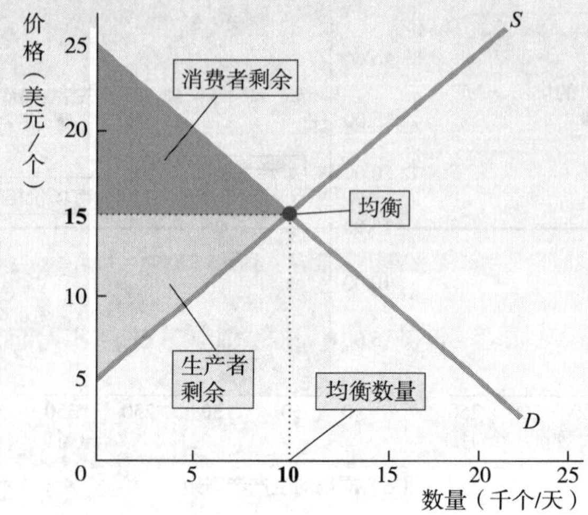

（a）均衡和剩余

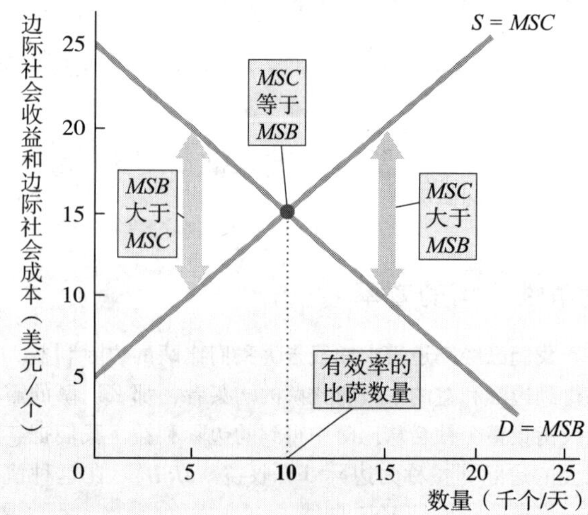

（b）效率

当需求量与供给量相等时，就会出现（a）幅中的竞争性均衡。消费者剩余是需求曲线以下和价格线以上的区域——深灰色三角形。生产者剩余是供给曲线以上和价格线以下的区域——浅灰色三角形。

（b）幅中，当边际社会收益（*MSB*）等于边际社会成本（*MSC*）时，资源被有效率地使用。

（b）幅中有效率的数量与（a）幅中的均衡数量相同。竞争性的比萨市场生产出有效率的比萨量。

个，边际比萨的生产成本就大于消费者认为的价值。只有在每天生产 10 000 个比萨时，比萨的边际价值与边际成本才相等。

竞争市场把生产的比萨的数量推向其有效率的水平，即每天 10 000 个。如果生产少于每天 10 000 个，短缺使价格上升，这就刺激了生产增加。如果生产多于每天 10 000 个，过剩使价格下降，这就减少了生产。因此，竞争性的比萨市场是有效率的。

当以均衡数量进行生产时，总剩余（消费者剩余和生产者剩余之和）达到最大。买者和卖者的行为都尽可能使其个人利益最大化，最终增加了社会利益。

看不见的手

亚当·斯密在 1776 年出版的《国富论》中第一个提出：竞争性市场使资源用到其价值最高的地方。斯密认为，竞争市场的每一个参与者都“由一只看不见的手指引，从而促进了（有效率的资源利用）原来不是他们意图的结果。”

你可以从下页的漫画中看到“看不见的手”在发挥作用。冷饮卖者既有冷饮又有遮阳伞。每种东西都有各自的机会成本和最低供给价格。公园椅子上的读报者从冷饮和遮阳伞中得到了边际利益。你可以看到遮阳伞的边际利益大于边际成本，但冷饮的边际成本大于边际利益。进行的交易创造了生产者剩余和消费者剩余。卖者从出售遮阳伞中得到的生产者剩余大于其边际成本，而读报者从购买遮阳伞中得到的消费者剩余小于其边际利益。在第三幅漫画中，消费者和生产者都比在第一幅漫画时状况更好。伞用到了其价值最高的用途中。

今天发挥作用的看不见的手

市场经济无情地进行类似漫画和图 5.5 中的活动，以达到资源的有效配置。而且，市场很少像今天这样努力地发挥作用。考虑一下我们经济中发生的一些市场引导资源有效利用的变动。

新技术减少了生产电脑的成本。随着技术进步的发生，供给增加而价格下降。较低的价格刺激了对这种现在成本更低的工具的需求增加。从电脑中得到的边际社会利益等于其边际社会成本。

佛罗里达的霜冻减少了橘子供给。在可以得到的橘子减少时，橘子的边际社会利益增加了。橘子的短缺使价格

© The New Yorker Collection 1985
Mike Twohy from cartoonbank.com. All Rights Reserved.

上升，因此，市场把较少的橘子配置给那些认为这些橘子价值更高的人。

市场因素不断地使边际成本与边际利益相等，并使总剩余（消费者剩余和生产者剩余之和）最大化。

生产不足和生产过多

当产量太少——生产不足，或产量太多——生产过多时，就会出现资源配置的无效率。

生产不足 在图 5.6（a）中，比萨的产量是每天 5 000 个。在这一产量水平时，消费者愿意为比萨支付 20 美元，而成本只有 10 美元。这一产量是无效率的——因为存在生产不足。

无效率的程度用无谓损失来衡量。**无谓损失**（deadweight loss）是由于无效率的生产水平引起的总剩余的减少。图 5.6（a）中的深灰色三角形表示无谓损失。

生产过多 在图 5.6（b）中，比萨的产量是每天 15 000 个。在这种产量水平时，消费者只愿意为比萨支付 10 美元而成本为 20 美元。我们生产第 15 000 个比萨就浪费了 10 美元。无谓损失仍用深灰色三角形来表示。总剩余（消费者剩余和生产者剩余之和）比其最高值少无谓损失的量。无谓损失由整个社会承担。生产者并未得到消费者所损失的。无谓损失是整个社会的损失。

实现效率的障碍

产生生产不足或生产过多的效率障碍有：

- 价格和数量管制
- 税收和补贴
- 外部性
- 公共品和公共资源
- 垄断
- 高交易成本

价格和数量管制 价格管制包括为房东收取的租金设置上限，以及规定雇主必须支付的最低工资。这些措施阻碍了供求通过价格调整达到均衡，并导致生产不足。数量管制限制了企业可能生产的数量，也导致生产不足。

税收和补贴 税收提高了买者支付的价格，并降低了卖者所得到的价格。税收减少了生产量并导致生产不足。由政府支付给生产者的补贴降低了买者支付的价格，并提高了卖者所得到的价格。补贴增加了产量并导致生产过多。

外部性 外部性是指由某种产品或服务的卖者或买者以外的人承担的成本或得到的利益。一个发电厂烧煤发电时，引起的酸雨会危害农作物，从而形成外部成本。当发电厂决定供给多少电力时，并不考虑污染成本，结果就造成了生产过多。公寓楼里的一个房主安装感烟探测器的行为将带来外部利益。但是当他决定是否安装时，并没有考虑到自己邻居的边际利益。这时就会出现生产不足。

公共品和公共资源 公共品是尽管每个人都不花钱，但

图 5.6 生产不足与生产过多

myeconlab

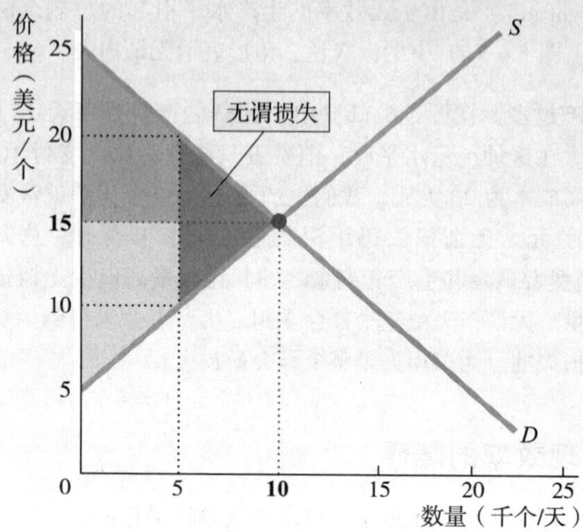

（a）生产不足

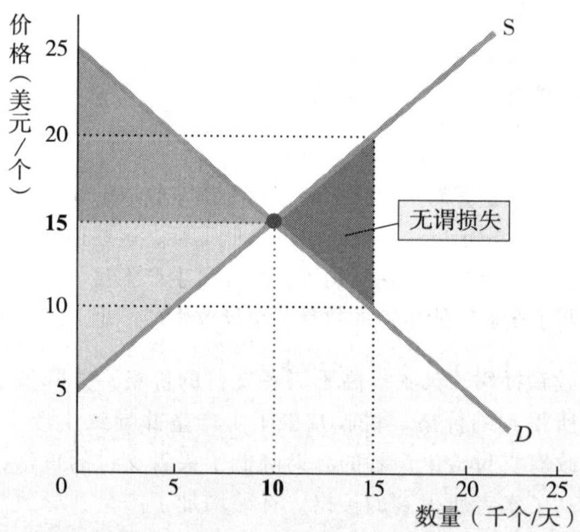

（b）生产过多

如果比萨的产量减少到每天只有 5 000 个，无谓损失（深灰色三角形）就会出现（a 幅）。总剩余（浅灰色和中灰色区域）减少了。在 5 000 个比萨时，增加 1 个比萨的利益大于其成本。这同样也适用于每天生产 10 000 个比萨的所有水平。

如果产量增加到 15 000 个，无谓损失产生了（b 幅）。在每天 15 000 个比萨时，第 15 000 个比萨的成本大于利益。高于 10 000 个比萨的每个比萨其成本均大于利益。总剩余等于浅灰色和中灰色区域的总和减去无谓损失。

都可以同时使用的产品或服务，例如国防和法治的实施。竞争性市场生产的公共品生产不足是因为**搭便车问题**：每个人都能搭别人的便车获利，并且不用为公共品付费。

公共资源是尽管每个人都不花钱但都可以同时使用的资源。例如大西洋鲑。忽视自己使用公共资源的成本而增加别人的成本符合每个人的个人利益（称为**公地的悲剧**），这导致了生产过多。

垄 断 垄断者是某种产品或服务的惟一提供者。自来水公司和有线电视台都属于垄断者。垄断者的个人利益是利润最大化。由于垄断者没有竞争对手，他们可以制定价格，以达到个人利益目标。为了实现这一目标，垄断者限制生产并提高价格，这也导致了生产不足。

高交易成本 如果我们去逛逛购物中心或者观察一下身边的零售市场，我们就会发现这些市场使用了大量稀缺的劳动和资本资源。任何市场的运行都是有成本的。经济学家把市场中进行交易所发生的机会成本称为**交易成本**（transactions cost）。

为了使市场价格成为稀缺资源配置的手段，就必须承担市场运行的机会成本。有些市场由于成本太高而无法运转。例如，如果我们想在近郊“免费”的球场打网球，虽然无需为场地支付市场价格，但我们要等到球场空出时才能打，我们“支付”了等待所用的时间。当交易费用很高时，市场就可能会生产不足。

现在我们知道了有效率配置资源的条件，也知道了竞争性市场如何可以是有效率的，而且我们也知道了实现效率的一些障碍。但是，替代的方法能够改善市场对资源的配置效率吗？

市场的替代方法

当市场无效率时，本章开头所描述的非市场的替代方法能对资源配置起作用吗？有时是可以的。

多数法则经常能够在很大程度上力图改进资源配置。但是多数法则也有其缺陷。一个追求成员个人利益的集团可能会成为多数党。例如，造成无谓损失的价格或数量管制几乎总是由于追求个人利益的集团成为多数党并给少数党增加了成本所导致的。同时，在多数法则下，投票往往变成了用来实现官僚基于其个人利益制定的目标的行为。

企业管理者通过发布**指令计划体制**以降低每件事都亲力亲为引起的交易成本。**先到先得**避免了排队可能会发生的许多混乱。虽然在排队中可能会出现交易席位的情况，但是总有人会强制维持先到先得的协定。你能想像在忙碌的自动柜员机（ATM）前，人们不得不为了取得靠前的位置而支付费用的混乱情形吗？

没有一种有效的机制能有效率地配置资源。但是在多数法则、企业内部的计划体制和偶尔使用的先到先得原则的补充下，市场能够发挥惊人的资源配置的作用。

复习测验

1. 竞争性市场有效率地利用了资源吗？请解释。
2. 什么是无谓损失？它在什么条件下产生？
3. 市场经济实现资源有效配置的障碍有哪些？

myeconlab **Study Plan 5.4**

有效率的资源配置也是公平的吗？竞争性市场为人们的工作提供了公平的收入吗？人们总是为他们购买的东西支付了公平的价格吗？我们不需要政府介入某些竞争市场，以防止价格上升得太高或下降得太低吗？现在让我们研究这些问题。

竞争市场公平吗

当一种自然灾害，例如，严重的寒流或飓风冲击时，许多最基本的产品的价格猛涨。价格猛涨的原因是一些人有更大的需求而且愿意支付更多，而产品的供给有限。因此，较高的价格实现了稀缺资源的有效配置。这些价格上升的新闻报道几乎都没有谈到效率。相反，新闻报道谈论平等或公平。有一种观点认为，惟利是图的商人欺骗自然灾害的受害者是不公平的。

同样地，当不熟练工人工作的工资低于大多数人认为的“生存工资”时，媒体和政治家谈到雇主不公平地使用他们的工人。

我们如何决定某种事公平还是不公平呢？当我们认为某些事是不公平时，我们是如何知道的？公平的原则是什么呢？

几百年来，哲学家一直力图回答这个问题。经济学家也提供了他们的答案。但是，在我们考察所提出的答案之前，我们应该知道，并没有完全一致的回答。

经济学家对效率的意见是一致的。也就是说，他们一致认为把经济蛋糕尽可能做大并以尽可能低的成本做蛋糕是有意义的。但是，他们对公平的意见并不一致。也就是说，他们对什么是所有做经济蛋糕的人应有的公平份额，看法并不一致。原因在于关于公平的思想并不仅仅是经济思想。公平涉及到政治学、伦理学以及宗教。尽管如此，经济学家一直在思考这些问题，并做出了贡献。现在我们来考察经济学家关于这一问题的观点。

为了考察公平，把经济生活看成一次博弈——一次严肃的博弈。所有关于公平的思想都可以分为两大类。它们是：

- 如果结果（result）是不公平的，这就是不公平
- 如果规则（rule）是不公平的，这就是不公平

如果结果是不公平的，就是不公平

最早建立公平原则的努力是基于结果至关重要的观点。而且，普遍的思想是如果人们的收入极不平等就是不公平的。银行总裁一年赚几百万美元，而银行职员一年只赚几万美元是不公平的。商店老板赚取大量利润而他的顾客在寒流之后支付高昂价格是不公平的。

19 世纪期间，当经济学家认为他们做出了重大发现，即效率要求收入平等时，还很兴奋。为了使经济蛋糕尽可能做大，必须给每个人平等地切一块。这种思想结果证明是错误的，但在它错误的推理中也有一个教训。因此，19 世纪的思想值得进一步研究。

功利主义 19 世纪只有平等能引起效率的思想被称为功利主义。**功利主义**（utilitarianism）是指我们应该努力实现“最大多数人的最大幸福”的原则。那些提出这种思想的人被称为功利主义者。他们包括最杰出的思想家，比如杰瑞米·边沁和约翰·斯图亚特·穆勒。

功利主义者认为，为了实现“最大多数人的最大幸福”，收入必须从富人手中转给穷人，直至完全平等的一点——到没有富人和穷人的一点。

他们用以下的方式推理：首先，每个人都有同样的基本欲望和同样享受生活的能力。其次，一个人的收入越多，一美元的边际利益就越小。一个富人支出的第 100 万美元给这个人所带来的边际利益小于一个穷人支出的第 1 000 美元所带来的边际利益。因此，把这一美元从百万

富翁手中转给穷人，利益大于损失，而且，两个人相加的状况变好了。

图 5.7 说明了这种功利主义思想。汤姆和杰瑞两个人都有同样的边际利益曲线 *MB*（汤姆和杰瑞的边际利益都从 1 到 3 的同样表度衡量）。汤姆在 A 点上，他一年赚 5 000 美元，他 1 美元收入的边际利益是 3。杰瑞在 *B* 点上，他一年赚 45 000 美元，他 1 美元收入的边际利益是 1。如果把 1 美元从杰瑞转给汤姆，杰瑞损失了 1 单位边际利益，而汤姆得到 3 单位。因此，汤姆和杰瑞的共同状况变好了。他们更有效地分享了经济蛋糕。如果再转移第 2 美元，仍会出现同样的情况：汤姆的获益大于杰瑞的损失。而且，在他们都达到 *C* 点之前，同样的情况对每 1 美元转移都是正确的。在 *C* 点，汤姆和杰瑞每个人都有 25 000 美元，而且每 1 美元的边际利益都是 2 单位。现在他们以最有效率的方式分享经济蛋糕，这给汤姆和杰瑞带来了最大可实现的幸福。

图 5.7 功利主义的公平

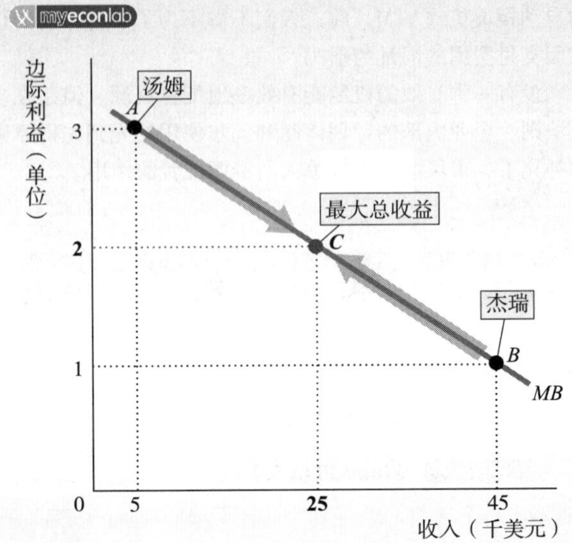

汤姆赚 5 000 美元，而且在 *A* 点有 3 单位边际利益。杰瑞赚 45 000 美元，而且在 *B* 点有 1 单位边际利益。如果收入从杰瑞转给汤姆，杰瑞的损失小于汤姆的收益。只有当他们每个人都有 25 000 美元，而且有 2 单位边际利益（在 *C* 点）时，他们总利益之和才不再增加。

艰难的权衡 功利主义者完全平等思想的一个重要问题是忽略了进行收入转移的成本。认识到收入转移的成本引起了所谓的**艰难的权衡**（big tradeoff），即效率与公平之间的权衡。

艰难的权衡依据了以下事实。只有通过对收入征税才能把收入从高收入者转移给低收入者。对人们从劳动中得到的收入征税会使他们减少工作量，这就使劳动量少于有效数量。对人们从资本中得到的收入征税使人们减少储蓄，这就使资本量小于有效数量。在劳动和资本量都减少时，生产的产品和服务小于有效数量，经济蛋糕变小了。

权衡是在经济蛋糕的大小与分享蛋糕的平等程度之间进行。通过所得税进行的收入再分配的量越大，无效率的程度就越严重——经济蛋糕越小。

无效率的另一个来源是，从富人手中拿走的 1 美元最终并没有到穷人手中。其中一部分用于税收和转移支付体系的管理。征税机构（如美国国税局）和福利管理机构（如负责医疗补助和医疗保险计划的美国联邦政府医疗保险财政管理委员会），它们的成本必须用所征收的部分税收来支付。此外，纳税人雇用会计师、审计师和律师帮助他们，以确保他们缴纳正确的税收量。这些活动使用了本来可用于生产人们认为价值更高的产品和服务的熟练劳动和资本资源。

你可以看出，当考虑到所有这些成本时，从富人那里转移出来的 1 美元并没有全给穷人。甚至可能的是，由于高额税收，低收入的人状况变得更糟了。例如，假设高税收使企业家减少工作努力程度，并关闭了一些企业。低收入工人被解雇，因而必须去寻找收入可能更低的工作。

由于艰难的权衡，那些认为公平是平等的人主张修正功利主义的观点。

使最穷的人状况尽可能变好 哲学家约翰·罗尔斯在他 1971 年出版的题为《正义论》的经典著作中主张修改功利主义的观点。罗尔斯认为，在考虑到收入转移的所有成本之后，经济蛋糕的公平分配是使最穷的人状况尽可能变好的分配。富人的收入应该纳税，而且，在支付了管理税收和转移体系的成本之后，所剩下的仍然应该转移给穷人。但税收不应该如此之高，以至于使经济蛋糕减少到最穷的人最终只有一小块的程度。小蛋糕中较大的份额可能小于大蛋糕中较小的份额。我们的目的是使最穷的人享有一块尽可能大的蛋糕。最可能的情况是，这块蛋糕将不是相等的份额。

“公平的结果”要求在博弈结束之后结果发生变化。一些经济学家认为，这些变化本身是不公平的，并提出了一种考虑公平的不同方法。

如果规则是不公平的，就是不公平

如果“规则是不公平的，就是不公平”的思想依据了一个看来难以理解的基本原则，即对称原则。**对称原则**（symmetry principle）是指人们在类似的情况下必定类似处理的规则。这是一个处于所有主要宗教中心的道德准则，它以某种形式主张“己所不欲，勿施于人”。

在经济生活中，这一原则表现为机会均等。但机会均等起什么作用呢？哲学家罗伯特·诺齐克在 1974 年出版的《无政府、国家与乌托邦》一书中回答了这个问题。

诺齐克认为，结果的公平并不能体现公平的思想，公平必须建立在规则公平的基础上。他指出公平应遵循两个规则：

1. 国家必须实施确立并保护私人财产的法律。
2. 私人财产只能通过自愿交换从一个人转移到另一个人。

第一个规则认为，每一种有价值的东西都应该属于个人，而且，国家应该确保防止对私人财产的侵占。第二个规则认为，人们获得财产的惟一合法途径是用个人所拥有的某种东西交换另一个人所拥有的东西。只有这些规则是公平的，如果遵循这些规则，结果就是公平的。在每个人都自愿提供服务来交换一块蛋糕作为报酬的情况下，经济蛋糕的分割是否平等无关紧要。

这些规则满足了对称原则。而且，如果不遵循这些规则，对称原则就会被打破。我们可以通过设想一个不遵循法律的世界来考查这一事实。

首先，假设某些资源或产品没有所有者，它们是公共财产。这样，每个人都自由地参与掠夺，以使用这些资源或产品。最强大的人将获胜。但当最强大的人获胜时，他们有效地拥有了这些资源或产品，并防止其他人享用。

其次，假设我们没有坚持资源所有权从一个人转移给另一个人的自愿交换，而代之以非自愿转移。用简单的话来说，代之以侵占。

这两种情况都违背了对称原则，只有强者得到了他们想要的东西。弱者最终只得到强者不想要的资源和产品。

在实行多数法则的政治体制中，强者是指那些占多数的人或者那些拥有足够的资源能够影响大多数人的意见，并进而成为多数的人。

与此相反，在公平的两个规则之下，每一个人都应该以相同的方式对待，而不管它是强者还是弱者。每个人都自由地利用自己的资源和技能创造出自己和其他人评价高的东西，并相互交换他们努力的成果。这是惟一符合对称原则的一套安排。

公平与效率 在竞争市场中，如果私人产权得到实施，并且如果自愿交换得以进行，资源会得到有效率配置，前提是没有：

1. 价格和数量管制
2. 税收和补贴
3. 外部性
4. 公共品和公共资源
5. 垄断
6. 高交易成本

而且，根据诺齐克的规则，所引起的收入和财产分配将是公平的。现在我们来研究一个具体案例，以考查这种观点：如果资源配置是有效率的，它们的配置也是公平的。

案例研究：自然灾害时的水资源短缺

一场地震破坏了城市供应饮用水的管道。自来水供应中断，人们只能喝瓶装水。用什么方式配置瓶装水是公平的呢？

市场价格 假设我们以市场价格配置瓶装水。此时瓶装水的价格上升到每瓶 8 美元，是正常价格的 5 倍。在这一价格水平上，拥有水源的人通过卖水获得巨额利润。愿意并且能够支付每瓶水 8 美元的人将得到水。同时由于大多数人支付不起 8 美元的价格，他们最终得不到水或得到很少。

可以看出水资源得到了有效率利用。可得到水的数量是固定的，一些人愿意为得到一瓶水支付 8 美元。水被分配到了那些对它评价最高的人手中。拥有和出售水的人获得了巨大的生产者剩余。总剩余（消费者剩余和生产者剩余之和）也达到最大化。

从规则公平的角度来看，这种结局是公平的。那些愿意为水支付的人都得到了水。但是从结果公平的角度来看，这种结局则是不公平的。那些幸运地拥有水资源的人突然赚得一大笔钱，而最穷的人以最渴作为结局。

非市场方法 设想通过大多数人的投票，市民决定由政府用税收购买所有的水资源，然后再用一种非市场的方法将水分配给市民。可能的方法有：

计　划　由某些人来决定谁是最应得和最需要的。也许每个人得到相等的份额。或者也许政府官员和他们的亲属最终获得大部分的水源。

竞　赛　瓶装水被奖励给某项竞赛的优胜者。

先到先得　水被分给那些最先到达的人或者那些不在乎时间愿意等待的人。

抽　签　水被分给幸运的人。

个人特征　水被分给那些具有某种“恰当”特征的人。这些人也许是老人、小孩或者孕妇。

除了偶然的情况，这些方法中没有一种能够既公平又有效率地配置水资源。从规则公平的角度讲这是不公平的，因为税收中包含了市民资源的非自愿转移。从结果公平的角度讲这也是不公平的，因为最穷的人的状况最终没有尽可能地变好。

这种配置之所以无效率有两个原因。首先，配置机制的选择受制于资源本身的特点。其次，那些需要水的人分配到的水不够，而另一些人不需要水的人分配到多余的水。

如果允许在非市场配置以后，人们可以以市场价格进行水的交易，无效率的第二个来源就能够消除。那些对水的评价低于市场价格的人会出售，那些愿意支付市场价格以拥有更多水的人会购买。对水评价最高的人就是水的最终消费者。

含税的市场价格　另一种方法是用通过对卖水的人进行收税，将利益转移给穷人来再分配购买力之后确定的市场价格来配置稀缺的水资源。

假设在每瓶出售的瓶装水上对所有者征税，并将这些收益转移给穷人。在这种重新分配的购买力之下，人们可以自由地以市场价格进行水的交易。

由于水的所有者所出售的每瓶水都被征税，他们就会缺乏出售水的激励从而减少水的供给。均衡价格上升到比每瓶 8 美元更高的水平。水资源市场中就出现了无谓损失——与由生产不足所引起的损失很类似（在第 6 章我们将研究税收的影响及其引起的无效率）。

因此，税收是无效率的。从规则公平的角度来看，税收也是不公平的，因为它强迫水的所有者对别人进行转移。从结果公平的角度来看，这一结局可以被认为是公平的。

这个简单的案例研究表明关于公平的思想的复杂性。经济学家有一个清晰的判断效率的标准，却没有判断公平的明确的标准。大多数经济学家认为诺齐克的规则过于极端，他们想找出一个公平的税收原则。但是对于什么是公平的税收仍没有形成一致的意见。

复习测验

1. 考虑公平的两种重要方法是什么？
2. 什么是功利主义的公平思想？它错在何处？
3. 什么是艰难的权衡？提出了什么公平思想来解决这个问题？
4. 以公平规则为基础的主要公平思想是什么？

myeconlab **Study Plan 5.5**

◆我们现在已经研究了贯穿整个经济学的两个重要问题：效率与公平（或平等）。在下一章中，我们学习一些无效率与不公平的来源。在本书的许多地方——以及在我们的生活中——我们将回到并运用在本章学过的效率与公平的思想。阅读材料考察了一个在我们今天的经济中无效率的例子。

内容提要

要　点

资源配置的方法

- 因为资源是稀缺的，一些机制被用来对它们进行配置。
- 可选的配置方法是：市场价格、计划、多数法则、竞赛、先到先得、抽签、个人特征和暴力。

需求和边际利益

- 边际利益决定需求，需求曲线是边际利益曲线。
- 市场需求曲线是个人需求曲线的水平加总，也是边际社会收益曲线。
- 价值是人们愿意支付的，价格是人们必须支付的。
- 消费者剩余等于价值减价格，并且是所有购买量的总和。

供给和边际成本

- 最低供给价格决定供给，供给曲线是边际成本曲线。
- 市场供给曲线是个人供给曲线的水平加总，也是边际社会成本曲线。
- 机会成本是生产者支付的，价格是生产者得到的。
- 生产者剩余等于价格减机会成本，并且是所有产量的总和。

竞争市场有效率吗

- 在竞争均衡时，边际社会收益等于边际社会成本，资源配置是有效率的。
- 买者和卖者依据个体利益行动，最终增进了社会利益。
- 消费者剩余和生产者剩余之和是最大的。
- 产量低于或超过有效率产量引起无谓损失。
- 价格和数量管制、税收和补贴、外部性、公共品和公共资源、垄断和高交易成本会造成无效率和无谓损失。

竞争市场公平吗
- 关于公平的思想分为两类：公平的结果和公平的规则。
- 公平结果思想要求把收入从富人转移给穷人。
- 公平规则思想要求产权和自愿交换。

关键图表

关键术语

计划体制	消费者剩余
生产者剩余	无谓损失
交易成本	功利主义
艰难的权衡	对称原则

习　题

1. 下表给出了 Ben、Beth 和 Bo 乘火车旅行的需求表：

价格	需求量（英里）		
（美元/英里）	Ben	Beth	Bo
3	30	25	30
4	25	20	20
5	20	15	10
6	15	10	0
7	10	5	0
8	5	0	0
9	0	0	0

a. 如果市场中只有 Ben、Beth 和 Bo，绘制出市场需求表。

b. 当数量为 50 英里时，边际社会收益是多少？为什么？

c. 当价格为每英里 4 美元时，每个旅行者的消费者剩余是多少？

d. 当价格为每英里 4 美元时，整个经济的消费者剩余是多少？

2. 下表给出了 3 个所有者 Ann、Arthur 和 Abby 对驾驶水上摩托的供给表：

价格	供给量（次/天）		
（美元/次）	Ann	Arthur	Abby
10.00	0	0	0
12.50	5	0	0
15.00	10	5	0
17.50	15	10	5
20.00	20	15	10

a. 每个所有者为每天驾驶 10 次提供的最低供给价格是多少？

b. 当价格为驾驶一次 17.50 美元时，哪个所有者的生产者剩余最大？请解释为什么。

c. 每天驾驶 45 次的边际社会成本是多少？

d. 假设 Ann、Arthur 和 Abby 是水上摩托驾驶市场中惟一的供给者，绘制出市场供给表。

3. 下图表示 CD 市场。

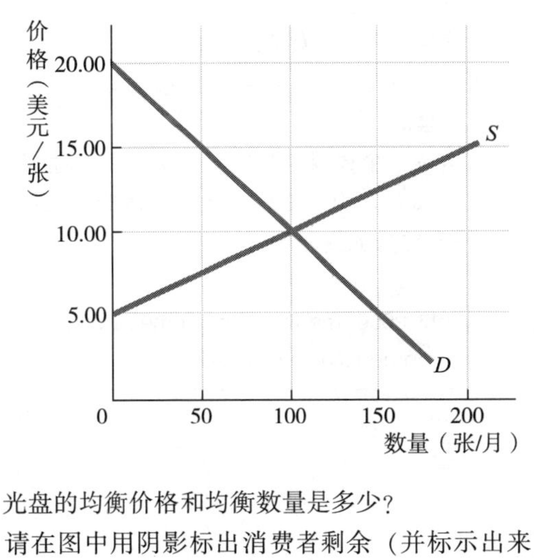

a. 光盘的均衡价格和均衡数量是多少？

b. 请在图中用阴影标出消费者剩余（并标示出来）和生产者剩余（并标示出来）。

c. 请在图中用阴影标出生产 CD 的成本。

阅读材料：事例与分析

政策观察

水资源利用的无效率

http://www.nytimes.come

挖得更深，但水井加剧干涸，印度农业危机迫近

2006 年 9 月 30日

……在整个印度，大多数人仍然依靠土地生活，灌溉农田的主要来源就是地下水，至少对于能够抽取地下水的人而言是这样。

印度的法律对于谁有权抽取地下水、能够抽取多少以及做什么用途都没有明确的限制。看起来似乎任何人都能够——并有权——抽水，只要水存在于他或她所在的那片土地之下。这对房屋业主、农民或企业都适用……

"我们忘记了水是一种有成本的产品"，中央地下水委员会的地区长官辛格在斋浦尔市的办公室里哀叹道，"我们失去了正确、明智地使用水资源的意识。"

……在一个炎热的上午……一辆火车进入一个名叫Peeplee Ka Bas 的村子的车站。这里的水井干涸使得水位下降，以至于地下水过分盐化而已经不能用于灌溉了。

这辆火车运载了珍贵的货物：15 罐装着将近 120 000 加仑干净、清甜的饮用水。

这些水先经过管道然后通过铁轨，花了近两天的时间，跋涉了 150 多英里，就为了这个小城中的居民每 48 个小时可以有 15 分钟的时间装满水桶。

这是一个逻辑复杂的、异常昂贵的建议。为这个村子供水花费了国家每加仑大约 1 美分的代价；国家每月再向消费者收取大约 5 300 加仑 58 美分的统一费用以弥补损失……

事件的本质

- 在印度，地下水是灌溉农田的主要来源。
- 印度的法律对于谁能抽取地下水没有限制。
- 一位中央地下水委员会的地区长官哀叹印度人把水当做免费的资源使用。
- 在水井干涸的地方，水通过管道和火车运送。
- 水通过居民每 48 个小时可以有 15 分钟的时间装满水桶的方式定量配给。
- 运输水的成本为每加仑 1 美分，但是消费者需要为每 1 000 加仑支付大约 11 美分。

经济分析

- 水是世界上最重要的资源之一，但却被无效率地使用。
- 水资源市场不是竞争性的。它们由政府或私人生产者控制。它们不像能提供资源有效率利用的竞争性市场那样运行。
- 实现水资源有效率利用的主要问题是把水源从藏量最多的地方转移到使用最有价值的地方。
- 某些地方的水资源太少，而某些地方又太多。
- 这篇新闻告诉我们蕴藏地下水的土地的所有者抽取地下水并将其出售，他们忽视了他们将会抽干水井这一事实。
- 图 1 说明了这种情况。*D* 曲线表示水的需求和它的边际社会收益 *MSB*。*S* 曲线表示水的供给和它的边际社会成本 *MSC*。
- 由于忽视了水的高边际社会成本，土地所有者每天生产 W_A 加仑水，这一数量超过了有效率的数量。农民愿意支付 *B*，这一价格低于边际社会成本 *C*，但是足够使土地所有者获得利润。
- 由于生产过多而产生了无谓损失。
- 图 2 表示那些水井干涸地区的情况。
- 运送来的水量为有限的 W_B，每一个消费者被限制获得每 48 个小时在桶中装 15 分钟水的数量。
- 消费者愿意为每加仑支付 *B*，这一价格大大高于边际社会成本 *C*。
- 浅灰色区域表示消费者剩余，中灰色矩阵表示由政府支付和纳税者承担的水的成本。
- 由于生产不足而产生了无谓损失。
- 印度的情况在世界上许多其他地方同样存在。

说出你的观点

- 你是否认为水资源非常重要因而不能由市场进行配置？
- 你认为水资源应该从华盛顿、阿拉斯加和加拿大航运到加利福尼亚吗？

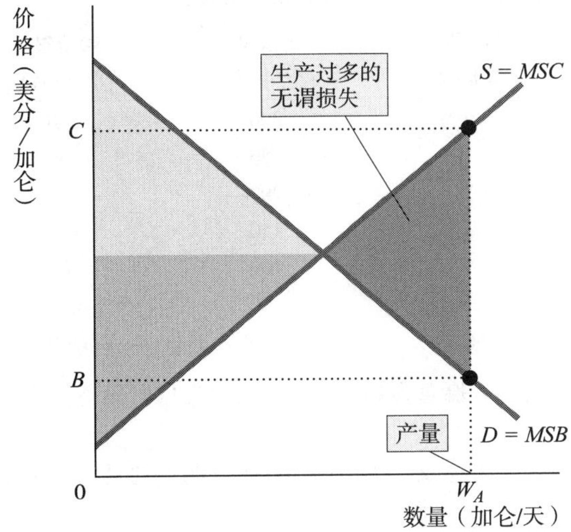

图 1　水井没有干涸的地方生产过多

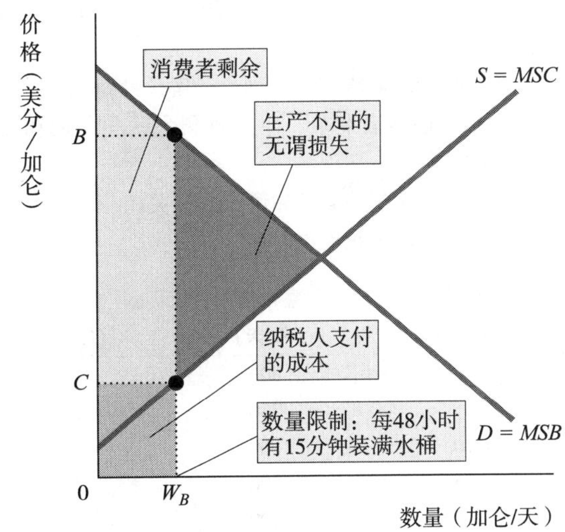

图 2　水井干涸的地方生产不足

d. 计算总剩余。

e. 有效率的 CD 数量是多少？

4. 下表给出了三明治的需求和供给表：

价 格 （美元/个）	需求量 （个/小时）	供给量 （个/小时）
0	300	0
1	250	50
2	200	100
3	150	150
4	100	200
5	50	250
6	0	300

a. 消费者愿意为第 200 个三明治支付的最高价格是多少？

b. 生产者愿意接受的第 200 个三明治的最低价格是多少？

c. 每天 200 个三明治低于还是高于有效率的数量？

d. 如果三明治市场是有效率的，消费者剩余是多少？

e. 如果三明治市场是有效率的，生产者剩余是多少？

f. 如果三明治生产者每天生产 200 个，无谓损失是多少？

g. 如果三明治的需求增加，而生产者仍然每天生产 200 个，描述消费者剩余、生产者剩余、总剩余和无谓损失的变化。

5. 下表给出了遮光剂的需求和供给表。关闭一些工厂使遮光剂的产量减少到每天 300 瓶。

价 格 （美元/瓶）	需求量 （瓶/天）	供给量 （瓶/天）
0	800	0
5	700	100
10	600	200
15	500	300
20	400	400
25	300	500
30	200	600

a. 消费者愿意为第 300 瓶遮光剂支付的最高价格是多少？

b. 生产者愿意接受的第 300 瓶遮光剂的最低价格是多少？

c. 描述遮光剂市场的情况。

d. 300 瓶遮光剂怎样分配给海滩上的人？哪一种可能的方法是公平的？哪一种是不公平的？

批判性思考

1. 学习完阅读材料后，回答下面的问题：

a. 实现水资源有效率利用的主要问题是什么？

b. 如果存在一个全球性的水资源市场，就如石油市场一样，你认为这个市场将怎样运行？

c. 自由的世界水资源市场能实现世界水资源的有效率利用吗？解释为什么能或为什么不能。

d. 自由的世界水资源市场能实现世界水资源的公平利用吗？解释为什么能或为什么不能，并且弄清楚你所使用的公平的概念。

2. **为水费而斗争；埃斯孔迪多的农民说水费上涨将使他们无法耕作。**

人们认为曾一度低于居民和工业用水价格的农业水费大幅上涨。

……自 1993 年以来，民用水费上升了 90%多而农业用水……仅上升了大约 50%……

《圣地亚哥联合论坛报》，2006 年 6 月 14 日

a. 你认为水资源在圣地亚哥的农业和民用之间的配置是有效率的吗？解释你的答案。

b. 如果农业用水支付更高的水费，资源配置会变得更有效率吗？

c. 如果农业用水支付更高的水费，消费者剩余和生产者剩余会发生什么变化？

d. 农业用水和居民用水之间的价格差异公平吗？

网上活动

1. 访问国际健康行动（Health Action International）网页，阅读凯特琳·舒尔特·希伦写的题为《关于 AZT 的实用性和价格的研究》（一种艾滋病防护药——译者注）的文章。然后回答下面的问题，并用边际利益、边际成本、价格、消费者剩余和生产者剩余等概念解释你的答案。

a. 在本研究涉及的国家里，AZT 的零售价格范围是多少？

b. 你认为价格范围如何影响 AZT 市场的效率？

c. 你认为可以采取什么措施来提高 AZT 的产量并降低它的价格？

d. 加拿大的网上药店以低于美国的价格出售 AZT 给美国人。这种行为是增加还是降低了美国的消费者剩余？是增加还是降低了美国的和加拿大的生产者剩余？

e. 你认为怎样能使 AZT 市场有效率？

第 6 章

现实中的市场

动荡的时代

华盛顿的房租暴涨，人们都高呼救命。政府能够通过限制租金上涨来帮助房客们住得起房子吗？

几乎每一天都有节约劳动并提高生产率的新机器发明出来。看看麦当劳中代替非熟练工人的机器。我们能够通过最低工资法来保护非熟练工人使他们能够赚取生存工资吗？

我们购买的几乎每一种东西都征税。啤酒是税负最重的产品之一。购买者和销售者所负担的啤酒税分别是多少？在市场努力使资源转移到其价值最高的地方时，税收是帮助还是阻碍了市场？

在 2003 年，风调雨顺带来了好收成。但在 2000 年和 2001 年，农作物歉收。农产品价格和收益如何应对这种产量波动呢？补贴和生产配额如何影响农民收入呢？

毒品交易和共享下载音乐文件是非法行为。那些规定某种产品或服务的交易为非法的法律对这些产品或服务的价格以及它们的购买量和销售量有何影响？

◆ 在本章中，我们用供求理论（第 3 章）、弹性概念（第 4 章）和效率（第 5 章）来回答刚刚提出的问题。在本章末的**阅读材料**中，我们将考察对限制非法下载和共享音乐文件的挑战。

学习本章后，你将能：

- 解释住房市场如何运行，以及价格上限如何引起住房短缺和无效率
- 解释劳动市场如何运行，以及最低工资法如何引起失业和无效率
- 解释税收的影响
- 解释为什么农产品价格和收益发生波动以及生产补贴和配额如何影响农业的产量、成本和价格
- 解释非法产品市场如何运行

住房市场与租金上限

为了说明住房市场如何运行，我们回到 1906 年 4 月的旧金山，当时这座城市遭受了一场大规模地震和火灾。你可以通过阅读这场灾难的当天——1906 年 4 月 19 日《纽约时报》的标题，感受到旧金山的问题有多严重：

> 旧金山地震 500 多人死亡，损失 2 亿美元
> 几乎半个城市被损坏，5 万人无家可归

负责紧急援助的联邦部队指挥员描述了问题的严重性：

> 没有一所引人注意或重要的旅馆还存在，大量公寓房被摧毁……22.5 万人无家可归。[1]

几乎在一夜之间，这个城市的 40 万人中有一半以上失去了他们的家。临时住所和帐篷解决了一些问题，但利用公寓楼和剩下来的住房也是必要的。结果，这些房子不得不容纳比地震前多 40%以上的人。

在地震发生以后的一个多月内，《旧金山纪事》没有出版。当这份报在 1906 年 5 月 24 日重新出版时，该市住房短缺——看来应该仍是十分重要的重大新闻事件——还没有提到。米尔顿·弗里德曼和乔治·斯蒂格勒描述了这种情况：

> 没有一处提到住房短缺！分类广告列出 64 处公寓与房屋出租，19 处住房出售，与此相比，需要公寓或住房的广告只有 5 个。那时以及从那以后，不包括旅馆房间在内的大量各种类型的住房用于出租。[2]

旧金山如何应对这种住房供给的大量减少呢？

地震之前和之后的市场

图 6.1 表示旧金山的住房市场。住房的需求曲线是 *D*。短期供给曲线标示为 *SS* 和长期供给曲线标示为 *LS*。

短期供给 短期供给曲线表示在住房与公寓数量保持不变时，住房供给量随租金变化的变化。短期供给的反应产生于现有住房使用的密集度变化。租金越高，家庭把以前自己使用的住房出租的激励就越大。

长期供给 长期供给曲线表示在经历了足够长的时间来建成新公寓和住房或把现有住房摧毁之后，住房供给量如何对价格的变动做出反应。在图 6.1 中，长期供给曲线是完全富有弹性的。住房的边际成本与现存的住房和公寓的数量无关。而且，只要租金高于住房的边际成本，开发商就有继续建造住房的激励。所以，当租金等于边际成本时，长期供给曲线是完全富有弹性的。

均　衡 均衡租金和数量由需求曲线和短期供给曲线的交点决定。在地震之前，均衡租金是每月 16 美元，数量是 10 万套住房。

图 6.1（a）表示地震刚刚结束之后的情况。地震中死亡的人数不多，所以需求曲线仍然是 *D*。但是建筑物的破坏减少了住房供给，并使短期供给曲线 *SS* 向左移动到 SS_A。如果租金仍然是每月 16 美元，可得到的住房只有 44 000 套。但在只有 44 000 套住房时，一个人愿意为可以得到的最后一间公寓支付的最高租金是每月 24 美元。因此，在图 6.1（a）中，租金上升到一个月 20 美元。

随着租金的上升，住房需求量减少，而供给量增加到 72 000 套。发生这种变动是因为人们节省自己的使用面积，并把空出的房间、阁楼和地下室租给其他人。较高的租金把稀缺的住房配置给那些认为住房价值更高而且愿意为此支付最高租金的人。

但较高的租金也有其他长期效应。现在我们来看看这些长期效应。

长期调整

当有充分时间建造新公寓和住房时，供给增加。长期供给曲线告诉我们，在长期中，供给的住房租金为每月 16 美元。由于每月 20 美元的租金大于每月 16 美元的长期供给价格，因此出现了建筑业的繁荣。更多的公寓和住房建成，短期供给曲线逐渐向右移动。

图 6.1（b）表示长期调整。当更多的住房建成，短期供给曲线逐渐向右移动，并与需求曲线相交于较低租金和更大数量。市场均衡沿着需求曲线的箭头向下移动。当建造新公寓和住房没有超额利润时，建筑业的繁荣结束。租金回到每月 16 美元，可得到的住房为 10 万套。

[1] Reported in Milton Friedman and George J. Stigler, "Roofs or Ceilings? The Current Housing Problem," in *Popular Essays on Current Problems*, vol. 1, no. 2（New York: Foundation for Economic Education, 1946）, pp. 3–159.

[2] *Ibid*, p. 3.

图 6.1　1906 年旧金山的住房市场

myeconlab

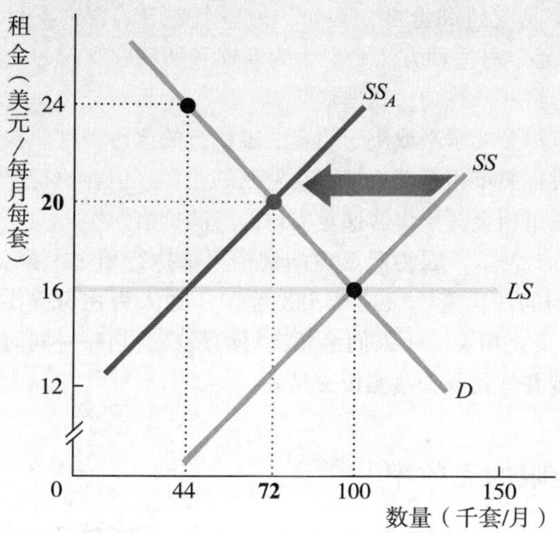

（a）地震之后

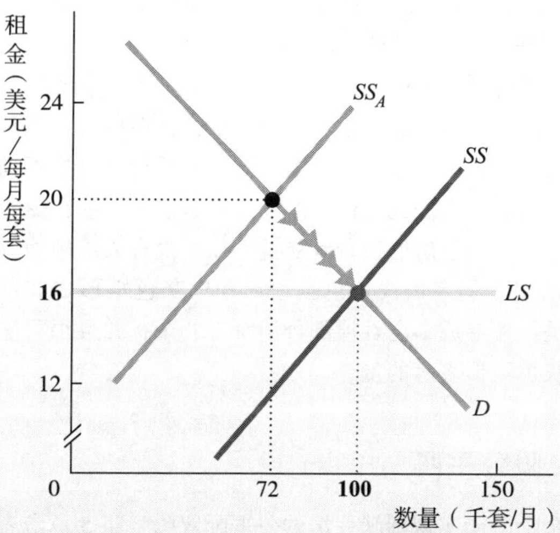

（b）长期调整

（a）幅表示在地震之前，有 10 万套住房以每月 16 美元出租。地震之后，短期供给曲线从 SS 移动到 SS_A。租金上升到每月 20 美元，住房量减少到 72 000 套。

当租金在每月 20 美元时，建造新公寓和住房有利润。随着建筑计划的实施，短期供给曲线向右移动（b 幅）。租金逐渐下降到每月 16 美元，而且，住房数量增加到 10 万套——正如箭头所示。

我们已经说明了住房市场如何对供给减少做出反应。而且，我们也说明了调整过程的关键在于租金的上升。假设政府通过了一项法律限制租金上升，又会发生什么呢？

受管制的住房市场

我们现在要研究价格上限对住房市场的影响。**价格上限**（price ceiling）是使收取高于规定水平的价格为非法的规定。用于住房市场的价格上限被称为**租金上限**（rent ceiling）。租金上限如何影响住房市场呢？

价格（租金）上限的影响取决于它所确定的水平高于还是低于均衡价格（租金）。高于均衡价格的价格上限没有影响，原因是价格上限没有限制市场力量，法律的力量与市场力量并不冲突。但是，低于均衡价格的价格上限就对市场有重要的影响。原因是价格上限企图阻止价格对需求量和供给量的调节。法律的力量与市场力量相冲突。这两种力量中的一种（或两种都）必须做出某种程度的妥协。我们回到旧金山的案例来研究低于均衡价格的价格上限的影响。如果在地震之后租金规定为每月 16 美元——地震前的租金——旧金山会出现什么情况呢？

图 6.2 给出了这个问题的回答。超过每月 16 美元的非法租金在图中用灰色阴影表示。在租金为每月 16 美元时，住房供给量是 4.4 万套，而需求量是 10 万套。因此，短缺 5.6 万套住房。

但问题并没有就这样结束。可得到的 4.4 万套住房必须以某种方式在需求 10 万套的人中进行分配。如何实现这种配置呢？当租金上限引起住房短缺时，两种情况会发生。它们是：

- 搜寻活动
- 黑市

搜寻活动

花费在寻找与之交易的人上的时间被称为**搜寻活动**（search activity）。几乎每一次我们购买东西都要把一些时间用于搜寻活动。你想要一张最新的热门 CD 唱片，而且你知道 4 家商店有存货。但在哪一家商店交易最好呢？你需要花几分钟打电话寻找。在一些市场上，我们花费大量时间进行搜寻。一个例子是住房市场，在做出决策之前我们需要花费大量时间挑选可供选择的住房。

但是，当价格受到管制而且存在短缺时，搜寻活动增

图 6.2 租金上限

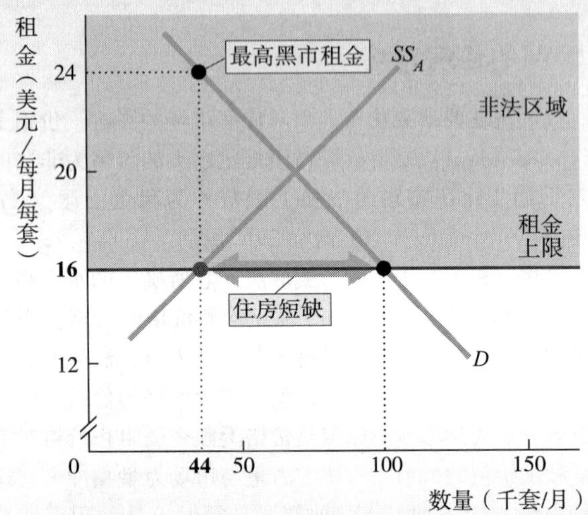

高于每月 16 美元的租金是非法的（在灰色阴影的非法区域）。在每月 16 美元的租金水平上，地震后的住房供给量为 44 000 套。人们为得到第 44 000 套住房愿意支付每月 24 美元。找不到房的人将要花时间寻找住房，而且他们将和房东在黑市上进行交易。

加了。在控制租金的住房市场上，找不到住房的人浏览报纸，不仅看住房广告而且还看死亡通告！任何关于可获得住房的信息都是有用的。而且，当出现了一个可能供给者的消息时，他们抢着第一个赶去。

一种产品的机会成本不仅包括其价格，而且还包括用于寻找这种产品的搜寻时间的价值。因此，住房的机会成本等于租金（受管制的价格）加上用于寻找受限制的可获得量的时间和其他资源。搜寻活动是有成本的，它使用了可以用于其他生产性用途的时间和其他如电话、汽车和汽油等资源。租金上限限制了住房成本的租金部分，但并没有限制机会成本，机会成本甚至比市场不受管制时的租金更高。

黑　市

黑市（black market）是价格超过法律规定的价格上限的非法市场。黑市存在于租金受限的住房市场中，在重大体育比赛和摇滚音乐会的门票市场上，投机者也在操纵黑市。

当实行租金上限时，找不到住房的人和房东一直都在寻找提高租金的方法。一种普遍的方法是新房客为一些不值钱的家具支付高价格，例如，为一个破旧的窗帘支付 2 000 美元。另一种方法是房客为新锁和新钥匙支付一个极高的价格——称为“钥匙钱”。

黑市租金的水平取决于租金上限执行的严厉程度。执行宽松时，黑市租金接近于不受管制的租金。但在执行严厉时，黑市租金等于房客愿意支付的最高价格。

图 6.2 表示，因为旧金山的例子严格执行租金上限，可以得到的住房量仍然是 44 000 套。少数人为住房提供每月 24 美元租金——人们愿意支付的最高价格——同时政府监视并惩罚了一些黑市交易者。

租金上限的无效率

在一个不受管制的市场上，市场决定了需求等于供给时的租金。在这种情况下，稀缺的住房资源得到了有效配置。边际社会收益等于边际社会成本（参见第 5 章）。

图 6.3 显示了租金上限的无效率。如果租金固定在每月 16 美元时，供给量是 44 000 套。边际利益是每月 24 美元。生产者剩余由供给曲线以上和租金上限以下的三角形表示。由于住房数量小于竞争的数量，存在用灰色三角形表示的无谓损失。这种损失由在新的较低价格时找不到住房的消费者和无法提供住房的生产者承担。那些在受管制的租金时找到住房的消费者受益。如果没有人承担搜寻成本，消费者剩余由浅灰色三角形和中灰色矩形之和标示。但是，搜寻成本会吞掉部分消费者剩余，并且很可能是用中灰色矩形表示的量。

租金上限公平吗

租金上限能实现稀缺住房的公平配置吗？第 5 章考查了复杂的关于公平的思想。根据公平规则的观点，任何妨碍自愿交换的行为都是不公平的，因此租金上限是不公平的。但是依据公平结果的观点，公平的结果应是改善处境较差的人的状况。因此，根据这一观点，最公平的结果是把稀缺的住房配置给最穷的人。在这个例子中，为了考查租金上限是否能帮助实现公平的结果，我们需要考虑在面临租金上限时，市场如何配置稀缺的住房资源。

限制租金的调整并不能消除稀缺性。而且，由于它降低了可获得的住房数量，住房市场受到更大的挑战。因

图 6.3　租金上限的无效率

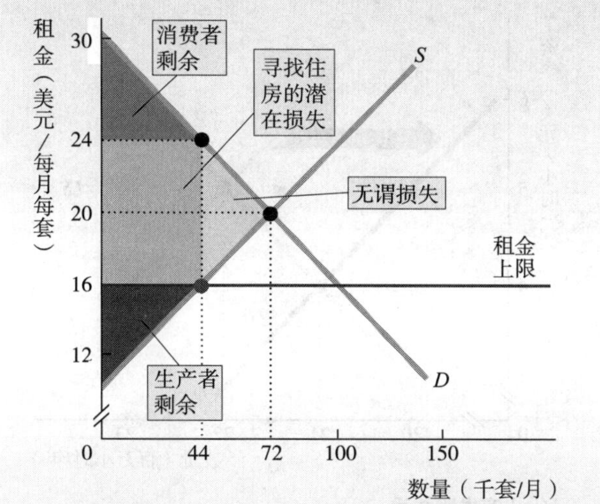

每月 16 美元的租金上限使住房供给量减少为 44 000 套。生产者剩余减少，无谓损失增加。如果人们不把资源用于搜寻活动，消费者剩余由中灰色三角形加浅灰色矩形表示。但是，如果人们用于搜寻活动的资源等于矩形代表的量，消费者剩余减少为中灰色三角形。

此，市场必须以某种方式对更少的住房在需要的人中进行定量配给。

当租金无法配置稀缺的住房时，还有什么其他的机制能够采用呢？有以下几种可能：

- 抽签
- 排队
- 歧视

这些机制公平吗？

抽签把住房分配给幸运的人而不是穷人。排队（二战后英国用于分配住房的方法）把住房分配给最有先见之明和最先登记了名字的人而不是穷人。歧视则是基于房主的个人偏好和利益分配稀缺的住房。在公共配置住房的情况下，管理分配的官员所依据的就是个人利益。

理论上，具有个人利益的房主和官员可以用实现公平标准的方式分配住房，但他们往往并不这样做。建立在友谊、家庭、种族或性别等标准之上的歧视往往会进入他们的考虑范围。我们可以将这种歧视界定为非法，但我们无法阻止它的发生。

这样就很难在公平的基础上实施租金上限了。当租金调节受到限制时，其他配置稀缺的住房资源的手段将发挥作用，但这些手段都无法实现公平的结果。

实际中的租金上限

伦敦、纽约、巴黎和旧金山，这四个世界级的大城市的住房市场上都具有某种程度的租金上限。波士顿也实行了多年的租金上限，但在 1997 年将其废除。美国的许多其他城市从来没有过租金上限。这些城市包括亚特兰大、巴尔的摩、芝加哥、达拉斯、费城、凤凰城和西雅图。

我们可以通过考察有上限和没有上限的城市住房市场来检验租金上限的影响。从比较中我们得到两个主要的教训。

第一，租金上限肯定会造成住房的短缺。第二，对某些人来说租金上限降低了租金，但对另一些人来说它提高了租金。1997 年进行的一项调查表明，每套房屋出租实际付出的租金是纽约所有租金平均水平的 2.5 倍，与费城的平均租金相等。租金上限的受益者是那些在城市中居住了很长时间的家庭。在纽约，这些家庭包括一些富人和名人。而且，这些受益者拥有维持租金上限的投票权。受损者则大都是一些经常更换住所的移民人员。

关键之处在于无论是在理论上还是实践中，租金上限既无效率又不公平。它阻碍了住房市场按照社会利益运行。

复习测验

1. 租房供给减少在短期中如何改变了均衡租金？
2. 当住房供给减少时，市场如何配置稀缺的住房？
3. 住房供给减少后较高租金的长期影响是什么？
4. 什么是租金上限？租金上限高于均衡租金时有何影响？
5. 租金上限低于均衡租金时有何影响？
6. 当租金上限发生作用时，如何配置稀缺的住房资源？

myeconlab **Study Plan 6.1**

现在我们知道了价格上限（租金上限）如何发生作用。接下来，我们将通过研究劳动市场上的最低工资了解价格下限的影响。

劳动市场与最低工资

对我们每一个人来说，劳动市场是影响我们所得到的工作和所赚到的工资的市场。企业决定需要多少劳动，而且，工资率越低，劳动的需求量越大。家庭则决定提供多少劳动，而且，工资率越高，劳动的供给量越大。工资率的调整使劳动需求量等于劳动供给量。

均衡的工资率给某些人带来高收入，而给另一些人带来低收入。而且，劳动市场一直受到那些获得最低支付的处境最艰难的人带来的冲击。这些冲击最普遍的来源是节约劳动的新技术，这使得对非熟练工人的需求下降并降低了他们的工资率。例如，在 20 世纪 80 年代和 90 年代，电话接线员和电视维修人员的需求减少了。在过去 200 年间，非熟练农业劳动者的需求一直在减少。

劳动市场如何应对非熟练工人需求的持续减少呢？这意味着非熟练工人的工资率一直在下降吗？

为了回答这些问题，我们必须研究短期和长期中的不熟练劳动市场。

在短期中，那些有一定技能、培训和经验的人数是既定的。短期劳动供给说明了，这个既定工人数提供的劳动小时量如何随工资率变动而变动。为了让工人工作更多时间，必须提供更高的工资率。

在长期中，人们可以获得新技能并找到新型工作。不熟练劳动市场的人数取决于这个市场与其他机会相比较的工资率。如果不熟练劳动的工资率足够高，人们将进入这个市场。如果工资率极低，人们将离开这个市场，一些人将接受培训以进入熟练劳动市场，而另一些人将不再工作。

长期劳动供给是经过了足以使人们进入或离开不熟练劳动市场的时间后，劳动供给量与工资率之间的关系。如果人们能自由地进入或离开不熟练劳动市场，长期劳动供给是完全富有弹性的。

图 6.4 表示不熟练劳动市场。在其他条件不变的情况下，工资率越低，企业的劳动需求量越大。(a) 幅中劳动的需求曲线 *D* 表示工资率和劳动需求量之间的这种关

图 6.4 不熟练劳动市场

myeconlab

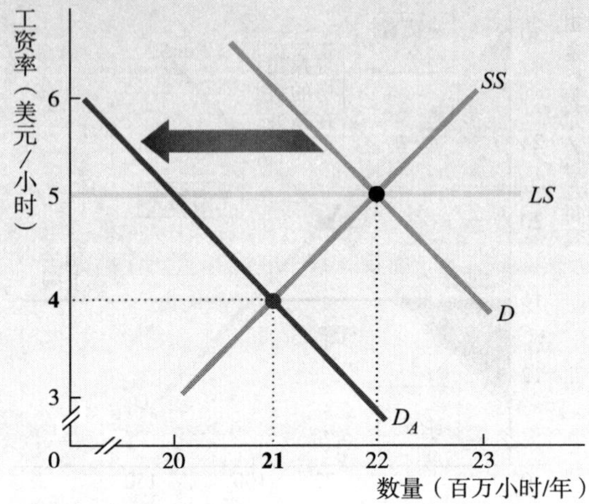

(a) 有发明之后

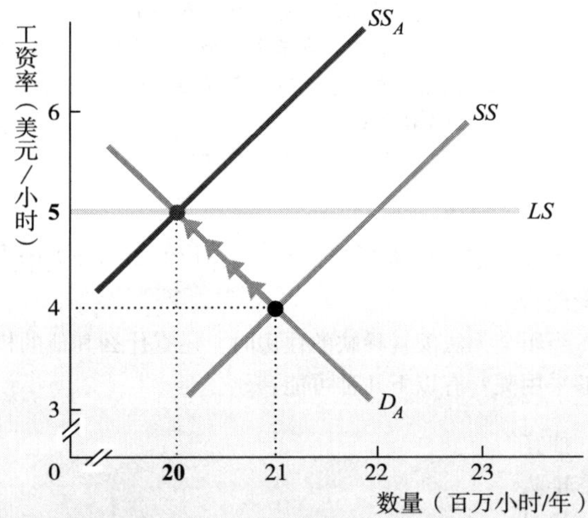

(b) 长期调整

(a) 幅表示节约劳动的技术对不熟练劳动市场的即时影响。起初，工资率是每小时 5 美元，每年雇佣的劳动是 2 200 万小时。节约劳动的技术使需求曲线从 *D* 移动到 D_A。工资率下降为每小时 4 美元，就业减少为每年 2 100 万小时。随着工资率下降，一些工人离开了这个市场，短期供给曲线开始逐渐移动到 SS_A (b 幅)。工资率逐渐上升，就业水平下降。在长期中，工资率恢复到每小时 5 美元，就业减少到每年 2 000 万小时。

系。在其他条件不变的情况下，工资率越高，家庭的劳动供给量越大。但是，调整的时期越长，劳动的供给弹性越大。短期供给曲线是 *SS*，长期供给曲线是 *LS*。在图中，假设长期供给是完全有弹性的（*LS* 曲线是水平的）。在每小时工资率为 5 美元和雇佣的劳动为 2 200 万小时时，这个市场是均衡的。

如果节约劳动的发明减少了不熟练劳动的需求，会发生什么变化呢？图 6.4（a）表示这种变动的短期影响。在引入新技术之前，需求曲线是标示为 *D* 的曲线。在引入新技术之后，需求曲线向左移动到 D_A。工资率下降到每小时 4 美元，雇用的劳动量减少为 2 100 万个小时。但这种对工资率和就业的短期影响还不是事情的结果。

那些现在每小时只赚 4 美元的人寻找其他机会。他们看到了许多每小时工资高于 4 美元的其他工作（其他技术类型市场）。工人们一个接一个地决定回到学校或寻找尽管工资低但提供在职培训的工作。结果，短期劳动供给曲线开始向左移动。

图 6.4（b）表示长期的调整。随着短期供给曲线向左移动，它与需求曲线 D_A 在较高工资率和较低就业水平时相交。当工人没有离开不熟练劳动市场的激励，而且短期供给曲线完全移动到 SS_A 时，这一过程结束。在这一点，工资率回到了每小时 5 美元，而就业减少到一年 2 000 万个小时。

基于对低收入工人收入的关心，美国国会制订了《联邦最低工资法》。许多的市和州都引入了生存工资条例，要求雇主支付高于由市场决定的工资。

现在我们来考查最低工资和生存工资条例的影响。

最低工资

价格下限（price floor）是使以低于规定水平的价格进行交易为非法的规定。用于劳动市场的价格下限被称为**最低工资**（minimum wage）。如果最低工资被定为低于均衡工资，那么最低工资没有影响，最低工资和市场并不冲突。如果最低工资设定得高于均衡工资，最低工资就会和市场相冲突，并且对劳动市场产生影响。我们回到不熟练劳动市场来研究这些影响。

假设均衡工资是每小时 4 美元［参见图 6.4（a）］，政府设定的最低工资是每小时 5 美元。图 6.5 中水平线表示这种最低工资。低于这一水平的工资是非法的，用灰色阴影区域表示。在最低工资水平时，劳动的需求是 2 000 万小时（*A* 点），而劳动的供给是 2 200 万小时（*B* 点），因此有 200 万小时的劳动失业。

图 6.5 最低工资与失业

myeconlab

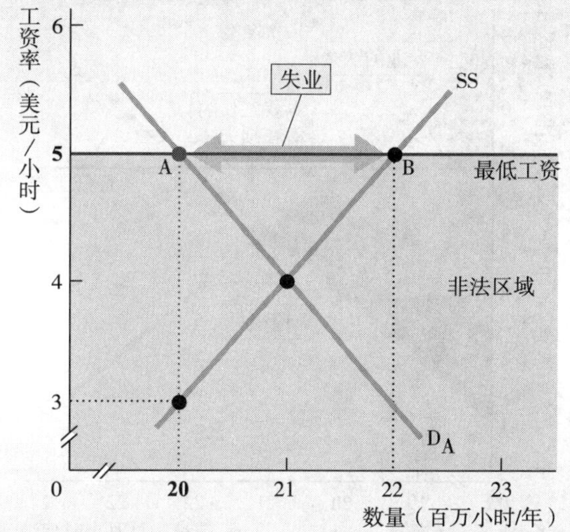

低于每小时 5 美元的最低工资是非法的（在灰色阴影的非法区域）。在每小时 5 美元的最低工资水平上，雇佣的劳动是 2 000 万小时，但现有劳动为 2 200 万小时。引起的失业——*AB*——是一年 200 万小时。

在只需要 2 000 万小时劳动时，一些工人愿意以每小时 3 美元供给第 2 000 万小时劳动。找不到工作的失业工人花费时间和其他资源寻找难以找到的工作。

最低工资的无效率

在一个不受管制的劳动市场中，每一个愿意工作的人为了赚取工资而工作。市场把经济中稀缺的劳动资源配置到价值最高的工作中。最低工资使市场机制无效并引起失业（浪费劳动资源）和无效率的工作搜寻。

图 6.6 表示最低工资的无效率。在劳动的雇佣量——2 000 万小时——企业边际工人的价值高于愿意工作的人得到的工资，因此存在无谓损失。

在这一就业水平上，失业工人有很大的激励花费时间和精力去寻找工作。浅灰色矩形表示这种额外的工作搜寻产生的潜在损失。这一损失来自于那些找到每小时 5 美元的工作（从需求曲线上看）但是愿意以每小时 3

图 6.6 最低工资的无效率

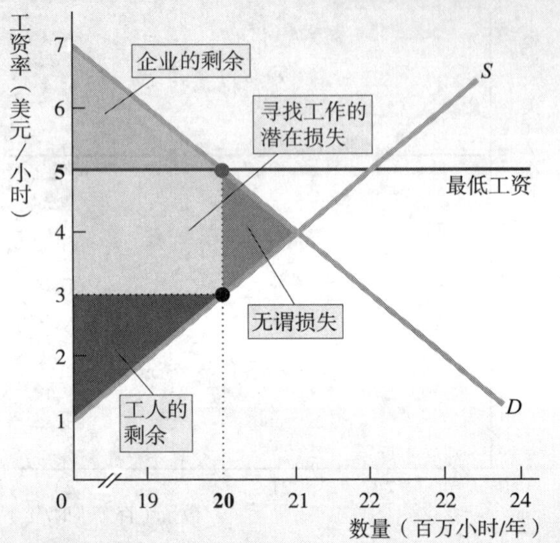

最低工资减少了企业的剩余（灰色区域）和工人的剩余（深灰色区域）。如果人们使用额外的资源进行工作搜寻，浅灰色区域表示寻找工作的潜在损失。

美元(从供给曲线上看）工作的人。因此，每个失业的人都有激励去努力搜寻并利用价值每小时 2 美元的剩余资源去寻找工作。

联邦最低工资及其影响

美国的最低工资是由联邦政府《公平劳动标准法》确定的。2007 年，联邦最低工资是每小时 5.15 美元。一些州政府通过了高于联邦最低工资的州最低工资法。最低工资一直在增加，而且在生产工人平均工资的 35%与 50%以上之间波动。

在图 6.5 中我们可以看到，最低工资引起失业。但它引起了多少失业呢？经济学家对这个问题的答案并不一致。直至最近，大多数经济学家仍认为，最低工资是引起不熟练年轻工人高失业的主要原因。但近来这种观点遇到了挑战和对这种挑战的反驳。

加州伯克利大学的大卫·卡尔德和普林斯顿大学的艾伦·克鲁格指出，最低工资的提高并没有减少就业和引起失业。他们研究了加州、新泽西州和得克萨斯州的最低工资，认为在最低工资提高之后低收入工人的就业率提高了。他们提出了三个原因，说明了为什么更高的工资会增加就业。第一，工人变得更自觉更有生产率；第二，工人辞职的可能性降低，因此，有代价的劳动流动减少了；第三，管理者们能更有效率地经营企业。

大多数经济学家质疑卡尔德和克鲁格尔的观点。他们提出了两个问题。首先，如果较高的工资使工人生产率更高，而且减少了劳动流动，企业为什么不自由地支付高于均衡工资的工资率，以鼓励生产率更高的工作习惯呢？其次，对卡尔德和克鲁格尔发现的就业反应还有没有其他解释？

位于奥斯汀的得克萨斯大学的丹尼尔·哈米尔米什（Daniel Hamermesh）为：卡尔德和克鲁格尔的观点存在时机上的错误。他认为，企业如果预见到最低工资提高则会在它提高之前减少就业。根据丹尼尔的说法，在最低工资提高之后找出的影响就不是主要的影响。得克萨斯农工大学的菲尼斯·韦尔奇和芝加哥大学的凯文·莫菲则认为，卡尔德和克鲁格尔所发现的就业影响是由于经济增长的地区差别而不是由最低工资的变动引起的。

从图 6.5 可以看出，最低工资的一个影响是劳动供给量的增加。如果产生了这种影响，它就应该表现为在念完高中之前辍学并寻找工作的人数的增加。一些经济学家认为这种影响确实存在。

生存工资

我们已经看到，联邦最低工资可能会引起失业和造成无谓损失。尽管劳动市场价格下限存在负面影响，要求设立生存工资这种更为普遍深入和水平更高的价格下限的运动仍然相当活跃。**生存工资**（living wage）被定义为一个每周工作 40 小时的工人，能够以不超过全部工资的 30%的收入租到足够的住房的小时工资数。例如，如果一个单间公寓的市场租金是每周 180 美元，生存工资就应为每小时 15 美元。（验算：以每小时 15 美元工作，40 小时得到600 美元，180 美元正好是 600 美元的 30%。）

在圣路易、圣保罗、明尼阿波利斯、波士顿、奥克兰、丹佛、芝加哥、新奥尔良和纽约等城市，生存工资法已经实施，而且，在许多市和州提高生存工资的运动也已经上演。可以预见，生存工资的影响与最低工资相类似。

复习测验

1. 不熟练劳动需求的减少在短期中如何改变了不熟练劳动的工资率？
2. 工资率下降对不熟练劳动供给的长期影响是什么？
3. 什么是最低工资？低于均衡工资的最低工资有什么影响？
4. 高于均衡工资的最低工资或生存工资有什么影响？

myeconlab **Study Plan 6.2**

接下来我们将研究一种更为普遍的政府对市场的干预行为：税收。我们将说明税收如何改变价格和数量。我们会发现一个令人惊讶的事实：虽然政府可以征税，但却不能决定由谁来支付税收！我们还将看到税收引起了无谓损失。

税　收

我们购买的几乎每一件东西都要纳税。所得税和社会保险税从我们的收入中扣除，而销售税则在我们购买产品时附加在支付的账单中。雇主也要为他们的员工支付社会保险税，而烟、酒和汽油的生产者在每次的销售中都要支付税收。

谁真正支付这些税收呢？所得税和社会保险税从我们的收入中扣除，而销售税附加在我们支付的价格中，那么是不是显而易见地，税收是由我们来支付的呢？雇主支付员工的社会保险税和烟草生产者为香烟缴税不也同样显而易见吗？

我们将会发现，谁真正缴税并不是显而易见的，法律制定者也不能做出决策。我们首先讨论税收归宿。

税收归宿

税收归宿（tax incidence）是税负在买者和卖者之间的分摊。当政府在某种产品[*]的销售上征税，买者支付的价格可能会上升为相当于全部税收的量，或低于税收量，也可能不变。如果买者支付的价格的增量相当于全部税收的量，那么税收的负担就完全由买者承担——买者支付税收。如果买者支付的价格的增量低于税收量，那么税收的负担部分由买者承担，部分由卖者承担。如果买者支付的价格没有变化，那么税收的负担就完全由卖者承担。

税收归宿不取决于税法。法律可以将税负施加给卖者，也可以施加给买者，但是两种情况的结果是一样的。为了弄清楚为什么，我们来考查纽约市的香烟税。

向卖者征税

2002年7月1日，纽约市长彭博将香烟的销售税从0提高到每包1.5美元。为了找出销售税对香烟卖者的影响，我们首先考查税收对香烟市场需求和供给的影响。

在图6.7中，需求曲线是*D*，供给曲线是*S*。没有销售税时，均衡价格是每包3美元，每年买卖3.5亿包。

向卖者征税相当于提高了香烟的成本，这就降低了供给。为了确定新的供给曲线的位置，我们把销售税加到卖者出售每包香烟愿意接受的最低价格中。我们可以看到，没有税收时，卖者一年愿意以每包3美元的价格提供3.5亿包香烟。那么，当税收为每包1.5美元时，只有假定每包4.5美元，他们才愿意一年提供3.5亿包香烟。供给曲线移动到标为*S*+卖者的税负的位置。

均衡点在新的供给曲线与需求曲线相交于一年3.25亿包的位置。买者支付的价格为每包4美元，上升了1美元。而卖者得到的价格为每包2.5美元，降低了50美分。因此，买者为税收支付了1美元，卖者支付了另外的50美分。

向买者征税

假设纽约市不向卖者征税，而向买者征收每包1.5美元的香烟销售税。

向买者征税减少了他们愿意支付给卖者的数量，这就降低了需求，使需求曲线左移。为了确定新的需求曲线的位置，我们把销售税从买者愿意为每包香烟支付的最高价格中减去。我们可以看到，在图6.8中，没有税收时，买者一年愿意以每包3美元的价格购买3.5亿包香烟。那么，当税收为每包1.5美元时，那么，只有当每包的含税价格为3美元时，他们才愿意购买3.5亿包香烟，这意味着他们只愿意支付给卖者每包1.5美元。需求曲线移动到

[*] 这些论点同样适用于服务和生产要素（土地、劳动、资本）。

图 6.7 向卖者征税

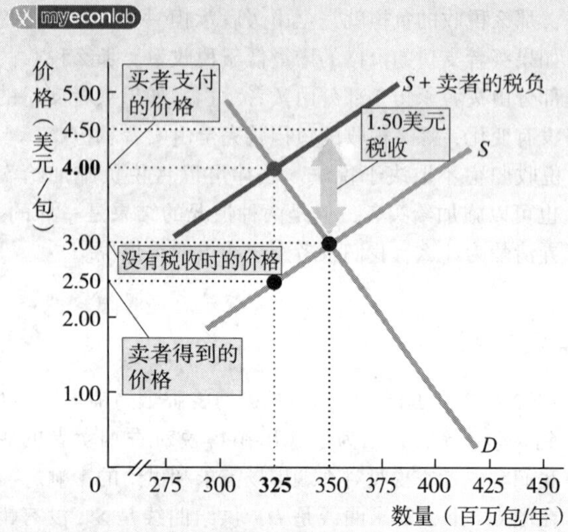

没有税收时，以每包 3 美元的价格每年买卖 3.5 亿包。向卖者征收每包 1.5 美元的税使供给曲线向左移动到 *S*+卖者的税负。均衡数量降低为每年 3.25 亿包，买者支付的价格上升为每包 4 美元，卖者得到的价格下降为每包 2.5 美元。税收提高的买者支付的价格低于税收，即降低了卖者得到的价格，所以买者和卖者分担了税负。

图 6.8 向买者征税

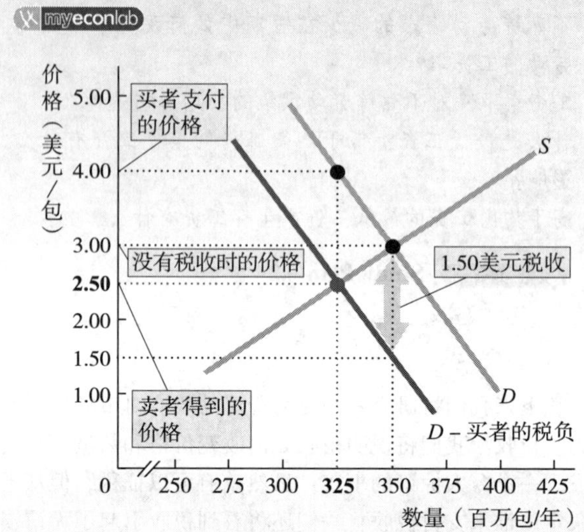

没有税收时，以每包 3 美元的价格每年买卖 3.5 亿包。向买者征收每包 1.5 美元的税，使需求曲线向左移动到 *D*–买者的税负。均衡数量降低为每年 3.25 亿包，买者支付的价格上升为每包 4 美元，卖者得到的价格下降为每包 2.5 美元。税收提高的买者支付的价格低于税收，即降低了卖者得到的价格，所以买者和卖者分担了税负。

标为 *D*–买者的税负的位置。

均衡点在新的需求曲线与供给曲线相交于一年 3.25 亿万包的位置。卖者得到的价格为每包 2.5 美元，而买者支付的价格为每包 4 美元。

向买者征税和向卖者征税是等同的

我们可以发现，图 6.8 中向买者征税的影响与图 6.7 中向卖者征税的影响是相同的。在这两种情况下，均衡数量都下降到一年 3.25 亿包，买者支付的价格上升到每包 4 美元，卖者得到的价格降低到每包 2.5 美元。买者支付 1.5 美元税收中的 1 美元，卖者支付另外的 50 美分。

我们能够平均地分担税负吗 假设彭博市长想让买者和卖者平均承担香烟税，并宣布每方承担 75 美分税负。税负被平均分担了吗？

我们可以看到这种情况并没有发生。税收仍然是每包 1.5 美元。我们已经知道无论向买者或向卖者征税，税收的影响是一样的。因此，当向买者和卖者各征收一半时，情况就像把前两个例子平均一下。（画出需求—供给曲线，并考虑这种情况下什么会发生。需求曲线向下移动 75 美分，供给曲线向上移动 75 美分。新的均衡数量仍然是一年 3.25 亿包。买者每包支付 4 美元，其中有 75 美分的税收。卖者从买者那儿得到 3.25 美元，但必须支付 75 美分的税收，因此卖者的净所得是每包 2.5 美元。）

关键在于，当对一项交易征税时，它有两种价格：买者支付的包含税收的价格以及卖者得到的不包含税收的价格。买者只对包含税收的价格做出反应，因为这是他们支付的价格。卖者只对不包含税收的价格做出反应，因为这是他们所得到的价格。

税收就像一个位于购买价格与出售价格之间的楔形。税收的影响则由楔形的大小决定，而不是由政府将税负施加给市场中的哪一方决定。

社会保险税 社会保险税是国会同等地将税负施加给买者和卖者的例子。我们刚刚学过的原理也适用于它。决定社

会保险税在企业和工人之间如何分摊的不是国会，而是劳动市场。

在纽约市香烟税的例子中，买者承担的税负是卖者的两倍。在某些特殊的情况下，买者或卖者承担全部的税负。我们将要看到，税负在买者和卖者之间的分摊取决于需求和供给的弹性。

税收分摊与需求弹性

税收在买者与卖者之间的分摊部分取决于需求弹性。存在两种极端的情况：

- 完全缺乏弹性需求——买者支付
- 完全富有弹性需求——卖者支付

完全缺乏弹性的需求 图 6.9（a）表示胰岛素市场，这是糖尿病患者必需的日常用药。无论垂直的曲线 D 表示的价格如何，需求在每天 10 万剂时是完全缺乏弹性的。这就是说，糖尿病患者可以牺牲所有其他产品与服务，但不能不消费提供良好身体状况的胰岛素。胰岛素的供给曲线是 S。在没有税收时，价格是每剂 2 美元，数量是每天 10 万剂。

如果每剂胰岛素征收 20 美分税收，我们必须把税收加到药品公司为出售胰岛素愿意接受的最低价格上。结果是新的供给曲线为 *S+税收*。价格上升到每剂 2.2 美元，但数量并没有变动。买者支付了全部的每剂 20 美分的销售税。

完全富有弹性需求 图 6.9（b）表示粉红色笔的市场。水平的曲线 D 表示每支笔在 1 美元时需求是完全富有弹性的。如果粉红色笔比其他颜色的笔便宜，每个人都用粉红色。如果粉红色笔比其他笔贵，没有人用粉红色。供给曲线是 S。在没有税收时，粉红色笔的价格是 1 美元，数量是每周 4 000 支。

如果向每支粉红色笔征收 10 美分销售税，而不向其他颜色的笔征税，我们把税收加到卖者愿意提供销售的笔的最低价格上，新的供给曲线是 *S+税收*。价格仍然是每支笔 1 美元，供给量减少到每周 1 000 支。10 美分销售税并没有使买者支付的价格改变，但卖者得到的数量减少的与税收量相同。卖者支付了全部的每支笔 10 美分的销售税。

我们已经看到，当需求完全缺乏弹性时，买者支付全部税收；当需求完全富有弹性时，卖者支付全部税收。在

图 6.9 税收与需求弹性

myeconlab

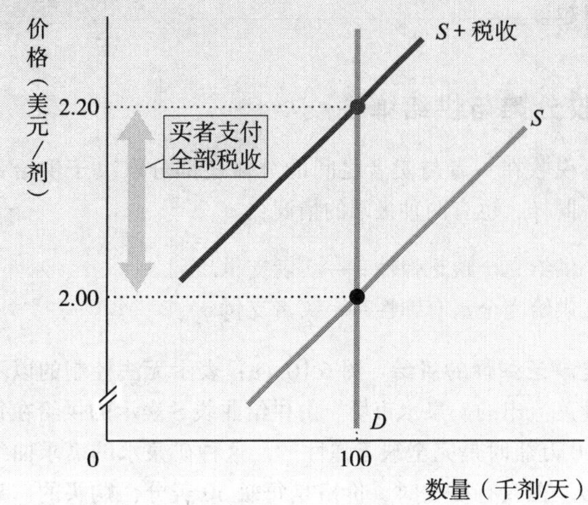

（a）完全缺乏弹性的需求

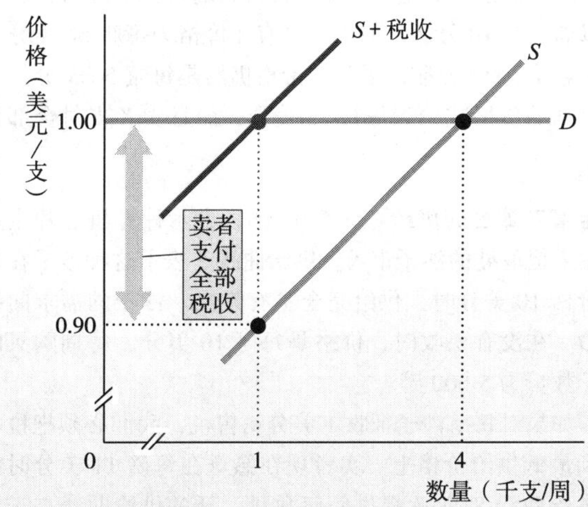

（b）完全富有弹性的需求

（a）幅表示胰岛素市场。胰岛素需求是完全缺乏弹性的。没有税收时，价格是每片 2 美元，数量是每天 10 万片。每片 20 美分税收使供给曲线移动到 *S+税收*。价格上升到每片 2.20 美元，但购买量没有变。买者支付全部税收。

（b）幅表示粉红色笔市场。粉红笔的需求是完全富有弹性的。没有税收时，价格是每支 1 美元，数量是每周 4 000 支。每支 10 美分税收使供给曲线移动到 *S+税收*。价格仍然是每支 1 美元，粉红笔的销售量减少到每周 1 000 支。卖者支付全部税收。

大多数情况下，需求既不是完全缺乏弹性的，也不是完全富有弹性的，因此，税收在买者与卖者之间分摊。但是如何分摊取决于需求弹性，需求越缺乏弹性，买者支付的税收量越多。

税收分摊与供给弹性

税收在买者与卖者之间的分摊还部分取决于供给弹性。同样，也有两种极端的情况：

- 供给完全缺乏弹性——卖者支付
- 供给完全富有弹性——买者支付

完全缺乏弹性的供给 图 6.10（a）表示无法控制的以不变速度流出的矿泉水市场。由供给曲线 S 表示的供给在每周 10 万瓶时是完全缺乏弹性的。这种矿泉水的需求曲线是 *D*。在没有税收时，价格是每瓶 50 美分，购买的矿泉水为 10 万瓶。

如果每瓶矿泉水征收 5 美分税收，供给曲线没有变动，因为矿泉水的生产者即使在得到的价格下降时，也仍然每周生产 10 万瓶。但买者只有在价格为每瓶 50 美分时才愿意购买 10 万瓶。因此，价格仍然是每瓶 50 美分。卖者得到的价格减少到每瓶 45 美分，而且卖者支付全部税收。

完全富有弹性的供给 图 6.10（b）表示计算机芯片生产者用来提取硅的沙子市场。供给曲线 *S* 表示这种沙子在每磅价格 10 美分时，供给完全富有弹性。沙子的需求曲线是 *D*。在没有税收时，价格是每磅 10 美分，每周购买的沙子数量为 5 000 磅。

如果对每磅沙子征收 1 美分销售税，我们必须把税收加到最低供给价格上。卖者现在愿意在每磅 11 美分时沿着供给曲线 *S*+税收提供任何数量。新的供给曲线与需求曲线相交之处决定新均衡：在价格为每磅 11 美分，数量为每周 3 000 磅时，买者支付的价格因为销售税而提高的量等于税收——每磅 1 美分——而且销售量减少。买者支付全部税收。

我们已经看到，当供给完全缺乏弹性时，卖者支付全部税收，当供给完全富有弹性时，买者支付全部税收。在通常情况下，供给既不是完全缺乏弹性的，也不是完全富有弹性的，因此，税收在买者与卖者之间分摊。但是如何分摊取决于供给弹性，供给弹性越大，买者支付的税收量越多。

图 6.10 税收与供给弹性

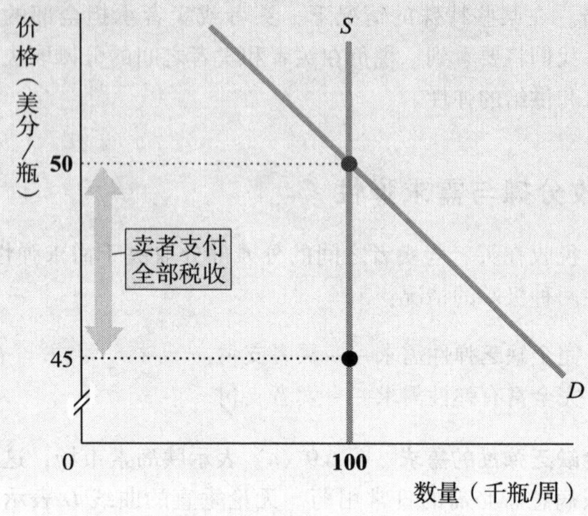

（a）完全缺乏弹性的供给

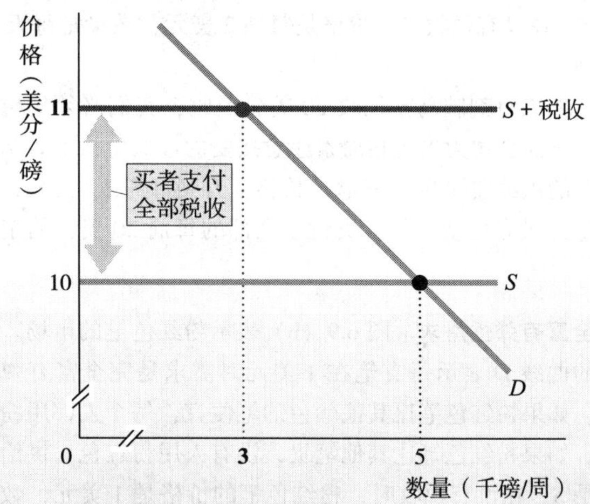

（b）完全富有弹性的需求

（a）幅表示矿泉水市场。供给完全缺乏弹性。没有税收时，价格是每瓶 50 美分。在每瓶有 5 美分税收时，价格仍然是每瓶 50 美分。购买量仍然相同，但卖者得到的价格下降为每瓶 45 美分。卖者支付全部税收。

（b）幅表示沙子市场。供给完全富有弹性。没有税收时，价格是每磅 10 美分。每磅 1 美分的税收将最低供给价格提高到每磅 11 美分。供给曲线移动到 *S*+税收。价格上升到每磅 11 美分。买者支付全部税收。

实际中的税收

供给和需求很少会完全富有弹性或完全缺乏弹性。但是某些产品趋向于其中一种极端情况。例如，酒、烟和汽油具有很小的需求弹性和很大的供给弹性。因此，这些产品分摊在买者身上的税负就比分摊在卖者身上的大得多。劳动具有很小的供给弹性和很大的需求弹性，因此，尽管国会希望平等地在工人和雇主之间分摊社会保险税，但税负仍然主要落在工人身上。

税负最重的是那些需求弹性或供给弹性都很小的产品。对这些产品而言，当税负增加时，均衡数量不会下降很多。因此，政府得到大量税收收入，而这些税收引起的无谓损失很小。

需求或供给弹性都很大的产品，其税负很重的情况并不常见。由于供给和需求都富有弹性，征税引起均衡数量的大幅下降，从而获得的税收收入也很小。

税收与效率

我们已经看到，税收是位于买者支付的价格与卖者得到的价格之间的楔形。买者支付的价格也是买者的支付意愿，它衡量边际利益。而卖者得到的价格是卖者的最低供给价格，它等于边际成本。

因此，由于税收在买者价格与卖者价格之间打进了一个楔形，它也在边际利益与边际成本之间打入了一个楔形，并引起了无效率。在购买价格高而出售价格低时，税收减少了产量和消费量，并引起了无谓损失。图 6.11 表示向 CD 播放器征税的无效率。征税之后，消费者剩余和生产者剩余都减少了。每种剩余减少的一部分以税收收入归于政府——矩形区域，而另一部分成为无谓损失——灰色三角形区域。

在完全缺乏弹性需求和完全缺乏弹性供给的极端情况下，税收不改变买卖的数量，也不存在无谓损失。需求或供给越缺乏弹性，数量减少得越少，无谓损失也越少。当需求或供给完全缺乏弹性时，数量保持不变而且不存在无谓损失。

图 6.11 税收与效率

myeconlab

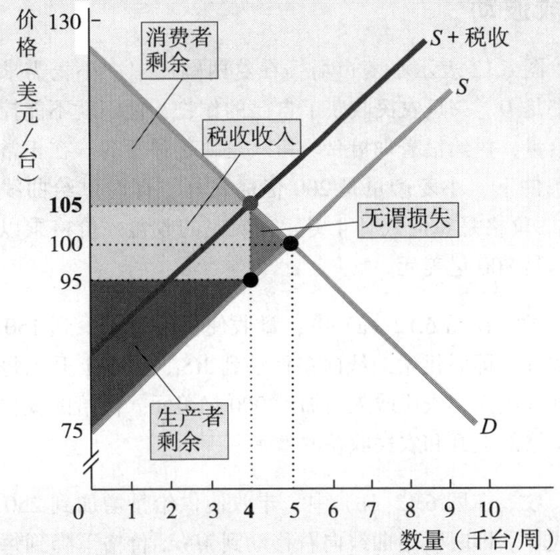

没有税收时，在每台价格为 100 美元时，每周买卖 5 000 台 CD 播放器。当每台征收 10 美元税收时，买者价格上升到每台 105 美元，卖者价格下降到每台 95 美元，而且数量减少为每周 4 000 台。消费者剩余减少为浅灰色区域，生产者剩余减少为深灰色区域。总剩余（消费者剩余与生产者剩余之和）损失的一部分作为税收收入归于政府，用矩形区域表示。无谓损失也产生了，用中灰色区域表示。

我们下一个任务是研究农产品市场的政策干预。这些市场具有特殊的问题，并提供改变市场结果有另两种方法：补贴和配额。

复习测验

1. 需求弹性如何影响税收对买者支付的价格、卖者得到的价格、数量、税收收入和无谓损失的影响？
2. 供给弹性如何影响税收对买者支付的价格、卖者得到的价格、数量、税收收入和无谓损失的影响？
3. 为什么税收引起了无谓损失？

myeconlab **Study Plan 6.3**

补贴和配额

早晚的霜冻、炎热干旱的夏季以及潮湿的秋季使农民的生活充满不确定，并且有时还遇到经济艰难的一些挑战。天气的波动使农业产出发生大幅波动。农业产出的改变如何影响农产品价格和农民收益呢？政府对农产品市场的干预如何可以帮助农民呢？现在我们考查某些农产品市场，并看它们如何受到影响。

收成波动

图 6.12 表示小麦市场。在这两幅图中，小麦需求曲线都是 D。一旦农民收获了自己的作物，他们就不能控制供给量，供给沿着*即时供给曲线*是缺乏弹性的。在正常收成条件下，小麦产量是 200 亿蒲式耳，即时供给曲线是 MS_0。价格是每蒲式耳 4 美元，农民的收益（价格乘以产量）是 800 亿美元。

歉 收 在图 6.12（a）中，歉收使供给量减少到 150 亿蒲式耳。即时供给曲线向左移动到 MS_1，价格上升到每蒲式耳 6 美元，农民收入增加到 900 亿美元。供给的*减少*带来价格的上升和农民收益的*增加*。

丰 收 在图 6.12（b）中，丰收使供给量增加到 250 亿蒲式耳。即时供给曲线向右移动到 MS_2，价格下降到每蒲式耳 2 美元，农民收入减少到 500 亿美元。供给的*增加*带来价格的下降和农民收益的*减少*。

需求弹性 由于小麦需求是*缺乏弹性*的，所以农民收益和产量产生相反方向的波动。需求量变动的百分比小于价格变动的百分比。在图 6.12（a）中，较高的价格引起的收入的增加（300 亿美元——浅灰色区域）超过了较低的产量引起的收入的减少（200 亿美元——深灰色区域）。在图 6.12（b）中，较低的价格引起的收入的减少（400 亿美元——深灰色区域）超过了较高的产量引起的收入的增加。

如果需求是*富有弹性*的，农民收益和产量产生同方向波动。丰收增加了收益，而歉收减少收益。然而，大多数农产品的需求是缺乏弹性的，所以我们研究的情况是普遍的。

避免合成谬误 尽管歉收时，农民的总收入增加，但那些作物被彻底破坏的农民的个人收入减少了。作物未受到影响的农民获得了收益。因此，歉收并不是对所有农民来说是一件好事。

因为农产品市场常使农民面临低收入，政府往往对这些市场进行干预。与我们研究过的最低工资类似的价格下限是一种可以使用的方法。我们已经知道这种干预会造成剩余并且是无效率的。同样的结论也可以适合于农产品市场。

图 6.12 收成、农产品价格与农民收益

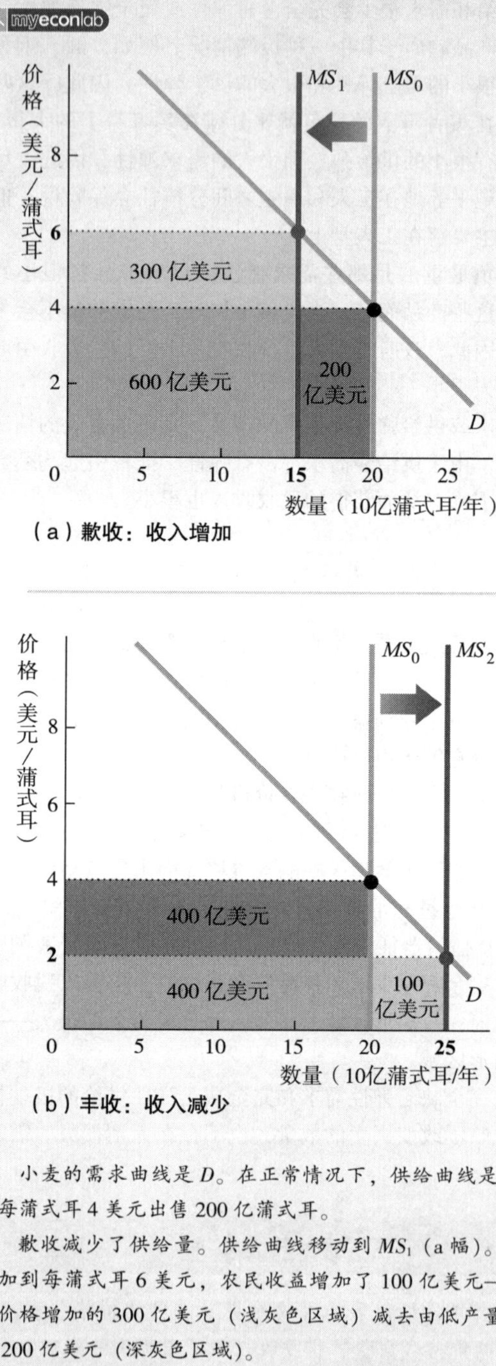

（a）歉收：收入增加

（b）丰收：收入减少

小麦的需求曲线是 D。在正常情况下，供给曲线是 MS_0，以每蒲式耳 4 美元出售 200 亿蒲式耳。

歉收减少了供给量。供给曲线移动到 MS_1（a 幅）。价格增加到每蒲式耳 6 美元，农民收益增加了 100 亿美元——由高价格增加的 300 亿美元（浅灰色区域）减去由低产量减少的 200 亿美元（深灰色区域）。

丰收增加了供给量。供给曲线移动到 MS_2（b 幅）。价格下降到每蒲式耳 2 美元，农民收益减少了 300 亿美元——由较大产量增加的 100 亿美元（浅灰色区域）减去由低价格减少的 400 亿美元（深灰色区域）。

另外两种干预的方法经常在农产品市场上使用。它们是：

- 补贴
- 生产配额

补　贴

花生、甜菜、牛奶、小麦和许多其他农产品的生产者会获得补贴。**补贴**（subsidy）是政府对农业生产者的支付。为了弄清补贴的影响，我们考察花生市场。图 6.13 表示花生市场。花生的需求是 D，供给是 S。没有补贴时，均衡价格是每吨 40 美元，均衡数量是每年 4 000 万吨。

假设政府为花生种植者提供每吨 20 美元的补贴。补贴相当于一项负的税收。我们已经知道税收相当于成本的增加，所以补贴相当于成本的减少。补贴使供给量增加。

图 6.13　补贴增加产量

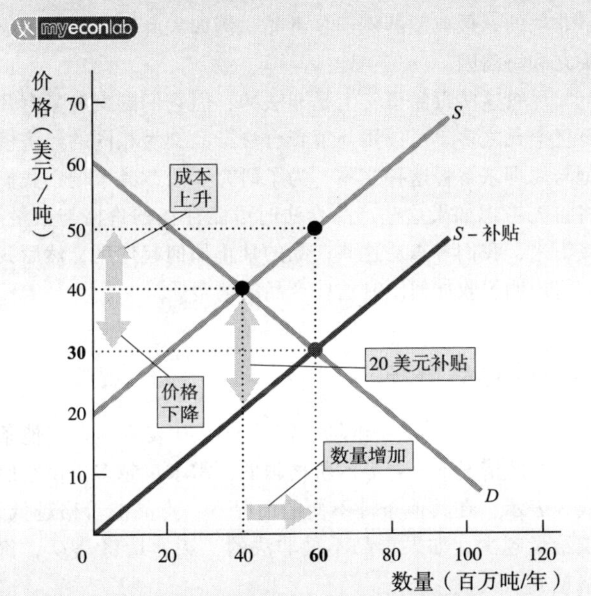

没有补贴时，以每吨 40 美元的价格每年生产 4 000 万吨。每吨 20 美元的补贴使供给曲线向右移动到 S－补贴。均衡数量增加到每年 6 000 万吨，价格下降到每吨 30 美元，价格加上农民得到的补贴上升到每吨 50 美元。在新的均衡下，边际成本（供给曲线上）大于边际利益（需求曲线上），而且由于生产过多出现了无谓损失。

为了确定新的供给曲线的位置，我们从农民的最低供给价格中减去补贴。没有补贴的时候，农民愿意以每吨 40 美元的价格一年生产 4 000 万吨。所以在每吨补贴 20 美元时，他们愿意以每吨 20 美元的低价格一年生产 4 000 万吨。供给曲线移动到标为 S–补贴的曲线。

均衡出现在新的供给曲线与需求曲线相交于每年 6 000 万吨的位置。价格为每吨 30 美元，下降了 10 美元。但是价格加上农民得到的补贴变为每吨 50 美元，上升了 10 美元。

因为供给曲线是边际成本曲线，需求曲线是边际利益曲线，由于补贴将边际成本提高到边际利益之上，生产过多造成了无谓损失。

补贴还会溢出到世界其他市场。由于得到补贴的农民降低了价格，他们将一部分产出提供给世界其他市场出售，从而降低了世界其他市场的价格。面对较低的价格，其他国家的农民会减少产量并获得较低的收入。

农业补贴是实现全球农产品市场资源利用效率的一个主要障碍，也是美国、欧洲和较穷的发展中国家之间关系紧张的一个原因。

生产配额

甜菜、烟叶和棉花市场（或其他的市场）有时会受到生产配额的管制。**生产配额**（production quota）是一定时期某种产品可以生产的产量上限。为了弄清配额的影响，我们考察图 6.14 中的甜菜市场。没有配额时，价格是每吨 30 美元，每年生产 6 000 万吨甜菜。

假设甜菜种植者想限制总产量以得到更高的价格。他们说服政府实行每年 4 000 万吨的甜菜配额。

生产配额的影响取决于它设定在均衡数量之下还是之上。如果政府实行的配额高于每年 6 000 万吨，图 6.14 均衡数量不会改变，因为甜菜种植者的产量已经低于配额。但是 4 000 万吨的配额低于均衡数量。图 6.14 显示了配额的影响。

为了执行配额，每一个种植者被分配一个产量限制，总产量限制在每年 4 000 万吨。超过 4 000 万吨的产量是非法的，我们把配额以上的非法区域用阴影表示。种植者不再允许生产均衡数量因为这是非法区域。与价格上限和价格下限的例子相同，市场力量与政治力量相冲突。

当政府实行生产配额时，它并不对价格产生管制。市场力量决定价格。在图 6.14 的例子中，产量限制在每年 4 000 万吨，市场价格上升为 50 美元。

图 6.14 配额限制生产

myeconlab

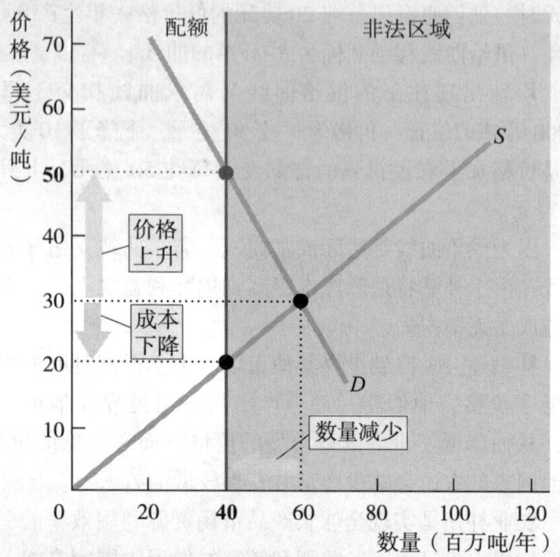

没有配额时，以每吨 30 美元的价格每年生产 6 000 万吨。每年 4 000 万吨的配额将总产量限制在这一水平上。均衡数量减少为每年 4 000 万吨，价格上升到每吨 50 美元，农民的边际成本下降为每吨 20 美元。在新的均衡下，边际成本（供给曲线上）小于边际利益（需求曲线上），而且，由于生产不足出现了无谓损失。

配额不仅提高了价格，而且还降低了生产配额的边际成本，因为甜菜种植者移动了他们的供给（边际成本）曲线。

生产配额是无效率的，因为它导致了生产不足。在配额的数量上，边际利益等于市场价格，而边际成本低于市场价格，所以边际利益大于边际成本。

由于配额的这些影响，这种安排常常在生产者中受到欢迎，在某些情况下，甚至是由生产者而不是由政府来实行配额。但是当生产者自主实行时，配额很难发挥作用。原因是每一个生产者都有欺骗和生产比分配到的配额多一些的激励。我们可以通过比较市场价格和边际成本看出原因。如果一个生产者侥幸成功地提高了很少的产量，他的利润将会增加。但是，如果所有的生产者都生产高于配额的产量，市场就会回到没有管制时的均衡，生产者的获利就消失了。

复习测验

1. 歉收和丰收如何影响农产品价格和农民收益？
2. 解释补贴如何影响农产品价格和产出。补贴如何影响农民收益？
3. 解释生产配额如何影响农产品价格和产出。生产配额如何影响农民收益？

myeconlab **Study Plan 6.4**

政府通过使某些产品的交易为非法来干预某些市场。现在我们看看这些市场如何运行。

非法产品市场

许多产品与服务市场是受管制的，而且买卖某些产品是非法的。最典型的例子是毒品，例如大麻、可卡因、摇头丸和海洛因。

尽管这些毒品事实上是非法的，但它们的交易量有几百亿美元之多。可以用与解释合法产品交易相同的经济模型与原理来解释这种交易。为了研究非法产品市场，我们将首先考虑如果这些产品合法时可能存在的价格与数量。接下来，我们考查对这些产品的禁止如何起作用，然后我们将说明税收如何限制这些产品的消费。

自由的毒品市场

图 6.15 表示毒品市场。需求曲线 D 表示，在其他条件不变的情况下，毒品的价格越低，需求量越多。供给曲线 S 表示，在其他条件不变的情况下，毒品的价格越低，供给量越少。如果毒品不是非法的，买卖量将是 Q_C，价格是 P_C。

非法的毒品市场

当一种产品非法时，该产品的交易成本增加。成本增加多少和成本落在谁身上取决于对违法的惩罚和执法的效果。惩罚越大且执法越有效，成本越高。惩罚可以针对买

图 6.15　非法产品市场

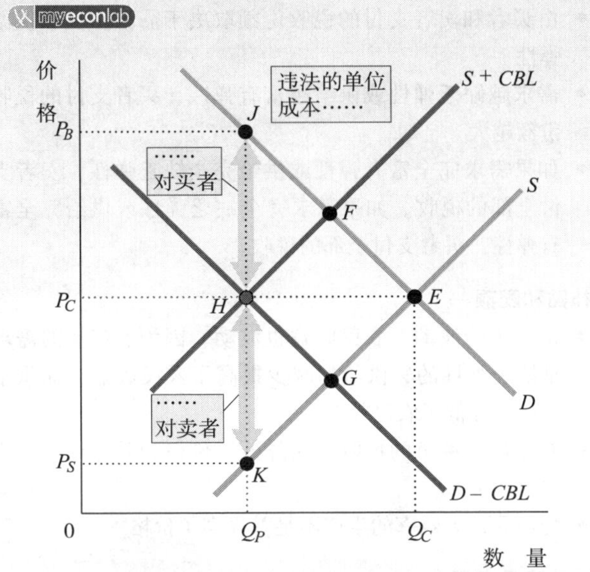

毒品的需求曲线是 D，供给曲线是 S。如果毒品不是非法的，买卖量是在价格 P_C 时的 Q_C——E 点。如果出售毒品是非法的，违法出售毒品的成本（CBL）加到最低供给价格上，供给减少到 $S+CBL$。市场移动到点 F。如果购买毒品是非法的，要从买者愿意支付的最高价格中减去违法的成本，需求减少到 $D-CBL$。市场移动到点 G。如果买卖都是违法的，供给曲线和需求曲线都移动，市场移动到点 H。市场价格仍为 P_C，但是市场价格加上对购买的惩罚上升了——J 点——而市场价格减去对出售的惩罚下降了——K 点。

者、卖者或两者兼有。

对卖者的惩罚　美国的毒贩如果被抓获，面临着极大的惩罚。例如，大麻贩子可能要支付 20 万美元罚金和服 15 年监禁。海洛因贩子可能要支付 50 万美元罚金和服 20 年监禁。这些罚金只是贩毒成本的一部分，并引起供给减少——供给曲线向左移动。为了确定新的供给曲线，我们把违法的成本加到毒贩愿意接受的最低价格上。在图 6.15 中，违法出售毒品的成本（CBL）要加到毒品贩子愿意接受的最低价格上，供给曲线向左移动到 $S+CBL$。如果只对卖者进行惩罚，市场均衡从 E 点移动到 F 点。

对买者的惩罚　在美国，拥有大麻、可卡因、摇头丸和海洛因这类毒品是非法的。例如，拥有大麻会坐牢 1 年，而拥有海洛因会坐牢 2 年。惩罚落在买者身上，违法的成本必须从决定买者愿意为毒品支付的最高价格的价值中减去。需求减少，需求曲线向左移动。在图 6.15 中，需求曲线移动到 $D-CBL$。在只对买者进行惩罚时，市场均衡从 E 点移动到 G 点。

对买卖双方的惩罚　如果对买者和卖者双方都进行惩罚，那么，供给和需求都减少，供给曲线和需求曲线都向左移动。在图 6.15 中，买者与卖者违法的成本相同，因此，这两条曲线向左移动相同的数量。市场均衡移动到 H 点。市场价格仍然保持竞争性市场时的 P_C，而购买量减少为 Q_P。买者支付 P_B，等于 P_C 加上违法的成本。卖者得到 P_S，等于 P_C 减去违法的成本。

惩罚越大并且执法力度越大，需求和（或）供给减少越大。如果对卖者的惩罚较大，供给曲线的移动就大于需求曲线，并且价格上升到 P_C 以上。如果对买者的惩罚较大，需求曲线的移动就大于供给曲线，并且价格下降到 P_C 以下。在美国，对卖者的惩罚大于对买者的惩罚，因此，与无管制的市场相比，毒品交易量减少而价格上升。

在有足够高的惩罚和执法力度时，把需求和（或）供给减少到购买量为零的一点上是可能的。但在现实中，通常没有这种结果。在非法毒品的情况下，美国没有出现这种结果。关键原因是执法的高成本和用于实现有效执法的警察资源不足。由于这种情况，一些人主张，应该使毒品（和其他非法产品）合法化并公开出售，但和酒这样的合法产品同样征收高税率。这种安排如何起作用呢？

毒品的合法化与征税

从我们研究税收影响的角度看，很容易说明如果使毒品合法化并征税，毒品的购买量就会减少。征收极高的税收可以减少供给，提高价格，并实现和禁毒一样的购买量减少。政府也可以得到大量税收收入。

逃税的非法交易　很可能的是，要把毒品购买量减少到禁毒时的水平需要极高的税率。还有一种很可能的情况是，许多毒贩和吸毒者为了逃税要竭力掩盖他们的行为。如果他们这样做，他们将面临违法的成本——违反税法。如果对违反税法的惩罚像毒品交易法一样严肃而有效，我们已经做出的分析也适用于这种情况。毒品的购买量将取决于对违法的惩罚与对买者和卖者进行惩罚的方式。

税收与禁毒：支持与反对　禁毒与税收，哪一种方法更有效呢？支持税收反对禁毒的观点是基于税收收入可用于使

执法更有效这一事实。它也可以用于进行更有效的禁毒教育活动。支持禁毒反对税收的观点则基于禁毒发出一个影响偏好、使毒品需求减少的信号这一事实。此外，一些人强烈反对政府从有害商品交易中获利的思想。

复习测验

1. 对出售非法毒品进行惩罚如何影响需求、供给、价格和毒品的消费量？
2. 对购买非法毒品进行惩罚如何影响需求、供给、价格和毒品的消费量？
3. 对买卖非法毒品进行惩罚如何影响需求、供给、价格和毒品的消费量？
4. 毒品合法化会出现什么情况？

myeconlab **Study Plan 6.5**

◆我们已经知道了如何用供求模型来预测价格，研究政府对市场的干预，以及研究无效率的来源与成本。在我们结束这个课题之前，看看阅读材料中关于非法音乐下载市场的情况。

内容提要

要　点

住房市场与租金上限

- 住房供给的减少提高了租金。
- 租金上涨刺激了建筑业，并在长期中住房数量增加且租金下降。
- 设定在均衡租金以下的租金上限造成了住房短缺、搜寻行为的浪费和黑市。

劳动市场与最低工资

- 不熟练劳动的需求减少降低了工资率和就业。
- 较低的工资率鼓励不熟练劳动者学习更多的技能以降低不熟练劳动的供给，并在长期中提高了不熟练劳动的工资率。
- 设定在均衡工资率以下的最低工资造成了失业和人们用于搜寻工作的时间的增加。
- 最低工资给予年轻不熟练劳动最艰难的冲击。

税收

- 税收提高了价格但是提高的量通常低于税收。
- 由买者和卖者支付的税收份额取决于需求弹性和供给弹性。
- 需求越缺乏弹性或供给越富有弹性，买者支付的税收份额越大。
- 如果需求完全富有弹性或供给完全缺乏弹性，卖者支付全部的税收。如果需求完全缺乏弹性或供给完全富有弹性，买者支付全部的税收。

补贴和配额

- 由于供给波动，农民收益也波动。因为农产品的需求是缺乏弹性的，供给的减少提高了农民收益，而供给的增加降低了农民收益。
- 补贴像一种负的税收。它降低了价格和并导致无效率的生产过多。
- 配额导致无效率的生产不足并提高了价格。

非法产品市场

- 对非法产品卖者的惩罚提高了出售这种产品的成本，并减少了其供给。对买者的惩罚减少了他们的支付意愿，并减少了该产品的需求。
- 惩罚越高并且执法越有效，购买量越少。
- 确定相当高的税收会减少毒品的购买量，但将存在一种逃税的趋势。

关键图表

关键术语

价格上限	租金上限
搜寻活动	黑　市
价格下限	最低工资
生存工资	税收归宿
补　贴	生产配额

习 题

1. 下图表示 Townsville 租赁住房的需求与供给。

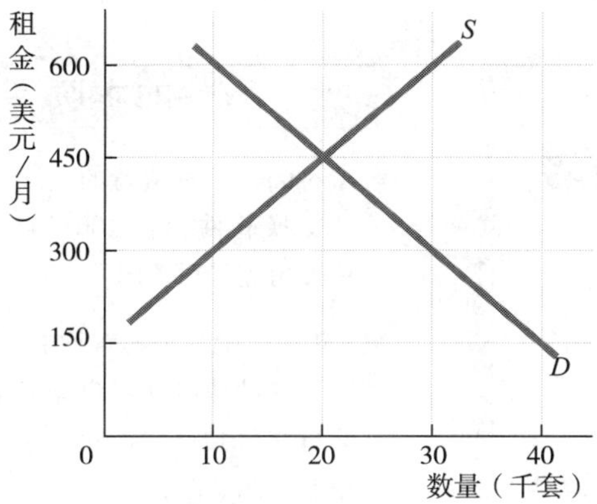

a. 均衡租金与均衡租赁住房量是多少？

如果租金上限设定为每月 300 美元，那么：

b. 租赁的住房数量是多少？

c. 住房短缺多少？

d. 某人为得到最后一套现有住房愿意支付的最高价格是多少？

如果租金上限设定为每月 600 美元，那么：

e. 租赁的住房数量是多少？

f. 住房短缺多少？

g. 某人为得到最后一套现有住房愿意支付的最高价格是多少？

2. 下表给出了青少年劳动的需求和供给：

工资率（美元/小时）	需求量（小时/月）	供给量（小时/月）
4	3 000	1 000
5	2 500	1 500
6	2 000	2 000
7	1 500	2 500
8	1 000	3 000

a. 均衡工资与就业水平是多少？

b. 失业量是多少？

c. 如果把青少年的最低工资定为每小时 5 美元，他们工作多少小时？

d. 如果把青少年的最低工资定为每小时 5 美元，他们有多少小时失业？

e. 如果把青少年的最低工资定为每小时 7 美元，就业量与失业量是多少？

f. 如果把青少年的最低工资定为每小时 7 美元，而且需求每月增加 500 小时，向青少年支付的工资率是多少？他们的劳动有多少小时失业？

3. 下表是果仁巧克力的需求和供给表：

价　格（美分/块）	需求量（百万/天）	供给量（百万/天）
50	5	3
60	4	4
70	3	5
80	2	6
90	1	7

a. 如果不对果仁巧克力征税，它的价格是多少？购买量是多少？

b. 如果向卖者征收每块巧克力 20 美分的税，价格和购买量是多少？谁支付税收？

c. 如果向买者征收每块巧克力 20 美分的税，价格和购买量是多少？谁支付税收？

4. 玫瑰花的需求和供给表是：

价　格（美元/束）	需求量（束/周）	供给量（束/周）
10	100	40
12	90	60
14	80	80
16	70	100
18	60	120

a. 如果不对玫瑰征税，价格是多少？购买量是多少？

b. 如果每束玫瑰花征税 6 美元，价格和购买量是多少？谁支付税收？

5. 大米的需求和供给表：

价　格（美元/包）	需求量（包/周）	供给量（包/周）
1.00	3 500	500
1.10	3 250	1 000
1.20	3 000	1 500
1.30	2 750	2 000
1.40	2 500	2 500
1.50	2 250	3 000
1.60	2 000	3 500

如果政府：

a. 支付每包大米 0.3 美元补贴；

b. 设定每周 2 000 包的配额而不支付补贴。

阅读材料：事例与分析

政策观察

非法下载市场

http://www.nytimes.com

音乐出版商控告网上文件共享程序的所有者

2006年8月5日

星期五，一唱片公司联盟以侵犯版权为名，对文件共享程序的运营商 LimeWire 提出控告，宣称该公司鼓励用户未经许可就进行音乐交易。

全美唱片业协会在一项声明中说，他们已经起诉了 Lime 集团公司的主管们以及负责设计与发行的子公司。该起诉讼将在曼哈顿联邦地区法庭进行。

这是自去年最高法院裁决科技公司因鼓励消费者在网上盗取音乐和电影而侵犯版权将可能受到起诉以来，第一起向文件共享软件的发行商提出控告的盗版诉讼案。

索尼 BMG 音乐娱乐、维旺迪环球唱片公司、时代华纳的华纳音乐集团和百代音乐等唱片公司要求赔偿和惩罚侵权行为，在未经允许发布正版歌曲的每种情形下，都应赔偿至少 150 000 美元。

在指控中，唱片公司声称 LimeWire 的运营商“积极地推动、鼓励和诱惑”电脑用户盗取音乐，并且从不禁止用户访问受版权保护作品，其商业模式也让他们得以直接从盗版中谋利。

和类似的程序一样，LimeWire 使用点对点文件共享的方法，允许电脑用户使他们电脑上的文件可以被大量其他相互联网的人使用。

早期的 Napster 软件首先使在线交换文件得以普及，在它 2001 年受到唱片公司控告后被迫关闭之前……

事件的本质

- Napster，一种流行的在线音乐文件交换软件，在 2001 年受到唱片公司控告后关闭。
- 5 年后，唱片公司宣称 Lime Wire 通过一种使电脑用户能够点对点共享文件和窃取正版音乐的软件赚取利润。
- 唱片公司控告 LimeWire，并要求赔偿损失，包括在未经允许发布正版歌曲的每种情形下至少赔偿 150 000 美元。

经济分析

- 可下载的音乐很容易被那些拥有文件共享程序的人得到。
- 文件共享程序在互联网上可以获得。
- 下载文件的边际成本为零。
- 在图 1 中，供给曲线 *S*，也是边际成本曲线，是水平的 *x* 轴。
- 下载音乐的需求曲线是向下倾斜的曲线 *D*。
- 均衡数量出现在需求曲线 *D* 与 *x* 轴相交的零均衡价格点。
- 如果唱片公司对下载者提起诉讼，下载者就面临违法的成本。
- 把违法成本从下载音乐的价值中减去以决定一个人愿意为下载支付的最高价格。
- 在图 1 中，需求曲线从 *D* 向左移动到 *D*–*CBL*，两条曲线之间的垂直距离就等于违法的成本。
- 下载文件的数量减少了，但是，由于供给曲线没有移动，均衡价格仍为零。
- 但是，如果唱片公司起诉文件共享程序的制造商，就如新闻文章中所述，违法的成本落到了市场的供给方。
- 在图 2 中，当文件共享程序的制造商被非法下载的每一个文件索价 *P* 时，供给曲线从 *S* 向上移动到 *S*+*CBL*。
- 如果下载者继续面临违法的成本，需求曲线仍为图 1 中的曲线 *D*–*CBL*。
- 当文件共享程序的制造商和下载者都面临违法的成本时，下载文件的均衡数量将大大减少。每次下载的价格上升到与程序制造商的违法成本相等。

说出你的观点

- 为什么唱片公司起诉文件共享程序制造商，而不起诉下载者和文件共享者？
- 你认为哪一个更有效率：起诉文件共享软件的制造商或者起诉下载者和文件共享者？
- 你支持修正法律以使文件共享合法吗？解释为什么或为什么不？

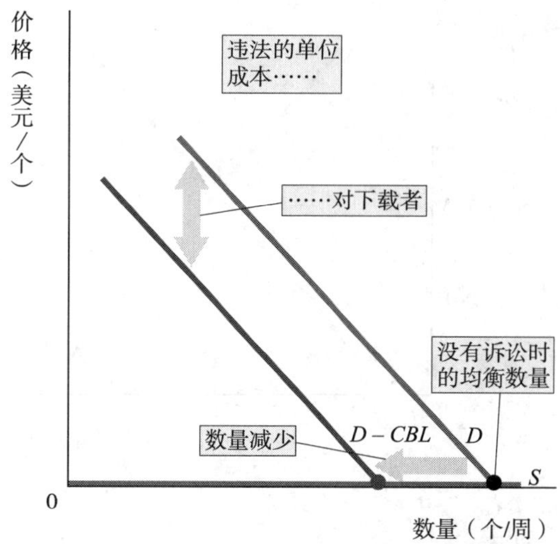

图 1　下载者面临违法的成本

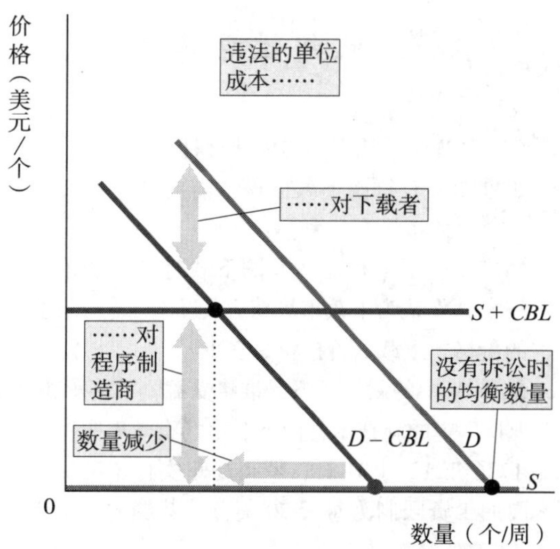

图 2　下载者和程序制造商面临违法的成本

价格、生产大米的边际成本和产量是多少？

6. 下图表示违禁产品市场。如果对：

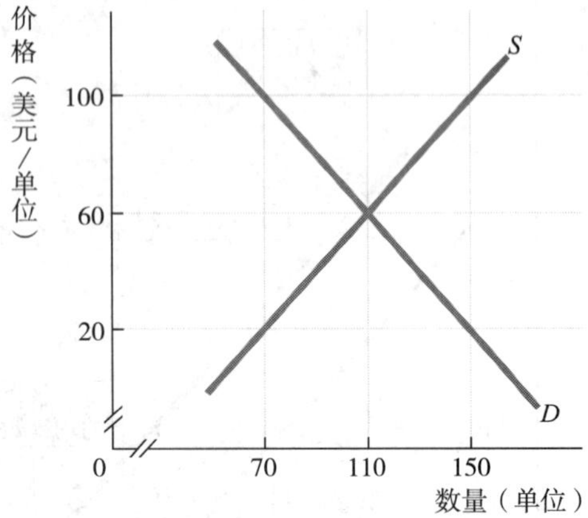

a. 卖者

b. 买者

c. 两者

实施每单位 20 美元的惩罚，均衡价格和数量是多少？

批判性思考

1. 研究有关音乐下载市场的阅读材料。
   a. 如果能够对每次下载征税，需要考虑什么因素以利用税收使市场有效率？
   b. 如果发明了一种能在非法下载时破坏音乐文件的新技术，你认为下载市场将会发生什么？相比一张 CD 的价格，下载的价格将是多少？
   c. 在（b）中的新技术下，谁将受益？谁将承担成本？
   d. （b）中的新技术将使下载市场有效率吗？
2. 在 1776 年 12 月 31 日，罗得岛州实行了工资控制，把木匠的工资限制为每天 70 美分，裁缝的工资限制为每天 42 美分。
   a. 这些工资控制是价格上限还是价格下限？为什么要实行？
   b. 如果这些工资控制是有效率的，你预期木匠和裁缝会过剩还是短缺？
3. **尽管遭到抗议，租屋委员会提高了 7.25%**

   纽约市房租指导委员会昨晚投票决定，该市 100 万固定租金公寓的租金在未来两年将上升 7.25%。据报道……去年固定租金建筑所有者的成本上升了 7.8%……增加租金的投票引起了日益增长的对纽约中产阶级负担生活能力的关注。

   《纽约时报》，2006 年 6 月 28 日

   a. 如果固定租金公寓的租金没有上升，你认为纽约的租赁房屋市场将会怎样发展？
   b. 纽约实行租金上限能对中产阶级有所帮助吗？请解释？
   c. 租金上限的增加对固定租金公寓的数量有何影响？

网上活动

1. 查找关于生存工资运动和哈佛生存工资运动的信息。
   a. 什么是生存工资运动？
   b. 如何区分生存工资和最低工资？
   c. 如果生存工资运动成功地将工资提高到均衡水平之上，生存工资如何影响（ⅰ）劳动需求的数量，（ⅱ）劳动供给的数量，（ⅲ）失业量？
   d. 高于均衡工资的生存工资有效率吗？
   e. 从高于均衡工资的生存工资中，谁将受益？谁将受损？
   f. 高于均衡工资的生存工资公平吗？
2. 查找关于欧盟糖类配额的信息。你认为为什么欧盟国家对糖类实施了生产配额？如果欧盟的糖类配额低于均衡数量，谁从配额中受益？谁为配额买单？

令人惊奇的市场

你刚刚学过的1章解释了市场如何运行。市场是一种令人惊讶的工具。它使那些从未谋面也互不了解的人们可以相互交往和交易。它也使我们可以把稀缺资源配置到我们认为价值最高的用途中。市场可以是极其简单或高度有组织的。

简单的市场是美国历史学家丹尼尔·布尔斯廷（Daniel J.Boorstin）在《发现者》一书中所描述的市场。在14世纪末期：

> 从摩洛哥南行的商队，越过阿特拉斯山脉，20天后到达塞内加尔河畔。摩洛哥商人便在此地摆出摊子，陈列一堆堆食盐、珊瑚珠以及其他廉价物品，随即退出现场。在当地金矿中以淘金为生的部落民族就会来到河畔，在摩洛哥货摊旁放一堆金子，也就退出现场，让摩洛哥商人决定，要么把对方拿出来的金子取走，要么把那一堆货减少，使之合乎对方所付的黄金价值。然后摩洛哥商人再次退出，交易如此进行下去。摩洛哥人就是按照这样的贸易惯例赚取土著人的黄金。

纽约证券交易所就是一个有组织的市场，它每天交易数以亿计的股票。另一个有组织的市场是美国政府出卖广播以及和移动电话公司频道使用权的拍卖。

所有这些市场都决定交换进行的价格并使买卖双方都获益。

可用来交换的每一件东西和任何一种东西都在市场上交易。市场包括产品市场与服务市场；劳动、资本和原材料这类资源市场；美元、英镑和日元市场；现货和期货市场。只有想像力能对市场上可以交易的东西给予限制。

你在第3章开始学习供求定律。在这里，你发现了使价格调节协调买卖计划的力量。

你在本章中学习并运用的供求定律是在19世纪期间由一些著名经济学家发现的。我们在结束对供求与市场的研究时，考查一些经济学家的生平与时代，并与当代一些最有影响而且使用实验方法研究市场的经济学家交谈。

发现供求定律

"研究的力量……如此之多，以致最好一次研究几种力量……因此，我们从把主要的供给、需求与价格的关系分离出来开始。"

——阿尔弗雷德·马歇尔
《经济学原理》

经济学家

阿尔弗雷德·马歇尔（Alfred Marshall）（1842~1924 年）生长在用铁路运输而且制造业蓬勃发展的英格兰。玛丽·配第（Mary Paley）是马歇尔在剑桥的学生之一，1877 年当阿尔弗雷德与玛丽结婚时，独身条例使阿尔弗雷德不能继续在剑桥任教。到 1884 年，由于较为自由的规则，马歇尔又回到剑桥，并在这里成为政治经济学教授。

许多人都研究过供求理论，但正如我们今天所知道的，对这种理论第一个彻底而全面的表述，是由阿尔弗雷德·马歇尔在玛丽·配第·马歇尔的帮助下完成的。1890 年出版的这部里程碑式的著作《经济学原理》，在几乎半个世纪中一直是大西洋两岸的主流经济学教科书。马歇尔是一位杰出的数学家，但他把数学甚至图形作为背景，他的供求图只出现在脚注中。

问　题

你所学过的供求定律是由法国里昂大学教授安东尼·奥古斯汀·古诺（Antoine Augustin Cournot，1801~1877 年）发现的。尽管古诺是运用需求与供给的第一个人，但使这种新出现的理论有第一次实际运用的是 19 世纪 50 年代铁路的发现与扩张。铁路与现在的航空一样是当时的技术前沿。而且，也与今天的民航业一样，当时铁路之间的竞争激烈。

伦敦大学的爱尔兰哲学教授迪尼苏斯·拉德纳尔（Dionysius Lardner，1793~1859 年）用需求与供给向铁路公司说明，它们可以如何通过降低竞争激烈的长途业务的运费率，以及提高不太担心其他运输供给者的短途业务的运费率来增加利润。现在，经济学家用拉德纳尔在 19 世纪 50 年代用过的原理来计算使航空公司得到最大可能利润的货运收费率和客运收费率。而且，所计算的运费率与 19 世纪的铁路运费率有许多共同之处。在很少竞争的地方航线上，每英里的运费率是最高的，而在航空公司竞争激烈的长途航线上，每英里的运费率是最低的。

拉德纳尔在当时的科学家中被讽刺地称为"流浪者迪尼苏斯"，他研究的问题惊人的广泛，从天文学到铁路再到经济学。作为一种有色彩的个性，他是大卫·利特曼（David Letterman）的常客，常在后半夜谈 19 世纪 50 年代的各种问题。在巴黎拉德纳尔访问过桥梁与道路学校，并从朱利斯·杜邦（Jules Dupuit）那里学到了许多东西。

在法国，朱利斯·杜邦（1804~1866 年）是一位法国工程师和经济学家，他用需求计算建筑桥梁的收益，而且，为了计算使用桥梁的收费，曾经专门造过桥梁。他的著作是今天称为成本—收益分析的先驱。用杜邦发明的原理进行操作，今天的经济学家计算高速公路和机场、大楼以及发电站的成本与收益。

当时

杜邦运用需求定律，根据使用者来确定建设一座桥梁或隧道所创造的价值是否足以证明其建造成本的合理性。拉德纳尔第一个发现了生产成本与供给之间的关系，并用供求理论来解释铁路运营的成本、价格和利润。同时，他还利用这个理论，发现了通过提高短途运费率和降低长途运费率来增加收益的一系列方法。

现在

今天，经济学家用杜邦设计的同样原理，计算扩建机场和增加空中运输控制设备后的收益是否足以弥补其成本。航空公司用拉德纳尔建立的原理来确定其价格，并决定什么时候提供"便宜的座位"。与此前的铁路公司一样，航空公司在短途运输中单位里程收取高价格，因为它们面临的竞争少；而对长途运输单位里程收取的低价格，因为面临的竞争激烈。

市场做了令人惊奇的工作。而且，供求定律帮助我们了解市场如何运行。但在某些情况下，必须设计市场和创造制度，以使市场运转。近年来，经济学家开始用实验来设计和创造市场。而且，经济学中实验方法的主要创建者之一是查理斯·霍尔特，在下一页你将与他会面。

与查尔斯·霍尔特交谈

查理斯·霍尔特（Charles A. Holt）是弗吉尼亚大学威利斯·罗伯逊政治经济学教授，托马斯杰弗逊政治经济学中心主任。

霍尔特于1948年生于墨尔本，本科就读于华盛顿大学，研究生就读于卡内基梅隆大学。霍尔特教授对作为他对拍卖研究的一部分的实验室实验感兴趣，并发现实验产生的数据经常推翻标准理论。这些发现使他踏上了一条与寻租、拍卖、议价和公共品等领域的实验数据相匹配发展新理论的道路。他的研究成果包括上百篇论文和几本著作。

霍尔特教授也是一位尽职的经济学教师。在他的Veconlab网站上，他撰写了一系列教学互动游戏和实验市场。

迈克尔·帕金与查理斯·霍尔特就他的事业和通过实验方法进行经济学教学和研究的前途进行了交谈。

是什么引发了你对经济学的兴趣并促使你决定成为一个经济学家？

当我读高中时，有一次参加一个夏季校史班，带这个班的高中棒球教练说，“我不明白为什么一只棒球队会与另一只交换一个运动员，难道他们不明白有一方总是会在交易中吃亏吗？”这句话引起了我去思考自愿交易如何使双方都获益。比如，一只球队有两位好的一垒手，用其中一位交换另一只全是候补没有一个一垒手的球队的投手，两只球队的结果可能是在那个赛季赢得更多的比赛。以同样的方式，经济中两个自愿合作伙伴间的交易会使双方近况都变好，并且更多的交易会创造更多的财富。后来我享受着解读经济学家的思想，比如亚当·斯密、米尔顿·弗里德曼和约翰·梅纳德·凯恩斯，他们能把混乱的日常经济事件，转变成有连贯组织和目的性的巨幅画面。

基于你对实验市场的丰富经验，阿弗里德·马歇尔的供给模型如何能沿用到今天？

当我刚开始在大学里学习经济学时，我们必须死记硬背以供给和需求图为代表的完全竞争模型里的一连串假设。这些假设包括“有很多买方和卖方”以及“信息完全”。教授最后一定会承认几乎很少有实际市场完全符合该模型，比如小麦市场可能会接近。

弗农·斯密斯在其课上的早期市场实验表明价格与供求预测的结果惊人的吻合，甚至市场的每一方中只有3或4位交易者，并且没有人拥有其他人对交易物品的价值和成本的直接信息。我自己也进行了一些实验尽力去加强该模型，通过给市场的一方加一些“力”，结果却是惊人地具有竞争性。在实验室的经历给我的教学添加了信心和激情。

在教室的实验中了解到竞争性市场如何运作，从中我们可以学到什么？

我的合作者道格·戴维斯和我进行了一些实验，我们让卖方在买方不在房间的时候讨论价格，他们一定尽力把价格维持在高位。当价格向所有人公开张贴时，这些阴谋将会增加卖方的收益而损害买方，但当卖方提供其他卖方看不到的秘密折扣给买方时，共谋的尝试总会失败。在这种情况下，疯狂地打折会使折扣价格跌至接近竞争水平。我记得有一个组最后“确定”在一个价格上，但他们不知道的是，他们确定的价格就是供给和需求的交点。实验中，正如实际市场一样，消费者从低价中获利，当价格接近竞争水平时，买方的利益和卖方的收入都增加。

我们能从基于网络的实验中学到更多东西吗？特别是从进行你发明的基于网络的实验中的收益是什么？

你只需要看众多市场交易者的电脑屏幕就明白他们有大量可用信息，然而他们必须依赖近距离的协商。基于网络的实验能给教室市场加入这类现实的复杂性。

比如，当你快速买卖时，程序会跟踪你的现金、利息收入、红利和股票。“内部人”经常有非公开信息来源，而当学生用其指导交易决策时，基于网络的实验可以产生并保护该信息的私密性。特别是，当我开始写基于网络的程序之前，我只能想像着做现实宏观经济学的实验，而现在这些程序允许“工人”和“企业”在货币、产品和劳动力循环流动连接的市场里进行互动。在这种情况下，可以看到货币供给的一个矛盾可能会抑制交易并导致“供过于求”，未出售的劳动力和产品导致消费和生产处于低水平。观察到这类例子中货币供给增加可能对摆脱衰退有“实际效果”是令人兴奋的。

如果不进行广泛的实验室测试，你是不会想尝试一个新的拍卖设计，正如在地球上不进行无数次测试，你也不会想发射数百亿美元的航天飞机。

另一个例子涉及到我为美国联邦通信委员会做的拍卖设计。它们的拍卖涉及到数以万计的播放许可，并且随着价格持续上升，这些拍卖会经历数轮。这些拍卖包括来自全国的竞拍者，自然他们是由电脑软件控制，正如我们的拍卖实验是在实验室进行一样，该竞价屏幕与实际拍卖中用的有相同的外观和感觉。

你可能想知道当实际拍卖每6个月左右进行一次，为什么任何人都关心有像你一样（挣相当数量现金）的学生的实验室背景？从这个方面考虑这个问题，一次拍卖可能涉及数百亿美元的交易，而一些拍卖彻底失败，价格几乎没高过起拍价。如果不进行广泛的实验室测试，你是不会想尝试一个新的拍卖设计，正如在地球上不进行无数次测试，你也不会想发射数百亿美元的航天飞机。

我记得在加利福尼亚理工学院的一个会议上佩戴着“(美国）国家航空和宇航局任务获取”的名条，在那里讨论实验室的实验结果。后来我有机会和一些（美国）国家航空和宇航局的官员开诚布公的谈论“红眼”航班飞回东海岸的事。特别是，我问他们从小规模的模仿采购过程中真正希望学到什么。他们的回答是投入其中的资金数非常巨大，预算/采购过程复杂以至于他们担心“失去控制”，任何从控制的实验室实验中获得见解都可能极其有价值。

许多学生通过看拉塞尔·克罗在《美丽心灵》中扮演数学教授约翰·纳什了解了博弈论。从实验的博弈中我们能学到什么？

博弈论是一个可以精准预测人类行为的一流工具，特别是当博弈方由利益驱动需要作出小心的决断时，可获得他们的竞争者行为的大量信息。然而，对博弈论的一种批评是它太基于博弈方完全理性并自利，并不关心其他人的经济福利的假设。

我们都把自己想成理性的，但我们中的大多数却怀疑其他人的理性。在《博弈论的十个小珍宝和十个直觉矛盾》一文中（《美国经济评论》，2001年），Jacob Goeree教授（加利福尼亚理工学院）和我用实验表明博弈理论的纳什均衡在某些博弈（即那些珍宝）中是正确的，而在其他则不然。这里的直觉是指思考人类时的互动，因此对其他人不确定的反应可能引起“反馈效应”，从而使行为远离基于完全的知识和理性的理论预测。

一些人怀疑实验。哪些是很容易处理的批评？有没有任何对实验方法不得不接受的批评？你如何对它们进行回应？

现实人的实验给经济行为的研究注入了现实的元素。许多经济活动（经济不景气）和行星的运动一样，是木已成舟或不能准确重复的，但可以被控制的实验允许我们有机会在控制条件下重复观察。比如，给美国联邦通信委员会进行拍卖设计的工作就包括超过900个学生主体参与了上百个拍卖，从而允许我们看到由于个体差别和互动产生的随机变动的主要类型。一些我们学过的看上去显尔易见，但实验给了我们信心去极力提倡或反对拍卖过程中的特殊变动。美国联邦通信委员会官员考虑的其他分析包括必然基于一些机械假设的计算机模拟。计算机模拟也很有用，特别是当实验室的实验被用于提炼假设行为规则时。

对实验室实验的其中一个批评是选择的人口主体太狭窄。因此一些经济学家和政治科学家使用 “实地实验”，在其中参与者身处他们自身的环境。这个包括会失去一些控制，但当“社会环境”重要时，附加的现实主义证明是正确的。比如，呼吁投票对于投票的影响就可以在实地实验中进行最好的研究，在其中家庭的随机样本受到不同“呼吁”的对待——电话或敲门。

对于一个正计划成为一个经济学家的学生，你的建议是什么？经济学是一门适合主修的课程吗？其他的什么课程与经济学可以很好地配合？

我在大学里喜欢政治学和经济学，但我选择研究经济学是因为，我感觉我所学的理论在 20 年里基本没有改变，并且证明是正确的。经济学提供了一个很好的可应用于重要社会问题的坚实的科学基础的综合体。这些问题令人着迷，因为具有内在的前瞻性、战略性特点，比你在学习自然科学中少了一些内在的机械性。而且你在经济学中学到的工具以及理论、直觉、数据分析和实验的混合有益于研究许多社会问题。经济学的实验方面与心理学有着紧密的联系，许多最令人感兴趣的政策应用发生在一些特定的情境之中，因此，对政策过程的深入理解是有裨益的。

第三编　家庭的选择

第 7 章

效用和需求

无处不在的水

水是我们最重要的资源之一。没有水，我们无法生存。它是关系到我们生死的资源。我们把钻石与水做一下比较。就像歌中

唱到的那样，钻石是“女孩最好的朋友”，无论男人还是女人，都喜欢佩戴钻石饰品。虽然钻石迷人，能给我们带来欢乐，但是与水不同，没有钻石，我们依然过得很好。

既然水带给人们的好处远超过钻石带来的，为什么水几乎分文不值而钻石却昂贵无比？

水和钻石的关系并不是现实中绝无仅有的价格与价值背离的例子。一名全美国橄榄球联赛的球员，一般来说，其薪水是儿童保育员的45倍，这是否表明我们认为照顾我们孩子的保育员的价值要低于参加橄榄球比赛的球员？

◆ 本章是消费者选择理论。该理论的主要目的是解释需求定律——物品的需求量随着价格下降而上升的趋势。该理论也解释收入变化和其他物品价格变化对需求的影响。

你在本章所学的选择理论还解释水与钻石价格与所带来的利益差别巨大的悖论。本章末的**阅读材料**利用该理论揭示了一名橄榄球运动员比儿童保育员看似更有价值的悖论。

学习本章后，你将能：

- 解释家庭消费选择限制
- 使用效用的概念描述偏好，并区分总效用和边际效用
- 解释消费者选择的边际效用理论
- 使用边际效用理论预测价格变化和收入变化的影响
- 解释价值悖论

家庭预算

家庭预算对消费者的选择是一个约束。而一个家庭的偏好决定了一个家庭所有可能的选择。我们首先研究一下决定一个家庭预算和消费可能性[1]的因素。

消费可能性

家庭的收入水平以及所购买产品和服务的价格限制了家庭的消费选择。家庭可以用于花费的收入水平是一定的，并且家庭不能影响所购买的产品和服务的价格。

家庭的**预算线**（budget line）描述了它的消费选择的限制。我们看一下丽莎的家庭。丽莎每月的收入是 30 美元，她打算只买两样商品：电影和苏打水。一场电影的价格是 6 美元，苏打水 3 美元一箱（6 罐装）。如果丽莎花光她的所有收入，她将达到对电影和苏打水消费的极限。

图 7.1 表示丽莎对电影和苏打水的可能的消费组合。表中从 *A* 行到 *F* 行反映了把 30 美元分配在电影和苏打水上的 6 种可能组合。例如，丽莎可以花 12 美元看两场电影和 18 美元买 6 箱苏打水（*C* 行）。图中从 *A* 点到 *F* 点显示了表中所列的可能性。连接这些点的直线就是丽莎的预算线。

丽莎的预算线是她的选择约束。它是划分丽莎能买得起的和不能买得起的产品组合的边界。

她能买得起所有预算线上的点以及预算线以内的点，买不起预算线外的点。丽莎的消费可能性取决于电影和苏打水的价格以及她的收入水平，当电影和苏打水的价格或她的收入水平变化时，她的消费可能性会改变。

预算线可以由两种产品的相对价格和消费者的实际收入表示。

图 7.1 消费可能性

myeconlab

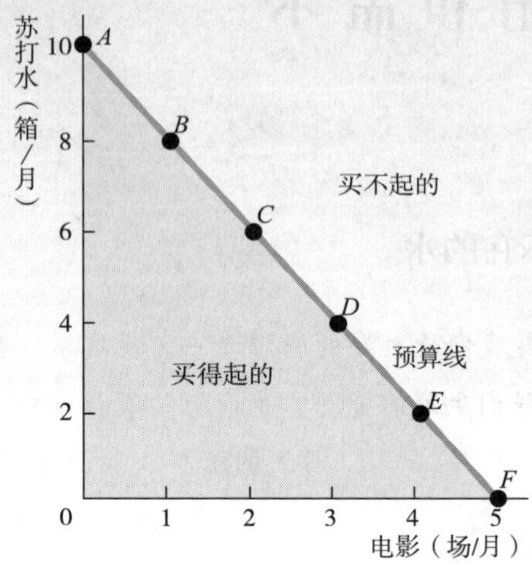

	电影		苏打水	
可能性	数 量	支 出（美元）	箱	支 出（美元）
A	0	0	10	30
B	1	6	8	24
C	2	12	6	18
D	3	18	4	12
E	4	24	2	6
F	5	30	0	0

表中从 *A* 行到 *F* 行表示丽莎把 30 美元用来购买电影和苏打水的 6 种可能性。例如，丽莎可以花 12 美元看 2 场电影和 18 美元买 6 箱苏打水（*C* 行）。每行消费组合的花费都是 30 美元。这些可能性是图中的 *A* 点到 *F* 点。连接这些点的直线是划分丽莎能买得起的和不能买得起的商品组合的边界。她的选择必须位于直线 *AF* 上或者在灰色区域内。

相对价格

相对价格（relative price）是一种产品的价格除以另一种产品的价格。电影价格是每场 6 美元，苏打水价格是每箱 3 美元，则电影以苏打水表示的相对价格是 6 美元每场电影除以 3 美元每箱，等于 2 箱每场电影。也就是说，如果要多看一场电影，丽莎就必须放弃 2 箱苏打水。一场电影的机会成本是 2 箱苏打水。

价格变化 预算线斜率的大小是 x 轴所表示产品的相对价格。当价格改变，相对价格发生变化，预算线的斜率改变。图 7.2（a）说明了两个变化。如果电影的价格从 6 美元降到 3 美元，丽莎的预算线向外旋转，她可以购买这两种产品的更多组合。如果价格从 6 美元上涨到 12 美元，

[1] 本章和第 8 章涉及同一个主题，但是用两种不同的方法表示家庭的偏好。本章假设你只学习其中一种方法。如果你两章都学的话，你会发现两章在开头讨论家庭预算限制很相近。

图 7.2　价格变动和收入变动

myeconlab

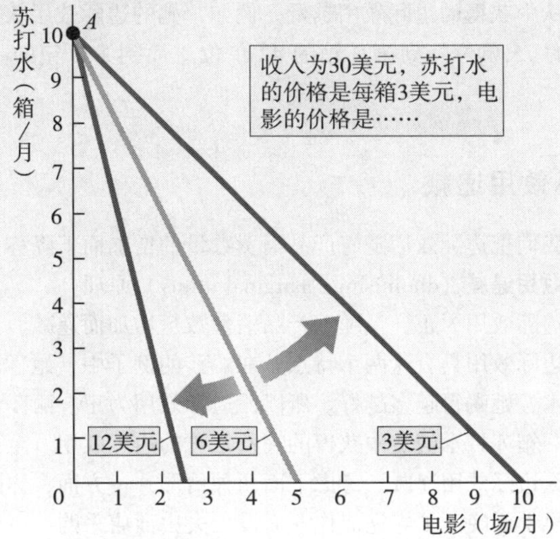

（a）价格变动

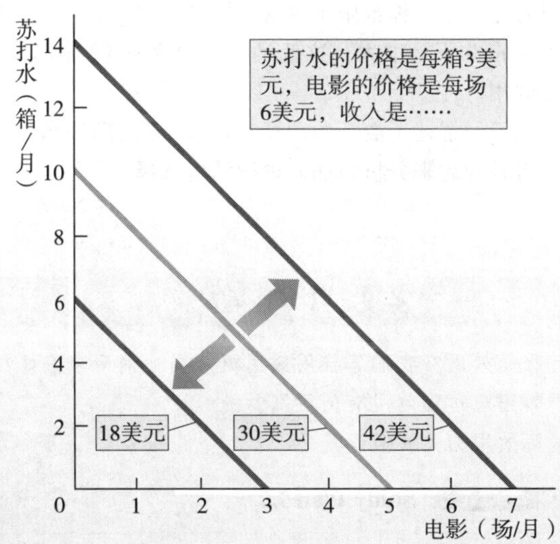

（b）收入变动

在（a）幅，电影的价格发生变化。价格从 6 美元下降到 3 美元，预算线向外旋转并且变得更平坦。价格从 6 美元上涨到 12 美元，预算线向内旋转并且变得更陡峭。

在（b）幅，收入发生变化。收入上升使得预算线向外移动，收入下降使预算线向内移动。但是预算线的斜率并不随着收入的变化而变化。

丽莎的预算线向内旋转，她无力购买原来那么多的两种产品的组合。

实际收入

家庭的**实际收入**（real income）是以家庭能够买得起的产品数量来表示的家庭收入。丽莎用苏打水衡量的实际收入是 10 箱，这是她能买的最大数量。它等于她的货币收入（30 美元）除以苏打水的价格（3 美元/箱）。

收入变化　以苏打水表示的实际收入就是预算线与 y 轴的交点。当货币收入变动时，实际收入改变，预算线移动。但是预算线的斜率不变。图 7.2（b）表示货币收入的两种变动。当丽莎的货币收入从 30 美元增加到 42 美元时，她的预算线向外移动，她可以购买两种商品的更多组合。当丽莎的货币收入下降到 18 美元时，她的预算线向内移动，她无力购买原来那么多的两种商品的组合。

复 习 测 验

1. 家庭的预算线说明什么？
2. 实际收入以及相对价格如何影响预算线？
3. 当一种产品价格改变，相对价格以及预算线的斜率如何变化？
4. 如果家庭的货币收入变化而价格不变，家庭的实际收入和预算线会怎样变化？

myeconlab **Study Plan 7.1**

偏好和效用

丽莎如何在电影和苏打水之间分配她的可用预算？答案取决于她的喜好和厌恶——她的偏好。经济学家使用效用的概念描述偏好。一个人从某种产品或服务的消费中获得的收益或满足称为**效用**（utility）。接下来我们来看看如何利用效用概念描述偏好。

总效用

总效用（total utility）是一个人从产品和服务的消费

中获得的总利益。总效用取决于消费水平——一般地，消费越多，总效用越大。效用的单位是任意的。设想我们告诉丽莎，我们想要测度她的效用。我们把她消费水平为零时的效用设定为零。并且，我们设定她每月消费一场电影的效用水平为 50 单位。然后我们让她告诉我们，按照相同的尺度，当每月消费电影场次从 2、3 场逐步增加到 14 场时，她的效用是多少。我们还让她告诉我们，按照相同的尺度，每月消费苏打水从 1 箱、2 箱一直增加到 14 箱的效用水平。表 7.1 列出了丽莎的回答。

边际效用

边际效用（marginal utility）是一种产品消费数量增加一单位时，总效用的变化量。当丽莎每月购买苏打水的数量从4 箱增加到 5 箱时，她从苏打水中获得的总效用从 181 单位增加到 206 单位。这样对于丽莎来说，消费第 5 箱苏打水的边际效用为 25 单位。图 7.3 中的表说明丽莎从苏打水中获得的边际效用。注意边际效用列在苏打水两个数量的中间。之所以这样做，是因为它是在苏打水消费数量从 4 增加到 5 时产生的 25 单位的边际效用。表中显示丽莎购买苏打水的数量从 1 箱增加到 5 箱时，每个单位的边际效用的计算过程。

表 7.1 丽莎从电影和苏打水中获得的总效用

电 影		苏打水	
数量/月	总效用	箱/月	总效用
0	0	0	0
1	50	1	75
2	88	2	117
3	121	3	153
4	150	4	181
5	175	5	206
6	196	6	225
7	214	7	243
8	229	8	260
9	241	9	276
10	250	10	291
11	256	11	305
12	259	12	318
13	261	13	330
14	262	14	341

图 7.3（a）表示丽莎从苏打水中获得的总效用。在一个月里，丽莎喝的苏打水越多，她的总效用越大。图 7.3（b）表示她的边际效用。该图表明，丽莎喝的苏打水越多，从中获得的边际效用越低。例如，她的边际效用从第 1 箱的 75 单位降到第 2 箱的 42 单位进而到第 3 箱的 36 单位。

边际效用递减

我们把边际效用随着产品消费数量的增加而下降称为**边际效用递减**（diminishing marginal utility）原理。

边际效用为正，但随着产品消费数量增加而递减。为什么边际效用具有这两个特点？在丽莎的例子中，她喜欢苏打水，她喝得越多越好。所以，边际效用为正。丽莎从最后一箱苏打水消费中获得的利益是它的边际效用。至于为什么边际效用递减，考虑下面两种情形：一方面，你刚刚从早学到晚，忙着完成作业而没工夫去商店采购。一个朋友到访，带着一箱苏打水。你从苏打水中获得的边际效用就是这箱苏打水带给你的效用。第二种情形，你喝苏打水上瘾。你一整天边做作业，一边狂饮了 3 箱苏打水。你眼中只有苏打水。你很乐于再喝一罐苏打水，但是你从中获得的兴奋并不是很大，这就是一天中喝第 19 罐苏打水的边际效用。

我们已经描述了丽莎的预算和偏好。我们下一个任务是把二者结合起来分析她如何进行消费选择。

复 习 测 验

1. 什么是效用？我们怎样用效用概念描述消费者偏好？
2. 总效用与边际效用有何区别？
3. 边际效用的关键假设是什么？

myeconlab **Study Plan 7.2**

效用最大化

家庭的收入及其面临的价格限制了家庭的消费选择，并且家庭的偏好决定了它能从每个消费可能性中获得的效用的多少。边际效用理论的关键假设是，家庭选择消费可

图 7.3　总效用和边际效用

myeconlab

数 量	总效用	边际效用
0	0	
		75
1	75	
		42
2	117	
		36
3	153	
		28
4	181	
		25
5	206	

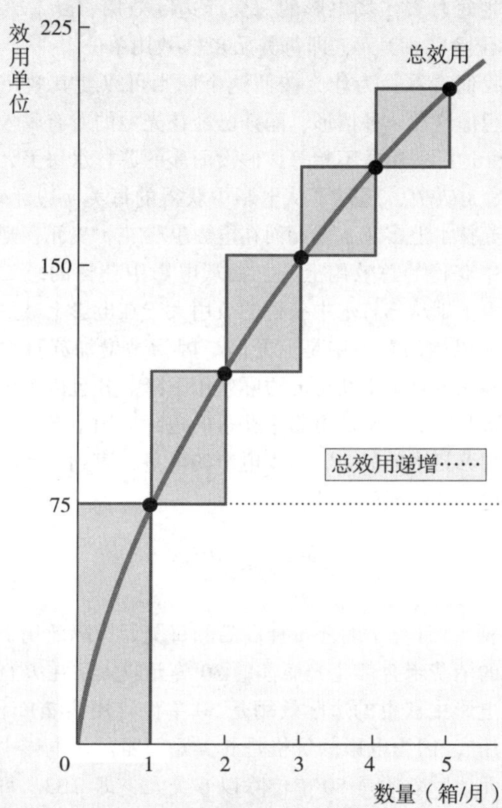

（a）总效用

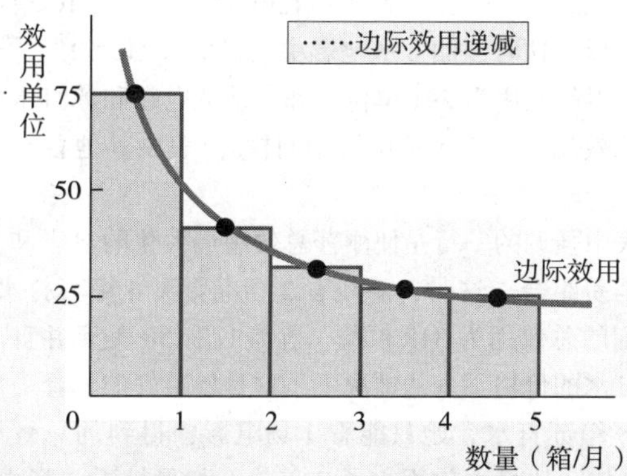

（b）边际效用

表中说明丽莎消费的苏打水越多，她的总效用越大。同时也说明她的边际效用——总效用的变化来自于她消费的最后一箱苏打水。边际效用随着消费增加而下降。图中画出了丽莎苏打水消费的总效用和边际效用。(a) 幅表示她的总效用，图中的竖条也表示她从增加的每箱苏打水中得到的总效用增加量。(b) 幅把 (a) 幅中的竖条并排排列成逐级下降的阶梯形式，说明丽莎的边际效用如何递减。

能性以实现其总效用最大化。这个效用最大化的假设反映了稀缺这一基本经济问题。人们的欲望超过了可以满足他们欲望的可用资源，从而他们必须做出艰难的选择。在这个选择过程中，他们努力得到最大的可得利益——也就是，实现总效用最大化。

我们来看一下丽莎每个月如何把 30 美元在电影和苏打水之间分配以最大化其总效用。我们仍然假设电影每场 6 美元，苏打水每箱 3 美元。

效用最大化的选择

丽莎如何花费她的收入以使她的总效用最大？我们利用类似表 7.2 的表格计算最为直接。表中的各行显示了她能买得起的各种电影和苏打水的组合，这些组合位于图 7.1 丽莎的预算线上。该表表明了三点：第一，所看电影的数量和从中获得的总效用（表的左栏）；第二，苏打水消费的箱数以及从中获得的总效用（表的右栏）；第三，

表 7.2 丽莎的效用最大化组合

	电 影		从电影和苏打水中	苏打水	
	数量/月	总效用	得到的总效用	总效用	箱/月
A	0	0	291	291	10
B	1	50	310	260	8
C	**2**	**88**	**313**	**225**	**6**
D	3	121	302	181	4
E	4	150	267	117	2
F	5	175	175	0	0

从电影和苏打水中获得的总效用（中间栏）。

表 7.2 第 1 行表示丽莎不看电影并且购买 10 箱苏打水的情形。这时，丽莎从电影中获得的效用为 0，从苏打水中获得的效用为 291 单位。那么她从电影和苏打水中获得的总效用就是 291 单位（中间栏）。表中其他各行含义相同。

表中强调的一行是使丽莎总效用最大化的电影和苏打水的消费组合，这时，丽莎看 2 场电影买 6 箱苏打水时，她得到的总效用为 313 单位。在她只有 30 美元并且电影和苏打水的价格不变的情况下，这是她最好的选择。如果她买 8 箱苏打水，她只能看 1 场电影，得到的总效用是 310 单位，比最大效用少了 3 单位。如果她看 3 场电影，她只能喝 4 箱苏打水，得到的总效用是 302 单位，比最大效用少了 11 单位。

我们刚才描述了丽莎的消费者均衡。**消费者均衡**（consumer equilibrium）是指消费者在产品和服务的价格一定的情况下，按照他/她的总效用最大化的方式分配全部收入的情形。丽莎的消费者均衡是 2 场电影和 6 箱苏打水。

为找到丽莎的消费者均衡，我们可以测度丽莎对电影和苏打水的全部买得起的组合的总效用。除此以外，还有更好的方法，我们可以利用在第 1 章中就提到的边际上做出选择的思想。接下来我们探讨这种选择。

使每美元的边际效用相等

消费者总效用最大化由以下法则决定：

> *花光所有可用收入并且使所有产品的每美元的边际效用相等。*

每美元的边际效用（marginal utility per dollar）是产品的边际效用除以其价格。例如，丽莎每月看 1 场电影的边际效用 MU_M 为 50 效用单位，电影的价格 P_M 为 6 美元，那么她每月看 1 场电影的每美元边际效用，MU_M/P_M，是 50 单位除以 6 美元，即每美元 8.33 效用单位。

我们看看，为什么按照这个原则可以使其效用最大化。想像这样一种情形，丽莎已经花光她的所有收入但是每美元边际效用并不相等，假设丽莎的苏打水每美元边际效用，MU_S/P_S，超过了从电影中获得的每美元边际效用。她在苏打水上多花 1 美元而在电影上少花 1 美元，则从苏打水中获得的总效用上升，而从电影中获得的总效用下降。由于她从苏打水中获得的效用大于在电影上减少的效用，所以她的总效用是上升的。因为她增加苏打水的消费，她从苏打水中获得的边际效用下降。并且因为她看电影的次数减少，她从电影中获得的边际效用上升。丽莎不断增加苏打水的消费，减少电影的消费，直到二者的每美元的边际效用相等，即

$$\frac{MU_M}{P_M}=\frac{MU_S}{P_S}$$

表 7.3 计算了丽莎每种商品的每美元边际效用。表中每行的消费组合都花光丽莎的 30 美元收入。在 *B* 行，丽莎从电影中获得的边际效用是 50 单位（用表 7.1 计算边际效用）。因为电影的价格是 6 美元，丽莎从电影中获得每美元边际效用是 50 单位除以 6 美元，即 8.33。每种产品的每美元边际效用，与边际效用类似，随着产品消费数量的增加而下降。

当电影的每美元边际效用等于苏打水每美元边际效用——组合 *C* 时，丽莎实现最大化总效用，这时丽莎消费

表 7.3 使每美元的边际效用相等

	电 影（6 美元/场）			苏打水（3 美元/箱）		
	数 量	边际效用	每美元边际效用	箱	边际效用	每美元边际效用
A	0	0		10	15	
B	1	50	8.33	8	17	5.00
C	**2**	**38**	**6.33**	**6**	**19**	5.67
D	3	33	5.50	4	28	**6.33**
E	4	29	4.83	2	42	9.33
F	5	25	4.17	0	0	14.00

2 场电影和 6 箱苏打水。

图 7.4 说明了为什么“所有产品的每美元边际效用相等”原则起作用。假设丽莎不是消费 2 场电影和 6 箱苏打水（组合 *C*），而是消费 1 场电影和 8 箱苏打水（组合 *B*）。她会从电影中获得每美元 8.33 单位边际效用，从苏打水中获得每美元 5.67 单位边际效用。丽莎可以通过少买苏打水多看电影来提高她的总效用。如果她多看 1 场电影并少买苏打水，她从电影的消费中获得的效用每美元增加 8.33 单位，从苏打水中获得的每美元总效用减少 5.67 单位。她的总效用增加了每美元 2.66 单位，如图中深灰色区域所示。

或者假设丽莎消费 3 场电影和 4 箱苏打水（组合 *D*），这种情形下，她从电影中获得每美元边际效用（5.50）小于她从苏打水中获得的每美元边际效用（9.33）。丽莎现在可以通过少看 1 场电影多消费苏打水来增加总效用，如图中浅灰色区域所示。

图 7.4　使每美元的边际效用相等

myeconlab

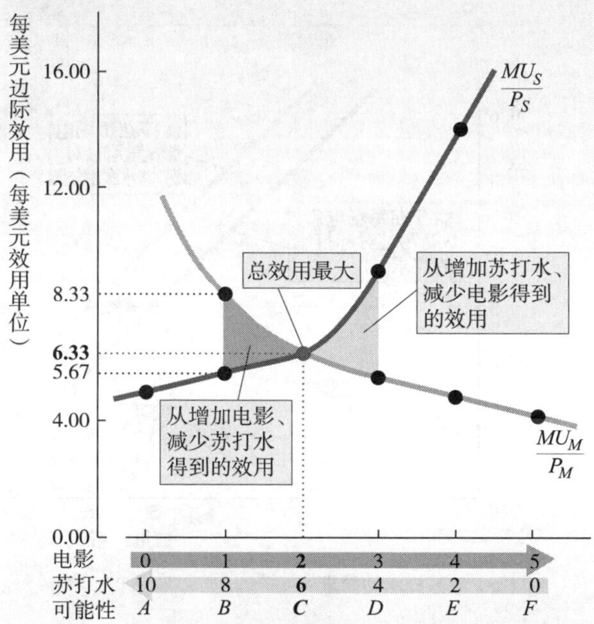

如果丽莎消费 1 场电影和 8 箱苏打水（组合 *B*），她从电影中获得的每美元边际效用超过她从苏打水中获得的每美元边际效用。她可以多看电影少喝苏打水会来获得更多的总效用。如果她喝 4 箱苏打水看 3 场电影（组合 *D*），她从苏打水中获得的每美元边际效用超过从电影中获得的每美元边际效用。她可以少看电影多喝苏打水来增加总效用。当丽莎的两种商品的每美元边际效用相等时，她的总效用最大。

边际分析的威力　我们刚才使用的寻找丽莎效用最大化组合的方法，是边际分析威力的例证。通过比较从多消费的一种产品中获取的边际获益与从少消费的另一种产品中的带来的边际损失，丽莎最终能确保获得最大的总效用。

所遵循的法则很简单：如果从电影中获得的每美元边际效用超过从苏打水中获得的每美元边际效用，就多看电影少买苏打水；如果从苏打水中获得的每美元边际效用超过从电影中获得的每美元边际效用，就多买苏打水少看电影。

更一般地，如果一项行动的边际获益超过边际损失，就采取该行动。你会在经济学的学习中反复遇到这个原则。当你面临自己的经济选择时，尤其是当你必须做大的决定时，你会发现你正在应用这个原则。

效用单位　当使得两种产品的每美元边际效用相等以获得总效用最大化时，效用衡量的单位并不重要，任何单位都可以。在这方面，效用类似温度。预测水的冰点并不取决于温度的尺度，而预测一个家庭的消费选择也不取决于效用单位。

复习测验

1. 丽莎选择苏打水和电影的消费数量组合的目标是什么？
2. 消费者实现效用最大化的两个条件是什么？
3. 解释为什么每个产品的边际效用相等不能实现最大效用。
4. 解释为什么每个产品的每美元边际效用相等能够实现最大效用。

myeconlab **Study Plan 7.3**

边际效用理论的预测

我们现在就利用边际效用理论来做一些预测。你会看到边际效用理论可以用来预测需求定律。该理论也可以预测替代品价格下降则需求减少，以及对于正常品，收入水平上升则需求增加。我们在第3章所做的这些假设都可以利用边际效用理论来预测。

电影价格下降

当其他条件保持不变，电影价格下降时，电影需求量改变，沿着电影的需求曲线移动。我们已经找到丽莎电影需求曲线上的一点：电影价格为6美元时，丽莎看2场电影。图7.5表示丽莎需求曲线上的这个点。

为找到丽莎电影需求曲线上的另一个点，我们需要计算出当电影价格变化时，丽莎买了多少。假设电影价格从6美元降到3美元，其他条件保持不变。

为计算出电影价格变化对丽莎购买计划的影响，我们首先必须确定在新价格下她能买得起的电影和苏打水的组合。然后，我们计算新的每美元边际效用。最后，我们找到能够使电影和苏打水每美元边际效用相等的组合。

表7.4各行表示，电影价格3美元，苏打水价格3美元时，丽莎花光30美元收入的各种消费组合。价格变化时，丽莎的偏好不变。这样她的边际效用表仍与表7.3相同。把她对电影的边际效用除以3以得到电影的每美元边际效用。

当电影的价格降到3美元，丽莎看5场电影喝5箱苏打水，她在用电影替代苏打水。图7.5表示这两种效应。在（a）幅，我们找到丽莎电影需求曲线上的另外一个点。我们发现她的需求曲线遵从需求定律。在（b）幅，我们看到电影价格下降减少了苏打水的需求。苏打水的需求曲线向左移动。对于丽莎来说，电影和苏打水是替代品。

苏打水价格上升

在图7.5（b）中，我们只知道电影票价为3美元时需求曲线上的一个点。为了得到丽莎对苏打水的需求曲线，我们必须看她对苏打水价格变化如何做出反应。假设苏打水价格从每箱3美元上涨到6美元。表7.5各行表示了苏打水每箱6美元和电影每场3美元时，丽莎花光30美元收入所能消费的苏打水和电影的组合。同样地，丽莎的偏好不会随价格变化而改变。把丽莎的边际效用除以苏打水的价格6美元得到她对苏打水的每美元边际效用。

丽莎现在一个月喝2箱苏打水并看6场电影，她在用

图 7.5 电影价格下降

myeconlab

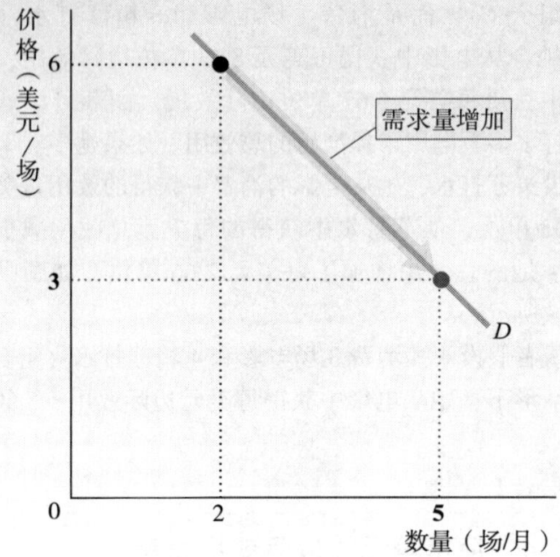

（a）对电影的需求

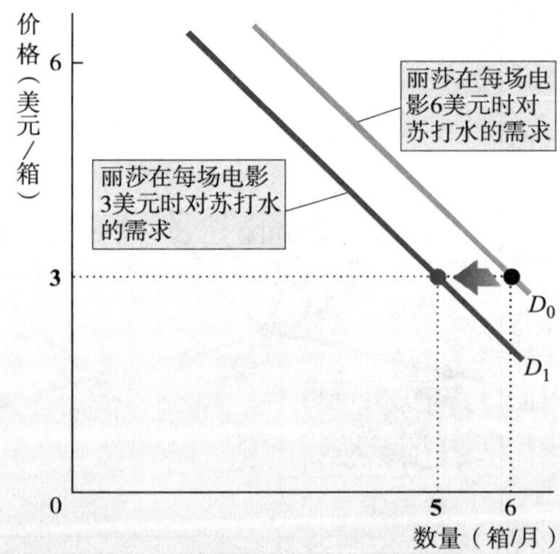

（b）对苏打水的需求

当电影票价下跌而苏打水价格不变时，丽莎对电影的需求量增加，在（a）幅，丽莎沿着她对电影的需求曲线移动。当电影的票价下跌，丽莎对苏打水的需求减少，在（b）幅，她对苏打水的需求曲线向左移动。对丽莎来说，电影和苏打水是替代品。

表 7.4　电影价格变化如何影响丽莎的选择

电影 (3 美元/场) 数量	每美元边际效用	苏打水 (3 美元/箱) 箱	每美元边际效用
0		10	5.00
1	16.67	9	5.33
2	**12.67**	**8**	**5.67**
3	11.00	7	6.00
4	9.67	6	6.33
5	**8.33**	**5**	**8.33**
6	7.00	4	9.33
7	6.00	3	12.00
8	5.00	2	14.00
9	4.00	1	25.00
10	3.00	0	

电影代替苏打水。图 7.6 表示这两种效应。在（a）幅，我们找到丽莎对苏打水需求曲线的另一点。我们可以就此确认这条需求曲线遵从需求定理。在（b）幅，我们看到苏打水价格上升增加了对电影的需求。电影需求曲线向右移动。这个变动再次表明：对于丽莎来说，苏打水和电影是替代品。

边际效用理论预测两个结果：

1. 当一种产品的价格上涨时，该产品需求量下降。
2. 当一种产品的价格上涨时，它的替代品的需求会增加。

边际效用理论的这些预测看起来似曾相识，因为它们与我们在第 3 章对需求的假设是一致的。那时，我们假设产品的需求曲线向下方倾斜，以及替代品价格上涨时，该产品需求增加。

我们已经看到，边际效用理论预测了人们对产品和服务的需求量如何对价格变化做出反应。该理论使我们能够推导出消费者的需求曲线并预测一种产品的需求曲线在另一种产品价格变化时如何变动。

边际效用理论也可以帮助我们预测当收入变动时需求如何变化。我们研究一下收入变化对需求的影响。

表 7.5　苏打水价格变化如何影响丽莎的选择

电影 (3 美元/场) 数量	每美元边际效用	苏打水 (6 美元/箱) 箱	每美元边际效用
0		5	4.17
2	12.67	4	4.67
4	9.67	3	6.00
6	**7.00**	**2**	**7.00**
8	5.00	1	12.50
10	3.00	0	

收入的增加

假设丽莎的月收入上升到 42 美元，电影票价每场 3 美元，苏打水的价格每箱 3 美元。表 7.4 表明在这些价格下丽莎收入水平为 30 美元时，丽莎每月看 5 场电影喝 5 箱苏打水。我们要把这个选择与丽莎收入在 42 美元时的选择做个对比。表 7.6 表示这个对比所需的计算过程。收入为 42 美元时，丽莎可以看 14 场电影而不买苏打水或者买14 箱苏打水而不看电影或者选择表中各行对应的电影和苏打水的各种组合。我们按照前述方法计算每美元边际效用，找到能够使得电影和苏打水的每美元边际效用相等的数量组合。当丽莎的收入为 42 美元时，她看 7 场电影和喝 7 箱苏打水的每美元边际效用相等。

与表 7.4 的情形对比，我们看到月收入增加 12 美元以后，她每月多看了 2 场电影、多喝了 2 箱苏打水。丽莎的反应来自于她的以边际效用表示的偏好。偏好不同，其消费数量变化不同。随着收入水平的提高，消费者总是会多买正常产品而少买低档产品。对丽莎来说，电影和苏打水都是正常产品，随着收入水平的提高，她会同时增加对这两种商品的购买。

你现在已经完成了对家庭消费选择的边际效用理论的学习。表 7.7 总结了该理论的关键假设、推论以及预测。

温度：一个类比

效用类似于温度，都是抽象概念，都有任意的测度单

图 7.6 苏打水价格上升

myeconlab

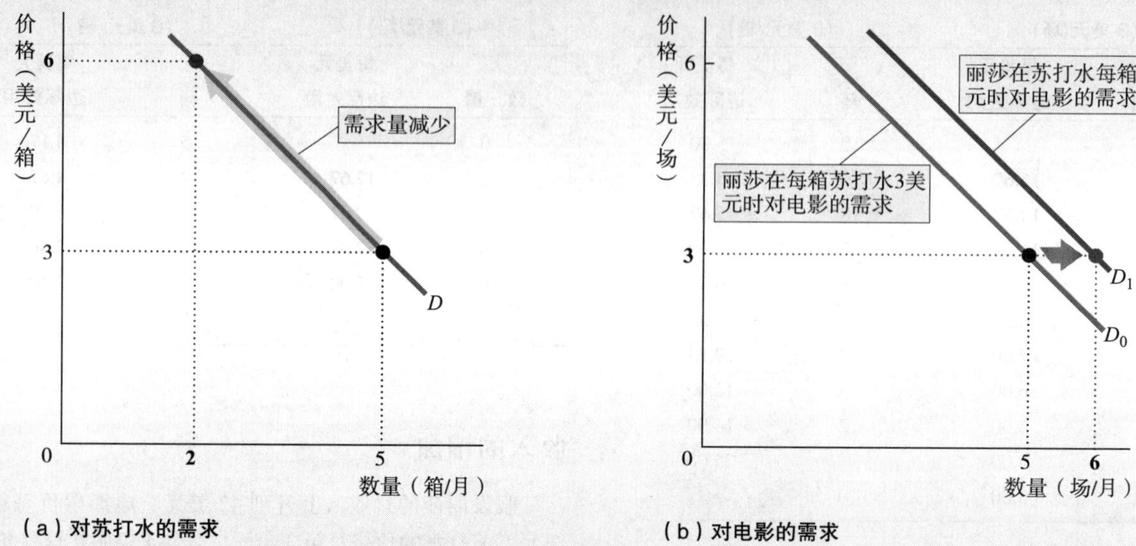

苏打水价格上涨且电影价格不变时，丽莎对苏打水的需求量减少。在 (a) 幅，丽莎沿着需求曲线移动。当苏打水价格上涨时，丽莎对电影的需求增加，在 (b) 幅，她对电影的需求曲线向右移动。

表 7.6 丽莎每月收入为 42 美元时的选择

电影（3 美元/场）数量	每美元边际效用	苏打水（3 美元/箱）箱	每美元边际效用
0		14	3.67
1	16.67	13	4.00
2	12.67	12	4.33
3	11.00	11	4.67
4	9.67	10	5.00
5	**8.33**	9	5.33
6	7.00	8	5.67
7	**6.00**	**7**	**6.00**
8	5.00	6	6.33
9	4.00	**5**	**8.33**
10	3.00	4	9.33
11	2.00	3	12.00
12	1.00	2	14.00
13	0.67	1	25.00
14	0.33	0	

表 7.7 边际效用理论

假 设

- 消费者从产品的消费中获得效用。
- 每多消费 1 单位产品，消费者的总效用就会增加，即边际效用为正。
- 随着产品消费数量的增加，边际效用递减。
- 消费者的目标是总效用最大化。

推 论

消费者花光所有可用收入并且所有产品的每美元边际效用都相等时，消费者实现总效用最大化。

预 测

- 其他条件保持不变时，一种产品的价格越高，消费者购买的数量就越少（需求定律）。
- 一种产品的价格越高，该产品的替代品的购买量越大。
- 消费者的收入越高，正常产品的需求量越大。

位。你不能观察到温度，你能观察到的只是：当水足够热时你可以看到它变成水蒸气；或者当水足够冷时，你可以看到它变成冰。这样你可以设计一个仪器——温度计——它能帮助你预测什么时候这类现象会发生。我们把温度计测度的尺度称为温度，把温度的单位称为度。但是这些度的单位是主观任意的，我们可以用摄氏温标也可以用华氏温标或者其他单位。

效用概念有助于我们对消费者的选择做出预测就如同温度的概念有助于我们对自然现象做出预测一样。

事实上，边际效用理论还不能像温度计能预测水什么时候变成冰或者水蒸气那样，对消费者的购买计划如何变化做出预测。但是该理论使我们能洞察消费者的购买计划并有一些有力的推论，有助于我们理解为什么当产品或服务价格下降时，人们购买量增加，以及为什么当人们的收入增加时，会增加对绝大多数产品的购买量。它还可以解释价值悖论，接下来我们将要学习到。

复习测验

1. 消费者收入水平和其他产品价格不变，当一种产品价格下降时，降价产品以及价格不变的其他产品的消费如何变化？
2. 利用需求曲线详细阐述上一个问题。哪种产品是需求的变动？哪种产品是需求量的变动？
3. 消费者收入水平提高，如果所有产品都是正常品，每种产品的购买量如何变化？

myeconlab **Study Plan 7.4**

在本章即将结束时，我们回到一直重复的贯穿你整个经济学学习的主题：效率的概念以及价格与价值的区别。

效率、价格和价值

边际效用理论加深了我们对效率的理解，阐明了价值与价格之间的不同。接下来我们加以分析。

消费者效率

当丽莎按照效用最大化原则来分配她有限的预算时，她在有效率地利用她的资源。其他任何预算的分配都会浪费一些她的资源。

但是，当丽莎按照效用最大化分配完她的预算时，她应该在每种产品的需求曲线上。需求曲线描述的是在效用最大化时，她在每个价格水平下的需求量。当学习第 5 章时，我们知道价值等于边际利益，需求曲线也是支付意愿曲线，它告诉我们消费者的边际利益——消费者从额外消费的一单位产品中获得的利益。你现在可以给出边际利益更深的含义：

> 边际利益是消费者在效用最大化时愿意为额外一单位的产品或服务所支付的最高价格。

价值悖论

数百年来，哲学家们一直被我们在本章开头所提出的悖论所困惑。水，人们生存所必需，却所费无几，钻石，与水比起来没有用处，却很昂贵。为什么？亚当·斯密曾试图解开这个疑团。然而，直到边际效用理论提出以后，才有了让人满意的答案。

解开这个悖论需要区分总效用与边际效用。我们从水中获得的总效用是巨大的，但请记住，我们所消费的产品数量越多，该产品的边际效用就越低。我们用水量非常大，它的边际效用——我们从多消费一杯水中获得的利益——减少到一个很小的数值。另一方面，钻石，相对于水来说，总效用很小，但是由于我们买的钻石很少，它就具有了很高的边际效用。当一个家庭实现效用最大化时，它是按照使所有产品的每美元边际效用相等法则分配它的预算。即所有产品的边际效用除以其价格都相等。

每美元边际效用相等对水和钻石同样成立：钻石价高边际效用也高，水价低边际效用也低。钻石的高边际效用除以钻石的高价，其得数等于水的低边际效用除以水的低价。钻石的每美元边际效用等于水的每美元边际效用。

价值与消费者剩余

考虑价值悖论的另一途径是利用消费者剩余。图 7.7 使用该概念解释价值悖论。水的供给（a 幅）在价格 P_W 处具有完全弹性。水的消费量是 Q_W，从中获得的消费者

图 7.7 价值悖论

myeconlab

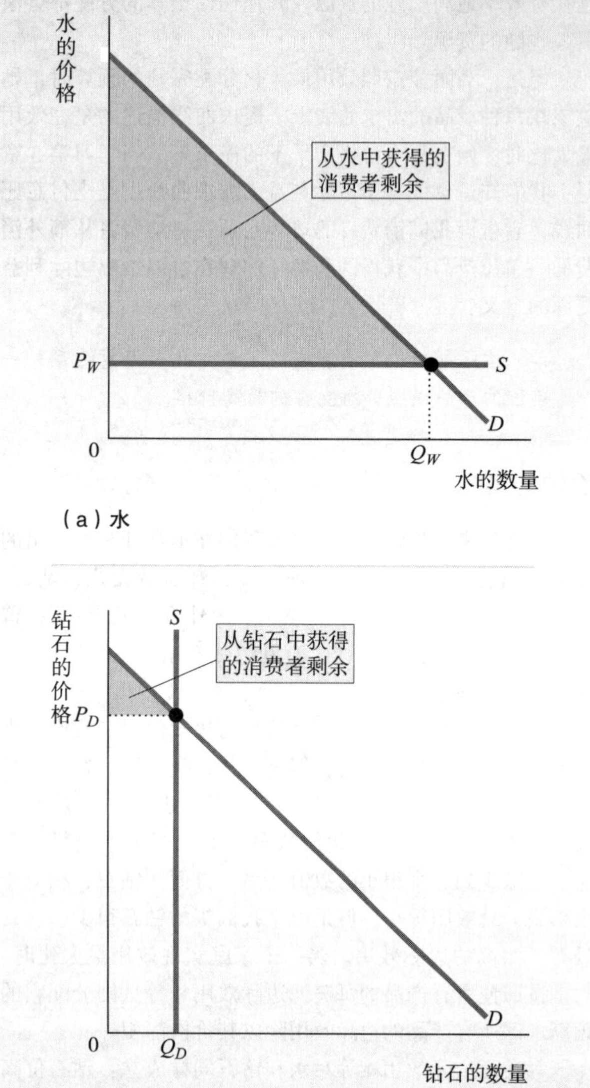

(a) 水

(b) 钻石

(a) 幅表示水的需求和供给。水的供给在价格 P_W 具有完全弹性。在该价格水平，水的消费量是 Q_W，消费者剩余是灰色三角形。(b) 幅表示钻石的需求和供给。钻石的供给在数量 Q_D 处完全缺乏弹性。在该数量，钻石的价格是 P_D，消费者剩余是灰色三角形。水富有价值——有巨大的消费者剩余——却便宜。钻石比水缺乏价值——有较少的消费者剩余——却昂贵。

剩余是图中的大三角形区域。钻石的供给（b 幅）在数量 Q_D 处完全缺乏弹性。在该数量，钻石的价格是 P_D，从中获得的消费者剩余是图中的小三角形区域。水廉价却有巨大的消费者剩余，而钻石昂贵但拥有较少的消费者剩余。

复习测验

1. 你能解释为什么沿着需求曲线，消费者的选择是有效率的？
2. 你能解释价值悖论吗？
3. 水的边际效用大，还是钻石的边际效用大？水的总效用大，还是钻石的总效用大？水的消费者剩余大，还是钻石的消费者剩余大？

myeconlab **Study Plan 7.5**

◆ 你现在已经学习完了边际效用理论，也看到了如何利用该理论解释消费者选择。你可以看到该理论又一次在本章末的阅读材料发挥作用，它解释了为什么儿童保育员挣得比橄榄球运动员少得多。

下一章提出关于家庭行为的另一个理论。为帮助找出这两个理论之间的联系，我们使用同一个例子。我们会再次遇到丽莎，从另一个角度看她如何充分利用 30 美元的月收入。

内容提要

要 点

家庭预算

- 家庭的选择由它的消费可能性和偏好决定。
- 家庭的消费可能性受其收入以及产品和服务的价格的约束。有些产品和服务的组合是可以买得起的，有些产品和服务的组合是买不起的。

偏好和效用

- 家庭的偏好可以用边际效用来描述。
- 边际效用理论的关键假设是产品或服务的边际效用随着产品或服务的消费量的增加而递减。
- 边际效用理论假设人们购买可以买得起的产品和服务

的组合以实现他们的总效用最大化。

效用最大化

- 当人们的可用收入全部花光并且每种产品的每美元边际效用相等时，总效用最大。
- 如果产品 A 的每美元边际效用超过产品 B 的，增加产品 A 的购买量而减少产品 B 的购买量，总效用将增加。

边际效用理论的预测

- 边际效用理论预测了需求定律。即在其他条件保持不变时，一种产品的价格越高，其需求量越小。
- 边际效用理论预测了，在其他条件保持不变时，消费者的收入越高，对正常品的需求量越大。

效率、价格和价值

- 当消费者效用最大化时，他或她正有效率地使用资源。
- 边际效用理论解开了价值悖论。
- 当我们较随意地谈论价值时，我们考虑的是总效用或者消费者剩余，但是价格与边际效用有关。
- 我们消费水的量非常大，有很高的总效用和消费者剩余，但是水的价格以及水的边际效用很低。
- 我们消费钻石的量非常小，有很低的总效用和消费者剩余，但是钻石的价格和边际效用很高。

关键图表

关键术语

预算线
实际收入
总效用
边际效用递减
每美元的边际效用
相对价格
效 用
边际效用
消费者均衡

习 题

1. 詹森喜欢看 DVD 以及间谍小说，每月花费 60 美元。DVD 影碟的价格是 20 美元，间谍小说的价格是 10 美元。
   a. 画出詹森的预算线。标出詹森可以买得起的和买不起的DVD 和小说的组合。
   b. 詹森以间谍小说表示的实际收入是多少？
   c. DVD 的相对价格是多少？
2. 问题 1 中的詹森又有额外的 30 美元可以花在 DVD 和小说上，这样他每月可以有 90 美元花在他的爱好上，价格都不变。
   a. 画出詹森的新预算线。
   b. 詹森以间谍小说表示的实际收入是多少？
   c. DVD 的相对价格是多少？
3. 问题 2 中的詹森继续每月增加 30 美元在 DVD 和间谍小说上，这样他每月仍然可以有 90 美元花在他的爱好上。同时，DVD 的价格降到 15 美元。
   a. 画出詹森的新预算线。
   b. 詹森以 DVD 表示的实际收入是多少？
   c. 詹森以间谍小说表示的实际收入是多少？
   d. DVD 的相对价格是多少？
4. 下表表示詹森从 DVD 和小说中得到的效用。

数量/月	DVD 的效用	间谍小说的效用
1	60	35
2	110	60
3	150	75
4	180	85
5	200	90
6	206	92

   a. 画图说明詹森从 DVD 和间谍小说中得到的总效用。
   b. 比较两幅效用图。关于詹森的偏好，你能说出什么？
   c. 画图说明詹森从 DVD 和间谍小说中得到的边际效用。
   d. 你能从这两幅边际效用图中看出詹森的偏好有哪些特点？
   e. 如果 DVD 的价格是 20 美元，间谍小说的价格是 10 美元，詹森有 60 美元可以花在这两种商品上，他应该各买多少？

劳动市场的价值悖论

http://www.nytimes.com

漫长的日子，富有挑战性的客户，有用的家务活训练经历

2006 年 9 月 24 日

就像艾迪·墨菲在电影《老爸托儿所》中扮演的角色那样，托德·科尔在失业的压力下加入到从事儿童保育员的少数男人的行列中……

科尔先生二月份成为一名注册儿童保育员，现在纽约州允许他照顾 6 名 2 岁以上的儿童以及两名学龄儿童……

明尼阿波利斯市的一个支持男人从事教育的非营利组织 MenTeach 的创始人布赖恩·纳尔逊说，自 20 世纪80 年代以来，在对 5 岁及以下儿童提供看护或者幼教服务的人中，男人一直只占百分之四……

在 2005 年 5 月，劳动统计局估计纽约州的儿童保育员年平均工资在 21 850 美元。

事件的本质

- 在纽约，儿童保育员年平均工资 21 850 美元。
- 科尔获准照顾 8 名儿童。
- 迈克尔·维克与亚特兰大 Falcons 队签订合约，身价暴涨至 1.3 亿美元。

http://www.nytimes.com

维克签订 10 年合约，继续效力 Falcons 队

2005 年 12 月 24 日

24 岁的迈克尔·维克昨天成为美国橄榄球联盟薪酬最高的球员，他同意签订一个直到 2013 年的价值 1.3 亿美元的 10 年合约。一位了解交易内情的某联盟球队的主管透漏，合同包括 3 700 万美元的奖金。这超过了去年春天印第安纳波利斯 Colts 队的四分卫佩顿·曼宁得到的 7 年 9 800 万美元的合同……

经济分析

▶ 如果资源使用有效率，儿童保育员服务的每美元边际效用等于橄榄球运动员服务的每美元边际效用。

▶ 即

$$\frac{MU_C}{P_C} = \frac{MU_F}{P_F}$$

其中，MU_C 和 P_C 分别是儿童保育员服务的边际效用和价格，MU_F 和 P_F 分别是橄榄球运动员服务的边际效用和价格。

▶ 你在新闻中已经看到，儿童保育员一年收入 21 850 美元（平均水平），橄榄球运动员迈克尔·维克将在 10 年内获得 1.3 亿美元的收入或者每年 1 300 万美元。

▶ 把以上这些数字代入上式中，我们得到

$$\frac{MU_C}{21\ 850} = \frac{MU_F}{13\ 000\ 000},$$

即

$$\frac{MU_F}{MU_C} = 595$$

▶ 从迈克尔·维克的服务中得到的边际效用真的是新闻报道中托德·科尔这样的儿童保育员的服务的 595 倍吗？

▶ 思考一会儿，你就会明白，一名儿童保育员只能同时为 8 名消费者提供服务，而一名橄榄球运动员，尤其像迈克尔·维克这样的运动员，同时服务的现场观众和电视机前的观众却有数百万。

▶ 假设迈克尔·维克服务 100 万消费者而托德·科尔服务 8 名消费者。

▶ 这样托德·科尔每个顾客的服务价格是

$$\frac{21\ 850}{8} = 2\ 731.25\text{（美元）}$$

而迈克尔·维克每个顾客的服务价格是 13 美元。

▶ 根据每名顾客的服务价格计算，托德·科尔是迈克尔·维克的 210 倍。

▶ 图 1 表示儿童保育员市场。均衡数量是 100 万人，工资是每年 21 850 美元。

▶ 图 2 表示橄榄球职业运动员市场。均衡数量是 1 500 人，平均工资是每年 1 000 000 美元。（迈克尔·维克挣得比一般球员高得多。）

▶ 根据我们的假设，从儿童保育员获得的消费者剩余要比橄榄球运动员多得多。

▶ 尽管儿童保育员比橄榄球职业球员的工资少，但对于消费他们服务的个人以及社会来说，儿童保育员身上的价值却比橄榄球球员的价值高得多。

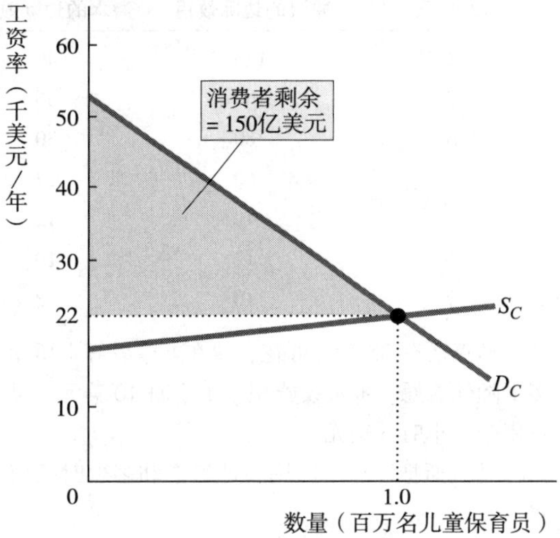

图 1 儿童保育员的价值

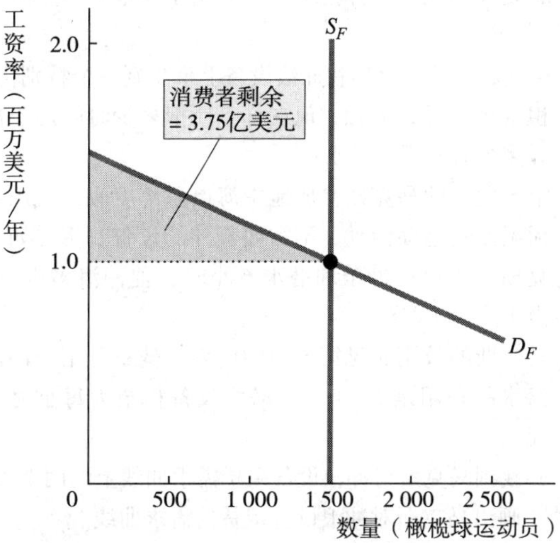

图 2 橄榄球运动员的价值

5. 马克斯喜欢冲浪和潜水。下表表示他从每种运动中获得的边际效用。

小时/天	冲浪的边际效用	潜水的边际效用
1	120	40
2	100	36
3	80	30
4	60	22
5	40	12
6	12	10
7	10	8

马克斯有35美元可花，他在业余爱好上所用时间多少随他意愿。冲浪设施租金1小时10美元，潜水设备租金1小时5美元。

马克斯把多少时间用在冲浪上和多少时间用在潜水上？

6. 马克斯的姐姐每月给他20美元用于他的业余爱好上，这样他每月有55美元。其他条件都与第5题相同。
   a. 画图说明马克斯的消费可能性。
   b. 现在马克斯选择把多少时间用于冲浪和多少时间用于潜水？
7. 第5题中的马克斯在冲浪设备上享受到一个特别优惠：租金每小时5美元。现在马克斯把多少时间用于冲浪和多少时间用于潜水？
8. 第5题中的马克斯参加地中海俱乐部度假，费用包括无限制的运动活动，不需要额外的设备费用。如果马克斯一天可以冲浪和潜水6小时，他冲浪多少小时？潜水多少小时？
9. 马克斯的效用表见第5题中的表，他每月用于冲浪和潜水的费用是55美元。潜水设备租金为每小时5美元。
   a. 找到马克斯对冲浪设备租赁需求曲线上的两个点。
   b. 画出马克斯对冲浪设备租赁的需求曲线。
   c. 马克斯对冲浪设备租赁的需求是富有弹性的还是缺乏弹性的？
10. 马克斯的效用表见第5题中的表，他每月用于冲浪和潜水的费用是55美元。潜水设备租金为每小时5美元。冲浪设备租金每小时从10美元降到每小时5美元。
    a. 马克斯对潜水设备的需求会发生什么变化？
    b. 画出马克斯对潜水设备的需求曲线。
    c. 计算马克斯相对于冲浪设备价格的对潜水设备需求的交叉价格弹性。
    d. 对于马克斯来说，冲浪和潜水设备是互补品还是替代品？
11. 马克斯的效用表见第5题，
    a. 冲浪设备每小时租金10美元，潜水设备每小时租金5美元，当马克斯的预算从35美元增加到55美元时，对冲浪设备的需求曲线会有什么影响？
    b. 冲浪设备每小时租金10美元，潜水设备租金每小时5美元，当马克斯的预算从35美元增加到55美元时，对潜水设备的需求曲线会有什么影响？
    c. 冲浪设备的租赁服务对于马克斯来说是正常品还是低档品？
    d. 潜水设备的租赁服务对于马克斯来说是正常品还是低档品？
12. 本一年花50美元买2束花，同时花50美元买1 000加仑自来水。本实现了效用最大化，并且从水中获得的边际效用是每加仑0.5单位。
    a. 花和水哪个对本更有价值？
    b. 解释本在花和水的支出上怎样说明价值悖论的。

批判性思考

1. 学习阅读材料中关于儿童保育员与橄榄球运动员收入的内容。假设有一项新技术使得人们能够同时有效地照顾100名儿童，同时有一项广告阻隔技术使得电视台运营商无法获得广告收入。对以下事项会有什么影响？
   a. 教师的边际效用？
   b.儿童保育员的工资率？
   c.儿童保育员的数量？
   d.橄榄球运动员的边际效用？
   e. 橄榄球运动员的工资率？
   f. 橄榄球运动员的数量？
2. 在绝大多数航班上是禁止吸烟的。利用边际效用理论解释
   a. 禁令对于吸烟者效用的影响。
   b. 禁令如何影响吸烟者的决策。
   c. 禁令对不吸烟者效用的影响。
   d. 禁令如何影响不吸烟者的决策。

网上活动

1. 阅读可口可乐的前首席执行官 Henry Schimberg 关于瓶装水市场的话。利用边际效用理论解释和说明他的评论。

2. 获得有关马里兰运输管理系统的价格信息。
   a. 说明不同的票价方案对消费者预算线的影响。
   b. 一个人怎样决定是买单次票、日通票还是更长期的通票？运用边际效用理论回答这个问题。
   c. 如果单次票的价格下降而日通票的价格上升，乘客的数量会怎样变化？

第 8 章

可能性、偏好和选择

隐秘的变动

像大陆在地幔上漂浮一样，我们的消费方式也随着时代的改变而发生着平稳的变化。在这种隐秘的变动中，企业帝国崛起与衰落。我们现在可以选择购买 CD 来听音乐，或者下载音乐用 iPod 播放，或者刻录我们自己的 CD。随着音乐下载、iPod 播放机和 CD 刻录机的价格的下降，人们越来越喜欢购买下载的音乐，因此音乐 CD 的销量有所下跌。

电子书的价格也在下降，并低于印刷书。但仍有大部分学生继续购买印刷书。为什么电子书比印刷书便宜，却没有像新的音乐技术取代 CD 一样而取代印刷书呢？

隐秘的变动同样支配着我们在时间上的花费。每周平均工作时间从 19 世纪的每周 70 小时，平稳地下降到了如今的每周 35 小时。虽然现在的周平均工作时间比以前短得多，但是如今拥有工作的人却也比过去多得多。为什么周平均工作时间会减少呢？

◆ 在本章中，我们将学习一个选择模型，并预测价格和收入的变化对人们购买的影响，预测工资率的变化对人们如何在闲暇和工作之间分配时间的影响。在本章末**阅读材料**中，我们使用该模型解释为什么音乐下载可以终结 CD 而电子书却不能取代印刷书。

学习本章后，你将能：

- 描述家庭的预算线并说明在价格或收入变化时，它如何变动
- 利用无差异曲线画出偏好图并解释边际替代率递减规律
- 预测价格和收入变化对消费选择的影响
- 预测工资率的变化对工作—闲暇选择的影响

消费可能性

消费选择受到收入和价格的制约。一个家庭用于支出的收入是固定的，并且不能影响它所购买商品和服务的价格。家庭的**预算线**（budget line）描述家庭消费选择所受的限制。

我们来看一看丽莎的预算线。[1]丽莎每月可花费的收入为 30 美元。她购买两种商品：电影和苏打水。一场电影的价格为 6 美元，一箱（6 罐装）苏打水价格为 3 美元。图 8.1 表示丽莎能买得起的电影和苏打水这两种商品的各种组合。*A* 行表示她把 30 美元的月收入全部花光，能买 10 箱苏打水而不看电影。*F* 行表示丽莎把 30 美元的月收入全部花光，能看 5 场电影而不喝苏打水——花光已有的 30 美元的另一种组合。表中的其他各行都花掉了她的全部收入。（检查一下其他各行是不是都正好花掉了 30 美元。）表中的数字决定了丽莎的消费可能性。我们可以在图 8.1 中画出丽莎从点 *A* 到点 *F* 的消费可能性。

可分的和不可分的商品 一些商品——称为可分的商品——能够购买任何想要的数量。比如汽油和电力。如果假设所有的商品和服务都是可分的，我们就能更好地理解家庭的选择。例如，丽莎可以每两月看一场电影从而平均每月看半场电影。当我们假设商品是可分的，消费可能性就不只是图 8.1 从点 *A* 到点 *F* 的几个点了，而是那些点加上中间的点组成的一条从点 *A* 到点 *F* 的直线，这条线就是预算线。

丽莎的消费预算线限制着她的选择。它标出了可买得起和买不起之间的界线。她能买得起线上的和线内的任何一点消费组合，而买不起线外的任何一点。对她消费的限制取决于商品的价格和她的收入，并且，这个限制随着商品的价格和她的收入的改变而变化。我们来研究一下预算方程式，看看它是如何变化的。

预算方程

我们可以用预算方程来表述预算线。预算方程基于以

[1] 如果你已经学习过第 7 章的边际效用理论，对丽莎不会陌生。到此为止，你已经很熟悉这个故事中丽莎对苏打水的渴望和对电影的喜爱。但在本章中，我们将用另外的方法表达偏好——一种不需要我们借助效用思想的方法。

图 8.1 预算线

myeconlab

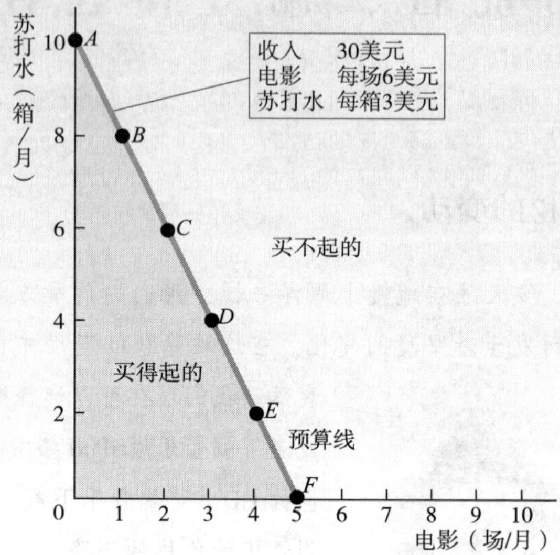

消费可能性	电 影（场/月）	苏打水（箱/月）
A	0	10
B	1	8
C	2	6
D	3	4
E	4	2
F	5	0

丽莎的预算线表示她买得起和买不起的界线。表中的各行表示丽莎收入为 30 美元时，她能买得起的电影和苏打水的组合，苏打水的价格是 3 美元 1 箱，电影的价格是 6 美元 1 场。例如，*A* 行告诉我们，丽莎花光全部 30 美元的收入购买 10 箱苏打水而不看电影。图中画出了丽莎的预算线。图中从 *A* 点到 *F* 点表示表中的各行。对于可分的商品，预算线是连续的直线 *AF*。为计算丽莎的预算线方程，我们从支出等于收入开始：

$$3Q_S + 6Q_M = 30\text{（单位：美元）}$$

除以 3 美元得到

$$Q_S + 2Q_M = 10$$

等式两边同时减去 $2Q_M$，得到

$$Q_S = 10 - 2Q_M$$

下事实：

$$支出 = 收入$$

支出等于每种商品的价格乘以购买数量之和。对于丽莎而言：

$$支出 = (苏打水的价格 \times 苏打水的数量) + (电影的价格 \times 电影的数量)$$

用 P_S 表示苏打水的价格，Q_S 表示苏打水的数量，用 P_M 表示电影的价格，Q_M 表示电影的数量，收入为 Y。丽莎的预算方程可写为：

$$P_SQ_S + P_MQ_M = Y$$

或者，当一箱苏打水价格为 3 美元，一场电影的价格为 6 美元，丽莎的收入为 30 美元时，我们得到：

$$3Q_S + 6Q_M = 30$$

丽莎可以选择满足这个方程的苏打水的数量（Q_S）和电影的数量（Q_M）的任意组合。为了找到这些数量组合之间的关系，用苏打水的价格（P_S）去除方程两边，得到：

$$Q_S + \frac{P_M}{P_S} \times Q_M = \frac{Y}{P_S}$$

从方程两边减去 $\frac{P_M}{P_S} \times Q_M$ 后得到：

$$Q_S = \frac{Y}{P_S} - \frac{P_M}{P_S} \times Q_M$$

对丽莎来说，收入（Y）是 30 美元，一场电影的价格（P_M）是 6 美元，一箱苏打水价格（P_S）为 3 美元，所以丽莎必须选择电影和苏打水数量的组合来满足这个方程

$$Q_S = \frac{30\text{ 美元}}{3\text{ 美元}} - \frac{6\text{ 美元}}{3\text{ 美元}} \times Q_M$$

即

$$Q_S = 10 - 2Q_M$$

为了解释这个方程，回顾一下图 8.1，并核对方程表达的那条预算线。首先，设定 Q_M 为 0。预算方程告诉我们苏打水的数量 Q_S 为 $\frac{Y}{P_S}$，即为 10 箱苏打水。这组 Q_M 和 Q_S 就表示了图 8.1 表中的 A 行。接着设定 Q_M 为 5，现在 Q_S 等于 0（表中的 F 行）。你可以接着核对其他行。

预算方程包含了家庭选择的两个变量（Q_M 和 Q_S）以及家庭既定的两个变量（$\frac{Y}{P_S}$ 和 $\frac{P_M}{P_S}$）。接下来我们更深入地了解一下这些变量。

实际收入　一个家庭的**实际收入**（real income）表示为这个家庭能买得起的商品的数量。用苏打水来表示，丽莎的实际收入为 $\frac{Y}{P_S}$。这个数量是她能购买的苏打水的最大箱数，它等于她的货币收入除以苏打水的价格。丽莎的收入为 30 美元，苏打水的价格为每箱 3 美元，所以她的实际收入用苏打水来表示是 10 箱苏打水，在图 8.1 中表示为预算线与 Y 轴的交点。

相对价格　**相对价格**（relative price）为一种商品的价格除以另一种商品的价格。在丽莎的预算方程中，变量 $\frac{P_M}{P_S}$ 就是用电影表示的苏打水的相对价格。就丽莎而言，P_M 为 6 美元 1 场电影，P_S 为 3 美元 1 箱苏打水，所以 $\frac{P_M}{P_S}$ 等于每场电影 2 箱苏打水。即为了多看 1 场电影，丽莎必须少买 2 箱苏打水。

你已经算出丽莎看 1 场电影的机会成本了。回忆一下，一个行为的机会成本就是所放弃的最好的另一种选择。对丽莎来说，为了每月多看 1 场电影，她必须放弃 2 箱苏打水。你也同样算出了丽莎买苏打水的机会成本。丽莎为了每月多消费 2 箱苏打水，她必须少看 1 场电影，所以她的 2 箱苏打水的机会成本是 1 场电影。

用电影表示的苏打水的相对价格为丽莎预算线斜率的大小。为了算出预算线的斜率，回忆一下斜率的公式（参见第 1 章附录）：斜率等于当我们沿着一条线移动时，用 Y 轴衡量的变量的变动量除以用 X 轴衡量的变量的变动量。在丽莎的例子中（图 8.1），Y 轴衡量的变量为苏打水的数量，X 轴衡量的变量为电影的数量。沿着丽莎的预算线移动，当苏打水的数量从 10 降到 0 时，电影的数量从 0 上升到 5。所以预算线的斜率大小为 10 箱苏打水除以 5 场电影，或为每场电影 2 箱苏打水。这个斜率大小正好和我们刚算出来的相对价格相同，这也是一场电影的机会成本。

价格变动　当价格发生变化时，预算线也会变动。当其他条件保持不变时，横轴衡量的商品价格越低，预算线越平缓。例如，如果电影的价格从 6 美元下降到 3 美元，以苏打水表示的实际收入没变，但是电影的相对价格降低了。预算线向外转动并且变得更平坦，如图 8.2（a）所示。当

图 8.2 价格收入和变动

myeconlab

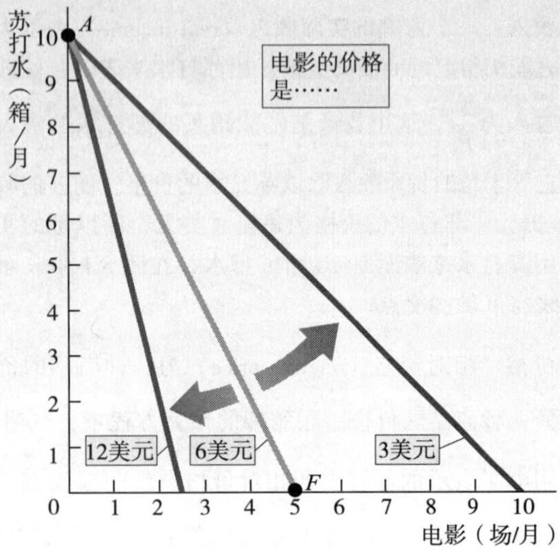

（a）价格变动

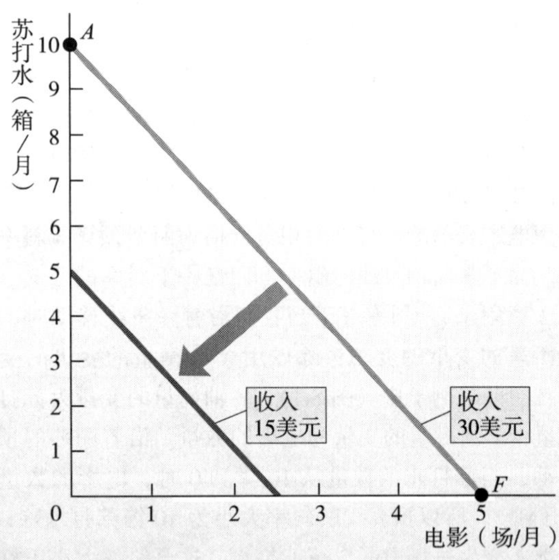

（b）收入变动

在（a）幅，电影的价格变化。价格从 6 美元降到 3 美元，预算线向外旋转，变得更平缓。价格从 6 美元涨到 12 美元，预算线向内旋转，变得更陡峭。

在（b）幅，收入从 30 美元降到 15 美元，电影和苏打水的价格不变。预算线向左移动，斜率不变。

其他条件保持不变时，横轴衡量的商品价格越高，预算线越陡峭。例如，如果电影的价格从 6 美元上升到 12 美元，则电影的相对价格上升。预算线向内转动并且变得更陡峭，如图 8.2（a）所示。

收入变动 货币收入改变使实际收入发生变动，但是并不改变相对价格。预算线移动，但是斜率不变。家庭的货币收入越多，实际收入就越多，预算线越往右。家庭的货币收入越少，实际收入就越少，预算线越往左。图 8.2（b）表示实际收入的变动对丽莎预算线的影响。丽莎收入为 30 美元时的初始预算线与我们在图 8.1 中开始讨论的那条相同。新的预算线表示，如果丽莎的收入下降到每月 15 美元时的消费组合。因为相对价格相同，两条预算线的斜率相同。因为丽莎的实际收入减少了，新的预算线更靠近原点。

复习测验

1. 家庭预算线表示什么？
2. 相对价格和家庭实际收入如何影响家庭预算线？
3. 如果一个家庭有 40 美元收入，而且只乘坐公共汽车和购买杂志，且价格分别为 4 美元和 2 美元，家庭预算线方程是什么？
4. 如果一种商品的价格变动，相对价格和家庭预算线斜率会怎样变化？
5. 如果家庭的货币收入变动而价格不变，家庭的实际收入和预算线会怎样变化？

myeconlab **Study Plan 8.1**

我们已经学习了家庭消费所受的限制。接下来我们学习如何描述偏好，以及画出包含大量家庭偏好信息的图。

偏好和无差异曲线

你将会发现一个非常简洁的思想：把一个人的偏好画成图。偏好图是根据人们近乎直觉的思想，即人们可以把所有可能的商品组合分成三类：偏好的、不偏好的、无差异的。为使这个思想更加明确，我们看看丽莎是怎样对电影和苏打水的各种组合进行排序的。

图 8.3 表示出丽莎的部分答案。她告诉我们，当前在 C 点她一个月消费了 2 场电影和 6 箱苏打水（每箱 6 罐），随后她列出了所有电影和苏打水的组合。当我们绘制出所有电影和苏打水的组合时，就可以得到图 8.3（a）中的曲线，这条曲线被称为无差异曲线，它是偏好图中的重要组成部分。

无差异曲线（indifferent curve）是一条表示消费者对商品组合无差异的曲线。8.3（a）中的无差异曲线告诉我们，丽莎在 G 点时的电影和苏打水的消费组合及其在曲线上的其他各点的消费组合，与她在 C 点每月消费 2 场电影和 6 箱苏打水时所获得的满足程度一样。

丽莎还认为她对图 8.3（a）中无差异曲线上方区域内的电影和苏打水的各点组合的偏好大于无差异曲线上的组合点。而她对无差异曲线上任一组合的偏好又大于无差异曲线下方灰色区域中的任一组合点。

图 8.3（a）中的无差异曲线是家庭所有这类曲线中的一条。在图 8.3（a）中，这条无差异曲线被标为 I_1。被标为 I_0、I_2 的是另外两条无差异曲线。丽莎对无差异曲线 I_2 上点的偏好大于无差异曲线 I_1 上的任一点，而对于 I_1 上点的偏好又大于 I_0 上的点。我们称 I_2 是比 I_1 更高的无差异曲线，而 I_1 又是比 I_0 更高的无差异曲线。

偏好图是一系列类似地图上等高线的无差异曲线。通过观察地图上等高线的形状，我们可以得出关于地形结论。类似地，通过观看无差异曲线的形状，我们可以得到关于个人偏好的结论。

让我们学习一下如何“读”偏好图。

边际替代率

边际替代率（marginal rate of substitution，*MRS*）是指在偏好不变的情况下（保持在同一条无差异曲线上），一个人为获得额外一单位商品 x（以 x 轴衡量的商品）而愿意放弃的商品 y（以 y 轴衡量的商品）。边际替代率是用无差异曲线斜率的大小来衡量。

- 如果无差异曲线陡峭，则边际替代率就高。在保持无差异的情况下，一个人为获得额外一单位商品 x 愿意放弃大量商品 y。
- 如果无差异曲线平缓，则边际替代率就低，在保持无差异的情况下，一个人为获得额外一单位商品 x 愿意放弃少量商品 y。

图 8.3　偏好图

myeconlab

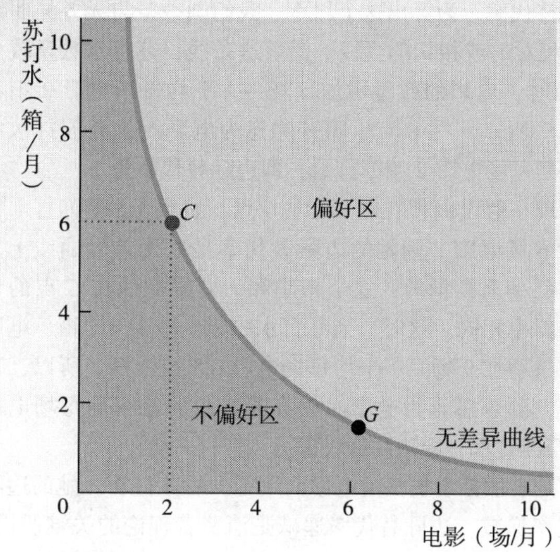

（a）无差异曲线

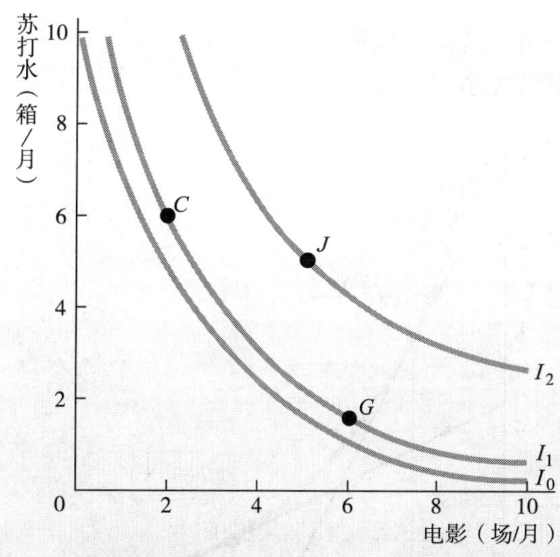

（b）丽莎的偏好图

(a) 幅中，丽莎在 C 点，一个月消费 6 箱苏打水和 2 场电影。在无差异曲线所有点如 C 点和 G 点之间，她的偏好是相同的。她对无差异曲线上部浅灰色区域中的任一点的偏好大于无差异曲线上的点，且对无差异曲线上点的偏好大于其下部灰色区域中的点。(b) 幅显示了三条无差异曲线 I_0、I_1、I_2，它们是丽莎偏好图中的一部分。她对 J 点的偏好大于 C 点或 G 点，所以丽莎对 I_2 上的任一点的偏好大于 I_1 上的任一点。

图 8.4 说明了怎样计算边际替代率。假设丽莎在无差异曲线 I_1 上的 *C* 点，喝 6 箱苏打水并且看 2 场电影。我们可以测量无差异曲线在 *C* 点斜率的大小从而计算她的边际替代率。为算出这个斜率，我们画一条与无差异曲线 *C* 点相对的或相切的直线。沿着这条线，苏打水数量减少 10 箱时，电影的数量增加 5 场——平均每场电影 2 箱苏打水。所以，在 *C* 点，丽莎愿意为电影而放弃苏打水的比率是每场电影 2 箱苏打水，即边际替代率为 2。

现在假设丽莎在图 8.4 中 *G* 点，她喝 1.5 箱苏打水并且看 6 场电影，则她的边际替代率是以无差异曲线上 *G* 点的斜率来衡量的，这个斜率和无差异曲线在 *G* 点的切线的斜率相同。这时，当苏打水的数量减少 4.5 箱，电影的数量增加 9 场——平均每场电影 0.5 箱饮料。所以，在 *G* 点，丽莎愿意为电影而放弃苏打水的比率是每场电影 0.5 箱苏打水，即边际替代率为 1/2。

随着丽莎看更多的电影而喝更少的苏打水，她的边际替代率递减。边际替代率递减是消费者理论的关键假设。

图 8.4　边际替代率

myeconlab

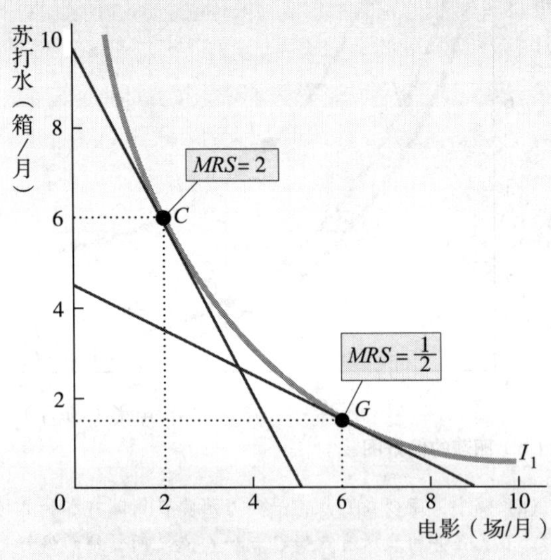

无差异曲线斜率的大小称为边际替代率（*MRS*）。*C* 点上的深灰色线告诉我们，丽莎愿意放弃 10 箱苏打水去看 5 场电影。她在 *C* 点的边际替代率是 10 除以 5 等于 2，*G* 点上的深灰色线告诉我们丽莎愿意放弃 4.5 箱苏打水去看 9 场电影，她在 *G* 点的边际替代率是 4.5 除以 9 等于 1/2。

边际替代率递减（diminishing marginal rate of substitution）是在保持无差异的情况下，随着商品 *X* 数量的增加，一个人为多获得一单位 *X*，所愿意放弃的 *Y* 的数量越来越少的一般趋势。以丽莎为例，随着她看电影的数量的增加，为多看一场电影，她愿意放弃的苏打水越来越少。

你自己的边际替代率递减　考虑你自己也存在边际替代率递减。设想一周内，你喝 10 箱苏打水而不看电影。这时，为了能看一场电影，你很可能愿意放弃很多的苏打水。但是再设想，一周内你喝 1 箱苏打水而看 6 场电影。这时，你很可能不会愿意放弃太多苏打水而去看第 7 场电影。一般来说，看的电影数量越多，你愿意为多看 1 场电影而放弃的苏打水数量就会越少。

个人无差异曲线凸向原点，这个形状体现了边际替代率递减的原理。无差异曲线弯曲程度表明，在保持无差异的情况下，一个人用某种商品来替代另一种商品的意愿程度。让我们看一些使这个观点更加清晰的例子。

替代程度

我们大多数人不会把电影和苏打水看成是很接近的替代品。我们可能会相当清楚，每个月想看多少场电影、想喝多少罐苏打水。但某种程度上，我们愿意在这两种商品之间进行替代。无论你多么钟爱苏打水，电影观看场次的一定程度的增加肯定会补偿你少喝一罐苏打水的损失。同样，无论你多沉迷于电影，一定数量的苏打水肯定可以补偿你少看一场电影的损失。一个人的电影和苏打水的无差异曲线看起来应该如图 8.5（a）所示。

完全替代品　一些商品彼此很容易相互替代，我们甚至没有注意到正在消费的是哪一种。个人电脑的不同品牌就是一个例子。只要它有英特尔芯片和 Windows 操作系统，大多数人不会在意自己的 PC 机是戴尔、康柏、索尼或是其他牌子。签字笔也是如此，我们大多数人不会关心所用的签字笔是来自校园书店还是来自当地的超市。当两种商品互相完全替代时，它们的无差异曲线是一条向下倾斜的直线，如图 8.5（b）所示，边际替代率是固定不变的。

互补品　一些商品根本不能互相替代。相反的是，它们是互补品。图 8.5（c）中的互补品是左脚跑鞋和右脚跑鞋。完全互补品的无差异曲线是 L 型的。对一只左脚跑鞋和一只右脚跑鞋的偏好与一只左脚跑鞋和两只右脚跑鞋的偏好

图 8.5　替代程度

myeconlab

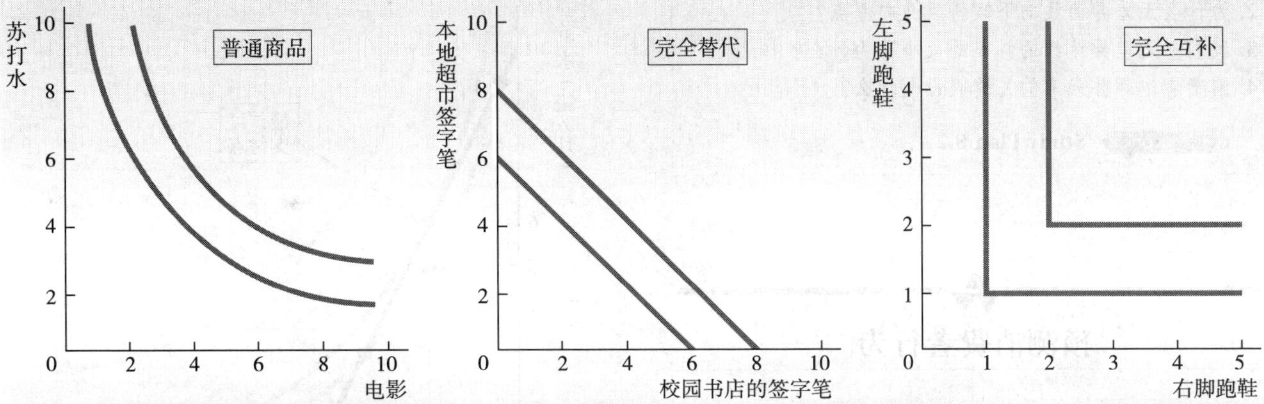

(a) 普通商品　**(b) 完全替代品**　**(c) 完全互补品**

无差异曲线的形状揭示了两种商品的替代程度。(a) 幅表示电影和苏打水这两种普通商品的无差异曲线。一个人若要少喝苏打水并且保持偏好无差异，就必须多看电影。随着苏打水消费数量的减少，要用更多的电影加以补偿。(b) 幅表示两种完全替代品的无差异曲线。消费者若要保持无差异，从当地超市少买一支签字笔就将由多买一只校园书店的签字笔所代替。(c) 幅表示两种完全互补品——根本不能彼此替代的商品。拥有两只左脚跑鞋和一只右脚跑鞋与拥有一只左脚跑鞋和一只右脚跑鞋相同，而各有两只跑鞋要比各有一只跑鞋要好。

是一样的。而对拥有两只左脚跑鞋和两只右脚跑鞋的偏好就要大于拥有一只左脚跑鞋和一只右脚跑鞋的。但是，一种有两只、另一种有一只的情况与两种各有一只的情况相同。

完全互补和完全替代是很极端的例子，在现实中不会经常发生，但是它们所描绘出的无差异曲线的形状可以显示出两种商品的替代程度。两种商品的替代越完全，他们的无差异曲线越接近直线，且边际替代率递减得越慢，替代性差的则无差异曲线的弯曲程度越大，接近图 8.5 (c) 中所示的形状。

在漫画中可以看到，根据侍者的偏好，可口可乐和阿尔萨斯白酒是完全替代的，且每种都与猪肉是互补的。我们希望顾客可以同意他的看法。

家庭选择模型的两个组成部分：预算线和偏好图。我们将用这两个工具解决家庭选择，并预测当价格和收入改变时家庭选择将怎样变化。

"我建议吃猪肉用阿尔萨斯白酒或可口可乐。"

复习测验

1. 什么是无差异曲线？偏好图是如何表示偏好的？
2. 为什么无差异曲线向下倾斜且凸向原点？
3. 我们把无差异曲线的斜率的大小称为什么？
4. 消费者边际替代率的关键假设是什么？

myeconlab Study Plan 8.2

预测消费者行为

我们现在预测一下丽莎所要选择的电影和苏打水的数量。图 8.6 中所示的预算线来自于图 8.1，其无差异曲线来自于图 8.3（b）。我们假设丽莎在其最佳可支付点，即 C 点，消费 2 场电影和 6 箱苏打水。这时，丽莎——

- 在其预算线上。
- 在其最高的可实现的无差异曲线上。
- 电影和苏打水的边际替代率等于二者的相对价格。

相对于预算线内的各点如点 I，丽莎更偏好预算线上的点。例如，她对预算线上 F 点和 H 点之间的所有点的偏好大于点 I。所以，她会在预算线上选择一点。

预算线上的每个点都位于一条无差异曲线上。例如，点 H 是在无差异曲线 I_0 上。在 H 点，丽莎的边际替代率小于相对价格，她愿意放弃比预算线所表示的应该放弃的还要多的电影来换取苏打水。因此，她从点 H 沿着预算线移动到点 C，这个过程中，她经过了无差异曲线 I_0 和 I_1 之间许多条无差异曲线（图中未标示出来）。所有这些无差异曲线都要高于 I_0，因此，丽莎对这些无差异曲线上点的偏好大于 H 点。

然而，当丽莎到达 C 点时，她已处于所能达到的最高的无差异曲线上。如果她继续沿着预算线移动，她开始遇到比 I_1 低的无差异曲线。所以，丽莎选择了 C 点，即她的最佳可支付点。

在所选的点上，边际替代率（无差异曲线斜率的大小）等于相对价格（预算线斜率的大小）。

让我们用这个家庭选择模型来预测一下价格和收入的变动对消费的影响。首先研究一下价格变动的影响。

图 8.6 最佳可支付点

myeconlab

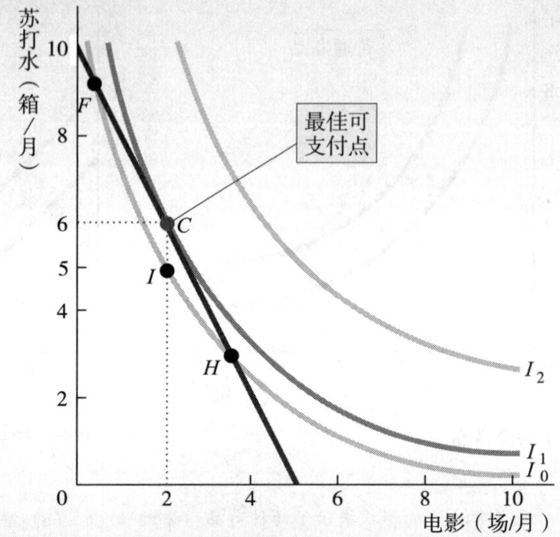

丽莎的最佳可支付点是 C 点。在该点处，她在预算线上同时也在最高的可实现的无差异曲线上。在像 H 点这样的点，丽莎愿意为换取苏打水所放弃的电影多于她所必须放弃的。她会移动到 I 点，所得到的满足程度与在点 H 处相同，但有了一些未花费的收入。她可以花费这些收入并移动到 C 点，她对该点的偏好大于 I 点。

价格变动

价格变动对商品消费数量的影响称为**价格效应**（price effect）。我们用图 8.7（a）来计算电影价格下降所带来的价格效应。开始时，电影价格为 6 美元，苏打水价格为每箱 3 美元，并且丽莎的月收入为 30 美元。这种情况下，她的消费选择是 C 点，即每月喝 6 箱苏打水、看两场电影。

现在假设电影价格降到 3 美元，由于电影价格下降，预算线向外转动，并变得更加平缓［回顾图 8.2（a），复习一下价格变动是如何影响预算线的］。新的预算线是图 8.7（a）中的一条黑色的直线。

丽莎的最佳可支付点现在是 J 点。此时，她看 5 场电影喝 5 箱苏打水。因为电影价格更便宜了，丽莎喝更少的苏打水而看更多的电影。她把苏打水的消费量从 6 箱减少

图 8.7 价格效应与需求曲线

myeconlab

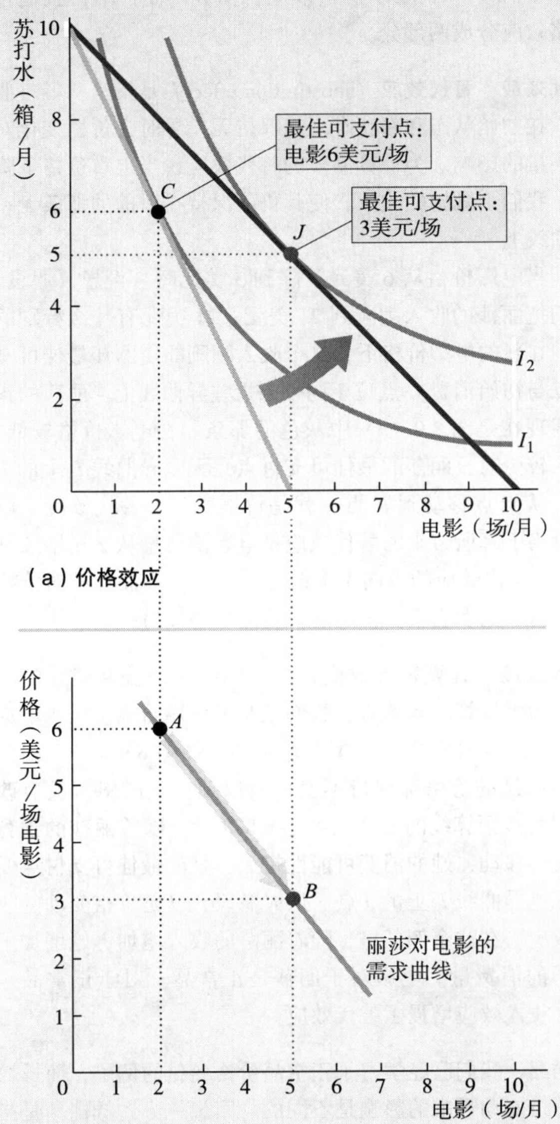

（a）价格效应

（b）需求曲线

起初，丽莎的消费在 C 点（a 幅）。如果电影价格从 6 美元下降到 3 美元，她的消费点在 J 点。从 C 点变动到 J 点是价格效应。

在每场电影价格为 6 美元时，丽莎每月看 2 场电影，在 A 点（b 幅）。在每场电影价格为 3 美元时，她每月看 5 场电影，在 B 点。丽莎的需求曲线描述了当电影价格变动时她最佳可支付的消费量。

到 5 箱，同时把每月观看的电影场次从 2 场增加到 5 场。当电影价格下降并且苏打水的价格和丽莎的收入不变时，丽莎用电影替代了苏打水。

需求曲线 第 3 章中，我们断言，需求曲线是向下倾斜的。我们可以从消费者的预算线和无差异曲线中推导出需求曲线。因此，我们可以看出，需求定律和向下倾斜的需求曲线是消费者选择他/她的最优商品购买组合的结果。

为了推导出丽莎对电影的需求曲线，我们降低电影价格并找出在不同的价格水平下的最佳可支付点。在图 8.7（a）中，我们只设定两种电影价格。图 8.7（b）强调了这两种价格和丽莎电影的需求曲线上的两点。当电影价格为 6 美元时，丽莎在 *A* 点每月看 2 场电影；当价格下降到 3 美元时，她在 *B* 点将所看电影数量提高到每月 5 场。需求曲线是由这两点以及所有其他点组成的。它告诉我们，假定苏打水的价格和丽莎的收入不变，在电影的每个价格水平下，丽莎对电影的最佳可支付消费量。正如你所见，丽莎的电影需求曲线是向下倾斜的。电影价格越低，她每月看的电影场次越多，这就是需求定律。

接下来，我们看看当收入变动时，丽莎对电影和苏打水消费量是如何变化的。

收入变动

收入变化对消费的影响称为**收入效应**（income effect）。我们考查当收入变动而价格不变时，消费如何变动，从而计算收入效应。图 8.8 表示丽莎收入下降时的收入效应。当收入为 30 美元，电影的价格为 3 美元，苏打水的价格为每箱 3 美元时，她在 *J* 点消费——5 场电影和 5 箱苏打水。若她的收入降到 21 美元，她在 *K* 点消费——4 场电影和 3 箱苏打水。当丽莎的收入下降时，她对两种商品的消费都减少了。电影和苏打水都是正常品。

需求曲线和收入效应 收入变动导致需求曲线的移动。如图 8.8（b）所示，收入为 30 美元时，丽莎的需求曲线是 D_0，与图 8.7（b）相同。但是，当她的收入降到 21 美元时，在每一个价格水平上，她都计划看更少的电影。所以，她的需求曲线向左移动到 D_1。

替代效应和收入效应

对于正常品，价格下降总是会增加购买量，我们可以把价格效应分解成两部分来证明这个论断。

图 8.8 收入效应与需求变动

myeconlab

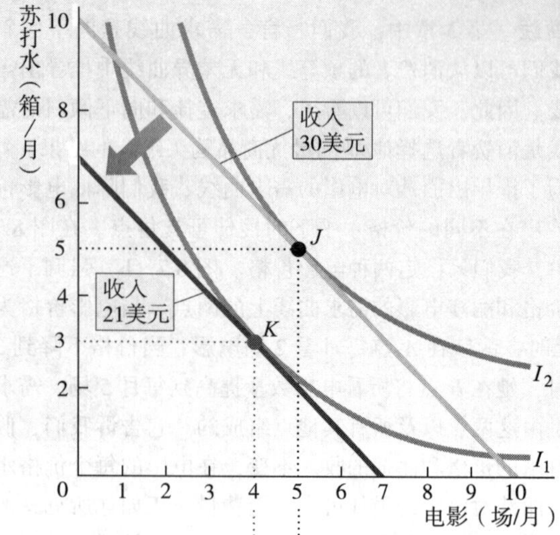

(a) 收入效应

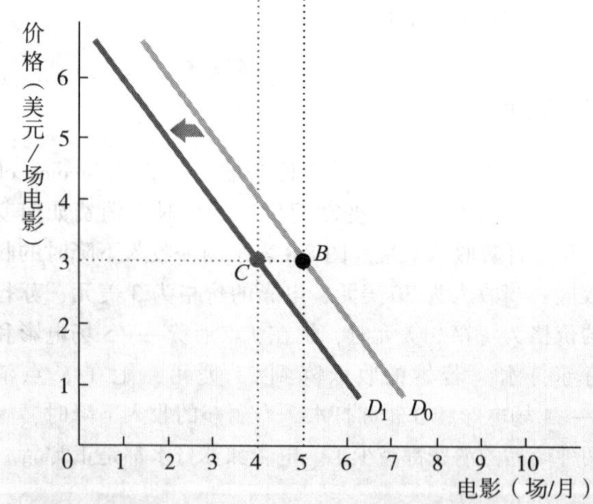

(b) 需求曲线

收入变动使预算线移动，改变了最佳可支付点和消费量。在 (a) 幅，当丽莎的收入从 30 美元减少到 21 美元时，她对电影和苏打水的消费量都减少了。在 (b) 幅中，当收入为 30 美元时，丽莎的电影需求曲线为 D_0，当丽莎的收入减少到 21 美元时，她的电影需求曲线向左移动到 D_1。因为在每一个价格水平上，丽莎都看更少的电影，所以她对电影的需求减少。

- 替代效应
- 收入效应

图 8.9 (a) 表示价格效应，图 8.9 (b) 中，我们把价格效应分成两部分。

替代效应 **替代效应** (substitution effect) 是指消费者（假设）在初始状态和新状态之间保持无差异时，价格变化对购买量的影响。为计算丽莎的替代效应，当电影价格下降时，我们削减她的收入，使其仍能保持在以前的那条无差异曲线上。

当电影价格从 6 美元下降到 3 美元时，设想（假设）我们把丽莎的收入削减到 21 美元。21 美元有什么特别的呢？在新的电影价格下，这个收入刚刚能使丽莎最佳可支付点与初始消费 *C* 点位于同一条无差异曲线上。丽莎的预算线现在是图 8.9 (b) 中灰色的那条。在电影价格较低、收入较少时，丽莎的最佳可支付点是无差异曲线 I_1 上的 *K* 点。从 *C* 点移动到 *K* 点，就是价格变动的替代效应。电影价格下降所带来的替代效应是电影消费量从 2 场增加到 4 场。替代效应的方向不会改变：当一种商品的相对价格下降时，消费者会多消费这种商品来替代另一种商品。

收入效应 计算替代效应，我们削减了丽莎 9 美元的收入。为了计算收入效应，我们把 9 美元还给她。收入增加 9 美元使得丽莎的预算线向外移动，如图 8.9 (b)。因为两种商品的价格都保持不变，所以预算线的斜率没有改变。丽莎预算线的变动正如图 8.8 所示。随着丽莎的预算线向外移动，她的消费可能性扩大，她的最佳可支付点变成无差异曲线 I_2 上的 *J* 点。从 *K* 移动到 *J* 是价格变动的收入效应。在这个例子里，随着丽萨的收入增加，她增加了电影的消费量。电影对于丽莎是正常品。对于正常品来说，收入效应增强了替代效应。

低档品 我们已经学习了正常品价格变化的例子，而低档品价格变动带来的影响是不同的。回想一下，低档品是指那些随着收入增加而消费量下降的商品。对于低档品而言，收入效应是负的。因此，低档品的价格下降并不总导致其需求量的增加。价格下降会产生使需求量增加的替代效应。但是，对于低档品，降价也会有减少其需求量的负的收入效应。因此，收入效应一定程度上抵消了替代效应。如果负的收入效应超过了正的替代效应，需求曲线就会向上倾斜。这种情况在现实世界中不会出现。

图 8.9　替代效应与收入效应

myeconlab

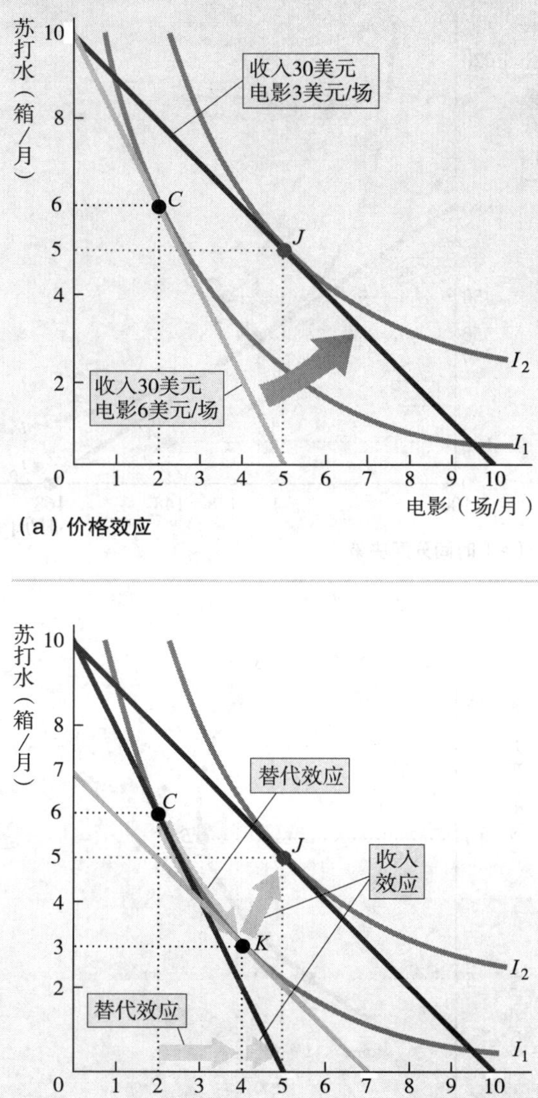

(a) 幅价格效应可分解成 (b) 幅中的替代效应和收入效应。

为了分离替代效应，我们使丽莎面临新的价格并且保持在以前的无差异曲线 I_1 上。替代效应是从 C 点移到 K 点。

为分离收入效应，我们使丽莎面对新的电影价格且增加其收入，使其能从原来的无差异曲线 I_1 移动到新的无差异曲线 I_2，收入效应是从 K 点移动到 J 点。

回到事实

从本章开始，我们观察了这些年来消费者的支出如何变化。无差异曲线模型解释了这些变化。最佳可支付选择决定了消费模式。价格和收入的变化可以改变最佳可支付选择，从而也改变了消费模式。

复习测验

1. 当消费者选择商品和服务的购买组合，他或她试图达到什么目标？
2. 你能否解释消费者实现最佳可支付商品购买组合的条件？（请使用预算线、边际替代率和相对价格等术语解释。）
3. 正常品的价格下降时，需求量将会怎样变化？
4. 我们可以把价格变化的影响分解成哪两种效应？
5. 对于正常品，收入效应会增强替代效应还是部分抵消替代效应？

myeconlab **Study Plan 8.3**

家庭选择模型可以解释很多其他的家庭选择，我们看看其中的一个例子。

工作—闲暇选择

家庭的选择不仅仅局限在如何把收入花费在各种可用的商品和服务上，它还有很多其他选择。我们可以用消费者选择模型去理解这些其他的家庭选择。后面将讨论这样一些例子。在这里，我们先研究一个重要的选择：应该提供多少劳动。

劳动供给

每星期，我们有 168 个小时在工作（称为*劳动*）和所有其他活动（称为*闲暇*）之间分配。我们怎样决定在劳动和闲暇之间分配时间呢？可以用家庭选择理论来回答这个问题。

我们在闲暇上花费时间越多，收入就越少。闲暇和劳动之间的关系可以用收入—时间预算线来表示。图 8.10 (a) 表示丽莎的收入—时间预算线。如果丽莎把整个星期都用来闲暇——168 小时，那么她就没有收入，这时她位于 Z 点。通过提供劳动换取工资，她会沿着收入—时间预算线把一些时间转化为收入。预算线的斜率取决于小时工资率，如果工资率为每小时 5 美元，丽莎面对的是最平坦的预算线；如果工资率为每小时 10 美元，丽莎面对的是中间的预算线；如果工资率为每小时 15 美元，丽莎面对的是最陡峭的预算线。

丽莎可以通过不提供劳动、放弃收入而得到闲暇。每小时闲暇的机会成本就是所放弃的小时工资率。

图 8.10 (a) 也表示了丽莎对收入和闲暇的无差异曲线。丽莎选择她的最佳可实现点。这个收入和时间分配的选择就如同她对电影和苏打水的选择。当她对收入和闲暇之间的边际替代率等于她的工资率时，她得到了可能的最高的无差异曲线。

丽莎的选择取决于她所挣的工资率。当工资率为每小时 5 美元时，丽莎选择点 A，每星期工作 20 小时（168 减去 148），每星期得到 100 美元收入；当工资率为每小时 10 美元时，丽莎选择点 B，每星期工作 35 小时（168 减去 133），每星期得到 350 美元收入；当工资率为每小时 15 美元时，丽莎选择点 C，每星期工作 30 小时（168 减去 138），每星期得到 450 美元收入。

劳动供给曲线

图 8.10 (b) 表示丽莎的劳动供给曲线。这条曲线表明，随着工资率从每小时 5 美元增加到每小时 10 美元，丽莎将劳动供给量从每星期 20 小时增加到每星期 35 小时。但当她的工资率增加到每小时 15 美元，她的劳动供给量减少到每星期 30 小时。

丽莎的劳动供给和本章开始时描述的经济整体是相似的。随着工资增加，工作时间减少。首先，这个模式看起来令人费解。我们已经知道小时工资率是闲暇的机会成本，所以较高的工资率意味着闲暇的机会成本较高，这个事实本身导致闲暇减少同时工作时间增加。但是相反，我们减少了工作时间。为什么呢？因为我们的收入增加了。随着工资率上升，收入增加了，人们需要更多的正常品。闲暇是正常品，所以随着收入的增加，人们需要更多的闲暇。

工资率上升既有替代效应也有收入效应。工资率上升增加了闲暇的机会成本，从而引起减少闲暇的替代效应。

图 8.10 劳动的供给

myeconlab

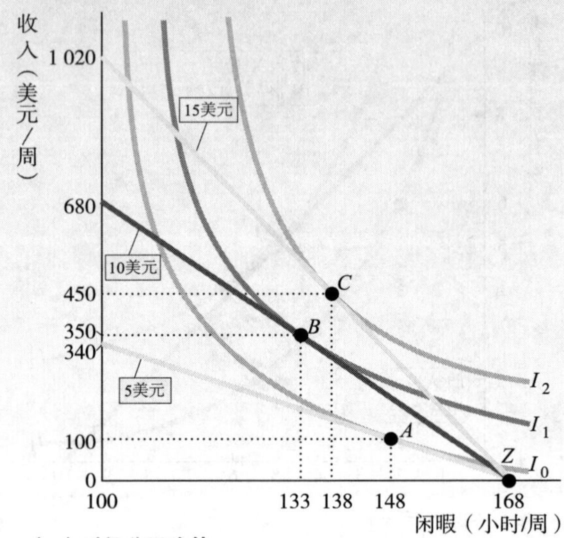

(a) 时间分配决策

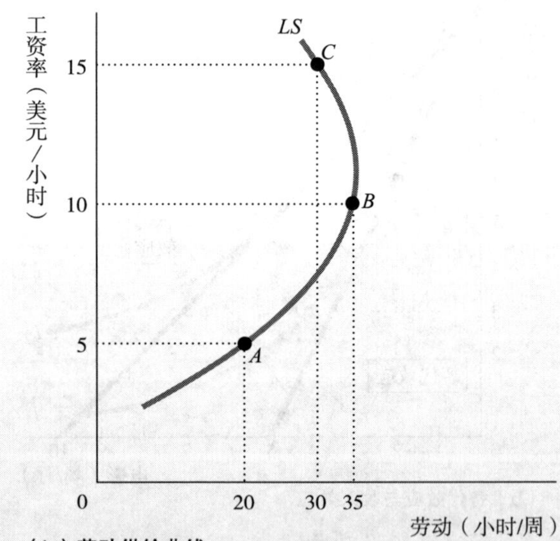

(b) 劳动供给曲线

在 (a) 幅，工资率为每小时 5 美元时，丽莎在 A 点，每周选择 148 小时的闲暇并工作 20 小时。如果工资率从每小时 5 美元上升到 10 美元，她在 B 点，闲暇减少到每周 133 小时，工作时间增加到每周 35 小时。但是，如果工资率从 10 美元上升到 15 美元，丽莎却在 C 点，闲暇增加到每周 138 小时而工作减少到每周 30 小时。(b) 幅表示丽莎的劳动供给曲线。供给曲线上点 A、B、C 分别对应 (a) 幅的丽莎的选择。

同时，工资率上升也提高了收入，从而引起增加闲暇的收入效应。这个理性的家庭选择结果解释了为什么随着工资率上升，平均周工作时间平稳下降。有了较高的工资率，人们决定用其增加的部分收入来消费更多的闲暇。

复习测验

1. 闲暇的机会成本是什么？
2. 为什么工资率的上升可能会导致闲暇的增加和工作时间的减少？

myeconlab **Study Plan 8.4**

◆接下来的阅读材料显示，家庭选择理论是如何解释在电子书比印刷书便宜以及CD比下载音乐便宜的情况下，人们下载音乐而不购买电子书。

在接下来的几章中，我们研究公司的选择。我们将会了解，在追求利润时，公司如何决定对商品和服务的供给以及对生产资源的需求。

阅读材料：事例与分析

唱片和下载之间的边际替代率

http://www.nytimes.com

太多的"最大点击率"流行音乐被下载

2006年2月2日

20多年前，摇滚乐队Survivor因一曲《老虎的眼睛》而风行一时。今天，这首歌又一次上榜，网络上这首单曲再创辉煌的销售额。一年半以前，这首歌在像iTunes这样的网站上开始销售，至今它已经卖了275 000多份拷贝……

过去的5年，有4年唱片的销量在下滑，然而数字单曲的销售却蓬勃发展，但仍不足以抵消唱片销量下滑。音乐公司去年卖了3亿5千万张单曲，比前一年总数跃升150%，而纯数字专辑销量增长得更多，提高了190%，达到1 620万……

http://www.nytimes.com

再一次尝试淘汰书籍

2006年10月12日

"书籍下载的市场将在未来两年中每年增长400%，到2008年将超过25万亿美元。" 在2001年妇女界全美书籍联合会会议上，主题发言人预测说，"在这个十年末的几年内，电子书会成为书籍内容的主流传送形式。"

演讲迎来了一阵欢呼声。

演讲后不久，电子书籍的伟大幻想就破灭了，随之而来的是互联网泡沫的休止。2003年，巴诺公司关闭了电子书店，Palm也将他的电子书籍业务卖给了网站，大多数人对电子书不抱希望了。

但也不是所有人都这样，索尼公司的一些顽固派仍旧认为，只要设计合适，电子书仍有未来。他们的解决方案是索尼阅读器，即一个小的、光滑的、便携式的屏幕。一些购物中心本月将引进该产品，在Border书店和索尼网站上，该产品售价350美元……

事件的本质

- 从网上下载音乐文件正盛行。
- 过去的5年里唱片销量一直在下滑。
- 电子书也可以在互联网上买到。
- 但比起音乐，电子书不会取代印刷书。
- 一种能使电子书更受欢迎的新的、昂贵的技术正在推行。

经济分析

- CD 音乐和下载音乐是互相替代的。
- 有两个原因使下载的音乐文件比 CD 音乐更方便：它们可以在更方便的便携播放器上播放；并且可以每次选择一首，而不是作为专辑已经选择好了。
- 图 1 表示安迪对CD 音乐和下载音乐的无差异曲线。
- 假设一张 CD 每月给安迪提供 60 分钟的音乐，而每月一次下载只提供 4 分钟的音乐。
- 安迪每月的音乐预算为 30 美元，CD 的价格为 10 美元，安迪每月可以买 3 张 CD（180 分钟音乐）。
- 如果下载一首歌曲的价格是 2 美元，安迪每月买 2 张 CD（120 分钟音乐）和 5 首歌曲（20 分钟音乐）。
- 但是，如果下载一首歌曲的价格是 1 美元，安迪每月仅买1 张 CD（60 分钟音乐）和 20 首歌曲（80 分钟音乐）。
- 对于大多数人来说，电子书不能很好的替代印刷书，他们认为印刷书更加方便。
- 当两种商品不能很好的替代时，描述偏好的无差异曲线就是弯曲的，并几乎是水平的。
- 图 2 表示贝丝对印刷书和电子书的无差异曲线。
- 贝丝喜欢正规的印刷书，而不喜欢电子书，她几乎不愿放弃任何印刷书来得到一本电子书。
- 如果印刷书和电子书价格相同，并且贝丝能买得起 4 本任一类型的书，她的预算线是图 2 中浅灰色的那条。
- 贝丝的最佳可支付点是曲线 I_1上的 C 点，她购买 4 本印刷书而不买电子书。
- 即使电子书的价格是印刷书的一半（图 2 中深灰色的预算线），贝丝仍然只购买印刷书。
- 电子书几乎要免费才会促使贝丝从印刷书转向电子书。

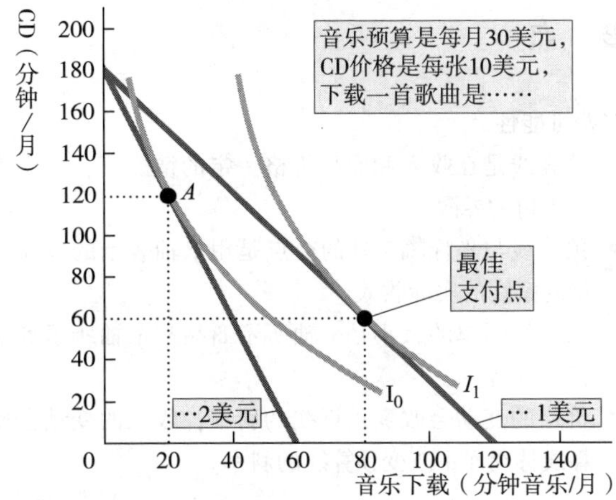

图 1　CD和下载音乐

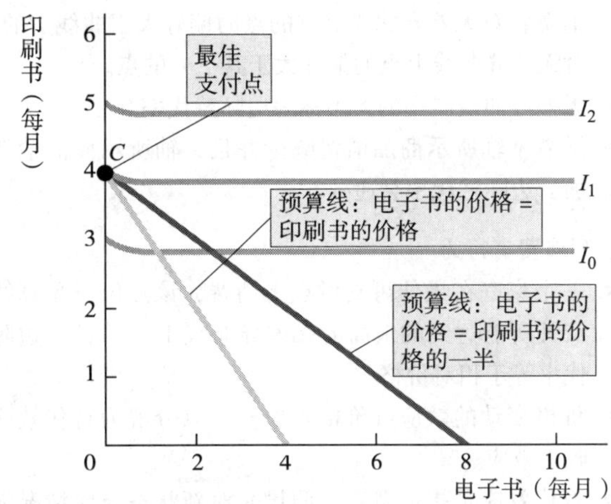

图 2　印刷书和电子书

内容提要

要 点

消费可能性

- 预算线是在收入和商品价格一定的情况下，一个家庭能支付的界限。
- 预算线与坐标轴 y 轴的交点是用 y 轴表示的商品所衡量的家庭的实际收入。
- 预算线斜率的大小是 x 轴所示商品与 y 轴所示商品的相对价格。
- 价格的变动会改变预算线的斜率，收入的变动会使预算线移动而不改变预算线的斜率。

偏好和无差异曲线

- 无差异曲线表示一个消费者的偏好。把对于消费者无差异的所有商品组合点相连就构成无差异曲线。
- 消费者对无差异曲线上方的点的偏好大于曲线上的点；对无差异曲线上点的偏好大于其下方的点。
- 无差异曲线斜率的大小称为边际替代率。
- 随着 y 轴所示商品消费减少并且 x 轴所示商品消费增加，边际替代率会递减。

预测消费者行为

- 一个家庭在最佳可支付点上消费，该点位于预算线上及其所能达到的最高的无差异曲线上，并且其边际替代率等于相对价格。
- 价格变动的效应（价格效应）可以分解为替代效应和收入效应。
- 替代效应是指消费者（假设）对新状态与原情况无差异时，价格变动对商品购买量的影响。
- 替代效应总会使相对价格下降的商品的消费量上升。
- 收入效应是指收入的变动对消费的影响。
- 对于正常品，收入效应增强其替代效应。对于低档品，收入效应与替代效应的作用方向相反。

工作—闲暇的选择

- 家庭选择的无差异曲线模型使我们了解一个家庭如何在工作与闲暇之间分配它的时间。
- 当前工作时间减少、闲暇时间增多，其原因在于闲暇需求的收入效应大于替代效应。

关键图表

关键术语

预算线
边际替代率递减
收入效应
无差异曲线
边际替代率
价格效应
实际收入
相对收入
替代效应

习 题

1. 萨拉每周收入为 12 美元，爆米花的价格为每袋 3 美元，可乐的价格为每罐 3 美元。
   a. 用可乐表示，萨拉的实际收入是多少？
   b. 用爆米花表示，她的实际收入是多少？
   c. 可乐对爆米花的相对价格是多少？
   d. 一罐可乐的机会成本是多少？
   e. 计算出她的预算线方程（将爆米花数量写在方程式左侧）
   f. 以 x 轴表示可乐数量，画出她的预算曲线图。
   g. 在（f）中，她的预算线的斜率是什么？斜率值由什么决定？
2. 萨拉的收入由每周 12 美元降至每周 9 美元，爆米花的价格仍为每袋 3 美元，可乐的价格仍为每罐 3 美元。
   a. 萨拉收入下降对其以可乐表示的实际收入有什么影响？
   b. 萨拉收入下降对其以爆米花表示的实际收入有什么影响？

c. 萨拉收入下降对可乐与爆米花的相对价格有什么影响？

d. 用 x 轴表示可乐数量，萨拉的新预算线的斜率是多少？

3. 萨拉的收入为每周 12 美元，爆米花的价格从每袋 3 美元上升至每袋 6 美元，可乐的价格为每罐 3 美元。

a. 爆米花价格的上涨对以可乐表示的萨拉实际收入的影响是什么？

b. 爆米花价格的上涨对以爆米花表示的萨拉实际收入的影响是什么？

c. 爆米花价格的上涨对可乐与爆米花的相对价格的影响是什么？

d. 以 x 轴表示可乐数量，萨拉新的预算线的斜率是多少？

4. Rashid 只消费图书和 CD，右图表示他的偏好。

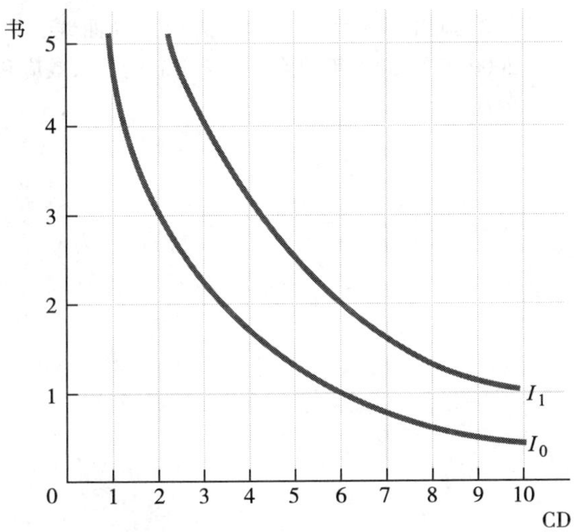

a. 当 Rashid 选择的消费点是 3 本书和 2 张 CD 时，他的边际替代率为多少？

b. 当 Rashid 选择的消费点是 2 本书和 6 张 CD 时，他的边际替代率为多少？

c. Rashid 的无差异曲线是否显示出边际替代率递减，并解释原因。

5. 画图表示你对以下几对商品的无差异曲线。并对每对商品说明它们是完全替代品、完全互补品，还是两者都不是。如果商品既非完全代替，又非完全互补，讨论你所画的无差异曲线的斜率，并解释你的边际替代率如何随着两种商品数量变化而变化。

这些商品为：

a. 右手手套和左手手套

b. 可口可乐和百事可乐

c. 棒球和球棒

d. Tylenol（一种醋氨酚牌子的商标）和醋氨酚（Tylenol 的的原型）

e. 框架眼镜和隐形眼镜

f. 台式电脑和便携式电脑

g. 滑雪板和滑雪杖

6. 萨拉每周收入为 12 美元，爆米花的价格为每袋 3 美元，可口可乐的价格为每罐 3 美元，下图说明了她对爆米花和可乐的偏好。

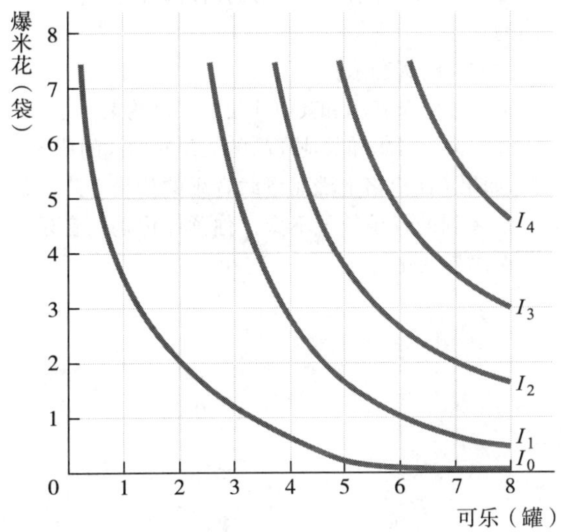

a. 萨拉分别买了多少爆米花和可乐？

b. 在萨拉的消费点上，她的边际替代率为多少？

7. 假设在题 6 中，可乐的价格降为每罐 1.5 美元，爆米花的价格及萨拉的收入不变。

a. 现在萨拉分别买多少可乐和爆米花？

b. 找出萨拉对可乐的需求曲线上的两个点，画出她的需求曲线。

c. 找出价格变动的替代效应。

d. 找出价格变动的收入效应。

e. 可乐是正常品还是低档品？

8. 帕姆已经选择了她对饼干和漫画书的最佳可支付组合，用全部收入以每块 1 美元的价格买了 30 块饼干、以每本 2 美元的价格买了 5 本漫画书。当饼干的价格下降为每块 60 美分，漫画书的价格上升为每本 5 美元时，

a. 帕姆下个月能够并且愿意买 30 块饼干和 5 本漫画书吗？

b. 帕姆更偏好哪种情况：每块1元的曲奇饼干和每本2元的漫画书，还是每块50美分的饼干和每本5元的漫画书？

c. 若帕姆的购买数量改变，哪种商品她会多买，哪种会少买？

d. 若下个月商品的价格发生改变，收入效应和替代效应都会出现还是只出现其中一种？

2. 销售税是对商品征税。有些人认为，对商品和服务都征税的消费税会更好一些。如果用消费税代替销售税：

a. 刻录光驱与理发的相对价格将发生什么变化？

b. 对于表示你可支付的刻录光驱和理发数量的预算线会发生什么变化？

c. 你将如何改变对刻录光驱和理发的购买？

d. 对于消费者来说，哪种税收更好？为什么？

批判性思考

1. 学习关于下载音乐和电子书的阅读资料，然后回答下列问题：

a. 你如何购买音乐？

b. 简述你对于音乐和其他项目的预算约束。

c. 画出你对音乐和其他商品的无差异曲线的草图。

d. 如果CD价格上涨而下载音乐的价格下降，假设你能买到的音乐数量不变，你预计你购买音乐的方式会怎样变化？

网上活动

1. 获取关于手机服务和快邮的价格信息。

a. 某消费者在这两种商品上每月花费50元，简述他在2000年和2006年的预算约束。

b. 你能否说出该消费者在2006年比在2000年状况变好了还是变差了？

c. 简略画出一些手机和快邮的无差异曲线，表示出2000年和2006年间价格变化引起的收入效应和替代效应。

附　录

边际效用和无差异曲线

学习第 7 章、第 8 章及这篇附录后，你将能：

- 解释效用和无差异曲线之间的联系
- 解释为什么最大化效用与选择最佳可支付点是一样的
- 解释为什么存在效用

描述偏好的两种方式

边际效用模型通过效用概念描述偏好。一种商品消费数量的增加使该商品总效用增加并且其边际效用减少（见表 7.1 和图 7.3）。

无差异曲线模型利用偏好和无差异的概念定义无差异曲线图来描述偏好。较高的无差异曲线的偏好大于较低的。沿无差异曲线向下，边际替代率递减（见图 8.3 和图 8.4）。

无差异曲线模型并不需要效用的概念。实际上，这是由于经济学家想要更客观地描述偏好。但是，我们能够用效用的概念去解释无差异曲线。

由于在一条无差异曲线上，任何点上商品的组合对消费者是没区别的。因此，这些组合提供的总效用是相同的。一条无差异曲线就是一条常数效用曲线。

从图 A8.1 可以看出效用和无差异曲线图的联系。(a) 幅是关于电影和苏打水的总效用的信息。这个图以表 7.1 为基础，不过，图中这些数据是按照电影数量横向排列、苏打水数量纵向排列方式表述出来的，而不是把两种商品的数量和总效用随消费量增加以表格形式列出。若不喝苏打水，看六场电影的总效用是 196 单位。若不看电影，喝 2 箱苏打水的总效用是 177 单位。

图 A8.1（a）也表示了电影和苏打水的其他组合带来的总效用。例如：6 场电影和 2 箱苏打水带来的总效用是 313 单位（196 加 117）。（a）幅描述了总效用是 313 单位的一个组合以及总效用是 331 单位的三种组合。

图 A8.1　总效用与无差异曲线

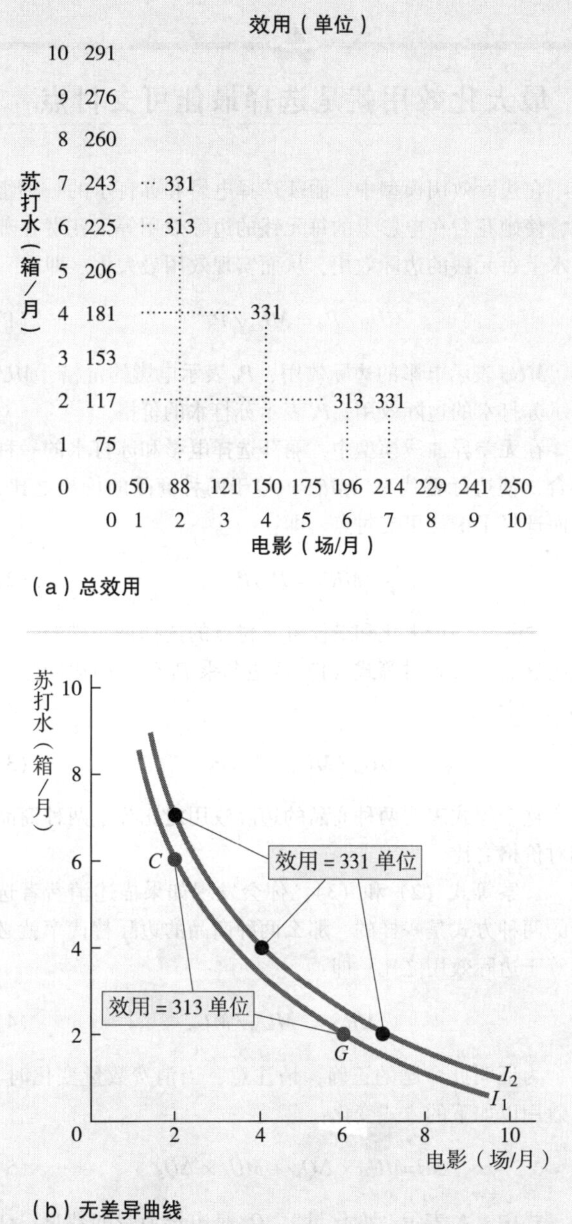

我们能够使用效用或无差异曲线的概念来描述偏好。在表中，丽莎总效用基于她消费的电影数和苏打水数量。不同的组合能达到相同的效用。这些组合在于同一无差异曲线，图中显示了两条无差异曲线：一条为 313 单位效用，另一条为 331 单位效用。

该图显示了与这两种总效用水平相联系的无差异曲线。

最大化效用就是选择最佳可支付点

在边际效用模型中，丽莎选择电影和苏打水的一种组合，使她花费在电影上的每元钱的边际效用等于花费在苏打水上每元钱的边际效用，从而实现效用最大化。即：

$$MU_M / P_M = MU_S / P_S \tag{1}$$

MU_M 表示电影的边际效用，P_M 表示电影的价格，MU_S 表示苏打水的边际效用，P_S 表示苏打水的价格。

在无差异曲线模型中，丽莎选择电影和苏打水的一种组合，使边际替代率（MRS）等于两种商品的价格之比，从而选择了最佳可支付点。即：

$$MRS = P_M / P_S \tag{2}$$

总效用的最大化和最佳可支付点的选择是一样的。为说明这点，首先对等式（1）两边同乘 P_M 然后两边同除以 MU_S，得到：

$$MU_M / MU_S = P_M / P_S \tag{3}$$

这个等式表明两种商品的边际效用之比等于两种商品相对价格之比。

观察等式（2）和（3），你会发现如果描述消费者选择的两种方式是一样的，那么两种商品的边际替代率就必须等于边际效用之比。即：

$$MRS = MU_M / MU_S \tag{4}$$

为证明此命题的正确，请注意，当消费数量变化时，总效用以如下的方式变化：

$$\Delta U = MU_M \times \Delta Q_M + MU_S \times \Delta Q_S \tag{5}$$

式中，Δ 表示“变化量”，Q_M 是电影消费的数量，Q_S 是苏打水消费的数量。

回顾一下，沿着无差异曲线，总效用是不变的，因此总效用的变化为 0。那么，沿着无差异曲线，必然是如下情况：

$$0 = MU_M \times \Delta Q_M + MU_S \times \Delta Q_M \tag{6}$$

或

$$MU_M \times \Delta Q_M = -MU_S \times \Delta Q_S \tag{7}$$

用 MU_S 和 ΔQ_M 同除以（7）式两边，得到：

$$MU_M / MU_S = -\Delta Q_S / \Delta Q_M \tag{8}$$

该式表明，沿着无差异曲线，所消费的苏打水的变化量除以电影变化量等于电影和苏打水边际效用之比。

但是 $-\Delta Q_S/\Delta Q_M$ 是无差异曲线的斜率。并且，去掉负号，$\Delta Q_S/\Delta Q_M$ 是电影对苏打水的边际替代率，因此：

$$MRS = \Delta Q_S / \Delta Q_M = MU_M / MU_S \tag{9}$$

现在可以看出，消费者选择的两种模型对于消费者消费数量的选择作出了相同的预测。把全部预算按照两种商品的每元边际效用相等的原则去花费和按照两种商品的边际替代率等于二者相对价格的原则去花费是相同的。

效用的存在

无差异曲线模型是有力的，因为它只假设人们有能力对两种不同商品组合做出是各有优劣还是相同的判断以及边际替代率递减的假设。从这些假设中，我们能够推导出向下倾斜的需求曲线，也可以很容易地看出价格和收入变化对消费者选择的影响。

无差异曲线模型是有力的，也是因为它的假设意味着效用和（一般地）边际效用递减的存在。

通过观察商品价格和消费数量，我们能够得到在每一个数量上消费者的边际效用。

人生价值最大化

需求和供给的强大力量塑造了家庭、企业、民族和国家的幸福，不屈不挠、持续不断就如同潮汐和风塑造岩石和海岸线一样。在第3章到第6章中可以看到这些力量是如何提高和降低价格，如何增加和减少买卖商品的数量，如何使收入波动以及如何把资源配置到能体现它们最大价值的地方。

这些强大的力量从我们做出的每一个决策静悄悄地开始。

第7章和第8章考察这些个人选择。第7章探讨人类决策的边际效用理论。该理论解释了人们的消费计划，也解释了人们对闲暇的消费以及其另一面，即工作时间的供给。边际效用理论甚至可以用来解释“非经济”选择，例如是否结婚以及要几个孩子。在某种意义上，没有非经济选择。只要存在稀缺性，就必然有选择。经济学就研究所有这样的选择。

第8章描述了一种工具，使我们能绘制出反映人们喜好和厌恶的图形，称为无差异曲线。无差异曲线被认为是高深的论题，所以本章严格来说是选修章节。但是，第8章中无差异曲线的表述是最清晰和最直观的。所以，如果你想学习这个工具，本章很合适。

最初的经济学家（亚当·斯密和同时代的人）对家庭选择未给出一个深刻的理解。直到19世纪，这个领域才有所进步。在接下来的几页中，你可以花些时间了解杰里米·边沁，他率先采用效用概念研究人类选择，以及芝加哥大学的史蒂文·莱维特，他是当今最有影响的研究人类行为的学者之一。

作为理性决策者的人

经济学家

“……最大多数人的最大幸福是衡量对与错的标准”。

——杰里米·边沁
《关于政府的片段论述》

杰里米·边沁（Jermy Bentham，1748~1832），生活在伦敦，父亲和祖父都是律师，其本人也曾被作为律师来培养。但是他放弃了延续家族传统的机会，而是作为一名作家、社会活动家和国会议员，毕生追求使最大多数人获得最大幸福的理性规则。

边沁的遗体至今仍用玻璃棺保存在伦敦大学，他是用效用概念来解释人类选择的第一人。但是在边沁那个时代，解释和描述的区别并不明显，而且，他准备用他的思想来告诉人们应该如何行动。他是最早建议实行退休金、就业保障、最低工资和免费教育、免费医疗等社会福利的人之一。

问　题

对在家庭、工作场所、商品和服务市场、劳务市场和金融市场上人类行为的经济分析，是基于这样一种思想：我们的行为可以理解为对稀缺的反应。我们所做的任何事情可以被视为在有限的资源和技术的约束下实现利益最大化的一种选择。假设在面临的约束改变时，人们的偏好是稳定的，我们就有可能预测他们将对变化的环境如何反应。

经济方法揭示了过去 100 年间妇女配置时间的方式上所发生的难以置信的变化，不是因为心态改变而只是约束改变的结果。技术进步使得农场、工厂生产机械化，提高了男人和女人的生产力。从而提高了他们能赚到的工资。不断进步的技术世界提高了对男性和女性的教育回报，从而导致高中和大学的男女毕业生大幅上升。随着一系列可减少家务劳动时间的设备和电器的普及，加入到劳动力大军的妇女比例不断上升。

经济解释未必正确但很有说服力。如果这种解释正确，心态的改变就是女性经济地位提高的结果而非原因。

当　时

经济学家把人们的行为解释为在限制条件下实现效用最大化的选择的结果。在19世纪90年代，选择市场就业的女性低于20%，并且她们大多数人做的是低收入的、不起眼的工作。其余的80%的女性选择在家中的非市场工作。什么限制条件导致这些选择呢？

现　在

到2002年，超过60%的女性进入劳动市场，尽管许多人待遇低，但进入专业领域和管理岗位的人数不断增加。相对于100多年前，是什么引起这些戏剧性的变化？是偏好的改变还是妇女面临的限制条件改变？

史蒂文·莱维特是下页你会遇到的人物，他告诉我们，结合自然实验中的数据，经济推理如何深化我们对令人惊异的人类选择范围的理解。

与史蒂文·莱维特交谈

史蒂文·莱维特（Steven D.Levitt）现任芝加哥大学经济学院 Alvin H.Baum 讲座教授。出生于明尼阿波利斯（美国城市），毕业于哈佛大学，在麻省理工学院取得经济学博士学位。由于他巨大的成就，他被授予了克拉克奖，这个奖只授予 40 岁以下最优秀的经济学家。

莱维特教授对人类选择行为及其结果的广泛领域进行了深入的研究。他考察了犯罪政策的效果，指出房地产经纪人在出售自己房屋时的售价会比出售其他人房屋时的售价要高，设计出一个测试系统来发现作弊的老师，或研究毒贩和黑帮成员的选择。类似这样的许多研究在《魔鬼经济学》（史蒂文·莱维特和斯蒂芬·达布纳著，HarperCollins 2005 年出版）中很常见。把这些看似明显不同的领域统一在一起的是自然实验。莱维特教授有一种难以置信的能力，他能够找到恰当的一组事件以及事件产生的数据，从中分离出来他想要的结果。

迈克尔·帕金与史蒂文·莱维特一起谈论了他的职业生涯和经济学家们在理解人类如何对生活中各方面的激励做出反应时所取得的进步。

你为什么要做一个经济学家？

当还是一个大一新生时，我就了解了一些基本的经济学常识。而所有的这些思想在我看来具有完美的意义——这就是我本能的思考方式。我的朋友们不明白。我想："这就是我要研究的领域"。

在边际上做出理性选择的思想是经济学的核心。你能说你的研究工作是支持这种思想还是挑战这种思想吗？你能否举出一些例子？

我不喜欢在这里用"理性"一词。仅是为了方便，我才认为经济学家的模型是理性的。真正重要的是人们是否会对激励做出反应。我的研究非常支持这样的观点：人类在各种环境下都会对激励做出强烈的反应。比如说：毒贩、偷车贼、相扑选手、房地产代理商和小学老师，这仅仅是其中的一些例子。

你是否能详细说明一下，毒贩会对什么样的激励做出反应？对于这些反应的理解会告诉我们公共政策会怎样影响毒品使用吗？

人们面临的激励会因他们所处的环境不同而不一致。例如，毒贩想去赚钱，却又要避免被抓甚至被杀。我们所搜集的关于毒贩的数据表明，当毒品贸易能获得更多利润时，毒贩会冒着被捕的危险去开拓一个新的市场。另一方面，他们也会尽力把风险降到最低。例如，卖快克的人习惯于随身携带快克。当通过立法对那些携带超过规定最小数额的快克的人进行巨额罚款时，毒贩会把快克藏到某个地方，仅带着要卖的快客去找谈妥的顾客。另一方面，相扑运动员最关心他们的正式排名。在有些比赛场次，某相扑运动员会比另一个相扑运动员失去或得到的要多。我们发现：相扑运动员会作弊以确保那些需要胜利的相扑运动员就是实际的胜利者。

为什么经济学家会对犯罪和作弊感兴趣？

我首先把经济学看作是认识世界的一种方法和清晰思

考的一种工具。你运用这些工具可以研究的主题是无限的。这就是我认为经济学如此有用的原因。如果你能很好的理解和运用经济学，你就会成为一名优秀的商人、医生、公务员和父母。

犯罪的经济模型是什么？它如何帮助我们设计出应对犯罪活动的更好方法？你能以偷车贼行为的研究为例来说明吗？

有关犯罪的经济模型认为：人们会在合法劳动挣工资和非法活动赚黑钱之间进行选择。该模型认真分析了与犯罪有关的成本（例如放弃的工资、受惩罚）和收益(例如赃物)，分析了追求利益最大化的个体会如何决定是否实施犯罪以及实施多少犯罪。这个模型有用的原因之一是它列举了公共政策可能影响犯罪率的各种方式。例如，我们可以增加罪犯被抓的可能性以及延长被捕罪犯的服刑时间。政府也可以积极干预劳动力市场，使合法工作更有吸引力——例如制订最低工资标准。

我把经济学看作是认识世界的一种方法和清晰思考的一种工具。

当分析是否警察越多犯罪越少时，问题是什么？你是如何找到答案的？

我们认为，警察增加后犯罪会减少的原因是侦查力量加强导致的犯罪成本上升。从公共政策的角度来看，与警察相对应的犯罪会下降多少是一个重要问题。实际上，我们很难回答这个问题，因为我们不能随便的雇佣警察。而且，犯罪恶化的地方，对警察的需求就越大从而警察就越多。你可以看看不同的城市，警察最多的地方同时犯罪也最多，但并不是警察导致犯罪，而是犯罪导致警察的增加。

要搞清楚警察对犯罪的因果关系，你应该做一个随机实验，把警察从一些城市随机地抽调到其他城市，而这在现实中是做不到的。因此，经济学家不得不代之以“自然实验”来回答这个问题。

我选择了市长选举的时机。结果表明，市长在选举前雇佣大量警察以“严厉监管犯罪”。如果选举没有影响犯罪，那么选举类似一种每次在一些城市投入较多警力的随机设计。实际上，我发现只要警察雇佣数量上升，选举后那年的犯罪就会下降。这虽然不是直接证据，但却是经济学家如何利用他们的工具箱处理难题的一个例子。

你的研究表明堕胎合法化会减少犯罪。你能解释如何得出这个结论的？你能解释它对产前生命和产前选择辩论的意义吗？

这个理论很简单：违愿降生的子女生活艰难（包括更可能成为罪犯）；堕胎合法化以后，违愿降生的子女会减少。所以，犯罪会减少（经过15~20年，当婴儿长大达到易犯罪年龄时）。

我们看看《罗伊·威德法案》颁布15~20年后，在堕胎率高的州、堕胎率低的州以及比全国其他地方早几年实现堕胎合法化的州，犯罪情况有什么变化。我们甚至可以考查一下就在堕胎合法化前后出生的人。

所有证据表明：由于堕胎合法化，犯罪下降很多。

然而，我们的结论对堕胎的争论并没有太大的意义。如果按照支持产前生命的人的观点，堕胎是谋杀，那么，比较而言，犯罪的变化就很小。如果按照支持产前选择的人的观点，妇女有控制自己身体的权利，那么我们关于犯罪的估计同样是不相关的。

我们的结论更多的是关于“非意愿”的：无论是通过生育控制、收养、流产，还是通过父母教育，确保来到这个世界上的每个孩子都是想要的并且受到很好的抚养，有巨大的好处。

如今，恐怖主义在每个人的脑海里，并且大概推测起来恐怖分子对激励也会做出回应。你是否考虑过我们怎样用经济学的观点去更好地理解恐怖主义甚至可能与之斗争呢？

通过激励来解决恐怖主义显然是很困难的问题。我们最害怕的宗教恐怖分子宁愿放弃生命实施恐怖袭击。因此，我们惟一可以做到的惩罚的就是，事先抓住他们以阻止他们实施恐怖袭击或者把他们所造成的损失降到最小。不像一般的罪犯，威胁事后惩罚他们并不会阻止犯罪。幸运的是，即使是在极端主义者中，也没有太多的人愿意为信仰付出自己的生命。

一个学生能够学会怎么使用自然实验？你是否在这方面有难以言传的天赋？

我不认为我有这样的天赋。许多人之所以擅长于某些事情，是因为他们工作努力并付之实践。这对我来说就是如此。

有一段时间，我只是四处走走，并且每次我观察世间的任何事情，我都问自己："那是自然实验吗?" 因为始终在观察，我就偶尔会有所收获。

……每次我观察世间的任何事情，我都问自己："那是自然实验吗?"

一个学生要想成为自然实验经济学家或广博的社会科学家，他还需要做哪些准备?

我想说的是，学生能做的最好的事就是努力将他们学到的知识应用到生活中，而不是仅仅为了应付考试，考完就忘掉。如果你对经济学（或与之相关的任何其他事情）充满着激情，你就已经把那些只是想及格的人远远抛在后面了。

第四编 企业与市场

第9章

组织生产

织一张网

1990年秋，一位名叫蒂姆·伯纳斯—李（Tim Berners-Lee）的英国科学家发明了万维网（World Wide Web）。这一非凡的创意为几千家营利性企业的创业和成长铺平了道路，其中就包括了Google公司。这家由斯坦福大学的两个在校博士生拉里·佩奇和瑟奇·布伦所创建的公司，于1998年在一个车库开门营业。仅几年间，Google就成为了世界上使用率最高、最有效率和最为盈利的搜索引擎。

Google以及其他在美国经营的2 000万家企业是如何做出经济决策的呢？它们是怎样有效率地运行的呢？

一种使企业有效率运营的方法就是为企业的高层主管、经理以及工人制定激励制度。企业所使用的这种激励制度是什么？它们是如何起作用的？

很多你所熟悉的企业都不生产产品，它们只是买卖产品。比如戴尔公司生产的个人电脑，其大部分零部件都是由其他公司生产的。英特尔公司生产了它的芯片，其他公司生产了硬盘驱动器、调试解调器、CD驱动器、声卡等。为什么戴尔公司自己不生产这些电脑配件？企业是如何决定哪些配件由自己生产而哪些从其他公司购买的？

在本章中，我们将了解企业及其为解决稀缺性而做出的选择。在本章末的阅读材料中，我们将会看看Google与Yahoo在搜索引擎业务上的竞争！我们的学习从适用于所有企业的经济问题与选择开始。

学习本章后，你将能：

- 解释什么是企业，并能描述所有企业所面对的经济问题
- 区分技术效率和经济效率
- 定义并解释委托—代理问题，并且描述不同类型的经济组织如何解决这一问题
- 描述并区分企业在其中经营的不同市场类型
- 解释为什么有些经济活动需要市场协调，而有些需要企业协调

企业及其经济问题

美国有 2 000 万家不同的生产规模和经营范围的企业，但是，它们都在完成相同的基本经济功能。每家**企业**（firm）都是一个雇佣生产要素并组织这些要素进行生产并销售产品和服务的机构。我们的目标是预测企业的行为。因此，我们需要了解一个企业的目标及其所面临的约束。我们从这些目标开始。

企业的目标

如果你问一些企业家他们要达到什么样的目的，你可能会得到许多不同的答案。有些企业家谈到要生产高质量的产品，有些则谈论企业的发展，还有些谈到了市场份额和员工对工作的满意度。所有这些都可能是追求的目标，但它们并不是基本目标。它们只是为达到更深层次目标的手段。

企业的目标是利润最大化。一个不追求利润最大化的企业要么被淘汰，要么被追求利润最大化的企业收购。准确地说，企业所追求的最大化利润是什么呢？为了回答这个问题，让我们看看西尼的毛衣厂。

企业利润的测量

西尼成功地经营着一家生产毛衣的企业。西尼的毛衣厂销售毛衣的年收入是 40 万美元。它用于毛线的支出是一年8 万美元，用于电力的支出是 2 万美元，用于工资的支出是12 万美元，用于向戴尔公司租用电脑是5 000 美元，5 000美元作为银行贷款的利息支出。在收入 40 万美元和支出 23万美元的情况下，西尼的毛衣厂每年盈余 17 万美元。

西尼的会计师把这个数字减去了 2 万美元，来作为企业房屋和针织设备的折旧（价值减少）。（会计师根据财务会计标准协会建立的标准用内部收益服务规则来计算折旧。）因此，会计师的报告称西尼的毛衣厂一年的利润是 15 万美元。

会计师衡量了成本和利润，以保证企业能够正确地支付所得税并向银行显示其贷款的使用情况。但我们想要预测企业的决策。这些决策是对机会成本和经济利润的反应。

机会成本

任何一种行为的机会成本是放弃的价值最高的另一种行为。你放弃的行为的最高价值就是你选择采取的行为的成本。对于一个企业来说，生产的机会成本是企业资源在其最佳用途上的价值。

机会成本是一种实际放弃的选择。但是为了比较一种行为与另一种行为的成本，我们用货币单位表示机会成本。一个企业的机会成本包括：

- 显性成本
- 隐性成本

显性成本 显性成本是货币支出。为获得一种资源而支出的货币可以用于其他物品的支付上，因此，它是使用资源的机会成本。对西尼的毛衣厂来说，用于羊毛、电力、劳动和利息上的支出就是显性成本。

企业经常租用资本品——电脑、复印机、推土机等。西尼的毛衣厂租用了一台电脑，因此，支付给戴尔公司的报酬也是一种显性成本。

隐性成本 当一个企业放弃某种活动但又没有得到补偿时，就引起了隐性成本。在下列情况下，企业发生了隐性成本：

1. 使用自己的资本。
2. 使用所有者自己的时间或金融资源。

企业使用自有资本的成本是隐性成本——也是机会成本——因为该企业可以把这些资本租给其他企业。放弃的租金收入就是这个企业使用自有资本的机会成本。这种机会成本被称为资本的**隐性租金率**（implicit rental rate）。

如果一家企业使用其自有资本，那么就产生了隐性成本，它包括：

1. 经济折旧
2. 放弃的利息

经济折旧（economic depreciation）是资本的市场价值在某一时期内的变动。它可以用资本在期初的市场价格减去期末的市场价格来计算。例如，假设 2005 年 12 月 31 日西尼可以把他的厂房与针织设备以 40 万美元的价格卖掉。如果 2006 年 12 月 31 日出售同样的资本能够获得 37.5 万美元，那么 2006 年期间的经济折旧就是 2.5 万美元——厂房与机器的市场价值的下降了。这 2.5 万美元就是在 2006 年西尼使用资本的隐性成本。

用于购买资本的资金也可以用于其他用途。而且在其他次优用途上，这些资金也会带来利息收入。这种放弃的利息也是使用资本的一部分机会成本。例如，西尼的毛衣厂可以购买政府债券来代替经营针织厂。放弃的债券利息就是经营针织厂的隐性成本。

所有者资源的成本 企业所有者通常提供企业家才能——一种组织企业做出决策、创新和承担企业经营风险的生产要素。企业家才能的报酬是利润，而且企业家期望得到的平均报酬被称为**正常利润**（normal profit）。

企业家的正常利润是企业机会成本的一部分，因为它是放弃的另一种选择——经营另一家企业——的收益。如果纺织企业的正常利润是一年 5 万美元，那么，这就是西尼的正常利润，并且它也构成了西尼毛衣厂的机会成本的一部分。

除了企业家才能，企业的所有者还可以提供劳动，而劳动的报酬是工资。企业所有者劳动的机会成本是他放弃的在其他岗位上工作所能获得的最高收入。假设除了作为企业家之外，西尼可以向另一家企业提供劳动并获得一年 4 万美元的收入，那么为自己的企业工作，西尼就要放弃这笔收入，因此这笔收入也构成了西尼毛衣厂的机会成本的一部分。

经济利润

什么是企业的盈利或者亏损呢？企业的**经济利润**（economic profit）等于它的总收益减去总成本。企业的总成本是其显性成本与隐性成本之和。而且请记住，隐性成本包括正常利润。企业家才能的报酬大于正常利润，企业就获得正的经济利润；而企业家才能的报酬小于正常利润，企业就获得负的经济利润——企业发生了经济亏损。

经济账目：总结

表 9.1 总结了经济账目。西尼的毛衣厂的总收入是 40 万美元。它的机会成本（显性成本加隐性成本）是 36.5 万美元。它的经济利润是 3.5 万美元。

为了实现利润最大化的目标——经济利润最大化——一个企业必须进行 5 项基本决策：

1. 生产什么样的产品和服务？生产多少？
2. 怎样生产？使用何种生产技术？
3. 怎样组织管理者及工人并支付报酬？

表 9.1 经济账目

项 目		数量（美元）
总收益		**400 000**
成 本		
羊 毛	80 000	
电 费	20 000	
支付的工资	120 000	
支付戴尔的租金	5 000	
支付的银行利息	5 000	
总显性成本		230 000
西尼放弃的工资	40 000	
西尼放弃的利息	20 000	
经济折旧	25 000	
西尼的正常利润	50 000	
总隐性成本		135 000
总成本		**365 000**
经济利润		**35 000**

4. 如何营销自己的产品以及如何为产品定价？
5. 企业自己生产什么，从其他企业购买什么？

在所有这些决策中，企业行为要受到它所面临的约束的限制。我们接下来的任务就是了解这些约束。

企业的约束

企业环境的三个方面限制了企业能赚到的最大利润。它们是：

- 技术
- 信息
- 市场

技术约束 经济学家定义的技术是广义的。**技术**（technology）是任何一种生产产品和服务的方法。技术既包括机器的详细设计，也包括车间的布局。而且，技术还包括企业的组织。例如，大型购物中心是一种生产零售服务的技术，它不同于专卖店的技术，而专卖店的技术又区别于社区商店。

企业的利润受到技术的限制似乎会让人感到惊讶，因为技术进步似乎一直在增加企业赢利的机会。几乎每一天我们都会听说一种令我们吃惊的技术进步。使用着带有语音识别系统的电脑，驾驶着能够在陌生城市自动定位导航的汽车，我们能做比以往多得多的事情。

技术在不断进步。但是在每一时点上，为了生产更多的产品和获得更高的收益，企业就必须投入更多的资源并花费更多的成本。企业可以实现的利润增长要受到现有技术的限制。例如，使用现有的生产车间和劳动力，福特公司的日产量达到了最大。为了每天能生产更多的汽车，福特公司就要投入更多的资源，这种成本上的增加就限制了福特公司通过增加汽车销量来提高利润。

信息约束 我们不可能拥有做出决策所需要的全部信息。我们缺乏有关未来与现在的信息。例如，假设你打算购买一台新电脑，你应该什么时候购买呢？问题的答案取决于未来价格是如何变化的。应该在什么地方购买呢？答案则取决于数百家不同电脑商店的价格。为了最好的完成交易，你必须逐一比较每家商店所售电脑的质量与价格。但这种比较的机会成本超过了购买电脑的成本！

同样地，一个企业也要受到它所雇工人的素质和努力程度、顾客现在与未来的购买计划，以及竞争对手的计划等方面有限信息的约束。当管理者相信工人们正在努力工作时，工人们可能松懈下来。顾客可能转向与其竞争的供货商。企业不得不与新进入的企业竞争。

企业试图为工人们创造激励机制，以确保他们能够在无人监督的情况下也能勤奋工作。同时，企业花费数百万美元用于市场调查。但是这些努力和支出并不能消除不完全信息和不确定性问题。而且，应付有限信息的成本本身又限制了利润。

市场约束 每家企业可以出售什么产品以及产品的销售价格要受到顾客支付意愿和其他企业生产的产品价格和营销努力的制约。同样，每家企业可以购买的资源和购买资源需要支付的价格也要受到人们的工作意愿和企业的投资意愿的限制。企业一年要把几十亿美元用于市场营销以销售他们的产品。为了制作出能够最大限度地吸引人们眼球的电视广告，一些具有创新精神的人绞尽了脑汁。企业必须克服的市场约束和为此而付出的费用限制了企业能够获得的利润。

复习测验

1. 为什么企业追求最大利润？如果企业不追求这一目标会出现什么情况？
2. 为什么会计师和经济学家用不同的方法计算一个企业的成本和利润？
3. 哪些项目使机会成本与会计成本不同？
4. 为什么正常利润是一种机会成本？
5. 企业面临哪些约束？每种约束如何制约企业获得的利润？

myeconlab **Study Plan 9.1**

在本章接下来的部分和第10~13章中，我们研究企业所做出的决策。我们将要学习如何根据企业对其面临的约束及其变化所做的反应来预测企业的行为。我们从进一步考查企业面临的技术约束开始。

技术效率与经济效率

微软公司雇佣了大量的劳动力，并且大多数的员工都拥有高额的人力资本，但该企业只使用少量的物质资本。与此相反，一个煤矿公司则使用大量的采煤设备（物质资本）而几乎没有劳动力。为什么？答案在于效率的概念。有两种生产效率的概念：技术效率和经济效率。当企业投入最少的要素生产既定的产量时，就实现了**技术效率**(technological efficiency)。当企业用最少的成本生产既定的产量时，就实现了**经济效率**（economic efficiency)。现在我们通过一个例子来说明这两种效率的概念。

假设有四种技术可以用来生产电视机：

A. 机器人生产。一个人监控整个电脑控制的生产过程。
B. 生产线。只是当电视机通过生产线从他们身旁通过时，工人专门从事一小部分工作。

表 9.2　四种每天制造 10 台电视机的方法

方　法		投入量 劳　动	资　本
A	机器人生产	1	1 000
B	生产线	10	10
C	工作台生产	100	10
D	手工工具生产	1 000	1

C. 工作台生产。工人专门从事一小部分工作，但为了完成自己的任务要从一个工作台走到另一个工作台。

D. 手工工具生产。一个工人用一些手工工具生产电视机。

表9.2 列出了这四种方法每天生产 10 台电视机所需要的劳动和资本量。

这些方法中哪一种在技术上更有效率呢？

技术效率

回想一下，当投入最少量的要素生产既定的产量时，就实现了技术效率。观察表中的数据我们会注意到，方法 *A* 使用了最多的资本但劳动最少；方法 *D* 使用的劳动最多但资本最少。比较方法 *B* 与方法 *C*，方法 *C* 需要 100 个工人和 10 单位的资本来生产 10 台电视机。而生产同样数量的电视机，方法 *B* 需要 10 个工人和 10 单位的资本。因为方法 *C* 使用的资本数量与方法 *B* 相同，但劳动的数量较多，所以方法 *C* 在技术上是无效率的。

还有其他方法在技术上是无效率的吗？答案是否定的。其他三种方法在技术上都是有效率的。方法 *A* 使用了更多的资本但使用的劳动比方法 *B* 少，方法 *D* 使用了更多的劳动但使用的资本却少于方法 *B*。

那么，哪种方法在经济上是有效率的呢？

经济效率

回想一下，当企业用最小的成本生产出既定的产量时，就实现了经济效率。假定劳动的成本是每人每天 75 美元，资本的成本是每台机器每天 250 美元。表 9.3（a）计算了使用不同方法时的成本。通过观察该表，你会发现方法 *B* 的成本最低。尽管方法 *A* 的劳动较少，但资本太昂贵。方法 *D* 使用了较少的资本但使用了太多昂贵的劳动。

方法 *C* 在技术上是无效率的，在经济上也是无效率的。它使用了与方法 *B* 同样数量的资本，但劳动量是 *B* 的 10 倍。因此，它的成本更高。技术上无效率的方法绝不会在经济上具有效率。

虽然在本例中方法 *B* 是经济上有效率的，但在不同的要素价格下，方法 *A* 或方法 *D* 也可以在经济上具有效率。

假设劳动的成本是每人每天 150 美元，而资本的成本每台机器每天只有 1 美元。表 9.3（b）表示了生产电视机的成本。在这种情况下，方法 *A* 在经济上是有效率的。现在的资本相对于劳动是廉价的，所以使用最多资本的方法是经济上有效率的方法。

接下来，假设劳动的成本只有每人每天 1 美元，而资本的成本变成了每台机器每天 1 000 美元。表 9.3（c）显示了这种情况。现在，因为方法 *D* 使用了大量的劳动和很少的资本而花费成本最小，所以成为了经济上有效率的方法。

从这些例子中我们看到，技术效率仅取决于可行性，而经济效率取决于资源的相对价格。经济上有效率的方法是使用少量更昂贵的资源而使用大量更廉价的资源的方法。

一个经济上没有效率的企业是无法实现利润最大化的。自然选择支持有效率的企业，而反对无效率的企业，最终，无效率的企业退出经营或被成本较低的企业取代。

复习测验

1. 如果一个企业使用了最新的技术，该企业在技术上是有效率的吗？为什么是？为什么不是？
2. 如果一个企业可以通过降低产量来削减成本，该企业在经济上无效率吗？为什么是？为什么不是？
3. 请解释技术效率与经济效率之间的主要区别。
4. 为什么有些公司使用大量的资本和少量的劳动，而另一些公司使用少量的资本和大量的劳动？

myeconlab **Study Plan 9.2**

接下来我们将学习企业所面临的信息约束，以及由此带来的企业组织结构的多样性。

表 9.3 一天制造 10 台电视机的不同方法的成本

(a) 四种制造电视机的方法

方 法	劳动成本（每天 75 美元）		资本成本（每天 250 美元）		总成本	每台电视机的成本
A	75	+	250 000	=	250 075	25 007.50
B	**750**	+	**2 500**	=	**3 250**	**325.00**
C	7 500	+	2 500	=	10 000	1 000.00
D	75 000	+	250	=	75 250	7 525.00

(b) 三种制造电视机的方法：高劳动成本

方 法	劳动成本（每天 150 美元）		资本成本（每天 1 美元）		总成本	每台电视机的成本
A	**150**	+	**1000**	=	**1 150**	**115.00**
B	1 500	+	10	=	1 510	151.00
D	150 000	+	1	=	150 001	15 000.10

(c) 三种制造电视机的方法：高资本成本

方 法	劳动成本（每天 1 美元）		资本成本（每天 1 000 美元）		总成本	每台电视机的成本
A	1	+	1 000 000	=	1 000 001	100 000.10
B	10	+	10 000	=	10 010	1 001.00
D	**1 000**	+	**1 000**	=	**2 000**	**200.00**

信息与组织

每家企业都是通过结合与协调投入的生产要素来组织产品与服务的生产。但各个企业在如何组织生产上存在多样性。企业通常使用以下两种体制以及它们的混合体制：

- 命令体制
- 激励制度

命令体制

命令体制（Command System）是使用管理等级制来组织生产的一种方法。命令通过管理等级向下传达，而信息则向上传递。管理者把自己的大部分时间用于收集和处理其下属绩效的有关信息，并做出有关命令如何下达和这些命令如何得到最好贯彻的决策。

军队纯粹使用命令体制。最高指挥官（在美国是总统）制定有关战略目标的重大决策。在这个最高层次之下，将军们组织他们的军事资源。在将军以下，一系列较低层次的军官组织越来越小的单位，同时也越来越重视实施的细节。管理等级制的最底层是操作武器系统的士兵。

企业中的命令体制并不像军队中那样严格，但有一些相似的特点。首席执行官（CEO）处在企业命令系统的最高层。那些向 CEO 报告并从 CEO 那里接受命令的高级经理们则专门管理生产、市场营销、财务、人事以及企业经营的其他方面。在这些高级经理人员以下则可能是好几个中间管理层，并向下延伸到监管日常经营的管理者。在这些管理人员下层则是那些操作机器并生产和销售产品与服务的工人。

小企业只有一个或两个管理层，而大企业则有好几个管理层。随着生产过程变得越来越复杂，管理层也在膨胀。当今，从事管理工作的人比以往任何时候都多。但是，20 世纪 90 年代以来的信息革命使管理人员增加的速度放慢了，并且在有些行业，这种革命减少了管理的层级从而造成中层管理者的衰落。

管理者努力去获取信息。同时，他们努力做出最优的决策，并发布能使资源得到有效利用的命令。但是，管理人员对自己负责的部门发生的情况总是具有不完全信息。正是由于这个原因，企业在使用命令体制的同时，还会使用激励制度来组织生产。

激励制度

激励制度（incentive system）是在企业内部使用市场化的机制来组织生产的方法。高级管理人员不是下达命令，而是制定出引导工人以企业利润最大化的方式来行事的报酬方案。

销售组织最广泛地使用了激励制度。只支付少量固定月工资和大量绩效奖金的报酬制度，促使那些大部分时间在独立工作而不受监督的销售代表努力工作。

激励制度在企业的各个层次中都发挥了作用。CEO的报酬计划包括企业的利润份额，而工厂中最底层的工人有时也会根据他们生产的数量而得到报酬。

混合体制

企业混合使用命令体制与激励制度，而且，企业选择使利润最大化的组合。当监督工作业绩容易时，或是当工人的行为与理想状态稍有偏离则成本高昂时，企业使用命令方式。当监督业绩不可能或者监督的成本太高而不值得这样做时，企业使用激励方式。

例如，在生产线上，监督工人的表现是很容易的。因为如果一个工人工作太慢了，这条生产线就都会放慢速度。因此，用命令体制来组织生产线。

相反，监督CEO则成本高昂。例如，肯·莱（安然公司的前总裁）对安然公司最初的成功做出了什么样的贡献并对其以后的失败承担什么样的责任？这个问题无法准确回答，但是，安然的股东们必须让一个人来负责公司的业务，并向此人提供激励以使公司的利润最大化。安然公司的行为阐明了这一问题的本质，那就是人们所熟悉的委托—代理问题。

委托—代理问题

委托—代理问题（principal-agent problem）是设计出一种使代理人按最符合委托人利益的方案行事的报酬规则问题。例如，安然公司的股东是委托人，而公司的管理者是代理人。股东（委托人）必须使管理者（代理人）按股东的最大利益行事。与此相似，比尔·盖茨（委托人）必须使开发下一代Windows系统的程序员（代理人）有效地工作。

不管代理人是经理还是工人，他们都追求自己的目标并把成本加到委托人身上。花旗银行股东（委托人）的目标是最大化公司利润——公司的实际利润，而不是纸上编造出来的。但是公司的利润依赖于它的管理者（代理人）的行为，而且管理者有他们自己的目标。也许一个经理借口与客户建立关系而同客户去打球，实际上他只是利用工作时间休闲。同时，这位经理也是一个委托人，而他的出纳是代理人。经理想让出纳努力工作并吸引新的客户，以便能够完成他的经营目标。但是，出纳与其他人聊天而享受休闲。因此，银行一直在努力寻找改善业绩、增加利润的方法。

解决委托—代理问题

发号施令无法解决委托—代理问题。在大多数企业里，股东无法监督管理者的工作而管理者也经常无法监督工人的工作。每一个委托人都必须创造一种激励来引导代理人能按照委托人的利益行事。力图解决委托—代理问题的三种方法是：

- 所有权
- 激励性报酬
- 长期合同

所有权 通过把企业的所有权（或部分的所有权）授予管理者或工人，委托人有时可以引发增加企业利润的工作业绩。高级管理人员的部分所有权计划是极为普遍的，但给工人的部分所有权计划并不常见。当联合航空公司在几年前遇到问题时，它使所有的雇员都成为公司的所有者。

激励性报酬 激励性报酬计划——把报酬与业绩挂钩——是极为普遍的。这种计划依据的业绩指标有多种，比如利润、产量、销售目标等。提拔业绩良好的雇员是激励性报酬计划的另一个例子。

长期合同 长期合同把管理人员和工人（代理人）的长远利益和委托人——企业所有者——的成功联系在一起。例如，CEO的多年雇佣合同鼓励其具有长远目标，并制定长远战略使持续期中的利润最大化。

这三种解决委托—代理问题的方法产生了不同类型的

企业组织形式。每一种类型的企业组织形式都是对委托—代理问题的不同反应。每种企业组织形式都以不同的方式运用所有权、激励性报酬和长期合同来解决委托—代理问题。下面让我们来看看主要的企业组织类型。

企业组织类型

三种主要的企业组织类型是：

- 个人独资企业
- 合伙企业
- 公司

个人独资企业 个人独资企业是指由单一所有者——企业主——承担无限责任的企业。*无限责任*是企业所有者以其全部财产对企业债务承担责任的一种法律上的义务。如果个人独资企业不能偿付其债务，企业的债权人对所有者的个人财产具有追索权。农场主、电脑程序员和艺术家都是个人独资企业的例子。

企业主做出管理决策并获得企业利润，以及对企业的亏损承担责任。企业主从个人独资企业获得的利润缴纳所得税，其税率与企业主从其他途径所取得收入的税率相同。

合伙企业 合伙企业是由两个或两个以上具有无限责任的所有者组成的企业。合伙人必须对企业所采取的管理结构及他们之间的利润分配达成一致。合伙企业的利润也与所有者的个人收入一样进行纳税。但每个合伙人在法律上都要为合伙企业的全部债务负责（只以每个合伙人的财产为限）。合伙企业对于其全部债务所承担的责任称为*无限连带责任*。大多数律师事务所都是合伙企业。

公 司 公司是由一个或一个以上承担有限责任的股东所组成的企业。*有限责任*表明在法律上公司的所有者只对其初始投资承担责任。这种责任上的限制意味着如果公司破产了，其所有者不需要用自己的个人财产来偿付公司的债务。

公司利润所缴纳的税金与股东的收入无关。当股东出售股票的价格高于其购买的价格而从中获利时，他们需要缴纳资本利得税。当公司保留其部分利润并投资于赢利活动时，公司股票产生资本利得。因为未分配利润产生的资本利得还要纳税，未分配利润是双重收税。直到最近，红利收入也是双重收税，但现在这一错误的规则已经被纠正了。

不同类型企业的优点与缺点

不同类型的企业组织对委托—代理问题有着不同的解决方法。每一种类型的企业在特定情况下都有其优点，而且，由于各自的独特优势，每种类型的企业都会继续存在。每种类型的企业也都有各自的缺点，这也解释了为什

表 9.4 不同类型企业的优点与缺点

企业类型	优 点	缺 点
个人独资企业	• 建立简单 • 容易制定决策 • 利润作为所有者的收入只需一次纳税	• 错误的决策无法得到多数同意规则的检查 • 所有者全部财产都要承担风险 • 企业随所有者的死亡而消亡 • 与公司相比企业的资本成本和劳动成本高
合伙企业	• 建立简单 • 容易制定决策 • 合伙人撤出企业仍可以继续存在 • 利润作为所有者的收入只需纳一次税	• 合伙人达成一致意见可能是缓慢而昂贵的过程 • 合伙人的全部财产要承担风险 • 合伙人撤出会引起企业资本短缺 • 与公司相比企业资本成本和劳动成本高
公 司	• 所有者承担有限责任 • 可大规模、低成本地获得资本 • 职业经理人管理不受所有者能力的限制 • 无限存在 • 长期劳动合同降低了劳动成本	• 复杂的管理结构会使决策过程缓慢而昂贵 • 未分配利润作为公司利润和作为股东的资本利得双重收税

么没有哪一类型企业能够完全取代其他两种类型。

表 9.4 总结了不同类型企业的优点与缺点。

不同类型企业的比例

图 9.1（a）显示了三种主要类型的企业在美国经济中所占的比例。该图还显示了公司的收益远远大于其他两种类型的企业。尽管在全部企业中公司只占 18%，但它们产生的收益占到了总收益的 86%。

图 9.1（b）显示在各行业中不同类型企业产生的收益的百分比。在农业、林业和渔业中，个人独资企业约产生了总收益的 40%。在服务业、建筑业和零售业中，个人独资企业也产生了总收益较大比例。在农业、林业和渔业中，合伙企业约产生了总收益的 15%。在服务业、矿业和金融、保险与房地产行业中，合伙企业的比例更为显著。公司制在所有部门中都很重要，并且几乎占据了整个制造业领域。

为什么公司控制了企业界？为什么其他类型企业也生存下来了？而且，为什么个人独资企业和合伙企业在一些行业更为重要？对这些问题的回答在于表 9.4 中概括的不同类型企业的优点与缺点。公司控制了那些使用大量资本的部门，但个人独资企业支配了那些决策的灵活性至关重要的行业。

复习测验

1. 请解释命令体制与激励制度之间的差别。
2. 什么是委托—代理问题？企业解决这一问题的三种方法是什么？
3. 企业的三种类型是什么？解释它们的主要优点和缺点。
4. 为什么三种类型的企业都能够存在下来，每种类型的企业在哪些行业较为显著？

myeconlab **Study Plan 9.3**

现在，你已经知道了技术约束如何影响企业资本与劳动的使用，以及信息约束如何影响企业的组织形式。现在我们来考察市场约束，并说明这种约束如何影响企业经营竞争的环境。

图 9.1　三种类型企业的比例

myeconlab

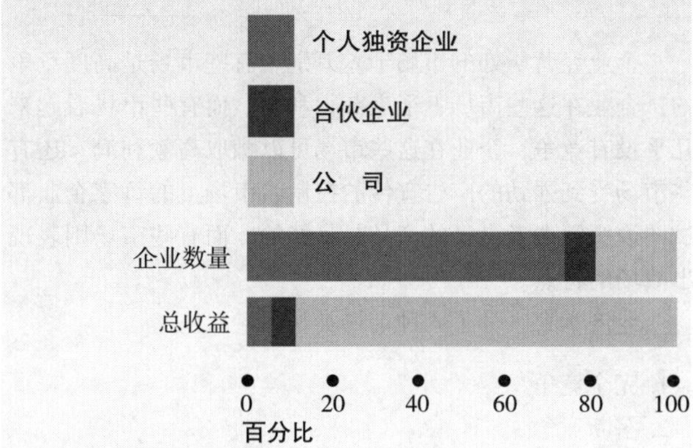

（a）企业数量与总收益

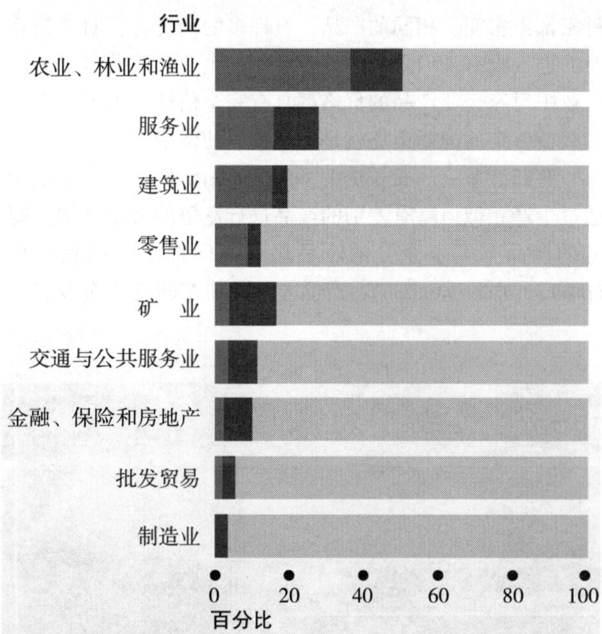

（b）各行业的总收益

所有类型企业中，3/4 是个人独资企业，近 1/5 是公司，只有 1/20 是合伙企业。公司占企业收益的 86%（a 幅）。但个人独资企业和合伙企业在某些行业的总收益中占有相当大的比例（b 幅）。

资料来源：U.S. Bureau of the Census, *Statistical Abstract of the United States*: 2001.

市场与竞争环境

企业经营所处的市场千差万别。有些市场是高度竞争的，企业在这些市场上很难获得利润。而有些市场看起来几乎没有竞争，企业在这些市场可以赚取高额利润。还有些市场受到强劲的广告宣传的控制，市场上的每家企业都试图说服消费者自己的产品是最好的。而有些市场则表现出战场的特点。

经济学家区分了 4 种市场类型：

1. 完全竞争
2. 垄断竞争
3. 寡头
4. 垄断

完全竞争（perfect competition）是当存在许多企业，每家都出售完全相同的产品，有许多的消费者，对于新企业的进入没有任何限制时而产生的。企业和消费者对于该行业中每家企业产品的价格都具有完全信息。玉米、大米和其他谷物的国际市场就是完全竞争的例子。

垄断竞争（monopolistic competition）是一个大量企业通过生产相似但略有差别的产品进行竞争的市场结构。制造的产品与竞争企业的产品略有不同称为**产品差异化**（product differentiation）。产品差异化使垄断竞争企业有一定的市场力量。企业是其特定产品的惟一生产者。例如，在冷冻食品市场上，数百家企业都生产自己的完美菜肴。每家企业都是一个独特品牌的惟一生产者。差异化的产品不一定是不同的产品，关键是消费者感到它们有差别。例如，各种品牌的阿司匹林在化学成分上都是相同的（水扬酸），差别仅仅在于包装。

寡头（oligopoly）是一个只有少数几个企业相互竞争的市场结构。计算机软件业、飞机制造业以及国际航空运输业就是寡头行业的例子。寡头可以生产几乎相同的产品，例如可口可乐公司与百事可乐公司生产的可乐饮料。它们也可以生产有差别的产品，例如雪弗莱的卢米娜汽车和福特的金牛汽车。

当市场上只有一家企业，而且这家企业生产的产品或服务没有相近的替代品，同时市场存在着阻止新企业的进入障碍时，**垄断**（monopoly）就产生了。在有些地方，电话、煤气、电力和自来水的供应商都是当地的垄断者——局限于某个地区的垄断。开发了个人电脑操作系统 Windows 软件的开发商微软公司是全球垄断的例子。

完全竞争是竞争的极端形式，而垄断则是缺乏竞争的极端形式。其他两种市场类型则介于这两者之间。

为了确定某个现实世界的市场属于哪一种市场结构，必须考虑许多因素。这些因素之一是少数企业控制市场的程度。为了衡量市场的这个特点，经济学家使用了称为集中度衡量指标的指数。让我们来看看这些衡量指标。

集中度的衡量指标

经济学家使用两种集中度的衡量指标：

1. 四企业集中率
2. 赫芬达尔—赫希曼指数

***四企业集中率*　四企业集中率**（four-firm concentration ratio）是一个行业中最大的四家企业的销售额在全行业中所占的百分比。集中率的范围从完全竞争的几乎为零到垄断的百分之百。这个比率是确定市场结构的重要衡量指标。

表 9.5 计算了两个行业的四企业集中率，一个是轮胎制造业，一个是印刷业。在前一个例子中，14 家企业生产轮胎。最大的 4 家企业销售额占总销售额的 80%，因此，轮胎制造业的四企业集中率为 80%。在印刷业中有 1 004 家企业，最大的四家企业的销售额只占总销售额的 0.5%，所以印刷业四企业集中率为 0.5%。

低集中率表示竞争程度高，高集中率表示缺乏竞争。垄断的集中率为 100%——最大的（也是惟一的）企业有 100%的销售额。四企业集中率超过 60%是高度集中的寡头市场的标志，并且这个市场被几家企业所控制。集中率低于 60%是竞争市场的标志。

***赫芬达尔—赫希曼指数*　赫芬达尔—赫希曼指数**（herfindahl-hirschman index）也称 HHI，是市场上最大的 50 家企业（如果不足 50 家那就是全部企业）的市场占有率百分比的平方和。例如，如果市场上有四家企业，各企业的市场占有率分别是 50%、25%、15%和 10%，那么赫芬达尔—赫希曼指数就是：

$$HHI = 50^2 + 25^2 + 15^2 + 10^2 = 3\ 540$$

在完全竞争市场中，HHI 的值很小。例如，如果一个行业最大的 50 家企业每家企业市场占有率都是 0.1%，那么 HHI 就是 $0.1^2 \times 50 = 0.5$。在垄断市场中，HHI 是 10 000。垄断企业占有市场的 100%：$100^2 = 10\ 000$。

20 世纪 80 年代，HHI 成为衡量竞争程度的一个最常用的指标，当时，司法部用它来划分市场。HHI 小于 1 000 的市场被认为是竞争性的。HHI 在 1 000 到 1 800 之间的市场被认为是适度竞争的。HHI 超过 1 800 的市场被认为是非竞争性的。司法部门仔细检查 HHI 大于 1 000 的市场上的任何企业并购，而且，如果 HHI 超过 1 800，司法部门就会对并购提出质疑。

美国经济集中度的衡量

图 9.2 显示了美国商务部计算的美国部分行业的集中率和 HHI。

口香糖、家用洗衣机、灯泡、早餐麦片和汽车行业集中度较高，属于寡头市场。冰淇淋、牛奶、服装、水泥构件与砖和商务印刷业集中度较低，属于高度竞争行业。宠物食品、点心和饼干生产行业的集中度适中，它们是垄断竞争的例子。

表 9.5　集中率的计算

轮胎制造者		印刷企业	
企　业	**销售额（百万美元）**	**企　业**	**销售额（百万美元）**
Top 公司	200	Fran 公司	2.5
ABC 公司	250	Ned 公司	2.0
Big 公司	150	Tom 公司	1.8
XYZ 公司	100	Jill 公司	1.7
四家最大企业	700	四家最大企业	8.0
其他 10 家企业	175	其他 1 000 家企业	1 592.0
行　业	875	行　业	1 600.0

四企业集中率：

轮胎制造者：$\frac{700}{875} \times 100 = 80\%$

印刷企业：$\frac{8}{1\ 600} \times 100 = 0.5\%$

图 9.2 美国的集中度衡量

myeconlab

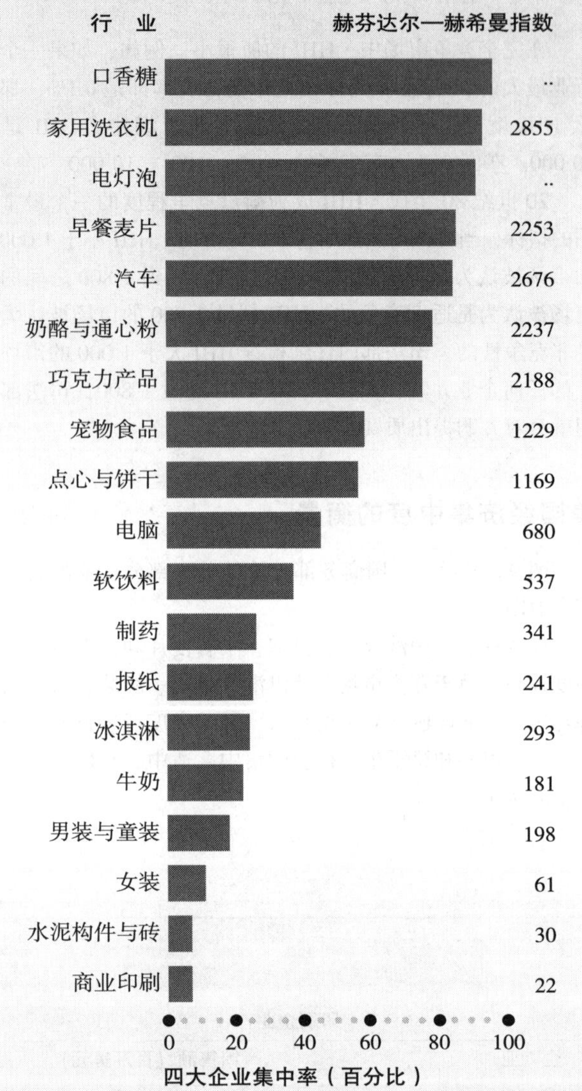

生产口香糖、家用洗衣机、电灯泡、早餐麦片和汽车的行业是高集中度的，而生产冰淇淋、牛奶、服装、水泥构件与砖的行业以及商业印刷业是高竞争的。生产宠物食品、点心与饼干的行业是中度集中的。

资料来源：*Concentration Ratios in Manufacturing.* (Washington, D.C.: U.S. Department of Commerce, 1996)

集中度指标是市场竞争程度的一个有用衡量。但为了确定市场结构，必须补充其他信息。表 9.6 概括了确定某个现实世界市场的市场结构所需的其他信息。

集中度衡量的局限

在决定市场结构时，集中度衡量指标的三个主要局限在于没有适当地考虑：

- 市场的地理范围
- 进入障碍和企业的流动
- 市场与行业之间的对应

市场的地理范围 集中度是从全国市场的角度进行衡量的。有些产品是在全国市场上销售的，但有些产品在区域市场销售，还有些在全球市场上销售。报纸行业由地方市场构成。尽管报纸的集中度指标低，但大多数城市的报纸业都是高度集中的。汽车行业是全球化的市场。美国最大的三家汽车制造企业占据了美国产汽车销售份额的 92%，但它们在美国全部汽车市场（包括进口）中所占的比例较小，而在全球汽车市场中占的比例更小。

进入壁垒和企业的流动 集中度指标并没有衡量进入障碍。一些行业的集中度高，但很容易进入，而且企业的流动性很大。例如，许多小城镇的餐馆不多，且开餐馆没有限制，因此许多企业都试图进入这一行业。

同样，有的行业因为存在*潜在的进入者*——由于市场上的企业面临许多很容易进入市场的企业的竞争，而且一旦能获得经济利润，企业就会很容易进来。

市场与行业之间的对应 为了计算集中率，美国商务部把每个企业都归入某一行业。但是，由于三个原因，市场并不总是与行业相对应：

首先，市场往往比行业狭窄。例如，集中率低的制药行业在许多相互分离的产品市场上经营——如麻疹疫菌和抗艾滋病药物。这些药物相互并不竞争，因此，这个看似竞争的行业包括了在单个药品市场上垄断（或近似垄断）的企业。

其次，大多数企业生产多种产品。比如西屋电子公司制造电气设备、煤气灶和胶合板等其他产品。所以，这个企业至少在三个不同的市场上经营。但商务部把西屋公司归入电气产品与设备行业。西屋公司与其他胶合板生产企业竞争的事实就没有反映在胶合板市场的市场集中率上。

第三，企业从一个市场转向另一个市场取决于赢利机

表 9.6　市场结构

特　点	完全竞争	垄断竞争	寡　头	垄　断
行业中企业的数量	许多	许多	少数	1 家
产　品	相同	差异化	相同或差异化	没有接近的替代品
进入壁垒	无	无	适中	高
企业对价格的控制	无	一些	相当大	相当大或受管制
集中率	0	低	高	100
HHI（近似范围）	小于 100	101~999	大于 1 000	10 000
例　子	小麦、玉米	食品、衣服	汽车、麦片	本地自来水

会。例如，现在生产移动电话和其他通讯产品的摩托罗拉公司是从电视机和电脑芯片市场通过多元化发展而来的，此后摩托罗拉也不再生产电视机了。当前，报纸、杂志和教科书出版企业也迅速多元化，进入互联网和多媒体产品领域。这些行业之间的转换表明，进入和退出一个行业的余地很大，因此，集中度衡量指标的作用是有限的。

尽管存在这些局限，但是当把集中度衡量指标与相关的市场地理范围、进入壁垒和大型多产品企业跨越不同市场的信息结合时，这一指标仍然为确定一个行业的竞争程度提供了基础。

美国经济的市场结构

美国市场的竞争程度如何？大多数美国企业是在竞争性还是非竞争性市场上经营？

对于这些问题，图 9.3 给出了部分答案。图中显示了美国经济的市场结构以及从 1939 年至 1980 年市场结构的变化趋势。（遗憾的是，无法得到 20 世纪 80 年代和 90 年代的可比数据。）

1980 年，美国产品与服务的交易额中有 3/4 是在那些基本上是竞争性的市场上——接近完全竞争的市场或垄断竞争市场——完成的。垄断与单一企业占支配地位的约占交易额的 5%。主要出现在制造业的寡头市场占销售额的 18%左右。

从图 9.3 中数据所跨越的时期看，美国经济变得更加有竞争性了。从中可以看出，竞争性市场扩张得最大（浅色区域），而寡头市场缩小得最大（灰色区域）。

图 9.3　美国经济的市场结构

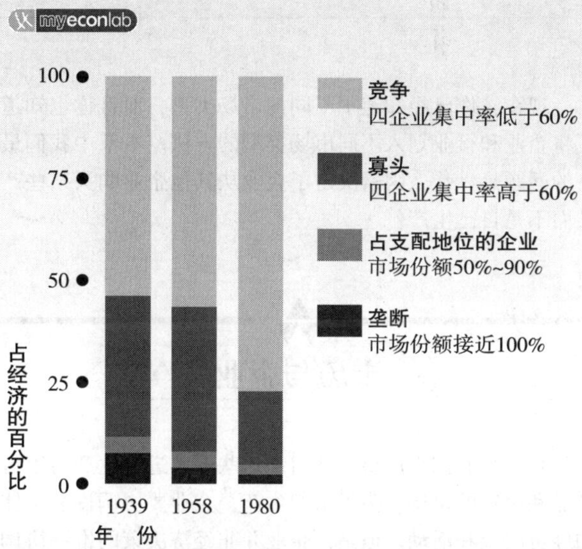

美国经济中有 3/4 是有效竞争的（完全竞争或垄断竞争），有 1/5 是寡头，而其他则是垄断。在 1939~1980 年间，经济的竞争性在不断加强。（谢菲德教授 1982 年的研究是这一主题的最新的论述，他推测，尽管一些行业更为集中了，但是另一些行业却不太集中了，因此，1980 年以来总的情况也许并没有太大变化。）

资料来源：William G. Shepherd, "Causes of Increased Competition in the U. S. Economy, 1939–1980," *Review of Economics and Statistics*, November 1982. pp. 613–626, MIT press Journals.

但是，在过去的数十年间，美国经济面临着更多的来自世界其他国家的竞争。图 9.3 并没有显示出这种国际化的趋势。

复习测验

1. 市场有哪四种类型？解释每种市场类型的显著特点。
2. 市场集中度的两个衡量指标是什么？解释如何计算每一种衡量指标。
3. 在什么情况下市场集中度指标能很好地衡量市场集中程度？
4. 美国的经济是竞争性的吗？它的竞争性是增强了还是减弱了？

myeconlab **Study Plan 9.4**

现在，你已经知道了不同的市场类型，而且你也知道了将企业和行业划入不同市场类型的方法。本章中我们最终的问题是：什么因素决定了企业从其他企业购买某些产品而不是自己生产？

市场与企业

企业是雇佣生产要素并组织这些要素进行生产与销售产品和服务的机构。为了组织生产，企业要协调许多个体的经济决策和活动。但是，企业并非经济决策的惟一协调者。在第 3 章你已经知道，市场也是决策的协调者。通过调整价格，市场使买者与卖者的决策相一致——使各种产品与服务的需求量与供给量相等。

市场协调

市场可以协调生产。例如，市场可以协调摇滚音乐会的生产。主办人租用一个体育场、一些舞台设备、录音师、录像师和技术人员、摇滚乐队、一个超级明星、宣传代理人，还有票务代理——全都是市场交易——并把音乐会门票出售给数以千计的摇滚乐迷，把录音权卖给录音公司，把录像和电视转播权卖给电视网——另一些市场交易。但是，如果摇滚音乐会像玉米片一样被生产出来，那么演出企业就应该拥有自己所用的全部资本（体育场、舞台、录音和录像设备），并雇佣所需的所有劳动（歌手、音响师、销售人员等）。

外购——是从其他企业购买零部件或产品，它是市场协调的另一个例子。戴尔公司生产的电脑的所有部件都是外购。主要的汽车制造企业外购挡风玻璃及窗户、变速箱、轮胎和许多其他汽车配件。

什么因素决定是由企业还是市场协调某项活动呢？企业如何决定是向其他企业购买某种东西还是自己制造呢？答案是成本。考虑了时间的机会成本以及其他投入的成本后，企业使用成本最小的方法。也就是说，它们使用经济上有效率的方法。

当企业可以比市场更有效率地完成任务时，企业协调经济活动。在这种情况下，建立企业是有利可图的。如果市场可以比企业更效率地完成任务时，企业就会利用市场，而且，任何建立企业以取代市场协调的努力都注定要失败。

为什么存在企业

企业经常比市场更有效地协调经济活动，这是因为它能够实现：

- 降低交易成本
- 规模经济
- 范围经济
- 团队生产经济

交易成本 企业之所以存在是因为有些经济活动在企业比在市场中更有效率，这种思想最早是由芝加哥大学的经济学家、诺贝尔奖获得者罗纳德·科斯（Ronald Coase）提出来的。科斯关注企业减少或消除交易成本的能力。**交易成本**（transactions costs）是找到进行交易的人，达成有关价格和其他交易内容的协议，以及确保协议条款得以履行的成本。市场交易要求买者与卖者集中到一起，就交易的项目与条件进行谈判，有时还需要雇佣律师来起草合同。违约会引起更大的支出。企业可以通过减少个人承担的交易次数来降低这种交易成本。

例如，假设你有两种方法修理一辆吱吱作响的汽车：

企业协调：你把车送往修理厂。厂主来协调汽车零件、修理工具及修理工的时间，并修好你的车。你只需为全部工作付款即可。

市场协调：你雇佣一个修理工，他诊断出汽车的问题，并列出修车所需要的零部件和工具。你从当地的旧物市场购买零部件，并从ABC租赁公司租用工具。你再雇佣那个修理工修车。你归还工具并支付账单——修理工的工资、ABC公司的租金，以及购买旧零件的成本。

什么决定了你使用哪种方法？答案是成本。考虑到你自己的时间机会成本以及你必须购买的其他投入的成本，你将选择成本最低的方法。换言之，你将用经济上有效率的方法。

第一种方法要求你只与一个企业进行一次交易。的确，这个企业不得不进行多次交易——雇佣劳动并购买从事这项工作需要的零件和工具。但是企业并不只是为你修车而进行这些交易。一组这样的交易可以使企业修理数百辆汽车。因此，如果人们把自己的汽车送到修理厂修理而不是通过一系列市场交易过程来修车，个人承担的交易次数就大大减少了。

规模经济 随着某种产品生产率的提高，生产一单位这种产品的成本下降时，就产生了**规模经济**（economics of scale）。例如，汽车制造企业存在规模经济是因为随着生产规模的扩大，企业可以使用节约成本的设备和高度的专业化劳动。一年只生产几辆汽车的制造商必然要用高成本的手工工具进行生产。规模经济产生于更高效率的专业化和劳动分工，这种专业化和劳动分工由企业协调比市场协调更有效率。

范围经济 当一个企业用专业化的（通常是昂贵的）资源来生产一系列的产品与服务时，该企业就拥有了**范围经济**（economics of scope）。例如，微软公司雇佣专业程序员、设计师和营销专家，并把他们的技能用于各个软件产品。结果，微软以较低的成本协调了生产软件的这些资源，其软件的成本比在市场上购买这些人员的服务来单独生产某一款软件的成本低。

团队生产经济 个人在团队中专门从事相互支持的任务的生产过程就是团队生产。体育运动是团队活动最好的例子。在棒球比赛中，有些队员专门负责投球，有些负责击球。在篮球比赛中，有些队员负责防守，有些负责进攻。产品与服务的生产提供了许多团队活动的例子。例如，汽车和电视车间的生产线就是将个人活动组织成团队活动，在生产线上每人专门从事一小块任务，因此生产最有效率。你也可以把整个企业看成一个团队。这个团队有负责购买原材料和其他投入的采购员，有生产工人以及销售人员。团队的每个成员都是专业化的，但团体产出的价值和它获得的利润取决于团队成员的协调活动。企业产生于团队生产的思想最早是由加州大学洛杉矶分校的阿尔门·阿尔钦和哈罗德·德姆塞茨提出的。

由于企业可以节约交易成本，实现规模经济和有效地组织团队生产，所以协调大多数经济活动的是企业而不是市场。但是，企业的经济效率也是有限的。如果一个企业变得太大或者其业务变得太多元化，每单位产出的管理与监督成本就开始增加，在某一点之后，用市场来协调资源就变得更有效率了。IBM公司是企业太大以至于缺乏效率的一个例子。为了恢复有效的经营，IBM把它巨大的组织拆分为许多“浅蓝”成员，每家专门负责电脑市场的某一部分。

有时，企业间建立了长期合作关系，使我们很难看出一个企业在哪里结束和另一个企业在哪里开始。例如，通用汽车公司与车窗、轮胎及其他零部件的供应商有长期关系。沃尔玛超市与其所售商品的供应商有长期关系。这种关系使这些公司的交易成本低于每次通过市场采购而寻求新供应商的成本。

复习测验

1. 可以协调经济活动的两种方式是什么？
2. 什么决定是企业还是市场协调生产？
3. 企业常常能以比市场低的成本来协调生产的主要原因是什么？

myeconlab **Study Plan 9.5**

◆ 接下来的阅读材料探讨了网络搜索引擎业务。在第4章里，我们继续学习企业及其决策。在第10章，我们将学到不同产出水平下成本与产量的关系。这些成本—产量关系在所有类型市场的所有企业都是存在的。然后我们转向不同类型市场上企业特有的问题。

阅读材料：事例与分析

网络搜索引擎的市场大战

http://money.com.com

Yawns for Yahoo，Ga–Ga for Google

当两个搜索服务的领导者正享受着源源不断的利润时，猜猜发生了什么？Google 正在吞食 Yahoo 的午餐。

2006 年 10 月 13日

……上个月，当 Yahoo 公司的首席财务官 Sue Decker 在纽约的 Goldman Sachs 大会上偶然谈道，由于汽车和金融服务领域广告的疲软，Yahoo 本季度的销售额可能会低于公司的预期时，整个华尔街都感到震惊……

另一方面，Google 却使华尔街欢呼。7 月，它的销售额和利润都超过了第二季度的预期。

而在星期一，Google 公布了价值 16 亿美元的收购在线视频共享网站 You Tube 的交易，这是顶级搜索引擎和排名第一的视频网站的联姻。分析师认为，Google 将有机会在潜在的利润丰厚的在线视频广告市场上获取更大的份额……

Yahoo 正在火热的付费搜索市场上追赶 Google。付费搜索是与关键字搜索相捆绑的广告。根据网络调查公司 comScore Networks 发布的最新的数据，8 月份，Google 扩大了其在搜索引擎市场上对 Yahoo 的领先优势……

展望下一年，Yahoo 将在所谓的展示广告方面上面临来自 Google 更严峻的挑战。展示广告包括视频广告、标语广告和其他不与关键字搜索相联系的广告。幸亏 Google 与 You Tube 的交易还没有最终落实。

到目前为止，Yahoo 仍然在展示广告方面对 Google 保持着优势。相对于搜索广告，展示广告对知名公司更具吸引力。但是，这对 Google 来说也是一个巨大的市场机会。

事件的本质

- 在与关键字搜索相捆绑的广告市场即付费搜索方面，Yahoo 落后于 Google。
- 在诸如视频广告、标语广告以及其他不与关键字搜索相联系的展示广告方面，Yahoo 的销售额领先于Google。
- 通过收购 You Tube（16 亿美元），Google 创造了顶级搜索引擎和顶级视频共享网站的联姻。
- 预期 Google 将在利润丰厚的在线视频广告市场上获得更大的份额，而这种广告常被知名公司使用。

经济分析

▶ 与所有的公司一样，Yahoo 和 Google 都追求利润最大化。

▶ 同样，与所有的公司一样，Yahoo 和Google 也面临技术和市场上的约束。

▶ 这些公司提供在互联网上获取信息的搜索引擎。

▶ 那些搜索引擎的使用者需要信息，而 Yahoo 和 Google（以及其他公司）提供信息。

▶ 对于使用者来说，搜索引擎服务的均衡价格是零。

▶ 为了获取销售收入和利润，搜索引擎运营商提供广告服务。

▶ 有两类广告服务：付费搜索广告和展示广告。

▶ Google 的优势是付费搜索广告（见图 1 和图 2）。Yahoo 的优势是展示广告（见图 3）。

▶ 为了吸引得到更多的广告，公司提供的广告信息必须能够接近和适合尽可能多的潜在客户群。

▶ 为了使其搜索引擎获得最大化的使用，Google 和 Yahoo 向使用者提供各种各样的服务。

▶ 一种服务是搜索引擎本身的质量。大多数人认为 Google 具有更好的搜索技术。但是，Yahoo 也在努力提高搜索技术。

▶ 其他的服务是各种各样相关的吸引措施。Yahoo 的图片共享服务就是一例。

▶ 搜索引擎也可以通过将广告更精确的发布给潜在的目标客户来获得更大的利润。同时，搜索技术的质量也是关键因素。而 Google 被认为在该项技术上具有优势。

▶ Google 希望吸引更多的使用者，并通过收购 You Tube 来提高使用视频和其他展示技术的能力。

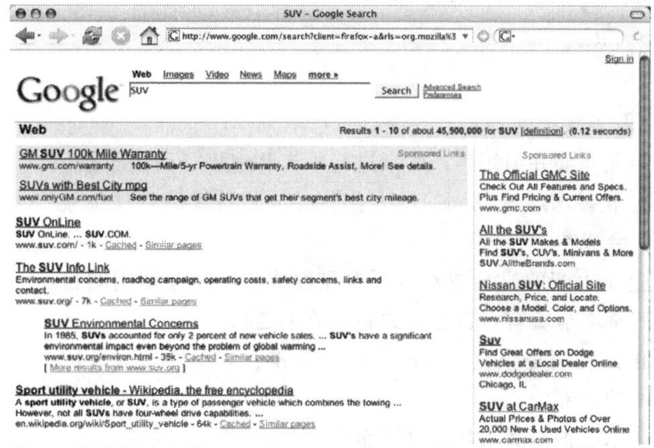

图 1 付费搜索广告

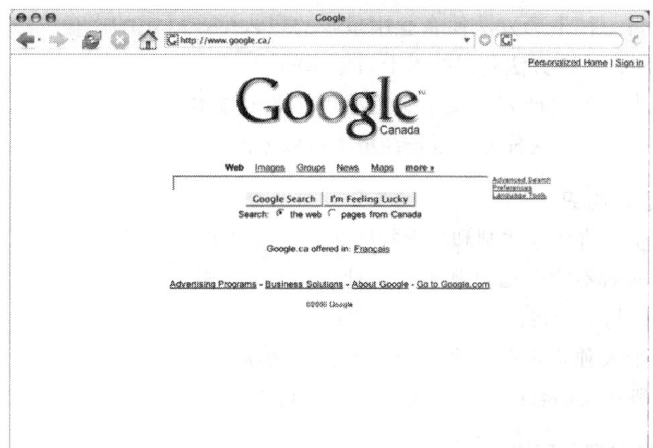

图 2 Google 的优势是搜索

图 3 Yahoo 的特点在于展示广告

内容提要

要 点

企业及其经济问题

- 企业雇佣并组织生产要素进行生产和销售产品和服务。
- 企业寻求经济利润的最大化，经济利润就是总收益减机会成本。
- 企业生产的机会成本是所有显性成本与企业使用的自有资本与所有者资源的的隐性成本之和。
- 正常利润是企业家才能的机会成本，它是企业显性成本的一部分。
- 技术、信息和市场限制了企业的利润。

技术效率和经济效率

- 当一种生产方法使企业用最少的投入生产既定的产量时，这种方法就是技术上有效率的。
- 当一种生产方法使企业用尽可能低的成本生产既定的产量时，这种方法就是经济上有效率的。

信息与组织

- 企业将命令体制和激励制度相结合来组织生产。
- 面对不完全信息和不确定性，企业要使管理者和工人以与企业目标一致的方式行事。
- 个人独资企业、合伙企业和公司用所有权、激励性报酬和长期合同来解决委托—代理问题。

市场与竞争环境

- 在完全竞争市场，大量的卖者向大量的买者提供同质的产品，而且企业是自由进入的。
- 在垄断竞争市场，大量的卖者向大量的买者提供差别化的产品，而且企业是自由进入的。
- 在寡头市场，只有少数的卖者在相互竞争。
- 在垄断市场，只有一家企业生产没有近似替代品的产品，而且进入壁垒阻止竞争者的进入。

市场与企业

- 当企业能比市场更有效——低成本地完成任务时，企业协调经济活动。
- 企业节约了交易成本，并产生了规模经济、范围经济和团队生产经济。

关键图表

图 9.1　三种类型企业的比例
图 9.3　美国经济的市场结构
表 9.4　不同类型企业的优点与缺点
表 9.5　集中率的计算
表 9.6　市场结构

关键术语

命令体制	垄断竞争
经济折旧	垄　断
经济效率	正常利润
经济利润	寡　头
规模经济	完全竞争
范围经济	委托—代理问题
企　业	产品差异化
四企业集中率	技术效率
赫芬达尔—赫希曼指数	技　术
隐性租金率	交易成本
激励制度	

习 题

1. 1 年前，杰克和吉尔建立了一个瓶装醋企业（称为 JJVB）。用下列信息计算 JJVB 在第一年经营期间的显性成本和隐性成本。
   a. 杰克和吉尔将 50 000 美元自有资金投入企业。
   b. 他们花费 30 000 美元购买设备。
   c. 他们以每年 20 000 美元的工资雇佣一名雇员帮忙。
   d. 杰克放弃了年薪 30 000 美元的工作，花费全部时间为JJVB 工作。
   e. 吉尔保留了她以前每小时 30 美元的工作，但每周放弃了10 小时的闲暇时间（共 50 周）来为 JJVB 工作。
   f. JJVB 从其他企业购买了 10 000 美元的产品和服务。
   g. 年末设备的市场价格是 28 000 美元。
   h. 杰克和吉尔有一笔 100 000 美元的家庭贷款，为此他们每年要支付利率为 6%的利息。

2. 四种完成纳税申报的方法和每种方法花费的时间如下：用个人电脑，需要 1 小时；用便携式计算器，需要 12 小时；用便携式计算器还有铅笔和纸，需要 12 小时；只用铅笔和纸，需要 16 小时。个人电脑和软件的成本是 1 000 美元，便携计算器的成本是 10 美元，以及铅笔和纸的成本是 1 美元。
   a. 如果有的话，哪种方法在技术上是有效率的？
   b. 如果工资率是：
      (i) 每小时 5 美元。
      (ii) 每小时 50 美元。
      (iii) 每小时 500 美元。
      哪种方法经济上是有效率的？
3. 洗 100 件衬衣可供选择的方法有：

方　法	劳动（小时）	资本（机器）
A	1	10
B	5	8
C	20	4
D	50	1

   a. 哪种方法技术上是有效率的？
   b. 如果小时工资率和资本的隐性租金率是：
      (i) 工资率 1 美元，租金率 100 美元。
      (ii) 工资率 5 美元，租金率 50 美元。
      (iii) 工资率 50 美元，租金率 5 美元。
      哪种方法经济上是有效率的？
4. 沃尔玛公司有 3 700 多家商店，100 多万名雇员，仅在美国总收益就接近 2 500 亿美元。Sarah Frey-Talley 在伊利诺斯州经营自己的 Frey 农场并为沃尔玛公司供应南瓜及其他新鲜的产品。
   a. 你认为沃尔玛公司如何协调它的活动？它主要是用命令体制还是激励制度？为什么？
   b. 你认为 Sarah Frey-Talley 如何协调 Frey 农场的活动？她主要是用计划机制命令体制还是激励制度？为什么？
   c. 描述并比较比沃尔玛与 Frey 农场所面对的委托—代理问题。两家企业如何解决各自的委托—代理问题？
5. 文身行业的销售额如下表所示：

企　业	销售额（美元/年）
Bright Spots	450
Freckles	325
Love Galore	250
Native Birds	200
其他 15 家企业	800

   a. 计算四企业的集中率。
   b. 文身业是一个什么样的市场结构？
6. 巧克力制造商的市场份额如下表所示：

企　业	市场份额（百分比）
Mayfair 公司	15
Bond 公司	10
Magic 公司	20
All Natural 公司	15
Truffles 公司	25
Gold 公司	15

   a. 计算赫芬达尔—赫希曼指数。
   b. 巧克力行业是一个什么样的市场结构？
7. 在 2003 年和 2004 年，丹麦生产彩色塑料积木的玩具制造商 Lego 发生了经济亏损。企业面临着那些低成本复制其产品的企业的竞争，以及许多富裕国家 5~9 周岁年龄男孩（它的主要消费者）数量的下降。2004 年，Lego 实施了一项恢复利润的计划。它解雇了 8 000 名工人中的 3 500 人；关闭了在瑞士和美国的工厂；在东欧和墨西哥开设了新工厂；并对管理人员引入了绩效工资。2005 年，Lego 的报告显示它盈利了。（资料来源：Picking up the pieces，*The Economist*，October 28，2006）
   a. 使用所有企业都要面对的三种类型的约束的概念来描述一下 Lego 公司在 2003 年和 2004 年遇到的问题。
   b. Lego 公司采取的恢复利润的措施中哪个是解决无效率问题的？Lego 是如何寻求实现经济效率的？
   c. Lego 公司采取的恢复利润的措施中哪个是解决信息与组织问题的？Lego 是如何解决委托—代理问题的？
   d. Lego 经营什么类型的市场？
8. 两家领先设计企业——旧金山的 Astro Studios 和日本大阪的 Hers Experimental 设计实验室与微软公司合作设计 Xbox 360 电脑游戏的操纵台。IBM、ATI 和 SiS 公司设计 Xbox 360 的硬件设备。Flextronics & Wistronhe 和 Celestica 两家公司在其中国工厂里生产 Xbox 360。
   a. 描述市场协调和企业协调在 Xbox 360 设计、生产以及营销过程中所起的作用。
   b. 你认为微软公司为什么不在它西雅图的总部完成所有将 Xbox 推向市场的工作，而是选择与这么多企业合作？
   c. 交易成本、规模经济、范围经济以及团队生产经济在 Xbox 的设计、生产以及营销过程中扮演了什么样的角色？

d. 你认为为什么 Xbox 在美国和日本设计，却在中国生产？

批判性思考

1. 研读阅读材料中关于 Google 和 Yahoo 公司的介绍，然后回答下列问题：
   a. Google 与 Yahoo 公司销售的产品是什么？
   b. 网络搜索引擎的供应商是如何获得收益并赚取利润的？
   c. 付费搜索广告与展示广告有什么区别，什么类型的公司使用后者？
   d. 你认为 Google 为什么要购买 You Tube？这项收购是如何使 Google 增加收益和利润的？
   e. 什么样的技术变革可能增加网络搜索引擎公司的利润？
2. 联邦快递公司与为其提供服务的独立的卡车司机签订合同，后者按其所运送的包裹体积从公司得到报酬。
   a. 你认为联邦快递公司的经营者为什么以这种方式经营，而不是雇佣更多的司机然后付给他们工资？
   b. 联邦快递公司使用这种方式经营可能会产生什么样的激励问题？
3. 你认为为什么戴尔公司从其他企业购买电脑配件？

网上活动

1. 阅读 James D. Miller 有关提供机场保安服务的观点。
   a. 关于组织机场保安的最佳途径方面，Miller 先生的论点是什么？
   b. 使用委托—代理分析解释 Miller 先生的观点。谁是委托方，谁是代理方？
   c. 严格的讲，在提供机场保安服务的问题上的委托—代理问题是什么？
   d. 为什么私人供给可能要比公共供给提供更安全的服务？
   e. 你认为私人供给的成本会比公共供给的成本低吗？请解释？

第 10 章

产量与成本

适者生存

规模并不能保证企业的生存。大企业甚至也可能倒闭或被其他企业吞并。但剩下的小企业也无法保证生存。每年都有数百万的小企业倒闭。从 1995 年出版的黄页上随机选择一家餐馆或时装店的电话，看看有多少已经消失了。企业必须怎样经营才能生存下去呢？

从夫妻便利店到生产高技术产品的大型跨国公司，企业在很多方面存在差别。但是，不论规模如何以及生产何种产品，所有企业都必须决定生产多少和怎样生产。企业是怎样做出这些决策的呢？

在美国，很多汽车制造商的生产能力都大于他们的销售能力。为什么这些汽车厂商有意闲置那些昂贵的设备而不加以充分利用呢？同样在美国，许多发电企业没有充足的生产设备来满足严寒和酷暑天气里的电力需求，而不得不向其他厂家购买电力。为什么这些企业不更多地购置设备以满足市场需求呢？

在本章中我们将回答这些问题。因此，我们将要研究一个假想的小型企业——一家毛衣生产企业（西尼毛衣厂）的经济决策。通过研究西尼解决企业经济问题的方法，我们将明白任何企业都要面临的问题——无论是夫妻便利店这样的小企业还是汽车制造商或发电厂这样的大企业。我们将从企业做出经营决策的时间框架开始。在本章末阅读材料中，我们将了解为什么福特公司没有与通用公司合并？为什么这种合并不是一项明智的举措。

学习本章后，你将能：

- 区分短期与长期
- 解释在短期中，企业的产量与所雇佣的劳动之间的关系
- 解释在短期中企业的产量与成本的关系，并画出短期成本曲线
- 解释在长期中企业的产量与成本的关系，并画出长期平均成本曲线

决策的时间框架

企业的经营者要做出很多决策，所有的决策都是为了实现一个首要的目标：可实现的利润最大化。但并非所有的决策都同等重要。有些决策是重大决策，一旦做出，修改它就要付出高昂的代价（或是不可能修改）。如果这些决策是错误的，就可能导致企业的经营失败。有些决策是小决策，很容易改变。如果这些决策中有一个是错误的，公司可以改变行动而生存下来。

任何企业所做的最重大的决策就是进入哪一个行业。对大多数企业家来说，他们的知识背景和兴趣促成了这一决策。但这一决策还取决于利润前景——预期总收益将超过总成本。

我们要研究的企业已经选择了它经营所处的行业，也选择了最有效的组织方法。但它没有决定生产的数量、使用生产要素的数量以及产品的销售价格。

关于生产数量和销售价格的决策取决于企业所处的市场类型。完全竞争、垄断竞争、寡头和垄断都使企业面临一些特殊的问题。

但是，关于如何生产既定产量的决策并不取决于市场类型。这类决策对所有类型市场上的全部企业来说都是相似的。

企业可以采取的影响产量与成本之间关系的行为取决于企业想采取行动的快慢。一个计划明天改变生产率的企业选择的余地小于计划从现在起 6 个月或 6 年后改变生产率的企业。

为了研究企业产量决策和成本之间的关系，我们区分了两种决策的时间框架：

- 短期
- 长期

短 期

短期（short run）是至少有一种生产要素的数量固定的时间框架。对于大多数企业来说，资本、土地和企业家才能都是固定的生产要素，而劳动则是可变的生产要素。我们把固定的生产要素称为设备：在短期中，企业的设备是固定的。

对于西尼毛衣厂来说，固定的设备是它的厂房和针织机。对于一个发电厂来说，固定设备是它的建筑物、发电机、电脑和控制系统。

在短期中为了增加产量，企业必须增加它所使用的可变要素的数量，这种可变要素通常是劳动。所以，为了生产更多的产品，西尼毛衣厂必须雇佣更多的劳动并使针织机每天运转的时间更长。同样地，一个发电厂要想增加发电量就必须雇佣更多的劳动，并将它的发电机运转更长的时间。

短期决策很容易改变。企业能够通过增加或减少它所雇佣的劳动数量来增加或减少其短期产量。

长 期

长期（long run）是全部生产要素的数量都可以改变的时间框架。也就是说，长期是企业可以改变其设备的时间框架。

在长期中为了增加产量，企业可以选择是否改变其设备规模以及是否增加雇佣劳动的数量。西尼毛衣厂可以选择安装更多的针织机，使用新型的机器，重新组织管理体系，或者雇佣更多的劳动。长期决策很难改变。一旦做出改变设备规模的决策，企业必须维持该规模一段时间。为了强调这一事实，我们将过去花费在那些无法转卖的设备上的成本称为**沉没成本**（sunk cost）。沉没成本与企业的现期决策无关。影响企业现期决策的成本只有短期企业改变劳动投入的成本和长期企业改变设备投入的成本。

复习测验

1. 区分短期与长期。
2. 为什么沉没成本是无关的？

myeconlab **Study Plan 10.1**

我们将要学习短期成本与长期成本。我们从短期开始，并描述企业面临的技术约束。

短期技术约束

为了增加短期产出，企业必须增加其雇佣的劳动数量。我们通过三个相关概念描述企业产出与所雇佣劳动之间的关系：

1. 总产量
2. 边际产量
3. 平均产量

可以用产量表和产量曲线来说明这些产量的概念。我们首先看一下产量表。

产量表

表 10.1 显示了西尼毛衣厂的总产量、边际产量以及平均产量的数据。这些数据向我们揭示了西尼毛衣厂的产量如何随着雇佣工人人数的增加而增加。这些数据还告诉我们它的劳动的生产率。

首先注意标为“劳动”和“总产量”的两栏。**总产量**（total product）是指既定劳动数量的最大产出。你可以从这些数字中看出，随着西尼雇佣工人人数的增加，总产量增加。例如，当西尼雇佣 1 个工人时，总产量是每天 4 件毛衣，而当她雇佣 2 个工人时，总产量是每天 10 件毛衣。每多雇佣一个工人都会引起总产量的增加。

劳动的**边际产量**（marginal product）是在其他要素投入保持不变的情况下，所雇佣的劳动数量增加 1 单位引起的总产量的增量。例如，在表 10.1 中，当西尼雇佣的工人从 2 个增加到 3 个且没有改变其资本时，第 3 个工人的边际产量是 3 件毛衣——总产量从 10 件增加到了 13 件毛衣。

平均产量向我们揭示了工人的平均生产率。劳动的**平均产量**（average product）等于总产量除以所雇劳动的数量。例如，在表 10.1 中，3 个工人的平均产量是每个工人 4.33 件毛衣——每天生产的 13 件毛衣除以 3 个工人。

如果你仔细观察表 10.1 中的数据，你可以看到一些变化模式。随着西尼雇佣更多的劳动，边际产量先增加然后开始下降。例如，边际产量从第 1 个工人的每天 4 件毛衣增加到第 2 个工人的每天 6 件毛衣，然后减少到第 3 个工人的每天 3 件毛衣。平均产量也是先增加然后减少。你可以通过观察产量曲线更清晰地看出劳动与三种产量之间的关系。

表 10.1 总产量、边际产量和平均产量

	劳动（工人数/天）	总产量（毛衣数/天）	边际产量（毛衣数/每增加一个工人）	平均产量（毛衣数/每个工人）
A	0	0		
			4	
B	1	4		4.00
			6	
C	**2**	**10**		5.00
			3	
D	**3**	**13**		**4.33**
			2	
E	4	15		3.75
			1	
F	5	16		3.20

总产量是生产的总量。边际产量是增加 1 单位劳动所引起的总产量的变动量。例如，当劳动从每天 2 个工人增加到 3 个工人（从 *C* 行到 *D* 行），总产量从每天 10 件毛衣增加到 13 件。从 2 个工人增加到 3 个工人的边际产量是 3 件毛衣。平均产量是总产量除以雇佣的劳动数量。例如，3 个工人的平均产量是每个工人 4.33 件毛衣（每天 13 件毛衣除以 3 个工人）。

产量曲线

产量曲线是表示劳动与你刚刚学过的三种产量概念之间关系的图形。它显示了总产量、边际产量以及平均产量是如何随劳动的变化而变化的。它也显示了三个产量概念之间的关系。让我们来看看产量曲线。

总产量曲线

图 10.1 显示了西尼毛衣厂的总产量曲线 *TP*。随着雇佣劳动的增加，针织毛衣的数量也在增加。曲线上 *A* 点到 *F* 点与表 10.1 中的各行对应。这些点表示总产量随着每天雇佣劳动数量的变化而变化。但是，劳动可以细分成小时数甚至数分钟的劳动，通过将劳动变化量的单位改变成可能的最小单位，我们可以画出图 10.1 所示的连续的总产量曲线。

请注意总产量曲线的形状。随着每天雇佣的人数从 0 增加到 1，曲线变得更陡峭。然后，随着每天雇佣人数增加到 3、4 以及 5，曲线变得平缓了。

总产量曲线与生产可能性边界有些类似（参见第 2 章），它是可达到的产量水平与不可达到的产量水平之间的分界线。所有曲线上方的点都是不可达到的。在曲线下方灰色区域内的点都是可以达到的。但是，它们是无效率的——它们使用的劳动多于生产这些既定产量所必需的数量。只有总产量曲线上的点才是经济上有效率的。

图 10.1 总产量曲线

myeconlab

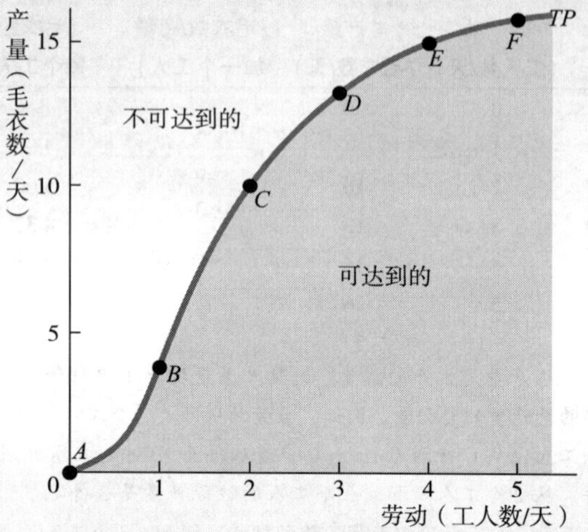

根据表 10.1 的数据画出的总产量曲线 *TP*。它表示生产毛衣的数量是如何随雇佣劳动量的变化而变化。例如，2 个工人每天能够生产 10 件毛衣（点 *C*）。曲线上 *A* 点到 *F* 点与表 10.1 中的各行对应。总产量曲线是可达到的产量水平与不可达到的产量水平之间的分界线。*TP* 曲线以下的各点是无效率的。

图 10.2 总产量和边际产量

myeconlab

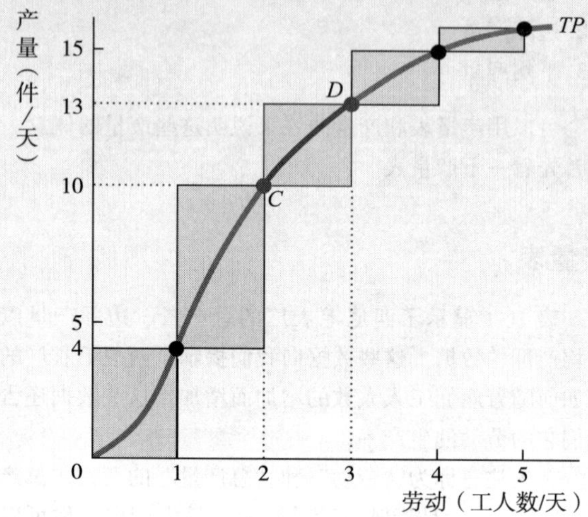

（a）总产量

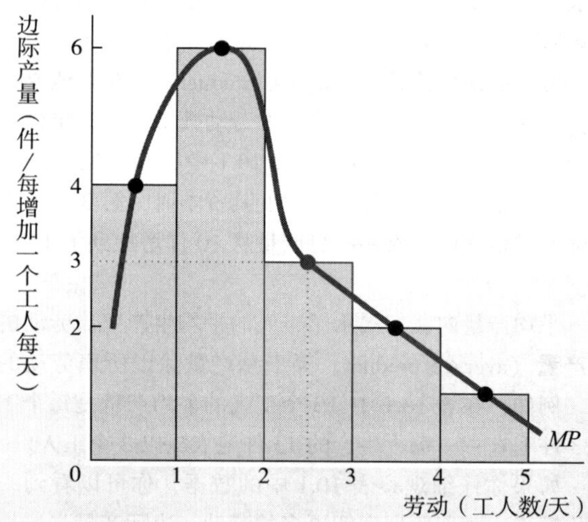

（b）边际产量

用灰色矩形表示的就是边际产量。例如，当劳动从 2 增加到 3 人每天时，边际产量是高度为 3 件毛衣的灰色矩形。（边际产量标注在劳动投入变动量的中点是强调它是投入变动的结果）（a）幅中总产量曲线（*TP*）越陡峭，（b）幅中的边际产量（*MP*）越大。边际产量增加到最大（在本例中是雇佣第二个工人时），然后减少——边际产量递减。

边际产量曲线

图 10.2 显示了西尼毛衣厂的劳动的边际产量曲线。（a）幅是总产量曲线，它与图 10.1 中的总产量曲线相同，（b）幅表示边际产量曲线 *MP*。

在（a）幅中，灰色矩形表示劳动的边际产量。每个矩形的高度值就是边际产量。也可以用总产量曲线的斜率来表示边际产量。回忆一下，一条曲线的斜率是当我们沿着曲线移动时，y 轴的变化值——产量——除以 x 轴的变化值——劳动。当工人从 2 个增加到 3 个，劳动增加 1 单位，产量从 10 件毛衣增加到 13 件毛衣，所以从 *C* 点到 *D* 点的斜率是每个工人 3 件毛衣，与我们刚刚计算的边际产量相同。

再按可能的最小的单位变动劳动量，我们就可以画出图 10.2（b）所示的边际产量曲线。这条曲线的高度衡量某一点时总产量曲线的斜率。（a）幅表示劳动从 2 个工人增加到 3 个工人时，产量从 10 件毛衣增加到了 13 件（增加了 3 件）。产量增加了 3 件毛衣。在（b）幅纵轴上表现为 2 个工人到 3 个工人的边际产量。我们在2 个工人与 3 个工人之间的中点画出边际产量的点。要注意的是，图 10.2（b）幅中的边际产量在 1.5 单位劳动时达到了顶点，而且，在这一点时，边际产量是 6 件毛衣。顶点出现在 1.5 单位劳动时，因为当工人数从 1 增加到 2 时，总产量曲线最陡峭。

不同企业以及不同的产品的总产量曲线和边际产量曲线不同。福特汽车公司的产量曲线不同于吉姆的汉堡店，而吉姆汉堡店的产量曲线又不同于西尼毛衣厂。但是，产量曲线的形状是相似的，因为几乎每一个生产过程都有两个特点：

- 边际报酬最初递增
- 边际报酬最终递减

边际报酬递增 当增加一个工人的边际产量大于前一个工人的边际产量时，边际报酬递增就发生了。边际报酬递增是因为生产过程中的专业化及劳动分工的提高。

例如，如果西尼的企业只雇佣一个工人，那么这个工人必须学会毛衣生产的全部工序：操作针织设备、修理故障、包装和邮寄毛衣、购买并检查毛线的型号和颜色。所有这些任务必需由他一个人完成。

如果西尼再雇佣一个工人，那么这两名工人就可以将毛衣的生产过程专业化成不同的部分。结果，两个工人的产量多于一个工人的产量的两倍。第二个工人的边际产量就大于第一个工人的边际产量。所以说边际报酬是递增的。

边际报酬递减 大多数生产过程最初都经历了边际报酬递增。但是，所有的生产过程最终都会到达边际报酬递减的点。当增加一个工人的边际产量小于前一个工人时，**边际报酬递减**（diminishing marginal returns）就发生了。

边际报酬递减产生于越来越多的工人使用同样的资本在同一个空间里生产的事实。随着工人人数的增加，新增工人工作的生产率越来越低。例如，如果西尼雇佣第三个工人，产量的增加就不像雇佣第二个工人时增加得那么多了。在这种情况下，当雇佣到两个工人后，专业化和劳动分工的所有利益都利用了。在雇佣第三个工人时，工厂生产了更多的毛衣，但设备的运转已经接近极限。甚至有时候第二个工人都没什么工作可做了，因为已无需再进一步照看机器的运行。不断地增加越来越多的工人，增加了产量，但增加的数量越来越少。边际报酬是递减的。这种现象如此普遍以至于被称作一个“规律”——边际报酬递减规律。**边际报酬递减规律**（law of diminishing returns）表述为：

> 在固定生产要素数量不变的情况下，随着企业使用可变生产要素数量的增加，可变要素的边际产量最终是递减的。

当我们研究企业的成本时，我们将回到边际报酬递减规律。但是，在此之前，让我们先看一下劳动的平均产量以及平均产量曲线。

平均产量曲线

图 10.3 表示了西尼毛衣厂的劳动的平均产量，以及平均产量与边际产量之间的关系。平均产量曲线 AP 上的 B 点到 F 点与表 10.1 中的各行对应。当工人数从 1 个增加到 2 个时，平均产量增加（在 C 点达到了最大值），但是，当雇佣更多的工人时开始下降了。值得注意的是，平均产量的最大值出现在平均产量和边际产量相等时。也就是说，边际产量曲线从平均产量曲线的最大值点穿过。在边际产量大于平均产量的劳动水平，平均产量增加。在边

图 10.3 平均产量

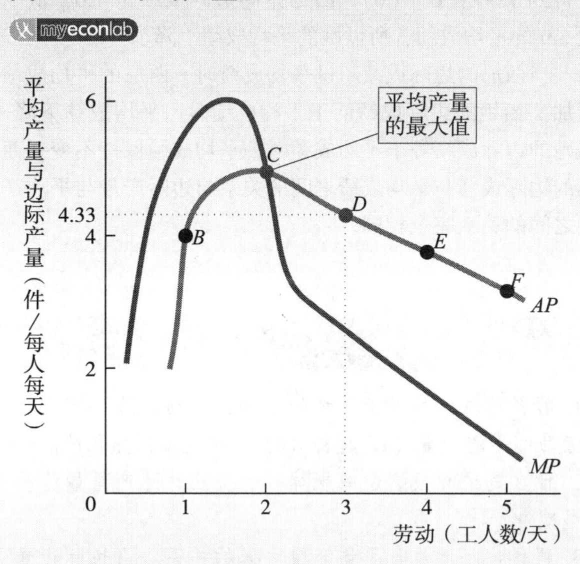

图中显示了劳动的平均产量，以及平均产量与边际产量之间的关系。当雇佣 1 名工人时，边际产量大于平均产量，因此，平均产量增加。当雇佣 2 名工人时，边际产量等于平均产量，因此，平均产量最大。在劳动的数量大于 2 名工人时，边际产量小于平均产量，因此，平均产量减少。

际产量小于平均产量的劳动水平，平均产量减少。

平均产量与边际产量曲线之间的关系是任何一个变量的平均值与边际值之间关系的一般特征。让我们看一个熟悉的例子。

边际成绩与平均成绩

为了说明平均产量与边际产量之间的关系，考虑一下西尼五个学期平均成绩与边际成绩之间与此相类似的关系。（假设西尼是个一学期只选一门课的业余学生。）在第一学期，西尼选了微积分，她的成绩是 C（2.0）。这是她的边际成绩，也是她的平均成绩。在第二学期，西尼选了法语，并得到了 B（3.0）的成绩。法语是她的边际课程，而她的边际成绩是 3.0。而她平均成绩上升到了 2.5。因为她的边际成绩超过了平均成绩，边际成绩把平均成绩拉上来了。在第三学期，西尼选了经济学并得到了 A（4.0）——她的新的边际成绩。因为她的边际成绩超过平均成绩，又一次将平均成绩拉高了。现在，西尼的平均成绩是 3.0，是 2.0、3.0 和 4.0 的平均值。第四学期，她选了历史并得到了 B（3.0）。因为她的边际成绩等于平均成绩，她的平均成绩没有变化。在第五学期，西尼选了英语并得到了一个 D（1.0）。因为她的边际成绩是 1.0，低于她 3.0 的平均成绩，所以她的平均成绩下降了。

当西尼的边际成绩超过平均成绩时，西尼的平均成绩增加。当她的边际成绩低于平均成绩时，平均成绩下降。当她的边际成绩等于平均成绩时，平均成绩保持不变。西尼的边际成绩与平均成绩之间的关系与边际产量与平均产量之间的关系完全相同。

复习测验

1. 解释随着所雇佣劳动量的增加，劳动的边际产量和劳动的平均产量（a）起初（b）最终是如何变化的。
2. 什么是边际报酬递减规律？为什么边际产量最终要递减？
3. 解释边际产量与平均产量之间的关系。当边际产量大于平均产量时，平均产量如何变动？当平均产量大于边际产量时，平均产量如何变动？为什么？

myeconlab **Study Plan 10.2**

西尼关心她的产量曲线是因为这些曲线影响她的成本。现在让我们看看西尼的成本。

短期成本

为了在短期生产更多的产品，企业必须雇佣更多的劳动，这就意味着必须增加成本。我们通过三个概念来描述产量与成本之间的关系：

- 总成本
- 边际成本
- 平均成本

总成本

企业的**总成本**（total cost，*TC*）是企业使用全部生产要素的成本。我们将总成本划分为总固定成本与总可变成本。

总固定成本（total fixed cost，*TFC*）是企业投入的固定要素的成本。对于西尼毛衣厂，总固定成本包括了租用针织机的成本和正常利润——西尼的企业家才能的机会成本（参见第 9 章）。固定要素的数量不随产量的变化而变化，所以固定成本在所有产量水平下都是相同的。

总可变成本（total variable cost，*TVC*）是企业投入的可变要素的成本。对于西尼的企业，劳动是可变要素，所以这项成本就是工资。总可变成本随总产量的变化而变化。

总成本等于总固定成本与总可变成本之和，即：

$$TC = TFC + TVC$$

图 10.4 的表中显示了西尼的总成本。因为西尼租用了一台日租金为 25 美元的针织机，所以她的 *TFC* 是 25 美元。为了生产毛衣，西尼投入劳动，成本是每人每天 25 美元。*TVC* 是工人的数量乘以 25 美元。例如，为了每天生产 13 件毛衣，西尼雇佣 3 个工人，*TVC* 是 75 美元。*TC* 是 *TFC* 与 *TVC* 之和，所以每天生产 13 件毛衣的总成本是 100 美元。核对一下表中每一行的计算。

图 10.4 表示了西尼的总成本曲线，这些曲线画出了与总产量相对应的总成本。总固定成本曲线（*TFC*）是水

图 10.4　总成本曲线

myeconlab

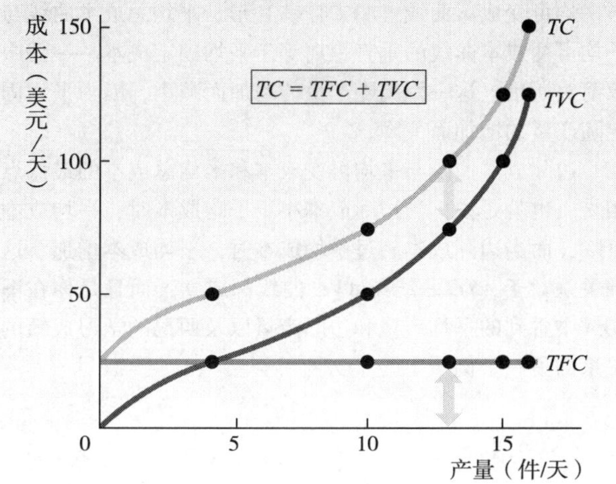

	劳动（工人数/天）	产量（毛衣数/天）	总固定成本（*TFC*）	总可变成本（*TVC*）	总成本（*TC*）
			（美元/天）		
A	0	0	25	0	25
B	1	4	25	25	50
C	2	10	25	50	75
D	3	13	25	75	100
E	4	15	25	100	125
F	5	16	25	125	150

西尼租用针织设备的日租金是 25 美元。这是她的总固定成本。西尼雇佣一个工人的工资率是每天 25 美元，工资是她的总可变成本。例如，如果西尼雇 3 个工人，总可变成本是 (3×25 美元)，即等于 75 美元。总成本是总固定成本与总可变成本之和。例如，当西尼雇佣 3 个工人时，总成本是 100 美元——总固定成本 25 美元加总可变成本 75 美元。图中显示了西尼毛衣厂的总成本曲线。总固定成本（*TFC*）是不变的，它画为一条水平线。总可变成本（*TVC*）随产量的增加而增加，总成本（*TC*）也随产量的增加而增加，总成本曲线与总可变成本曲线之间的垂直距离是总固定成本，如两个箭头所示。

平的，因为它不随产量的变化而变化，一直是 25 美元。总可变成本曲线（*TVC*）与总成本曲线（*TC*）都是向上倾斜的，因为总可变成本随产量的增加而增加。箭头表示 *TVC* 和 *TC* 曲线之间的垂直距离是总固定成本。

现在让我们看看西尼毛衣厂的边际成本。

边际成本

在图 10.4 中，总可变成本和总成本在产量水平低时以递减的速度增加，然后随着产量增加，开始以递增的速度增加。为了解释总成本随着产量增加而变动的这个形式，我们需要使用边际成本的概念。

企业的**边际成本**（marginal cost）是产量增加 1 单位引起的总成本的增加量。我们用总成本增加量除以总产量的增加量来计算边际成本。图 10.5 中的表显示了这种计算。例如，当产量从 10 件毛衣增加到 13 件毛衣时，总成本从 75 美元增加到了 100 美元。产量的变化是 3 件毛衣，而总成本的变化是 25 美元。这 3 件毛衣中一件的边际成本是（25 美元÷3），即等于 8.33 美元。

图 10.5 将表中的边际成本数据转化为深灰色的边际成本曲线 *MC*。这条曲线是 U 形的，因为当西尼雇佣第 2 个工人时边际成本减少，当她雇佣第 3 个、第 4 个和第 5 个工人时，边际成本一直在增加。

边际成本在低产量水平时递减是由于可以从专业化中获得经济利益，边际成本最终上升是由于边际报酬递减规律。边际报酬递减规律意味着，每增加 1 个工人所增加的产量一直在减少。因此，为了多获得 1 单位的产量，就要求有更多的工人。由于多产生 1 单位产品要求越来越多的工人，所以，增加 1 单位产量的成本——边际成本——最终增加。

边际成本告诉我们总成本是如何随产量变化而变化的。最后一个成本概念告诉我们，平均而言，生产 1 单位的产品成本是多少。现在让我们看看西尼毛衣厂的平均成本。

平均成本

有三种平均成本：

1. 平均固定成本
2. 平均可变成本
3. 平均总成本

平均固定成本（average fixed cost，*AFC*）是每单位产量的总固定成本。**平均可变成本**（average variable cost，*AVC*）是每单位产量的总可变成本。**平均总成本**（average total cost，*ATC*）是每单位产量的总成本。

平均成本可以根据总成本通过如下计算得到：

$$TC = TFC + TVC$$

把每项除以产量 Q，得到：

$$\frac{TC}{Q} = \frac{TFC}{Q} + \frac{TVC}{Q}$$

即

$$ATC = AFC + AVC$$

图10.5 中的表显示了平均总成本的计算。例如，C 行中的产量是 10 件毛衣，平均固定成本等于（25 美元÷10），即 2.5 美元；平均可变成本等于（50 美元÷10），即 5 美元；平均总成本等于（75 美元÷10），即 7.5 美元。要注意的是，平均总成本等于平均固定成本（2.5 美元）与平均可变成本（5 美元）之和。

图 10.5 显示了平均成本曲线。平均固定成本曲线（AFC）向下倾斜，因为随着产量的增加，不变的固定成本被分摊到了更大的产量上了。平均总成本曲线（ATC）与平均可变成本曲线（AVC）呈 U 形。平均总成本曲线与平均可变成本曲线的垂直距离等于平均固定成本——图中双箭头所示。这一距离随产量的增加而减小，因为平均固定随产量的增加而下降。

边际成本曲线与平均可变成本和平均总成本的最低点相交。也就是说，当边际成本小于平均成本时，平均成本下降，而当边际成本超过平均成本时，平均成本增加。这种关系对于 ATC 曲线与 AVC 曲线都成立，而且是你在图 10.3 中看到的平均产量和边际产量以及西尼的学习成绩的关系的另一个例子。

图 10.5 边际成本和平均成本

myeconlab

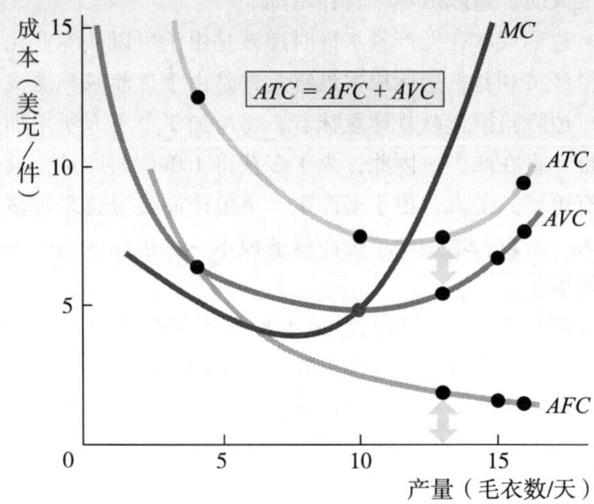

可以用总成本改变量除以总产量的改变量来计算边际成本。当毛衣的产量从 4 件增加到 10 件时，增加了 6 件毛衣，而总成本增加了 25 美元，边际成本就是（25 美元÷6），即等于 4.17 美元。可以用相关的总成本除以产量来计算每一个平均成本的概念。当产量为 10 件毛衣时，AFC 是 2.5 美元（25 美元÷10），AVC 是 5 美元（50 美元÷10），ATC 是 7.5 美元（75 美元÷10）。

该图表示边际成本曲线（MC）呈 U 形，而且与平均可变成本曲线和平均总成本曲线在它们的最低点相交。平均固定成本曲线（AFC）随产量的增加而下降。平均总成本（ATC）和平均可变成本曲线（AVC）都是 U 形的。这两条曲线之间的垂直距离等于平均固定成本，如双箭头所示。

	劳动（工人数/天）	产量（件/天）	总固定成本（TFC）（美元/天）	总可变成本（TVC）（美元/天）	总成本（TC）（美元/天）	边际成本（MC）（美元/每增加一件毛衣）	平均固定成本（AFC）（美元/件）	平均可变成本（AVC）（美元/件）	平均总成本（ATC）（美元/件）
A	0	0	25	0	25		—	—	—
						6.25			
B	1	4	25	25	50		6.25	6.25	12.50
						4.17			
C	2	10	25	50	75		2.50	5.00	7.50
						8.33			
D	3	13	25	75	100		1.92	577	7.69
						12.50			
E	4	15	25	100	125		1.67	6.67	8.33
						25.00			
F	5	16	25	125	150		1.56	7.81	9.38

为什么平均总成本曲线是 U 形的

平均总成本 *ATC* 是平均固定成本 *AFC* 与平均可变成本 *AVC* 之和，因此 *ATC* 曲线的形状结合了 *AFC* 与 *AVC* 曲线的形状。平均总成本曲线的 U 形产生于两种相反力量的影响：

1. 总固定成本分摊到了更多产量上
2. 边际报酬最终递减

当产量增加时，企业将它的总固定成本分摊到了更大的产量上，所以平均固定成本是递减的——平均固定成本曲线向下倾斜。

边际报酬递减意味着随着产量的增加，为了多产生 1 单位产量需要越来越多的劳动。因此，平均可变成本最终增加，而 *AVC* 曲线最终要向右上方倾斜。

平均总成本曲线结合了这两方面的影响。最初，随着产量的增加，平均固定成本和平均可变成本都下降，所以平均总成本下降，*ATC* 曲线向下倾斜。但是，随着产量的进一步增加和收益递减开始发挥作用，平均可变成本开始增加。最后，平均可变成本的增加快于平均固定成本的减少，因此，平均总成本增加，*ATC* 曲线向右上方倾斜。

成本曲线与产量曲线

企业使用的技术决定了其成本。图 10.6 表示企业的技术约束（它的产量曲线）与成本曲线的联系。图中的上幅表示平均产量曲线与边际产量曲线——与图 10.3 中的曲线类似。图中的下幅表示平均可变成本曲线与边际成本曲线——与图 10.5 中的曲线类似。

该图强调了技术与成本之间的联系。当劳动最初增加时，边际产量与平均产量增加而边际成本与平均成本下降。然后，在边际产量达到最高点时，边际成本达到最低点。随着劳动的进一步增加，边际产量递减而边际成本增加。但平均产量继续增加而平均可变成本继续下降。然后，在平均产量达到最高点时，平均可变成本达到最低点。随着劳动的继续增加，平均产量下降而平均可变成本增加。

图 10.6　产量曲线与成本曲线

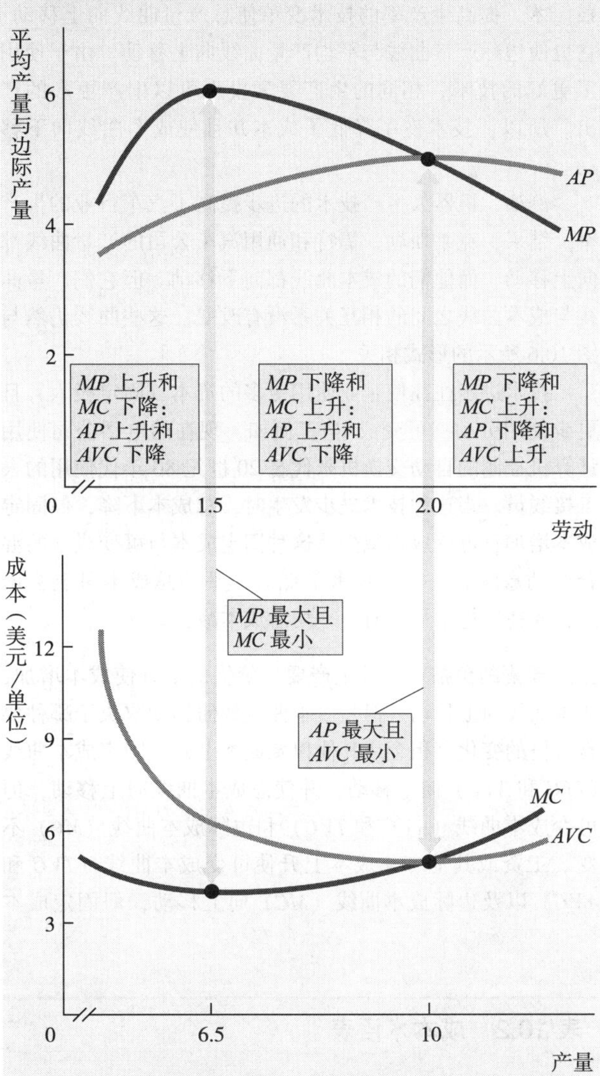

企业的边际产量曲线与边际成本曲线相联系。随着企业雇佣工人的增加，如果边际产量增加，边际成本降低；如果边际产量达到了最大值，边际成本就达到了最小值；如果边际产量下降，边际成本就上升。

企业的平均产量曲线与平均可变成本曲线相联系。随着企业雇佣工人的增加，如果企业的平均产量增加，平均可变成本降低；如果平均产量达到了最大值，平均可变成本就达到了最小值；如果平均产量下降，平均可变成本就上升。

成本曲线的移动

企业短期成本曲线的位置取决于两个因素：

- 技术
- 生产要素的价格

技 术 提高生产率的技术变革使总产量曲线向上移动。它也使边际产量曲线与平均产量曲线向上移动。由于使用了更好的技术，相同的生产要素投入可以生产更多的产出。所以，技术变革降低了成本并且使成本曲线向下移动。

例如，机器人生产技术的进步提高了汽车行业的生产率。结果，克莱斯勒、福特和通用汽车公司的产量曲线都向上移动，而他们的成本曲线都向下移动。但它们产量曲线与成本曲线之间的相互关系没有改变。这些曲线仍然与图 10.6 所示的形式相关。

技术进步往往使企业使用更多的资本（固定投入）且更少使用劳动（可变成本）。例如，现在的电话公司使用计算机控制的自动交换机来代替 20 世纪 80 年代使用的人工接线员。当这种技术进步发生时，总成本下降，但固定成本增加且可变成本减少。这种固定成本与可变成本的混合变动意味着，在产量水平低时，平均总成本可能会增加，而在产量水平高时，平均总成本减少。

生产要素的价格 一种生产要素价格的上升使成本增加，成本曲线向上移动。但是成本曲线如何移动取决于哪种要素价格的变化。租金或其他固定成本上升使固定成本曲线（*TFC* 和 *AFC*）向上移动，并使总成本曲线向上移动，但可变成本曲线（*AVC* 和 *TVC*）和边际成本曲线（*MC*）不变。工资或其他可变成本上升使可变成本曲线（*TVC* 和 *AVC*）以及边际成本曲线（*MC*）向上移动，但固定成本曲线（*AFC* 和 *TFC*）不变。例如，如果卡车司机工资增加，运输服务的可变成本和边际成本就会增加。如果卡车公司支付的利息费用增加了，运输服务的固定成本就会增加。

现在，我们完成了短期成本的学习。你遇到的所有概念都总结在简明术语表 10.2 中。

复习测验

1. 企业的短期成本曲线之间是什么关系？
2. 随着产量的增加，边际成本最初、最终如何变化？
3. 边际报酬递减规律对边际成本曲线的形状意味着什么？
4. 平均固定成本曲线的形状是什么样的？为什么？
5. 平均可变成本曲线和平均总成本曲线的形状是什么样的？为什么？

myeconlab **Study Plan 10.3**

长期成本

在短期中，企业能够改变劳动的数量，而资本的数量是固定的，所以企业具有可变的劳动成本和不变的资本成

表 10.2 成本术语表

名 称	符 号	定 义	方 程
固定成本		不取决于产量水平的成本；固定投入的成本	
可变成本		随产量水平变动的成本；可变投入的成本	
总固定成本	*TFC*	固定投入的成本	
总可变成本	*TVC*	可变投入的成本	
总成本	*TC*	所有投入的成本	$TC = TFC + TVC$
总产量	*TP*	生产总量（产量 Q）	
边际成本	*MC*	产量增加 1 单位所引起的总成本变动量	$MC = \Delta TC + \Delta Q$
平均固定成本	*AFC*	每单位产量的总固定成本	$AFC = TFC + Q$
平均可变成本	*AVC*	每单位产量的总平均成本	$AVC = TVC + Q$
平均总成本	*ATC*	每单位产量的总成本	$ATC = AFC + AVC$

本。在长期中，企业既可以改变劳动的数量也可以改变资本的数量，所以，从长期来看企业所有的成本都是可变的。现在，我们将要学习企业的长期成本，在长期中，所有成本都是可变成本，劳动和资本的数量都是可变的。

长期成本的状况依赖于企业的生产函数，生产函数是可实现的最大产量与劳动和资本量之间的关系。

生产函数

表 10.3 显示了西尼毛衣厂的生产函数。该表列出了四种不同的资本量时的总产量计划。我们根据设备规模来确定资本量。设备 1 是一个有 1 台针织机的工厂——我们刚刚研究过的情况。其他三种设备有 2 台、3 台和 4 台机器。如果西尼毛衣厂使它的资本翻一番而有了 2 台针织机，那么该表第二栏表示各种劳动量下可以生产的产量。最后两栏表示资本量更大时的产量。根据表的每一栏都能作出此设备条件下的总产量曲线。

表 10.3 生产函数

劳 动 (工人数/天)	产量（件/天） 设备 1	 设备 2	 设备 3	 设备 4
1	4	10	13	15
2	10	15	18	20
3	13	18	22	24
4	15	20	24	26
5	16	21	25	27
针织机（数量）	1	2	3	4

上表显示了四种资本量时的总产量数据。设备规模越大，在任何一种既定劳动量时总产量越大。但对一个既定的设备规模而言，劳动的边际产量递减。而且，对既定的劳动量而言，资本的边际产量递减。

报酬递减 随着劳动量的增加，在所有四种资本量时都会发生报酬递减。你可以通过计算有 2 台、3 台以及 4 台机器时劳动的边际产量来核对这一事实。在每种设备规模下，随着劳动量的增加，它的边际产量（最终）递减。

资本的边际产量递减 报酬递减也随着资本数量的增加而发生。你可以通过计算在既定劳动量的情况下的资本边际产量来核对这一事实。资本的边际产量是当劳动量不变时总产量变动除以资本变动量。换言之，它是资本每增加 1 单位所引起的产量的变动。例如，如果西尼毛衣厂有 3 个工人，资本从 1 台机器增加到 2 台时，产量从每天 13 件毛衣增加到 18 件。资本的边际产量是每天 5 件毛衣。如果西尼将机器的数量从 2 台增加到 3 台，产量从每天 18 件毛衣增加到 22 件毛衣。第 3 台机器的边际产量是每天4 件毛衣，比第 2 台机器的 5 件毛衣减少了。

现在，让我们看看生产函数对企业的长期成本意味着什么。

短期成本和长期成本

再假设每个工人每天的劳动成本为 25 美元，每台机器每大的资本成本为 25 美元。通过这些投人价格和表 10.3 中的数据，我们可以计算并画出有 1 台、2 台、3 台以及 4 台针织机时的平均总成本曲线。在图 10.4 和 10.5 中，我们已经研究了 1 台机器时的成本。在图 10.7 中，这种情况使得平均总成本曲线是 ATC_1。图 10.7 中还表示了有 2 台机器时的平均总成本曲线 ATC_2，有 3 台机器时的平均总成本曲线 ATC_3，以及有 4 台机器时的平均总成本曲线 ATC_4。

在图 10.7 中你可以看到，设备规模对企业平均总成本有很大影响。其有两点最为突出：

1. 每条短期 ATC 曲线都是 U 形的。
2. 对于每条短期平均成本曲线来说，设备规模越大，平均总成本最低时的产量越大。

每条短期平均总成本曲线都是 U 形的，因为随着劳动量的增加，劳动的边际产量在开始时增加，然后减少。我们曾对有 1 台针织机时的劳动的边际产量的这种变化形式进行过详细的考查，现在在所有设备规模下都出现了。

设备规模越大，其最低平均总成本所对应的产量越大，因为较大的设备规模有较多的固定成本，因此，在任何既定产量水平下，平均固定成本都较高。

在短期中，西尼毛衣厂的平均成本曲线取决于它的设备规模。但在长期中，西尼要选择设备规模。她选择哪一种规模取决于她计划生产的产量，因为生产既定产量的平均总成本取决于设备规模。

为了说明原因，假设西尼计划每天生产 13 件毛衣。在用 1 台机器生产时，平均总成本曲线是 ATC_1（图 10.7），每天生产 13 件毛衣的平均总成本是每件 7.69 美元。在用 2 台机器生产时，平均总成本曲线是 ATC_2，平均总成本是每件毛衣 6.8 美元。用 3 台机器生产时，平均

总成本曲线是 ATC_3，平均总成本是每件毛衣 7.69 美元，与使用 1 台机器时相同。最后，用 4 台机器生产时，平均总成本曲线是 ATC_4，平均总成本是每件 9.5 美元。

经济上有效率的规模是平均总成本最低的。对西尼而言，每天生产 13 件毛衣经济上有效率的设备规模是用 2 台机器生产。

在长期中，西尼选择使平均总成本最低的设备规模。当一个企业以最低可能生产成本生产既定产量时，它就在其长期平均成本曲线上运营。

长期平均成本曲线（long-run average cost curve）是当设备规模和劳动都变动时，可实现的最低平均总成本与产量之间的关系。

长期平均成本曲线是一条计划曲线。它告诉企业在每一种产量水平下使成本最小时所使用的设备规模和劳动量。一旦设备规模被选定，企业就在适合此规模的短期成本曲线上运营。

长期平均成本曲线

图 10.8 显示了西尼毛衣厂的长期平均成本曲线 *LRAC*。这条长期平均成本曲线是从图 10.7 中的短期平均成本曲线中推导出来的。当产出率达到每天 10 件毛衣时，平均总成本在 ATC_1 时最低。当产出率在每天 10 件和 18 件毛衣之间时，平均总成本在 ATC_2 时最低。当产出率达到每天 18 件和 24 件毛衣之间时，平均总成本在 ATC_3 时最低。产出率超过每天 24 件毛衣时，平均总成本在 ATC_4 时最低。四条平均总成本曲线中平均总成本最低的那一段，在图 10.8 中用黑色标出。由这四段组成的扇形曲线就是长期平均成本曲线。

规模经济与规模不经济

规模经济（economies of scale）是指产量增加引起长期平均成本下降的企业技术特征。当存在规模经济时，*LRAC* 曲线向右下方倾斜。图 10.8 中的 *LRAC* 曲线表示，在产量达到每天 15 件毛衣前，西尼的毛衣厂经历着规模经济。

在给定的要素价格下，如果产量增长的比例超过生产要素增长的比例，那么规模经济就发生了。例如，当企业的资本和劳动增加 10%，产量的增长大于 10%，它的平均总成本下降。这时就存在规模经济。

规模经济的主要来源是劳动和资本的更专业化。例

图 10.7 不同设备规模下的短期成本

myeconlab

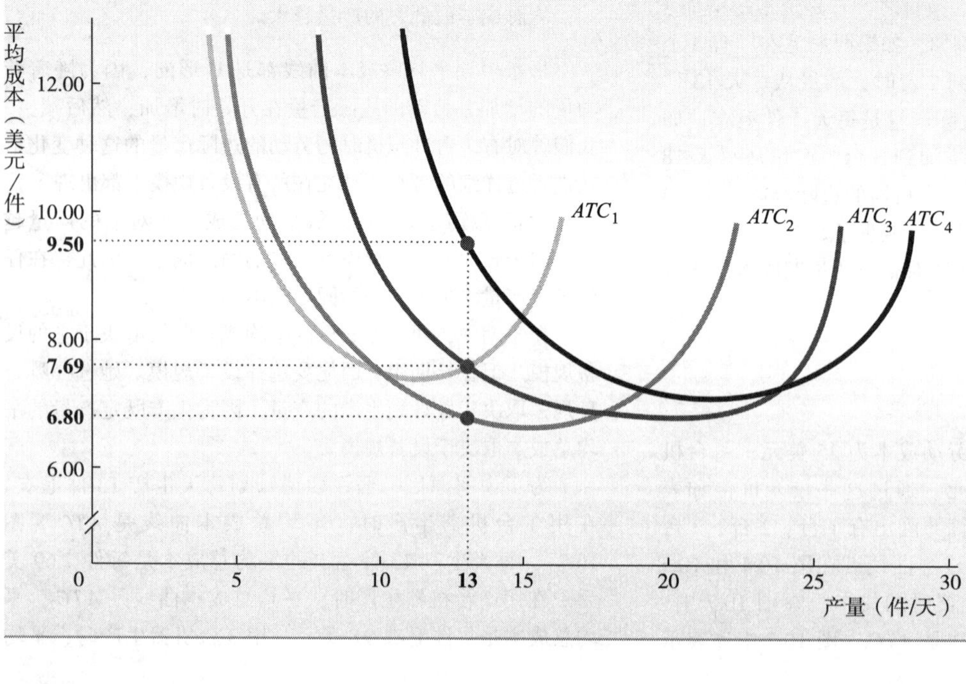

左图表示四种不同资本量的短期平均总成本曲线。为了每天生产 13 件毛衣，西尼毛衣厂可以用 1 台机器按 ATC_1 或用 3 台机器按 ATC_3 以每件 7.69 美元进行生产。还可以使用 2 台机器按 ATC_2 以每件毛衣 6.80 美元或用 4 台机器按 ATC_4 以每件毛衣 9.50 美元进行生产。如果西尼毛衣厂每天生产 13 件毛衣，成本最低的生产方法——长期方法——是用 2 台机器按 ATC_2 生产。

图 10.8　长期平均成本曲线

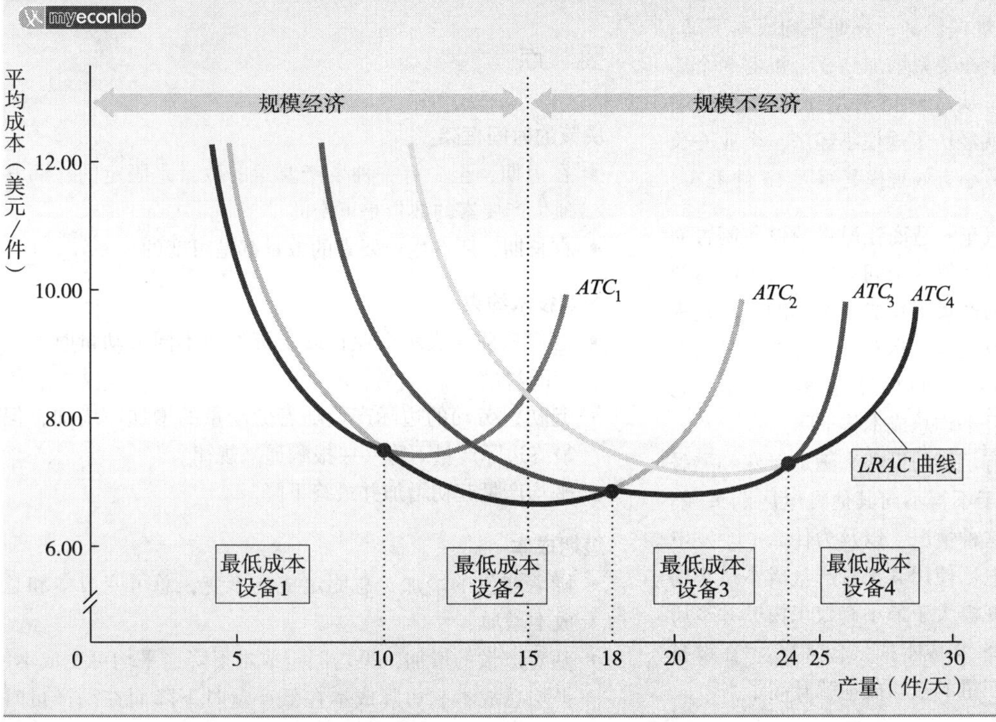

在长期，西尼毛衣厂可以同时改变资本和劳动的投入。长期平均成本曲线描述了最低可实现的平均总成本。如果用 1 台机器每天生产 10 件毛衣，用 2 台机器每天生产 10 到 18 件毛衣，用 3 台机器每天生产 18 到 24 件毛衣，用 4 台机器每天生产 24 件以上的毛衣，西尼毛衣厂就在长期平均成本曲线上进行生产了。在每个区域内，西尼通过改变劳动投入而改变其产量。

如，如果通用汽车公司每周生产 100 辆汽车，每个工人就必须完成许多不同的工作，而且资本也必须是通用型机器和工具。但是，如果通用汽车公司每周生产 1 万辆汽车，每个工人都专业化并在少量工作上变得更为精通。

规模不经济（diseconomies of scale）是指产量增加引起的长期平均成本上升的企业技术特征。当存在规模不经济时，*LRAC* 曲线向右上方倾斜。图 10.8 中的 *LRAC* 曲线表示，在产量超过每天 15 件毛衣时，西尼的毛衣厂经历着规模不经济。

在给定的要素价格下，如果产量增长的比例小于生产要素增长的比例，那么规模不经济就发生了。例如，当企业的资本和劳动增加 10%，产量的增长不到 10%，它的平均总成本就增加。这时就存在规模不经济。

规模不经济的主要来源是管理大企业存在困难。企业越大，组织它的挑战性就越大，而且管理等级上下层之间以及管理者之间沟通的成本就越大。最终，管理的复杂性引起平均成本增加。

所有生产过程中都会发生规模不经济，但也许只有在产出率非常大时才会发生。

规模报酬不变（constant returns to scale）是指产量增加引起长期平均成本不变的企业技术特征。当存在规模报酬不变时，*LRAC* 曲线是水平的。

在给定的要素价格下，如果产量增长的比例等于生产要素增长的比例，那么就发生了规模报酬不变。例如，当企业的资本和劳动增加 10%，产量也正好增加 10%，它的平均总成本就不变。这时就存在规模报酬不变。

例如，福特公司可以通过将生产规模扩大 1 倍而使其 ZX2s 的产量增加 1 倍。它能够建一条相同的生产线并雇佣相同数量的工人。如果使用两个完全相同的工厂，福特公司正好生产以前两倍的汽车。

最小有效规模　在达到某一个产量水平之前，企业经历着规模经济。超过这个产量水平，它就进入了规模报酬不变或规模不经济。企业的**最小有效规模**（minimum efficient scale）是长期平均成本达到最低水平时的最小产量。

正如你将要在接下来的三章中学到的，最小有效规模在决定市场结构中起了作用。最小有效规模也有助于解决企业存在的实际问题。

西尼毛衣厂的规模经济　表 10.3 显示了西尼毛衣厂所使用技术的规模经济和规模不经济。如果西尼将她的生产要

素从 1 台机器 1 个工人增加到 2 台机器 2 个工人，增加 100%，产量从每天 4 件毛衣增加到 15 件毛衣，增长超过 100%。西尼的企业经历着规模经济，长期平均成本下降。但是，如果西尼将企业的生产要素增加到 3 台机器 3 个工人，增加了 50%，那么产量从每天 15 件增加到 22 件，增长小于 50%。此时，西尼就经历了规模不经济，企业的长期平均成本上升。企业的最小有效规模是每天 15 件毛衣。

汽车生产与发电 为什么汽车制造商让昂贵的设备闲置而不加以利用呢？你现在可以回答这个问题了。汽车制造商使用能够使其在可以售出的产量下总成本最小的生产规模生产。但它在低于最小有效规模上运营。它的短期平均总成本曲线类似于 ATC_1。如果它可以售出更多的汽车，它就会生产更多的汽车，并且平均总成本将下降。

为什么许多发电厂没有足够的设备来满足严寒和酷暑天气里的电力需求，以至于不得不向其他发电厂购买呢？你现在知道为什么会出现这种情况，以及为什么一个发电厂不建设更多的产能。发电厂使用其正常产量成本最小的设备规模进行生产。但该规模大于最小有效规模，并经历了规模不经济。它的短期平均成本曲线像 ATC_3。在设备规模更大时，它生产正常产量的平均成本就升高了。

复习测验

1. 企业的生产函数说明了什么？它如何与总产量曲线相关？
2. 报酬递减规律适用于资本和劳动吗？请解释。
3. 企业的长期平均成本曲线表示了什么？它如何与企业的短期平均成本曲线相关？
4. 什么是规模经济和规模不经济？它们是如何产生的？它们对长期平均成本曲线的形状意味着什么？
5. 什么是企业的最小有效规模？

myeconlab **Study Plan 10.4**

◆ 阅读材料运用了你学到的企业短期和长期成本曲线的知识。它考查了福特和通用汽车公司的成本曲线，并解释了为什么两个公司的合并可能不是一项明智的举措。

内容提要

要　点

决策的时间框架

- 在短期，至少有一种生产要素的数量是固定的，而其他生产要素的数量是可变的。
- 在长期，所有生产要素的数量都是可变的。

短期技术约束

- 总产量曲线表示企业在既定资本和不同劳动量时所生产的数量。
- 起初，劳动的边际产量随着劳动量的增加而增加，但最终边际产量下降——报酬递减规律。
- 平均产量起初增加并最终下降。

短期成本

- 随着产量的增加，总固定成本不变，总可变成本和总成本增加。
- 随着产量的增加，平均固定成本下降，平均可变成本、平均总成本和边际成本在低产量时下降而在高产量时上升。这些成本曲线都是 U 形的。

长期成本

- 每种不同的设备规模有一组短期成本曲线。对每种产量存在一个最小成本的设备规模。产量越大，使平均总成本最小的设备规模越大。
- 长期平均成本曲线描述了当资本和劳动都可变时，每种产量最低可达到的平均总成本。
- 在规模经济时，长期平均成本曲线向右下方倾斜。在规模不经济时，长期平均成本曲线向右上方倾斜。

关键图表

关键术语

平均固定成本	长期平均成本曲线
平均产量	边际成本
平均总成本	边际产量
平均可变成本	最小有效规模
规模报酬不变	短 期
边际报酬递减	沉没成本
规模不经济	总成本
规模经济	总固定成本
报酬递减规律	总产量
长 期	总可变成本

习 题

1. 休的冲浪板制造厂的产量表是:

劳 动 (工人数/周)	产 量 (冲浪板数/周)
1	30
2	70
3	120
4	160
5	190
6	210
7	220

a. 画出总产量曲线。
b. 计算劳动的平均产量并画出平均产量曲线。
c. 计算劳动的边际产量并画出边际产量曲线。
d. 在什么产量范围内，企业可以获得进一步专业化和劳动分工带来的收益?
e. 在什么产量范围内，企业劳动的边际产量是递减的?
f. 在什么产量范围内，企业劳动的平均产量递增而劳动的边际产量递减?
g. 解释企业如何使递增的劳动平均产量和递减的劳动边际产量成为可能。

2. 根据第 1 题所示的休的冲浪板厂的产量表。每个工人每周支付 500 美元，企业的总固定成本是每周 1 000 美元。
a. 计算每种产量的总成本、总可变成本和总固定成本并画出短期总成本曲线。
b. 计算每种产量的平均总成本、平均固定成本、平均可变成本和边际成本，并画出短期平均成本曲线和边际成本曲线。
c. 画出与图 10.6 类似的 *AP*、*MP*、*AVC* 和 *MC* 曲线。

3. 休的冲浪板厂所租用厂房的所有者将每周的租金提高 200 美元。其他条件如第 1、2 题保持不变。解释休企业的短期平均成本曲线和边际成本曲线有什么样的变化。

4. 代表工人利益的工会与休谈判，使工人的工资每周增加了100 美元。其他条件如第 1、2 题保持不变。解释休企业的短期平均成本曲线和边际成本曲线有什么样的变化。

5. 比尔的面包店经历的一场火灾使比尔丢失了一些成本数据。火灾过后比尔找到的一小片纸上提供了如下信息(所有成本数字都是美元):

TP	*AFC*	*AVC*	*ATC*	*MC*
10	120	100	220	80
20	***A***	***B***	150	90
30	40	90	130	130
40	30	***C***	***D***	***E***
50	24	108	132	

比尔让你来帮他添上丢失的 *A*、*B*、*C*、*D* 和 *E* 五处信息。

6. 休的冲浪板厂购买了第二套生产设备并且每个劳动的总产量增加了 50%。运营每套设备总固定成本是每周 1 000 美元。每个工人的工资是每周 500 美元。
a. 画出休经营两套设备时的总成本曲线。
b. 画出长期平均成本曲线。
c. 运营一套设备和运营两套设备的有效产量范围是什么?

7. 下表所示的是博宁的气球的生产函数。

劳 动 (工人数/天)	产量(数量/天)			
	设备 1	设备 2	设备 3	设备 4
10	4	10	13	15
20	10	15	18	20
30	13	18	22	24
40	15	20	24	26
50	16	21	25	27
气球(数量)	**1**	**2**	**3**	**4**

阅读材料：事例与分析

合并与成本

http://www.nytimes.com

据报道，通用正与福特商讨合并事宜

2006年9月19日

正当底特律的人们等待着通用汽车是否会与日产和雷诺建立一个地跨三大洲的联盟时，有消息显示通用公司正在考虑与其国内的主要竞争对手进行合作。

根据一份贸易杂志《汽车新闻》星期一的报道，通用和福特汽车公司的高管们今年已就合作还是合并进行过磋商。但是，产业分析师很快打消两家汽车制造商可能进行联合的想法。

"虽然合并已不再像原来那样不可想像"，标准普尔的汽车分析师埃弗兰·利维在给其客户的短信中写道，"但我们认为合并是非常令人怀疑的，而且重组对于两家公司来说也没有任何的收益"……

在两家汽车制造商传出可能进行广泛合作消息的同时，它们正计划裁掉数千名工人并关闭数十家工厂，这是它们为恢复利润而做出的努力的一部分，而底特律正为此而不安。实现利润对于底特律的汽车制造商已经有些困难了，特别是最近，因为高油价大大减少了它们最赚钱的SUV和皮卡的销量……

事件的本质

- 据报道，通用汽车、日产和雷诺可能正在考虑建立一个联盟。
- 另有报道称，通用汽车与福特汽车公司可能寻求合并。
- 汽车分析师埃弗兰·利维认为，很难看出合并对两家公司能有什么好处。
- 两家公司都计划裁掉数千名工人并关闭数十家工厂。

经济分析

▶ 由于欧洲和日本的汽车制造商的竞争，美国三大汽车制造商正处于艰难时期。

▶ 已经有传言显示这三家其中的两家通用和福特可能试图合并。

▶ 当两家公司能够消除重复的生产设备而保持或增加总产量时，合并才会发生。

▶ 美国大型的汽车制造商有些不同寻常，因为绝大多数的成本都是固定的。

▶ 甚至很多劳动的成本也是固定的，因为企业和工会已经就退休及冗员问题进行了谈判，工人离开之后，企业也要向他们支付费用。

▶ 这两家公司都试图通过关闭工厂和大量裁员来降低生产成本。

▶ 两家公司之间的合并不可能实现成本的节约，因为合并并不能超过任何一家公司独自运营能达到的目标。右图显示了其中的原因。

▶ 图 1 显示了一家汽车生产商如何通过提高总产量来降低平均总成本。

▶ 在本例中，如果企业每年生产 800 万辆汽车（对通用和福特产量的简单平均），每辆车的平均总成本为 25 000 美元（同样是对通用和福特平均总成本的简单平均）。

▶ 如果企业能够增加产量，平均总成本将会沿着 ATC 曲线下降。

▶ 图 2 显示了合并的可能效果。

▶ 单个来说，每家企业都有一条平均总成本曲线 ATC_0。

▶ 如果企业合并，将不会产生较大的成本节约。所以，新企业的固定成本可能等于原来一家企业成本的两倍。

▶ 新企业的平均总成本曲线可能是 ATC_1。

▶ 新企业的总产量可能（大约）是合并前一家企业的两倍，所以平均总成本并没有发生变化。

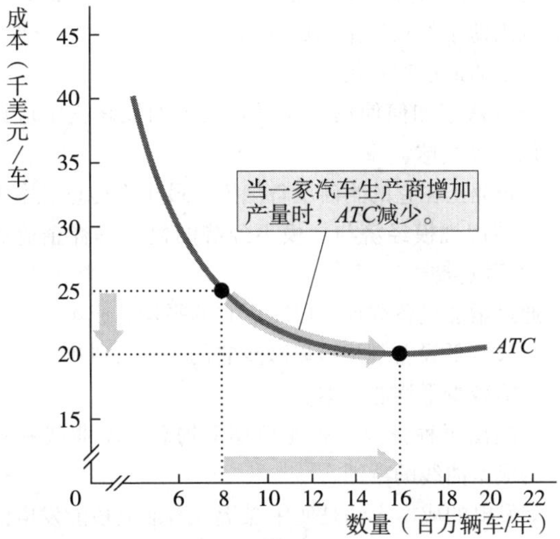

图1　通用或福特汽车生产商

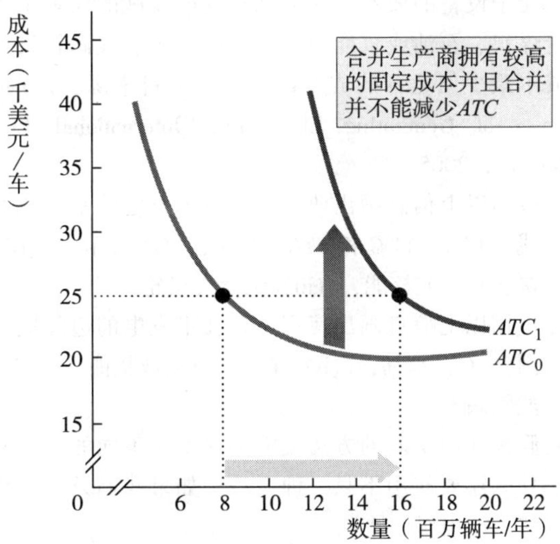

图2　一个合并通用和福特后的汽车生产商

博宁每天为每个气球支付的租金 500 美元，雇佣一个气球操纵者每天要 25 美元。

a. 找到并画出每种设备规模下的平均总成本曲线。

b. 画出博宁的长期平均成本曲线。

c. 博宁的最小有效规模是什么？

d. 解释博宁如何使用长期平均成本曲线来决定应该租用多少气球。

8. 一家企业正在它的当前设备规模的最小平均总成本下生产。请用规模经济与规模不经济的概念解释企业所运行的环境：

a. 通过增加设备规模可以减少它的平均总成本。

b. 通过降低设备规模可以减少它的平均总成本。

c. 不能减少平均总成本。

画出每种情况下企业短期平均总成本曲线和长期平均成本曲线的草图。

9. 水利发电的成本大约是使用煤炭、石油或核能发电的三分之一，不到使用天然气涡轮发电成本的四分之一。大部分成本差别在于能源成本上。但也有一部分的差别在于设备的成本。建造水利发电设施的成本小于建造煤炭、石油或核能发电设施的。天然气涡轮设备的成本最少但运营的成本最高。（资料来源：Projected Costs of Generating Electricity, International Energy Agency, 2005）

a. 应用以上信息画出使用三种技术发电的平均成本曲线（*AFC*、*AVC* 和 *ATC*）草图；（i）水利，（ii）煤炭、石油或核能，（iii）天然气涡轮。

b. 应用以上信息画出使用三种技术发电的边际成本草图；（i）水利，（ii）煤炭、石油或核能，（iii）天然气涡轮。

c. 假设使用不同的方法发电的成本是不同的，我们为什么还要使用不只一种方法？如果我们只用一种方法，该用哪一种？

批判性思考

1. 学习阅读材料然后回答下列问题：

a. 福特公司与通用汽车公司主要用什么方法降低平均总成本？

b. 为什么福特公司与通用汽车公司主要的成本是固定成本？

c. 福特公司与通用汽车公司目前处于什么阶段，规模经济、规模不经济还是规模报酬不变？

d. 如果福特公司和通用汽车公司关闭一些工厂，它们的平均总成本如何变化？

e. 如果福特公司和通用汽车公司增加总产量，它们的平均总成本如何变化？

f. 如果福特公司和通用汽车公司减少总产量，它们的平均总成本如何变化？

g. 为什么合并后的公司无法比合并前的公司有更低的平均总成本？

网上活动

1. 获取有关生产南瓜的成本信息：

a. 参考网页列举所有成本。

b. 对于每一项，说出它是固定成本还是可变成本。

c. 作出一些假设条件，画出生产南瓜的平均成本曲线和边际成本曲线草图。

2. 获取有关生产蔬菜的成本的信息。对于一种蔬菜（你所选定的）：

a. 参考网页列举所有成本。

b. 对于每一项，说出它是固定成本还是可变成本。

c. 画出生产这种蔬菜的平均成本曲线和边际成本曲线。

d. 你认为这种蔬菜的生产是规模经济、规模不经济还是规模收益不变？并提供理由。

第 11 章

完 全 竞 争

忙碌的蜜蜂

下次，当你再吃坚果或者水果时，想想那些给果树授粉的忙碌的蜜蜂和那些把蜂箱租给果农的养蜂人。从佛蒙特州到加利福尼亚州，整个美国的养蜂人都要努力使他们的蜜蜂免受寄生虫的伤害。但是，那些蜜蜂未受伤害的养蜂人，将蜂箱租给果农用于果树或坚果树授粉的价格却可以超过原来的两倍多。

养蜂业以及其他行业的竞争是如何影响价格和利润的？是什么导致有些企业进入一个行业而另一些却退出了？新企业的进入和老企业的退出对价格和利润有什么影响？

在 2006 年 10 月，美国有 300 多万人因被公司解雇而失业。企业为什么要裁员？企业为什么要暂时停业？

在过去几年间，个人电脑的价格急剧下降。例如，几年前购买一台速度较慢的电脑花费大约是 4 000 美元，而现在一台速度较快的电脑仅仅花费 500 美元。当一个行业的产出价格急剧下降时，该行业会发生什么？生产这些产品的企业利润有什么样的变化？蜜蜂授粉服务、电脑以及其他很多产品都不是仅有一家企业生产，而这些企业为销售而相互竞争。

学习本章后，你将能：

- 给完全竞争下定义
- 解释企业如何做出供给决策，为什么企业有时会采取暂时停业并解雇工人的措施
- 解释一个行业的价格和产出是如何决定的，以及企业为什么要进入或退出该行业
- 预测需求变动和技术进步的影响
- 解释为什么完全竞争有效率

◆ 为了学习完全竞争市场，我们将构建一个市场模型，在这个模型中，竞争尽可能的激烈和极端——比我们刚才看到的例子还要极端。我们把这种情况叫做“完全竞争”。在本章末的阅读材料中，我们将回到蜜蜂授粉业，并看一看这个行业是如何应对蜜蜂数量急剧减少的。

什么是完全竞争

你在本章所研究的企业面临原始竞争的压力。我们称竞争的这种极端形式为完全竞争。**完全竞争**（perfect competition）是这样一个行业：

- 大量的卖者向大量的买者出售同质产品。
- 进入这个行业没有限制。
- 原有企业对于新进入的企业没有任何优势。
- 卖者和买者完全了解价格。

农业、渔业、纸浆和造纸、纸杯和塑料购物袋制造、日用品零售、相片冲洗、草坪修剪服务、管道修理、粉刷、干洗和洗衣服务都是高度竞争行业的例子。

完全竞争是如何产生的

如果单个生产者的最小有效规模相对于产品或服务的需求很小，就产生了完全竞争。一个企业的最小有效规模是长期平均成本达到最低水平时的最小产量（参见第 10 章）。一旦企业最小有效规模相对于市场需求很小，整个行业就可以容纳很多企业。

其次，由于每个企业生产的产品或服务都具有同样的特点，以至于消费者并不在乎是从哪个企业购买的，这时完全竞争就产生了。

价格接受者

完全竞争的企业是价格的接受者。**价格接受者**（price taker）是指那些不能影响市场价格、只能按照市场价格确定自己价格的企业。

完全竞争企业之所以是价格接受者的关键原因在于它生产的某种产品在总产出中的所占比例太小，而且买者熟知其他企业的价格。

假设你是一名堪萨斯州种植小麦的农民。你耕种一千英亩的土地——听起来很多。但是与科罗拉多州、俄克拉荷马州、得克萨斯州、内布拉斯加州、达科他州数以百万英亩计的土地，还有加拿大、阿根廷、澳大利亚和乌克兰更大的土地比起来，你的一千英亩土地就好比沧海一粟。没有什么使你的小麦比其他农民的小麦更好，而且所有小麦的购买者都知道他们可以进行交易的价格。

如果小麦的市场价格是每蒲式耳 4 美元，而你卖 4.10 美元，没有人会从你这里购买。人们可以到下一个农场、再下一个农场、再再下一个农场去购买，并以每蒲式耳 4 美元的价格购买他们需要的所有的小麦。如果你将价格定在 3.90 美元，你将会有很多的买者。但是你本来可以以每蒲式耳 4 美元的价格销售你所有的小麦，所以每蒲式耳你就少赚 10 美分。你只有在市场价格下销售才能获得最多的利益——你是一个价格接受者。

经济利润与收益

企业的目标是经济利润最大化，经济利润等于总收益减去总成本。总成本是生产的机会成本，机会成本包括正常利润，即企业家在可供选择的经营中期望能得到的平均收益（参见第 9 章）。

企业的**总收益**（total revenue）等于产品的价格乘以销售量（价格×数量）。**边际收益**（marginal revenue）是额外销售一单位产品所引起的总收益的变动量。可以用总收益的变动量除以销售量的变动量来计算边际收益。

图 11.1 说明了这些收益概念。在（a）幅中，市场需求曲线 D 和市场供给曲线 S 决定市场价格。无论西尼的毛衣厂生产多少件毛衣，这个市场价格保持在每件 25 美元的水平上。西尼所能做的最好的决策就是以这个价格销售毛衣。

总收益 总收益等于价格乘以销售数量。在图 11.1 的表中，如果西尼卖出 9 件毛衣，企业的总收益就是 9×25 美元，即 225 美元。

图 11.1（b）表示企业的总收益曲线（TR），该曲线绘出了总收益与销售量之间的关系。在 TR 曲线的 A 点，西尼卖出 9 件毛衣并得到 225 美元的收益。因为每额外销售一件毛衣都带来同样数量（25 美元）的收益，因此总收益曲线是一条向右上方倾斜的直线。

边际收益 边际收益是额外销售一单位产品所引起的总收益的变化。在图 11.1 的表中，当销售量由 8 件毛衣增加到 9 件毛衣时，总收益从 200 美元增加到了 225 美元。边际收益是每件毛衣 25 美元。因为当销售量变化时价格保持不变，所以额外销售一单位产品所引起的总收益的变化等于销售价格——在完全竞争市场，边际收益等于价格。

图 11.1（c）表示西尼的边际收益曲线（MR），它是一条位于现行市场价格的水平线。

在市场价格下企业能够销售任何数量的产品。所以企业产品的需求曲线就是位于市场价格的水平线，与企业的

图 11.1　完全竞争的需求、价格和收益

myeconlab

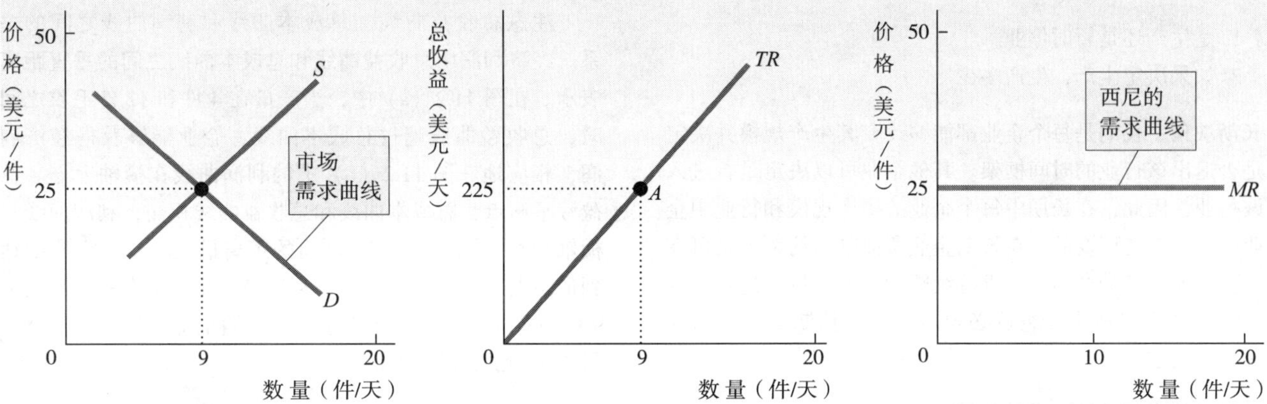

（a）毛衣市场　（b）西尼的总收益　（c）西尼的边际收益

销售量 (Q) (件/天)	价格 (P) (美元/件)	总收益 ($TR = P \times Q$) (美元)	边际收益 ($MR = \Delta TR / \Delta Q$) (美元/增加 1 件)
8	25	200	
			25
9	25	225	
			25
10	25	250	

在（a）幅中，市场需求和供给决定市场价格（和数量）。（b）幅表示西尼的总收益曲线（*TR*）。*A* 点对应于表中的第二行——西尼以每件 25 美元的价格出售了 9 件毛衣，因此总收益是 225 美元。（c）幅表示西尼的边际收益曲线（*MR*），这也是西尼的需求曲线。西尼在市场价格为每件毛衣 25 美元时面临完全富有弹性的需求。

边际收益曲线重合。

企业的需求和市场需求　水平的需求曲线是完全弹性的。因此，企业面对的是对其产出完全弹性的需求。西尼生产的每件毛衣都是其他企业生产的毛衣的完全替代品。请注意，在图 11.1（a）中毛衣的市场需求不是完全富有弹性的。市场需求曲线是向右下方倾斜的，而且它的弹性依赖于毛衣对其他产品和服务的替代性。

复习测验

1. 为什么完全竞争市场中的企业是价格接受者？
2. 在完全竞争市场中，企业的需求曲线和市场需求曲线是什么关系？
3. 在完全竞争市场中，为什么企业的边际收益曲线也是企业的需求曲线？

myeconlab **Study Plan 11.1**

完全竞争企业的决策

完全竞争行业的企业面临既定的市场价格，并且具有你所学过的收益曲线。这些收益曲线概括了完全竞争企业所面临的市场约束。

企业还面临技术约束，你在第 10 章中所学过的产量曲线（总产量、平均产量和边际产量）描述了这种技术约束。企业现有的技术决定了其生产成本，你在第 10 章中学过的成本曲线（总成本、平均成本和边际成本）描述了这种情况。

竞争企业的目标是：在它面临既定的约束条件下尽可能使经济利润最大化。为了实现这个目标，企业必须做出四个关键性决策：两个短期决策和两个长期决策。

短期决策　短期是每个企业有既定的设备而且行业中企业数量固定的时间框架。但短期中有很多事情可以改变，企

业必须对这些变化做出反应。例如，企业所出售产品的价格会随季节或一般经济状况发生波动。企业必须对这样的短期价格波动做出反应，并决定：

1. 是生产还是暂时停业
2. 如果决定生产，生产多少

长期决策 长期是每个企业都能够改变其生产规模并决定是否退出该行业的时间框架。其他企业可以决定是否进入该行业。因此，在长期中每个企业的生产规模和行业中企业的数量都是可变的。在长期企业所面临的约束也是可变的。例如，某种产品的需求持续减少，或者技术进步改变了行业的生产成本。企业必须对这样的长期变化做出反应，并决定：

1. 是扩大还是缩小设备规模
2. 是留在行业内还是离开这个行业

短期和长期中的企业与行业 为了研究竞争行业，我们从单个企业的短期决策开始。接着，我们分析竞争行业中所有企业的短期决策如何共同决定行业的价格、产出和经济利润。然后，我们再转向长期，研究长期决策对行业价格、产出和经济利润的影响。我们所研究的所有决策都由单一目标驱使：经济利润最大化。

利润最大化产出

一个完全竞争企业通过选择自己的产出水平使经济利润最大化。找出利润最大化产出的一种方法是研究企业的总收益和总成本曲线，并找出总收益与总成本差额最大时的产出水平。图 11.2 表示西尼毛衣厂是如何使用这种方法的。表格列出了西尼毛衣厂在不同产出水平下的总收益和总成本，（a）幅给出了西尼的总收益和总成本曲线，这些曲线是根据表的前三列的数据画出。总收益曲线（*TR*）与图 11.1（b）中的总收益曲线相同。总成本曲线（*TC*）与我们在第 10 章中所遇到的相似：随着产出的增加，总成本也增加。

经济利润等于总收益减去总成本。图 11.2 中表格的第 4 列表示西尼的经济利润，并在（b）幅中画出了利润曲线（*EP*）。这条曲线表示了西尼的企业每天的产出在 4 件到 12 件毛衣之间时能获得经济利润。在产出小于每天 4 件时，企业发生了经济亏损。如果产出超过了每天 12 件，同样会发生亏损。产出在每天 4 件和 12 件时，总成本等于总收益，企业的经济利润为零。总成本等于总收益时的产出被称为*盈亏平衡点*。企业的经济利润为零，但因为正常利润是企业成本的一部分，所以在盈亏平衡点上，企业家能够获得正常利润。

注意总收益曲线、总成本曲线和利润曲线之间的关系。经济利润由总收益曲线和总成本曲线之间的垂直距离表示。在图 11.2（a）中，当产量在 4 件和 12 件毛衣之间时，总收益曲线超过总成本曲线，企业能够获得经济利润，相应地，图 11.2（b）中的利润曲线在横轴上方。在盈亏平衡点，总成本曲线和总收益曲线相交，利润曲线与横轴相交。当 *TR* 和 *TC* 之间的距离最大时，利润曲线达到最高点。在这个例子中，利润最大化发生在每天产出为 9 件毛衣时。在这个产出水平上，西尼毛衣厂每天能够获得 42 美元的经济利润。

边际分析

找出利润最大化产出的另一种方法是运用*边际分析*，比较*边际收益*（*MR*）和*边际成本*（*MC*）。随着产出的增长，边际收益保持不变，但是边际成本变化。在低产出水平，边际成本下降，但是最终将增加。因此，边际成本与边际收益曲线相交时，边际成本是上升的。

如果边际收益大于边际成本（*MR*>*MC*），那么多销售一单位产品所获得的收益就超过生产这一产品而花费的成本。企业在边际产品上获得了经济利润，因此，如果产出*增加*，经济利润*增加*。

如果边际收益小于边际成本（*MR*<*MC*），那么多销售一单位产品所获得的收益就小于生产这一单位产品而花费的成本。企业在边际产品上发生了经济亏损，所以如果产出增加，经济利润下降；产出*减少*，经济利润*增加*。

如果边际收益等于边际成本（*MR*=*MC*），经济利润最大。*MR*=*MC* 的规则是边际分析的一个重要例子。现在我们回到西尼毛衣厂检验这个规则对找出利润最大化产出的作用。

图 11.3 中的表格记录了西尼的边际收益与边际成本。边际收益是不变的，为每件毛衣 25 美元。在表中所表示的产出范围内，边际成本从 1 件毛衣 19 美元增加到 35 美元。

注意表中的加粗行。如果西尼的产量从 8 件毛衣增加到 9 件，边际收益是 25 美元，而边际成本是 23 美元。由于边际收益大于边际成本，经济利润增加了。该表的最后一列表示经济利润从 40 美元增加到 42 美元，即增加了 2 美元。图中浅灰色区域表示从第 9 件毛衣中获得的这种经济利润。

图 11.2　总收益、总成本和经济利润

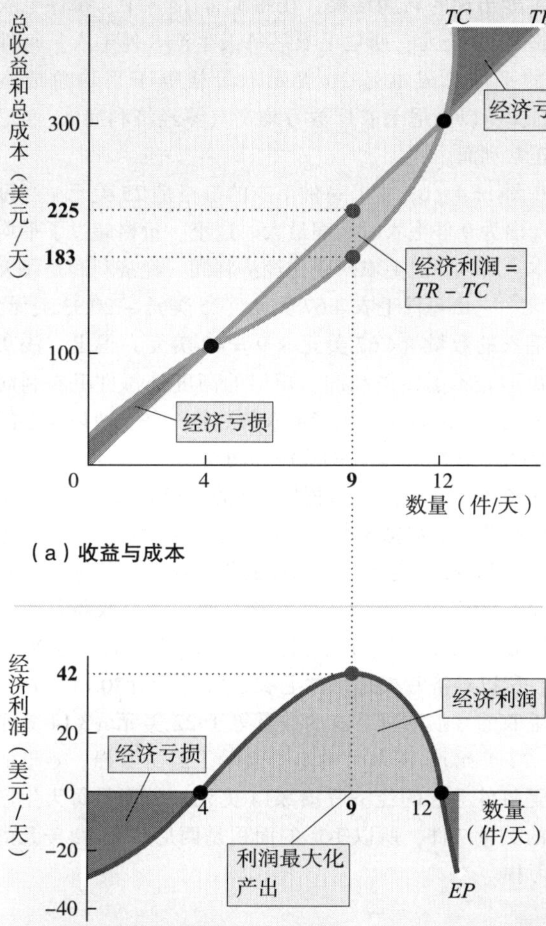

(b) 经济利润与亏损

数　量 (*Q*) (件/天)	总收益 (*TR*) (美元)	总成本 (*TC*) (美元)	经济利润 (*TR–TC*) (美元)
0	0	22	−22
1	25	45	−20
2	50	66	−16
3	75	85	−10
4	100	100	0
5	125	114	11
6	150	126	24
7	175	141	34
8	200	160	40
9	**225**	**183**	**42**
10	250	210	40
11	275	245	30
12	300	300	0
13	325	360	−35

表中列出了西尼的总收益、总成本和经济利润。(a) 幅画出了总收益和总成本曲线。在 (a) 幅中，经济利润是总成本和总收益曲线之间浅灰色区域的高度。在生产 9 件毛衣时（这是总收益和总成本曲线之间垂直距离最大的产出），西尼的经济利润达到最大化，为每天 42 美元（225美元–183 美元）。在每天产出 4 件和 12 件毛衣时，西尼的经济利润为零——这是盈亏平衡点。在每天产出小于 4 件或大于 12 件毛衣时，西尼发生经济亏损。(b) 幅表示西尼的利润曲线。当经济利润达到最大时，利润曲线最高；在盈亏平衡点，利润曲线与横轴相交。

如果西尼把产出从 9 件增加到 10 件，边际收益仍然是 25 美元，但是边际成本是 27 美元。由于边际收益小于边际成本，经济利润减少了。该表的最后一列表示，经济利润从 42 美元下降为 40 美元。图中的深灰色区域表示第 10 件毛衣的这种亏损。

西尼一天生产 9 件毛衣使经济利润最大化，在这个产出水平上边际收益等于边际成本。

短期的利润与亏损

在短期均衡时，尽管企业在利润最大化的产出水平上生产，但它不一定能获得经济利润。它可能获利，也可能

图 11.3 利润最大化产出

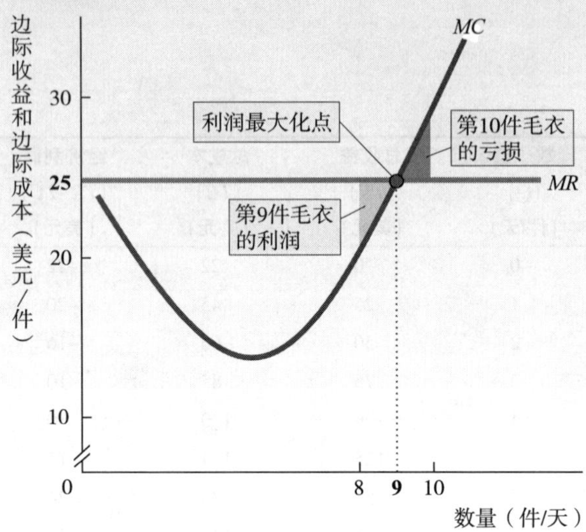

数量（Q）（件/天）	总收益（TR）（美元）	边际收益（MR）（美元/增加1件）	总成本（TC）（美元）	边际成本（MC）（美元/增加1件）	经济利润（TR–TC）（美元）
7	175		141		34
		…… 25		…… 19	
8	200		160		40
		…… **25**		…… **23**	
9	**225**		**183**		**42**
		…… **25**		…… **27**	
10	250		210		40
		…… 25		…… 35	
11	275		245		30

找出利润最大化产出的另一种方法是确定边际收益等于边际成本时的产出。该表表示，如果产出从 8 件毛衣增加到 9 件，边际成本是 23 美元，它小于边际收益 25 美元。如果产出从 9 件毛衣增加到 10 件，边际成本是 27 美元，它大于边际收益 25 美元。图中表示当西尼每天生产 9 件毛衣时，边际成本与边际收益相等。如果边际收益大于边际成本，产出增加提高了经济利润。如果边际收益小于边际成本，产出增加降低了经济利润。如果边际收益等于边际成本，经济利润最大。

保本甚至亏损。每件毛衣的经济利润（或亏损）是价格（P）减去平均总成本（ATC）。所以经济利润（或亏损）是（$P-ATC$）× Q。如果价格等于平均总成本，企业盈亏平衡——企业家获得正常利润。如果价格超过平均总成本，企业获得经济利润。如果价格低于平均总成本，企业发生经济亏损。图 11.4 表示这三种可能出现的短期利润结果。

三种可能出现的利润结果 在图 11.4（a）中，每件毛衣的价格是 20 美元，西尼毛衣厂每天生产 8 件毛衣。每件毛衣的平均总成本是 20 美元。价格等于平均总成本（ATC），所以西尼毛衣厂盈亏均衡（零经济利润），西尼获得正常利润。

在图 11.4（b）中，每件毛衣的价格是 25 美元。当每天的产出为 9 件毛衣时利润最大。这里，价格超过了平均总成本，所以西尼毛衣厂获得经济利润。经济利润是每天 42 美元。它由每件毛衣 4.67 美元（25 美元 – 20.33 美元）乘以毛衣的数量（4.67 美元 × 9 = 42 美元）得出。浅灰色的矩形表示了经济利润。矩形的高度是每件毛衣利润 4.67 美元，长度是每天生产毛衣的数量 9 件，所以矩形的面积是西尼每天 42 美元的经济利润。

在图 11.4（c）中，每件毛衣的价格是 17 美元。这里，价格低于平均总成本，所以西尼发生亏损。价格和边际收益是每件 17 美元，利润最大化（在这种情况下是亏损最小）的产出是每天 7 件毛衣。西尼的总收益是每天 119 美元（7 × 17 美元）。每件毛衣的平均总成本是 20.14 美元，所以经济亏损是每件毛衣 3.14 美元（20.14 – 17）。每件毛衣的亏损乘以毛衣的数量等于 22 美元（3.14 美元 × 7 = 22 美元）。深灰色的矩形表示了经济亏损。矩形的高度是每件毛衣的经济亏损 3.14 美元，长度是每天生产毛衣的数量 7 件，所以矩形的面积是西尼每天 22 美元的经济亏损。

企业的短期供给曲线

完全竞争企业的短期供给曲线表示在其他条件不变的情况下，企业的利润最大化产出如何随市场价格变动而变动。图 11.5 表示如何推导出西尼的供给曲线。（a）幅表示西尼的边际成本和平均可变成本曲线，（b）幅表示西尼的供给曲线。边际成本和平均可变成本与供给曲线之间存在着直接的联系。现在我们看看这种联系。

工厂暂时停业 在短期中，企业无法避免它发生的固定成本。但是，企业能够通过暂时的裁员或停产来避免可变成本。如果企业停产，它不再生产产品，发生的损失等于总固定成本。这种亏损是企业需要承受的最大亏损。如果价格跌到最低平均可变成本之下，企业就停业。**停业点**（shutdown point）是企业只能弥补其总可变成本的产出和

图 11.4　短期中三种可能的利润结果

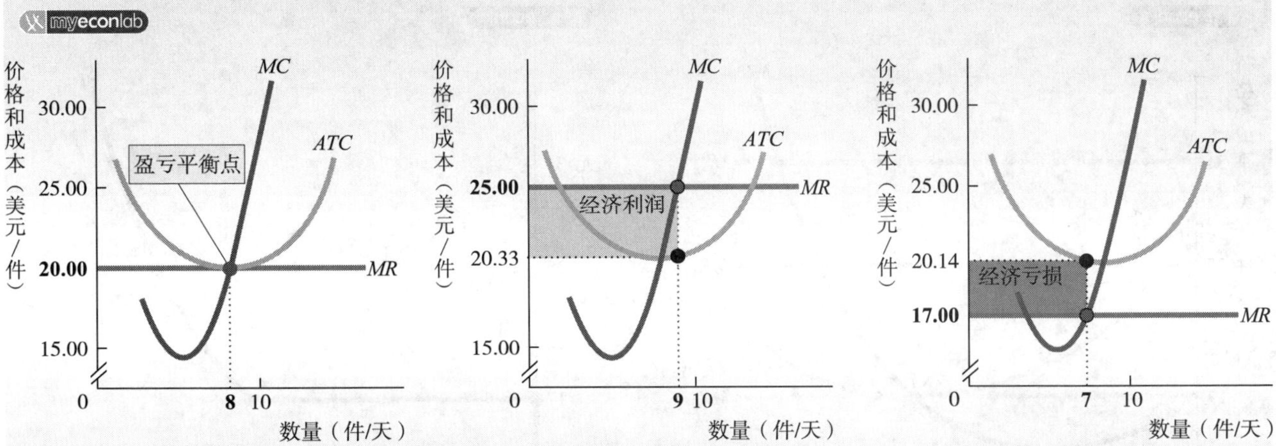

（a）盈亏平衡　（b）经济利润　（c）经济亏损

在短期中，企业可能盈亏平衡（获得零经济利润）、获得经济利润或发生经济亏损。如果价格等于最低平均总成本，企业盈亏平衡，并获得零经济利润（a 幅）。如果价格高于利润最大化产出时的平均总成本，企业获得经济利润（等于 b 幅中的浅灰色矩形的面积）。如果价格低于最低平均总成本，企业发生经济亏损（等于 c 幅中深灰色矩形的面积）。

价格组合——图 11.5（a）中的 T 点。如果价格是 17 美元，边际收益曲线是 MR_0，利润最大化产出是 T 点的每天 7 件毛衣。但价格和平均可变成本都等于 17 美元，因此，西尼的总收益等于总可变成本。企业蒙受的经济亏损等于总固定成本。在价格低于 17 美元时，无论西尼生产多少产量，平均可变成本都大于价格，企业的经济亏损大于总固定成本。因此在价格低于 17 美元时，西尼暂时停业。

短期供给曲线　如果价格在最低平均可变成本之上，西尼可以通过生产边际成本等于价格的产出使利润最大化。在价格为 25 美元时，边际收益曲线是 MR_1，西尼生产 9 件毛衣使利润最大化。在价格为 31 美元时，边际收益曲线是 MR_2，西尼生产 10 件毛衣。

如图 11.5（b）所示，西尼的短期供给曲线有两个独立的部分：第一，价格高于最低平均可变成本时，供给曲线与停业点（T）以上的边际成本曲线一样。第二，价格低于最低平均可变成本时，西尼停业不再生产。供给曲线沿着纵轴移动。在价格为 17 美元时，西尼在停业和一天生产 7 件毛衣之间无差异。无论如何，西尼都蒙受着等于总固定成本的亏损。

短期行业供给曲线

短期行业供给曲线（short-run industry supply curve）表示当每家企业的生产规模以及行业内的企业数量保持不变的情况下，在每种价格水平上行业的供给数量。在既定价格下，行业的供给数量等于在这一价格下行业内所有企业的供给量之和。

图 11.6 表示竞争性的毛衣业的供给曲线。在本例中，该行业由 1 000 家完全和西尼毛衣厂一样的企业组成。在每种价格水平上，行业的供给量是单个企业供给量的 1 000 倍。

图 11.6 中的表表示企业和行业的供给表，以及如何绘制成行业供给曲线。当价格低于 17 美元时，行业中的企业都停产了，行业的供给量为零。当价格为 17 美元时，每个企业在停产和一天生产 7 件毛衣之间是无差异的。一些企业停产了，而另一些企业每天供给 7 件毛衣。每个企业的供给量是 0 或 7 件毛衣，而行业的供给量在 0（所有企业都停产）和 7 000 件（所有企业每天都生产 7 件）之间。

为了绘制行业的供给曲线，我们把单个企业的供给量加总。该行业中的 1 000 个企业，每家都有和西尼毛衣厂

图 11.5 企业供给曲线

myeconlab

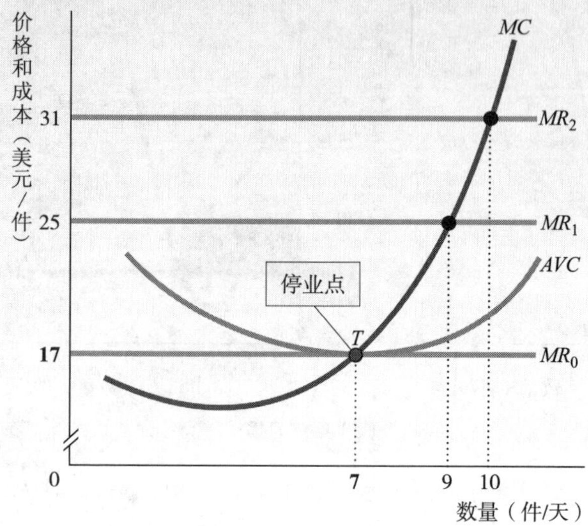

（a）边际成本和平均可变成本

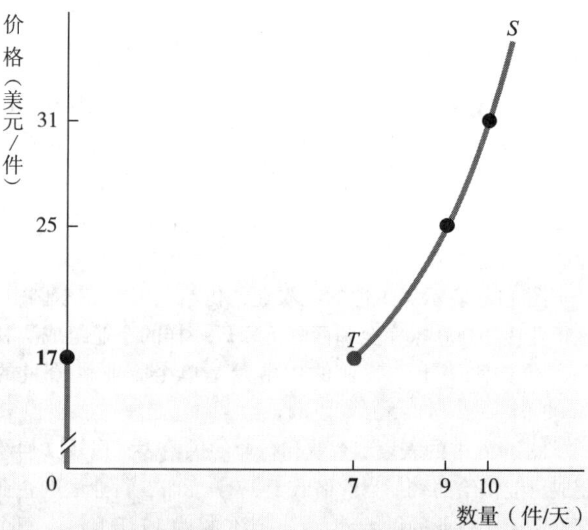

（b）西尼的短期供给曲线

(a) 幅表示在各种不同的市场价格下西尼的利润最大化产出。在每件毛衣 25 美元时，西尼生产 9 件毛衣。在每件毛衣 17 美元时，西尼生产 7 件毛衣。在 17 美元以下任何一种价格时，西尼不生产。西尼的停业点是 T。(b) 幅表示西尼的供给曲线——在每种价格时西尼将生产的毛衣数量。它由最低平均可变成本以上的边际成本曲线(a 幅) 和价格低于最低平均可变成本的纵轴组成。

图 11.6 行业供给曲线

myeconlab

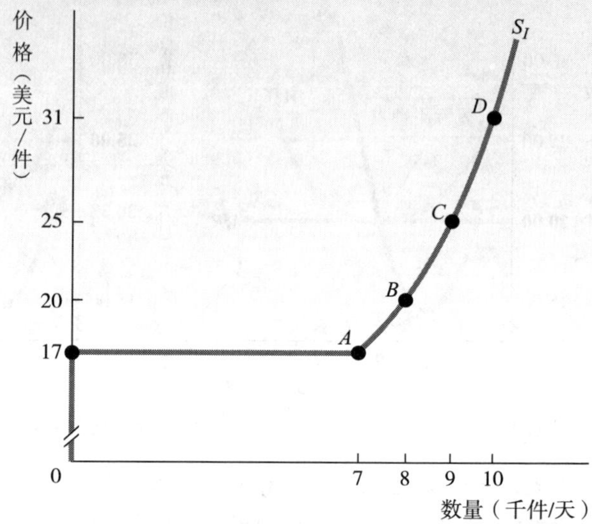

	价 格（美元/件）	西尼的供给量（件/天）	行业供给量（件/天）
A	17	0 或 7	0~7 000
B	20	8	8 000
C	25	9	9 000
D	31	10	10 000

行业供给表是所有个别企业供给表的加总。一个由 1 000 家相同企业组成的行业的供给表与个别企业的供给表类似，但行业供给量是个别企业供给量的 1 000 倍（参看上表）。行业供给曲线是 S_I。A、B、C、D 各点对应于表中的各行。在 17 美元的停业价格时，每个企业的日产量为0 或 7 件毛衣。行业供给在停业价格时是完全弹性的。

相同的供给表。当价格低于 17 美元时，行业的供给曲线沿 y 轴移动。当价格为 17 美元时，行业的供给曲线是水平的——供给是完全弹性的。当价格高于 17 美元时，每个企业增加自己的供给量，而且行业供给的增加量是每个企业供给增加量的 1 000 倍。

到目前为止，我们孤立地研究了单个企业。我们看到企业的利润最大化行为依赖于市场价格，而企业是市场价格的接受者。但是市场价格是如何决定的呢？我们来说明这一点。

复习测验

1. 为什么完全竞争企业要在边际成本等于价格的产量上生产？
2. 企业生产的最低价格是什么？请解释。
3. 企业的供给曲线、边际成本曲线和平均可变成本曲线之间是什么关系？
4. 行业的供给曲线是如何推导出来的？

myeconlab Study Plan 11.2

完全竞争的产出、价格和利润

为了确定完全竞争市场上的价格和买卖数量，我们需要研究市场需求和市场供给的相互作用。我们通过研究短期完全竞争市场来开始这一过程，这种情况下，企业的数量是固定的，每个企业的设备规模也是固定的。

短期均衡

市场需求和市场供给决定了市场价格和行业产出。图 11.7 表示短期均衡。供给曲线 S 与图 11.6 中的 S_1 是相同的。如果市场需求如需求曲线 D_1 所示，那么均衡价格是每件毛衣 20 美元。每个企业都将此价格作为既定的价格，并在这个价格下生产利润最大化的产出，即每天生产 8 件毛衣。由于行业内有 1 000 家企业，所以行业产出是每天 8 000 件毛衣。

需求的变化

需求的变化导致短期行业均衡的变化。图 11.7 显示了这些变化。

如果需求增加，需求曲线向右移动到 D_2。价格上涨到 25 美元。在这一价格水平上，每个企业通过增加产出来实现利润最大化。新的产出是每家企业每天生产 9 件毛

图 11.7 短期均衡

myeconlab

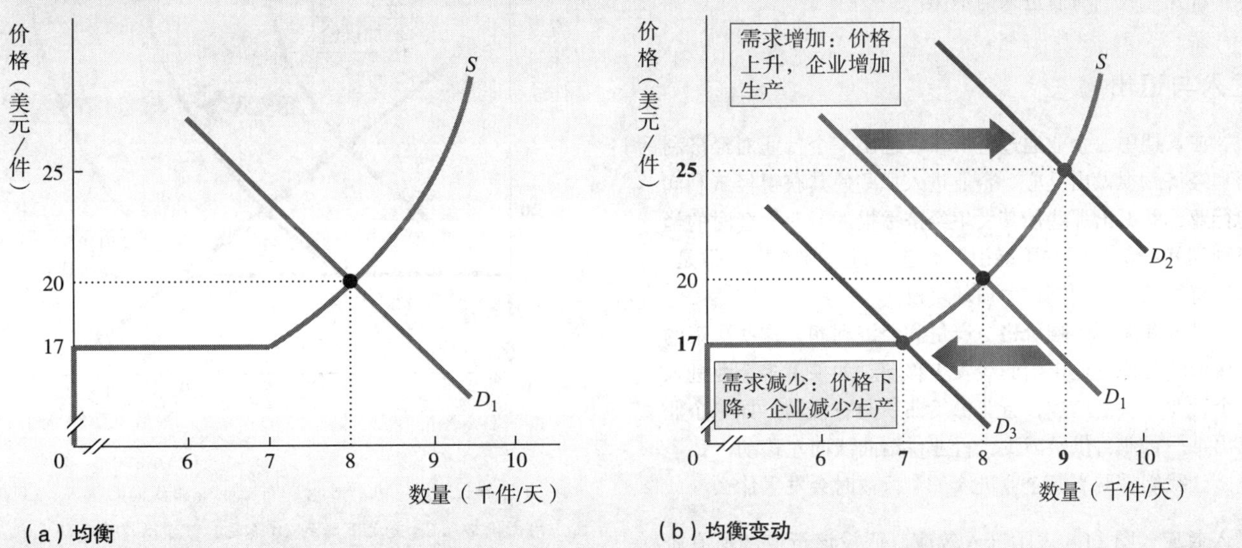

在 (a) 幅中，行业供给曲线是 S，需求曲线是 D_1，价格是 20 美元。在这一价格，每个企业每天生产 8 件毛衣，行业每天生产 8 000 件毛衣。在 (b) 幅中，当需求增加到 D_2 时，价格上升到 25 美元，每个企业的产出增加到每天 9 件毛衣，行业产出是每天 9 000 件毛衣。当需求减少为 D_3 时，价格下降到 17 美元，每个企业的产出都减少为每天 7 件毛衣，行业产出是每天 7 000 件毛衣。

衣，整个行业每天生产 9 000 件毛衣。

如果需求减少，需求曲线向左移动到 D_3。现在价格下降到 17 美元。在这一价格水平上，每个企业通过降低产出来实现利润最大化。新的产出是每家企业每天生产 7 件毛衣，整个行业每天生产 7 000 件毛衣。

如果需求曲线继续向左移动而超过了 D_3，市场价格仍保持在 17 美元，因为行业供给曲线是在此价格上的一条水平线。有的企业继续每天生产 7 件毛衣，而有些则暂时停产了。企业在这两种情况下是没有区别的，而且不管他们如何选择，他们发生的经济亏损都等于总固定成本。继续生产的企业的数量正好满足每件毛衣 17 美元价格下的市场需求。

长期调整

在短期均衡时，企业可能获得经济利润、蒙受经济亏损或者盈亏平衡。尽管这三种情况都是短期均衡的结果，但是只有一种结果是长期均衡。为了找出原因，我们需要研究在长期竞争行业中发生作用的因素。

在长期中，行业调整有以下两种方式：

- 进入与退出
- 改变设备规模

首先让我们看看进入与退出。

进入与退出

在长期中，企业通过进入或者退出一个行业对经济利润和经济亏损做出反应。企业进入那些使其获得经济利润的行业，并退出那些使其发生经济亏损的行业。暂时的经济利润和经济亏损并不能引发企业的进入和退出。但是，预期持续的经济利润或亏损却可以。

进入和退出影响价格、产量和经济利润。这些决策的直接影响是使行业供给曲线发生移动。如果更多企业进入一个行业，供给增加，行业供给曲线向右移动。如果企业退出某一行业，供给减少，行业供给曲线向左移动。

让我们看看当新企业进入一个行业时会发生什么。

进入效应 图 11.8 表示进入效应。假设该行业的所有企业都有与图 11.4 相类似的成本曲线。在任何高于 20 美元的价格下，企业获得经济利润。在任何低于 20 美元的价格下，企业蒙受经济亏损。在价格等于 20 美元时，企业的经济利润为零。再假设对毛衣的需求曲线是 D，如果行业的供给曲线是 S_1，毛衣的价格是 23 美元，每天的产量是 7 000 件，则该行业的企业获得经济利润。

这种经济利润是新企业进入该行业的信号。随着新企业的进入，供给增加，行业供给曲线向右移动至 S_0。由于供给增加而需求不变，毛衣的市场价格从 23 美元下降到了20 美元，行业的产出由每天 7 000 件毛衣增加到了每天 8 000 件。

行业的产出增加了，但是西尼毛衣厂，与行业内所有的企业一样，产出却减少了！因为价格下降了，每家企业都沿着其供给曲线向下移动，生产减少了。然而，由于行业中企业数量增加了，整个行业的产量增加了。

由于价格下降，每个企业的经济利润减少了。当价格下降到一件毛衣 20 美元时，经济利润消失，每个企业都获得零经济利润。

你已经发现了关键的论点：

> 随着新企业进入某一行业，价格下降，并且每个现有企业的经济利润减少。

图 11.8 进入与退出

myeconlab

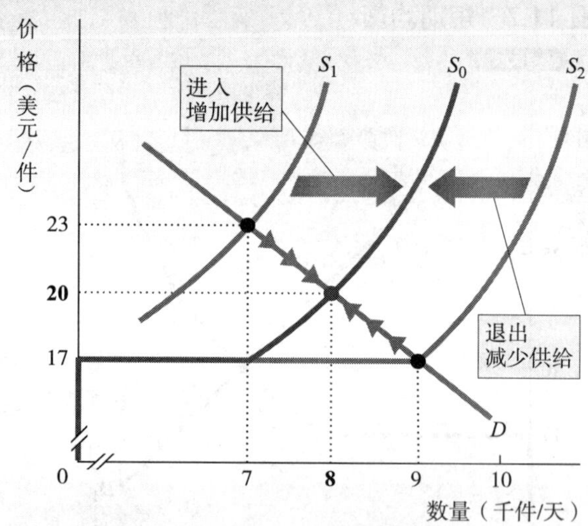

当新企业进入毛衣行业时，行业供给曲线向右从 S_1 移到 S_0。均衡价格从 23 美元下降到 20 美元，产量从 7 000 件毛衣增加到 8 000 件。

当企业退出毛衣行业时，行业供给曲线向左从 S_2 移到 S_0。均衡价格从 17 美元上升到 20 美元，产量从 9 000 件毛衣减少到 8 000 件。

这一过程的一个例子发生在 20 世纪 80 年代的个人电脑行业。当时 IBM 率先引进个人电脑（PC）时，几乎没有什么竞争，个人电脑的高价格给 IBM 带来了巨额利润。但是，像康柏、NEC、戴尔和其他许多这样的新企业进入这个行业，这些企业在技术上与 IBM 是完全相同的。实际上，它们的产品如此相似，以至于被称为“克隆”。PC 行业的大量进入潮使行业供给曲线向右移动，降低了价格和所有企业的经济利润。

现在让我们看看退出效应。

退出效应　图 11.8 也表示退出效应。假设企业的成本和行业的需求与以前一样。但是，现在假设供给曲线是 S_2。市场价格是 17 美元，每天生产 9 000 件毛衣。企业现在蒙受经济亏损。这种经济亏损是一些企业退出行业的信号。随着企业的退出，行业的供给曲线向左移动至 S_0。随着供给的减少，行业的产出从 9 000 件毛衣下降到 8 000 件，价格从 17 美元上升到 20 美元。

随着价格的上升，西尼毛衣厂以及行业内其他所有的企业，都沿着自己的供给曲线向上移动，产出增加。也就是说，对于每一个仍然留在行业的企业来说，利润最大化的产出增加。由于价格上升和每个企业销售量的增加，经济亏损减少。当价格上升到 20 美元时，每个企业获得零经济利润。

你已经发现了第二个关键论点：

> 随着企业退出某一行业，价格上升，而仍然留下来的每个企业的经济亏损减少。

在 20 世纪八九十年代，大量企业进入 PC 行业，同时也有一些企业退出。例如，在 2001 年，IBM 这个第一家进入 PC 行业的公司宣布他们将不再生产个人电脑。来自康柏、NEC、戴尔以及其他跟随 IBM 进入 PC 行业的企业的激烈竞争使个人电脑的价格下降并消除了经济利润。因此，现在 IBM 集中于服务器和电脑市场的其他部分。

IBM 退出 PC 行业，因为它蒙受了经济亏损。它的退出减少了供给，使行业内留存下来的企业有可能获取零经济利润。

你现在知道经济利润是如何引起进入，从而降低了利润；而且，你也知道了经济亏损是如何引起退出，从而消除了亏损。现在我们看看设备规模的改变。

改变设备规模

企业通过改变设备规模降低成本、增加经济利润。你可能已经想到了很多企业改变设备规模的例子。

一个例子是近年来遍布在你的校园附近的金考快印店或者类似复印店设备规模的变动。另一个例子是你在街上和公路上见到的联邦快递货车数量的变化。还有一个例子是用于出售电脑和电子游戏的零售店。这些都是企业为了追求更大的利润扩大设备规模的例子。

也有很多企业减少设备规模而避免经济亏损的例子。其中之一是总部在芝加哥的自行车生产商 Schwinn。当来自亚洲自行车生产商的竞争变得更加激烈时，Schwinn 削减生产了。近年来许多企业缩减它们的经营——这个过程被称为缩小规模。

图 11.9 表示西尼可以通过扩大设备规模增加利润的情况。假设在当前的规模上，西尼的边际成本曲线是 MC_0，短期平均总成本曲线是 $SRAC_0$。毛衣的市场价格是 25 美元，所以西尼的边际收益曲线是 MR_0。西尼通过每天生产 6 件毛衣使利润达到最大化。

西尼毛衣厂的长期平均成本曲线是 $LRAC$。通过增加它的设备规模——安装更多的针织机——西尼毛衣厂可以沿着长期平均成本曲线移动。随着企业设备规模的扩大，它的短期边际成本曲线向右移动。

回忆一下，企业的短期供给曲线是与它的边际成本曲线相联系的。随着企业边际成本曲线向右移动，供给曲线也向右移动。如果西尼毛衣厂以及行业内的其他企业增加了它们的设备规模，行业的短期供给曲线向右移动，市场价格下降。市场价格的下降限制了西尼可以从扩大设备规模中获利的程度。

图 11.9 还表示西尼毛衣厂的长期竞争均衡。当毛衣的市场价格下降到每件 20 美元时，这种情况就出现了。边际收益曲线是 MR_1，西尼每天生产 8 件毛衣以实现利润最大化。在这种情况下，西尼不能通过改变设备规模来增加利润。西尼在最低长期平均成本（$LRAC$ 上的 M 点）上进行生产。

由于西尼毛衣厂在最小长期平均成本点进行生产，所以没有改变设备规模的激励。扩大或缩小设备规模都会增加长期平均成本。图 11.9 描述了毛衣行业中所有企业的状况，那么整个行业就处于长期均衡。企业没有改变设备规模的激励。而且，由于每个企业都获得零经济利润，所以没有一个企业有进入或退出这个行业的激励。

长期均衡

当经济利润为零（企业获得正常利润）时，竞争性行

图 11.9 设备规模与长期均衡

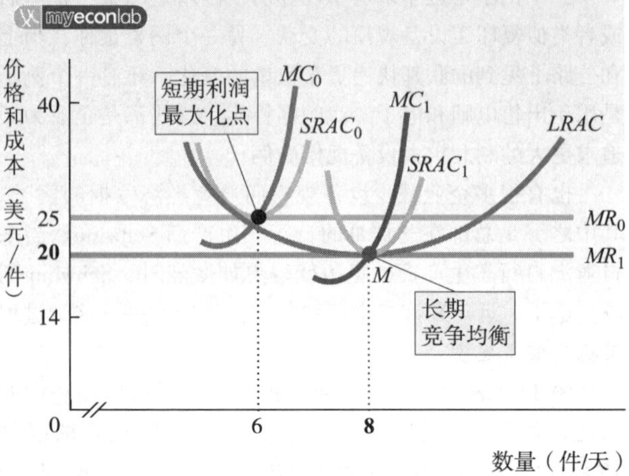

起初，西尼的边际成本曲线为 MC_0，短期平均总成本曲线为 $SRAC_0$。市场价格是每件毛衣 25 美元，西尼的边际收益是 MR_0。短期利润最大化产量是每天 6 件毛衣。西尼可以通过扩大设备规模来增加利润。如果毛衣行业中的所有企业都扩大设备规模，那么，短期行业供给增加，市场价格下降。在长期均衡时，企业在平均总成本最小的设备规模上经营。此时，西尼的短期边际成本为 MC_1、短期平均成本为 $SRAC_1$。西尼毛衣厂也在其长期平均成本曲线 $LRAC$ 上的 M 点生产。此时每天的产出是 8 件毛衣，平均总成本等于毛衣的价格：20 美元。

业就出现了长期均衡。如果竞争行业中的企业获得了经济利润，新的企业就会进入该行业。如果企业可以通过扩大设备规模而降低成本，它们就会扩大规模。这些行为都会增加行业供给，使行业供给曲线向右移动，降低价格，并减少经济利润。

只要行业中的企业能赚到正的经济利润，企业就会继续进入，经济利润进一步减少。当经济利润消失时，企业停止进入。当企业以最小成本的设备规模经营时，它们也停止扩张。

如果竞争行业的企业蒙受了经济亏损，一些企业就退出该行业。如果企业可以通过缩小设备规模降低成本，它们就缩小规模。这些行为都会减少行业供给，使行业供给曲线向左移动，提高价格，减少经济亏损。

只要行业中的企业仍有经济亏损，就会有企业继续退出，而经济亏损继续减少。当经济亏损消失时，企业停止退出。当企业以最小成本的设备规模经营时，它们也不再缩小生产规模。因此，在竞争行业长期均衡时，既没有企业进入也没有企业退出，而原有企业既不扩张也不收缩。每个企业获得的经济利润都为零。

复习测验

1. 在完全竞争市场，当市场需求减少时，请解释产品的价格和每个企业的产出在短期将如何变化。
2. 如果竞争行业的企业获得经济利润，供给、价格、产出和经济利润在长期会发生什么变化？
3. 如果竞争行业的企业蒙受经济亏损，供给、价格、产出和经济利润在长期会发生什么变化？

myeconlab **Study Plan 11.3**

你已经知道了一个竞争行业如何向其长期均衡调整。但一个竞争行业很少处于长期均衡状态。它在不断地、无休止地向这种均衡移动。企业面对的约束一直在变动。两个最持久的变动来源是偏好和技术。现在我们看看竞争行业如何对这些变动做出反应。

偏好的改变与技术进步

日益意识到吸烟有害健康使烟草和香烟的需求减少。廉价汽车和航空运输的发展引起长途火车和公共汽车需求的大幅下降。固态电子技术也引起电视和收音机修理需求的大幅下降。物美价廉服装的发展也引起缝纫机需求的减少。当产品的需求长期减少时，竞争行业会出现什么变化呢？

微波炉的发展引起对纸质、玻璃和塑料厨具以及塑料包装纸需求的巨大增长。个人电脑的广泛应用引起光驱需求的巨大增长。当产品的需求增加时，竞争行业又会出现什么变化呢？

技术进步一直在降低生产成本。新的生物技术急剧降低了许多食品和药品的生产成本。新的电子技术几乎降低了每种产品与服务的生产成本。当技术进步降低了生产成本时，竞争行业会发生什么变化呢？

让我们用完全竞争理论来回答这些问题。

需求的长期变动

图 11.10（a）表示起初处于长期均衡的完全竞争行业。需求曲线为 D_0，供给曲线为 S_0，市场价格是 P_0，行业产量是 Q_0。图 11.10（b）表示了处于这种长期均衡状态的单个企业。企业的产量是 q_0，获得零经济利润。

现在，假设需求减少，需求曲线向左移动到 D_1，如图 11.10（a）中所示。价格下降到 P_1，行业供给量沿着该行业短期供给曲线 S_0 从 Q_0 减少到 Q_1。图 11.10（b）表示了一个企业面临的情况。现在价格低于企业的最低平均总成本，因此企业出现经济亏损。但是，为了把这种亏损维持在最低，企业调整其产出，以保持边际成本等于价格。在价格为 P_1 时，每个企业产量为 q_1。

现在行业处于短期均衡，但不处于长期均衡。达到短期均衡是因为每个企业都使利润最大化。没有达到长期均衡是因为每个企业都发生经济亏损——其平均总成本超出了价格。

经济亏损是一些企业退出这个行业的信号。随着它们的退出，短期行业供给减少，供给曲线逐渐向左移动。随着行业供给减少，价格上升。在每一个更高的价格时，企业的利润最大化产出增加，因此，留在行业中的企业随着价格上升增加自己的产出。每个企业都沿着其边际成本或供给曲线向上移动［图 11.10（b）］。也就是说，随着企业退出该行业，行业产出减少，但留在行业中的企业的产出增加了。

最后，有足够多的企业离开了该行业，行业供给曲线移动到图 11.10（a）中 S_1。这时价格又回到了原来的水平 P_0。在这一价格，留在行业中的企业产出回到 q_0，与需求减少之前的产量一样。由于企业现在获得零经济利润，没有一家企业愿意进入或退出该行业。行业供给曲线维持在 S_1，行业产出是 Q_2。整个行业再次达到长期均衡。

初始的长期均衡与最终的长期均衡之间的差别在于行业中企业的数量。需求的长期下降减少了企业数量。留下

图 11.10　需求减少

myeconlab

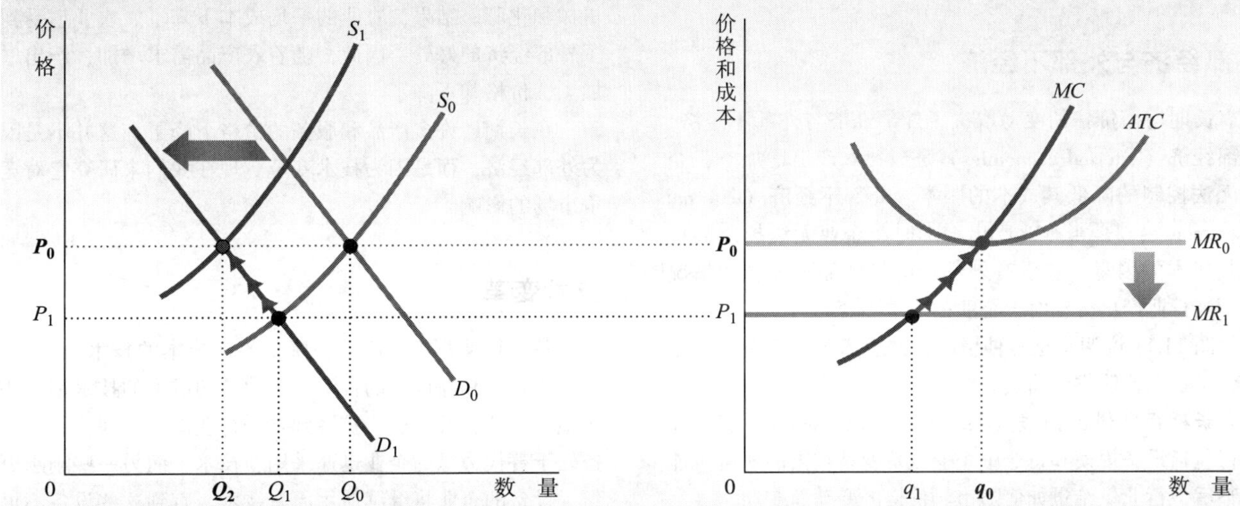

（a）行　业

（b）企　业

一个行业起初处于长期竞争均衡。（a）幅表示行业需求曲线 D_0，行业供给曲线 S_0，均衡数量 Q_0，市场价格 P_0。每个企业在价格 P_0 下出售自己的产品，因此，其边际收益曲线是（b）幅中的 MR_0。每个企业生产 q_0，获得的经济利润为零。

需求从 D_0 长期减少到 D_1（a 幅）。市场价格下降到 P_1，每个企业的产出减少到 q_1（b 幅），行业产出减少到 Q_1（a 幅）。

在新的情况下，企业有经济亏损，一些企业离开该行业。随着它们的离开，行业供给曲线逐渐向左从 S_0 移动到 S_1。这种移动逐渐使市场价格从 P_1 上升回到 P_0。当价格低于 P_0 时，企业有经济亏损，一些企业离开该行业。一旦价格回升到 P_0，每个企业都获得零经济利润。企业再没有离开该行业的激励。每个企业生产 q_0，而行业产出是 Q_2。

来的每一个企业在新的长期均衡时生产的产品数量与最初完全相同，而且也获得了零经济利润。在从最初的均衡向新的均衡变动的过程中，企业经济亏损。

我们刚刚说明了竞争行业如何对需求的长期下降做出反应。需求长期增长引起的反应与此类似，只是方向相反。需求增加引起价格上升、正经济利润和新企业进入。进入增加了行业的供给，并最终使价格下降到原来的水平，经济利润回到零。

在20世纪90年代，互联网服务的需求持续增长，并使该行业产生了巨大的盈利机会。结果是大量互联网服务提供商的进入。由此导致的竞争过程以及互联网服务行业的变化与我们已经研究过的相类似，只是这是需求的增加而不是减少。

我们现在已经研究了一种产品需求长期变化的影响。为了研究这些影响，我们从长期均衡开始并在长期均衡结束，考查了市场从一种均衡变动到另一种均衡的过程。现实市场也是处于这种变动过程中，而不是处于均衡点上。

我们刚才做出的预测有些奇怪：在长期中，无论需求增加还是减少，市场价格都回到其原来水平。这一结果不可避免吗？事实上，并非如此。长期均衡价格可能保持不变、上升或下降。

外部经济与外部不经济

长期均衡价格的变动取决于外部经济与外部不经济。**外部经济**（external economies）是当行业产出增加时，企业无法控制的降低其成本的因素。**外部不经济**（external diseconomies）是当行业产出增加时，企业无法控制的提高其成本的因素。在没有外部经济与外部不经济的情况下，当行业产出变动时，企业的成本不变。

图11.11说明了这三种情况，并引入了一个新的供给概念：长期行业供给曲线。

长期行业供给曲线（long-run industry curve）表示在进行包括设备规模和行业中企业数量变动在内的所有可能调整后，行业供给量如何随市场价格的变动而变动。

图11.11（a）表示我们刚刚研究的情况——没有外部经济或外部不经济。长期行业供给曲线（LS_A）是完全富有弹性的。在这种情况下，长期中需求从D_0增加到D_1对长期价格没有影响。需求增加引起价格暂时上升到P_S，而且短期产量从Q_0增加到Q_S。进入使短期供给从S_0增加到S_1，这又使价格从P_S下降到原来的水平P_0，产量增加到Q_1。

图11.11（b）表示外部不经济的情况。长期行业供给曲线（LS_B）向右上方倾斜。长期中需求从D_0增加到D_1既提高了短期价格，又提高了长期价格。需求增加引起价格暂时上升到P_S，而短期供给量从Q_0增加到Q_S。进入使短期供给从S_0增加到S_2，这又使价格从P_S下降到P_2，产量增加到Q_2。

外部不经济的一个原因是拥挤。航空业是一个很好的例子。随着航空业产出的增加，机场和空中航线越来越拥挤，这就引起飞机较长时间的延误和旅客额外的等待时间。这些外部不经济意味着随着空中交通量的增加（在没有技术进步的情况下），平均成本上升。因此，长期行业供给曲线向右上方倾斜。这样，需求长期增加就引起产量的增加和价格的上升。（但存在外部不经济的行业也会发生价格下降，因为技术进步使长期供给曲线向下移动。）

图11.11（c）表示外部经济的情况。长期行业供给曲线（LS_C）向右下方倾斜。长期中需求从D_0增加到D_1提高了短期价格但降低了长期价格。同样，需求增加引起价格暂时上升到P_S，短期数量从Q_0增加到Q_S。进入使短期供给从S_0增加到S_3，这使得价格下降到P_3，产量增加到Q_3。

外部经济的一个例子是随着一个行业的扩大，专家支持服务的增长。随着19世纪和20世纪初农业产出的增加，为农民提供的服务扩张。新企业专门开发并销售农业机械和化肥。结果，农业的平均成本下降了。农业享受到了外部经济的好处。因此，随着农产品需求增加，产出增加了，价格却下降了。

在长期，许多产品和服务的价格下降了，这并不是因为外部经济，而是因为技术变革。现在我们来研究它对竞争市场的影响。

技术变革

各个行业都在不断寻找降低生产成本的技术。然而，没有新工厂和新设备的投资，多数节约成本的技术都无法实施。因此，技术进步扩展到整个行业需要时间。一些设备处于替代边缘的企业迅速采用新技术，而另一些刚刚更新了设备的企业将继续使用原有技术，直到这些设备不再能弥补平均可变成本。一旦不能弥补平均可变成本，企业甚至会报废较新的设备（体现旧技术）而使用体现新技术的设备。

新技术使企业能以较低的生产成本进行生产。因此，随着企业采用新技术，它们的成本曲线向下移动。在较低成本时，企业愿意以较低的价格提供既定数量的产品，也就是说，它们愿意在既定价格下提供更多产品。换言之，

图 11.11 价格和数量的长期变动

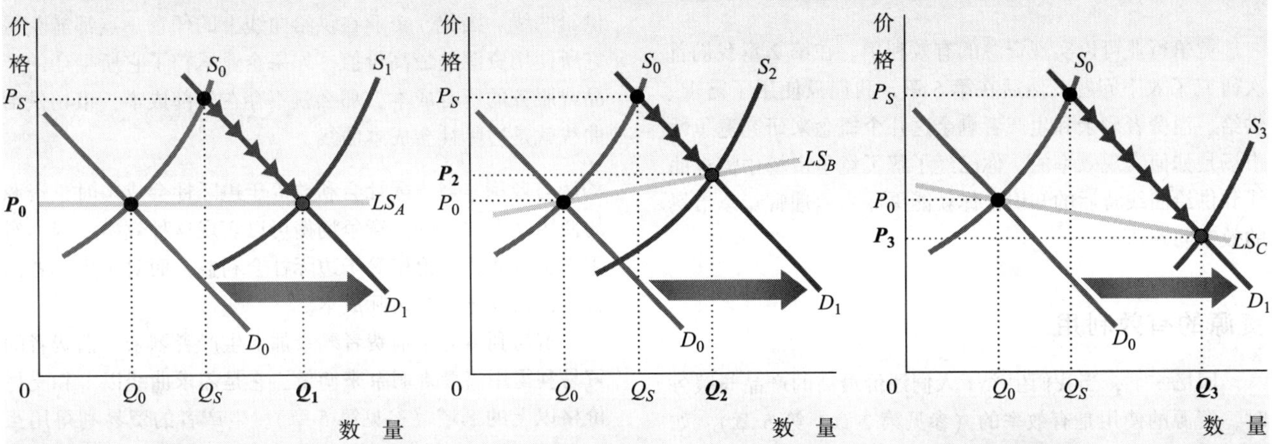

（a）成本不变行业　　（b）成本递增行业　　（c）成本递减行业

长期中价格和数量发生三种可能变动。当需求从D_0增加到D_1时，进入发生，并使行业供给曲线从S_0右移到S_1。在（a）幅中，长期行业供给曲线LS_A是水平的。数量从Q_0增加到Q_1，价格仍然在P_0不变。在（b）幅中，长期行业供给曲线是LS_B；价格上升到P_2，而数量增加到Q_2。这种情况出现在有外部不经济的行业。在（c）幅中，长期行业供给曲线是LS_C；价格下降到P_3，数量增加到Q_3。这种情况出现在有外部经济的行业。

行业供给增加了，从而，行业供给曲线向右移动。在需求一定时，产量增加，价格下降。

在发生技术变革的行业中有两种力量发生作用。采用新技术的企业获得经济利润。因此，采用新技术的企业进入行业。坚守旧技术的企业发生经济亏损，它们退出该行业或转向新技术。

随着使用旧技术企业的消失和使用新技术企业的进入，价格下降而产量增加。最后，行业出现新的均衡，在这个均衡上，企业使用新技术并获得零经济利润。因为在长期均衡上竞争消除了经济利润，所以，技术变革带给生产者的只是暂时的利润。但是，对于消费者来说，由于技术进步而引起的产品价格的下降和质量的提高却是长远的收益。

我们刚刚描述的是一些企业获得经济利润而另一些企业发生经济亏损的过程。这是一个行业动态变化的一个周期。一些企业变好了，而另一些企业变糟了。这个过程经常带有地域性的特点——新技术企业的扩张使曾经的贫困地区繁荣起来，而传统产业占优势的地区则衰落了。有时，新技术企业在国外，而旧技术企业在国内。20 世纪 90 年代的信息革命引起了许多这类的例子。商业银行传统上集中在纽约、旧金山和其他大城市，现在北卡罗来纳州夏洛特繁荣起来，成为美国三大商业银行聚集城市之一。电视节目和电影传统上在洛杉矶和纽约制作，而现在大都转移到了佛罗里达州奥兰多。

技术进步并不限于信息产业与娱乐产业。甚至食品生产业也由于基因工程而在经历着重大的技术变革。

复习测验

1. 描述需求的持续下降对竞争行业的影响。产出、价格和经济利润在短期和长期中发生什么变化？
2. 描述需求持续增长对竞争行业的影响。产出、价格和经济利润在短期和长期中发生什么变化？
3. 描述新技术的采用对竞争行业的影响。产出、价格和经济利润在短期和长期中发生什么变化？

myeconlab **Study Plan 11.4**

我们已经看到了竞争行业在短期与长期是如何运行的。但是，竞争行业是有效率的吗？

竞争与效率

竞争行业可以实现资源的有效利用。在第 2 章我们首次研究了效率问题，然后在第 5 章，我们只使用了需求、供给、消费者剩余和生产者剩余这几个概念来研究竞争性市场是如何实现效率的。你已经了解了竞争市场中需求曲线和供给曲线背后的知识，你就能更深入地理解竞争市场的效率问题。

资源的有效利用

回忆一下，当我们生产了人们评价最高的产品与服务时，资源的使用是有效率的（参见第 2 章、第 5 章）。如果某人的状况能在其他人的状况没有变坏的情况下变得更好，资源就没有得到有效利用。例如，假设我们生产了一台没有人想要并且将永远无人使用的电脑，与此同时，有些人非常想获得一些电子游戏机。如果我们少生产一台电脑并把未使用的资源用于多生产一些电子游戏机，有些人的状况就会变好而没有人会变得更糟。因此，最初的资源配置是无效率的。

用你学过的更专业化的语言来说，当边际社会利益等于边际社会成本时，资源的使用是有效率的。在电脑和电子游戏机的例子中，电子游戏机的边际社会利益大于边际社会成本。而电脑的边际社会成本大于边际社会利益。因此，通过少生产电脑和多生产电子游戏机，我们把资源转移到了更高价值的用途上。

选择、均衡和效率

我们可以用已经学过的消费者和竞争企业的决策与市场均衡来描述资源的有效利用。

选　择 消费者配置自己的预算，从中得到可能的最高价值。我们通过说明最优预算配置如何随一种产品价格的变动而变动来推导出消费者的需求曲线。因此，消费者可以在需求曲线上的任意一点得到他们所拥有资源的最高价值。如果某个产品或服务的消费者是惟一获益者，那么就不存在外部利益，市场需求曲线就是边际社会利益曲线。

竞争企业按其利润最大化产量进行生产。我们通过找到在不同价格水平下实现利润最大化的产量推导出企业的供给曲线。因此，企业在供给曲线上的任意一点都能获得它所使用资源的最高价值。如果企业承担了它所生产的产品或服务的所有成本，那么就不存在外部成本，市场供给曲线就是边际社会成本曲线。

均衡与效率 当边际社会利益等于边际社会成本时，资源的使用是有效率的。竞争均衡可以实现这种效率，因为对于消费者而言，价格等于边际社会利益，而对于生产者而言，价格等于社会边际成本。

贸易利得等于消费者剩余加上生产者剩余。消费者的贸易利得用消费者剩余来衡量，它是需求曲线以下和支付价格以上的区域（参见第 5 章）。生产者的贸易利得用生产者剩余来衡量，它是供给曲线以上和销售价格以下的区域（参见第 5 章）。贸易总利得等于消费者剩余与生产者剩余之和。当产品或服务市场处于均衡状态时，贸易获利最大。

有效配置的说明 图 11.12 说明完全竞争市场的长期均衡状态的有效配置。（a）幅表示了市场中单个企业的情况，而（b）幅表示市场的情况。均衡市场价格是 P^*。在这个价格下，每个企业获得的经济利润为零。每个企业的生产规模都处于其可能的平均总成本最低点。在这种情况下，由于产品不可能再以更低的成本生产，而且价格等于最低可能成本，所以消费者的状况达到了最佳。

在（b）幅中，消费者在市场需求曲线上的任意一点都是有效率的，$D = MSB$。生产者在市场供给曲线上的所有点上都是有效率的，$S = MSC$。资源在产量 Q^* 和价格 P^* 上得到有效利用。在这一点，边际社会利益等于边际社会成本，并且生产者剩余（浅灰色区域）和消费者剩余（深灰色区域）之和达到了最大。

当完全竞争市场上的企业偏离长期均衡时，就会发生企业的进入或者退出，并且市场向图 11.12 所描述的情况移动。但是市场仍然是有效率的。只要边际社会利益（市场需求曲线上）等于边际社会成本（市场供给曲线上），市场就是有效率的。但是，只有在长期均衡时，消费者支付的价格才最低。

图 11.12　完全竞争的效率

myeconlab

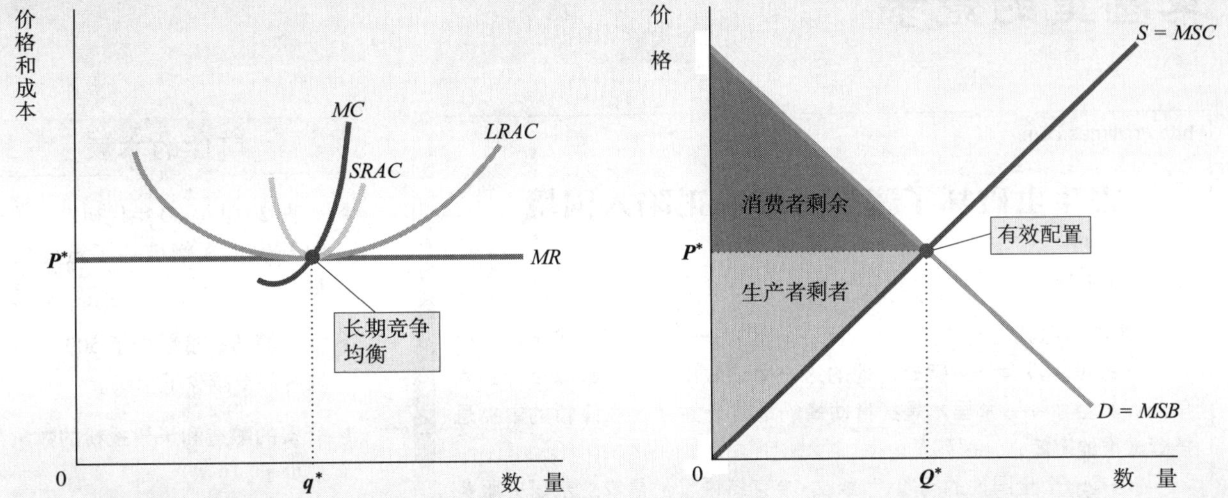

（a）单个企业

（b）市场

在（a）幅中，完全竞争的单个企业在最小长期平均总成本处生产 q^*。在（b）幅中，消费者已经做出了最佳选择并且在市场需求曲线上，企业在最低成本下生产并且在市场供给曲线上。由于没有外部利益或外部成本，在数量 Q^* 和价格 P^* 时资源得到了有效利用。完全竞争实现了资源的有效利用。

复 习 测 验

1. 说明资源有效配置所必须满足的条件。
2. 描述消费者所做出的选择，并解释为什么消费者在市场需求曲线上是有效率的。
3. 描述生产者所做出的选择，并解释为什么生产者在市场供给曲线上是有效率的。
4. 解释为什么在完全竞争市场上资源被有效利用。

myeconlab **Study Plan 11.5**

◆ 现在，你已经完成了完全竞争的学习。在下页的阅读材料中，你有机会运用你所学的知识来理解最近在完全竞争的蜜蜂授粉服务行业所发生的事件。

尽管有许多市场与完全竞争模型近似，但是还有许多不是完全竞争的。在第 12 章中，我们将研究另一种极端的市场力量：垄断。然后，在第 13 章中，我们研究介于完全竞争和垄断之间的市场：垄断竞争（带有垄断因素的竞争）和寡头垄断（极少数生产者之间的竞争）。当你完成这些学习以后，你就拥有了能够使你了解现实世界市场的一整套工具。

阅读材料：事例与分析

果园里的竞争

http://nytimes.com

寄生虫破坏了蜜蜂，蜂农正陷入困境

2005 年 5 月 2日

“想看看鬼城吗?” 乔•莱恩豪问道。他打开一个蜂箱的盖子，用小刀松开蜂箱。没有一只蜜蜂对他的这一举动做出反应。数以百计的六角形蜂巢空了——那里本是抚育幼蜂的地方，并且，在蜂箱的中央悬挂着成堆的蜜蜂，全都死了……

“这是一个全国性的问题，”凯文•哈克特说，他是农业部研究服务中心负责蜜蜂与授粉国家计划的官员。“我们至少已经损失了一半的蜂箱，有些地区达到了 70%。美国有两百万的蜂箱，总数减少了一半，可见问题非常严重。”

问题并不仅仅是蜂蜜减产。蜜蜂每年还要给价值 150 亿美元的农作物授粉。因为蜜蜂在春天要到全国为农作物授粉，2 月份在加利福尼亚为杏树授粉，随后到其他地方为苹果树、蓝莓和其他果树授粉，所以种植业者之间的竞争加剧，授粉服务的价格开始上升……

……绝大多数损失是瓦螨造成的，这种寄生虫 20 世纪 80 年代早期进入美国，开始是破坏国内野生蜜蜂……雷布德先生说。

春天，果农们通常为一个蜂箱支付 30~40 美元，让养蜂人将蜂箱放置在自己的作物中间，而蜂蜜归养蜂人所有。但是，加利福尼亚杏树研究委员会的主任克丽丝•海因茨说，听说现在价格已经涨到了每只蜂箱 100 多美元……

事件的本质

- 一种 20 世纪 80 年代初进入美国的寄生虫瓦螨破坏了蜜蜂的数量。
- 活蜂箱的数量减少了 50%，有些地区甚至减少了 70%。
- 蜂蜜的酿造和果树授粉的数量都减少了。
- 果农通常向养蜂人支付每箱 30~40 美元的价格获得授粉服务，而蜂蜜归养蜂人所有。
- 每箱蜜蜂授粉的价格已经上升到了 100 多美元。

经 济 分 析

- 养蜂人生产两种产品：蜂蜜和授粉服务。
- 这里，我们关注的是完全竞争的授粉服务业。
- 果农们从养蜂人那里租用蜂箱，并为此支付报酬。
- 图 1 表示竞争的授粉服务市场。
- 果农的需求曲线是 D。
- S_0 是受瓦螨破坏前的蜂箱的供给曲线。
- 市场在价格为每箱 40 美元和数量为 Q_0 时达到均衡。
- 图2 表示单个养蜂人的成本与收益曲线。
- 在螨虫进攻前，边际收益曲线是 MR_0，边际成本曲线是 MC，而平均总成本曲线是 ATC。
- 养蜂人利润最大化的产量是 q_0，并且假设企业处于长期均衡。
- 由于瓦螨的进攻，许多养蜂人损失了蜜蜂并停止营业。
- 供给减少了，图 1 中供给曲线向左移动到了 S_1。
- 蜂箱的租赁价格涨到了 100 美元，均衡数量下降到 Q_1。
- 图 2 表示那些免受瓦螨侵扰的养蜂人的状况。
- 价格的上升使边际收益曲线向上移动到 MR_1。
- 为了获得最大利润，养蜂人将租给果农的蜂箱数量增加到 q_1。
- 现在，养蜂人获得了经济利润，如图中浅灰色矩形所示。
- 图1 和图 2 表示的是短期均衡的情况。因为企业获得正的经济利润，所以随着蜜蜂的繁育和克服瓦螨的破坏，长期中会有养蜂人进入这个行业。
- 如果克服瓦螨费用高昂，那么养蜂的成本就会上升而经济利润下降。
- 最终，要么因为蜜蜂的数量增加，要么因为养蜂的成本上升，新的长期均衡将会再次出现，此时经济利润为零，养蜂人获得正常利润。

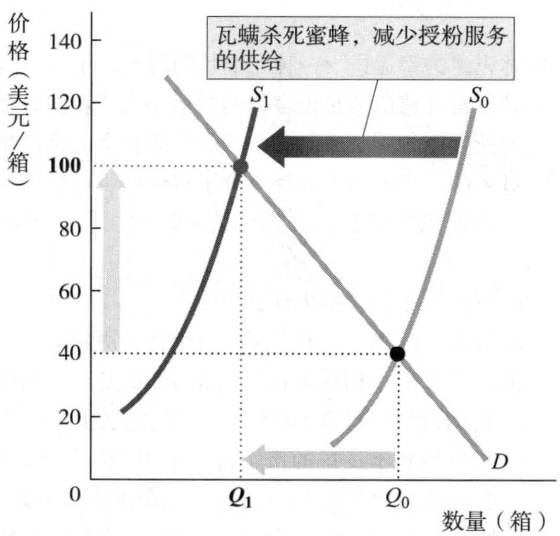

图1　授粉服务市场

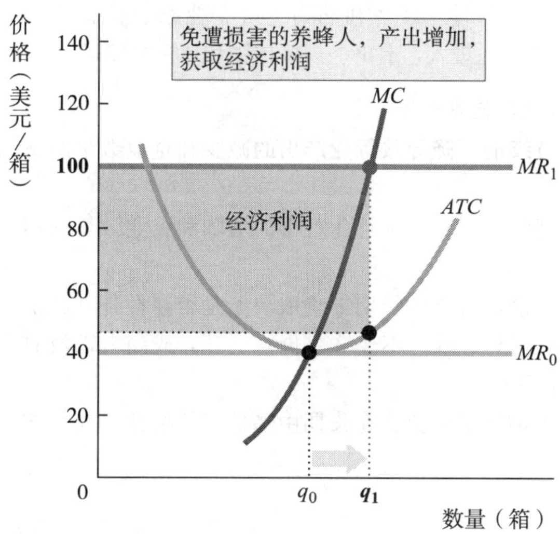

图2　一个养蜂人

内容提要

要 点

什么是完全竞争

- 完全竞争企业是价格接受者。

完全竞争市场企业的决策

- 企业在边际收益（价格）等于边际成本的产量上生产。
- 在短期均衡时，企业可以获得经济利润、发生经济亏损或者盈亏平衡。
- 如果价格低于最低平均可变成本，企业暂时停业。
- 企业的供给曲线是边际成本曲线在最低平均可变成本以上的部分。
- 行业供给曲线表示在每一价格水平上每个企业供给量的总和。

完全竞争的产出、价格和利润

- 市场需求和市场供给决定价格。
- 持续的经济利润引起企业进入，持续的经济亏损引发企业退出。
- 进入和设备规模的扩张增加供给并使价格下降，利润减少。退出和设备规模的缩减减少供给并使价格上升，利润增加。
- 在长期均衡时，经济利润为零（企业家获得正常利润）。不发生进入、退出、规模扩张和规模的缩减。

偏好的改变与技术进步

- 需求持续的下降导致行业产出的减少和企业数量的下降。
- 需求持续的上升导致行业产出的增加和企业数量的增加。
- 需求变动对价格的长期影响取决于是否存在外部经济（价格下降）、外部不经济（价格上升）或两者都没有（价格不变）。
- 新技术增加了供给，在长期中降低了价格并增加了产量。

竞争与效率

- 当我们生产了人们评价最高的产品和服务时，资源得到了有效利用。
- 当不存在外部利益与外部成本时，完全竞争实现了资源的有效配置。在长期均衡时，消费者支付最低的价格，边际社会利益等于边际社会成本，而且消费者剩余与生产者剩余之和最大。

关键图表

关键术语

完全竞争
价格接受者
总收益
边际收益
停业点
短期行业供给曲线
外部经济
外部不经济
长期行业供给曲线

习 题

1. 林先生的幸运饼（一种元宝状的饼干，里面藏有一张小纸条写着谚语或是预言你的好运——译者注）和其他企业所生产的同类产品完全相同，而且幸运饼市场是自由进入的。买者和卖者都十分了解价格。
   a. 根据以上信息，林先生的幸运饼在什么类型的市场上经营？
   b. 好运饼干的价格由什么决定？
   c. 林先生的幸运饼的边际收益由什么决定？
   d. 如果每盒幸运饼的市场价格是 10 美元，而林先生出售的价格是每盒 10.50 美元，他能卖出多少盒？
   e. 如果每盒幸运饼的市场价格是 10 美元，而林先生出售的价格是每盒 9.50 美元，他能卖出多少盒？
   f. 林先生的幸运饼的需求弹性如何，它与幸运饼的市场需求弹性有什么不同？
2. 快速复印是学校周边众多复印店之一。图表示快速复印的成本曲线。复印的市场价格是每页 10 美分。

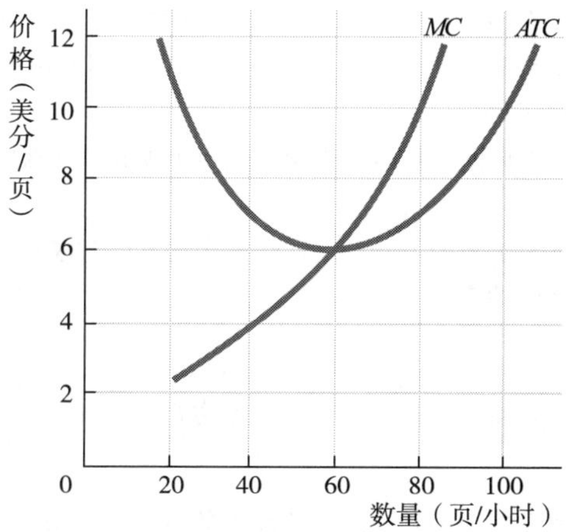

a. 快速复印的边际收益是多少?

b. 快速复印的利润最大化产出是多少?

c. 快速复印的经济利润是多少?

3. 帕特的比萨饼店是一个价格接受者。它的成本如下:

产　出 (个/小时)	总成本 (美元/小时)
0	10
1	21
2	30
3	41
4	54
5	69

a. 帕特的利润最大化产出是多少，如果市场价格是 14 美元、12 美元和 10 美元时，帕特的经济利润分别是多少?

b. 帕特的停业点在哪儿?

c. 推导出帕特的供给曲线。

d. 长期中在什么价格范围内与帕特成本相同的企业将退出比萨饼行业?

e. 长期中在什么价格范围内与帕特成本相同的企业将进入该行业?

4. 纸张的市场需求表如下:

价　格 (美元/盒)	需求量 (千盒/周)
3.65	500
5.20	450
6.80	400
8.40	350
10.00	300
11.60	250
13.20	200

市场是完全竞争的，当企业在最低成本的设备规模生产时，每个企业都有如下表所示的成本。行业内有 1 000 家企业。

产　出	边际成本	平均可变成本	平均总成本
(盒/周)	(美元/每增加 1 盒)	(美元/盒)	
200	6.40	7.80	12.80
250	7.00	7.00	11.00
300	7.65	7.10	10.43
350	8.40	7.20	10.06
400	10.00	7.50	10.00
450	12.40	8.00	10.22
500	20.70	9.00	11.00

a. 市场价格是多少?

b. 行业产出是多少?

c. 每个企业的产出是多少?

d. 每个企业获得的经济利润或蒙受的经济亏损是多少?

e. 长期中企业进入还是退出这个行业?

f. 长期中企业的数量是多少?

g. 长期中市场价格是多少?

h. 长期均衡产量是多少?

5. 随着电脑显示器质量的提高，越来越多的人们不再打印文件而是在屏幕上直接阅读。对于纸张市场，需求持续下降而使需求表变为:

价　格 (美元/盒)	需求量 (千盒/周)
2.95	500
4.13	450
5.30	400
6.48	350
7.65	300
8.83	250
10.00	200
11.18	150

成本与第 4 题的成本表相同。

a. 现在的市场价格、行业产出、每个企业的经济利润或经济亏损是多少?

b. 现在的长期均衡价格、行业产出、每个企业的经济利润或经济亏损是多少?

c. 这个行业是外部经济、外部不经济还是成本不变的? 请画出长期供给曲线加以解释。

6. 一个完全竞争行业处于长期均衡。请回答下列问题并解释。

a. 消费者剩余能增加吗？
b. 生产者剩余能增加吗？
c. 消费者能够通过购买这种产品的替代品而使自己的境遇变得更好吗？
d. 这种产品能以更低的平均总成本生产吗？

批判性思考

1. 研究阅读材料中关于蜜蜂授粉服务的资料，并回答下列问题：
   a. 哪些特点使蜜蜂授粉服务成为完全竞争市场？
   b. 如果养蜂人的最小平均可变成本超过了蜂箱的租赁价格，养蜂人会怎么做？为什么？
   c. 什么因素使授粉服务市场趋向长期均衡？在长期均衡时行业的利润是多少？
   d. 如果发现美国生产的蜂蜜含有先前所未知的营养成分——能够延长寿命，蜂蜜市场和授粉服务市场在短期和长期将会发生什么样的变化？
2. 为什么便携计算器和 DVD 播放机的价格在下降？你认为生产这些产品的企业的成本和经济利润发生了什么样的变化？
3. 世界人口的增长对小麦市场和单个麦农有什么影响？请解释。
4. 美国出生率的下降和一次性尿布的发展对尿布服务业有什么样的影响？

网上活动

1. 研究关于中国纺织品进口配额的报告。
   a. 为什么美国要限制纺织品的进口？
   b. 画出美国纺织品的需求—供给曲线图和单个纺织品生产商的成本和收益曲线。用这些图表来说明配额对纺织品价格、数量、经济利润以及消费者剩余的影响。
   c. 你认为配额对于美国人有利吗？请解释。

第 12 章

垄 断

控制互联网

eBay 和 Google 在它们所服务的市场中居于支配地位。因为很多买者使用 eBay，所以很多卖者也使用它，而因为很多卖者使用 eBay，所以很多买者也就使用它。这种现象——称为网络外部性——使得其他企业很难进入互联网拍卖业。因为 Google 是一个如此好的搜索引擎，许多人用它在互联网上进行搜寻，而因为很多人使用 Google，很多想提高点击率的网站运营商就与 Google 建立广告业务关系。

eBay 和 Google 显然不是完全竞争企业。它们不会面对一个由市场决定的价格，而能够选择它们自己的价格。这样的企业如何决定其产量及销售价格呢？如何把它们的行为与完全竞争行业中的企业行为进行比较呢？这些企业收取的价格会不会太高，以至于损害了消费者的利益？它们会带来哪些好处呢？

作为一个学生，你在理发、参观博物馆或看电影时会享有很多折扣。当你乘飞机旅行时，你几乎从来不用买全票，取而代之的是打折机票。难道是因为经营理发店、博物馆、电影院和航空公司的那些人很慷慨，不去追求最大化利润？难道在提供折扣优惠时，他们不是在放弃利润吗？

◆ 在本章中，我们研究企业可以影响价格的市场。我们还要把这些市场中的企业业绩与竞争性市场中的企业相比较，看看垄断是否与竞争一样有效率。在本章末的**阅读材料**中，我们将看到，当低成本航空公司挤压传统的航空公司时，机票价格发生了怎样的变化。

学习本章后，你将能：

- 解释垄断是如何产生的，区分单一价格垄断和价格歧视垄断
- 解释单一价格垄断如何决定产出与价格
- 比较单一价格垄断与竞争的业绩与效率
- 解释价格歧视如何增加利润
- 解释垄断管制如何影响产出、价格、经济利润和效率

市场力量

市场力量和竞争是在大多数市场中都发生作用的两种因素。**市场力量**（market power）是指通过影响可供销售的总量来影响市场，尤其是影响市场价格的一种能力。

你在第 11 章中学习过的完全竞争企业没有市场力量。它们面临残酷竞争的力量，并且是价格接受者。我们在这一章中研究的企业则在相反的极端运行。它们没有面临竞争，并且运用强劲的市场力量。我们称这一极端为垄断。**垄断**（monopoly）指的是一个企业生产一种没有相近替代品的产品或服务，并受到一种壁垒的保护，这种壁垒阻止其他企业销售这种产品或服务。在垄断中，这个企业就是该行业本身。

垄断的例子包括那些经营管道和线路，从而为你的家庭提供水、电、气的自来水公司、电力公司和天然气公司。发明了 Windows 操作系统的微软公司也接近于垄断。

垄断是如何产生的

垄断有两个关键特征：

- 没有相近替代品
- 存在进入壁垒

没有相近替代品 如果一种产品有一种相近的替代品，即便只有一个企业生产这种产品，这个企业实际上也面临着来自替代品生产者的竞争。地方公共事业部门提供的自来水就是没有相近替代品的一个例子。尽管从饮用的角度看，它确实有一种相近替代品——瓶装矿泉水，但从洗澡或洗车的角度看，它却没有有效的替代品。

垄断经常受到新产品和新观念的攻击，这些新产品和新观念要替代垄断者生产的产品。例如，联邦快递、UPS、传真机和电子邮件都削弱了美国邮政局的垄断。同样，碟式卫星电视天线削弱了有线电视公司的垄断。

但新产品也经常造成垄断。微软公司在 20 世纪 80 年代对 DOS 操作系统的垄断和现在对 Windows 操作系统的垄断就是一个例子。

存在进入壁垒 保护一个企业，使之免于潜在对手竞争的各种法律的或自然的限制称为**进入壁垒**（barriers to entry）。一个企业有时可以通过获得一种关键资源的巨大份额而建立进入壁垒。例如，戴比尔斯公司控制了全世界 80%以上的天然钻石的供给。大多数垄断产生于其他两种类型的壁垒：法律壁垒和自然壁垒。

法律进入壁垒 法律进入壁垒造成合法垄断。**合法垄断**（legal monopoly）是一种市场，它的竞争和进入受到公共特许权、政府许可证、专利或版权的限制。

*公共特许权*是赋予一个企业提供一种产品或服务的专营权。一个例子是美国邮政局，它具有传递第一类邮件的专营权。*政府许可证*控制着特殊职业、专业和行业的进入。这类进入壁垒的例子包括医药、法律、牙医、教师职位、建筑设计和其他许多专业服务。许可证并不总是造成垄断，但它确实限制了竞争。

*专利*是赋予一种产品或服务的发明者的专营权。*版权*是赋予文学、音乐、戏剧或艺术作品等作者或创作者的专营权。专利和版权在一定的时间内是有效的，而各个国家规定的时间各不相同。在美国，专利的有效期为 20 年。专利鼓励*发明*新产品和新的生产方法。通过鼓励发明者宣传自己的发现和授权使用，专利也刺激*创新*——新发明的应用。在大豆种子、药品、记忆芯片和电子游戏这些不同的领域，专利都刺激了创新。

自然进入壁垒 自然进入壁垒造成**自然垄断**（natural monopoly）：它是一个其规模经济使一个企业能够以最低可能成本供给整个市场的行业。

图 12.1 表示一个电力配送的自然垄断。在该图中，电力的市场需求是 D，长期平均成本曲线是 $LRAC$。因为长期平均成本随着产出的增加而降低，规模经济就存在于整条 $LRAC$ 曲线上。一个企业能够以每度 5 美分的成本生产 400 万度电。在这个价格水平上，需求量是 400 万度。因此，如果价格是每度 5 美分，一个企业就可以供给整个市场。如果两个企业平分这个市场，那么要生产 400 万度电，每个企业花费的成本就是每度 10 美分。如果四个企业平分市场，那么要生产 400 万度电，每个企业花费的成本就是每度 15 美分。因此，在如图 12.1 所示的情形中，相比于两个或四个企业，一个企业能够以更低的成本供给整个市场。电力的配送就是自然垄断的一个例子。

大多数垄断都在某些方面受到政府机构的管制。我们将在本章末研究政府管制。出于两个原因，我们要从研究不受管制的垄断开始。第一，如果我们知道不受管制的垄断如何运行，就能更好地理解政府为什么要管制垄断及其管制的影响。第二，即使在不止一个生产者的行业中，企业也时常具有一定程度的垄断力量，而垄断理论则阐明了

图 12.1 自然垄断

myeconlab

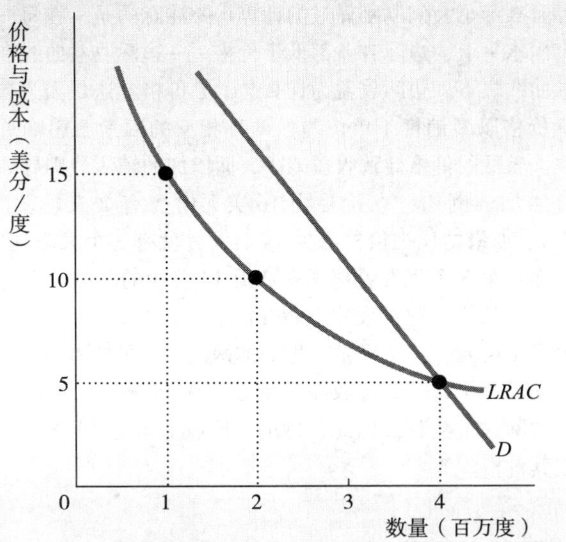

电力的市场需求曲线是 D，长期平均成本曲线是 $LRAC$。规模经济存在于整条 $LRAC$ 曲线上。一个企业能够以每度5美分的价格生产400万度电。两个企业要生产同样的电，成本就为每度10美分。四个企业生产的话，成本为每度15美分。因此，相比于两个或四个企业，一个企业能以更低的成本供给整个市场，而这个市场就是一个自然垄断。

这些企业和行业的行为。

垄断和竞争的一个主要区别在于垄断者自己确定价格。但如果这样做，它会受到市场的限制。现在来看一看市场怎样限制一个垄断者的定价选择。

垄断定价策略

所有的垄断者都面临价格和销售量之间的权衡。为了销售更多，垄断者不得不索取一个较低的价格。有两种广泛的垄断态势造成两种不同的权衡，它们是：

- 单一价格
- 价格歧视

单一价格 戴尔比斯公司以同样的价格把钻石（给定尺寸和品质）销售给所有的顾客。如果它试图对一些顾客收取低价，而对其他顾客收取高价，那么只有享受低价的顾客才会购买，而其他顾客则会从享受低价的顾客手中购买。戴尔比斯公司是一个单一价格垄断者。**单一价格垄断者**（single-price monopoly）是一个以同样的价格销售所有的产品的企业。

价格歧视 航空公司对同一旅程开出令人眩晕的一连串不同的价格。比萨生产者对单个比萨开出一个价格，而又几乎白送第二个比萨。这些都是价格歧视的例子。**价格歧视**（price discrimination）是以不同的价格出售不同数量的产品或服务的做法。

当一个企业实行价格歧视时，它看起来像是在给顾客提供优惠。实际上，它是为销售的每单位产品收取最高的可能价格，并赚取最大的可能利润。

复 习 测 验

1. 垄断是如何产生的？
2. 自然垄断与合法垄断有何区别？
3. 区别价格歧视垄断和单一价格垄断。

myeconlab **Study Plan 12.1**

单一价格垄断的产出和价格决定

为了理解单一价格垄断者怎样做出产出和价格决定，我们必须首先研究价格与边际收益之间的关系。

价格与边际收益

由于在垄断中只有一个企业，企业的需求曲线就是市场需求曲线。我们考察一下博比的理发店——内布拉斯加州卡罗市惟一的一家理发店。图12.2中的表给出了这个市场的需求表。在价格为20美元时，没有人来理发。价格越低，理发的人越多。例如，在价格为12美元时，消费者的需求为每小时4次理发（E行）。

总收益（TR）是价格（P）与销售量（Q）的乘积。例如，在D行，博比以每人14美元的价格为3个人理了发，从而总收益为42美元。*边际收益*（MR）是由销售量增加1单位而引起的总收益变化（ΔTR）。例如，如果价

图 12.2 需求与边际收益

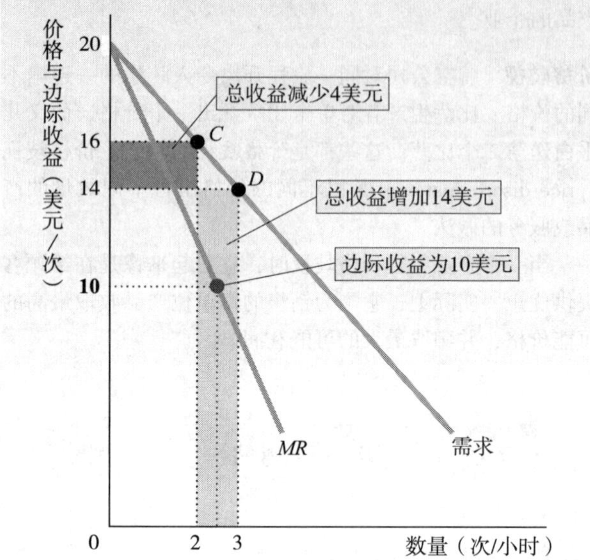

	价 格 (*P*) (美元/次)	需求量 (*Q*) (次/小时)	总收益 (*TR*=*P*×*Q*) (美元)	边际收益 (*MR*=Δ*TR*/Δ*Q*) (美元/次)
A	20		0	
				18
B	18	1	18	
				14
C	**16**	**2**	**32**	
				10
D	**14**	**3**	**42**	
				6
E	12	4	48	
				2
F	10	5	50	

该表表示需求表。总收益（*TR*）是价格乘以销售量。例如在 *C* 行，价格是理 1 次发 16 美元，博比理 2 次发，总收益为 32 美元。边际收益（*MR*）是销售量增加 1 单位时引起的总收益的变化量。例如，当价格以 1 次 16 美元下降到 14 美元时，销售量增加了 1 次，总收益增加 10 美元。边际收益是 10 美元。需求曲线和边际收益曲线 *MR* 是以表中的数字为根据，并说明了当价格从 16 美元下降到 14 美元时边际收益的计算。

格从 16 美元（*C* 行）下降到 14 美元（*D* 行），销售量就从 2 次理发上升为 3 次理发。总收益从 32 美元上升为 42 美元，因此总收益的变化是 10 美元。因为销售量增加了 1 次，因而边际收益就等于总收益的变化，即 10 美元。边际收益放在两行之间，以强调边际收益与销售量的变化相关。

图 12.2 表示市场需求曲线和边际收益曲线（*MR*），并且表示了我们刚刚做过的计算。要注意的是，在每一个产出水平上，边际收益都低于价格——边际收益曲线在需求曲线之下。边际收益为什么会低于价格？这是因为当降低价格以多销售 1 单位时，两种相反的因素会影响总收益。较低的价格导致收益减少，而增加的销售量则导致收益增加。例如，在价格为 16 美元时，有 2 人理发（*C* 点）。如果博比把价格降到 14 美元，就有 3 个人来理发，从而从第 3 个理发者那里多获得 14 美元的收益。但她现在仅仅从前两次理发中获得 14 美元（每人）——比以前少了 2 美元。其结果是，她的前两次理发的收益减少了 4 美元。为了计算边际收益，她必须从 14 美元的增加收益中扣除这个数目。因此，她的边际收益就是 10 美元，低于其价格。

边际收益和弹性

单一价格垄断者的边际收益与其产品的需求弹性相关。一种物品的需求可以是富有弹性（需求弹性大于 1）、缺乏弹性（需求弹性小于 1）或单位弹性（需求弹性等于 1）。如果价格下降 1%导致需求量的增加超过 1%，需求富有弹性。如果价格下降 1%导致需求量的增加不足 1%，需求缺乏弹性。如果价格下降 1%导致需求量的增加 1%，需求弹性是单位弹性（参见第 4 章）。

如果需求富有弹性，价格下降会引起总收益的增加——销售量的增加所带来的收益增加超过了价格下降带来的收益损失，边际收益为正值。如果需求缺乏弹性，价格下降会引起总收益的减少——销售量的增加所带来的收益增加不抵价格下降带来的收益损失，边际收益为负值。如果需求弹性为单位弹性，总收益不变——销售量的增加所带来的收益增加抵消了价格下降带来的收益损失，边际收益为零。（第 4 章解释了总收益与弹性之间的关系。）

图 12.3 表示边际收益、总收益和弹性之间的关系。当理发的价格从 20 美元逐渐降到 10 美元时，理发的需求量从每小时 0 次增加到每小时 5 次。在这个产出范围内，边际收益为正值［(a) 幅］，总收益增加［(b) 幅］，理发需求富有弹性。当价格从 10 美元降到 0 美元时，理发的需求量从每小时 5 次增加到每小时 10 次。在这个产出范围内，边际收益为负值［(a) 幅］，总收益减少［(b) 幅］，理发需求缺乏弹性。当价格为10 美元时，边际收益

图 12.3 边际收益与弹性

myeconlab

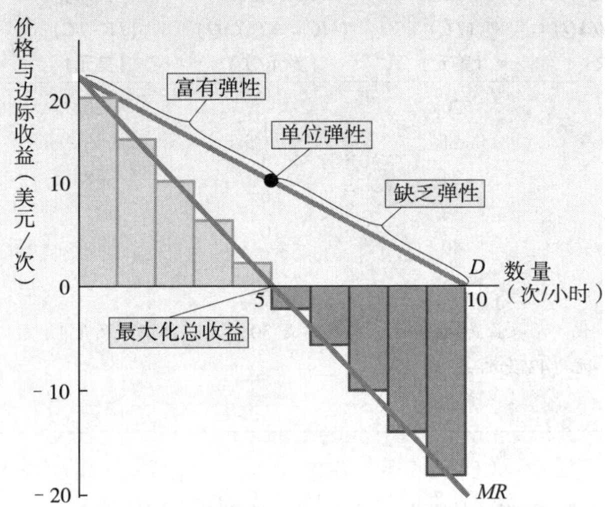

（a）需求与边际收益曲线

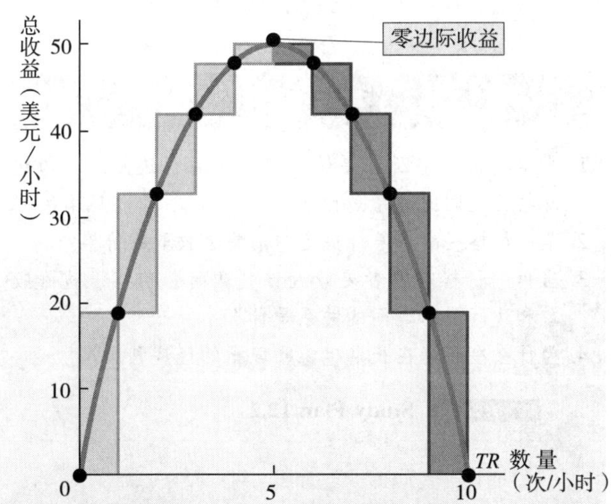

（b）总收益曲线

在（a）幅，需求曲线为 *D*，边际收益曲线为 *MR*。在（b）幅，总收益曲线是 *TR*。在每小时理发从 0~5 次范围内，降价会增加总收益，因而边际收益为正值，如浅灰色条形所示。需求富有弹性。在每小时理发从 5~10 次范围内，降价会减少总收益，边际收益为负值，如深灰色条形所示。需求缺乏弹性。在每小时理 5 次发的水平上，总收益最大，边际收益为 0。需求是单位弹性。

为零［(a) 幅］，总收益最大[(b) 幅]，理发需求弹性为单位弹性。

在垄断时，需求总是富有弹性的 你刚刚发现的边际收益与需求弹性的关系表明，一个追求利润最大化的垄断者绝不会在市场需求曲线缺乏弹性的区间内生产。如果它真这样做，它可以收取较高的价格，生产较少的产出，从而增加利润。现在我们来看一看垄断者的价格和产出决定。

价格和产出决定

一个垄断者在经济利润最大化的水平上确定其价格和产出。为了确定价格和产出水平，我们需要研究在产出变化时成本与收益的情况。一个垄断者要面对与完全竞争企业一样的技术类型和成本限制。因此，它的成本（总成本、平均成本和边际成本）运行就与完全竞争企业一样，而它的收益（总收益、价格和边际收益）则按照我们刚才阐述过的方式运行。

表 12.1 提供了博比的成本、收益和经济利润的数据，图 12.4 则用图形提供了同样的数据。

最大化经济利润 在表 12.1 和图 12.4（a）中，你可以看到，随着产出增加，总成本（*TC*）和总收益（*TR*）都增加了，但 *TC* 是按照递增的速率增加，而 *TR* 则按照递减的速率增加。经济利润（等于 *TR* 减去 *TC*）在产出水平比较低时增加，并达到一个顶点，然后就下降了。当博比以每次 14 美元的价格理 3 次发时，利润达到最大（12 美元）。如果她以每次 16 美元的价格理 2 次发或以每次 12 美元的价格理 4 次发，她的经济利润都只有 8 美元。

边际收益等于边际成本 在表 12.1 和图 12.4（b）中，你可以看到博比的边际收益（*MR*）和边际成本（*MC*）。

当博比的理发量从 2 次增加到 3 次时，*MR* 是 10 美元，*MC* 是 6 美元。*MR* 比 *MC* 多 4 美元，博比的利润增加了 4 美元。如果博比进一步增加理发量，从 3 次增加到 4 次，*MR* 是 6 美元，*MC* 是 10 美元。在这种情况下，*MC* 比 *MR* 多 4 美元，因而利润也减少了 4 美元。当 *MR* 超过 *MC* 时，如果产出增加，利润将增加。当 *MC* 超过 *MR* 时，如果产出减少，利润将增加。当 *MC* 等于 *MR* 时，利润达到最大化。

图 12.4（b）显示了最大化利润：价格（在需求曲线 *D* 上）减去平均总成本（在 *ATC* 曲线上），再乘以产量——图中的浅灰色矩形。

表 12.1 垄断的产出与价格决定

价 格 (P) (美元/次)	需求量 (Q) (次/小时)	总收益 $(TR=P\times Q)$ (美元)	边际收益 $(MR=\Delta TR/\Delta Q)$ (美元/次)	总成本 (TC) (美元)	边际成本 $(MC=\Delta TC/\Delta Q)$ (美元/次)	利 润 $(TR-TC)$ (美元)
20		0		20		−20
			18		1	
18	1	18		21		−3
			14		3	
16	2	32		24		+8
			10		6	
14	3	42		30		+12
			6		10	
12	4	48		40		+8
			2		15	
10	5	50		55		−5

上表给出了找出利润最大化的产出和价格的信息。总收益（TR）等于价格乘以销售量。利润等于总收益减去总成本（TC）。当以每次 14 美元的价格理 3 次发时，利润达到最大化。总收益是 42 美元，总成本是 30 美元，经济利润是 12 美元（42 美元−30 美元）。

市场可承受的最高价格 与完全竞争企业不同，垄断者影响所售物品的价格。但一个垄断者并不把价格定在可能的最高价格。在可能的最高价格水平上，企业只能卖出一单位产品，这个数量低于利润最大化时的产量。相反地，一个垄断者生产使利润达到最大化的产量，并按照它能达到的最高价格销售这个产量。

通过生产边际收益等于边际成本时的产量，企业达到利润最大化。对竞争企业来说，价格等于边际收益，因而价格也等于边际成本。对垄断者来说，价格超过边际收益，所以价格也超过边际成本。

垄断者收取超过边际成本的价格，但它总是赚得经济利润吗？在图 12.4（b）中，博比在 1 小时内理 3 次发。她的平均总成本是 10 美元（在 ATC 曲线上），价格是 14 美元（在 D 线上），因此她每理 1 次发的利润是 4 美元（14 美元减去 10 美元）。图中的浅灰色矩形表示博比的经济利润，它等于每次理发的利润（4 美元）乘以理发的次数（3 次），其值为 12 美元。

如果在完全竞争行业的企业获得了正的经济利润，新的企业就会进入。在垄断中，这种情况不会发生。进入壁垒阻止新企业进入一个垄断行业。因此，垄断者可以赚得正的经济利润，并可能无限期地赚取利润。有时该利润非常丰厚，比如国际钻石贸易就是如此。

博比赚得正的经济利润。不过，假设博比租赁的店铺的主人提高了租金。如果博比每小时多付 12 美元租金，她的固定成本每小时将增加 12 美元。她的边际成本和边际收益不变，因此利润最大化的产出保持在 1 小时理 3 次发，而利润则从每小时 12 美元降到每小时 0 美元。如果博比每小时额外付出的租金超过 12 美元，就会出现经济亏损。如果这种状况一直持续下去，博比就会歇业。

复习测验

1. 当单一价格垄断者要最大化利润时，边际成本与边际收益之间的关系是什么？
2. 单一价格垄断者怎样决定向消费者收取的价格？
3. 当单一价格垄断者要最大化利润时，价格、边际收益和边际成本之间的关系是什么？
4. 为什么垄断者在长期也能赚取正的经济利润？

myeconlab **Study Plan 12.2**

单一价格垄断与竞争的比较

设想一个由许多小企业组成，并存在完全竞争的行业。然后再设想一个企业全部买下这些小企业，并建立一个垄断。

这个行业会发生什么变化？价格会提高或降低吗？生产量会增加或减少吗？经济利润会增加或减少吗？是原来

图 12.4　垄断产出与价格

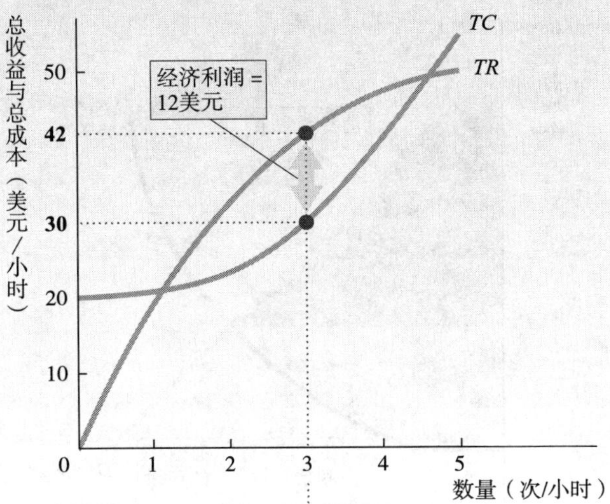

（a）总收益和总成本曲线

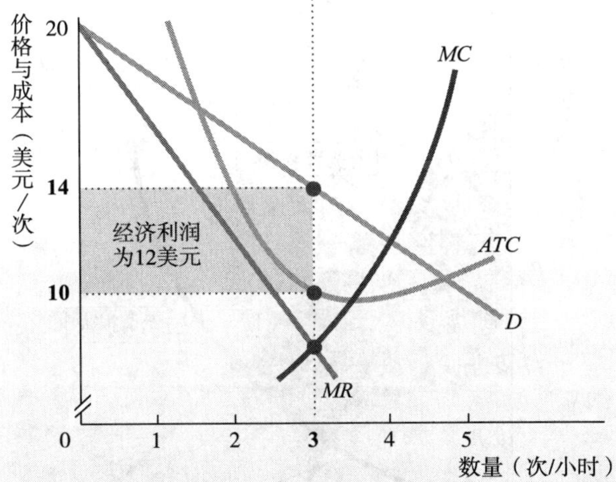

（b）需求、边际收益和边际成本曲线

在（a）幅，经济利润是总收益（TR）减去总成本（TC）的垂直距离，它在每小时理 3 次发处达到最大化。在（b）幅，当边际成本（MC）等于边际收益（MR）时，经济利润达到最大化。利润最大化的产出是每小时理 3 次发。价格由需求曲线（D）决定，即以 14 美元理 1 次发。理 1 次发的平均总成本是 10 美元，因此浅灰色矩形代表的经济利润是 12 美元，即每理 1 次发的利润（4 美元）乘以 3 次理发。

图 12.5　垄断的较低产量与较高价格

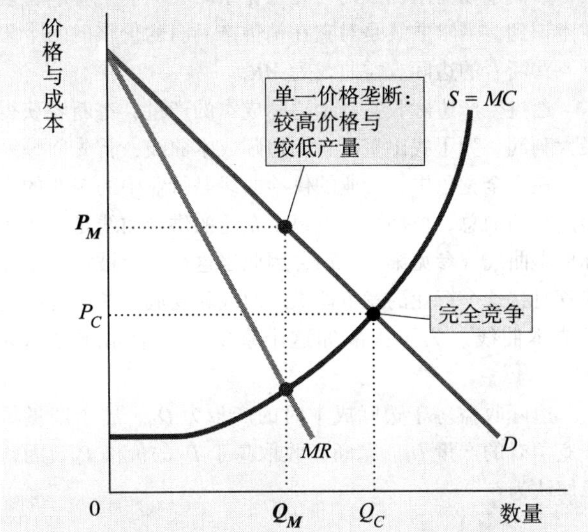

竞争性行业在价格 P_C 处生产 Q_C。单一价格垄断者在边际收益等于边际成本处生产 Q_M，并以价格 P_M 出售。与完全竞争相比，单一价格垄断者生产较低的产量，收取较高的价格。

的竞争还是新的垄断情况下更有效率？

这是我们现在要回答的问题。我们先考查垄断对价格与产量的影响，然后再回到效率问题。

比较价格与产量

图 12.5 表示了我们要研究的市场。市场需求曲线是 D。无论这个行业如何组织，市场需求曲线是一样的。但在垄断和竞争中，供给方和均衡都是不同的。我们先来看看完全竞争的情形。

完全竞争　最初，在有许多完全竞争的小企业的市场，市场供给曲线为 S。通过把市场中所有单个企业的供给曲线加总，就获得供给曲线。

在完全竞争中，当供给曲线与需求曲线相交时，就达到均衡，其价格为 P_C，行业产量为 Q_C。每个企业都接受价格 P_C，并通过生产其边际成本等于价格时的产量，达到利润最大化。因为每个企业是整个行业的一小部分，任何企业都没有通过改变其产出来操纵价格的激励。

垄　断 现在假定这个行业被一个企业接管。消费者不变，因而市场需求曲线仍与完全竞争时相同。但垄断者现在意识到，需求曲线是对它在销售产品时的价格的一个限制。垄断者的边际收益曲线为 *MR*。

通过生产边际收益等于边际成本的产量，垄断者获得最大利润。为了找出垄断者的边际成本曲线，首先回顾一下，在完全竞争中，行业的供给曲线是行业中的企业的供给曲线的加总。再回顾一下每个企业的供给曲线是它的边际成本曲线（参见第 11 章），因此当这个行业被一个企业接管时，这个行业的竞争性供给曲线就变成了垄断者的边际成本曲线。为了提醒你这个事实，供给曲线也标为 *MC*。

边际收益等于边际成本时的产量为 Q_M。这个产量低于竞争时的产量 Q_C。垄断者收取高于 P_C 的价格 P_M。因此我们认为：

> 与完全竞争行业相比，单一价格垄断者生产较少的产出，收取较高的价格。

我们已经看到了如何把垄断的产出与价格同竞争性行业相比较。现在来比较这两类市场的效率。

效率比较

你在第 11 章看到了完全竞争市场（没有外部成本和收益）是有效的。图 12.6（a）显示了完全竞争的效率，并成为衡量垄断的无效率的一个基准。

沿着需求曲线和边际社会收益曲线（*D*=*MSB*），消费者是有效率的。沿着供给曲线和边际社会成本曲线（*S*=*MSC*），生产者是有效率的。在达到竞争性均衡时，价格为 P_C，产量为 Q_C，此时，边际社会收益等于边际社会成本。

消费者剩余是位于需求曲线之下和均衡价格之上的三角形（参见第 5 章）。生产者剩余是位于供给曲线之上和均衡价格之下的区域（参见第 5 章）。消费者剩余和生产者剩余之和达到最大。

此外，在长期均衡中，进入和退出使得每个企业只在可能的最低长期平均成本水平上进行生产。

总结一下：在竞争性均衡点，边际社会收益等于边际社会成本；消费者剩余和生产者剩余之和达到最大；企业在可能的最低长期平均成本的水平上进行生产；资源的使用是有效率的。

图 12.6（b）显示垄断的无效率以及无效率的来源。

图 12.6　垄断的无效率

myeconlab

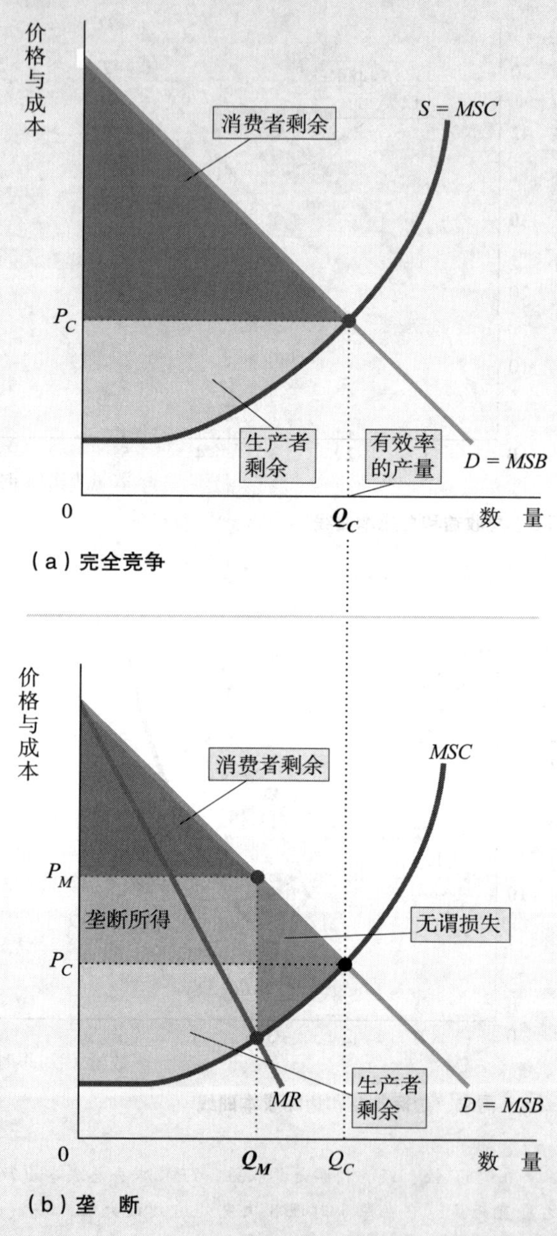

在完全竞争中（a 幅），产量为 Q_C，价格为 P_C。边际社会收益（*MSB*）等于边际社会成本（*MSC*）；消费者剩余（深色三角形）加生产者剩余（浅灰色面积）最大化；在长期，企业按可能的最低平均价格生产。垄断（b 幅）使产量限制在 Q_M，并使价格提高到 P_M。消费者剩余减少，垄断有所得，并产生了无谓损失（深灰色三角形）。

垄断者生产产量 Q_M，并以价格 P_M 销售。较少的产出和较高的价格在边际社会收益和边际社会成本之间注入了一个楔子，即造成*无谓损失*。深灰色三角形显示了无谓损失，而它的大小则是对垄断无效率的衡量。

消费者剩余由于两个原因而减少。第一，消费者由于不得不支付更多而受到损失。消费者的这个损失为生产者所得，从而增加了生产者剩余。第二，消费者由于得到更少的物品而受到损失，该损失是无谓损失的一部分。

虽然垄断者从较高的价格中有所获，但由于较少的垄断产出，它损失了一部分原有的生产者剩余。该损失是无谓损失的另一部分。

因为垄断者把产量控制在完全竞争时的产量水平之下，且不会面临竞争威胁，它就不会在可能的最低长期平均成本的水平上进行生产。因此，垄断从三个方面损害了消费者利益：产量减少，使生产成本增加，以及使价格高于所增加的生产成本。

剩余的再分配

你已经看到，由于边际社会收益大于边际社会成本，垄断是没有效率的，并产生了无谓损失——一个社会损失。同时垄断还引起剩余的*再分配*。

消费者剩余的一些损失由垄断者得到。在图 12.6 中，垄断者在销售量为 Q_M 时，获得较高的垄断价格 P_M 与竞争性价格 P_C 之间的差额。因此，垄断者获得了消费者剩余中由灰色矩形表示的部分。这部分消费者剩余的损失不是社会损失。它是消费者与垄断生产者之间的再分配。

寻 租

你已经看到，垄断造成了无谓损失，并且是没有效率的。但由于被称为寻租活动的存在，垄断的社会成本可以超过无谓损失。所有剩余——消费者剩余、生产者剩余或经济利润——都称为**经济租**（economic rent）。**寻租**（rent seeking）就是指通过获取经济租来追求财富。

你已经看到，通过把部分消费者剩余转化给自己——通过把消费者剩余转化为经济利润，垄断者获得经济利润。所以，垄断者对经济利润的追求就是寻租：企图攫取消费者剩余。

寻租者主要通过两种方式达到其目标。它们是：

- 购买垄断
- 创建垄断

购买垄断 一个人要通过购买垄断寻租，就要寻找一个垄断，其售价低于这个垄断的经济利润。出租车牌照的交易就是这类寻租的一个例子。在一些城市，出租车是受管制的。城市限制出租车的收费和出租车的数量，使得经营出租车产生经济租。一个想经营出租车的人必须从某个拥有牌照的人那里购买牌照。人们合理地把时间和精力用于寻找和购买有利可图的垄断企业。在这个过程中，他们耗费了本可以用于生产其他物品和服务的稀缺资源。这个失去的产量的价值是垄断的社会成本的一部分。不过，购买垄断时的支付并不是社会成本，因为这个支付是已经存在的生产者剩余从买者向卖者的转移。

创建垄断 创建垄断的寻租主要是一种政治活动。它采取游说和努力影响政治过程的形式：可以通过竞选捐款来获得立法支持，从而寻求影响，或通过媒体宣传间接地寻求影响政治结果，或更直接地与政治家或官员接触来产生影响。使用这种方式创建垄断的一个例子就是美国政府对进入的纺织品数量的限制。另一个例子是对在美国销售的桔子数量的管制。这些管制限制了产量，提高了价格。

这类寻租耗费稀缺的资源，所以是代价昂贵的活动。总的来说，企业花费数十亿美元游说国会、州立法机构和地方官员，以获得设立进入壁垒并建立垄断的许可证和法律。每个人都有寻租的动机，而在寻租方面却没有进入壁垒，所以这种活动的竞争很激烈。竞争的胜利者就变成垄断者。

寻租的均衡

进入壁垒创造了垄断，但在寻租方面没有进入壁垒。寻租类似完全竞争。如果存在经济利润，新的寻租者就会努力去分得一杯羹。寻租者之间的竞争把为垄断权支付的价格哄抬得如此之高，以至于寻租者在进行垄断经营时只能获得零经济利润。例如，纽约市出租车经营权的竞争导致一个出租车牌照的价格超过 10 万美元，如此高的价格足以抵消出租车经营者的经济利润。

图 12.7 表示了寻租均衡。寻租成本是固定成本，必须与垄断者的其他成本相加。寻租和寻租成本增加到经济利润为零时为止。包括寻租的固定成本在内的平均总成本曲线上升，直到与需求曲线相交。经济利润为零，它在寻租过程中损失了。消费者剩余不受影响。但垄断的无谓损失包括原来的三角形的无谓损失，再加上生产者剩余的损失，在图中用扩大的灰色区域表示。

图 12.7 寻租均衡

myeconlab

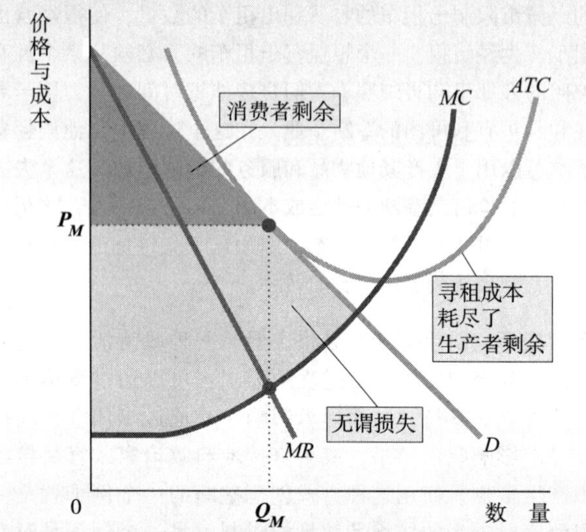

在竞争性寻租中，垄断者使用全部的经济利润来维持垄断。企业的寻租成本是固定成本。它们增加了总固定成本和平均固定成本。*ATC* 曲线向上移动，一直达到利润最大化价格，此时企业收支平衡。

复 习 测 验

1. 相比于完全竞争行业，为什么单一价格垄断者的产出较少，价格较高？
2. 垄断者怎样把消费者剩余转化为自己占有？
3. 为什么单一价格垄断者没有效率？
4. 什么是寻租？它对垄断的无效率产生怎样的影响？

myeconlab **Study Plan 12.3**

到目前为止，我们仅仅考虑了单一价格垄断。但许多垄断者并不以单一价格经营。相反，他们实行价格歧视。现在来看看价格歧视垄断是如何运行的。

价 格 歧 视

价格歧视——以各种不同的价格销售物品或服务——的存在是非常广泛的。当你去旅行、看电影、理发、买比萨或参观艺术博物馆时，都会遇到价格歧视。很多价格歧视不是垄断，但垄断者却可以实行价格歧视。

为了能实行价格歧视，垄断者必须：

1. 界定并区分不同的购买者类型
2. 出售一种不能转售的产品

价格歧视是指对一种物品或服务收取不同的价格。它是基于购买者的支付意愿不同，而不是基于生产成本的不同。因此，并非所有的价格差别都是价格歧视。一些很相似但不完全一样的物品具有不同的价格，这是因为生产成本不同。例如，电力生产的成本取决于一天中的时间。电力公司在上午 7 点至 9 点间和下午 4 点至 7 点间的用电高峰期收取的价格高于一天中其他时间的价格，电力公司并没有实行价格歧视。

乍一看，价格歧视似乎与利润最大化的假设相矛盾。为什么电影院允许儿童买半票看电影？为什么理发店对学生和老人收费较低？这些企业对消费者的优惠是在损失自身的利润吗？

更深层次调查显示，实行价格歧视的企业并不是在损失利润，而是获得更大的利润。因此，垄断者有动机去发现实行价格歧视的方法，并向每一个购买者收取可能的最高价格。一些人在价格歧视时支付的少了，但另一些人却支付的多了。

价格歧视与消费者剩余

价格歧视背后的关键思想是把消费者剩余转变为经济利润。由于人们赋予任何一种物品的价值都随着这种物品的数量的增加而降低，所以，需求曲线向下倾斜。当按照同一种价格出售这种物品的所有数量时，消费者将会得到收益。这种收益就是消费者从每一单位物品中获得的价值减去实际支付的价格，这就是消费者剩余。价格歧视就是垄断者企图为自己攫取尽可能多的消费者剩余。

为了从每一个购买者那里榨取所有的消费者剩余，垄断者必须基于消费者自己的支付意愿，给每一个单独的消费者提供一个单独的价格。很显然，由于企业没有关于消费者需求曲线的完全信息，这种价格歧视在现实中无法实现。

但企业尽力地获取尽可能多的消费者剩余，为了做到这一点，它们通过两种比较普遍的方法实行价格歧视：

- 在物品的数量单位之间
- 在买者集团之间

物品的数量单位之间的歧视 价格歧视的一种方法就是对每一个买者购买的每一单位的物品收取不同的价格。批量购买折扣就是这种歧视的一个例子。买的数量越多，折扣越大——价格就越低。（注意，有一些批量折扣是由大批量生产导致的较低生产成本引起的。在这种情形下，这类折扣并不是价格歧视）

买者集团之间的歧视 价格歧视经常基于消费者的年龄、职业身份或其他易辨认的特征，采取在不同的消费者集团之间进行歧视的形式。当每一个消费者集团对物品或服务有各自不同的一般性支付意愿时，这类价格歧视就可以起作用。

例如，与消费者面对面的洽谈可能带来一个有利可图的大订单。对销售人员和其他商务旅行者来说，从一次旅行中获得的边际收益很大，那么这样的旅行者愿意为旅行支付的价格就很高。与之相比，对度假旅行者来说，可以选择几条不同的旅游线路中的任一条，甚至可以不去度假。因此，对度假旅行者来说，旅行的边际收益很小，而这样一个旅行者愿意支付的旅行价格就很低。因为商务旅行者比度假旅行者愿意支付更高的价格，航空公司就可能在这两个集团间实行价格歧视，以获取利润。类似地，因为学生对理发的支付意愿低于有工作的人，通过在这两个集团间实行价格歧视，理发店就可以获得利润。

我们来看看航空公司是怎样利用商务旅行者和度假旅行者的需求差别，并通过价格歧视来增加利润的。

图 12.8 航空旅行的单一价格

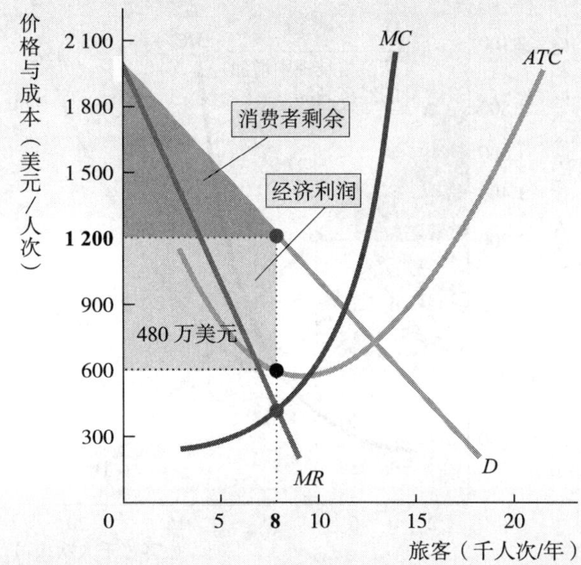

环球航空公司垄断了一条航线。市场需求曲线是 *D*。它的边际收益曲线是 *MR*，边际成本曲线是 *MC*，平均总成本曲线是 *ATC*。作为一个单一价格垄断者，环球公司在每人次 1 200 美元的价格运送 8 000 人次旅客，利润达到最大化。它的利润是每年 480 万美元，即灰色矩形。环球航空公司的客户享受到的消费者剩余为深色三角形。

通过价格歧视获利

环球航空公司垄断了一条外国航线。图 12.8 显示了在这条航线上旅行的市场需求曲线（*D*）。它也显示了环球航空公司的边际收益曲线（*MR*）、边际成本曲线（*MC*）和平均总成本曲线（*ATC*）。

最初，环球航空公司实行单一价格垄断，通过每年运送 8 000 人次旅客（*MR* 等于 *MC* 时的数量）使利润达到最大，其价格为每人次 1 200 美元。1 人次旅客的平均总成本为 600 美元，因此经济利润为每人次 600 美元。根据每年 8 000 人次的旅客总数，环球航空公司的经济利润为每年 480 万美元，用灰色矩形表示。环球航空公司的客户享受的消费者剩余用深色三角形表示。

环球航空公司认识到，它的许多客户是商务旅行者，而且它怀疑他们愿意为一次旅行的支付超过 1 200 美元。因此环球航空公司做了一些市场调查，结果发现一些商务旅行者愿意支付高达每人次 1 800 美元的旅程，而这些客户经常在最后一刻改变他们的旅行计划。另一组商务旅行者愿意支付每人次 1 600 美元。这些客户在一周前就知道他们在什么时候旅行，而且他们从来不愿意在周末停留。还有一组客户愿意支付每人次 1 400 美元，这些客户在两周前就知道他们在什么时候旅行，并且也不想在周末停留。

图 12.9 价格歧视

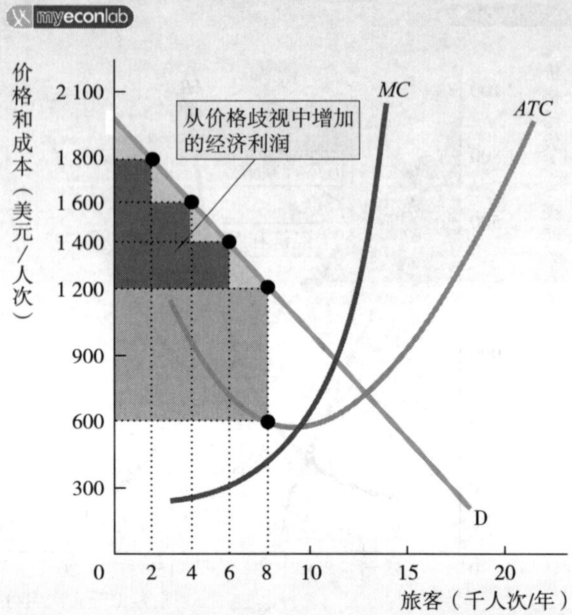

环球航空公司修改了自己的收费结构：在1 800美元时无限制，在1 600美元时提前7天购买，在1 400美元时提前14天购买，在1 200美元时须在周末停留。环球航空公司在它的四个价格的每一个价格水平上都卖出2 000张机票。它的经济利润增加了240万美元，达到每年720万美元，可通过原来的灰色矩形加上深色阶梯表示。环球航空公司的客户消费者剩余减少了。

图 12.10 完全价格歧视

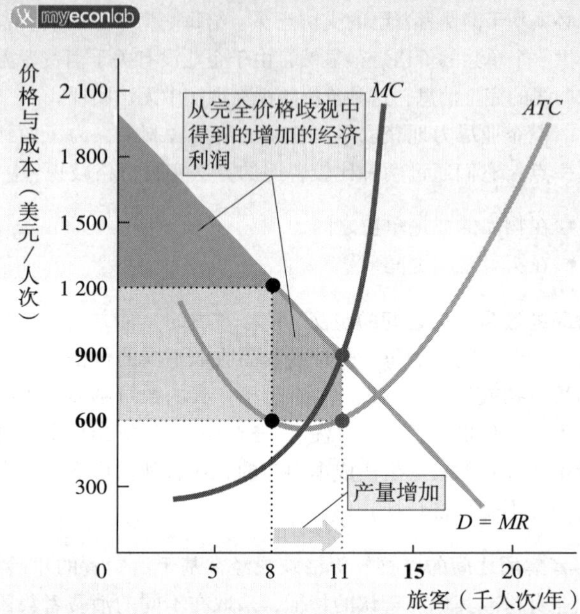

通过几十种收费形成价格歧视存在于许多类型的商务旅行者中，以及被许多有限制的低廉收费吸引度假类旅行者中。在完全价格歧视时，市场需求曲线变成了环球航空公司的边际收益曲线。当最低价格等于边际成本时，经济利润达到最大。环球公司每年销售11 000张机票，获得935万美元的经济利润。

因此环球公司公布了一个新的价格表。1 800美元/人次，无限制；1 600美元/人次，提前7天预订，不能退票；1 400美元/人次，提前14天预订，不能退票；1 200美元/人次，提前14天预订，但须在周末停留。

图12.9显示了新的收费标准带来的结果，并且也表明了为什么环球航空公司对新的收费的满意。它在四个价格的每一个价格水平上都卖出2 000张机票。环球航空公司的经济利润增加了深色阶梯的面积。现在，它的经济利润是最初的每年480万美元再加上通过新的更高收费获得240万美元的增加额。消费者剩余则缩减为较小的三角形浅灰色区域的总和。

完全价格歧视

如果一个企业能够按每一个人愿意支付的最高价格售出每一单位产品，就产生了**完全价格歧视**（perfect price discrimination）。在这种情形下，全部消费者剩余都被消除，或者说被生产者榨取。为了实行完全价格歧视，企业必须富有创造性地提出许多价格条件和特殊条件，其中的每种条件对市场的一部分具有吸引力。

一旦实行完全价格歧视，边际收益就会发生某种特殊变化。对完全价格歧视者来说，市场需求曲线就变为边际收益曲线。其原因就在于，当降低价格以销售更多数量物品时，这个企业只是以较低的价格出售边际单位物品，而物品的所有其他单位继续按消费者愿意支付的最高价格销售。所以对完全价格歧视者来说，边际收益等于价格，而需求曲线就变成边际收益曲线。

随着边际收益等于价格，环球航空公司就能通过把产量提高到价格（和边际收益）等于边际成本那一点，以获得更高的利润。

你大概不想知道我的机票有多便宜吧？

From William Hamilton, “Voodoo Economics,” . 1992 by The Chronicle Publishing Company, p.3. Reprinted with permission of Chronicle Books.

因此环球航空公司现在要寻找额外的旅行者，他们不愿意支付每人次 1 200 美元，但愿意支付高于边际成本的价格。环球航空公司变得更有创造性，提出了度假特别优惠和其他收费标准。这些价格与提前预订、最少停留和其他限制条件结合起来，虽然对现有的客户没有吸引力，但却能吸引其他不同的旅行者。通过实行所有这些收费和优惠，环球航空公司增加了销量，攫取了全部消费者剩余，并使经济利润达到最大化。

图 12.10 显示了完全价格歧视的结果。原来的愿意支付价格在 1 200 美元到 2 000 美元之间的乘客所支付的几十种收费攫取了这些乘客的全部消费者剩余，并转变为环球航空公司的经济利润。

在 900 美元到 1 200 美元之间的新收费标准吸引了 3 000 个额外的乘客，环球航空公司也攫取了他们的全部消费者剩余，并创造了超过 900 万美元的经济利润。

正如你在漫画中看到的，现实世界中的航空公司正是像环球航空公司这样创新的！

价格歧视时的效率与寻租

在实行完全价格歧视时，产出增加到价格等于边际成本那一点——这时边际成本曲线与需求曲线相交。这个产出与完全竞争时的产出相同。完全价格歧视使消费者剩余归于零，却增加了垄断者的生产者剩余，使之等于完全竞争时消费者剩余和生产者剩余的总和。完全价格歧视时的无谓损失为零，因此完全价格歧视实现了效率。

> 垄断者可以实行的价格歧视越完全，其产出越接近于完全竞争时的产出，而结果也更有效率。

不过，在完全竞争和完全价格歧视之间存在两个差别。第一，总剩余的分配不同。在完全竞争中，剩余被消费者和生产者分享，而在完全价格歧视中，生产者获得了所有剩余。第二，因为生产者掠夺了所有剩余，寻租变得有利可图。

人们使用资源以追求经济租，租金越大，用于追求经济租的资源越多。在可以自由进入寻租时，长期均衡的结果是寻租者耗费了全部生产者剩余。

复习测验

1. 什么是价格歧视，如何用价格歧视来增加垄断者的利润？
2. 当垄断者实行价格歧视时，解释消费者剩余怎样变化。
3. 当垄断者实行完全价格歧视时，解释消费者剩余、经济租和产量会怎样变化。
4. 现实中的航空公司实行价格歧视的方法有哪些？

myeconlab **Study Plan 12.4**

你已经看到，垄断对于垄断者来说是有利可图的，但却使消费者付出了巨大代价，其结果导致无效率。由于垄断的这些特点，它常常引起政策争论和管制。现在我们就来研究主要的垄断政策问题。

垄断政策问题

与竞争相比，垄断看起来很糟糕。垄断是无效率的，它攫取消费者剩余并转变为生产者剩余，或以寻租费用形式浪费掉。如果垄断如此糟糕，为什么我们还能容忍它？为什么我们不制定法律对垄断实行严厉打击，使之永久不能抬头呢？我们确实有一些法律来限制垄断力量，管制垄断者的价格。但垄断也带来一些好处。我们从考察垄断的好处开始，来回顾一下垄断政策问题，然后再研究垄断管制。

从垄断中受益

垄断存在的主要原因是，它与竞争相比也有潜在的优点。这些优点来源于：

- 创新的激励
- 规模经济和范围经济

创新的激励 当新知识运用到生产过程时，发明引发了创新浪潮。创新可以采取开发新产品或以更低的成本生产现有产品的形式。究竟是拥有市场力量的大企业还是缺乏这种市场力量的小的竞争性企业更有创新能力，这个争论一直很激烈。显然，一些暂时的垄断力量来源于创新。开发一种新产品或新工艺并取得专利的企业在专利的有效期内就获得这种产品或工艺的专营权。

但是，把垄断——即使是暂时的垄断——赋予创新者是否能加快创新的步伐？一种推理思路对此作出了肯定的回答。如果缺少保护，创新者就不能在相当长的时间内享有创新带来的利润，因而对创新的激励就会减弱。与此相反的一个观点是，垄断者可以懒散，而竞争性企业则不能。竞争性企业必须努力创新、降低成本，尽管它们知道不能长期地从自己的创新中获益，而这又刺激它们进行更大、更快的创新。

对于垄断是否比竞争引发更大的创新的问题，其论据要一分为二。相比于小企业，大企业进行更多的研究开发，但研究和开发只是创新活动的投入要素，关键在于产出而不是投入。衡量研究与开发结果的两个标准是专利数量和生产力增长速度。以这些标准衡量，并不能表明企业越大越好。但当一个新工艺或新产品在行业传播开来时，大企业能比小企业更快地采用这些工艺和产品。因此，大企业有利于加速技术变化的扩散过程。

规模经济与范围经济 规模经济与范围经济会引起自然垄断。正如你在本章开头所看到的，在自然垄断中，相比于多个企业，一个企业能以更低的平均成本进行生产。

当一种物品或服务的产量增加导致了生产的平均总成本降低，一个企业就产生了**规模经济**（参见第10章）。当生产物品范围的扩大导致了平均总成本的降低，企业就产生了**范围经济**（参见第9章）。当不同产品可以共享专业化的（通常是昂贵的）资本资源时，就出现了范围经济。例如，麦当劳——相比于两个分开的企业，一个生产汉堡包，一个生产炸薯条——可以以较低的平均总成本同时生产汉堡包和炸薯条，这是因为在麦当劳，汉堡包和炸薯条可以共用专业化的食品存贮和加工设备。产品范围宽泛的企业可以雇佣专业电脑程序员、专业设计人员和营销专家，他们的技能可以用于所有产品，因而可以分摊成本，从而降低了每一种产品的平均总成本。

有许多规模经济与范围经济结合的例子，但并不是所有例子都导致垄断。一些例子包括啤酒酿造、冰箱和其他家用电器的生产、药品生产和炼油。

现在，这类行业由于其规模经济如此重要，以至于引发自然垄断的例子越来越少。像煤气、电力、本地电话服务以及垃圾收集这些公用事业曾经是自然垄断。但现在，技术进步使我们可以把电力和天然气的生产与配送分开。而只有供水仍然是自然垄断。

大型企业可以控制供给从而能影响价格，因而可以像你在本章中研究的垄断企业那样运作，并获得规模经济和范围经济。小的竞争性企业则不行。因此，存在着这样的情形，使我们在本章前面所做的垄断与竞争的对比分析并不成立。回顾一下，我们曾设想过许多竞争性企业被一个垄断者接管。我们还曾假定垄断者使用与小企业完全一样的技术，并且成本相同。如果一个大企业能够获得规模经济和范围经济，它的边际成本曲线将位于由许多小企业构成的竞争性产业的供给曲线之下。由于规模经济和范围经济是如此之大，以至于使垄断行业比竞争性行业具有更大的产量和更低的价格是可能的。

在非常大的规模经济和范围经济的情况下，忍受垄断和管制价格通常是值得的。

管制自然垄断

在需求和成本因素引起自然垄断的情况下，联邦、州和地方政府机构通常对垄断价格实行管制。通过对垄断实行管制，可以避免或至少减少垄断带来的一些不利方面。我们来看看垄断的价格管制。

图12.11显示了一个自然垄断的天然气配送公司的需求曲线 *D*、边际收益曲线 *MR*、长期平均成本曲线 *LRAC* 和边际成本曲线 *MC*。

该公司的边际成本不变，为每立方英尺10美分。但随着产量增加，平均成本降低，这是因为天然气公司在管道方面投资很大，产生了规模经济。在产量很低的水平，平均成本非常高。随着销售数量的增加，输送系统的成本分摊到更大量的产量上，因而长期平均成本曲线向下倾斜。

这样一个企业能够以可能的最低价格供给整个市场，这是因为即使在整个市场得到供给时，长期平均成本还在下降。

利润最大化 首先，假设天然气公司不受管制，并可以达到最大化利润。图 12.11 显示了结果。公司每天生产 200 万立方英尺天然气，即边际成本等于边际收益时的数量。每立方英尺天然气的定价为 20 美分，并获得每立方英尺 2 美分的经济利润，也就是每天 40 000 美元。

这个结果对天然气公司来说当然很好，但它却没有效率。当边际成本仅为每立方英尺 10 美分的时候，天然气的价格为每立方英尺 20 美分。天然气公司获得了巨大的利润。该如何进行管制来改善这种结果呢？

有效率的管制 如果垄断管制者想实现资源的有效使用，它就会要求天然气公司生产的天然气数量达到使边际社会收益等于边际社会成本的那个水平。在没有外部收益的前提下，边际社会收益就是消费者愿意支付的数量，由需求曲线表示。在没有外部成本的前提下，边际社会成本由企业的边际成本曲线表示。你可以在图 12.11 中看到，当受管制的价格为每立方英尺 10 美分，产量为每天 400 万立方英尺时，就会出现这个结果。

产生这个结果的管制称为边际成本定价规则。**边际成本定价规则**（marginal cost pricing rule）使得价格等于边际成本。它使受管制行业的总剩余最大化。在这个例子中，剩余是全部的消费者剩余，它等于需求曲线以下和边际成本以上的三角形的面积。

边际成本定价规则是有效率的，但它使自然垄断企业出现经济亏损。因为随着产量增加，平均成本降低，边际成本就低于平均成本。因为价格等于边际成本，价格就低于平均成本。平均成本减去价格就是每生产一单位的亏损。显然，要求使用边际成本定价规则的天然气公司不能长期运营。一个公司怎样才能弥补其成本，同时又遵循边际成本定价规则？

一种可能的做法是价格歧视。公司可能对一些消费者收取高价，而对支付意愿最低的消费者收取边际成本。另一种可能做法是使用两部定价（称为两部收费）。例如，天然气公司可以按月收取一个固定费用用来弥补其固定成本，然后按边际成本对消费的天然气收费。

但天然气垄断者不能总是采用这些方法来弥补它的成本。如果天然气公司不能从消费者那里弥补它的总成本，而政府又希望它遵守边际成本定价规则，政府就必须对企业进行补贴。在这种情况下，政府必须通过对其他活动征税增加收益，从而为补贴筹集资金。正如我们在第 6 章中看到的，税收本身产生了无谓损失。因此，必须从强迫自然垄断者采取边际成本定价规则所获得的效率中减去由增税引起的无谓损失。

图 12.11 管制自然垄断

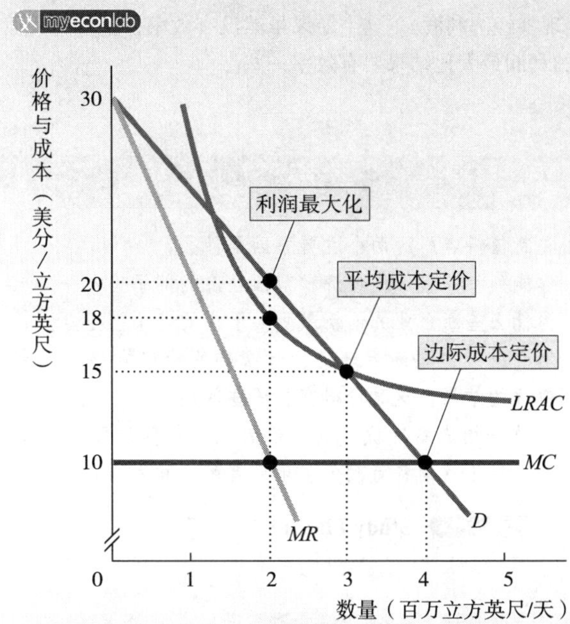

自然垄断是这样一种行业，即甚至当整个市场需求都已经被满足时，平均成本还在下降。一个天然气生产者面临需求曲线 D。企业的边际成本不变，为每立方英尺 10 美分，如标为 MC 的曲线所示。长期平均成本曲线是 $LRAC$。

一个利润最大化的垄断者每天生产 200 万立方英尺天然气，其价格为每立方英尺 20 美分。平均成本定价规则确定价格为每立方英尺 15 美分。垄断者每天生产 300 万立方英尺，经济利润为 0。边际成本定价规则确定价格为每立方英尺 10 美分。垄断者每天生产 400 万立方英尺，则出现经济亏损。

平均成本定价 由于会对企业的经济利润产生重大后果，管制者几乎从不实行有效率的定价。相反，它们实行折衷，允许企业弥补成本并达到收支平衡（实现零经济利润）。因此，弥补成本的定价意味着把价格定在平均成本的水平——称为**平均成本定价规则**（average cost pricing rule）。

图 12.11 显示了平均成本定价的结果。天然气公司收取每立方英尺 15 美分的价格，每天销售 300 万立方英尺天然气。对消费者来说，这个结果比不受管制的利润最大化结果要好。由于每立方英尺的价格降低了 5 美分，每天

的消费量增加了100万立方英尺。对生产者来说，这个结果比边际成本定价规则的结果要好，企业可实现收支平衡(实现零经济利润)。这个结果虽然没有效率，但却比无管制的利润最大化结果要有效率一些。

复习测验

1. 垄断值得容忍的两个主要原因是什么？
2. 你能列举一些规模经济和范围经济的例子吗？
3. 为什么垄断企业的创新激励大于小的竞争性企业？
4. 对受管制的垄断者来说，什么样的价格能够实现有效率的结果？这种价格存在哪些问题？
5. 比较平均成本定价、利润最大化定价和边际成本定价所产生的消费者剩余、生产者剩余和无谓损失。

myeconlab **Study Plan 12.5**

◆ 你已经学习了完全竞争和垄断。阅读材料考查了美国的低成本航空公司削减了传统航空公司的市场力量。在下一章，我们将研究位于完全竞争和垄断两个极端之间，并融合了这两者元素的市场。

内容提要

要　点

市场力量

- 垄断是只有一个供给者的行业，其物品或服务没有相近替代品，存在阻止竞争的进入壁垒。
- 进入壁垒可以是合法的（公共特许、许可证、专利、版权、企业对一种资源的控制）或自然的（由规模经济造成）。
- 在不存在转售的可能性时，垄断者可以实行价格歧视。
- 如果转售是可能的，企业收取一种价格。

单一价格垄断者的产出和价格决定

- 垄断者的需求曲线是市场需求曲线，单一价格垄断者的边际收益低于价格。
- 通过生产边际收益等于边际成本时的产出水平，并收取消费者愿意为此产出支付的最高价格，垄断者获得最大利润。

单一价格垄断与竞争的比较

- 与完全竞争行业相比，单一价格垄断收取的价格较高，生产的产量较低。
- 单一价格垄断限制产量，并造起无谓损失。
- 垄断引起的总损失等于无谓损失加上用于寻租的资源耗费成本。

价格歧视

- 价格歧视是垄断者把消费者剩余转变为经济利润的企图。
- 完全价格歧视榨取了所有的消费者剩余。这种垄断对销售的每一单位物品收取不同的价格，并得到每个消费者愿意为购买的每一单位物品支付的最高价格。
- 在实行完全价格歧视时，垄断生产者的产出与完全竞争行业相同。
- 在完全价格歧视时的寻租会消除所有的消费者剩余和生产者剩余。

垄断政策问题

- 与竞争性行业相比，具有非常大的规模经济和范围经济的垄断能够以更低的价格生产更多的产量，而且，垄断者比小的竞争性企业更能创新。
- 有效率的管制要求垄断收取等于边际成本的价格，但对自然垄断来说，这种价格低于平均成本。
- 平均成本定价是一种折衷的定价规则，它弥补了企业的成本，允许企业收支平衡，但却没有效率。

关键图表

关键术语

市场力量　　垄　断
进入壁垒　　合法垄断
自然垄断　　单一价格垄断
价格歧视　　经济租
寻　租　　完全价格歧视
边际成本定价规则　　平均成本定价规则

习　题

1. 美国邮政局垄断了非紧急第一类邮件，并在私人邮箱投送方面有专营权。Pfizer公司生产利普特——一种降低胆固醇的处方药。Cox通讯公司是圣地亚哥地区的惟一一家有线电视供应商。
   a. 上面所描述的物品和服务如果有替代品的话，是些什么东西？
   b. 保护这三个企业免于竞争的进入壁垒如果有的话，是什么东西？
   c. 如果有的话，这三个企业中的哪一个是自然垄断？并解释你的答案，并画出相应的图形加以说明。
   d. 如果有的话，这三个企业中的哪一个是合法垄断？并解释你的答案。
   e. 这三个企业中的哪一个最有可能从价格歧视中获利，哪一个最有可能以单一价格销售其物品和服务？
2. 迷你矿泉水实行单一价格垄断，其市场需求表是：

价　格（美元/瓶）	需求量（瓶/小时）
10	0
8	1
6	2
4	3
2	4
0	5

   a. 计算迷你的总收益表。
   b. 计算其边际收益表。
   c. 画出市场需求曲线和迷你的边际收益曲线。
   d. 为什么迷你的边际收益低于其价格？
   e. 在什么价格水平上，迷你的总收益达到最大化？
   f. 在哪个价格范围内，对迷你矿泉水的需求富有弹性？
   g. 为什么迷你不在市场需求缺乏弹性的区域生产？
3. 迷你矿泉水面对着上一题的需求表，并有以下总成本表：

产　量（瓶/小时）	总成本（美元）
0	1
1	3
2	7
3	13
4	21
5	31

   a. 计算此表中每个产量水平的边际成本。
   b. 计算迷你的利润最大化产量和价格。
   c. 计算经济利润。
4. 该图表示在一个孤立的社会中，惟一一个刊登本地新闻的报纸出版商面临的情形。

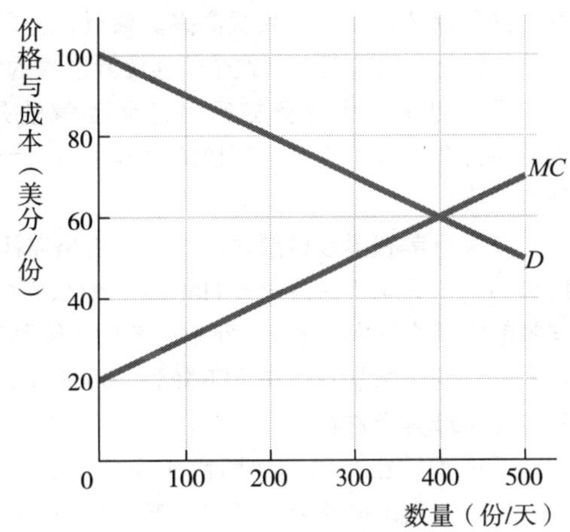

   a. 在图上标出利润最大化的产量和价格。
   b. 出版商每天的总收益是多少？
   c. 在现有的价格水平上，报纸的需求是富有弹性还是缺乏弹性？为什么？
   d. 消费者剩余和无谓损失是多少？在图上标出来。
   e. 解释为什么这个市场可能鼓励寻租。
   f. 如果这个市场是完全竞争的，产量、价格、消费者剩余和生产者剩余是多少？在图上把这些内容全部标出来。
5. 拉贝拉比萨店可以按2美元的边际成本生产一个比萨。每个比萨的标准价格是14.99美元，而第二个比萨的价格为4.99美元。它也提供优惠券，可以对按标准价格销售的比萨给予5美元的折扣。
   a. 与所有比萨都以14.99美元的价格销售时创造的经济

阅读材料：事例与分析

政策观察

航空垄断减弱了

http://nytimes.com

商务旅行者感到敲诈减轻了……

2006 年 1 月 14 日

尽管他所在的教育软件公司的客户关键技能集团公司报销了旅行费，但吉特说他仍然为乘飞机往返洛杉矶的费用高达 1 900 美元感到生气。“我决不会收这么高的价格，”吉特先生说。

包括航空公司在内，竭力收取非常高的价格的做法越来越不被看好，这种趋势让吉特先生很高兴。最近，他乘飞机往返旧金山一趟的价格仅仅为 400 美元。“这个价格比我想象的低得多。”

长期以来，令商务旅行者感到生气的是，邻座的穿着随便的人——一个度假者或一个回校的大学生——为同样的航班支付了非常低的价格。

商务机票和零散机票之间的巨大价格差距仍然存在。但是……据纽约的一个民航咨询公司即 Harrell 合伙公司的调查，国内的商务机票与零散机票的价格之比从一年前的 6 比 1 降到现在的 4 比 1。单程商务机票的平均价格从 600 美元下降到 400 美元，而零散机票的价格一直稳定在 100 美元左右。

低成本航空公司例如西南航空公司的市场扩张使传统的航空公司——例如美国航空公司和联合航空公司——降低价格，其中包括降低商务旅行的价格。互联网使得旅行者比过去更有效地进行比较购买，也有助于……

事件的本质

- 一般来说，商务旅行者比零散旅行者支付了更高的机票价格。
- 纽约的一个民航咨询公司报告称，国内商务机票和零散机票的价格之比从 2005 年的 6 比 1 降到 2006 年的 4 比 1。
- 单程商务机票的平均价格从 600 美元下降到 400 美元，而一般的零散机票的价格稳定在 100 美元左右。
- 低成本航空公司进入更多的市场，从而迫使传统的航空公司降低其所有票价。
- 互联网使价格比较和得到最好的交易变得更容易。

经济分析

- 为了研究乘飞机旅行的市场的垄断，我们必须考察市场的每一条航线。
- 如果只有一家航空公司有权运营一条给定的航线，这条航线上的这家航空公司就会像垄断者那样经营。
- 在低成本预算的航空公司扩张之前，传统航空公司例如美国航空公司和联合航空公司都曾经在一些航线上实行过垄断。
- 在大多数航线上，航空公司既运送商务旅行者，也运送零散旅游者。
- 两类旅行者具有不同的需求曲线。商务旅行者如果有必要，愿意支付较高的价格，并具有一个比零散旅行者弹性更小的需求。
- 图 1 表示一条被一家传统航空公司垄断的航线上的商务旅行的需求。
- 通过运送边际收益等于边际成本时的商务旅行者人次，并收取旅行者愿意支付的最高价格，航空公司获得最大利润。
- 图 1 中的利润最大化产出是每月 1 000 人次，价格为每人次 600 美元。
- 因为在这个例子中，边际成本不变，为每人次旅程 100 美元，垄断者就可以通过为零散旅行者提供每人次 100 美元的价格，从而获得最大化利润。
- 因为低成本航空公司现在进入过去由传统航空公司经营的航线，商务旅行者就有了选择。一些人选择了低价格并提供必要服务的旅程。
- 来自低价格航空公司的竞争减少了商务旅行的需求和商务旅行者的支付意愿。
- 图 2 表示了对传统航空公司的影响。
- 需求变得更加富有弹性，需求曲线从 D_0 移动到 D_1。
- 这个例子说明，保持每月 1 000 人次的利润最大化数量不变，但价格降低到每人次 400 美元。
- 因为边际成本保持在每人次 100 美元不变，零散旅行的价格则保持在每人次 100 美元。

说出你的观点

- 你认为航空公司有效率吗？
- 你认为航空旅行服务的供给者是在竞争性市场中还是在垄断中运营？
- 为了使航空业更有效率，你是选择管制航空业还是解除航空业管制？

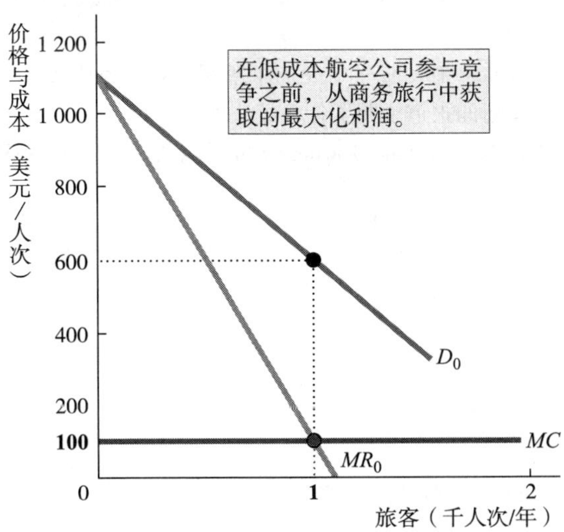

图1　在进入之前的联合航空公司和美国航空公司

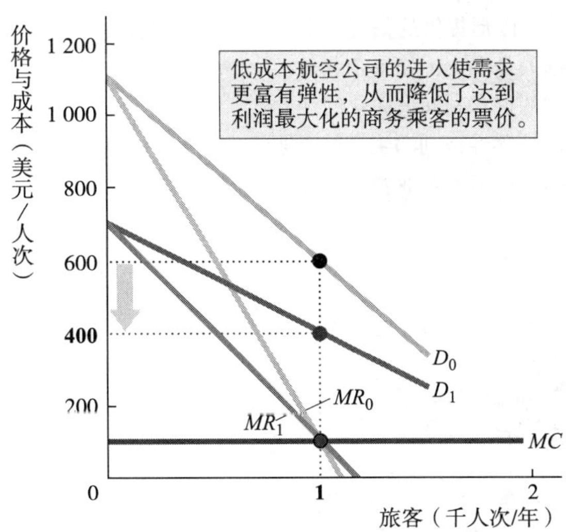

图2　低成本航空公司进入的影响

利润相比，在上述价格范围内，拉贝拉比萨店怎样能够创造更多的经济利润？

b. 画图说明你对问题a的解答。

c. 你能想出一个办法，让拉贝拉比萨店的经济利润增加得更多吗？

d. 与实行单一价格相比，拉贝拉比萨店是否更有效率？

6. 该图表示与美国一个经营天然气配送系统的企业即Calypso管道公司相似的情形。Calypso是一个不能实行价格歧视的自然垄断企业。

Calypso将生产多少产量和按什么价格生产，如果Calypso是：

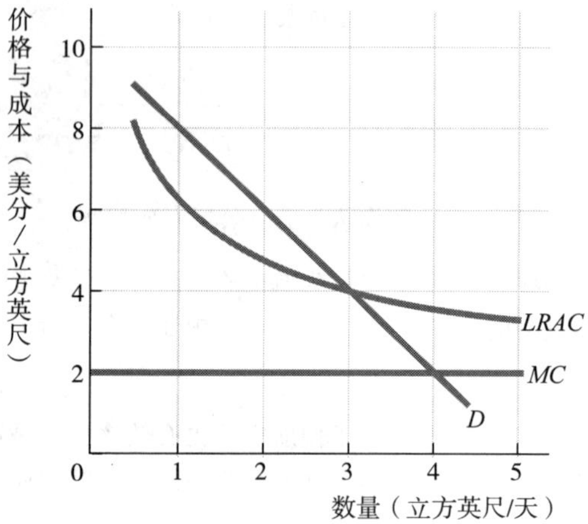

a. 不受管制的追求利润最大化的企业？

b. 受管制的按零经济利润生产的企业？

c. 受管制的有效率的企业？

7. 给定由题6的图形提供的信息，生产者剩余、消费者剩余和无谓损失是多少，如果企业是：

a. 不受管制的追求利润最大化的企业？

b. 受管制的按零经济利润生产的企业？

c. 受管制的有效率的企业？

批判性思考

1. 研究阅读材料然后回答以下问题：

a. 虽然有其他许多航空公司，为什么一个航空公司还可以像垄断者那样运营？

b. 这个新闻报道中的航空业在降低了商务旅行的价格之后，会发生什么样的变化？

c. 如果互联网不存在，商务旅行的需求会有怎样的不同？

d. 你怎样解释在同一航线甚至同一飞机上商务机票价格和零散机票价格的巨大差异？

e. 航空业应该受管制，从而降低商务旅行的价格吗？为什么？

网上活动

1. 找出拉尔夫·纳德（Ralph Nader）对微软公司的评论。

a. 纳德关于微软公司的主要观点是什么？

b. 你同意纳德的观点吗？为什么？

c. 如果其他一些操作系统优于Windows系统，它们为什么不能被广泛应用？

d. 纳德确认了微软公司消费者的主要费用吗？请解释。

2. 研究计算机芯片市场。

a. 把英特尔公司称为垄断者正确吗？为什么？

b. 在这个市场中，英特尔公司怎样努力提高进入壁垒？

3. 研究内布拉斯加州奥马哈市Heartland Towing公司的事例。

a. Heartland Towing公司是一个垄断者吗？为什么？

b. 这篇新闻报道说明了什么经济现象？

c. 你认为Heartland Towing公司不能获取经济利润吗？为什么？

第 13 章

垄断竞争和寡头

个人电脑价格战

个人电脑（PC）价格战已经持续很长一段时间了。但是在2006年，价格战变得更加白热化。1 000美元的笔记本和500美元的台式机已经出现在市面上。戴尔是降价幅度最大的企业之一。但是，尽管其每台机器价格最多下降了近700美元，惠普还是抢走了戴尔的行业领头羊的位置。这两家公司再加上联想、宏基、东芝，占据了2006年全球600亿美元PC市场的一半份额。

在PC市场上，戴尔和惠普这两家大企业必须密切注意对手的行动。同时这两家公司还要和市场上的其他公司竞争。

在某些市场上只存在两家企业。计算机芯片市场就是一个例子。大多数PC的芯片都是由英特尔和AMD制造的。两家芯片制造商在市场上是如何竞争的呢？

当一个市场上只有少量企业竞争时，它们是否像完全竞争企业那样追求社会利益？还是像垄断者那样限制产量来提高利润？

学习本章后，你将能：

- 定义和识别垄断竞争
- 解释垄断竞争行业中价格和产量如何决定
- 解释在垄断竞争行业的高额广告支出
- 定义和识别寡头
- 解释两个传统寡头模型
- 用博弈论解释在寡头竞争中价格和产量如何决定
- 用博弈论解释其他的策略决策

◆ 完全竞争和垄断理论并不能预测我们上面描述的企业行为。为了理解当只有几个企业时市场如何运作，本章我们需要更加丰富的模型加以解释。在本章末**阅读材料**中，我们将回到PC市场，并看到戴尔和惠普在2006年如何为了领先地位决一雌雄。

什么是垄断竞争

我们已经学习了完全竞争。在完全竞争中，大量的企业以最低的成本生产并获得零经济利润。这种市场结构是有效率的。我们也学习了垄断。其中，惟一的一个企业限制产量，并且它的生产成本和定价高于完全竞争。这种市场结构是无效率的。

现实世界中许多市场是竞争性的，但并不是完全竞争的。因为其中的企业拥有一些类似于垄断者所拥有的价格制定力量。我们把这种类型的市场称为“垄断竞争”。

垄断竞争（monopolistic competition）具有以下特点：

- 有大量的企业竞争
- 每个企业生产差异化的产品
- 企业在产品质量、价格和市场营销上进行竞争
- 企业自由进入与退出

大量企业

和完全竞争一样，垄断竞争的行业由大量企业组成。该行业中的企业有以下三种特点：

市场份额小 垄断竞争中，每家企业只提供行业总产量的一小部分。因此，每家企业只有有限力量影响其产品价格。每家企业的价格只能小范围偏离其他企业的平均价格。

不考虑其他企业 垄断竞争中的企业必定对产品的市场平均价格很敏感。但它不用注意某一特定竞争对手。因为所有企业都相对较小，没有一家企业可以支配市场条件，因此，没有一家企业能直接影响其他企业的行为。

不可能合谋 垄断竞争中的企业相互之间都希望能够达成固定的较高价格的协定——所谓的“合谋”。但由于存在很多家企业，合谋是不可能的。

产品差异化

如果某一企业生产与竞争企业产品略有差别的产品，该企业实施的就是**产品差异化**（product differentiation）。差异化的产品是另一企业产品的相近替代品，但不是完全替代品。一些人愿意为产品差异化支付更多钱，所以当产品价格上升时，需求量会下降，但（一定）不降到零。比如，阿迪、Asics、Diadora、Eronic、Fila、New Balance、耐克、彪马和锐步都生产差异化的跑鞋。其他保持不变，如果阿迪的跑鞋价格上升而其他鞋子价格保持不变，阿迪的鞋就会少卖一些，其他品牌就会多卖一些。但是阿迪的鞋并不会从市场消失，除非它的价格上升非常大。

质量、价格和市场营销的竞争

产品差异化使企业可以与其他企业在以下三方面竞争：产品质量、价格和市场营销。

质　量 产品的质量是使它区别于其他企业产品的物质特性，包括设计、可靠性，为消费者提供的服务以及消费者得到该产品的容易程度。质量有从高到低的一个序列。一些公司——比如戴尔电脑——提供高质量产品。这些电脑都是精心设计且质量可靠，并且消费者能得到快捷而有效率的服务。另一些企业提供较低质量的产品。这些产品设计粗糙，可能不能完美地发挥其功能，或者消费者要走好远才能买到它们。

价　格 由于产品差异化，垄断竞争企业面临向下倾斜的需求曲线。因此，与垄断者类似，企业可以设定价格和产量，但需要在产品质量和价格之间权衡。生产高质量产品的企业收取的价格高于生产低质量产品的企业。

市场营销 由于产品差异化，垄断竞争企业必须营销它的产品。营销主要有两种形式：广告和包装。生产高质量产品的企业想以适当高的价格出售它的产品。因此，它必须在一定程度上宣传和包装它的产品，使得消费者相信他们支付较高价格所购买的是高质量的产品。例如，药品公司宣传和包装其名牌药品，是为了使消费者相信这些产品优于价格较低的其他普通药品。类似地，低质量的生产者也要用广告和包装，使消费者相信尽管质量低，但价格也低到足以补偿低质量这个事实。

进入和退出

在垄断竞争中，企业可以进入和退出。因此，一个企业不能在长期中获得经济利润。当企业获得经济利润时，新企业进入该行业。这种进入降低了价格，并最终消除了经济利润。当企业出现经济亏损时，一些企业退出该行业。这种退出提高了价格增加了利润，并最终消除了经济亏损。在长期均衡时，企业既不进入也不退出该行业，该行业中的企业获得零经济利润。

垄断竞争的例子

图 13.1 给出了 10 个垄断竞争行业的例子。这些行业有大量企业（用行业名称后括号里的数字表示）。其中，最高度集中的行业，比如影音设备行业，最大 4 家企业的产量占了行业总销量的 30%，而最大 20 家企业的产量占了总销量的 75%。右边的数字为赫芬达尔—赫希曼指数。服装、珠宝、计算机、运动用品都属于垄断竞争行业。

复习测验

1. 垄断竞争的显著特点是什么？
2. 垄断竞争中企业如何竞争？
3. 除了图 13.1 中的例子以外，举出一些你的学校周围垄断竞争行业的例子。

myeconlab **Study Plan 13.1**

垄断竞争的价格和产量

假设你已经被 VF 公司雇佣。该企业拥有 Nautica 服装公司。你要管理 Nautica 夹克的生产和销售。考虑一下你要在 Nautica 公司做的决定。首先，你必须决定夹克的设计和质量以及市场营销策略。其次，你必须决定夹克的产量和销售价格。

假定 Nautica 公司已经决定了夹克的设计、质量和市场营销策略。现在我们集中研究产量和价格决策。我们将会在下一节学习质量和市场营销策略。

给定夹克的质量和营销策略，Nautica 的成本和市场条件也是给定的。在这种情形下，Nautica 如何决定夹克的产量和它的销售价格？

企业的短期产量和价格决策

短期中，垄断竞争企业产量和价格决策与垄断企业一样。图 13.2 阐述了关于 Nautica 夹克所做的决策。

图 13.1 垄断竞争的例子

myeconlab

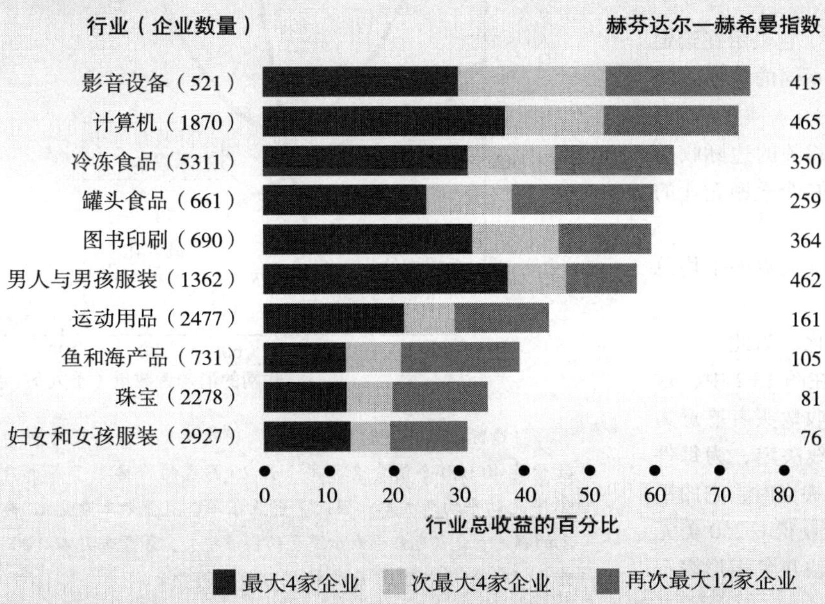

这些行业都在垄断竞争中经营。行业名称后表示行业中企业的数量。深色条形表示最大 4 家企业的产量占行业总收益的百分比。浅灰表示次最大 4 家企业的百分比，而灰色条形表示再次最大 12 家企业的百分比。所以，整个条形表示最大 20 家企业的百分比。右边是赫芬达尔–赫希曼指数。

资料来源：U.S. Census Bureau.

图 13.2 短期的经济利润

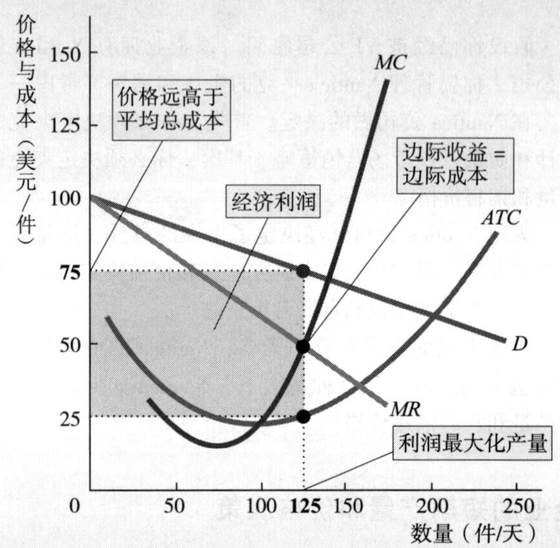

边际收益等于边际成本时，利润达到最大。利润最大化的产量是每天 125 件。1 件夹克 75 美元的价格超过了 25 美元的平均总成本，因此每件夹克公司获得 50 美元的经济利润。浅灰色矩形表示经济利润，每天是 6 250 美元（每件 50 美元乘以每天 125 件）。

需求曲线 *D* 表示 Nautica 夹克的需求。它表示在给定其他夹克价格的条件下，Nautica 夹克在不同的价格下的需求量。通常这不是夹克的需求曲线。

MR 曲线是与 Nautica 夹克需求曲线相关的边际收益曲线。它的推导过程和在第 12 章所学的单个垄断企业的边际收益曲线的推导过程类似。

ATC 曲线和 *MC* 曲线表示生产 Nautica 夹克的平均总成本和边际成本。

Nautica 公司的目标是经济利润最大化。为此，公司选择边际收益等于边际成本时的产量。在图 13.2 中，这个产量是每天 125 件夹克。Nautica 公司收取买者愿意为这个数量支付的价格，此价格由需求曲线决定，为每件 75 美元。当 Nautica 公司每天生产 125 件夹克时，它的平均总成本是每件 25 美元。因此，它每天获得 6 250 美元的经济利润（50 美元/件 × 125 件/天）。浅灰色矩形表示 Nautica 的经济利润。

利润最大化可能是亏损最小化

图 13.2 表示 Nautica 公司获得了巨额的经济利润。但是这样的结果不是必然的。一家企业产品的需求量可能很小，以致于它不能获得经济利润。

Excite@Home 就是这样的一家公司。通过同一电缆提供高速上网服务，Excite@Home 期望可以在与 AOL、MSN 等一系列供应商的竞争下，在网络接口市场获得较大市场份额。

图 13.3 说明了 Excite@Home 在 2001 年的处境。对它的接口服务的需求曲线是 *D*，边际收益曲线是 *MR*，平均总成本是 *ATC*，边际成本是 *MC*。Excite@Home 在边际收益等于边际成本的产量上利润最大化——也就是亏损最小化。在图 13.3 中，这个产量是 40 000 个消费者。Excite@Home 收取买者愿意为此数量支付的价格，该价格由需求曲线决定，为每月 40 美元。此时，Excite@Home 的

图 13.3 短期的经济损失

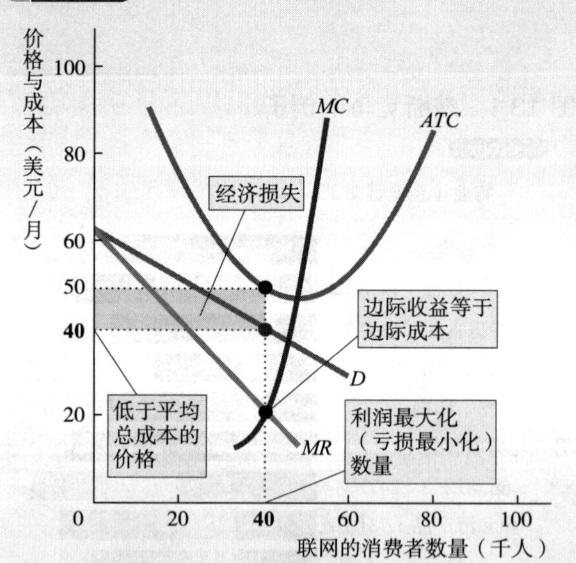

当边际收益等于边际成本时，利润最大。最小化亏损的数量是 40 000 个消费者。每个月 40 美元的价格小于每个月 50 美元的平均总成本。因此，企业在每个消费者上遭受 10 美元的损失。浅灰色矩形表示遭受的经济损失，等于每月 400 000 美元（每个消费者 10 美元乘 40 000 个消费者）。

平均总成本是每人 50 美元。因此，它一个月将亏损 400 000 美元（10 美元/消费者×40 000 个消费者）。浅灰色矩形表示 Excite@Home 的经济损失。

到目前为止，垄断竞争企业看起来和单个垄断企业一样。它在边际收益等于边际成本时生产，然后收取买者愿意为此数量支付的价格，该价格由需求曲线决定。垄断和垄断竞争最关键的区别在于在既没有经济利润也没有经济损失时企业的行动。

长期：零经济利润

像 Excite@Home 这样的公司不打算长期亏损。最终，它会退出市场。同样，垄断竞争不存在进入限制。因此，如果一个行业中存在经济利润，其他企业就有进入该行业的动机。

当 Gap 和其他企业开始制造和 Nautica 相似的夹克时，市场对 Nautica 夹克的需求降低了。Nautica 夹克的需求曲线和边际收益曲线向左移动。此时，利润最大化的产量和价格都降低了。

图 13.4 长期的产量和价格

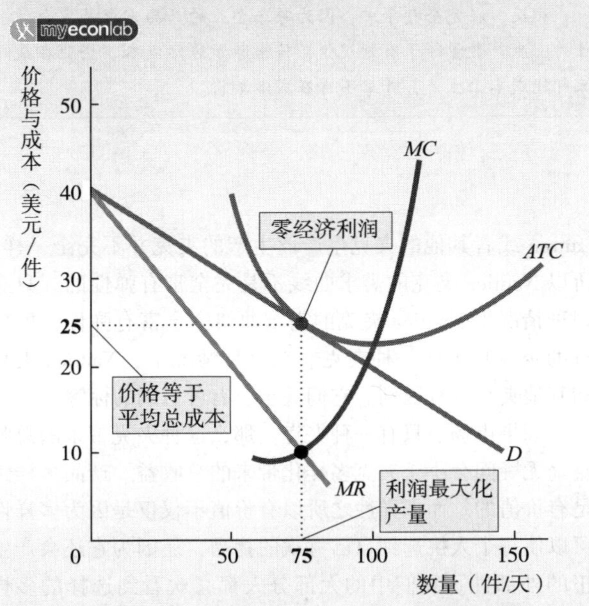

经济利润激励企业进入，从而导致对每个企业产品的需求下降。当需求曲线和平均总成本曲线在 *MR* 等于 *MC* 的产量相交时，市场处于长期均衡状态。利润最大化的产量是每天 75 件，价格是每件 25 美元。而平均总成本也是每件 25 美元，所以经济利润为零。

图 13.4 表示长期均衡。Nautica 夹克的需求曲线和边际收益曲线向左移动。该企业每天生产 75 件夹克并按每件 25 美元的价格销售。这个产量水平上，平均总成本为每件 25 美元。

因此 Nautica 在生产夹克上获得零利润。当行业中的所有企业都获得零利润，新的企业就没有动机进入。

当相对于成本需求如此低到以致于企业亏损时，就会发生退出。而当企业退出该行业时，对剩下企业产品的需求就会上升。它们的需求曲线会向右移动。直到该行业中的所有企业都获得零经济利润时，退出才会停止。

垄断竞争和完全竞争

图 13.5 比较了垄断竞争和完全竞争并突出了两者之间的主要差别：

- 生产能力过剩
- 成本加价

生产能力过剩 如果一家企业在它的有效规模以下生产，则该企业生产能力过剩。有效规模是使平均总成本最小的产量——U 形 *ATC* 曲线的最低点。在图 13.5 中，有效规模是每天 100 件。Nautica（a 幅） 每天生产 75 件夹克并且拥有 25 件的过剩产量。但是，如果所有的夹克都是相似的，并且都由完全竞争中的企业生产（b 幅）。每个企业每天生产 100 件，即有效规模。只有在完全竞争中平均成本才可能最低。

在你周围就看到垄断竞争中生产能力过剩。家庭餐馆（除非非常有名的）总有部分空桌子。你总可以在不到 30 分钟内得到一个比萨。却很少见到加油站的每一个龙头都排队等候的情况。总有许多房地产经纪人随时帮助寻找或出卖房子。这些行业都是垄断竞争的例子。企业存在过剩生产能力，通过降价可以出售更多，但这样做会导致亏损。

成本加价 一个企业的成本加价是指价格超过边际成本的部分。图 13.5（a） 表示 Nautica 的成本加价。在完全竞争中，价格总是等于边际成本，所以不存在成本加价，如图 13.5（b）所示。在垄断竞争中，买者支付的价格高于完全竞争下支付的价格，也高于其边际成本。

图 13.5 生产能力过剩和成本加价

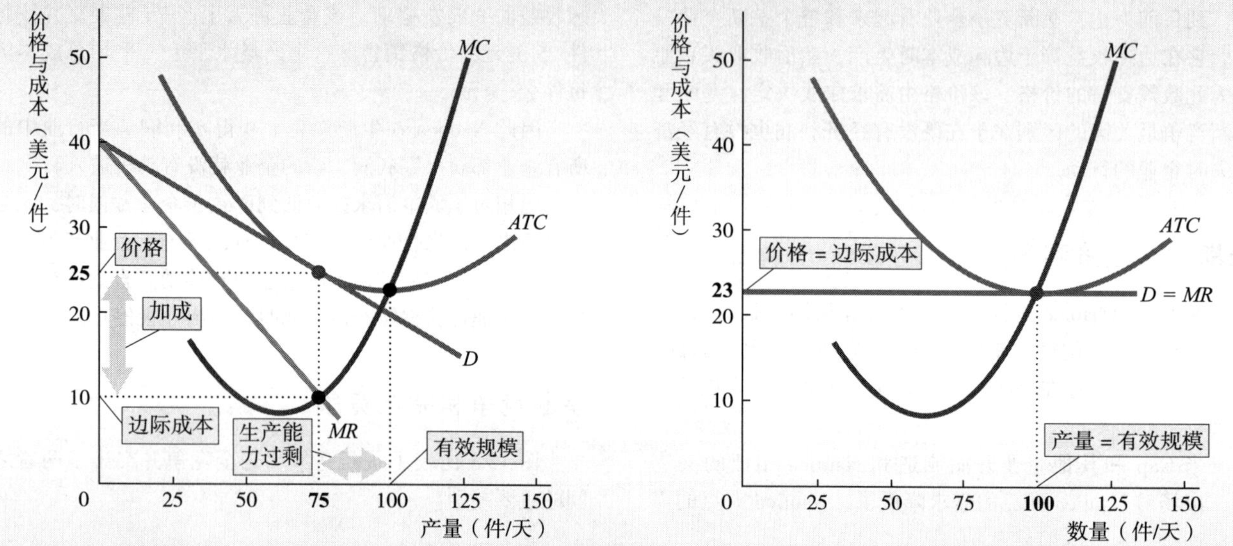

（a）垄断竞争

有效规模为 1 天 100 件夹克。垄断竞争在长期中，因为企业面临向下倾斜的产品需求曲线，生产数量少于有效规模，企业拥有过剩生产能力。价格通过成本加价超过边际成本。

（b）完全竞争

相反，在完全竞争中，因为每个企业的产品需求是完全弹性的，生产数量等于有效规模，价格等于边际成本。企业在最低可能成本上生产，并且不存在成本加价。

垄断竞争是有效率的吗

当社会边际收益等于社会边际成本时，资源得到有效利用。价格等于社会边际收益，同时企业的边际成本等于社会边际成本（假设这里没有外部收益或成本）。因此，如果 Nautica 夹克的价格超过了它的边际成本，它的产量就低于有效产量。并且，你已经看到了在垄断竞争的长期均衡中，价格确实高于边际成本。那么垄断竞争中的产量小于有效产量吗？

有意义的比较 两个经济学家在路上相遇，其中的一人问另一人的丈夫怎么样，那人快速回答到“和什么比”。这则经济学趣闻阐述了一个重要观点：在我们下结论之前，我们必须看看其他可供的选择。

产品之间的差异化导致垄断竞争出现价格和边际成本之间的成本加价。因为 Nautica 的夹克和 Banana Republic、CK、Diesel、DKNY、Earl Jackets、Gap、Levi、Ralph Lauren 或者其他的夹克生产商生产的夹克并不完全一样，所以 Nautica 夹克的需求曲线不是完全富有弹性的。只有一种情况下 Nautica 夹克的需求曲线完全富有弹性，即所有的企业只生产一种夹克。在这种情况下，Nautica 夹克和其他夹克没有区别。它们甚至没有可识别的标签。

如果市场上只有一种夹克，那么这种夹克带来的总收益毫无疑问会小于夹克多样化带来的总收益。产品多样性是有价值的。而多样性之所以有价值不仅仅是因为多样性可以使每个人挑选到自己喜欢的物品，还因为它还会产生正的外部性。我们中的大部分人都喜欢看到选择的多样性。对比一下 20 世纪 60 年代的中国和今天的中国：在当时的中国，所有的人都只穿中山装，而今天人们穿自己喜欢的衣服。或者对比 20 世纪 30 年代的德国和今天的世界：当时的德国，有能力的人都拥有第一代的大众甲壳虫汽车，而今天的世界则有着数目巨大的不同风格和造型的汽车。

但是，如果多样性是有价值的，为什么我们看不到无穷的多样性？答案在于多样性是昂贵的。每种产品的不同种类都需要设计，然后告知消费者。这种设计和市场营销的初始成本——称为启动成本——意味着有些与现存太过于相似的样式不值得生产。

原　则　产品的多样化既有价值同时又是昂贵的。产品多样化的有效程度是生产多样化产品的社会边际收益等于社会边际成本。因产量低于有效产量所导致的损失被因产品更大程度多样化所带来的利益抵消。因此，和另一种可能情形——单一产品——比较，垄断竞争可能是有效率的。

复习测验

1. 垄断竞争企业如何决定生产多少以及在什么价格上生产？
2. 为什么垄断竞争企业只能在短期中创造经济利润？
3. 为什么垄断竞争企业能超能力运作？
4. 为什么在垄断竞争中存在价格成本加价于边际成本？
5. 垄断竞争有效率吗？

myeconlab **Study Plan 13.2**

你已经看到了，在给定生产的产品和市场营销努力水平的情况下，垄断竞争企业在短期均衡和长期均衡中如何决定产品的产量和价格。但是企业如何选择产品质量和市场营销努力水平呢？现在我们来学习这些决策。

产品开发与市场营销

当我们学习 Nautica 的价格和产量决策时，我们假定企业已经做出了关于产品质量和市场营销的决策。现在让我们就来学习这些决策，以及这些决策对企业产量、价格和经济利润的影响。

创新和产品开发

新公司的进入预期使垄断竞争中的企业非常活跃。为了享有经济利润，垄断竞争企业必须不断寻找各种方法使它们领先于模仿者——那些模仿成功并获得经济利润的企业。

企业维持经济利润的一个主要方法是开发具有竞争力的新产品，尽管这种竞争力是暂时的。企业引入一种新的差异化产品，这种产品弹性较小，因而可以提高价格获得经济利润。随后，新企业会进入并生产该产品的相近替代品，并夺走由这种最初优势带来的经济利润。因此，为了重新获得经济利润，企业必须再次创新。

利润最大化的产品创新　产品开发与创新决策基于你已经学过的同样类型的利润最大化计算。

创新与产品开发都是有成本的，但也会带来额外的收益。企业必须平衡其边际成本和边际收益。为产品开发和升级投入的额外支出是其边际成本。由产品开发和升级带来的额外收入是其边际收益。当产品开发的水平较低时，更好产品带来的边际收益大于边际成本。当产品开发的水平较高时，更好产品的边际成本大于边际收益。当开发产品的边际成本等于边际收益时，企业获得由产品开发带来的利润的最大化。

效率与产品创新　产品创新利润最大化时的产量也是它的有效产量吗？如果产品开发的社会边际收益等于其社会边际成本，它就是有效率的。

一项创新的社会边际收益就是消费者愿意支付的价格的增量。而其边际社会成本就是企业为它支付的成本。当边际收益等于边际成本时，利润达到最大化。但是在垄断竞争中，边际收益低于价格，所以产品开发并不会进行到有效率的水平。

垄断竞争带来的许多产品创新，其实只需要较少的成本实施，比如改进包装，或者洗衣粉的一种新气味，纯粹是些表面性质的。并且即使是真正的产品改善，做到的也永远不如想到的好。例如，“The Legend of Zelda: Twilight Princess”被认为是一款近于完美的并且非常酷的游戏。但是评论家抱怨它还是不够完美。这是一款研发的边际收益等于边际成本的新功能游戏。

广　告

不同于竞争者的产品设计和开发让企业实现了差异化。即使实际的差异很小，公司也会试图建立一个产品差异化的消费者理念。广告和包装是实现这种目标的主要手段。佳能的 PowerShot 数码相机不同于柯达的 EasyShare。

但是佳能市场营销的重点却不是放在这些实际的差别上。潜台词是如果你用佳能，你就会像玛丽亚·莎拉波娃(或其他一个极为成功的人士）一样成功。

广告支出 垄断竞争的企业花费巨大的成本来游说消费者欣赏并认可它们的产品和其竞争企业产品的差别。价格的很大部分用于产品的销售成本，并且这一比例还在上升。在报纸、杂志、电视、网上做广告是主要的销售成本，但不是其惟一成本。销售成本包括像电影场所这样的商店成本、目录单和说明书成本，以及销售人员的薪水、机票和旅馆账单。

广告支出的总范围很难估计，但有些部分却可以衡量。一份由一个商业机构发表的报告称，清洁用品和玩具价格的15%用于广告。图 13.6 显示了对一些行业的估计数据。

在整个美国经济中，约有 2 万家广告公司。这些公司总共雇佣 20 万人并且销售额达到 450 亿美元。但是这些数据只是广告总成本的一部分，因为有些企业内部拥有自己的广告部门，而这部分成本我们只能猜测。

广告支出和其他销售成本从两方面影响企业的利润：它们提高了成本，也改变了需求。现在我们来看看这些影响。

销售成本和总成本 诸如广告支出之类的销售成本使垄断竞争企业的成本高于完全竞争企业或者垄断企业。广告支出和其他销售成本是固定成本。它们不随着总产量的变化而变化。所以，就像固定成本一样，每单位产品的广告成本随着产量的增加而减小。

图 13.7 显示销售成本和广告费用如何改变企业的平均总成本。浅色曲线表示生产的平均总成本。深色曲线表示企业生产的平均总成本加上广告成本。两条曲线之间区域的高度表示广告的平均固定成本。广告的总成本是固定的，但是广告的平均成本随着产量的上升而下降。

图 13.7 显示如果广告能使增加的销售量足够大，它就可以降低平均总成本。例如，如果销售量从不做广告的每天 25 件上升到广告的每天 100 件，平均总成本就从每

图 13.6 广告支出

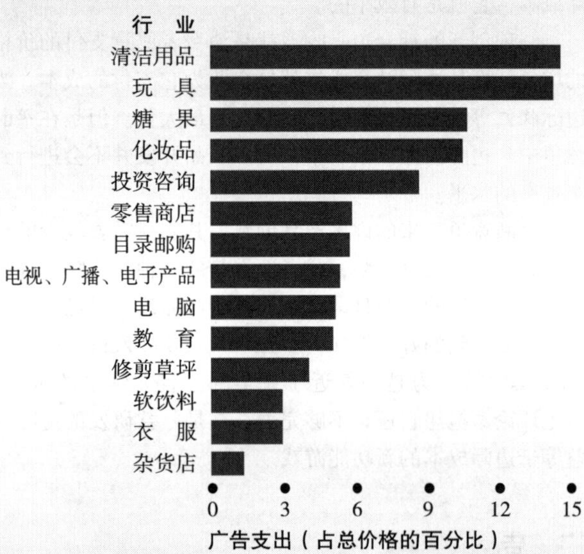

对清洁用品、玩具、糖果和化妆品企业来说，广告支出占总收益的百分比很大。

资料来源：From Schoenfeld & Associates, Lincolnwood, IL. Reported at www.toolkit.cch.com/text/p03_7006.asp.

图 13.7 销售成本和总成本

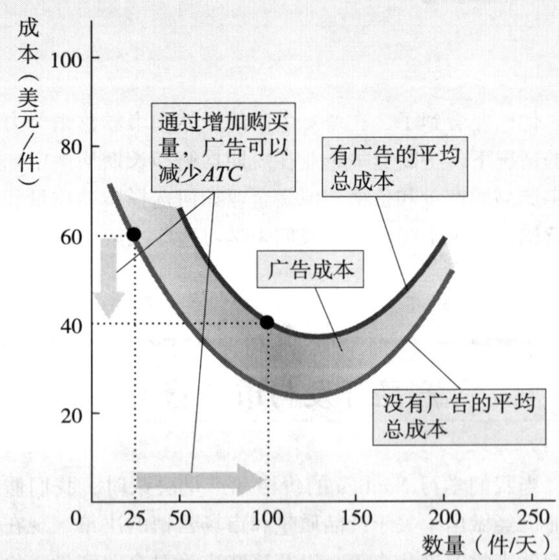

广告成本这类销售成本是固定成本。当其加到生产的平均总成本上时，这些成本增加的平均总成本在产量少时比产量多时多。如果广告能使销售量从每天 25 件增加到每天 100 件，平均总成本就会从每件 60 美元降到每件 40 美元。

件 60 美元下降到每件 40 美元。原因在于尽管总固定成本提高了，但更多的固定成本分摊到更大产量中，所以平均总成本下降了。

销售成本和需求　广告和其他销售努力改变了产品企业的需求。但如何改变呢？需求增加了还是减小了？最自然的回答是，广告增加了需求。让人们更多了解产品质量或者劝说人们从其他企业的产品转换过来，企业可能预期本产品的需求会增加。

但所有垄断竞争企业都做广告。而且，所有广告都努力劝说消费者相信自己的产品最好。如果广告使一个企业可以生存下去，这就会增加企业数量。而且，在增加了企业的范围内，它又减少了其他企业所面临的需求。它同时使任何一个企业的需求曲线更富有弹性。所以广告最终不仅降低平均总成本，而且会降低价格、缩小成本加价。

图 13.8 表示了广告的这种可能影响。在（a）中，企业不做广告，其需求曲线不是很富有弹性。利润最大化的产量为每天 75 件，并且成本加价很大。在（b）中，企业做广告。这部分费用是固定成本，增加了平均总成本，即从 ATC_0 向上移动到 ATC_1，但是 MC 曲线保持不变。需求曲线变得更富有弹性，利润最大化的产量增加，成本加价减少。

利用广告传递质量信息

一些广告，比如电视上和时尚杂志上的玛丽亚·莎拉波娃的佳能数码相机广告、百事可乐和可口可乐的花费巨额的广告，看起来难以理解。在一个网球运动员灿烂的笑容中似乎看不出关于数码相机的任何信息。而且所有的人都知道百事可乐和可口可乐。每月在这些知名可乐上的数百万美元的广告支出到底能让企业从中获得什么呢？

其中的一个答案是，广告可以向消费者传递产品高质量的信号。**信号**（singal）是指知情人（或企业）向不知情人传递信息的行动。考虑两种可乐：可口可乐和 Oke 可乐。Oke 可乐知道自己的可乐不是非常好并且它的口味差

图 13.8　广告和成本加价

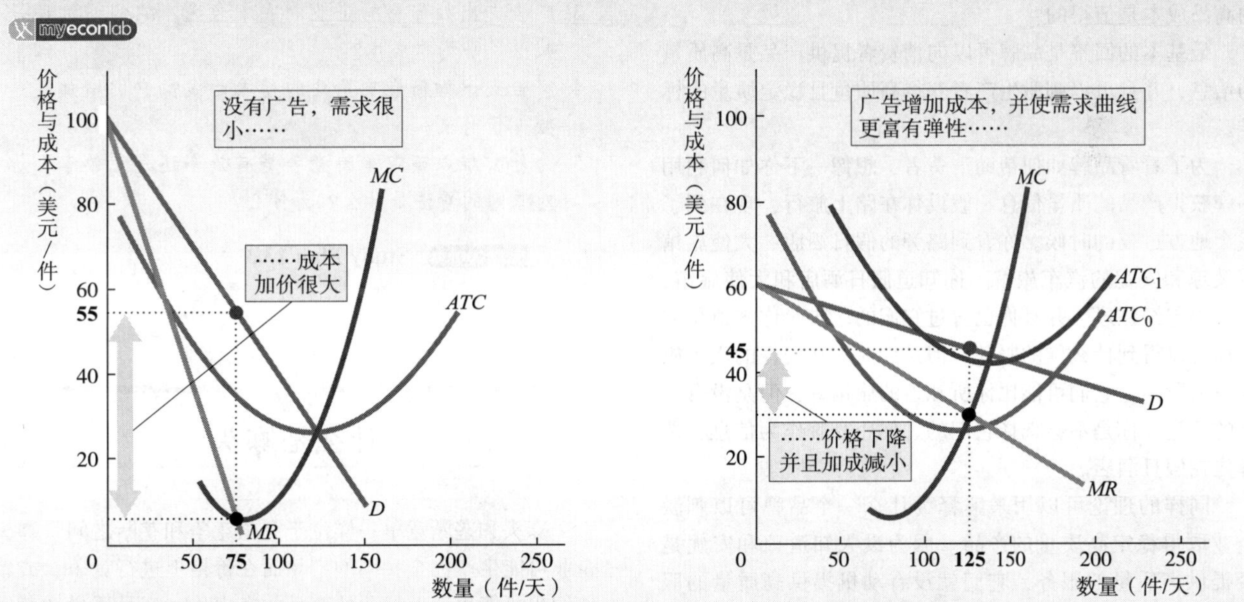

（a）没有企业做广告

（b）所有的企业做广告

如果没有企业广告，每个企业的需求很小且不富有弹性。利润最大化的产量很小，成本加价很大，价格较高。

广告增加了平均总成本，并使 ATC 曲线从 ATC_0 向上移动到 ATC_1。如果所有的企业都做广告，他们各自的需求曲线将会更富有弹性。产量增加，价格下降，并且成本加价减小。

别很大，并主要取决于每周凑巧买到的未出售的廉价可乐原料。所以Oke 知道当它通过广告让很多人尝试 Oke 可乐时，这些人很快就会发现 Oke 可乐质量不好并且换回原来买的可乐。相反地，可口可乐知道它的可乐口味醇正持久，一旦消费者尝试喝它，就有可能再也不喝别的可乐了。在这种推理的基础上，Oke 不会做广告但是可口可乐会。并且可口可乐花大量的钱长期宣传。

看到可口可乐的耗费巨大的广告，消费者知道如果产品质量不好，企业不会花这么多的钱做广告。所以消费者推断可口可乐的质量确实好。炫耀性的广告消费传递可口可乐确实是好东西的信号，而不必说关于可口可乐的任何事。

需注意的是，如果广告是一种信号，它不需要任何关于产品的具体信息。它只需要舍得花钱并让人难以忘怀。大部分广告都是这样的，我们看到的很多广告都符合信号理论的预测。

品 牌

许多企业创造一个品牌并且花很多钱提升它。为什么呢？品牌可以为企业带来怎样的利益，以证明有时打造它的高昂成本是值得的？

最基本的回答是品牌可以向消费者提供产品是高质量的信息，并且可以刺激生产者获得高质量且稳定质量的标准。

为了看看品牌如何帮助消费者，想像一下你如何利用品牌获得产品的质量信息。假设你在路上旅行，现在到了找个地方过夜的时候。你看到路旁的假日酒店、大使旅馆以及琼和安妮的汽车旅馆。你知道假日酒店和大使旅馆，因为你曾经住过。并且你也看过它们的广告。你知道从它们那可以得到什么样的服务。但是你对琼和安妮的汽车旅馆一无所知。它们可能比你所知道的旅馆好，但是没有具体的信息，你是不会选择它们的。你用品牌作为信息，选择住在假日酒店。

同样的理论可以用来解释为什么一个品牌可以刺激企业取得稳定高质量的产品。因为没人知道琼和安妮是否提供高质量的服务，它们就没有动机提供高质量的服务。但是同样地，因为所有人都预期从假日酒店可以获得一定水平的服务，所以一旦该酒店不能满足顾客的预期，它就会把顾客拱手让给它的竞争对手。所以假日酒店就有很强烈的动机提供它为打造品牌而在广告上承诺的质量。

广告和品牌中的效率

广告和品牌在一定程度上向消费者提供产品差异化以及产品质量的信息。它们使消费者获益并且可以做出更好的产品选择。但也要权衡提供额外信息的机会成本。

关于垄断竞争效率的最后结论是模糊不清的。在一些例子中，额外的产品多样化无疑会抵消销售成本以及由生产能力过剩引起的额外成本。书籍、杂志、衣服、食品和饮料的巨大多样性就是这种获益的例子。但购买和普通药品化学成分完全一样的名牌药品的获利就很难看出。多数人宁愿花更多的钱买品牌产品。

复 习 测 验

1. 垄断竞争企业在与其它企业竞争时除了调整价格以外的两个主要方法是什么？
2. 为什么产品创新和开发是有效率的，为什么又可能会是无效率的？
3. 广告支出如何影响企业的成本曲线？它们增加还是减少了平均总成本？
4. 广告支出如何影响企业的需求曲线？它们增加还是减少了需求？
5. 为什么难以确定垄断竞争是有效率还是无效率？你对原则的看法是什么？为什么？

myeconlab **Study Plan 13.3**

什么是寡头

寡头和垄断竞争一样位于完全竞争和垄断之间。寡头企业可能生产完全相同的产品而在价格上进行竞争，或者他们也可能生产差异化的产品并在定价、产品质量和营销上进行竞争。**寡头**（oligopoly）的市场结构为：

- 存在自然或法律障碍阻止新企业的进入
- 少数企业在竞争

进入壁垒

自然或法律壁垒限制进入可以造成寡头。在第 12 章，我们看到规模经济和需求是如何形成自然进入壁垒而造成自然垄断的，同样的因素可以形成自然寡头。

图 13.9 显示两个自然寡头。需求曲线 *D*（在两幅中）显示了在小城中对出租车的需求。在 a 幅中，如果一个出租车公司的平均总成本曲线是 ATC_1，市场是**自然双头**（duopoly）——只存在两个企业的寡头市场。你可能在你生活的地方看到一些关于双头的例子。一些城市只有两个出租车公司、两个汽车出租企业、两个印刷中心，或者两个大学书店。

能使企业留在行业里的最低价格是每次乘车 10 美元。在这个价格，对于乘车的需求量是每天 60 次，只有两个企业可以提供这些数量。在这个市场没有第三个企业的立足之地。但是，如果只有一个企业，就会存在经济利润，第二个企业就会进入，并拿走一些业务和利润。

在 b 幅中，如果出租车公司的平均总成本曲线是 ATC_2，一个企业的有效规模是每天 20 次，则这个市场可以容纳三个企业。

当存在法律壁垒保护在市场上的一小部分企业时，立法寡头就形成了。一个城市可能只给两家出租车企业或是两家公共汽车公司颁发许可证，例如，尽管需求和规模经济留有更多余地给第三家企业或是更多企业。

少数企业

因为存在进入避垒，寡头只是由少数几个企业构成，每个企业占有很大的市场份额。这样的企业是相互依存的，它们面临合作诱惑，从而提高共同的经济利润。

相互依存　在企业数目很少的市场上，每个企业的行为会影响其他所有企业的利润。当 Penny Stafford 在 Bellevue washington 开了家咖啡店，就会对附近星巴克的咖啡店产

图 13.9　自然寡头

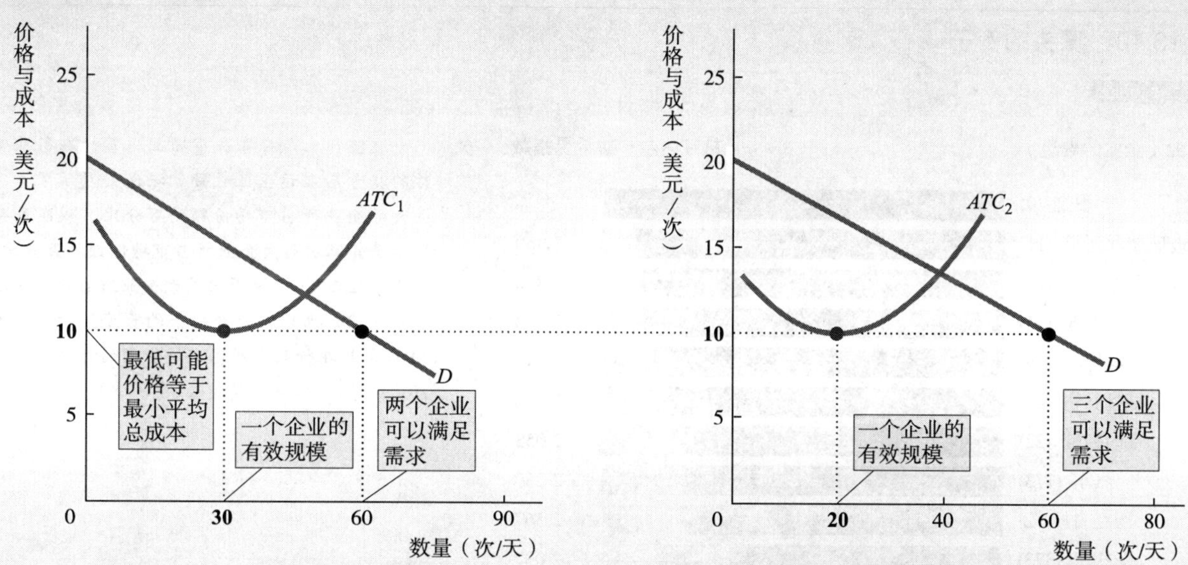

（a）自然双头

（b）有三个企业的自然寡头

最低的可能价格是每次乘车 10 美元，这是最低平均总成本。当一个企业每天提供 30 车次，即有效规模，两个企业可以满足市场需求。这个自然寡头有两个企业——一个自然双头。

当一个企业的有效规模为每天 20 车次时，三个企业在最低可能价格下可以满足市场需求。这个自然寡头有三个企业。

生影响。接下来几天，星巴克开始以更低价格提供产品，以此吸引 Peeny 的顾客。星巴克最终生存下来，而 Penny 退出了这个行业。Penny Stafford 和 星巴克是相互依存的。

合作诱惑 当少数几个企业分享市场份额时，他们可以依靠成立卡特尔来提高利润。**卡特尔**（cartel）是一组企业一起行动——合谋——来限制产出，提高价格，增加经济利润。卡特尔是非法的，但是在市场上确实有这种组织在运转。在本章中你将发现卡特尔趋向破裂的原因。

寡头的例子

图 13.10 显示了寡头的几个例子。寡头和垄断竞争的区别很难界定。实际上，通过看集中比率——赫芬达尔-赫希曼指数（HHI）、关于市场地理范围的信息以及进入壁垒，我们可以定义寡头。区分寡头和垄断竞争的 HHI 通常为 1 000。HHI 低于 1 000 一般为垄断竞争，HHI 高于 1 000 的市场为寡头。

复习测验

1. 寡头的两个显著特征是什么？
2. 为什么寡头企业是相互依存的？
3. 为什么寡头企业面临合谋诱惑？
4. 你可以从你买东西的经历中想出一些寡头的例子吗？

myeconlab **Study Plan 13.4**

两个传统寡头模型

假设一个小镇上有三家油气站，你经营其中的一家。你要决定是否降价。为此，你必须预测其他两家企业的反应，还要计算那些反应对你的利润的影响。如果你降价而

图 13.10 寡头的例子

myeconlab

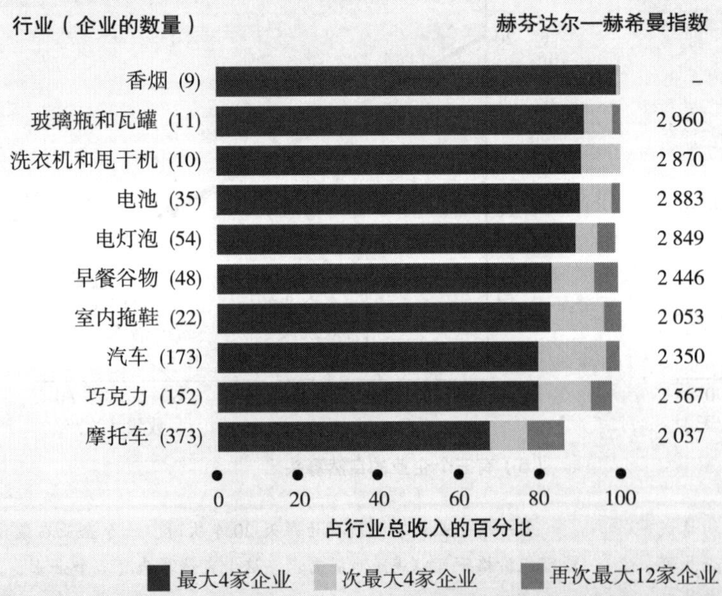

这些行业是在寡头市场上运营。在行业名称的括号后显示企业数目。深色条显示了 4 家最大的企业所占市场份额的百分比。浅灰色条显示了 4 家次最大企业所占市场份额的百分比，灰色条显示了 12 家再次最大企业所占市场份额的百分比。所以，整个横条的长度显示了最大 20 家企业在行业中所占市场份额的百分比。右栏是赫芬达尔-赫希曼指数。

资料来源：U.S. Census Bureau.

你的竞争者没有降价，你将卖得更多而其他两家卖得更少。但是其他企业难道不会也降价并使你的利润减少？所以你该怎么办？

有一些模型可以解释在寡头市场上的价格和产量。这些模型主要有两类：传统模型和博弈论模型。这两种类型的例子都有讲述，我们先看一下两个传统模型。

图 13.11　带折点的需求曲线模型

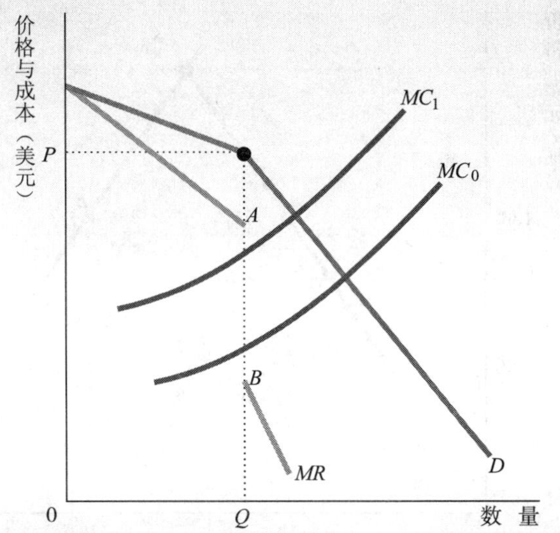

在一个寡头市场上的价格为 P。每个企业都相信它所面对的即时需求曲线是 D。价格高于 P 时，小幅度的涨价会导致销售量大幅度下降，因为其他企业不会提高自己的价格。价格低于 P 时，即使大幅度的降价只会导致销售量小幅度的上升，因为其他企业也会下调自己的价格。因为需求曲线是弯折的，边际收益曲线 MR 在 AB 处断裂。产量为 Q 时利润最大化。在 AB 范围内的边际成本曲线变动不会引起价格和产量的变化。

带折点的需求曲线模型

寡头的折点需求曲线模型的假设基础是：每个企业都相信如果自己提高价格的话，其他企业不会跟着这么做；但如果自己降低价格的话，其他企业也会降价。

图 13.11 显示一个企业认为他所面临的需求曲线（D）。在当前价格 P 和当前产量 Q 下，需求曲线有折点。当价格高于 P 时，略微的涨价会导致销售量的大幅度减少。其他企业保持它们的当前价格，那么这个企业的产品售价最高，所以他失去了原有的市场份额。当价格低于 P 时，即使价格再大幅度下降也只能引起销售量小幅度增长。在这种情况下，其他企业也都会将价格下调，所以相对于它的竞争对手，这个企业并没有价格上的优势。

需求曲线的弯折部分使边际收益曲线（MR）发生断裂。为了追求利润最大化，企业选择边际成本等于边际收益时的产量。产量 Q 是边际成本曲线超过边际收益曲线断开的 AB 部分时的产量。如果边际成本像边际成本曲线 MC_0 和 MC_1 一样在 A 和 B 之间波动，企业就不会改变产品价格及产量。当且仅当边际成本在 AB 范围之外波动时，企业才会改变自己的产量和价格。所以弯折的需求曲线模型预测了价格和产量对于微小的成本变动不敏感。

但是这个模型也存在问题。如果边际成本增加得足够让企业提高价格和产量，而且，如果所有的企业都经历了同样的边际成本增加，他们就会同时提高价格。企业认为其他企业都不会参与提高价格的观念是错误的。一个企业把自己的行为建立在这样的信念上是错误的，这样做企业不会实现利润最大化，甚至会以招致亏损而结束。

领导企业寡头

第二个传统模型解释了领导企业寡头，当一家企业——领导企业——比其他企业有巨大的成本优势且生产行业中大部分产量时，领导企业寡头就出现了。领导企业制定市场价格，其他企业是价格接受者。关于领导企业寡头的例子有：支配当地市场的大型气油零售商或者是大型影碟出租商。

为了说明一家领导企业寡头如何运行，假设在城市中有 11 家企业运营加油站，而 Big-G 是领导企业。图 13.12 显示这个城市的气油市场。在 a 幅，需求曲线 D 告诉我们这个城市在每个价格下对汽油的总需求量。供给曲线 S_{10} 表示 10 个小企业的供给曲线。在 b 幅，表示了 Big-G 所面临的情况。它的边际成本曲线是 MC。Big-G 面对需求曲线 XD，它的边际收益曲线是 MR。需求曲线 XD 表示 10 家小企业没有满足的超额需求。例如，在每加仑 1 美元的价格下，需求量是 2 万加仑，10 家小企业的提供量为 1 万加仑，超额需求量为 1 万加仑，在两幅图里由 AB 间的距离所表示。

为了追求利润最大化，Big-G 像垄断者一样经营。每周它以每加仑 1 美元的价格卖出 1 万加仑，此时它的边际

图 13.12 领导企业寡头

myeconlab

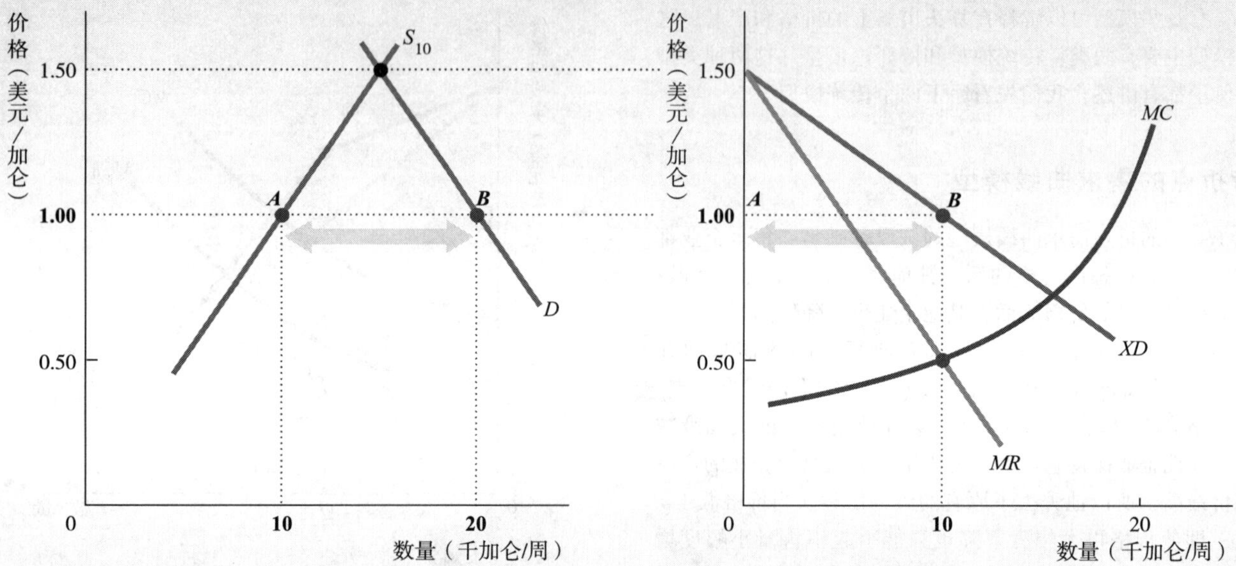

（a）10家小企业和市场需求

（b）Big–G的价格和产量决策

在 a 幅中城市对汽油的需求曲线是 *D*。10 家竞争的小企业共有供给曲线 S_{10}。此外，有一家大企业，如 b 幅所示，Big-G 面对需求曲线 *XD*，由市场需求减其他 10 家企业的供给 D_{10}——小企业没有满足的需求——来决定。

Big-G 的边际收益曲线是 *MR*，边际成本曲线是 *MC*。Big-G 通过选择边际成本等于边际收益来决定利润最大化的产量。这个产量是每周 1 万加仑。能够使 Big-G 出售这个数量的价格是每加仑 1 美元。10 家小企业接受这个价格，每个企业每周出售 1 000 加仑，如 a 幅的 *A* 点所示。

收益等于它的边际成本。其他小企业接受每加仑 1 美元的价格。它们像完全竞争企业一样。如 a 幅所示，在每加仑 1 美元的价格下整个城市对汽油的需求量为 2 万加仑。对于这个数量水平，Big-G 出售 1 万加仑，10 家小企业各自出售 1 000 加仑。

复习测验

1. 带折点的需求曲线模型预测了什么？为什么它的预测有时和它的基本假设相矛盾？
2. 你认为一个领导企业的市场是在长期均衡中吗？请解释。

myeconlab **Study Plan 13.5**

传统模型不能解释所有的的寡头市场行为，我们将要学习一些基于博弈论的新模型。

寡头博弈

经济学家将寡头看成是一个博弈，为了研究寡头市场，他们用一组叫做博弈论的工具。**博弈论**（game theory）是用于研究策略行为——考虑到其他人的预测行为和彼此行为之间的相互依赖性——的工具。1937 年，冯·诺依曼提出了博弈论，并在 1944 年由冯·诺依曼和奥斯卡·摩根斯坦的著作扩展了。今天，博弈论成为了经济学一个主要的研究领域。

使用特定的分析方法，旨在理解各种形式的博弈，包括日常生活中常见的博弈，我们用博弈论试图来理解寡头问题，如同其他形式的经济、政治、社会问题，甚至是生物竞争（参见作者与弗登博格的交谈）。我们通过所熟悉的博弈开始学习博弈论以及它在企业行为中的应用。

什么是博弈

什么是博弈？初想，这问题似乎很傻。毕竟，有许多不同的博弈。有球赛和室内游戏，有关于机会和技术的赛局。但是是什么使这些不同的活动称为博弈？这些博弈都有什么共同之处吗？为了回答这些问题，我们来看个叫做“囚徒困境”的博弈。这个博弈刻画了许多博弈的本质特征，包括寡头博弈，它充分说明了博弈论是如何工作并且是如何预测的。

囚徒困境

Art 和 Bob 在偷车时候被抓个现场。面对严密看管，他们由于自己的犯罪行为将被判刑两年。在和囚犯谈话时，地方律师怀疑他们是几个月前百万美元银行抢劫案的嫌疑人。但这只是猜测。除非疑犯自己坦白，否则地方律师没有确凿证据来证明两人犯了抢劫罪。但是怎样才能让两人坦白呢？答案是让囚犯进行博弈。所以地方律师决定让囚犯进行下文将要阐述的博弈。

所有博弈都有以下四个共同的特征：

- 规则
- 策略
- 收益
- 结果

规　则 每个囚犯被安置在单独的房间，没法和另一个囚犯交流。每人都被告知有抢劫银行的嫌疑，而且：

> 如果两人都坦白了更大的罪行，每人将会为这两次犯罪被判刑 3 年。
>
> 如果一个人坦白而他的同伙没有坦白，他将会被判刑1 年，而他的同伙将被判刑 10 年。

策　略 在博弈论中，**策略**（strategies）指每个参与者所有可能的行为。Art 和 Bob 每人都有两种可能的行为：

1. 坦白参与银行抢劫
2. 否认参与银行抢劫

因为有两个参与者，每人有两个策略，所以有 4 种可能的结果：

1. 两人都坦白
2. 两人都否认
3. Art 坦白而 Bob 否认
4. Bob 坦白而 Art 否认

收　益 每个囚犯都可以计算这 4 种情况下自己的收益。我们可以用称作博弈收益矩阵的形式说明每个囚犯 4 种可能的收益。**收益矩阵**（payoff matrix）是表示每个参与者每种可能行为对应于其他参与者每种可能行为的收益的一览表。

表 13.1 表示 Art 和 Bob 的一个收益矩阵。方框表示每个囚犯的收益——在每个方框里的深色三角形表示 Art 的收益，浅色三角形表示 Bob 的收益。如果双方都坦白（左上角），每人将被囚禁 3 年。如果 Bob 坦白而 Art 否认（右上角），Art 将被判刑 10 年而 Bob 将被判刑 1 年。如果 Art 坦白而 Bob 否认（左下角），Art 将被判刑 1 年而 Bob 将被判刑 10 年。最后，如果双方都否认（右下角），就没有证据判定两人抢劫银行，两人只会因偷盗汽车而判刑 2 年。

结　果 两个参与者的选择决定了博弈的结果。为了预测结果，我们使用由普林斯顿大学的约翰·纳什（1994 年诺贝尔经济学奖得主， 2001 年电影《美丽心灵》的主人公）提出来的均衡概念。在**纳什均衡**（Nash equilibrium）中，参与者 A 在给定 B 行为的条件下采取最好的行为，B 也在给定 A 行为的条件下采取最好的行为。

在囚徒困境的例子中，当 Art 在给定 Bob 的选择而采取他自己最好的选择，且 Bob 也在给定 Art 的选择而采取他自己最好的选择时，就得到了纳什均衡。

为了找出纳什均衡，我们比较所有的与每个选择相对应的可能收益，并且删除那些被占优的——那些不如其他选项的选项。下面我们来找出囚徒困境博弈中的纳什均衡。

找出纳什均衡 首先从 Art 的角度来分析。如果 Bob 坦白（上层），Art 的最佳行为是坦白，因为在这个情形下，他会被判刑 3 年而不是 10 年。如果 Bob 否认（下层），Art 的最佳行为还是坦白，因为在这个情形下，他会被判刑 1 年而不是 2 年。因此 Art 最佳行为是坦白。

现在再从 Bob 的角度来分析。如果 Art 坦白（左栏），Bob 的最佳行为是坦白，因为在这个情形下，他会被判刑

3 年而不是 10 年。如果 Art 否认（右栏），Bob 的最佳行为还是坦白，因为在这个情形下，他会被判刑 1 年而不是 2 年。因此 Bob 最佳行为是坦白。

因为每个参与者的最佳行为都是坦白，每人也都确实选择了坦白，都被判刑 3 年，而地方律师破获了银行抢劫案。这就是该博弈的纳什均衡。

两难困境 既然你已经找到了囚徒困境的结果，就可以更好地理解两难困境。当每个囚犯考虑否认的后果时，两难困境就出现了。每个囚犯都知道如果俩人都否认，他们只会因为偷汽车而被判刑 2 年。但是双方都没有办法知道同伙是否否认。每人都会有以下疑问：我是否应该否认并依靠同伴的否认，而使我们两人都只被判刑 2 年？或者我是否应该坦白并希望自己被判刑仅仅 1 年（前提是我的同伙否认）？我是否应该坦白如果知道同伙将要坦白，那么我们两人要入狱 3 年？两难困境得到了博弈的均衡。

坏的结果 对于囚犯来说，每人都坦白的博弈均衡并不是最好的结果。若两人都不坦白，每人因为较小罪行仅被判刑 2 年。难道没有一些方法让这更好的结果可以实现吗？看起来没有，因为参与者没有办法相互联系。每个参与者可以把自己放在另一个参与者的位置上，因此，每个参与者都可以找出对于他们自己的最优策略。囚犯确实处于两难困境。每人都知道他只有在信任另一方否认时才能被判 2 年刑。但是每个囚犯也知道另一方否认不符合另一方的最佳利益。所以每个囚犯知道他必须坦白，因此得出对双方都不好的结果。

寡头企业处于类似的状况之中，正如 Art 和 Bob 处于囚徒困境博弈中。现在我们看看如何用这个博弈来理解寡头竞争。

表 13.1 囚徒困境的收益矩阵

myeconlab

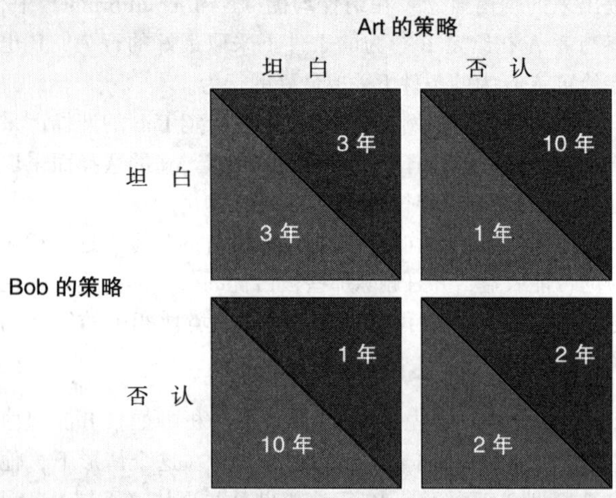

每个方框表示两个参与者——Art 和 Bob——每对可能的行为带来的收益。其中，深色三角形表示 Art 的收益而浅色三角形表示 Bob 的收益。例如，若双方都坦白，结果就是左上角方框。博弈的均衡是两者都坦白，并且每人被判刑 3 年。

固定价格寡头博弈

我们可以利用博弈论和一个类似于囚徒困境那样的博弈来理解固定价格、价格战和寡头企业其他方面的行为。我们从固定价格博弈开始。

为了理解固定价格，我们开始研究双头的特殊例子——只有两个企业的寡头。双头比有三个或更多企业的寡头更容易研究，而且它刻画了所有寡头情形的本质。无论如何，两个企业必须分享一个市场。他们如何分配取决于每个企业的行为。我们将要描述两个企业的成本，以及对于他们产品的市场需求。我们会看到博弈理论怎样帮助我们预测双头两企业的价格和产量。

成本和需求情况 有两家企业，Trick 和 Gear 生产开关装置。他们有完全相同的成本。图 13.13（a）表示他们的平均总成本曲线（*ATV*）和边际成本曲线（*MC*）。图 13.13（b）表示开关装置的市场需求曲线（*D*）。他们生产完全相同的开关装置，所以一个企业的开关装置可以成为另一个企业的产品的完全替代品。所以对于每个企业产品的市场价格是相同的。需求量取决于价格——价格越高，需求量越少。

这个行业是自然双头。两家企业能以比一家企业或是三家企业更低的成本生产。对于每家企业，当产量是每周 3 000 个单位时，平均总成本最小。当价格等于最小平均总成本时，总需求量是每周 6 000 个单位。所以两家企业能生产该数量。

合 谋 假设 Trick 和 Gear 达成一项合谋协议。**合谋协议**（collusive agreement）是两个（或更多）生产者为了形成卡特尔从而制定可以限制产量、提高价格、增加利润的协议。这种协议在美国是非法的，所以只能私下达成。在卡特尔中，企业可以选择的策略是：

- 守约

图 13.13　成本和需求

myeconlab

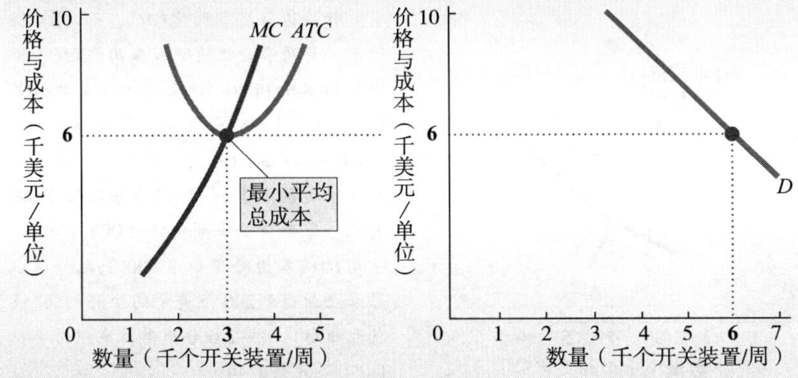

（a）单个企业　　（b）行业

每个企业的平均总成本曲线是 *ATC*，边际成本曲线是 *MC*（a 幅）。最低平均总成本是每单位 6 000 美元，其在每周产量为 3 000 单位时发生。

b 幅显示市场需求曲线。在价格为 6 000 美元时，需求量为每周 6 000 个单位。两个企业可以在最低可能平均成本上生产该产量。如果市场只有一个企业，另一个企业进入就是有利可图的。如果市场有三个企业，一家企业就会退出。在这个行业只能容许两个企业的存在。这是一个自然双头。

- 违约

企业守约则执行协议。企业违约则为了其自身的利益以另一企业的成本为代价而打破协议。

因为每个企业有两个策略，所以就有 4 种可能的行为结果：

1. 两家企业都守约
2. 两家企业都违约
3. Trick 守约而 Gear 违约
4. Gear 守约而 Trick 违约

合谋下的利润最大化　如果企业合谋形成卡特尔，并像垄断者那样行事从而获得最大利润，我们可以计算出两家企业的收益。两家企业的计算和一个垄断者的计算完全一样(参见第 12 章)。双头企业要做的惟一一件超出垄断者的事情就是每家企业生产的总产量要达成一致。

图 13.14 给出了对于双头而言行业利润最大化的价格和产量。（a）幅表示了每个企业的情况，（b）幅表示了整个行业的情况。标注 *MR* 的曲线是行业边际收益曲线。这个边际收益曲线与单一价格垄断的边际收益曲线一样(第 12 章)。标注为 MC_I 的曲线在如果每个企业生产相同的产量时是行业边际成本曲线。该曲线是在每个边际成本的水平下把两个企业的产量加在一起所实现的。也就是说，在每个边际成本水平下，行业产量是每个企业产量的两倍。所以在（b）幅中的 MC_I 曲线是（a）幅中 *MC* 曲线向右倾斜的两倍。

为了使行业利润最大化，双头企业同意把产量限制在使行业边际成本等于边际收益的点上。如（b）幅所示，产出是每周 4 000 个单位。需求曲线显示 4 000 个单位的开关装置能被卖出的最高价格为每个 9 000 美元。Trick 和 Gear 一致同意按这个价格收费。

为了使价格保持在每个 9 000 美元，产量必须为每周 4 000 个。所以 Trick 和 Gear 必须在每周 4 000 单位的总产量下对各自企业的生产水平达成协议。假设他们同意平分市场，所以每家企业每周生产 2 000 个开关装置。因为企业是完全相同的，这种分配是最有可能的。

每周生产 2 000 个开关装置的平均总成本（*ATC*）为 8 000 美元，所以每个单位产品的利润为 1 000 美元，经济利润为 200 万美元（2 000 单位×1 000 美元/单位）。每家企业的经济利润由图 13.14（a）中的灰色矩形表示。

我们刚描述了对于双头博弈的一个可能结果：两家企业合谋起来生产垄断者利润最大化的产量并在他们之间均等地划分产量。从行业的角度看，这个解和垄断的相同。这样运行的双头和垄断者没有区别。垄断者可以得到的经济利润是双头合谋时可以获得的最大总利润。

由于价格高于边际成本，任一企业都想违约，通过增加约定产量来提高利润。我们可以看到如果其中一个企业违约将会发生什么。

一个企业违背合谋协议　出于违背协议的考虑，Trick 使 Gear 相信，需求减少了，并且它没有办法每周出售 2 000 个单位。Trick 告诉 Gear 它准备降价，这样它就可以按协

图 13.14 合谋获得垄断利润

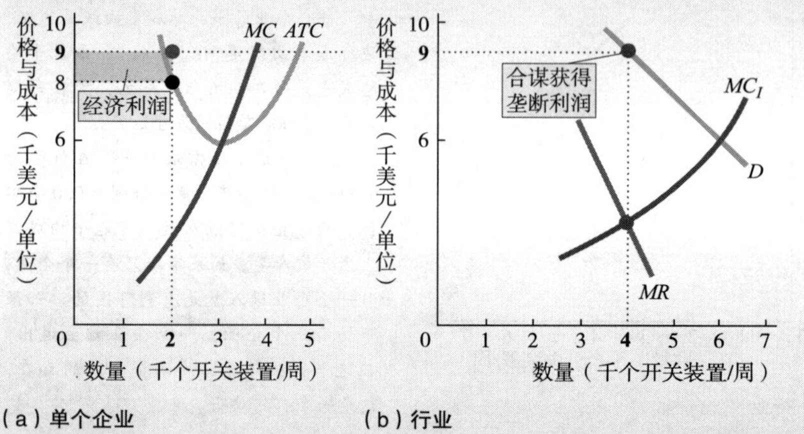

行业边际成本曲线 MC_I，如（b）幅所示，是两家企业边际成本曲线 *MC*(a幅中）的水平相加。行业边际收益曲线是 *MR*。为了使利润最大化，每周企业生产 4 000单位产品（在这个产量下，边际收益等于边际成本）。价格为每单位 9 000 美元。每个企业每周生产 2 000 个单位。平均总成本为每单位 8 000 美元，所以每家企业得到200 万美元的经济利润（浅灰色矩形）——2 000 个单位乘以每单位 1 000 美元的利润。

议每周出售 2 000 个单位。因为两个企业生产相同的产品，Gear 相应于 Trick 的降价，还是按协议每周只生产 2 000 个单位。

事实上，需求量并没有减少。Trick 打算增加产出，它知道这将要降低价格，Trick 想确信 Gear 的产量仍在协议规定的水平上。图 13.15 说明了 Trick 违约的结果。（a）显示了 Gear（守约者），（b）显示了 Trick（违约者），（c）显示了整个行业。假设 Trick 把产量增至每周 3 000 单位。如果 Gear 按照协议每周生产 2 000 单位，行业总产量为每周 5 000 单位，在（c）给定需求下，价格将为每单位 7 500 美元。

Gear 继续以每单位 8 000 美元的成本每周生产 2 000 个单位，每单位就会损失 500 美元，或每周 100 万美元。这个经济损失由（a）中的浅灰色矩形表示。Trick 以 6 000 美元的平均成本每周生产 3 000 个单位。由于价格为 7 500 美元，Trick 每单位获得利润 1 500 美元，因此经济利润为 450 万美元。这个经济利润由（b）中的浅灰色矩形显示。

我们现在已经描述了双头博弈的第二种可能结果，即其中一个企业违背合谋协议。在这个情形下，行业产出大于垄断产出，行业价格低于垄断价格。行业总的经济利润也低于垄断利润。Trick（违约者）的经济利润为 450 万美元，Gear 的经济损失为 100 万美元。行业的经济利润为 350 万美元。行业的经济利润比垄断的经济利润少 50 万美元。但是利润分配不均。Trick 获得了较大的利润，而 Gear 遭受了经济损失。

如果 Gear 违约而 Trick 守约，会有同样的结果。行业利润和价格相同，但是在这个情况下，Gear（违约者）将有 450 万美元的经济利润，而 Trick（守约者）将遭受 100 万美元的经济损失。

接下来让我们看看如果两个企业都违约会发生什么。

两个企业都违约 假设两家企业都违约，每个企业以我们刚刚分析的违约企业的行为行事。每家企业都告诉另一家企业无法按现行价格卖出产量并且计划降低价格。但是因为两家企业都违约，每家都将建议连续降低价格。只要价格超过边际成本，每家企业就有动力增加产量——违约。

只有当价格等于边际成本时才没有违约的激励。当价格达到 6 000 美元这样的情况会出现。在这个价格上，边际成本等于价格。同时，价格等于最小平均总成本。当价格小于 6 000 美元的时候，每家企业遭遇到经济损失，经济利润为零。同时，在 6 000 美元的价格下，每家企业想每周生产 3 000 单位，所以行业产出是每周 6 000 单位。在给定需求情况下，可以以 6 000 美元的价格卖出 6 000 单位。

图 13.16 说明了刚刚描述的情况。在（a）中，每家企业每周生产 3 000 单位，它的平均总成本是最小的（每单位 6 000 美元）。在（b）中，整个市场在市场需求曲线 *D* 与行业边际成本曲线 MC_I 相交的点上运转。每家企业降低其价格并增加其产量，想要比其他企业有优势。每家企业尽其所能地推动这个过程，直到引起经济亏损为止。

我们现在已经描述了这个双头博弈的第三种可能结

图 13.15　一个企业违约

myeconlab

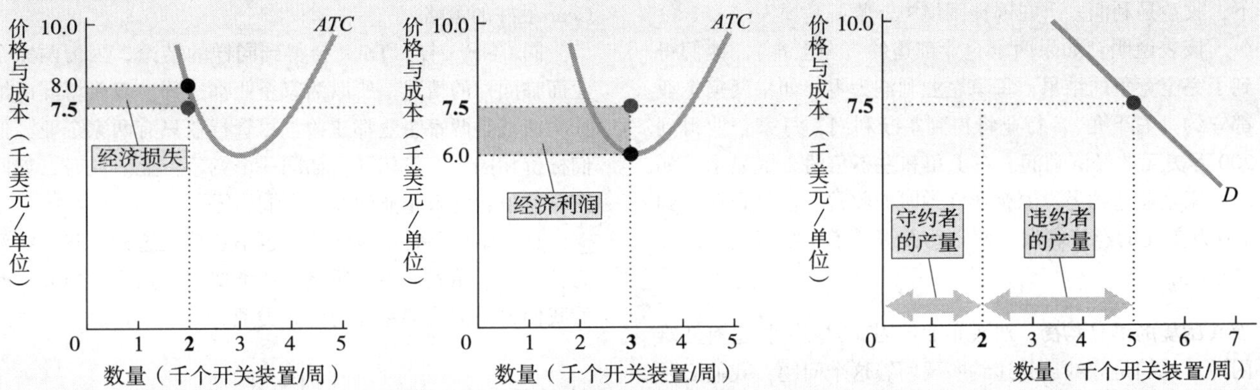

(a) 守约者　　(b) 违约者　　(c) 行业

如 (a) 幅所示，一个企业遵守协议并且生产 2 000 个单位。另一个企业，如 (b) 幅所示，违约并将其产量增加至每周 3 000 单位。给定市场需求曲线如 (c) 幅所示，每周总产量为 5 000 单位，价格降为 7 500 美元。在这个价格下，(a) 幅的守约者遭受经济损失 100 万 (500 美元 × 2 000 单位)，如浅灰色矩形所示。(b) 幅中的违约者得到经济利润 450 万 (1 500 美元 × 3 000 单位)，如浅灰色矩形所示。

图 13.16　两家企业都违约

myeconlab

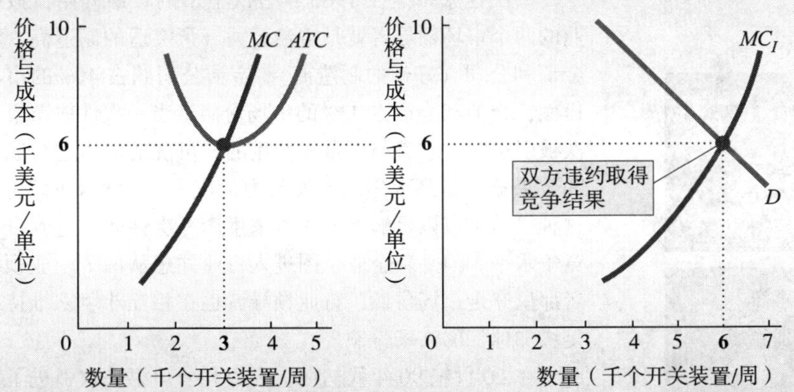

(a) 单个企业　　(b) 行业

如果两家企业都违约提高产量，合谋协议就会被破坏。其极限是竞争均衡。两家企业的价格都不会下降到6 000 美元 (最小平均总成本) 以下，因为这样做会导致损失。在 (a) 幅中，每家企业在平均总成本为 6 000 美元的水平下每周生产3 000 单位。在 (b) 幅中，总产量为 6 000 单位，价格降为 6 000 美元，每家企业的经济利润为零。这个产量和价格是在竞争行业中的情况下存在的。

果，即两家企业都违约。如果两家企业都违背合谋协议，每家企业的产量为每周 3 000 单位，价格为每单位 6 000 美元。每家企业的经济利润为零。

收益矩阵 我们已经描述了在双头博弈中的策略和收益，我们可以用博弈收益矩阵来总结策略和收益。这样我们可以找到纳什均衡。

表 13.2 显示了这个博弈的收益矩阵。做这个表的方法和表 13.1 中囚徒困境的收益矩阵的方法是相同的。方框表示两家企业——Gear 和 Trick 的收益。在这个情况下，收益是利润。（在囚徒困境中，收益是损失。）

该表说明：如果两家企业都违约（左上角），他们得到了完全竞争的结果，每家企业利润为零。如果两家企业都守约（右下角），行业将得到垄断利润，每家企业得到 200 万美元的经济利润。右上角和左下角的方框显示了如果一家企业违约另一家企业守约时的收益。违约企业得到 450 万美元的经济利润，而守约方遭受了 100 万美元的经济损失。

双头困境的纳什均衡 双头企业像囚徒困境一样也有两难困境。他们是守约还是违约？要回答这个问题，我们必须找到纳什均衡。

从 Gear 的角度看问题。Gear 推理如下：假设 Trick 违约。如果我守约，我将遭受 100 万美元的经济损失。如果我也违约，我的经济利润将为零。零总比亏损 100 万美元好，所以，如果我违约的话，情况会好些。现在假设 Trick 守约。如果我违约，我将得到 450 万美元的经济利润，如果我守约，我将得到 200 万美元的经济利润。450 万美元比 200 万美元好，所以我违约的话，情况会好些。所以不管 Trick 违约或是守约， Gear 都会违约。违约是 Gear 最好的策略。

同 Gear 一样，Trick 会得到同样的结论，因为两家企业面临同样的情况。所以两家企业都违约。双头博弈的纳什均衡就是两家企业都违约。尽管行业只有两家企业，他们标价相同，产量相同，如同一个竞争行业。同时，如同完全竞争，每家企业的经济利润为零。

这个结论不是一般性的，也不会总是这样。我们将看为什么一开始我们不去研究一些类似囚徒困境的博弈。然后我们再拓宽我们考虑的博弈类型。

表 13.2 双头博弈的收益矩阵

myeconlab

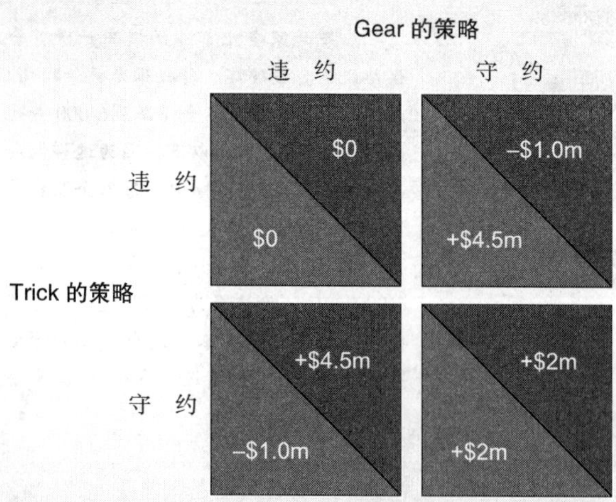

每个方框表示一组行动的收益。例如，如果企业都遵守合谋协议，右下角的方框记录了收益。深色三角形表示Gear的收益，浅色三角形表示 Trick 的收益。纳什均衡是两家企业都违约。

其他寡头博弈

寡头企业必须决定是否要进行昂贵的价格战；是否要调整他们的产品；是否要让他们的产品变得更可靠更耐用；是否要进行价格歧视，如果是，要在哪些客户群中进行，程度如何；是否要进行大型的研发（R&D）来降低生产成本；是否要进入或是退出行业。

所有这些选择都可以当成博弈来分析，就像我们刚刚描述的那个博弈一样。让我们来看个例子：R&D 博弈。

研发博弈

一次性尿布是在 1966 年首次上市的。最开始，该行业的两个市场领导者就是宝洁公司（帮宝适的制造商）和金佰利公司（好奇的制造商）。宝洁公司约占 40%的市场份额，金佰利公司占 33%的市场份额。当一次性尿布第一次被引进时，它就与可重复使用的、可洗的尿布进行成本和效果竞争。高成本的研发努力促成了一种机器的发明，这种机器可以以足够低的成本来生产一次性尿布达到最初竞争水平。但是新企业企图进入行业并想从两个企业领导者那里夺走市场份额，行业领导者也在相互斗争来维持或是增加他们的市场份额。

在 20 世纪 90 年代初期，金佰利公司第一次引进了尼龙粘性拉锁。1996 年，宝洁公司首次将“可透气的”尿布引入美国市场。

在这个行业中（或任何一个行业）取胜的关键是设计出一种比生产成本价值更高的产品。创造出最具价值产品的企业，通过发展生产产品的最低成本技术，达到可竞争的水平，削弱市场剩余，提高其市场份额，增加利润。但是用于提高产品质量和降低成本的研发是有成本的。所以，R&D 的成本必须从利润中减去，这个利润是由于增加的市场份额和降低的成本实现的。如果没有企业进行 R&D，每个企业的状况都会更好，但是，如果一家企业首先进行 R&D 活动，其他企业就会跟随其后。

表 13.3 说明了金佰利公司和宝洁公司在 R&D 博弈中的两难困境。每家企业有两个策略：每年花费 2 500 万美元用于 R&D，或者在 R&D 上不进行任何花费。如果两家企业对于 R&D 都不进行支出，他们将得到 1 亿美元的总利润：金佰利公司得 3 000 万美元，宝洁公司(收益矩阵的右下角）得 7 000 万美元。如果每个企业都进行 R&D 活动，市场份额可以维持，但是每家企业的利润低于用于 R&D（收益矩阵的左上角的方框）的花费。如果金佰利公司研发，但是宝洁不进行，金佰利赢取宝洁的大部分市场。金佰利赢取利润，而宝洁亏损（收益矩阵的右上角方框）。最后，如果宝洁研发而金佰利不进行，宝洁会赢取金佰利的市场，增加利润，而金佰利则亏损（左下角）。

面对表 13.3 的收益矩阵，两家企业计算自己的最优

表 13.3 帮宝适 PK 好奇：研发博弈

myeconlab

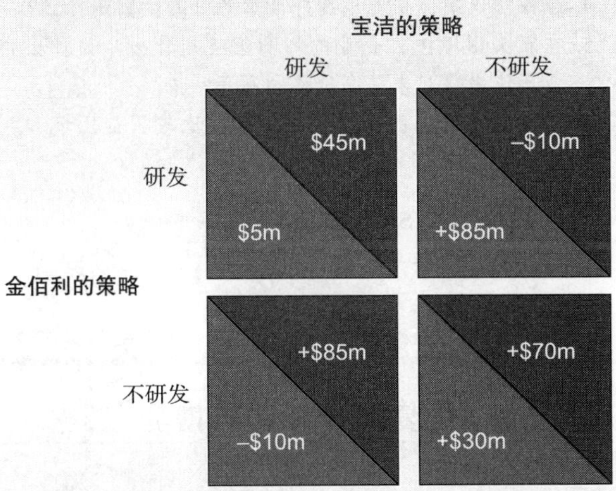

如果两家企业都进行研发，它们的收益如左上角的方框所示。如果两家企业都不进行研发，它们的收益如右下角的方框所示。当一家企业进行研发而另一家企业不进行，它们的收益如右上角和左下角的方框所示。深色三角形表示帮宝适的收益，浅色三角形表示金佰利的收益。这个博弈的均衡和囚徒困境的一样。

策略。金佰利推理如下：如果帮宝适不进行 R&D，而我们进行的话，将得到 8 500 万美元，如果我们不进行 R&D 的话，将得到 3 000 万美元。如果帮宝适进行 R&D，而我们不进行的话，将损失 1 000 万美元，如果我们进行的话，将得到 500 万美元。所以进行 R&D 是金佰利的最优策略。不论宝洁是否选择，金伯利进行 R&D 都是值得的。

宝洁的推理类似。如果金佰利不进行 R&D，而我们进行的话，将得到 8 500 万美元，如果我们不进行 R&D 的话，将得到 3 000 万美元。如果金佰利进行 R&D，而我们不进行的话，将损失 1 000 万美元，如果我们进行的话，将得到 500 万美元。所以进行 R&D 是宝洁的最优策略。

因为 R&D 是两个参与者的占优策略，它是纳什均衡。这个博弈的结果是两家企业都进行 R&D。他们得到的利润少于它们合作起来不进行 R&D 的收益。

现实世界的情况有更多的参与方，而不止是金佰利和宝洁。大量的其他企业分享一小部分市场，所有这些企业准备蚕食宝洁和金佰利的市场份额。所以这两家企业的 R&D 的努力不仅仅要保持自己的市场份额，而且还有助于防止其他企业的进入，从而保护他们的共同市场份额。

失效的“看不见的手”

到现在为止，我们学习的博弈都是囚徒困境的翻版。博弈的本质在于它收益的结构。对于每个参与者，当他守约而其他参与者违约时，对他而言最差的结果就会出现。每个参与者合作是最好的结果，但却不是纳什均衡，因为如果另一个参与者合作，他合作不符合任何一个参与者的利益。正是这种失败——未能实现两人最优，此处最优是指两人处于完全经济中最优的社会结果——使得纳什宣称(正如《美丽心灵》描述的那样）他挑战了一直指引我们的亚当·斯密，亚当·斯密的理论称通过“看不见的手”，我们追求自身利益的同时也提高了社会利益。

斗鸡博弈

囚徒困境中的纳什均衡叫做**占优策略均衡**（dominant strategy equilibrium），在这个均衡中，对于每个参与者的最好策略是违约（否认），而不论其他参与者的策略如何。但并非所有的博弈都有这样的均衡，其中一类被称为“斗鸡博弈”。

这种博弈的一个版本是说：两辆车相向而行。第一个司机要转弯来避免冲撞就叫做“胆小鬼”。如果没有“胆小鬼”，双方的损失是惨重的。对于胆小鬼，收益是零，而对于强硬的人，就赚到了。

如果参与者A选择做“胆小鬼”，参与者B的最优策略是采取强硬态度。如果参与者A强硬，参与者B的最优策略是做“胆小鬼”。

上文中的R&D博弈也可以变化成这种博弈，假设新尿布技术的R&D没有办法保密或者没法取得专利证书，那么两家企业都会获益于任一家企业的R&D。这个情况下，胆小鬼就是研发的企业。

表13.4说明了金佰利和宝洁之间的R&D博弈的胆小鬼的收益矩阵。每家企业有两个策略：研发（胆小鬼）或者不研发（强硬）。

如果两者都不做“胆小鬼”，就没有R&D，每家企业只有零的额外收益。如果每家企业都研发——两家都做“胆小鬼”——每家企业得到500万美元（从新技术得到的利润减去研发的成本）。如果只有一家企业研发，胆小鬼的收益是100万美元，强硬者的收益是1 000万美元。

表13.4 研发的斗鸡博弈

myeconlab

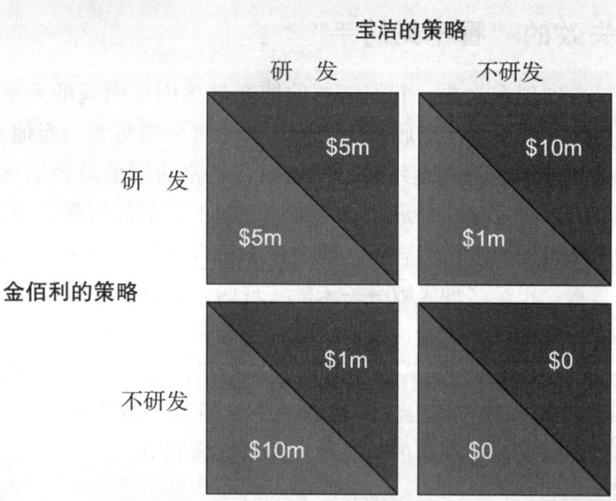

如果两家企业都研发，他们的收益如左上角的方框所示。如果两家企业都不研发，他们的收益在右下角的方框。一家企业研发而另一家企业不研发，他们的收益在右上角和左下角的方框上。深色三角形表示宝洁的收益，浅色三角形表示金佰利的收益。研发的斗鸡博弈均衡是只有一家企业研发。但我们无法预测哪家企业研发，哪家不研发。

面对表13.4的收益矩阵，两家企业都计算自己的最优策略。如果宝洁没有研发的话，金佰利研发的话会更好。如果金佰利没有研发的话，宝洁研发会更好。所以有两个均衡：一家企业研发，但是我们没法预测是哪家企业。

如果没有企业研发的话，那就不是纳什均衡，因为一家企业研发的话将得到更好的收益。如果两家企业都研发的话，那也不是纳什均衡，因为一家企业不研发将得到更高的收益。

在这个博弈中，研发企业可以靠扔硬币或者采用其他随机装置来做决定。在某些情形下，这样的策略——称为混合策略——实际上对两家企业要比上述的任何一个策略都要好。

复习测验

1. 所有博弈的共同特征是什么？
2. 描述囚徒困境，解释为什么纳什均衡给两个参与者带来坏的结果。
3. 为什么限制产量、提高价格的合谋协议会导致一个类似囚徒困境的博弈？
4. 合谋协议中，企业违约并增加产量的激励是什么？
5. 在双头困境中，企业的均衡策略是什么？为什么企业不能串谋起来提高价格和利润？
6. 描述研发博弈的两种收益结构，比较囚徒困境和斗鸡博弈。

myeconlab **Study Plan 13.6**

重复博弈和序贯博弈

我们刚学习的博弈只进行了一次。相比之下，许多现实世界的博弈是重复进行的。这种博弈的特点使现实世界的双头可以合作、串谋，并实现垄断利润。

我们学过的博弈的另一个特点是参与者同时行动。但是在现实世界许多的情形中，一个参与者先行动，另一个再行动——博弈是序贯而非同时进行的。现实世界博弈的特点带来大量可能的收益。

我们现在来看策略性决策的这两个方面。

重复双头博弈

如果两家企业重复博弈，那么一家企业就有机会惩罚另一家企业先前的“坏”行为。如果 Gear 这周违约了，或许 Trick 下周将违约。在 Gear 这周违约之前，难道它不会考虑到 Trick 下周将违约的可能性吗？这个博弈的均衡是什么？

事实上，不只这一种可能。其中之一就是我们上节所分析的纳什均衡。两个参与者违约，双方永远得到零利润。在这个情形下，没有参与者愿意开始单方面地守约，因为这样做必定会造成这个参与者的损失和另一个参与者的盈利。但是参与者分享利润的**合作均衡**（cooperative equilibrium）是可能的。

如果违约会受到惩罚，那么合作均衡就可能产生。惩罚有两个极端。最温和的惩罚叫做“以牙还牙”。*以牙还牙策略是这样一种策略：如果另一个参与者上期合作的话，那么这个参与者现期就合作；如果另一个参与者上期违约的话，那么这个参与者现期就违约。*最严厉的惩罚是触发策略。*触发策略是这样一种策略：如果另一个参与者合作，那么这个参与者就合作，一旦另一个参与者违约，那么这个参与者从今后就永远实行纳什均衡策略。*

Gear 和 Trick 之间的双头博弈，以牙还牙策略使双方合作并获得垄断利润。我们用一个例子来说明为什么会这样？

表 13.5 给出了在一些时期内的两种可选择系列事件情况下——合谋或违约——Trick 和 Gear 的利润，违约的反应是以牙还牙。

如果两家企业在第 1 期坚持合谋协议，每家企业都会得到 200 万美元的利润。假设 Trick 考虑在第 1 期违约。违约会带来 450 万美元的利润而给 Gear 造成 100 万美元的经济损失。但是在第 1 期的违约使得 Gear 在第 2 期做出反应。如果 Trick 想要转回盈利的情形，它必须在第 2 期回到协议中，即使它知道 Gear 会因它在第 1 期的违约而惩罚它。所以在第 2 期，Gear 惩罚了 Trick，而 Trick 是合作的。第 2 期 Gear 得到 450 万美元的利润，Trick 遭受 100 万美元的经济损失。把这两个时期的利润加起来，Trick 合作会得到更多的利润——400 万美元高于 350 万美元。

Gear 也是同样的推理。因为两家企业合谋会得到更多的利润，所以他们都这样做，从而维持了垄断价格、数量和利润。

表 13.5　有惩罚的违约

myeconlab

博弈阶段	合谋 Trick 的利润	合谋 Gear 的利润	以牙还牙的违约 Trick 的利润	以牙还牙的违约 Gear 的利润
1	2	2	4.5	-1.0
2	2	2	-1.0	4.5
3	2	2	2.0	2.0
4	·	·	·	·

如果双头们多次合谋，每次每家企业都有 200 万美元的利润。如果一个参与者在第 1 期违约，另一个参与者就实行以牙还牙策略，并在第 2 期违约。由违约得到的利润只能在一个时期得到并在下个时期以遭受损失付出代价。两个时期的博弈，双头靠违约得到的最好的结果是 350 万美元的利润，低于合谋得到的 400 万美元的经济利润。

现实中，一个卡特尔是单期博弈还是重复博弈主要取决于参与者的数量，以及发现和惩罚违约的难易度。参与者数量越多，维持一个卡特尔就越难。

博弈和价格战　一个重复双头博弈可以帮助我们理解现实世界，尤其是价格战。一些价格战可以看作是以牙还牙策略的实施。但是该博弈比我们刚看到的要复杂，因为产品的需求对于参与者而言是不确定的。

实行以牙还牙策略，企业有坚持垄断价格的激励。但是需求的波动导致垄断价格的波动，有时，对其中一家企业而言，价格的下降可能理解成另一家企业的违约。在这种情况下，价格战就爆发了。只有当每家企业对其他企业重新合作表示满意的时候，价格战才会停止。价格战和串谋协议的恢复会有循环。世界油价的浮动可以这样理解。

一些价格战因为少量的企业进入而爆发，而这个行业先前是垄断行业。尽管行业中企业的数目很少，但企业处于囚徒困境中，而且它们对降价无法实施有效的处罚。1995 年和 1996 年的电脑主板行业的价格和产量行为就可以这么解释。直到 1995 年，与 IBM 兼容的 Pentium 主板市场一直是由英特尔公司一家主导的，它能够在边际成本等于边际收益的条件下生产，从而获得最大利润。英特尔主板价格的设定确保供需平衡。1995 年和 1996 年，随着少量新公司的进入，这个行业变成了寡头竞争。如果它们维持英特尔的价格并且分割市场，它们得到的总利润就等于英特尔的利润。但是企业处在囚徒困境中，所以价格就会跌向竞争水平。

接下来我们学习序贯博弈。有许多这样的博弈，我们将要学习的是其中最简单的。它有个很有趣的应用，将让你体会到这种博弈的滋味。我们要学习的序贯博弈是在可竞争市场上的进入博弈。

可竞争市场上的进入序贯博弈

如果两家企业进行序贯博弈，则一家企业在博弈的第一阶段做出决策，另一家企业在第二阶段做出决策。

我们将要学习在**可竞争市场**（contestable market）的序贯博弈，在这个市场上，企业可以如此容易地进入和退出，以至于市场上的企业将面临潜在进入者的竞争。可竞争市场的例子包括航空公司和运营主要用水管道的大公司所提供的路线。这些市场是可竞争的，因为如果出现经济利润的机会，企业将进入；如果经济利润的机会消失，企业可以无成本地退出。

如果用赫芬达尔–赫希曼指数来描述竞争程度，一个可竞争市场不是竞争性的。但是一个可竞争市场上的行为就如同是完全竞争的。要知道为什么，让我们看看一个可竞争航空路线的进入博弈。

可竞争航空路线 敏捷航空是某一特定线路的惟一提供者。需求和成本情况是只能容纳一家企业。幻想航空是另一家可以提供这个线路服务的航空公司。

我们用像图 13.17 的博弈树来描述序贯博弈的结构。在第一阶段，敏捷航空设定价格。一旦设定价格并宣传，敏捷航空就无法改变了。那就是说，一旦设定，敏捷航空的价格就是固定的，并且敏捷航空无法对幻想航空的进入行为做出反应。敏捷航空可以在垄断或是竞争水平设定其价格。

在第二阶段，幻想航空必须决定是否进入该行业。顾客没有忠诚度（因为飞行不频繁），他们乘坐价格最低的飞机。所以如果幻想航空进入，它一定选择比敏捷航空低的价格并抢走所有业务。

图 13.17 显示了各种决策情形下（敏捷航空是深色三角形，幻想航空是浅色三角形）的收益。

要设定价格，敏捷航空的 CEO 推理如下：假设我们设定垄断价格。如果幻想航空进入，其利润为 90（所有收益的单位是千美元）。如果幻想航空不进入，其利润为零。故幻想航空会进入。这样我将会亏损 50。

现假设敏捷航空设定竞争价格，如果幻想航空不进入，其利润为零，如果幻想航空进入，其亏损 10，所以幻想航空不会进入。这样敏捷航空利润为零。

敏捷航空的最优策略是把价格设定在竞争水平上，利

图 13.17 敏捷航空 PK 幻想航空：可竞争市场上的进入序贯博弈

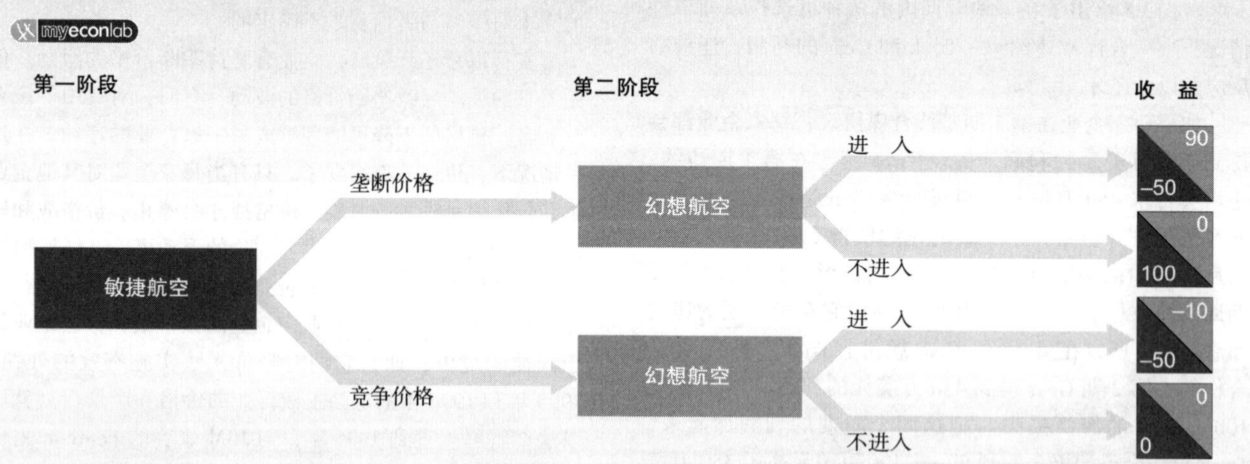

如果敏捷航空设定垄断价格，幻想航空进入，利润为 9 万美元，不进入利润为零。所以如果敏捷航空设定垄断价格，幻想航空则进入。

如果敏捷航空设定竞争价格，幻想航空不进入利润为零，进入会亏损。所以如果敏捷航空设定竞争价格，幻想航空则不进入。

润为零。设定垄断价格，获得 100 的利润，而同时又让幻想航空不进入对敏捷航空而言是不可行的：因为，如果他设定了垄断价格，幻想航空便会进入，并降价抢走敏捷航空所有的业务。

本例中，敏捷航空把价格设定在竞争水平上，利润为零。一种成本较小的策略，称为**限制定价**（limited pricing），是指设定一个能让进入者亏损的最高价格。任意大的损失都足以阻止进入者，所以没有必要把价格设定在竞争价格那么低的水平上。在敏捷航空和幻想航空的例子中，在竞争价格水平上，幻想航空进入将会亏损 10。一个较小的损失仍能阻止幻想航空进入。

这个博弈有趣之处在于它给出这么一种可能性：垄断者能像竞争行业那样行事，在没有管制的情况下能提高社会利益。但是这个结果不具一般性，它取决于博弈结构的关键性的特征：在第二阶段，敏捷航空被锁定在第一阶段的价格上。

如果敏捷航空在第二阶段能够改变其价格，而且幻想航空不进入，它就可以设定垄断价格——垄断价格的利润 100 高于竞争价格的利润零。但是幻想航空知道敏捷航空将怎么做，所以在第一阶段设定的价格对幻想航空没有影响。如果敏捷航空设定垄断价格，幻想航空可能进入也可能不进入。

我们考查了众多的重复博弈和序贯博弈当中的两个例子，你应该明白了不同类型的博弈是如何错综复杂地影响价格和利润的。

复习测验

1. 如果一个囚徒困境重复进行，参与者可能采用的惩罚策略是什么？重复博弈如何改变均衡？
2. 如果一个市场是可竞争的，其均衡和垄断均衡有什么差别？

myeconlab **Study Plan 13.7**

◆ 垄断竞争和寡头是日常生活中常见市场结构中最普通的。阅读材料中描述了戴尔和惠普在个人电脑市场上的竞争。

至此，除了在第 12 章末简短地介绍了垄断政策的问题，我们已经学习了未被管制的市场力量。下一章你将看到管制和美国反垄断法是如何影响市场力量的。

阅读材料：事例与分析

戴尔和惠普的市场份额竞争

http://www.nytimes.com

老式价格战术现在可能无法战胜对手了

2006年5月13日

戴尔电脑大幅降价。

这种传统战术使得戴尔公司成为全球最大的电脑生产商。随着个人电脑总需求的下降，价格也降下来了。虽说降价暂时会降低毛利，但这让你的竞争对手更难受，因为降价你得到了更大的市场份额，而这将提高来年的销售收入。

戴尔在2000年成功地实现了这一点。但自从上个月戴尔降价以来，Inspiron从1200美元下降到700美元之多，Dimension台式机从1079美元下降到500美元，众多分析员基于Round Rock和Tex说，现在这种做法是荒唐的。

什么发生了变化呢？……其他的且不说，戴尔的竞争对手已经变了。值得一提的是，惠普公司已不再是6年前臃肿、行动迟缓的模样了……

从个人电脑行业的销售统计数字就可以看出这个明显的证据。今年前3个月该行业销售量增长了12.9%，戴尔只增长了10.2%。这是第一次戴尔销售量的增幅低于行业增幅。而惠普销售量增长了22.2%。

而且，在惠普看来，不通过价格战就可以战胜戴尔。惠普已经实施了一项雄心壮志的营销计划，其广告突出一点：“电脑还是个性化的。”

这项计划……以知名品牌和电脑个性化为特征……（惠普）增加了诸如快速播放的技术，这项技术可以让用户不用等待开机就可以看DVD或者听CD。广告说：“不用开机，直接播放吧。”

事件的本质

- 2006年4月，戴尔大幅度削减价格。
- 2000年戴尔削减价格，并且随后几年增加了市场份额和利润。
- 但是专家认为价格削减如今并不适用。
- 惠普比6年前强大得多。
- 在2006年第1个季度，整个行业的PC订单增加了12.9%，戴尔增长了10.2%，惠普增加了22.2%。
- 惠普认为，它不需削减价格，就能打败戴尔。取而代之它将开展一次PC营销运动，其带来一些新的和改进的特点，这些特点是不用启动操作系统就可以使用DVDs和CDs。

经 济 分 析

- 全球个人电脑市场有多家厂商，但是其中的两个厂商主导整个市场：戴尔和惠普。
- 图 1给出了全球个人电脑市场的市场份额，可以看出戴尔和惠普是份额最大的两个厂商，但是还有几乎一半的市场是由那些小企业供应的。
- 表1 给出了戴尔和惠普在 2000 年博弈中的收益矩阵（利润以百万美元计）（这些数字是虚构的）。
- 这个博弈存在着类似于双寡头的占优策略均衡。
- 如果惠普降价，戴尔降价的利润较大（2 千万美元而非亏损 1 千万）。如果惠普保持价格不变，戴尔降价的利润较大（4 千万美元而非零利润）。
- 所以戴尔的最优策略是降价。
- 如果戴尔降价，惠普降价的利润较大（500 万美元而非亏损 2 千万）。如果戴尔保持价格不变，惠普降价的利润较大（1 千万美元而非零利润）。
- 所以惠普的最优策略是降价。
- 表 2 给出了戴尔和惠普在 2006 年博弈中的收益矩阵。
- 这个博弈中同样存在占优策略均衡。
- 如果惠普降价，戴尔降价的利润较大（1 千万而非亏损 1 千万美元）。如果惠普提高它的营销和设计能力，戴尔降价的利润较大（500 万而非亏损 2 千万美元）。
- 所以戴尔的最优策略是降价。
- 如果戴尔降价，惠普提高其营销和设计能力利润更大（2 千万美元而非 1 千万）。如果戴尔保持价格不变，惠普提高营销和研发能力利润更大（4 千万美元而非 2 千万）。
- 所以惠普的最优策略是提高营销和设计能力。

惠普的策略 \ 戴尔的策略	降价	维持原价
降价	+$20m / +$5m	–$10m / +$10m
维持原价	+$40m / –$20m	$0 / $0

表1　2000年的策略与均衡

惠普的策略 \ 戴尔的策略	降价	维持原价
降价	+$10m / +$10m	–$10m / +$20m
维持原价	+$5m / +$20m	–$20m / +$40m

表2　2006年的策略与均衡

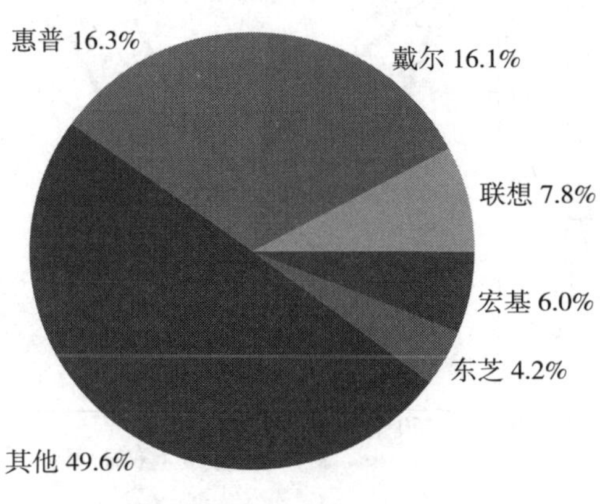

图1　2006年的PC市场份额

内容提要

要　点

什么是垄断竞争?

- 垄断竞争是指大量企业在产品质量、价格和营销上相互竞争。

垄断竞争中的价格和产量

- 垄断竞争中的每一家企业都面临向下倾斜的需求曲线，并生产利润最大化的产量。
- 进入和退出的利润都是零，长期均衡中生产能力过剩。

产品开发和营销

- 垄断竞争中的企业会创新开发出新产品。
- 广告支出会提高总成本，但若广告增加的销量足够多，平均总成本可能会下降。
- 垄断竞争是否有效取决于产品差异化对我们的价值。

什么是寡头?

- 寡头是指市场上只有少数企业在竞争。

两个传统寡头模型

- 如果竞争对手只对降价而不对提价做反应，那么企业面临带折点的需求曲线。
- 如果市场有一领导者，它行事正如垄断者而其他小企业则如价格接受者。

寡头博弈

- 我们使用博弈论来分析寡头博弈，博弈论是一种分析策略行为的工具。
- 在囚徒困境博弈中，每一个囚徒都追逐自身利益但损害了他们共同的利益。
- 寡头（双头）固定价格博弈是一种囚徒困境博弈，其中企业可以选择合谋或者违约。
- 纳什均衡中，企业都选择违约，市场上的产量和价格如同完全竞争。
- 企业的广告和研发决策可以用博弈论来研究。

重复博弈和序贯博弈

- 在重复博弈中，惩罚策略可以达成合作均衡，其中产量和价格如同垄断市场。
- 在可竞争市场中的序贯博弈中，即使只有少量企业，他们行事如同完全竞争。

关键图表

图 13.2　短期的经济利润
图 13.4　长期的产量和价格
图 13.5　生产能力过剩和成本加价
图 13.7　销售成本和总成本
图 13.8　广告和成本加价
图 13.13　成本和需求
图 13.14　合谋获得垄断利润
表 13.1　囚徒困境的收益矩阵
表 13.2　双头博弈的收益矩阵

关键术语

垄断竞争	产品差异化
信　号	寡　头
自然双头	卡特尔
博弈论	策　略
收益矩阵	纳什均衡
合谋协议	占优策略均衡
合作均衡	可竞争市场
限制定价	

习　题

1. 下图给出了一家跑鞋生产商 L&K 公司所面临的情形。

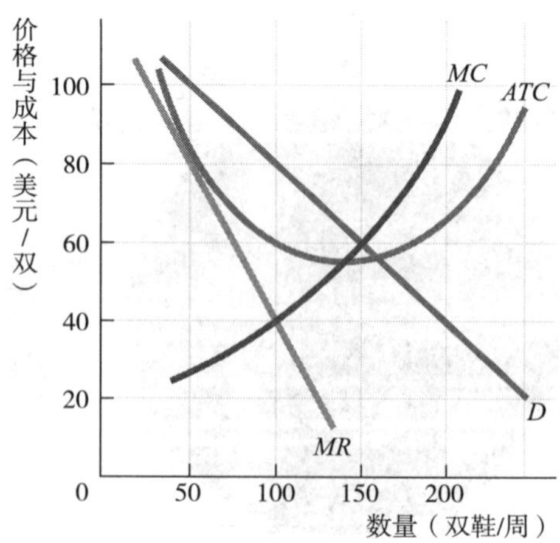

a. L&K 生产量是多少?

b. 一双 L&K 跑鞋的价格是多少？
c. L&K 的经济利润是多少？

2. 在跑鞋市场上，所有的公司都面临问题 1 中 L&K 公司的需求曲线和成本曲线。
a. 长期中，跑鞋的价格会发生什么变化？
b. 长期中，L&K 生产的跑鞋数量会发生什么变化？
c. 长期中，整个市场的跑鞋数量会发生什么变化？
d. 长期中，L&K 是否会在最低平均总成本处生产？解释你的答案。
e. L&K 跑鞋的价格和边际成本有什么关系？

3. 假设一件 Tommy Hilfiger 夹克的边际成本是 100 美元，并且一家公司门市一天的固定成本是 2000 美元。商店利润最大化的销量是 1 天 20 件。现在附近的商店开始对他们的夹克做广告，Tommy Hilfiger 现在每天花费 2000 美元为它的夹克做广告，利润最大化的销量现在变为 1 天 50 件。
a. 在广告前，该商店售出的一件夹克的平均总成本是多少？
b. 在广告后，该商店售出的一件夹克的平均总成本是多少？
c. 你能否回答 Tommy Hilfiger 夹克的价格变化吗？请解释。
d. 你能否回答 Tommy 价格的成本加价变化吗？请解释。
e. 你能否回答 Tommy 经济利润的变化吗？请解释。

4. 绝大部分个人电脑使用的芯片是由英特尔和 AMD 两大公司生产的，这使得电脑芯片市场形成双寡头竞争的局面。大体描绘出市场需求曲线和供给曲线，这些曲线能够刻画这个市场的状况和阻止其他企业的进入。

5. 沃尔玛平板电视的成本价下跌了，该公司正在决定是否要降低销售价。沃尔玛认为如果降价，那么所有竞争对手都会降价。但若提高价格，则没有一个竞争对手会跟着提价。
a. 画图表示沃尔玛认为它所面临的平板电视市场状况。
b. 你认为沃尔玛会降低平板电视的价格吗？请画图并阐述你的答案。

6. Big Joes 货车运输公司的成本低于市场中其他的 20 家小货车运输公司。该市场是一个主导厂商的寡头市场，并已在均衡中。假设运输的需求增加了。试阐述需求的增加对他们价格、产量和利润的影响：
a. 对 Big Joes
b. 对某个小公司

7. 考虑一个有两个玩家的游戏，在这个游戏中，每个玩家都被问一个问题。玩家可以诚实回答问题也可以撒谎。如果两人都诚实回答，每人可以获得 100 美元。但若其中一个诚实回答而另外一个撒谎，那么撒谎的那个人可以获得 500 美元，另一个什么也不能得到。如果两人都撒谎，那么他们都只获得 50 美元。
a. 给出该博弈的策略和收益。
b. 构造该博弈的收益矩阵。
c. 该博弈的均衡是什么？
d. 该博弈和囚徒困境比较，有什么相同和不同？阐述之。

8. Soapy 公司和 Suddies 公司是惟一两家皂粉生产商。他们达成合谋并相约平分市场。如果没有违约，每家公司获得1 百万利润。如果一方违约，违约方获利 150 万美元而守约方亏损 50 万美元。如果双方都违约，那么他们各自都是盈亏平衡。任何一家企业都无法监督另一家的行为。
a. 该博弈的策略是什么？
b. 构造该博弈的收益矩阵。
c. 如果该博弈只进行一次，其均衡是什么？
d. 该均衡是占优策略均衡吗？请解释。

9. 如果 Soapy 公司和 Suddies 公司重复习题 8 所中的双头博弈，每期收益不变。
a. 现在每家企业可选的策略有哪些？
b. 该博弈有合作均衡吗？
c. 如果一家企业违约的收益改为违约方获利 140 万美元而守约方亏损 50 万美元，此时有合作均衡吗？

批判性思考

1. 根据阅读材料回答以下问题：
a. 戴尔和惠普在 2000 年和 2006 年的策略是什么？
b. 根据阅读材料，为什么戴尔在 2006 年比 2000 年度过更艰难时期？
c. 为什么惠普开发新产品与营销活动与削减价格并行呢？
d. 你认为戴尔为了保持它的市场领导者地位必须做些什么？
e. 你如何描述 PC 的全球市场？它是否是寡头或寡头竞争的例子？

2. 假定 Nerscape 和微软各自开发出一款新的网络浏览器，这些浏览器可以让广告商更准确地对消费者定位。而且这些新的浏览器比以往版本使用更简单有趣。每一家企业都在决定是否要出售各自的浏览器？每一种行动的收益是多少？可能发生哪种行动呢？

3. 为什么可口可乐和百事可乐要斥巨资做广告？他们能从广告中获利吗？消费者能从中获利吗？阐述你的答案。
4. 微软的 Xbox360、Nintendo 的 Wii 和索尼的 PlayStation3 在大力争夺最新一代的游戏平台。其中 Xbox360 最早上市，Wii 价格最低，PS3 技术最先进、价格也最高。
   a. 以博弈的形式描述这些厂商的游戏平台竞争。
   b. 这个博弈中相关的设计、营销和定价策略是什么？
   c. 该博弈的均衡是什么呢？
   d. 你能给出三家企业如此不同的原因吗？

网上活动

1. 获取关于维生素市场的信息。
   a. 维生素销售市场是何种类型？
   b. 在 20 世纪 90 年代，维生素市场发生过什么违法事件？
   c. 以博弈的方式描述 BASF 和 Roche 之间的行动，并给出该博弈假想的收益矩阵。
   d. BASF 和 Roche 之间的博弈是单期博弈还是重复博弈？你如何判断该博弈的类型？
2. 获取关于艺术和古董市场的信息。
   a. 在 20 世纪 90 年代，在艺术和古董拍卖市场上发生过什么违法事件？
   b. 描述 Sothehy 和 Christie 之间的博弈，并列出收益矩阵。

管理变革

我们的经济一直在变。每年都有新的产品出现和旧的产品消失，以及新企业诞生和旧企业消亡。这些变化过程由市场上运作的企业发起和管理。当一种新的产品被发明，最初只有一到两家企业卖它。例如，当最初出现个人电脑时，只有IBM和苹果两家公司销售。IBM个人电脑只有一个操作系统，即微软生产的DOS。另一个企业——英特尔——制造了运行IBM个人电脑的芯片。这些是生产者拥有制定产品价格和产品数量的市场力量的例子。不会遇到新生产者挑战的单个企业的极端的情况就是第12章解释过的垄断。

但是并不是所有的只有一个生产者的行业就是垄断。在许多情况下，一家生产一种新产品的企业要面对新竞争对手的残酷竞争。面临潜在竞争的企业是可竞争市场的情况。如果需求增加并且市场空间大于一家企业，这个行业的竞争就会变得更加激烈。即使只有两个竞争对手，该行业也大大地改变了面貌。双寡头垄断——只有两个生产者的状况——解释了这种巨大变化。两家企业都必须密切注意双方的生产和价格并且预测自己的行动对对方行动的影响，我们称这样的情况为战略相互依赖性。随着竞争对手数目的增加，行业变为寡头，即少数几家企业制定战略并密切注意竞争者战略的市场。

随着不断有新的企业进入该行业，市场最终变成竞争性的。竞争可能是有限的，因为每个企业生产自己特殊版本或品牌的产品。这种情况被称为垄断竞争，因为它同时拥有垄断和竞争的成分。第13章探讨了垄断和完全竞争这两个极端之间所有类型市场中的企业的行为。

当竞争是极端的——我们称之为完全竞争的情况——市场又一次发生显著的改变了。此时企业不能影响价格。第11章解释了这种情况。

通常，当一个行业中规模更大更成功的企业通过将较小的企业挤出市场或者以收购的形式吞并较小的企业时，竞争就变得不那么激烈了。通过这个过程，行业可能回到寡头甚至是垄断。你可以在今天的汽车和银行业看到这种变化。

通过研究企业和市场，我们更加深刻的理解了配置稀缺资源的力量并开始看见“看不见的手”的解剖。

许多经济学家推进了我们对这些力量的理解。我们将要介绍其中的两位。约翰·冯·诺依曼开拓了博弈论，而朱·弗登博格是当代战略行为领袖级学者之一。

市场力量

现实生活充满着计谋和小伎俩，你问自己的正是别人想这么做的。

——约翰·冯·诺依曼

在伦敦的出租车上对雅科布·布罗纳夫斯基如是说，并由《男人的阶梯》报道

经济学家

约翰·冯·诺依曼（John Von Neumann）是 20 世纪伟大天才之一。他于 1903 年生于匈牙利的布达佩斯，孩提时就因其超凡的数学才华而闻名。他的第一篇数学论文是在其老师的课上产生的，那时他只有 18 岁。但冯·诺依曼发表开拓博弈论研究的文章是在 1928 年他 25 岁时，这篇文章掀起了博弈论研究浪潮——这股浪潮直到如今仍没有消失。在那篇论文中，他证明了在零和博弈中（类似于分割蛋糕），每个参与者有个最优策略。

冯·诺依曼发明了计算机并制造了第一台实用的现代计算机，并从事“曼哈顿计划”的工作，这项计划二战期间在新墨西哥州制造了原子弹。

冯·诺依曼相信社会科学只有应用数学工具才能进步。但他认为社会科学需要的数学工具不同于物理学。

问　题

有市场力量的企业收取的价格往往比完全竞争的企业高，这一点也不奇怪。但是到底高多少呢？

这个问题已经困扰了好几代的经济学家。亚当·斯密说过：“垄断的价格只要有机会就会上升到能得到的最高的水平。”但是他错了。安东尼·奥古斯汀·古诺第一次算出垄断价格。这并不是“能得到的最高价格”，而是使利润最大化的价格。直到一个世纪后当琼·罗宾逊解释垄断者如何制定价格时，古诺的著作才受到重视。

有关垄断的问题在 19 世纪 70 年代变得越来越急迫和实际。当时，急剧的技术变革和不断下降的运输成本催化了垄断在美国出现。垄断支配了石油、钢铁、铁路、烟草甚至糖。产业帝国变得越来越大。

19 世纪垄断的成功催生了反托拉斯法——限制使用市场力量的法律。这些法律已经被用于阻止垄断的建立和打破现有的垄断。20 世纪 60 年代，通用电气公司、西屋电气公司和其他企业合谋起来固定价格而不互相竞争，这部法律就被用来结束这种合谋。20 世纪 80 年代，这部法律还用来在远程通信领域引进更激烈的竞争。但是尽管有了反托拉斯法，接近于垄断的情况仍然存在。当今最著名的垄断主要是电脑芯片和操作系统。与先驱者一样，今天这些准垄断的企业获得巨大的利润。但是与 19 世纪不同的是，当今发生的技术变革加强了竞争的力量。当今的信息技术创造了以前所没有的服务的替代品。直播卫星电视与有线电视竞争，新的电话公司和传统的电话垄断者竞争。

现 在

尽管有管制垄断的反托拉斯法，垄断依然存在。一种垄断就是有线电视的垄断。在许多城市，一个企业决定接收哪些频道以及它们要支付的价格。在 20 世纪 80 年代，随着卫星技术和 CNN 和 HBO 这些特殊有线节目生产者的进步，有线电视公司提高了它们的供给量，同时，他们逐步提高价格，并且它们的业务也变得更加有利可图。但是正是使有线电视获利的技术向它们的市场力量提出挑战。直播的卫星电视服务和通过因特网的电视服务削弱了有线电视的垄断，并使这个市场的竞争更加激烈。

当 时

无情的贪婪、剥削工人和顾客——这是垄断者和市场力量影响的传统形象。这些形象看起来准确描述了 19 世纪 80 年代垄断者站在权力和影响的巅峰。约翰·洛克菲勒这个垄断者建立了巨大的美孚石油公司，在 1879 年该公司的炼油占全国的 90%，并控制整个管道运输能力。

如今，许多研究微观经济学的经济学家运用了冯·诺依曼开创的思想。博弈论是一种选择工具。哈佛大学的朱·弗登博格是一位善于运用了这种工具并为完善它做了很多工作的经济学家，我们将在下一页中见到他。

与朱·弗登博格交谈

朱·弗登博格（Drew Fudenberg）是哈佛大学的Frederic E. Abbe经济学教授，1957年生于纽约，在哈佛学习应用数学，在MIT学习经济学并于1981年在麻省理工学院获得博士学位。他的研究和教学生涯始于加利福尼亚大学伯克利分校，随后于1987年转入MIT，在1993年转入哈佛大学。

弗登博格教授在博弈论研究领域处于领先地位，他研究了第13章描述过的参与者在不完全信息下以何种方式进行博弈。这项研究使得超过60篇论文以及两部著作的诞生，包括《博弈论》（与Jean Tinole合著，麻省理工学院出版社，1991年）、《博弈学习理论》（与戴维·莱文合著，麻省理工学院出版社，1998年）。

迈克尔·帕金和朱·弗登博格的对话内容包括他的职业、博弈论的前景以及他的一些研究成果。

弗登博格教授，对于经济学生涯而言，本科数学专业是否比经济学专业更有优势？

数学是研究生学习经济学，特别是理论经济学的良好基础。部分原因在于数学中的一些结论很有用，但主要是因为数学提供了良好的抽象思维和严密逻辑推理的训练。

我的专业不是数学而是“应用数学”。在哈佛大学，这是一个非常自由的专业，包括物理、计算机科学以及除了数学和应用数学课外学生选择的应用领域。作为一个本科生，实际上我学习了和数学与应用数学课程联合起来一样多的经济学课程。回过头来，以我的现在研究兴趣来看，当时我就应该修更多的数学和概率课。但是离开大学时我学会了一项对于经济学家而言可能是最重要的数学技巧：如果需要，愿意看书来学习新的工具。

为什么您会成为一个经济学家？

我确实很喜欢大学里的经济学课程，并在本科生阶段修了一些研究生的课程。我发现自己有能力做研究。很幸运我拥有很多富有灵感的老师，例如阿罗、拉法（Howard Raiffa）和迈克尔·斯宾斯，还有一个鼓励我考虑研究生学习，并支持我在本科时就开始阅读学术期刊的导师沙维尔(Steven Shavell)。在高年级的时候，我把其他专业都排除以后，只剩下经济与法律，最终我在那个春天选择了经济学。

经济学原理的课本（包括这本书）介绍博弈论为理解寡头策略行为的一种工具。你能举出博弈论更广泛应用的例子吗？

博弈论在经济学的许多领域得到运用。它帮助我们研究央行实行抑制通货膨胀的货币政策的可靠性；政府面临的是对资本收税还是对国债贬值的两难问题；工会和管理层之间的谈判；发展中国家民族化外资的决策；法庭正式开庭之前双方律师之间的谈判，以及利益集团的游说活动等。

博弈论同样被运用于经济学以外的领域。政治学家用它来更深刻的理解军备竞赛和其他的策略决策。生物学家用它来研究进化的周期和存活的物种。

有一些经济学家认为博弈论是惟一有意思的博弈。其他人却认为它没有任何经验内容。你会如何向一个初学者解释博弈论的成果以及前景？

博弈论目前的状态还很不完美，但是它确实能帮助我们理解和预测很多重大的情形。经济学中的任何事物都可以看作是一个博弈，除非是在单个经济人决策（没有其他人）或是完全竞争经济（其中每个人只关心市场价格和他自己的决策）。但在其他所有的情况下，除了博弈论之外，惟一的选择好像只有完全不分析。

……惟一的选择好像只有完全不分析。

已经证明博弈论是分析定性问题的一个很有用的方法，例如“重复的相互作用如何帮助合作”以及“一个领导企业如何在一个有网络外部性的市场中开拓它的位置”。并且长期以来博弈论用来激发和解释经济模型的实验结果。

在实地数据的经济研究中，应用博弈论更加困难。但是近几年在这个领域的也有了很大的进步，其中部分归功于我的同事 Ariel Pakes 和 Susan Athey 的工作。

隐藏在“没有经验内容”批评背后的真理的种子是：（a）博弈设定中一个看起来很小的变化有时可以导致很大的均衡变化；（b）即使我们相当确定我们理解正在进行的博弈，其结果预测也没有我们预料中的那么准确。当然，在很多领域都有这样的抱怨，但是我得承认如果这些抱怨不是真的，那么无论是学术界还是现实世界都会简单许多。

为了得到“做 x”的声誉，你必须每次有机会时都做 x！

在你研究的博弈中，参与者只有有限的知识。经济学家如何研究参与者不知道收益结构以及无法预测其他参与者行为的博弈？

标准的纳什均衡概念认为每个参与者的策略是对其他参与者策略的最佳反应。概念本身没有提到参与者的知识以及博弈何时以及和如何进行以达到一个均衡。在有些博弈中，精明的参与者经过仔细推理可能在他们第一次博弈就达到均衡。

但是在博弈论实验中，更典型的情形是从非均衡开始，随着参与者经验的增加最后达到均衡。这种调整可能是由人类的学习造成的，他们知道博弈的参与人，但这不是必要的。当参与人是由遗传代码控制的从不思考的个体时，纳什均衡也可能实现，正如同进化论生物学家所研究的基因博弈一样。

所以经济人不懂博弈这一事实并不表示博弈论没有用。但是，这种调整的过程需要时间，并且在很多环境下，人们并不知道观察到的行动是否会逼近均衡。

在实验室，区分均衡和非均衡是相当容易的，其中实验控制了收益结构。但实地数据中，这种区分就困难得多，因为收益也是要估计的一部分。

在这几年博弈论的经验应用进步很快，但大多只是把保持均衡作为一个假设。在博弈论应用领域，设计对均衡的经验检验成为一个主要的开放问题。

一个人如何获得声誉？而这如何帮助他获得一个好结果？声誉总是可以改善结果吗？

为了得到“做 x”的声誉，你必须每次有机会时都做 x！这可能会有短期成本，但是，如果你要经常参与这种博弈并且要有足够的耐性，承受这些损失而建立你想要的声誉就是值得的。

相反地，一个短期参与者或者一个没有耐性的参与者不愿意投资以获得一个声誉。最简单的例子是一个长期参与者依次面对一些短期参与者，双方在每回合都同时选择行动，而且后来的参与者观察到这些。此时建立一个声誉的机会成本并不会损害长期参与者，反而对其有益。如果有两个或两个以上的长期参与者试图建立各自的声誉，或者每一回合里的行为是序贯而非同时发生的，事情就会变得更加复杂。

例如，如果你的对手从来不在做 y，建立例如“在对手做 y 后做 x”这样的声誉就很困难。

你早期的论文其中有一篇题目很有吸引力，“肥猫效应、小狗以及饿狼面目（The Fat-Cat Effect, the Puppy-Dog Ploy, and the Lean and Hungry Look）”，这篇论文研究什么？有什么发现吗？

迈克尔·斯宾斯和迪克西特早期一些的论文证明，在位企业如何通过“过量投资”来诱使后来（第二阶段）的进入者以较小规模进入。他们论文的逻辑是通过更多投资，企业就会降低第二阶段的生产成本，这会导致第二阶段有更高的产量。反过来这会导致进入者产量减少，而这正是在位者的利益所在。

我和让·梯若尔提供了一个对在位者可能改变投资决策来影响潜在进入者行为的系统分析和分类法。我们区分了四种可能的策略然后花了几个星期为它们寻找好的名字。

具体而言："大狗"策略是由斯宾斯和迪克西特研究的，即在位者通过额外的投资变得大而强硬。这种策略不仅诱使进入者较少生产并且很有可能不进入，所以对于进入后容纳和阻止进入都是一种好战略。

"肥猫"策略是做额外的投资使自己很大但不具攻击性。如果不具攻击性的行为能让进入者反应良好，这种策略是一种好的容纳方式，但决不是吓阻进入的好办法。

"小狗策略"或多或少有些相反：投资较少，自己规模很小也没有进攻性。

最后，"饿狼面目"指随时准备威胁对手。当第一期的投资是广告而非物质资本投资时，就可以应用这种策略。

对于刚开始学习经济学的人而言您有什么忠告呢？还有哪些学科可以帮助经济学？您有推荐阅读材料吗？

我在最早的经济学课程中读过 Heilbronner 的《世间的哲学家》，至今我仍把它作为该领域的全面的评述。同时我推荐诺斯的经济史，特别是他著名的《经济史的结构和变迁》，以及 David Landes 的《被缚的普罗米修斯：1750 年至今西欧的技术变迁和产业发展》。

我建议我的学生定期阅览诸如《经济学家》、《金融时报》和《华尔街日报》，寻找有趣的文章。随着年级的提高，他们应该经常阅读经济学期刊上的文章，来了解当前研究并寻找他们感兴趣的专题。

就其他学科而言，我建议有志于经济学研究的同学去学习数学，从介绍性的到事实分析，以及概率论与统计学的基础课程。熟悉编程也是非常有用的，这些可以在课上或课外获得。除此之外，就看学生个人的兴趣了。

第五编 市场失灵与政府

第 14 章

管制与反托拉斯法

社会利益还是生产者的自身利益

当你使用自来水、打市内电话或者服用一种名牌药品时，你是在向一个受管制的垄断者购买产品或服务。怎样管制这些行业？管制是要保护每个人的利益——社会利益，还是要保护垄断生产者自身的利益？

几年以前，百事公司和七喜公司（7-up）想合并。可口可乐公司与乐倍公司（Dr Pepper）也想合并。依据反托拉斯法，政府最终阻止了这两起合并案。同样根据反托拉斯法，政府曾允许几家大银行的合并，却拆分了美国电话电报公司（AT&T），其结果是，在今天的长途电话业务市场中出现了竞争。

依据反托拉斯法，政府还指控微软公司涉嫌垄断计算机操作系统和网络浏览器市场。

在本章末的阅读材料中，我们可以看到，制药公司因为受到专利保护而形成的市场力量以及药品市场的竞争产生的影响。

◆ 在本章中，我们将要阐述怎样通过管制和反托拉斯法来限制垄断和寡头市场中企业的市场力量，以保护消费者的利益。

学习本章后，你将能：

- 解释政府经济理论，以及政府行为是怎样因市场失灵与收入再分配产生的
- 界定管制和反托拉斯法，区分管制的社会利益理论与俘获论
- 解释管制与放松管制是怎样影响价格、产量、利润和收入再分配的
- 解释反托拉斯法过去是怎样用于大量的里程碑式的案件，今天又是怎样运用的

政府经济理论

政府经济理论解释了政府的经济职能、所做出的经济选择及其结果。

政府的存在有两方面的原因。其一，建立与保护产权，并且制定收入与财富再分配的制度。产权是一切市场活动发生的基础，从而形成了有章可循、有法可依的收入与财富再分配体制。

其二，当市场经济低效运行时——这种情况被称为**市场失灵**（market failure），政府提供稀缺资源配置的机制。在市场失灵时，一些物品或服务生产得特别多，而另外一些物品或服务生产得又非常少。追求自身利益所做出的选择，并没有服务于社会利益。通过重新配置资源，有可能使得一部分人的状况改善，同时没有使任何人的状况变坏。

在本章及随后的几章，我们将研究政府与公众做出选择时所面临的五个经济问题。它们是：

- 垄断与寡头企业管制
- 外部性
- 公共物品的供应
- 公共资源的利用
- 收入再分配

垄断与寡头企业管制

*垄断与寡头企业*使得资源不能得到有效配置。每个企业的目标都是追求利润最大化，当存在垄断与寡头时，每个企业都通过限制产量与维持高价来增加利润。例如，在个人电脑操作系统这一市场，微软公司基本上（或接近）是完全垄断的，微软公司对 Windows（视窗）操作系统的定价远远超过生产它的边际成本。另外，诸如以捆绑形式强制消费者购买操作系统和网络浏览器等，可能损害了社会利益，但却给微软公司带来了较大的利润。

政府对垄断和寡头企业进行管制，并且颁布反托拉斯法，其目的在于防止卡特尔组织及其他因素削弱竞争。在本章的以下部分中，我们要研究这些管制及其相关的法律。

外部性

当一家化工厂（合法地）把废物倒进河中并且毒死鱼时，它就把一种成本（也称*外部成本*）强加给下游钓鱼俱乐部成员身上了。当房主自家的花园开满鲜花时，她就给所有过路者带来了外部收益。产生外部成本与外部收益的企业或个人，通常并不考虑外部成本和外部收益。当化工厂决定是否向河中倾倒废物时，它并没有考虑钓鱼俱乐部成员的意愿。当房主决定在自家的花园养花时，她并没有考虑到邻居的视域。在第 15 章，我们将研究外部性问题。

公共品的供应

一些物品或服务可供每个人消费，没有人会被排除在外而从中受益。这方面的例子有国防、法律与秩序、排水及废物处理服务等。国防不可能把某些人分隔开而不让他们得到保护；未处理污水引起的经空气传染的疾病，也不会偏好一部分人而伤害另一部分人。像这样被所有人共同消费的物品或服务我们称之为*公共物品*。

由于存在*搭便车行为*，市场不能提供有效率的公共物品数量。由于不管是否付费，每个人都可以消费公共物品，所以人人都想搭便车。

在第 16 章中，我们对公共物品及搭便车行为进行了更深入的分析。同时，我们还将研究影响公共物品供应数量的因素。

公共资源的利用

有些资源不是由某个人拥有，但每个人都可以使用。例如，海洋、湖泊和国家公园中的鱼。每周都有数以百计的渔船从大西洋中打捞出成千上万吨鱼。其结果是，一些鱼类濒临绝种，大西洋鳕鱼就是其中的一种。

市场经济不能有效地利用公共资源，因为没有一个人有激励去保护其他任何人都可免费使用的资源。

在第 16 章中，我们将更深入地探讨这个问题，同时，回顾解决这个问题的一些思想。

收入再分配

市场经济造成了收入与财富分配的不公平，收入保护制度与收入累进税制影响了经济活动中收入的分配。在第 6 章中，你已经看到，税收是怎样影响市场并导致无谓损失的。在第 18 章中，在了解要素市场是怎样运行之后，我们将考查税收在收入再分配中的作用。

在开始研究政府活动产生的这些问题之前，先来考查一下政府的活动领域："政治市场"。

公共选择与政治市场

政府是一种复杂的组织，由数以百万计的人组成，每个人都有自己的经济目标。政府政策就是这些个人选择的结果。为了分析这些选择，经济学家们提出了政治市场中的**公共选择理论**。

政治市场中有四类参与者，详见图 14.1，它们是：

- 选民
- 企业
- 政治家
- 官员

选　民 在政治市场中，选民是消费者。在物品与服务市场中，人们通过支付意愿表达着自己的偏好。在政治市场中，他们通过投票、竞选捐款和游说活动来表达其偏好。公共选择理论认为，人们支持使其状况改善的政策，而反对使其状况变差的政策。指导选民选择的因素是他们的感觉而不是现实。

企　业 在政治市场中，企业也是消费者。他们不是通过投票，而主要是通过竞选捐款与游说来表达自己的偏好。公共选择理论认为，企业家们支持使他们的企业受益的政策，而反对损害他们企业利益的政策。同样，指导他们做出选择的因素是他们的感觉而不是现实。

政治家 政治家是政治市场中的"企业家"。公共选择理论认为，政治家的目标是当选或留任。选票对于政治家，就像经济利润对于企业那样重要。为了得到足够多的选票，他们提出那些有望得到大多数选民支持的政策。但是，选举活动也是一种花销较多的活动。所以，政治家们还密切关注那些为竞选活动提供巨额资金的企业的需求。

官　员 官员是政府部门雇用的职员。在政治市场中，他们是生产者。公共选择理论认为，官员的目标是自身效用的最大化，为了达到这一目标，他们努力使其部门的预算最大化。

一个部门的预算越多，该部门负责人的威信就越高，低层官员晋升的机会就越大。因此，一个部门中的所有成员都对部门预算的最大化有着浓厚兴趣。为了实现部门预算的最大化，官员们提出了有望吸引政治家的方案，并且帮助政治家向选民解释这些方案。

图 14.1 政治市场

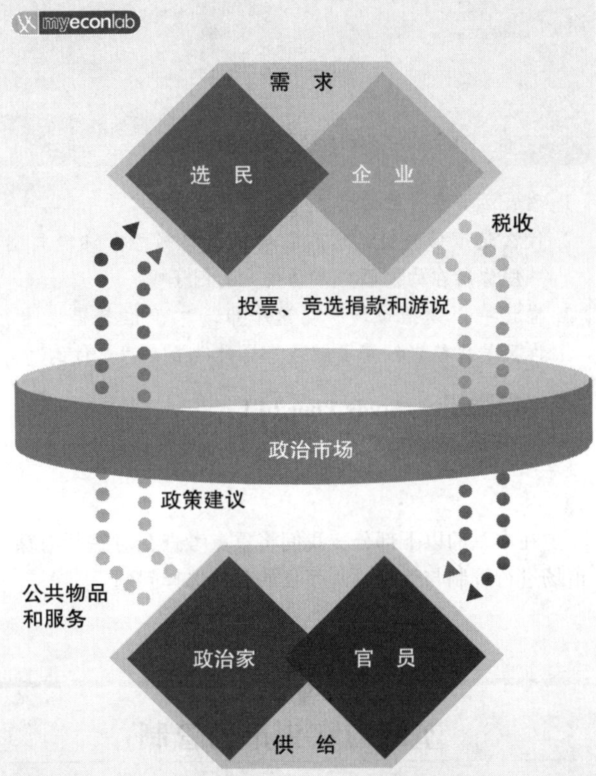

选民通过投票来表达对政策的需求，选民和企业通过竞选捐款、游说来表达其需求。政治家提出能够吸引大多数选民和提供竞选捐款企业的政策。官员努力使其部门的预算最大化。当没有哪一个集团通过不同的选择能够使其处境更好时，政治均衡就实现了。

政治均衡

选民、企业、政治家和官员做出最接近自己目标的选择。但是，每个集团都受到其他集团的偏好和技术上可行性的制约。选民、企业、政治家和官员选择的结果就是**政治均衡**（political equilibrium），在这种情况下，所有的选择都是相容的，并且没有哪一个集团通过其他的选择能够改善自己的处境。

政治均衡与各个集团达成协议的情况并不相同。为了自身的利益，一些政治家及其支持者把钱花在努力改变现存的法律和法规上。其他一些政治家及其支持者却把钱用于维护现行的法律与法规上。但却没有任何一个政治家、官员、选民或企业认为，值得去改变这些活动的钱的用途。

复习测验

1. 政府活动存在的两个主要原因是什么？
2. 什么是市场失灵，它的主要根源有哪些？你能举出一些你所在的校园里市场失灵的例子吗？
3. 描述一下政治市场。在这个市场中，谁是需求者，谁又是供给者？需求者是怎样向供给者“支付的”？

myeconlab **Study Plan 14.1**

在本章的以下部分，我们将重点考查在对垄断与寡头市场进行管制与管理时所面临的公共选择问题。

垄断与寡头市场管制

政府对垄断和寡头市场的干预，影响到产品与服务的价格、数量以及收入的再分配。政府的经济活动主要有以下两种方式：

- 管制
- 反托拉斯法

管制（regulation）由某一政府机构颁布的各种规则构成，通过确定价格、产品标准与类型以及新企业进入某个行业的条件等来影响经济活动。

反托拉斯法（antitrust law）是管制与禁止某些市场行为，诸如垄断与实施垄断的法律。

在论述影响企业行为的方法之前，我们先研究垄断与寡头管制的经济理论。

管制的经济理论

垄断与寡头市场管制的经济理论是广义公共选择理论的组成部分，关于后者，我们在前面论述过。有管制需求与管制供给，也就有均衡的管制数量与管制类型。

管制需求 消费者和企业需要管制，为的是改善自己的状况。他们通过投票、游说和竞选捐款等政治活动来表达这种需求。

消费者要求管制，为的是增加消费者剩余；企业要求管制，为的是增加生产者剩余。从管制中受益的消费者或企业越多，对管制的需求就越大。但是仅仅有需求，还不能直接形成有效的政治力量，因为组织政治活动是要花钱的。影响管制需求的一个重要因素，是每个消费者或每家企业从管制中得到的利益。

管制供给 政治家是管制的供给者，这些管制能够使得他们增加竞选经费，并且得到足够多的选票以便当选和留任。

如果管制能够使许多人受益，并且每个人都从中获益较多，那么管制就会引起政治家的重视并且被提供。如果管制虽然使许多人受益，但每个人从中获益却很少，那么管制就不会引起政治家的重视并被否决。

如果管制虽然使少部分人受益，但每个人从中获益较大，那么管制也会引起政治家的重视，因为这会有助于政治家从受益者那里得到竞选捐款。

均衡的管制 在政治均衡中，管制可能是基于社会利益，也可能是基于生产者的自身利益。管制的**社会利益理论**（social interest theory）是指，政治家提供管制的目标是实现资源的有效配置。根据这种观点，政治过程就会较好运转，政治家们会毫不留情地寻找无谓损失，并且通过管制来消除它。例如，当存在垄断时，政治过程就会通过引入价格管制以保证产量增加、价格下降到竞争市场的水平。

管制**俘获论**（capture theory）是指，管制的目标是基于生产者的自身利益。俘获论的主要思想是，由于政治组织的成本较高，因此，政治过程只能为那些少数具有较低组织成本、易于识别的集团增加剩余提供管制。即使政治组织把大量成本强加给其他组织或个人，也会提供管制，只要这些成本被广泛分摊且平均负担较少，同时不会减少投票。

自由主义者倾向于认为，管制是基于社会利益，但是，如果管制不是基于社会利益，那么足够的善意和勤奋的工作能够保证管制改变。保守主义者倾向于认为，大多数管制都是为了生产者的自身利益，目前还找不到比我们现有管制更有利于社会利益的管制。

复习测验

1. 消费者和生产者是怎样表达他们对管制需求的?
2. 政治家提供怎样的管制?
3. 比较管制的社会利益理论与俘获论。

myeconlab **Study Plan 14.2**

接下来，我们将要考查我们经济中目前存在的管制，探讨一下它们是怎样运作的，并且看看我们能否确定它们服务于谁的利益。

管制与放松管制

在过去的 25 年中，美国经济的管制方式发生了较大变化。我们将会探讨其中的一些变化。首先，我们要考查管制什么，在多大的范围内管制。然后，我们把重点转向管制过程，探讨管制者是怎样控制价格及其他市场行为的。最后，我们将解决一些更难且具有争议的问题：为什么我们对某些东西进行管制而对其他一些东西不管制？谁是管制的受益者，是消费者还是生产者？

管制的范围

1887 年成立的州际商业委员会（Interstate Commerce Commission，ICC）是美国最早的联邦管制机构，当时的主要职能是对跨州铁路的运价、营业线路及服务质量进行管制。后来，其管制范围扩大到了汽车货物运输公司、公共汽车公司和水运公司；前几年，又对石油管道公司实施了管制。ICC 成立后，直到大萧条时期联邦管制机构都没有发生变化。20 世纪 30 年代，成立了联邦电力委员会（Federal Power Commission）、联邦通信委员会（Federal Communications Commission）、证券交易委员会（Securities and Exchange Commission）、联邦海事委员会（Federal Maritime Commission）、联邦存款保险公司（Federal Deposit Insurance Corporation）等多家管制机构；1938 年，成立了民用航空署（Civil Aeronautical Agency），到了 1940 年，这一机构更名为民航管理局（Civil Aeronautics Board）。此后多年，没有增设新的管制机构。到了 20 世纪 70 年代，又成立了版权特别法庭（Copyright Royalty Tribunal）和联邦能源管制委员会（Federal Energy Regulatory Commission）。除了上述管制机构外，还有许多州及地方的管制机构。

在 20 世纪 70 年代中期，几乎 1/4 的经济都受到某种程度的管制。管制较重的行业——既受到价格管制，又受到新企业进入管制——是电力、天然气、电话、航空运输、公路货运及铁路运输等行业。

在 20 世纪 80 年代和 90 年代，对广播、电信、金融、各种运输（航空运输、铁路运输及公路运输，既包括客运又包括货运）行业的管制放松促进了竞争。

管制机构究竟都做了什么？它们是怎样进行管制的呢？

管制过程

尽管管制机构的规模、管制范围及受管制行业的具体情况各不相同，但是所有管制机构却有一些共同特点。

首先，联邦管制机构中主要决策者的官员是由美国总统或国会任命的；州及地方管制机构的官员则是由州及地方政府任命。此外，各种管制机构中的常任官员均是由受管制行业中的专家组成，并且新聘官员往往来自受管制企业。管制机构的资金由国会、州或地方立法机构投票确定，这些资金能够弥补管制机构运转的成本。

其次，每个管制机构都有一套管制价格或其他业务的实务或操作规程。这些规程和实务的依据是明确的实物与财务核算程序，但在实践中却很复杂，难以执行。

在一个受管制的行业中，企业可以自由地选择所使用的技术，但却不能决定其产品的售价、销量及所服务的市场。管制机构授权公司用一套特定的产品服务于一个特定的市场，而价格水平和结构则由管制机构确定。有些情况下，管制机构也确定产量。

为了分析管制是怎样运作的，不妨区分两种不同类型的管制：一种是对自然垄断的管制，另一种是对卡特尔的管制。我们首先分析一下自然垄断。

自然垄断

在本书第 12 章，我们对自然垄断下过定义。自然垄断是指在一个行业中，由一家企业来供应整个市场比由两家以上企业供应市场时的产品或服务价格更低。自然垄断的例子有，一个地区的有线电视网、电力系统、天然气和市内轨道运输业务。这类行业的大部分生产成本都是固定成本，因此，产量越大，垄断者的平均成本就越低。如果有两条或多条相邻的有线电视网、天然气管道和铁路运输线路展开竞争，那么平均成本就会比单条的情况下更高。（随着技术的进步，自然垄断也在不断变化。随着光缆这种材料的应用，电话公司和有线电视公司可以在这两个市场上相互竞争，这样，曾经是自然垄断的行业现在正成为一个具有竞争性的行业。目前，直播卫星电视也开始打破有线电视垄断的格局。）

我们以有线电视为例加以说明，如图 14.2 所示。其中，*D* 是有线电视的需求曲线。*MC* 表示有线电视公司的边际成本曲线。不妨假定边际成本曲线是一条水平线，边际成本为每户每月 10 美元，这就是说，每增加一个有线电视用户每月的成本是 10 美元。但如果仅仅只为一个用户提供这种服务，那么有线电视公司还必须在卫星接收天线、电缆及控制设备上投资。较高的资本成本意味着有线电视公司处于规模经济阶段。随着用户的增加，资本成本由更多的用户来分担，因此其长期平均成本曲线是向右下方倾斜的。（如果你想重温长期成本和规模经济这两个概念，请看第 10 章的相关内容。）

图 14.2 自然垄断：边际成本定价

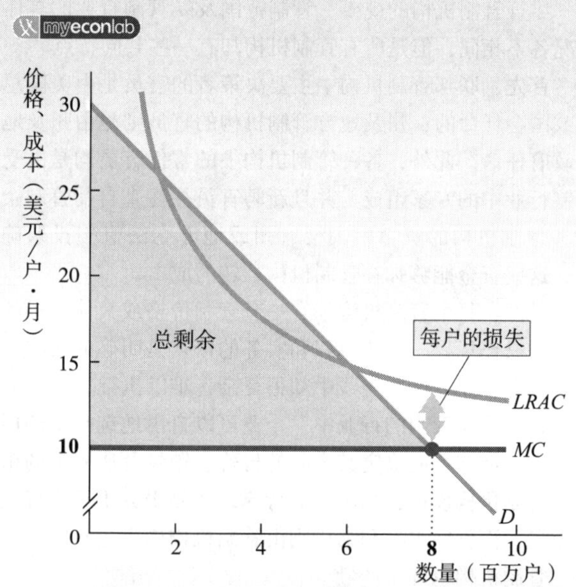

自然垄断是具有规模经济的企业，它能以最低的成本为整个市场提供产品或服务。有线电视运营商面临的需求曲线是 *D*。企业的边际成本固定不变，每月每户为 10 美元，在图中边际成本曲线用 *MC* 表示。由于存在着规模经济，长期平均成本曲线 *LRAC* 是向右下方倾斜的。按照边际成本定价，价格是每月 10 美元，用户数是 800 万。此时，消费者剩余为图中灰色区域所示。企业也给每个用户带来了损失，如图中箭头所示。为了持续经营，企业必须进行价格歧视、采用二部收费或接受补贴。

社会利益管制 按照社会利益理论，怎样对有线电视行业进行管制？依照社会利益理论，管制的目的是使总剩余（消费者剩余与生产者剩余之和）最大化，而这仅仅当边际成本等于价格时才能实现。从图 14.2 中可以看出，当把管制价格确定在每户每月 10 美元并且用户数正好是 800 万时，可以实现总剩余的最大化。这种管制被称为**边际成本定价规则**（marginal cost pricing rule）。按这一规则定价，价格等于边际成本。这样，受管制行业就实现了总剩余的最大化。

把价格确定在等于边际成本的水平上，受管制的自然垄断企业会承受经济损失。因为它的平均成本曲线呈下降趋势，所以边际成本低于平均成本。因为价格等于边际成本，所以价格低于平均成本。平均成本减去价格所得，即为单位产品的亏损。很明显，被要求采用边际成本规则定价的企业不可能持续经营。一家公司如果遵守边际成本定价规则，那么怎样才能弥补其成本呢？

一种选择是进行价格歧视（参见第 12 章），另一种选择是采用二部定价（被称为二部收费）。例如，市内电话公司可以向拥有固定电话的消费者每月收取一定的费用，同时，对于每次通话可按边际成本定价。有线电视运营商可以向用户收取一次性的入网费，同时按照边际成本来确定每月的收费。

如果自然垄断企业来自客户的收入不能弥补全部成本，并且政府要求企业遵守边际成本定价规则，那么政府就必须给企业一定的补贴。在这种情况下，政府就要用其他经济活动的税收对自然垄断企业进行补贴。然而，正如我们在第 6 章中所学到的，征税本身也会造成无谓损失。

额外征税造成的无谓损失，会降低迫使自然垄断企业按照边际成本定价所获得的效率。

允许自然垄断企业定价高于边际成本，而不是用其他经济部门的税收来补贴自然垄断企业，也可能把无谓损失减少到最小。这种定价方法被称为**平均成本定价规则**（average cost pricing rule）。平均成本定价规则要求价格定在等于平均成本的水平。图 14.3 说明了这一定价规则。

图 14.3　自然垄断：平均成本定价

myeconlab

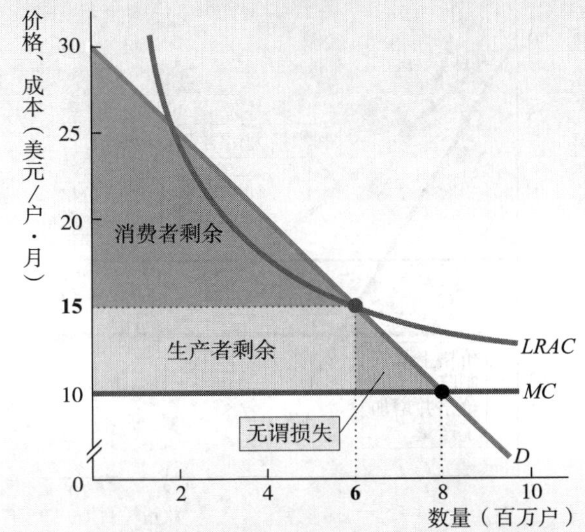

平均成本定价规则要求把价格确定在等于平均成本的水平。这样，有线电视运营商每月的收费是 15 美元，服务的用户数是 600 万。此时，平均成本等于价格，企业收支相抵。产生的无谓损失，如图中右下方三角形所示。消费者剩余减少为图中深色三角形的面积。

有线电视企业把价格定在每月 15 美元，服务的用户数是 600 万。这里也有无谓损失，如图中右下方三角形所示。

我们以上探讨的边际成本定价规则和平均成本定价规则，说起来容易，真正实施起来却是较难的。其主要障碍在于，对于企业的生产成本，管制机构没有受管制企业了解的多。

管制机构不能直接观察到企业的成本，也不了解受管制企业使成本最小化有多难。因此，管制机构采用以下两个经验规则：

- 收益率管制
- 价格上限管制

下面我们分析一下，这些定价规则究竟是基于社会利益，还是基于生产者的自身利益。

收益率管制 **收益率管制**（rate of return regulation）是指，受管制企业对产品的定价能够保证其资本收益达到某一特定的目标收益率水平。目标收益率是根据竞争性市场中正常的收益率来确定的。这一收益率是自然垄断企业机会成本的一部分，也是企业平均成本的一部分。

如果管制者了解企业的总成本，同时也知道企业已经使其总成本最小化，那么它就会接受企业按照平均成本来定价。

其结果如同图 14.3 中所示，管制价格定在每月 15 美元，所服务的用户数是 600 万。在这种情况下，收益率管制下的价格有利于消费者，并能防止生产者经济利润的最大化。垄断者未能俘获管制者，其结果接近社会利益管制理论所预期的结果。

但是，受管制企业的管理人员可能不会使成本最小化。如果企业受到收益率管制，那么管理人员就有增加成本并提高价格的激励。增加企业成本的一种方式是，把钱花在生产产品并不需要的投入上。豪华的办公家具、高级轿车、免费的棒球门票、公司的喷气式飞机、昂贵的国际旅游等在职的奢侈品消费等等，这些都是管理人员增加成本的方式。

管理人员也有激励使用超过有效数量的资本，因为他们使用的资本越多，允许他们得到的总回报就越多。此外，管理人员还有提取更多固定资产折旧以及更多坏账准备金这两方面的激励。

在我们所举的这个例子中，如果有线电视企业设法让管制者相信，它真实的平均总成本曲线如图 14.4 中 *LRAC* 曲线（成本增加后的曲线）所示，这样，按照正常的收益率规则定价，管制者就会接受企业提出的每月 20 美元的价格。这样，这时的价格、服务数量与不受管制下垄断企业的定价、服务数量就相同了。

价格上限管制 基于上述原因，收益率管制逐步为价格上限管制所代替。**价格上限管制**（price cap regulation）是指明确规定企业被允许制定的最高价格的一种规则。这种规则能够激励企业高效运营并且较好地控制成本。在电力和通信行业，价格上限管制规则被普遍采用，并逐步取代收益率管制。

为了说明价格上限管制规则是怎样运作的，假定前例的有线电视运营商受到这种价格管制。图 14.5 显示了其结果。

在不受管制并当利润最大化时，企业服务的用户数是 400 万，每月收费是 20 美元。如果把最高价定在每月 15 美元，那么企业就能够在这个价格或低于这个价格确定所服务的用户数量。当用户数为 400 万时，企业会面临着经济亏损，通过把用户数增加到 600 万，企业能够减少亏损。但是，要想服务的用户数超过 600 万户，企业就必须

图 14.4 自然垄断：成本的增加

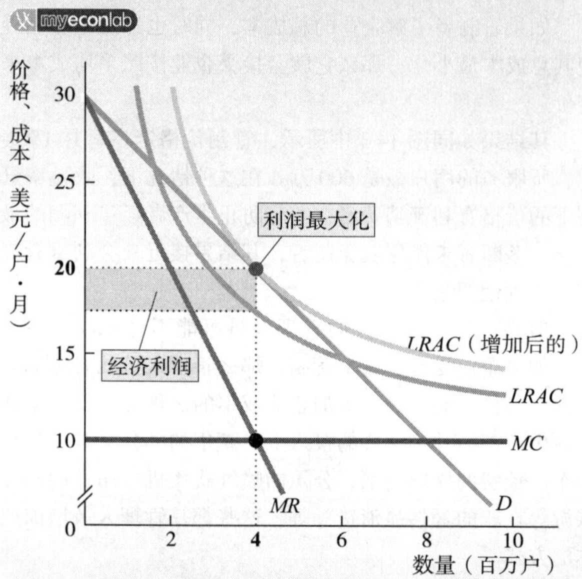

如果有线电视运营商能够把成本增加到 LRAC（增加后的），并说服管制者这是最小的生产成本，那么按照收益率管制定价，其企业利润最大化时每月的价格就是 20 美元。生产者把其成本提高到平均成本以上，其结果是，价格上升，产量减少，无谓损失增加。

图 14.5 自然垄断的价格上限管制

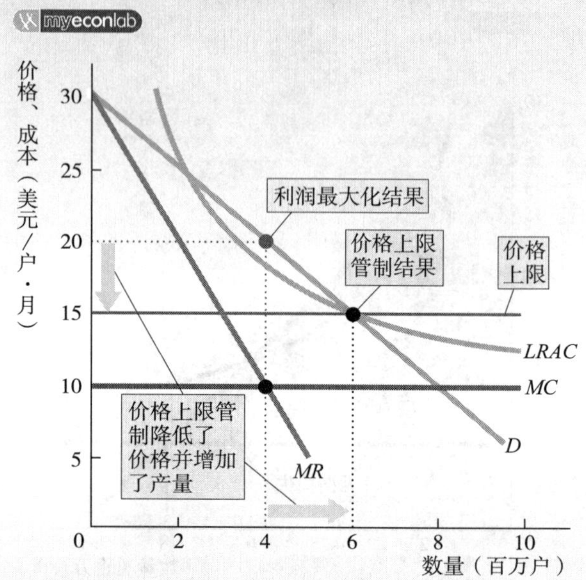

如果有线电视运营商受到价格上限管制，那么价格上限会限制可能的定价。当用户数少于 600 万时，企业会产生经济亏损。当用户数多于 600 万时，企业也会产生经济亏损。只有当用户数为 600 万时，企业才能收支相抵。企业有激励使得其成本尽可能低，并提供价格上限所要求的数量。

降价并承受经济亏损。所以，企业利润最大化的用户数为 600 万户，这与平均成本定价规则下的相同。

要注意，价格上限管制降低了价格，同时增加了产量。这一结果与我们在第 6 章中学过的竞争市场中制定最高限价的结果是迥然不同的。原因在于，不受管制的垄断者利润最大化时的产量低于竞争市场情况下的，价格上限管制就是复制了竞争市场的条件。

在图 14.5 中，价格上限管制与平均成本定价的结果是相同的。在实际中，管制者可能把价格上限定得更高一些。因此，价格上限管制通常是与**利润分成管制**（earning sharing regulation）结合使用的，在这种情况下，高于目标水平的利润必须与企业客户分享。

管制者可能会把价格定得过低。正因如此，在 2001 年，加利福尼亚的电力行业出现了短缺。

自然垄断管制是基于社会利益还是基于生产者的自身利益？

并不清楚的是，对自然垄断的管制所形成的价格与数量是否符合俘获论或社会利益理论的预期。但是，有一点是清楚的：价格管制并不要求自然垄断企业采用边际成本定价规则。如果按照边际成本定价，那么大多数自然垄断企业会亏损，只有接受政府的巨额补贴才能让自然垄断企业继续经营。

也有例外，许多电话公司都采用边际成本定价。这些公司能够弥补其全部成本，它们向入网者收取月租金，同时按照边际成本（为零）来确定每次通话费。

检验自然垄断管制是基于社会利益还是基于生产者的自身利益，要看受管制自然垄断企业的收益率大小。如果

表 14.1　受管制垄断企业的收益率

行　业	收益率 1962~1969	收益率 1970~1977
电　力	3.2	6.1
煤　气	3.3	8.2
铁　路	5.1	7.2
以上行业平均	**3.9**	**7.2**
国民经济平均	**6.6**	**5.1**

资料来源：Paul W. MacAvoy, *The Regulated Industries and the Economy* (New York:W.W.Norton,1979)，pp.49~60.

其收益率比其他经济经济部门的收益率高得多，那么，在某种程度上，管制者就被生产者俘获了。如果受管制垄断行业的收益率与其他经济部门的收益率接近，我们不能肯定管制者是否被俘获，因为我们并不知道受管制企业的管理者增加其成本的程度。

表 14.1 给出了 20 世纪六七十年代受管制的自然垄断企业与国民经济的平均收益率数据。在 20 世纪 60 年代，受管制自然垄断企业的收益率略低于国民经济的平均收益率。但在 20 世纪 70 年代，前者已经高于后者。总的说来，受管制自然垄断企业的收益率与其他经济部门的收益率差异并不大。从这些数据我们可以得出这样的结论：自然垄断企业要么在某种程度上服务于社会利益，要么自然垄断企业的管理者通过大量增加成本以便掩饰他们俘获管制者且没有服务于社会利益这一事实。

表 14.2　自然垄断企业从放松管制中获益

行　业	消费者剩余的增加额	生产者剩余的增加额	总剩余增加额
	（1990 年 10 亿美元）		
铁　路	8.5	3.2	11.7
电　信	1.2	0.0	1.2
有线电视	0.8	0.0	0.8
总　额	10.5	3.2	13.7

资料来源：Clifford Winston, "Economic Deregulation: Days of Reckoning for Microeconomists," *Journal of Economic Literature*, Vol.31, September 1993, pp.1263~1289, 以及作者的计算。

自然垄断管制是基于社会利益还是基于生产者自身利益的最终检验，可以研究放松管制后消费者剩余与生产者剩余是否有变化中看出。微观经济学家们已经研究过这个问题，其结论参见表 14.2。在 19 世纪 80 年代对铁路放松管制后，所获得的消费者剩余与生产者剩余都大大增加了。电信与有线电视放松管制所获得的总剩余减少了，只有消费者剩余是增加的。这些结果表明，铁路管制损害了铁路企业与消费者的利益，而电信与有线电视的管制仅仅损害了消费者的利益。

我们已经探讨了自然垄断管制问题，接下来我们探讨对寡头——卡特尔的管制。

卡特尔管制

卡特尔是一种由多个企业参与的勾结协议，旨在限制参加该组织的各成员的产量，从而获得更高的利润。在美国及其他大多数国家，卡特尔组织是非法的。但是，国际卡特尔有时却能合法地运作，例如，像石油输出国组织（OPEC，音译为“欧佩克”——译者注）这样的石油生产者组成的著名国际卡特尔就是这方面的一个例子。

非法卡特尔可能出现在寡头行业。寡头是少数几家企业彼此竞争的一种市场结构。在第 13 章中，我们研究过寡头（双头寡头——两家企业在一个市场进行竞争）。在这一章中，我们已经明白，如果企业想法设法去勾结并且像一家垄断企业那样经营，那么它们对产品制定的价格、产品的销售总量与垄断企业都是相同的。但我们也发现，在这种情况下，每家企业都想欺骗对方，增加自己的产量，通过牺牲其他企业的利益来获得更多利润。这种对勾结协定欺诈的结果打破了垄断均衡，出现了竞争市场中各个生产者得到零经济利润这样的结果。其结果是，损害了生产者，却有利于消费者。

怎样对寡头进行管制？管制会阻止垄断行为还是会鼓励垄断行为？按照社会利益理论，寡头管制应达到竞争市场的结果。按照俘获论，寡头的管制者会被受管制企业俘获，这些企业会得到经济利润，其经营违背了社会利益。

让我们考查一下，自圣华金河谷至洛杉矶的西红柿汽车运输这一寡头市场中的两种可能结果，如图 14.6 所示。*D* 是市场需求曲线，*MC* 是行业的边际成本曲线——竞争市场中的供给曲线。

如果基于社会利益对这一行业进行管制，那么其价格就应该定在边际社会收益等于边际成本这一水平上。这样，每次运输的价格是 20 美元，每周的运输量就是 300

图 14.6 寡头勾结

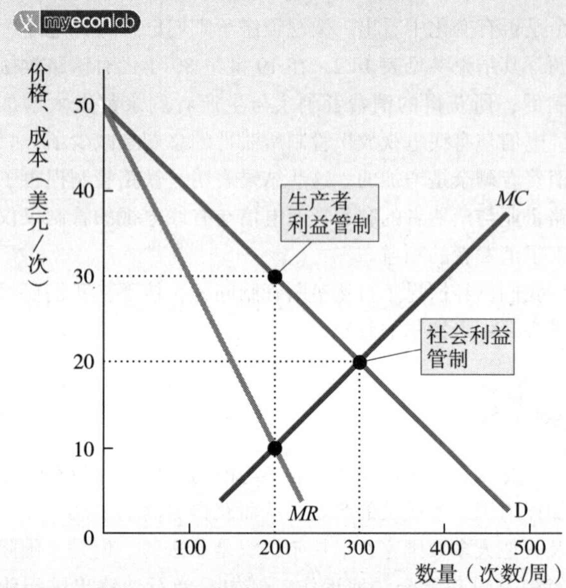

有 10 家运输公司从事着自圣华金河谷至洛杉矶的西红柿汽车运输。需求曲线是 *D*，行业边际成本曲线是 *MC*。在竞争市场中，*MC* 曲线是行业供给曲线。每次运输价格是 20 美元，每周的运输量为 300 次。生产者要求管制，以便把产量限制在每周 200 次，这时行业边际收益（*MB*）等于行业边际成本（*MC*）。管制造成运价上升到每次 30 美元，致使每个生产者都实现了最大利润——就像每个生产者都是垄断者。

次。以 20 美元作为价格上限管制能够达到这一结果。

按照俘获论，怎样对这一行业进行管制呢？基于生产者自身利益的管制的目标是利润最大化。要达到这一目标，就需要把价格和产量确定在边际成本等于边际收益的水平上。图中，*MR* 是边际收益曲线。在运输量为 200 次时，边际成本等于边际收益。这时，每次运输的价格为 30 美元。

要达到这一结果的一种方法是，对这一行业中的每家企业限定产量。如果有 10 家运输公司，那么，每家公司的产量限定为 20 次，这样就能保证每周的总产量是 200 次。对超产公司进行罚款，能够保证每家企业都遵守产量限制。

这一行业中的所有企业都会支持这种管制，因为这种管制有助于防止企业的欺诈行为并能维持垄断的结果。每家企业都清楚，如果不能有效地执行配额，每家企业都有增加产量的激励。（对于每家企业而言，价格会高于边际成本，因此，产量越大其利润就越多。）所以，每家企业都想有一种方法来使总产量不超过行业利润最大化时的水平，而政府实施的配额管制正好达到了这一目的。对卡特尔实行这类管制，管制者使卡特尔能够合法经营，并且按最有利于自身利益方式行事。

卡特尔管制是基于社会利益还是基于俘获？

在现实中，对卡特尔的管制结果如何呢？一些管制使生产者受益。州际商务委员会对汽车货运进行管制时，生产者持续获得了经济利润。而且，通过建立一个强大的工会组织，卡车司机们获得了较多的生产者剩余。

有些管制使生产者和消费者都受益。当民航管理局对航空公司进行管制时，后者获得了经济利润。但是，由于航空公司之间在质量上展开竞争，它们的运营成本增加了，从而利润减少了。

表 14.3 提供了一些证据来支持管制增加了汽车货物运输业、航空运输业利润的结论。如果管制能够确保竞争的结果，那么，受管制寡头的收益率就不会高于国民经济的收益率水平。正如表 14.3 中的数据所示，在 20 世纪 60 年代，航空运输业与汽车货物运输业的收益率接近国民经济平均收益率水平的 2 倍。在 20 世纪 70 年代，汽车货物运输业的收益率仍然高于国民经济的平均收益率水平（尽管比 60 年代的收益率水平低多了）；而航空运输业的收益率水平却低于国民经济的平均收益率水平。从这些收益率数据总体来看，受管制行业的收益率水平有时高于国民经济的平均收益率水平，有时又低于后者。对寡头的管制并不总是导致较高的利润，但是许多情况下却是如此。

对于卡特尔与寡头管制的进一步证据，可以从放松管

表 14.3 受管制寡头的收益率

行 业	收益率 1962~1969	收益率 1970~1977
航空运输	12.8	3.0
汽车货物运输	13.6	8.1
国民经济平均	**6.6**	**5.1**

资料来源：Paul W. MacAvoy, *The Regulated Industries and the Economy* (New York: W.W. Norton, 1979) , pp.49~60.

制后的价格与利润情况获得。如果放松管制后价格和利润都下降了，那么从某种程度上讲，以前的管制是基于生产者的自身利益。

相反，如果放松管制后价格与利润保持不变或增加，那么管制就可以认为是服务于社会利益的。近年来，出现了大量的放松管制，我们可以用来检验寡头管制，看这两个理论是否与事实相符。

依据虽复杂，但对于航空运输与汽车货物运输这两个行业而言，在放松管制后，这两个主要寡头行业的价格下降了，产量增加了。在表 14.4 中，总结了对这两个行业放松管制后消费者剩余、生产者剩余和总剩余的估算结果。消费者剩余增加最多。对于航空运输而言，生产者剩余也增加了。

但表中的数据表明，在汽车货物运输行业中，生产者剩余一年就减少了将近 50 亿美元。这一结果表明，汽车货物运输行业的管制是通过限制竞争使其价格高于竞争市场中的水平使生产者受益的。

做出预期

大多数行业仅有几个生产者，却有众多消费者。在这种情况下，公共选择理论预期管制会保护生产者利益，政治家得到了竞选捐款而不是选票。但是，有时也会出现消费者利益占优势的情况。还有这样的情况，一部分生产者利益转变为消费者利益；关于这一点，我们从始于 20 世纪 70 年代晚期的放松管制过程可以看到。

放松管制的出现主要有三方面的原因。第一，在预期放松管制后的获益方面，经济学家们更自信、更有说话权了。第二，20 世纪 70 年代能源价格的大幅上升，使得由消费者承担的管制成本大大增加。这些价格的上升导致对运输部门的日常管制成本大幅上升，而且改变了有利于消费者的政治均衡这种平衡。第三，技术进步导致一些自然垄断消失了。新技术使得小公司能够以较低成本提供长途电话服务业务。这些公司想分享 AT&T 的一部分市场份额与利润。此外，随着通信技术的进步，通信成本降低了，组织较大消费者集团的成本也降低了。

如果上述原因是合理的，那么，未来将出现更多的社会利益管制与放松管制。

表 14.4 寡头行业放松管制的收益

行 业	消费者剩余的增加额	生产者剩余的增加额	总剩余增加额
	(1990 年 10 亿美元)		
航空运输	11.8	4.9	16.7
汽车货物运输	15.4	–4.8	10.6
总 额	27.2	0.1	27.3

资料来源：Clifford Winston, "Economic Deregulation: Days of Reckoning for Microeconomists," *Journal of Economic Literature*, Vol.31, September 1993, pp.1263~1289, 以及作者的计算。

复习测验

1. 美国的管制始于何时，管制什么，又是何时开始放松管制的？
2. 为什么要管制自然垄断？
3. 什么定价规则使得自然垄断企业按社会利益来经营？为什么这一规则难以实施？
4. 收益率管制是如何运作的，它会带来哪些问题？
5. 价格上限管制是如何运作的，它旨在解决什么问题？
6. 基于社会利益应该如何管制卡特尔？

myeconlab **Study Plan 14.3**

关于管制的探讨就到这里，接下来我们转向另一种市场干预方法——反托拉斯法的探讨。

反托拉斯法

反托拉斯法为政府干预市场提供了另一种方法。正如管制的情况一样，反托拉斯法的制定可以是基于社会利益，使总剩余最大化；也可以是基于私人利益，使像生产者这样特定利益集团的剩余最大化。

反托拉斯法

第一部反托拉斯法《谢尔曼法》(Sherman Act)，是在 1890 年对摩根 (J. P. Morgan)、洛克菲勒 (John D. Rockefeller) 和范德比尔特 (W. H. Vanderbilt) 等强盗式

资本家行为仇视和憎恶的气氛下通过的。具有讽刺意义的是，最耸人听闻的故事不是这些美国著名资本家的垄断及对消费者的剥夺，而是彼此争夺的过激行为。然而，垄断还是出现了——例如，洛克菲勒对石油行业的控制。

20 世纪初期的合并浪潮诞生了更加有力的反托拉斯法。1914 年的《克莱顿法》（Clayton Act）充实了《谢尔曼法》的内容，而且，负责实施反托拉斯法的机构——联邦贸易委员会（Federal Trade Commission）成立了。

表 14.5 总结了《谢尔曼法》中的两个主要条款。这部法律的第一款写得很清楚：与其他人合谋以限制竞争是非法的。但第二款却写得宽泛且不明确。诸如什么是“企图垄断”？《克莱顿法》及其后来的两次修订——1936 年的《罗宾逊-帕特曼法》（Robinson-Patman Act）和 1950 年的《塞勒-基福弗法》（Celler-Kefauver Act）提供了更为精确的禁止性条款。表 14.6 列出了这些具体做法，总结了这三部法律的主要条款。

表 14.5 1890 年的《谢尔曼法》

第一款：

每一个限制各州之间以及与外国的贸易或商业来往的合约、托拉斯和其他形式的联合或勾结，均被宣布为非法。

第二款：

每一个将要垄断、企图垄断或与他人联合或勾结，以垄断任何环节的各州之间或国际贸易或商业往来的人，都被认为犯了重罪。

表 14.6 《克莱顿法》及其修订法

《克莱顿法》	**1914 年**
《罗宾逊-帕特曼法》	**1936 年**
《塞勒-基福弗法》	**1950 年**

下列行为，只有当它们严重地削弱竞争或导致垄断时，才能被禁止：

1. 价格歧视
2. 要求购买同一企业其他产品的合约（被称为搭售）
3. 要求某一企业只从一家企业购买特定类别的所有必需品的合约（被称为必需品合同）
4. 禁止一家企业出售竞争性产品的合约（被称为排他性交易）
5. 禁止卖者在某一特定区域外再出售一种产品的合约（被称为地域限制）
6. 获得竞争者的股份或资产
7. 成为竞争企业的董事

三种反托拉斯政策辩论

固定价格经常都是违背反托拉斯法的。如果司法部能够证实固定价格的存在，那么不需辩护人做任何申辩。但是，一些其他行为更具争议，从而在反托拉斯法专家与经济学家之间展开了辩论。我们将探讨其中的三种行为：

- 零售价格维持
- 搭售
- 掠夺性定价

零售价格维持 大多数制造商都是通过批发和零售销售体系向其消费者间接销售产品。当制造商同意经销商以某一价格零售产品时，**零售价格维持**（resale price maintenance）就产生了。

按照《谢尔曼法》，零售价格维持（也被称为纵向价格固定）协议是非法的。但是，如果零售商不接受制造商有关价格方面的指导，那么制造商不给零售商供货就不违法。

零售价格维持是造成了资源的无效利用，还是有效利用？经济学家认为这两种情况都存在。

如果零售价格维持使得经销商经营着一个卡特尔，从而实行垄断定价，那么它就是没有效率的。但是，如果零售价格维持使得制造商能够引导经销商在销售产品时提供有效的服务标准，那么它就是有效率的。例如，SilkySkin 要求商店提供一个有魅力的空间来展示能够有效保湿的新面霜就是这方面的一个例子。由于零售价格维持，SilkySkin 能够向所有的零售商提供相同的激励与补偿。如果没有零售价格维持，那么一些折扣店就会以较低的价格提供产品，而那些在产品展示上花钱较多的商店就卖不出产品。

搭 售 **搭售**（tying arrangement）是指当一家企业出售一种产品时，要求其购买者还必须同意购买另外一些其他产品的协议。在搭售时，购买者能够购买一种产品的惟一方式是同时还要购买另外的产品。当你购买这本书时，你也购买了进入一家网站的权利。如果购买这一网站进入权

的惟一方式是购买这本教科书，那么，这两种产品就属于搭售。（没有网站，你可能不会购买本书；但是，没有这本书，你也可以购买这一网站的进入权，因此这两种产品实际上就不是搭售。）

通过把一本书与网站进入权搭售，出版商能够多赚钱吗？有时是这样的，但并不总是这样。如果你和其他同学愿意花40 美元购买一本书，花 10 美元拥有进入一家网站的权利。出版商可以按这两个价格分别销售这两种产品，也可以按 50 美元的价格来搭售这两种产品。从这种搭售中出版商会一无所获。

现在假定仅有一半学生愿意花 40 美元来买书，花 10 美元来买网站的进入权；同时，另一半学生愿意花 40 美元买网站进入权，花 10 美元买书。如果出版商按照 40 美元的价格独自销售这两种产品。其结果是，有一半学生买书但不买网站的进入权；而另一半学生买网站进入权却不买书。如果书与网站进入权按照 50 美元搭售，那么每个学生都会购买这两种产品，从每个学生身上出版商的收入就多了 10 美元。在这种情况下，出版商通过搭售实施了价格歧视。

掠夺性定价　**掠夺性定价**（predatory pricing）是指，通过制定低价迫使竞争者停止生产，等到竞争者退出后再制定垄断价格。19 世纪 90 年代，洛克菲勒的标准石油公司是第一家被指控存在这种违法行为的公司。从此，在反托拉斯法的案件中，该案例就经常被提起。很容易看出，掠夺性定价是一种思想，却不是一种现实。经济学家们对掠夺性定价的产生是有疑义的。他们说，当这些企业把价格定得低于利润最大化时的价格水平时，这些企业遭受了损失。即使成功地把竞争者赶出这一行业，随着价格的上升，新的竞争者也会进入。因此，来自垄断的潜在利润是暂时的。这些企业是在用较大的、必然的损失，来与暂时的、不确定的收益进行可怜的交换。迄今为止，还没有最终确定一个掠夺性定价案例。

近期的反托拉斯案件：美国政府与微软公司

在 1998 年，美国司法部与许多州指控世界上最大的个人电脑软件生产商微软公司，认为它违反了《谢尔曼法》的两个条款。接下来，进行了 78 天的庭审，麻省理工大学的两位经济学教授进行了激烈的辩论［其中，富兰克林·费希尔（Franklin Fisher）代表政府一方，理查德·施马伦斯（Richard Schmalensee）代表微软公司。］

起诉微软案　对微软的指控涉及到三个方面：

- 拥有垄断力量
- 实行掠夺性定价和搭售
- 采取其他反竞争行为

微软公司被指控占有个人电脑操作系统 80%的市场份额，具有较大的市场力量。这一垄断力量源于两个进入壁垒：规模经济与网络经济。随着产量的增加，微软产品的平均成本下降了（规模经济），这是因为开发像 Windows 这样的操作系统的固定成本较大，而生产一套 Windows 系统的边际成本很小。而且，随着 Windows 系统用户数的增加，Windows 系统的用户范围扩大了（网络经济），所以，一个潜在的竞争者不仅需要生产具有竞争力的操作系统，而且还要创造整个运用系统的客户。

当微软公司的 Internet Explorer（IE）软件进入网络浏览器市场时，它免费提供浏览器。这一价格被认为是掠夺性定价。微软把 Windows 系统与 IE 一起捆绑销售，这样，那些 Windows 系统的用户就不会再使用网景通信公司（Netscape Communicator）提供的独立浏览器。微软的竞争者认为，微软的这种行为属于非法搭售。

微软的回应　微软公司对所有的指控都提出了质疑。它说 Windows 系统面临着来自像 Linux 和苹果公司的 Mac 操作系统这些系统的竞争，也面临着新进入者持久的竞争威胁。

微软认为，把 IE 与 Windows 系统搭售提供了一种单独、统一、更具消费价值的产品，就像一台冰箱具有冷却水装置，或一辆汽车中装有立体声音响设备。

案件结果　法院认为，微软触犯了《谢尔曼法》，判决这家公司拆分成两个公司：操作系统生产商和应用软件生产商。在上诉后，微软胜诉了。但在最后的判决中，法院要求微软向其他软件开发商公开其操作系统运作的细节，便于这些公司与微软展开有效竞争。在 2002 年夏季，微软开始执行这一判决。

在本章最后，我们要探讨指导企业做出合并决策的一些规则。

合并规则

联邦贸易委员会使用指导原则来决定哪些合并通过审查，哪些可能不会通过。赫芬达尔-赫希曼指数（HHI，参见第 9 章）就是其中的指导原则之一。HHI 小于 1 000

时的市场被认为是竞争的。如果这一指数在 1 000~1 800 之间，市场被认为是适度集中的。如果一次合并导致这一市场指数增加了 100，那么这一合并就会遭到联邦贸易委员会的反对。指数在 1 800 以上的市场是一个集中的市场，如果合并导致这一指数增加 50，那么这一合并就会遭到反对。

在软饮料市场中，联邦贸易委员会就运用这些原则阻止了一些合并计划。百事公司想收购七喜公司，可口可乐公司想收购乐倍公司。碳酸饮料市场是高度集中的。可口可乐公司占有 39%的市场份额，百事公司的市场份额为 28%，排名第三的乐倍公司的市场份额为 7%，排名第四的七喜公司的市场份额为 6%。还有另外一家企业，RJR 占有 5%的市场份额。所以，在这一市场中，五家最大企业占有 85%的市场份额。

百事公司与七喜公司的合并会使 HHI 增加 300 多个点，可口可乐公司与乐倍公司的合并会使这一指数增加 500 多个点。这两个合并案会使这一指数增加几乎 800 点。联邦贸易委员会认为，这么高的 HHI 有损于社会利益，所以阻止了这些合并计划。

社会利益还是自身利益？

从反托拉斯法的演变历史可以清楚地看出，该法的宗旨是保护与追求社会利益，同时限制生产者追求利润、反对竞争的行为。但从上述反托拉斯法的简要历史与案例中还可以看出，生产者的自身利益通常影响这一法律的解释与运用方式。然而，反托拉斯法实质上似乎指向效率，因此是服务于社会利益的。

复习测验

1. 组成反托拉斯法的四部国会法律是什么？这些法律是什么时候颁布的？
2. 什么时候固定价格不违背反托拉斯法？
3. 垄断一个行业的目的是什么？
4. 评价一下零售价格维持、搭售和掠夺性定价辩论中的一些问题。
5. 在什么情况下合并不会被批准？

myeconlab **Study Plan 14.4**

◆ 在阅读材料中，你可以看到，近期试图利用反托拉斯法来限制制药公司的市场力量，并且鼓励它们参与竞争更强的国际市场。

内容提要

要 点

政府经济理论

- 政府管制垄断与寡头市场，解决外部性，提供公共物品，控制公共资源的利用，减少经济不公平。
- 公共选择理论解释，在政治市场中，选民、企业、政治家与官员是怎样相互作用的。

垄断与寡头市场管制

- 政府通过管制与反托拉斯法干预垄断与寡头市场。
- 消费者需要增加消费者剩余的管制，而企业则需要增加生产者剩余的管制。
- 均衡的管制可能是基于社会利益，并能减少无谓损失；如果生产者俘获了管制者，那么管制就是基于生产者的自身利益。

管制与放松管制

- 联邦管制始于 1887 年，到了 20 世纪 70 年代中期已经有了很大的发展，此后则出现了许多的放松管制。
- 由政府任命的官员来进行管制。
- 通过边际成本定价规则、平均成本定价规则、目标收益率管制或价格上限管制等方法对自然垄断或卡特尔进行管制。
- 自然垄断和卡特尔管制通常都是基于生产者的自身利益，而放松管制通常都是基于社会利益。

反托拉斯法

- 第一部反托拉斯法《谢尔曼法》是 1890 年通过的，1914 年《克莱顿法》的通过与联邦贸易委员会的成立，则加强了该法。
- 所有价格固定的协议都违反了《谢尔顿法》，而不需要做任何申辩。
- 当零售价格维持使得生产者能够保证零售商提供有效的服务水平时，它可能是有效率的。
- 搭售会导致垄断企业进行价格歧视，增加利润。但在许多情况下，搭售不会增加利润。

- 掠夺性定价不可能产生，因为它会给企业带来损失，并且是暂时的潜在利益。
- 联邦贸易委员会使用诸如赫芬达尔-赫希曼指数等作为指导原则来确定，企业合并需要审查还有可能被制止。
- 反托拉斯法的宗旨是保护社会利益。在很多情况下，这一宗旨都能得到体现。但是，有时生产者的自身利益会影响这一法律的运用。

关键图表

关键术语

市场失灵	政治均衡
管　制	反托拉斯法
社会利益理论	俘获论
边际成本定价规则	平均成本定价规则
收益率管制	价格上限管制
利润分成管制	零售价格维持
搭　售	掠夺性定价

习　题

1. Elixir Springs 公司是一家未受管制的自然垄断企业，它生产的 Elixir 矿泉水，是一种独特的没有任何替代品的健康产品。生产这种泉水一年的固定成本是 150 000 美元，每瓶的边际成本是 10 美分。对这种矿泉水的需求曲线如下图所示。

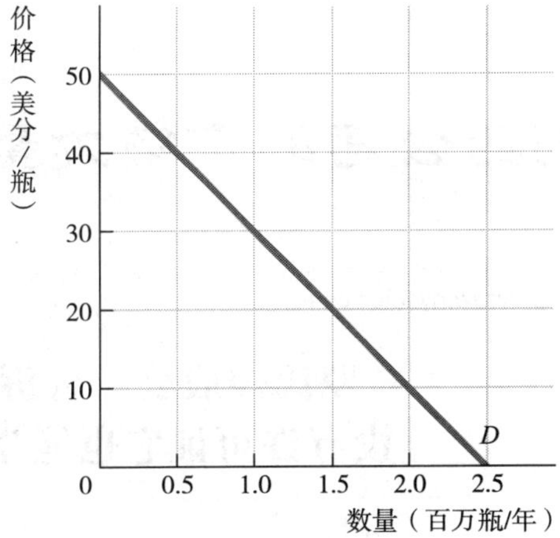

   a. 每瓶 Elixir 矿泉水的价格是多少？
   b. 销售量是多少？
   c. 这家公司的总剩余或生产者剩余达到最大了吗？

2. 在第 1 题中，如果政府要求这家公司按照边际成本定价。
   a. 每瓶矿泉水的价格是多少？
   b. 销售量又是多少？
   c. 这家公司的生产者剩余是多少？
   d. 消费者剩余是多少？
   e. 管制是基于社会利益吗？请解释。

3. 在第 1 题中，如果政府要求这家公司按照平均成本定价。
   a. 每瓶矿泉水的价格是多少？
   b. 销售量是多少？
   c. 这家公司的生产者剩余是多少？
   d. 消费者剩余是多少？
   e. 管制是基于社会利益吗？请解释。

4. 在第 1 题中，如果政府对这家公司实施收益率管制。如果这家公司俘获了管制者，那么：
   a. 这种瓶的价格是多少？
   b. 销售量是多少？
   c. 在现在的产量水平上，平均总成本增加了多少？

5. 两家航空公司共用一条国际航线。下图给出了这条航线的旅行需求曲线，以及每家公司的边际成本曲线。

政策观察

制药公司的市场力量

http://www.nytimes.com

罗氏控股公司告诉印尼，没有许可证它也能生产达菲

2005年11月26日

罗氏控股公司（Roche）是一家瑞士的制药企业。该公司昨天说，印尼没有许可证也能生产达菲（Tamiflu）。这种药能够治疗禽流感，在东南亚国家不受专利保护。

"我们已经通知印尼政府，他们能够生产这种药品在本国使用，"罗奇在瑞士本土的女发言人马丁娜•鲁普说道，"但是，印尼政府必须保证产品质量。"……

该公司说，明年它将为中国台湾提供130多万支达菲作为预防用药，总共提供230多万支。"台湾当局"说，它会发一份强制性的许可证，使得到12月份能够在本地生产这种药品。罗氏在中国台湾具有达菲的专利权。

'我们相信，在"台湾当局"所要求的时间之内，我们能够提供充足的达菲，'罗氏流行病部的经理戴维•雷迪说道。

世界上许多国家都非常关注达菲的存货量，因为H5N1病毒在亚洲已经致死68人，这种病毒也可能发生变异，以某种形式在人群中传播。罗氏本月说，还有超过150多家第三方企业想得到生产这种药品的许可证。11月10日，罗氏说，已经事先讨论，允许越南在本地最后生产这种药品。

上个月，印度方面说，允许该国最大的两家制药企业兰巴克西公司（Ranbaxy Laboratories）与Cipla公司生产普通的奥斯他韦。在印度，罗氏没有达菲的专利权……

事件的本质

- 达菲是罗氏生产的一种专利药品，用于治疗H5N1禽流感病毒，该病毒在亚洲已经致死68人。
- 有超过150多家企业想生产达菲。
- 罗氏在中国台湾地区有专利权，将为该地区提供230万支预防用药。该地区当局威胁道，不然的话，没有许可证，他们也会生产达菲。
- 罗奇在印尼或印度都没有专利权，所以这两个国家可以生产达菲。

经济分析

- 开发一种新药的成本较高，一种新药享有一种专利，这会使得其开发者在专利有效期内处于垄断地位。
- 生产一种药品的边际成本较低。
- 图 1 给出了专利药品达菲的市场状况。
- *D* 是需求曲线，*MR* 是边际收益曲线，*MC* 是边际成本曲线。其中，需求曲线的位置与斜率是假定的。边际成本为 2 美元也是假定的。
- 利润最大化时的数量为 Q_M，这时边际收益 *MR* 等于边际成本 *MC*。
- 一支药的价格是 5 美元（与达菲的实际市场价格大致相等）。
- 在利润最大化时的数量与价格水平，生产者（罗氏）得到了生产者剩余（其中的一部分弥补了药品的开发成本），同时也产生了无谓损失。
- 图 2 给出了同样药品的市场情况，所不同的是，所出售的药品是在竞争市场中的普通奥斯他韦。
- 在一个竞争市场中，边际成本曲线同时是供给曲线 *S*。现在的均衡数量是 Q_C，均衡价格等于边际成本，为每支 2 美元。
- 像罗氏这样的制药公司可能会限制其药品的国际贸易。在美国市场进行垄断经营，如图 1 中所示；允许在中国台湾、印尼、印度与越南这些地区或国家的竞争市场中经营，如图 2 所示。
- 但是，如果网上药店使得在亚洲生产的奥斯他韦能够在美国市场销售，那么在美国罗氏就不能维持其垄断价格。
- 虽然药品的垄断定价产生了无谓损失，但是，如果生产者剩余为零，那么制药公司就没有承担新药品开发成本的激励。
- 所以，当我们把未来的收益与现在的成本进行权衡时，专利药品的市场可能并不像无谓损失所意指的那样没有效率。

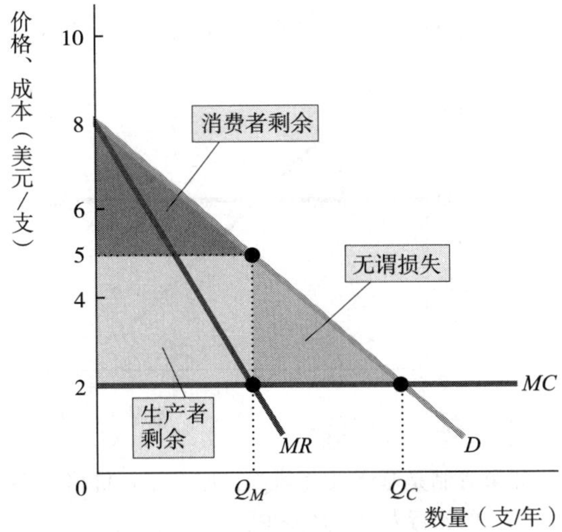

图1　达菲市场

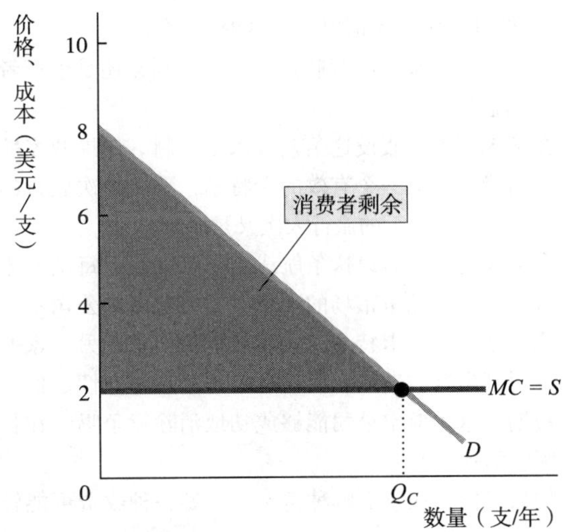

图2　普通奥斯他韦市场

说出你的观点

- 一家制药公司应该被允许受到专利保护来销售一种新药，以免受到一般药品的竞争吗？为什么？
- 应允许还是禁止药品的国际贸易？为什么？

这条航线是受管制的。

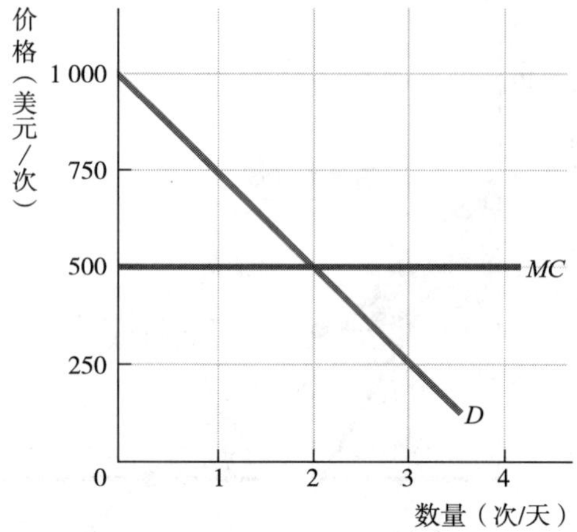

a. 如果管制是基于社会利益，那么旅行价格是多少？每天的旅行人次又是多少？

b. 如果管制是基于生产者的自身利益，那么旅行价格是多少？每天的旅行人次又是多少？

c. 在（b）中，无谓损失是多少？

d. 根据什么来推测管制是基于社会利益还是生产者的利益？

6. 在第 5 题中，假设这条航线未受管制。如果两家航空公司能够形成一个有效的卡特尔，那么一次旅行的价格是多少？每天的旅行人次又是多少？

7. 在第 5 题中，假设这条航线未受管制，但每次的旅行价格降到了竞争市场的水平，因为这两家公司不能形成一个有效的卡特尔。一家航空公司想把另一家航空公司赶出这一航线，而且在考虑采用掠夺性定价，在短期，这家航空公司能够成功地消除竞争吗？在长期呢？为什么？

8. 如果可能，在下面哪种情况下，哪一种收费可能触犯了反托拉斯法？

a. 在一个小镇仅有两家出租公司，两家老板秘密聚会，协商固定价格。

b. 美国连锁药店 Walgreens 提议收购 Rite Aid 和其他主要药店。

c. 一家护发产品企业开办了连锁美发沙龙。

d. 一家音像出租店要求每次租借好莱坞电影时，还要同时租借国外的电影。

e. 只有定购了一本食物月刊，才有权进入一家烹饪网站。

9. 解释一下管制与反托拉斯法的区别。它们各适用什么情况？请各举一个例子加以说明。

10. 叙述一下《谢尔曼法》两款适用方式的差别。为什么你认为其中的一款比另一款得到更准确的解释？

11. 假设汉堡王、麦当劳和温迪这三家连锁快餐企业合并成一家超级汉堡连锁企业。

a. 这一合并是基于社会利益吗？请解释。

b. 成为一家连锁店后汉堡包的价格会怎样变化？

c. 在合并后，消费者剩余、生产者剩余及无谓损失会怎样变化？

d. 反托拉斯法机构会制止这一合并吗？为什么？

批判性思考

1. 在你读了阅读材料后，请回答以下问题：

a. 专利药品的销售触犯了美国反托拉斯法吗？

b. 为什么制药企业想进行价格歧视？

c. 你认为制药企业能够成功地进行价格歧视吗？

d. 如果美国国会使从东南亚进口药品合法化，那么美国药品的价格会怎样变化？生产者剩余、消费者剩余与无谓损失又会怎样变化？

2. **OPEC 减产 4%以提高价格**

本周四，OPEC 再次申明，为控制石油价格的下跌，它们支持每天减产 120 万桶，并且建议今年还要减产，以便抑制过低的价格。

《纽约时报》，2006 年 10 月 20 日

OPEC 是一个国际卡特尔组织，其运营不受美国反托拉斯法的制约。

a. 根据这篇文章中的这则消息，如果 OPEC 受到美国反托拉斯法的约束，那么 OPEC 的行为违反了这部法律吗？如果是，请解释违反了这部法律的哪些条款？如果不是，请说明原因。

b. 如果 OPEC 遵守美国的反托拉斯法，那么世界石油价格会怎样变化？石油消费量又会怎样变化？

网上活动

1. 访问联邦贸易委员会的网站，看美国在线与时代华纳两家公司合并被批准的有关新闻报道。

a. 联邦贸易委员会根据什么条件同意这一合并案的？

b. 美国在线—时代华纳服务于一个什么样的市场？如果以前这一市场是竞争市场，那么现在美国在线—时代华纳公司会成为一个垄断者吗？

c. 谁是这两家公司合并的受益者？请画图说明合并后，价格、产量、生产者剩余、消费者剩余的变动方向。

2. 访问联邦贸易委员会的网站，看指控 Intel 公司滥用垄断权力的新闻报道。

a. 联邦贸易委员会认为 Intel 公司触犯了反托拉斯法吗？

b. 你支持联邦贸易委员会吗？为什么？

c. 请画图说明，Intel 公司的这一行为是怎样使它受益而使其他人受损的。

3.阅读法院拆分微软公司的判决书。

a. 这份判决书都写了些什么？

b. 如果拆分微软公司的判决得以实施，那么你认为软件行业会发生怎样的变化？

第 15 章

外部性

环境更美，人更聪明

我们燃烧了大量的化石燃料——煤、天然气和石油，从而导致酸雨和全球变暖。我们把有毒的废物倒入河流、湖泊与海洋。这些环境问题既是每个人要面对的问题，但又不是哪一个人的问题。当我们每次使用自己的取暖设备或空调系统时，我们是否考虑到对其他人的损害呢？

几乎每天，我们都会听到一项发明——医学、工程技术、化学、物理学甚至经济学方面的。知识的增长似乎是永无止境的。越来越多的人正在学习越来越多的知识。知识存量仍在增加，并且很明显是无止境的。我们变得越来越聪明。但是，我们变得聪明足够快吗？我们在教育与研究方面花费足够多吗？有足够多的人在学校学习足够长的时间吗？我们在学校的工作足够努力吗？如果在教育与研究方面花钱更多，那么，我们会过得更好吗？

在本章，我们要研究这样一个问题——因我们的许多活动而产生的外部性。它们影响其他人，既带来好的方面又带来坏的方面，当我们进行经济决策时却通常没有考虑它们。我们研究污染和知识产生的外部性，这两方面的外部性都是特别重要的。外部性是**市场失灵**的一个重要来源。在市场失灵时，我们要么接受低效率，要么通过某些**公共选择**来努力获得更高的效率。在本章中，将研究这类选择。在本章末的**阅读材料**部分，我们考查了加利福尼亚州为解决大气污染问题所做出的努力。

学习本章后，你将能：

- 解释外部性是怎样产生的
- 解释为什么负外部性导致生产过多因而是无效率的，怎样通过产权安排、排污费、可交易许可证以及税收等方法来达到一个有效率的结果
- 解释为什么正外部性因生产不足而导致无效率，怎样通过政府供应、补贴、优惠券及专利等方法来提高经济效率

现实中的外部性

一种收益或成本源于生产，由生产者以外的其他人来分享或承担；或者一种收益或成本源于消费，却并不由消费者本人获得或承担，这就是**外部性**（externality）。我们来探讨一下外部性的范围和分类，并考查一些日常的例子。

外部性既可以在生产中产生，又可以在消费中产生；既有**负外部性**（negative externality），即带来的是外部成本；又有**正外部性**（positive externality），即带来的是外部收益。所以，共有四种类别的外部性：

- 生产的负外部性
- 生产的正外部性
- 消费的负外部性
- 消费的正外部性

生产的负外部性

位于哈得逊河下的林肯隧道（Lincoln Tunnel）全长1.5英里，连接着新泽西与曼哈顿。但在交通状况最差时，花两个小时才能通过这一隧道。在交通高峰期，林肯隧道的每个使用者都给其他使用者带来了外部成本。

当你使用空调、热水，驾车甚至乘坐公共汽车或列车时，你的活动都造成了大气污染。污染是生产的负外部性的另一个例子。

生产的正外部性

如果养蜂人把蜂箱放在一个桔园旁，那么养蜂人与桔园的主人都产生了正外部性。养蜂人从种桔者那里得到了正外部性，因为蜜蜂从桔花中采集了花蜜。同时，桔子种植者也得到了生产的正外部性，因为蜜蜂帮助桔花授粉。

消费的负外部性

对我们大多数人来说，消费的负外部性是我们烦恼的一个根源。在一个封闭的空间中，吸烟会产生烟雾，我们许多人都会有不舒适感，还会影响健康。吸烟产生了消费的负外部性。为了解决这种外部性，在许多场所甚至几乎所有公共场所，都禁止吸烟。但这样又对吸烟者产生了消费的负外部性。这样，大多数人就给出席宴会或乘坐飞机的少数吸烟者带来了成本。

喧闹的聚会和户外的摇滚音乐会也是消费的负外部性的例子。对于这些活动，一个简单的禁止并不能真正解决问题。禁止带来噪音的聚会避免了给入睡邻居带来的外部成本，但入睡者却给那些追求快乐的聚会者带来了外部成本。

允许草坪中的蒲公英生长，或者秋季不捡落叶，允许狗大声叫唤，或者弄脏邻居的草坪，都会产生消费的负外部性。

消费的正外部性

当你注射了流感疫苗，你就降低了冬天得流感的风险。而如果你没得流感，那么，没有注射流感疫苗的邻居也减少了不患流感的可能。流感疫苗产生了消费的正外部性。

当古建筑的主人修复它时，那些看到古建筑的人会从中得到享受。同样，那些非常壮观的建筑，例如弗兰克·劳埃德·赖特（Frank Lloyd Wright）在20世纪20、30年代建造的房子，再如纽约的克莱斯勒大厦、帝国大厦或芝加哥的里格利大厦这些激动人心的建筑，给那些有机会看到的人带来了外部收益。我们在本章中将要探讨的教育，是这种外部性的又一个例子。

复习测验

1. 外部性有哪四种类别？
2. 对于每种外部性，各举出前文没有列举的一个例子。
3. 对于你上一题所描述的外部性，应该怎样解决？是采用市场方法还是借助公共政策？

myeconlab **Study Plan 15.1**

负外部性：污染问题

污染并不是一个新问题，也不局限于富裕的工业国家。前工业时期的欧洲城镇，因污水处理存在问题，致使出现流行性霍乱、黑死病，导致数以百万计的人死去。中世纪伦敦的大气比现在洛杉矶的大气还要脏。俄罗斯和中国是目前污染较严重的国家。还没有找到解决污染问题的新办法。在 14 世纪，垃圾和污水处理系统的发展是早期试图解决这一问题的例子。

大众很少从经济学的角度来讨论污染问题。他们把重点放在问题实际影响的方面，而不会考虑其成本与收益。普遍的看法是，如果人们的活动导致任何污染，那么就应该停止这一活动。相反，污染的经济研究把重点放在成本与收益上。经济学家提出了有效污染数量这一概念。对于成本与收益的重视并不意味着，经济学家们作为普通市民同一般公众存在不同，他们与其他人分享同样的目标和追求一个健康的环境。也并不意味着，经济学家掌握了正确的答案，而其他人的答案是错误的（反之亦然）。污染的经济分析始于对无污染环境的需求分析。

对无污染环境的需求

今天，对无污染环境的需求比以往任何时候都要强烈。通过引入反污染组织对反污染管制与政策的游说来描述这一需求。我们投票支持那些实施我们想要看到的政策的政治家。我们购买"绿色"产品，尽管这样做我们要多花钱。为了与满意的邻居生活在一起，我们在住房和上下班交通上支付更高的成本。

对无污染环境的需求增长来源于两方面的原因。第一，随着我们收入的增加，我们需要更多的产品或服务，而无污染环境就是其中的一种。我们认为清洁的空气、未被破坏的自然景观和野生动植物是有价值的，我们愿意并为能得到它们付费。

第二，随着我们对污染影响的知识增加，我们能够采取措施来减少其影响。例如，由于我们知道二氧化硫是怎样导致酸雨的，并且知道热带雨林是怎样减少大气中二氧化碳的，那么，从理论上讲，我们就能采取一些措施来缓解这一问题。

让我们考查一下已经确定的污染问题的范围以及产生这些问题的活动。

污染源

经济活动导致大气、水和和土地污染，这些污染又通过生态系统相互作用。

大气污染 大气中 60%的污染物来自道路交通与工业活动。仅仅只有 16%的污染物来自发电厂。

人们普遍认为，大气污染会变得越来越严重。在许多发达国家，大气污染正变得越来越严重，但在美国的大气污染中，大多数污染物却减少了。图 15.1 反映了六种污染物的变动趋势。大气中铅的污染基本上被消除了。二氧化硫、一氧化碳、悬浮颗粒都大约减少到了 1980 年污染水平的一半，甚至较难对付的臭氧与二氧化氮的排放量已经降到 1980 年水平的 70%左右。

大气污染水平的降低与经济活动规模相比，给人的印象就更深了。1970~2000 年，美国的总产值增加了 158%。同期，机动车运行的公里数增加了 143%，能源消费量增加了 45%，人口增加了 36%。尽管总的经济活动水平增加了，但是所有大气污染物的排放水平却下降了 29%。

尽管大气污染来源的事实与趋势不容置疑，但对于大气污染的后果却有不同的观点。争议最小的是，燃煤与燃油这样的火力发电企业排放的二氧化硫和二氧化氮气体导致了酸雨。酸雨源于大气污染，而它又导致了水污染与植被的破坏。

争议较大的是，大气中的铅这类物质（悬浮颗粒物）

图 15.1 大气污染趋势

myeconlab

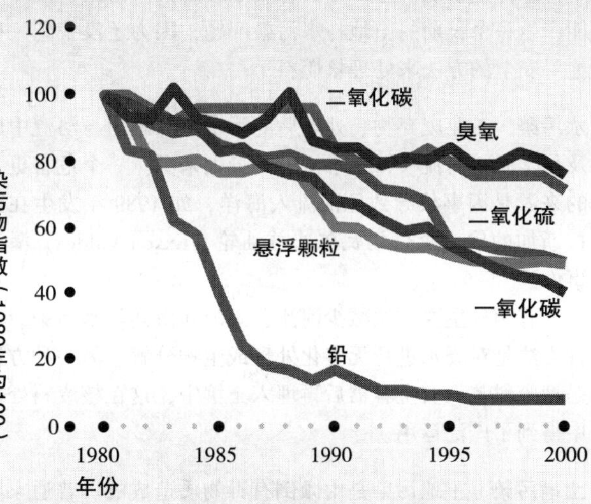

大气中的铅污染基本上被消除了；一氧化碳、二氧化硫、悬浮颗粒都大约减少到 1980 年污染水平的一半；二氧化氮与臭氧的排放量已经降到 1980 年 70%的水平。

资料来源：U.S. Environmental Protection Agency, *National Air Quality and Emission Trends Report*, 1999 and 2000.

来自含铅汽油这一观点。一些科学家认为，足够多的这类物质（目前已经确认的就高达189种）的聚集会引起癌症和其他威胁生命的疾病。

更具争议的问题是*全球变暖*，一些科学家认为这是源于二氧化碳气体的排放。在过去的100年间，地球的平均气温升高了，但主要是在1940年以前升高的。在确定引起地球气温变化的因素时，忽视二氧化碳的影响是困难的。

同样引起争议的是*臭氧层破坏*。不容置疑的是，南极上空的臭氧层有一个空洞，臭氧层保护我们免受来自太阳的致癌紫外线的照射。但是，我们的工业活动究竟怎样影响臭氧层，到现在为止都还不太清楚。

大气污染的一个问题几乎已经消除了：汽油中的铅。其部分原因在于，使用无铅汽油的生活成本并不高。但是，二氧化硫和所谓的温室气体是要解决的很棘手的问题。其可供选择的方法代价高昂，或者本身也会产生污染问题。这些污染物的主要来源是道路机动车和发电，可以用各种方式使道路车辆变得"更绿"。一种方式是采用新能源，一些替代品是乙醇、天然气、丙烷、丁烷和氢气。另一种使得小汽车和卡车更环保的方式是改变汽油的化学成分。炼油企业正在致力于对汽油进行再加工，以便减少汽车的尾气排放量。同样，通过利用风能、太阳能、潮汐能、水力或地热等资源，可以用更清洁的方式来发电。另一种选择是核能。这一方法有利于缓解大气污染，但却可能产生一个长期的土地与水污染问题，因为还没找到一种绝对安全的方法来处理核燃料。

水污染 工业废弃物、处理后的污水排入湖泊与河流中以及化学肥料的流失，是水污染的最大来源。一个危害更大的来源是因事故导致原油流入海洋，如1989年发生在阿拉斯加的埃克森公司瓦尔迪兹油轮（Exxon Valdez）漏油事件。

有两种主要方法减少河流、湖泊和海洋等水污染。一种方法是对废水进行无害化处理或生物分解。另一种方法是把废料装入安全容器后再埋入土壤中，这在核废料处理中得到了广泛运用。

土地污染 土地污染是由倾倒有毒物质造成的。普通家庭垃圾不会造成污染，除非倾倒的垃圾中的污染物渗入供水系统中。随着掩埋的垃圾达到土地的容纳能力或者采用了不适当的掩埋方法，这种可能性增加了。据估计，到2010年，现在80%的掩埋场容纳能力将要达到饱和。美国一些地区（纽约、新泽西以及东部沿海各州）以及一些国家（日本、荷兰）正在寻求比较经济的方法来代替掩埋，如垃圾循环利用或焚烧等方法。很明显，循环利用是一种有吸引力的选择，但要求投资于有效率的新技术。与掩埋相比，焚烧是一种成本较高的方式，它又会造成大气污染。而且，这些替代方法并不是免费的，当掩埋成本较高时，这些方法才是有效率的。

我们已经知道，对无污染环境的需求增加了，并且描述了污染问题的范围。接下来，我们要对这些问题进行经济分析。首先，要区别一下私人成本与社会成本。

私人成本与社会成本

生产的*私人成本*是指由产品或服务的生产者负担的成本。*边际成本*是指每多生产一单位产品或服务的生产成本。因此，**边际私人成本**（marginal private cost, MC）是指多生产一单位产品或服务由生产者所负担的成本。

你已经知道，*外部成本*是生产一种产品或服务的成本，它不是由生产者负担的，而是由其他人来负担的。**边际外部成本**（marginal external cost）是指多生产一单位产品或服务由生产者以外的其他人所负担的成本。

边际社会成本（marginal social cost, *MSC*）是整个社会所发生的边际成本，是由生产者和其他人负担的，它是边际私人成本与边际外部成本之和。即：

$$MSC = MC + \text{边际外部成本}。$$

成本的单位是美元。但是，我们必须记住，成本是一种机会成本——因得到某种东西所放弃的。边际外部成本是当生产者多生产一单位产品或服务时，其他人而不是产品或服务的生产者必须放弃的东西。放弃的某些东西是以实物形式存在的，如清洁的河流或大气。

评估外部成本 经济学家利用市场价格以美元来度量污染成本。例如，不妨假设两条相似的河流，一条受到了污染，另一条是清洁的。在每条河的岸边，都住着500个同样的家庭。位于清洁河岸的住房，每月的租金是2 500美元，而那些位于受污染河岸的住房租金却是1 500美元。如果污染仅仅是可以察觉的区别，受污染河岸的住房租金少了1 000美元，这便是污染成本。对于受污染河岸的500套住房而言，每月的外部成本共是50万美元。

外部成本与产量 在图15.2中，以污染的化工行业为例，显示了产量与成本之间的关系。*MC*为边际成本曲线，反映了生产化学制品企业所负担的边际私人成本的变化情况。边际成本随着产品数量的增加而增加。如果企业把废

图 15.2 外部成本

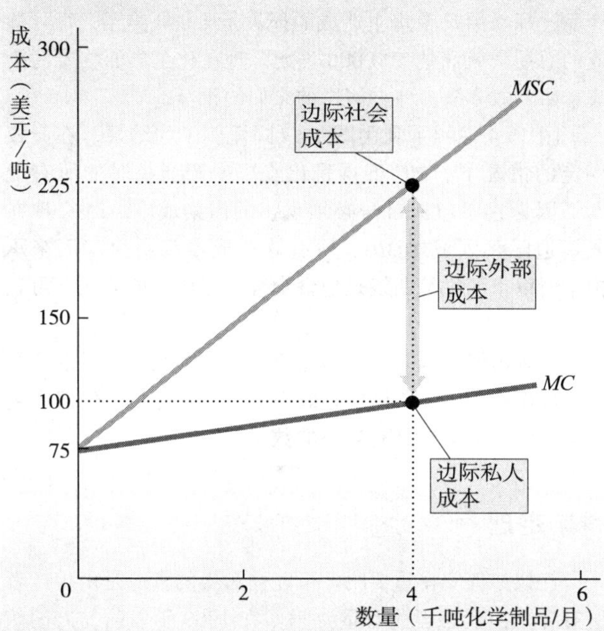

MC 曲线表示由生产化学制品的工厂负担的边际私人成本。边际社会成本是边际私人成本与边际外部成本之和，其曲线用 MSC 表示。当每月化学制品的产量为 4 000 吨时，边际私人成本是每吨 100 美元，边际外部成本是每吨 125 美元，边际社会成本是每吨 225 美元。

图 15.3 存在外部成本时的无效率

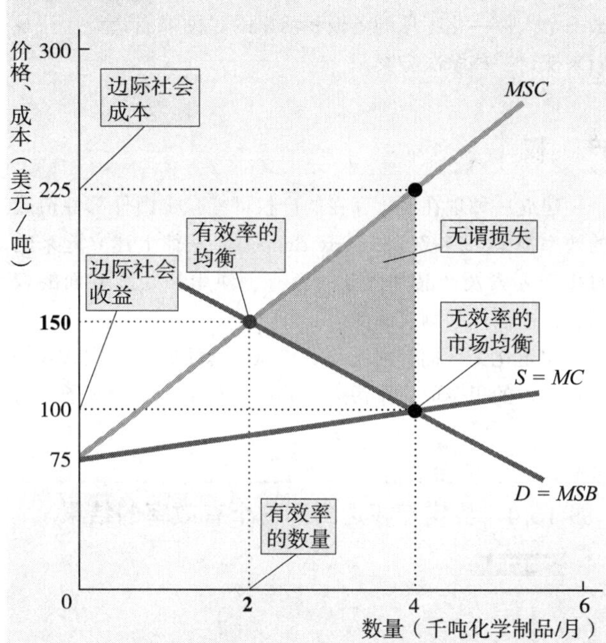

供给曲线是边际私人成本曲线，S = MC。需求曲线是边际社会收益曲线，D = MSC。达到市场均衡时，价格是每吨 100 美元，每月的产量是 4 000 吨，这时是无效率的，因为边际社会成本大于边际社会收益。有效率的产量是每月 2 000 吨。灰色三角形表示因污染外部性造成的无谓损失。

物倒进河中，就会产生外部成本，这一成本随着企业产量的增加而增加。*MSC* 为边际社会成本曲线，等于边际私人成本与边际外部成本之和。例如，当每月产量是 4 000 吨时，边际私人成本为每吨 100 美元，边际外部成本为每吨125 美元，边际社会成本便是每吨 225 美元。

在图 15.2 中，当化学制品的产量增加时，污染量增加了，所造成的污染成本也增加了。

图 15.2 反映了化学制品的产量与污染成本之间的关系，但并没有告诉我们造成的污染成本有多大。化学制品的数量是由化学制品市场的运行决定的。首先，我们考查一下当这个行业对污染不收费时，情况会怎样。

产量与污染成本各是多少

当一个行业未受管制时，污染数量取决于所生产的产品的均衡价格与均衡数量。在图 15.3 中，*D* 是生产有污染的化学制品的需求曲线。这一曲线也是这种产品的边际社会收益曲线 *MSB*。*S* 为供给曲线，它也是生产者的边际私人成本曲线 *MC*。供给曲线之所以是边际私人成本曲线，是因为企业在做出生产与供给决策时，它们仅仅只考虑自身负担的成本。在市场均衡时，价格是每吨 100 美元，化学制品每月的产量是 4 000 吨。

这一均衡是没有效率的。在第 5 章中，你已经知道，当边际社会收益等于边际社会成本时，资源的配置是有效率的。在比较边际社会收益与边际社会成本时，我们必须考虑所有的成本——私人成本与外部成本。因此，由于存在外部成本，当边际社会收益等于边际社会成本时，资源配置是有效率的。于是就产生了这样的结果，每月化学制品的产量是 2 000 吨。未受管制的市场每月多生产 2 000

吨，并且产生了无谓损失，如图中灰色三角形所示。

生活在受污染河边的人们怎样让化工企业减产并产生较少污染呢？如果能够找到一些方法来达到这一结果，那么每个人——化工厂的老板和河岸的居民都能获益。让我们来探讨一些解决方案。

产 权

建立一种现在还不存在的产权可能减少因外部性造成的效率损失。**产权**（property rights）是法律上建立起来的对生产要素及产品和服务的所有、使用和处置方面的权利，是由法律强制实施的。

假定化工厂拥有河流和沿岸500套住房的产权。人们愿意支付的租金取决于污染的数量。利用前面的例子，对于无污染河岸的住房，人们愿意支付的租金是每月2 500美元，而受污染河岸的住房租金每月只有1 500美元，每月生产的化学制品是4 000吨。如果化工厂生产这么多的产品，那么给每个房主造成的损失是1 000美元，每月造成的总损失就高达500 000美元。现在化工厂面临着污染成本——放弃来自住在河岸的人们的租金。

图15.4说明了利用图15.3同样例子的结果。在产权界定的情况下，*MC* 不再是化工厂生产产品时的所有成本。因为它不包括自身必须承担的污染成本。*MSC* 现在成了边际私人成本 *MC*。所有这些成本都由化工厂来承担，所以市场供给曲线是包含全部边际成本的曲线，可表示为：*S* = *MC* = *MSC*。

达到市场均衡时，价格是每吨150美元，每月的产量是2 000吨。这一结果是有效率的。尽管化工厂仍然产生污染，但污染量却是有效率的数量。

图 15.4 界定产权达到了一个有效率的结果

myeconlab

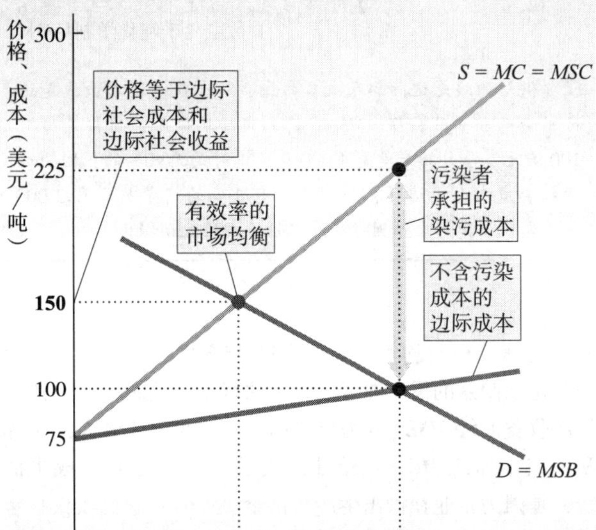

产权明确时，不含污染成本的边际成本仅仅是生产者边际成本的一部分。边际私人成本包括了污染成本，所以供给曲线 *S* = *MC* = *MSC*。达到市场均衡时，价格为每吨150美元，每月的化学制品产量为2 000吨，这时的均衡是有效率的，因为边际社会成本等于边际社会收益。有效率的污染量并不为零。

科斯定理

产权如何安排重要吗？可能受污染的资源是由生产者所有还是由受害者所有重要吗？在1960年以前，人们认为产权的安排不重要。但在1960年，罗纳德·科斯得出一个现在被人们称为科斯定理的著名理论。

科斯定理（Coase theorem）是指，如果产权明确，仅有少数人参加，并且交易成本较低，那么私人交易就是有效率的。因为交易各方把所有的成本和收益都考虑进来了，就不会有外部性。而且，至于是谁拥有产权并不重要。

科斯定理的运用 在我们所研究的例子中，化工厂拥有河流与住房。不妨假定，情况正好相反，即由居民拥有住房与河流。现在工厂要向河中倾倒废弃物就必须向房主付费。排入河中的污染物越多，工厂支付的费用就越多。而且，工厂面临着产生污染的机会成本。不管谁拥有住房和河流，化学制品的产量与倾倒的污染物的数量都是相同的。如果工厂为产权所有者，那么工厂要负担污染成本，因为来自住房的租金减少了。如果居民为产权的所有者，工厂也会负担污染成本，因为它们必须向房主支付费用。在这两种情况下，都由工厂负担污染成本，并且排入河中的废物量是有效率的数量。

科斯的解决方案仅在交易成本较低的情况下是可行的。**交易成本**（transaction costs）是进行一项交易活动的机会成本。例如，当你购买住房时，你会面对一系列的交易成本。你可能会向房地产经纪人支付费用，让他们帮助你找到最佳地段的房子；你会给律师支票，以便向你保证，售房人拥有产权证，而且在你付了这一费用后，住房的产权证才能转到你的名下。

以河岸的住房为例，交易成本是由几家化工厂和一些房主产生的，这一成本可能较低，他们会一起来协商这笔交易，从而产生有效率的结果。但是，在许多情况下，交易成本特别高，其结果是没有效率的。在这些情况下，科斯的解决方案并不可行。

不妨假定每个人都拥有其住房上空 10 英里的空域。如果有人污染了你的空域，那么你可以向他收费。但要收费，你必须确定是谁污染了你的空域，并且说服他们给你付费。想一下，与生活在美国各个地方（或许还包括加拿大或墨西哥）的 5 000 万人、几千家排放二氧化硫并产生酸雨在你的空域降落的工厂进行谈判与实施协议，其成本得有多大！在这种情况下，我们可以利用公共选择来解决外部性问题。但是，妨碍市场解决方案的交易成本是真实成本，所以，政府试图解决外部性问题，也并不是一件容易的事情。让我们考查一下政府在这方面所做出的一些努力。

政府解决外部成本的方法

政府解决外部性问题的三种主要方法是：

- 税收
- 排污费
- 可交易许可证

税　收　政府可以用税收来刺激生产者削减污染。为了纪念英国经济学家阿瑟·塞西尔·庇古（Arthur Cecil Pigou，1877~1959），经济学家把这种税收称为**"庇古税"**（Pigovian taxes）。庇古是率先在 20 世纪 20 年代找到处理外部性方法的经济学家。

通过把税收确定在边际外部成本的水平上，企业的行为就会与外部成本由它们直接负担时的情况一样。为了考查在外部性的情况下，政府行为是怎样改变市场结果的，我们再回到化工厂与河流这一例子。

假定政府能够准确地计算外部成本，并且能够严格按照边际外部成本的大小来收税。图 15.5 显示了征税的结果。

需求曲线与边际社会成本曲线相同，即 *D=MSB*，企业的边际成本曲线 *MC* 与图 15.3 中的相同。污染税等于污染的边际外部成本。税收与边际私人成本相加便得到了了市场供给曲线，即：*S* = *MC* + 税收 = *MSC*。这条曲线之所以是市场供给曲线，是因为它表示在每一价格水平上

图 15.5　征收污染税达到了一个有效率的结果

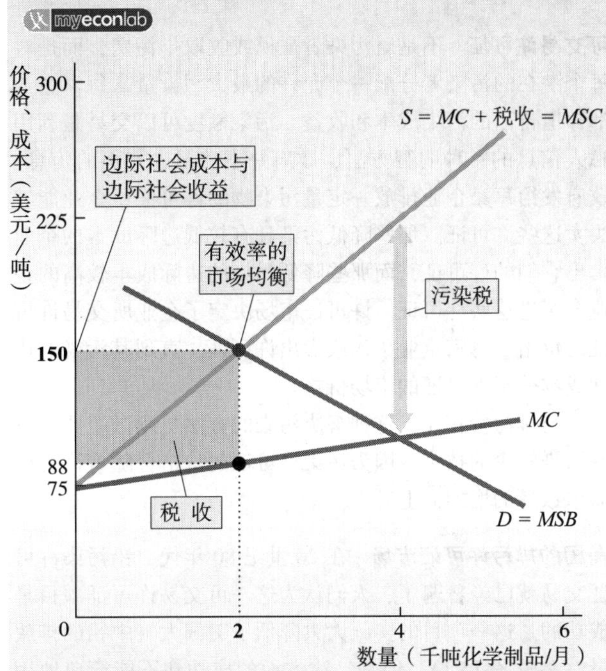

征收的污染税等于污染的边际外部成本。供给曲线由边际私人成本曲线 *MC* 加上税收而成，即 *S* = *MC* + 税收。达到市场均衡时，价格是每吨 150 美元，每月的化学制品产量是 2 000 吨；这时的均衡是有效率的，因为边际社会成本等于边际社会收益。图中灰色矩形表示政府的税收。

（既定企业的边际成本与税收）所供给的产品的数量。这条曲线也是边际社会成本曲线，因为所征收的污染税等于边际外部成本。

现在的需求曲线与供给曲线决定市场均衡价格为每吨 150 美元，每月化学制品的产量为 2 000 吨。这时的边际社会成本是 150 美元，边际社会收益也是 150 美元，所以这一结果是有效率的。这时企业的边际成本是每吨 88 美元，所交税是每吨 62 美元。政府每月的税收收入是 12.4 万美元。

排污费　排污费是对产生外部成本的污染者收税的一种替代方法。政府制定了每一单位污染的价格。一家企业产生的污染越多，它支付的排污费就越多。这种解决污染外部性的方法在美国用得还较少，但在欧洲被普遍采用，例如，在法国、德国和荷兰，水污染者都要交污水处理费。

为了制定实现效率的排污费，政府就需要掌握污染行业的许多信息，但在实际上，很少能够做到这一点。

可交易许可证 不是对污染者征税或收取排污费，而是对每个潜在的污染者分配一个允许的最大污染量。每家企业都知道自己的污染成本和收益。污染额度可以交易是利用私人信息的一种明智方法，政府并不掌握这方面的信息。政府发给每家企业排放一定量污染物的许可证，企业能够买卖这些许可证。那些降低污染具有较低边际成本的企业卖出它们的许可证，而那些降低污染的边际成本较高的企业会买进这些许可证。许可证市场决定了企业所交易许可证的价格。每家企业买入或卖出许可证，直到其污染的边际成本等于许可证的市场价格。

与排污费相比，这种解决污染的方法更刺激企业去发现污染较少的技术，因为污染许可证的价格会随着许可证需求数量的增加而上升。

美国的排污许可证市场 在 20 世纪 80 年代，铅污染许可证交易就已经普遍了，人们认为这一可交易许可证项目是成功的。这一项目的实施大大降低了美国大气中铅的排放量（参见图 15.1）。但是，这方面的成功却不能简单地用在其他方面，因为铅污染有其某些特点。首先，大多数铅污染来源单一，即含铅汽油。第二，汽油中的铅易于监控。第三，该项目的目标很明确：削减汽油中的铅含量。

美国环境保护局现在正考虑利用可交易许可证控制含氯氟烃（氟里昂）这种物质的排放，以提高效率。人们认为这种气体对臭氧层有破坏作用。

复习测验

1. 私人成本与社会成本有什么区别？
2. 负外部性是怎样使得竞争市场不能实现资源有效配置的？
3. 怎样通过产权安排来减少负外部性？这种解决外部性的方法是如何运作的？
4. 怎样通过税收来解决负外部性？要想让企业产生有效率的污染量，污染税应定在什么水平？
5. 排污费和可交易污染许可证是如何运作的？

myeconlab **Study Plan 15.2**

正外部性：知识

知识来源于教育与研究。为了研究知识经济学，我们必须区别私人收益和社会收益。

私人收益和社会收益

*私人收益*是一种产品或服务的消费者得到的收益。*边际收益*是指多消费一单位的产品或服务得到的收益。所以，**边际私人收益**（marginal private cost，*MB*）是指消费者多消费一单位产品或服务所得到的收益。

一种产品或服务的*外部收益*是指消费者以外的其他人所得到的收益。**边际外部收益**（marginal external benefit）是指消费者多消费一单位的产品或服务其他人所得到的收益。

边际社会收益（marginal social benefit，*MSB*）是社会得到的边际收益——一种产品或服务的消费者所得到的边际收益（边际私人收益）与其他人得到的边际收益（边际外部收益）之和，即：

$$MSC = MB + \text{边际外部收益}。$$

图 15.6 反映了边际私人收益、边际外部收益和边际社会收益三者的关系。边际收益 *MB* 表示边际私人收益——例如由大学毕业生所享有的扩大的工作机会和较高的收入。边际私人收益随着学生人数的增加而减少。

但大学毕业生也会产生外部收益。一般地说，他们倾向于成为较好的公民。他们的犯罪率较低，并更容易容忍其他人的观点。一个具有较多大学毕业生的社会，能够支持高档次的新闻与电视节目、音乐、戏剧及其他社会活动。

在图 15.6 的例子中，当 1 500 万人进入大学学习时，每名学生每年的边际外部收益是 15 000 美元。边际社会收益是边际私人收益与边际外部收益之和。例如，当一年有 1 500 万名学生进入大学学习时，每名学生的边际私人收益是 10 000 美元，每名学生的边际外部收益是 15 000 美元，所以每名学生的边际社会收益就是 25 000 美元。

当人们做出上学决策时，他们不会考虑外部收益，而仅仅只考虑其私人收益。所以，如果教育是由私立学校通

图 15.6　外部收益

myeconlab

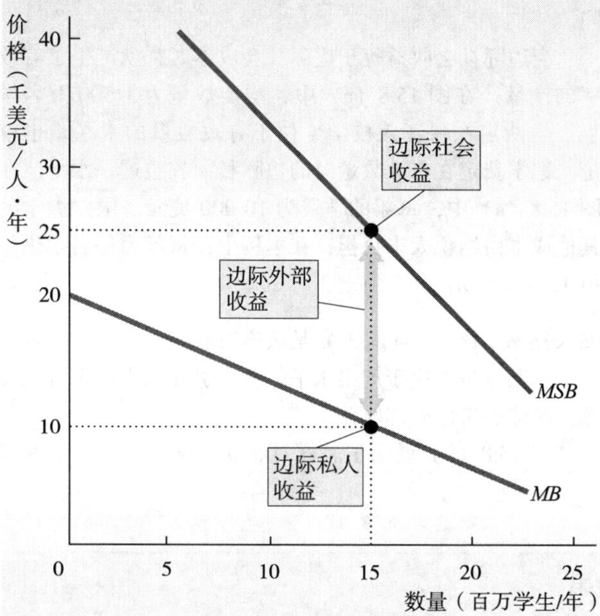

MB 曲线表示接受大学教育的人所得到的边际私人收益。*MSB* 等于边际私人收益与边际外部收益之和。当 1 500 万名学生进入大学学习时，每名学生的边际私人收益是 10 000 美元，每名学生的边际外部收益是 15 000 美元，每名学生的边际社会收益便是 25 000 美元。

图 15.7　存在外部收益时的无效率

myeconlab

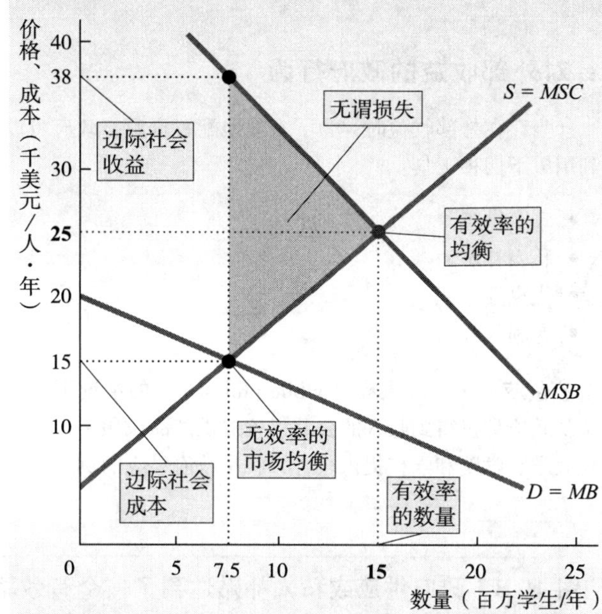

市场需求曲线是边际私人收益曲线，$D = MB$。供给曲线是边际社会成本曲线，$S = MSC$。达到市场均衡时，每年的学费是 15 000 美元，学生数是 750 万人；这时的均衡是没有效率的，因为边际社会收益大于边际社会成本。有效率的学生数是 1 500 万人。由于大学入学人数太少，因此产生了无谓损失（图中灰色三角形所示）。

过收取全额学费来提供的，那么大学毕业生就会很少。

图 15.7 显示了政府允许教育由私立学校提供时生产不足的情况。供给曲线是边际社会成本曲线，即 $S = MSC$。需求曲线是边际私人收益曲线，即 $D = MB$。达到市场均衡时，每名学生每年的学费是 15 000 美元，每年的学生是 750 万人。在这一均衡点，每名学生的边际社会收益是 38 000 美元，高于边际社会成本 15 000 美元。大学生太少了。有效率的学生数是每年 1 500 万人，这时边际社会收益等于边际社会成本。灰色三角形代表无谓损失。

如果对小学和中学教育市场不加管制，那么生产不足类似于图 15.7 的情形。当孩子们具备了基本的阅读、写作和计算能力时，他们得到的私人收益是所增加的挣钱能力。但是，即使是这些基本技能也为成为较好公民带来了外部收益。

新知识的发现也产生了外部收益。当艾萨克·牛顿提出了计算一个变量对另一个变量反应速度的公式，即微积分后，每个人都可以免费使用这一方法。当被称为 VisiCalc 的电子表格软件发明后，莲花公司（Lotus Corporation）与微软公司可以免费利用这一基本思想并产生了 1-2-3 和 Excel 软件。当第一家购物中心建成并被发现是零售的一种有效方式之后，任何人都可以免费利用这一思想，从而购物中心得以迅速发展。

一旦某人发明了某种基本思想，其他人就可复制它。他们必须复制一种思想，所以他们面临着一种机会成本。但是，通常他们不必支付使用费。当人们做出决策时，他们不会考虑外部收益，而仅仅只考虑私人收益。

当人们做出受多少教育或进行多少研究的决策时，他们要权衡边际私人成本与边际私人收益。他们不会考虑外部收益。其结果是，如果教育和研究由不受管制的市场力量来调节，那么我们得到的教育与研究活动就会太少。

为了使得产生外部收益的产品或服务的生产数量接近有效率的水平，我们要通过政府进行公共选择，从而调整市场结果。

针对外部收益的政府行为

当存在外部收益时，为了有效地配置资源，政府可以利用以下四种工具：

- 政府供应
- 私人补贴
- 优惠券
- 专利与版权

政府供应 在**政府供应**（public provision）的情况下，一个从政府那里得到收入的公共机构提供产品或服务。由国立大学、学院和学校提供教育，就是政府供应的例子。

图 15.8（a）说明了政府供应如何克服图 15.7 中的生产不足。政府供应不能降低生产成本，所以边际社会成本与以前相同。边际私人收益和边际外部收益也与以前相同。

当边际社会收益等于边际社会成本时，就产生了有效率的产量。在图 15.8（a）中，均衡数量为 1 500 万名学生。学费定在保证入校学生位于有效数量的水平。也就是，把学费定在有效数量时的边际私人收益这一水平。在图 15.8（a）中，每年的学费为 10 000 美元。国立大学的其他成本由纳税人来负担，在本例中，每年为每名学生负担 15 000 美元。

私人补贴 **补贴**（subsidy）是政府对私人生产者的一种支付。补贴数量取决于产出水平，政府引导私人决策者在做选择时能够考虑外部收益。

图 15.8（b）说明了怎样对私立大学进行补贴。在没

图 15.8 政府供应或私人补贴达到了一个有效率的结果

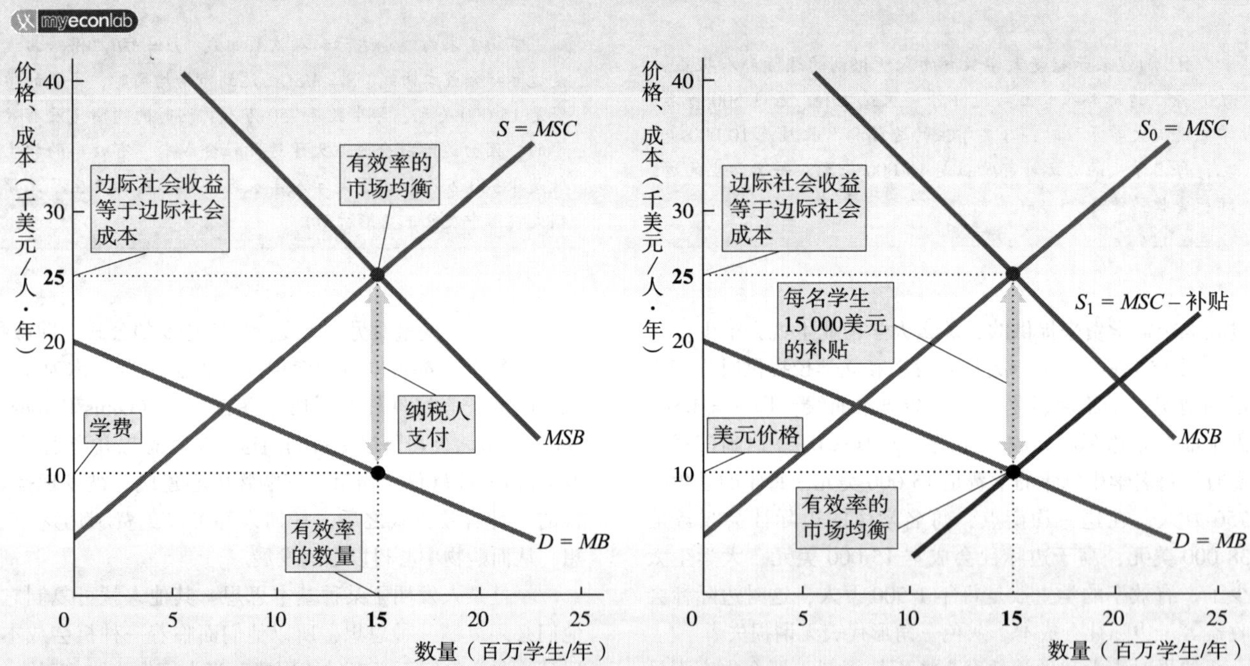

（a）政府供应

在 (a) 幅中，当边际社会收益等于边际社会成本时，每年的学生数为 1 500 万人，这是有效率的数量。每名学生的学费为 10 000 美元，等于边际私人收益。纳税人为每名学生支付了另外的 15 000 美元。

（b）私人补贴

在 (b) 幅中，对每名学生的补贴为 15 000 美元，供给曲线 S_1 = *MSC*–补贴。均衡价格为 10 000 美元，每年入校学生数为 1 500 万人，这时的市场均衡是有效率的。边际社会收益等于边际社会成本。

有补贴的情况下，市场供给曲线 $S_0 = MSC$。需求曲线是边际私人收益曲线，即 $D = MB$。如果政府每年按每名学生 15 000 美元的标准对大学进行补贴，那么我们就必须从大学的边际成本中减去补贴从而得到新的市场需求曲线。新的供给曲线为 S_1，$S_1 = MSC-$补贴。市场达到均衡时，每年的学费为 10 000 美元，每年入校学生数为 1 500 万人。这时的边际社会成本是 25 000 美元，边际社会收益也是 25 000 美元。由于边际社会成本等于边际社会收益，补贴就达到了一个有效率的结果。学费与补贴正好弥补了大学的边际成本。

优惠券 **优惠券**（voucher）是政府提供给居民的一种代价券，可用它来购买特定的产品或服务。食品券就是优惠券的一种。食品券仅仅只能用于购买食品，用以改善贫困家庭的饮食与健康。

就学券用于提高教育质量，在美国的克利夫兰市和密尔沃基市已经使用。

就学券允许父母为孩子们择校，并用此券支付部分费用。学校把收到的就学券兑换成现金，用来开支。就学券也可以采用同样的方式向大学生提供。虽然从技术上讲还没有这种券，但联邦奖学金却可产生一个类似的效果。

由于优惠券仅仅只能花费在某些特定的产品上，这样就增加了对特定产品的支付意愿，因此也增加了对该产品的需求。图 15.9 说明了优惠券系统是怎样运作的。政府给每名学生提供一张优惠券，其价值等于边际外部收益。父母亲（或学生）使用这些优惠券去补充他们支付的教育费用。边际社会收益曲线成为大学教育的需求曲线，即 $D = MSB$。在达到市场均衡时，每年每名学生的教育价格是 25 000 美元，有 1 500 万名大学生进入大学学习。每名学生支付的学费是 10 000 美元，通过优惠券，学校向每名学生收取另外的 15 000 美元。

如果政府能够准确地评估外部收益，并使得优惠券的价值等于边际外部收益，实施优惠券项目的结果就是有效率的。由于边际社会成本等于边际社会收益，无谓损失被消除了。

优惠券类似于补贴，但其倡导者说它比补贴更有效率，因为消费者比政府更能够有效地监控学校的行为。

图 15.9 优惠券达到了一个有效率的结果

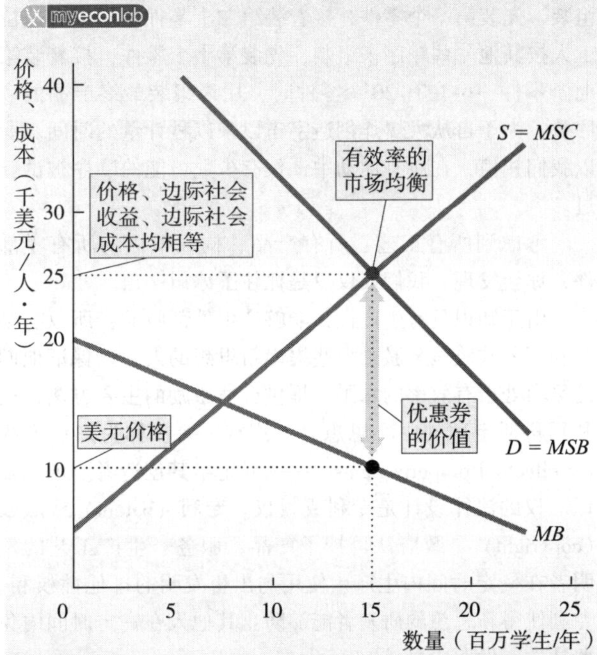

当有优惠券时，学生的支付意愿是 MB 加上优惠券的价值，所以需求曲线变成了边际社会收益曲线，$D = MSB$。达到市场均衡时，学校入学人数是 1 500 万；此时的市场均衡是有效率的，因为价格等于边际社会收益等于边际社会成本。学费由 10 000 美元的现金与价值为 15 000 美元的优惠券构成。

专利与版权 知识可能是边际收益递减原理的一个例外。知识（关于正确的事物）的增加使得人更具生产性。似乎不存在知识增加导致生产率增加呈减少的趋势。

例如，在仅仅 15 年的时间内，有关微处理器的知识进步为我们提供了一系列处理器芯片，从而使得个人电脑的功能变得日趋强大。有关怎样设计与加工处理器芯片的每一次知识进步，都很明显地提高了电脑的性能与工作能力。同样，每次有关怎样设计与建造飞机的知识进步明显地导致了飞机性能的提高：奥维尔和威尔伯·莱特在 1903 年制造的飞行器是仅有一个座位的飞机，仅仅只能飞越一个农场的范围。1949 年设计的洛克希德星座式客运飞机能够搭乘 120 名旅客从纽约飞到伦敦，但却要在纽芬兰和爱尔兰两次停下来补给燃料。最新的波音747 飞机搭乘 400 人，能够从洛杉矶飞到悉尼，或从纽约飞到东京（全程 7 500 英里，用时 13 个小时），中间不用着陆。类似的例子在农业、生物基因、通信、工程、娱乐及医学中都可找到。

知识存量的增加没有导致报酬递减的一个原因是，从原则上讲，有许多不同的技术可以用来试验。保尔·罗默（Paul Romer）解释了这一事实。

"假设要生产一个由 20 种不同零件组装而成的完整产品，每次只能组装一个零件。一位工人可以按多种顺序来组装，先装第一个零件，接着装第二个零件……或者这位工人按其他一些顺序来组装，先装第十个零件，接着装第七个零件……在有 20 个零件时，用来组装最终产品的顺序数，大于自从大爆炸创造宇宙以来以秒计量的时间。所以我们相信，在所有活动中，仅有少数可能的顺序被试验过。"[1]

考虑到所有工艺、所有产品、构成整机的所有零部件，你会发现，我们仅仅只是抓住了冰川一角。

由于知识具有生产性，能够产生外部收益，所以有必要利用公共政策来激励那些提出新思想的人，以保证他们的努力处于有效率的水平。提供合适激励的主要方法，是利用科斯定理的中心思想，把产权——被称为**知识产权**（intellectual property rights）——界定给其创造者。创建知识产权的法律设计是专利或版权。**专利**（patent）或**版权**（copyright）是政府认可授予产品、服务、生产工艺的发明者在一定时间内生产、使用与出售发明的排他性权利。专利使得新思想的研发者能够防止其他人在一定时间内免费从这一发明中受益。

尽管专利鼓励发明与创新，但是这样做是要付出经济成本的。尽管专利是正当的，但它的持有者却会形成垄断。垄断是无效率的另一种根源（参见第 12 章）。但是，如果没有专利，那么开发一种新产品、新服务或新工艺的努力就会被减弱，新发明的速度就会减缓。所以，有效率的结果是一种折衷，需要权衡新发明活动中更多发明的收益与暂时的垄断成本。

复习测验

1. 带来外部收益的知识有什么特点？
2. 为了使教育达到一个有效率的水平，政府怎样利用政府供应、私人补贴和优惠券？
3. 为了使研究与开发达到一个有效率的水平，政府怎样利用政府供应、私人补贴、优惠券、专利与版权？

myeconlab **Study Plan 15.3**

[1] Paul Romer, "Ideas and Things," in *The Future Surveyed*, supplement to *The Economist*, September 11, 1993, pp.71–72.

◆ 在本章接下来的阅读材料中，考查了加利福尼亚州房地产开发产生的污染问题，讨论是否需要让开发者付费。

内容提要

要 点

现实中的外部性

- 外部性既可以产生在生产活动中，又可以产生在消费活动中。
- 负外部性强加一种外部成本。
- 正外部性提供了一种外部收益。

负外部性：污染

- 外部成本是一种产品或服务的生产者以外的其他人负担的生产成本。边际社会成本等于边际私人成本与边际外部成本之和。
- 当存在边际外部成本时，由于生产者仅考虑边际私人成本，因此产量高于有效率的产量。
- 有时，通过界定产权就可能消除负外部性。
- 当产权不能界定时，政府通过税收、排污费或可交易许可证等手段来解决外部性。

正外部性：知识

- 外部收益是一种产品或服务的消费者以外的其他人所得到的收益。边际社会收益等于边际私人收益与边际外部收益之和。
- 教育之所以产生外部收益，是因为受过良好教育的人倾向于成为较好的公民。
- 研究之所以产生外部收益，是因为一旦有人提出一种基本思想，其他人就能复制。
- 优惠券或给学校补贴，或者低于成本提供公共教育，都可能使教育供应达到一个更有效率的水平。
- 专利和版权形成了知识产权，这是对创新的一种激励。但它们又创造了一种暂时的垄断，必须对更多发明活动的收益与垄断造成的成本进行权衡。

关键图表

图 15.3 存在外部成本时的无效率
图 15.4 界定产权达到了一个有效率的结果
图 15.5 征收污染税达到了一个有效率的结果

关键术语

外部性	负外部性
正外部性	边际私人成本
边际外部成本	边际社会成本
产　权	科斯定理
交易成本	庇古税
边际私人收益	边际外部收益
边际社会收益	政府供应
补　贴	优惠券
知识产权	专　利
版　权	

习　题

1. 看看下面各项属于哪一种：负外部性、正外部性、生产的外部性、消费的外部性，或者不是外部性。
   a. 在美国举行网球公开锦标赛期间，比赛场地附近的拉瓜迪亚机场有飞机起飞。
   b. 太平洋上的日落。
   c. 攻读学位的人数增加。
   d. 一个人在参加管弦乐音乐会时涂抹香水。
   e. 一个房主在自家房前有一个美丽的花园。
   f. 一个醉酒的人驾车。
   g. 面包师烤制面包。
2. 下表给出了杀虫剂生产的成本与收益信息，这一产品的生产污染了养鲑鱼的湖水。

杀虫剂的产量	杀虫剂生产者的边际成本	边际外部成本	杀虫剂的边际社会收益
（吨/周）	（美元/吨）		
0	0	0	250
1	5	33	205
2	15	67	165
3	30	100	130
4	50	133	100
5	75	167	75
6	105	200	55
7	140	233	40

   a. 如果没有人对该湖有所有权，也没有对污染进行管制，杀虫剂的产量是多少？养鲑人承担的边际污染成本是多少？
   b. 如果养鲑场拥有湖的所有权，杀虫剂的产量是多少？杀虫剂生产企业每生产一吨杀虫剂向养鲑场支付多少？
   c. 如果杀虫剂生产企业拥有湖的所有权，并且如果未受污染的湖每周的租金是 1 000 美元，那么杀虫剂的产量是多少？如果农民要租湖，给杀虫剂生产企业的租金是多少？
   d. 比较一下（b）与（c）中的杀虫剂产量，并说明二者的关系。
3. 回到第 2 题所描述的杀虫剂生产企业与养鲑场的情况，假设没有人拥有湖，政府引入了污染税。
   a. 要达到有效率的结果，每生产一吨杀虫剂的税收是多少？
   b. 解释一下（a）中的答案与第 2 题中答案的关系。
4. 利用第 2 题中的有关资料，假定没有人是湖的所有者，政府发行了两个可交易许可证。一个给养鲑人，一个给杀虫剂生产企业。每个许可证都允许对湖水的污染量相同，且总污染量是一个有效率的数量。.
   a. 杀虫剂的产量是多少？
   b. 污染许可证的市场价格是多少？谁购买许可证，谁出售许可证？
   c. 你的答案与第 2 题、第 3 题的答案有什么关系？
5. 贝蒂和安娜在费城的同一间办公室工作。但是她们必须参加在匹兹堡的一个会议，她们决定一起驾车去参加这次会议。贝蒂是一位吸烟者，她每天从一包香烟中得到的边际收益是 40 美元。每包香烟的价格是 6 美元。安娜厌恶吸烟，她每天从无烟的环境中得到的边际收益是 50 美元。在下面两种情况下，其结果各是什么？
   a. 贝蒂驾车，安娜作为一位乘客。
   b. 安娜驾车，贝蒂作为一位乘客。
6. 美国的大多数护士都在社区大学里接受教育。由于班级大小不同，培养一名护士的成本大约是平均社区大学生教育成本的 4 倍。社区大学生的预算取决于学生人数，而与教授的课程无关。
   a. 解释为什么这种资助方法可望导致接受培训的护士数量是没有效率的。
   b. 提出一种较好的资助方法，并解释它是怎样运作的。
7. 培养一名学生的边际成本是每年 4 000 美元，而且是不变的。下图是边际私人收益曲线。

阅读材料：事例与分析

政策观察

加利福尼亚反大气污染之战

http://www.nytimes.com

加利福尼亚的开发商反对征收大气污染费

2006年8月27日

为了减少加利福尼亚中央谷地长期以来就存在的烟雾问题，管制者想对新建项目征收大气污染费，为此开发商与大气质量的管制者展开了一场法律上的争斗。

早在3月份，这一费用就在快速增长的谷地中的8个县开始征收；这一收费对美国的深远影响在于，试图把房地产开发与大气污染联系起来。该州其他地方的人们正密切关注着废止收费的法律活动。包括南加利福尼亚和旧金山海湾地区在内的一些地区的官员们说，他们希望征收同样的费用……

收费是圣华金谷地大气污染控制区新管制方法的组成部分，要求商业和居民用房的开发商采用节能技术并减少交通。这一规则要求在污染控制方面投资。这一思想使得开发商更多地考虑因建设产生的交通拥挤和污染物排放问题……

“这一规则流产了，” 介入这一诉讼中的加利福尼亚建筑业协会的副会长兼发言人蒂姆·科伊尔说，“他们不能建立让人信服的科学依据来支持新建住房对大气质量恶化的影响究竟有多大。”

在弗雷斯诺县高级法院进行的诉讼，判决该地区没有权力模仿其他州的管制机构来收费。判决同时指出，该区不能说明收费是如何减少污染的，以及该区怎样使用这些费用。如果这一规则在2010年全部实施，那么一年的收费将达到1亿美元……

事件的本质

- 在加利福尼亚中央谷地的房地产开发商必须支付新的建设费用。
- 这些费用在2006年3月就开始征收了，其目的在于抑制大气污染。
- 一个新的管制还要求建筑商在其项目中采用节约能源技术并减少交通量。
- 加利福尼亚建筑业协会的发言人说，还没有新建房地产对大气影响的证据。
- 法律诉讼认为，收费是复制了其他地方的管制，并不会减少污染。

经济分析

- 加利福尼亚中央谷地长期存在着烟雾问题。商业与住宅房地产开发加重了这一问题。
- 加利福尼亚的目前状况是外部性的一个例子。
- 如果没有任何行动来解决外部成本，那么就会导致过多的房地产开发，使得生产过多产生无谓损失。
- 图 1 说明了加利福尼亚房地产开发市场的情况。
- 需求曲线 D 也是边际社会收益曲线。
- MC 曲线表示开发商负担的房地产开发的边际成本。
- MSC 曲线表示房地产开发的边际社会成本，包括污染成本在内。
- 在不受管制的竞争市场中，房地产开发量是 Q_1。
- MC 与 MSC 两条曲线之间的纵向距离是污染的边际外部成本，产生的无谓损失如图 1 中灰色三角形所示。
- 房地产开发商得到的生产者剩余为图中深灰色三角形所示。
- 图 2 说明了要求开发商采用防止污染的清洁技术这一管制后的结果。
- 为了防止污染，开发商必须使用更昂贵的技术，其边际成本从 MC_0 上升到 MC_1，后者也是新的边际社会成本曲线（假定避免污染的边际成本等于污染本身边际成本的一半。这种假定可能是合理的。）
- 房地产开发的均衡数量已经减少到了 Q_E。如果管制成功地防止了污染的增加，无谓损失就可避免了，但开发商的生产者剩余却减少了。
- 向开发商收费的方案减少了开发商的一些生产者剩余。但收费并没有改变开发的边际成本，所以对开发数量或污染数量没有什么影响。
- 重要的是要认识到，如果庇古税能够影响产量，那么它就一定能够改变生产者的边际成本。

说出你的观点

- 你投票支持开发商对新的房地产开发付费吗？为什么？
- 如果开发费用已经征收，那么你投票怎样花费这些钱呢？

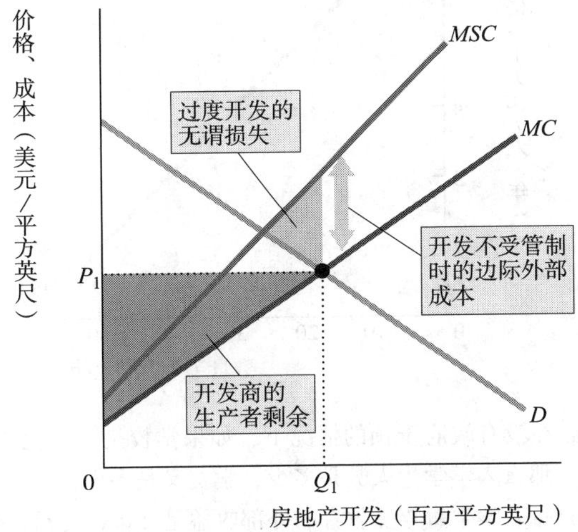

图1　不受管制的加利福尼亚房地产市场

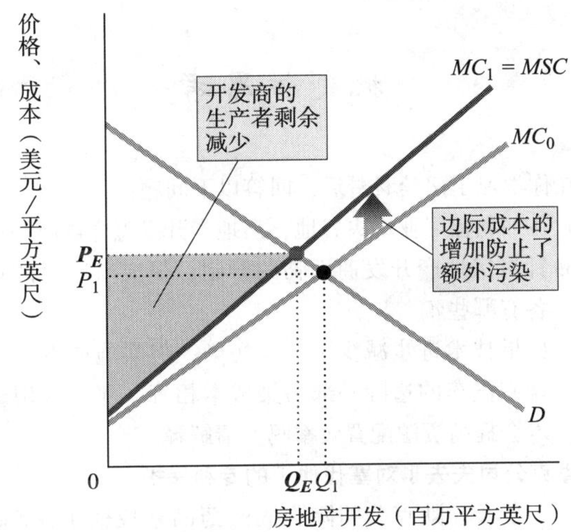

图2　受管制的加利福尼亚房地产市场

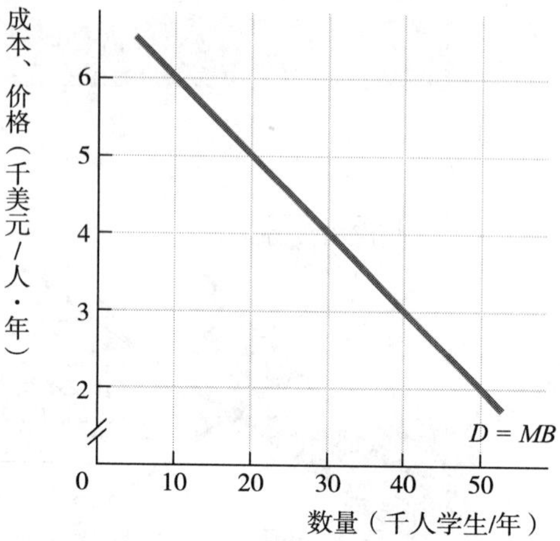

a. 在没有政府干预的情况下，如果学校是相互竞争的，那么入学学生人数是多少，学费又是多少？

b. 每名学生每年受教育的外部收益是 2 000 美元，并且是不变的。如果政府要提供有效的教育规模，那么学生人数是多少？学费又是多少？

批判性思考

1. 在你学习了阅读材料后，回答以下问题：
   a. 在加利福尼亚中央谷地，房地产开发怎样影响污染？
   b. 针对房地产开发商面临的管制，赞成与反对的观点各有哪些？
   c. 如果技术进步减少了汽车污染，但实施成本正好与现有汽车的边际外部污染成本相等，那么采用新技术会提高资源配置效率吗？请解释。

2. **默克公司失去了对塞伐他丁的专利保护**

   今天，默克公司降胆固醇药品塞伐他丁（Zocor）在美国已经失去了专利保护。……这一变化每年使这家公司减少几十亿美元的收入。去年，该药在全球的销售额是 44 亿美元。但是，从今天开始，从法律上讲，其他三家公司都可以出售塞伐他丁的有效成分斯活他汀。其结果是，在随后的几天中，每剂斯活他汀的价格可能下降 30%甚至更多，到明年，斯活他汀的降价幅度甚至会高达 90%。

   《纽约时报》，2006 年 6 月 23 日

   a. 当专利到期时，谁会受益？谁会受损？
   b. 如果一种新药的专利保护期延长，谁会受益呢？
   c. 药品专利能够产生外部收益或外部成本吗？

网上活动

1. 获得两种全球变暖的观点，然后回答下列问题：
   a. 温室气体排放的收益与成本各是什么？
   b. 你认为环境学家提出的必须削减温室气体排放量的观点正确吗？你认为减少温室气体排放的成本超过了收益吗？
   c. 如果温室气体排放减少了，还要限制企业的产量或发放可交易许可证吗？

2. 访问《科德角时报》（Cape Cod Times）网站，阅读有关新英格兰海岸风力发电厂的有关文章。
   a. 使用风力发电技术，其生产过程中会产生哪种外部性？
   b. 比较一下风力发电技术与燃煤、燃油发电技术产生的外部性，你认为哪种技术更普遍，影响更多人？
   c. 你认为应该怎样解决风力发电技术产生的外部性？比较一下本章中讲到的所有的可选方法。
   d. 尽管风力发电的外部成本较低，但是反对风力技术的利用可能比反对煤或油的利用更容易成功，你认为原因何在？

第 16 章

公共品与公共资源

搭便车与公共资源的过度利用

洛杉矶警察局与布林克斯保安公司，太平洋里的鱼与西雅图养鱼场的鱼，酷玩（Coldplay）现场音乐会与互联网上的节目都各有些什么区别呢？

为什么政府要提供诸如法律实施、秩序和国防这样的一些产品或服务呢？为什么不让私人企业提供这类产品或服务，让消费者在市场中买到他们需要的产品或服务呢？政府提供的服务的规模合适吗？或者说，政府会过多或过少生产这些产品或服务吗？

随着人们收入的增加，越来越多的人产生了对最佳物品和服务的更多需求。海洋中野生的鱼是我们需求越来越多的一种物品。世界上海洋中的鱼的存量不属于任何人。它们是公共资源，任何人都可以免费利用它们。鱼的存量被过度利用了吗？我们导致某些鱼种濒于灭绝了吗？鱼的价格注定不可避免地继续上涨吗？要保持世界上鱼的存量，我们应该做些什么？

这些都是我们在本章中所要研究的问题。首先，我们对物品和资源进行分类。然后，解释决定政府对公共服务供应数量的因素是什么。最后，我们研究公地的悲剧问题。在本章末的**阅读材料**部分，我们考查一下当今世界上紧迫的公地悲剧问题：热带雨林的过度利用问题。

学习本章后，你将能：

- 区别私人物品、公共物品和公共资源
- 解释搭便车问题是怎样产生的，公共物品的数量是怎样决定的
- 解释公地的悲剧以及可能的解决方法

物品与资源的分类

根据人们被排除出消费的程度，以及一个人消费与其他人消费的竞争程度，可以对物品、服务和资源进行分类。

仅仅只有付费购买物品或服务的人能够从中得到收益，这种物品就具有**排他性**（excludable）。布林克斯公司的保安服务、东点海味餐厅的鱼和酷玩音乐会都是这方面的例子。

当每个人不管是否付费都能从一种物品中得到收益时，这种物品就具有**非排他性**（nonexcludable）。洛杉矶警察局的服务、太平洋中的鱼以及网络电视节目等都是这方面的例子。

当一个人的使用会减少他人使用的数量时，一种物品就具有**竞争性**（rival）。布林克斯公司的一辆卡车不能同时把现金送到两家银行。一条鱼仅仅只能消费一次。

当一个人的使用并不会减少他人可使用的数量时，一种物品就具有**非竞争性**（nonrival）。洛杉矶警察局的服务和网络电视节目都是非竞争性的。

四种类别

在图 16.1 中，把物品、服务和资源分成四种类别。

私人物品 **私人物品**（private good）是既有竞争性又有排他性的物品。一桶可乐和东点餐厅的一条鱼就是私人物品的例子。

公共品 **公共品**（public good ）是既具非竞争性又具非排他性的物品。公共品能被每个人同时消费，并且没有人能够被排除从中受益。国防就是公共品的一个最好例子。

公共资源 **公共资源**（common resource）是既具有竞争性又具有非排他性的资源。一单位的公共资源仅能使用一次，但却不能阻止任何人使用这一资源。海洋里的鱼是一种公共资源。它们是竞争性的，因为一条鱼被某个人捕到后，其他人就不可能再捕到；它们还具有非排他性，因为很难阻止他人捕鱼。

自然垄断 在一个自然垄断行业中，在有需求的产量范围之内，都存在着规模经济。当产品或服务能以零边际成本提供时，就产生了自然垄断这种特殊情况。这样的产品具有非竞争性。如果它也具有排他性，那么就可由自然垄断企业生产。互联网和有线电视就是这方面的例子。

图 16.1 物品的四种类别

myeconlab

	排他性	非排他性
竞争性	**私人物品** 食物与饮料 小汽车 住 房	**公共资源** 海洋中的鱼 大 气 国家公园
非竞争性	**自然垄断** 互联网 有线电视 桥梁或隧道	**公共品** 国 防 法 律 空中交通管制

私人物品是指消费具有竞争性且能把消费者排除在外的物品。公共品是指消费具有非竞争性且不能把某个消费者排除在外的物品。公共资源具有竞争性和具有非排他性。一种具有非竞争性和具有排他性的物品是由自然垄断者生产的。

两个问题

公共品产生了**搭便车问题**（free-rider problem），由缺乏对所消费物品支付的激励而产生。公共资源产生了称为**公地的悲剧**（tragedy of the commons）问题，由缺乏防止资源过度利用和耗竭的激励而产生。

本章接下来的部分将更多地关注搭便车问题、公地的悲剧问题，并且探讨怎样利用公共选择来解决这两个问题。

复习测验

1. 区分公共品、私人物品、公共资源与自然垄断。
2. 在本节中，四类物品各列举了一些例子，请对每类物品再列举出另外一个例子。

myeconlab **Study Plan 16.1**

公共品与搭便车问题

假设一个国家为了国防必须发射一些监视卫星。卫星提供的收益是其服务的价值。私人物品的价值，是增加 1 单位物品或服务时消费者愿意支付的最大数额，从个人需求曲线中可以看出。公共品的价值是增加 1 单位公共品所有人愿意支付的最大数额。为了计算公共品的价值，我们使用总收益和边际收益这两个概念。

公共品的收益

总收益是一个人对给定数量的物品以美元计量的价值。物品的数量越多，一个人的总收益就越大。边际收益是每增加 1 单位物品总收益的增量。

参见图 16.2（a）和 16.2（b），一个社会由利萨和马克斯两人构成，国防卫星给两人的边际收益曲线分别是 MB_L 和 MB_M。公共品的边际收益（与私人物品类似）随着其数量的增加而减少。对于利萨而言，第一颗卫星的边际收益是 80 美元，第二颗卫星的边际收益是 60 美元。当卫星数量为 5 颗时，利萨的边际收益是零。对于马克斯而言，第一颗卫星的边际收益是 50 美元，第二颗卫星的边际收益是 40 美元。当卫星数量为 5 颗时，马克斯的边际收益仅是 10 美元。

图 16.2（c）给出了经济的边际社会收益曲线 MSB。公共品的边际社会收益曲线不同于私人物品的边际社会收益曲线。要得到私人物品的边际社会收益曲线，我们把所有人每种价格下的需求量加总，即把个人边际收益曲线水平加总（参见第 5 章）。但是要得出公共品的边际社会收益曲线，我们把每种数量下的边际私人收益加总，即把个人边际收益曲线垂直加总。这样，经济的边际社会收益曲线就可根据利萨和马克斯的边际收益曲线推导出来。在各种不同的卫星数量水平下，把利萨和马克斯的边际私人收益相加，便得到经济的边际社会收益，因为两人都消费卫星带来的服务。

公共品的有效数量

一个只有两个人的经济不会购买卫星——因为其总收益远远低于总成本。但是一个具有 2.5 亿人的经济却会购买。要确定卫星的有效数量，需要同时考虑成本与收益。

卫星的成本取决于技术与生产它的资源价格（就像在

图 16.2　公共品的收益

myeconlab

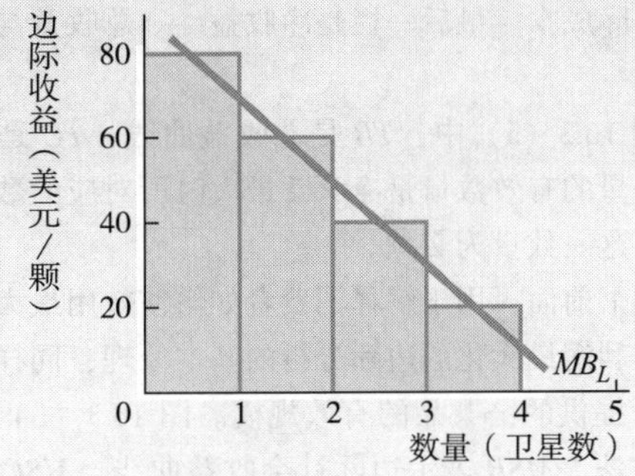

（a）利萨的边际收益

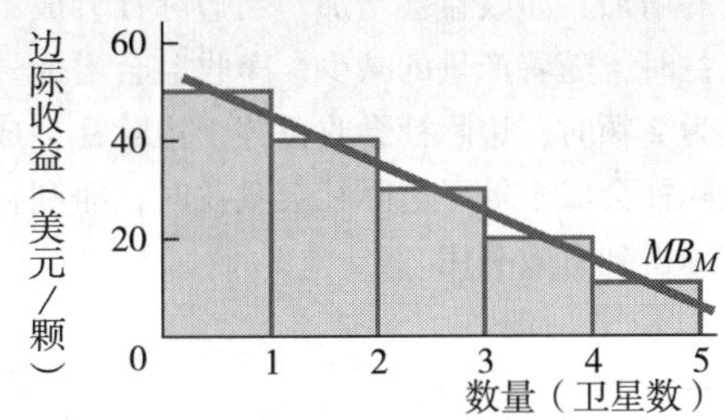

（b）马克斯的边际收益

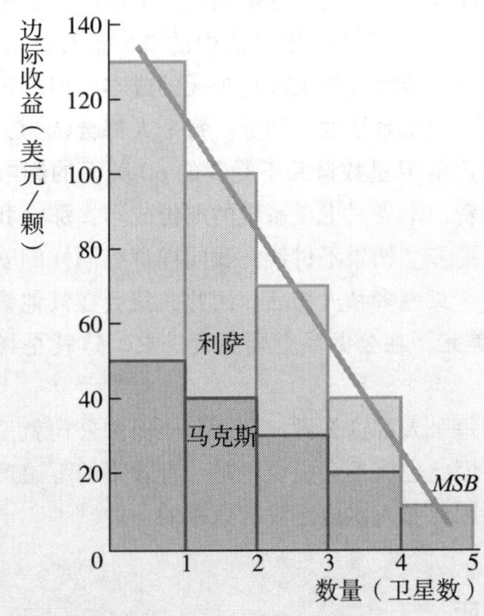

（c）经济的边际社会收益

每一公共品数量下的边际社会收益，是所有个人边际收益之和。MB_L 代表利萨的边际收益曲线，MB_M 代表马克斯的边际收益曲线。MSB 是经济的边际社会收益曲线。

第 10 章我们学过的运动衫一样)。

图 16.3 中给出了收益与成本。表中的第二、三栏分别是总收益与边际收益;接着的两栏分别是生产卫星的总成本与边际成本。最后一栏是净收益——总收益与总成本之差。

在图 16.3(a)中,*TB* 是总收益曲线,*TC* 是总成本曲线。卫星的有效数量是净收益最大时所对应的数量,在本例中,这一数量为 2 颗。

在本书前面,用于解释消费者如何使效用最大化、企业如何使利润最大化的边际分析的基本原理,同样可以用于计算所提供的公共品的有效规模。图 16.3(b)表示这种分析方法。*MSB* 表示边际社会收益曲线,*MSC* 表示边际社会成本曲线。当边际社会收益大于边际社会成本时,随着产量的增加,净收益会增加。当边际社会成本大于边际社会收益时,随着产量的减少,净收益会增加。当卫星生产数量为 2 颗时,边际社会收益等于边际社会成本。因此,当边际社会成本等于边际社会收益时,净利益达到了最大,资源得到有效利用。

私人供应

我们已经计算出净利益最大时的卫星数量。一家私人企业——北极保护公司能够提供这些卫星吗?要做到这一点,这家公司就必须向该经济中的 2.5 亿人每人收取 60 美元的费用,从而弥补 150 亿美元的成本。但却没有人有激励去购买卫星系统的一部分。每个人都会认为,北极保护公司生产的卫星数量并不受我的 60 美元的影响。如果我免费消费,不支付卫星系统的那份成本,那么我的私人消费就会更多。如果不付钱,我同样享有同样的安全服务水平并能购买更多私人物品。因此,我会在其他物品上多花费 60 美元,在公共品上则免费搭乘。这就是搭便车问题。

如果每个人都这么做,那么北极保护公司就不会有任何收入,因此也就不会提供卫星。有效率的卫星产量水平是 2 颗,因此私人供应是没有效率的。

政府供应

假设有两个政党:鹰党与鸽党,除了卫星的生产数量外,其他方面都达成一致。鹰党愿以 500 亿美元的成本提供 4 颗卫星,这时总收益是 500 亿美元,净收益是零,如图 16.3(a)所示。鸽党愿以 50 亿美元的成本提供 1 颗卫星,这时总收益是 200 亿美元,净收益是 150 亿美元,如图 16.3(b)所示。

在做出政策建议之前,这两个政党都做了“假设分析”。每个政党都有如下的理由:如果每个政党都提出自己想要的卫星计划——鹰党 4 颗卫星,鸽党 1 颗卫星。那么选民就会明白,从鸽党和鹰党提供的卫星中他们得到的净收益分别是 150 亿美元和零,这样,鸽党就会在选举中获胜。

考虑到这一结果后,鹰党认识到,在选举中他们太强硬而不能获选。他们必须把提供卫星的数量减少到 2 颗,其总成本是 150 亿美元。由于总收益是 350 亿美元,那么净收益就是 200 亿美元。所以,如果鸽党坚持提供 1 颗卫星,那么鹰党就会在选举中获胜。

考虑到上述结果后,鸽党认识到,他们必须与鹰党进行竞争,所以他们也建议提供 2 颗卫星。如果这两个政党都提出供应相同的卫星数量,那么两个政党得到的选票就会没有差异。这样,决定选举结果的因素就是他们的竞选花费了,最后,每个政党大约都得到了 50%的选票。

政治家们做假设推理分析的结果是,两个政党都提出生产 2 颗卫星,因此不管最后谁在选举中胜出,那么卫星的数量都是确定的。并且这一数量是有效率的。它使选民们的净收益达到了最大。在本例中,政治市场的竞争导致了公共品的有效供应。但要产生这一结果,选民们必须拥有充分的信息,且能够对各种选择做出评价。正如你在以下将要看到的,他们不会总是有激励去实现这一结果。

最小差别原理 我们在上面研究的这一例子中,两个政党都提出了相同的政策。这种同一政策的趋势是**最小差别原理**(principle of minimum differentiation)的一个例子。这一原理是指这样的一种趋势,竞争者们用来吸引最大数量的客户或选民方面的方案是类似的。这一原理不仅能够解释政党的行为,而且也能解释为什么快餐店聚集在同一街区,甚至解释为什么新型汽车都有相似的特点。如果麦当劳在一个新址开了一家店,那么汉堡王很可能在旁边也开一家店,而不是在同一街道的一英里之外再开一家店。如果克莱斯勒公司设计了一款新型斜拉门的篷车,那么福特公司很有可能也会这么做。

官员的作用

前面我们已经分析了政治家的行为,但还没有涉及到政府官员。官员把政治家的选择付诸实施,并且管理着提供公共品的日常活动。让我们看看,官员的经济选择是怎样影响政治均衡的。

图 16.3　公共品的有效数量

myeconlab

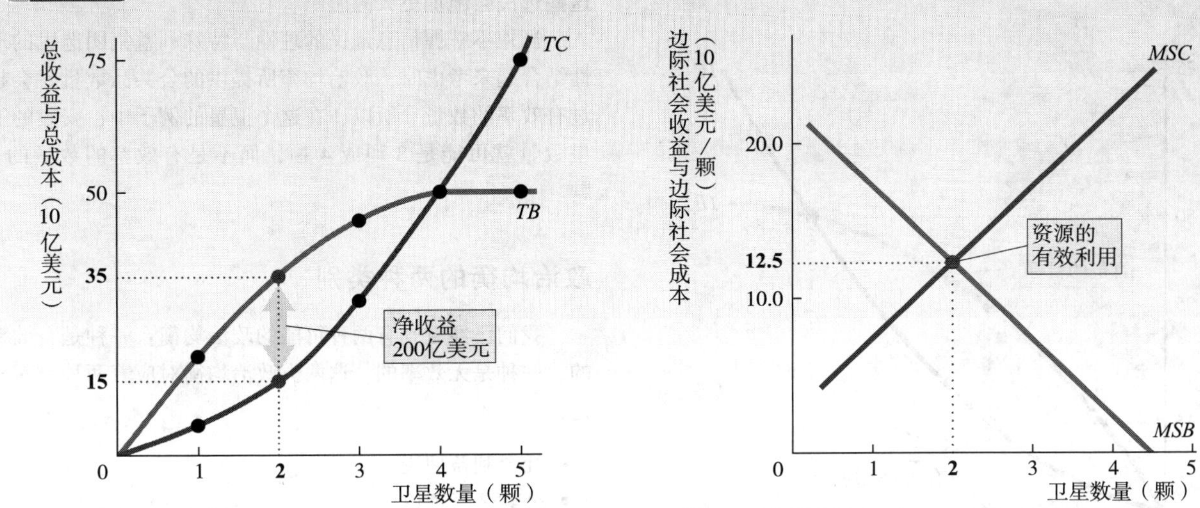

（a）总收益与总成本　　（b）边际社会收益与边际社会成本

卫星数量（颗）	总收益（10 亿美元）	边际社会收益（10 亿美元/颗）	总成本（10 亿美元）	边际社会成本（10 亿美元/颗）	净收益（10 亿美元）
0	0		0		0
		20		5	
1	20		5		15
		15		10	
2	35		15		20
		10		15	
3	45		30		15
		5		20	
4	50		50		0
		0		25	
5	50		75		–25

总收益曲线 *TB* 与总成本曲线 *TC* 之间的垂直距离是净收益，当卫星数量为 2 颗时（a 幅），净收益达到最大，此时边际社会收益 *MSB* 等于边际社会成本 *MSC*（b 幅）。

鸽党想要提供 1 颗卫星，鹰党想要提供 4 颗卫星。但是，每个政党都认识到，当选的惟一希望是提供 2 颗卫星，因为这时的净收益最大。

我们还是用上面的例子来进行分析。我们已经知道，两个政党之间在提供有效的卫星数量上的竞争。但是，美国国防部——五角大楼会合作与接受这一结果吗？

假设美国国防部的目标是国防预算最大化。以最低成本生产 2 颗卫星时，国防预算是 150 亿美元（参见图 16.3）。为了增加预算，国防部可能努力做两件事。第一件事，它可能说服政治家，2 颗卫星的成本超过了 150 亿美元（参见图 16.3）。如可能的话，国防部会让议会相信，2 颗卫星的生产成本是 350 亿美元——与总收益相等，如图 16.4 所示。第二件事，甚至更迫切的事是，国防部会要求提供更多的卫星。它可能会要求提供 4 颗卫星，预算额为 500 亿美元。在这种情况下，总收益与总成本相等，净收益是零。

国防部要使自己的预算最大化，因为它所偏好的结果会使选民付出更多成本，难道政治家不会阻止它这样做吗？如果选民掌握了较多信息，而且知道什么对他们是最有利的，那么政治家就会阻止。但是，选民们可能理性上是无知的。在这种情况下，掌握完全信息的利益集团可能会让国防部达到自己的目标。

图 16.4 官员的过度供应

myeconlab

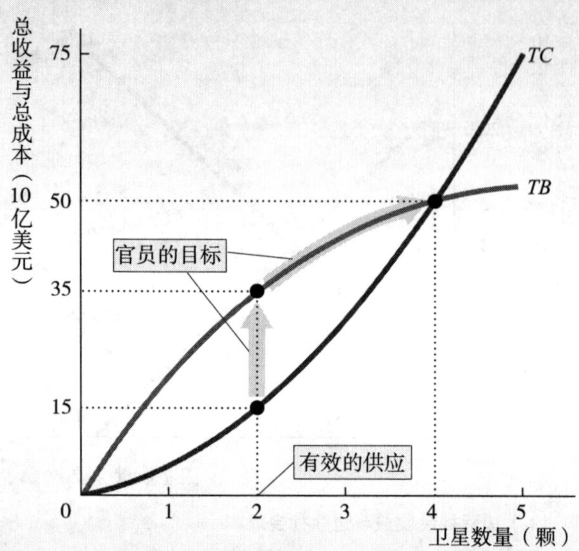

官员的目标是最大化预算。使其预算最大化的官员会努力增加预算，直到总成本等于总收益。然后，官员会用预算来增加产量和支出。在这里，美国国防部努力得到 350 亿美元来提供 2 颗卫星。它想要把卫星的数量增加到 4 颗，从而得到 500 亿美元的预算。

理性无知

公共选择理论中的一个原则是，如果一位选民不考虑对其收入没有可察觉到的影响的问题，那么这就是合理的。**理性无知**（rational ignorance）是指由于获得信息的成本超过了预期的收入从而在不获得信息情况下的决策。例如，每位选民都知道，自己对美国政府的国防政策的关心实际上不起任何作用。每位选民也都知道，只有花费大量时间和精力才能对各种国防技术有一定的了解。所以，相对而言，选民一直对国防技术问题缺乏了解。（尽管在这里我们是以国防政策为例，但这同样适应于政府经济活动的所有方面。）

所有选民都是国防的消费者。但是，并非所有选民都是国防的生产者。只有少部分人在生产者之列。那些拥有卫星生产企业或在卫星生产企业工作的选民，国防与他们有着直接的个人利益关系，因为国防影响着他们的收入。这些选民有激励掌握国防问题的信息，并进行政治游说，其目的在于增加他们自己的利益。在与国防部官员的合作中，与那些仅仅消费公共品的相对缺乏信息的选民相比，这些选民会施加更大的影响。

当把不掌握信息选民的理性与特殊利益集团选民的理性结合起来考虑时，政治均衡所提供的公共品数量就会超过有效率的数量。所以，在这个卫星的例子中，安装的卫星数量就可能是 3 颗或 4 颗，而不是有效率的数量的 2 颗。

政治均衡的两种类别

我们已经看到有两种可能的政治均衡：一种是有效率的，一种是无效率的。这两类政治均衡对应着两种政府理论：

- 社会利益理论
- 公共选择理论

社会利益理论 社会利益理论预言，政府的选择是有效率的。这一结果出现在健全的政治体制中。在这一体制中，选民对各种政策的结果都具有完全的信息，并且拒绝对那些可以改进的政策投票。

公共选择理论 公共选择理论预言，政府的选择是没有效率的。这一结果出现在这样的政治市场中：选民是理性无知的，仅仅对他们所了解的影响自身净收益的问题进行投票。选民把更多的注意力放在生产者的利益上，而不是放在消费者的利益上；政府官员也会按照对他们最有利的方式行事。其结果是出现了*政府失灵*，这是与市场失灵相对应的。

为什么政府规模庞大而且还在膨胀

既然我们已经知道了公共品的数量是怎样决定的，我们就能够解释政府规模膨胀的部分原因。这部分原因在于，某些公共品需求量的增加速度比私人物品需求量的增加速度要快。政府规模膨胀有两个可能的原因：

- 选民偏好
- 无效率的过度供应

选民偏好 政府规模膨胀可以用以下的选民偏好来解释。随着选民收入的增加（大多数年份都是如此），对许多公共品需求的增加比其收入的增加更快一些。（从技术上讲，对许多公共品的需求的收入弹性都大于 1，参见第 4

章）。这些公共品有：公共卫生、教育、国防、公路、机场以及空中交通管制系统，等等。如果政治家不支持在这些方面增加支出，那么他们就会落选。

无效率的过度供应　无效率的过度供应很可能解释了政府的规模，而不是其增长速度。它（可能）解释了为什么政府的规模大于有效率的规模，但并不能解释为什么政府所利用的总资源比例在增加。

选民的回击

如果相对于选民对公共品的评价而言，政府规模扩大过快，那么政府项目与庞大的官员队伍就会受到选民的强烈反对。20 世纪 90 年代州与联邦选举的成功，要求所有政党的政治家们把小、精简及更有效率的政府作为竞选纲领的一部分。"911"恐怖事件导致了对安全的更多支付意愿，但并不会减弱对精简政府的愿望。

另一种方式是，选民和政治家会考虑到官员增加预算的倾向，因此把公共品的生产私有化。公共品的政府供应并不意味着政府机构必须去生产这种物品。垃圾收集（一种公共品）通常都由私人公司来做，消防也正由私人公司来承担，甚至还出现了私人监狱。

复习测验

1. 什么是搭便车问题？为什么它导致公共品的私人供应没有效率？
2. 在什么条件下政治家们对选票的竞争导致有效率的公共品数量？
3. 理性无知的选民与预算最大化的官员是怎样使政治市场上的竞争不能提供有效率的公共品数量的？他们会导致公共品供应过多还是过少？

myeconlab **Study Plan 16.2**

你已经明白，公共品是怎样导致了搭便车问题，后者又会导致前者的供应不足。接下来，我们将要学习有关公共资源的知识，了解为什么它们会导致相反的问题——公共资源的过度利用。

公共资源

自 20 世纪 50 年代以来，大西洋中鳕鱼的存量已经大大减少。一些海洋生物学家担心，在一些地区这一物种正处于灭绝的境地。南太平洋中鲸的数量也已减少了，一些集团正在游说，在澳大利亚和新西兰的海域建立鲸保护基地，以便增加它的数量。自从 1750 年工业革命以来，大气中二氧化碳的含量就在逐步增加。据估计，现在大气中二氧化碳的含量较 1750 年高出约 30%。

上述情况都涉及到公共资源，我们把这类问题称为公地的悲剧。

公地的悲剧

公地的悲剧是指缺乏防止公共资源过度利用和耗竭的激励。如果没有人拥有资源，那么就不会有人考虑自己利用这一资源对他人所造成的影响。

早期公地的悲剧　"公地的悲剧"这一术语来自 14 世纪的英国，当时群山为草地所包围，这些公地对所有人开放，并用于牛羊的放牧，牛羊则由村民所有。

由于公地对所有人都是开放的，没有人有激励去保护公地不被过度放牧。其结果是，出现了严重过度放牧的情况。这样，公地所能供养的牛羊数量就会持续减少。

在 16 世纪，羊毛的价格上升了，英国成为世界上的羊毛出口国。养羊变得有利可图，羊的主人想对所利用的土地进行更有效的控制。所以，公地被逐步圈占和私有化了。过度放牧被终止了，土地的利用更有效率了。

今天公地的悲剧　当今一个迫切的公地的悲剧问题是过度捕鱼。对有些鱼种的过度捕捞特别严重，其中的一种就是大西洋鳕鱼。

为了研究公地的悲剧，我们以大西洋鳕鱼为例来进行分析。

持续产量

持续产量是指能够维持无限期的生产速度。以海洋渔业为例，持续产量是未来无限期能够维持的每年的捕鱼

(某一种类) 数量。

生产速度取决于鱼的现有存量及渔船的数量。鱼的存量一定时，出海的渔船越多，捕鱼量就越大。但是，如果渔船太多，鱼就会被捕尽。

所以，随着渔船数量的增加，只要鱼的存量保持不变，那么捕鱼量也随之增加。但是，如果生产速度大于某一关键水平，那么随着渔船增加，鱼的存量会减少，捕鱼量也会相应减少。

表 16.1 给出了一些数据，用以说明渔船数量与捕鱼量的关系。本例中的数据都是假定的。

总捕鱼量 总捕鱼量是持续的生产速度。表 16.1 中前两栏的数据说明了渔船数与总捕鱼量的关系，图 16.5 说明了这种关系。

从图中可以看出，随着渔船数量由零增加到 5 000 艘，可持续的捕鱼量增加到每月 25 万吨的最大量。当渔船数增加到 1 万艘时，鱼就耗竭了，这时无鱼可捕。

当渔船数超过 5 000 艘时，出现了过度捕捞的情况，因为这时鱼的存量开始下降，剩下的鱼就很难被发现与捕捞了。

平均捕鱼量 平均捕鱼量是每艘船的捕鱼量，等于总捕鱼量除以渔船数量。表 16.1 中第三栏的数据是平均捕鱼量。

当渔船为 1 000 艘时，总捕鱼量是 90 000 吨，平均每艘船的捕鱼量是 90 吨。当渔船为 2 000 艘时，总捕鱼量是 160 000 吨，平均每艘船的捕鱼量是 80 吨。由于出海捕鱼的船只增加，平均每艘船的捕鱼量减少了。当渔船为 8 000 艘时，平均每艘船每月的捕鱼量仅只有 20 吨。

平均捕鱼量减少，是边际报酬递减规律的一个例子。

边际捕鱼量 边际捕鱼量是当每增加一艘渔船时总捕鱼量的增加量。它是用总捕鱼量的变动量除以渔船数量的变动量得到的。表 16.1 中第四栏的数据是边际捕鱼量。

例如，在表 16.1 中的第 *C* 行与第 *D* 行，当渔船数量增加 1 000 艘时，总捕鱼量增加了 50 000 吨，所以每增加一艘船所增加的捕鱼量为 50 吨。在此表中，我们把这个数据放在两行中间，是因为它对应着两个渔船数量的中间值 2 500 艘的边际捕鱼量。

请注意，边际捕鱼量与平均捕鱼量一样，是随着渔船数量的增加而减少的。也要注意到，边际捕鱼量总是小于平均捕鱼量。

表 16.1 持续产量：总捕鱼量、平均捕鱼量与边际捕鱼量

	渔船数量（千艘）	总捕鱼量（千吨/每月）	平均捕鱼量（吨/艘）	边际捕鱼量（吨/艘）
A	0	0		
				90
B	1	90	90	
				70
C	2	160	80	
				50
D	3	210	70	
				30
E	4	240	60	
				10
F	5	250	50	
				−10
G	6	240	40	
				−30
H	7	210	30	
				−50
I	8	160	20	
				−70
J	9	90	10	
				−90
K	10	0	0	

随着渔船数量的增加，在达到最大的持续捕鱼量之前，捕鱼量是增加的；此后则是减少的。随着渔船数量的增加，平均捕鱼量与边际捕鱼量都会减少。

图 16.5 鱼的持续产量

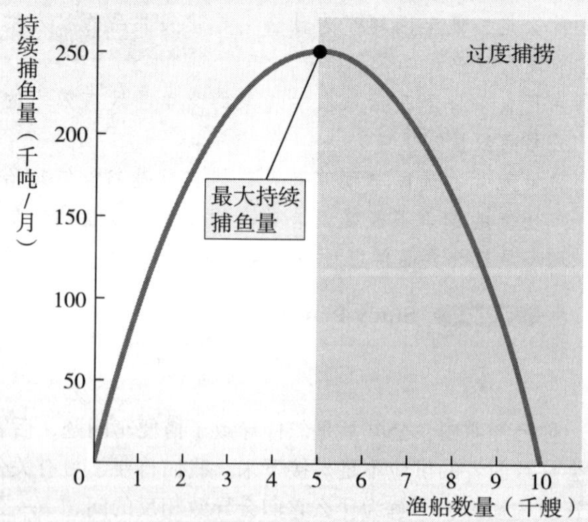

随着渔船数量的增加，持续的捕鱼量增加到最大值。超过这一数量后，更多的船只会减少鱼的存量，持续的捕鱼量会减少。当最大的持续捕鱼量减少时，就出现了过度捕捞。

当渔船数量达到使持续捕鱼量最大这一水平时，边际捕鱼量为零。当渔船数量更多时，边际捕鱼量变成了负值——更多的渔船减少了总捕鱼量。

过度捕鱼均衡

公地的悲剧是指公共资源被过度利用。为什么鱼的存量会被过度利用呢？为什么出海渔船的最大数量不是使持续捕鱼量最大时的这一数量呢？在本例中这一数量是 5 000 艘。

为了回答这一问题，我们有必要考查个人捕鱼者的边际成本与边际私人收益。

假设每艘渔船每月的边际成本相当于 20 吨鱼的价值。这就是说，要弥补一艘船维持与运营的机会成本，每月一艘船的捕鱼量必须是 20 吨。这一捕鱼量也为船主提供了正常利润（部分为运营成本），所以船主愿意出海捕鱼。

一艘船运营的边际私人收益是能够捕捞的鱼的数量。这一数量就是我们前面计算过的平均捕鱼量。平均捕鱼量之所以是边际私人收益，是因为这是船主出海所能得到的鱼的数量。

只要平均捕鱼量（边际私人收益）大于边际成本，船主就会出海捕鱼。当边际私人收益等于边际成本时，船主的利润就达到了最大化。

图 16.6 显示了边际成本曲线 *MC* 与边际私人收益曲线 *MB*。*MB* 曲线是根据表 16.1 中的平均捕鱼量绘出的。

在图 16.6 中可以看到，当渔船少于 8 000 艘时，每艘船的捕鱼量大于其捕捞成本。由于船主能够从捕捞中受益，渔船的数量会达到 8 000 艘，从而出现了过度捕鱼均衡。

如果某个船主停止捕鱼，那么过度捕鱼问题就不会那么严重。但是，要是这样，这位船主就会放弃得到经济利润的机会。

船主的自我利益驱使他去捕鱼，而社会利益则要限制捕鱼。随着渔船的增加，每艘渔船的捕鱼量会减少。但是，当单个船主决定是否捕捞时，他们不会考虑这一点。他们考虑的仅仅是**边际私人收益**。结果就是资源**无效**的过度利用。

公共资源的有效利用

什么是公共资源的有效利用？它是指达到这样的一种程度：资源利用的边际成本等于从中得到的边际社会收益。

图 16.6 为什么出现过度捕鱼

myeconlab

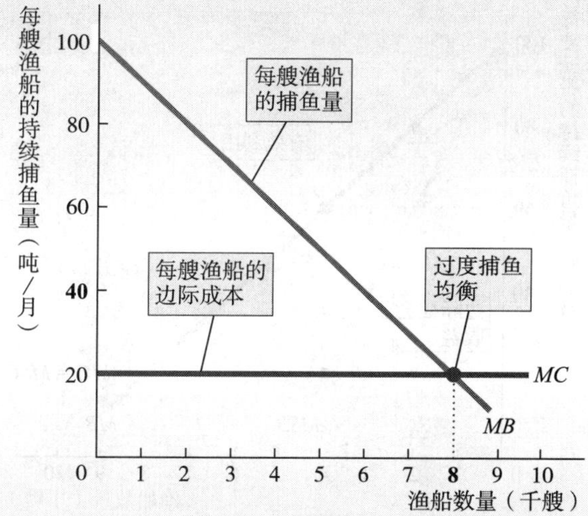

随着渔船数量的增加，平均捕鱼量呈减少趋势。每艘船的平均捕鱼量是每艘船的边际私人收益 *MB*。每艘船的边际成本相当于 20 吨鱼，图中用 *MC* 表示。当达到均衡时，渔船数量是 8 000 艘，这是过度捕鱼的均衡。

边际社会收益 一艘船的边际社会收益是它的边际捕鱼量——因增加一艘船总捕鱼量的增加量。原因在于，当多一艘船出海捕鱼时，它得到的是平均捕鱼量，但却使自身及其他渔船得到的平均捕鱼量减少了。**边际社会收益**是指每艘船捕鱼量的**增加值**，不是平均的捕鱼量。

在表 16.1 中，我们计算过边际捕鱼量。为方便起见，在图 16.7 中，我们再次用到了部分数据。在本图中，给出了边际私人收益曲线 *MB* 和边际社会收益曲线 *MSB*。

请注意，在任何一个给定的渔船数量下，边际社会收益都小于边际私人收益。每艘船自身都从平均捕鱼量中受益，但每增加一艘渔船却使每艘船的捕鱼量减少了。必须从增加的渔船的捕鱼量中减去这一减少量，其差额才是增加这艘船的边际社会收益。

有效利用 在没有外部成本的情况下，边际社会成本等于边际成本。在图 16.7 中，边际成本曲线就是边际社会成本曲线，即 *MC* = *MSC*。当 *MSB* 等于 *MSC* 时，这时的渔船数量为 4 000 艘，每艘船每月的捕鱼量为 60 吨，从而实现了有效率的均衡。从表中可以看到，当渔船数量从

图 16.7 公共资源的有效利用

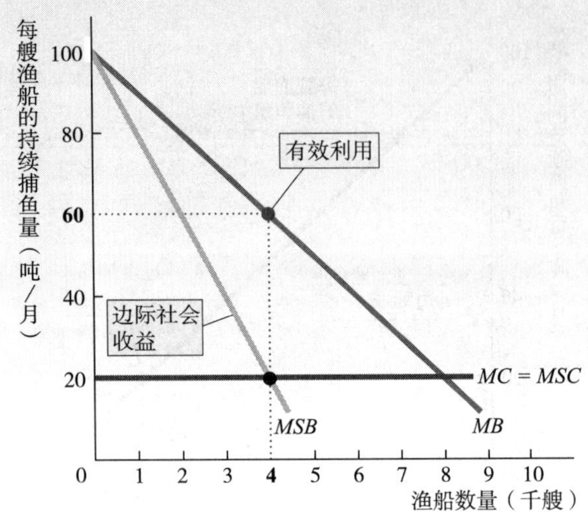

	渔船数量（千艘）	总捕鱼量（千吨/月）	边际私人收益（吨/艘）	边际社会收益（吨/艘）
A	0	0		
				90
B	1	90	90	
				70
C	2	160	80	
				50
D	3	210	70	
				30
E	4	240	60	
				10
F	5	250	50	

渔船的边际社会收益是每增加一艘渔船总收益的变动量。表中给出了，当渔船数量由 2 000 艘增加到 3 000 艘时（由 *C* 行变动到 *D* 行），每月的总捕鱼量从 160 000 吨增加到了 210 000 吨，边际捕鱼量与边际社会收益是 50 吨。

图中给出了边际社会收益曲线 *MSB* 和边际私人收益曲线 *MB*。边际社会收益小于边际私人收益，随着渔船数量的增加，边际社会收益会减少。当边际社会收益等于边际社会成本，即每艘 20 吨鱼时，渔船的有效数量是 4 000 艘。这样，公共资源就得到有效利用。

3 000 艘增加到 4 000 艘（中点为 3 500 艘）时，边际社会收益是 30 吨，大于边际社会成本。当渔船数量从 4 000 艘增加到 5 000 艘（中点为 4 500 艘）时，边际社会收益是 10 吨，小于边际社会成本。当渔船数量为 4 000 艘时，边际社会收益是 20 吨，等于边际社会成本。

达到一个有效率的结果

确定公共资源有效利用的条件比这些条件实际存在要容易得多。为了有效利用资源，有必要针对这些资源的用户按其行为的边际社会结果设计一种激励机制。你在第 15 章有关外部性部分学到的原理，同样适用于公共资源。

要实现公共资源的有效利用，可以采用以下三种主要方法：

- 产权
- 配额
- 个人可转让配额（ITQs）

产　权 公共资源不属于任何人拥有，任何人都可以免费使用；与此相反，*私有产权*是指资源归某人所有，并且所有者有激励去按照最大化资源价值的方式行事。克服公地的悲剧的一种方法，就是改变公共资源这种资源的存在形式，使之成为私有产权。通过私有产权安排，每个所有者就像社会一样面临着同样的条件。图 16.7 中的 *MSB* 曲线现在变成了边际私人收益曲线，从而资源的利用是有效率的。

在某些情况下，公地的悲剧采用私有产权这一解决方法是可行的。英国中世纪最初出现的公地的悲剧就是通过这种方法解决的。用这种方法也可以去防止手机波段被过度利用的问题。这一空间的利用权利——被称频谱——被政府拍卖给那些出价最高的竞标者，特定频谱的所有者是惟一允许利用频谱的人（或者特许其他人利用这一频谱）。

但是，私有产权安排并不总是可行的。例如把海洋变成私有产权是很困难的，实施数千平方英里私有产权的成本是高昂的而且也是不可能的。大气的私有产权安排与保护甚至更困难得多。

在某些情况下，分配私有产权存在着情绪上的反对。当私有产权的安排与实施成本非常高时，可以利用某些政府干预方法，配额就是一种最简单的方法。

配　额 在第 6 章中，你已经学习了配额的影响，知道配额能够导致边际社会收益与边际社会成本之间的差额，因此造成无谓损失。但在前面的例子中，没有配额时市场是有效率的。在利用公共资源时，市场是没有效率的且生产过多。所以，用于限制生产的配额可能导致一个更有效率的结果。

图 16.8 说明了配额使得公共资源实现了有效利用。配额把总产量确定在边际社会收益与边际社会成本相等时

图 16.8　采用配额来有效利用公共资源

myeconlab

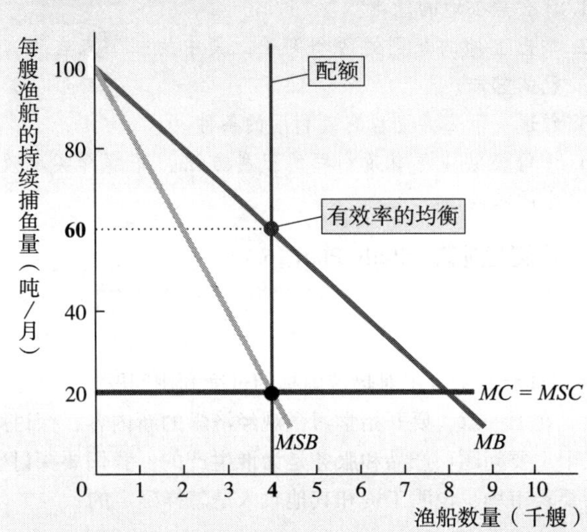

把配额确定在一个有效率的水平，使得渔船数量与边际社会收益 *MSB* 等于边际成本 *MC* 时相同。如果实施配额，其结果就是有效率的。

的水平。这时，捕鱼量就是 4 000 艘船的产量。把总的允许捕捞量分配给每位船主。如果每位船主都按所分配的配额生产，那么其结果就是有效率的。

在配额实施过程中，存在着两个问题。第一，每个人追求自身利益，结果会导致欺骗和利用比所分配的配额更多的公共资源。原因在于，边际私人收益大于边际成本。所以，通过捕捞比分配的配额更多的捕鱼量，每位船主都能得到更多收入。如果每个人都不遵守配额，那么又会出现生产过度的情况，就仍然存在公地的悲剧问题。

第二，一般而言，每个生产者的边际成本并不相同。一些生产者在利用资源上有比较优势。

效率要求以最低的边际成本来分配配额。但是，分配配额的政府部门并没有掌握有关各个生产者边际成本的信息。即使政府努力得到这一信息，生产者为了得到更多的配额有激励去谎报成本。

所以，只有当每个生产者的行为可以被监控，而且当所有生产者都有相同的边际成本时，配额才是可行的。当生产者难于被监控或被监控的成本过大，或者每个生产者的边际成本并不相同时，实施配额就不能达到一个有效率的结果。

个人可转让配额　当生产者难于被监控以及每个生产者的边际成本不同时，可以采用一种更高级的配额制度。**个人可转让配额**（individual transferable quota, ITQ）是分配给各个生产者的生产限额，这些限额可以自由转让给其他人。随着个人可转让配额市场的出现，配额就可以按市场价格进行转让了。

图 16.9 说明了个人可转让配额是怎样运作的。在个人可转让配额市场中，价格是指个人可转让配额所值的最高价。如果发行的个人可转让配额数量等于有效率的产量水平，那么价格就等于图中标示的水平。这一价格等于在配额数量时的边际私人收益减去利用一艘船的私人边际成本。价格上升到这一水平，因为那些没有配额的人愿意付这么多钱来获得捕鱼权。拥有配额的人会按照这一价格出售配额，这样就不会造成不出售配额所产生的机会成本。其结果是，现在的边际成本包括个人可转让配额的成本在内，从 MC_0 增加到了 MC_1。这时的均

图 16.9　个人可转让配额实现了公共资源的有效利用

myeconlab

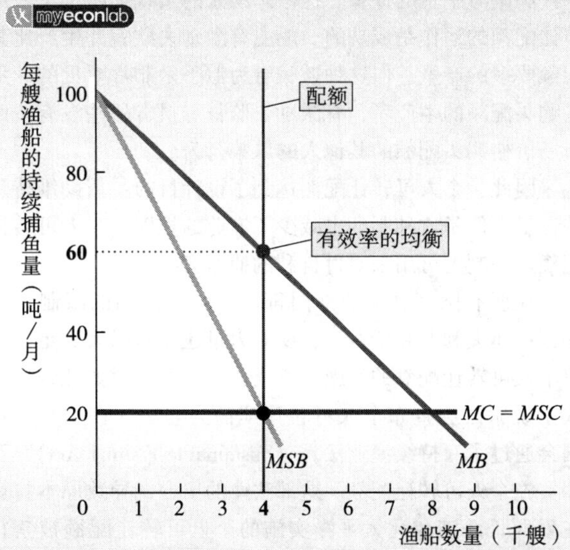

可转让配额的发行规模保持在使产量处于有效率的水平上。可转让配额的市场价格等于边际私人收益减去边际成本。因为公共资源的每个用户都面临着利用公共资源的机会成本，因而追求自身利益的结果是实现了社会利益的最大化。

衡是有效率的。

生产者边际成本的差异并不会妨碍个人可转让配额制度提供有效率的结果。与有较高边际成本的生产者相比，边际成本较低的生产者愿意并且能够花更多钱来购买配额。配额的市场价格将等于有效数量下边际生产者的边际成本。具有较高边际成本的生产者不会生产。

公共选择与政治均衡

在本章前面研究公共品供应这部分，你已经看到，政治均衡可能是没有效率的——可能会出现政府失灵。

在面对公地的悲剧问题时，同样的政治结果也会出现。进行有效率的资源分配，设计个人可转让配额制度来分配资源，并不足以保证政治过程提供有效率的结果。就海洋中鱼的存量而言，一些国家已经达到了有效率的政治均衡，但并非所有国家都是如此。

经济学家们有这样一个共识：在解决海洋中鱼的过度捕捞与有效利用方面，个人可转让配额是最有效的工具。实施个人可转让配额的政治承诺是一个有效率的结果，而不愿意利用个人可转让配额就是一种没有效率的政治结果。

澳大利亚和新西兰都采用个人可转让配额来保护南太平洋和南海中鱼的存量。这两个国家的实践证明，个人可转让配额的运作是成功的。船主有激励去欺骗并生产比其配额要多的产量。但这种欺骗行为似乎是非常罕见的。那些购买配额的生产者，有激励去监督与报告那些没有按照市场价格购买配额的其他人的欺骗行为。

因此，个人可转让配额达到了设计目的：帮助维持鱼的存量。但是这种制度也减少了渔业的规模。个人可转让配额这一制度可用来对付自利的捕鱼者。

在所有国家，渔业部门都反对对其活动的限制。但是，在澳大利亚和新西兰，反对力量还没有强大到足以阻碍个人可转让配额的实施。相反，在美国反对如此强烈以致于说服国会宣布个人可转让配额为非法。在 1996 年，国会通过了《持续渔业法》（Sustainable Fishing Act），暂停实施个人可转让配额。这部法律的出台，导致原本打算在墨西哥海湾和北太平洋实施的个人可转让配额被禁止了。

复习测验

1. 什么是公地的悲剧？
2. 举出公地的悲剧的两个例子，其中的一个来自你自己的邻居。
3. 叙述一下公共资源有效利用的条件。
4. 评价公共资源有效利用的三种方法，并解释实现效率的障碍。

myeconlab **Study Plan 16.3**

◆ 阅读材料考查了对热带雨林的过度利用问题。

在下一章，要开始学习微观经济学的新内容，探讨第三个重要问题：产品和服务是为谁生产的？我们要探讨生产要素市场，说明工资和其他收入是怎样确定的。

内容提要

要 点

物品与资源的分类

- 私人物品是既有竞争性又有排他性的物品或服务。
- 公共品是既有非竞争性又有非排他性的物品或服务。
- 公共资源是具有竞争性但没有排他性的资源。

公共品与搭便车问题

- 由于公共品是既具非竞争性又具非排他性的物品或服务，所以就产生了搭便车问题：没有人有激励去支付提供公共品的部分成本。
- 当净收益达到最大，或者当边际社会收益等于边际社会成本时，所提供的公共品数量就达到了有效率的水平。
- 每个政党都企图吸引最大数量的选民，两个政党之间竞争的结果会导致公共品供应的有效规模，并且会提出相同的政策——最小差异原则。
- 官员追求的目标是预算最大化，如果选民是理性无知的，那么，所提供的公共品数量可能会超过净收益最大时的水平。

公共资源

- 公共资源产生了被称为公地的悲剧的问题——没有人有激励去保护这些资源并以有效率的速度来利用它们。
- 公共资源的利用达到这样的水平：边际私人收益等于边际成本。
- 通过创立私人产权、制定配额或发行个人可转让配额，可以有效利用公共资源。

关键图表

关键术语

排他性	非排他性
竞争性	非竞争性
私人物品	公共品
公共资源	搭便车问题
公地的悲剧	最小差异原则
理性无知	个人可转让配额

习　题

1. 下列各种物品，是排他性的还是非排他性的，是竞争性的还是非竞争性的，是公共品、私人物品还是公共资源？
   a. 盖茨堡国家军事公园
   b. 一份麦当劳巨无霸
   c. 布鲁克林大桥
   d. 美国大峡谷
   e. 大气
   f. 社会治安
   g. 人行道
   h. 美国邮政服务
   i. 联邦快递服务
   j. MyEconLab 网站
2. 对于下列各物品，解释是否存在搭便车问题。如果不存在，那么它是怎样避免的？
   a. 7 月 4 日的焰火晚会
   b. 维吉尼亚州内的 81 号州际公路
   c. 旅馆的互联网无线接入服务
   d. 共享下载音乐
   e. 你所在城市的公共图书馆
3. 下图给出了一个污水处理系统的有关信息，一个有 100 万人口的城市正在考虑安装这一系统。

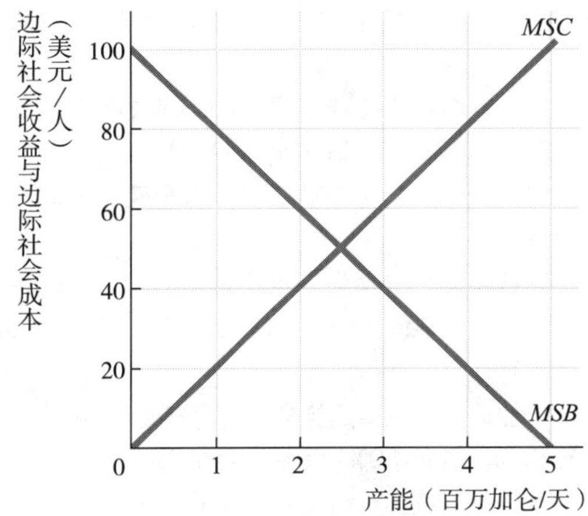

   a. 净收益最大时该系统的产能是多大？
   b. 为达到这一有效率的产能水平，每个居民支付的税收是多少？
   c. 如果选民拥有完全信息，那么政治均衡时的产能是多大？
   d. 如果选民理性无知，官员要得到最大的预算，那么政治均衡时的产能是多大？
4. 下表给出了美国人与欧洲人在北大西洋捕捞鳕鱼的有关数据。经营一艘船的边际成本是每月 80 000 美元。

渔船数量（艘）	所捕鳕鱼的价值（千美元/月）
0	0
10	2 000
20	3 400
30	4 200
40	4 400
50	4 000
60	3 000
70	1 400

政策观察

热带雨林：一个公地的悲剧

http://www.latimes.com

波多黎各热带雨林正处于消失的边缘

2006 年 4 月 23日

在湿润的空气中，热带植物盛开着鲜花，芬芳四溢，鸟在鸣，蛙在叫。惟一的其他声响就是一英里外某个方向 100 英尺瀑布的哗哗水声。

尽管 28 000 英亩范围如此优美的风景，被波多黎各史前的泰诺人称为埃尔云克峰（El Yunque）或“白云下的陆地”；但目前这片热带雨林正受到严重的威胁。这一数千英亩的森林与绿地正在以飞快的速度消失……

这块陆地的消失，会伤害到数以百计的稀有植物和野生动物。位于圣胡安（San Juan）以东 25 英里的这块热带雨林为该岛提供了 1/3 的新鲜饮用水……

像埃尔云克峰这样的热带雨林约占地球表面的 6%，其中生长着地球植物品种的 50%~80%。热带雨林曾经约占地球表面的 14%，但是由于开发与破坏已经大大减少了。

一些开发项目离埃尔云克峰的主要入口还不到 30 英尺。“我认为我们能够与埃尔云克峰和睦相处，”69 岁的玛莎•赫雷拉说，十多年前他买了一套紧靠热带雨林的两层住房。

“有人说我正在破坏埃尔云克峰。但我怎么是在破坏呢?” 近来的一天早晨，当她带着三条狗和一群鸡在公园闲逛时说道。

大约在 1/4 英里远的地方，建筑人员正在浇铸水泥，他们正抓紧时间完成一个 20 英亩配套设施齐全的公寓。

“那些在这里购买房子的人喜欢雨林的风景，”工地上35 岁的建筑工人赫克特•拉米雷斯说。“它给我带来了工作，这对我的家人和我都很重要。人们告诉我，建房不会对雨林有任何影响。”

在埃尔云克峰有 240 种土生的植物品种，比其他任何一个国家公园都多。联邦政府宣布的一些濒临灭绝的植物，在这一雨林中也能找到……

事件的本质

- 波多黎各的埃尔云克峰热带雨林有 240 种土生植物，比其他任何一个国家的森林都要多。
- 热带雨林所占地表的面积，已经从 14%下降到了 6%，其中生长的植物占全世界植物品种的 50%~80%。
- 圣各安附近的热带雨林为岛上的居民提供了 1/3 的新鲜饮用水。
- 波多黎各的热带雨林正在快速消失。
- 这片热带雨林附近正在建设配套设施齐全的公寓。
- 建筑工人与买房人说，他们不会对热带雨林产生任何破害。

经 济 分 析

- 一些人想定居在波多黎各热带雨林附近。
- 这一热带雨林也是许多稀有植物的家园，还是饮用水源，同时也是二氧化碳气体的沉降场所，从而有助于改善大气的质量。
- 热带雨林是公共财产。
- 私人利用热带雨林资源的激励是很强烈的。
- 由于没有人是热带雨林的所有者，因此，就不存在保护与持续利用这一资源的激励。
- 其结果是，热带雨林被过度利用，就像中世纪英国公共资源被过度利用一样。
- 数据表明，对于热带雨林，也存在公地的悲剧问题。
- 图1 给出了热带雨林木材的持续产量与伐木工人数量之间的关系。
- 图 2 给出了单个生产者的边际私人收益曲线与边际私人成本曲线，以及木材的边际社会收益曲线与边际社会成本曲线。
- 假定一个生产者砍伐一棵树的边际私人成本为零。
- 作为一种公共资源，一个生产者的边际私人收益曲线为 *MB*，木材生产者按照其自身利益行为的结果是耗竭这一资源。可持续的产量就降到了零。
- 作为一种私有资源，现在的边际社会收益曲线 *MSB* 就变成了边际私人收益曲线。木材生产者追求自身利益的结果是，热带雨林的持续产量达到了最大。
- 如果热带雨林的惟一收益是木材，那么木材最大的持续产量就是有效率的。
- 但是，由于热带雨林维持着野生动植物多样性这样的外部收益，所以，边际社会成本大于为零的边际私人成本。
- 基于社会利益确定的产量——有效率的产量水平——是木材生产者可以达到的，因而小于最大的持续产量。

说出你的观点

- 对于一部禁止进口利用热带雨林资源制成的产品这样的法律，你会支持吗？给出你的理由。

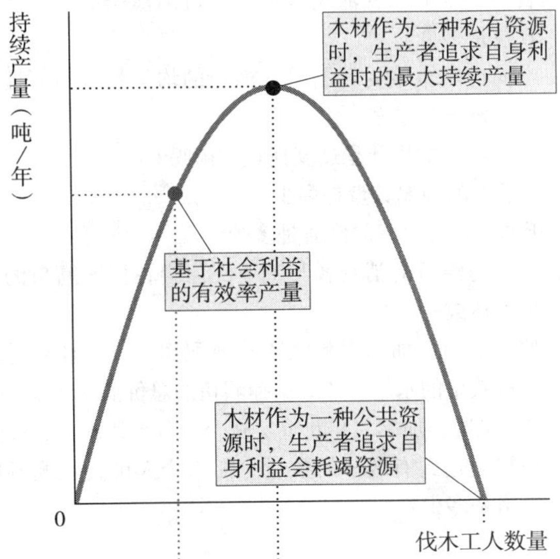

图 1　热带雨林的木材生产

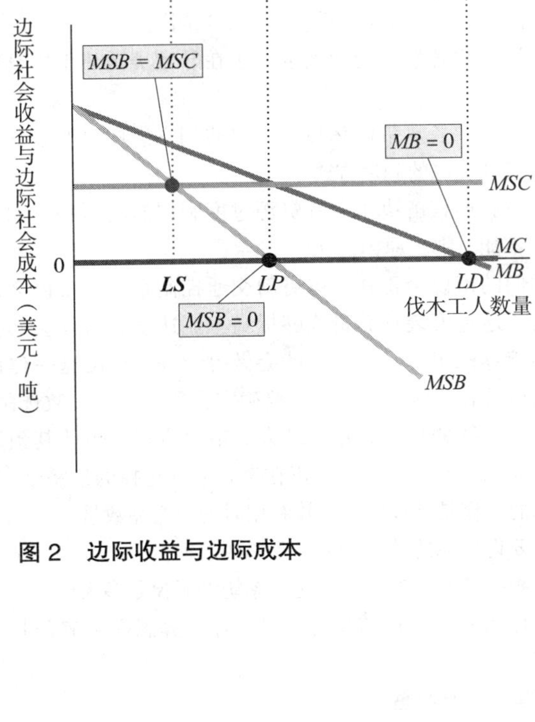

图 2　边际收益与边际成本

a. 表中给定的每种渔船数量所对应的渔船的边际私人收益是多少？
b. 表中给定的每种渔船数量所对应的渔船的边际社会收益是多少？
c. 当捕捞鳕鱼不受管制时，渔船的均衡数量与所捕鳕鱼的价值各是多少？
d.（c）问中的均衡是过度捕鱼均衡吗？
e. 有效率的渔船数量是多少？
f. 所捕鳕鱼有效率的价值是多少？
g. 你认为鳕鱼的消费者与渔业部门会在捕捞鳕鱼的数量上达成一致吗？
h. 如果美国、加拿大和欧盟实施配额，以使捕鳕量达到有效率的水平，那么所捕鳕鱼的总价值是多少？
i. 如果美国、加拿大和欧盟实施个人可转让配额，以使捕鳕量达到有效率的数量，那么个人可转让配额的价格是多少？

批判性思考

1. 在你学习了阅读材料后，回答下列问题：
   a. 波多黎各发生的什么事情正在导致美国热带雨林的消失？
   b. 波多黎各热带雨林私有产权的创立怎样改变着这一森林资源的利用方式？
   c. 私有产权解决了所有资源过度利用的问题吗？如果不能，那么原因何在？
2. 你们的市议会正在考虑更新交通控制系统。市议会认为，通过安装计算机能够提高车流速度。市议会购买的计算机越多，其工作就会做得越好。提出这一建议的市长和其他参选官员需要确定，要赢得大多数选民，这一系统的规模究竟是多大。市政府官员想使其预算最大化。假设你是一位正在考查公共选择的经济学家。你的工作是计算资源有效利用时的公共品数量。
   a. 要得出你的结论，你需要哪些数据？
   b. 根据公共选择理论，这一系统的规模是多大？
   c. 作为一位掌握信息的选民，你打算怎样影响公共选择？
3. **哪里还有金枪鱼**

   ……对于最早的居民来说，大草原（Great Plains）就像今天的海洋一样面临着同样的问题：这是一个巨大的、开放的地区，似乎还找不到一种方法来保护动物不被人类所捕杀。……定居者分配陆地，很巧妙地设计出新的方案来保护动物，这样，西部的动物得以繁衍生息。今天的海洋仍然是一个非常开放的区域，鱼遭受着同样的后果。……渔民们有激励今年尽可能多捕鱼，尽管其结果可能是消灭了自己的职业。他们知道，他们没能捕获的鱼却可能被其他人所捕获。……

   《纽约时报》，2006 年 11 月 4 日

   a. 早期的西部居民与今天的渔民有哪些相似之处？
   b. 采用早期居民在草原上的方法，能够消除公地的悲剧吗？
   c. 个人可转让配额是怎样把渔民的短期行为转变成长期行为的？
4. 在 1736 年费城的一场大火之后，本杰明·富兰克林创建了一支义务消防队。义务消防队的思想很快就得到普及，从而组建了许多这样的消防公司。每家公司都自购设备，并安放在全市的重要地带。
   a. 解释与这些早期消防公司有关的搭便车问题。
   b. 早期的消防公司是怎样解决搭便车问题的？
   c. 为什么这种消防体系在今天的美国没有被取代？

网上活动

1. 访问埃德·克拉克（Ed Clarke）的公共品网站，阅读他有关需求揭示过程的文章。
   a. 何为需求揭示过程，其目的何在？
   b. 为什么利用需求揭示过程可能比现行的政治体制提供更有效率的公共品水平？
   c. 为什么现行的政治体制可能比利用需求揭示过程提供更有效的率公共品水平？
2. 访问 ITT 行业网站，阅读题为“水市场的增加趋势”一文。
   a. 水市场的目的何在？
   b. 作为配置稀缺水资源的手段，你认为市场机制有哪些主要优势？
   c. 作为配置稀缺水资源的手段，你认为市场机制有哪些主要劣势？
   d. 你认为为什么我们不能更广泛地利用市场机制来配置稀缺水资源？
   e. 写出你有关利用市场配置稀缺水资源的简要实施结论。

我们，人民……

托马斯·杰斐逊深悉，创建一个民有、民治、民享的政府是一项宏伟的事业，但也很容易犯错误。创建一部宪法来消除专制和残暴制度相对容易一些。合众国的缔造者们尽最大努力实践着经济学。他们设计出复杂的激励制度——胡萝卜与大棒——以使政府注意舆论，并且限制个人以损害大多数人利益为代价谋取自身利益。但是，他们却不能创建一部宪法，来有效制止特殊利益集团通过专业化与贸易获得消费者剩余与生产者剩余的行为。

我们已经创建了一种解决如下五个经济问题的政府体制。市场经济使得垄断者有可能限制产量以提高其产品或服务售价。市场经济一方面为我生产了太多的产品与服务，另一方面，生产也造成了污染。而必须共同消费的公共品与服务，像国防和交通控制系统等服务，市场经济又供应得太少。市场经济还使得热带雨林和海洋鱼类被过度利用。市场经济产生的收入与财富分配被大多数人认为太不公平了。所以，我们需要政府来帮助处理这些经济问题。但是，这些合众国的缔造者们知道会发生什么，当政府介入经济活动中时，人们会竭力驾驭政府的行为，通过损害公共利益来获得个人利益。

本编的三章解释了市场难以处理的问题。第 14 章概述了这些问题，并深入地研究了反托拉斯法和自然垄断。第 15 章研究了外部性问题，探讨了因污染产生的外部成本，以及因教育、研究产生的外部收益问题。论述了解决外部性的一些方法问题。其中的一种方法是通过强化市场，使外部性“内部化”而不是干预市场来解决这一问题。第 16 章研究了公共品所产生的问题及公共资源的悲剧问题。

许多经济学家都对本编提及的这些问题进行了长期艰苦的探索。但是，在这个领域，还没有人像科斯的观点那样深深地影响着我们。在本章的接下来内容中，你会读到有关科斯的一些材料。你也会读到哈佛大学教授卡罗琳·霍克比的材料，她对公共选择问题，特别是教育中的公共选择问题有着重要的论述。

外部性与产权

"要解决的问题是：究竟是损失的鱼的价值大，还是排污企业生产的产品的价值大？"

——罗纳德·科斯

《社会成本问题》

经济学家

罗纳德·科斯（Ronald Coase，1910~）出生于英国，在伦敦经济学院接受高等教育。他深受他的老师阿诺德·普兰特（Arnold Plant）及其早期著作《共产主义集中计划与自由市场》的影响。

自1951年以来，科斯教授生活在美国。他第一次到美国是在大萧条正严重的时期，当时他还是一位20岁的年轻人游学到美国。正是这次旅行以及此前他完成的学士学位论文中提出的思想，为他赢得了60年后的1991年诺贝尔经济学奖。

罗纳德·科斯发现并阐述了交易成本和产权在经济中的重要性。他使得我们思考产权和外部性的方式发生革命性的变化，并开创了法经济学（law and economics）这一目前仍在成长的新领域。

问　题

随着知识的积累，我们对环境外部性越来越敏感。我们也提出了更敏感的方法来处理这些问题。但是，所有方法都涉及到公共选择。

汽车排出的尾气经阳光照射产生城市烟雾，它既令人不舒适，又危及人的呼吸。针对汽车尾气排放产生的外部成本，我们制定了排放标准，并对燃油征税。排放标准增加了小汽车的成本，汽油税又增加了每旅行一英里的边际成本。较高的成本减少了道路运输的需求数量，因而减少了污染物的排放量。用较高的运输成本换取较清洁的城市大气，值得吗？选民、管制者与法律制定者的公共选择回答了这一问题。

从含硫云层降落下来的酸雨给生活在沉降区域的每个人都增加了成本，硫最初来源于电厂烟筒排出的废气，如今正在用一种市场方法来解决这种外部成本。这一方法是可交易许可证，它的价格与配置是由供给与需求的力量决定的。私人选择决定了污染许可证的需求，但公共选择决定了它的供给。

在上午高峰期，随着小汽车驶入城市快车道，高速路堵塞，变成了较昂贵的停车场所。每一个高峰期的驾车者都把外部成本加到了所有其他人身上。今天，道路利用者承担着私人拥挤成本，但却不愿分担自己造成的外部拥挤成本。现在，有一种在技术上可行的市场解决方法。这一方法是向道路的使用者收费，类似于一种税收，因一天中的时间与拥挤程度不同而异。面对其行为的社会边际成本，每个道路使用者做出自己的选择，公路空间的使用这一市场就是有效率的。在这里，利用市场方法的公共选择把有关拥挤程度这一最终决策变成了私人选择。

当 时

伊利湖的渔民切斯特·杰克逊回忆道，最初他在湖中捕鱼时，船上还不用带饮用水，渔民们直接饮用湖水。到第二次世界大战之后，杰克逊评论道，“再也不能饮用湖水了，不然湖中的化学物质会毒死人的。”农民们使用像DDT这样的杀虫剂，通过河流直接流入湖中。大量的废水与垃圾也被倒入湖中。其结果是，到20世纪40年代，伊利湖受到了严重的污染，鱼都无法在湖中生存了。

现 在

如今，伊利湖又能养鱼了，就像20世纪30年代一样。伊利湖不再是垃圾的倾倒场所，该湖又恢复了生态系统。人们已经认识到，农药与杀虫剂是具有潜在外部性的产品，综合利用该湖之前，美国国家环保局对其外部影响进行过评估。向河流与湖泊倾倒工业废物，现在受到了许多更加严格的管制与罚款。解决伊利湖的外部性问题，采用的是政府管制这种可行的方法。

以下介绍卡罗琳·霍克比，她做了许多工作来帮助我们了解教育领域的政策选择。

与卡罗琳·霍克比教授交谈

卡罗琳·霍克比（Caroline M.Hoxby）是哈佛大学阿里·弗里德经济学教授。她出生在俄亥俄州的克利夫兰市。她在哈佛大学接受本科教育，在牛津大学与麻省理工大学接受研究生教育。

霍克比教授是教育经济学领域的一位杰出学者。在这一领域，她发表了许多文章，出版了《学校选择经济学》和《选择大学》（分别由芝加哥大学出版社2003年与2004年出版）等著作。她是国民经济研究局（NBER）教育经济学项目的主任，同时，她服务于其他国民委员会，从事教育问题的研究。她还向几个州的立法机构和美国国会提出建议或提供证词。迈克尔·帕金就她的工作，以及经济学家在教育资助与提供是怎样影响教育质量、教育公平方面的研究成果，对她进行了采访。

为什么你决定成为一名经济学家？

大约13岁时，我就想成为一名经济学家。当时，我上了第一堂经济学课（本身就是一个有趣的故事），发现所有萦绕在我脑中的思想都属于“科学”，全民都应懂这门科学——不管怎么说，现在我比以前懂得更多了。现在我仍然记得第一次阅读《国富论》的情形，这本书对我启发很大。

吸引你研究教育经济学的原因是什么？

我们都关心教育，也许因为它是一种给全体美国人都提供了机会的重要方式。还有，几乎每个人都认识到，像美国这样高度发达的国家日趋依赖教育作为其经济增长的引擎。因此，教育吸引我的一个原因是其重要性。然而，最初吸引我研究教育问题的原因是，教育问题显然需要借助于经济分析，当时这么做的人很少。我试图去了解教育机构及存在的问题，但我始终坚持用经济学的基本原理去研究教育问题。

为什么教育不同于快餐？食品药品管理局（FDA）对快餐生产者制定了安全标准，为什么我们不让人们从那些受管制以保证质量标准的类似私人企业那里购买教育服务？

教育与快餐的不同之处并不在于不能从受管制以保证质量标准的私人机构那里购买它。我们一直都在思考私立学校与私立大学的问题。教育的不同之处在于：（1）教育是一种投资，不是消费；（2）用于教育融资的资本市场不能很好地运转。

本质上，国家对个人在教育方面的最佳投资感兴趣。然而，为投资，人们需要钱来供他们上好学校，同时还不能工作。孩子们没有钱，也没有安排贷款，因为数十年后他们可能都还不清这些欠款。因此，孩子们依赖家人提供资金。家庭不一定合理地进行教育投资，或者有适当的激励去这么做。社会有责任填补资本市场的这一空缺。社会通过对小学与中学教育的公共资助、政府担保贷款以及大学储蓄项目等方式来发挥作用。然而，没有特别的原因需要政府来实际经营学校；要它提供资助，但不需要它来实际办学。

在你撰写的一篇论文中，你提出了这样一个问题：公立学校之间的竞争是使学生受益还是使纳税人受益？这涉及到哪些问题，你的答案是什么以及怎样才能做到这一点？

我们所有人都知道这样一个事实，家庭一般都选择其居住地的公立学校。这种传统的选择方式，是迄今为止美国最普遍的择校方式，很少曾经这么做的父母亲现在会放弃这种择校方式。然而，直到最近，我们还不知道这样一种择校传统究竟是对学生好（好成绩）还是对纳税人好（更有效率的学校）。重要的是要知道，一些美国人，特别是生活在市中心的穷人不能这样选择。经济学家们猜测，缺乏选择可能是许多穷人的孩子、居住在市中心家庭的孩子接受不良教育的原因，因为这些家庭要考虑上学的费用（通常比中等学校花费多得多）。

为了验证这一猜测，我考查了美国所有大城市。对于父母亲来说，传统择校的程度差别较大。一个极端例子是，一个城区有数百个学区。另外一个极端例子是，一个城区仅有一个学区。大多数城市则是介于这二者之间。一个仅有一个学区的城市家庭，可能不太容易找到一种方法来逃避较差的学区管理。一个有几百个学区的城市家庭，通过综合考虑工作地点、家庭偏好等因素后来选择学区。

经济学家应该对政策制定者说："告诉我你的目标，我会为你设计优惠券。"

通过考查有许多学区（传统择校的许多潜在竞争）的城区和仅有几个学区（较少潜在竞争）的城区，我发现，在某一学费水平下，竞争较强地区的学生具有较高成绩。这表明，当学校面临竞争时，学校是一个更有效率的生产者。

从有关公立学校和私立学校的相对生产率中，我们能够知道些什么？

在美国，究竟是公立学校的学生成绩好还是私立学校的学生成绩好，这是一个难以回答的问题。优秀学生可以自由获得所上私立学校的奖学金，慢慢地，其他孩子也会纷纷效仿，或者利用"自然试验"，在这些地区，出人意料地会有更多的私立学校。这些学校倾向于寻找同样的学生，私立学校的学生成绩要高出10%。然而，要了解哪类学校生产率更高，实际上我们并不需要私立学校的较高成绩。为说明问题，我们不妨把成绩问题放在一边。

近期有关公立学校与私立学校的比较研究发现，公立学校每名学生的平均花费是9 662美元，私立学校每名学生的平均花费是2 427美元。把费用与成绩结合起来考虑，得出的结论是，私立学校的生产率要高出公立学校298%。我并不认为这一数据非常准确；我们可以做些微小的调整。但是不难得出，私立学校生产率比公立学校高出许多这样的结论。私立学校的人均成本虽然只有公立学校人均成本的一小部分，但却取得了同样的成绩。

经济学家们提出了哪些教育融资方法？有一个切实可行的优惠券方案吗？

肯定有一个切实可行的优惠券方案，因为优惠券本身就是一种特别有弹性的政策。人们经常看到"优惠券"这一词，不妨设想学生得到了2 000美元的优惠券。但是，不一定就是这样。我们在公立学校资助中所做的任何事情，采用优惠券会做得更好，因为优惠券是针对学生的，尽管政府从未保证给学生的资金是他或她所在区的资金。

任何一个设计较好的优惠券制度都会激励学校去竞争。然而，在设计优惠券时，我们也在设计医治各种教育问题的方案。优惠券过去常常是用来保证残疾孩子得到所需要的资助以及所需要的方案选择。与现在学校的资助项目相比，优惠券可以在保证低收入家庭把足够多的资金投资在孩子身上做得更好。设计好的优惠券能够激励学校让学生全面发展。经济学家应该对政策制定者说："告诉我你的目标，我会为你设计优惠券。"

在提供素质教育时效率与公平存在冲突吗？

为了筹集公共资金以便所有家庭都能最适当地投资于孩子的教育，我们不得不征税。税收总是会带来无谓损失，所以，当我们筹集资金提供公平的教育机会时，总是会有一些低效率。然而，如果适当地利用这些资金并引导人们合理地投资于自己的教育，我们就能够大大减少因征税而带来的低效率。因此，从理论上讲，效率与公平并不冲突。

在现实世界中，公共资金通常都是通过税收这种形式来筹集的（会产生无谓损失），往往在使用时并不成功。如果花费为公立学校的两倍，但看不出有较高的成绩，那么因税收导致的效率损失就不会从教育中得到补偿。换句话说，要避免公平与效率的冲突，我们必须知道，怎样让公共资金有效率地用在教育上。这就是教育经济学的主要内容。

对于一名刚开始学习经济学的学生，你有什么建议？经济学是一门好的主修课吗？与它一起学的课程还有哪些？对于那些进行职业选择的女性，你有什么建议？让更多妇女来学习经济学，我们需要做什么？

刚开始学习经济学的学生应该做两件事。其一，学习经济学的分析工具，尽管它们似乎是非常深奥的。一旦你掌握了这些工具，你就会“看到由树木构成的森林”。如果没有掌握这些工具，你只会看到一棵一棵的树，并且发现很难去思考经济问题。其二，去思考经济问题。一旦你掌握了这些分析工具，那么现实世界就是一部非常激动人心的经济学教科书。

经济学是你主修的一门非常重要的课程，经济学的训练对于你的生活、选择职业以及你在领导岗位上思考问题都有帮助。我认为，对于以后经商、从事法律或政策制定工作，学习经济学是最好的训练。别忘了非营利组织：每年都有一些非营利组织雇用受过经济学训练、对慈善事业感兴趣的人。

数学课与统计课是经济学的必要补充，因为这两门课有利于学生很快掌握分析工具。经济学对于许多学习艺术与科学的人来说也是非常有用的。这取决于你想利用经济学的目的。如果你要进行卫生政策方面的决策，那么需要医学课程与经济学结合起来。如果你想成为表演艺术方面的政策决策者，那么要把经济学与音乐结合起来。

我希望经济学界涌现更多的女性经济学家。经济学领域还非常缺乏有头脑的人。还有，其职业需要掌握经济学的妇女其实用不懂经济学，她们需要学习经济学。为了激励妇女成为经济学家，我只能在此呼吁，掌握经济学是完全可能的。如果你是一位好经济学家，那么你永远都不要担心你的观点不受重视。

生产要素市场

学习本章后，你将能：

- 解释要素价格与要素收入之间的联系
- 解释在竞争性劳动市场中，什么决定需求、供给、工资率和就业
- 解释为什么工资率比竞争性劳动市场的工资率更高或更低
- 解释在资本市场中，什么决定需求、供给、利率、储蓄和投资
- 解释什么决定不可再生资源的需求、供给、价格和使用率
- 解释经济租的概念，区别经济租和机会成本

许多幸福的收益

今天或许不是你的生日，即便是你的生日，你也有可能把大部分时间花在工作上。但在周末或月末（或者，如果你把全部时间用于上大学，当你毕业时），你将从你的劳动中得到收益。这些收益差距很大。卢纳整天在从休斯顿的高楼大厦顶上悬挂下来的小筐里清洗窗户，每小时获得 12 美元的幸福收益。卡蒂·古瑞克从周一到周五主持 CBS 晚间新闻播报，一年有 1 500 万美元的非常幸福的收益。收入方面的一些差距似乎令人吃惊，例如，你的大学橄榄球教练赚的可能比你的经济学教授多得多。并非所有的工作都得到很好的报酬，为什么？

我们中的大多数人在花费我们的薪水时没费什么心思，但我们中的大多数人在设法把部分收入储蓄起来。什么决定了人们的储蓄量以及从储蓄中得到的收益？

一些人通过提供自然资源（例如石油）而获得收入。什么决定了自然资源（例如石油）的价格？什么决定了何时我们将耗尽石油或其他不可再生资源？

如果我们对巨额收入进行征税，会发生什么事情？赚得这些收入的人们会漠然地忍受征税，并且继续提供同样数量的资源吗？或者，税收减少了这些资源的供给吗？

◆ 在本章中，我们研究生产要素市场——劳动、资本、自然资源，并理解这些要素的价格以及人们的收入是怎样决定的。我们将会看到，对一些（但不是全部）巨额收入征税并不会产生不利影响。在本章末的阅读材料中，我们还将看到为什么大学支付给橄榄球教练的工资经常高于支付给教授的工资。

要素价格和收入

物品和服务的生产要使用四种生产要素——劳动、资本、土地和企业家才能（参见第1章）。收入取决于所使用要素的数量和价格。要素的价格是劳动的工资率、资本的利率、土地的租金率和企业家才能的正常利润率。此外，一种剩余收入即经济利润（或经济亏损）由企业所有者（可能是企业家或股东）获得（或承担）。

生产要素就像物品和服务一样，在市场中交易。一些要素市场是竞争性的，与物品和服务的竞争性市场很相似，但一些劳动市场并没有竞争性成分。

需求和供给是理解竞争性要素市场的主要工具。企业对生产要素有需求，而家庭则提供这些要素。

对生产要素的需求称为**派生需求**（derived demand），因为它是由这些要素所生产的物品和服务的需求派生出来的。一种生产要素的需求量是企业在一个给定时间内和给定的要素价格水平上计划雇佣的数量。需求定律应用于生产要素，就如同它应用于物品与服务一样。在其他条件保持不变时，要素价格越低，这种要素的需求量就越大。

一种生产要素的供给量也取决于它的价格。除了在本章后面会看到的一个可能例外之外，供给定律也适合于生产要素市场。在其他条件保持不变时，一种要素的价格越高，这种要素的供给量就越大。

图17.1显示了一个要素市场。要素的需求曲线是 D，其供给曲线是 S。均衡的要素价格是 PF，均衡数量是 QF。要素获得的收入是它的价格乘以使用数量。在图17.1中，要素收入等于灰色矩形的面积。

需求或供给的变化改变了均衡价格、数量和收入。需求的增加使需求曲线向右移动，并增加了收入。供给的增加使供给曲线向右移动，而收入则可能增加、减少或保持不变，这取决于要素的需求弹性。如果需求富有弹性，收入增加；如果需求缺乏弹性，收入减少；如果需求弹性是单位弹性，收入保持不变（参见第4章）。

图 17.1 要素市场的需求与供给

myeconlab

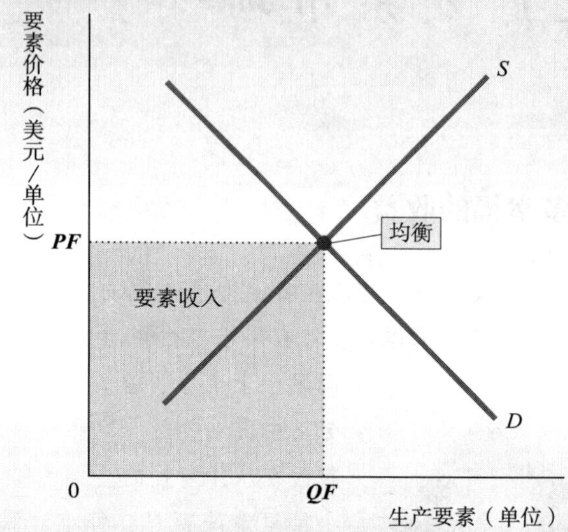

生产要素的需求曲线 D 向下倾斜，供给曲线 S 向上倾斜。在需求曲线与供给曲线的相交处确定要素价格 PF 和耗费的要素数量 QF。要素收入是要素价格和要素数量的产物，用灰色矩形表示。

复习测验

1. 为什么我们把生产要素的需求称为派生需求？它是从哪里派生的？
2. 为什么生产要素的供给增加对于要素收入的影响不明确？

myeconlab **Study Plan 17.1**

本章的其余内容探讨影响生产要素的需求与供给的因素。我们从劳动市场开始。

劳动市场

对大多数人来说，劳动市场是收入的主要来源。对许多人来说，它是惟一的收入来源。在2002年，劳动收入占总收入的72%。在那一年，每小时工作所获得的平均收入——整个经济的平均小时工资率——接近25美元（其中21美元属于工资或薪水，4美元属于补贴）。

平均工资率掩盖了个别工资率的许多差异。你可以在图17.2中看到这样一些差异，图中给出了20种工作的工资率抽样。（这是2001年的数据，是本书写作时能够获得的近年最新资料。）

劳工统计局发布711种工作的工资数据。其中，78%的工资低于平均工资，22%的工资高于平均工资。围绕平均工资的这种工资分布意味着少数人比一般人挣得更多，而他们的工资率则大大超过平均工资率。

在图 17.2 中，平均小时工资率的分布从 7 美元到接近 70 美元不等。在工资分布的底端是快餐业工人、电影放映员、银行出纳员和零售推销员。计算机维护专家（例如，你打电话要求其技术支持的人）只挣得平均工资率。技术撰稿人（例如，编写手册告诉你如何使用手机各种功能的人）挣得比平均工资率稍高。在其工资率超过平均工资率的工种抽样中包括金融分析专家和经济学家。但经济学家比空中交通管理员、牙医和外科医生挣得少。（凯恩斯说他希望有朝一日经济学家像牙科医生一样有用，或许这些工资率告诉我们目前还没有达到这一步！）

为了理解这些工资率，我们必须探讨影响劳动需求和劳动供给的力量。我们首先分析劳动市场的需求。

劳动的需求

在企业雇佣的劳动数量与企业计划生产的产量之间存在着一种联系。*总生产曲线*表明了这种联系（参见第 10 章）。

企业对劳动的需求是它的产出供给的反面。企业生产利润最大化的产量，而利润最大化产量是边际收益等于边际成本时的产量。为了生产利润最大化的产量，企业要雇佣使利润最大化的劳动数量。

使利润最大化的劳动数量是多少？当工资率变化时，它会发生什么样的变化？通过把多雇佣一个工人带来的边际收益与这个工人的边际成本相比较，我们可以回答这些问题。我们首先来看一看这种比较的边际收益。

边际收益产量

劳动的**边际收益产量**（marginal revenue product）是多雇佣一单位劳动所带来的总收益的变化。表 17.1 显示了如何计算边际收益产量。

前两栏表示马克斯洗车店的总产量表。这些数字告诉我们每小时洗车量怎样随着劳动数量的变化而变化。第三栏表示*劳动的边际产量*——增加一单位雇佣劳动数量所引起的总产量的变化（参见第 10 章）。

洗车市场是完全竞争的。在提供一次洗车服务收 4 美元这一假定的市场价格上，马克斯想提供多少次洗车服务就提供多少。因此，马克斯的*边际收益*就是洗一辆车收 4 美元。

图 17.2 20 种工作的工资率

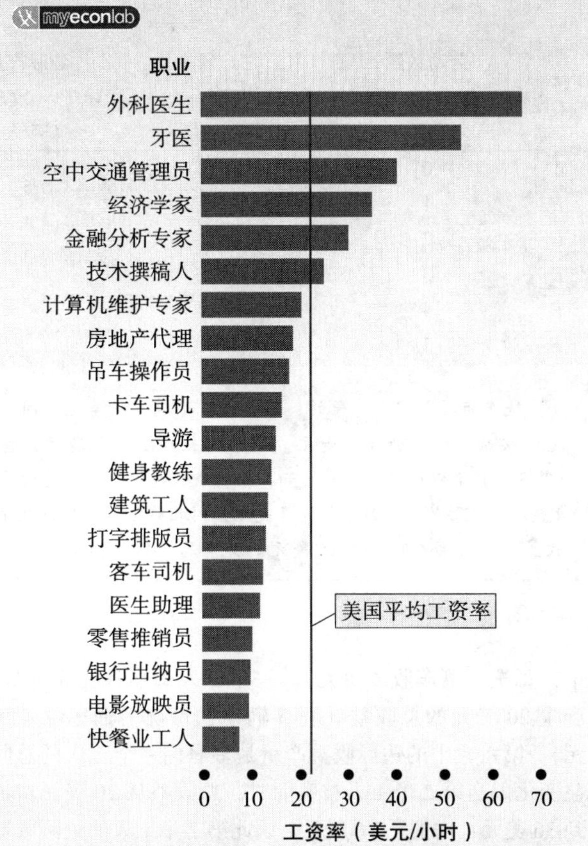

全美国（整个经济）工资率为 21 美元/小时。从劳工统计局报告的 711 种工作的工次率数据中选出 20 种工作作为样本，表示围绕全国平均水平的工资率分布。许多工作的工资率低于全国平均水平。在平均水平之上的一些工作其工资率超过了平均水平一大截。

资料来源：Buerau of Labor Statistics.

给定这个数据，我们可以计算*边际收益产量*（第四栏）。它等于边际产量乘以边际收益。例如，第二个工人的边际产量是每小时洗 4 辆车。因为边际收益是洗一辆车收 4 美元，第二个工人的边际收益产量就是 16 美元（洗 4 辆车，每洗一辆车收 4 美元）。

表 17.1 的最后两栏表示计算劳动的边际收益产量的另一种可选方法。总收益等于总产量乘以价格。例如，两个工人每小时洗 9 辆车，产生 36 美元的总收益（洗 9 辆

表 17.1 马克斯洗车店的边际收益产量

	劳动数量 (L) (人数)	总产量 (TP) (辆/小时)	边际产量 ($MP = \Delta TP/\Delta L$) (辆/人)	边际收益产量 ($MRP = MR \times MP$) (美元/人)	总收益 ($TR = P \times TP$) (美元)	边际收益产量 ($MRP = \Delta TR/\Delta L$) (美元/人)
A	0	0			0	
			5	20		20
B	1	5			20	
			4	16		16
C	2	9			36	
			3	12		12
D	3	12			48	
			2	8		8
E	4	14			56	
			1	4		4
F	5	15			60	

洗车市场是完全竞争的，价格为洗 1 辆车 4 美元，因此边际收益为洗 1 辆车 4 美元。边际收益产量等于边际产量（第 3 栏）乘以边际收益。例如，第 2 个工人的边际产量为洗 4 辆车，边际收益为洗 1 辆车 4 美元，因此第 2 个工人的边际收益产量（第 4 栏）为 16 美元。如果马克斯雇佣 1 个工人（第 *B* 行），总产量是每小时洗 5 辆车，总收益为 20 美元（第 5 栏）。如果他雇佣 2 个工人（第 *C* 行），总产量是每小时洗 9 辆车，总收益为 36 美元。通过雇佣第 2 个工人，总收益增加了 16 美元——第 2 个工人的边际收益产量为 16 美元。

车，每洗一辆车收 4 美元）。一个工人每小时洗 5 辆车，产生 20 美元的总收益（洗 5 辆车，每洗一辆车收 4 美元）。第六栏中的边际收益产量是多雇佣一个工人的总收益变化。当第二个工人被雇佣时，总收益从 20 美元增加到 36 美元，增加了 16 美元。因此第二个工人的边际收益产量是 16 美元，与我们以前的计算相一致。

递减的边际收益产量 随着劳动数量增加，边际收益产量递减。对完全竞争企业来说，边际收益产量递减是因为边际产量递减。对垄断者（或垄断竞争以及寡头）来说，边际收益产量递减还有另一个原因。当更多的劳动被雇佣，从而总产量增加时，企业必须降价以销售额外的产量，因而边际产量和边际收益递减，而这两者都导致递减的边际收益产量。

劳动需求曲线

图 17.3 显示了劳动需求曲线是怎样派生的。边际收益产量曲线画出了在每一个劳动雇佣数量上的劳动的边际收益产量。图 17.3（a）是马克斯的边际收益产量曲线。x 轴衡量马克斯雇佣的工人数量，y 轴衡量劳动的边际收益产量。灰色条形表示当马克斯雇佣更多工人时劳动的边际收益产量。这些条形与表 17.1 的数据相对应。标为 *MRP* 的曲线就是马克斯的边际收益产量曲线。

企业的边际收益产量曲线也就是它的劳动需求曲线。图 17.3（b）表示马克斯的劳动需求曲线 *D*。水平轴衡量的是雇佣工人的数量，与（a）部分一样。竖轴衡量每小时的美元工资率。在图 17.3（a）中，当马克斯把雇佣工人的数量从每小时 2 个工人增加到每小时 3 个工人时，边际收益产量是每小时 12 美元。在图 17.3（b）中，马克斯在每小时 12 美元的工资率水平上雇佣 3 个工人。

边际收益产量曲线也是劳动需求曲线，这是因为企业雇佣使利润最大化的劳动数量。如果工资率低于边际收益产量，企业通过多雇佣一个工人，就可以增加利润。相反，如果工资率高于边际收益产量，企业通过少雇佣一个工人，就可以增加利润。

但如果工资率等于边际收益产量，企业就不能通过改变雇佣工人的数量来增加利润。企业获得了可能的最大利润。因此企业的劳动需求量是工资率等于劳动的边际收益产量时的需求量。

因为边际收益产量曲线也是劳动需求曲线，并因为随着雇佣劳动数量的增加，边际收益产量递减，劳动的需求曲线就向下倾斜。在其他条件保持不变时，工资率越低，企业雇佣的工人越多。

当我们研究企业的产量决定时，发现利润最大化的条件是边际收益等于边际成本。现在我们又发现利润最大化的另一个条件：劳动的边际收益产量等于工资率。现在来

图 17.3　马克斯洗车店的劳动需求

myeconlab

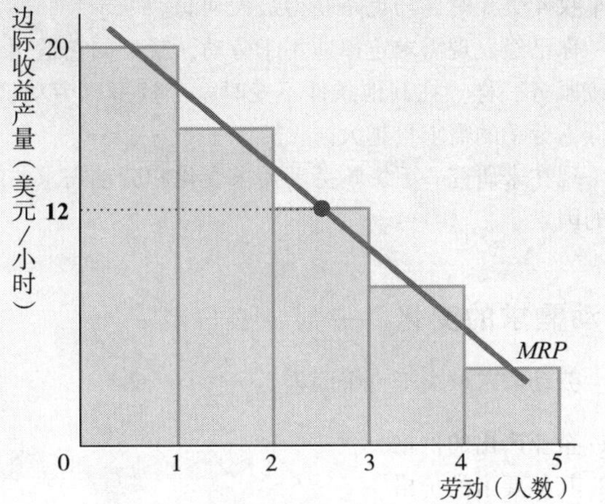

（a）边际收益产量

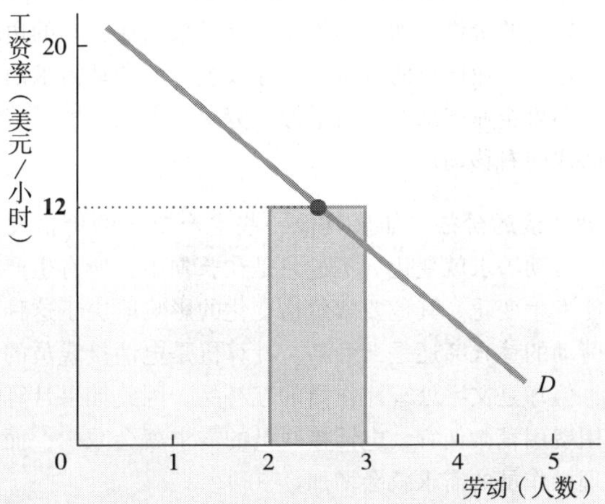

（b）劳动需求

马克斯洗车店在完全竞争的洗车市场经营，能够按洗 1 辆车 4 美元的价格提供任意数量的洗车服务。（a）幅的灰色条形代表企业的劳动边际收益产量。它们以表 17.1 的数字为依据。深色线是企业的劳动边际收益产量曲线。（b）幅表示马克斯的劳动需求曲线。这条曲线与马克斯的边际收益产量曲线是同一条线。马克斯需求的劳动量是使工资率等于劳动边际收益产量时的劳动量。随着雇佣劳动数量增加，边际收益产量减少，劳动需求曲线就向下倾斜。

看一看这两个条件之间的关系。

利润最大化的两个条件的等价性

从雇佣的劳动数量看，当边际收益产量等于工资率时，利润达到最大化。从生产产量看，当边际收益等于边际成本时，利润达到最大化。

利润最大化的这两个条件是等价的。利润最大时的劳动数量生产利润最大时的产量。

为了弄明白利润最大化的这两个条件的等价性，首先回顾一下：

$$边际收益产量 = 边际收益 \times 边际产量$$

如果我们把边际收益产量称为 *MRP*，边际收益为 *MR*，边际产量为 *MP*，则：

$$MRP = MR \times MP$$

如果我们把工资率称为 *W*，利润最大化的第一个条件就是

$$MRP = W$$

但 $MRP = MR \times MP$，因此

$$MR \times MP = W$$

这个等式告诉我们，在利润最大化时，边际收益乘以边际产量等于工资率。

用 *MP* 除以上述等式，得

$$MR = W \div MP$$

这个等式表示，当利润最大化时，边际收益等于工资率除以劳动的边际产量。

工资率除以劳动的边际产量等于边际成本。它是企业多雇佣 1 小时劳动付出的 *W*。但这 1 小时劳动生产 *MP* 单位的产量。因此生产 1 单位产量的成本——即边际成本——是 *W* 除以 *MP*。

如果我们称边际成本为*MC*，那么

$$MR = MC$$

这是利润最大化的第二个条件。

因为利润最大化的第一个条件暗含着第二个条件，这两个条件就是等价的。表 17.2 总结了上面所推理的计算，表明了利润最大化的这两个条件的等价性。

表 17.2 利润最大化的两个条件

符　号	
边际产量	***MP***
边际收益	***MR***
边际成本	***MC***
边际收益产量	***MRP***
工资率	***W***

利润最大化的两个条件

1. $MR = MC$　　2. $MRP = W$

条件的等价性

1. $MRP/MP = MR$ ＝ $MC = W/MP$

乘以 *MP* 得出 $MRP = MR \times MP$ 翻转等式得　　乘以 *MP* 得出 $MC \times MP = W$ 翻转等式得

2. $MR \times MP = MRP$ ＝ $W = MC \times MP$

利润最大化的两个条件是：边际收益（*MR*）等于边际成本（*MC*），边际收益产量（*MRP*）等于工资率（*W*）。这两个条件是等价的，这是因为边际收益产量（*MRP*）等于边际收益（*MR*）乘以边际产量（*MP*），而工资率（*W*）等于边际成本（*MC*）乘以边际产量（*MP*）。

马克斯的数字 核实马克斯的洗车店的数字，并证实刚刚考查过的条件起的作用。马克斯的利润最大化的劳动决定是：如果工资率是每小时 12 美元，就雇佣 3 个工人。当马克斯雇佣 3 个工人时，边际产量是每小时洗 3 辆车。马克斯提供 3 次洗车服务的边际收益是洗 1 辆车收 4 美元。因此边际收益产量是洗 3 辆车乘以洗 1 辆车收 4 美元，等于每小时 12 美元。在每小时 12 美元的工资率水平上，马克斯获得最大利润。

同样，马克斯的边际成本是每小时 12 美元除以每小时洗 3 辆车，等于洗 1 辆车收 4 美元。在边际收益为洗 1 辆车收 4 美元时，马克斯获得最大利润。

你已经发现需求定律适用于劳动，就如同它适用于物品或服务一样。在其他条件不变时，工资率（劳动价格）越低，劳动的需求量越大。

现在来研究一下影响劳动需求变化和劳动需求曲线移动的因素。

劳动需求的变化

劳动需求取决于三个因素：

1. 企业产出的价格
2. 其他要素的价格
3. 技术与资本

企业产出的价格 企业产出的价格越高，企业的劳动需求越大。产出的价格通过影响边际收益产量而影响劳动需求。较高的价格增加边际收益，反过来增加劳动的边际收益产量。企业产出的价格变化导致企业的劳动需求曲线移动。如果企业产出的价格增加，劳动需求就增加，劳动需求曲线向右移动。

其他要素的价格 如果其他一些生产要素的价格发生变化，劳动需求就变化。不过只是在长期中，所有生产要素才能发生变化。其他要素价格变化的影响取决于这种要素是劳动的替代品还是互补品。计算机是电话接线员的替代品，但却是文字处理操作员的互补品。因此如果计算机的使用费用稍微便宜，电话接线员的需求就会减少，而文字处理操作员的需求就会增加。

技术与资本 技术进步和资本增加会改变劳动边际产量从而改变劳动的需求。人们普遍认为，技术进步和资本积累削减了工作量，因而减少了劳动的需求。新技术和资本是某些类型劳动的替代品，从而减少了劳动需求；但它们又是其他类型劳动的互补品，从而又增加了劳动的需求。例如，电子电话交换机是电话接线员的替代品，因而这项新技术的使用减少了电话接线员的需求。但这项新技术是系统管理员、程序员和电子工程师的互补品，因而它的使用增加了这些类型劳动的需求。

再重申一遍，对劳动需求的这些影响是长期影响，只有当企业调整它的所有资源，把新技术运用于生产过程中

表 17.3　企业的劳动需求

需求定律
（沿着劳动需求曲线移动）
企业的劳动需求量

减少，如果：	增加，如果：
• 工资率提高	• 工资率降低

需求变化
（劳动需求曲线的移动）
企业的劳动需求

减少，如果：	增加，如果：
• 企业产出的价格下降	• 企业产出的价格上升
• 劳动的替代品价格下降	• 劳动的替代品价格上升
• 劳动的互补品价格上升	• 劳动的互补品价格下降
• 新技术或新资本降低了劳动的边际产量	• 新技术或新资本提高了劳动的边际产量

时才会出现。

表 17.3 总结了企业劳动需求的影响因素。

市场需求

到目前为止，我们研究了单个企业的劳动需求。劳动的市场需求是所有企业的总需求。劳动的市场需求（类似于物品和服务的市场需求）是通过把每一个工资率水平上的所有企业的需求量加总而产生的。因为每个企业的劳动需求曲线向右下方倾斜，因而劳动的市场需求曲线也向右下方倾斜。

劳动的需求弹性

劳动的需求弹性衡量劳动的需求量对工资率的反应灵敏度。这个弹性之所以重要是因为它告诉我们当劳动供给变化时，劳动收入会怎样变化。供给增加（其他条件不变）降低了工资率。如果需求缺乏弹性，供给的增加会降低劳动收入。但如果需求富有弹性，供给的增加会降低工资率，并提高劳动收入；而如果劳动需求弹性是单位弹性，供给的变化不会导致劳动收入的变化。

劳动需求在短期中比在长期中缺乏弹性，这是因为在短期中只有劳动数量能够发生变化，而在长期中，劳动数量和其他生产要素都可以发生变化。劳动的需求弹性取决于：

- 生产过程的劳动密集程度
- 产品的需求弹性
- 资本对劳动的替代性

劳动密集程度　劳动密集型生产过程就是使用大量劳动和少量资本的生产过程。住宅建筑业就是一个例子。劳动密集程度越大，劳动的需求越富有弹性。要弄清其中原因，我们先假定工资占总成本的 90%，工资率增加 10%导致总成本增加 9%。企业会对总成本如此巨大的变动很敏感，因此如果工资率增加，企业将较大幅度地减少劳动的需求量。但如果工资率只占总成本的 10%，工资率增加 10%只导致总成本增加 1%。企业对总成本的变化就不会太敏感，因此如果工资率增加，企业只是小幅度地减少劳动的需求量。

产品的需求弹性　产品的需求弹性越大，用于生产该产品的劳动的需求弹性就越大。工资率的增加提高了生产的边际成本，并减少了产品的供给。产品的供给减少提高了该产品的价格，减少了该产品的需求量和用于生产该产品的生产要素的数量。产品的需求弹性越大，其需求量就减少得越多，因此用于生产该产品的生产要素的数量就减少得越多。

资本对劳动的替代性　在生产中资本越容易替代劳动，劳动的长期需求就越富有弹性。例如，在轿车生产车间里很容易用机器人替代装配线上的工人，或在葡萄园里很容易用葡萄采摘机器替代劳动。因此这类劳动的需求就富有弹性。在另一个极端，计算机则难以替代（虽然有可能）报纸记者、银行信贷员和教师。因此这类劳动的需求就缺乏弹性。

我们现在从劳动市场的需求方转向供给方，并考查人们如何决定时间在工作和其他活动之间的分配。

劳动的供给

人们能够把他们的时间分配于两类广义的活动：劳动供给和闲暇（闲暇是一个包罗万象的类别，包括除劳动供给之外的所有活动）。对大多数人来说，闲暇带来的享受远远大于供给劳动。我们来看一看吉尔与大多数人一样的劳动供给决定。如果周末不必在超市的收银台工作的话，她享受了闲暇所以会很高兴。

但吉尔选择了周末工作，其原因就在于她得到的工资率超过她的保留工资。吉尔的保留工资是她愿意供给劳动的最低工资。如果工资率超过了她的保留工资，她选择供给一些劳动。但她供给多少劳动呢？吉尔供给的劳动数量取决于工资率。

替代效应 在其他条件不变时，吉尔得到的工资率越高，至少在一定范围内，她供给的劳动数量就越多。原因就在于，吉尔的工资率是她的闲暇的机会成本。如果她提前一个小时下班去看一场电影，这额外一小时闲暇的成本就是吉尔放弃的工资率。工资率越高，吉尔越不愿意放弃收入去享受额外的闲暇。较高的工资率促使吉尔愿意工作更长时间，这种倾向就是替代效应。

还存在一种收入效应，与替代效应的作用相反。

收入效应 吉尔的工资率越高，她的收入越高。在其他条件不变时，较高的收入诱使吉尔增加对大多数物品的需求。闲暇就是这些物品之一。因为收入增加使得对闲暇的需求增加，从而使得劳动供给量减少。

向后弯曲的劳动供给曲线 当工资率提高时，替代效应使劳动的供给量增加，而收入效应使劳动的供给量减少。在工资率很低时，替代效应超过收入效应，因而当工资率提高时，人们供给更多劳动。但当工资率持续提高时，收入效应最终比替代效应更大，劳动的供给量减少。劳动供给曲线向后弯曲。

图 17.4（a）表示吉尔、杰克和凯利的劳动供给曲线。每条劳动供给曲线都向后弯曲，但这三个人有不同的保留工资率。

市场供给 劳动的市场供给曲线是个别供给曲线的总和。图 17.4（b）表示劳动的市场供给曲线 S_M，由图 17.4（a）中的吉尔、杰克和凯利的供给曲线（分别是 S_A、S_B 和 S_C）导出。在工资率低于每小时 1 美元时，没有人提供劳动。在工资率为每小时 1 美元时，吉尔工作，但杰克和凯利不会工作。当工资率上升到每小时 7 美元时，三个人都工作。市场供给曲线 SM 最后向后弯曲，但它有一个很长的向上倾斜的部分。

劳动供给的变化 当除工资率之外的影响因素变化时，劳动供给也发生变化。导致劳动供给变化，并在若干年后使之增加的关键因素是：

1. 成年人口增加
2. 家务劳动的技术变革和资本积累

当成年人口增加，以及当家庭的技术变革和资本积累减少了做饭、洗衣和打扫卫生所需要的时间时，劳动的供

图 17.4 劳动供给

myeconlab

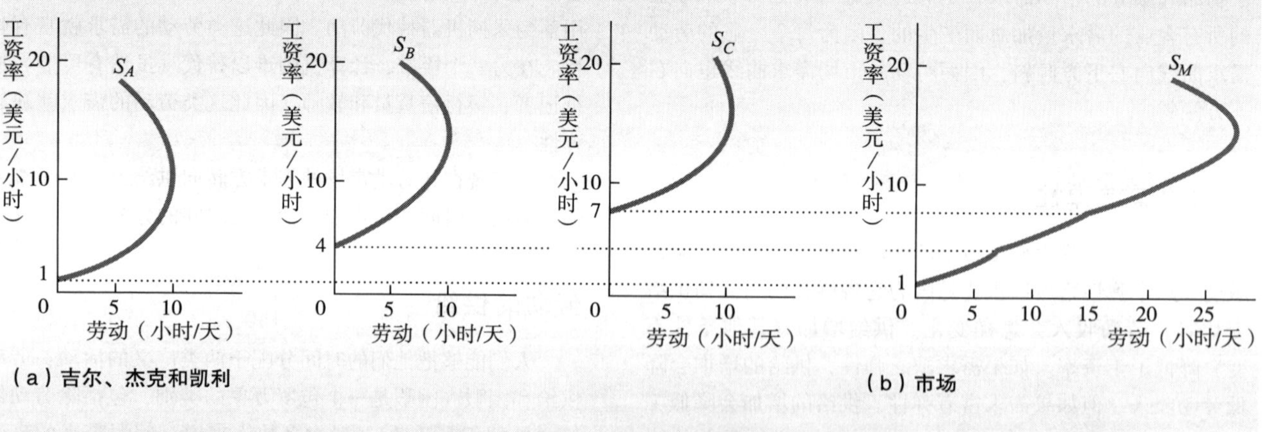

（a）吉尔、杰克和凯利

（b）市场

（a）幅表示吉尔、杰克和凯利的劳动供给曲线（分别是 S_A、S_B 和 S_C）。每个人有一个保留工资，在保留工资水平之下，她或他不会供给劳动。当工资率提高时，劳动供给量增加到一个最大值，然后在工资率进一步提高时开始下降。每个人的供给曲线最后都向后弯曲。（b）幅表示在把每个人在每个价格水平上的劳动供给量加总之后，我们怎样得到劳动的市场需求曲线 S_M。市场需求曲线在向后弯曲之前有很长一段上升部分。

给增加。

现在根据我们所学的关于劳动需求和劳动供给的知识，来研究劳动市场均衡以及工资率和就业的趋势。

劳动市场均衡

工资和就业由劳动市场的均衡来决定，如图 17.1 所示。这些年来，均衡工资率和就业水平都提高了。你现在已经能解释其中的原因。

劳动需求的趋势 由于技术变革和资本积累，劳动需求增加了，劳动需求曲线稳定地向右移动。

技术变革和资本积累消灭了一些工作，又创造了另一些工作。计算机的使用消灭了数以百万计的工作，甚至包括一些经理的工作，使得缩小规模（downsizing）成为一个流行语。

但技术变革和资本积累创造的工作多于它们所消灭的，一般来说，新工作的报酬比旧工作多。为了从技术进步中获益，人们必须获得新技能，并变换他们的工作。例如，在过去 20 年里，打字员的需求几乎降为零。但对既能打字（在计算机上而不是在打字机上）又能完成其他任务的人的需求增加了，而这些人的产出比打字员的产出更有价值。因此对具有打字（以及其他）技能的人的需求增加了。

劳动供给的趋势 由于人口增加以及家庭的技术变革和资本积累，劳动供给增加了。家务劳动机械化，包括食品快速烹制设施（冰箱和微波炉）和洗衣设施（自动洗衣机、烘干机和免烫衣物）减少了花费在家务劳动——曾经是专职工作——上的时间，使得劳动的供给大大增加。结果，劳动的供给曲线稳定地向右移动，不过慢于需求曲线移动的步伐。

均衡的趋势 由于技术进步和资本积累对劳动需求的增加超过了人口的增长，而家务劳动的技术变革增加了劳动供给，工资率和就业都增加了。但不是每一个人都分享了由高工资率带来的繁荣增进。一些人落后了，甚至有些人眼看着他们的工资率不断降低。为什么会这样？

可以确认两个关键原因。第一，技术变革以不同的方式影响不同人群的边际产量。懂电脑的熟练工人从信息革命中获益，而非熟练工人受害。对前者的劳动需求增加了，而对后者的劳动需求减少了。（画一张供求图，你将看到这些变化扩大了两个人群的工资差距。）第二，国际竞争降低了非熟练工人的边际收益产量，因此降低了对他们的劳动的需求。我们将在第 18 章进一步研究技能差距和收入分配的趋势。

复习测验

1. 是什么把企业生产的产量和企业雇佣的劳动数量联系起来？
2. 边际收益产量和边际收益的区别是什么？举一个例子说明这种区别。
3. 当企业的边际收益产量等于工资率时，边际收益也等于边际成本，为什么？举一个与课本不同的数字例子。
4. 什么决定家庭打算提供的劳动数量？
5. 描述和解释工资率和就业的变动趋势。

myeconlab **Study Plan 17.2**

劳动市场力量

在一些劳动市场，由工会组织起来的工人拥有市场力量，能够把工资率提升到比竞争性工资率还高的水平。在另外一些劳动市场，一个大雇主控制了市场的需求，并能运用市场力量使工资率下降到低于竞争性工资率的水平。一个雇主也可能决定支付高于竞争性工资率的工资去吸引最好的工人。我们来看一看这些情形。

工　会

工会（labor union）是一个组织起来的工人集团，其目标是增加工资，以及对其他工作条件施加影响。工会分为两类：同业工会和产业工会。同业工会是技能范围相似，但在许多不同行业工作的工人集团。在美国，这类例子包括木匠工会（UBC）和电子工人工会（IBEW）。产业工会是技能和工种不同，但在同一产业中工作的工人集团。在美国，汽车工人联合会（UAW）和钢铁工人工会（USWA）是产业工会的例子。

在美国，大多数工会是劳联—产联（AFL–CIO）的成员。劳联—产联创建于 1955 年，由美国劳动联合会

（AFL）和产业工会联合会（CIO）合并而成。

各种工会在规模上差别很大。同业工会是规模最小的，而产业工会是规模最大的。在1950年代，工会力量达到了顶峰，35%的劳动力属于各种工会。此后这个百分比一直在下降，现在是12%。

工会与雇主在一个称为*集体议价*的过程中谈判。*罢工*，即在现行条件下拒绝工作的一种集团决策，是工会的主要武器。*停业*，即企业拒绝开工和雇佣工人，是雇主的主要武器。每一方分别用罢工或停业进行威胁，以力图获得一个对己有利的协议。有时候，双方在集体议价过程中不能就工资率和其他雇佣条件达成一致时，他们都会同意把双方分歧交给有约束力的仲裁。*有约束力的仲裁*是第三方——一个仲裁人——根据谈判各方的利益，决定工资和其他雇佣条件的过程。

工会的目标和限制 工会寻求三个主要的目标：

1. 增加报酬
2. 改善工作条件
3. 扩大工作机会

工会实现其目标的能力受到两种约束——一个在劳动市场的供给一方，另一个在需求一方。在供给一方，工会的能力受限于它能在多大程度上控制那些与工会会员处于同一劳动市场的非工会工人提供的劳动。工会控制的劳动力的比例越大，在这方面就越有效。在那些有充足的非工会劳动供给的市场中，工会很难开展活动。例如，因为随时有来自墨西哥的非工会的而且经常是非法的劳动流入，就很难在南加州的农业劳动市场中组织工会。在另一个极端，建筑行业的工会则能较好地实现其目标，因为它们可以影响能获得诸如电工、泥瓦工和木匠等具有技能的人的数量。牙科医生和内科医生的专业协会最能限制牙科医生和内科医生的供给。这些集团通过控制新进入者必须通过的考试或专业学位课程的入学口，来控制合格工作者的人数。

在劳动市场的需求一方，工会面临着一个由企业利润最大化决策引起的权衡。因为劳动需求曲线向下倾斜，工会所做的提高工资率或其他雇佣成本的任何举措都降低了劳动的需求量。

我们来看一看工会怎样在竞争性劳动市场中运作。

工会进入竞争性劳动市场 当工会进入竞争性劳动市场时，它寻求提高工资率和提高对它的会员的劳动需求。也就是说，工会力图采取行动，使其会员的劳动需求曲线向右移动。

图17.5显示了一个劳动市场。需求曲线是D_C，供给曲线是S_C。在工会进入市场之前，工资率是7美元/小时，有100小时劳动被雇佣。

现在假定建立了工会，把这个市场的工人组织起来了。工会可以力图通过两种方式提高这个市场的工资率。它可以努力限制劳动供给，或努力刺激劳动需求。首先，如果工会对劳动的供给有足够的控制力，能够人为地把供给限制在竞争水平之下——达到S_U，我们看一看会出现什么情况。如果这是工会所能做的一切，就业就降低到85小时劳动，工资率上升到每小时8美元。需求曲线界定了工会面临的在就业与工资率之间的权衡，工会只能简单地沿着这条需求曲线找出自己的首选。

你可以看到，如果工会只能限制劳动的供给，它提高了工资率，但减少了可得到的工作数量。根据这个结果，工会努力增加劳动需求，使需求曲线向右移动。我们来看一看工会为实现这个结果可以做些什么。

工会怎样努力改变劳动需求 工会力图通过两种方式改变劳动需求。首先，它力图使会员劳动需求有较小弹性。第二，它力图增加会员劳动需求。使劳动需求有较小弹性并没有消除在就业与工资率之间的权衡，但它确实使这种权衡不那么不利。如果工会使劳动需求有较少弹性，它就能以较低的代价——就业机会减少有限——来提高工资率。如果工会能增加劳动需求，它甚至可以同时增加会员的工资率和就业机会。工会用来改变其会员劳动需求的一些方法是：

- 增加工会会员的边际产量
- 鼓励进口限制
- 支持最低工资法
- 支持移民限制
- 增加所生产物品的需求

通过组织和资助培训计划、鼓励学徒制和其他在职培训活动，以及通过专业证书制度，工会力图增加其会员的边际产量，这反过来又增加了其劳动需求。

工会为限制进口进行游说，并鼓励人们购买由本国工会的会员工人制造的产品。

工会支持最低工资法，以增加雇佣非熟练工人的成本。非熟练工人的工资率的增加导致非熟练工人的需求量降低，从而导致工会熟练工人的需求增加，以替代非熟练工人。

限制移民法减少了外国工人的供给。其结果导致美国的工会会员的劳动需求增加。

因为劳动需求是派生需求，对会员劳动生产的产品的需求增加会导致会员劳动需求增加。制衣工人工会劝说我们购买该工会工人制造的衣服，汽车工人联合会请求我们只买由工会工人生产的美国汽车，这些都是工会企图增加会员劳动需求的例子。

图 17.5 说明了工会会员劳动需求增加的效应。如果工会还能设法使劳动需求增加到 D_U，它就可以在就业减少很少的情况下使工资率有较大的提高。通过把劳动供给限制在 S_U，工会把工资率增加到每小时 9 美元，并达到了一天 90 小时劳动的就业水平。

因为工会在其活动的市场上限制了劳动供给，工会的活动就增加了非工会市场——即工会没有参与其中的劳动市场——的劳动供给，也就是说，那些不能在工会控制的市场找工作的工人必须在非工会市场找工作。非工会市场的劳动供给的增加降低了这些市场的工资率，并进一步扩大了工会工人与非工会工人的工资差距。

图 17.5 工会进入竞争性劳动市场

myeconlab

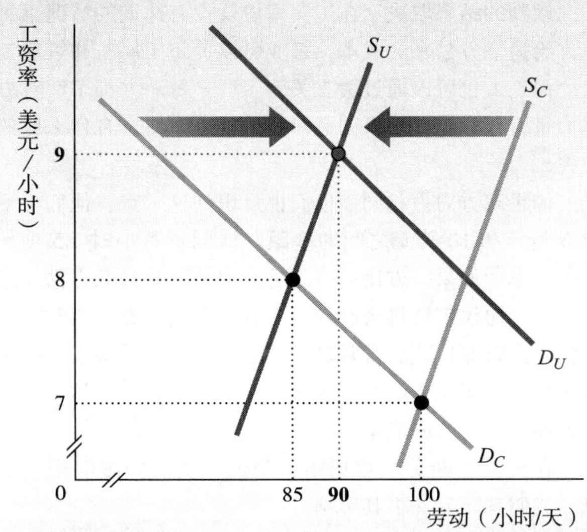

在竞争性劳动市场，需求曲线是 D_C，供给曲线是 S_C。在工资率为每小时 7 美元、雇佣量为每天 100 小时时出现竞争均衡。通过把就业量限制在竞争水平之下，工会把劳动的供给曲线移到 S_U。如果工会只做到这一点，工资率将上升到每小时 8 美元，但就业将下降到每天 85 小时。如果工会提高劳动需求（通过提高由工会会员生产的产品的需求，或提高替代劳动的价格），并移动需求曲线至 D_U，那么，它就能把工资率进一步提高到每小时 9 美元，并实现每天 90 小时的就业。

工会与非工会工资差距的幅度 工会造成了多大的工资率差距？要回答这个问题，我们必须考查从事相似工作的工会工人和非工会工人的工资。有证据表明，在考虑技能差别之后，工会与非工会的工资差距在 10%~25%之间。例如，在同样的技术水平上，加入工会的民航飞行员比没有加入工会的飞行员多挣大约 25%的工资。

现在我们来看一看雇主拥有市场力量的劳动市场。

劳动市场的买方垄断

只有一个买者的市场称为**买方垄断**（monopsony）。在买方垄断的劳动市场上，只有一个雇主，而工资率则是企业能够吸引到它想雇佣的劳动的最低工资率。

随着 20 世纪大规模生产的发展，大型生产企业（例如煤矿、钢铁厂、纺织厂以及汽车生产厂商）成为一些地区的主要雇主。在一些地方，一个企业雇佣了几乎所有的劳动。现在在美国的一些地区，管理卫生医疗的组织是卫生医疗专业人员的主要雇主。在一些社区，沃尔玛超市是售货员的主要雇主。这些企业具有影响市场的力量。

我们来看一看买方垄断者怎样使用它的力量降低工资率，使工资率低于那些为获得劳动必须进行竞争的企业所支付的水平。

与所有企业一样，买方垄断者有一条向下倾斜的边际收益产量曲线，即图 17.6 中的 *MRP*。这条曲线告诉我们，通过销售由额外一小时劳动生产的产量，买方垄断者所得到的额外收益。劳动的供给曲线是 *S*。这条曲线告诉我们在每个工资率水平上有多少小时劳动供给。它也告诉我们给定数量的劳动者愿意工作的最低工资率。

买方垄断者认识到为了雇佣更多的劳动，它必须支付更高的工资；同样，通过雇佣更少的劳动，它可以支付更少的工资。因为买方垄断者控制了工资率，劳动的边际成本就超过了工资率。劳动的边际成本由曲线 *MCL* 表示。劳动的边际成本曲线与供给曲线的关系类似于在第 10 章中学过的边际成本曲线与平均成本曲线的关系。供给曲线如同劳动的平均成本曲线。在图 17.6 中，企业可以雇佣 49 小时的劳动，使工资率略低于每小时 4.90 美元，企业的总劳动成本是 240 美元。但假设企业雇佣 50 个小时的劳动。它可以雇佣第 50 小时的劳动，使工资率达到每小时 5 美元。劳动的总成本现在是每小时 250 美元。因此，雇佣第 50 小时的劳动使劳动成本从 240 美元增加到 250

图 17.6 买方垄断劳动市场

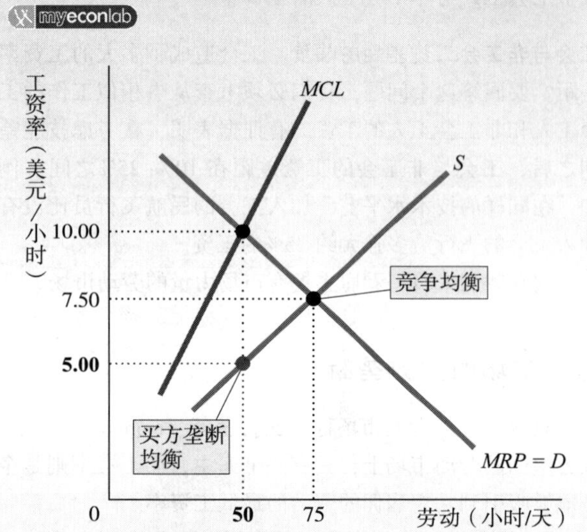

买方垄断是只有一个买者的市场结构。劳动市场的买方垄断者有一条边际收益产量曲线 *MRP*，并面临劳动供给曲线 *S*。劳动的边际成本曲线是 *MCL*。在劳动的边际成本等于边际收益产量时达到利润最大化。买方垄断者每天雇佣 50 小时的劳动，并支付使这个数量的劳动工作的最低工资率，即每小时 5 美元。

美元，即增加了 10 美元。劳动的边际成本是每小时 10 美元。曲线 *MCL* 表示了雇佣第 50 小时劳动的 10 美元边际成本。

为了计算要雇佣的使利润最大化的劳动数量，企业使劳动的边际成本等于劳动的边际收益产量。这就是说，企业想使雇佣最后一个工人的成本等于它带来的额外总收益。在图 17.6 中，当买方垄断者雇佣 50 小时劳动时，这个结果就出现了。买方垄断者支付的工资率是多少？为雇佣 50 小时劳动，企业必须支付每小时 5 美元的工资率，正如劳动的供给曲线所示。所以每个工人都获得每小时 5 美元的工资率。劳动的边际收益产量是每小时 10 美元，意味着企业从雇佣的最后一小时的劳动中获得了 5 美元的经济利润。

现在把这个结果与竞争性劳动市场的结果进行比较。如果图 17.6 的劳动市场是竞争性的，将在需求曲线与供给曲线的相交点处达到均衡。工资率是每小时 7.50 美元，每天有 75 小时劳动被雇佣。因此与竞争性劳动市场相比，买方垄断既降低了工资率，又减少了就业。

买方垄断者降低工资率、减少就业以及赚得经济利润的能力取决于劳动供给的弹性。如果劳动供给非常有弹性，买方垄断者降低工资率和就业以增加利润的力量就很小。

工会与买方垄断 在第 12 章中，我们发现在垄断中卖方决定市场价格。我们现在看到，在买方垄断即只有一个买者的市场中，买方决定价格。假设工会在买方垄断劳动市场活动，工会也像一个垄断者。如果工会（垄断卖者）面对买方垄断的买者，这种情形就称为**双边垄断**（bilateral monopoly）。在双边垄断中，工资率通过谈判来决定。

在图 17.6 中，如果买方垄断者自由决定工资率和就业水平，它会雇佣 50 小时劳动，工资率为每小时 5 美元。假设工会代表工人，工会同意就业保持在 50 劳动小时，但要寻求更高的工资率，并迫使雇主支付。这个工资率为每小时 10 美元——工资率等于劳动的边际收益产量。工会可能得不到高达每小时 10 美元的工资率，但它也不会接受每小时 5 美元的工资率。买方垄断的企业与工会就工资率问题进行谈判，其结果是在每小时 5 美元和每小时 10 美元之间的某个值。

谈判的结果取决于在工资率协议没有达成的情况下每一方给另一方带来的成本。企业可以关闭工厂，并解雇工人，而工人也可以通过罢工关闭工厂。每一方都了解对方的力量，并知道如果不同意对方的要求，将会有什么样的损失。

如果双方力量相同而他们也意识到这一点，他们将平摊 5 美元和 10 美元之间的差距，即同意每小时 7.5 美元的工资率。如果一方比另一方更有力量，并且双方都知道这一点，协议工资将会有利于更有力量的一方。通常用不着罢工或解雇，威胁常常足以使谈判双方达成协议。如果确实出现了罢工或解雇，这通常是因为一方错误估计了每一方加于另一方的成本。

在买方垄断劳动市场中，最低工资法的影响很有意思。我们来研究一下其影响。

买方垄断和最低工资 在竞争性的劳动市场上，超过均衡工资的最低工资减少了就业（参见第 6 章）。在买方垄断的劳动市场上，最低工资既可以提高工资率，又可以增加就业。我们来看一看是怎么发生的。

图 17.7 表示了一个买方垄断的劳动市场，其中，工资率是每小时 5 美元，50 小时的劳动被雇佣。通过了要求雇主至少支付每小时 7.50 美元的工资率的最低工资法。买方垄断者现在面临着一个有完全弹性的劳动供给，即在

图 17.7　买方垄断的最低工资法

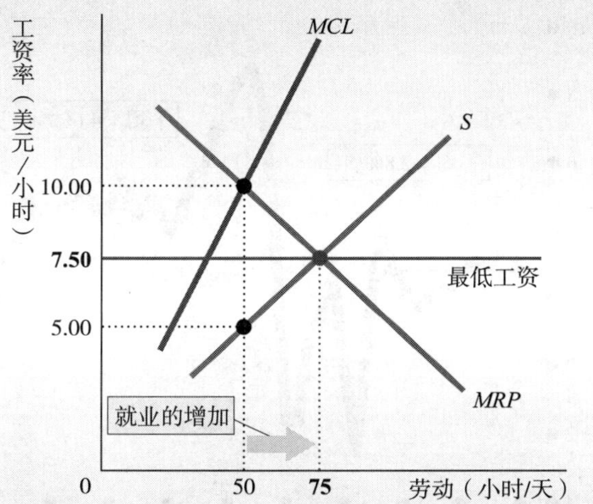

在买方垄断劳动市场，工资率是每小时 5 美元，每天有 50 小时劳动被雇佣。如果最低工资法把工资率增加到每小时 7.50 美元，就业将上升到每天 75 小时。

劳动供给达到 75 小时之前，工资率为每小时 7.50 美元。在75 小时劳动供给之外，为了雇佣更多的劳动时间，必须支付超过每小时 7.50 美元的工资率。因为在 75 小时劳动供给之内，工资率固定为每小时 7.50 美元，劳动的边际成本在劳动供给达到 75 小时之前，也是 7.50 美元不变。在 75 小时之外，劳动的边际成本超过 7.50 美元。为了使利润最大化，买方垄断者使劳动的边际成本等于劳动的边际收益产量。这就是说，买方垄断者以每小时 7.50 美元的价格雇佣 75 小时劳动。

最低工资法使劳动供给有完全弹性，并使劳动的边际成本在 75 小时劳动供给之内与工资率相同。这个法律并没有影响在 75 小时劳动就业水平之外的劳动的供给或劳动的边际成本。最低工资法成功地把工资率提高了每小时 2.50 美元，并把被雇佣的劳动数量提高了 25 小时。

效率工资

效率工资（efficiency wage）是企业为了吸引更具有生产力的工人，支付的超过竞争性均衡工资率的工资率。

在完全竞争的劳动市场中，企业和工人消息都灵通。工人完全知道他们被雇来做什么，而企业也能够观察到每个工人的边际产量。在这种所有相关要素具有完全信息的状态中，企业决不会支付超过现行的竞争性均衡工资率的水平。

在一些劳动市场，雇主不能观察到单个工人的边际产量。要监督每个工人的所有行动，其代价是昂贵的。如果麦当劳雇佣足够多的管理者来密切监督所有服务员的活动，它的成本将会非常高，而且谁来监督那些管理者？因为监督每个工人的所有行为的代价是昂贵的，工人就有一些权力。他们可能努力工作或偷懒。

如果每个企业对工人支付现行的竞争性均衡工资率，一些工人将选择努力工作，而另一些工人将选择偷懒。解雇懒汉作为一种威胁其作用不大，因为懒汉知道在现行工资下能够找到另一个工作，而企业也不知道它雇来顶替懒汉的人到底是一个努力工作的人，还是另一个懒汉。

如果企业支付的工资率高于竞争性水平，即效率工资，偷懒必被解雇的威胁就有了一些力量。一个被解雇的工人有望找到另一个工作，但只能接受较低的市场均衡工资率。因此工人现在有了不偷懒的激励。而且，努力工作的人更有可能愿在这个企业工作，因而如果一个偷懒的工人被解雇，企业更有可能吸引到一个努力工作者来顶替。

可见，支付效率工资的企业吸引了更多的有生产力的工人，但却以支付更高的工资为代价。因此，企业必须决定到底支付比竞争性工资高多少的工资。通过使生产力的边际改进等于较高工资率的边际成本，企业作出工资率决策。如果大多数企业支付效率工资，劳动供给量将会超过劳动需求量，将会出现失业，而这又加强了对工人的激励，并进一步抑制了偷懒。

复习测验

1. 工会使用什么样的方法，把会员的工资率提到非会员的工资率的水平之上？
2. 买方垄断是什么？为什么买方垄断能够比处于竞争性劳动市场中的企业支付更低的工资率？
3. 当工会面对买方垄断时，工资率是怎样决定的？
4. 在买方垄断的劳动市场中，最低工资法对就业水平产生什么影响？
5. 什么是效率工资？它是怎样起作用的？

Study Plan 17.3

资 本 市 场

资本市场是企业借以得到购买物质资本资源的金融资源的渠道。物质资本是工具、仪器、机械、建筑物以及企业用来生产物品和服务的其他设施的存量。物质资本也包括企业拥有的原材料、半成品和成品等存货。这些资本资源被称为物质资本，是为了强调它们是真正的实物。它们是由一些企业生产，并由另一些企业购买的物品。物质资本是一个存量——在一个给定的时间存在的实物数量。存量每年都在变化。它随着旧资本逐渐消磨而耗尽，并随着企业购买新的资本项目而补充和增加。

交易物质资本项目的市场并不是资本市场。它们是物品市场，类似于你在第 11、12 章中研究过的那些市场。例如，塔吊和重型推土机的数量和价格是由这些项目的交易市场决定的。

在一个给定的时期内，企业购买许多不同项目的资本。这些资本物品的美元价值称为企业的投资。但只有实物本身——而不是它们代表的美元价值——是资本。

用于购买物质资本的金融资源称为金融资本。这些资源来自储蓄。利率是“资本的价格”，它会进行调整，使金融资本的供给量等于需求量。

对我们大多数人来说，资本市场是我们进行最大票据交易的场所。我们在资本市场中借贷以购买住宅，而我们在资本市场中借出，以建立退休后赖以生存的基金。

随着时间的推移，资本市场的收益率会像工资率那样增加吗？图 17.8 通过展示 1960 年~2005 年的记录，回答了这个问题。衡量的利率是实际利率，这意味着我们扣除了因通货膨胀而带来的货币价值的损失。按这种利率，资本的收益率一直在波动。它在 20 世纪 60 年代平均为每年 2.8%，在 20 世纪 70 年代变为负值，在 20 世纪 80 年代爬升到每年 9%，在 20 世纪 90 年代以及 2000 年初稳定在平均每年 4.6%，并在 2005 年下降为 2%。

你在研究劳动市场的供给与需求的过程中已经学过的各种观点也适用于资本市场。但资本有一个特征：人们必须把现期的资本支出与它将赚得的未来收入相比较。

我们来看一看资本的需求。

图 17.8 资本的收益率：1960 年~2005 年

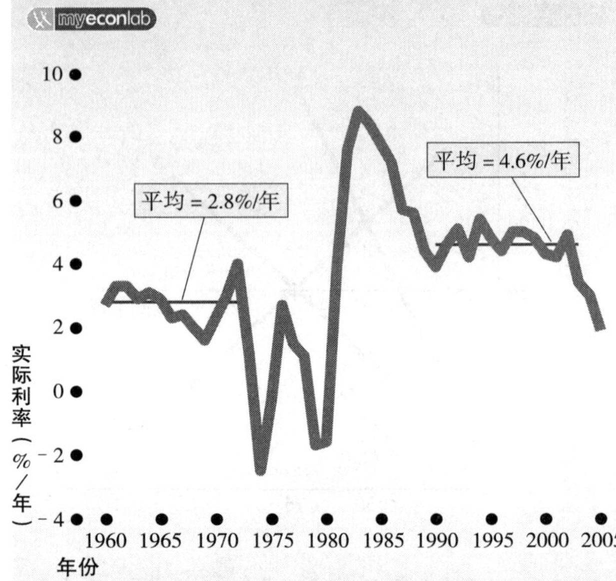

实际利率（调整了通货膨胀因素的利率）在 1974 年、1975 年的负值和 1984 年高达 9%的利率之间波动。在 20 世纪 60 年代，实际利率稳定于 2.8%，在 20 世纪 90 年代和 2000 年初是 4.6%。在 2005 年下降为 2%。

资料来源：*Economic Report of the President*, 2006.

资本的需求

企业对金融资本的需求产生于它对物质资本的需求，而在给定时期内，企业打算借贷的数量由计划投资——计划中的新资本购买——决定。这种决策由企业的利润最大化所推动。决定投资和借贷计划的因素是：

- 资本的边际收益产量
- 利率

我们看一看这些因素怎样影响蒂娜的投资和借贷决策的。

资本的边际收益产量 资本的边际收益产量是多使用 1 单位资本所带来的总收益的变化。例如，蒂娜是一个经营 Taxfile 公司的会计师，买了一台新计算机及软件。它在接下来的两年中每年为 Taxfile 公司增加 1 150 美元收入。那么，这台计算机的边际收益产量就是每年 1 150 美元。

随着资本数量的增加，资本的边际收益产量减少。在这方面资本与劳动相似。如果蒂娜购买第二台计算机，Taxfile 公司的总收益的增加额将低于第一台计算机所带来的 1 150 美元。

利　率　利率是借来进行金融投资的资金的机会成本。利率也是企业使用自有资金的机会成本，这是因为它可以把这些资金借给别的企业，并获得现行的贷款利率。利率越高，在资本市场中计划投资和借贷的数量就越小。

企业需求的资本数量是使资本的边际收益产量等于资本支出的数量。但资本支出是一个现期支出，而边际收益产量是一个未来收益。利率越高，未来收益的现值就越小，计划投资的数量也就越小。（附录提供了比较现值和未来值的技术细节。）

资本的需求曲线

企业的资本需求曲线表示在其他条件不变时，企业对金融资本的需求量与利率的关系。图 17.9（a）表示蒂娜的资本需求曲线。在每年 12%的利率水平，蒂娜不需要资本；但在每年 8%的利率水平，她花费 2 000 美元买了一台新计算机；在每年 4%的利率水平，她花费 4 000 美元买了两台新计算机。

图 17.9（b）表示资本的市场需求曲线 *KD*，是所有企业的需求曲线的水平加总。在图中，在利率为每年 6%时，整个资本市场的资本需求量是 1.5 万亿美元。

你已经看到资本需求是怎样决定的。现在来看一看资本市场的供给一方。

资本的供给

资本的供给量来自于人们的储蓄决定。决定储蓄的主要因素是：

- 收入
- 预期的未来收入
- 利率

我们来看一看这些因素怎样影响亚伦的储蓄决策。

收　入　储蓄是把当前收入转为未来消费的行为。当亚伦的收入增加时，他计划在当前和未来都消费更多。要增加未来消费，亚伦必须现在储蓄。因此，在其他条件不变时，亚伦的收入越高，储蓄得越多。

预期的未来收入　如果亚伦当前的收入很高，而预期的未来收入很低，他的储蓄水平将会很高。如果亚伦当前的收

图 17.9　企业与市场的资本需求

myeconlab

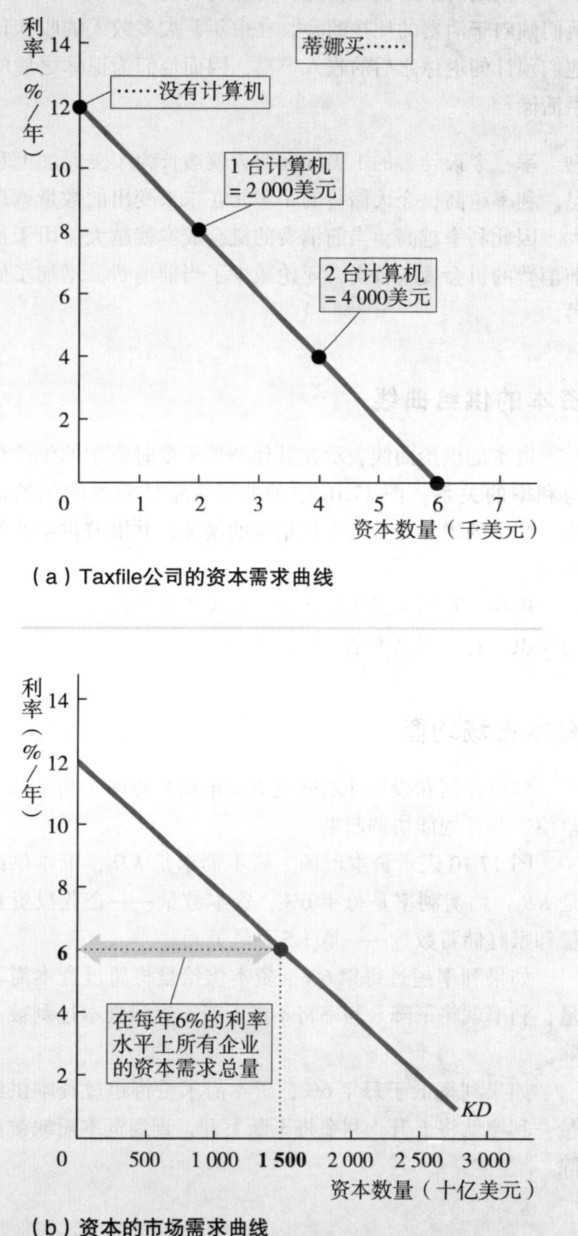

（a）Taxfile公司的资本需求曲线

（b）资本的市场需求曲线

对每个企业来说，利率越低，资本需求量越大。市场需求曲线是企业需求曲线的总和（水平方向）。

入很低，而预期的未来收入很高，他的储蓄水平将会很低(甚至可能为负值)。

与预期的未来收入相比，学生的当前收入很低，因而他们倾向于消费的比挣的多。在中年，大多数人的收入比他们预计的退休之后的收入要高，因而他们为退休之后的生活储蓄。

利　率 今天储蓄的 1 美元在明天就增长为 1 美元加上利息。利率越高，今天储蓄的 1 美元在未来变出的数量就越大。因此利率越高，当前消费的机会成本就越大。由于当前消费的机会成本较高，亚伦减少了当前消费，增加了储蓄。

资本的供给曲线

资本的供给曲线表示在其他条件不变时资本的供给量与利率的关系。图 17.10 中的曲线 KS_0 是资本的供给曲线。利率的增加导致资本供给量的增加，并沿着供给曲线移动。

现在，我们来运用已经学过的关于资本的供给与需求的知识，看一看利率是怎样决定的。

资本市场均衡

储蓄计划和投资计划通过资本市场来协调，利率的调整使这些计划能协调起来。

图 17.10 表示资本市场。资本需求是 KD_0，资本供给是 KS_0。均衡利率是每年 6%，资本数量——企业投资数量和家庭储蓄数量——是 1.5 万亿美元。

如果利率超过每年 6%，资本供给量将超过资本需求量，利率就将下降。利率将不断下降，直到资本过剩被消除。

如果利率低于每年 6%，资本需求量将超过资本供给量，利率就将上升。利率将不断上升，直到资本短缺被消除。

需求和供给的变化

随着时间的推移，资本需求和资本供给都增加。需求曲线向右移动到 KD_1，供给曲线移动到 KS_1。两条曲线都移动，是因为相同的或相关的因素的影响。人口增加使需求和供给都增加。技术进步增加了需求，带来了更高的收入，这反过来又增加了供给。因为随着时间的推移需求和供给都增加，资本量就增加，但利率保持不变。

在现实中，实际利率要波动，如图 17.8 所示。原因在于资本需求变化和资本供给变化的步伐不一致。有时候，迅速的技术变化在带来使资本供给增加的更高收入之前，引起了资本需求的增加。当这一系列事件发生时，实际利率提高了。20 世纪 80 年代的上半期就是这样一段时间，如图 17.8 所示。

在另一些时候，资本的需求增加较慢，甚至暂时减少。在这种情况下，供给比需求增长得快，实际利率下降。如图 17.8 所示，20 世纪 70 年代中期和 1984 年~1991 年期间就是两个这样的时期。

图 17.10　资本市场均衡

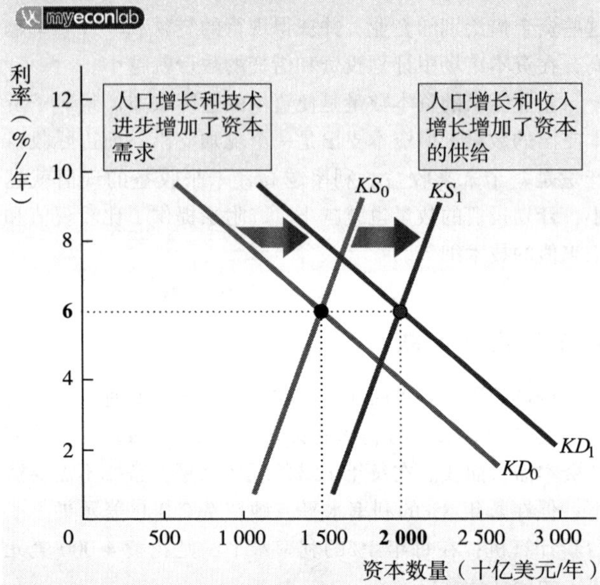

最初，资本的需求是 KD_0，资本的供给是 KS_0。均衡利率是每年 6%，资本数量是 1.5 万亿美元。随着时间的推移，资本的需求和供给都分别增加到 KD_1 和 KS_1。资本的数量增加，但利率不变。资本的需求和供给受到共同的和相关的因素影响。

复习测验

1. 物质资本和金融资本的区别是什么？什么是资本市场？
2. 什么是资本的边际产量？
3. 资本的边际产量和资本支出的比较结果有什么特别之处？
4. 影响企业资本需求的主要因素是什么？
5. 资本需求量为什么取决于利率？
6. 我们怎样解释美国的利率变化？

myeconlab **Study Plan 17.4**

我们刚刚学过的关于资本市场的课程可以用于解释非再生自然资源的价格。现在来看一看。

自然资源市场

自然资源或经济学称为土地的东西，可以分为两类：

- 可再生的自然资源
- 不可再生的自然资源

可再生自然资源（renewable natural resources）是那些由大自然重复补偿的资源。这类例子包括土地（在它的日常意义上）、河流、湖泊、雨水、风和阳光等。

不可再生自然资源（nonrenewable natural resources）是那些大自然不能补偿的资源。一旦使用完了，它们就不再有了。这类例子包括煤、天然气和石油——所谓碳水化合物燃料。

对自然资源作为生产投入的需求是以与劳动需求（以及资本需求）相同的边际收益产量原则为基础。但自然资源的供给有其特别之处。我们首先来看一看可再生自然资源的供给。

可再生自然资源的供给

土地和其他可再生自然资源的数量是固定的。供给量不会被个人决定改变。人们可以改变他们自己拥有的土地数量。但当一个人购买一些土地时，就有另一个人在卖掉它。任何类型的和在任何特殊位置的土地的总供给数量是固定的，而与个人决定无关。这个事实意味着每一块特殊土地的供给是完全没有弹性的。图 17.11 说明了这个供给。不管租金如何，芝加哥“黄金地段”的土地供给量是一个固定的按平方英尺计算的数目。

图 17.11 土地供给

myeconlab

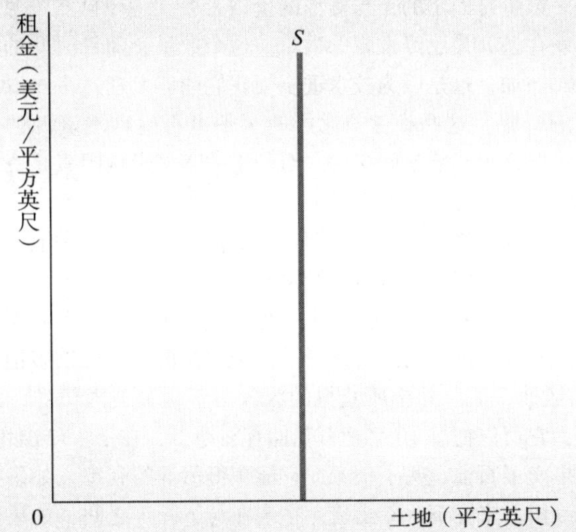

一块给定土地的供给完全没有弹性。不管租金如何，没有更多的土地的供给。

因为不管租金如何，土地的供给是固定的，租金就取决于需求。对一块特定土地的需求越大，其租金就越高。

昂贵的土地能够而且确实比便宜的土地得到更集约的使用。例如，高层建筑使土地能被更集约地使用。然而，为了更集约地使用土地，就不得不与生产的另一个要素——资本——相结合。增加每块土地上的资本量并没有改变土地供给本身。

虽然每类土地的供给是固定的，供给完全没有弹性，每个参与竞争性土地市场的单个企业仍面临着富有弹性的土地供给。例如，纽约市第五大道有固定数量的土地，但双天书店仍能从萨克斯百货公司那里租到一块地方。每个企业都能按现行的由市场决定的租金租到所需求的土地数量。因此，倘若土地市场是竞争性的，企业在这些市场中是价格接受者，如同它们在其他生产要素市场上一样。

不可再生自然资源的供给

一种自然资源的存量是在一个给定的时间存在的数量。数量是固定的，与资源的价格无关。一种自然资源的已知存量就是已经发现的数量。这个数量会随着时间的过去而增加，这是因为技术进步使我们能够发现过去难以发现的资源。这些存量概念影响了不可再生自然资源的价格，但这种影响是间接的。对价格的直接影响因素是资源供给于生产使用的速度——称为流量供给。

在其价格等于下个时期预期价格的现值的水平上，一种不可再生资源的流量供给是有完全弹性的。

要明白其中的原因，想一想沙特阿拉伯这个拥有大量石油储存的国家的经济选择。沙特阿拉伯现在可以多销售10亿桶石油，并把所获得的收入用于购买美国债券。或者，它可以把这10亿桶石油储存在地下，在下一年出售。如果卖了石油，买了债券，它能赚得债券的利率。如果把石油留下来在下一年出售，在现在与下一年之间，如果价格上升它就赚了，如果价格下降它就亏了。

如果沙特阿拉伯预料下一年石油价格要上涨，上涨百分比与现期利率相等，那么它预计的下一年价格就等于 $(1 + r)$ 乘以当年价格。例如，如果这一年的价格是每桶60美元，利率是每年5% $(r = 0.5)$，那么下一年的预期价格就是 1.05×60 美元，等于每桶63美元。

在预计下一年价格将上涨至63美元的情况下，现在以60美元出售，或现在不出售，而是等到下一年以63美元出售，这两种选择对于沙特阿拉伯没有区别。它预计到选择任一种方式都能获得相同收益。因此，在每桶60美元的价格水平上，沙特阿拉伯将销售市场所需要的数量。

但如果沙特阿拉伯预计下一年石油价格上涨的百分比超过现期利率，那么它预期把石油留着比出售石油并购买债券能获得更大的收益。因此它把石油保留下来而不出售。而如果沙特阿拉伯预计下一年石油价格上涨的百分比低于现期利率，债券的收益就高于石油，因而它就要在这一年销售尽可能多的石油。

沙特阿拉伯愿意出售其石油的最低价格是预期的未来价格的现值。在这个价格上，买者需求多少石油它就出售多少。因此它的供给是完全有弹性的。

价格与霍特林原理

图17.12表示不可再生自然资源市场的均衡。因为在下期预期价格的现值水平上，流量供给是完全有弹性的，自然资源的实际价格就等于下期预期价格的现值。此外，因为现期价格等于预期未来价格的现值，那么，资源的价格就会以与利率相等的速率上升。

资源价格预计以与利率相等的速率上升的观点称为霍特林原理（Hotelling Principle）。这个原理由哥伦比亚大学的数学家和经济学家哈罗德·霍特林首先认识到。但正如图17.13所示，实际价格并没有遵循霍特林原理所预期的路径。不可再生自然资源的价格为什么有时候会下降，而不是遵循预期路径，并随着时间的推移而上升呢？

关键原因就在于未来是不可预期的。预期的技术变化反映在自然资源的价格上。但一个未曾料到的发现不可再生资源的新技术或更有效利用的新技术会导致其价格的下降。这些年来随着技术的进步，我们在利用不可再生自然资源方面变得更有效率。而且，我们并不仅仅是变得更有效率。我们变得比我们曾经预期的还更有效率。

图17.12　不可再生自然资源市场

myeconlab

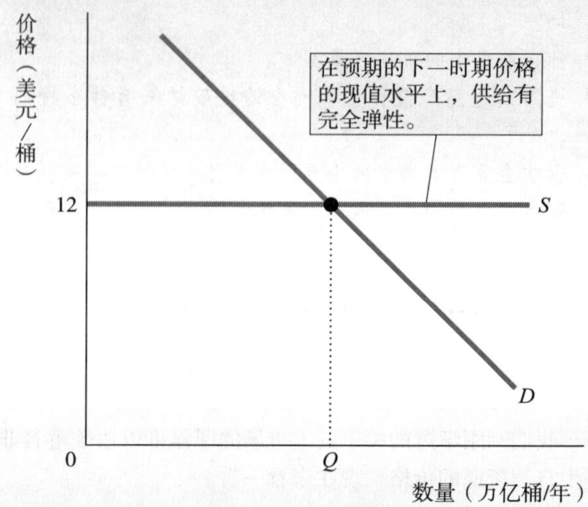

在预期的下一时期价格的现值水平上，不可再生自然资源的流量供给有完全弹性。不可再生自然资源的需求由它的边际收益产量决定。价格由供给决定，并等于预期的下一时期价格的现值。

图 17.13 资源价格的下降

myeconlab

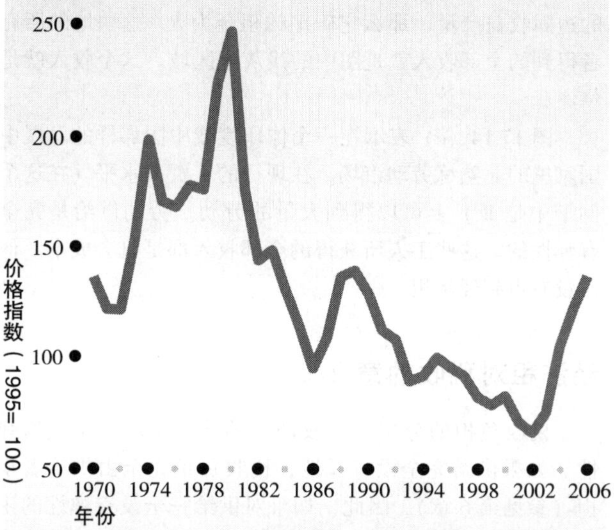

金属的价格（这里是衡量铝、铜、铁、矿石、铅、锰、镍、银、锡和锌的平均价格的价格指数）随着时间的推移而趋向于降低，没有像霍特林原理预料的那样上升。原因就在于不可预料的技术进步降低了精练资源的成本，以及大大增加了已知的可利用的储藏。

资料来源：*International Financial Statistics*（various issues），Washington，DC：International Monetary Fund.

复习测验

1. 可再生自然资源（例如土地）的供给为什么是完全没有弹性的？
2. 在什么样的价格水平上，不可再生自然资源的流量供给完全有弹性？为什么？
3. 为什么预计不可再生自然资源的价格以与利率相等的速率上升？
4. 为什么不可再生自然资源的价格没有遵循霍特林原理所预测的路径？

myeconlab **Study Plan 17.5**

人们提供生产要素以赚得收入。一些人赚得巨额收入。巨额收入对促使人们工作和提供其他要素来说是必要的吗？我们来回答这个问题。

经济租、机会成本和税收

你已经看到要素市场的需求与供给怎样决定要素的价格和数量。你也看到生产要素的需求取决于边际收益产量，生产要素的供给取决于可获得的资源和人们对资源使用的选择。

如果人们提供的生产要素有很大的边际收益产量或其供给很小，他们就得到一个很高的要素价格。如果人们提供的生产要素有很小的边际收益产量或其供给很大，他们就得到一个很低的要素价格。

生产要素的供给弹性决定了其收入对使用该要素的机会成本的表达程度。它也决定了在要素市场中，税收负担怎样在供给者和要素使用者之间分担。我们现在从经济租和机会成本的区别开始来探索这些问题。

经济租和机会成本

生产要素的总收入由经济租和机会成本组成。**经济租**（economic rent）是生产要素所有者获得的超过促使其提供该要素使用所要求的额度的那部分收入。任何生产要素都可以获得经济租。促使一种生产要素的供给所需要的收入就是使用该要素的机会成本——要素在次优用途的价值。

图 17.14（a）说明了要素收入包含经济租和机会成本成分的方式。这个图表示一种生产要素市场。它可以是任何生产要素——劳动、资本或土地——不过我们假定它是劳动。需求曲线为 D，供给曲线为 S。工资率为 W，雇佣数量为 C。获得的收入是灰色和浅灰色区域的总和。在供给曲线以下的灰色区域衡量机会成本，而在供给曲线以上，但在要素价格以下的浅灰色区域衡量经济租。

为了说明为什么供给曲线以下的区域衡量机会成本，回顾一下解释供给曲线的两种不同的方式。它表示在一个给定价格水平的供给量，以及表示愿意供给一个给定数量的最低价格水平。如果供给者只获得了为促使他们提供每一单位该要素所需要的最低额度，每一单位要素都将获得不同的价格。价格将沿着供给曲线运动，而获得的收入将全部是机会成本——图 17.14（a）中的灰色区域。

经济租的概念与生产者剩余的概念相似（参见第 5 章）。经济租是一个人为提供一种要素的使用所接受的价格减去他愿意提供给定数量这种要素的最低价格。

经济租与农民为使用一些土地而支付的“租金”或你为你的公寓支付的“租金”不同。日常工作中的“租金”是为土地和建筑的服务支付的价格。经济租是任何一种生产要素得到的收入的一个组成部分。

由经济租构成的要素收入的这个部分取决于要素的供给弹性。当一种要素的供给完全没有弹性时，它的全部收入都是经济租。Garth Brooks 和 Pearl Jam 摇滚乐队所获得的大部分收入是经济租，而 Katie Couric 的收入中的很大一部分也是经济租。当一种生产要素的供给完全有弹性时，它的收入中没有经济租。卢纳从清洗窗户的工作中得到的收入大部分是机会成本。一般地说，当供给像图 17.14（a）表明的情形那样，既不是完全有弹性，也不是完全没有弹性时，要素收入的一部分是经济租，而另一部分是机会成本。

图 17.14（b）表示纽约市的一块土地的市场。土地数量固定为 *L* 英亩。因此，这块地的供给曲线是垂直的——完全没有弹性。无论这块地的租金是多少，都没有办法增加供给量。假定图 17.14（b）中的需求曲线表示这块土地的边际收益产量，那么它确定的租金为 *R*。这块地的所有者得到的全部收入就是图中的浅灰色区域。这个收入就是经济租。

图 17.14（c）表示在一个像印度或中国那样的发展中国家里的非熟练劳动市场。在现行的工资率水平（在这个例子中是 *W*）上可以得到大量的劳动。劳动供给是完全有弹性的。这些工人所获得的全部收入都是机会成本。他们没有得到经济租。

经济租对税收的意义

税收负担的分担和税收产生的无效率取决于供给弹性。如果供给完全没有弹性，税收负担完全由供给者承担（参见第 6 章）。因此，如果对供给完全没有弹性的生产要素的收入征税，供给者将承担所有税收。同样，如果供给完全没有弹性，税收对供给量和效率不会产生影响。税收的惟一影响就是把购买力从要素所有者那里转移给政府。

图 17.14 经济租与机会成本

myeconlab

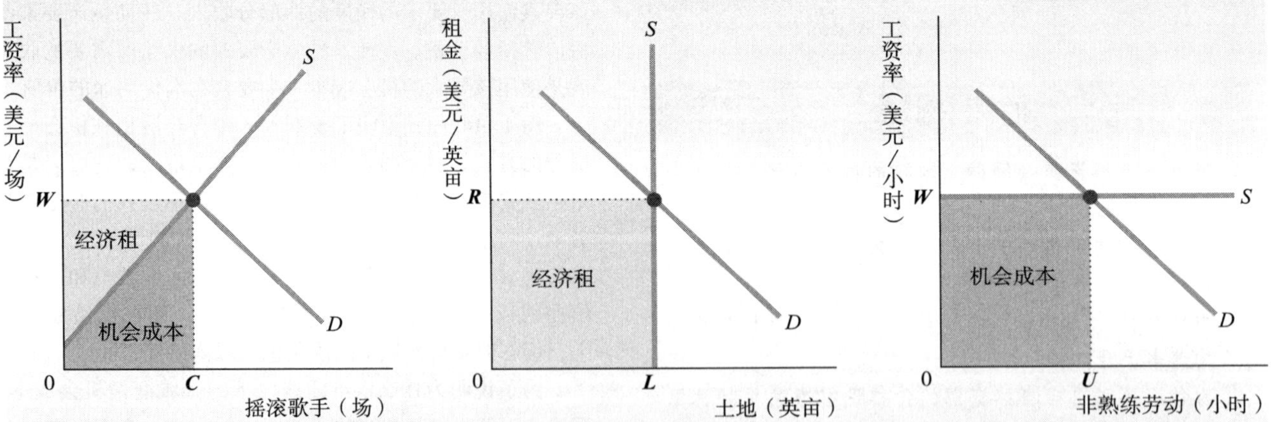

（a）一般情形 **（b）全部是经济租** **（c）全部是机会成本**

当要素的供给曲线向上倾斜时（一般情形），如（a）幅所示，要素收入的一部分是经济租（浅灰色区域），一部分是机会成本（灰色区域）。当要素的供给完全缺乏弹性时（供给曲线垂直），如（b）幅所示，其全部要素收入都是经济租。当要素的供给具有完全弹性时，如（c）幅所示，全部要素收入都是机会成本。

但要注意这种情形：当所有要素收入是经济租的时候，税收对效率不产生影响。对经济租征税是有效率的。

如果一种生产要素的供给不是完全没有弹性，对要素收入的征税就至少要由买者承担一部分。此外，因为买者面临更高的要素价格，需求量会降低，无效率就产生了。

但需注意的是，税收带来无效率的情形出现在一些要素收入是机会成本的时候。在买者支付所有税收的极端情形中，所有要素收入都是机会成本，并没有经济租。

复习测验

1. 经济租与机会成本的区别是什么？
2. 迈阿密热队支付给奥尼尔的收入是经济租还是对他的机会成本的补偿？
3. 对经济租征税比对机会成本征税更有效率吗？

myeconlab **Study Plan 17.6**

◆本章阅读材料分析了大学的橄榄球教练市场，并把它与教授市场相比较。

下一章我们将分析市场经济怎样分配收入，以及解释收入分配的趋势。另外，我们还要分析政府为再分配收入和改变市场结果而做的努力。

内容提要

要　点

要素价格和收入

- 生产要素的需求与供给决定均衡的要素价格和要素收入。
- 要素收入的变化与要素需求的变化方向相同。要素供给的变化对要素收入的影响取决于需求弹性。

劳动市场

- 劳动的边际收益产量决定劳动的需求。
- 当工资率增加时，劳动的供给量增加，但在很高的工资率水平上，供给曲线最终会向后弯曲。
- 工资率增加是因为需求的增加超过供给的增加。

劳动市场力量

- 工会通过限制劳动的供给和增加劳动的需求，可以提高工资率。
- 买方垄断可以把工资率降到竞争性工资率水平之下。
- 买方垄断中的最低工资可以增加就业，并提高工资率。

资本市场

- 资本市场决定着用来购买物质资本的金融资源的利率。
- 为了作出投资决定，企业把资本的边际收益产量的现值与资本支出相比较。
- 利率越高，储蓄量和资本供给量越大。
- 资本市场的均衡决定实际利率。

自然资源市场

- 自然资源的需求取决于边际收益产量。
- 土地的供给缺乏弹性。
- 在价格等于预期未来价格的现值水平时，不可再生自然资源的流量供给是富有弹性的。
- 预期不可再生自然资源的价格以与利率相等的速率上升，但有波动，而且有时会下降。

经济租、机会成本和税收

- 经济租是生产要素所有者获得的超过机会成本的收入。
- 当要素的供给完全没有弹性时，它的全部收入都是经济租，而当要素的供给完全有弹性时，它的全部收入都是机会成本。
- 对经济租征税是有效率的税收。

关键图表

阅读材料：事例与分析

政策观察

运行中的劳动市场

http://www.nytimes.com

大学校园的尴尬共存

2005 年 11 月 9 日

有高等教育背景的聪明人如何丧失心智地狂热追棒橄榄球，这的确值得一次“带回家的考试”（take-home exam）去研究。

难道他们被 hook 'em Horns 手势（译者注：美国得克萨斯大学橄榄球啦啦队为本队加油的著名手势，食指和小指伸直，其他三指并在一起）的令人麻木的单调节奏催眠了，或者被查理·威思手指上的 Super Bowl（译者注：美国职业橄榄球联赛的冠军赛）戒指迷惑住了？难道他们被那些只购买有球队标志颜色的袜子和游艇的拥趸收买了，或只参加了一场双人三脚迂回赛跑，就认为可以成为大学橄榄球冠军联赛中的一员？

上述一切凑在一起，促使大学管理者们为大学橄榄球教练建立起价值 300 万美元的俱乐部。在 Notre Dame 大学上周交给查理·威思一份据说价值 3 000 万至 4 000 万美元的十年期合同后，全国大学橄榄球联盟的财政疯狂达到了新的水平。

大学校园的学术代表在哪里？在得克萨斯大学有一个大人物，但他的名字不是该校的橄榄球教练马克·布朗。他，被得克萨斯大学的学生称为 Big Steve，思考着真空中的能量，但他并不猛冲过被进攻小组打开的通道。

斯蒂芬·温伯格是得克萨斯大学的物理学教授。他在布鲁克斯长大，曾在哈佛任教，并获得 1979 年诺贝尔奖。在获奖之后的第三年，他被得克萨斯大学千方百计礼聘过来，成为这个大学德瑞尔·罗伊尔聘任的薪水最高的教员之一……

……

不知何故，马克·布朗的 210 万美元的薪水仍然在支付。正如《奥斯汀美国政治家日报》所报道的，温伯格是这个大学薪水最高的教员，其收入达到 40 万美元左右。在他到来时，谣传他的合同薪水是以顶尖橄榄球教练的薪水为参照。如果是这样，他说……

事件的本质

- 查理·威思是 Notre Dame 大学的顶尖橄榄球教练，有一份十年期的合同，据说其价值 3 000 万至 4 000 万美元——一年超过 300 万美元。
- 斯蒂芬·温伯格是 1979 年诺贝尔奖获得者，得克萨斯大学物理学教授，据说是这个大学薪水最高的教员，其年薪约为 40 万美元。

经 济 分 析

- 大学橄榄球教练市场是竞争性的。
- 教授市场也是竞争性的。
- 对教练和教授的需求都是由每个群体的边际收益产量决定的。
- 教练的边际收益产量取决于教练赢得比赛的能力，以及学院或大学在它的橄榄球队取胜之后在校友和其他捐资者那里募集的额外收益。
- 教授的边际收益产量取决于教授吸引学生和获得研究资助的能力。
- 在教练和教授的任何给定数量上，教授的边际收益产量总是超过教练。
- 教练和教授的均衡工资率取决于每个群体的边际收益产量和每个群体的供给。
- 教练的供给很小，而且可能缺乏弹性。
- 教授的供给很大，而且可能富有弹性。
- 教练的供给缺乏弹性，是因为很少人有这个特殊工作所需要的特殊才能。
- 教授的供给富有弹性，是因为他们是一般的受过良好教育的人，能够从事许多种类的工作。
- 与教授市场的均衡相比，教练市场在更高工资率和更少数量的水平上达到均衡。
- 图1 显示这两个市场。需注意的是，在 x 轴有一个断裂，这是因为教授的数量远远大于教练的数量。
- 教练的需求曲线为D_C，教授的需求曲线为 D_P。教练的供给曲线为 S_C，教授的供给曲线为S_P。
- 教练的均衡数量是 8 000 个，教授的均衡数量是 100 万个。
- 教练的均衡工资率为每年 20 万美元，教授的均衡工资率为每年 10 万美元。
- 因为教练的供给缺乏弹性，他们的收入的很大一部分是经济租。

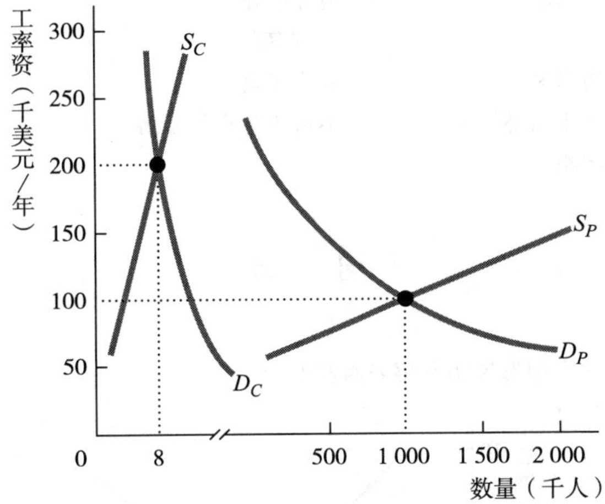

图 1 教练与教授市场

- 但是学院和大学不能降低教练的工资率，这是因为在现行的市场决定的均衡工资率水平上，每个学校面临教练的完全有弹性的供给。
- 一些教练（比如查理·威思）和一些教授（比如斯蒂芬·温伯格）比图中的一般教练和一般教授挣得多得多，这是因为这些个人是例外，而真正杰出的教练和教授的供给比一般教练和教授的供给要小得多。

关键术语

派生需求	边际收益产量
工　会	买方垄断
双边垄断	效率工资
可再生自然资源	不可再生自然资源
经济租	

习　题

1. 这个图形说明蓝莓采摘者市场。

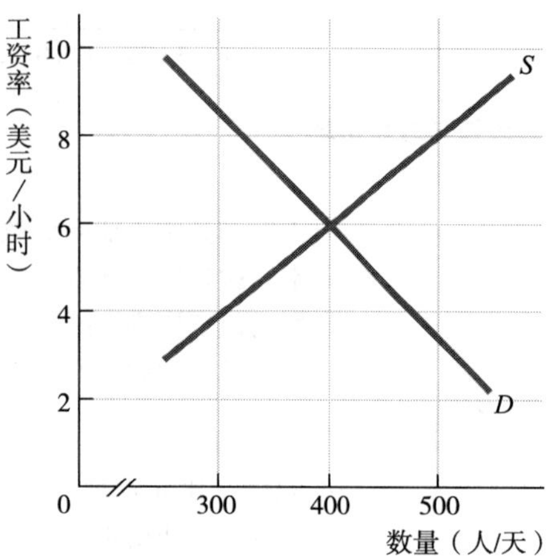

   a. 这个市场的工资率是多少？
   b. 有多少蓝莓采摘者被雇佣？
   c. 蓝莓采摘者获得的总收入是多少？
   如果蓝莓采摘者的需求每天下降 100 人，那么
   d. 新的工资率是多少？
   e. 多少采摘者被解雇？
   f. 支付给采摘者的总收入是多少？
2. 旺达拥有一个鱼店。她雇佣学生对鱼进行拣选和打包。学生在一个小时内打包的鱼的数量如下：

学生数量	鱼的数量（磅）
1	20
2	50
3	90
4	120
5	145
6	165
7	180
8	190

   旺达可以以每磅 50 美分的价格出售鱼，打包工的工资率是每小时 7.5 美元。
   a. 计算学生的边际产量，画出边际产量曲线。
   b. 计算学生的边际收益产量，画出边际收益产量曲线。
   c. 得出旺达的劳动需求曲线。
   d. 旺达雇佣了多少学生？
3. 回到问题 2 描述的旺达的鱼店，鱼的价格下降为每磅 33.33 美分，但打包工工资保持在每小时 7.5 美元。
   a. 学生的边际产量发生了什么变化？
   b. 旺达的边际收益产量发生了什么变化？
   c. 她的劳动需求曲线发生了什么变化？
   d. 她雇佣的学生人数发生了什么变化？
4. 回到问题 2 描述的旺达的鱼店，打包工的工资提高到每小时 10 美元，但鱼的价格保持在每磅 50 美分。
   a. 边际收益产量发生了什么变化？
   b. 旺达的劳动需求曲线发生了什么变化？
   c. 旺达雇佣多少学生？
5. 使用问题 2 提供的信息，计算旺达的边际收益、边际成本和边际收益产量。证明当旺达赚得最大利润时，边际成本等于边际收益，以及边际收益产量等于工资率。
6. **在现代都市，工人在小连锁店建立工会**

   在纽约的低收入社区的数千家店铺中，除了几个超市外，工会实际上不存在。但在长达一年的抗争达到高潮时，一家有 10 间运动鞋销售商店的连锁店的 95 名工人建立了工会……经过三个月的谈判，在 1 月 18 日，双方签订了一个合同。这个三年期合同确定工资率为 7.25 美元/小时，并从 7 月 1 日起提高到 7.5 美元/小时。

   《纽约时报》，2006 年 2 月 5 日

   a. 在运动鞋销售商店建立了什么类型的工会？
   b. 纽约低收入地区的工会为什么很少？
   c. 谁从这一新的工会合同中得益？谁受损失？
   d. 工会怎样才能努力改变劳动需求？
7. 下列项目中，哪些是不可再生自然资源，哪些是可再生自然资源，哪些不是自然资源？并解释你的答案。
   a. 川普大楼
   b. 密西根湖
   c. 西弗吉尼亚煤矿中的煤
   d. 互联网
   e. 优胜美地国家公园
   f. 风力涡轮机产生的动力
8. **川普集团打包销售 18 亿美元**

   一个香港投资者的财团和唐纳德·J·川普正在以大

约 18 亿美元的价格销售位于上西地区的三幢建筑和一大片河边地，城市史上最大的住宅销售合同……如果它完成……这个交易对投资者和川普先生来说是一笔横财，十年前他们在一次房地产衰退中，以不足 1 亿美元的价格获得了这块土地……

《纽约时报》，2005 年 6 月 1 日

a. 为什么在过去十年间纽约市上西地区的土地价格上涨了？请讨论一下土地的需求与供给。

b. 川普集团获得的是经济租还是机会成本？

c. 上西地区的土地供给完全没有弹性吗？

*9. 克西尔经营一种簿记服务业。她打算买四台新的微型电脑。电脑的寿命为三年，在那之后就没有价值了。每台微型电脑的价格是 1 600 美元。第一台电脑每年的边际收益产量为 700 美元，第二台电脑每年的边际收益产量为 625 美元，第三台电脑每年的边际收益产量为 575 美元，而第四台电脑每年的边际收益产量为 500 美元。克西尔将买多少台电脑，如果利率是

a.每年 2%

b.每年 4%

c.每年 6%

批判性思考

1. 研究阅读材料，并回答下列问题：

a. 什么决定了大学橄榄球教练的边际收益产量？

b. 你认为顶尖教练的边际收益产量高于助理教练吗？为什么？

c. 什么决定了教授的边际收益产量？

d. 你认为经济学教授的边际收益产量高于英语教授吗？为什么？

e. 为什么一般来说，教练的工资率比教授高？

f. 解释一下，如果一个大学决定对教练和教授支付同样的工资率，会发生什么事情。

2. “我们正在耗尽自然资源，必须采取紧急行动保护我们的宝贵资源。”“没有什么是市场不能应对的资源短缺。”讨论这两种观点，为每一种观点列出正面论点和反面论点。

3.为什么我们不断发现新的石油储量？为什么我们不能一劳永逸地做一次巨大的勘探，以编制地球上全部自然资源的存量表？

网上活动

1. 阅读“20 世纪 70 年代中期以来工作时间的趋势”这篇文章。

a. 自 20 世纪 70 年代中期以来的工作时间的趋势是什么？

b. 男人的趋势与妇女一样吗？其相同和不同之处是什么？

c. 你认为这种趋势产生于劳动市场的需求一方的变化还是劳动市场的供给一方的变化？

d. 为了确认你的（c）部分答案，你还需要什么额外信息？

* 为了回答这个问题，你需要学习后面的附录。

附 录

现值和贴现

在学习该附录后，你将能：

- 解释怎样计算未来的一个货币量的现值
- 解释企业怎样用现值计算方法进行投资决策
- 解释现值与利率的关系

比较当期与未来的美元

为了决定购买多少资本，企业必须把现期的资本支出与资本的未来的边际收益产量相比较。为了把现期的资本支出与它的未来收益相比较，我们必须把这一未来收益转化为“现值”。

未来的一个货币量的**现值**（present value）就是某个货币量假定今天用于投资，在考虑了所获得的利息之后，将增长得与这个未来货币量一样多。

所以，未来的一个货币量的现值比这个未来货币量小。我们把未来的一个货币量转化为现值的方法就叫做**贴现**（discounting）。

理解贴现和现值的比较容易的方法就是思考由于复利因素，一个现值怎样增长为一个未来的货币量。

复 利

复利就是最初投资的利息加上该投资以前所赚得的利息的利息。因为存在复利，一个现期的货币量（一个现值）增长为一个更大的未来货币量。未来数额等于现期数额（现值）加上它将在未来赚得的利息，即：

$$\text{未来数额} = \text{现值} + \text{利息收入}$$

第一年的利息等于现值乘以利率 r，因此

$$1\text{ 年后的数额} = \text{现值} + (r \times \text{现值})$$

或者

$$1\text{ 年后的数额} = \text{现值} \times (1+r)$$

如果你今天投资 100 美元，利率是每年 10%（$r=0.1$），一年以后的今天你将有 110 美元——最初的 100 美元加上 10 美元的利息。核查一下，上述公式给出了这个答案：100 美元 × 1.1 = 110 美元。

如果你让这 110 美元继续投资，以赚取第二年的 10% 利率，在第二年年末，你将有

$$2\text{ 年后的数额} = \text{现值} \times (1+r)^2$$

根据上述例子的数字，你今天以每年 10%（$r=0.1$）的利率投资 100 美元。一年以后，你有 110 美元——最初的 100 美元加上 10 美元利息。在第二年后，你有 121 美元。在第二年，你用最初的 100 美元赚了 10 美元，加上你用第一年赚得的 10 美元利息再赚的 1 美元。核查一下，上述公式给出了这个答案：100 美元 × $(1.1)^2$ = 110 美元×1.21 = 121 美元。

如果让你的 100 美元投资 n 年，它将增长为

$$n\text{ 年后的数额} = \text{现值} \times (1+r)^n$$

基于每年 10%的利率，你的 100 美元将在 7 年后（$n=7$）变为 195 美元——几乎使 100 美元的现值翻番。

贴现未来数额

我们刚刚用现值和利率计算了未来一年、两年乃至 n 年的数额。为了计算这些未来数额的现值，我们要做反方向的计算。

为了找出未来一年的数额的现值，我们用（$1+r$）除以未来数额，即：

$$\text{现值} = \frac{\text{未来 1 年的货币额}}{(1+r)}$$

核查一下，我们可以用这个现值公式计算一年后的 110 美元在利率为每年 10%时的现值。你可以猜到答案是 100 美元，因为我们刚刚计算了在利率为每年 10%时，今天投资的 100 美元在一年内变为 110 美元。因此，一年后的 110 美元的现值是 100 美元。把这些数值放入上述公式，我们得到

$$\text{现值} = \frac{110\text{ 美元}}{(1+0.1)} = \frac{110\text{ 美元}}{1.1} = 100\text{ 美元}$$

为了计算未来两年后的货币额的现值，我们使用如下公式：

$$现值 = \frac{未来2年的货币额}{(1+r)^2}$$

用这个公式来计算两年后的 121 美元在利率水平为每年 10%时的现值。用这些数据计算公式为：

$$现值 = \frac{121美元}{(1+0.1)^2} = \frac{121美元}{(1.1)^2} = \frac{121美元}{1.21} = 100美元$$

我们可以计算 n 年之后的货币额的现值，公式为：

$$现值 = \frac{未来n年的货币额}{(1+r)^n}$$

例如，如果利率为每年 10%，10 年之后获得的 100 美元的现值是 38.55 美元。也就是说，按每年 10%的利率，今天投资的 38.55 美元在 10 年内将积累到 100 美元。

一个未来数额序列的现值

你已经看到怎样计算未来一年、未来二年乃至未来 n 年的一个货币额的现值。大部分现值概念的实际运作要计算分摊到几年内的一个未来货币额序列的现值。为了计算跨越几年的数额序列的现值，我们使用已经学过的公式，并把它应用到每一年，然后把所有这些年的现值加总，以找出这一数额序列的现值。

例如，假定一个企业预期在接下来的五年中每年得到 100 美元。假定利率为每年 10%（每年 0.1）。每年 100 美元的这五笔支付的现值（PV）通过以下公式计算：

$$PV = \frac{100美元}{1.1} + \frac{100美元}{1.1^2} + \frac{100美元}{1.1^3} + \frac{100美元}{1.1^4} + \frac{100美元}{1.1^5}$$

等于

$$PV = 90.91美元 + 82.86美元 + 75.13美元 + 68.30美元 + 62.09美元 = 379.07美元$$

你可以看到，企业在 5 年间得到 500 美元。但因为这个货币是未来得到的，它在今天就不值 500 美元。它的现值只为 379.09 美元。未来的货币到来的越晚，它的现值就越小。1 年后得到的 100 美元在今天值 90.91 美元，但 5 年后得到的 100 美元在今天只值 62.09 美元。

许多私人的和商业的决策要进行类似我们刚刚做过的计算：买或租一幢公寓的决定；偿清学生贷款或让它再持续一年；新资本的投资。我们现在来看一看企业怎样使用现值概念来作出投资决定。

现值与投资决定

蒂娜经营 Taxfile 公司，这是一家为纳税人提供咨询的公司。蒂娜考虑买一台价格为 2 000 美元、寿命为两年的计算机。如果蒂娜买了这台计算机，她现在需要支付 2 000 美元，而她预计在接下来两年中的每一年的年末，新业务会带来额外的 1 150 美元。

为了计算一台新计算机的边际收益产量的现值 PV，可以用以下公式：

$$PV = \frac{MRP_1}{(1+r)} + \frac{MRP_2}{(1+r)^2}$$

这里，MRP_1 是蒂娜在第一年年末的边际收益产量。通过除以（$1+r$），它转化为一个现值。其中，r 是利率（用比例表示）。MRP_2 是在第二年年末的边际收益产量。通过除以 $(1+r)^2$，它转化为一个现值。

如果蒂娜能按每年 4%的利率借进或贷出，她的边际收益产量的现值就是：

$$PV = \frac{1\,150美元}{(1+0.04)} + \frac{1\,150美元}{(1+0.04)^2}$$

$$PV = 1\,106美元 + 1\,063美元$$

$$PV = 2\,169美元$$

一年后的 1 150 美元的现值是 1 150 美元除以 1.04（4%即 0.04）。两年后的 1 150 美元的现值是 1 150 美元除以 $(1.04)^2$。蒂娜算出这两个现值，然后相加，就得出边际收益产量的未来流量的现值，即 2 169 美元。

表 A17.1 的（a）部分和（b）部分总结了我们刚刚得出的这些数据和计算。复习一下这些计算，确保你已经理解它们。

购买决定

蒂娜通过把边际收益产量的未来流量的现值与购买价格做比较，决定是否购买计算机。她通过计算计算机的净现值（NPV）来进行比较。**净现值**（net present value）就是由资本产生的边际收益产量的未来流量的现值减去资本

表 A17.1 Taxfile 公司投资的净现值

(a) 数据

计算机价格	2 000 美元
计算机寿命	2 年
边际收益产量	每年年末为 1 150 美元
利率	每年 4%

(b) 边际收益产量的流量的现值

$$PV = \frac{MRP_1}{(1+r)} + \frac{MRP_2}{(1+r)^2}$$

$$= \frac{1\ 150\text{美元}}{(1+0.04)} + \frac{1\ 150\text{美元}}{(1+0.04)^2}$$

$$= 1\ 106\text{美元} + 1\ 063\text{美元}$$

$$= 2\ 169\text{美元}$$

(c) 投资的净现值

NPV = 边际收益产量的 PV − 计算机价格

= 2 169 美元 − 2 000 美元

= 169 美元

价格。如果净现值为正值，企业就购买额外资本。如果净现值为负值，企业就不购买额外资本。表 A17.1（c）表示蒂娜对一台计算机的净现值的计算过程。净现值为 169 美元——大于零——因此，蒂娜决定购买一台计算机。

与所有其他生产要素一样，资本要遭受递减的边际收益。雇佣的资本数量越大，它的边际收益产量就越小。因此，如果蒂娜买了第二台或第三台计算机，她将连续地从增加的机器中得到越来越小的边际收益产量。

表 A17.2（a）给出了蒂娜购买一台、二台和三台计算机的边际收益产量。一台计算机的边际收益产量为每年 1 150 美元（刚刚复习过的例子）。第二台计算机的边际收益产量是每年 1 100 美元，第三台计算机的边际收益产量是每年 1 050 美元。表 A17.2（b）给出了第一、第二、第三台计算机的边际收益产量的现值的计算。

你已经看到，在利率为每年 4%的水平，一台计算机的净现值是正值。表中显示第二台计算机的净现值也是正值，因此蒂娜购买了第二台计算机。但第三台计算机的净现值是负值，因此蒂娜没有购买第三台计算机。

表 A17.2 Taxfile 公司的投资决定

(a) 数据

计算机价格	2 000 美元
计算机寿命	2 年
边际收益产量	每年年末为 1 150 美元
使用 1 台计算机	1 150 美元/年
使用 2 台计算机	1 100 美元/年
使用 3 台计算机	1 050 美元/年

(b) 边际收益产量的流量的现值

$r = 0.04$（4%/年）

使用 1 台计算机：$PV = \frac{1\ 150\text{美元}}{1.04} + \frac{1\ 150\text{美元}}{(1.04)^2} = 2\ 169\text{美元}$

使用 2 台计算机：$PV = \frac{1\ 100\text{美元}}{1.04} + \frac{1\ 100\text{美元}}{(1.04)^2} = 2\ 075\text{美元}$

使用 3 台计算机：$PV = \frac{1\ 050\text{美元}}{1.04} + \frac{1\ 050\text{美元}}{(1.04)^2} = 1\ 980\text{美元}$

$r = 0.08$（8%/年）

使用 1 台计算机：$PV = \frac{1\ 150\text{美元}}{1.08} + \frac{1\ 150\text{美元}}{(1.08)^2} = 2\ 051\text{美元}$

使用 2 台计算机：$PV = \frac{1\ 100\text{美元}}{1.08} + \frac{1\ 100\text{美元}}{(1.08)^2} = 1\ 962\text{美元}$

$r = 0.12$（12%/年）

使用 1 台计算机：$PV = \frac{1\ 150\text{美元}}{1.12} + \frac{1\ 150\text{美元}}{(1.12)^2} = 1\ 944\text{美元}$

现值与利率

利率越高，一个给定的未来货币额的现值就越小。表 A17.2（b）中的数字说明了这个事实。当利率提高到每年 8%时，第一台计算机的现值降到 2 051 美元，而当利率提高到每年 12%时，第一台计算机的现值降到 1 944 美元。

因为在其他条件不变时，企业仅仅在净现值为正值的时候投资，当利率提高时，资本的需求量就降低。表 A17.2 的计算产生了图 A17.1 中的 Taxfile 公司的资本需求曲线，它表明在每个利率水平上所需求的计算机的价值。利率越高，所需求的物质资本量就越小。但为了给物质资本的购买提供资金，企业就需要金融资本。因此利率越高，金融资本的需求量就越小。

图 A17.1 Taxfile 公司的资本需求

myeconlab

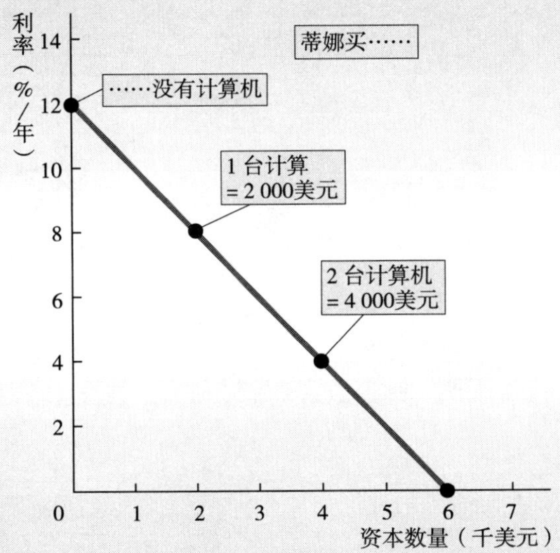

利率越高，未来数量的货币的现值就越小，资本需求量就越少。

第 18 章

经济不平等

穷人与富人

占洛杉矶地区总人口约6%的37.5万成年人，在过去五年中都经历过无家可归的日子。位于同一地区的比华利山（Beverly Hills），山上的众多庄园式建筑是一些有惊人财富的电影明星的家。洛杉矶并不是不寻常的。在纽约市，唐纳德·川普建造了一幢豪华的公寓楼，其每套住房的价格是1 300万美元。但就在这个城市，有超过2万人(其中9 000人是儿童) 每天晚上要在无家可归者救助站寻找一张床睡觉。在美国的每一个大城市以及在世界上的大多数地区，极端贫穷和极端富裕并存。

美国有多少富人和多少穷人？收入与财富是怎样分配的？富人变得更富了或穷人变得更穷了吗？

在经济福利的分配中，是什么导致了不平等？

为了抑制极端贫困，政府进行了多大程度的再分配？

◆ 在本章中，我们研究经济不平等——它的程度、起源以及政府为减少极端不平等所做的工作。我们从考察美国经济不平等的一些事实开始。最后，在阅读材料中，我们将考察过去20年里最高收入和最低收入之间的不断变化的差距。

学习本章后，你将能：

- 描述2005年美国的财富与收入的不平等及其趋势
- 解释使经济不平等加剧的劳动市场的特征
- 描述政府的收入再分配的规模

衡量经济不平等

衡量经济不平等的最常用的尺度是年收入分配。统计部门把收入界定为**货币收入**（money income），它等于市场收入加上政府给家庭的现金支付。**市场收入**（market income）等于在缴纳所得税之前的工资、利息、租金和在要素市场赚得的利润。

收入分配

图 18.1 表示 2005 年美国 1.13 亿个家庭的年收入分配。注意，*x* 轴衡量家庭收入，*y* 轴是家庭所占百分比。

最普通的家庭收入称为*众数收入*，由 6.4%的家庭获得，其收入在 1 万美元至 1.5 万美元之间。表中的 1.3 万美元是一个估计值。

2005 年家庭收入的中间水平称为*中位数收入*，为 46 326 美元。50%家庭的收入超过中位数，而 50%家庭的收入低于中位数。

2005 年平均的家庭货币收入称为*平均数收入*，为 63 344 美元。这个数字等于家庭总收入——大约为 7.16 万亿美元——除以 1.13 亿个家庭数。

你可以从图 18.1 中看到，众数收入低于中位数收入，而中位数收入低于平均数收入。收入分配的这一特征告诉我们，低收入家庭比高收入家庭更多。一些高收入家庭的收入非常高。

图 18.1 中的收入分配称为*正偏分布*，也就是说它有一个高收入的长尾巴。这个分布形状与钟形分布（比如人们身高的分布）形成对比。在钟形分布中，平均数、中位数和众数全部是相等的。

考察收入分配的另一个方法是衡量每一个给定百分比的家庭所获得的总收入的百分比。数据被分为 5 组——称为*五频数*或五等份制，每一等份由 20%的家庭构成。

图 18.2 表示 2005 年的五等份制分配。最穷的 20%家庭获得总收入的 3.4%；次穷的 20%家庭获得总收入的 8.6%；位于中间的 20%家庭获得总收入的 14.6%；次高收入的 20%家庭获得 23.0%的总收入；最高收入的 20%家庭获得总收入的 50.4%。

图 18.1 中的收入分配和图 18.2 中的五等份分配告诉我们收入分配不平等。但我们需要一个比较不同时期的收入分配的方法，并使用不同尺度。一个称为*洛伦兹曲线*的纯图形工具能使我们进行这样的比较。

图 18.1 2005 年美国的收入分配

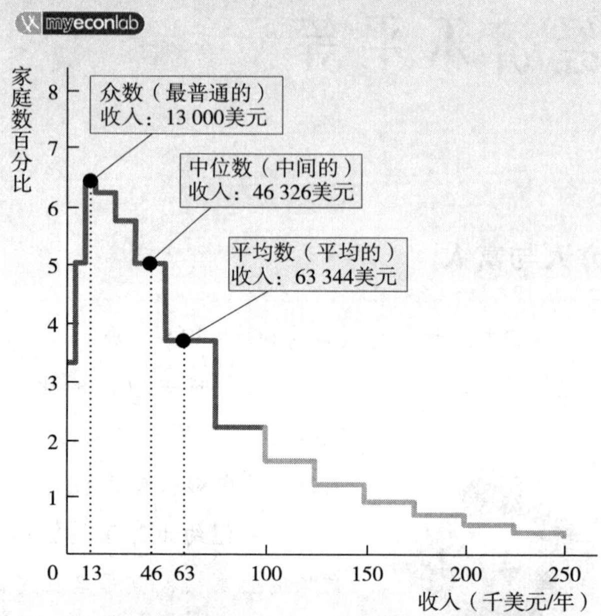

收入分配是正偏分布。众数（最普通的）收入低于中位数（中间的）收入，而后者又低于平均数（平均的）收入。10 万美元以上的收入分配的形状只是一个标识，而不是一个精确的尺度，并一直上升到每年几百万美元。

资料来源：U.S. Bureau of the Census, "Income, Poverty, and Health Insurance Coverage in the United States: 2005," *Current Population Reports*, P-60-231 (Washington, DC: U.S. Government Printing Office, 2006).

收入洛伦兹曲线

收入**洛伦兹曲线**（Lorenz curve）描绘的是与累积的家庭数百分比相对应的累积的收入百分比。图 18.3 用来自图 18.2 的五等份分配来表示收入洛伦兹曲线。表中给出每个频数组的收入百分比。例如，行 *A* 告诉我们最低频数（最低的 20%）家庭获得总收入的 3.4%。这个表也给出了家庭和收入的*累积*百分比。例如，行 *B* 告诉我们最低的两个频数（最低的 40%）家庭获得总收入的 12.0%（最低频数家庭的 3.4%和次低频数家庭的 8.6%）。洛伦兹曲线描述的是与累积的家庭数百分比相对应的累积的收入

图 18.2　2005 年美国的五频数分配

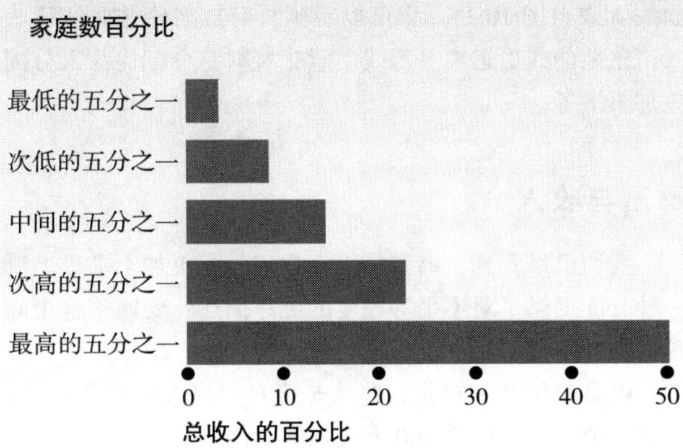

家庭数 （百分比）	收　入 （总收入的百分比）
最　低（20%）	3.4
次　低（20%）	8.6
中　间（20%）	14.6
次　高（20%）	23.0
最　高（20%）	50.4

2005 年，最穷的 20%家庭获得总收入的 3.4%；次穷的 20%获得 8.6%；中间的 20%获得 14.6%；次高的 20%获得 23.0%；最高的 20%获得 50.4%。

资料来源：U. S. Bureau of the Census, "Income, Poverty, and Health Insurance Coverage in the United States: 2005," *Current Population Reports*, P-60-231 (Washington, DC: U.S. Government Printing Office, 2006).

图 18.3　2005 年的收入洛伦兹曲线

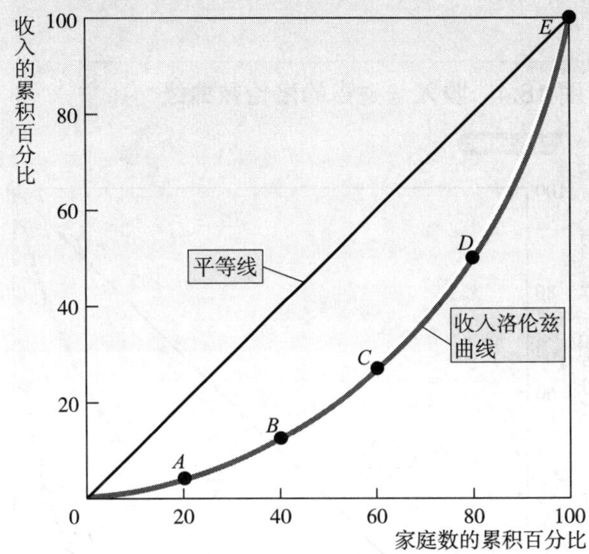

	家庭数		收　入	
	百分比	累积百分比	百分比	累积百分比
A	最低（20%）	20	3.4	3.4
B	次低（20%）	40	8.6	12.0
C	中间（20%）	60	14.6	26.6
D	次高（20%）	80	23.0	49.6
E	最高（20%）	100	50.4	100.0

累积的收入百分比对应着累积的家庭数百分比，洛伦兹曲线上的 *A*~*E* 点对应着表的各行。如果收入平等分配，每 20%的家庭都获得总收入的 20%，洛伦兹曲线就与平等线相合。洛伦兹曲线表示收入存在不平等分配。

资料来源：U.S. Bureau of the Census, "Income, Poverty, and Health Insurance Coverage in the United States: 2005," *Current Population Reports*, P-60-231 (Washington, DC: U.S. Government Printing Office, 2006).

份额。

如果收入平等地分配在所有的家庭，每个频数的家庭将得到总收入的 20%。与累积的家庭数百分比相对应的累积收入百分比将沿着标为“平等线”的直线移动。收入的实际分配由标有“收入洛伦兹曲线”的曲线表示。洛伦兹曲线越接近平等线，收入分配就越平等。

财富的分配

财富分配提供了衡量经济不平等的另一种方法。一个家庭的**财富**（wealth）是它在一个时间点上拥有的东西的价值。与之相比，收入是在一个给定的时期内家庭所获得的数额。

图 18.4 表示 1998 年美国的财富洛伦兹曲线（这是我们能够得到的最近期的财富分配数据）。1998 年中位数家庭的财富是 60 700 美元。由于财富分配极端不平等，图中数据按照 7 个不均匀的家庭组进行分组。最穷的40%家

庭仅拥有总财富的0.2%（图18.4的表中的行A′）。最富的20%家庭拥有总财富的83.4%。因为这一组几乎拥有所有的财富，我们需要把这一组划分为更小的块。这就是从行D′到行G′所显示的内容。你可以看到，最富的1%家庭拥有总财富的38.1%。

图18.4显示了在财富洛伦兹曲线旁边的收入洛伦兹曲线（来自图18.3）。你可以看到，财富洛伦兹曲线比收入洛伦兹曲线更远离平等线，意味着财富分配比收入分配更加不平等。

图 18.4 收入与财富的洛伦兹曲线

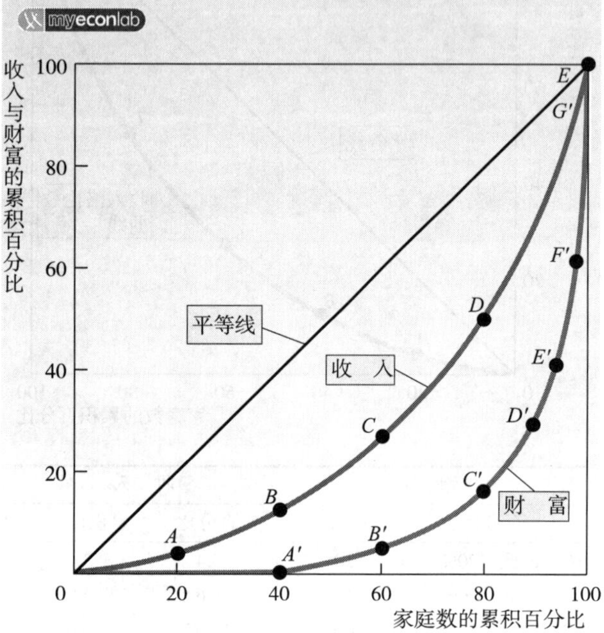

家庭数			收 入	
	百分比	累积百分比	百分比	累积百分比
A′	最 低（40%）	40	0.2	0.2
B′	下一个（20%）	60	4.5	4.7
C′	下一个（20%）	80	11.9	16.6
D′	下一个（10%）	90	12.5	29.1
E′	下一个（5%）	95	11.5	40.6
F′	下一个（4%）	99	21.3	61.9
G′	最 高（1%）	100	38.1	100.0

财富的累积百分比与家庭数的累积百分比相对应。财富洛伦兹曲线上A′点到G′点与表中各行对应。比较一下财富与收入洛伦兹曲线，我们可以看到财富分配比收入分配更不平等。

资料来源：U.S. Bureau of the Census, "Income, Poverty, and Health Insurance Coverage in the United States: 2005," *Current Population Reports*, P-60-231 (Washington, DC: U.S. Government Printing Office, 2006)；and Edward N.Wolff, "Recent Trends in Wealth Ownership, 1938 - 1998," Jerome Levy Economics Institute Working Paper No. 300, April 2000.

财富与收入

我们已经看到，财富分配比收入分配更加不平等。哪一种分配提供了对不平等程度的更好描述？要回答这个问题，我们需要考虑一下财富与收入的关系。

财富是资产的存量，收入是来自财富存量的收益流。假定一个人拥有价值100万美元的资产——有100万美元的财富。如果资产的收益率是每年5%，那么这个人就从这些资产中获得每年5万美元的收入。我们可以用100万美元的资产或5万美元的收入来描述这个人的经济状况。当收益率是每年5%时，100万美元的财富永远等于每年5万美元的收入。财富和收入仅仅是看待同一件事物的不同方式。

但图18.4显示，财富的分配比收入的分配更加不平等。为什么？这是因为财富数据没有包括人力资本的价值，而收入数据则衡量了来自所有财富——包括人力资本——的收入。

表18.1说明了从财富数据中忽略人力资本的结果。李拥有两倍于皮特的财富和收入。但李的人力资本比皮特少——20万美元比49.9万美元。李的来自人力资本的10 000美元收入低于皮特的来自人力资本的24 950美元收入。李的非人力资本比皮特多——80万美元对1 000美元。李的来自非人力资本的4万美元收入高于皮特的来自非人力资本的50美元收入。

表 18.1 资本、财富与收入

	李		皮 特	
	财 富	收 入	财 富	收 入
人力资本	200 000	10 000	499 000	24 950
其他资本	800 000	40 000	1 000	50
总 计	$1 000 000	$50 000	$500 000	$25 000

当财富的衡量包括人力资本和其他形式的资本的价值时，收入分配与财富分配就表现出同样的不平等程度。

在一次统计局关于全国财富和收入调查中，李和皮特的收入分别登记为 5 万美元和 2.5 万美元，意味着李比皮特富 2 倍。他们的有形资产分别登记为 80 万美元和 1 000 美元，意味着李比皮特富 800 倍。

由于国家统计财富时排除了人力资本，因此收入分配就是一个比财富分配更精确的衡量经济不平等的尺度。

年度或终身收入与财富

一个典型家庭的收入随时间而变化。它开始很低，在家庭的劳动者达到退休年龄时增长到顶点，并在退休后下降。同样，一个典型家庭的财富也随时间而变化。与收入一样，它开始很低，在退休时增长到顶点，并在退休后下降。

假定我们来考察一下具有相同终身收入的三个家庭。一个家庭的成员很年轻，一个家庭成员是中年人，一个家庭的成员已经退休。中年家庭具有最高的收入与财富。退休家庭最低，而年轻家庭在中间。在一个给定的年度内，每年的收入和财富的分配是不平等的，但终身收入与财富的分配是平等的。所以，在年收入中出现的一些不平等，是因为不同的家庭处于生命周期的不同阶段。通过年度收入数据，我们可以看出收入分配的趋势。

不平等的趋势

为了研究收入分配的趋势，我们需要一个衡量的尺度，使我们能够按这个尺度把分配更平等还是更不平等按顺序排列。完美的尺度是不存在的，但使用较多的一个尺度称为基尼系数。**基尼系数**（Gini ratio）是以洛伦兹曲线为基础，等于平等线与洛伦兹曲线之间的面积与平等线之下的所有面积之比。如果收入平等分配，洛伦兹曲线与平等线就是同一条曲线，基尼系数就为 0。如果一个人拥有所有的收入，而其他所有人什么也没有，基尼系数为 1。

图 18.5 表示美国从 1970 年到 2005 年的基尼系数。图中显示，在 1992 年和 2000 年出现了数据断裂，这是因为统计局在这两年改变了搜集数据的方法和界定范围，使断裂前后的数据不可比较。尽管存在着断裂，基尼系数还是显著地增加，意味着按照这个尺度衡量，收入更加不平等了。

其中主要的变化是最富的 20%家庭所占的收入份额增加了。没有人确切知道为什么会发生这种趋势，不过，一个可能性（我们将在下一节探讨）是，技术变化提高了熟练工人的边际产量，降低了非熟练工人的边际产量。

图 18.5　美国的基尼系数：1970 年~2005 年

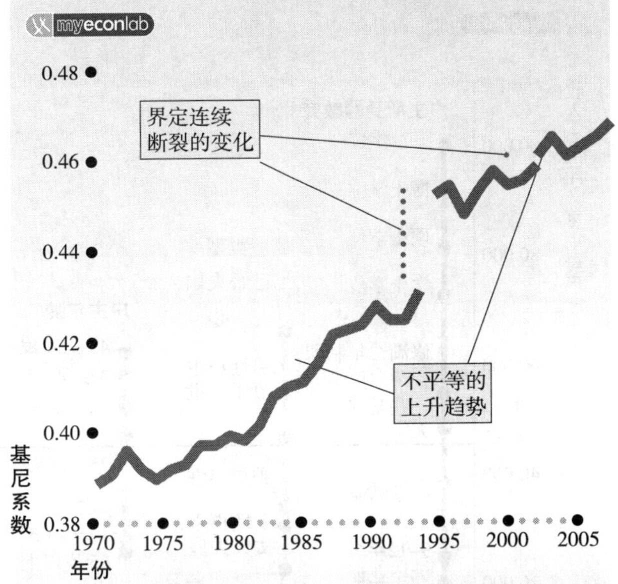

用基尼系数来衡量，从 1970 年到 2005 年期间，美国的收入与分配变得更加不平等。在这些年里，最高的 20%家庭赚得的收入百分比一直在增长。界定的变化使 1992 年前后和 2000 年前后的数字不可比。尽管存在着数据断裂，但其趋势仍然是明显的。

资料来源：U.S. Bureau of the Census, "Income, Poverty, and Health Insurance Coverage in the United States: 2005," *Current Population Reports*, P-60-231 (Washington, DC: U.S. Government Printing Office, 2006).

谁是富人，谁是穷人

在美国，家喻户晓的电影明星、体育明星和电视名人，以及不那么有名但工资却非常高的大公司的行政主管赚得最高收入。在农场做季节工的艰难谋生的人们则挣得最低收入。不过忽略这两个极端，挣得高收入的人们和挣得低收入的人们有什么特点？

有四个特点很显著：

- 教育
- 家庭类型
- 户主年龄
- 民族和种族

图 18.6 2005 年典型家庭的人均收入分配

myeconlab

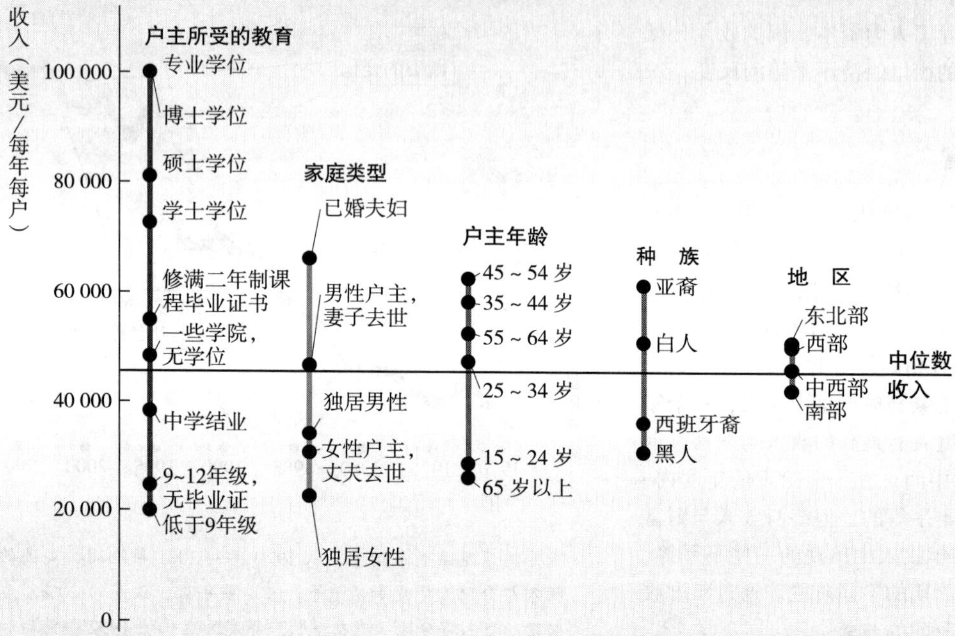

2005 年的中位数家庭收入是 45 326 美元。教育是影响收入分配的最大的单个因素，但家庭类型、户主年龄和种族也起作用。居住地区不是不平等的重要起源。

资料来源：U.S. Bureau of the Census, "Income, Poverty, and Health Insurance Coverage in the United States: 2005," *Current Population Reports*, P-60-231 (Washington, DC: U.S. Government Printing Office, 2006).

教　育 2005 年美国中位数家庭的收入是 46 326 美元。这个中位数周围的家庭大都接受过教育。在 2005 年，一个没有上完 9 年级的人生活在平均收入为 2 万美元的家庭。在另一个极端，一个拥有专业领域学位（例如医学或法律学位）的人生活在平均收入超过 10 万美元的家庭里。仅仅完成中学教育就使家庭的平均收入每年增加 1 万美元。平均来说，得到一个学士学位使家庭的平均收入每年再增加 3.4 万美元。

家庭类型 统计局把家庭分为有家家庭和无家家庭。大多数无家家庭是独居的一个人。2005 年，独居者的收入平均是 3.4 万美元。独居妇女的收入平均为 2.3 万美元。2005 年，一对已婚夫妇获得的收入平均约为 6.6 万美元。与之相比，有小孩而失去妻子的男人获得 4.6 万美元，而有小孩却失去丈夫的妇女仅获得 3.1 万美元。

户主年龄 与中年户主相比，有最老年户主和最年轻户主的家庭的收入较低。在 2005 年，当户主年龄在 45 岁至 54 岁之间时，家庭收入平均为 6.2 万美元。当户主年龄在 35 岁至 45 岁之间时，家庭收入平均为 5.8 万美元。当户主年龄在 15 岁至 24 岁之间时，平均家庭收入接近 2.9 万美元。而在户主年龄超过 65 岁时，平均家庭收入仅仅为 2.6 万美元。

民族和种族 白人家庭在 2005 年的平均收入为 5.1 万美元，而黑人家庭的平均收入为 3.1 万美元。西班牙裔的家庭稍微好一点，平均收入为 3.6 万美元。最好的是亚裔家庭，其平均收入为 6.1 万美元。

图 18.6 为刚才所陈述的数字提供了一个快速直观的总结。该图也表明，居住地区对人均收入的影响很小。东北部地区和西部地区的收入最高，而南部地区的收入最低，中西部的收入则在这两个极端之间。

贫　困

在收入分配低端的家庭是如此贫穷，以至于他们被认为生活在贫困之中。**贫困**（poverty）是一种状态，在这种状态中，一个家庭的收入太低，以至于买不起必要数量的食物、住房和衣服。贫困是一个相对概念。生活在非洲和亚洲的数百万人靠每年不足 400 美元的收入为生。在美国，社会保障局每年都要计算贫困线。2005 年，一个 4 口家庭的贫困线是 19 971 美元。在这一年，3 700 万美国人——占总人口的 12.6%——生活在收入低于贫困线的家庭里。许多这样的家庭受益于医疗保障项目和医疗补助计划，这两个政府项目帮助最穷的家庭，并使一些家庭提升到贫困线以上。

在种族之间的贫困分布是不均等的。8.5%的白种美国人生活在贫困家庭，与之相比，22%的西班牙裔美国人和 25%的美洲黑人生活在贫困家庭。贫困也受家庭状况的影响。超过 31%的户主为女性的单亲家庭的收入在贫困线以下。

尽管收入分配范围不断扩大，贫困率正在下降。

复习测验

1. 哪一种分配更不平等，是收入分配还是财富分配？为什么？哪一个是更好的测量尺度？
2. 收入分配变得更加平等还是不平等？五频数分配中的哪一频数变化最大？
3. 挣得很高收入的人们和挣得很低收入的人们有什么显著的特点？
4. 什么是贫困？贫困程度在种族之间有怎样的不同？

myeconlab **Study Plan 18.1**

经济不平等的起源

我们已经描述了美国的经济不平等，现在的任务是对其进行解释。实际上，在第 17 章学习影响劳动、资本和土地市场的供给和需求的因素时，我们已经开始做这项工作。现在我们需要加深对这些因素的理解。

不平等起源于不平等的劳动市场产出和不平等的资本所有权。我们首先考查劳动市场及其导致收入差距的两个特征。

- 人力资本
- 歧视

人力资本

法律事务所一个职员的收入抵不上他协助的律师的收入的十分之一。手术室助手的收入抵不上她为之工作的外科医生的收入的十分之一。银行出纳员的收入抵不上银行 CEO 的收入的十分之一。这些收入的差距来源于人力资本的差距。

假定存在两个水平的人力资本，我们称之为熟练劳动和非熟练劳动。非熟练劳动可以代表法律事务所职员、手术室助手或银行出纳员，而熟练劳动可以代表律师、外科医生或银行 CEO。我们首先来看一看这两类劳动的市场需求。

熟练劳动和非熟练劳动的需求 熟练劳动可以做非熟练劳动做得很糟糕或根本做不了的工作。想象一下一个未经训练的人去做心脏手术。熟练劳动的边际收益产量比非熟练劳动更高。正如我们在第 17 章学过的，企业的劳动需求曲线与劳动的边际收益产量曲线是同一条线。

图 18.7（a）表示熟练劳动和非熟练劳动的需求曲线。熟练劳动的需求曲线是 D_H，非熟练劳动的需求曲线是 D_L。在任何一个给定的就业水平上，企业愿意给熟练工人支付比非熟练工人更高的工资率。这两种工资率之间的差距衡量技能的边际收益产量：例如，在 2 000 小时的就业水平，企业愿意给熟练工人支付 12.50 美元/小时，而仅愿意给非熟练工人支付 5 美元/小时，两者之间存在着 7.50 美元/小时的差距。因此，技能的边际收益产量是 7.50 美元/小时。

熟练劳动和非熟练劳动的供给 熟练劳动比非熟练劳动包含更多的人力资本，而人力资本的获得是很昂贵的。人力资本的机会成本包括课程费用和课本费用的支出，以及在获得技能的过程中所放弃的或减少的收益。当一个人全天在学校学习时，其成本就是他放弃的全部收益。一些人在工作中获得技能，即在岗培训。通常，正在接受在岗培训的工人比正做着相应工作，但没有在培训中的工人所获得的收入要低一些。在这种情形下，获得技能的成本就是没有在培训中的工人所获得的工资与正在培训中的工人所获得的工资的差额。

熟练劳动的供给曲线的位置反映了获得人力资本所需要的成本。图 18.7（b）表示两条供给曲线：一条描述的

图 18.7 技能差别

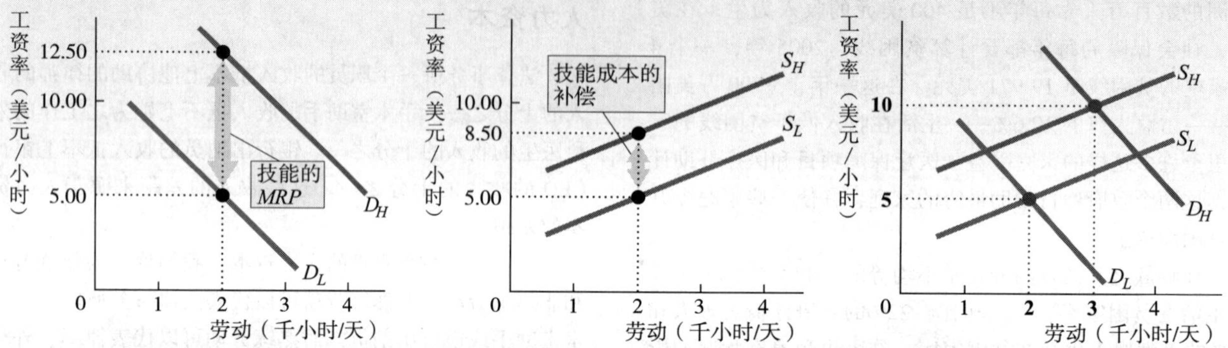

（a）熟练与非熟练劳动的需求 （b）熟练与非熟练劳动的供给 （c）熟练与非熟练劳动的市场

(a) 部分说明技能的边际收益产量。非熟练劳动有一个边际收益产量，从而产生标为 D_L 的需求曲线。熟练劳动有一个比非熟练劳动高的边际收益产量，因此熟练劳动的需求曲线 D_H 位于 D_L 的右边。两边曲线之间的垂直距离就是技能的边际收益产量。

(b) 部分说明获得技能的成本。非熟练劳动的供给曲线为 S_L，熟练劳动的供给曲线为 S_H。这两条曲线之间的垂直距离就是技能成本所要求的补偿。

(c) 部分表明就业均衡和工资差别。非熟练工人在工资率为每小时 5 美元时提供 2 000 小时劳动。熟练工人在工资率为每小时 10 美元时提供 3 000 小时劳动。

是熟练劳动，而另一条描述的是非熟练劳动。熟练劳动的供给曲线是 S_H，而非熟练劳动的供给曲线是 S_L。

熟练劳动供给曲线位于非熟练劳动供给曲线之上。两者之间的垂直距离是熟练劳动要求的为获得技能所支付的成本的补偿。例如，假定在工资率为 5 美元/小时的水平，非熟练劳动的供给量为 2 000 小时。这个工资率主要是对非熟练工人的工作时间的补偿。为了促使熟练工人提供 2 000 小时劳动，企业必须支付 8.50 美元/小时的工资率。

熟练劳动和非熟练劳动的工资率 熟练劳动和非熟练劳动的需求与供给决定着两者的工资率。图 18.7（c）把熟练劳动和非熟练劳动的需求曲线与供给曲线放在一起。非熟练劳动市场（浅灰色的供给与需求曲线）在工资率为每小时 5 美元、非熟练劳动数量为 2 000 小时时达到均衡。熟练劳动市场（灰色的供给与需求曲线）在工资率为每小时 10 美元、非熟练劳动数量为 3 000 小时时达到均衡。

由于两个原因，熟练劳动的均衡工资率高于非熟练劳动：第一，熟练劳动比非熟练劳动有更高的边际收益产量，因此在一个给定的工资水平，对熟练劳动的需求量就超过对非熟练劳动的需求量。第二，要付出昂贵代价才能获得技能，因而在给定的工资水平上，熟练劳动的供给量低于非熟练劳动的供给量。工资差别（在这个例子中是 5 美元/小时）取决于技能的边际收益产量和为获得技能所付出的成本。一种技能的边际收益产量越高，或者为获得一种技能所支付的成本越大，熟练劳动和非熟练劳动之间的工资差别就越大。

教育和培训得到回报了吗？ 据估计，中学教育和大学教育的回报率在扣除通货膨胀因素后，每年是 3%~10%。这意味着一个大学学位是一个很好的投资，比一个人能做的其他任何投资都要好。

用人力资本差别解释不平等 人力资本差别有助于解释我们所看到的一些不平等。

高收入家庭往往受过良好教育，正当中年，是亚裔或白人，并且是已婚夫妇（参见图 18.6）。人力资本差别与这些家庭特征有关系。教育对人力资本产生直接影响。年龄间接对人力资本产生直接影响，这是因为年龄较大的工人比年龄较小的工人更有经验。人力资本差别也可以部分解释与性别和种族相关的不平等。男性完成四年大学教育的比例(25%) 比女性高（20%)，白人获得学士以上学位的比例（24%）比黑人高（13%）。在性别和种族中的教育差距正在缩小，但还没有消除。

职业的中断会降低人力资本。一个中断了职业去抚养小孩的人（经常是妇女）在重返工作后，常常比那些一直工作着的同类型人的挣钱能力要低。同样，一个曾遭受失业的人在找到新工作后，往往比没有失业的同类型人的工资率要低。

由技术变化和全球化解释的不平等趋势　你已经看到，在总收入中高收入家庭获得的份额在增加，而低收入家庭获得的份额在减少：美国的收入分配变得更加不平等。技术变化和全球化是加剧不平等的两个可能原因。

技术变化　信息技术，例如计算机和激光扫描仪，是非熟练劳动的替代品：它们完成以前由非熟练劳动完成的工作。这些技术的引进降低了非熟练劳动的边际产量和需求。但同样是这些技术，却需要熟练劳动去设计、编排程序和操作。熟练劳动与信息技术是互补品。因此，这些技术的引进增加了熟练劳动的边际产量和需求。

图 18.8 说明了技术变化对工资和就业的影响。非熟练劳动的供给［(a) 幅］和熟练劳动的供给［(b) 幅］都是 S，每个市场最初的需求都是 D_0。非熟练劳动的工资率是 5 美元/小时，而熟练劳动的工资率是 10 美元/小时。在 (a) 幅，非熟练劳动的需求降低为 D_1，在 (b) 幅，熟练劳动的需求上升为 D_1。非熟练劳动的工资率下降到 4 美元/小时，而熟练劳动的工资率上升为每小时 15 美元。

全球化　中国和其他发展中国家进入全球经济，降低了许多制造业的价格。较低的企业销售价格降低了企业工人的边际收益产量，减少了对他们的劳动的需求。一种类似于图 18.8 (a) 的情形出现了，工资率下降了，就业减少了。

与此同时，不断增长的全球经济增加了那些雇佣熟练工人的服务业的需求，熟练劳动的边际收益产量和需求增加。一种类似于 18.8 (b) 的情形出现了，工资率上升了，熟练劳动工人的就业机会扩大了。

歧　视

人力资本差别可以部分解释我们观察到的经济不平等。歧视则是经济不平等的另一个起源。

假定黑人女性和白人男性作为投资顾问有同样的能力。图 18.9 表示黑人女性的供给曲线 S_{BF}［(a) 幅］和白

图 18.8　解释收入分配的趋势

myeconlab

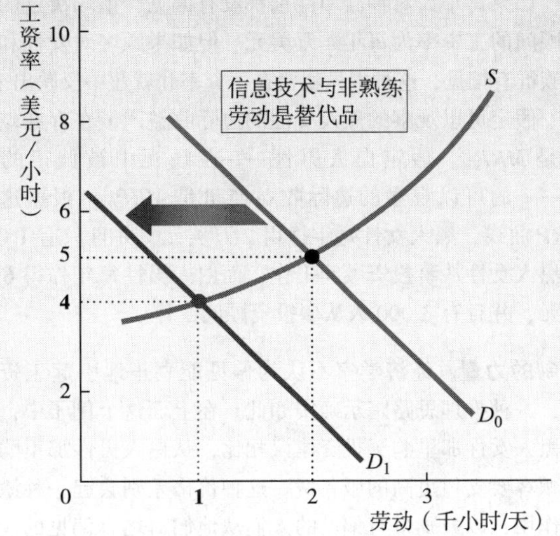

（a）非熟练劳动的需求减少

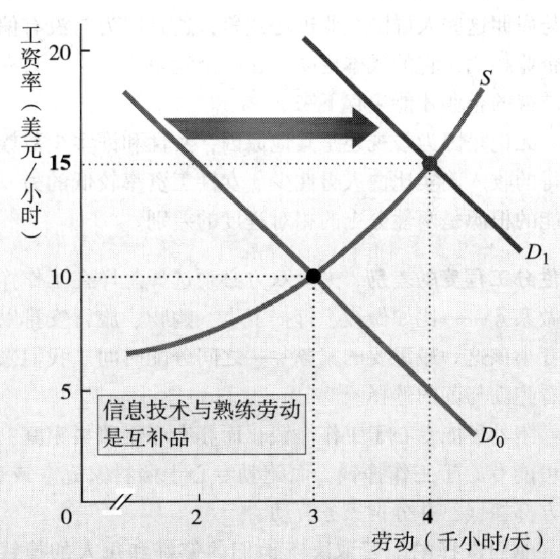

（b）熟练劳动的需求增加

(a) 幅的非熟练劳动与信息技术是替代品。信息技术进步减少了非熟练劳动的需求，降低了它的工资率。(b) 幅的熟练劳动与信息技术是互补品。信息技术的进步增加了熟练劳动的需求，提高了它的工资率。

人男性的供给曲线 S_{WM}［(b) 幅］。由在 (a) 幅和 (b) 幅中标为 *MRP* 的两条曲线表示的投资顾问的边际收益产量在两个组是一样的。

如果每个人对种族和性别都没有偏见，市场决定的投资顾问的工资率为每年 4 万美元。但如果顾客对女性和少数族群有偏见，这种偏见就要在工资率和就业中反映出来。

假定可以观察的黑人女性的边际收益产量在存在歧视时是 MRP_{DA}。假定白人男性——在歧视中被偏袒的一方——的可以观察的边际收益产量是 MRP_{DF}。根据这些 *MRP* 曲线，黑人女性每年挣得 2 万美元，并且只有 1 000 个黑人女性从事投资顾问工作，而白人男性每年挣得 6 万美元，并且有 3 000 人从事投资顾问工作。

抵制的力量 经济学家不认为偏见能真正地引起工资差别，一种推理思路暗示确实如此。在上面这个例子中，与从黑人女性那里购买投资建议相比，从白人男性那里购买的顾客要支付更高的服务费。这种价格差别会起一种激励的作用，以鼓励带有偏见的人们从他们对之有偏见的人那里购买。这种力量大到足以消除所有歧视的影响。假定一个企业的消费者从来不与企业的工人相见——在制造业就是如此。如果这样一个企业歧视女性和少数族群，它就不能与雇佣这些人群的企业进行竞争，这是因为与没有偏见的企业相比，它的成本更高。在一个竞争产业中，只有没有歧视的企业才能生存下来。

无论是因为歧视还是其他原因，女性和许多少数族群赚得的收入确实比白人男性少。女性工资率较低的另一个可能的根源是两性分工的相对程度的差别。

两性分工程度的差别 夫妻双方必须选择怎样在工作挣钱与做家务——比如做饭、打扫卫生、购物、旅行安排以及养育小孩这一最重要的家务——之间分配时间。我们来看一看鲍勃与苏的选择。

鲍勃可能专心于工作挣钱，而苏专心于照料家庭；或苏可能专心于工作挣钱，而鲍勃专心于照料家庭。或者，双方都挣钱，并分担家务劳动。

他们选择的配置取决于他们的偏好和每人的挣钱潜力。越来越多家庭的选择是，每个人都工作挣钱，同时都做一些家务。但在大多数家庭，鲍勃会专心挣钱，而苏则既挣钱又承担大部分家务活。按照这种配置，鲍勃会比苏挣的钱多。如果苏把时间和精力用于照料家务，以确保鲍勃的身心状态良好，鲍勃的市场劳动的质量就会比他在既工作又做家务时更高。如果角色互换的话，苏就能提供能比鲍勃挣更多钱的市场劳动。

图 18.9 歧视

myeconlab

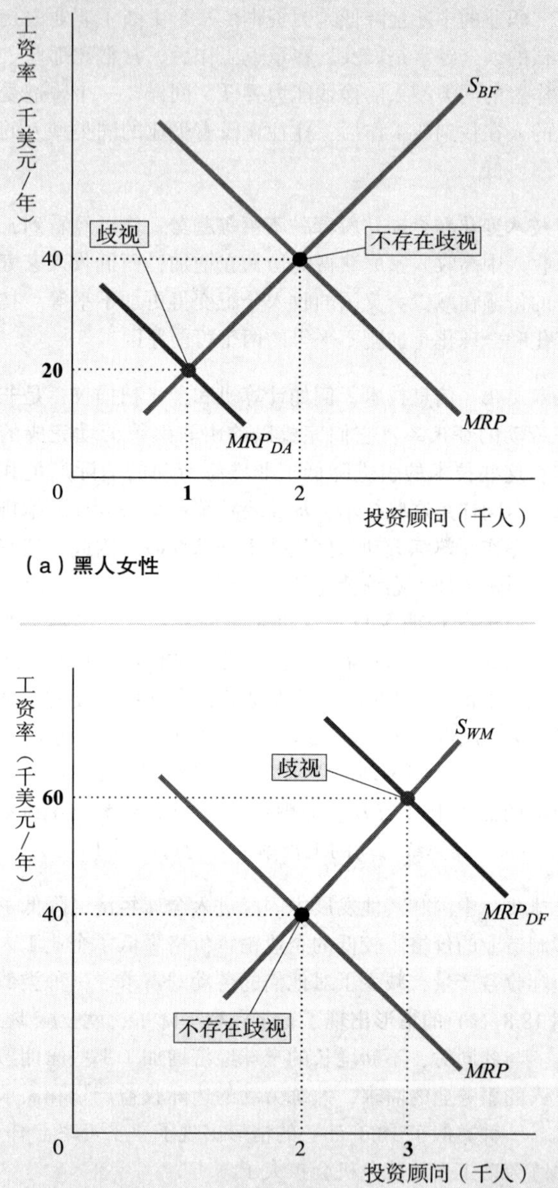

不存在歧视时，工资率为 4 万美元/年，每组有 2 000 人被雇佣。在存在对黑人和妇女的歧视时，(a) 幅的边际收益产量曲线是 MRP_{DA}，(b) 幅是 MRP_{FD}。黑人女性的工资率下降到 2 万美元/年，只有 1 000 人被雇佣。白人男性的工资率上升到 6 万美元/年，有 3 000 人被雇佣。

为了检验两性分工程度是否说明了性别之间的收入差距，经济学家比较了未婚的男性与未婚女性的收入。他们发现，一般来说，在相等数量的人力资本的前提下，这两组的工资是相同的。

我们考查了劳动市场的不平等的起源。现在我们来看一看由不平等的资本所有权导致的不平等。

不平等的财富

你已经看到，财富（把人力资本排除在外）的不平等远远超过收入的不平等。这种不平等产生于储蓄和从上一代到下一代的财富转移。

一个家庭的收入越高，这个家庭就越倾向于储蓄更多，并转移给下一代。储蓄并不始终是导致不平等增加的一个根源。如果一个家庭进行储蓄的目的是在它的生命周期内重新配置不均匀的收入，从而使消费的波动低于收入的波动，那么储蓄就会降低不平等。如果有运气获得高收入的一代人储蓄了收入的很大一部分，并把资本留给没有运气的下一代，这种储蓄行为也降低了不平等的程度。但财富的代际转移的两个特性增加了不平等：人们不用继承债务，以及婚姻倾向于集中财富。

不用继承债务　虽然一个人可能在死的时候还欠债，即具有负财富，但不能强迫家庭中的下一代承担债务。因此遗产只会增加而不会减少未来一代的财富。

大多数人没有继承什么东西或继承得很少。少数人继承了巨大的财富。其结果，与能力和工作技能的分配相比，财富的代际转移使收入分配更加不平等，而且是持久的。在这一代人中很穷的家庭很可能在下一代也很穷。在这一代人中很富的家庭很可能在下一代也很富。婚姻则强化了这种趋势。

婚姻与财富集中　人们倾向于在他们自己的社会经济阶层内寻找伴侣结婚——这种现象称为门当户对的婚姻。日常语言中有“同类相吸”的说法。虽然有很多“两极相吸”的民间传说，但灰姑娘的故事之所以吸引我们，或许就是因为它们在现实中是如此少见。有钱人只找有钱的伴侣。

因为婚姻的门当户对，财富更加集中在少数家庭，财富的分配变得更加不平等。

复习测验

1. 在说明收入不平等时，人力资本起什么作用？
2. 在说明收入不平等时，歧视起什么作用？
3. 由性别和种族引起不平等的可能原因是什么？
4. 技术变化和全球化怎样影响收入分配？
5. 继承而来的财富是否使收入分配更平等或更不平等？
6. 财富不平等为什么会持续几代人？

myeconlab **Study Plan 18.2**

接下来，我们将看一看税收和政府项目如何再分配收入和降低经济不平等的程度。

收入再分配

美国政府再分配收入的三个主要方法是：

- 所得税
- 收入维持计划
- 补贴性服务

所得税

所得税可能是累进的、累退的或比例的。**累进所得税**（progressive income tax）就是平均税率随着收入增长而提高的征税。**累退所得税**（regressive income tax）是平均税率随着收入的增长而降低的征税。**比例所得税**（proportional income tax）（又称单一税率所得税）是平均税率不变的所得税，不考虑收入的水平。

美国使用的税率包括两部分：联邦税和州税。一些城市如纽约市也征收所得税。各个州在税收的细节安排方面各有不同。但无论是在联邦一级还是州一级，税制都是累进的。有工作的最穷家庭通过劳动收入税收优惠，从政府那里获得收入。较高收入的家庭则递进地把多挣的每一美元收入的 10%、15%、20%、25%、28%、33%和 35%作为税收缴纳。

收入维持计划

有三类主要的计划通过对处于收入分配底层的人们进行直接支付（以现金、服务或代金券），从而对收入进行再分配。它们是：

- 社会保障计划
- 失业补贴
- 福利计划

社会保障计划 主要的社会保障计划是 OASDHI——老年、遗属、残疾和医疗保险。通过对雇主和雇员强制征收工薪税，每月对退休的或丧失劳动能力的工人，或他们的活着的配偶和子女支付现金。在 2005 年，社会保障总支出预算为 5 500 亿美元，而每月对一对已婚夫妇的标准社会保障支付为略多于 1 000 美元。

社会保障的其他部分是医疗保障项目，它为老年人和残疾人提供医疗和健康保险。

失业补贴 为了给失业工人提供收入，每个州建立了失业补贴计划。按照这些计划，对每个就业工人按其收入征税，而当他们失业时就可以获得补贴。各州之间的补贴细节各不相同。

福利计划 福利的目的是向那些不符合社会保障和失业补贴条件的人提供收入。它们是：

1. 补充保障收入(SSI）计划，目的是帮助最贫困的老年人、残疾人和盲人。
2. 贫困家庭临时资助（TANF）计划，目的是帮助没有足够经济来源的家庭。
3. 食品券计划，目的是帮助那些最穷的家庭得到基本食物。
4. 医疗补助计划，目的是给接受 SSI 计划和 TANF 计划帮助的家庭弥补医疗费用。

补贴性服务

在美国，大量的再分配通过提供补贴性服务的方式进行——政府以低于生产成本的价格提供这些服务。消费这些物品和服务的纳税人从没有消费这些东西的纳税人那里获得了一种实物形式的转移支付。出现这种形式的再分配的两个最重要的领域是医疗和教育——包括从幼儿园到 12 年级毕业的教育和大学教育。

在 2005~2006 年，在加州大学系统注册的学生每年要支付 6 780 美元的学费。加州大学提供一年教育的成本可能为 2 万美元。因此，有一个成员在这所大学上学的家庭每年从政府那里接受的福利超过 1.3 万美元。

政府提供的医疗服务已经达到了私人提供的规模。诸如医疗保障项目计划和医疗补助计划把高质量、高费用的医疗带给了数百万因收入很低而消费不起这些服务的人。

收入再分配的规模

一个家庭的*市场收入*告诉我们在没有政府的再分配时家庭所获得的收入。你已经看到，市场收入*不是*我们在图 18.1 至图 18.6 中使用的衡量收入分配的官方标准。统计局的尺度是*货币收入*（市场收入加上政府的现金转移支付)。但市场收入是衡量收入再分配规模的正确起点。

我们从市场收入开始，然后减去税收，再加上获得的各种福利的数量。结果就是在征税和支付福利之后的收入分配。可获得的福利数据排除了补贴性服务——例如上大学——的价值，因而由此得出的再分配可能低估了从富人转给穷人的再分配的总量。

图 18.10 表示 2001 年的再分配规模，这是统计局提供了数据的最近期结果。在 (a) 幅，浅灰色洛伦兹曲线描述了收入的市场分配，深灰色洛伦兹曲线表示在征税和支付福利——包括医疗保障项目和医疗补助计划福利——之后的收入分配。（图 18.3 中的以货币收入为根据的洛伦兹曲线位于图 18.10 的两条曲线之间。）

在征税和支付福利之后的分配比市场分配减少了不平等。最低的 20%家庭只获得市场收入的 0.9%，但在征税和支付福利之后获得收入的 4.6%。最高的 20%家庭获得了 55.6%的市场收入，但在征税和支付福利之后只获得收入的 46.7%。

图 18.10（b）突显了在五个组之间再分配的总收入百分比。最低的 60%家庭获得的总收入份额增加了。第四频数组获得的份额几乎不变。最高的频数组获得的份额下降了 8.9%。

艰难的权衡

收入的再分配引起了所谓的**艰难的权衡**（big trade-

图 18.10 收入再分配

myeconlab

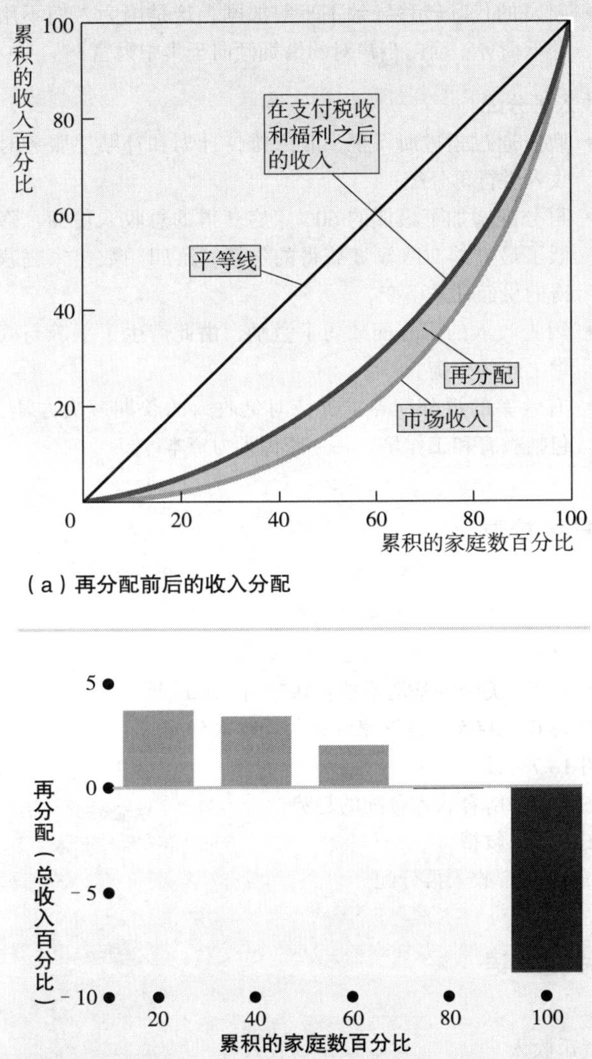

（a）再分配前后的收入分配

（b）再分配规模

2001 年，最低收入的 20%家庭获得了净福利，使他们在总收入中的份额从占市场收入的 0.9%上升到 4.6%。最高收入的 20%家庭交税，使他们从占市场收入的 55.6%下降到 46.7%。

资料来源：U.S. Bureau of the Census, "Money Income in the United States: 2001," *Current Population Reports*, P-60-200 (Washington, DC: U.S. Government Printing Office, 2003).

off)，即平等与效率之间的权衡。艰难的权衡之所以产生，是因为再分配使用了稀缺资源并减弱了激励。

从富人那里征收的一美元并没有转化为穷人获得的一美元。其中一部分在再分配过程中被耗费了。像国内税务局这样的税收机构和福利管理机构（以及税收会计师和律师）使用熟练劳动、计算机和其他稀缺资源进行工作。再分配的规模越大，管理再分配的机会成本就越大。

不过征税和福利工作的成本是再分配的总成本的一小部分。更大的成本来自于税收和福利的无效率（无谓损失）。更大的平等只有通过对诸如工作和储蓄那样的生产性行为征税来实现。对人们的工作收入和储蓄征税降低了人们的税后收入。降低了的税后收入使人们少工作和少储蓄，反过来导致产量减少，这样不仅使纳税的富人消费更少，也使接受福利的穷人消费更少。

不仅纳税人面临着更弱的工作激励，福利接受者也面临着更弱的激励。事实上，在 1996 年改革之前实行的福利的安排下，那些从福利中收益的家庭所面临的工作激励最弱。当一个福利接受者得到了一份工作，福利就会取消，而且也没有了接受诸如医疗保障项目的资格。因此受影响的家庭为它的收入缴纳了超过 100%的税收。这种安排使贫穷家庭掉进福利陷阱中。

因此，决定收入再分配的规模和方式的机构必须密切关注税收和福利的激励效应。我们来看一看立法者现在处理这种艰难的权衡的方法，从而结束本章。

一个重大的福利挑战 在当今的美国最贫穷的人属于年轻女性。这些年轻女性没有完成中学教育，拥有一个孩子（或几个孩子），没有伴侣一起生活，更有可能是黑人或西班牙裔人而不是白人。她们和她们的孩子提出了一个重大的福利挑战。

首先，她们的数量很庞大。在 2005 年有 1 400 万个单身母亲家庭，这个数字是家庭总数的 12%。在 1997 年（最近期的统计数据），单身母亲为抚养孩子欠债 260 亿美元，其中的 100 亿美元没有偿还。30%的女性没有得到孩子父亲的任何支持。

从长期看，解决这些人的问题的方法是教育和培训——获得人力资本。短期的解决方法是强制缺席的父亲和从前的配偶支付孩子的养育费，并提供福利帮助。

福利设计必须使得实现其自立的长期目标的妨碍减少到最小。美国现行的福利计划正努力朝着这个方向。

1996 年通过的个人责任与工作机会协调法案加强了儿童抚养执行办公室的力量，并加大了对不支付抚养费的惩罚。这个法案也建立了贫困家庭临时补助计划(TANF)。TANF是联邦给予各州的一揽子资金，由各州来执行对个人的支付。它并不是一个无限制的权利计划。得到资助的家庭的成年成员必须工作或从事社区服务，而且，资助以5年为限。

复习测验

1. 美国政府怎样再分配收入？
2. 描述一下美国的再分配规模。
3. 当今一个重大的福利挑战是什么？美国怎样处理这一挑战？

myeconlab **Study Plan 18.3**

◆ 我们考察了美国的经济不平等，看到了不平等是如何产生的。我们也看到不平等在加剧。阅读材料概括了20世纪80年代至90年代的不断加剧的不平等。

下一章研究由不确定性和非完全信息引起的市场经济的一些问题。你将会发现，与我们在第15章和第16章中研究的事例不同，市场在处理这些问题时做得很好。

总结提要

要 点

衡量经济不平等

- 2005年，众数货币收入是每年1.3万美元，中位数货币收入是46 326美元，平均数收入是63 344美元。
- 收入分配是正偏分布的。
- 2005年，最穷的20%家庭获得总收入的3.4%，而最富的20%家庭获得总收入的50.4%。
- 财富分配比收入分配更加不平等，这是因为财富数据排除了人力资本的价值。
- 1970年以来，收入分配变得更加不平等。
- 教育、家庭类型、户主年龄和种族都会影响家庭收入。

经济不平等的起源

- 不平等产生于人力资本差别。
- 由技术变化和全球化所引起的人力资本差别可以部分解释不平等加剧这一趋势。
- 不平等可能产生于歧视。
- 男性与女性之间的不平等产生于两性分工程度的差别。
- 财富的代际转移导致不平等加剧，这是因为人们不用继承债务，而门当户对的婚姻倾向于集中财富。

收入再分配

- 政府通过累进所得税、收入维持计划和补贴性服务对收入进行再分配。
- 再分配增加了最低的60%家庭获得的总收入份额，降低了最高的20%家庭获得的份额。第四频数组家庭获得的份额几乎不变。
- 因为收入的再分配减弱了激励，由此产生了平等与效率之间的权衡。
- 有效率的再分配寻求支持对低收入的长期解决方法，包括教育和工作培训——获得人力资本。

关键图表

图18.1 2005年美国收入分配
图18.4 收入与财富洛伦兹曲线
图18.5 美国的基尼系数：1970年~2005年
图18.6 2005年典型家庭的人均收入分配
图18.7 技能差别
图18.8 解释收入分配的趋势
图18.9 歧视
图18.10 收入再分配

关键术语

货币收入	市场收入
洛伦兹曲线	财 富
基尼系数	贫 困
累进所得税	累退所得税
比例所得税	艰难的权衡

习 题

1. 这个表格表示1967年美国的货币收入份额。

家庭数	货币收入（总量的百分比）
最　低（20%）	4.0
次　低（20%）	10.8
第三个（20%）	17.3
第四个（20%）	24.2
最　高（20%）	43.7

a. 什么货币收入？

b. 画一条 1967 年美国的洛伦兹曲线，并与图 18.3 的 2005 年的洛伦兹曲线相比较。

c. 与 1967 年相比，2005 年美国的货币收入分配是更平等还是更不平等？

d. 你能思考出一些引起美国货币收入分配在 1967 年和 2005 年的差别的原因吗？

2. 下图表示非熟练劳动的需求与供给。

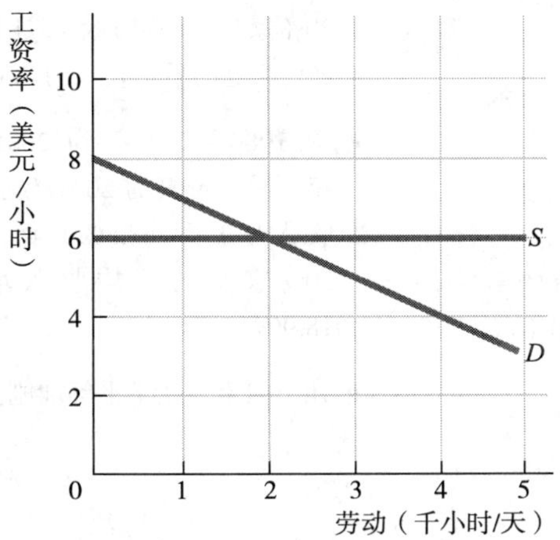

一个熟练工人的边际收益产量比一个非熟练工人高每小时 8 美元（在每个雇佣水平上的边际收益产量都比非熟练工人高 8 美元）。获得技能所需要的成本使得为了吸引熟练工人而必须支付的工资增加了每小时 6 美元。

a. 非熟练劳动的工资率是多少？

b. 非熟练劳动的就业数量为多少？

c. 熟练劳动的工资率为多少？

d. 熟练劳动的就业数量为多少？

e. 为什么熟练工人的工资率超过非熟练工人工资率的部分正好是获得技能的成本？

3. 下图表示受歧视的工人的需求与供给。假定在同一行业有一组不受歧视的工人，观察发现他们的边际收益产量是被歧视的工人的边际收益产量的两倍。假定不受歧视的工人的供给在每个工资率水平上都减少了 2 000 小时/天。

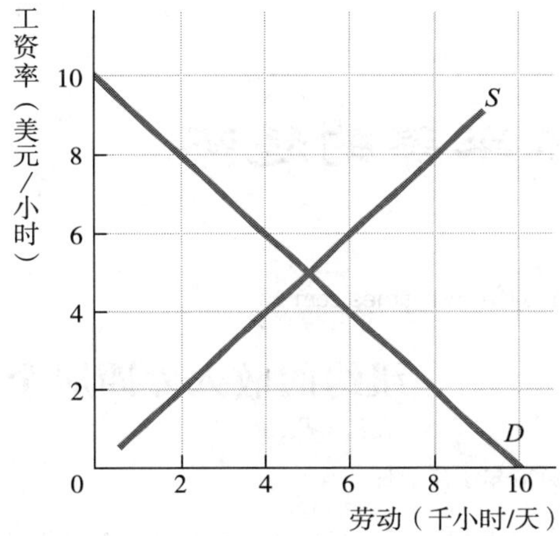

a. 受歧视的工人的工资率是多少？

b. 不受歧视的工人的工资率是多少？

c. 受歧视的工人的就业数量是多少？

d. 不受歧视的工人的就业数量是多少？

4. 这个表格表示三个纳税计划表。

税前收入（美元）	A 纳税计划（美元）	B 纳税计划（美元）	C 纳税计划（美元）
10 000	1 000	1 000	2 000
20 000	2 000	4 000	2 000
30 000	3 000	9 000	2 000

哪一个纳税计划

a. 是比例税？

b. 是累退税？

c. 是累进税？

d. 增加了不平等？

e. 减少了不平等？

f. 对不平等没有影响？

5. 这个表格表示 2005 年美国市场收入的分配。

家庭数	市场收入（总量的百分比）
最　低（20%）	1.1
次　低（20%）	7.1
第三个（20%）	13.9
第四个（20%）	22.8
最　高（20%）	55.1

a. 市场收入的定义是什么？

b. 画一条市场收入分配的洛伦兹曲线。

c. 把市场收入分配与图 18.3 中表示的货币收入分配相比较。哪一个分配更不平等？为什么？

阅读材料：事例与分析

政策观察

不平等的趋势

http://www.nytimes.com

纽约的收入差距居全美国最高

2006年1月27日

根据一项由两个全国性经济政策小组完成的最新研究，纽约的贫富之间的收入差距仍然是各州之首。

根据这项研究，纽约州最富的20%家庭的平均收入是最穷的20%家庭的平均收入的8.1倍。这项研究引用了由经济政策学会（EPI）和预算与政策优先研究中心（CBPP）这两个位于华盛顿的自由研究小组汇编的调查数据。

在全美国范围内，位于顶端的20%家庭获得的收入是在底层的20%家庭的7.3倍。尽管几年来纽约一直在收入差距名单中名列首位，但在1980年代早期，它只名列第11位，那时候顶端家庭和底层家庭的平均收入差距为5.6倍……

根据这个报告提供的数据，在纽约州，位于顶端的20%家庭的平均收入是130 431美元。与之相比，底层家庭的平均收入为16 076美元。

从1980~1982年到2001~2002年——即这项研究考查的时期，在全国范围内，最穷家庭的平均收入增长了18.9%，即2 664美元，而在顶端的20%家庭的平均收入增长了58.5%，即45 101美元。

“最大的问题是低收入和中等收入人群的工资在下降。”报告的作者之一伊丽莎白·麦尼克尔说。“部分原因是长期的超过平均水平的高失业，全球化——就业转移到了国外，从制造业工作向更低收入的服务业工作转移，移民，工会力量的减弱，以及联邦最低工资由于通货膨胀而不断下降。”……

事件的本质

- 在2001~2003年，纽约州最富的20%家庭的平均收入是最穷的20%家庭的平均收入的8.1倍。
- 在1980~1982年，纽约州最富的20%家庭的平均收入是最穷的20%家庭的平均收入的5.6倍。
- 在2001~2003年，美国最富的20%家庭的平均收入是最穷的20%家庭的平均收入的7.3倍。
- 从1980~1982年到2001~2002年，美国最富的20%家庭的平均收入增长了58.5%，而底层的20%家庭的平均收入增长了18.9%。
- 几个因素促使不平等加剧。

经 济 分 析

- 根据这篇文章研究报道，在 1980~1982 年和 2001~2003 年期间，纽约最富的 20%家庭的收入是最穷的 20%家庭的收入的倍数从 5.6 上升到 8.1。
- 伊丽莎白·麦尼克尔列举了一些她认为是引起这些变化的因素。
- 但这些因素有更深层次的原因，我们可以理解为是在 20 世纪 80 年代和 90 年代期间，非熟练劳动和熟练劳动市场的需求与供给发生变化的结果。
- 在图 1 中，1979 年非熟练劳动的需求曲线是 D_{79}，非熟练劳动的供给曲线是 S_{79}。到 2000 年，需求增加到 D_{00}，供给增加到 S_{00}。
- 因为供给增加快于需求，非熟练劳动的数量增加，但工资率下降。
- 非熟练劳动的供给增加，部分原因在于移民。非熟练劳动的需求增加了，但低于供给的增加。我们在本章中已经确认了这其中的原因：新技术是非熟练劳动的替代品。
- 在图 2 中，1979 年的熟练劳动的需求曲线是 D_{79}，而熟练劳动的供给曲线是 S_{79}。到 2000 年，需求增加到 D_{00}，而供给增加到 S_{00}。
- 因为需求的增加超过供给的增加，熟练劳动的数量增加，工资率上升。
- 熟练劳动的供给增长缓慢，因为新技术要求较高的教育水平来补充。
- 熟练劳动的需求增加量很大，因为改变经济结构的新技术增加了受过高等教育的工人的边际收益产量。

说出你的观点

- 你认为政府需要采取特别的措施来处理扩大的收入差距吗？
- 描述一下你推荐的措施，并解释它们可能产生的影响，或者，解释一下你为什么认为没有必要采取行动，以及你认为工资差距在下一个十年会发生怎样的变化。

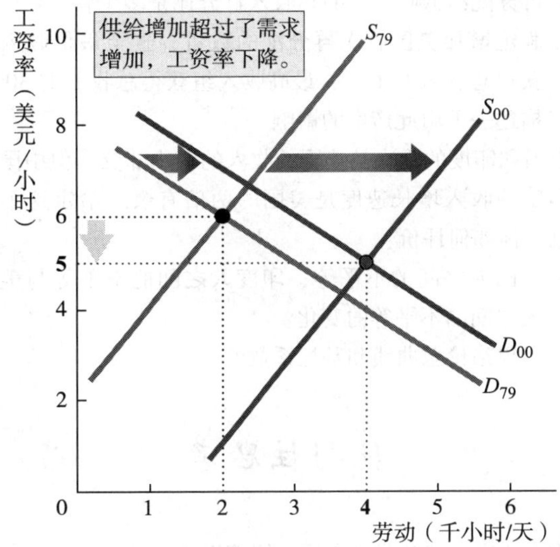

图1　非熟练劳动市场

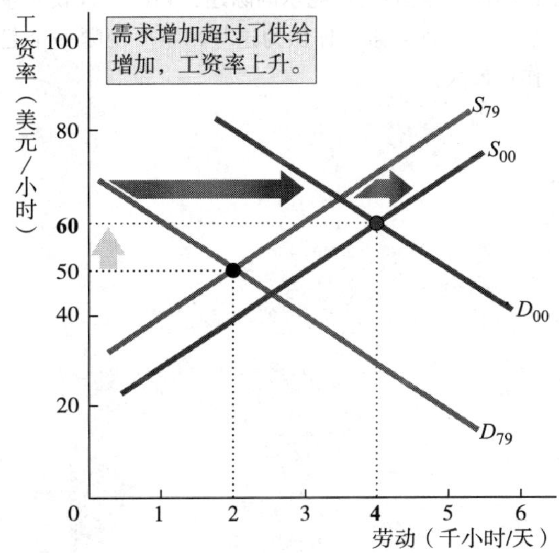

图2　熟练劳动市场

6. 使用问题 5 和图 18.3 提供的信息。
   a. 从最高收入组中再分配的总收入百分比是多少？
   b. 再分配给低收入组的总收入百分比是多少？
   c. 假定增加美国收入再分配的数量，直至最低收入组获得总收入的 15%，最高收入组获得总收入的 30%。描述一下由此产生的影响。
7. 中国和印度的收入是美国的收入的一小部分。但中国和印度的收入增长速度是美国的两倍有余。给定这个信息，你如何评价：
   a. 中国人之间的不平等、印度人之间的不平等与美国人之间的不平等的变化？
   b. 世界洛伦兹曲线和基尼系数？

批判性思考

1. 你在研究了阅读材料之后，回答以下问题。
   a. 在这篇关于最高的 20%和最低的 20%之间收入差距的新闻报道中的主要事实是什么？
   b. 根据伊丽莎白·麦尼克尔的陈述，列出导致收入差距扩大的各种因素。你认为这些因素中的哪一个起的作用最大？
   c. 根据伊丽莎白·麦尼克尔的陈述，在导致收入差距扩大的各种因素中，你认为哪种因素说明了全国趋势，哪种因素说明了纽约州更为极端的变化？
   d. 根据这篇新闻报道提供的信息，需要提出什么样的政策观点？
   e. 假如有可能，你认为税收体制、福利体制或教育体制应该怎样变化，以影响收入的再分配？

网上活动

1. 获得你所在州的关于收入分配和贫困的数据。然后，
   a. 描述你所在州的收入分配和贫困的主要事实。
   b. 把你所在州的情形与全国其他地方相比较。
   c. 为什么你认为你所在州的情形比整个国家更好或更差（根据你的描述）？
2. 下载世界银行的 Deininger and Squire 数据集中关于许多国家的收入分配的数据。
   a. 在数据集中，哪一个国家的分配最不公平？
   b. 在数据集中，哪一个国家的分配最公平？
   c. 你能思考出一些原因以解释你刚刚确定的两个国家在收入分配方面的差距吗？

第 19 章

不确定性和信息

学习本章后，你将能：

- 解释人们在结果不确定时如何做出决策
- 解释人们为什么购买保险，以及保险公司如何获利
- 解释买者为什么搜寻
- 解释市场如何应对私人信息
- 解释人们如何利用金融市场降低风险
- 解释不确定性和不完全信息的存在如何影响市场有效配置资源的能力

彩票与次品

生活就像博彩。你在学校努力学习，但是结局会是怎样呢？你将得到一份有趣、高薪的工作呢，还是一份可怜、低薪的工作？你做了一个暑假生意并努力工作，但是你的生意是不是能够赚到足够多的钱，让你明年继续留在学校或者离开学校？当不知道结果是什么时，人们如何决策呢？

当你行车到十字路口正赶上绿灯，你看见你左边的车仍在行驶，它将停下来还是闯红灯呢？你会购买保险来应对此类风险，而保险公司则从你的业务中获利。为什么我们愿意支付一个能使保险公司获利的价格来购买保险？

买一辆新车或者二手车，本来是一件乐事，但也让人担惊受怕。你可能买到的是一件次品。你购买的每一件复杂产品都可能是有瑕疵的。汽车中间商和零售商如何诱使我们购买可能是次品的产品？

大多数有资金的人会选择资产投资多样化而非只投资他们认为具有最高收益的某项资产。为什么要选择多样化呢？

尽管市场能帮助人们有效地利用稀缺资源，但依然存在实现效率的障碍。当存在不确定性和不完全信息时，市场能带来一个有效的结果吗？

◆ 在本章中，我们回答这类的问题。在本章末**阅读材料**中，我们将探讨市场如何帮助你找到合适的工作以及解决高校分数膨胀的问题。

不确定性和风险

虽然我们生活在一个不确定的世界，但我们很少问什么是不确定性。然而，为了解释我们如何在不确定的世界里做决策和相互交易，我们需要更深入地思考不确定性。不确定性到底是什么呢？我们也生活在一个风险的世界里，风险和不确定性相同吗？我们首先定义不确定性和风险，并把它们区分开来。

不确定性（uncertainty）是指可能发生的事情不止一件，但我们不知道哪件发生的一种状态。例如，当农民种庄稼时，他们对生长期内的天气是不确定的。

用日常语言来说，风险是遭受损失（或其他某种不幸）的概率。在经济学中，**风险**（risk）是不止会出现一种结果而且每种可能结果的概率可以估算的一种状态。概率是 0 到 1 之间的一个数，用来衡量某一可能事件发生的机会。概率为 0 意味着事件将不会发生。概率为 1 意味着事件一定会发生——确定性的。概率为 0.5 意味着事件发生和不发生的可能性一样。其中的一个例子是抛硬币面朝上的概率。在多次抛硬币时，面朝上和面朝下都是一半左右。

有时概率可以衡量。例如，抛硬币面朝下的概率是根据多次抛硬币时一半面朝上一半面朝下的事实；芝加哥 2008 年发生车祸的概率可以用警方和保险公司过去的车祸记录估算；你的彩票中奖的概率可以用你购买的彩票量除以彩票总量来估算。

有些情况无法根据以前观察到的事件的概率进行描述。这些情况可能是特定的事件，例如引进新产品。将能卖掉多少和以什么样的价格卖？因为产品是新的，所以没有以往经验可用来估算概率。但通过以往相似产品的经验并辅之以一些判断，仍可以解决这个问题。这种判断称为主观概率。

无论事件发生的概率是根据实际数据还是主观判断——甚至是猜测——我们都可以用概率来研究人们面对不确定性做决策的方法。这样做的第一步是描述人们如何评估风险的成本。

衡量风险的成本

一些人比另一些人更愿意承担风险，但在其它保持不变的情况下，几乎所有的人都偏好更小的风险。我们用财富的效用表或曲线来衡量人们对风险的态度。**财富的效用**（utitity of wealth）是一个人赋予某一特定财富的效用水平。其它保持不变，一个人的财富越多，这个人的总效用就越大。较多的财富带来更大的总效用，但是随着财富的增加，额外一单位财富所增加的总效用量减少。也就是说，财富的边际效用递减。

图 19.1 列出了塔妮娅的财富效用表和效用曲线。塔妮娅财富效用曲线上从 A 到 E 各点对应于表中用同样字母表示的各行。你可以看到，随着她的财富的增加，她的总效用也增加了。你也可以看到，财富的边际效用在递减。当财富从 3 000 美元增加到 6 000 美元时，总效用增

图 19.1 财富的效用

myeconlab

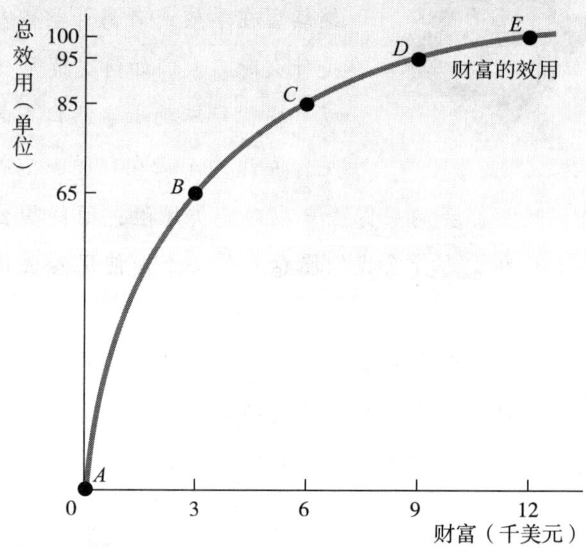

	财 富（千美元）	总效用（单位）	边效效用（单位）
A	0	0	
			65
B	3	65	
			20
C	6	85	
			10
D	9	95	
			5
E	12	100	

该表表示塔妮娅的财富效用表，该图表示她的财富效用曲线。随着财富的增加，效用增加，但是财富的边际效用递减。

加了 20 个单位，但是当财富进一步增加 3 000 到了 9 000 时，总效用只增加了 10 个单位。

我们可以用塔妮娅的财富效用函数来衡量她的风险成本。我们来看塔妮娅如何评价两份风险不同的暑期工作。

一份工作是油漆工，到暑假结束时能储蓄 5 000 美元。这份工作的收入没有不确定性，因而没有风险。如果塔妮娅接受这份工作，暑假末她的财富将是 5 000 美元。另一份工作是杂志社的电话推销员，并且是有风险的。如果她接受这份工作，暑假末她的财富完全取决于她的销售成功程度。她可能是一个好的或者差的销售人员。一个好的销售人员在暑假中可以赚到 9 000 美元，而一个差的销售人员只能赚到 3 000 美元。塔妮娅从没尝试过电话销售，因此她不知道自己能否成功。她假设自己赚 3 000 美元和 9 000 美元的机会相等——概率都为 0.5。塔妮娅偏好哪一种结果：做确定有 5 000 美元的油漆工，还是做电话推销员，各有 50%的概率赚 3 000 美元和 9 000 美元？

当存在不确定性时，人们不知道他们从特定行动得到的实际效用。但是有可能算出他们期望得到的效用。**期望效用**（expected utility）是从所有可能的结果中获得的平均效用。做选择之前，塔妮娅计算了每份工作的期望效用。图 19.2 显示了她选择的过程。

如果塔妮娅选择做油漆工，她可以得到 5 000 美元的财富和 80 单位的效用。没有不确定性，因此她的期望效用等于她的实际效用——80 单位。但若她选择做电话推销员，赚 9 000 美元的效用是 95 单位，而赚 3 000 美元的效用是 65 单位。塔妮娅的期望收入是这两收入的平均值，即 6 000 美元——(9 000 × 0.5) + (3 000 × 0.5)。这个平均值被称作*加权平均值*，权重是每种结果的概率（本例中都是 0.5)。塔妮娅的*期望效用*是这两种效用的平均值，等于 80 单位——(95 × 0.5) + (65 × 0.5)。

塔妮娅选择期望效用最大的工作。本例中，这两个选择的期望效用相等——都是 80 单位——所以这两份工作对她而言无差异。她接受任何一份工作的可能性是相等的。塔妮娅从风险工作中得到的期望财富 6 000 美元和从无风险工作中得到 5 000 美元之间的差额——1 000 美元——刚好抵消塔妮娅承担的风险。

通过刚才的计算我们可以衡量塔妮娅的风险成本。风险成本是与无风险情形具有相同期望效用的期望财富的增加量。在塔妮娅的例子中，由不确定的收入 3 000 美元或 9 000 美元产生的风险成本是 1 000 美元。

图 19.2　不确定性下的选择

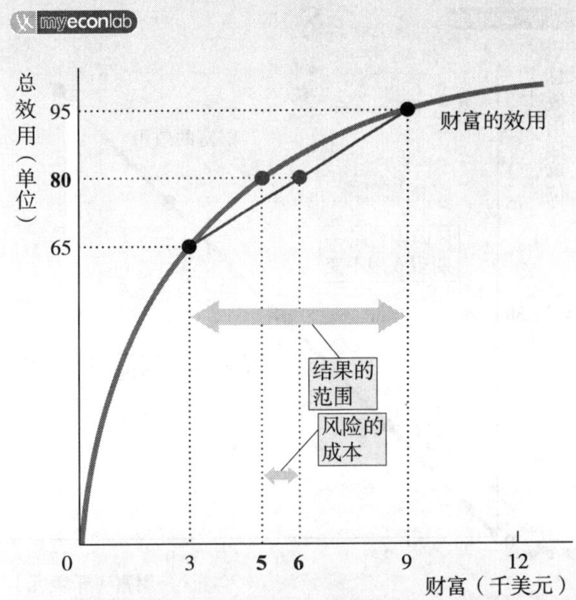

如果塔妮娅的财富是 5 000 美元而且她不承担风险，她的效用是 80 个单位。财富是 9 000 美元时效用为 95，财富是 3 000 美元时效用为 65。如果这个事件概率相等，那么她的期望财富是 6 000 美元，但是她的期望效用是 80 个单位——这和无风险的 5 000 美元是无差异的。塔妮娅在两种选择间是无差异的。塔妮娅额外 1 000 美元的期望财富刚好抵消她承担的风险。

如果塔妮娅可以从油漆工得到的财富仍然是 5 000 美元，而从电话销售得到的期望收入也保持不变，但其不确定的范围扩大了，塔妮娅会接受油漆工的工作。为了说明这个结论，假设好的电话推销员赚 12 000 美元而差的推销员什么都没赚到。电话销售的平均收入仍然是 6 000 美元，但是不确定的范围扩大了。从图 19.1 的表可以看出塔妮娅从 12 000 美元的财富获得 100 单位的效用和从零财富获得 0 单位的效用。所以此时塔妮娅从事电话销售的期望效用是 50 单位——(100×0.5) + (0×0.5)。由于现在从电话销售中得到的期望效用少于从油漆工中得到的，她选择做油漆工。

风险规避和风险中性

西雅图海鹰队的主教练迈克喜欢谨慎的比赛，而印第

图 19.3 风险中性

myeconlab

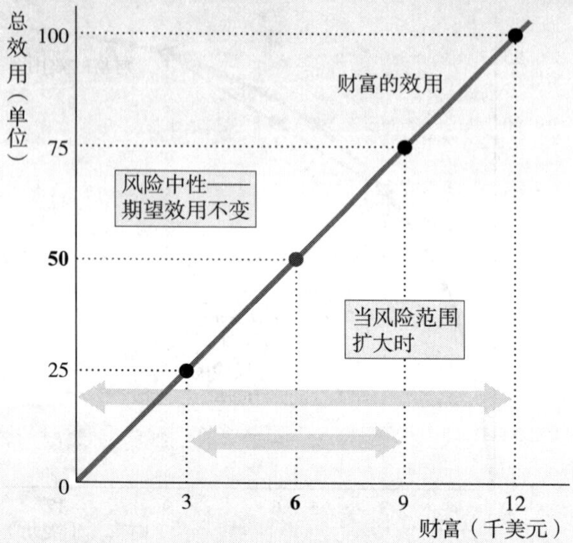

人们不喜欢风险意味着财富的边际效用递减。一个风险中性者（假定有）财富效用曲线为直线，并且财富的边际效用为常数。对一个风险中性者来说，期望效用不取决于不确定的范围，风险成本为 0。

安那 Colts 队的佩顿喜欢有风险的比赛。他们之间存在巨大差别。他们对待风险的态度不同。迈克比佩顿更加规避风险。塔妮娅也是风险规避者。财富效用曲线的形状告诉我们一个人对风险的态度——关于一个人的风险的规避程度。一个人财富的边际效用递减得越快，这个人就越规避风险。考虑风险中性的情形就能看出这一点。一个风险中性的人只关心期望财富而不在意风险有多大。

图 19.3 表示了一个风险中性者的财富效用曲线。这是一条直线并且财富的边际效用是个常数。如果这个人期望财富为 6 000 美元，无论关于该平均值不确定性的范围有多大，期望效用都是 50 单位。等概率地拥有 3 000 美元或 9 000 美元，与 6 000 美元的期望效用是相等的。而当塔妮娅的风险增加到这个范围时，她需要额外的 1 000 美元。这个人并不需要，即使是风险的范围变为 0 美元到 12 000 美元，风险中性者仍然得到和 6 000 美元一样的期望效用。现实中大多数的人都是规避风险的，其财富效用曲线类似于塔妮娅。但风险中性的例子说明了财富效用曲线形状对一个人风险规避程度的重要性和由此带来的后果。

复习测验

1. 当人们面对不确定的结果时如何决策？他们的目的是什么？
2. 我们如何衡量风险的成本？
3. 什么决定某个人愿意为避免风险所支付的财富量？每个人的风险成本相同吗？
4. 什么是风险中性者？这样的人会为规避风险支付多少？

myeconlab **Study Plan 19.1**

大多数人都是风险规避者。我们来学习保险如何降低他们所承担的风险。

保　险

购买保险是我们减少所承担的风险的一种方法。保险如何降低风险？人们为什么购买保险？什么决定我们对保险的花费？在回答这个问题之前，我们先来看看美国如今的保险业。

美国的保险业

平均而言，我们把大约 15%的收入用于私人保险。这和我们的住房支出一样多，并且高于汽车和食品支出。此外，我们还以社会保障和失业保险税的形式购买保险。当我们购买私人保险时，我们就与保险公司达成了协定，我们支付协定的价格——称之为保费，如果某种特定事件发生，我们可以得到保险公司的补偿。

我们购买的四种主要的保险是：

- 健康险
- 寿险
- 财产与意外事故险
- 汽车险

健康险 健康险减小了生病时的经济损失。它提供的资金弥补了失去的收入和医疗费用。图 19.4 表明，2004 年的健康险保费大约有 6 600 亿美元。

图 19.4 保险业

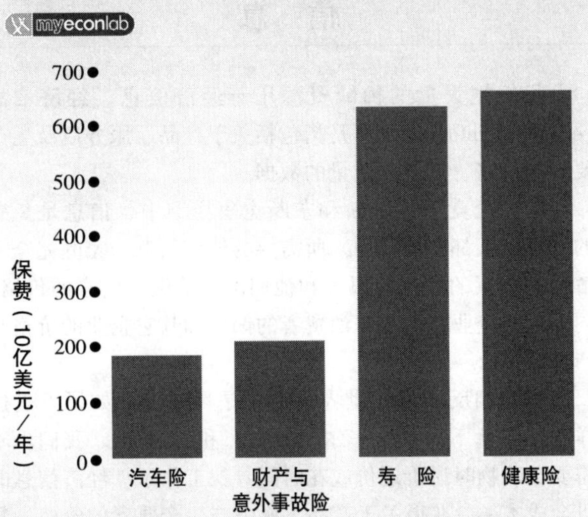

2004 年私人保险的总花费是 17 000 亿美元。大部分用于寿险和健康险。

资料来源：U.S. Bureau of the Census, *Statistical Abstract of the United States 2007*, Tables 121, 1206, and 1207.

图 19.5 保险的收益

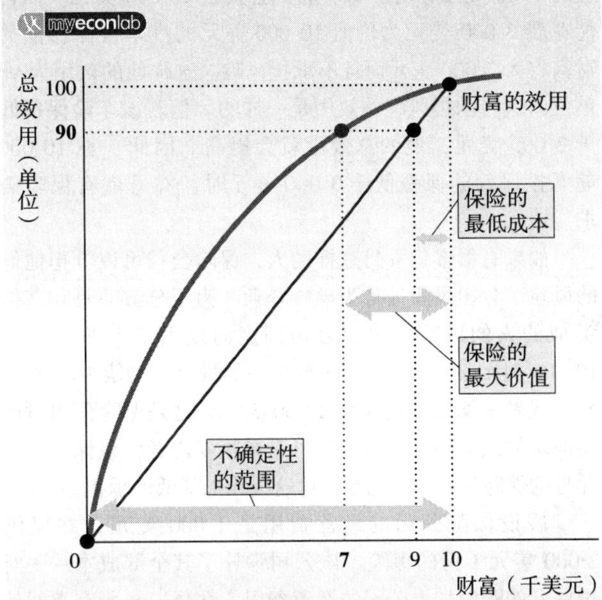

乔丹的汽车价值 10 000 美元，这给他带来了 100 单位的效用，但他有 0.1 的概率会发生车祸，这将使他的汽车一文不值（财富和效用都等于零）。在没有保险的时候，他的期望财富是 9 000 美元，他的期望效用是 90 个单位。他有保证的财富是 7 000 美元，乔丹支付的最高保险费是 3 000 美元。如果保险公司能以 1 000 美元的价格向乔丹提供保险，乔丹和保险公司双方都能从保险中得到潜在的收益。

寿　险 寿险减少了死亡时的经济损失。美国几乎有 80%的家庭持有寿险，并且平均每个家庭投保额是 15 万美元。图 19.4 表明，2004 年寿险保费总额超过了 6 300 亿美元。

财产与意外事故险 财产与意外事故险减少了人身或财产发生意外时的经济损失。它包括对工人的赔偿、火灾、地震和专业医疗事故保险，以及许多小项目。图 19.4 表明，2004 年这类保费有 2 100 亿美元。

汽车险 汽车险降低了交通事故或盗窃的经济损失。图 19.4 表明，2004 年美国在汽车险上的花费为 1 800 亿美元。

保险公司如何运作

保险公司通过分散风险来运作。因为人们是风险规避者，分散风险不仅是可能的，也是有利可图的。对某个人而言发生严重车祸的概率是很小的，但是对于碰上车祸的人来说损失是巨大的。总体上，一个人发生车祸的概率等于发生车祸的人占总人口的比例。由于可以估算出这一概率，因此可以预测车祸的总成本。保险公司可以分散总体的风险，并分摊成本。它通过向每个人收取保费并赔偿受到损失的人。如果保险公司的计算正确，它收取的保费应至少等于所支付的赔偿和运营成本之和。

我们看一个例子，来说明人们为什么购买保险以及为什么保险公司是有利可图的。乔丹的财富效用曲线如图 19.5 所示。他的车价值 1 万美元并且这是他唯一的财富。如果没有发生车祸的风险，他的效用将是 100 单位。但是，在一年之内他发生车祸的机会有 10%（概率是 0.1）。假设乔丹不买保险。如果他发生了车祸，他的汽车就一文不值，因此在没有投险时，他就没有了财富，效用为零。因为发生车祸的概率是 0.1，不发生车祸的概率就是 0.9。所以乔丹的期望财富是 9 000 美元（10 000 × 0.9 + 0 × 0.1），其期望效用是 90 单位（100 × 0.9 + 0 × 0.1）。

从图 19.5 中可以看出，在没有不确定性并且财富为

7 000美元，乔丹的效用是90单位。对于乔丹来说，无风险的7 000美元等同于10%的机会失去10 000美元。但若他花费3 000美元为价值10 000美元的汽车投保，他的财富将为7 000美元而且不承担风险。这样他的效用为90单位，这与承担风险的效用是一样的。但若该车险保费低于3 000美元，他的总效用就会提高。因此，在10 000美元投保额的保费低于3 000美元时，乔丹就有保险需求。

如果有很多像乔丹这样的人，保险公司可以分担他们的风险。分担风险被称为风险分散。为了分散乔丹和其他类似的人的风险，保险公司同意向发生车祸的人赔偿10 000美元。保险公司向十分之一的投保者赔偿10 000美元，或者平均每个投保者1 000美元。这是保险公司对此类保险的最低保费。因为乔丹是风险规避者，该保费低于乔丹的保险价值。他愿意支付这些钱来降低他承担的风险。

假设保险公司的经营费用是1 000美元，并提供2 000美元1份的保险。该公司弥补了其全部成本——对投保者的赔偿加上公司的运营费用。乔丹以及所有类似他的人将通过投保达到效用最大化。

复习测验

1. 美国居民购买了哪些保险？保费占其收入的百分比是多少（平均而言）？
2. 保险公司如何运作？人们如何投保来避免未预料的结果？
3. 保险公司如何向人们提供值得购买的保单？投保人的保费为什么不维持在仅能让保险公司赔付投保人的水平？

myeconlab **Study Plan 19.2**

我们面对的许多不确定源于无知。我们并不知道所有能从中获益的事情。但是知识或信息并不是免费的。而且，政府的干预对解决这个问题没有什么作用。政府常常比买者和卖者更不了解信息。面对不完全信息，我们必须决定获得多少信息。现在我们学习如何做获得信息的决策，以及市场如何应对不完全信息。

信 息

我们把大量的稀缺资源用于经济信息。**经济信息**（economic information）是指包括关于产品、服务以及生产要素的价格、数量和质量的数据。

在完全竞争、垄断和垄断竞争模型中，信息是免费的。每个人都有他（她）所需要的任何信息。家庭完全了解他们购买的产品与服务和他们出售的生产要素的价格。同样地，企业完全了解消费者的偏好和其它企业的价格与产品。

与此相反，现实世界里信息是稀缺的。如果不是这样，我们就不需要《华尔街日报》和CNN了。我们也不需要在购物时讨价还价或花时间寻找工作了。经济信息的机会成本——获得关于产品、服务与生产要素的价格、数量和质量信息的成本——称为**信息成本**（information cost）。

但是，许多经济模型忽略信息成本这一事实并不会使这些模型一无所用。在时间足够长以至于信息不再很重要的情形下，这些模型给予我们许多关于价格和数量趋势影响因素的见解。但信息仍是某些市场的核心，为了解它们，我们必须考虑信息问题。我们首先来看看信息成本带来的一些结果。

搜寻价格信息

当许多企业出售相同的物品或服务时，价格往往在一个范围之内，买者总是想找到最低价格。但是搜寻需要时间而且是有成本的。所以，买者必须权衡从进一步搜寻中得到的期望收益与进一步搜寻的成本。为此，买者运用称为最优搜寻规则——或最优停止规则——的决策规则。最优搜寻规则是指：

- 搜寻更低的价格直至搜寻的期望边际收益等于搜寻的边际成本为止。
- 当搜寻的期望边际收益小于或等于边际成本时，停止搜寻并购买。

为了实施最优搜寻规则，每个买者都要决定自己的保留价格。**保留价格**（reservation price）是买者愿意为某种商品支付的最高价格。如果买者找到的最低价格高于保留

图 19.6　最优搜寻规则

myeconlab

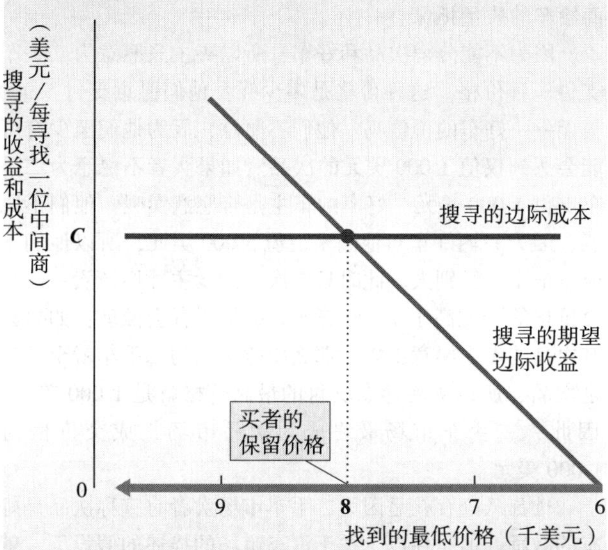

搜寻的边际成本是固定的 C 美元。当找到的最低价格（用横轴上的从右到左来衡量）降低时，进一步搜寻的期望边际收益递减。边际成本等于期望边际收益时的最低价格就是保留价格。最优搜寻规则是搜寻直到发现保留价格并按所找到的最低价格购买。

价格，他就会继续搜寻一个更低的价格；如果找到的最低价格低于或等于保留价格，他就会停止搜寻并购买。

图 19.6 说明了最优搜寻规则。假设你决定买一辆二手马自达米雅塔汽车。你搜寻的边际成本是每寻找一位中间商的成本，为 C 美元，用图中的水平线表示。成本包括你的时间价值，即你用到处看二手车的时间工作所赚的钱，以及你用于交通和咨询的支出。你多找一位中间商的期望边际收益取决于你找到的最低价格。这个价格越低，你多见一位中间商的期望边际收益就越低，正如图中的斜线所示。

期望边际利益等于边际成本的价格等于你的保留价格——图 19.6 中的 8 000 美元。如果你找到一个等于或低于 8 000 美元的价格，你将会停止搜寻并购买。如果你找到的价格高于你的保留价格，你会继续搜寻一个更低的价格。每个买者搜寻的边际成本不同，从而保留价格也不同。结果，你会发现同样的东西会在一个范围内以不同的价格出售。

实际的汽车购买实验　现实中汽车购买者会遇到比我们刚才分析的还要大的问题。他们要搜寻比价格多得多的汽车信息。他们几乎可以永远花时间来收集不同汽车的信息。但是在他们搜寻中的某一点上，他们决定他们已经搜寻的足够多并做出购买的决策。你可以想象使决策理性化的购买二手车马自达米雅塔汽车的购买实验。真实的购买者考虑："我从进一步搜寻中期望得到的利益不足以使这一过程有价值。"他们并没有进行我们刚才进行的计算——至少并不明确——但是他们的行为可以用这些计算来解释。

复习测验

1. 我们搜索的哪种经济信息是有用的？
2. 为什么经济信息匮乏？人们如何经济地使用这种资源？
3. 买者的保留价格是什么？
4. 决定经济信息机会成本的因素是什么？
5. 你是如何决定继续搜寻某一商品，还是停止搜寻的？
6. 你如何决定何时停止搜寻一个可以购买的更低价格？

myeconlab **Study Plan 19.3**

有时候，买者或者卖者都不是轻易可以取得信息的。下一节我们来学习其中的的三种不同情形的例子。

私人信息

到现在为止，我们讨论的都是这些情形：只要花费足够的精力，信息对每个人而言都是可得的。但并非所有的情况都是如此。例如，有些人可能拥有私人信息。**私人信息**（private information）是指信息只有一个人可以得到，而其他任何人得到它的成本如此之大以至于不会去获得。

私人信息影响很多经济交易。一种情形就是你对你的驾驶技术的了解。你比汽车保险公司更加了解你开车的小心和谨慎程度。另一种情形就是你对你工作努力程度的了解。你比你的雇主更加了解你工作的努力程度。还有一种情形是你对你的汽车质量的了解。你知道它到底是不是次品。但是打算买你的车的人不知道这些，并且他（她）只有买过车之后才知道车的质量。

私人信息引起了两个问题：

1. 道德风险
2. 逆向选择

道德风险（moral hazard）指协议的一方在达成协定后有激励采取利于他（她）自己但损害协议另一方的行为。道德风险的产生是因为受损方监督受益方行为的成本太大。例如，杰克雇佣麦趣为售货员，不管麦趣的销售业绩如何都支付给他固定工资。麦趣面临道德风险：他有付出最小努力的激励，这有利于他自己却降低了杰克的利润。基于这个原因，销售员的薪酬方案通常是销售量（价值）越大，工资越高。

逆向选择（adverse selection）是签订协议中知情方有利用私人信息使自己获利而损害不知情方的倾向。例如，如果杰克用固定工资招聘销售员，这样做他就会吸引懒人。努力工作的人便不会受聘于杰克，因为他们可以在那些视销售业绩支付工资的人那里获得更高的工资。固定工资合同逆向地选择了拥有私人信息的人（了解自己的工作习惯），这些人利用了私人信息使自己获利而使另一方受损。

在道德风险和逆向选择情形下，有多种工具能使市场运行良好。我们刚才提到的销售员的激励工资就是一种。我们再看几个例子，并说明道德风险和逆向选择如何影响三个现实中的市场。

- 二手车市场
- 信贷市场
- 保险市场

二手车市场

当一个人购买一辆车时，他买到的可能是次品。如果车是次品，对买者和其他任何人的价值就小于其没有瑕疵时的价值。二手车市场是否有两种价格——反应次品的低价和没有瑕疵产品的高价？答案是没有。为了说明这一点，我们来分析二手车市场，首先分析没有中间商担保的情况，然后再分析有中间商担保的情况。

没有担保的二手车市场 为了使观点更清晰，我们作出一些极端的假设。市场上仅有两种车：次品车和没有瑕疵的好车。一个次品对目前的车主和潜在买主来说都是价值1 000美元，而一辆好车对目前的车主和潜在的购买者来说都是价值5 000美元。一辆车是不是次品是目前车主的私人信息。潜在买主只有在买下这辆车之后并与目前车主知道的一样多时，才能分辨这辆车是不是次品。没有中间商给车的质量担保。

因为不能分辨次品和好车，所以买主只愿意为二手车支付一种价格。这种价格是多少呢？他们愿意支付5 000美元——好车的价值吗？他们不愿意，因为他们至少有可能会买到仅值1 000美元的次品。如果买者不愿意为二手车支付5 000美元，好车的车主是否愿意卖呢？他们不愿意，因为一辆好车对他们来说值5 000美元，所以他们不愿意把车卖给别人。此时只有次品的卖主才愿意卖——只要价格等于或高于1 000美元。但是买者会推理：如果只有次品的卖主愿意出售，那么所能买到的二手车就全部都是次品，所以买者愿意支付的最高价格就是1 000美元。因此，二手车市场最终成为次品市场，成交价格为1 000美元。

*道德风险*存在是因为二手车市场卖者有宣称次品是好车的激励。但是在以上关于汽车市场的描述的假设下，就没有一个人会相信这种宣称。*逆向选择*的存在，结果导致市场上只有次品在交易。二手车市场运行地并不好。好的二手车无法交易，但人们想进行这种交易。他们如何能做到呢？一种办法是把担保引入市场。

有担保的二手车市场 二手车的买主无法分辨次品和好车，但是中间商有时却可以。例如，他们定期为汽车做保养。因此他们知道是好车还是次品，并支付次品1 000美元、好车5 000美元。[1] 但是他们如何说服买者为一件可能是次品的产品支付5 000美元呢？答案是以担保的形式给予保证。中间商对哪一辆是次品、哪一辆是好车*发出信号*。**发信号**（singal）是在市场之外采取的行动，它能传达关于那个市场的信息。有许多发信号的例子，其中一个是学生的成绩。你的成绩对潜在雇主而言就是一个*信号*。

在二手车的例子中，交易市场可以利用中间商在汽车修理市场中的行动。中间商对每辆售出的好车担保。如果车有瑕疵的话，中间商同意赔偿修车费用。有担保的是好车，而没有担保的就是次品。

为什么买者相信信号？这是因为传递一个错误信号的成本是昂贵的。为次品担保的中间商最终要支付高额的修

[1] 在本例中，为使数据简单，我们将忽略中间商的边际收益和交易的其他成本。并且假定中间商以相同的价格出售汽车，其原理是中间商的边际收益相同。

理费以及败坏名声的风险。只为好车担保的中间商不需要支付修理费并名声会越来越好。提供精确的信号是值得的。因此，买者相信信号是理性的。担保解决了二手车市场问题并使该市场以两种价格运行：一种价格适用于次品而另一种适用于好车。

信贷市场

银行信贷市场中私人信息发挥关键的作用。下面我们分析私人信息是如何发挥作用的。

贷款人的贷款需求量取决于利率。利率越低，贷款的需求量就越大——贷款的需求曲线向下倾斜。银行和其他放贷者的贷款供给量取决于放贷的成本。成本包括两个方面。一部分是利息，而利息成本由银行的存款市场决定，在这个市场上银行吸收存款用来放贷。放贷成本的另一部分是坏帐损失，即未偿还的贷款，也称为违约成本。放贷的利息成本对所有放贷人都是一样的，而违约成本取决于贷款质量。

假设贷款人可分为两类：低风险的和高风险的。低风险的贷款人极少违约，除非有无法控制的原因。例如，企业贷款融资的项目因失败而无力偿还银行。高风险者的贷款风险很高并且经常违约。例如，企业为收益可能性很小而高风险的采矿项目进行投机性贷款。

如果银行可以为贷款者划分风险等级，就能向低风险者提供低利率而向高风险者提供高利率的贷款。实际上银行会尽可能的这样做。但是它们并不是总能区分贷款者。它们没有确切的方法可以知道贷款者是属于低风险还是高风险。

因此，银行只能向低风险和高风险者收取相同的利率。如果以低利率向所有贷款者提供贷款，贷款人就面临道德风险而银行将会吸引很多高风险的贷款者——逆向选择。大部分的贷款者会违约，这样银行就会遭受经济损失。如果以高利率提供贷款，低风险者就不愿意贷款，而与他们的交易却能让银行获利。

面对道德风险和逆向选择，银行用信号机制来区分贷款者并且实行配给制或把贷款量限制在需求量以下。为了限制它们发放的贷款量，银行用工作时间长短、住房所有权、婚姻状况、年龄和业务记录作为贷款者的信号。

图 19.7 说明在道德风险和逆向选择情形卜，信贷市场如何运作。贷款的需求曲线是 D，供给曲线是 S。供给曲线是水平的——完全弹性的供给——因为我们假设银行能以不变的边际成本 r 得到足够的资金。如果没有贷款限制，利率是 r 而贷款量是 Q。由于存在道德风险和逆向选择，银行根据信号来确定贷款限制，并把总贷款量限制为 L。若利率仍为 r，则存在对贷款的超额需求。银行不能通过多放贷来增加利润，因为它无法确定贷款者的类型。因为所用信号意味着，高风险贷款者未被满足的需求高于低风险贷款者，所以很可能的是，额外增加的贷款更偏向于高风险的贷款者。

图 19.7 信贷市场

myeconlab

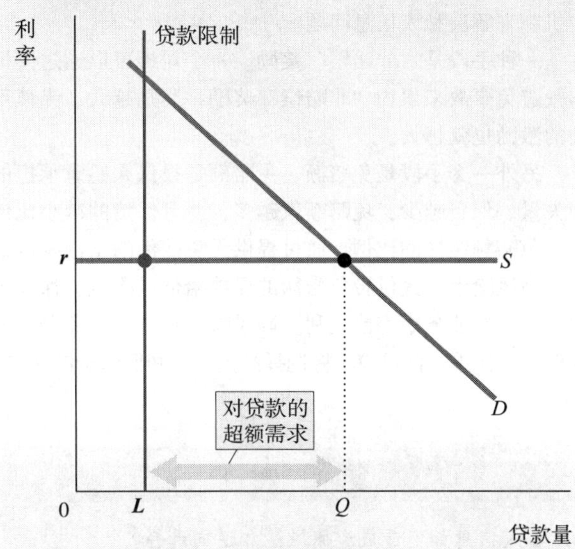

如果一家银行以现行利率 r 按需求发放贷款，贷款量将是 Q。但是大部分的贷款将会被高风险的借款者借走。银行用信号机制来区分低风险和高风险的贷款者，而且把贷款总量限制为 L 以实行配给制。银行没有提高利率并增发贷款的激励，因为增发的贷款会被高风险的贷款人借走。

保险市场

购买保险的人会有道德风险，而保险公司面临逆向选择。道德风险的产生是因为投保人规避损失的激励小于没有投保的人。例如，购买火灾保险的公司安装防火警报或消防系统的激励就小丁没有购买火灾保险的公司。逆向选择的产生是因为高风险的人更愿意购买保险。例如，一个有严重家族病史的人比一个拥有家族健康史的人更愿意购买健康保险。

保险公司有解决道德风险和逆向选择问题的激励。这样做，它们降低了低风险者的保费而增加了高风险者的保费。我们通过汽车保险的例子来说明保险公司如何使用信号机制来解决私人信息问题。

一种手段是"非赔偿"奖励。一个司机可以通过谨慎驾驶避免事故来累积"非赔偿"奖励。奖励越大，谨慎驾驶的激励也就越大。

另外一个手段是免赔额。免赔额是投保人愿意承担的损失量。保费越少，免赔额就越多，并且保费的减小比例高于免赔额增加的比例。通过提供无免赔额的全额赔偿保单给高风险者，提供带免赔额的保单给低风险者，保险公司从每一单业务中都能获利。高风险者将选择低免赔额和高保费的保单；低风险者将选择高免赔额和低保费的保单。

复习测验

1. 私人信息如何造成道德风险和逆向选择？
2. 二手汽车市场如何利用担保来解决私人信息？
3. 保险市场如何利用"非赔偿"奖励来应对私人信息？

myeconlab **Study Plan 19.4**

金融市场中的风险管理

风险是股票和债券市场的主要的特征——其实对任何价格会波动的资产都是如此。人们往往通过多样化资产组合来应对有风险性的资产价格。

通过多样化降低风险

通过多样化降低风险的想法是很自然的。这正如同不要把所有的鸡蛋放在一个篮子里一样。准确地说多样化如何降低风险呢？我们首先来考虑一个例子。

假如有两个风险项目供你选择。每个项目需要 10 万美元的投资。这两个项目互相独立，但它们拥有同样的风险和收益。

对于每一个项目，都有可能获利 5 万美元或亏损 2.5 万美元，这两种情况发生的概率都是 50%。每个项目的期望收益为 (50 000×0.5) + (–25 000×0.5)，即 12 500 美元。但是，因为两个项目是完全独立的，一个项目的结果完全不会影响另一个项目。

非多样化 假设每个项目你都要冒险，把 10 万美元投资于项目 1 或项目 2。你要么获利 5 万美元，要么亏损 2.5 万美元。由于每一种结果的概率都是 50%，你的期望收益是这两种结果的平均——期望收益为 1.25 万美元。但在只选一个项目的情况下，实际获得 1.25 万美元的机会为零。

多样化 现在假设你把 50%的钱投入项目 1，另外 50%的钱投入项目 2。（假定其他人也把钱投入这两个项目。）由于这两个项目是独立的，你现在有四种可能的收益：

1. 每个项目都损失 1.25 万美元，你将亏损 2.5 万美元。
2. 项目 1 赚了 2.5 万美元，项目 2 亏了 1.25 万美元，你的收益是 1.25 万美元。
3. 项目 1 亏了 1.25 万美元，项目 2 赚了 2.5 万美元，你的收益是 1.25 万美元。
4. 每个项目都赚了 2.5 万美元，你的收益是 5 万美元。

四种结果的可能性相等——发生的概率都是 25%，因此你的期望收益是 1.25 万美元。你获利 5 万美元的机会降低了，但是你亏损 2.5 万美元的机会也降低了。同时，实际获利 1.25 万美元的机会提高了。通过资产组合，在保持期望收益 1.25 万美元的同时，风险降低了。

如果你是风险规避者——如果你的财富效用曲线看起来像本章介绍的塔妮娅的财富效用曲线——你将偏好分散化投资胜于不分散化投资。也就是说，多样化投资带来的期望效用更高。

一种常用的多样化方法是购买不同公司的股票。让我们来看看股票交易市场。

股票市场

股票的价格由供给和需求决定。但股票市场的供给和需求主要由预期的未来价格支配。如果一支股票今天的价格高于明天的预期价格，人们就将在今天出售这支股票。如果一支股票今天的价格低于明天的预期价格，人们就将在今天购买这支股票。这种交易的结果使得今天的股票价格等于明天的预期价格。因此，今天的价格体现了所有关于这支股票的可获得的相关信息。实际价格体现了所有当前可获得的相关信息的市场称为**有效市场**（efficient market）。

在有效市场里，预测价格的变化是不可能的。为什么？如果你能预测到价格明天会上涨，你现在就会购买。你的购买的这种行为增加了当天的需求并提高了当天的价格。的确，你的行为——一个交易者的行为——不会给像纽约股票交易所这样大的市场带来多大的差别。但是，如果大部分的交易者预测到明天的价格将上涨并且全部基于这种预测交易，那么今天的价格就会上涨。价格持续上涨直到达到预期的未来价格，因为只有在那个价格，交易者才认为今天再买股票不会获利。

关于有效市场有个明显的悖论。市场有效是因为人们试图去获利。它们通过低买高卖来获利。但正是这种获利的交易意味着市场价格将趋向于其未来期望值。当这样做时，没有一个人，甚至是试图去赚钱的人，能有预见性地赚钱。交易者所看到的每一获利机会都会引起交易行为，而这种交易所导致的价格变动消除了其他人的获利机会。漫画中的股票经纪人在向客户提供建议时说明他是诚实的。

我们预期股市会重整旗鼓，但我们不知道是哪些股票以及何时上涨。

有效的市场具有以下两个特征：

1. 它的价格等于预期的未来价格，而且包含了所有可获得的信息。
2. 没有可预期的获利机会。

理解诸如股票之类的有效市场的关键在于，如果可以预期到某个事件，那么市场就一定能预期到该事件，并且这种预期会影响当期的股票价格。

复习测验

1. 多样化如何降低风险并且它如何影响期望收益率？
2. 股票市场是有效的意味着什么？“有效”这个词是不是通常用法？

myeconlab **Study Plan 19.5**

不确定性、信息和看不见的手

微观经济学自始至终围绕的一个主题是如下的这个大问题：对个人利益的追求何时能提高社会利益？看不见的手何时能良好运行而何时又会失效？我们已经学了效率这个概念，这是我们通常所说的社会利益的一个重要组成部分。我们也看到：竞争性市场能够较好地实现效率，而垄断和缺少完好界定的产权却妨碍了资源的有效配置。

基于个人利益的选择会导致社会利益结果出现的能力，而不确定性和不完全信息对这一能力有何影响？经济生活中的这些特征是不是市场失灵和需要某些政府干预以取得效率的另一个原因呢？

这些都是很难回答的问题，也都没有明确的答案。但是我们已经理解了一些不确定性和不完全信息对资源配置效率的影响。我们把信息当作一件商品来开始我们的概述。

作为商品的信息

更多的信息一般是有用的，并且具有未来更小的不确定性是有用的。因此可以把信息想象成一种多多益善的商品。

我们在第 2 章所学的关于效率的最基本命题都可以应用到信息上。沿着生产可能性边界，我们面临着信息和其它商品、服务之间的权衡。信息和其他所有的商品一样，生产的机会成本都是递增的——边际成本递增。例如，如果想要从大气中收集更多的信息，我们就要花费更多的钱在超级计算机上来处理数据，即我们只能以更大的边际成本，才能获得更精确的天气预报。

边际收益递减的原理同样适用于信息。更多的信息是有价值的，但是你知道的信息越多，额外增加的信息对你的价值就越小。例如，知道明天会下雨是有价值的信息。知道以英寸计量的降雨量将更加有用。但知道以毫米计量的降雨量价值就不再那么高了。

因为信息的边际成本递增和边际收益递减，所以存在着有效的信息量。信息过多也是没有效率的。

原则上，竞争性的信息市场可能提供有效的信息数量。但很难确定他们是否这样做。

垄断市场解决不确定性

提供解决不确定性和不完全信息的服务很可能存在着很大的规模经济。例如，保险行业是高度集中的。当垄断因素存在时，与不完全信息和不确定性问题不大的市场类似，同样的无效率问题产生了。所以在某些信息市场中，包括保险市场，为了追逐利润最大化，生产不足就产生了。

复习测验

1. 如果把信息当作一种商品，你愿意为什么样的信息付费？
2. 在你愿意为之付费的信息中，在市场中哪些是你能买到的？哪些是你买不到的？
3. 为什么有些提供信息的市场易受垄断支配？

myeconlab **Study Plan 19.6**

◆ 我们已经看到人们如何应对不确定性问题以及当存在信息问题时市场如何运作。本章末阅读材料中研究了劳动力市场上，分数作为信号并且以能力将学生分类，这样雇主可以雇佣它们所要寻找的类型的劳动力。你会发现分数膨胀是没有效率的。

下一章我们将学习国际贸易。它基于你在第2章所学的生产可能性边界和机会成本，并且说明了国际贸易的比较优势如何给所有的国家带来好处。

内容提要

要　点

不确定性和风险

- 不确定性是可能发生不止一件事情但我们不知道是哪件的情况。
- 风险是每个可能的出现的结果有概率的不确定性。
- 一个人对风险的态度，称为风险规避的程度，通过财富的效用表和效用曲线描述。
- 面对不确定性，人们选择期望效用最大化的行动。

保　险

- 我们花费收入的15%在保险上来降低我们承担的风险。
- 四种主要的保险是健康险、寿险、财产与意外事故险、汽车险。
- 通过分散风险，保险公司可以以低于对风险评价的成本减少人们面临的（受保活动）风险。

信　息

- 买者搜索最低成本供给来源，并在搜寻期望的边际利益等于搜寻的边际成本时停止。
- 搜寻停止的价格低于或等于买者的保留价格。

私人信息

- 私人信息是指一个人拥有的信息，其他任何人要发现它需付出极高的代价。
- 私人信息引起了道德风险（使用私人信息有利于有信息者而不利于无信息者）和逆向选择（人们用自己的私人信息签订有利于自己而不利于不知情方的协定的倾向）问题。
- 在面临道德风险和逆向选择时的可以使市场运行的措施有激励工资、如担保这样的保证、配给和信号。

金融市场中的风险管理

- 通过多样化持有资产，从而把相互独立的项目的收益结合起来而减少风险。
- 多样化的普遍做法是购买不同公司的股票。股票的价格取决于该股票的期望未来价格。
- 对未来股票价格的期望基于所有可获得的和认为相关的信息。
- 价格等于期望的未来价格的市场是有效市场。

不确定性、信息和看不见的手

- 更少的不确定性和更多的信息可以看作一种有递增的边际成本和递减的边际收益的商品。
- 竞争性的信息市场可能是有效的，但是规模经济可能带来没有效率的信息和保险的生产不足。

关键图表

图 19.1 财富的效用
图 19.2 不确定性下的选择
图 19.5 保险的收益
图 19.6 最优搜寻规则

关键术语

不确定性	风 险
财富的效用	期望效用
经济信息	信息成本
保留价格	私人信息
道德风险	逆向选择
发信号	有效市场

习 题

1. 该图表示李的财富效用曲线。

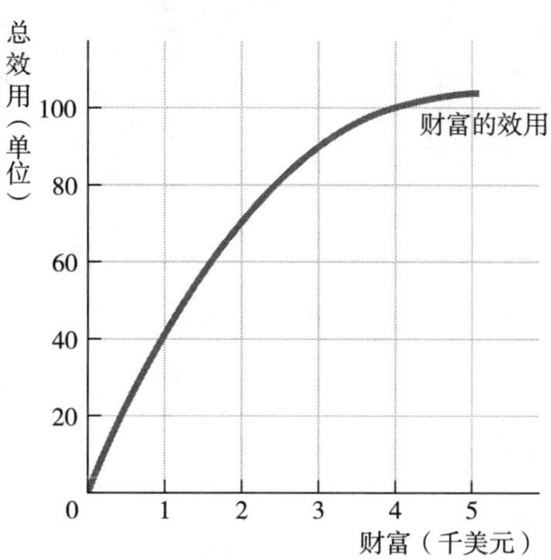

李拥有一份销售员的工作，她有 50%的机会每个月赚 4 000 美元和 50%的机会什么也赚不到。

a. 李从事这项工作的期望收入是多少？
b. 李从事这项工作的期望效用是多少？
c. 另一企业必须向她提供多少（接近的）收入才能说服她不接受有风险的销售工作？
d. 李的风险成本是多少？

2. 吉米和珍达有如下的财富效用表：

财 富	吉米的效用	珍达的效用
0	0	0
100	200	512
200	300	640
300	350	672
400	375	678
500	387	681
600	393	683
700	396	684

a. 对于一个有 50%的机会赢得 600 美元财富和 50%的机会什么也得不到的赌博，吉米和珍达的期望效用各是多少？
b. 计算吉米和珍达财富表中的边际效用。
c. 谁更规避风险，吉米还是珍达？
d. 谁更有可能买保险，吉米还是珍达？

3. 假设第二题中的吉米和珍达每人各有 400 美元，且都有一个需要 400 美元投资的商业项目。他们估计该项目收益为 600 美元（利润 200 美元）的概率为 0.85，收益 200 美元（亏损 200 美元）的概率为 0.15。谁会投资这个项目，谁不会投资？
4. 第一题中的李在一个陡峭、不稳的山坡上建了一个周末度假小屋。她在这个项目上用了自己的全部财富 5 000 美元。这个房子有 75%的机会被冲到山下而一文不值。为了在房子被冲走时得到 5 000 美元的赔偿，李愿意支付的保费是多少？
5. 第一题中的李买了一辆新汽车。她打算从银行借钱为汽车付钱。详细描述李所面临的搜寻问题。什么信息对她是有用的？她如何得到它？她如何决策？
6. 藏比是一个中学老师，在她的小区里她以诚实正直出名。她正准备从当地银行借钱购买一辆新车。

a. 藏比是否给银行或者汽车商带来了道德风险或逆向选择问题？请解释。
b. 银行或者汽车商是否给藏比带来了道德风险或逆向选择问题？请解释。
c. 在买车和贷款过程中，对于藏比遇到的道德风险和

作为信号的分数

http://www.mytimes.com

糟糕的分数是公平的评分吗？

2006 年 7 月 7日

在大学生涯中，安德鲁在纽约市佩斯大学和哥伦比亚大学完成夏季课程，他在东北大学读三个学期，然后于去年转往波士顿大学。尽管安德鲁主修经济学，他也偶尔操作了一项科学实验，其中他为控制组，其他四所大学作为变量组。

在哥伦比亚大学、东北大学和佩斯大学他的 GPA 分别是 3.2、3.5 和 3.8，这些成绩绝对是在 A 和 B 之间。而在波士顿大学的两年里，他的 GPA 只有 2.4，级别在 B–和 C+之间。转学过程中，他不得不在波士顿大学重修一些在东北大学已经上过的相同课程，这样他的分数下降了整整两分之多。

作为波士顿大学一个极为普通的学生，他得出的结论是，自己是“分数缩水”的受害者。这是委婉的说法，学生们认为由于来自学校管理层的无效率且普遍的压力，教授使分数被迫符合某一个函数曲线。

“他们想使事情变得更难，” 20 岁的曼哈顿人安德鲁先生说，“他们想要一个 B 一类的成绩来意味什么，但是有个问题：当我申请毕业，学校的管理者不了解（评分）政策，因为它们没写出来，而管理层也否认存在分数缩水。”……

事件的本质

- 安德鲁完成了夏季课程并将他的成绩在就读的四所学校中比较。
- 在哥伦比亚大学她的平均绩点是3.2，在东北大学时是3.5，在佩斯大学时是 3.8，在波士顿大学是 2.4。
- 安德鲁说由于成绩被要求符合特定的函数曲线，波士顿大学学生成为了“分数缩水”受害者。

经 济 分 析

▶ 精确的分数为学生和潜在的雇主提供了关于学生能力的有价值的信息。

▶ 波士顿大学想要提供精确的分数以及避免分数膨胀——因为给大多数学生高分——这样的行为无法提供关于学生能力的信息。

▶ 在分数膨胀情况下新大学毕业生的劳动市场运作糟糕，而在准确评分情况下运作良好。

▶ 图 1 显示了存在分数膨胀的新大学毕业生劳动市场。

▶ 能力高的学生并没有同其他学生区分开来，供给曲线代表了所有能力层次的学生的供给。

▶ 需求曲线显示了，雇主在不了解学生真实能力的情况下，雇佣新员工的意愿。

▶ 以低工资被雇佣的学生，最终，雇主按照他们实际工作中的表现，将他们按能力分类。

▶ 图 2 和图 3 显示了精确评分下的结果。

▶ 图 2 中，高分数学生得到高工资工作。

▶ 图 3 中，低分数学生得到低工资工作。

▶ 最终，随着能力信息的积累，分数膨胀中的毕业生也有了精确的评分，于是，新的结果显示在图 2 和图 3 中。

▶ 但是，在分数膨胀的情况下，学生及雇主发现真实能力的成本要比在精确评分时大。

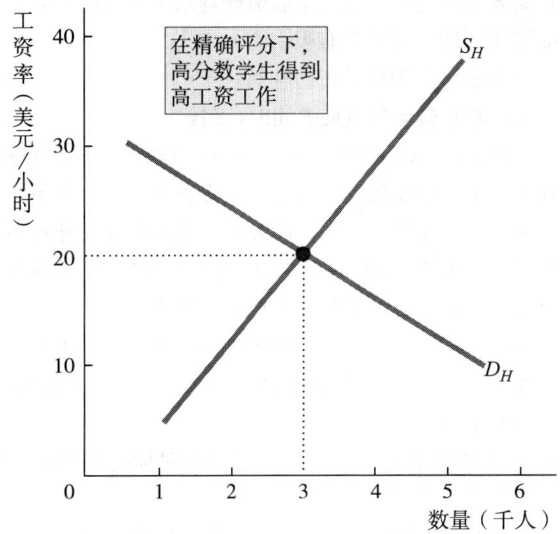

图 2　A 学生市场

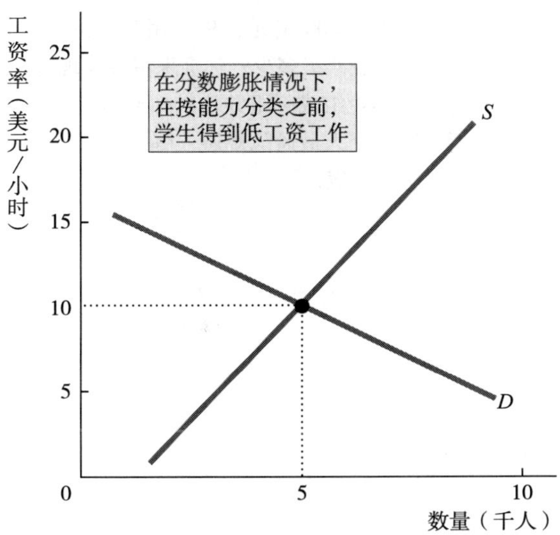

图 1　分数膨胀市场

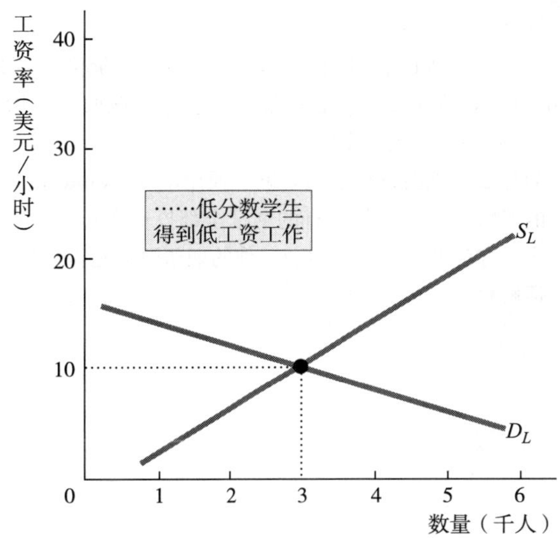

图 3　D 学生市场

逆向选择问题，有哪些方法可以帮助她解决这些问题？

7. 假设有三个国家足球联盟：Time 联盟，Goal Difference 联盟，Bonus for win 联盟。每个联盟的水平相同，但是每个联盟的球员工资方案不同。在 Time 联盟，球员按训练和比赛的时间发工资。在 Goal Difference 联盟，球员按球队得分和失分之差发工资。在 Bonus for win，球队失败时发一种工资，比平时工资较高，获胜时工资最高。
   a. 简要地描述一下这三个联盟球赛水平的预期差异。
   b. 哪个联盟对球员最有吸引力？
   c. 哪个联盟会创造最高的利润？
8. **布瑞尔禁止转会条款使 Phillies 受挫**

   Phillies 总经理 Pat Gillick……，此人之前带领球队在多伦多、巴尔的摩和西雅图获得胜利，一点都不拥护一系列的禁止转会条款。Gillick 如此不乐意公开宣布完整的禁止转会款项，以致于他说当 Phillies 今年冬天和自由人谈判时这些条款可能妨碍谈判成功。

   EPSN.com 2006 年 11 月 8 日

   a. 举出一个关于想要禁止转会条款的棒球运动员的私人信息的例子。
   b. 禁止转会情形下一个棒球运动员对他的团队而言存在道德风险问题吗？
   c. 禁止转会情形下一个棒球运动员对他的团队而言存在逆向选择问题吗？
9. 2006 年 11 月 21 号上午 11 点，谷歌的股票每股交易价是 504.07 元。从这个时间和日期来看，假定市场对谷歌的股票是有效的。
   a. 你预计 2006 年 11 月 22 号，谷歌的股票价格是多少？
   b. 你预计今天卖掉谷歌的股票或者持有该股票一周后再卖掉的利润是多少？
10. 为什么你把财富分散到谷歌、通用电气、eBay 和微软的股票上而不是把所有的财富全部投资到其中一家公司，你的期望效用会增加。你的期望财富是否会增加？请解释。

批判性思考

1. 学习阅读材料，然后回答下列问题。
   a. 精确评分提供了哪些分数膨胀隐藏的信息？
   b. 假如分数膨胀在高中和大学里广为流行，你预测将会出台什么样的措施来提供关于学生能力更好的信息？
   c. 你认为分数膨胀是出于某个人的私利吗？解释是谁以及他们如何从分数膨胀中受益。
   d. 你认为如何控制分数膨胀？
2. 为什么你认为对低薪、可怜的工作保险是不可能的？解释为什么这种类型的保险市场无法运行？
3. 尽管你不能为买到的次品进行保险，市场仍然会给你一些保护。市场如何做到这一点?市场克服次品问题的主要方法有哪些？
4. Merck 发现了一种能够带来巨大利润的药品。Merck 股票的价格会有什么变动？为什么人们不把自己所有的财富都投向 Merck 股票？

网上活动

1. 获得你感兴趣的三家股票价格。
   a. 描述过去一个月里这些股价的变动。
   b. 如果一个月前你在每支股票上投资 1 000 美元，总计 3 000 美元，当初的投资今天值多少钱？
   c. 如果你有 3 000 美元，你会用其中的一些投资股票吗？每支股票买多少？你会保留多少现金？
   d. 与其他学生组成一组并比较你们对（c）的回答。你们中哪一个人最风险规避？哪一个人最不风险规避？解释你的答案。

为 谁

在过去的35年里，富人变得更富，穷人变得更穷。这是一种新趋势。从二战结束到1965年，穷人变富的速度快于富人并且贫富差距减少了一些。是什么力量导致这种趋势？答案在于要素市场的供给和需求力量。这些力量决定了工资、利率、租金和自然资源的价格。它们也决定了人们的收入。

资源可分为三类：人力资源、资本资源和自然资源。人力资源包括劳动、人力资本和企业家才能。劳动和人力资本的收入取决于由劳动市场确定的工资率和就业水平。资本的收入取决于由资本市场决定的利率和资本量。自然资源的收入取决于由自然资源市场决定的价格和数量。只有企业家才能的收益不是直接由市场决定。它取决于每个企业家经营他的企业的成功程度，且等于正常利润加上经济利润。

本编的前2章研究了要素市场的力量，并且解释了这些力量如何引起了收入分配的变化。

第17章的要素市场的概述解释了生产要素的需求如何导致企业利润最大化的决策。你在第9章~13章中从另一个角度研究了这些决策。在这里，你学到了企业如何选择利润最大化的产量和价格。第17章解释了企业的利润最大化的决策如何决定了生产要素的需求。它同样解释了如何做出要素供给决策，以及要素市场的均衡如何决定要素价格和生产要素所有者的收入。一些明星所获得的大部分收入就是被我们称之为**经济租**的剩余。

第17章用到的劳动力资源和劳动市场就是一个主要例子。但是它同样看到了资本市场和自然资源市场的特点。

第18章研究了收入的分配。这一章把你带回到了经济学的基础并且回答了一个大的经济问题：谁消费了生产的物品和服务。

第19章与前2章不同。它研究了不确定性和私人信息的问题，并且说明了市场如何解决这两个问题。

许多杰出的经济学家提出了他们对要素市场的理解，以及要素市场在帮助解决人类需求和可用资源之间的矛盾的作用。他们中的一位就是你将在下一页中见到的托马斯·罗伯特·马尔萨斯。你同样可以分享到加利福尼亚大学伯克利分校的当代卓越的劳动经济学家戴维·卡德教授的见解。

资源的耗尽

"两性之间的情欲看来在每一个时代都是几乎相同的。用数字的语言说，总可以把它作为一个既定的量。"

——托马斯·罗伯特·马尔萨斯
《人口学原理》

经济学家

托马斯·罗伯特·马尔萨斯（Thomas Robert Malthus，1766～1834）是一个英国牧师和经济学家，也是一个极有影响的社会科学家。在他于1798年出版的最畅销的《人口学原理》中，他预言，人口增长将超过食物生产。而且，他说，除非用他所说的"道德抑制"控制人口增长，否则战争、灾难和疾病就是必不可少的。他所说的"道德抑制"是指晚婚和过禁欲生活。他在38岁结婚，妻子27岁，这正是他向别人推荐的结婚年龄。在当时，马尔萨斯的思想被认为是十分激进的。而且，这些思想使当时一位思想家托马斯·卡莱尔把经济学称为"沉闷的科学"（dismal science）。但马尔萨斯的思想对查尔斯·达尔文有深刻的影响，达尔文阅读《人口学原理》时得到了这种关键思想，这使他提出了自然选择理论。而且，大卫·李嘉图和一些古典经济学家也深受马尔萨斯思想的影响。

问　题

经济增长有极限吗？或者我们可能无限地扩大生产和人口？1798年托马斯·马尔萨斯对这些问题给出了一个最有影响的答案。他的推理是，人口不受限制时按几何级数增长——1、2、4、8、16……——而食物生产将按算术级数增长——1、2、3、4、5……为了防止人口超过可得到的食物供给，就会有周期性的战争、灾难和疾病。按马尔萨斯的观点，只有他所说的道德抑制才能防止这种周期性灾难。

在整个19世纪的工业化进程中，马尔萨斯的思想适用于所有自然资源，特别是不可再生性资源。

现代马尔萨斯主义者认为，他的基本思想是正确的，而且，不仅适用于食物，也适用于每一种自然资源。有时，这些世界末日预言家相信，我们将要减少到马尔萨斯所预言的勉强活命的水平。马尔萨斯的预言已有几个世纪了，但并没有死亡。

一位当代马尔萨斯主义者是生态学家保罗·艾力克（Paul Ehrlich），他认为我们坐在"人口炸弹"上。艾力克说，政府必须限制人口增长和每年可以使用的资源。

1931年，哈罗德·霍特林用与马尔萨斯不同的预言提出了一种自然资源理论。霍特林原理是不可再生性自然资源的相对价格将稳定上升，这就引起使用量减少和替代资源的使用增加。

朱利安·西蒙（Julian Simon，1998年去世）向马尔萨斯的悲观论和霍特林原理都提出了挑战。他相信，人是"无限的资源"，并预言人口增长减少了对自然资源的压力。更多的人口提供了更大的足智多谋人士，他们可以找出更有效地利用稀缺资源的方法。当找到这些解决方法时，不可再生性资源的价格实际上下降了。为了证明自己的观点，1980年西蒙与艾力克打赌，五种金属————铜、铬、镍、锡和钨——的价格在20世纪80年代会下降。西蒙赢了！

当时

无论是农田、不可再生的自然资源或芝加哥的中心地带，也无论是在1998年还是这里所表示的1892年，可得到的东西总是有限的，而且我们还在不断地向这个极限推进。经济学家把城市拥挤作为相对于成本而言，在市中心从事商业活动的有价值的结果。价格机制引起租金和原料价格日益上升，经济学家把这种价格机制作为配置与分配稀缺自然资源的手段。与此相反，马尔萨斯主义者把拥挤解释为人口压力的结果，而且，他们认为控制人口是解决这一问题的方法。

现在

在东京，对空间的压力如此之大，以至于在一些居民区，一个停车位一个月要1 700美元。为了经济地利用这种昂贵的地段——降低车主的成本并刺激新汽车的销售——本田、日产和丰田这三家日本的大汽车厂家开发出了停车机，它可以使两辆汽车占一辆汽车的空间。这些机器最基本的成本仅1万美元——小于6个月的停车费。

在一个妇女在经济中起有限作用的世界中，马尔萨斯提出关于人口增长的思想。例如，马尔萨斯没有把妇女时间的机会成本作为预测出生率与人口增长时应该考虑的一个因素。但今天，妇女时间的机会成本是至关重要的因素，因为妇女在劳动中所起的作用正在扩大。在我们了解关于劳动市场和妇女在这些市场上的作用上，戴维·卡德做出了重大的贡献。你将在下一页中见到卡德教授。

与戴维·卡德交谈

戴维·卡德（David Card）是1950届经济学讲座教授、加州大学伯克利分校劳动经济学中心主任、国民经济研究局（National Bureau of Economic Research，NBER）助理研究员。

卡德教授生于加拿大，1977年在安大略省金斯顿（Kingston）皇后大学（Queen University）获得学士学位，1983年在普林斯顿大学获得博士学位。他获奖颇多，其中最著名的是美国经济学会授予的约翰·贝茨·克拉克奖，该奖项授予全美40岁以下最优秀的经济学家。

卡德教授的研究兴趣在于劳动经济学和公共政策对收入、就业和收入分配的影响，并发表了大约150篇文章。他最近的新书有《贫穷、收入分配和公共政策》（与Alan Auerbach和John Quigley合著，纽约，Russell Sage基金会，2006年出版）。早期的著作《神话和测量：最低工资的新经济学分析》（与Alan B. Krueger合著，新泽西，普林斯顿，普林斯顿大学出版社，1995年出版）引起巨大轰动，并动摇了一个人们对最低工资效应的最根本信仰。

迈克尔·帕金和戴维·卡德的对话内容包括他的工作，以及经济学家对公共政策如何能影响收入分配和经济福祉理解的进展。

卡德教授，是什么吸引您学习经济学？

我进大学时并没有学经济学的意向：我打算学物理。我帮助一个朋友解决问题时，读到教科书关于需求供给的部分。我对该模型看似能很好地解释“谷贱伤农”这一悖论印象深刻。在随后的几天里，我读完了该书的大部分。次年，我转入攻读经济学专业。

几乎您所有的工作都基于数据，您是一位实证经济学家。您如何着手于您的工作？您的数据来自哪里，您如何使用数据？

我使用的数据有不同的来源：有时从调查报告中收集数据，有些数据转录于历史资料和政府出版物，有时使用美国、加拿大、英国以及其他国家的人口普查的计算机化的数据。

一个经济学家可以对数据做三种处理。首先是找出关于基本问题的简单统计量，例如“有多大比例的家庭生活于贫困之中？”对于这种问题，我们要注意数据是如何收集和处理的，以及问题提出的方式。比如，贫困率取决于你如何定义一个“家庭”。如果单亲母亲携带小孩和父母一起住，那么“家庭收入”就应该是妈妈和外祖父（母）的收入总和。

第二步就是对数据做些描述性的比较。比如，我曾比较过男女工人的工资差别。值得一提的是，有些细节是很重要的。例如，如果你从每年所得的角度看待男女工资差别，这就要比从每小时所得的角度大得多，因为妇女一年的工作小时数比较少。

一旦得到了一些简单事实，你就要给出可能的理由。此时你也可以排除一些其他的可能。

实证经济学家要做的第三步，也是最难的，就是推理出因果关系。只有在个别的情况下，我们才有真实的实验，其中一个随机的小组被当作“处理组”，其他被当作

"控制组"。自我富足规划（Self Sufficiency Program, SSP）——加拿大的一项实验性的福利改革——就是这么操作的。由于随机指定，我们知道在没有处理的情形下，处理组和控制组就应该看不出多大区别。那么当我们看到 SSP 处理组有行为差异时，比如单亲家庭工作水平较高，我们就能推断 SSP 的财政激励促使人们更多地工作。

更多的情形是我们没有如此的一个实验。当我们看到一组人在同一个"处理"上（例如较高的最低工资）时，我们常试图去构造一个对照组来，他们是另外一组类似于处理组的人，能分辨如果没有处理，处理组会是什么样。如果找不到并行的对照组，我们就要小心了。

在您和 Alan Krueger 合著的关于最低工资的著作中，您的报告认为提高最低工资会增加就业——而这和传统看法相反。您是如何得出这个结论的？

我们研究了好几个案例，其中一个地方最低工资提高了，而另一个地方却没有。例如，当我们知道新泽西州的立法机关在考虑提高最低工资时，我们就在新泽西和宾州附近的快餐店做了调查。我们分别在新泽西州最低工资提高之前的几个月和提高之后的一年做了调查。第一次的调查发现两个州的经营条件非常相似。第二次调查中我们发现虽然新泽西州工资高了些，但就业率同样也高。把第一次的调查当作是比较的基准是非常重要的。这样我们就证明了从第一次调查到第二次，相对于宾州的变化，新泽西州的不同变化最有可能来自最低工资的提高。

最难的就是推理出因果关系。

您如何解释您的发现？

我们发现，在最低工资提高之前，新泽西州的许多雇主都没有雇满人，他们愿意雇佣更多的工人，但只有提高工资时才能做到这一点。在这种情形下，提高最低工资使得一部分雇主雇佣更多的工人，而另一些则雇佣的少些。平均来说，这对就业的净效应是比较小的。我们看的结果是：新泽西州工资提高了，而职位空缺减少了，就业状况得到了稍微改善。

刚才谈到的都是关于劳动市场政策的。我们再来谈谈对单亲母亲的福利补贴。他们如何影响劳动市场的决策？

加拿大的自我富足规划检验收入补贴制度，这项制度可以替代传统的福利补贴制度。传统福利补贴的一个问题是补贴获得者没有工作的动力：如果他们多挣 1 美元，他们的补贴就减少 1 美元。也正因如此，20 世纪 50 年代早期弗里德曼才提出"负的收入所得税"，其中补贴获得者挣得更多，而只损失收益的一部分，如 SSP（在 SSP 中，每多挣 1 美元，只损失 50 美分）。结果表明，该项备选方案能鼓励单亲父母更多地工作。

移民问题成为近年来的一个大新闻。关于这个主题您能说说您的工作和您的发现吗？

我的研究试图去理解低技能的移民是否会损害当地低技能工人的劳动就业机会。我有一篇文章研究 Mariel Boatlift 效应，该事件发生在 1980 年，随后的一场政治暴动使得卡斯特罗宣布想离开古巴的人可以从 Mariel 港自由离开。数日内，大量来自美国的小船把 15 万人转送至迈阿密。对半数以上的迈阿密当地人来说，这是低技能劳动力供给的一个巨大"冲击"。我的研究就是分析迈阿密和其他一些数十年前工资和就业趋势都很类似的城市中不同人群的工资和就业率。我发现大量移民给迈阿密工人的工资和就业率的影响甚微。我的后续工作表明对其他城市而言也是如此。我们的城市可以吸收大量的低技能移民，而这对当地工人的负面影响极小。

收入分配愈加不平等。我们知道是为什么吗？

收入分配不平等有多种来源。家庭收入变得更不平等，部分是因为双薪家庭的增多，这些家庭的出现增加了收入差距。非常富的家庭——收入分配中在 95 或 99 分位数上的家庭——在国民收入中的比重越来越大。这组家庭的收入趋势能解释我们过去十年来所看到的收入不平等现象中的绝大部分。

非常不幸的是，研究这类家庭却非常困难，因为他们只代表很小的一部分，而且他们经常不在调查报告的范围里。来自税务部门的数据是可用数据中最好的，但并没有给出很多关于他们成功的资料，虽然这看起来更像是劳动市场所得，而非先前的投资或者家庭财富。

有大量的文献涉及"中产阶层"——他们的收入每年不高于 15 万美元——工资的不平等。美国这群人中男性工资不平等在 20 世纪 80 年代初期剧烈上升，在

1985 到 1990 年间又加大了一些，在 20 世纪 90 年代相当稳定（甚至下降）。20 世纪 80 年代的加剧部分是由于工会势力的下降，部分是由于最低工资效应——在 20 世纪 80 年代初期真实所得下降，而在 20 世纪 90 年代初期到中期提高。

有些研究者把工资不平等的其他部分归因于电脑的推广和对高技能工人需求的提高。也有人把此归因于国际贸易，最近还有人归因于移民。这些解释都很难成立，因为我们并没有看到影响特定工人的关于新技术或者国际贸易的影响因素。但有一件事情我们可以确信，收入不平等现象在众多国家中存在差异。例如，加拿大在 20 世纪 80 年代的不平等现象相对美国而言要温和的多。

……探索其他人的生活会是怎样……最好的经济学家是善于观察和思考的社会科学家。

对经济学初学者您有什么建议吗？其他什么学科可以帮助经济学？您有推荐阅读材料吗？

经济学最吸引我的地方在于人们日常生活中的行为。人们要经常问诸如此类的问题：是否要接受更多的教育？应该储蓄多少？是否要送孩子到当地的公办学校读书？更重要的是明白不同人的回答也不尽相同：更穷的家庭，或其他国家的人选择都可能非常不同。应该抓住任何机会去探索其他人的生活会是怎样，通过阅读小说，在国外过一年，修社会学或历史学的课程，从中我们都能获益颇丰。最好的经济学家是善于观察和思考的社会科学家。我的另一个建议就是学好数学。你接受的数学训练越多，你就越容易理解经济学家的所作所为。牛顿发明了微积分，用来研究行星运动，但经济学家却从同一工具中获益。

第 20 章

宏观经济学概览

你的世界会变成什么样

在过去的百年间，美国的农场、工厂、商店和办公室里提供的产品与服务获得了超过20倍的增长，因此，我们享受着远远高于祖辈们的生活标准。那么，这种生产会一直扩张下去吗？

对我们大多数人来说，较高的生活标准意味着找到一份好工作。但是，当你从学校毕业的时候会找到什么样的工作呢？你会有很多选择吗？还是会面临一个高失业率的劳动市场并很难找到工作？

较高的生活标准还意味着你买得起生活必需品，并能获得一些乐趣。如果物价涨得过快，一些人不得不面临生活的窘迫而削减正常开支。你手中的美元明年还能买到什么？10年后当你偿还了大学贷款之后，你还能买到什么？而50年后当你退休时，用你一辈子的储蓄你又能买到什么呢？

几乎在1970年以后的每一年里，美国政府的支出总是多于征得的税收。有很多年，美国从国外的进口额总是远大于其出口额。美国已经拥有持续的巨额政府赤字与国际收支赤字以及增长的债务。这些赤字和债务会成为问题吗？

为了保持产出的扩大，避免经济下滑，联邦政府和联邦储备委员会——国家金融的管理者——不断采取政策措施。他们的行为如何影响生产、就业、价格和美元价值？如何影响我们在全球市场中的竞争力？

◆这些都是你将要学习的宏观经济学论题。通过这几章的学习，你将了解毕业后要进入的经济世界并在那里赢得你的生活。本章末的阅读材料提供事例来说明2006年的经济扩张。

学习本章后，你将能：

- 描述宏观经济学起源和论题
- 描述经济增长的趋势和波动，解释经济增长的收益和成本
- 描述失业的趋势和变动，解释为什么失业是一个问题
- 描述通货膨胀和货币价值的趋势和波动，解释为什么说通货膨胀是一个问题
- 描述政府盈余、赤字和债务的趋势与波动，解释它们为什么重要
- 认识宏观经济政策所面临的挑战，并列举可解决这些问题的工具

宏观经济学的起源与论题

经济学家们远在18世纪50年代就开始研究经济增长、通货膨胀和国际金融等问题，由此形成了宏观经济学的起源。但是，现代意义的宏观经济学直到整个世界经济**大萧条**（Great Depression）发生才真正问世。大萧条带来世界范围内整整十年（1929~1939年）的高失业率与生产停滞。在大萧条最悲惨的1933年，美国的农场、工厂和办公室全部的产出仅仅是1929年水平的70%，而失业率高达25%；在那些年，生活凄惨的程度是今天的人们很难想像的。随后的多年里，人们对市场经济能够有效运行持有极端悲观的态度。很多人怀疑私有产权制度、自由市场经济和民主政治制度能否存续下去。

经济学学科并没有对大萧条给出解决方案。另外一种制度选择——社会主义和中央计划经济体制对很多人来说变得有吸引力了。正是在这种经济萧条、政治与智力混乱的环境中，现代宏观经济学诞生了，其标志就是1936年约翰·梅纳德·凯恩斯的著作《就业、利息与货币通论》（简称《通论》）的出版。

短期问题与长期目标

凯恩斯理论认为：萧条与高失业来源于私人支出不足。因此，为了治理这些问题，政府必须增加支出。凯恩斯着重于*短期*。他试图解决迫在眉睫的问题，而不顾其*长期*后果。凯恩斯说过："长期看，我们都属于死亡。"

但是凯恩斯认为在治愈萧条后，如果充分就业可以恢复，那么通货膨胀和经济增长缓慢的长期问题将会重来。他也曾怀疑用增加政府支出而治愈萧条的措施可能引发通货膨胀，并减缓长期经济增长。由于长期经济增长率较低，经济能提供的工作岗位更少。如果这种情形出现，旨在短期内降低失业率的政策可能对长期不起作用。

20世纪60年代后期到70年代，凯恩斯的预言变成了现实。通货膨胀加剧了，经济增长放缓了，而在一些国家失业持续居高。其原因相当复杂。但是我们至少可以得出这样的结论：通货膨胀、低经济增长和持续失业等长期问题，与萧条和经济波动等短期问题交织在一起，而对这些问题进行综合研究是有益的。因此，尽管在大萧条期间宏观经济学得到新生，现在又回归到旧的状况。如今，宏观经济学已经成为一门既研究短期经济波动和失业也研究长期经济增长和通货膨胀问题的学科。

探索之路

研究宏观经济学的道路并非只有一条。由于宏观经济学重生于大萧条，很自然地，许多年间人们集中精力研究短期产出波动和失业问题，但是也没有放弃对于长期问题的关注。当20世纪70年代高通胀出现的时候，这一课题又凸显出来。而在20世纪80年代，当美国和一些富裕工业化国家的长期增长放缓而东亚增长奇迹出现的时候，经济学家们又将研究热情转向经济增长。到了20世纪90年代，随着信息化浪潮席卷全球，宏观经济学的国际视角又变得更为显著。这种发展的结果使得宏观经济学成为一门广泛的学科，并涉及了以上提及的所有课题：经济增长、失业、通货膨胀。宏观经济学还关注波动的货币、政府预算与国际收支的赤字与债务问题。

40年以来，经济学家们已经形成了对决定宏观经济表现的主要因素的比较清晰的认识，并且修订了旨在改善宏观经济的政策建议。你学习的主要目标在于熟悉宏观经济学的理论以及付诸实施的政策。因此，我们首先考查经济增长、失业、通货膨胀和货币，以及盈余、赤字和债务，并了解为什么这些宏观经济现象值得我们关注。

经济增长和经济波动

你们的父辈要比你们的祖父辈年轻时富裕。但你们会比你们的父辈更富有吗？今后你们的子孙又会如何呢？答案取决于经济增长率。

经济增长（economic growth）是经济的生产可能性的扩张，可用图表示为生产可能性边界（*PPF*）的向右移动。

我们采用实际国内生产总值的增加来测量经济增长。我们将在第21章定义实际国内生产总值（简称为实际GDP）和具体计算方法。现在，你只需要将之理解为采用一个固定年份的价格衡量的某经济体总产出的价值。美国当前的实际GDP采用2000年的价格（称为2000年美元）。我们采用了一个固定年份的价格以消除通货膨胀（平均价格水平的上涨）的影响，从而确定每年的生产的增加量。

实际GDP并不是总产出的完美指标，因为它没有包括经济体的全部产出。实际GDP的计算排除了我们在家庭生产的自己消费的产品（做饭、洗衣、粉刷房屋、园艺劳动，等等），还排除了人们为了逃税而隐蔽进行的非法的生产活动，即所谓的地下经济。尽管有这些不足，实际 GDP 仍是现行最好的测量总产出的方法。让我们看一看实际 GDP 告诉我们有关经济增长的情况。

美国经济增长

图 20.1 表示美国 1960~2005 年的实际 GDP，指出了经济增长的两个特征：

- 潜在 GDP 的增长
- 实际 GDP 围绕潜在 GDP 波动

潜在 GDP 的增长　当经济体的所有劳动、资本、土地和企业家才能被充分利用时，所生产的总价值叫做**潜在 GDP**（potential GDP）。实际 GDP 围绕着潜在 GDP 波动，长期经济增长率用潜在 GDP 的增长率来衡量。图 20.1 中向上倾斜的黑色直线描绘了潜在 GDP 的走势。

在 20 世纪 60 年代，潜在 GDP 呈现了超常的增长。但是到了 70 年代，人均产出增长率减缓，这一现象被称为**生产率增长减缓**（productivity growth slowdown）。潜在 GDP 在 20 世纪 80 年代后期快速增长，并且一直持续了整个 90 年代和 2000 年。但是，像 60 年代那样的高增长率再也没有出现过。

为什么出现生产率增长减缓？答案莫衷一是。一个可能的原因是能源价格急剧上涨。我们将在第 24 章探讨生产率增长减缓的原因。不管什么原因，生产率增长减缓就意味着：与经济体保持 20 世纪 60 年代时的增长率的情形相比，我们今天的收入变少了。

让我们看看 GDP 的波动。

实际 GDP 围绕潜在 GDP 波动　实际 GDP 在经济周期过程中围绕潜在 GDP 波动。所谓**经济周期**（business cycle）是指生产呈周期性的不规则上下运动。经济周期是通过实际 GDP 围绕潜在 GDP 的波动来测量的。当实际 GDP 低于潜在 GDP 时，一些资源处于闲置状态。例如，一部分劳动力失业，资本未充分利用。当实际 GDP 高于潜在 GDP 时，资源被过度使用了。例如，许多人超出意愿地长时间加班，机器设备长时间高强度运转，以致不能保证正常的工作秩序，交货时间延长，瓶颈出现，从而导致过期订单增加。

经济周期是不规则的、不可预测的，也不像月有阴晴圆缺那样具有重复性。经济周期的时间变化是不可预测的，但是却有一些共性。每一次经济周期都包含两个阶段：

图 20.1　美国经济增长

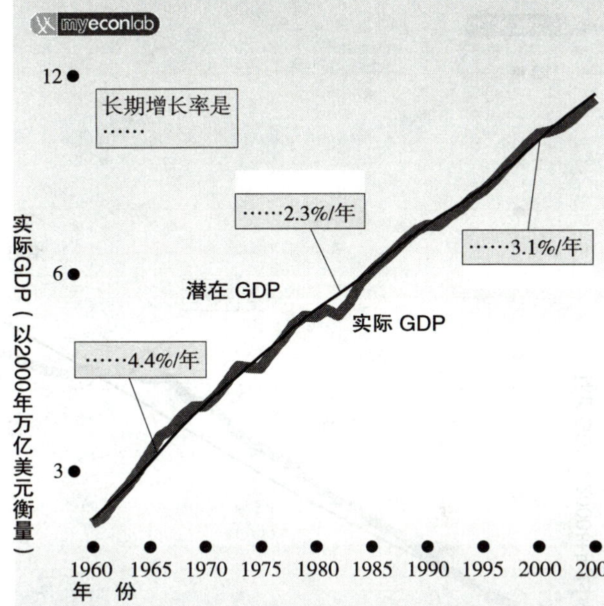

由潜在 GDP 的年增长来衡量的经济增长率在 20 世纪 60 年代保持在 4.4%，而在 70 年代减缓到 2.3%。从 80 年代后期经过到 90 年代到 2000 年以后，经济增长率回升，但是再没有回到 60 年代的水平。实际 GDP 围绕潜在 GDP 波动。

资料来源：U.S. Department of Commerce, *National Income and Product Accounts of the United States*.

1. 衰退
2. 扩张

还含有两个转折点：

1. 波峰
2. 波谷

图 20.2 描述了美国最近经济周期的这些特性。**衰退**（recession）通常被定义为这样一个时期：连续两个季度实际 GDP 的下降，或者出现负增长率。在图中标出的最近一次衰退开始于 2001 年的第一季度，结束于 2001 年第三季度。这次衰退持续了仅仅三个季度。**扩张**（expansion）就是实际 GDP 增长的时期。美国最近一次扩张开始于 2001 年第四季度。而先前开始于 1991 年的第二季度的扩张是有记录的最长一次扩张。

当扩张结束而衰退开始时，转折点被称为波峰。最近

图 20.2 美国最近的经济周期

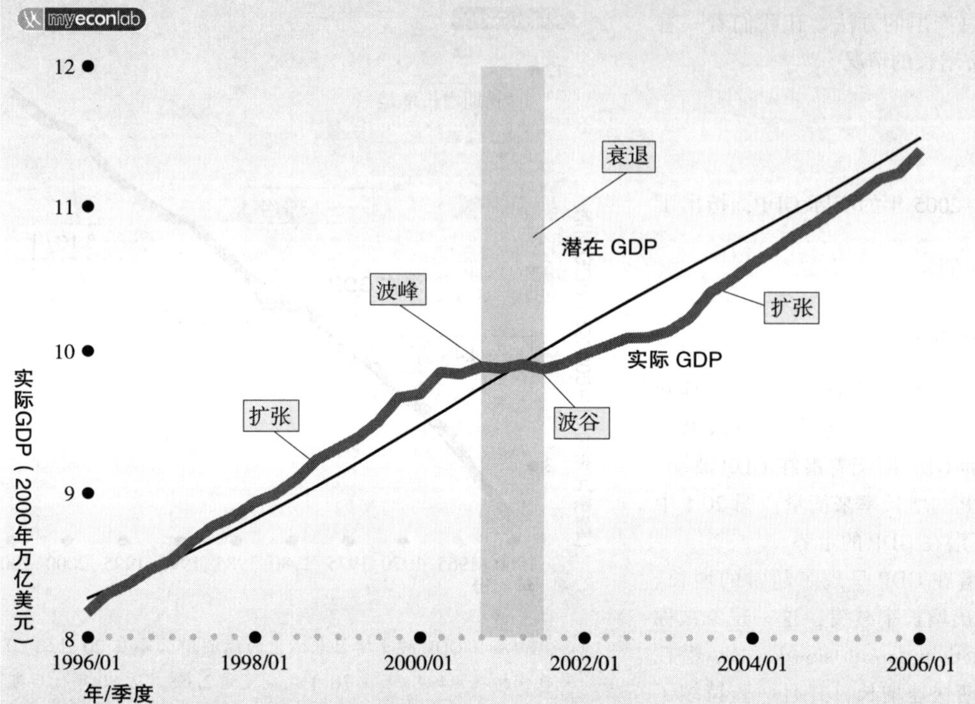

经济周期有两个阶段：衰退和扩张。最近的衰退（突出的）从 2001 年第一季度到 2001 年第三季度。然后新的扩张在 2001 年第四季度开始。

经济周期有两个转折点，波峰和波谷。在最近的经济周期中，波峰出现在 2000 年第四季度，而波谷出现在 2001 年第三季度。

资料来源：U.S. Department of Commerce, *National Income and Product Accounts of the United States* and Congressional Budget Office.

的波峰出现在 2000 年第四季度。当衰退结束而扩张开始时，转折点被称为波谷。最近的波谷发生在 2001 年的第四季度。

历史的视角：最近一次衰退 2001 年的衰退比 1990~1991 年和 1982 年的两次衰退要温和一些，但与在此以前的衰退相比这些衰退都很温和。图 20.3 给出了美国经济增长史，从中可以看出各次衰退的温和程度。最大一次实际 GDP 的下降发生于 20 世纪 30 年代的大萧条时期。另一次发生在二战期间经济扩张之后的 1946 年和 1947 年。最近的严重衰退则出现在 70 年代中期和 80 年代初期。

上面提到的经济衰退比 1990~1991 年和 2001 年的要严重得多。但是，你可以看到大萧条比其他任何一次都要严重，以至于我们不能称之为一次衰退，而叫做萧条。

在这次大萧条发生以前，政府从未采取政策干预来稳定经济运行；也正是大萧条催生了现代宏观经济学。由此来讲，是不是宏观经济学为经济稳定和避免新的大萧条做出了贡献呢？一些人认为是，而另一些人则表示怀疑。在本书的其他章节里我们将陆续介绍这些不同观点。

我们已经讨论了美国实际 GDP 的增长和波动。但是，美国的情形是不是具有典型性呢？其他国家有与美国同样的经历吗？让我们来分析一下其他国家的情况是什么样的。

世界经济增长

所有的国家都经历经济增长，但是其增长率在不同时间和不同国度却大相径庭。随时间变化的经济增长率在各个国家之间是相互影响的，但是有些国家的波动性要更剧烈些。这种国家之间的经济增长率差异会持续很多年。

我们将对随时间变化的美国经济增长同世界其他国家的情况进行一下比较。我们还将考查国家之间以及国家类别之间的长期差异。

随时间变化的增长率 首先，我们将美国和世界上其他所有国家作为一个整体进行比较。图 20.4（a）表明从 1976~2005 年的两个增长率。（注意到图中曲线表示的实际GDP 的增长率，而不是前面三个图所表示的实际 GDP

图 20.3　美国长期经济增长

myeconlab

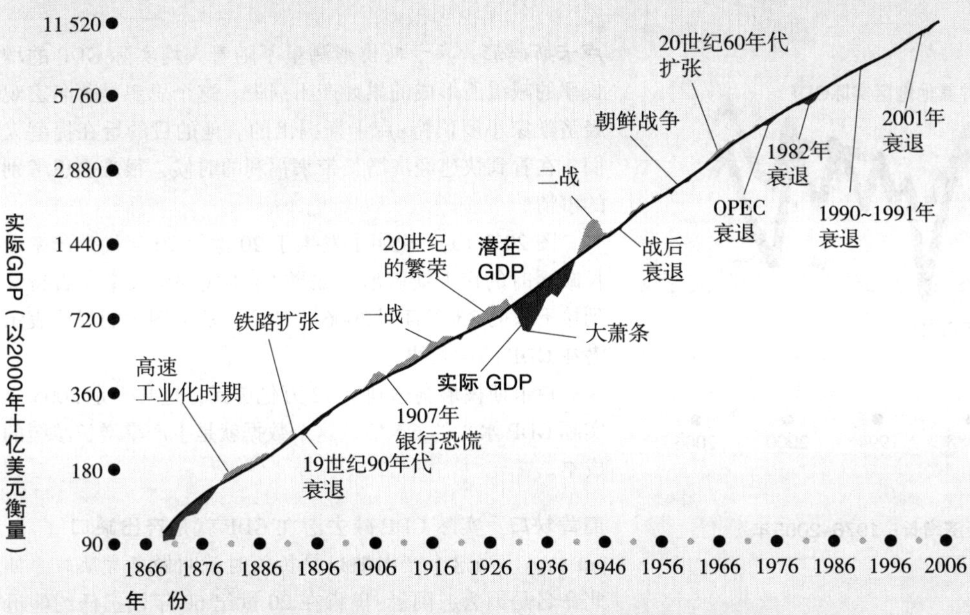

图中细黑线表示了潜在 GDP。沿着这条线，实际 GDP 的增长在 1870~2005 年间达到了年平均 3.7%。浅灰色区域表示实际 GDP 超过潜在 GDP 的情形；深灰色区域表示实际 GDP 低于潜在 GDP。在某些时期实际 GDP 快速扩张，例如第二次世界大战；而在另一些时期实际 GDP 则呈现下降，例如在大萧条期间、1975 年、1982 年、1990~1991 年和 2001 年。

资料来源：1869~1928, Christina Romer, "The Prewar Business Cycle Reconsidered: New Estimates of Gross National Product, 1869~1908," *Journal of Political Economy* 97, (1989) 1–37. 1929~2005, U.S. Department of Commerce, *National Income and Product Accounts of the United States*.

水平。因此，纵坐标轴表示的是年度经济增长率。）

从图 20.4（a）中你可以看见一个显著的事实：美国实际 GDP 增长率（深灰色）的波动明显高于作为一个整体的其他国家。在一些年里，美国实际 GDP 甚至下降并出现了负增长，而在图中显示的这 30 年里其他国家从未出现经济负增长。

经济增长率的持续差异化　其次，我们看一看增长率在各国之间持续差异化。图 20.4（b）比较了美国和其他几个国家或地区从 1996~2006 年的增长率。在发达国家（用中灰色条表示）中，日本的增长最慢，而亚洲新兴工业化国家和地区却是增长最快的。美国则在这两种增长率中间。欧盟达到了发达国家的平均增长水平。

在发展中经济体（用深灰色条表示）中，最快的增长出现在亚洲，其年平均增长率超过了 7%；西半球的中南美洲经济增长最慢。中东欧和非洲的发展中国家的增长接近世界平均水平。

世界年平均增长率（用浅灰色条表示）达到了 4%，略微高于美国的平均增长率。

持续差异的后果　这种增长率的持续差异化带来了一些国家在世界实际 GDP 份额中的巨大变化。由于美国实际 GDP 增长略低于其他国家，其在全世界实际 GDP 中的份额已经从 1980 年的 21%下降到 2005 年的 20%。而一些快速成长的国家，例如中国，在全球经济中处于显著地位。中国在世界实际 GDP 中的份额已经从 1980 年的 3%上升到 2005 年的 15%，而且还在继续增长。非洲的增长正在接近世界平均水平，其在世界实际 GDP 中的份额保持在 3%左右。

卢卡斯楔形和奥肯缺口

我们已经看到 20 世纪 70 年代生产率增长减缓和实际 GDP 增长的不断波动，从而导致实际 GDP 常常低于潜在 GDP。那么，增长减缓的成本究竟有多大？经济周期中的产出损失又有多少呢？

图 20.4 世界经济增长

myeconlab

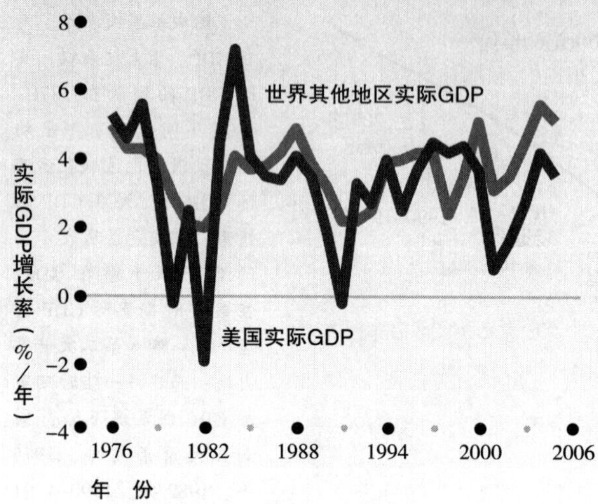

（a）美国和世界其他地区的经济增长：1976~2005年

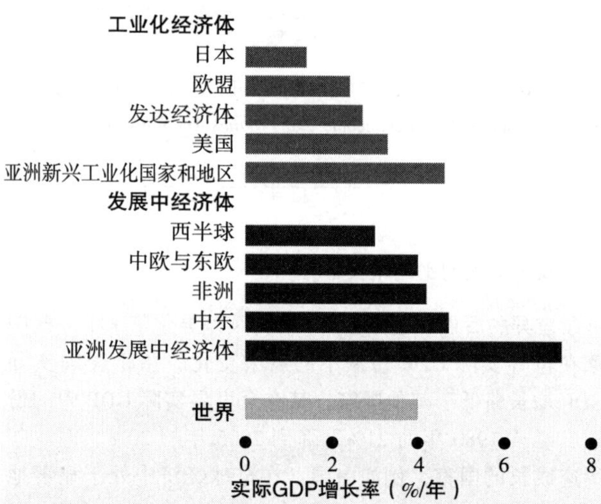

（b）各国家或地区的平均增长率的比较：1996~2006年

在（a）幅中，美国经济增长的波动大于世界其他地区，但是美国经济与世界经济的波动是相关的。

在（b）幅中，增长率持续差异化。1996~2006年间，亚洲发展中经济体的平均增长率最高，日本最低，美国居中且略低于世界平均水平。

资料来源：International Monetary Fund, *World Economic Outlook*, April 2006, Washington, D.C.

我们可以从下面两个测量中找到答案：

- 卢卡斯楔形
- 奥肯缺口

卢卡斯楔形 卢卡斯楔形测量了随着人均实际 GDP 的增长率的减缓所形成的累计产出损失。这个思想是著名宏观经济学家小罗伯特·卢卡斯提出的。他的目的旨在提醒人们，在看到快速经济增长带来福利的时候，很难去思考别的事情。

图 20.5（a）说明了发生于 20 世纪 70 年代生产率增长减缓时的卢卡斯楔形。如果 60 年代的增长率一直持续到接下来的 35 年直到 2006 年的话，那么图中的黑线表示潜在 GDP 的增长线。

卢卡斯楔形竟达到了 72 万亿美元，这几乎是 2005 年实际 GDP 水平的 6.5 倍。这个数据就是生产率增长减缓的成本。

奥肯缺口 实际 GDP 减去潜在 GDP 就是**产出缺口**（output gap）。当这个产出缺口是负值时就叫做*奥肯缺口*。如此命名是因为，阿瑟·奥肯在 20 世纪 60 年代担任约翰逊总统的经济事务顾问委员会主席时，研究了经济波动的后果，并提出了这个测量方法。

图 20.5（b）描绘了和图 20.5（a）计算卢卡斯楔形的年代相一致的奥肯缺口。

奥肯缺口是 3.3 万亿美元，大约是 2005 年实际 GDP 的 30%，这个数据就是对经济周期波动的成本的测量。

我们可以看到卢卡斯楔形的数值远远高于奥肯缺口的数值，实际上超过了 20 倍之多！熨平经济周期可避免较高的失业率和产出损失。然而，要在若干年内连续保持生产率增长的高水平与保持生活水平大相径庭。

经济增长的收益与成本

卢卡斯楔形表示当增长率下降时实际 GDP 损失的美元价值。但是这个成本要转化为实际产品和服务。这种成本将表现为穷人和老年人的医疗保健方面水平的下降，将表现为癌症和艾滋病研究经费的减少，还可能表现在对太空研究与探索的减少，表现在道路交通设施的恶化和住房的减少。甚至我们会减少在湖泊和空气的净化以及植更多的树上的支出。

但是快速增长的代价也是昂贵的。它的成本主要表现在忽视当前消费。为了保持高增长率，更多的资源需要用作发展技术和资本积累，而不是满足当前消费。这个代价

图 20.5　卢卡斯楔形和奥肯缺口

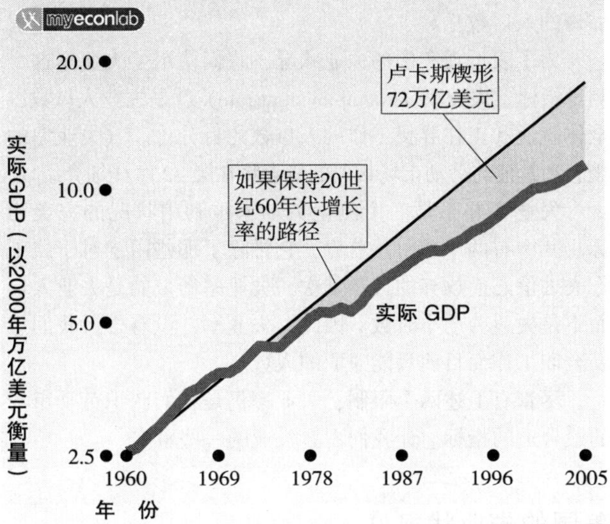

（a）卢卡斯楔形

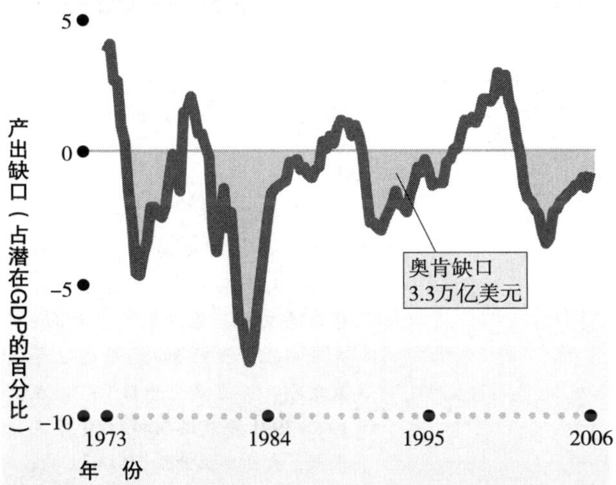

（b）奥肯缺口

在（a）幅，卢卡斯楔形从 20 世纪 70 年代生产率增长减缓时产生，竟达到 72 万亿美元，也就是 2005 年实际 GDP 的 6.5 倍。

在（b）幅，奥肯缺口产生于 20 世纪 70 年代初期的衰退导致的产出损失，为 3.3 万亿美元，约为 2005 年实际GDP 的 30%。

在这 35 年期间，卢卡斯楔形是奥肯缺口的 20 倍还多。

资料来源：Bureau of Economic Anslysis and author's assumptions.

不可能避免，但是它带来的好处是在未来能够有更高的消费（参见第 2 章）。

高增长另外两个可能的成本，一是诸如石油和天然气等不可再生自然资源的过快消耗，二是诸如空气、河流和海洋等污染的加剧。这两种成本是不可忽视的。当然，带来经济增长的技术进步可以使我们更加经济地利用自然资源和清洁环境。例如，更有效的汽车发动机可以减少汽油消耗和尾气排放。

复 习 测 验

1. 什么是经济增长？如何测量长期经济增长率？
2. 实际 GDP 和潜在 GDP 的区别是什么？
3. 什么是经济周期？都分为哪些阶段？
4. 什么是衰退？
5. 2005 年的美国经济处于经济周期的哪一个阶段？
6. 在 20 世纪 70 年代美国经济增长的状况如何？
7. 长期经济增长的利益和成本是什么？

myeconlab **Study Plan 20.1**

我们已经看到了实际 GDP 的增长和随着经济周期的波动。经济周期还带来了就业和失业的波动。让我们探讨一下这些宏观经济学的核心问题。

就业和失业

当你从学校毕业的时候，你会进入什么样的劳动市场呢？那里是否有充足的好的岗位供你选择，还是由于严重失业而迫使你不得不接受与你的专业不对口的低报酬的工作呢？在很大程度上，答案取决于可提供的就业岗位总数和失业率。

就业岗位

美国经济是一台不可靠的就业岗位创造机器。2006 年，1.43 亿人找到工作，比 1996 年多了 1 600 万个岗位，比 1986 年多了 3 300 万个岗位。但是就业岗位创造的步伐是不稳定的，在衰退期间，岗位的数目就会缩减。例如，1990~1991 年衰退期间，减少了 100 万个以上的职位，在 2001 年衰退期间却有 200 万个职位蒸发了。

衰退之后是扩张，这时比以前失去的要多的就业职位被创造出来。例如，在 20 世纪 90 年代的经济扩张期，每年会提供 200 万个岗位。在目前的扩张期，岗位创造有所减少，岗位数退回到 2001 年的高峰期，仅仅和 2003 年末的水平持平。

岗位创造与岗位消失并不是一样的。大多数工作是在服务业。随着我们从廉价的外国供给来源购买了更多消费品，制造业的工作岗位每年都在萎缩。一些人担心我们正在进口最好的岗位，但事实是，一般来说，新岗位比旧岗位更好，并可支付更高的工资。

失　业

并不是每一个想工作的人都可以找到工作。在一个平常年份的每一天，有 700 万人处于失业状态，而在衰退或者萧条时期，失业状况会更加严重。例如，在 1990~1991 年衰退和 2003 年衰退期间，900 万失业人口在找工作。而在经济繁荣的 1999 年这个数字下降到 600 万。

失业数量是巨大的。衰退期的失业人口数相当于洛杉矶的人口数。即使在繁荣期，失业人口数也相当于一个芝加哥的人口数！

为了表示现实中的失业状况，我们使用了失业率这个测量指标。**失业率**（unemployment rate）就是失业人口数占全体就业和正在寻找工作的人口数的百分比。（失业率的概念和其他与劳动市场相关的概念将在第 22 章详细介绍。）

失业率并不是一个测量劳动未被利用状况的完美指标。其中有两个理由。首先，它排除了那些由于对于找工作失去信心而放弃的人；其次，失业率衡量的是失业人口而不是失业劳动小时数。因此，失业率并没有告诉我们想要全职工作而目前只能兼职的人数。

尽管有上述两个限制，失业率仍是我们认识劳动市场的最合适的指标。让我们看看失业的一些事实。

美国的失业状况

图 20.6 表示从 1929~2006 年美国的失业率。我们可以看到三个特征。第一，在 20 世纪 30 年代大萧条时期，

图 20.6　美国的失业

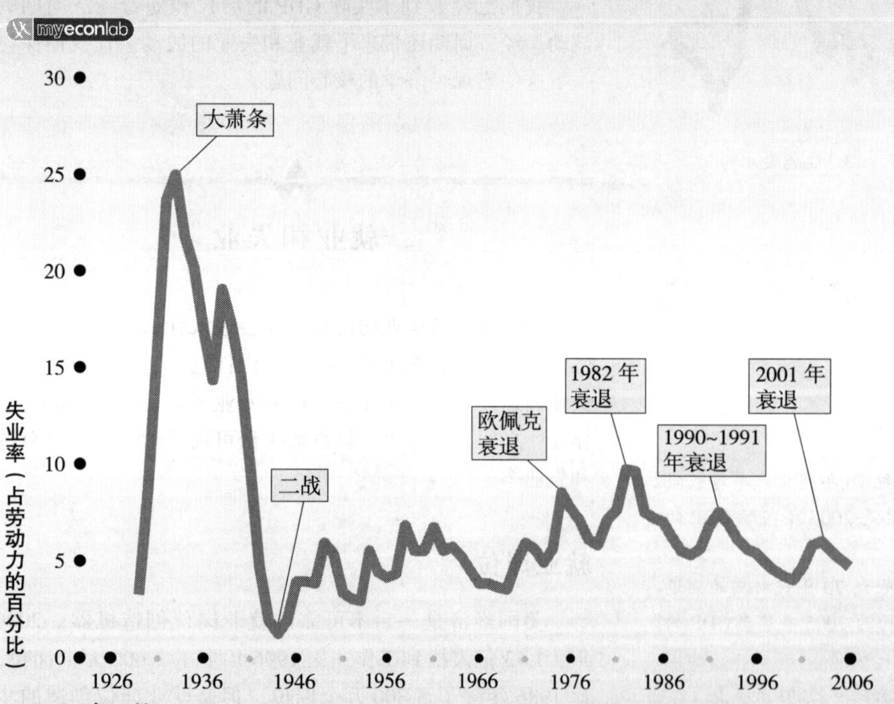

失业是经济生活的长期特征，但失业率总在变动。在最严重时——大萧条期间——有 25% 的劳动力失业。在欧佩克衰退期，失业率上升至约 8%，在 1982 年衰退期，失业率上升至 10%。在 1990~1991 年衰退期和 2001 年衰退期，失业率上升至 5% 以上。在 60 年代后期到 1982 年间，存在失业率上升的普遍趋势。自那以来，失业率一直保持在 1982 年波峰之下的水平。在 90 年代和 21 世纪初扩张期，失业率下降。

资料来源：Bureau of Labor Statistics.

1933 年失业率上升到所有时期的最高，即 25%，并且在整个30 年代一直处于高失业水平。1934 年以后，官方公布的数据可能高估了失业率，因为那些获得政府特别提供的工作岗位的人也被算作了失业者。

第二，尽管近年来我们并没有经历大萧条那样的灾难，我们还是遇到了四次衰退期内的高失业率：20 世纪 70 年代中期的欧佩克衰退、1982 年衰退、1990~1991 年衰退和 2001 年衰退。

第三，失业率从来没有降到零。二战以来，平均失业率接近 5.5%。

如果把美国的失业与其他国家比较呢？

世界各国的失业

图 20.7 表示西欧、加拿大和日本的失业率，并且将它们与美国的失业率进行比较。在图中所示的期间里，美国的平均失业率为 6.2%，远高于日本的 3.3%，但低于加拿大的 8.9%，以及欧洲的 8.6%

美国的失业随经济周期波动。失业在经济衰退时期增长，在扩张时期减少。和美国的失业一样，加拿大和欧洲的失业也在经济衰退时期增长，在扩张时期减少。加拿大的失业周期同美国的类似，但欧洲的失业周期与美国的并不同步。而且，欧洲的失业在整个 20 世纪 80 年代呈上升趋势。同其他国家相比，日本的失业直到 20 世纪 90 年代中期一直保持在低水平而且相对稳定，但从那之后就开始上升。

我们已经看到了一些有关失业情况的事实。现在让我们看看失业这一严重问题的后果。

图 20.7 工业化国家的失业率

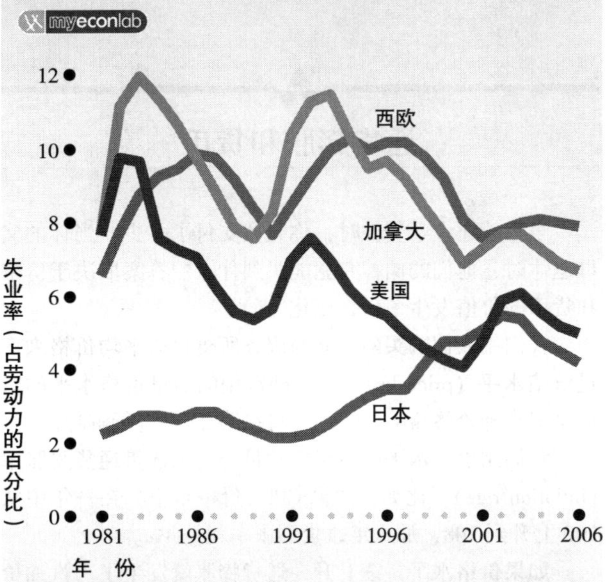

美国的失业率一直低于西欧和加拿大的，但高于日本的。加拿大失业的周期与美国的相似。西欧的失业期与美国的并不同步。日本的失业率自 20 世纪 90 年代中期以来一直保持上升趋势。

资料来源：International Monetary Fund, *World Economic Outlook*, April 2006, Washington, D.C.

为什么失业是一个问题

失业是一个严重的经济、社会和个人问题，其中有两个主要原因：

- 失去生产和收入
- 失去人力资本

失去生产和收入 失业带来了收入和生产损失。这种损失打击了每一个承担损失的人，并使失业威胁每一个人的前途。失业保障创造了一个安全网，但它不能完全弥补所失去的收入。

失去人力资本 长期失业会长期地危害人的工作前途。例如，当雇主裁员时，一个经理失去了工作。由于缺少收入，他会成为一个出租车司机。在工作了一年以后，他发现他已经无法与新的 MBA 毕业生竞争了。他最终会被聘为经理，但是在一个小企业里，而且工资低了。他失去了自己的一些人力资本。

失业成本的分布是不平等的，这使失业成为一个政治问题和严重的经济问题。

复习测验

1. 什么是失业？
2. 自从 1929 年以来，美国失业率的主要趋势和周期是什么？
3. 如何把美国的失业与加拿大、西欧和日本进行比较？
4. 失业成为一个严重问题的主要的成本是什么？

myeconlab **Study Plan 20.2**

现在让我们转向宏观经济学的第三个主要问题：通货膨胀和货币。

通货膨胀和货币

当你偿还大学贷款时，你究竟支付了多少？当你的父母退休时，他们的储蓄究竟能买到什么？答案取决于价格和货币的价值发生了什么变化。

我们用人们购买的产品与服务所支付的平均价格来衡量**价格水平**（price level）。一种常用的衡量价格水平的指标是消费者价格指数（CPI），将在第 22 章进行解释。

我们用价格水平的每年变动百分比来衡量**通货膨胀率**（inflation rate）。比如，如果 CPI（价格水平）在一年中从 200 上升到 208，那么年通货膨胀率就是 4%。

如果价格水平持续上升，通货膨胀就发生了。汽油价格的一时跳跃不是通货膨胀。通货膨胀是所有价格平均水平的持续上升。

如果通货膨胀率是负的，则价格水平下降且出现**通货紧缩**（deflation）。

美国的通货膨胀

图 20.8 表示美国从 1960~2006 年的通货膨胀率。注意通货膨胀率一直是正数——我们还未经历通货紧缩（最后一次通货紧缩出现在 20 世纪 30 年代）。

在 20 世纪 60 年代早期，年通货膨胀率在 1%~2%之间。在 60 年代后期的越南战争时期，通货膨胀开始增加。但最大的增加发生在 1974 年和 1980 年，当时石油输出国组织（OPEC，音译为“欧佩克”）驱使了油价上升，并且引发了一段时期内联邦储备无法控制的更大范围的价格上升。在 20 世纪 80 年代早期，当美联储主席沃尔克加息且减少支出时，通货膨胀才受到控制。

图 20.8 美国的通货膨胀

myeconlab

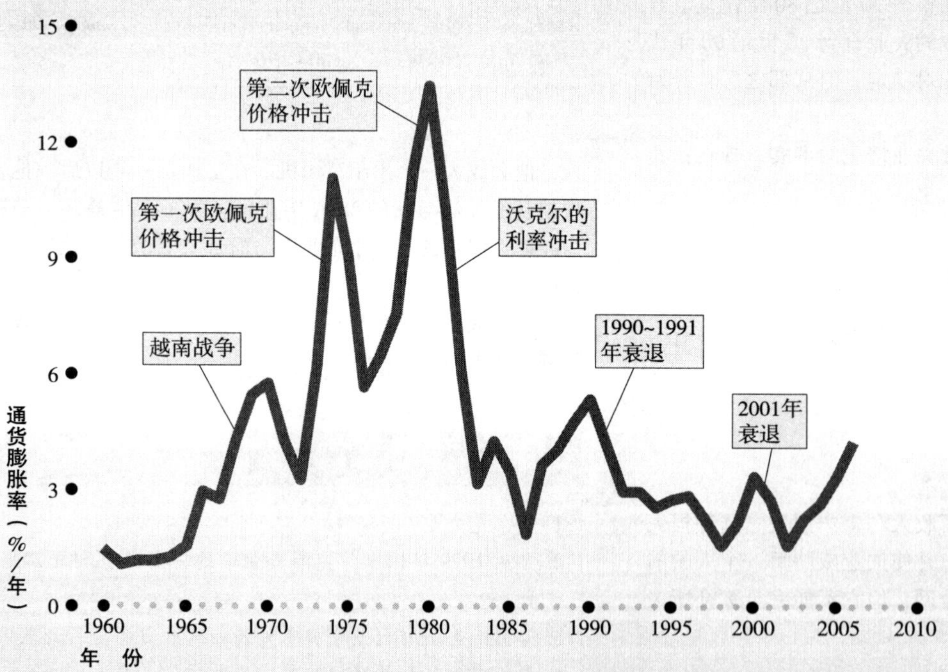

在美国，通货膨胀是经济生活的顽疾。20 世纪 60 年代前半期通货膨胀处于较低水平，但是到了 60 年代后期的越南战争时期则显现起来。随着欧佩克石油价格上升的冲击，通货膨胀越发严重。到了 80 年代初期，由于美联储的干预通胀率终于下降了。整个 90 年代和 2000 年代初期处于低通胀时期，2002 年以后通货膨胀又开始抬头。

资料来源：Bureau of Labor Statistics.

通货膨胀在整个 20 世纪 90 年代直到 2002 年一直是温和的。但在 2002 年以后，通货膨胀率逐渐上升。到 2006 年，年通货膨胀率大概是 4%以上，大多数经济学家认为这一百分比太高了，并且有可能会促使现美联储主席本·伯南克遵循沃尔克的方式并持续加息。

世界各国的通货膨胀

图 20.9 表示从 1980~2005 年世界各国的通货膨胀。它还以一个更广泛的角度显示了美国的通货膨胀率。（a）幅表示美国的通货膨胀率与其他工业化国家相类似。所有的工业化国家，包括美国，通货膨胀都在 20 世纪 80 年代早期出现了下降，在 20 世纪 80 年代晚期出现上升，在 90 年代出现下降，并在 2000 年以后有较低但上升的趋势。

（b）幅表示与发展中国家相比，工业化国家的平均通货膨胀率是极低的。在发展中国家中，近来最极端的通货膨胀发生在津巴布韦，它在 2006 年的通胀率达到每月 17%，即每年 1 200%。

图 20.9　世界各国的通货膨胀

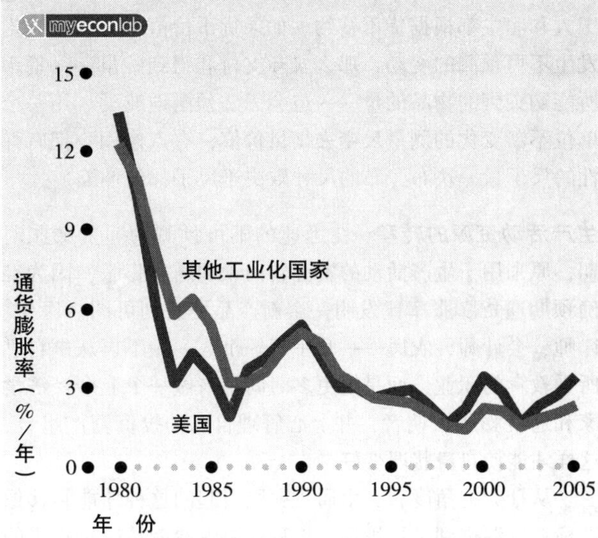

（a）美国和其他工业化国家

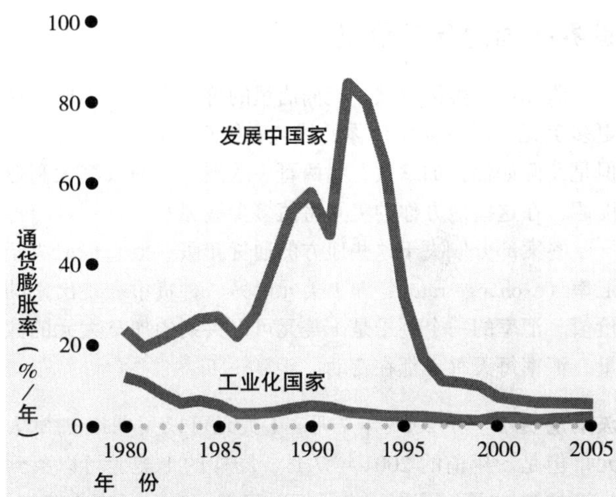

（b）工业化国家和发展中国家

美国的通胀与其他工业化国家类似。与发展中国家相比，工业化国家的通胀率低。

资料来源：International Monetary Fund, *World Ecnomic Outlook*, 2006.

恶性通货膨胀

现在津巴布韦的通货膨胀是很严重的。但即便如此，通胀率还没有达到最坏的情况。最严重的通货膨胀类型被称为**恶性通货膨胀**（hyperinflation）——一个月的通货膨胀率超过 50%。在这么高的通货膨胀时，由于货币的价值减少极快，雇主往往给工人一天支付两次工资。工人只要一得到工资，他们就赶快在工资大量贬值之前把它花出去。

恶性通货膨胀是罕见的，但一些欧洲国家在一战后的 20 世纪 20 年代期间和二战后的 40 年代期间经历过恶性通货膨胀。在 1994 年，非洲国家扎伊尔发生了恶性通货膨胀，在顶点时一个月的通货膨胀率为 76%，即一年 88 000%！此外在巴西，1980 年价值 15 克罗兹的一杯咖啡在 1994 年为 220 亿克罗兹。

为什么通货膨胀是一个问题

由于种种原因，通货膨胀是一个问题。但是，最主要的原因是一旦通货膨胀发生，它的百分比是无法预测的。无法预测的通货膨胀带来严重的社会和个人问题，因为它导致：

- 收入和财富再分配
- 生产活动资源的转移

收入和财富再分配　通货膨胀使经济行为像个赌场，在那里有人赚有人赔，但无人能预测在哪里能赚或赔。收益或

损失发生的原因是货币价值无法预测的变动。在我们从事的交易中，货币用作衡量价值的尺度。债权人和债务人、工人和雇主都根据货币签约。如果货币价值在某一时期内发生不可预测的变动，那么实际支付和得到的量——货币所能购买到的物品的量——也会无法预测地波动。用一个单位不断变化的测量尺度去衡量价值，有点像用一把有弹性的尺子量一块布，布的尺寸取决于尺子如何伸缩。

生产活动资源的转移 在迅速的不可预测的通货膨胀时期，原来用于生产活动的资源转向预期通货膨胀，因为准确预期通货膨胀率比发明一个新产品更有利可图。医生、律师、会计师、农民——几乎每一个人——不再从事自己所受教育的职业，而是把更多时间用来做一个业余经济学家和通货膨胀预期者，并上心管理自己的投资资产组合，这样才能使自身状况变好。

从社会的角度看，由通货膨胀引起的这种才能转移像把稀缺资源进到了垃圾桶。这种资源浪费就是通货膨胀的成本。

世界各国的货币价值

假如你在美国花钱，当商店里的价格上涨时你要支付更多美元。通货膨胀使你的钱包和银行账户上的钱贬值。但是，假如你去加拿大、墨西哥、欧洲、亚洲或澳大利亚度假，在这些地方你的美元将值多少钱呢？

答案部分取决于这些地方的通货膨胀。但它也取决于**汇率**（exchange rate），即 1 美元以另一种货币表现出来的价值。汇率的一个例子是 1 美元可以买到的加拿大元的数量。汇率每天每年都在变动，年复一年。

波动的货币 在 2006 年 7 月，1 美元可以买 1.14 加拿大元。但是 5 年前的 2001 年 7 月，同样的 1 美元可以买到 1.51 加拿大元。因此，美元相对于加元*贬值了*。与 2001 年相比，在 2006 年美元相对于加元更不值钱了。即使加拿大没有通货膨胀，2001 年在加拿大花费 300 美元的滑雪度假，在 2006 年将要花费 400 美元。

从 2001 年起，美元相对于所有的主要国家的货币均贬值了。它从 1.18 欧元降到 0.80 欧元，从 71 便士降到54 便士，从 1.94 澳元降到 1.34 澳元，并且从 124 日元降到 117 日元。表 20.1 概括了这些数字并且显示了美元贬值的百分比。

表 20.1 美元与主要货币的汇率

货币	汇率 2001 年 7 月	汇率 2006 年 7 月	百分比变化
	(1 美元的外国货币数量)		
欧元	1.18	0.80	–32
澳元	1.94	1.34	–31
加元	1.51	1.14	–25
英镑	0.71	0.54	–24
日元	124	117	–6
墨西哥比索	9.00	10.90	21

资料来源：*Economic Report of the President*, 2006.

但是，美元并不是相对于所有的货币都贬值了。你可以从表 20.1 中看到相对于墨西哥比索，美元价值升高了，即它*升值*了。如果你在 2001 年在坎昆度假要花费 300 美元且墨西哥的价格没有变化，那么在 2006 年这样一个度假仅需花费 250 美元。

因为有许多不同的货币和汇率，我们关注美元价值相对与其他货币的平均价值的比较。图 20.10 以主要货币的平均值来表示了这一价值，这些货币包括欧元、英镑、日元、加元和澳元。在图中 1985 年这一指数为 100。

你可以看到，从 1985~1995 这十年间美元急剧贬值，然后它*升值*——价值升高——一直到 2001 年；在 21 世纪又开始贬值。

为什么汇率重要

当美元贬值，其他保持不变时，我们必须为进口的东西支付更多。而当美元升值时，我们为进口的东西支付更少。因此，一个较低的美元价值使消费者受害，而一个较高的美元价值使他们收益。

然而，对消费者有利的事情会使生产者的日子变得艰难。一个较高的美元价值使得一个美国的生产者更难与国外市场竞争，而一个较低的美元价值则使其更有竞争力。

第 26 章更加充分地探讨了汇率的影响，并且解释了什么决定汇率。

图 20.10　汇率

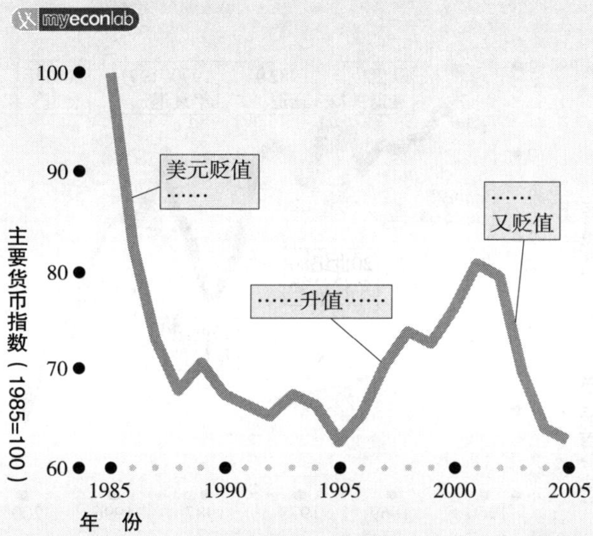

在外汇市场上，相对于其他主要货币，美元币值不断波动。1985~1995 年间和 2001 年以后处于贬值，而 1995~2001 年间处于升值。

资料来源：*Economic Report of the President*, 2006.

复习测验

1. 什么是通货膨胀？它如何影响货币价值？
2. 如何衡量通货膨胀？
3. 自从 1960 年以来，美国的通货膨胀记录是多少？
4. 如何比较美国与其他工业化国家和发展中国家的通货膨胀？
5. 为什么通货膨胀是一个问题？
6. 在过去 20 年中美元的汇率发生了怎样的变化？

myeconlab **Study Plan 20.3**

现在让我们来看看联邦政府和国家的盈余、赤字及债务。

盈余、赤字和债务

1998 年，美国联邦政府在近 30 年来首次有了预算盈余。但是盈余是短暂的。到 2002 年，又出现了预算赤字。美国还有大量的、不断增长的国际收支赤字。

当一个政府或者国家的支出大于收入出现赤字时会发生什么？政府和国家会像我们一样面临花费比收入多的问题吗？政府和国家会出现资金短缺吗？让我们来看看这些问题。

政府预算余额

如果政府征得的税收大于它的支出，则政府就有盈余——**政府预算盈余**（government budget surplus）。如果政府的支出大于它征得的税收，它就有赤字——**政府预算赤字**（government budget deficit）。

图 20.11（a）表示从 1960~2005 年用 GDP 百分比衡量的联邦政府的预算盈余和赤字。

我们用 GDP 百分比来衡量预算盈余或赤字，是为了便于在不同年份间作比较。你可以把这个衡量标准作为平均每个人所赚的 1 美元收入中盈余或赤字是几美分。

在 20 世纪 60 年代以及从 1998~2001 年政府有预算盈余。在从 1970~1997 年的每一年中，政府都有赤字并且是波动的，且在衰退时期增加。从 1980~1995 年，赤字从未低于 GDP 的 2%。

从 1992 年起，政府的赤字缩减，而且在 1998 年出现了盈余。在 2000 年，政府预算盈余稍高于 GDP 的 2%。在 2001 年，政府预算盈余又变成了预算赤字。

国际收支赤字

当我们从世界其他地方进口产品和服务时，我们向外国人支付。当我们向其他地方出口产品和服务时，我们得到外国人的支付。如果我们的进口大于出口，我们就有了国际收支赤字。

图 20.11（b）表示从 1960~2005 年美国的国际收支的历史。该图表示**经常账户**（current account）余额，这种

图 20.11 政府预算及国际收支盈余和赤字

myeconlab

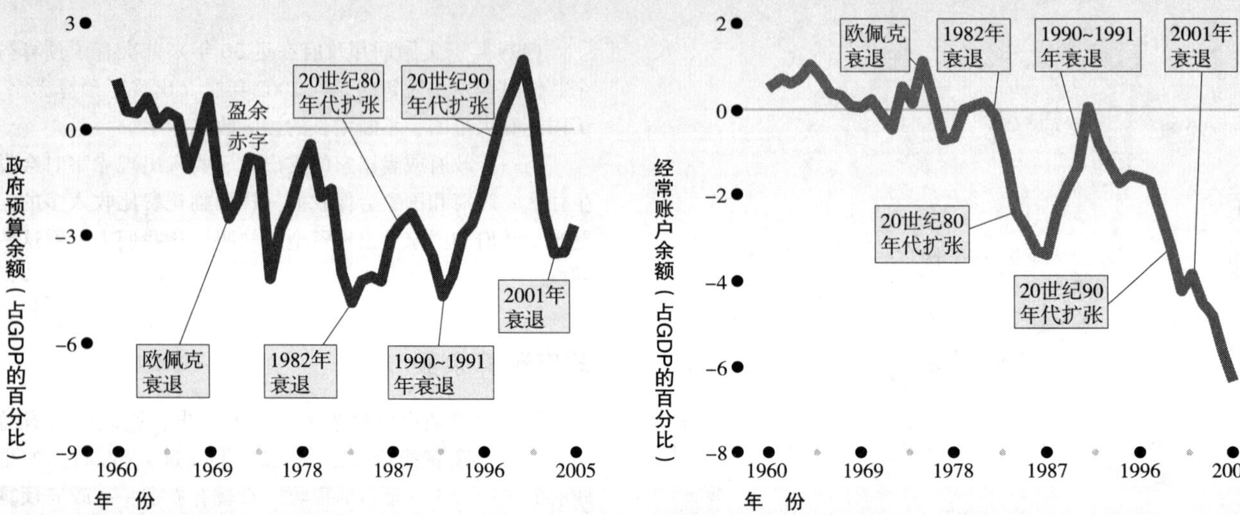

（a）美国政府预算赤字

（b）美国国际收支赤字

在（a）幅中，联邦政府预算赤字占 GDP 的百分比在衰退期增加，在扩张期减少。1998 年实现了预算盈余，而在 2001 年预算赤字又出现了。

在（b）幅中，美国经常账户表明美国出口减去进口的差额。直到 20 世纪 80 年代初期，美国经常账户保持了较大的盈余，而在 20 世纪 80 年代的扩张期则出现了较大的赤字。在 1990~1991 年的衰退期赤字几乎消失，但是在 20 世纪 90 年代的扩张期又卷土重来。

资料来源：The U.S. federal government's budget and *Economic Report of the President*, 2006.

余额包括了美国的出口减去进口，也加上了向其他国家支付和从其他国家所得的利息。（同样地，为了比较不同年份，该图显示了经常账户占 GDP 的百分比。）

美国的经常账户在 GDP 的 1%的盈余到大于 GDP 的 6%的赤字的范围内波动。但是从 1980 年起，经常账户一直是赤字。并且从 1991 年起，赤字开始增加。到 2005 年，经常账户的赤字已达到 GDP 的 6.3%。

赤字带来债务

赤字是在给定的时间内支出超过收入的量。设想你用信用卡为买的每一样东西付账，并且当你收到每月的信用卡账单时你仅支付了最小的差额，表明你有了个人的预算赤字。

债务是欠下的数额。它是所有发生的赤字的总数减去所有发生的盈余的总数。你的信用卡上未偿还的总数就是债务。它是你欠信用卡发行者的数额。

如果你支出的比偿还的要多，你的信用卡账户——你的债务——将要怎样呢？你的债务增加了。

政府和国家面临着与你同样的问题。当一个政府或国家有赤字时，它的债务增加了。

政府的债务被称为**国债**（national debt）。它是政府对所有为弥补政府赤字而贷款给政府的人民所欠下的总额。现在，美国国债中每个人的份额已接近 30 000 美元！

图 20.12（a）表示自二战结束的 1945 年以来美国的国债历史。1945 年，国债超过了 GDP 的 100%。1974 年，预算盈余和经济增长使国债占 GDP 的比率降低到 24%。但是在整个 20 世纪 70 年代至 80 年代，预算赤字带来了高水平的债务。债务占 GDP 的比率在 20 世纪 90 年代末几年里下降了，但在 21 世纪初期又开始上升。

图 20.12（b）表示美国的国际债务。这一债务是美国

居民对外国人的负债量。当美国的国际债务是负数时，表示外国人对美国居民负债。在 1986 年，美国成为世界其他国家的净借款国。从此，美国的经常账户赤字增加了国际债务。

为什么赤字和债务重要

当一个政府无法用税收弥补它的支出，或者当一个国家从其他国家的购买要比向它们的销售多，将会发生什么？

借款并支付大量利息是不是一件好事取决于所借的资金的用途。如果你借款为度假筹资，你最终必须勒紧裤腰带，减少支出，并偿还你的债务和支付债务的利息。但是如果你借款投资于一项能赢得巨大收益的事业，你就可以有能力偿还你的债务和为此支付利息，从而又继续增加你的支出。政府和国家同样如此。一个借钱增加其消费的政府或国家将来一定会遇到麻烦。但是一个政府或国家购买能赚到利润的资产是进行一项可靠的投资。

你将在第 30 章学到更多关于政府预算的内容，并在第 26 章学到更多关于国际经常账户赤字的内容。

复习测验

1. 区分赤字和债务，并各举一个个人的例子。
2. 自从 1960 年以来美国政府的预算与国际赤字和债务的过程是怎样的？

myeconlab **Study Plan 20.4**

图 20.12　政府和国际债务

myeconlab

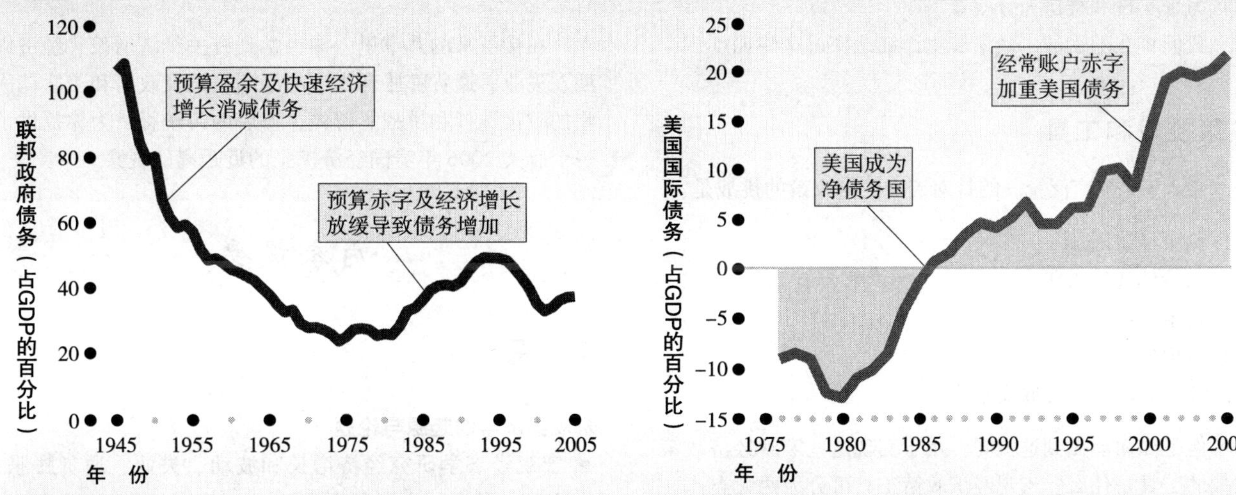

（a）美国政府债务　　（b）美国国际债务

在（a）幅中，预算盈余及经济增长将政府债务从 1945 年占 GDP 的 100%以上消减到 1974 年的 24%，然后预算赤字又将债务推高直到 1995 年。其后几年间债务略有下降，但从 2003 年起又开始上升。

（b）幅表明，直到 1986 年美国都是净债权国；从 1986 年起美国成为净债务国，并且经常账户赤字一直推动美国国际债务上升。

资料来源：*Economic Report of the President*, 2006.

宏观经济政策挑战与工具

现在你已经回顾了经济表现，你也看到了经济增长已经放慢；我们总是会有失业，并且在衰退时期失业率高；通货膨胀持续使货币贬值；并且政府和国际赤字持续使我们的债务增长。你可能会好奇是否可以做些什么来改善我们的宏观经济表现。

经济学家认为可以做的有很多，但是对于最有效的方法则持不同意见。他们的观点最后被归为两大学派：古典学派和凯恩斯学派。

古典观点和凯恩斯观点

*古典观点*首先起源于1776年出版的亚当·斯密的《国富论》，该观点认为政府惟一的经济作用是保护产权。如果政府让人们自由地追求自己的最大利益，经济就会最好地运行。政府试图改善宏观经济表现的努力将无济于事。

*凯恩斯观点*起源于1936年出版的凯恩斯著作《就业、利息与货币通论》，它是在大萧条时期产生的。该观点认为，如果顺其自然，经济将会运行得很差，因此需要政府的行为来实现和维持充分就业。

我们将在随后的一些章节里详细地探讨这些观点。

政策挑战和工具

今天，5个广泛统一的针对宏观经济政策的挑战是：

1. 刺激经济增长
2. 保持低通货膨胀
3. 稳定经济周期
4. 减少失业
5. 减少政府和国际收支赤字

但是如何能做到这些呢？用于实现这些宏观经济政策挑战的工具是什么？宏观经济政策工具可分为两大类：

- 财政政策
- 货币政策

财政政策 改变税收与政府支出计划被称为**财政政策**(fiscal policy)。这种政策行为范围受联邦政府控制。财政政策可用于创造鼓励储蓄、投资和技术变革的激励机制，从而努力刺激经济长期增长。财政政策也可以用于平稳经济周期。当经济处于衰退时，政府可以减税或增加其支出。相反，当经济处于迅速扩张时，政府可以增税或减少其支出，从而使实际GDP增长减缓并防止通货膨胀上升。我们将在第30章中讨论财政政策。

货币政策 改变经济中的利率和货币量被称为**货币政策**(monetary policy)。这些行为由美联储控制。货币政策的主要目的是遏制通货膨胀。为了达到这个目的，美联储防止货币量扩大过快。货币政策也可以用于平稳经济周期。当经济处于衰退时，美联储可以降低利率并向经济中注入货币。而当经济处于迅速扩张时，美联储可以提高利率以努力放慢实际GDP增长并防止通货膨胀上升。我们将在第25章了解美联储并在第31章学习货币政策。

复习测验

1. 宏观经济政策的主要挑战是什么？
2. 列出主要的宏观经济政策工具。
3. 区别财政政策和货币政策。

myeconlab **Study Plan 20.5**

在接下来的几章里，你将学到有关经济增长、经济周期、失业、通货膨胀和赤字的原因，以及政府和美联储面临的政策选择和挑战。首先，章后的阅读材料为你提供了一个有关2006年美国经济扩张的近距离的观察。

内容提要

要 点

宏观经济学的起源与论题

- 宏观经济学研究经济增长和波动、失业、通货膨胀、汇率、盈余、赤字和负债。

经济增长和经济波动

- 经济增长是潜在GDP扩张。在一个经济周期内，实际GDP围绕着潜在GDP上下波动。
- 生产率增长减缓比经济周期衰退代价更大。
- 经济增长会增加未来的消费，但是会减少当前消费。

就业和失业

- 美国经济每年都能创造上百万的工作岗位，但是失业却仍然存在。
- 在经济衰退时期，失业增加；而在经济扩张期，失业会减少。
- 美国的失业率低于加拿大和欧洲的，但是高于日本的。
- 失业可能长期损害一个人的工作前景。

通货膨胀和货币

- 通货膨胀是一个价格上涨的过程，用 CPI 百分比的变化来衡量。
- 通货膨胀是一个问题，原因在于它使货币价值减少，并使货币成为价值衡量标准的用途下降。
- 美元在外汇市场上波动而且近几年来贬值。

盈余、赤字和债务

- 当政府所征收的税多于政府的支出，就是预算盈余；当政府支出多于所收的税，就是预算赤字。
- 当进口超过出口，一个国家就有国际收支赤字。
- 赤字可以通过借款筹资，这样就会造成负债。

宏观经济政策挑战与工具

- 宏观经济政策挑战是用财政政策和货币政策来促进经济的长期增长、保持低通货膨胀率、稳定经济周期、降低失业率并减少政府赤字和国际巨额赤字。

关键图表

关键术语

大萧条	经济增长
潜在 GDP	生产率增长减缓
经济周期	衰 退
扩 张	产出缺口
失业率	价格水平
通货膨胀率	通货紧缩
恶性通货膨胀	汇 率
政府预算盈余	政府预算赤字
经常账户	国 债
财政政策	货币政策

习 题

1. 用数据图表回答下列问题。2005 年哪一个国家：
   a. 实际 GDP 的增长率最高：加拿大、日本还是美国？
   b. 失业率最高：加拿大、日本、英国还是美国？
2. 用数据图表来回答下列问题。2005 年哪一个国家：
   a. 通货膨胀率最低：加拿大、英国、日本还是美国？
   b. 政府的预算盈余（占 GDP 的百分比）最小：加拿大、英国还是美国？
3. 下图表示印度和巴基斯坦从 1989~1996 年实际 GDP 增长率。

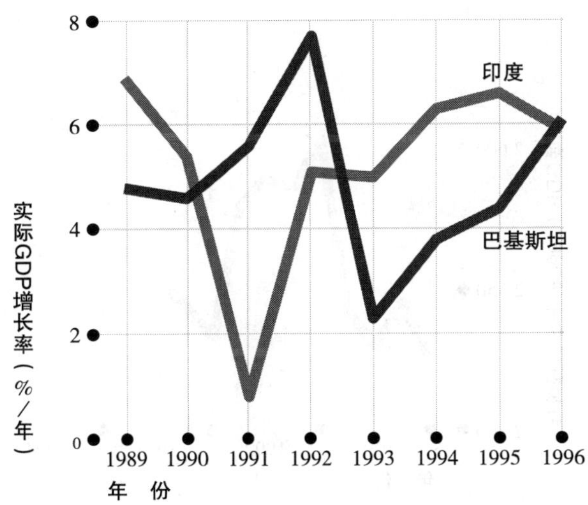

   在哪一年经济增长：
   a. 印度增长？在哪一年增长是最快的？
   b. 巴基斯坦下降？在哪一年增长最慢？
   c. 比较印度和巴基斯坦在这一时期的经济增长路径。
4. 下图表示澳大利亚和日本从 1989~1996 年的人均实际 GDP 增长率。

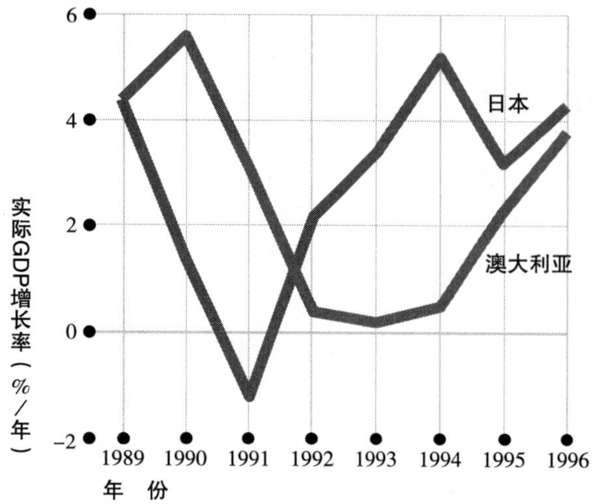

经济增长在哪一年：

a. 澳大利亚增长？在哪一年增长最快？

b. 日本下降？在哪一年里增长最慢？

c. 比较这段时期内澳大利亚和日本经济增长的路径。

5. 下图表示德国 1991 年第一季度到 1994 年第四季度的实际 GDP。

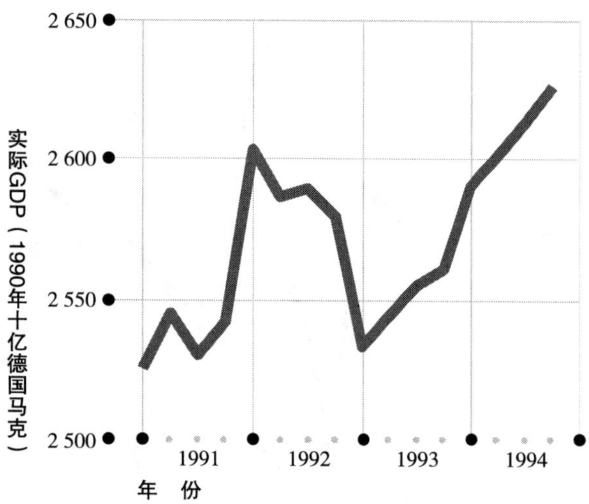

a. 在这一时期德国经历了多少个经济衰退？

b. 如果有的话，在哪些季度里德国经历了经济周期的波峰？

c. 如果有的话，在哪些季度里，德国经历了经济周期的波谷？

d. 如果有的话，在哪些季度里，德国经历了经济周期的扩张？

6. 用数据图表来回答下列问题。在 2002 年，哪个国家有：

a. 最大的预算赤字：加拿大、日本、英国还是美国？

b. 经常账户赤字：加拿大、日本、德国还是美国？

7. 用数据图表来做一个美国通货膨胀率和失业率的散点图。

a. 描述相关关系。

b. 你认为低失业率会增加通货膨胀率吗？

8. 用数据图表来做一个美国政府预算赤字占 GDP 的百分比和失业率的散点图。

a. 描述相关关系。

b. 你认为低失业率会减少预算赤字吗？

批判性思考

1. 学习阅读材料并回答下列问题：

a. 最近的一次经济衰退结束和经济扩张开始是在什么时候？

b. 为什么在 2002~2003 年的经济扩张被称为失业型复苏？

c. 为什么你预期 2006 年第一季度的经济扩张是暂时的？

d. 你认为是什么原因引起潜在 GDP 的增长率可能上升？

e. 你认为是什么原因引起 2006 年第一季度的增长率高于正常水平？

2. **突然富有，贫穷古老的爱尔兰让人不解**

在不久以前，爱尔兰还是一个古老落后的民族，很少参与欧洲的事宜。在仅仅十年的时间里，这个所谓的凯尔特虎从一个西欧最贫穷的国家之一变成了世界上最富有的国家之一。它的人均国民生产总值从 1987 年的不到欧盟平均水平的 70%，到 2003 年跃升为欧盟平均水平的 136%，同时失业率从 17%降到了 4%。

《纽约时报》，2005 年 2 月 2 日

a. 在 2005 年，爱尔兰处于经济周期的什么阶段？

b. 经济周期的阶段和失业之间有什么联系？

c. 比较爱尔兰与美国在过去的十年间失业率的变化。给出失业率在这两个国家之间不同的原因。

网上活动

1. 登陆经济分析局和劳工统计局网站，得到最近的实际 GDP、失业率和通货膨胀的数据。

a. 更新图 20.2、图 20.6 和图 20.8。

b. 你认为今天美国经济面临着什么困境？

2. 登陆劳工统计局，得到你所在州的失业数据。
   a. 将你所在的州和美国整体的失业率做一下比较。
   b. 为什么你所在州的失业率高于或低于美国平均水平的失业率？
3. 登陆劳工统计局并得到你所在州的首府的消费者价格指数数据。
   a. 比较你所在州和美国整体的通货膨胀率。
   b. 比较你所在州的通胀率和你临近州的首府的通胀率。
4. 登陆联邦储备委员会，查找最近的《褐皮书》，阅读总结你所在地区的那部分。
   a. 写一篇美联储的报告总结。
   b. 比较你所在的地区与美国整体。
   c.《褐皮书》是肯定还是反对你在 1、2、3 题中所发现的结果？
5. 登陆联邦储备委员会，查找最近的《国会货币政策报告》。
   a. 写一篇简洁的报告总结。
   b.《国会报告》是肯定还是反对你在 1、2、3 题中所发现的结果？解释与你发现的结果相悖的部分。

阅读材料：

事例与分析

2006 年的扩张

http://www.latimes.com

美国经济第一季度大幅度增长

2006 年 4 月 29 日

周五的政府报告指出，美国今年前 3 个月的经济快速增长，但是新的证据表明普通工人仍旧无法跟上通货膨胀的步伐。

美国商务部指出，在摆脱了卡特里娜飓风的影响后，第一季度经济以年 4.8%（剔除通货膨胀率）的速度增长。这一突破弥补了去年最后 3 个月飓风袭击美湾海岸后经济仅 1.7%的微幅增长。

在乔治·布什的总统任期内，仅有一次经济增长——发生在 2003 年第三季度，增长率为 7.2%——超过了今年第一季度的增长。

"经济走势良好，"穆迪经济网站的首席经济学家马克·赞迪说，"消费者支出和商业投资十分强劲，并且美国出口急剧上升……"

分析普遍认同经济无法长期维持第一季度的快速步伐。

《环球瞭望》的美国经济学家布赖恩·贝休恩说，上 6 个月的平均增长率——3.25%——代表了目前经济"稳定增长但不会超过最高点"的潜力。

事件的本质

- 在 2005 年第四季度期间卡特里娜飓风使年实际 GDP 的增长率降低到 1.7%。
- 在 2006 年第一季度期间年实际 GDP 的增长率大幅增长至 4.8%。
- 在乔治·布什的总统任期内实际 GDP 只有一次较快地增长：在 2003 年第三季度期间年增长率为 7.2%。
- 消费者支出、商业投资和出口都引起了更快的增长。
- 一位美国经济学家说实际 GDP 增长率将要放缓至一个稳定的每年 3.25 的百分比。

经 济 分 析

- 2006 年第一季度的实际 GDP 增长率的最终估计为 5.6%，不是文章中报告的 4.8%。
- 这一增长率是用年增长百分比表示的。
- 实际 GDP 实际上增长了 1 530 亿美元，比 2005 年第四季度增长了 1.4%。
- 第一季度的增长率如何与过去季度的增长率比较？
- 下图提供了答案。
- 在 2001 年期间，美国经济处于衰退，并且实际 GDP 减少——实际 GDP 增长率为负数。
- 从 2001 年第四季度扩张开始到 2005 年第四季度，实际GDP 以年平均 2.8%的速度增长。
- 在 2003 年的一个季度中，实际 GDP 年增长率极为显著地达到 7.2%。
- 因此，2006 年第四季度的增长率不是最快纪录，但是比之前 5 年的平均值要快。
- 图中的黑线表示潜在 GDP。
- 潜在 GDP 以年平均略大于 3%的速度增长。
- 直到 2003 年第三季度，实际 GDP 增长低于它的潜在增长率，并且奥肯缺口——实际和潜在 GDP 的差距——变宽了。
- 使奥肯缺口变宽，甚至保持不变的一种扩张，不会创造足够的新工作以降低失业率。这样一个时期被称为失业型复苏。
- 在 2002~2003 年期间失去的产出的累计价值——累计的奥肯缺口——是 1 万亿美元，即年实际 GDP 的 10%。
- 一个大约 5.6%的年增长率可以在几年内维持吗？或者如同文章中经济学家布赖恩·贝休恩预测的那样，增长将变得更加平缓？
- 下图显示了布赖恩·贝休恩几乎肯定是正确的一个原因。
- 在长期，实际 GDP 增长不会超过潜在 GDP 增长率。
- 仅仅再有两个季度的 4.8%的增长率将使实际 GDP 超过潜在 GDP。
- 最终，实际 GDP 增长必定会减缓至潜在 GDP 增长率的平均值。

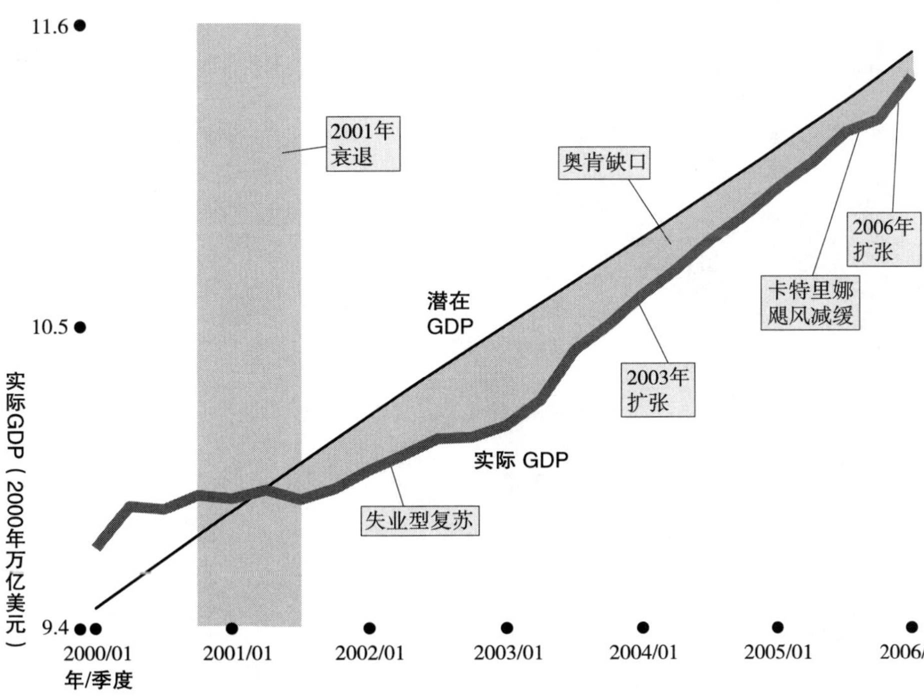

图1　2001年衰退和失业型复苏

第21章

GDP和经济增长的测量

经济晴雨表

2006年初，许多美国企业都想得到以下问题的答案：2007~2008年，经济会持续扩张吗？如果是，我们将经历迅速扩张还是缓慢扩张呢？我们会再次遭受经济衰退吗？谷歌想了解是否需要扩展其服务网络并引进新服务还是再推迟一段时间。亚马逊网站则对是否需要增加仓储设施感兴趣。为了评估经济状况并对企业扩张做出重大决策，谷歌和亚马逊这样的企业使用GDP预测。GDP确切地是指什么？对于经济状况它能告诉我们些什么呢？

为了揭示GDP的增长率或缩减率，我们必须剔除通货膨胀的影响，以考查实际GDP的变化。如何剔除GDP中的通货膨胀因素以揭示实际GDP呢？

一些国家富足，而另一些国家贫穷。不同国家的经济水平如何相互比较？如何进行GDP的国际比较呢？

◆ 在本章，你将了解经济分析局的统计学家如何测量GDP、实际GDP以及经济增长率。你也将了解这些方法的作用和局限。在本章末的阅读材料中，我们将考查始于2002年、2006年仍在持续的经济周期扩张中实际GDP的增长。

学习本章后，你将能：

- 定义GDP，并利用循环流向图解释GDP为何与总支出及总收入相等
- 解释经济分析局用来测量美国GDP的两种方法
- 解释经济分析局如何测量实际GDP，以及如何利用GDP平减指数区分经济增长与通货膨胀
- 解释实际GDP的作用与局限性

国内生产总值

GDP 确切地是指什么？它如何计算？它有何含义？我们为什么关注它？在本章，你将发现这些问题的答案。首先，什么是 GDP 呢？

GDP 的定义

GDP 或者**国内生产总值**（gross domestic product），是指一定时期内一国境内生产的所有最终产品和服务的市场价值。此定义包含四个部分：

- 市场价值
- 最终产品和服务
- 一国境内生产
- 一定时期内

我们将依次进行解释。

市场价值 为了衡量总产量，我们必须将苹果、桔子、计算机和爆米花的产量加在一起。但是计算数量不能提供充分的信息。例如，下面哪一个的总产量更大呢：100 个苹果与 50 个桔子，还是 50 个苹果与 100 个桔子？

GDP 通过衡量个体的*市场价值*——个体在市场中交易的价格——回答了这个问题。如果一个苹果的价格是 10 美分， 50 个苹果的市场价值就是 5 美元。如果一个桔子的价格是 20 美分，那么 100 个桔子的市场价值是 20 美元。通过利用市场价格来衡量产量，就可以将苹果与桔子加总。50 个苹果与 100 个桔子的市场价值是 5 美元加上 20 美元，也就是 25 美元。

最终产品和服务 为了计算 GDP，需要衡量*最终产品与服务*的价值。**最终产品**（final good）（或服务）是特定时期内最终使用者所购买的产品（或服务）。与之相比较的是**中间产品**（intermediate good）（或服务），即由一家企业生产，被另一企业购买，并且被用作最终产品或服务组成部分的产品（或服务）。

例如，一辆福特运动型多用途汽车（SUV）是最终产品，而汽车上的费尔斯通轮胎则属于中间产品。一台戴尔电脑是最终产品，而它的奔腾处理器芯片属于中间产品。

如果将中间产品和服务的价值计入最终产品和服务，同一样产品将被计算多次——称之为*重复计算*问题。一辆 SUV 的价值已经包含了轮胎的价值，一台戴尔个人电脑的价值已经包含了芯片的价值。

有些产品在某些情形下属于中间产品，在其他情形又属于最终产品。举例来说，你在炎热夏日购买的冰淇淋属于最终产品，但是餐馆购买并用于制作圣代冰淇淋的冰淇淋则属于中间产品。在这种情形下，圣代冰淇淋是最终产品。因此，某产品属于中间产品还是最终产品取决于它的用途，而非产品本身。

还有些产品既不是最终产品也不是中间产品。金融资产（股票和债券）以及二手商品（旧车或已购住宅）都属于这种产品。

以上产品不构成 GDP 的组成部分。但是旧车和已购住宅在其产生之初是包含在 GDP 当中的。

一国境内生产 只有在一国境内生产的产品和服务才构成该国家 GDP 的组成部分。耐克是一家美国企业，在越南工厂生产的运动鞋的市场价值计入越南 GDP，而非美国 GDP。丰田是一家日本企业，在乔治敦、肯塔基生产的汽车计入美国 GDP，而非日本 GDP。

一定时期内 GDP 测量*一定时期内*的产值——通常情况下是某一季度（季度 GDP 数据）或一年（年度 GDP 数据）。

GDP 不仅测量总产量的价值，还测量总收入与总支出。总产量的价值与总收入相等的关系之所以重要，是因为它反映了生产率与生活水平之间的直接联系。当收入水平提高时，人们的生活水平也随之提高，可以购买更多产品和服务。但是，这是以能够生产出更多产品和服务为前提的。

收入增长与产值增加并驾齐驱。它们是生产率提高这一现象的两个方面。为了了解其中奥秘，我们将研究支出与收入循环流向图。

GDP 与支出—收入循环流向图

图 21.1 表示支出与收入循环流向图。经济由家庭、企业、政府和世界其他国家组成，它们在要素市场、产品（或服务）市场和金融市场中交易。首先探讨家庭和企业。

家庭和企业 在要素市场中，家庭出售服务、资本与土地，企业则是购买者。对于这些要素服务，企业向家庭支付报酬：为服务支付工资、为使用资本支付利息、为土地的使用支付租金。而第四个生产要素——企业家才能——的报酬是利润。

企业的未分配利润——家庭分配不到的利润——是家庭部门收入的一部分。可以将未分配利润视为家庭储蓄并贷给企业的一部分收入。如图 21.1 所示，标注 *Y* 的粗灰色点线表示家庭部门获得的总收入，其中包含未分配利润。

在产品市场，企业出售消费品和服务——例如冰鞋和理发，家庭是购买者。对于这些产品和服务的总支出称为**消费支出**（consumption expenditure），用标注 *C* 的深色点线表示。

企业在产品市场购买并销售资本设备——例如计算机系统、飞机、卡车和生产线设备。企业生产的部分未被销售的产品被计为存货。举例来说，通用汽车公司生产 1 000 辆汽车并销售掉 950 辆，剩余的 50 辆被计入其存货。当企业将未被销售掉的产品计入存货时，可以将其理解为企业自身购买产品。购买新厂房、设备、建筑物及增加存货都属于**投资**（investment），用标注 *I* 的深色点线表示。

政　府　政府从企业购买产品和服务。政府用于购买产品和服务的支出称为**政府支出**（government expenditure）。图 21.1 中用标注 *G* 的深色点线流向表示政府支出。政府利用税收为其支出买单。标注 *T* 的浅灰色点线表示净税收。**净税收**（net taxes）等于政府税收减去转移支付再减去政府债务利息。转移支付是政府对家庭和企业的现金转让，如社会保障基金、失业补偿和补助金。

世界其他国家　企业向世界其他国家出售产品和服务——即**出口**（exports），并从世界其他国家购买产品和服务——**进口**（imports）。出口额（*X*）减去进口额（*M*）等于**净出口**（net exports），即图 21.1 中标注（*X*–*M*）的深色点线流向。如果净出口为正，这表示美国企业向世界其他国家输出产品和服务。如果净出口为负，则表示世界其他国家向美国输入产品和服务。

图 21.1　支出—收入循环流向图

myeconlab

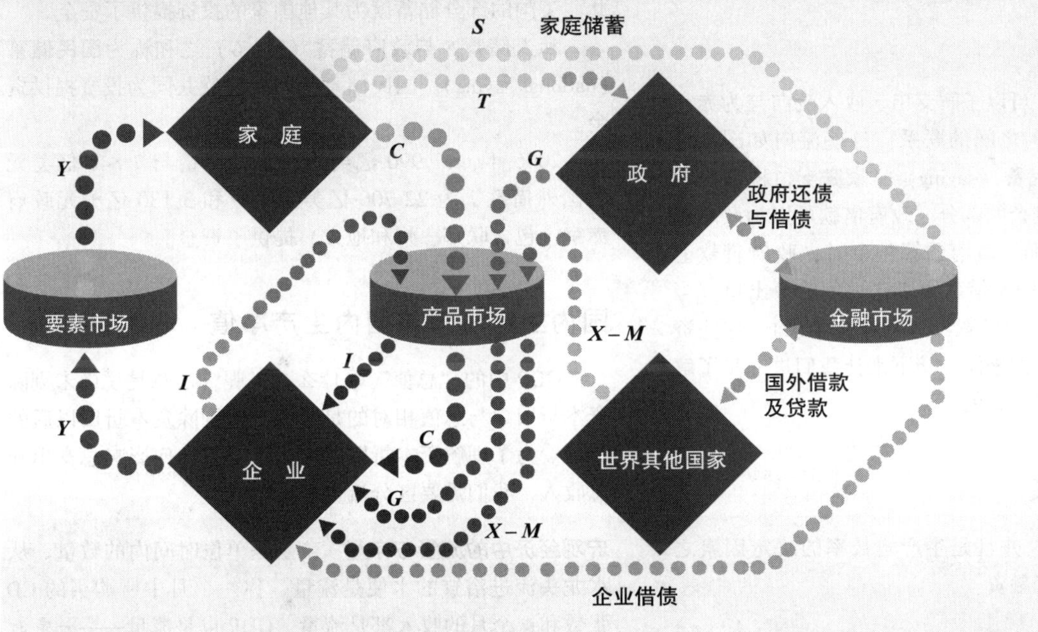

2006 年十亿美元
C = 9 079
I = 2 215
G = 2 479
X – *M* = –765
Y = 13008
C = 9 079
S = 1 799
T = 2 130
Y = 13 008

在支出—收入循环流向图中，家庭进行消费支出（*C*）；企业进行投资支出（*I*）；政府购买产品和服务（*G*）；世界其他国家购买净出口（*X*–*M*）——（深色流向）。家庭从企业得到收入（*Y*）——（粗灰色流向）。

总收入（粗灰色流向）等于总支出（深色流向）。家庭将收入用于消费（*C*）、储蓄（*S*）、支付净税收（*T*）。企业为其投资融资而借款，政府与世界其他国家为其赤字融资而借款或将其盈余贷出（浅灰色流向）。

资料来源：U.S. Department of Commerce, Bureau of Economic Analysis.（The data are for the first quarter of 2006 annual rate.）

GDP 等于支出等于收入 国内生产总值可以通过两种方式来测量：为购买产品和服务而支付的总支出，或者销售产品和服务的总收入。

图 21.1 中的所有深色流向之和代表*总支出*。总支出等于消费支出加上投资支出加上政府支出加上净出口。

销售产品和服务获得的总收入等于购买生产要素——工资、利息、租金和利润的全部支付。总收入如图 21.1 中的粗灰色流向所示。由于企业销售产品的收入（包括未分配利润）又全部用于购买，因此收入（粗灰色流向）等于支出（深色流向之和）。即

$$Y = C + I + G + X - M$$

图 21.1 中计算了 2006 年的数据。可以看到总支出的数值是 130 080 亿美元，即总收入的数值。

由于总支出与总收入相等，这两种测量 GDP 的方法得到相同的答案。因此：

GDP 等于总支出等于总收入。

循环流向图是建立国民经济账户的基础。

资金流向

借助循环流向图，可以了解支出、收入流向与为赤字和投资融资的资金流向之间的联系。这些流向如图 21.1 中浅灰色所示。家庭**储蓄**（saving）是家庭支付税收、购买消费品和服务之后剩余的部分。政府借款可以为政府预算赤字筹措资金。（而当政府预算盈余时，政府贷款上升。）一国从世界其他国家借款用以支付负的净出口（当一国成为净出口国时，便借款给世界其他国家）。这些资金流是企业为投资融资的来源。接下来让我们进一步了解企业是如何为投资筹措资金的。

投资如何进行融资

投资增加了股本，并且是生产增长率的决定因素之一。投资通过三条途径融资：

1. 私人储蓄
2. 政府预算盈余
3. 从世界其他国家借款

图 21.1 中标注 S 的浅灰色流向表示私人储蓄。家庭收入用于消费支出、储蓄或支付税收。因此，收入与消费支出、储蓄和税收的总和相等，即：

$$Y = C + S + T$$

但是如前所述，Y 还与总支出的各部分之和相等：

$$Y = C + I + G + X - M$$

结合上述两个方程可以得到：

$$I + G + X - M = S + T$$

方程两边均减去 G 和 X 并加上 M 便得到：

$$I = S + (T - G) + (M - X)$$

其中，$(T - G)$ 是政府预算盈余，$(M - X)$ 是从世界其他国家的借款。如果净税收（T）超过政府支出（G），则政府预算盈余就可以用来为投资提供资金。但是，如果净税收少于政府支出，本来可以用来为投资融资的资金就必须首先用来填补政府预算赤字。

如果美国进口（M）大于出口（X），相当于从世界其他国家借款（$M - X$）。而世界其他国家的部分储蓄就被用于为美国的投资提供资金。如果出口大于进口，则相当于美国向世界其他国家提供了数额为（$X - M$）的资金。因此，美国的部分储蓄就为其他国家的投资提供了资金。

私人储蓄 S 与政府储蓄（$T - G$）之和称为**国民储蓄**（national saving）。国民储蓄与国外借款共同为投资提供资金。

2006 年，17 990 亿美元的私人储蓄与 7 840 亿美元的国外借款，为 22 700 亿美元投资和 3 130 亿美元政府赤字（包含联邦、州和地方）提供了资金。

国内生产总值与国内生产净值

GDP 中的“总值”是什么含义呢？*总值*是说尚未剔除资本折旧。与总值相对的是净值，即剔除资本折旧以后的产值。为了理解资本折旧的含义以及它如何影响总支出和总收入，我们需要区分流量和存量。

宏观经济中的流量与存量 *流量*是单位时间内的数量。从水龙头流进浴缸的水便是流量。你一个月中所购买的 CD 张数和这个月的收入都是流量。GDP 也是流量——一定时期内一国境内生产的最终产品和服务的市场价值。同样，储蓄和投资也属于流量。

*存量*是某一时刻已经存在的数量。浴缸中的水是存量。你已经拥有的 CD 数和储蓄账户中的存款都属于存量。宏观经济中的两个主要存量是财富和资本。储蓄和投资的流量改变着这些存量。

财富与储蓄 **财富**（wealth）是人们所拥有的全部财产的价值。人们拥有的存量与他们获得的流量有关。人们挣得收入，即一定时期内提供服务的报酬。支付税收后的剩余收入用来购买消费品、服务或储蓄。用于购买消费品及服务的数量是消费支出。而储蓄是支付税收和消费支出后的剩余部分。因此，储蓄增加了财富。

举例而言，假设学期末时你拥有 250 美元存款和价值 300 美元的课本。这些是你的全部财产。你的财富是 550 美元。假设你暑期打工挣得的税后收入是 5 000 美元。你非常节俭，整个暑期仅仅在消费品及服务上支出了 1 000 美元。暑期结束新学期伊始时，你的存款达到了 4 250 美元。你的财富变成了 4 550 美元。财富增加了 4 000 美元，正如储蓄的增加值。增加的 4 000 美元储蓄等于 5 000 美元收入减去 1 000 美元消费支出。

国民财富与国民储蓄的运行如出一辙。一国年初时的财富等于上一年年初时的财富与上一年期间的国民储蓄之和。因此，国民储蓄等于国民收入减去国民的消费支出。

资本与投资 资本是车间、设备、建筑以及用于生产其他产品及服务的原材料和半成品。经济中资本的数量对 GDP 有重要影响。

两个流量改变资本存量：投资与折旧。投资即购买新资本，它增加了资本存量。（投资包括存货的增加。）**折旧**（depreciation）是由于磨损和废弃而造成的资本存量的减少。折旧也称为资本消耗。用于购买新资本和替换损耗资本的投入总额称为**总投资**（gross investment）。资本存量增加的数额称为**净投资**（net investment）。净投资等于总投资减去折旧。

图 21.2 阐述了这些概念。2006 年 1 月 1 日，汤姆 CD 有限公司有 3 台机器。这就是公司的初始资本。2006 年期间，汤姆报废了一台旧机器，即折旧。经过折旧，汤姆的资本存量剩下 2 台机器。但是 2006 年间汤姆还购买了 2 台新机器。这个数字是总投资。2006 年 12 月 31 日，汤姆 CD 拥有 4 台机器，因此其资本存量总共增加了 1 台机器。这个数字是汤姆的净投资。汤姆的净投资等于总投资（购买 2 台新机器）减去折旧（1 台报废机器）。

汤姆 CD 的例子可以应用于整个经济。国民资本存量由于折旧而减少，由于总投资而增加。国民资本存量年与年之间的变化等于其净投资。

回到 GDP 总值 现在来区分国民生产总值与国民生产净值。在测量 GDP 流量的收入一方，某企业的总利润是其扣除折旧之前的利润。企业总利润是总收入的一部分，因此折旧是总收入和 GDP 的一部分。同样地，在测量 GDP 流量的支出一方，某企业的总投资包含折旧，因此折旧是总支出的一部分，而总支出是一个总的测量。

图 21.2　资本与投资

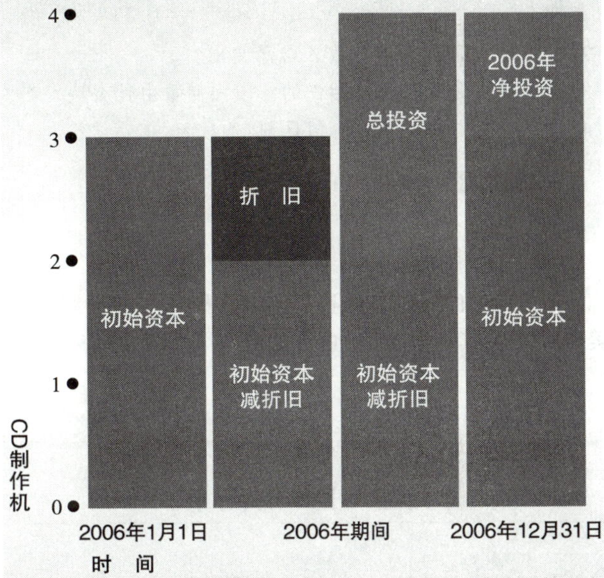

2006 年年末，汤姆 CD 的资本存量等于年初时的资本存量加上净投资。净投资等于总投资减去折旧。汤姆的总投资就是 2006 年期间所购买的两台新机器，而折旧则是这一年中报废的一台机器。汤姆的净投资是一台机器。

国民生产净值不包含折旧。与 GDP 相似，国民生产净值也可以看做收入之和或支出之和。净收入是企业净利润的总和——剔除折旧之后的利润。净支出是净投资的总和，即剔除了折旧之后的投资。

短期与长期 上述探讨的流量和存量影响着 GDP 增长及其波动。GDP 增长的原因之一是资本存量的增长。投资增加了资本，因此投资使 GDP 增长。但是投资是波动的，它导致了 GDP 的波动。因此，资本和投资是理解 GDP 增长与波动的两个关键。

在支出—收入循环流向图中，投资、储蓄与收入、消费支出相互作用，相互影响。在循环流向图中，收入等于支出，同时等于生产值。这个等式是建立国民经济账户和测量 GDP 的基础。

复习测验

1. 定义 GDP 并区分最终产品与中间产品。并举例说明。
2. GDP 为何同时等于总收入与总支出？
3. 美国投资是如何进行融资的？国民储蓄由什么决定？
4. “总值”与“净值”有何区别？

myeconlab **Study Plan 21.1**

以上所学的知识如何应用于实践呢？我们将介绍测量美国 GDP 及其各组成部分的方法。

美国 GDP 的测量

美国经济分析局（BEA）运用循环流向图中的概念测量 GDP 及其在国民收入与生产账户中的组成部分。由于总产出的价值与总支出和总收入相等，因此测量 GDP 的可行方法有两种。它们是：

- 支出法
- 收入法

支出法

支出法测量 GDP 是将消费支出（C）、投资（I）、政府在产品和服务上的支出（G）以及产品和服务净出口（$X-M$）进行加总，也就是图 21.1 循环流向图中的深色流向。表 21.1 给出了用支出法计算的 2006 年 GDP。表中应用了国民收入与生产账户中的项目。

个人消费支出是家庭花费在美国以及其他国家生产的产品和服务上的支出。它包括购买 CD、书籍这样的产品，以及银行、法律咨询这样的服务。不包括购买新住房，因为这属于一项投资。但是包括耐用消费品的购买，因为像住房这样的耐用消费品本质上属于资本。

私人国内总投资是企业用于资本设备和建筑、家庭用于新住房的支出。它还包括商业存货的变化。

政府产品和服务支出是各级政府用于产品和服务的支出。此项目包含国防支出和垃圾收集处理的支出。但是不包括转移支付，这是由于转移支付并非产品和服务支出。

表 21.1 GDP：支出法

项目	变量	2006 年数值（十亿美元）	占 GDP 的百分比
个人消费支出	C	9 079	69.8
私人国内总投资	I	2 215	17.0
政府产品和服务支出	G	2 479	19.1
产品和服务净出口	$X-M$	–765	–5.9
国内生产总值	Y	**13 008**	**100.0**

支出法测量 GDP 是将个人消费支出（C）、私人国内总投资（I）、政府在产品和服务上的支出（G）以及产品和服务净出口（$X-M$）进行加总。2006 年用支出法得到的 GDP 数值为 130 080 亿美元。个人消费支出占总支出的 2/3 以上。

资料来源：U.S. Department of Commerce, Bureau of Economic Analysis.

产品和服务净出口是出口额减去进口额。此项目包括 IBM 出售给德国大众汽车的电脑（美国出口），以及美国家电连锁巨头 Circuit City 从索尼公司购买的 DVD 播放器（美国进口）。

表 21.1 给出了总支出所包含的这四个项目相应数值。

收入法

收入法测量 GDP 是将企业为租用生产要素而支付给家庭的收入即劳动工资、资本利息、土地租金、企业家才能利润进行加总。国民收入与生产账户将收入划分为 5 个类别：

1. 雇员报酬
2. 净利息
3. 租金收入
4. 企业利润
5. 所有者收入

雇员报酬是支付给劳动服务的报酬。它包括工人所获得的净工资和薪水（称为“拿回家的收入”）加上税收加上社会保险、养老金等额外福利。

净利息是家庭贷款的利息所得减去借款利息。

租金收入是租用土地和其他资源的报酬。

企业利润是公司的利润，其中一部分以红利形式发放给家庭，另一部分以未分配利润的形式由公司保留下来。这些都是收入。

*所有者收入*是某企业所有者的收入所得，包括对所有者劳动及资本使用的补偿，再加上利润。

表 21.2 给出了这 5 大类收入和相应数值。

这些收入的总和被称为*以要素成本衡量的国内净收入*。使用“要素成本”这个术语是由于它是生产最终产品所使用的生产要素的成本。而当我们将用于购买最终产品的支出进行加总时，是*以市场价格衡量的国内产出*。市场价格与要素成本不同，是因为间接税收和补贴的存在。

*间接税*是消费者购买产品和服务时支付的税收。（与之相对的是*直接税*，即对收入征收的税收。）州销售税和对酒类、汽油和烟草制品征的税都属于间接税。由于间接税的存在，消费者在某些产品和服务上的支出要多于生产者所得。市场价格大于要素成本。例如，7%的销售税意味着当你购买价值 1 美元的巧克力棒时需要支付 1.07 美元。巧克力棒的要素成本包括利润是 1 美元，而其市场价格是 1.07 美元。

*补贴*是政府对生产者的支付。对谷物种植者和奶牛饲养者的支付都属于补贴。由于补贴的存在，消费者在某些产品和服务上的支出要少于生产者所得。要素成本大于市场价格。

为了从要素成本得到市场价格，我们需要加上间接税并减去补贴。通过这一调整使我们距离 GDP 又近了一步，但还不够。

最后一个步骤是加上折旧。回忆总利润和净利润以及总投资和净投资的区别，你可以理解这一调整的原因。由于包含企业净利润（剔除了折旧），总收入是一个净数额。由于包含总投资，总支出是一个总数额。因此，若从总收入得到 GDP，我们必须在总收入上加上折旧。

表 21.2　GDP：收入法

项　目	2006 年数据（十亿美元）	占 GDP 的百分比
雇员报酬	7 322	56.3
净利息	706	5.4
租金收入	77	0.6
企业利润	1 343	10.3
所有者收入	1 008	7.8
间接税减补贴	1 004	7.7
折　旧	1 548	11.9
国内生产总值	**13 008**	**100.0**

所有收入之和等于以要素成本衡量的国内净收入。GDP 等于以要素成本衡量的国内净收入加上间接税收减去补贴再加上折旧。2006 年用收入法测量的 GDP 数额为 130 080 亿美元。雇员报酬即劳动收入是目前为止占总收入比重最大的部分。

资料来源：U.S. Department of Commerce, Bureau of Economic Analysis.

复 习 测 验

1. 测量 GDP 的支出法是什么？
2. 测量 GDP 的收入法是什么？
3. 为了使总收入与 GDP 相等，需要对其进行何种调整？

myeconlab **Study Plan 21.2**

现在你已经了解 GDP 的定义和测量方法。下一个任务是学习如何克服影响 GDP 的两个变化——通货膨胀和经济增长——来揭示产品和服务数量的变化，我们称之为*实际 GDP*。

实际 GDP 与价格水平

GDP 衡量特定时期内花费在最终产品和服务上的总支出。2006 年 GDP 为 130 080 亿美元。而 2005 年的 GDP 为 121 990 亿美元。由于 2006 年 GDP 较 2005 年高，我们可以推测 2006 年必然发生了以下两件事中的至少一件：

- 2006 年比 2005 年生产了更多的产品和服务。
- 2006 年比 2005 年我们为产品和服务支付了更高的价格。

生产更多产品和服务可以提高人们的生活质量。而支付更高价格意味着人们的生活成本提高而生活水平没有发生改变。因此，了解 GDP 增加的原因至关重要。

你即将学习美国经济分析局的经济学家为何将 GDP 分成两个部分。一部分告诉我们生产的变化，另一部分告诉我们价格的变化。近些年来，划分 GDP 的方法发生了改变，接下来分别介绍新旧两种方法。

我们用实际 GDP 来测量 GDP 中生产的变化。**实际国内生产总值（实际 GDP）**（real gross domestic product, real GDP）是特定时期内生产的以不变价格衡量的最终产品和服务的价值。通过比较以不变价格生产的产品和服务的价值，我们可以考查产量的变化。

计算实际 GDP

表 21.3 给出了某经济体 2005 年的产量和价格，此经济体只生产两种产品：球和球棒。计算实际 GDP 的第一步是计算**名义 GDP**（normal GDP），即特定时期内以当期价格衡量的最终产品和服务的价值。当我们强调探讨的并不是实际 GDP 时，名义 GDP 是 GDP 更为精确的说法。

名义 GDP 的计算 为了计算 2005 年的名义 GDP，将 2005 年用于球和球棒的支出进行加总：

用于球的支出 = 100 个球 × 1 美元 = 100 美元
用于球棒的支出 = 20 支球棒 × 5 美元 = 100 美元
2005 年名义 GDP = 100 美元 + 100 美元 = 200 美元

表 21.4 给出了 2006 年的产量和价格。球的产量增加到 160 个，球棒的产量提高到 22 个。每个球的价格下降到 50 美分，每支球棒的价格增长到 22.50 美元。为了计算 2006 年名义 GDP，将 2006 年用于球和球棒的支出进行加总：

用于球的支出 = 160 个球 × 0.50 美元 = 80 美元
用于球棒的支出 = 22 支球棒 × 22.50 美元 = 495 美元
2006 年名义 GDP = 80 美元 + 495 美元 = 575 美元

为了计算实际 GDP，需要选择一年作为其他年度的参照年，称为基年。美国目前所选择的基年是 2000 年。基年的选择并不重要，它只是一个共同的参照点。我们选择 2005 年作为基年。根据定义，基年的实际 GDP 等于名义GDP。因此，2005 年的实际 GDP 是 200 美元。

以基年价格计算实际 GDP 利用基年法计算实际 GDP 的旧方法是以基年价格测量某年产值。表 21.5 给出了 2005 年价格及 2006 年产量（基于表 21.3 和 21.4 的信息）。用 2005 年价格计算 2006 年产值的方法如下：

表 21.3 2005 年 GDP 数据

产 品	数 量	价 格
球	100	\$1.00
球棒	20	\$5.00

表 21.4 2006 年 GDP 数据

产 品	数 量	价 格
球	160	\$0.50
球棒	22	\$22.50

用于球的支出 = 160 个球 × 1 美元 = 160 美元
用于球棒的支出 = 22 支球棒 × 5 美元 = 110 美元
以 2005 年价格计算的 2006 年产值 = 270 美元

如果我们使用旧的基年法，计算出的 2006 年实际 GDP 就是 270 美元。

环比加权产出指数计算 **环比加权产出指数**（chain-weighted output index）法是计算实际 GDP 的新方法，它使用相邻两年价格计算实际 GDP 的增长率。因此，为了计算 2006 年的实际 GDP 增长率，需要分别利用 2005 年价格和 2006 年价格计算各年产值并进行比较。然后用即将介绍的方法计算均值。

为了比较以 2006 年价格计算的 2005 年产值与 2006 年产值，我们需要以 2006 年价格计算 2005 年产值。表 21.6 给出了相应产量和价格。以 2006 年价格计算 2005 年产值方法如下：

用于球的支出 = 100 个球 × 0.5 美元 = 50 美元
用于球棒的支出 = 20 支球棒 × 22.50 美元 = 450 美元
以 2006 年价格计算的 2005 年产值 = 500 美元

现在我们得到了 2005 年与 2006 年之间的两个比较。

表 21.5 2006 年数量与 2005 年价格

产 品	数 量	价 格
球	160	\$1.00
球棒	22	\$5.00

表 21.6 2005 年数量与 2006 年价格

产 品	数 量	价 格
球	100	$0.50
球棒	20	$22.50

在 2005 年价格下，产值从 2005 年的 200 美元增加到 2006 年的 270 美元。产值增加了 70 美元，增长率是（70 美元÷200 美元）×100%等于 35%。

在 2006 年价格下，产值从 2005 年的 500 美元增加到 2006 年的 575 美元。产值增加了 75 美元，增长率是（75 美元÷500 美元）×100%等于 15%。

计算实际 GDP 的新方法利用了这两个增长率的平均值。35%和 15%的均值是（35+15）÷2 等于 25%。2006 年实际 GDP 较 2005 年提高 25%。2005 年实际 GDP 是 200 美元，因此 2006 年实际 GDP 是 250 美元。

链条间联系 上述介绍的方法每年都要重复计算。每一年都要与上一年进行比较。因此，2007 年运用了 2006 和 2007 年两年的价格和产量。2007 年实际 GDP 等于 2006 年实际 GDP 乘以（1+计算所得的 2007 年实际 GDP 增长率）。例如，假设 2007 年较 2006 年实际 GDP 增长率为 20%。2006 年实际 GDP 是 250 美元。因此，2007 年实际 GDP 相对 250 美元高出 20%即 300 美元。每一年的实际 GDP 都是以基年（2005 年）价格计算的。

通过计算各年实际 GDP 较上一年的增长率，每年的实际 GDP 都与基年价格联系起来，就如同链条之间的联系。

计算价格水平

前文已经介绍了实际 GDP 能够揭示产品和服务产值的真实变化。下面我们将考查增加了人们生活成本的价格变化。

价格的平均水平被称为**价格水平**（price level）。衡量价格水平的方法之一是 **GDP 平减指数**（GDP deflator），它是将期年价格表示成基年价格的比率。GDP 平减指数的计算公式如下：

$$\text{GDP 平减指数} = (\text{名义 GDP} \div \text{实际 GDP}) \times 100$$

表 21.7 计算 GDP 平减指数

年 份	名义 GDP	实际 GDP	GDP 平减指数
2005 年	$200	$200	100
2006 年	$575	$250	230

从公式中可以看出 GDP 平减指数能够衡量价格水平的原因。如果名义 GDP 上涨而实际 GDP 不变，则价格水平必然上涨。对于给定的实际 GDP，名义 GDP 越大则价格水平越高，GDP 平减指数也越大。

表 21.7 给出了 GDP 平减指数的计算过程。在基年 2005 年，实际 GDP 等于名义 GDP，因此 GDP 平减指数是 100。2006 年的 GDP 平减指数是 230，等于名义 GDP（575 美元）除以实际 GDP（250 美元）再乘以 100。

缩减 GDP 气球

可以将 GDP 想像成一个当产量增加、价格上升时充气的气球。在图 21.3 中，GDP 平减指数使通货膨胀气体——由于价格上涨——排到名义 GDP 气球之外，因此使我们能够看到实际 GDP 的变化。此图中的基年是 1986 年，1986 年的深灰色气球表示 1986 年实际 GDP。浅灰色气球表示 2006 年名义 GDP。2006 年深灰色气球表示实际 GDP。为了得到 2006 年实际 GDP，我们利用 GDP 平减指数缩减名义 GDP。

复习测验

1. 名义 GDP 和实际 GDP 之间的区别是什么？
2. 计算实际 GDP 的旧方法是什么？
3. 计算实际 GDP 的新方法是什么？
4. 如何计算 GDP 平减指数？

myeconlab **Study Plan 21.3**

现在你已经了解了计算实际 GDP 和 GDP 平减指数的方法。接下来的任务是学会如何使用实际 GDP，并了解它的局限性。

图 21.3 美国 GDP 气球

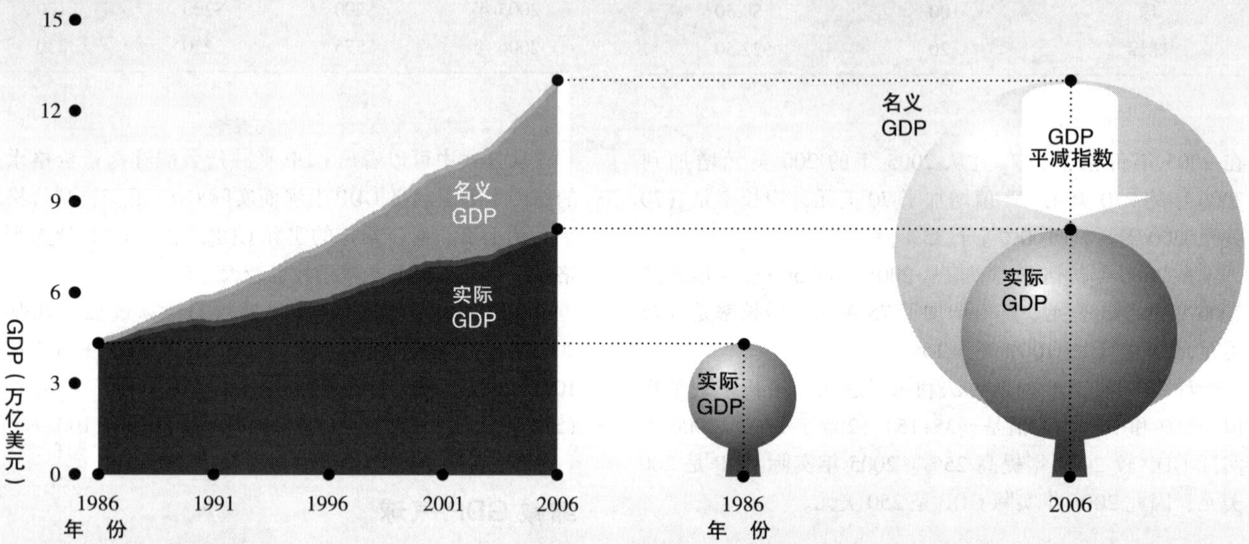

（a）名义GDP和实际GDP

（b）GDP气球

GDP 上升部分是由于通货膨胀，部分是由于产量增加——实际 GDP 上涨。

GDP 平减指数将 GDP 气球中通货膨胀的气体排出球外，使我们可以看到产量增加的程度。

资料来源：U.S. Department of Commerce, Bureau of Economic Analysis.

实际 GDP 的作用和局限性

对实际 GDP 的估测有 3 个主要目的。它们是为了：

- 经济福利的跨期比较
- 经济福利的国际比较
- 经济周期的预测

虽然实际 GDP 用于这三个目的，但它对任何一个目标来讲都不是一个完美的衡量标准，也不是一个完全误导的衡量。我们就这三种情况分别分析实际 GDP 的作用和局限性。

经济福利的跨期比较

经济福利（economic welfare）是对一般经济健康状况的一种全面的衡量。当所有商品和服务的产出增加的时候，经济福利就会提高。使得实际 GDP 增长的商品和服务只是影响经济福利的项目中的一部分。

由于实际 GDP 的增长，现在美国人均实际 GDP 是 1971 年的 2 倍。但是境况是否好了 2 倍？实际 GDP 的增长是否对经济福利的变化做出了全面而准确的衡量？

答案是并没有。因为经济福利还取决于许多其他并不被实际 GDP 正确衡量或者全面衡量的因素。其中一些是：

- 对通货膨胀的过度调整
- 家庭生产
- 地下经济活动
- 健康和预期寿命
- 闲暇
- 环境质量
- 政治自由和社会公正

对通货膨胀的过度调整 用于测量通货膨胀率的价格指数

会高估实际通货膨胀率。如果我们高估了价格的涨幅，就会导致对实际 GDP 增长的低估。当汽车的价格提高是因为汽车的质量提高时（更加安全、更节约燃料和更舒适），GDP 平减指数把这种价格上涨看做通货膨胀。因此，真正的生产的增长被认为是价格的增长而不是实际 GDP 的增长。实际 GDP 因为对价格升高的错误计算而显示缩减了。这种偏差也许一年低于 1 个百分点，但是准确的量并不为人知。

家庭生产 在家庭中，每天都有大量的生产活动发生。准备饭菜、清洁厨房、更换灯泡、修剪草坪、洗车和为上高中的学生辅导功课，这些都是与市场活动无关并且没有计入 GDP 的生产活动的例子。

如果这些活动的增长率与 GDP 一致，那么不对它们进行计算可能不会是什么问题。但是作为 GDP 的一部分的市场生产好像在加快替代没有计入 GDP 的家庭生产。两种趋势指出了这个方向。一个是拥有工作的人数总量，由 1970 年的 54%增长到了 2006 年的 62%。另一个是市场上对传统的家庭生产的产品和服务的购买趋势变化。比如说，越来越多的家庭在快餐店（美国快速增长的产业之一）就餐并且使用日托服务。这种趋势意味着之前被计为家庭生产的食品准备和儿童的照顾的一部分被计入了 GDP。因此，实际 GDP 的增长快于实际 GDP 加家庭生产的增长。

地下经济活动 地下经济活动是一类故意避开了政府关注的经济活动，一般是为了逃税和规避管制，或者是因为生产的产品和服务是违法的。由于地下经济活动并不会报告出来，所以不计入 GDP。

地下经济活动比较好形容，但是很难计算。它包括违法药品的生产和销售，以低于最低工资标准的薪水雇佣非法劳工，为了逃脱个人所得税而用现金结算的工作。最后一项的情况可能很普遍，例如出租车司机、发型师、酒店或者餐厅工作人员所得到的小费。

对美国地下经济活动规模所占 GDP 比例的估计在 9%~30%之间（1.2 万亿美元到接近 4 万亿美元）。地下经济活动在某些国家可能规模更为大一些，尤其是正由计划经济向市场经济转型的某些东欧国家。

假若地下经济占整个经济活动的比例是比较稳定的，实际 GDP 的增长率仍然能够对经济福利变化的情况给出比较有用的估测。但是有时候生产从地下经济转向经济中的一些部门，有时候又转向另一个。如果税率很高或者管制很严格，地下经济与经济中其他部分的差距就会加大。在 20 世纪 80 年代，当税率降低的时候，先前隐瞒的收入的申报就增加了并且税收收入也增加了。因此，20 世纪 80 年代实际 GDP 的增加的一部分（但仅是很小的一部分）是由于地下经济的转出而不是生产的增加。

健康和预期寿命 健康和长寿是每个人的愿望，但这些并不在实际 GDP 中表现，至少没有直接表现出来。更高的实际 GDP 可以使得我们有能力在医疗研究、保健、食品和运动器械上花费更多。当实际 GDP 增长的时候，预期寿命也延长了，从二战后的 70 岁到今天的将近 80 岁。新生儿死亡率和产妇分娩死亡率这两个 19 世纪比较可怕的数据已经大大降低了。

但是我们每年还是要面临健康和预期寿命的新问题。夺走年轻生命的艾滋病和毒品引起广泛关注。当我们把这些负面影响加以考虑后，我们可以看到实际 GDP 增长率夸大了经济福利的增长。

闲　暇 闲暇是一种能够使我们福利增加的经济商品。在其他条件保持不变的情况下，我们得到的闲暇越多，我们的福利水平就越高。我们的工作时间被认为是 GDP 的一部分，而闲暇却不是。但是，从经济福利的观点来看，闲暇给我们带来的效用至少应该和我们在最后一小时的工作所挣工资带来的效用相等。如果不是这样，我们将会选择继续工作而不选择休闲。最近几年，闲暇时间稳步增加。每周的工作时间变得更短了，越来越多的人选择较早的退休，假期变得越来越长。这种在经济福利方面的进步并没有在实际 GDP 上得到体现。

环境质量 经济活动会直接影响环境的质量，碳氢化合物燃料的燃烧就是一项明显破坏环境的活动。不仅仅只有这一个例子，对不可再生资源的损耗、对森林的过度砍伐、湖泊河流的污染都是工业生产带来的主要环境问题。

用于保护环境而使用的资源的价值也被计为 GDP 的一部分。例如，用于保护大气层不受汽车尾气污染的净化剂的支出是 GDP 的一部分。但是，如果我们不用这些设施而任由大气被污染的话，我们呼吸日益恶化的空气所带来的对GDP 的负面的影响将无法计算。

工业社会带来的对大气的污染大于农业社会所带来的。但随着我们变得越来越富有，污染并不总是也随之增加。富人通常更加重视干净的环境并且愿意支付更多。对比一下在 20 世纪 80 年代后期东德和美国的污染情况，东德这个较为贫穷的国家就以一种美国或是富裕的西德无法想像的方式污染了它的河流、湖泊和大气。

政治自由和社会公正 西方国家的多数人都对类似美国宪法所提供的政治自由有高度的评价。他们很重视社会公正或公平——机会均等以及可平等地获得系统的社会安全保障以摆脱极端的不幸。

一个国家可能有很高的人均实际 GDP 和有限的政治自由与平等。例如，少数的社会中坚群体可能会享有政治特权和大量的财富，而大量的民众却被奴役而且生活极其贫困。对于有同样实际 GDP 但是每个人都享有政治自由的经济体来讲，前者会被认为有很少的经济福利。

底　线 通过考查实际 GDP 的增长来观察经济福利的增长时，我们是否得到了错误的信息？实际 GDP 中被忽略掉的影响可能是重要的并且巨大的。相对发达国家，发展中国家有着更大规模的地下经济和家庭生产量。因此，随着经济的发展，一部分显现出来的实际 GDP 的增长反映的是从地下生产到正常生产、从家庭生产到市场生产的转换。这类计算的误差高估了经济增长率和经济福利的改进。

其他对生活水平的影响因素包括闲暇时间总量、环境质量、工作和家庭的保障及其城市街道的安全。建立一个将多种对人类幸福的影响因素综合起来的广义的衡量指标是有可能的。实际 GDP 是这些因素中的一个，但不能代表全部。

经济福利的国际比较

我们刚刚回顾的所有问题都会影响每个国家的经济福利。因此，对经济福利进行国际比较时，除了实际 GDP，还需要添加一些因素。但是实际 GDP 的比较是国际福利比较的主要组成部分，而在进行这些比较时有两个特殊的问题。第一，两国的实际 GDP 必须换算为同一货币单位。第二，必须使用同样的价格来对所比较的不同国家的产品和服务进行评价。我们用一个明显的例子来看看这两个问题：美国和中国的比较。

中国和美国的比较 2006 年，美国人均 GDP 接近 44 000 美元，国际货币基金组织的出版物《世界经济展望》(WEO) 上刊登的中国 2006 年人均 GDP 的官方统计数据为 15 500 元人民币（元是中国货币单位）。平均来讲，在 2006 年，1 美元值 9.9 元人民币。如果我们用这个汇率将 15 500 元人民币转换为美元是 1 566 美元。这样的中美之间的比较使得中国看起来相当贫困。2006 年美国的人均实际 GDP 是中国的 28 倍。

图 21.4 表示从 1980~2006 年依据市场汇率将人民币转换为美元后的中国人均实际 GDP 的变化。

购买力平价比较 图 21.4 同样展示了另一种情况，那就是中国人均实际 GDP 的估算要远大于我们所计算出来的。我们来看看这种不同的衡量是如何得出的。

美国的 GDP 的计算是用美国现行的价格衡量的。中国的 GDP 计算是用中国现行的价格标准衡量的。但是这两个国家的相对价格差距相当大。一些在美国很昂贵的商品在中国很便宜，这些项所占的中国实际 GDP 的比重相对占美国实际 GDP 的比重也就比较小。如果，不用中国的价格，所有中国生产的产品和服务都按照美国的价格计算，那么两个国家间 GDP 的比较就更为正确，这种比较用的价格被称为购买力平价价格（PPP 价格）。

宾州大学国际比较中心的经济学家艾伦·赫斯顿

图 21.4 中国实际 GDP 的两种测量

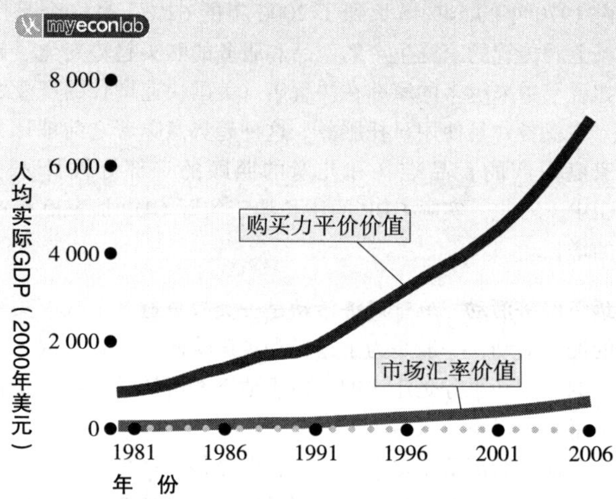

当 GDP 用市场汇率进行计算的时候，2006 年，中国是一个人均收入只有美国 4%的水平的贫穷的发展中国家。但当 GDP 用购买力平价进行衡量的时候，中国 2006 年的实际 GDP 是美国的 20%。某些中国问题学者认为即使使用市场汇率计算得到的数据也太大了。因此，在中国的实际 GDP 的计算上还有不确定的因素。

资料来源：International Monetary Fund, *World Economic Outlook database*, April 2006 and Alan Heston, Robert Summers, and Bettina Aten, Penn World Table Version 6.1 Center for International Comparisons at the University of Pennsylvania (CICUP), October 2002.

(Alan Heston)、罗伯特·萨默斯（Robert Summers）和贝蒂娜·阿托恩（Bettian Aten）用购买力平价构建了 100 多个国家的实际 GDP 数据。国际货币基金组织也采用了类似于他们的方法来对所有国家的 GDP 进行估测。购买力平价的比较给我们讲述了一个非常值得注意的中国的故事。

根据购买力平价比较，2006 年美国的人均实际 GDP 是中国的 5 倍，而不是根据市场汇率计算出来的 28 倍。图 21.4 展示了用购买力平价比较和市场汇率的观点来计算中国人均实际 GDP 的不同情况。

不确定性和测量误差 匹斯堡大学一位杰出的中国问题学者托马斯·罗斯基（Thomas Rawski）对图 21.4 中的两组数据产生了质疑。他认为某些年份中国实际 GDP 的增长率被夸大了，即使是根据市场汇率也高估了中国的实际 GDP。

美国实际 GDP 的计算是可靠的，而中国的实际 GDP 还存在着不确定性和测量误差。但是，中国的实际 GDP 在持续增长，很多企业都对在中国和其他快速发展的亚洲国家开展经营业务的前景密切关注。

经济周期的预测

如果政策决策者决定提高利率来减缓他们认为过强的扩张，他们就要观察对实际 GDP 的最新估算。但是，假定由于我们刚刚讨论的原因，实际 GDP 的测量有误。这些误差是否会削弱我们判断经济周期处于哪一个阶段的能力？答案是不会，原因是尽管实际 GDP 的遗漏项目一直在变动，但它们通常不会以一种系统的方式随经济周期变动。因此，实际 GDP 的计算误差通常不会导致对经济周期阶段的错误确定。

用实际 GDP 衡量的经济活动的波动合理地表明了所处的经济周期阶段的准确情况。当实际 GDP 增长时，经济处于扩张期；当实际 GDP 缩水时（持续两个季度），经济就处于衰退期。同时，随着实际 GDP 的波动，生产和就业情况也在波动。

但是实际 GDP 的波动可能会夸大或高估总产出和经济福利的波动。原因是当衰退中的经济活动放慢时，家庭生产和闲暇时间增加了。当在扩张中经济活动加速时，家庭生产和闲暇时间减少了。因为家庭生产和闲暇时间在衰退的时候增加在扩张的时候减少，所以实际 GDP 的波动往往高估了总产出和经济福利的波动。但是实际 GDP、总产出和经济福利的波动方向大致是一致的。

复习测验

1. 实际 GDP 能测量经济福利吗？如果不能，为什么？
2. 实际 GDP 能测量产品和服务的总产出吗？如果不能，主要的遗漏是什么？
3. 我们如何正确地进行实际 GDP 的国际比较？
4. 实际 GDP 的增长准确地测量了经济的增长率吗？
5. 实际 GDP 的波动准确地测量了经济周期吗？

myeconlab **Study Plan 21.4**

你现在已经学习了用于测量 GDP、经济增长和价格水平的方法。你也知道这些计算方法中的一些局限性。下页的阅读材料考查了美国 2006 年实际 GDP 的扩张。

你的下一个学习任务是怎么测量就业率、失业率和 CPI。

阅读材料：
事例与分析

在当前经济扩张中的实际 GDP

http://www.nytimes.com

自 2003 年夏以来的经济增长达到最快速度

2006 年 4 月 29 日

据美国商务部昨天的报道，在消费支出的大量膨胀和有力的商业投资的推动下，今年第一季度的 GDP 增长速度达到了 4.8%，是自 2003 年夏季以来最快速的增长。

但是喧嚣的美国经济可能会变得安静一些。即使政府的报道描绘了经济引擎全面启动的场景，多数经济学家还是认为增长应该调整到一个比较适中的速度，通过高的能源价格、提高利率和减缓住房市场压力来减慢增长速度。

“这应是在这次经济周期中我们获得的最后一个大 GDP 数据，”位于纽约州瓦尔合拉市的 High Frequency Economics 的首席美国经济学家伊恩·谢菲尔逊说道，“我们期望一个减缓的路径。”

企业和消费者给 2006 年注入了异常的活力。相比 2005 年消费支出的年增长率提高了 5.5 个百分点。商业投资增长了 14.3 个百分点，这是自 2000 年第二季度以来的最大的增长。甚至政府增加了 10%的军事支出也促进了 GDP 增长。

与此同时，住宅建设脚步放缓，但对商业建筑（如工厂、医院和办公大楼）由 3.1%上升到了 8.6%。“各地的人们都乐观并且繁忙。”美国承包商协会的首席经济学家肯尼斯·西蒙生说道……

事件的本质

- 2006 年 1~3 月实际 GDP 以年增长率 4.8%的速度增长。
- 这是自 2003 年夏季以来的最快的季度增长率。
- 商业投资以年增长率 14.3%的速度增长，是自 2000 年以来的最快增长速度。
- 商业建筑投资的年增长率达到 8.6%。
- 消费支出的年增长率达到 5.5 %。
- 政府国防支出的年增长率为 10%。

经济分析

- 这篇新闻报道了 2006 年第一季度实际 GDP 的数据。*
- 第一季度的数据表明这是自 2001 年衰退以来的第二大增长。
- 图 1 表示从 2000 年的第一季度到 2006 年的第一季度的实际 GDP 的增长率（年增长率）。
- 我们可以看到从 2002~2003 年初增长缓慢。
- 我们还可以看到自 2003 年第三季度及其之后的快速强劲的增长。
- 经济增长率在 2005 年的第四季度减缓——卡特里娜飓风影响——然后在 2006 年第一季度反弹回去。
- 图 2 表示实际 GDP 的构成。我们可以看到多数实际 GDP 的增长是因为消费支出和投资的增长构成的。
- 2002~2006 年的扩张较为缓慢。
- 图 3 强调了 2002~2006 年扩张的缓慢。
- 在2006 年的第一季度，在经过自 2001 年低谷后 18 个季度的扩张之后，实际 GDP 比低谷高出了 16 个百分点。
- 在先前 5 次扩张的平均水平中的 2006 年第一季度，实际 GDP 要比它的低谷高出 23 个百分点。
- 目前的扩张水平类似于之前的 5 次扩张中相对最弱的一次。
- 自 2001 年的低谷期以来，实际 GDP 大概以平均每年 3.3 %的增长率增长。
- 只有 20 世纪 90 年代的扩张相对来说缓慢一些，60 年代的年增长率为 5.8%，几乎是 90 年代的 2 倍。

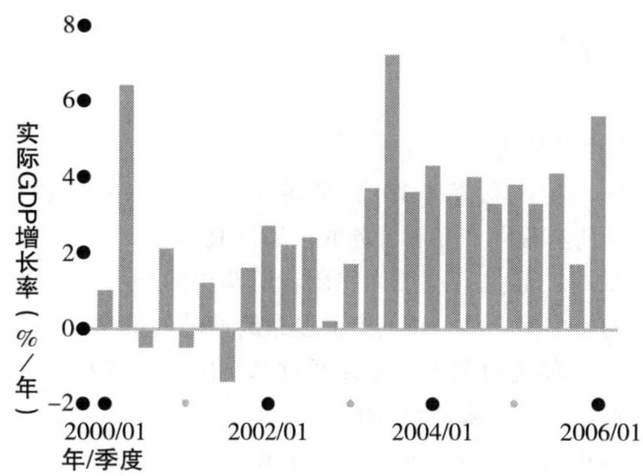

图1　2000~2006年实际GDP增长率

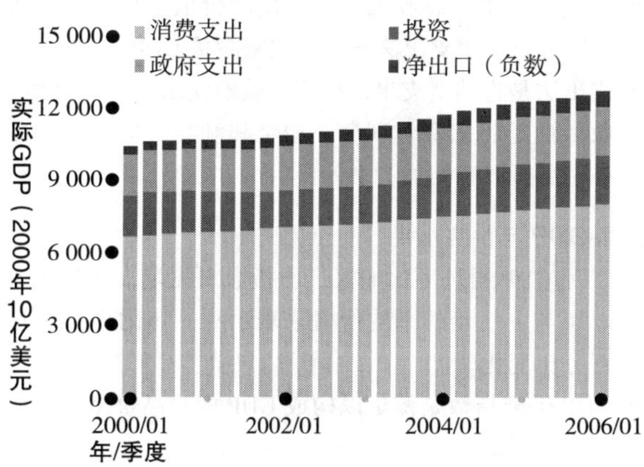

图2　2000~2006年实际GDP及其构成

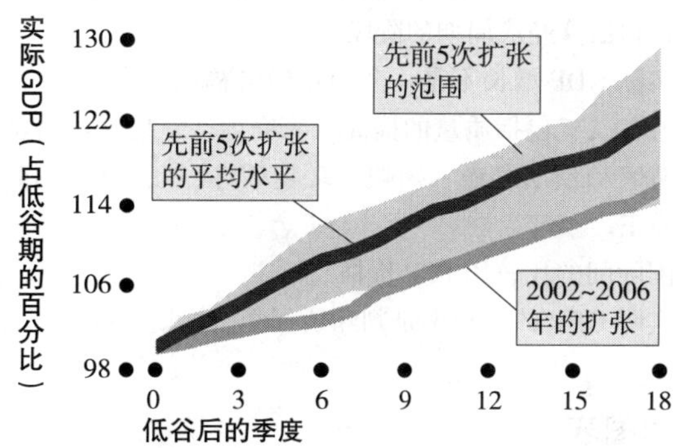

图3　缓慢的恢复

* 增长率此后被修正过，从新闻报道中的 4.8%上升为 5.6%，在此我们使用经修正过的数据。

内容提要

要 点

国内生产总值

- 国内生产总值（GDP）是指一定时期内一国境内生产的所有最终产品和服务的市场价值。
- 最终产品是指被最终使用者所购买的产品，与之对应的是中间产品，中间产品是最终产品的组成部分。
- 在循环流向图中，要么通过总支出来计算 GDP，要么通过总收入来计算 GDP。
- GDP 等于产品和服务的总支出等于总收入。

美国 GDP 的测量

- 因为总支出、总收入和总产出的价值是相等的，所以我们可以使用支出法或收入法来测量 GDP。
- 支出法是将消费支出、投资、政府支出和净出口相加。
- 收入法是将工资、利息、租金和利润（加间接税减去补贴加折旧）相加。

实际 GDP 与价格水平

- 实际 GDP 通过环比加权产出指数来测量，该指数基于今年与上一年的平均价格来表示每一年的生产价值的百分比变化。
- GDP 平减指数是衡量以构成 GDP 的物品价格为基础的价格水平。

实际 GDP的作用和局限性

- 实际 GDP 可以用来比较不同时期和不同国家的经济福利和估算经济周期的阶段。
- 实际 GDP 增长不是一个衡量经济福利的完美指标，因为它没有包括质量的提高、家庭生产、地下经济活动、健康和预期寿命、闲暇、环境破坏、政治自由和社会公正。
- 国际间的比较用 PPP 价格。
- 实际 GDP 的增长率是判断所属经济周期阶段的指标。

关键图表

图 21.1 支出—收入的循环流向图
表 21.1 GDP：支出法
表 21.2 GDP：收入法

关键术语

国内生产总值	最终产品
中间产品	消费支出
投 资	政府支出
净税收	出 口
进 口	净出口
储 蓄	国民储蓄
财 富	折 旧
总投资	净投资
实际国内生产总值	名义 GDP
环比加权产出指数	价格水平
GDP 平减指数	经济福利

习 题

1. 下页图表示美国支出和收入的流动。在 2001 年，*A* 是 22 000 亿美元，*B* 是 70 640 亿美元，*C* 是 18 400 亿美元，*D* 是 16 240 亿美元，*E* 是–3 300 亿美元，计算：
   a. 总支出
   b. 总收入
   c. GDP
   d. 政府预算赤字
   e. 家庭储蓄
   f. 政府储蓄
   g. 国民储蓄
   h. 从其他国家的借款
2. 在问题 1 中，在 2003 年，*A* 是 15 070 亿美元，*B* 是 72 740 亿美元，*C* 是 20 540 亿美元，*D* 是 16 240 亿美元，*E* 是–5 050 亿美元，计算在 1 中的问题。
3. 玛丽拥有一家复印店，有 10 台复印机。每年有一台复印机报废同时被替代。今年，玛丽想要将规模扩展到 14 台。计算玛丽的原始资本存量、折旧、总投资、净投资和最终资本存量。
4. 问题 3 中的玛丽从某家纸厂买纸，玛丽在纸上的支出是 GDP 的一部分吗？如果不是，纸的价值是如何被记入 GDP 的？

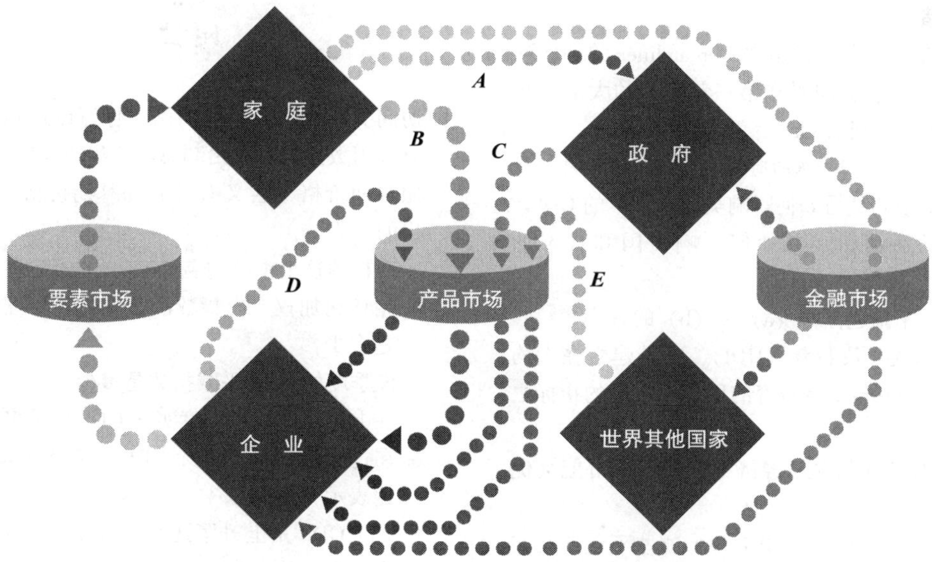

5. 2005 年在英国：

项　目	十亿英镑
劳动工资	685
消费支出	791
税　收	394
转移支付	267
利　润	273
投　资	209
政府支出	267
出　口	322
储　蓄	38
进　口	366

a. 计算英国的 GDP。
b. 解释你所用的计算 GDP 的方法。
c. 在英国，投资是如何融资的？

6. 热带地区共和国只生产香蕉和椰子，基年是 2005 年，下表给出了生产的数量和价格。

数　量	2005 年	2006 年
香　蕉	1 000 捆	1 100 捆
椰　了	500 捆	525 捆
价　格		
香　蕉	每捆 2 美元	每捆 3 美元
椰　子	每捆 10 美元	每捆 8 美元

a. 计算热带地区共和国在 2005 年和 2006 年的名义 GDP。
b. 用基年价格的方法计算 2006 年的实际 GDP。
c. 计算 2006 年 GDP 平减指数。

7. 热带地区共和国决定用环比加权产出指数法来计算实际 GDP。用这种方法：
a. 计算热带地区共和国在 2006 年的实际 GDP 增长率。
b. 计算 2006 年的 GDP 平减指数。
c. 比较并讨论用基年法和环比产出指数法计算实际 GDP 的差别。

批判性思考

1. 学习阅读材料，然后回答以下问题：
a. 在 2006 年第一季度里，总支出的组成中哪一个元素以最快速度增长？
b. 在 2006 年第一季度里，总支出的组成中哪一个元素以最慢的速度增长？
c. 从上一次经济周期低谷开始，经历了多久美国的经济才扩张？
d. 如何比较前一次的扩张和这次的扩张？它是开始弱后来强还是开始强后来弱？还是它从一开始就一直弱？
e. 你能想出可能使得现期的扩张弱下来的原因有哪些？

2. **波音与家庭打赌**

波音计划在日本生产新型 787Dreamliner 的一些配件。飞机在美国组装，同时在第一年生产的大部分将要卖给日本的航空公司 ANA。

《纽约时报》，2006 年 5 月 7 日

a. 解释波音的活动和交易如何影响美国和日本的 GDP。

b. 解释 ANA 的活动和交易如何影响美国和日本的 GDP。

c. 用循环流向图来描述你对（a）和（b）的答案。

3. 联合国创造了*人类发展指数*（HDI），它是建立在人均 GDP、预期寿命与其他衡量教育的质量和数量的指标之上的。

a. 解释为什么 HDI 作为测量经济福利的指标可能会优于实际 GDP。

b. 在 HDI 中哪些包含在实际 GDP 中？哪些不包含在实际 GDP 中？

c. 你认为 HDI 应该扩展范围到环境污染、资源耗尽和政治自由上吗？解释原因。

d. 若综合全面的衡量，你认为还有哪些因素应该添加到影响经济福利指标中？

网上活动

1. 访问美国经济分析局网站。你可以得到关于 GDP 的所有有用数据与总支出和总收入组成要素。这些数据是按照当期价格（名义 GDP）和基期价格（实际 GDP）得出的。

a. 现在的这个季度的名义 GDP 的值是多少？

b. 用环比加权产出指数法计算的该季度的实际 GDP 值是多少？

c. 该季度的 GDP 平减指数是多少？

d. 在上一年的同一季度实际 GDP 值是多少？

e. 在过去的一年里实际 GDP 的变化是多少？（用百分比表示）

f. 实际 GDP 是上升了还是下降了？什么可以解释在过去一年里的变化？

2. 登陆 World Economic Outlook 的网站。在这你可以得到 180 个国家的实际 GDP 和其他变量的数据。找出美国和其他 3 个国家（任意）的实际 GDP 数据。画一个实际 GDP 增长率的时间序列图，并写一份简洁的报告，比较这些国家实际 GDP 的增长和波动。

第22章

就业与价格水平的监控

至关重要的信号

每个月，我们都将失业变化的过程绘制成图，从而衡量美国经济的健康状况。我们如何衡量失业？失业率能告诉我们什么呢？它是国家经济运行状况的一个可靠的至关重要的信号吗？

每个月，我们还将就业人数、就业者工作的小时数和他们所得到的工资绘制成图。大多数新增加的工作岗位是全职的还是兼职的？这些工作的工资是高还是低？

美国经济在2002年之后扩张，工作岗位的增加乏力，有关劳动市场健康状况的问题对成千上万的美国家庭而言就至关重要。在本章末的**阅读材料**中，我们将重点分析过去几年的劳动市场。

拥有一份薪水丰厚的好工作，只是部分等价于拥有较高生活水平。另一部分因素就是生活成本。我们用另一个逐月公布的数字——消费者价格指数或CPI——来跟踪我们购买的产品的成本。什么是CPI？它是如何计算的？它能可靠地反映我们生活成本的变化吗？

◆这些问题就是我们在本章要研究的。我们首先分析衡量就业与失业的方法。

学习本章后，你将能：

- 定义失业率、劳动参与率、就业—人口比率和总劳动时数
- 描述失业的根源、失业期限和受失业影响最大的群体，以及失业如何随着经济周期而波动
- 解释我们如何利用CPI来衡量价格水平和通货膨胀率

工作岗位与工资

劳动市场的状态对我们的收入和生活具有重大影响。在工作难找的时候，我们就会感觉到忧虑不安；而在工作容易找的时候，我们就感觉身心舒畅。我们想找到一份好工作，也就是待遇不错而且有趣的工作。接下来你将学习经济学家是如何跟踪劳动市场的健康状况的。

人口调查

每个月，美国人口普查局都会对 60 000 个家庭进行调查，并询问每个家庭成员的年龄和就业状况等一系列问题。这一调查被称为当前人口调查（Current Population Survey）。人口普查局利用这些回答来分析劳动力状况。

图 22.1 表示人口普查局所用的人口分类以及不同类别之间的关系。

所有人口可分为两大类：工作年龄人口和因年龄太小或生活在社会收容机构而不能工作的人口。**工作年龄人口**（working-age population）就是年满 16 岁（包括 16 岁）而且不在服刑、住院或被收容照顾的总人数。

人口普查局还将工作年龄人口分为参与劳动和不参与劳动的两类。参与劳动者又可分为就业者和失业者两类。所以，**劳动力**（labor force）就是就业和失业人口的总和。

一个人要想成为当前人口调查中的就业者，他就必须拥有一份全职或兼职的工作。而一个人要成为失业者，他必须有能力工作，而且属于以下三种类型之一：

1. 没有工作，但在此前四周的时间内为了找工作而付出过努力；
2. 等待临时将他解雇的企业召回；
3. 等待 30 天内开始一份新工作。

任何满足上述三个条件之一的被调查者都算做失业者。那些处在工作年龄阶段但既非就业又非失业的人就不能算做劳动力。

2006 年，美国总人口为 2.993 亿人，其中有 7 060 万人不满 16 岁或生活在社会收容机构中。工作年龄人口 2.287 亿，其中 7 610 万人属于非劳动力，他们多数都在全日制学校里念书或者已经退休。剩下的 1.526 亿人就构成了美国的劳动力，其中 1.453 亿人正在就业，而 730 万人处在失业之中。

图 22.1 美国人口的劳动力分类

myeconlab

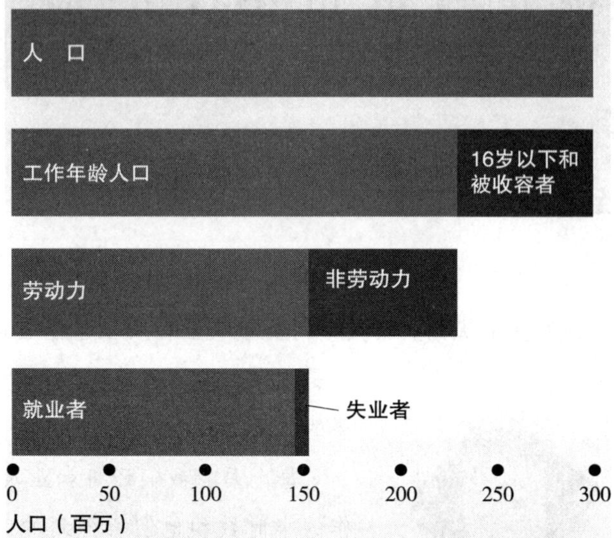

总人口被分为工作年龄人口与 16 岁以下和被收容者两大类。工作年龄人口又被分为劳动力和非劳动力两类。劳动力又被分为就业者和失业者两类。

资料来源：Bureau of Labor Statistics.

劳动市场的三个指标

美国人口普查局计算劳动市场状态的三个指标，如图 22.2 所示。它们分别是：

- 失业率
- 劳动参与率
- 就业—人口比率

失业率 失业量是一个反映人们愿意而又找不到工作的程度的指标。**失业率**（unemployment rate）是劳动力中失业人口的百分比，即

$$\text{失业率} = \frac{\text{失业人数}}{\text{劳动力人数}} \times 100\%$$

而

$$\text{劳动力人数} = \text{就业人数} + \text{失业人数}$$

2006 年，美国就业人数为 1.453 亿人，失业人数为

图 22.2　美国就业、失业与劳动力：1961~2006 年

myeconlab

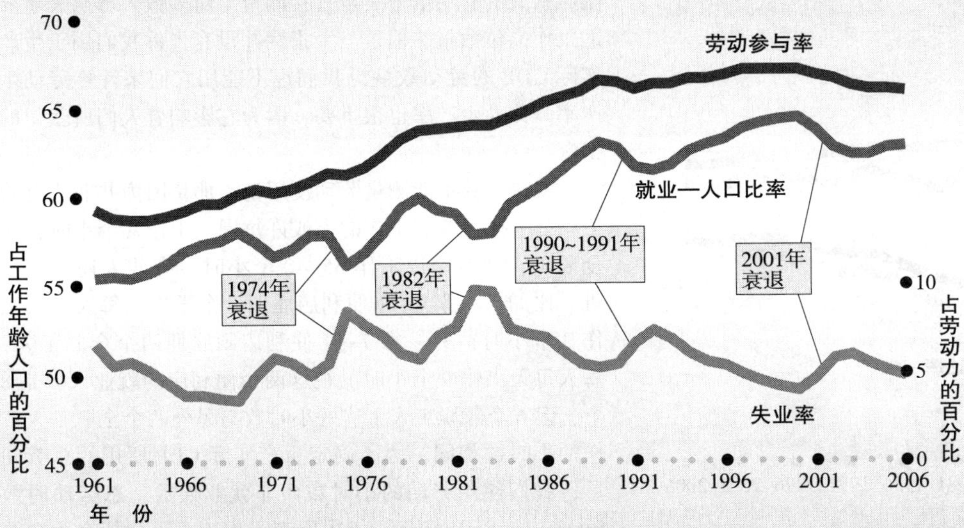

失业率在经济衰退时上升，而在经济扩张时下降。劳动参与率和就业—人口比率有上升的趋势，并随着经济周期而波动。就业—人口比率比劳动参与率的波动幅度更大，并反映了失业率的周期波动。劳动参与率的波动主要是因一些人寻找工作受挫而丧失信心所致。

资料来源：Bureau of Labor Statistics.

730 万人。利用上述方程式，你可以验证劳动力人数为 1.526 亿人（1.453 亿加上 730 万），而失业率为 4.8%（730 万除以 1.453 亿后乘上 100%）。

图 22.2 给出了美国 1961~2006 年的失业率（图中最下面一条曲线，其纵坐标在图的右边）和其他两个劳动市场指标。失业率平均为 5.9%左右，而且分别在 1974 年、1982 年、1990~1991 年和 2001 年四次衰退之末达到峰值。

劳动参与率　参与劳动力的人数表明处在工作年龄的人愿意参加工作的意愿。**劳动参与率**（labor force participation rate）是劳动力人数占工作年龄人口的百分比，即

$$劳动参与率 = \frac{劳动力人数}{工作年龄人口} \times 100\%$$

2006 年，美国劳动力人数为 1.526 亿，工作年龄人口为 2.887 亿。利用上述方程，可以计算出劳动参与率为 66.7%（1.526 亿除以 2.887 亿后乘以 100%）。

图 22.2 给出了美国的劳动参与率（图中最上面的一条曲线，其纵坐标位于图的左侧）。它在 2000 年之前一直有上升的趋势，但在 2000 年之后略有下降。它也有一些轻微的波动，主要是因一些人寻找工作受挫而丧失信心所致。

丧失信心的工人（discouraged workers）是指那些有工作能力也愿意工作，但在过去的四个星期内没有努力寻找过工作的人。这些工人通常在经济衰退时期暂时离开劳动市场，而在经济形势好转以后又重新进入劳动市场并积极寻找工作。

就业—人口比率　处在工作年龄并拥有工作的人数既反映了社会提供的工作岗位数量，又反映了个人技能与工作岗位的匹配程度。**就业—人口比率**（employment-to-population ratio）是就业人数占工作年龄人口的百分比，即

$$就业—人口比率 = \frac{就业人数}{工作年龄人口} \times 100\%$$

2006 年，美国就业人数为 1.453 亿人，工作年龄人口 2.887 亿。利用上述方程式，可以计算出就业—人口比率 63.5%（1.453 亿除以 2.887 亿后乘以 100%）。

图 22.2 给出了美国的就业—人口比率（图中中间那条曲线，其纵坐标位于图的左侧）。它在 2000 年之前一直有上升的趋势。这个指标与劳动参与率曲线具有相同的趋势：在 2000 年之前上升而在 2000 年之后下降。2000 年之前的上升，意味着美国创造工作岗位的速度快于工作年龄人口增加的速度。这个指标也有所波动，它与失业率一

图 22.3 变化中的劳动市场

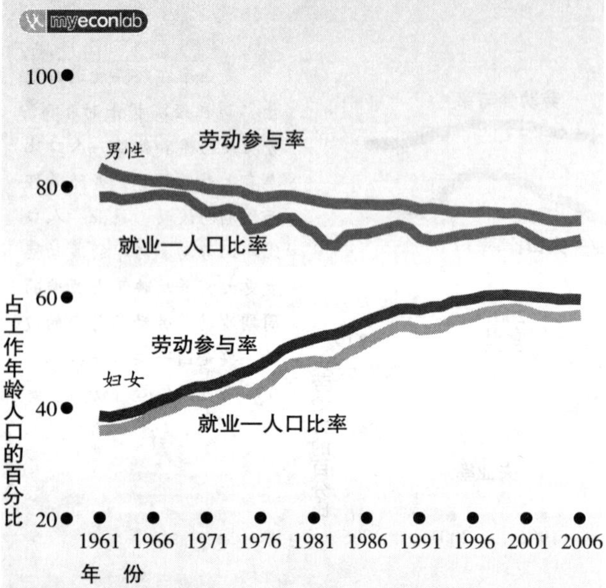

劳动参与率和就业—人口比率的上升趋势，主要由于劳动市场中妇女的劳动参与率不断提高。男性的劳动参与率和就业—人口比率有所下降。

资料来源：Bureau of Labor Statistics.

起波动但方向相反。就业—人口比率在经济衰退时下降，但在经济扩张时上升。

为什么美国的劳动参与率和就业—人口比率在2000年之前上升，而随后又下降呢？原因在于妇女就业拉动了这个上升的趋势。图22.3表明，在1961~2000年间，美国妇女的劳动参与率从38%提高到60%。工作时间的缩短、生产率的提高和对白领工作的重视，都增加了妇女的就业机会和工资。同时，技术进步提高了家庭劳动生产力，解放了妇女的时间，使之能从事家庭之外的工作。2000年之后，这个上升的趋势终止了。

男性对美国劳动参与率的上升趋势起到了阻碍作用，而且在2000年后，把上升趋势扭转为下降趋势。在1961~2000年间，男性的劳动参与率从83%下降到75%，而在2006年下降到73%。

男性的劳动参与率之所以下降，主要是因为越来越多的男性在学校学习更长的时间，而且有些男性提前退休。

总劳动时数

我们刚刚考查过的三个劳动市场指标是检测经济系统健康状况的有用信号，也直接测量了对多数人都至关重要的工作岗位数量。但这三个指标并没有告诉我们用于生产实际GDP的劳动数量，我们也不能用它们来计算劳动生产率。劳动生产率也很重要，因为它影响着人们所获得的工资。

就业人数不能测量劳动使用量，那是因为并非所有的劳动都一样。兼职工作的人或许每周只工作几个小时，而全职工人通常每周工作35~40个小时，有些人还经常加班。比如，一家7-11便利店雇佣6个学生，每人每天工作3个小时。另一家7-11便利店则雇佣两个全职工人，每人每天工作9个小时。在这两个便利店的就业人数是8个，但6个兼职工人工作的小时数与另外两个全职工人工作的小时数相同。为了确定生产实际GDP所用的总劳动量，我们使用劳动的小时数而非就业人数。**总劳动时数**（aggregate hours）是一年中所有受雇工人（包括全职和兼职工人）工作的总小时数。

图22.4（a）给出了美国1961~2006年间的总劳动时数。与就业—人口比率类似，总劳动时数也有一个上升趋势。但总劳动时数没有就业人数增长得那么快。在1961~2006年间，美国就业人数增加了120%，而与此同时，总劳动时数只增加了90%。为什么存在这样的差别呢？因为工人的平均工作时数缩短了。

图22.4（b）给出了工人的平均工作小时数。在20世纪60年代初，平均工作时数一直徘徊在每周39个小时左右，此后便一直下降到21世纪初的每周略低于34个小时。平均周工时之所以缩短，既有全职工人周工时缩短的原因，也有兼职工作岗位数量比全职工作岗位数量增加更快的原因。

总劳动时数和平均工作时数的波动与经济周期是一致的。图22.4表明，在过去的四次经济衰退中，总劳动时数都有所下降，而且平均工作时数的下降趋势比总体的下降趋势更加明显。

实际工资率

实际工资率（real wage rate）是指1个小时的工作所能购买的产品与服务的数量。它等于货币工资率（每小时所得美元）除以价格水平。如果我们用GDP平减指数来测量价格水平，实际工资率用2000年的美元表示，因为

2000 年的 GDP 平减指数是 100。实际工资率是一个重要的经济变量，因为它测量了劳动的回报。

美国的实际工资率发生了什么样的变动呢？图 22.5 回答了这个问题。它给出了美国在 1961~2006 年间平均每小时实际工资率的三种测量方法。

实际工资率的第一种测量方法是美国劳工部计算的私有制造业非管理人员的平均每小时收入。这种方法测量的结果使实际工资率在 1978 年增加到 12.44 美元（以 2000 年的美元衡量），并在此后的 15 年时间里保持在 12.30 美元左右。从 20 世纪 90 年代中期开始，实际工资率持续上升并在 2003 年达到 14.44 美元，随后再次止步不前。

实际工资率的第二种测量方法是用国民收入和产品账户中工资与薪水总量除以总劳动时数。这种测量方法比第一种测量方法更宽泛，包括了所有类型劳动力的收入，而不管他们的工资率是否按小时计算。这个更宽泛的测量指

图 22.4 总劳动时数：1961~2006 年

myeconlab

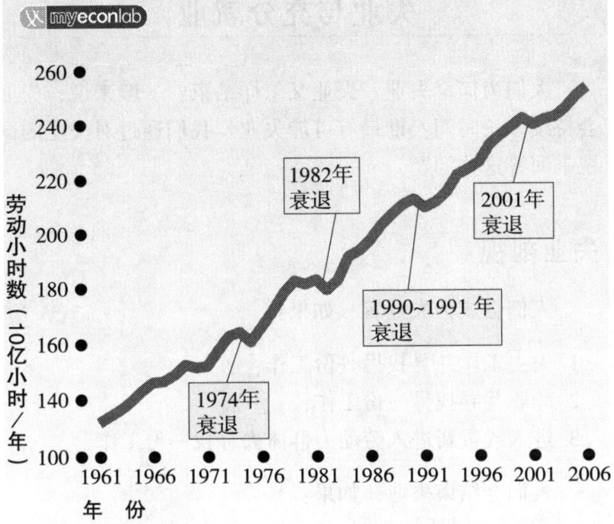

（a）总劳动时数

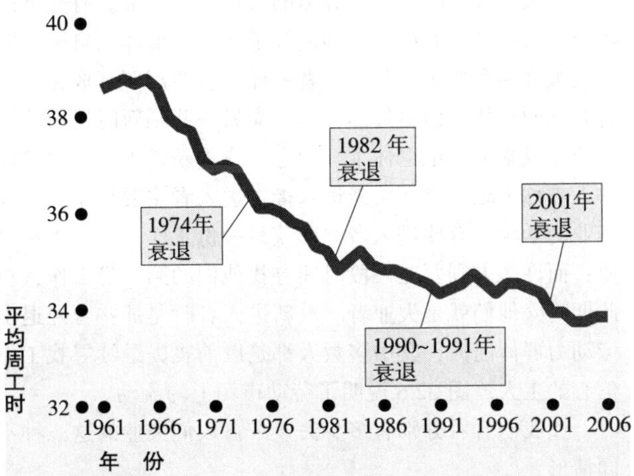

（b）每人平均周工时

(a) 幅中的总劳动时数比就业人数更准确地测量了生产实际 GDP 所使用的总劳动量，这是因为兼职工作岗位所占的比例越来越大。在 1961~2006 年间，总劳动时数增加了 90%。总劳动时数的波动与经济周期相一致。总劳动时数增加的速度慢于工作岗位数，这是因为 (b) 幅中所示的平均周工时缩短了。

资料来源：Bureau of Labor Statistics, and the anthor's calculations.

图 22.5 实际工资率：1961~2006 年

myeconlab

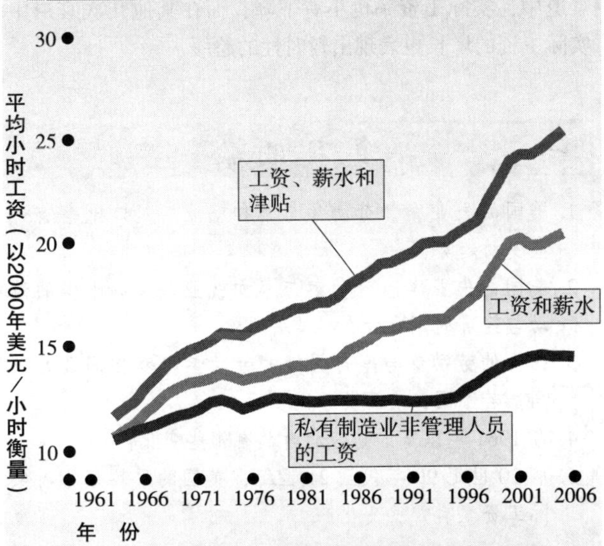

私有制造业非管理人员平均每小时的实际工资率在 1978 年达到顶峰，并在 1993 年之前几乎保持不变，然后不断上升直至 2001 年，然后又保持不变。实际工资率更宽泛的测量指标不断递增，但在 20 世纪 70 年代表现出增长速度趋缓。

资料来源：Bureau of Economic Analysis, Bureau of Labor Statistics, and the anthor's calculations.

标在 1978 年之后并没有停止上升，但其增长率在20 世纪 70 年代中期有所趋缓，而且在 80 年代初一直都很低。随后，它在 80 年代后期加速上升，并在 90 年代初期有所下降，又在 1996~2000 年间迅速增加。每小时劳动收入指标在 2001 年衰退期间出现了暂时性的下降。

诸如养老金和雇主支付的医疗保险费等附加福利占劳动报酬的比重越来越大。图 22.5 给出的实际小时工资率的第三种测量方法就反映出这一趋势。这种测量方法将包括工资、薪水和津贴在内的总劳动报酬除以总劳动时数。这种测量方法是最广泛使用，它表明实际小时工资在 2000 年之前几乎每年都增加，而且在短暂的停滞之后又开始增加。

图 22.5 中的数据告诉我们，无论如何测量实际工资率，其增长率在 20 世纪 70 年代都很低。这种工资增长的趋缓与生产率增长速度（每小时工作生产实际 GDP 的增长速度）的趋缓是一致的。虽然制造业工人的平均实际工资率受到生产率增长速度趋缓的影响最为严重，但更宽泛的测量指标也表现出增长速度趋缓的迹象。

在 2001 年衰退期间，每小时工资较宽泛的测量指标表现出异乎寻常的下降，但也可以理解。在 1974 年那次衰退中，实际工资率也小有下降，而在其他几次衰退中，实际工资的增长也表现出暂时性的趋缓。

复习测验

1. 美国的失业率、劳动参与率和就业—人口比率有哪些变动趋势？
2. 美国的失业率、劳动参与率和就业—人口比率的波动与经济周期有什么样的关系？
3. 妇女的劳动参与率与男性的劳动参与率相同还是不同？若不同，有哪些不同？
4. 自 1961 年以来，总劳动时数有哪些变化？
5. 从 20 世纪 90 年代至 21 世纪，美国的平均每小时实际工资率有哪些变化？

myeconlab **Study Plan 22.1**

现在，你已经了解我们如何去测量就业、失业和实际工资率。你的下一个任务就是研究失业剖视，并了解为什么即便在充分就业的时候，它也从来不会消失。

失业与充分就业

人们为何会失业？失业又怎样结束？一般来说，失业会持续多长时间？谁最有可能失业？我们通过对失业的剖视来回答这些问题。

失业剖视

人们会成为失业者，如果：

1. 失去工作并寻找另一份工作；
2. 辞职并寻找另一份工作；
3. 进入或重新进入劳动力群体去寻找一份工作。

人们会结束失业，如果：

1. 被雇佣或被原企业召回；
2. 退出劳动力群体。

永久性或暂时性地被辞退的人称为*下岗者*。有些下岗者成为失业者，有些则立即离开了劳动力群体。自愿辞职的人被称为*离职者*。与下岗者一样，有些离职者成为失业者并试图寻找一份更好的工作，而另一些则暂时退出劳动力群体或永久性地退休了。刚进入或重新进入劳动力群体的人被称为*进入者*和*重新进入者*。进入者主要是刚从学校毕业的学生，有些进入者立即获得一份工作，并且不再失业；而许多人则要花一段时间寻找他们的第一份工作，在此期间，他们就是失业者。重新进入者就是那些曾经退出劳动力群体的人，其中多数人都是以前丧失继续寻找工作信心的工人。图 22.6 说明了劳动市场上的流动。

让我们看看分别有多少失业来自人们失业的这三种不同情形。

失业的来源 图 22.7 说明失业的原因。下岗者成为失业的最大来源，约占总失业人数的一半。同时，下岗者的数量波动也很大。在 1990~1991 年衰退的波谷中的任意一天，在 940 万失业人口中，下岗者占到 500 万人以上。相比之下，在 2001 年 3 月的经济周期波峰时期，600 万失业者中只有 330 万是下岗者。

进入者和重新进入者也在失业者中占有很大比重。他们的数量的波动比下岗人数的波动要温和得多。

离职者是失业中最小也最稳定的来源。在任何一天，

图 22.6　劳动市场上的人员流动

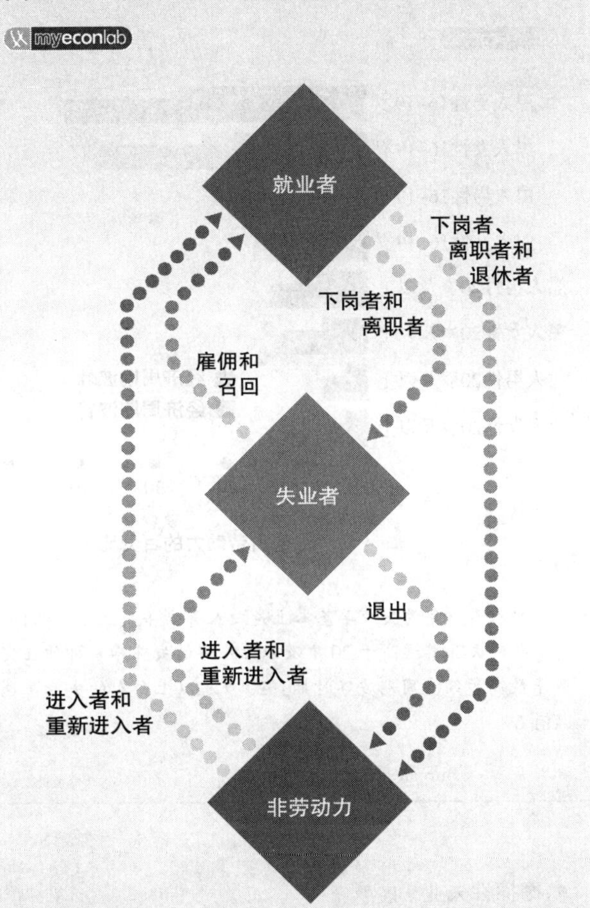

失业是因为就业者失去或离开他们的工作（下岗者和离职者）和某些非劳动力不断地涌入劳动力群体（进入者和重新进入者）。失业者一旦被雇佣、召回或退出劳动力群体，便不再是失业者。

图 22.7　不同原因导致的失业数量

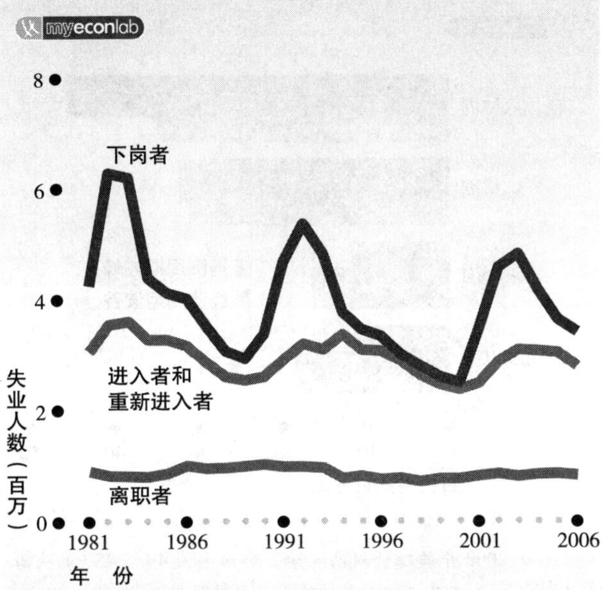

每个失业者都是下岗者、离职者或劳动力群体的进入者或重新进入者。与离职者和进入者或重新进入者相比，下岗者人数的波动与经济周期更加密切相关。进入者和重新进入者是失业的次常见类型，其数量也因为丧失信心的工人多寡而随着经济周期而波动。离职者是失业人口中最不常见的类型。

资料来源：Bureau of Labor Statistics.

都不会有 100 万人以上是因为离职而失业。离职者人数是稳定的。离职者数量存在一些波动，也与经济周期有些关系：在经济形势好的时候，离职者人数略多于经济形势不好时。

失业期限　有些人失业一到两周，而有些人则失业一年以上。失业持续的时间越长，个人为失业付出的代价就越大。平均的失业期限随着经济周期而变化。图 22.8 将 2000 年经济周期波峰时期（当时的失业率很低）的失业期限与 2002 年波谷时期（当时的失业率很高）的失业期限进行对比。在 2000 年，失业率低至 4%，45%的失业者失业期限不足 5 周，而只有 11%的失业者失业长达 27 周以上。在 2002 年，失业率达到 5.8%，只有 35%的失业者在 5 周之内找到新工作，18%的失业者失业长达 27 周以上。在低失业率和高失业率两种情况下，约有 30%的失业者花5~14 周找到新工作。

失业的人口特征　图 22.9 表示不同人口特征人群的失业率。数据显示，高失业率多发生在青少年和黑人群体。在 2002 年经济周期的波谷，黑人青少年男性的失业率达到 42%。即使在失业率只有 4%的 2000 年，黑人青少年的失业率仍高于 20%。白人青少年的失业率不足黑人青少年失业率的一半。这种种族差别在 20 岁及以上的工人中也存在。而 20 岁及以上白人所经历的最高失业率比其他人群所经历的最低失业率还要低。

图 22.8 失业期限

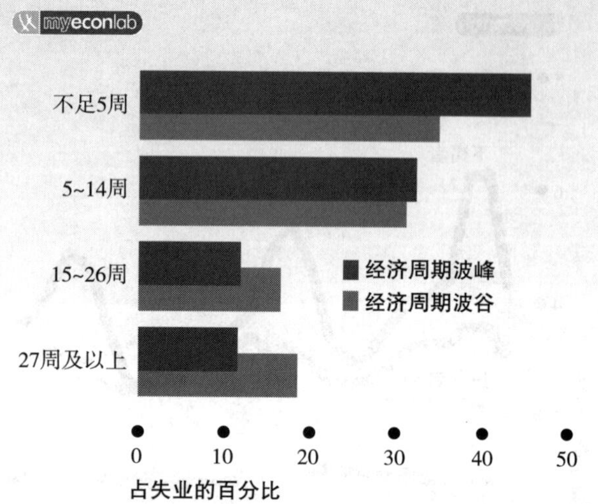

在 2000 年的经济周期波峰，失业率为 4%，45%的失业者持续失业不足 5 周，30%的失业者持续了 5~14 周。因此，75%的失业者持续失业不足 15 周，而 25%的失业者持续失业 15 周或更长时间。

在 2002 年的经济周期波谷，失业率达到 5.8%，35%的失业者持续失业不足 5 周，31%的失业者持续失业 5~14 周。因此，66%的失业者持续失业不足 15 周，34%的失业者持续失业 15 周或更长时间。

资料来源：Bureau of Labor Statistics.

图 22.9 不同人群的失业特征

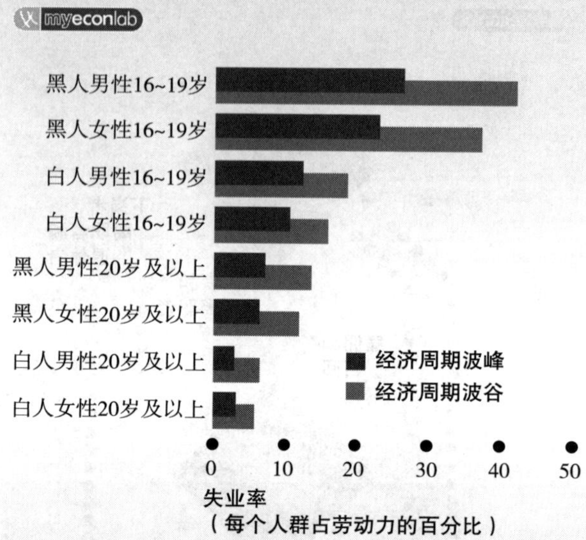

黑人青少年的失业率基本上是白人青少年失业率的两倍。青少年的失业率远高于 20 岁及以上人群的失业率。即便在失业率最高的经济周期波谷时期，20 岁及以上白人的失业率也只有 6%。

资料来源：Bureau of Labor Statistics.

为什么青少年的失业率如此之高呢？有三个方面的原因：第一，青年人仍处在寻找自己感兴趣的工作并尝试不同的工作的阶段，所以他们比年长的工人更频繁地离职。第二，企业有时按照短期试用的原则雇佣青少年，所以青少年比其他人更容易失去工作。第三，绝大多数青少年在读书而没有进入劳动力群体。这就意味着，青少年人口的失业率远低于青少年劳动力的失业率。比如，在 2003 年，有 100 万青少年失业而同时有 600 万青少年在就业。因此，青少年失业率（所有种族）为 14%。但还有 900 万青少年在学校读书。如果我们把在学校读书视为工作，并用青少年劳动力加上在校学生人数作为青少年总体来计算青少年失业率，可得到青少年的失业率为 6%。

失业的类型

失业可根据其来源分为三种类型：

- 摩擦性失业
- 结构性失业
- 周期性失业

摩擦性失业 **摩擦性失业**（frictional unemployment）有两个来源：其一是正常的劳动流动，即人们不断地进入和离开劳动市场；其二是工作岗位持续不断地被创造出来或被破坏掉。在一个动态的不断增长的经济中，摩擦性失业是一个永恒和正常的现象。

人们不断地流入或流出劳动市场，创造或破坏工作岗位的过程，都导致个人有寻找工作的需要，企业有寻找工人的需要。总有一些企业存在着空缺的工作岗位，也总有人在找工作。浏览一下当地的报纸，你会发现总有一些招聘广告。企业通常不会雇佣第一个求职者，失业者通常也不会接受他们遇到的第一份工作。相反，企业和工人都会花一定的时间搜寻自己觉得最合适的工人或岗位。通过这个搜索过程，人们将自己的技能和兴趣与现有的工作岗位进行匹配，从而找到一份令人满意且收入颇丰的工作。当这些失业者不断搜索的时候，他们就属于摩擦性失业。

摩擦性失业的数量取决于人们进入和重新进入劳动市场的比率以及创造和破坏工作岗位的速度。20 世纪 40 年代的战后人口生育高峰，直接导致了 20 世纪 70 年代的摩擦性失业增加。20 世纪 70 年代后期，人口生育高峰期出生的孩子们离开学校，使得寻求就业的人数激增。随着这些人进入劳动市场，摩擦性失业的数量明显增加。

摩擦性失业的数量也受失业救济金的影响。享受失业保险的失业者越多，他们得到的失业救济金越高，他们在寻找工作上花的时间就越长，摩擦性失业的人数也就越多。2005 年，美国有 35%的失业者得到了失业救济，而且救济金平均每周为 266 美元。加拿大和西欧的失业救济比美国更慷慨，它们的失业率也更高。

结构性失业 **结构性失业**（structural unemployment）是由于技术进步或国际竞争的变动，改变了工作所需技能或工作地点而导致的失业。结构性失业持续的时间通常比摩擦性失业更长，这是因为工人通常需要再培训，甚至要到其他地方找工作。比如，在印第安纳州加里市的一个钢铁厂实行自动化生产之后，该市的一些工作岗位就被消灭了。同时，在芝加哥、印第安纳波利斯和其他城市出现了保安、售货员和人寿保险推销员的工作岗位。这些失业的钢铁厂工人在移居、再培训和得到这些工作之前会失业几个月。结构性失业是痛苦的，特别对一些老年工人而言，他们最好的选择可能是提前退休或者接受一份技术含量低的低收入工作。

结构性失业有时是温和的，有时又很严重。在结构性失业严重的时候，它可能会成为一个严重的长期问题。在 20 世纪 70 年代后期和 80 年代初期，结构性失业就非常大。在那几年，石油价格的飙升和不断加剧的国际竞争环境，毁灭了美国汽车和钢铁等传统产业的许多工作岗位，同时在电子、生物工程、银行和保险等新兴产业又创造一些新的工作岗位。在 20 世纪 90 年代初，因为许多企业和政府"精简机构"，也曾出现了结构性失业。

周期性失业 **周期性失业**（cyclical unemployment）是伴随着经济周期而波动的失业。周期性失业在经济衰退时增加，而在经济扩张时减少。一个汽车工人在经济衰退时被辞退，几个月后在经济开始扩张时又被重新召回，就经历了周期性失业。

充分就业

失业总是存在的——有些人正在寻找工作或在辞退后等待着被召回。那我们所说的*充分就业*是什么意思呢？**充分就业**（full employment）是当没有周期性失业，换言之，当所有的失业都是摩擦性和结构性的时候，我们就认为实现了充分就业。失业率对充分就业的偏离就是周期性失业。充分就业时的失业率称为**自然失业率**（natural unemployment rate）。

在充分就业的时候，可能有大量的失业存在，"充分就业"一词只是经济学专业术语的一个例子，并不能用日常语言对应。"自然失业率"一词也是一个经济学专业术语，其含义也不能用日常语言来对应。对于大多数人而言——特别是失业的工人，失业毫无"*自然*"可言。

那么，经济学家为什么要将有大量失业存在的情形称为"充分就业"？又为什么称充分就业时的失业为"自然失业"？

其原因在于，经济系统是一个总在不断变化的复杂机制。在 2006 年，美国共雇佣了 1.45 亿人，当年有超过 250 万工人退休，超过 300 万工人进入劳动市场。所有这些人在约 2 000 万个企业中工作，并生产出超过 13 万亿美元价值的产品与服务。其中有些企业减少规模或者经营失败，有些企业又不断地发展壮大。这个变化过程导致了一些不可避免的摩擦和错位，同时带来了失业。

对于自然失业率的存在没有多大争议。对于自然失业率的变化也没有多少异议。自然失业率因摩擦性失业和结构性失业而存在，也随着摩擦性和结构性变化数量的波动而波动。

但经济学家还没有对自然失业率的大小及其波动幅度达成一致意见。一些经济学家认为，自然失业率频繁波动，而且在人口和技术快速变化时，自然失业率可能很高。其他经济学家则认为，自然失业率的变化很缓慢。

实际 GDP 与失业的周期特征

充分就业时的实际 GDP 数量被称为**潜在 GDP**（potential GDP）。你在第 23 章将会学习决定潜在 GDP 的因素。在经济周期的不同阶段，实际 GDP 围绕着潜在 GDP 波动，失业率也会围绕着自然失业率波动。图 22.10 表示美国在 1981~2006 年间的波动情况，其中（a）幅表示实

图 22.10 失业与实际 GDP

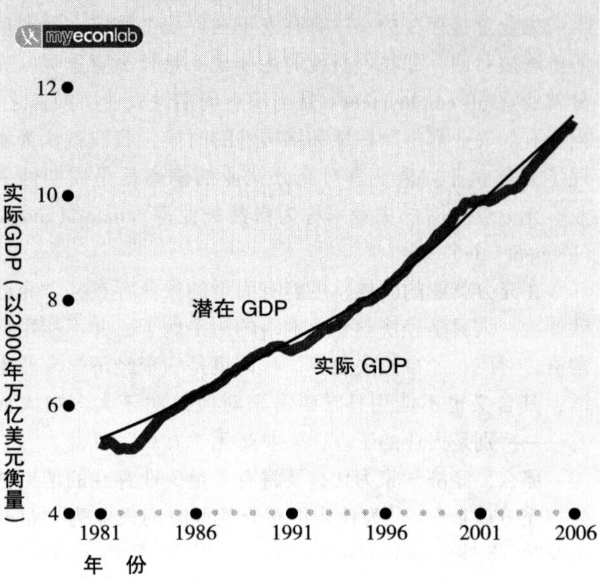

(a) 实际GDP

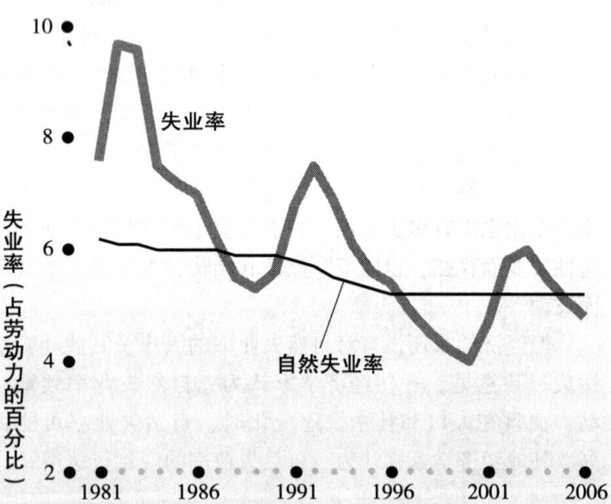

(b) 失业率

实际 GDP 围绕着潜在 GDP 波动的同时 (a 幅)，失业率也围绕着自然失业率波动 (b 幅)。在 1982 年那次严重的衰退结束时，失业率几乎达到 10%。在 1990~1991 年和 2001 年不同程度的衰退结束时，失业率的峰值相对较低。自然失业率在 20 世纪 80 年代和 90 年代下降了一些。

资料来源：Bureau of Economic Analysis, Bureau of Labor Statistics and Congressional Budget Office.

际 GDP 的波动，(b) 幅表示失业率的波动。

在经济系统达到充分就业时，失业率等于自然失业率，实际 GDP 也等于潜在 GDP。当失业率低于自然失业率时，实际 GDP 高于潜在 GDP。而当失业率高于自然失业率时，实际 GDP 低于潜在 GDP。

图 22.10 (b) 给出了自然失业率的一种观点。请记住，经济学家并不知道自然失业率的大小，图中所示的自然失业率只是一个估值。它表示 1981 年的自然失业率是 6.2%，随后在 20 世纪 80 年代和 90 年代稳步下降，直至 1996 年的 5.2%。美国自然失业率的这个估值虽然能被许多经济学家所接受，但并非所有经济学家都能认同。

复习测验

1. 失业有哪些类型？
2. 定义摩擦性失业、结构性失业和周期性失业，并举例说明每种类型的失业。
3. 什么是自然失业率？
4. 自然失业率如何变化？导致自然失业率变化的因素有哪些？
5. 失业率如何随着经济周期而波动？

myeconlab **Study Plan 22.2**

学习本章的最后一项任务，就是要了解每个月都被监控的另一个至关重要的信号：消费者价格指数 (CPI)。什么是 CPI？我们如何测量它？它的含义是什么？

消费者价格指数

美国劳工统计局 (BLS) 逐月计算消费者价格指数。**消费者价格指数** (consumer price index，即 CPI，也译作消费价格指数) 计量了城镇消费者为消费固定“一篮子”产品与服务而支付的平均价格。你在本节所学的内容，有助于理解 CPI 的含义及其与现实经济生活的联系。CPI 会告诉你，你的口袋里的钱的价值的变化。

读取 CPI 数据

基期（reference base period）的 CPI 被定义为 100。目前将基期确定为 1982~1984 年。也就是说，从 1982 年 1 月至 1984 年 12 月共 36 个月平均来看，CPI 等于 100。

在 2006 年 6 月，CPI 为 202.9。这个数字告诉我们，与 1982~1984 年的平均水平相比，城镇消费者在 2006 年消费市场上固定一篮子产品与服务所支付的平均价格要高出102.9%。

2006 年 6 月的 CPI 是 202.9，而一年前的 CPI 是 194.5。这些数字告诉我们，城镇消费者消费固定一篮子产品与服务所支付的价格在 2005~2006 年间上升了 8.4 个点，或 4.3%。

CPI 的构筑

构筑 CPI 是一项巨大的工程，它包含以下三个阶段：

- 选择 CPI 篮子
- 每月对价格进行调查
- 计算 CPI

CPI 篮子　构筑 CPI 的第一步就是要选择所谓的 CPI 篮子。这个“篮子”包含了指数中出现的产品与服务及其相对重要性。其思想是，使得 CPI 篮子中产品的相对重要性与城镇家庭的平均预算一致。比如，由于人们的住房支出高于乘坐公共汽车的支出，所以 CPI 赋予住房价格的权重就要大于公共汽车票价的权重。

美国劳工统计局采用两个篮子，并计算两个 CPI。一个是测量所有城镇家庭所支付的平均价格的 CPI-U，另一个是测量城镇工薪阶层或职员所支付的平均价格的 CPI-W。在这里，我们使用更宽泛的指标 CPI-U。

为了确定家庭的支出类型并选择 CPI 篮子，美国劳工统计局还要进行消费者支出调查。这种调查费用很高，所以不能频繁进行。如今的 CPI 篮子是基于 2001~2002 年度消费者支出调查所搜集的数据而确定的。直至 1998 年，CPI 篮子都是基于 1982~1984 年度消费者支出调查而确定的，不过现在，美国劳工统计局越来越频繁地更新 CPI 篮子。

1998 年以前，消费者支出调查的时期都一直作为基期，虽然如今劳工统计局已经更新了 CPI 篮子，却仍使用 1982~1984 作为基期。

图 22.11 表示 2005 年末的 CPI 篮子。这个篮子包含了大约 80 000 种产品与服务，分为 8 个大类在图中列出。

图 22.11　CPI 篮子

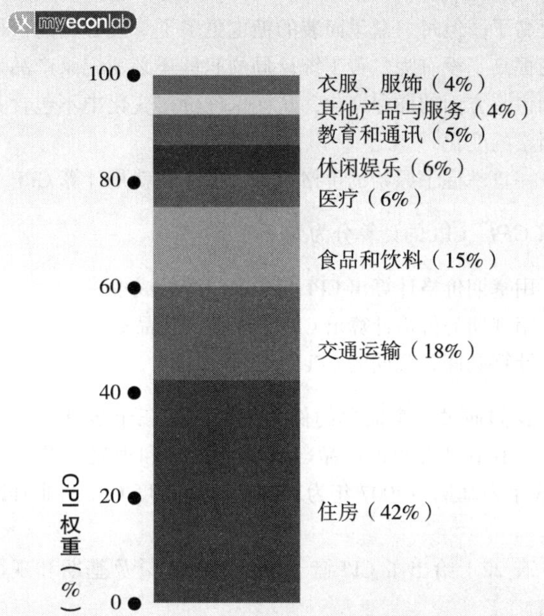

CPI 篮子由一个代表性的城镇家庭购买的产品构成。它主要包括住房（42%）、交通运输（18%）及食品与饮料（15%）。其他所有加起来也只占到总支出的 25%。

资料来源：United States Census Bureau and Bureau of Labor Statistics.

家庭预算中最重要的项目就是住房，占总支出的 42%。第二大支出项目就是交通运输，占总支出的 18%。第三是食品和饮料，占总支出的 15%。这三大支出约占平均居民预算的 3/4。医疗和娱乐各占 6%，教育和通讯共占5%，服装（包括衣服和鞋袜）支出占 4%，其他产品与服务支出占 4%。

美国劳工统计局还将每个大类分成诸多小类。比如，教育和通讯类可分为教材教辅、学费、电话服务和个人计算机服务。

当你考虑 CPI 篮子中产品的相对重要性时，请记住，它们仅适用于各个家庭的平均情形。单个具体的家庭围绕平均情形波动。试想一下你个人的支出并将你所购买的产品和服务与 CPI 篮子进行比较。

月度价格调查　每个月，美国劳工统计局的职员都要检查 CPI 篮子中的 80 000 种产品与服务在 30 个城区中的价格。

由于 CPI 主要是为了测量价格的变化，每个月针对完全相同的产品记录价格就很重要。比如，设想一盒夹心糖的价格提高了，但每一盒里面装的糖也更多了。夹心糖的价格到底提高了没有呢？劳工统计局的职员还必须记录产品质量和包装方面的详尽变化，从而保证价格变化中不包含其他因素的变化。

一旦掌握了原始的价格数据，下一步就是计算 CPI。

计算 CPI CPI 的计算分为如下三步：

1. 用基期价格计算出 CPI 篮子中的产品成本。
2. 用现期的价格计算出 CPI 篮子中的产品成本。
3. 计算基期和现期的 CPI。

我们通过一个简单的例子来操练这三个步骤。假设 CPI 篮子中只有两种产品与服务：桔子和理发。我们以 2006 年为基期、2007 年为现期来计算年度 CPI 而非月度 CPI。

表 22.1 给出了 CPI 篮子中产品的数量及基期和现期价格。

表中（a）包含了基期的数据。在基期，消费者以 1 美元的单价买 10 个桔子，以每次 8 美元的价格理发5 次。为了用基期价格计算出 CPI 篮子中的产品成本，将 CPI 篮子中的产品数量乘以基期价格。桔子的成本是 10 美元（以 1 美元的价格买 10 个），理发的成本是 40 美元（以 8 美元的价格理发 5 次）。所以，CPI 篮子中的产品在基期的总成本为 50 美元（10 美元+40 美元）。

表中（b）包含了现期的数据。桔子的价格从 1 美元涨到 2 美元，上涨了 100%——(1 美元÷1 美元）× 100% = 100%。理发的价格从 8 美元涨到 10 美元，上涨了 25%——(2 美元÷8 美元）× 100% = 25%。

通过比较一篮子产品的成本，而非比较每种产品的价格，CPI 提供了计算价格平均上升幅度的一种方法。为了得到 CPI 篮子中产品在 2007 年的现期成本，只需将篮子中的产品数量乘以各自 2007 年的价格。桔子的成本是 20 美元（以 2 美元的价格买 10 个），理发的成本是 50 美元（以 10 美元的价格理发 5 次）。所以，CPI 篮子中的固定产品在现期的总成本为 70 美元（20 美元+50 美元）。

你现在已经完成了计算 CPI 的前两个步骤：计算出 CPI 篮子中的产品在基期和现期的成本。第三步就是利用你刚刚计算出来的数字求出 2006 年和 2007 年的 CPI。

CPI 的计算公式为：

$$\text{CPI} = \frac{\text{CPI 篮子中的产品在现期的成本}}{\text{CPI 篮子中的产品在基期的成本}} \times 100$$

在表 22.1 中，你得出 CPI 篮子中的产品在 2006 年的成本是 50 美元，而在 2007 年的成本是 70 美元。你还知道基期是 2006 年。因此，用基年价格计算 CPI 篮子中产品的成本也是 50 美元。如果我们将这些数字代入 CPI 的计算公式，便得到 2006 和 2007 年的 CPI。2006 年的 CPI 是

$$\text{2006 年的 CPI} = 100 \times \frac{50}{50} = 100$$

2007 年的 CPI 是

$$\text{2007 年的 CPI} = 100 \times \frac{70}{50} = 140$$

你在这个简单化的 CPI 计算中所使用的一些原理，也适用于美国劳工统计局每个月所进行的更复杂的计算。

表 22.1 CPI：一个简单化的计算

(a) 以基期价格计算 CPI 篮子中产品的成本：2006年

CPI 篮子			**CPI 篮子中**
产 品	**数 量**	**价 格**	**产品的成本**
桔 子	10	1.00 美元	10 美元
理 发	5	8.00 美元	40 美元
以基期价格计算 CPI 篮子中产品的成本：			50 美元

(b) 以现期的价格计算 CPI 篮子中产品的成本：2007 年

CPI 篮子			**CPI 篮子中**
产 品	**数 量**	**价 格**	**产品的成本**
桔 子	10	2.00 美元	20 美元
理 发	5	10.00 美元	50 美元
以现期价格计算 CPI 篮子中产品的成本：			70 美元

通货膨胀的测量

CPI 的一个主要目的就是测量生活成本和货币价值的变化。为了测量这些变化，我们计算**通货膨胀率**（inflation rate），即价格水平的年百分比变化。为了计算通货膨胀率，我们使用如下公式：

$$\text{通货膨胀率} = \frac{\text{今年的 CPI} - \text{去年的 CPI}}{\text{去年的 CPI}} \times 100\%$$

图 22.12 CPI 与通货膨胀率

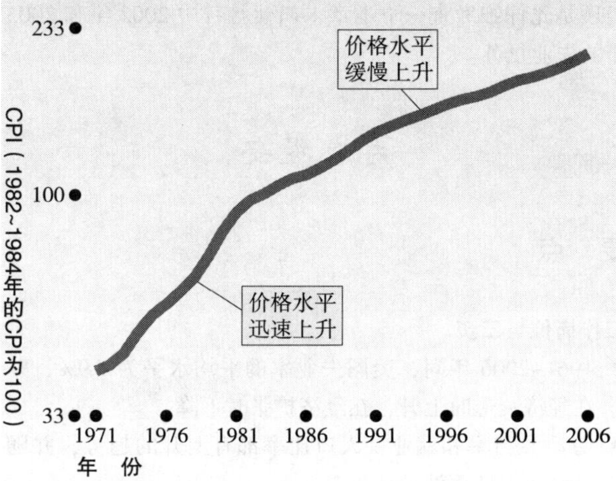

（a）CPI

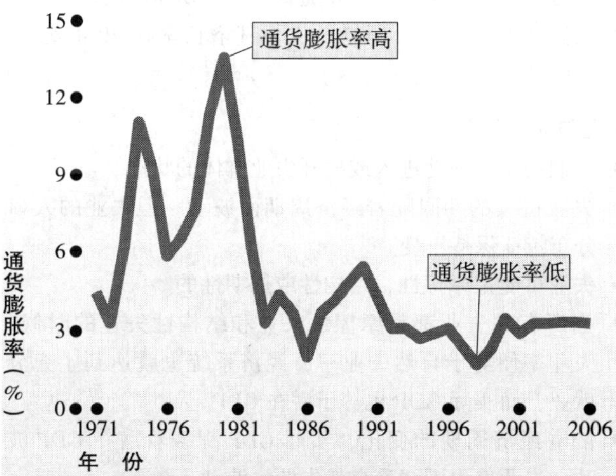

（b）通货膨胀率

在（a）幅中，CPI（价格水平）逐年递增。在（b）幅中，通货膨胀率年平均为 4.8%。在 20 世纪 70 年代和 80 年代初，通货膨胀率高，有时年通货膨胀率超过 10%。但 1983 年以后，通货膨胀率下降到年平均为 3%。

资料来源：Bureau of Labor Statistics.

我们可以利用这个公式来计算 2006 年的通货膨胀率。2006 年 6 月的 CPI 是 202.9，而 2005 年 6 月的 CPI 是 194.5。因此，2006 年 6 月之前这 12 个月间的通货膨胀率为：

$$通货膨胀率 = \frac{202.9 - 194.5}{194.5} \times 100\% = 4.3\%$$

图 22.12 给出了美国在 1971~2006 这 35 年间的 CPI 和通货膨胀率。图中的两幅是相关的。

图 22.12 表示，在（a）幅中价格水平迅速上升的时候，（b）幅中的通货膨胀率很高，而在（a）幅中价格水平缓慢上升的时候，（b）幅中的通货膨胀率很低。注意：（a）幅中的 CPI 在此期间逐年递增。在 20 世纪70 年代后期和 80 年代，CPI 增长迅速，但其增长率在 20 世纪 80 年代、90 年代和 21 世纪初有所趋缓。

CPI 并不是价格水平的一个完美指标，CPI 的变化可能高估了实际通货膨胀率。让我们来看一下导致这种偏差的原因。

CPI 的偏差

CPI 出现偏差的主要原因如下：

- 新产品的出现导致的偏差
- 产品质量变化导致的偏差
- 产品替代导致的偏差
- 折扣店替代导致的偏差

新产品的出现导致的偏差 如果你想将 2007 年的价格水平与 1977 年相比，你不得不将今年的计算机价格与 1977 年的打字机价格相比较。由于现在的计算机价格高于当时的打字机价格，所以计算机的出现导致 CPI 及其通货膨胀率都偏高了。

产品质量变化导致的偏差 汽车、CD 和诸多其他产品的质量都在逐年提高。在这些产品价格的上升中，部分是为了支付给产品质量的改进，这一部分就不是通货膨胀。但 CPI 将全部的价格上涨都看成通货膨胀，所以也高估了通货膨胀。

产品替代导致的偏差 相对价格的变化会导致消费者改变他们购买产品的数量。比如，如果牛肉的价格上涨，而鸡肉的价格保持不变，人们就会更多地消费鸡肉，而更少地消费牛肉。假设减少牛肉消费而增加的鸡肉消费为你提供了同样多的蛋白质含量和精神享受，并且花费同样多的钱。蛋白质的价格没有变，但由于你忽视了人们用鸡肉替代牛肉的可能性，所以 CPI 会认为蛋白质的价格提高了。

折扣店替代导致的偏差 面临着更高的价格，人们会更频繁地出入折扣店，而较少使用便利店。这种现象被称为折扣店替代。CPI 调查并没有注意到这种折扣店替代。

偏差的程度

你已经知道 CPI 出现偏差的一些原因，但这种偏差到底有多大呢？1996 年，美国监控消费者价格指数的国会顾问委员会回答了这个问题，当时该委员会的主席是斯坦福大学的经济学教授迈克尔·博斯金。该委员会认为，CPI 每年高估通货膨胀约 1.1 个百分点。也就是说，如果 CPI 报告的年通货膨胀是 3.1%，那么实际年通货膨胀率很可能就是 2%。

偏差造成的后果

CPI 中的偏差扭曲了私人合约，并提高了政府的开支。许多诸如工资合约之类的私人协议都是与 CPI 挂钩的。比如，一个企业与其工人达成一个三年工资协议，工人的工资每年按 CPI 的增长率加上 2%来提高。由于 CPI 高估了实际通货膨胀率，所以这样的一个协议最终让工人得到的实际收入比企业想像的要高。

接近三分之一的联邦政府开支都与 CPI 直接相关，包括社会保障支票。尽管每年 1%的偏差看似很小，但 10 年左右的时间里，政府要为此多支出近 1 万亿美元。

减少偏差 为了减少 CPI 中的偏差，美国劳工统计局频繁地进行消费者支出调查，并尝试使用环比 CPI（参见第21章）。

复习测验

1. 什么是 CPI？如何计算它？
2. 如何计算通货膨胀率？CPI 与通货膨胀率之间有何联系？
3. CPI 测量价格水平时出现高估的四个主要原因是什么？
4. CPI 的偏差会带来什么样的问题？

myeconlab **Study Plan 22.3**

◆ 你现在已经学完了对宏观经济表现的测量。你在下一章的任务就是要学习：宏观经济表现有哪些决定因素，以及如何通过政策措施来改善宏观经济表现。在此之前，我们还是先仔细考查一下本章末阅读材料中 2002 年和 2003 年的失业复苏。

内容提要

要　点

工作岗位与工资

- 1961~2006 年间，美国失业率的平均水平为 5.9%，并在经济衰退时上升，在经济扩张时下降。
- 劳动参与率和就业—人口比率都有上升的趋势，并随着经济周期而波动。
- 妇女的劳动参与率有所增加，而男性的劳动参与率有所下降。
- 总劳动时数有所上升，并随着经济周期而波动。
- 实际小时工资率不断增长，但其增长率在 20 世纪 70 年代趋缓。

失业与充分就业

- 人们处于不断地进入或离开失业群体的状态。
- 失业持续的期限随着经济周期而波动。但失业的人口分布特征保持不变。
- 失业可能是摩擦性、结构性或周期性的。
- 当所有的失业都是摩擦性失业和结构性失业的时候，失业率便等于自然失业率，经济系统也就达到了充分就业，而实际 GDP 也等于潜在 GDP。
- 随着经济周期的变化，实际 GDP 围绕着潜在 GDP 波动，失业率也围绕着自然失业率波动。

消费者价格指数

- 消费者价格指数（CPI）测量了城镇消费者为消费某个固定的一篮子产品与服务而支付的平均价格。
- 基期的 CPI 被定义为等于 100，目前使用的基期是 1982~1984 年。
- 通货膨胀率就是 CPI 从一期到下一期的百分比变化。
- 由于新产品的出现、产品质量变化、产品替代和折扣店替代，用 CPI 的变化测量价格水平的变化可能存在偏差，从而高估了通货膨胀率。

- CPI 中的偏差扭曲了私人合约，并增加了政府的开支。

关键图表

图 22.1　人口的劳动力分类
图 22.6　劳动市场上的人员流动
图 22.10　失业与实际 GDP
图 22.11　CPI 篮子

关键术语

工作年龄人口	劳动力
失业率	劳动参与率
丧失信心的工人	就业—人口比率
总劳动时数	实际工资率
摩擦性失业	结构性失业
周期性失业	充分就业
自然失业率	潜在 GDP
消费者价格指数（CPI）	基　期
通货膨胀率	

习　题

1. 美国劳工统计局报告了 2006 年 5 月的如下数据：
   劳动力人数：150 696 000
   就业人数：144 041 000
   工作年龄人数：228 428 000
   计算这个月的
   a. 失业率；
   b. 劳动参与率；
   c. 就业—人口比率。
2. 2005 年 8 月，在新奥尔良城区，劳动力人数为 634 512，失业人数为 35 222。2005 年 9 月，在卡特琳娜飓风袭击之后，劳动力人数减少了 156 518，而就业人数也减少了 206 024。计算 2005 年 8 月和 9 月的失业率。
3. 2003 年 6 月，美国的失业率为 6.5%。2006 年 6 月，失业率为 4.8%。利用这个信息，预测如下数字在 2003 年 6 月和 2006 年 6 月期间发生了什么样的变化：
   a. 下岗人数和离职人数；
   b. 劳动力进入者和重新进入者人数。
4. 2007 年 7 月，在沙地岛地区有 10 000 人正在就业，1 000 人正在失业，5 000 人不属于劳动力的范畴。2007 年 8 月，80 人下岗，20 人离职，150 人找到工作或被召回，50 人退出劳动力市场，另有 40 人进入或重新进入劳动力市场。计算 2007 年 7 月的
   a. 失业率。
   b. 就业—人口比率。
   以及 2007 年 8 月底的
   c. 失业人数。
   d. 就业人数。
   e. 失业率。
5. IMF 在《世界经济展望》中报告了如下失业率：

地　区	2005 年 5 月	2006 年 5 月
美　国	5.1	4.6
欧洲地区	8.7	7.9
日　本	4.4	4.0

   a. 这些数字告诉你，美国、欧洲和日本在 2006 年 5 月处在经济周期的什么阶段？
   b. 你认为这些数字向我们透露了美国、欧洲和日本的自然失业率相对大小方面的信息吗？
   c. 这些数字告诉我们这三个地区的劳动参与率和就业—人口比率相对大小方面的信息吗？
   d. 为什么这些失业数字低估或高估了真正的失业数量？
6. 美国劳工统计局报告了如下 CPI 数据：
   2004 年 6 月　189.7
   2005 年 6 月　194.5
   2006 年 6 月　202.9
   a. 这些数字告诉了你这三年的价格水平的什么信息？
   b. 计算到 2005 年 6 月和 2006 年 6 月为止的年通货膨胀率。
   c. 2006 年的通货膨胀率有何变化？
   d. 为什么这些 CPI 数字有偏差？
   e. 为了尽可能减小 CPI 数字中的偏差，劳工统计局该如何做？
7. 沙地岛上的一个典型家庭都只消费果汁与布料。以去年为基年，一个家庭在果汁上花 40 美元，在布料上花 25 美元。同时，果汁在基年的价格为 4 美元一瓶，一个单位长度的布料在基年的价格为 5 美元。今年，果汁的价格为每瓶 4 美元，布料的价格为 6 美元。计算
   a. CPI 篮子中的产品及其数量。
   b. 今年的 CPI。

阅读材料：事例与分析

2002~2006 年经济扩张过程中的工作岗位

http://www.latimes.com

美国在职人员在坚实地增长

2006 年 4 月 8 日

星期五的政府报告指出，美国经济上个月又取得了不错的表现，新工作岗位净增加了21.1 万个，从而使得失业率在目前经济扩张中又回到了最低点。

3 月份的失业率从 4.8%下降到 4.7%，与早前两个月的水平相当。这是自 2001 年 7 月经济衰退以来的最低失业率。

工作岗位增加的数量比经济学家一致预测的结果多 2.1 万个。但劳工部修正了前两个月工作岗位增加的估计值，调低了 3.4 万个岗位。

3 月份，除了制造业减少了 5 000 个工作岗位之外，所有重要经济部门的工作岗位都有所增加……

星期五的就业工作报告为美国经济已经从去年年末的衰落中强劲反弹提供了最新证据……

不过，布什政府宣称，这份就业工作报告是政治上的一个罕见而又令人振奋的好消息。在一个小时的新闻发布会上，布什总统说："这些数百万个新增工作岗位，是美国经济强劲而又全面复苏的证据，并且会让所有美国人都受益。" ……

政府认为，3 月份的就业工作报告表明，美国的工作岗位自 2003 年 8 月的低点增加了 500 万个以上，每个月新增工作岗位 16.7 万个。

不过，与此对比，美国在 20 世纪 90 年代后半期每个月要新增 24 万个工作岗位。在整个 90 年代，平均每个月新增工作岗位 18 万个，即使是从 1990~1991 年的衰退开始，也仍高于目前扩张中的……

事件的本质

- 2006 年 3 月，美国新增工作岗位 21.1 万个。
- 失业率下降到自 2001 年 7 月以来的最低点4.7%。
- 布什总统说，工作岗位数量的增加是经济强劲复苏的证据。
- 政府强调，美国自 2003 年 8 月以来每个月新增工作岗位 16.7 万个。
- 在20 世纪 90 年代后半期，美国每个月新增工作岗位 24 万个。
- 在整个 20 世纪 90 年代，平均每个月新增工作岗位 18 万个。

经 济 分 析

▶ 这篇新闻报告了美国 2006 年 3 月新增的工作岗位数量、2003~2006 年平均每个月新增工作岗位的数量，以及 20 世纪 90 年代经济扩张时期平均每个月新增工作岗位的数量。

▶ 图 1 表示美国在 2002~2006 年经济扩张中创造工作岗位方面的表现，并用更长期的历史视角加以分析。

▶ 在图 1 中，y 轴表示就业水平占经济周期波谷时就业水平的百分比，x 轴表示距离经济周期的波谷以来的月数。

▶ 截止到 2006 年 3 月，这次扩张持续了 54 个月（四年半）。

▶ 图 1 中灰色线表示 2002~2006 年这次扩张中就业的增长。

▶ 2006 年 3 月，就业仅比 2001 年 11 月经济周期波谷时的就业高 6.5%。

▶ 图 1 中深灰色线表示前 5 次经济扩张的平均就业增长率。

▶ 大体上，经过 54 个月的扩张之后，就业增加了 12%，相当于当前这次扩张的两倍。

▶ 图中的浅灰色区域代表了前 5 次扩张的波动范围。

▶ 你可以看到，当前这次扩张紧随此前发生的经济扩张中最乏力的那次。

▶ 图 2 对失业率做了同样的比较。

▶ 从经济扩张的平均水平来看，经过 54 个月的扩张，失业率下降到经济周期波谷水平的 70%。

▶ 但在当前的这次扩张中，失业率上升。在 18 个月后，上升到波谷水平的 10%以上。

▶ 同样，当前这次扩张是此前 6 次经济扩张中最乏力的一次。

▶ 就业的缓慢复苏，一部分原因在于生产的复苏低于平均水平，另一部分原因在于人均产出水平的提高。

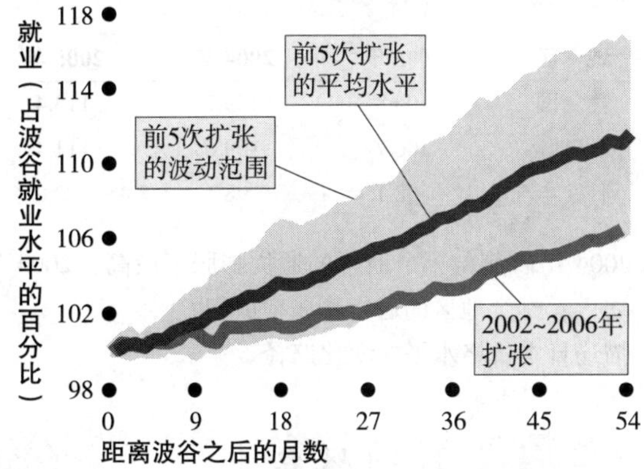

图1　在2002~2006年经济扩张过程中的就业

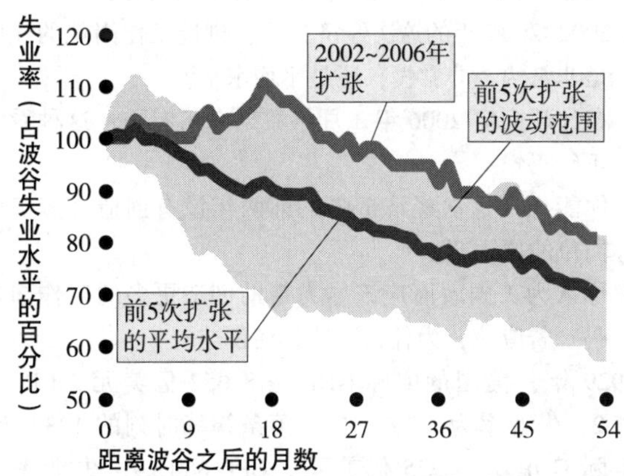

图2　在2002~2006年经济扩张过程中的失业率

c. 今年的通货膨胀率。

8. IMF 在《世界经济展望》中报告了价格水平的如下数据（2000 年的价格水平为 100）：

地 区	2003 年	2004 年	2005 年
美 国	106.8	109.7	113.4
欧洲地区	106.7	109.0	111.4
日 本	98.1	98.1	97.8

a. 2004 年以前，哪个地区的通货膨胀率最高，2004 年之后，哪个地区的通货膨胀率最高？

b. 描述日本价格水平的变化路径。

批判性思考

1. 仔细研究前面的阅读材料，并回答下列问题：
   a. 2002~2006 年的这次经济扩张，创造工作岗位的速度是非常快、非常慢，还是平均水平？
   b. 布什政府对 2006 年 3 月的数据有何看法？这种看法正确吗？
   c. 你能想到这次经济扩张的前两年没有创造许多工作岗位的原因吗？
   d. 你认为美国政府应该尽力帮助创造更多的工作岗位吗？若应该，为什么？该如何创造？
2. 1929 年，美国的实际 GDP 是 8 652 亿美元，CPI 为 17.2，失业率为 3.2%。在大萧条巅峰时刻的 1933 年，实际 GDP 为 6 355 亿美元，CPI 为 12.9，失业率为 24.9%。
   a. 描述 1929~1933 年间生活水平发生的变化。
   b. 计算 1929~1933 年间的通货膨胀率。
   c. 解释一个典型的城镇家庭的生活成本发生的变化。
3. 你在本章已经看到，平均周工时在逐年缩短。你认为这种缩短是个问题还是件好事？你预期平均周工时还会继续缩短吗？为什么？
4. 兼职工作岗位的数量与日俱增。你能想到这一趋势的原因吗？谁从兼职工作中受益：是雇佣方、工人还是双方都受益？请举例加以说明。
5. 你已经看到，CPI 是有偏差的，而且其高估了真正的通货膨胀率。根据已知的平均偏差水平对 CPI 进行调整轻而易举。但这样得到的通货膨胀数据仍然很模糊。为什么我们不根据已知的平均偏差来调整 CPI，使得通货膨胀率更准确？解释谁能从有偏差的结果中受益，谁受损。再思考为什么那些受损者没有去劝说那些受益者采用更准确的测量方法。

网上活动

1. 查阅美联储的《褐皮书》（*Beige Book*）。你所在的地区处在经济周期的什么阶段？你所处地区与整个国家相比如何？
2. 访问美国劳工统计局网站，并找出你所在州的劳动市场数据。
   a. 你所在州在过去两年中的就业、失业和劳动参与率有何变化趋势？
   b. 基于你对本州情况的了解，如何解释这些趋势？
   c. 试着找出扩张最强和不断萎缩的行业。
   d. 你认为需要州政府着手解决的关于本州劳动市场的问题有哪些？
   e. 为了解决这些问题，你认为州政府必须采取哪些措施？利用劳动市场的供需模型回答这个问题，并预测你所给出的政策的效果。
   f. 将你所在州的劳动市场表现与整个国家相比较。
   g. 如果你所在州的情况比国家总体情况更好，你认为成功的原因是什么？如果你所在州的情况比国家总体情况差，你认为问题出在哪？在你所在州的劳动市场上，需要什么样的联邦政策？
3. 访问劳工统计局网站，并找到你所在地区的 CPI 数据。
   a. 你所在地区在过去两年中的 CPI 有何趋势？
   b. 将你所在地区的 CPI 表现与整个国家的情况进行对比。
   c. 基于你对本地情况的了解，你如何解释本地情况与整个国家情况的出入？

总体描绘

宏观经济学是一门宽泛而又富有争议的学科，而且与政治思想上的辩论交织在一起。它也是一个江湖骗子和严肃的思想家都能施展身手的领域。在这里，对你刚刚学过的内容进行概括和即将学习的内容进行预览。

你从第20章开始学习宏观经济学，并且已经了解了宏观经济学的起源及其研究的主要问题。你还了解了这门学科的核心问题，即什么原因导致

- 经济增长
- 经济周期
- 失业
- 通货膨胀
- 汇率波动
- 盈余、赤字和债务

同时，在第20章你还预览了宏观经济政策的挑战。

在第21章，你学会了如何测量一个国家的产出和价格水平。我们利用这个指标来计算经济增长率和经济周期波动以及通货膨胀。你已经发现，进行这样的测量并不顺畅，而且一些很小的测量误差会使得我们对事物的观察力受到很大的影响。在第22章，你学会了如何度量劳动市场状况（就业水平、失业水平和工资）。

此前的几章解释经济学家用来分析宏观经济表现的各种理论。

在第23~26章，你将研究一个经济处在充分就业时的长期表现。这一条件是亚当·斯密曾试图回答的宏观经济学最古老的问题——国民财富的来源是什么的核心。你将在第23章开始研究潜在GDP、就业和实际工资率的决定因素。在那一章，你还将了解到，储蓄和贷款怎样为借款和投资提供资金，以及实际利率如何确定。随后在第24章，你将学习增长过程，以及资本积累和技术进步在促进经济增长过程中的作用。

在第25章和第26章，你将学习亚当·斯密的同行兼好友大卫·休谟最先提出的另外三个古老问题：什么因素导致了通货膨胀？什么因素导致了国际贸易赤字和盈余？为什么汇率会波动？

此后的章节解释了经济周期和宏观经济政策，早期大卫·休谟对此也有一些见解。

在继续学习宏观经济学之前，让我们先花几分钟时间了解一下大卫·休谟和来自加州大学圣地亚哥分校的当代宏观经济学家瓦莱里·拉梅。

经济学家与重商主义者

“……凡货币开始空前丰富地流入的王国，万象更新：劳动力和工业呈现生机，商人愈加有企业家精神，制造者更加勤奋而又熟练，就连推着犁干活的农民都更加欢快而又专心了。”

——大卫·休谟

《道德与政治论文集》

经济学家

大卫·休谟（David Hume）于1711年生于苏格兰，1776年在故乡去世。他并不认为自己是一位经济学家，“哲学和一般常识”就是他对自己一生作品主题的概括。休谟是一位非凡的思想家和作家，他在1742年出版的《道德与政治论文集》涵盖了经济学、政治学、道德哲学、艺术、历史学、文学、伦理学和宗教等学科，并阐释了爱情、婚姻、离婚、自杀、死亡和灵魂不朽等主题！但这些论述中都包含着经济学的精华。他的经济论文为解释通货膨胀、经济周期波动、贸易赤字和利率波动的影响因素，提出了惊人的见解；这些论文还分析了税收及政府的赤字和债务的经济影响。

在休谟所处的年代，数据非常缺乏，所以他无法利用翔实的证据来支持他的分析。但他仍然是一位实证分析家。他不断地借助于经验和证据作为一个观点是否成立的最终依据。

休谟所使用的在本质上属于实证分析的方法，仍主宰着现在的宏观经济学研究。

问　题

重商主义的（错误）信念就是，一个国家的财富取决于它所拥有的黄金（或更广义的货币）数量。重商主义者认为，如果通过施加关税打击进口并鼓励出口，那么在与其他国家的贸易中，一个国家的收入就可能大于支出，从而通过不断地积累贸易盈余而使自己变得越来越富。

宏观经济学科学研究的第一步就是对重商主义的反驳，而大卫·休谟有关货币、利率和国际收支的三篇论文就是对重商主义的直接驳斥。

在他的论文《论货币》中，休谟指出，货币（当时就是黄金）的数量并不重要。为了说明这一点，他将古代的货币量与当代的货币量进行比较，并提出了货币数量论的早期解释之一。

在他的论文《论利率》中，他试图解释实际利率与名义利率的区别，并指出低（实际）利率能促进一个国家的繁荣。

休谟最重要的论文是《论国际收支》。在这篇论文中，他解释道：若一个国家流失了大量货币，或者其货币量达到初始水平的许多倍，那么在所有其他因素不变的情况下，便会出现重新恢复初始货币量的强大力量。

通过将货币与水进行类比，休谟给出了一个国家货币量的增加并不能使其富有的各种原因，并列举了促使全球的货币分布趋于均衡的动力因素：他认为，货币与水一样，总是保持相同的高度。他通过经验证据与思辨论证的有力结合，得出了一系列结论。

他的经典论证如下：设想“英国五分之四的货币在一夜之间奇迹般地消失殆尽”，他接着说，想像一下其后果，“所有劳动和产品的价格就不会同比例下降吗？国家又能以同样的价格出售，为我们赚取足够的利润吗？因此，在很短的时间内，我们就赚回了我们所失去的货币，并把我们的货币量提高到所有邻国的水平。”

当　时

在大卫·休谟去世的1776年，威廉·普雷菲尔开始使用经济数据，并用图表的形式表现出来。他首创了时间序列图、条形图和饼状图。我们今天所用的图形中，只有散点图是后来才出现的。而且，我们今天作图的方法与普雷菲尔年代的方法别无二致。

普雷菲尔最早的一些图形（如下图）给出了进口、出口和国际收支等方面的数据——这些都是经济学家与重商主义者争论的核心。

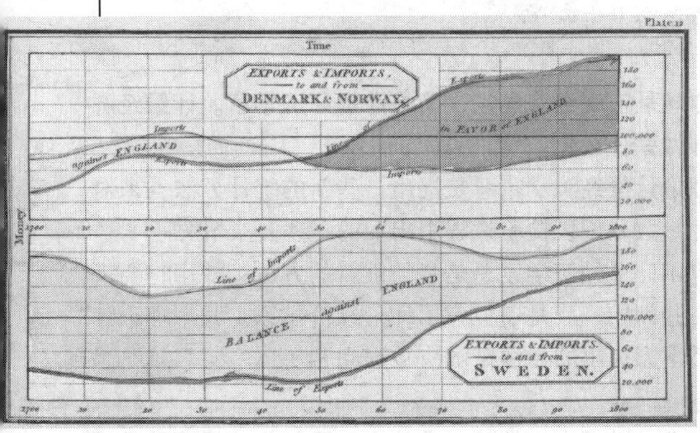

现　在

今天，经济分析局收集了国民账户和国际贸易统计方面的详尽数据。计算机和通讯技术的进步，使得每个人的台式机（或手提电脑甚至掌上电脑）里都能装上一个巨大的经济数据库。点一下鼠标，就能生成图形和分析数据，这种方式是威廉·普雷菲尔无法想像的。

在美国经济分析局的网站（如下图）和劳工统计局的类似网站上，你可以看到成千上万个变量的数据及其生成的图形，这些变量描述了美国及其各个地区、州和县的经济健康状况。

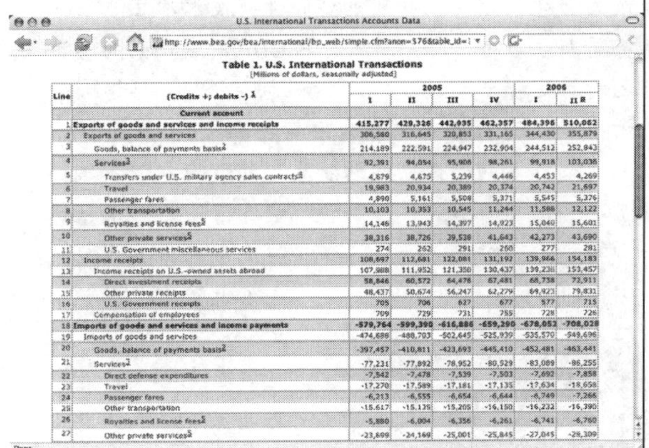
U.S. International Transactions Accounts Data

http://www.bea.gov/bea/international/bp_web/simple.cfm?anon=576&table_id=

Table 1. U.S. International Transactions
[Millions of dollars, seasonally adjusted]

Line	(Credits +; debits -) [1]	2005 I	2005 II	2005 III	2005 IV	2006 I	2006 II R
	Current account						
1	**Exports of goods and services and income receipts**	**415,277**	**429,326**	**442,935**	**462,357**	**484,396**	**510,062**
2	Exports of goods and services	306,580	316,645	320,853	331,165	344,430	355,879
3	Goods, balance of payments basis[2]	214,189	222,591	224,947	232,904	244,512	252,843
4	Services[3]	92,391	94,054	95,906	98,261	99,918	103,036
5	Transfers under U.S. military agency sales contracts[4]	4,679	4,675	5,239	4,446	4,453	4,269
6	Travel	19,983	20,934	20,389	20,374	20,742	21,697
7	Passenger fares	4,890	5,161	5,508	5,371	5,545	5,376
8	Other transportation	10,103	10,353	10,545	11,244	11,588	12,122
9	Royalties and license fees[5]	14,146	13,943	14,397	14,923	15,040	15,601
10	Other private services[5]	38,316	38,726	39,538	41,643	42,273	43,690
11	U.S. Government miscellaneous services	274	262	291	260	277	281
12	Income receipts	108,697	112,681	122,081	131,192	139,966	154,183
13	Income receipts on U.S.-owned assets abroad	107,988	111,952	121,350	130,437	139,238	153,457
14	Direct investment receipts	58,846	60,572	64,476	67,481	68,738	72,911
15	Other private receipts	48,437	50,674	56,247	62,279	69,923	79,831
16	U.S. Government receipts	705	706	627	677	577	715
17	Compensation of employees	709	729	731	755	728	726
18	**Imports of goods and services and income payments**	**-579,764**	**-599,390**	**-616,886**	**-659,290**	**-678,052**	**-708,028**
19	Imports of goods and services	-474,686	-488,703	-502,645	-525,939	-535,570	-549,696
20	Goods, balance of payments basis[2]	-397,457	-410,811	-423,693	-445,410	-452,481	-463,441
21	Services[3]	-77,231	-77,892	-78,952	-80,529	-83,089	-86,255
22	Direct defense expenditures	-7,542	-7,478	-7,539	-7,503	-7,692	-7,858
23	Travel	-17,270	-17,589	-17,181	-17,135	-17,634	-18,658
24	Passenger fares	-6,213	-6,555	-6,654	-6,644	-6,749	-7,266
25	Other transportation	-15,617	-15,135	-15,205	-16,150	-16,232	-16,390
26	Royalties and license fees[5]	-5,880	-6,004	-6,356	-6,261	-6,741	-6,760
27	Other private services[5]	-23,699	-24,169	-25,001	-25,845	-27,045	-28,309

Done

接下来你要了解的是宏观经济学家瓦莱里·拉梅。她对我们理解经济增长、通货膨胀和经济周期做出了贡献，并在利用数据来增进我们对经济如何运行的理解方面功不可没。

与瓦莱里·拉梅交谈

瓦莱里·拉梅（Valerie A. Ramey）是加州大学圣地亚哥分校UCSD应用经济研究所所长和经济学教授，兼任国民经济研究局研究员。

拉梅教授于1959年出生，并在巴拿马长大。她于1981年在亚利桑那大学获得经济学和西班牙文学士学位，1987年在斯坦福大学获得经济学博士学位。

拉梅教授是一位实证的宏观经济学家。她检验了货币政策传导机制的一系列重要假设、技术冲击在驱动经济周期方面的作用，以及实际GDP的波动性与其增长之间的关系。

拉梅教授的所有研究都利用数据和统计（计量）工具来得到可靠的结论。她的研究工作使她在《美国经济评论》和其他一流学术期刊上发表了大量重要的论文。

迈克尔·帕金与瓦莱里·拉梅就其研究工作以及经济学家在理解宏观经济表现方面所取得的进展进行了交谈。

拉梅教授，你是如何对经济学，特别是宏观经济学产生兴趣的？

我读大学的专业原本是政治学，因为我认为政治学对以后进入法学院有好处。我也参加了辩论队，大学一年级遇到的一个辩题是：“正方观点：联邦政府应该保证充分就业。”在搜集证据和写材料的过程中，我很快学到了大量的宏观经济学内容。我对此很感兴趣，就转了专业。而我之所以对宏观经济学特别感兴趣，那是因为我认为，宏观经济学中的一些问题是经济学中最重要的问题，比如为什么有些国家的经济在增长，而另一些国家却没有？为什么大萧条会发生？

你既是宏观经济学家，又是计量经济学家。计量经济学家都做些什么？

理论计量经济学家总是提出一些新的统计方法，来对付估计参数和假设检验过程中出现的一些复杂情况。

应用计量经济学家总是紧随最新的方法，并用它们来回答一些问题。我是一位应用计量经济学家。我用理论计量经济学家提出的方法来解决数据问题。

那么，数据在你的研究中就很重要。你使用哪种数据呢？这些数据又是从哪里来的？

的确，数据对我的研究至关重要。寻找好的数据和分析一个新的数据集是我最喜欢的研究工作。我使用的数据有很多来源。我的论文有些使用政府公布的数据，有些则利用微观数据集。我有时候还亲自搜集一些数据。比如，在一个研究项目中，我想知道一个工厂关闭之后如何处置其机械设备。当时，大量的数据集都追踪了工厂倒闭之后的工人流向，但没有一个数据集追踪资本流向。于是，在20世纪90年代中期我走访了几家倒闭的航空企业，并搜集了他们出售每一台设备的数据，比如被哪个产业买走，相对于购买价格卖了什么样的价钱等。我发现，在被转卖到不同的产业时，资本的价值损失比工人大得多。

目前，我正在花时间利用1912年以来的研究，来确定在过去的一个世纪中，闲暇是否有所增加。凯恩斯预测会，但我的研究表明，自1900年以来，它并没有多大变化。

这些年来，数据对经济学家的可用性有何变化？

这些年来，数据的可用性有了明显变化。在古典经济学家诸如亚当·斯密和大卫·李嘉图写文章的时候，对于国民经济运行状况，几乎没有什么数据可言。在20世纪40年代，政府开始搜集宏观经济数据并制成国民收入账户。在过去的几十年间，宏观经济数据和微观经济数据迅猛增加。互联网也大大有助于数据的传播。而在我写博士学位论文时，还必须亲手从大量复印件中输入数据。

你能解释一下如何利用数据获得对宏观经济表现的某种见解吗？可以举一个例子。

我们利用数据可以得到对宏观经济表现的许多深刻见解。比如，考虑我对经济增长与波动性之间关系的研究。在20世纪80年代后期，罗伯特·卢卡斯认为，经济周期波动的代价很小，所以宏观经济学家应该将研究重点重新转移到增长问题上。我丈夫（也是一位经济学家）和我在一次晚餐时对此展开讨论。他指出，经济周期可能因阻碍了经济增长而代价高昂。

> **我们发现，经济周期波动性越强的国家，经济增长率也明显越低。因此，你不能脱离经济周期来单纯地研究增长问题。**

为了检验这个假说，我们使用一个不同国家的数据集来研究经济周期波动与长期增长率之间的联系。我们发现，经济周期波动性越强的国家，经济增长率也明显越低。因此，你不能脱离经济周期来单纯地研究增长问题。

凯恩斯相信经济周期是总需求的波动所导致的。诺贝尔经济学奖得主芬恩·基德兰德和爱德华·普雷斯科特则认为，经济周期波动的根源在于技术冲击和总供给的波动。根据你的研究，你认为经济周期的根源是什么？

我最近的几篇论文正在讨论这个问题：技术冲击是宏观经济波动的重要来源吗？我所有的研究都对这个问题给出斩钉截铁的回答："绝对不是！"另一方面，我发现，政府支出是经济周期波动的来源之一，不过，其作用相对很小。

> **技术冲击是宏观经济波动的重要来源吗？我所有的研究都对这个问题给出斩钉截铁的回答："绝对不是!"**

无论经济周期的根源是什么，无疑的是，波动都越来越温和。你试图通过对汽车行业的研究来解释这一现象，从中有何发现？

有些研究者提出如下假说：由于企业现在能利用信息技术来更好地管理他们的生产和存货，所以波动越来越温和。我认为通过对美国汽车行业的案例研究来检验这个假说很有意思，因为这个行业大量使用了信息技术。令人吃惊的是，我发现，汽车行业自1984年以来的波动减小，不是因为更好的生产和存货管理，而是因为更稳定的需求环境。与1984年之前相比，最近几十年的货币政策非常稳定，而且至今没有发生明显的石油价格上涨。影响着销售量的要素市场的稳定性正是经济周期波动减小的原因所在。近来的一系列事件表明，需求环境又开始不太稳定了，产出的波动也随之提高。

你对货币、货币的影响和货币传导机制做了大量研究，你如何概括我们目前对货币效应的看法？

我认为大量研究都支持如下描述：若美联储提高联邦基金利率，在几年之内便会导致一系列降低产出和就业的事件，并最终降低通货膨胀率。在4年内，产出和就业会回到正常水平。不过，联邦基金利率不单纯是针对经济情形做出反应的变动，只是经济波动的一小部分。

美联储的货币政策是如何传导的呢？

对这个问题，我们的回答不是很确定。有人认为粘性价格和/或粘性工资很重要；也有人认为金融市场的有限参与很重要。其影响无非就是通过利率或某种"信贷渠道"来传递。但从数据中很难得到一个明确的答案。

你对前美联储主席格林斯潘实施的货币政策有何评价？你认为本·伯南克会成为一个有创新精神的联储主席吗？

艾伦·格林斯潘已经被称赞为美联储历史上最伟大的主席之一。我不认为这一评价会随着时间的推移而有所变化。他确实是成绩卓著。

对于本·伯南克能当选新的美联储主席，我很高兴。我的确认为他将是一位创新型的主席。难能可贵的是，他对经济运行既有很强的研究才华，又有足够的判断力。这就预示着在他的任期内实施的货币政策会取得成功。

你对经济学初学者有何建议？还有哪些学科对学习经济学很有帮助？你有何阅读建议？

我对经济学初学者的建议就是，在潜心学习研究工具的同时，牢记问题的重要性。许多学生因为在经济学基础课程中讨论的专题而深受吸引，可一旦开始学习有一定技术难度的中级课程，可能又忘记了自己为什么喜欢经济学。

至于阅读材料，我推荐米勒（Roger LeRoy Miller）、本杰明（Daniel K. Benjamin）和诺斯（Douglass C. North）合写的《公共问题经济学》（*Economics of Public Issues*）一书，我在公共政策课堂上使用这本书约15年了。学生对它的评价很高，认为它为经济学与公共问题的相关性打开了视角。

对经济学很有帮助的其他学科包括数学和政治学。如果你想读经济学的研究生，数学就特别重要。政治科学也很有用，因为它解释了政府的实际政策为什么常常与最优政策存在分歧。

第23章

充分就业：古典模型

经济运行的罗盘仪

经济活动的路径多少有些像一个勘探者在未知的地理环境中寻找一条新的路线。勘探的进展就像是导致生活水平不断提高的经济增长。有时候，勘探者会向左或向右偏离方向。这些对总体方向的偏离，就像经济系统随着经济周期波动而在衰退与扩张之间的交替。

但勘探者有一个罗盘仪来帮助寻找主路，并避免偏离得太远。勘探者的罗盘仪就像是阻止经济过度波动并使之回归前方路径的因素。这些因素就决定了充分就业的均衡。

经济系统是一个难以理解的复杂系统。通过构建宏观经济模型，经济学家在试图理解经济运行并改善其表现方面，已经取得了可喜进展。没有一个包罗万象的惟一的宏观经济模型能解释一切。相反，存在着大量的模型，而每个模型都能很好地服务于其所要达到的特殊目的。

◆你在本章将学习一个模型——**古典模型**，它能解释充分就业时，决定实际GDP的因素。这个模型还能解释就业水平、实际工资率、实际利率及实际GDP在消费与投资之间如何分配的决定因素。在本章末的**阅读材料**中，你将看到古典模型如何解释美国人均GDP比欧洲高出许多的原因，而与此同时，美国的实际工资率却与欧洲不相上下。

学习本章后，你将能：

- 解释古典模型的用途
- 描述劳动雇佣量与实际GDP之间的关系
- 解释充分就业水平下就业、实际工资率和潜在GDP的决定因素
- 解释经济处于充分就业时，失业的决定因素
- 解释借贷决策如何相互影响来决定实际利率、储蓄和投资
- 利用古典模型来解释潜在GDP和生活水平的变化及国与国之间的差别

古典模型预览

通过区分实际变量与名义变量，经济学家在理解宏观经济表现方面已经取得了一些进展。

实际变量包括实际 GDP、就业量和失业量、实际工资率、消费、储蓄、投资和实际利率在内，它们所测量的一些数量告诉我们经济福利实际发生什么样的变化。

名义变量包括价格水平（CPI 或 GDP 平减指数）、通货膨胀率、名义 GDP、名义工资率和名义利率在内，它们所测量的对象告诉我们美元价值以及生活成本如何变化。

把宏观经济表现区分为实际层面和名义层面两个部分，被称为所谓**古典二分法**（classical dichotomy）这一重大发现的基础，古典二分法认为：

> 在充分就业时，所有影响实际变量的因素与所有影响名义变量的因素都没有关系。

实际上，古典二分法意味着，我们只需要考查两个国家实际层面的因素，就可以解释美国人均实际 GDP 为什么是尼日利亚的 20 倍，而根本就不需要考虑它们在价格水平和通货膨胀率方面的差异。类似地，我们也可以解释美国 2006 年的人均实际 GDP 为什么会达到 1971 年的两倍左右，而无需考虑美元价值在这两年之间发生了什么变化。

古典模型（classical model）就是一个经济系统在充分就业时确定其实际变量——实际 GDP、就业量和失业量、实际工资率、消费、储蓄、投资和实际利率——的模型。

大多数经济学家认为，经济系统很少能实现充分就业。他们把经济周期看成实际 GDP 围绕着其充分就业水平的波动。古典经济学家认为经济系统总是处在充分就业水平。他们把经济周期看成充分就业水平下的实际 GDP 的波动。无论经济学家对经济周期的看法如何，他们都认为你将要学习的古典模型为宏观经济表现提供了深刻的见解。

实际 GDP 与就业

为了生产出更多的实际 GDP，我们必须使用更多的劳动或资本，或者找到更有生产率的技术。改变资本数量和技术水平需要时间，但劳动雇佣量可以迅速调整。因此，我们可以通过改变劳动雇佣量来迅速地改变实际 GDP。让我们先看一下劳动数量与实际 GDP 之间的关系。

生产可能性边界

你在第 2 章研究生产的限度时，了解了生产可能性边界，它是可以生产和不能生产的产品与服务组合之间的分界线。让我们用两种特殊商品——实际 GDP 与闲暇时间的数量——来看一下生产可能性边界。

实际 GDP 测量了一个经济系统在给定时期内生产出来的最终产品与服务的数量（参见第 21 章）。我们用 2000 年的美元价值测量实际 GDP，但测量的结果是实际变量。实际 GDP 不是一堆美元，而是一堆产品与服务。把它想像成许多装满产品与服务的购物车。每个购物车都装了一些所生产出来的产品与服务，而且每一车商品都值 1 万亿美元。若说实际 GDP 是 12 万亿美元，那就是说，实际 GDP 就是 12 个购物车所装的产品与服务。

闲暇时间的数量就是我们没有用于工作的小时数。在这些时间里，我们参加运动、观看体育比赛、看电影或者与朋友聚会。它还包括我们因没有工作而花在找工作上的时间。

每个小时的闲暇都可以用于工作。每当闲暇时间的数量增加一个小时，劳动就业时间的数量就减少一个小时。如果我们把所有时间都用于享受闲暇，我们生产不出任何东西，实际 GDP 也就为零。我们放弃的闲暇时间越多，劳动雇佣量就越大，实际 GDP 也就越大。

闲暇时间与实际 GDP 之间的这种关系就是生产可能性边界（*PPF*）。图 23.1（a）给出了这种边界的一个例子。经济系统中共有 4 500 亿个小时的时间可用。如果人们将所有时间用于闲暇，劳动雇佣量和实际 GDP 都为零。随着人们放弃闲暇而选择工作的时间越来越多，实际 GDP也越来越大。若人们将 2 500 亿小时用于闲暇，并用 2 000 亿小时去工作，实际 GDP 将达到 *A* 点的 12 万亿美元。若人们将所有的时间都用于工作，实际 GDP 将达到 18 万亿美元。

这种向外凸出的 *PPF* 显示了机会成本递增的特征。在这种情形下，给定数量的实际 GDP 的机会成本就是为了生产出它而必须放弃的闲暇时间量。随着实际 GDP 的增加，额外多生产一个单位的实际 GDP，需要放弃的闲暇时间就越来越多。其原因在于，我们首先使用那些最具有生产率的劳动，而随着使用劳动数量的不断增加，我们就

图 23.1　生产可能性边界与生产函数

myeconlab

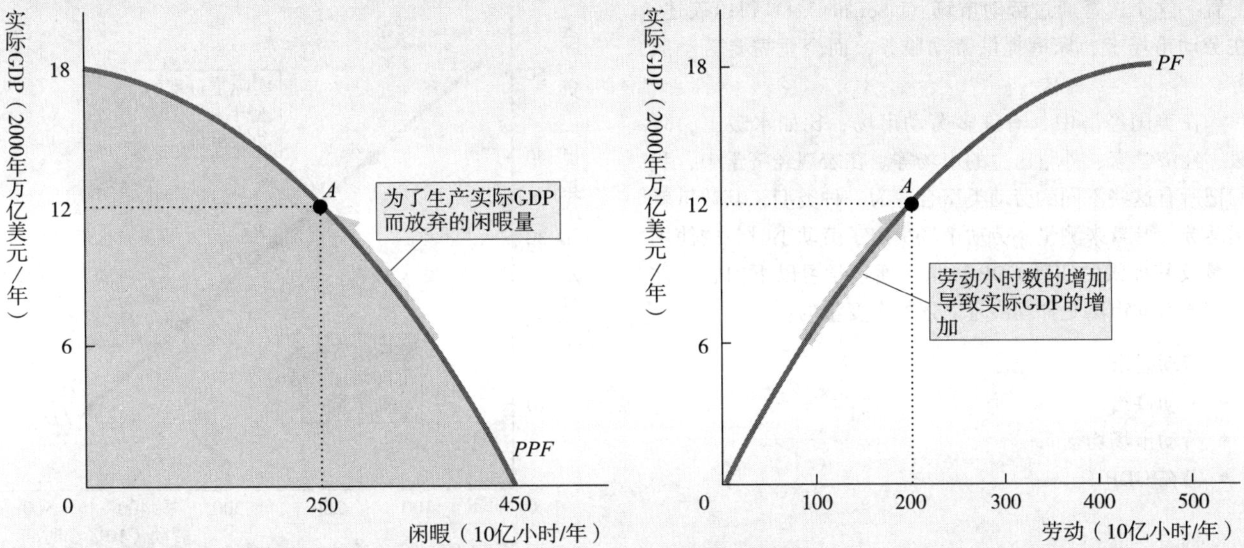

（a）生产可能性边界

（b）生产函数

在（a）幅中的 *PPF* 上，若我们享受 4 500 亿小时的闲暇，便生产不出任何实际 GDP。若我们将 2 500 亿小时用于闲暇，并用 2 000 亿小时去工作，实际 GDP 将达到 *A* 点的 12 万亿美元。

在（b）幅生产函数上的 *A* 点，我们工作 2 000 亿小时，并生产出 12 万亿美元的实际 GDP。

不得不使用越来越多的生产率较差的劳动。

生产函数

生产函数（production function，缩写为 PF）是指在所有其他影响生产的因素保持不变的情况下，实际 GDP 与劳动雇佣量之间的关系。生产函数就像是闲暇与实际 GDP 的 *PPF* 的镜像。图 23.1（b）给出了 *PPF* 如图 23.1（a）所示的经济系统的生产函数。当劳动雇佣量为零时，实际 GDP 也为零，而随着劳动使用量的增加，实际 GDP 也不断增加。当使用了 2 000 亿小时的劳动量时，实际 GDP 为 12 万亿美元（*A* 点）。

闲暇时间的减少以及对应劳动量的增加，导致实际 GDP 沿着 *PPF* 和生产函数曲线增加。图 23.1 中沿着 *PPF* 和生产函数曲线移动的箭头显示了这种变化。作为一个例子，二战期间就出现了这种就业与实际 GDP 剧烈变化的情形。

复习测验

1. 闲暇时间和实际 GDP 的 *PPF* 与生产函数之间有什么样的关系？
2. 闲暇时间和实际 GDP 的 *PPF* 向外凸起的形状对实际 GDP 的机会成本有何含义？它为什么会向外凸起？

myeconlab **Study Plan 23.1**

劳动市场与潜在 GDP

给定资本（包括实物资本和人力资本）量和技术状态，实际 GDP 取决于劳动使用量。*PPF* 告诉我们，为了生产出一定数量的实际 GDP，我们必须使用多少劳动量。

但是，什么因素决定了经济系统所处的就业水平和真实GDP水平呢？为什么我们不去生产出最大可能的产出呢？

实际GDP的产出量取决于时间在工作和闲暇之间的配置。这个选择通过**劳动市场**（labor market）得以表述，在劳动市场上，家庭提供劳动服务，而企业需要劳动服务。

在美国经济中，有许多劳动市场，比如水暖工、牙医、经济学家、外科医生的市场等。在宏观经济学中，我们把所有这些不同的劳动类型合并为一种类型，其数量就用总劳动时数来测量。劳动市场决定了劳动小时数的使用数量及其提供的实际GDP数量。通过学习以下内容，你将知道劳动市场是如何决定上述两个变量的：

- 劳动需求
- 劳动供给
- 劳动市场均衡
- 潜在GDP

劳动需求

劳动需求量是一个国家在一定时期内所有企业使用的劳动小时数。这个数量取决于：

1. 实际工资率
2. 劳动的边际产量

我们保持所有其他影响劳动雇佣计划的因素不变，而专门考虑劳动需求量与实际工资率之间的关系。我们的问题是：随着实际工资率的变化，劳动雇佣量如何变化？

劳动需求表和劳动需求曲线 **劳动需求**（demand of labor）是在所有其他影响雇佣计划的因素保持不变的情况下，劳动需求量与实际工资率之间的关系。

我们可以用一个需求表或一条需求曲线来表示劳动需求。图23.2中的表就给出了劳动需求表的部分内容。它告诉我们，在3个不同的实际工资率水平上，对应的劳动需求量分别是多少。比如，若实际工资率是每小时40美元，劳动需求量就是*A*行中所示的每年1 500亿小时。劳动需求曲线为*LD*。曲线上的*A*、*B*和*C*点分别对应着需求表中的*A*、*B*和*C*行。

什么是实际工资率，为什么劳动需求量取决于它而不是取决于货币工资率呢？让我们来回答这些问题。

实际工资率 **实际工资率**（real wage rate）是1个小时的劳动所能赚取的产品与服务的数量。与此相比，**货币工资率**（money wage rate）是1个小时的劳动所能赚取的美元数量。实际工资率等于货币工资率除以价格水平（并乘以100%），所以，实际工资率是以不变的美元价值度量的货币工资率。（现在，我们用2000年的美元来测量实际工资率。）

图 23.2 劳动需求

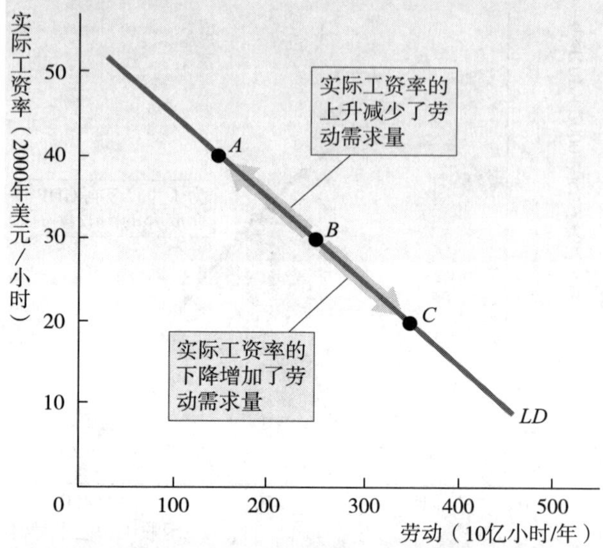

	实际工资率（2000年美元/小时）	劳动需求量（10亿小时/年）
A	40	150
B	30	250
C	20	350

表中给出了劳动需求表的一部分。劳动需求曲线上的点*A*、*B*和*C*分别对应着表中各行。实际工资率越低，劳动需求量就越大。

与实际GDP一样，实际工资率是一堆产品与服务，而不是一堆美元。把它想像成一些购物篮的产品与服务。每个篮子里都装了一些生产的各种不同的产品与服务，其价值为10美元。如果实际工资率为每小时40美元，那么它实际上就是4篮子的产品与服务。

实际工资率之所以影响劳动需求量，那是因为企业关心的并不是付出了多少美元（货币工资率），而是为了赚回这些美元而必须卖出去的产品数量。

劳动需求量随着实际工资率的下降而增加。劳动需求曲线向右下方倾斜。这是为什么？为了回答这个问题，我们必须了解劳动生产率和劳动的边际产量。

劳动的边际产量　**劳动的边际产量**（marginal product of labor）是指在影响生产的所有其他因素都不变的情况下，额外多雇佣 1 个小时的劳动导致实际 GDP 的变化量。劳动的边际产量服从**边际报酬递减律**（law of diminishing returns），也就是说，在其他因素不变的情况下，劳动的边际产量随着劳动使用量的增加而递减。

报酬递减法则　报酬递减的原因是由于资本量是固定的。两个人使用一台机器，其生产率并不是一个人使用一台机器的两倍。最终，随着劳动使用量越来越多，工人相互间碍手碍脚，而产出几乎没有增加。

边际产量的计算　我们用实际 GDP 的变化量除以劳动使用量的变化量来计算劳动的边际产量。图 23.3（a）演示了一些计算，图 23.3（b）则给出了边际产量曲线。

在图 23.3（a）中，若劳动使用量从 1 000 亿小时增加到 2 000 亿小时，即增加 1 000 亿小时，实际 GDP 便从 8 万亿美元增加到 12 万亿美元，增加了 4 万亿美元。劳动的边际产量等于实际 GDP 的增加量（4 万亿美元）除以所使用劳动的增加量（1 000 亿小时），即每小时 40 美元。

若劳动使用量从 2 000 亿小时增加到 3 000 亿小时，即增加 1 000 亿小时，实际 GDP 便从 12 万亿美元增加到 15 万亿美元，增加了 3 万亿美元。劳动的边际产量等于 3 万亿美与除以 1 000 亿小时，即每小时 30 美元。

在图 23.3（b）中，随着劳动使用量的增加，劳动的边际产量递减。在 1 000 亿小时与 2 000 亿小时之间（1 500 亿小时处），劳动的边际产量为每小时 40 美元。在 2 000 亿小时与 3 000 亿小时之间（2 500 亿小时处），劳动的边际产量为每小时 30 美元。

边际产量递减与劳动需求　劳动的边际产量递减法则限制了对劳动的需求。企业的目标是利润最大化。每多雇佣 1 个小时的劳动，产出和成本都会增加。最初，额外多雇佣 1 个小时的劳动生产出来的产出大于其支付的实际工资，即边际产量大于实际工资率。但每多雇佣 1 个小时的劳动生产出来的产品比以前每小时越来越少，即边际产量递减。

随着企业雇佣越来越多的劳动，额外雇佣 1 个小时的劳动所导致的产出增加量最终会等于这 1 个小时的劳动成

图 23.3　劳动的边际产量与劳动需求

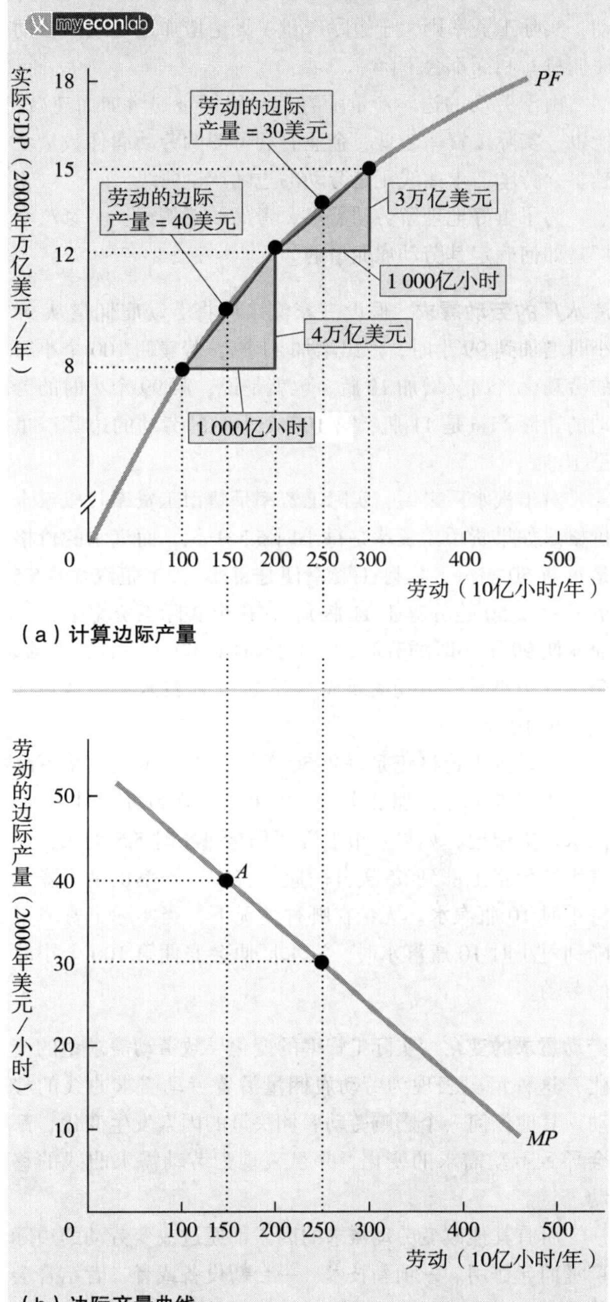

从 1 000 亿小时到 2 000 亿小时，劳动的边际产量为每小时 40 美元。从 2 000 亿小时到 3 000 亿小时，劳动的边际产量为每小时 30 美元。在 *MP* 曲线上的 *A* 点处，劳动量为 1 500 亿小时（介于 1 000 小时与 2 000 亿小时之间），此时的劳动边际产量为每小时 40 美元。*MP* 曲线就是劳动需求曲线。

本。此时，边际产量等于实际工资率。少雇佣 1 个小时的劳动，边际产量则大于实际工资率，多雇佣 1 个小时的劳动，实际工资率则大于边际产量。无论增加还是减少劳动雇佣量，利润都会下降。

由于劳动的边际产量随着劳动雇佣量的增加而递减，所以，实际工资率越低，企业有利可图的劳动雇佣数量就越多。劳动需求曲线正是劳动的边际产量曲线。

为了更好地理解劳动需求，考虑如下例子：一家汽水厂是如何确定其劳动雇佣量的。

汽水厂的劳动需求 假设一家汽水厂将劳动雇佣量从 98 小时增加到 99 小时，产出增加 11 瓶，若雇佣 100 个小时的劳动，产出又增加 10 瓶。也就是说，第 99 个小时的劳动的边际产量是 11 瓶，第 100 个小时的劳动的边际产量是 10 瓶。

对于汽水厂来说，实际工资率是货币工资率除以汽水价格。如果货币工资率是每小时 5.5 美元，而汽水的价格是每瓶 50 美分，实际工资率便是每小时 11 瓶汽水（5.5 美元除以 50 美分等于 11 瓶）。在这个实际工资率上，企业雇佣 99 个小时的劳动。它不会雇佣 100 个小时的劳动。第 100 个小时的劳动需要成本开支 11 瓶汽水，而他只能生产出 10 瓶汽水。

如果汽水价格仍是每瓶 50 美分，而货币工资率下降到每小时 5 美元，那么实际工资率便下降到每小时 10 瓶汽水。类似地，如果货币工资率仍是每小时 5.5 美元，但汽水的价格上涨到 55 美分一瓶，实际工资率也是下降到每小时 10 瓶汽水。无论在哪种情况下，当实际工资率下降到每小时 10 瓶汽水时，汽水厂便会雇佣第 100 个小时的劳动。

劳动需求的变化 实际工资率的变化导致劳动需求量的变化，这种情况表现为劳动雇佣量沿着劳动需求曲线的移动。其他任何一个影响劳动雇佣决策的因素发生变化，都会导致劳动需求的变化，并且表现为劳动需求曲线的移动。

所有其他改变劳动需求的因素都通过改变劳动的边际产量而起作用。一项新技术、一台新设备或者二者结合会使得每小时劳动的产出量增加，此时的劳动变得更有生产率。人们通过接受教育、在职培训或者工作磨练而获得更好的工作技能，也能使劳动更有生产率。

技术进步或资本（实物资本或人力资本）增加使生产函数向上移动，同时也增加了劳动的边际产量，从而增加劳动需求，并使劳动需求曲线向右移动。

有些技术进步引起劳动节约型的资本出现，从而降低了对某种类型劳动力的需求。比如，语音识别软件和计算机取代了部分电话接线员。但这种技术变化又增加了制造新机器和新工具的劳动需求。总体上，技术进步会导致劳动需求增加。回想在 20 世纪 90 年代信息技术革命期间劳动需求的迅猛增加，你就会明白这一事实。

劳动供给

*劳动供给量*就是一个经济系统内所有家庭在一段既定的时期内计划工作的劳动小时数。这个数量取决于：

1. 实际工资率
2. 工作年龄人口数量
3. 其他活动的价值

所有其他影响工作决策的因素保持不变，我们主要考虑劳动供给量与实际工资率之间的关系，并提出这样一个问题：劳动供给量如何随着实际工资率的变化而变化？

劳动供给表与劳动供给曲线 **劳动供给**（supply of labor）是在所有其他影响工作计划的因素保持不变的情况下，劳动供给量与实际工资率之间的关系。我们可以用一个劳动供给表或一条劳动供给曲线来表示劳动供给。图 23.4 中的表就是一个劳动供给表，它告诉我们在不同实际工资率水平上的劳动供给量。比如，若实际工资率是每小时 15 美元，劳动供给量就是 *A* 行中的每年 1 500 亿小时。曲线 *LS* 是劳动供给曲线。曲线上的 *A*、*B* 和 *C* 点分别对应着劳动供给表中的 *A*、*B* 和 *C* 行。

因为人们不是关心自己挣了多少钱，而是关心所挣的钱能买到多少东西，所以实际工资率能够影响劳动供给量。

为什么劳动供给量会随着实际工资率的提高而增加？主要有两方面的原因：

1. 每个人工作的小时数增加了
2. 劳动参与率提高了

每个人工作的小时数 在选择工作多少个小时的时候，一个家庭会考虑不去工作的机会成本。这个机会成本就是实际工资率。实际工资率越高，享受闲暇而不去工作的机会成本就越大。在其他条件不变的情况下，享受闲暇的机会成本越大，家庭就会选择工作更多的时间。

但其他条件不会保持不变。实际工资率越高，家庭收入就越高。而家庭收入越高，人们消费的欲望就越强，而

图 23.4 劳动供给

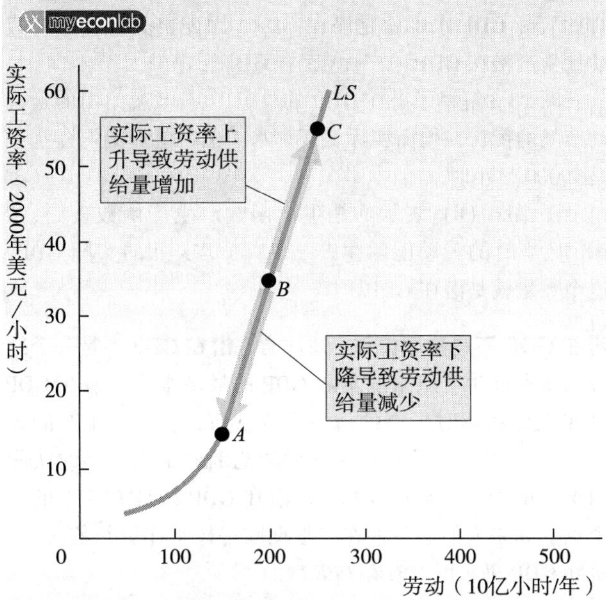

	实际工资率（2000 年美元/小时）	劳动供给量（10 亿小时/年）
A	15	150
B	35	200
C	55	250

表中给出了劳动供给表的一部分。劳动供给曲线上的 *A*、*B*和 *C* 点分别对应着表中相应的行。实际工资率越高，劳动供给量就越大。

想更多地消费的物品之一就是闲暇。

因此，实际工资率的提高具有两种截然相反的效应。一方面，它通过提高闲暇的机会成本而使家庭愿意享受较少的闲暇而更多地工作。另一方面，它通过提高家庭收入而使家庭愿意更多地享受闲暇而更少地工作。对大多数家庭而言，机会成本效应要大于收入效应。所以，实际工资率越高，家庭选择工作的小时数就越多。

劳动参与率 有些人除参与劳动之外还有其他具有生产性的机会，因而只有在实际工资率超过了其他活动所创造的价值时，他才选择去工作。比如，父母亲可以选择在家照顾他（她）的孩子，或者将孩子送到托儿所。只有在每小时挣到足够多的钱，除了支付托儿所的费用之外还能补偿工作的辛苦时，他们才会选择都去工作。

实际工资率越高，父母亲越有可能选择工作，劳动参与率也就越高。

劳动供给的反应 实际工资率的提高导致劳动供给量增加，这表现为沿着供给曲线的移动。随着实际工资率的提高，实际工资变动一个百分点，将导致劳动供给量的变动不到一个百分点。

劳动供给的变化 实际工资率的变化导致劳动供给量的变化，并表现为沿着供给曲线的移动。影响家庭工作决策的其他因素变化也会导致劳动供给的变化，这表现为供给曲线的移动。

我们找到了改变劳动供给的两个因素：工作年龄人口的数量和其他活动的价值。

随着时光的流逝，工作年龄人口会因为出生人数多于死亡人数而递增。在一些国家——美国是一个主要例子，移民导致工作年龄人口的增加更快。

工作年龄人口的增加意味着更多的人可以工作，所以劳动供给会增加，劳动供给曲线向右移动。

其他活动的价值对劳动供给有巨大影响，并通过改变劳动参与率起作用。一个能与接受工作相媲美的重要选择就是在家里生产产品与服务。准备饭菜、照顾子女和修剪草坪都是家庭生产活动的例子。家用设备的技术进步，比如洗衣机、洗碗机和微波炉的出现，释放了人们的家庭劳动时间，并增加了劳动供给，特别是妇女的劳动供给。而社会态度的转变又强化了这些技术进步的影响，并进一步增加了劳动供给。

劳动市场均衡

劳动市场中的供求力量与产品和服务市场如出一辙。劳动的价格是实际工资率。实际工资率的提高减少需求并增加供给，从而消除劳动短缺。实际工资率的下降扩大需求并减少供给，从而消除劳动过剩。如果既没有劳动短缺，又没有劳动过剩，劳动市场便实现了均衡。

图 23.5 说明了劳动市场均衡。劳动需求曲线 *LD* 和劳动供给曲线 *LS* 分别来自图 23.2 和图 23.4。在实际工资率为每小时 35 美元和就业量为每年 2 000 亿小时时，劳动市场达到了均衡。

若实际工资率超过每小时 35 美元，劳动供给量大于劳动需求量，此时出现了劳动过剩。在劳动过剩时，实际工资率朝着均衡实际工资率的水平下降，直至过剩消除。

图 23.5 劳动市场均衡

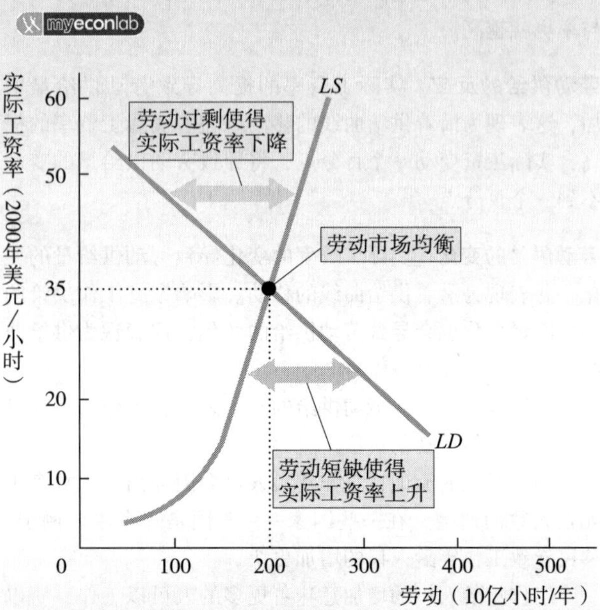

当劳动需求量与劳动供给量相等时，劳动市场达到均衡。均衡实际工资率为每小时 35 美元，均衡就业为每年 2 000 亿小时。

若实际工资率超过每小时 35 美元，就出现了劳动过剩，则实际工资率下降以消除这种过剩。若实际工资率低于每小时 35 美元，就出现了劳动短缺，则实际工资率上升以消除这种短缺。

若实际工资率低于每小时 35 美元，劳动需求量大于劳动供给量，此时出现了劳动短缺。在劳动短缺时，实际工资率朝着均衡实际工资率的水平上升，直至短缺消除。

若实际工资率等于每小时 35 美元，劳动需求量等于劳动供给量，既不存在劳动短缺，也不存在劳动过剩。此时，实际工资率既没有上升的压力，也没有下降的压力。实际工资率保持不变，此时市场处于均衡。在这个均衡的实际工资率和就业水平上，经济系统实现了*充分就业*。

潜在 GDP

你曾在图 23.1（b）中看到，生产函数告诉我们在给定就业量条件下，能生产出多少实际 GDP。所生产出来的这个实际 GDP 数量随着劳动使用量的增加而增加。在均衡就业水平上，经济系统达到充分就业。而在充分就业时的实际 GDP 水平就是潜在 GDP。因此，充分就业的劳动量生产潜在 GDP。

图 23.6 解释了潜在 GDP 的决定。（a）幅给出的是劳动市场均衡，在均衡实际工资率水平上，就业的均衡水平是 2 000 亿小时。

图 23.6（b）表示的是生产函数。生产函数表明，2 000 亿小时的劳动能够生产出 12 万亿美元的实际 GDP，这个数量就是潜在 GDP。

潜在 GDP 不是物理极限 请注意，潜在 GDP 不是一个经济系统所能生产出来的实际 GDP 的最高水平。潜在 GDP 是在充分就业时生产的均衡产量。*PPF* 说明了生产的极限，一个经济体不可能在 *PPF* 的范围外生产更多的实际 GDP，并享受更多的闲暇。但潜在 GDP 只是 *PPF* 上的一个点。如果人们愿意像在二战期间一样工作更长的时间，实际 GDP 仍然可以沿着 *PPF* 增加。

潜在 GDP 是有效率的生产 回想 *PPF* 上所有的点都具有生产效率，而 *PPF* 之内的点都是无效率的，因为这就意味着某些资源未利用，或配置不当，或二者兼有（参见第 2 章）。由于潜在 GDP 是 *PPF* 上的一个点，所以在潜在 GDP 所处的生产是有效率的。你在下一节将看到，在潜在 GDP 处，仍有失业存在。但那种失业导致就业的减少只是沿着 *PPF* 的移动。

潜在 GDP 的资源配置效率 回想一下，若 *PPF* 上的某个点具有资源配置效率，那么在这个点上，如果不放弃某种我们认为价值更高的商品，就不可能生产出更多的另一种商品，也就是说，这个点是 *PPF* 上社会认为比所有其他点都更好的一个点（参见第 2 章）。潜在 GDP 就是这样的一个点。

为了说明这一点，考虑一下时间在劳动和闲暇之间的分配。实际工资率越低，劳动供给量就越少，闲暇的需求量就越多。在任一给定的闲暇需求量上，实际工资率测量了闲暇的边际收益。

实际工资率越高，劳动需求量就越少，闲暇的供给量就越多。在任一给定的闲暇供给量上，实际工资率测量了闲暇的边际成本。

在充分就业时，劳动需求量等于劳动供给量，闲暇需求量等于闲暇供给量，所以资源都得到有效配置。

图 23.6　劳动市场与潜在 GDP

myeconlab

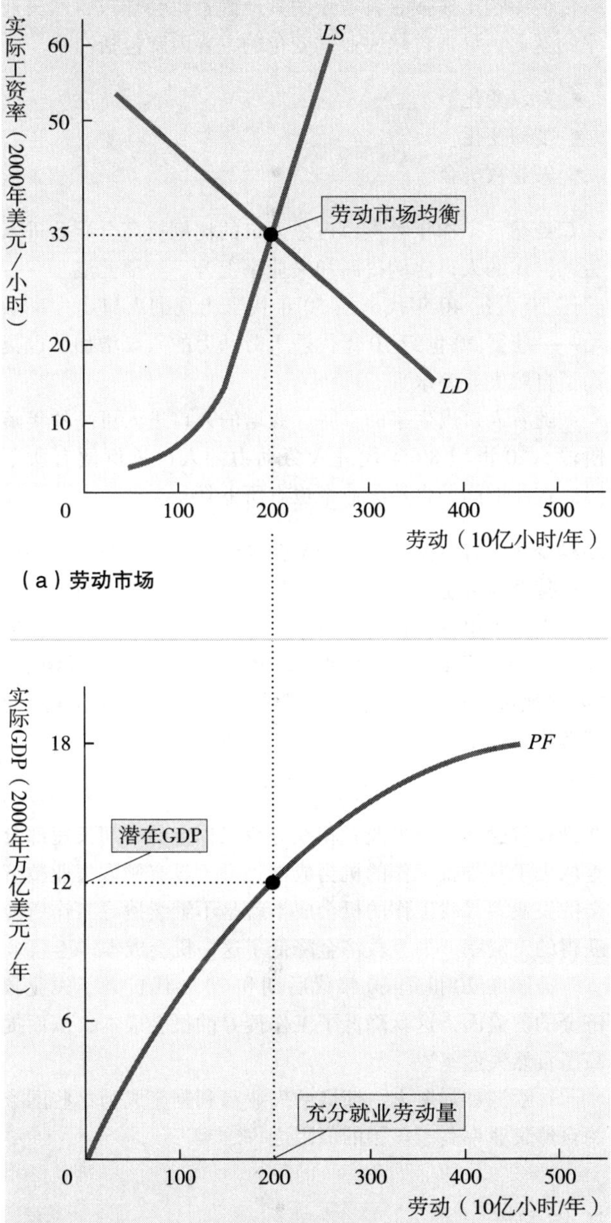

（a）劳动市场

（b）潜在GDP

在劳动需求量等于劳动供给量时，经济系统实现充分就业（a 幅）。实际工资率为每小时 35 美元，就业量为每年 2 000 亿小时。（b）幅给出了潜在 GDP。它是由生产函数在充分就业劳动数量上确定的实际 GDP 数量。

复习测验

1. 为什么实际工资率的提高会导致劳动需求量的减少？
2. 为什么实际工资率的提高会导致劳动供给量的增加？
3. 如果实际工资率高于或低于充分就业水平，劳动市场上会出现什么情况？
4. 潜在 GDP 是如何决定的？
5. 为什么潜在 GDP 没有物理极限？
6. 为什么潜在 GDP 是有效率的？

myeconlab **Study Plan 23.2**

充分就业时的失业

迄今为止，我们主要考虑了实际工资率、劳动雇佣量和潜在 GDP 的决定因素。现在，我们将引入失业，并研究影响自然失业率的一些真实因素。

你在第 22 章了解到失业的测量和失业的形成（下岗、离职、进入或重新进入劳动市场）。我们还把失业进行了分类（包括摩擦性失业、结构性失业和周期性失业）。你还知道，我们把充分就业时的失业率称为自然失业率。

但对失业的测量、描述和分类并不能解释：为什么总有人失业？为什么不同国家的失业率有所不同？为什么美国的失业率低于欧洲和加拿大？为什么失业率会随着时间而变化？为什么美国在 20 世纪 70 年代和 80 年代的失业率高于 60 年代和 21 世纪初？

这里，我们来考查一下自然失业率的决定因素。（你在第 27 章将了解到周期性失业的根源。）

失业总是存在源于两个主要的原因：

- 工作搜寻
- 工作配给

工作搜寻

工作搜寻（job search）是寻找一个合适的空缺岗位的活动。总有一些人还没有找到一份合适的工作，并正在积极地寻找。原因在于，劳动市场总是处在不断变化的状态。现有企业的经营失败会消灭一些工作岗位。而现有企业的经营扩张，以及使用新技术并开发新市场的新初创企业，都会创造出一些工作岗位。在人生的不同阶段，有些人会进入或重新进入劳动市场。有些人会离职并寻找一份更好的工作，也有一些人直接退休。劳动市场上这种不断的变动意味着总有一些人在寻找工作即失业。

工作搜寻者的数量取决于一系列因素，其中之一就是实际工资率。在图 23.7 中，当实际工资率为每小时 35 美元时，经济系统便实现充分就业的均衡。在这个工资率水平上，工作搜寻者的数量就显示了自然失业率水平上的失业数量。如果实际工资率高于充分就业时的均衡水平，比如说为每小时 45 美元，就会出现劳动过剩。在这个更高的实际工资率水平上，就会有更多的工作搜寻者，失业率也就高于自然失业率。如果实际工资率低于充分就业时的均衡水平，比方说为每小时 25 美元，就会出现劳动短缺。在这个实际工资率水平上，工作搜寻者就相对较少，失业率也就低于自然失业率。

图 23.7 工作搜寻导致的失业

myeconlab

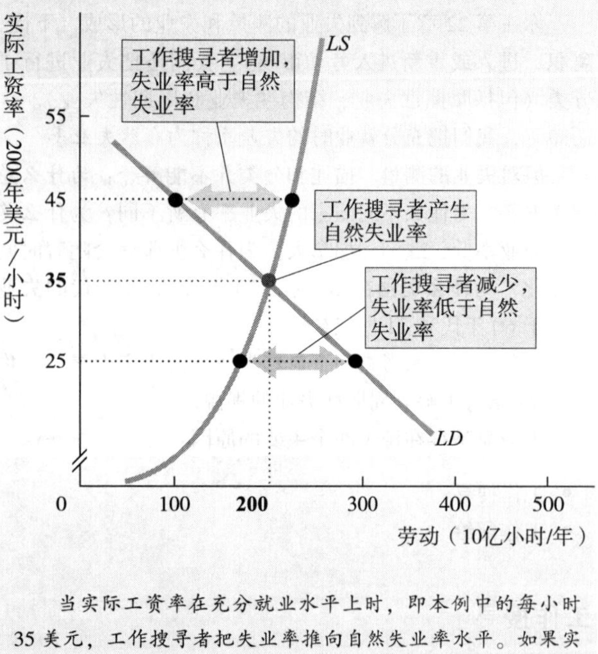

当实际工资率在充分就业水平上时，即本例中的每小时 35 美元，工作搜寻者把失业率推向自然失业率水平。如果实际工资率高于充分就业水平，就会出现劳动过剩。工作搜寻者增加，失业率高于自然失业率。如果实际工资率低于充分就业水平，就会出现劳动短缺。工作搜寻者减少，失业率低于自然失业率。

劳动市场上的供求力量会使得实际工资率不断地向充分就业时的均衡水平移动。这种供求力量同样也会使工作搜寻者的数量向自然失业率水平变动。

但影响工作搜寻者数量的其他因素也会导致自然失业率的变化。导致自然失业率变化的主要因素包括：

- 人口变化
- 结构变化
- 失业救济金

人口变化 工作年龄人口占总人口的比例提高会导致进入劳动群体的人口比例提高和失业率上升。“婴儿潮”——美国 20 世纪 40 年代末至 50 年代末出现的人口出生率激增——使得 20 世纪 70 年代进入劳动力的人口增加，也提高了自然失业率水平。

随着人口出生率的下降，激增的人口进入更高的年龄阶段，20 世纪 80 年代进入劳动力的人口比例便有所下降。在此期间，自然失业率也有所下降。

结构变化 有时候，技术变革会导致结构性萧条，即某些产业甚至地区走向衰落，而另外一些产业和地区新兴和繁荣起来。当出现这种情况时，劳动力的流动性高——在失业和就业之间的流动增加，以及失业人数也有所增加。“冰河地带”产业的衰落和“阳光地带”产业的迅速崛起就解释了技术变革的这种影响，并成为 20 世纪 70 年代和 80 年代自然失业率上升的原因之一。

失业救济金 一个失业者花在寻找工作上的时间长短部分地取决于其寻找工作的机会成本。一个没有领取失业救济金的失业者寻找工作的机会成本就是不继续搜寻工作所能获得的工资率。失业救济金降低了这一机会成本。

美国在 20 世纪 60 年代后期和 70 年代扩大了失业救济金的覆盖面，这就降低了工作搜寻的机会成本，从而提高了自然失业率。

在欧洲和加拿大，慷慨的失业福利制度成为这些国家的自然失业率高于美国的原因之一。

工作配给

市场调整市场价格，使买入计划与卖出计划达成一致，从而配置稀缺资源。与“配置”含义相近的另一个词是“配给”。市场通过调整价格来配给稀缺资源。在劳动市场上，实际工资率配给就业，从而配给工作岗位。实际工资的变化使得搜寻工作的人数与现有工作岗位数量达到平衡。

但实际工资率不是配给工作岗位的惟一工具。在某些产业，实际工资率设定在市场均衡水平之上。**工作配给**（job rationing）是支付高于均衡水平的实际工资率并通过其他方法配给工作岗位的做法。

实际工资率设置在均衡水平之上有两方面的原因：

- 效率工资
- 最低工资

效率工资 **效率工资**（efficiency wage）就是高于均衡水平的实际工资率，企业使用更高的工资是为了使之与更高的收益相匹配，从而实现利润最大化。

支付更高工资的成本很直接，就是企业支付工资的增加额。支付更高工资的收益是间接的。

首先，支付高工资率的企业可以吸引到更有生产率的工人。其次，通过对表现不尽人意的工人施加解聘的威胁，企业可以获得更大的生产率。失去一份报酬优厚的工作的威胁能刺激工人更努力地工作。第三，工人辞职的可能性减小，所以企业的人员流动就有所减少，培训成本也就有所节约。第四，企业的招聘成本更低。总有源源不断的新工人希望进入企业。

根据成本收益分析，企业发现从更高工资中获得的生产率收益足以补偿其额外发生的成本，所以企业愿意支付高工资。这个工资率使企业的利润达到最大化，它就是效率工资。

最低工资 **最低工资**（minimum wage）就是一个企业合法雇佣劳动所必须支付的最低工资。如果设定的最低工资低于均衡工资，最低工资对劳动市场就没有影响。最低工资与市场供需之间没有冲突。但如果设定的最低工资高于均衡工资，最低工资就与市场供需发生冲突，并对劳动市场产生影响。

美国的联邦最低工资根据《公平劳动标准法案》设定，最近一次调整在 1997 年，并设定为每小时 5.15 美元。在 1997~2006 年间，实际最低工资率下降了 20%。有些州政府还通过了本州的最低工资法，其最低工资率高于联邦的最低工资率。

工作配给与失业

无论什么原因，若实际工资率高于均衡水平，自然失业率便会上升。高于均衡水平的实际工资率减少了劳动需求量并增加了劳动供给量。因此，即使在充分就业的时候，劳动供给量仍大于劳动需求量。

劳动过剩增加了失业。在充分就业时，由非市场工资率和工作配给导致的失业，也增加了工作搜寻者的数量，从而提高了自然失业率水平。

复习测验

1. 为什么一个经济体在充分就业时仍存在失业？
2. 为什么自然失业率波动？
3. 什么是工作配给？它为什么会发生？
4. 效率工资如何影响实际工资率、就业和失业？
5. 最低工资如何导致了失业？

myeconlab **Study Plan 23.3**

现在你已经看到，古典模型如何解释实际工资率、劳动需求量、潜在 GDP 和自然失业率的决定因素。

古典模型还能用来解释实际利率的决定因素，以及实际 GDP 在消费和新增资本投资之间如何配置。下一节通过研究可贷资金市场来考查这些因素。

可贷资金与实际利率

潜在 GDP 取决于生产要素的数量，而其中之一是资本。**资本存量**（capital stock）是厂房、设备、建筑物和商业存货的总量。资本存量既包括通讯卫星和计算机等商业资本，又包括企业持有的存货，还包括房屋和公寓。此外，资本存量还包括政府所有的社会基础设施资本，比如公路、运河及堤坝、建筑物，以及学校、州立大学、国防部门和司法部门里的各种设备。

资本存量由投资决策决定（参见第 21 章）。而投资所需要的资金通过可贷资金市场来获得。

可贷资金市场

可贷资金市场（market for loanable funds）就是家庭、企业、政府、银行和其他金融机构进行借贷活动的市场。

在美国经济中，有许多相互联系的借贷市场。有些是公司股票进行交易的市场。股票是公司发行的有价证券，而股票市场确定了股票价格和收益率。纽约证券交易所就是这类市场的一个例子。有些是债券交易市场。债券是公司或政府发行的有价证券。还有各种类型的贷款市场，比如信用卡贷款和学生贷款。

在宏观经济学中，我们把所有这些贷款市场合并为一个巨大的可贷资金市场，并把这个市场看成各种不同市场的加总（或总和），而且个人、企业和政府都可以在这个市场上进行借贷。

可贷资金市场上的流动 循环流向图（参见第 21 章）为解释可贷资金市场上的循环流动给出了一个会计框架。可贷资金可用于 3 个目标：

1. 企业投资
2. 政府预算赤字
3. 国际投资或贷款

可贷资金有以下 3 个来源：

1. 私人储蓄
2. 政府预算盈余
3. 国际借款

企业通常用未分配利润来进行商业投资。这些利润归企业的股东所有，企业只是向股东借款，并不是支付给股东作为红利。为了保持账户尽可能清楚，我们把这些未分配利润同时看成可贷资金市场上的需求和供给。在需求方面，它们属于企业投资，在供给方面，它们属于私人储蓄。

我们用实际变量（2000 年的不变美元价值）来测量可贷资金市场上的各种流量。

现在，通过研究以下内容，你将看到这些实际流量及其机会成本或价格是如何决定的：

- 可贷资金的需求
- 可贷资金的供给
- 可贷资金市场的均衡

可贷资金的需求

可贷资金需求量是指在一定时期内，投资融资、政府预算赤字和国际投资或贷款所需要的资金总量。这个数量取决于：

1. 实际利率
2. 预期利润率
3. 政府和国际因素

为了集中考虑可贷资金的需求，我们考虑如下问题：在所有其他影响借款计划的因素保持不变的情况下，可贷资金需求量如何随着实际利率变化？

可贷资金需求曲线 **可贷资金需求**（demand for loanable funds）是指在所有其他影响借款计划的因素保持不变的情况下，可贷资金需求量与实际利率之间的关系。

企业投资是可贷资金需求的主要组成部分，而其他两种——政府预算赤字与国际投资和贷款——只能认为是对投资的补充。在其他条件不变的情况下，实际利率上升，投资则减少；实际利率下降，投资则增加。换言之，实际利率上升，可贷资金需求量则减少；实际利率下降，可贷资金需求量则增加。

图 23.8 解释了可贷资金的需求，其中没有政府赤字或国际投资和贷款，投资是可贷资金需求的惟一来源。表中列出了在 3 个实际利率水平上的投资。可贷资金需求曲线上的每个点（A、B、C）都分别对应着表中的一行。如果实际利率是每年 6%，投资则是 1 万亿美元，可贷资金需求量是 1 万亿美元。实际利率的变化导致投资需求沿着需求曲线移动。若实际利率上升，投资则减少，并沿着需求曲线向上移动。若实际利率下降，投资则增加，并沿着需求曲线向下移动。

为什么可贷资金需求量会取决于实际利率？什么是实际利率呢？

实际利率与可贷资金的机会成本 **实际利率**（real interest rate）就是一个单位的资本量能够赚取的产品与服务的数量。相比之下，**名义利率**（nominal interest rate）则是一个单位的资本所能赚取的美元数量。

为了测量实际利率，我们首先把名义利率表示成每年借贷美元数量的百分比。如果有 100 美元的储蓄存款，银行每年支付给你 3 美元的利息，你所赚取的名义利率就是每年 3%。

下一步就是要将名义利率根据通货膨胀进行调整。实际利率近似等于名义利率减去通货膨胀率。

考虑一下 100 美元的储蓄存款在一年内得到的利息能够买些什么东西，你就会明白这一点。如果名义利率是每年 3%，一年后你的储蓄账户上将有 103 美元。假设在这一年中，所有产品的价格都上涨了 2%——通货膨胀率为 2%。你就需要花 102 美元才能买到一年前花 100 美元就能买到的产品。因此，你现在只能比一年前多买到 1 美元的产品与服务。存款一年只让你赚到了价值 1 美元的产品与服务，这就是每年 1%的实际利率。银行支付的实际利

图 23.8 可贷资金需求

myeconlab

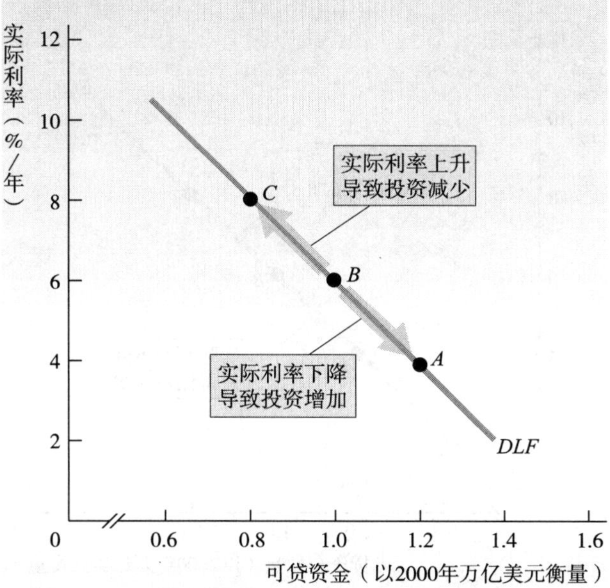

	实际利率（%/年）	投 资（以 2000 年万亿美元衡量）
A	4	1.2
B	6	1.0
C	8	0.8

可贷资金需求曲线表明，在所有其他因素不变的情况下，实际利率的变化对投资和可贷资金需求量的影响。实际利率的变化导致投资发生变化，并沿着可贷资金需求曲线移动。

率就是每年 1%。所以，实际利率就是 3%的名义利率减去 2%的通货膨胀率。[1]

无论可贷资金的来源如何，实际利率都是可贷资金的机会成本。为所借的资金支付的实际利率是一个显性成本。但实际利率也是使用未分配利润的机会成本。既然企业可以将自己的这部分资金借给另一个企业使用，所以，放弃的实际利率就是使用未分配利润的机会成本。

现在，你知道了实际利率的含义，我们就能够研究它对可贷资金需求量的影响。因此，我们看一下企业的投资决策。

投资决策 为了创造一个新的网上搜索系统，谷歌公司如何做出投资多少于服务器和软件的决策呢？它的决策受到如下两个因素相互作用的影响：

1. 实际利率
2. 预期利润率

为了决定是否应该投资一个新的网上搜索系统，谷歌公司将预期利润率与实际利率比较。预期利润率是投资的收益，实际利率是投资的机会成本。只有在收益大于成本时，投资才是有利可图的。

设想谷歌公司正在决定对一个新的网上搜索系统投资多少钱，这个系统只运行一年，随后便被拆除，并被一个更好的系统取代。企业认为，如果花 1 亿美元投资一个服务美国市场的系统，它将赚取的利润为 2 000 万美元，即每年 20%的收益率。谷歌公司还知道，它如果另花 1 亿美元投资一个服务欧洲市场的系统，那么将赚取 1 000 万美元的利润，即每年 10%的收益率。而且，谷歌公司还知道，它如果再花 1 亿美元投资一个服务亚洲市场的系统，则能赚取 500 万美元的利润，即每年 5%的收益率。

假设谷歌公司能以每年 9%的利率在可贷资金市场上借到钱。它会为新的搜索系统借贷并投资多少钱呢？答案是，谷歌公司会借 2 亿美元，并构建美国和欧洲的搜索系统，而不会投资于亚洲的搜索系统。如果利率提高到每年 15%，谷歌公司就会放弃欧洲计划，仅在美国系统上投资 1 亿美元。而如果利率下降到每年 4%，谷歌公司会接受所有这 3 个项目，并投资 3 亿美元。

实际利率越高，值得进行的项目就越少，投资量也就越小。

可贷资金需求的变化 实际利率的变化导致投资、可贷资金需求量发生变化，并反映为沿着需求曲线的移动。任何影响企业投资和资金借贷的其他因素变化，则反映为需求曲线的移动。这些因素就是影响企业预期利润的所有因素。在其他条件不变的情况下，新增资本的预期利润越大，投资量就越大，可贷资金的需求也就越大。

技术是影响预期利润的一个重要因素。有些企业力求成为市场上某项新技术的第一个拥有者。而有些企业在采用一项新技术之前，首先观望其市场表现。但所有企业的

---

[1] 实际利率的精确表达式要求同时考虑本金和利息的购买力变化，即实际利率=（名义利率−通货膨胀率）÷（1+通货膨胀率）。若名义利率为每年 4%，通货膨胀率为每年 3%，则年实际利率为每年（4−3）÷（1+0.03）= 0.97%。

利润都受到技术进步的影响，投资方案必须不断地重新评估。

在技术变革迅速而又广泛的时期，比如20世纪90年代的信息技术革命时期，企业对利润持有极为乐观的态度，投资也就繁荣起来。

可贷资金的供给

可贷资金的供给量就是在一个给定时期内，私人储蓄、政府预算盈余和从国际市场上借入的资金总量。这个数量取决于：

- 实际利率
- 可支配收入
- 财富
- 预期未来收入
- 政府和国际因素

为了集中考虑可贷资金供给量与实际利率之间的关系，我们假定所有其他影响贷款计划的因素保持不变，并考虑如下问题：可贷资金供给量如何随着实际利率的变化而变化？

可贷资金供给曲线 **可贷资金供给**（supply of loanable funds）就是在所有其他影响贷款计划的因素保持不变的情况下，可贷资金供给量与实际利率之间的关系。

储蓄是可贷资金供给的主要组成部分，政府预算盈余和从国际市场上借入的资金（在它们不等于0时）只能作为对储蓄的补充。在其他条件不变的情况下，实际利率提高，则储蓄增加；实际利率下降，则储蓄减少。换言之，如实际利率提高，则可贷资金供给量增加；实际利率下降，则可贷资金供给量减少。

图23.9说明了当储蓄是可贷资金供给惟一来源（即没有政府预算盈余和国际借入资金）时的这种关系。图中的表给出了3个实际利率水平上的储蓄。储蓄提供了可贷资金。在其他条件不变的情况下，可贷资金供给量与实际利率之间的关系就是可贷资金的供给曲线。

可贷资金供给曲线上的每个点（A、B、C）分别对应着表中的一行。如果实际利率是每年6%，储蓄则是1万亿美元，可贷资金供给量也就是1万亿美元。实际利率的变化导致储蓄沿着可贷资金供给曲线移动。如果实际利率上升，储蓄则增加，并沿着可贷资金供给曲线向上移动。如果实际利率下降，储蓄则减少，并沿着可贷资金供给曲线向下移动。

图 23.9 可贷资金供给

myeconlab

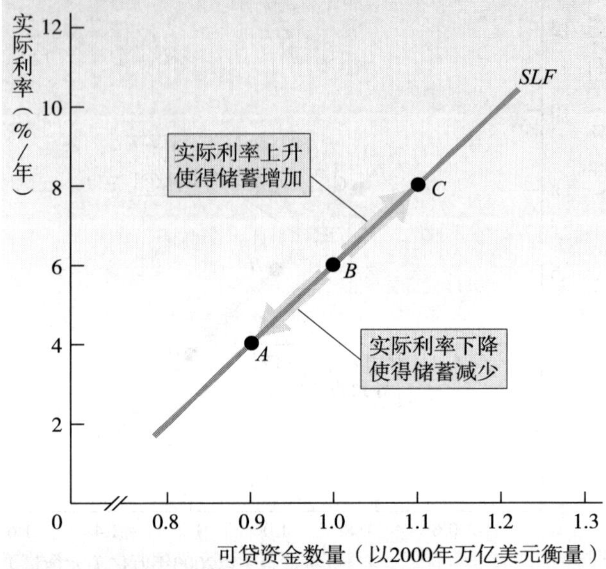

	实际利率（%/年）	储蓄（以2000年万亿美元衡量）
A	4	0.9
B	6	1.0
C	8	1.1

可贷资金供给曲线表明，在所有其他因素不变的情况下，实际利率的变化对可贷资金供给量的影响。实际利率的变化使得储蓄发生变化，并沿着可贷资金供给曲线移动。

由于实际利率是消费的机会成本，所以实际利率提高，储蓄则增加。消费1美元就减少1美元的储蓄，所以它所能赚取的利率就损失了。无论一个人是借方还是贷方，都存在这种机会成本。对于贷方，今年储蓄较少就意味着明年取得的利息较少。对于借方，今年储蓄较少就意味着今年偿还的贷款较少，明年支付的利息就越多。

思考一下大学生贷款的情况，你就会明白实际利率为什么会影响储蓄。如果大学生贷款的实际利率上升到每年20%，学生就会储蓄得较多（买更便宜的食品、找租金更便宜的住处），以便尽快偿还贷款。如果学生贷款的实际利率下降到每年1%，学生则储蓄得较少，并且贷款较多。

可贷资金供给的变化　实际利率的变化会导致储蓄的变化和可贷资金供给量的变化，并表现为沿着供给曲线的移动。影响借贷计划的其他因素发生变化，则表现为供给曲线的移动。这些因素包括可支配收入、财富和预期未来收入。

可支配收入　在其他条件不变的情况下，一个家庭的可支配收入越多，它的储蓄就越多。比如，假设一个学生暑期打工并挣到 10 000 美元的可支配收入。他在这一年内将所有这 10 000 美元用于消费，而储蓄为零。当他从经济学专业毕业之后，每年的可支配收入增加到 20 000 美元。现在，他储蓄 4 000 美元并将 16 000 美元用于消费。这样，可支配收入增加 10 000 美元，而储蓄增加了 4 000 美元。

财　富　一个家庭的财富等于其（所拥有的）资产减去其（所欠下的）债务。一个家庭财富的购买力就是其财富的实际价值，也就是这个家庭的财富所能购买的产品与服务数量。一个家庭的实际财富越多，在其他条件不变的情况下，其储蓄也就越少。

帕蒂是一家百货公司的经理，每年能挣到 30 000 美元的可支配收入。她一直在储蓄，目前在银行有 15 000美元的存款，并且没有任何债务，也就是说帕蒂的财富是 15 000 美元。帕蒂的同事托尼挣到的可支配收入也是 30 000 美元，但他在银行里没有存款，也没有债务。托尼的财富为零。帕蒂决定今年休假一次，并且只储蓄 1 000 美元。但托尼决定放弃这次休假，并且储蓄 5 000 美元。在其他条件不变的情况下，帕蒂比托尼拥有更多的财富和更少的储蓄。

预期未来收入　在其他条件不变的情况下，一个家庭的预期未来收入越高，其储蓄就越少。也就是说，如果两个家庭当年具有相同的可支配收入，预期未来收入更高的家庭会将当前可支配收入中更大的比例用于产品与服务的消费，因此储蓄得更少。

再来看一下帕蒂和托尼。帕蒂刚刚被提升，明年起将加薪 10 000 美元。托尼也刚得到通知，年底将被解雇。得到这一消息后，帕蒂买了一辆新车——增加消费并减少储蓄。托尼则卖掉汽车，改乘公共汽车——减少消费并增加储蓄。

一个年轻的家庭预期未来有些年份的收入较高，而在退休时的收入较低。由于收入具有这种生命周期表现，所以年轻人和退休人员的储蓄最少，中年人储蓄最多。

可支配收入的增加、财富的减少或预期未来收入的减少都会导致储蓄增加，从而增加了可贷资金的供给，并使可贷资金供给曲线向右移动。可支配收入的减少、财富的增加或预期未来收入的增加都会导致储蓄减少，从而减少了可贷资金的供给，并使可贷资金供给曲线向左移动。

我们现在来看一下，借贷决策在可贷资金市场上是如何相互影响，从而决定实际利率的。

可贷资金市场的均衡

你已经看到，在其他条件不变的情况下，可贷资金的供给量和需求量都是取决于实际利率的。实际利率越高，储蓄的数量就越大，可贷资金的供给量也就越大，投资量越小，可贷资金的需求量也就越小。使得可贷资金的供需相等时的利率，就是均衡的实际利率。

图 23.10 说明了可贷资金的供给与需求如何决定着实

图 23.10　可贷资金市场的均衡

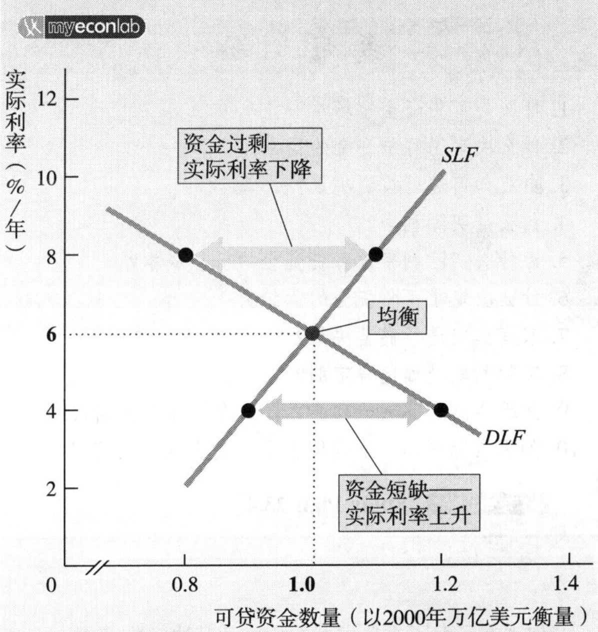

上图给出了可贷资金的需求曲线 *DLF* 和供给曲线 *SLF*。当实际利率为每年 4%时，则可贷资金的需求量将超过供给量，实际利率将上升。当实际利率为每年 8%时，则可贷资金的供给量将超过需求量，实际利率将下降。当实际利率为每年 6%时，可贷资金的需求量便等于供给量，实际利率达到均衡水平，此时储蓄也等于投资。

际利率。图中的 *DLF* 曲线就是可贷资金需求曲线，*SLF* 曲线就是可贷资金供给曲线。当实际利率超过每年 6%时，储蓄大于投资。此时，借方很容易得到他们需要的资金，而贷方不太可能将他们所有的资金都贷出去。实际利率则下降，直至资金的供给量等于需求量。在这个实际利率水平上，储蓄等于投资。

另一方面，当实际利率低于每年 6%时，储蓄小于投资。此时，借方不能得到他们需要的资金，而贷方可以将他们所有的资金都贷出去。因此，实际利率上升，直至资金的供给量等于需求量，同时储蓄等于投资。

无论可贷资金是过剩还是短缺，实际利率都会变化，而且是朝着均衡水平的方向。

在图 23.10 中，这个均衡利率为每年 6%。在这个利率水平上，既没有资金的过剩，又没有资金的短缺。借方可以得到他们需要的资金，贷方也能将其所有的资金贷出去。此时，借方（投资者）和贷方（储蓄者）的计划达成一致。

复习测验

1. 什么是可贷资金市场？
2. 什么决定了可贷资金的需求？
3. 企业如何进行投资决策？
4. 什么是实际利率？
5. 为什么实际利率是可贷资金的机会成本？
6. 什么决定了可贷资金的供给？
7. 家庭如何进行储蓄决策？
8. 实际利率是如何确定的？
9. 如果实际利率大于均衡水平，会出现什么情况？
10. 如果实际利率小于均衡水平，会出现什么情况？

myeconlab **Study Plan 23.4**

你现在了解了古典模型的构成及其决定的变量。为了完成对古典模型的学习，让我们看一下它对今天的美国经济有何寓意。

使用古典模型

潜在 GDP、就业量、实际工资率、实际利率及储蓄和投资对我们目前和将来的生活水平至关重要，而古典模型正是理解这些变量背后的决定因素一个有力的工具。由于该模型考虑的是充分就业情形，它没有考虑使经济系统围绕其充分就业水平波动的因素。因此，它没有完整地描述经济系统在任何一年的情形，除非经济系统在这一年正好处在充分就业状态。既然经济系统总是围绕着充分就业波动，你可以把古典模型看成一个经济系统在经济周期中的平均状态。

我们可以用古典模型来解决两个主要问题：我们的经济系统目前所处的状态与此前所处的某种状态相比如何；我们的经济系统与其他国家相比如何。

在这里，我们利用古典模型将 2005 年的美国经济与 19 年前——1986 年的状态进行比较。在阅读材料中，我们将利用古典模型来解释导致美国经济与欧洲经济不同的因素。

通过古典模型来看美国经济

2005 年的美国经济接近于充分就业水平。在 19 年前的 1986 年，它也接近于充分就业水平。我们将这两个年份进行比较，并考查美国经济从一个充分就业均衡向另一个充分就业均衡移动的决定因素。

在 1986 年，就业量为 1 980 亿小时，实际工资率为每小时 18 美元，美国的实际 GDP 为 6 万亿美元（我们用 2000 年的美元为单位）。

到了 2005 年，劳动小时数增加到 2 540 亿小时，实际工资率上升到每小时 26 美元，实际 GDP 也增加到 11.8 万亿美元（我们同样用 2000 年的美元为单位）。

古典模型向我们指出了导致就业量、实际工资率和潜在 GDP 变化的因素。

首先，技术进步和资本投资给我们带来了互联网、手机、MP3 播放器、MP4 影碟机以及工厂和仓库中的机器人，这些都提高了生产率。

图 23.11　美国的充分就业均衡：1986 年与 2005 年

myeconlab

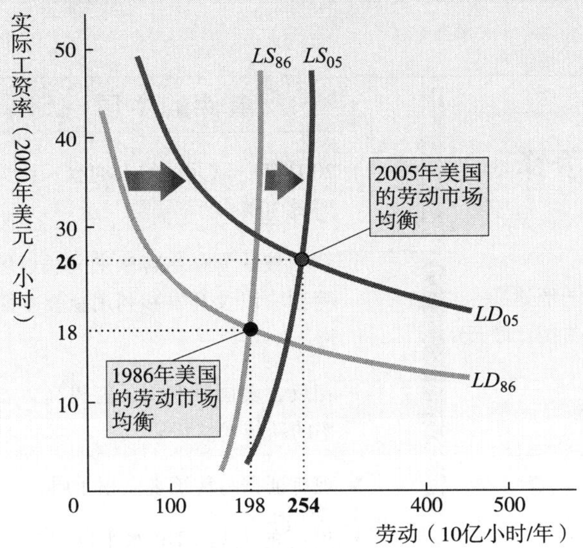

（a）1986年和2005年美国的劳动市场

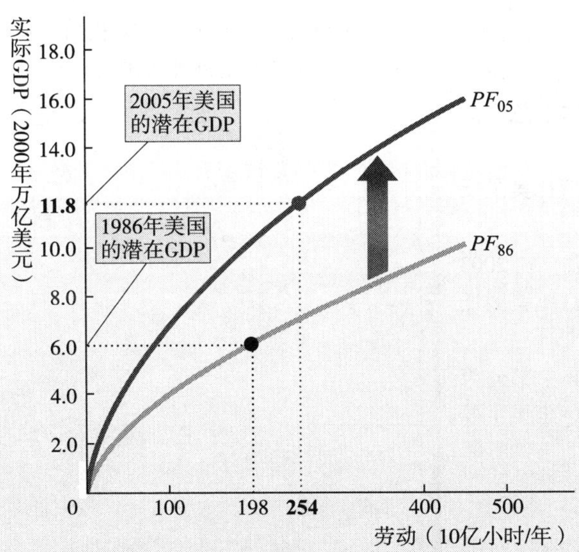

（b）1986年和2005年美国的生产函数

如（a）幅所示，1986 年，实际工资率为每小时 18 美元，劳动雇佣量为 1 980 亿小时。（b）幅中潜在 GDP 为 PF_{86} 上的 6 万亿美元。到了 2005 年，实际工资率为每小时 26 美元，劳动雇佣量为 2 540 亿小时。潜在 GDP 提高到 PF_{05} 上的 11.8 万亿美元。

同时这些技术进步和资本增加还增加了劳动的边际产量，并提高了劳动需求。

其次，人口在膨胀。在 1986 年，工作年龄人口为 1.7 亿。到了 2005 年，这个数字为 2.3 亿。工作年龄人口的增加导致了劳动供给的增加。

技术进步、资本积累和人口增长的共同作用导致就业、实际工资率和潜在 GDP 的增加。

图 23.11 解释了这些影响。在 1986 年（a 幅所示），劳动需求是 LD_{86}，劳动供给为 LS_{86}，实际工资率为每小时 18 美元，而且劳动使用量为 1 980 亿小时。在（b）幅中，生产函数为 PF_{86}，潜在 GDP 为 6 万亿美元。

到了 2005 年，工作年龄人口的增加扩大了劳动供给，使得劳动供给曲线移动到 LS_{05}。而技术进步和资本积累还提高了劳动的边际产量，从而使得劳动需求曲线移动到 LD_{05}，生产函数也上移到 PF_{05}。

在 2005 年新的充分就业均衡上，实际工资率上升到每小时 26 美元，就业增加到 2 540 亿小时，潜在 GDP 上升到 11.8 万亿美元。

复习测验

1. 美国的生产函数自 1986 年以来有何变化？是什么因素导致了这种变化？
2. 美国的劳动需求和劳动供给自 1986 年以来有何变化？是什么因素导致了这些变化？
3. 利用古典模型解释自 1986 年以来美国的就业、实际工资率和潜在GDP 的变化。

myeconlab **Study Plan 23.5**

你现在知道，如何利用古典模型来解释经济系统在不同时期之间的变化。在结束本章之前，看一下阅读材料，从中了解如何用这个模型来解释令人惊奇的国际差别。

阅读材料：事例与分析

美国与欧洲

http://www.ireland.com

欧元区经济堪与美国所取得的成就争锋

2004 年 6 月 26 日

有一种普遍的看法……就是欧洲大陆的经济一直比美国低迷——就像有些人认为的那样陷入了“毫无希望的境地”。据称，美国比欧元区富有，而且差距正在日益扩大。

在 2003 年，欧元区的人均收入——根据价格差别进行调整之后——约比美国低 30%……

那些认为欧洲经济失败的人也毫不犹豫地提到美国为什么更富有？“新经济”的出现为美国带来了技术驱动的生产率收益。

欧洲的官僚主义作风和对经济的过度管制，使其在研发和利用新技术方面落后。

不过，这一公认的看法中有一个问题——它与现有证据相矛盾。

通过使用一个简单的会计分析框架，就能看出这种收入（差别）的真正来源：更高的人均 GDP 水平要么是源于更高的生产率（每小时生产出来的 GDP），要么源于更高的劳动利用率（人均工作的总小时数）……

用每小时产出来度量，欧元区的生产率水平在 2003 年仅比美国低 4%……

另一方面，欧元区的劳动利用率（人均工作的总小时数）在 2003 年比美国低 28%。2003 年，欧元区的被雇佣者的工作小时数比美国低 15%，这就解释了劳动利用率差别的一半。

剩下的差别可通过人口中较低的就业比例得到解释。其中部分原因来自于更高的结构性失业（解释了低就业率的四分之一），但更主要的原因是过低的劳动参与率，特别是妇女的劳动参与率过低。

Extract from an article by Kevin Daly, an economist at Goldman Sachs investment bank, based on *Euroland's Secret Success Story*, Goldman Sachs Global Economics Paper, No 102, January 2004.

事件的本质

- 2003 年，欧元区的人均收入比美国低 30%。
- 欧洲被认为存在官僚主义、过度管制，以及开发和利用新技术缓慢。
- 相反，美国则利用了能提高生产率的新技术。
- 现有证据与传统观点相矛盾。
- 更高的人均 GDP 水平既可能来自更高的生产率，又可能来自更长的工作时间。
- 欧洲和美国的生产率相当，但欧洲人工作时间比美国人短。

经济分析

- 美国人口比欧元区人口略少——3 亿对 3.13 亿。
- 但美国生产的实际 GDP 比欧元区更多——11.8 万亿美元对 8 万亿美元。
- 尽管生产上有这么大的差异，美国的实际工资率仅比欧元区每小时高 1 美元。
- 美国人与欧洲人的每小时工资率不相上下，为什么美国的产量比欧元区大得多？
- 这篇新闻文章给出的答案是：美国人比欧洲人工作更多的小时数。
- 与欧元区相比，在美国，一周工作的时间更长、假期更短、更多的人在工作，而且自然失业率也更低。
- 图中用劳动市场的古典模型将 2005 年的美国与欧元区进行了比较。
- 图 1 给出的是劳动市场状况，图 2 给出的是生产函数。深灰色曲线表示美国，浅灰色曲线表示欧元区。
- 美国的劳动需求比欧元区大。由于美国劳动的边际产量更大，所以 LD_{US} 曲线位于 LD_{EU} 曲线的右边。
- 美国更高的生产率也能在图 2 中得到反映。因为拥有更多的资本和更先进的技术（总体上），美国的生产函数 PF_{US} 位于欧元区的生产函数 PF_{EU} 的上方。
- 欧元区的劳动供给也少于美国。LS_{EU} 曲线位于曲线 LS_{US} 的左边。
- 在美国劳动市场的均衡状态，实际工资率为每小时 26美元，劳动使用量为 2 540 亿小时。这些劳动量生产出的实际 GDP 为 11.8 万亿美元。
- 在欧元区劳动市场的均衡状态，实际工资率为每小时 25 美元，劳动使用量为 1 800 亿小时。这些劳动量生产出的实际 GDP 为 8 万亿美元。
- 如果欧洲人与美国人工作同样多的小时数，欧洲的实际工资率和劳动的边际产量都要低得多。
- 欧洲劳动供给较少的原因尚不清楚。
- 有些经济学家认为原因在于欧洲较高的税收。有些则认为欧洲的工会更强大。还有些人认为，原因无非就是欧洲人比美国人更看重闲暇的价值。
- 无论原因如何，欧洲人比美国人享受了更多的闲暇，而且欧洲人认为这足以补偿较低的实际收入。

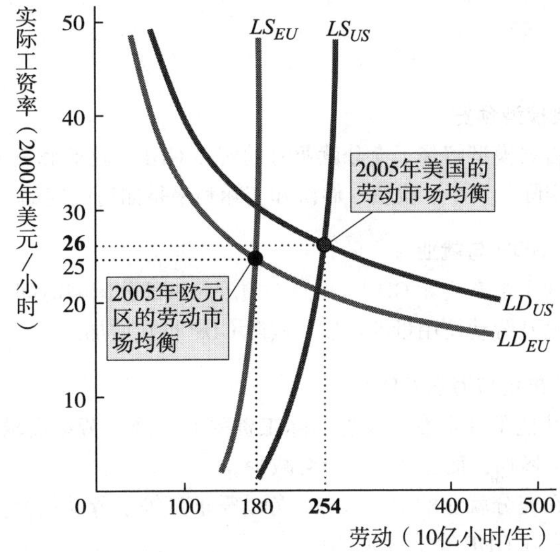

图1　2005年的劳动市场

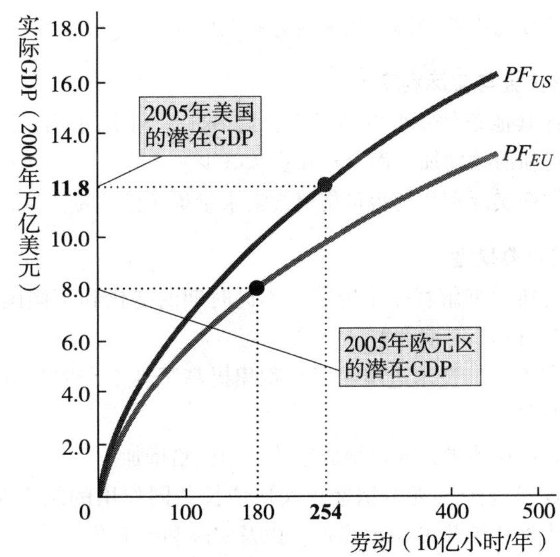

图2　2005年的生产函数

内容提要

要 点

古典模型预览

- 古典模型解释了充分就业时的实际 GDP、就业和失业、实际工资率、投资、储蓄和实际利率是如何决定的。

实际GDP 与就业

- 为了生产实际 GDP，我们必须放弃一部分闲暇时间。
- 随着劳动使用量的增加，实际 GDP 也在增加。

劳动市场与潜在 GDP

- 其他条件不变，随着实际工资率的下降，劳动需求量会增加，而劳动供给量会减少。
- 在充分就业的均衡状态，劳动需求量等于劳动供给量，实际 GDP 等于潜在 GDP。

充分就业时的失业

- 充分就业时的失业率是自然失业率。
- 持续的失业来源于工作搜寻和工作配给。

可贷资金与实际利率

- 在其他条件不变的情况下，随着实际利率的下降，投资和借款增加，而储蓄和贷款减少。
- 均衡实际利率使得可贷资金需求量等于供给量。

使用古典模型

- 古典模型解释一个国家在不同时期的变化和不同国家在同一个时期的差异。
- 在美国，技术进步和资本积累提高了其生产率和劳动需求。
- 同样在美国，人口增加导致劳动供给增加。
- 技术进步、资本积累和人口增长共同作用的结果是，就业量和潜在 GDP 增加，以及实际利率上升。

关键图表

关键术语

古典二分法	古典模型
生产函数	劳动市场
劳动需求	实际工资率
货币工资率	劳动的边际产量
边际报酬递减律	劳动供给
工作搜寻	工作配给
效率工资	最低工资
资本存量	可贷资金市场
可贷资金需求	实际利率
名义利率	可贷资金供给

习 题

1. 罗宾逊·克鲁索生活在赤道附近的一个荒岛上。他每天白天有 12 个小时可在闲暇和工作之间分配。下表给出了克鲁索经济中闲暇与实际 GDP 的 7 种不同组合：

可能性	闲暇（小时/天）	实际 GDP（美元/天）
A	12	0
B	10	10
C	8	18
D	6	24
E	4	28
F	2	30
G	0	30

   a. 绘出克鲁索的生产函数图表。
   b. 求出克鲁索在投入不同劳动量时劳动的边际产量。

2. 利用第 1 题中罗宾逊·克鲁索经济的信息和如下事实：在实际工资率为每小时 4.5 美元时，克鲁索愿意工作 0~12 小时之间的任意时间。
   a. 绘出克鲁索的劳动需求表，并画出克鲁索的劳动需求曲线。
   b. 绘出克鲁索的劳动供给表，并画出克鲁索的劳动供给曲线。

c. 克鲁索经济中实际工资率和劳动使用量的均衡结果是什么？

d. 求出克鲁索的潜在 GDP。

3. 下图描述了科科拉岛上的劳动市场状况。此外（图中没有显示），调查表明处在充分就业状态时，人们每天花 1 000 小时搜寻工作。

a. 求出充分就业均衡时的实际工资率和劳动雇佣量。

b. 计算自然失业率。

c. 如果政府规定最低工资为每小时 4 美元，则会导致多少失业？

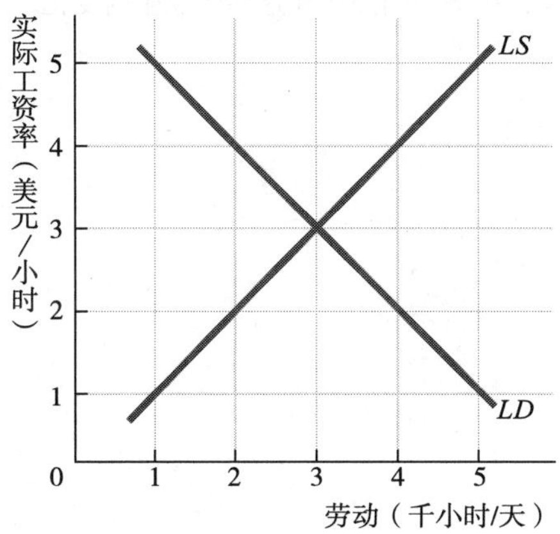

4. 投资一个手机装配厂需耗资 1 000 万美元，寿命为 1 年。企业还必须花 300 万美元雇佣劳动力，以及花 300 万美元购买零部件和燃料。如果企业投建这个工厂，就能从销售生产出来的手机中获得总销售收入 1 700 万美元。在如下实际利率水平上，企业会投资于这个新的生产线吗？

a. 每年 5%。

b. 每年 10%。

c. 每年 15%。

5. 1999 年，蝙蝠侠家族有可支配收入 5 万美元，财富 10 万美元，预期未来每年的收入为 5 万美元。在每年 4%的利率水平上，蝙蝠侠将储蓄 1 万美元；在每年 6%的利率水平上，他们将储蓄 1.25 万美元；在每年 8%的利率水平上，他们将储蓄 1.5 万美元。

a. 画出蝙蝠侠家族 1999 年的可贷资金供给图。

b. 在 2000 年，除了蝙蝠侠们预期他们未来的收入上升到每年 6 万美元之外，其他情况都不变，说明这一变化对蝙蝠侠的可贷资金供给曲线的影响。

6. 若美国严厉制裁非法移民，并将成千上万的工人遣送回国，这对美国的如下变量有什么样的影响：

a. 潜在 GDP。

b. 就业。

c. 实际工资率。

7. 如果投资的大幅度增加提高了劳动的边际产量，会对如下经济变量有何影响：

a. 潜在 GDP。

b. 就业。

c. 实际工资率。

8. 1973 年，英国处在充分就业状态。470 亿小时的劳动生产出来的实际 GDP 为 5 500 亿英镑，实际工资率为每小时 7.12 英镑。在 1973~2003 年间，人均资本存量有所增加，技术也有所进步。与此同时，人口也在增加，但更高的所得税和更慷慨的失业救济金减少了劳动供给。在2003 年，充分就业的劳动量和 1973 年一样，但实际工资率为每小时 12.3 英镑，实际 GDP 为 10 340 亿英镑。

a. 画出英国的劳动市场图，标明 1973 年和 2003 年的劳动需求、劳动供给和实际工资率。

b. 画出英国 1973 年和 2003 年的生产函数图。一定要在图中标示出两个年份的潜在 GDP 水平。

批判性思考

1. 通过学习前面的阅读材料中有关美国和欧元区经济的材料，并回答如下问题：

a. 描述美国与欧元区经济的主要差别。

b. 你认为为什么美国比欧洲更有生产率？

c. 你认为为什么欧洲人比美国人工作时间更短？

d. 解释生产率和工作倾向上的差别对美国和欧洲的就业、潜在 GDP 和实际工资率的影响。

2. 你正在为总统经济顾问委员会工作，并且必须向总统提交一份备忘录，其中包括一系列能提高潜在 GDP 的政策法案清单。尽可能施展你的想像力，但要根据你在本章所学到的一些概念，使你所提到的每一个建议都言之有据。

3. **海啸即将带来的社会成本**

救灾专家估计某些地方需要 10 年的时间才能完全恢复，重建成本将达到约 90 亿美元。……印度尼西亚政府的一份评价报告估计这次海啸的总损失在 45 亿美元与 50 亿美元之间……住房、商业、农业、渔业及交通工具和服务业蒙受 28 亿美元的损失，占总损失的

63%……

CNN，2005 年 12 月 19 日

a. 受到 2004 年 12 月海啸的影响，印度尼西亚的充分就业劳动量有何变化？

b. 印度尼西亚的产出水平是沿着生产函数移动，还是生产函数本身发生了移动？

c. 海啸对印度尼西亚的潜在 GDP 有何影响？

d. 根据 CNN 新闻报道："受海啸打击最大的人是那些处在正常的经济活动之外的人——主要渔民、农民、妇女和小商贩。"这个信息会改变你对（a）、（b）和（c）的回答吗？为什么？

网上活动

1. 收集俄罗斯在 20 世纪 90 年代的经济信息。尝试弄清楚俄罗斯的生产可能性边界、生产函数、劳动需求和劳动供给在 20 世纪 90 年代有何变化。仅用你在本章所学的概念和工具，讲解俄罗斯经济在这些年发生的变化。
2. 收集中国在 20 世纪 90 年代的经济信息。尝试弄清楚中国的生产可能性边界、生产函数、劳动需求和劳动供给在20 世纪 90 年代有何变化。仅用你在本章所学的概念和工具，讲解中国经济在这些年发生的变化。

第 24 章

经济增长

改变人们的生活

在 1960~2005 年间，美国的人均实际 GDP 几乎增长了 3 倍。如果你住在一个建于 20 世纪 60 年代的学生公寓里，那么很有可能这个房间里只有两个插座：一个用于台灯，另一个用于床头灯。如今，借助于一条（或两条）电集棒，你的房间增加了个人电脑、电视、DVD、立体声音响、微波炉、电冰箱、咖啡壶、烤面包炉等。是什么引起了生产、收入的增长和生活水平的提高的呢？

如果我们考查现代亚洲，就会发现亚洲更迅猛的经济增长。在中国南部的漓江边上，杨松曼饲养了一些鸬鹚，他训练这些令人感到惊奇的鸟捕鱼，并把捕获的鱼放在他的装备简陋的竹筏子上的篮子里。松曼的工作、资本设备、技术以及收入水平与 2000 年前他的先辈们没有什么不同。但在中国繁忙的城市里，松曼周围的所有人都参与了经济奇迹。他们创办企业，投资于新技术，开发本地与全球市场进而改变生活。为什么在中国收入提高得如此迅速？

◆ 在本章中，我们研究使实际 GDP 增长、使一些国家增长快于另一些国家，以及使我们自己的增长率有时放慢而有时加快的一些因素。

在本章末的**阅读材料**中，我们重新回到中国的经济增长并将其与美国进行比较。

学习本章后，你将能：

- 给经济增长率下定义并进行计算以及解释持续增长的含义
- 描述美国和其他国家（和地区）的经济增长趋势
- 确定经济增长的源泉
- 解释如何测量经济增长源泉的影响，确定为什么经济增长率会波动
- 解释经济增长的主要理论

经济增长的基本要素

经济增长是指生产可能性边界的持续扩张，用一定时期内实际 GDP 的增加进行测量。持续数年的快速经济增长可以使一个贫穷的国家和地区转变为一个富裕的国家和地区。例如，中国香港、韩国、中国台湾省以及其他一些亚洲经济国家和地区。缓慢的经济增长或者经济增长的停滞会使一个国家沦为贫穷。例如，塞拉利昂、索马里、赞比亚以及其他的一些非洲国家。

本章的目的是帮助我们了解为什么有些国家和地区的经济飞速增长而另一些却日渐萧条。我们首先学习如何计算经济增长率以及发现持续经济增长的威力。

经济增长率的计算

我们用实际 GDP 每年变动的百分比来描述**经济增长率**（economic growth rate）。为了计算经济增长率，我们采用下述公式：

$$\text{实际 GDP 的增长率} = \frac{\text{当年的实际 GDP} - \text{前一年的实际 GDP}}{\text{前一年的实际 GDP}} \times 100\%$$

例如，假定当年的实际 GDP 是 11 万亿美元，而其前一年的实际 GDP 是 10 万亿美元，那么当年的经济增长率为 10%。

实际 GDP 的增长率描述了经济总量扩张的速度。这个指标对于我们描述不同国家之间的经济增长的潜在变化是很有益处的。但是它不能反映生活水平的变化。

生活水平取决于**人均实际** GDP（real GDP per person 或 per capita real GDP）。它是用人口总数除实际 GDP 总量而得到的。因此，实际 GDP 的增长对于改变人们生活水平的贡献要靠人均实际 GDP 的增长率来衡量。我们用人均实际 GDP 替代实际 GDP，并用上述公式来计算经济增长率。

例如，假定当年的实际 GDP 是 11 万亿美元，人口总量为 2.02 亿，则人均实际 GDP 为 11 万亿美元除以 2.02 亿，即 54 455 美元。同时假定前一年的实际 GDP 为 10 万亿美元，人口总量为 2 亿，则人均实际 GDP 为 10 万亿美元除以 2 亿，即 50 000 美元。

根据上述人均实际 GDP 的两个值和增长率公式来计算人均实际 GDP 的增长率。

$$\text{人均实际 GDP 的增长率} = \frac{54\ 455\ \text{美元} - 50\ 000\ \text{美元}}{50\ 000\ \text{美元}} \times 100\% = 8.9\%$$

人均实际 GDP 的增长率也可以通过实际 GDP 增长率减去人口增长率来进行大致的计算。在刚才的例子中，实际 GDP 的增长率为 10%。人口从 2 亿增加到 2.02 亿，所以人口增长率为 1%。人均实际 GDP 增长率大致等于 9%，即 10%减去 1%。

只有当实际 GDP 增长快于人口增长率时，人均实际 GDP 才增加。如果人口增长率超过实际 GDP 增长，人均实际 GDP 下降。

持续增长的威力

人均实际 GDP 的持续增长能够把一个贫穷的国家和地区转变成一个富裕的国家和地区，其原因在于经济增长就像复利一样。

复 利 假定你在银行有 100 美元的存款，年利率为 5%。一年之后，你有 105 美元。如果把这 105 美元继续存在银行一年，你会在 100 美元（原始存款）和 5 美元（上年利息）的基础上得到 5%的利息。你正在用利息赚取利息！下一年，情况会更好。你可以在 100 美元原始存款和第一年和第二年的利息的基础上再赚取 5%的利息。你甚至可以在第一年的利息的利息的基础上再赚取利息。

你在银行的存款以每年 5%的速度增加。许多年之后，你最初的 100 美元的存款会增加到 200 美元，但是到底需要多少年呢？

70 规则（rule of 70）的公式给我们提供了答案。它是指如果某个经济变量每年按 X%增长，在将近 70/X 年以后这个变量就会翻一番。根据 70 规则，现在可以计算出多少年之后你的 100 美元可以增加为 200 美元，大概为 14 年，即用 70 除以 5 得到。

70 规则的应用

70 规则可以适用于任何变量，自然也能用于人均实际 GDP。图 24.1 表示年增长率由 1%变化到 12%时数值翻一番所需要的时间。

我们可以看到，如果年增长率为 1%，则使人均实际 GDP 翻一番所需要的时间大约为 70（70 除以 1）年——人类的平均寿命。如果年增长率为 2%，则翻一番所需的时间大概为 35 年。如果年增长率为 7%，则翻一番只需要

图 24.1　70 规则

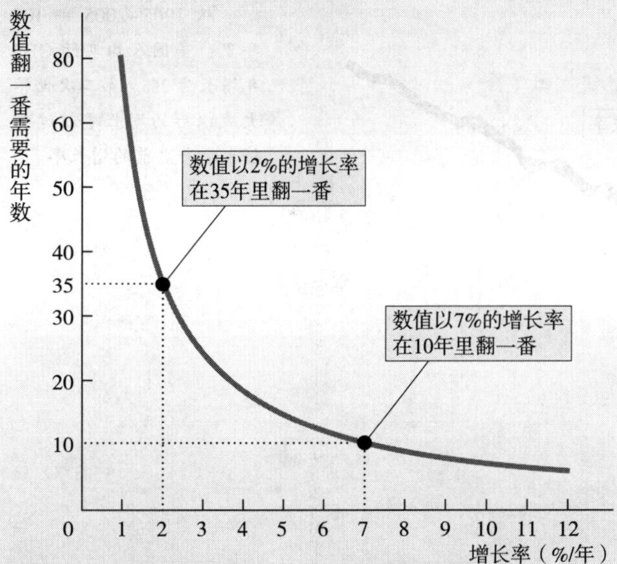

增长率（%/年）	数值翻一番需要的年数
1	70.0
2	35.0
3	23.3
4	17.5
5	14.0
6	11.7
7	10.0
8	8.8
9	7.8
10	7.0
11	6.4
12	5.8

数值翻一番需要的年数近似等于 70 除以年增长率。

10 年时间。

我们也可以利用 70 规则回答其他关于经济增长的问题。例如，在 2000 年，美国的人均实际 GDP 大约是中国的 8 倍。近年来，中国人均实际 GDP 的增长率大约为 7%。如果保持这个增长率，大概需要多少年可以使中国的人均实际 GDP 达到美国 2000 年的水平？根据 70 规则，答案是 30 年。中国的人均实际 GDP 需要 10（70 除以 7）年可以翻一番。在现在的水平上翻两番再需要 10 年的时间。翻三番再需要 10 年的时间。因此，维持年增长率 7% 的水平，30 年后中国的人均实际 GDP 是现在的 8 倍，相当于美国 2000 年的水平。当然，30 年后美国的人均实际 GDP 也会增长，这样，中国仍然没有赶上美国。

复习测验

1. 什么是经济增长？如何计算经济增长率？
2. 实际 GDP 增长率和人均实际 GDP 增长率的关系是什么？
3. 根据 70 规则，计算使人均实际 GDP 在 20 年左右翻一番的年增长率。

myeconlab **Study Plan 24.1**

经济增长趋势

我们已经看到经济增长对于增加收入的动力。在年增长率为 1%的水平下，大概需要人的一生时间才能使生活水平翻一番。但是在 7%的增长率水平下，每十年就可以使生活水平翻一番。我们的经济增长究竟有多快？其他国家的经济增长又有多快？穷国会赶上富国吗？穷国与富国之间的差距将保持不变还是逐渐加大？让我们来回答这些问题。

美国的经济增长

图 24.2 表示从 1905~2005 年间美国的人均实际 GDP。在这个图中间有两个极端事件：20 世纪 30 年代的大萧条和 20 世纪 40 年代的二战。大萧条时期人均实际 GDP 的减少和战争期间实际 GDP 的激增，使人看不出在这些年之内应该出现的任何长期增长趋势的变动。

在整个 20 世纪，年平均增长率为 2%。但是，从 1905 年到大萧条开始的 1929 年，年平均增长率仅为 1.4%。在1930~1950 年间，除去大萧条和战争的年平均增

图 24.2 100 年里美国经济的增长

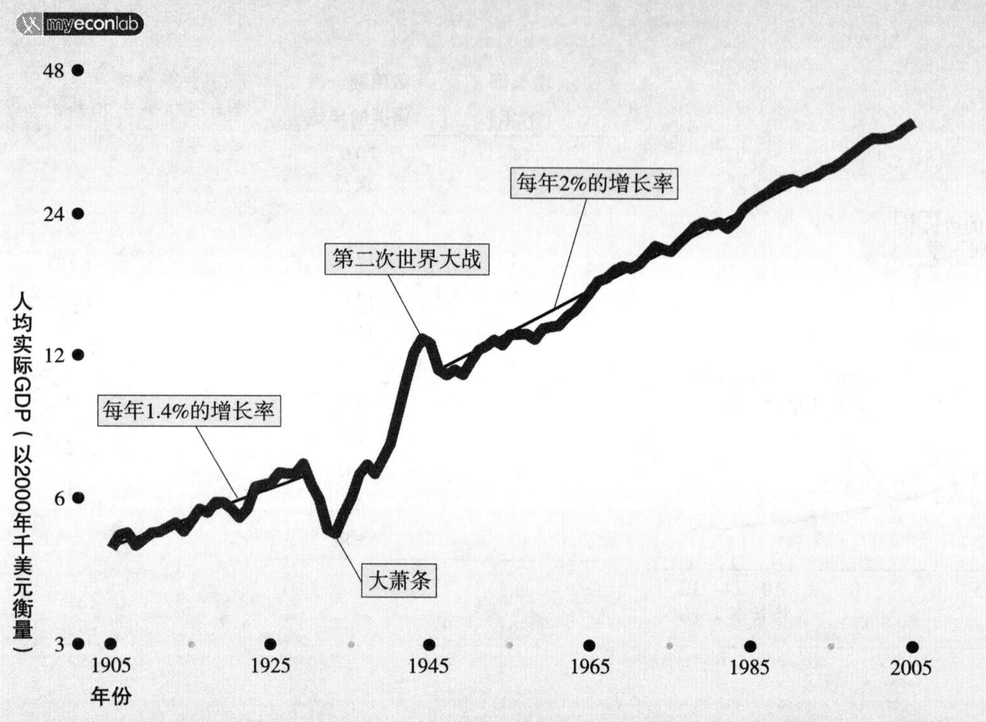

从 1905~2005 年 100 年里，美国人均实际 GDP 年增长为 2%。第二次世界大战以后的增长率超过经济大萧条之前的增长率。

资料来源：Christina D. Romer, "The Prewar Business Cycle Reconsidered: New Estimates of Gross National Product, 1869–1908," *Journal of Political Economy*, Vol. 97, 1989; Bureau of Economic Analysis; and author's calculations to link these two sources.

长率是2.2%。然而，二战后，年平均增长率变为 2%。在 20 世纪 60 年代和 90 年代末期，经济增长特别快，而从 1973~1983 年增长开始趋缓。

图 24.2 从长远的视角显示 1973~1983 年间生产率增长的放慢。它还说明以前也出现过生产率增长放慢。20 世纪初期和 50 年代中期的增长甚至比 70 年代和 80 年代还慢。60 年代到 90 年代的快速增长也并不是不常见。20 世纪 20 年代是类似的快速增长时期。

本章的主要目的是解释为什么经济在增长，以及为什么长期增长率变动。另一个目的是解释各国经济增长率的不同。现在我们看看其他国家的增长率。

世界经济的实际 GDP 增长

图 24.3 表示 1960~2005 年间美国和其他国家的人均实际 GDP。（a）幅考查了 7 个最富裕的国家，即著名的西方七国集团，在这些国家当中，美国的人均实际 GDP 最高。在 2005 年，加拿大的人均实际 GDP 位居第二，并领先于日本和法国、德国、意大利、英国（合称欧洲四大国）。

在这 45 年间，美国、加拿大与欧洲四大国之间的差距几乎保持不变。但是，从开始的很长一段时期，日本增长最快，它在 1973 年赶上欧洲，并在 1990 年赶上加拿大。但是，在 20 世纪 90 年代期间，日本经济停滞。

很多其他国家增长缓慢，远远落后于美国。图 24.3（b）可以看到其中的一些国家。

在 1960 年，中南美洲的人均实际 GDP 为美国人均实际 GDP 水平的 28%，1975 年增长到 31%，随后又开始下降。截至 2005 年，这些国家的人均实际 GDP 已经下滑到只有美国人均实际 GDP 的 22%。

经过 20 世纪 80 年代期间的短暂的赶上时期以后，中欧的前社会主义国家日益落在美国之后。然而，在 20 世纪 90 年代，这些国家迅速地恢复了增长。

图 24.3　世界各国的经济增长：赶上还是赶不上

myeconlab

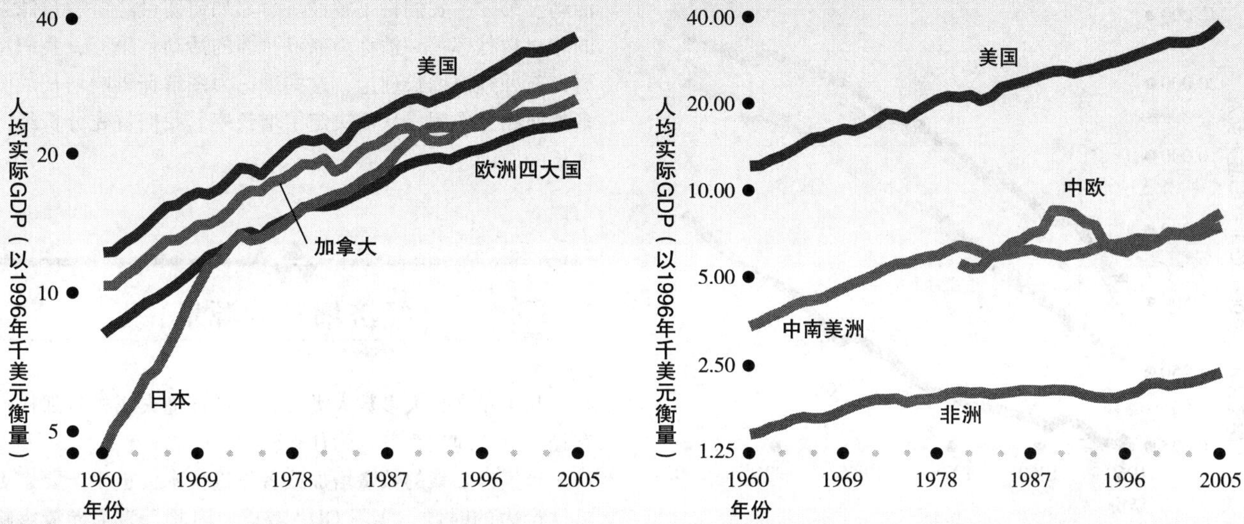

(a) 赶上?　　(b) 赶不上?

整个世界经济的人均实际 GDP 一直在增长。在富裕的工业化国家中（a 幅），美国的人均实际 GDP 的增长略快于加拿大和欧洲四大国（法国、德国、意大利和英国）。日本在 1973 年以前的经济增长最快，但从 20 世纪 90 年代初期开始增长放慢。

更多国家（b 幅）的经济增长比美国缓慢。美国与这些国家在人均实际 GDP 上的差距已经扩大。非洲人均实际 GDP 与美国的差距已经扩大到相当大的数目。

资料来源：(1960–2000) Alan Heston, Robert Summers, and Bettina Aten, Penn World Table Version 6.1, Center for International Comparisons at the University of Pennsylvania (CICUP), October 2002; and (2001–2005) International Monetary Fund, *World Economic Outlook*, April 2006.

世界上最贫穷的陆地——非洲的人均实际 GDP 从 1960 年美国人均实际 GDP 水平的 12%下降到 2005 年的 6%。

如图 24.3（b）所示，美国与一些国家的差距在持续且逐步加大，而亚洲一些国家和地区却与之形成鲜明的对比。中国香港、韩国、新加坡和中国台湾省经历了显著的增长，如图 24.4 所示。在 20 世纪 60 年代期间这些国家和地区人均实际 GDP 的水平是美国的 13%~30%。但是，到 2005 年，中国香港和新加坡的人均实际 GDP 水平已经达到美国的 80%。

图 24.4 显示中国正在赶上，但还有一段很长的路。在 1960 年，中国的人均实际 GDP 只是美国的 5%，但到 2005 年已经是美国的 15%了。

图 24.4 中的这些亚洲国家和地区像奔跑在同一条铁轨上的同速飞驰的火车一样，而且，它们之间的差距几乎保持不变。中国香港是领头的列车，在韩国之前飞驰了 15 年左右，在中国其他地区之前飞驰了 40 年左右。韩国 2005 年的人均实际 GDP 与 1965 年中国香港的水平近似。在 1965~2005 年，中国香港从一个贫穷的地区变为世界最富裕的地区之一。

中国现在正在做中国香港以前所做的事。如果中国保持其快速地增长，世界经济将变得完全不同——中国的人口是中国香港地区人口的 200 倍，是美国人口的 4 倍以上。

图 24.4 亚洲的赶上

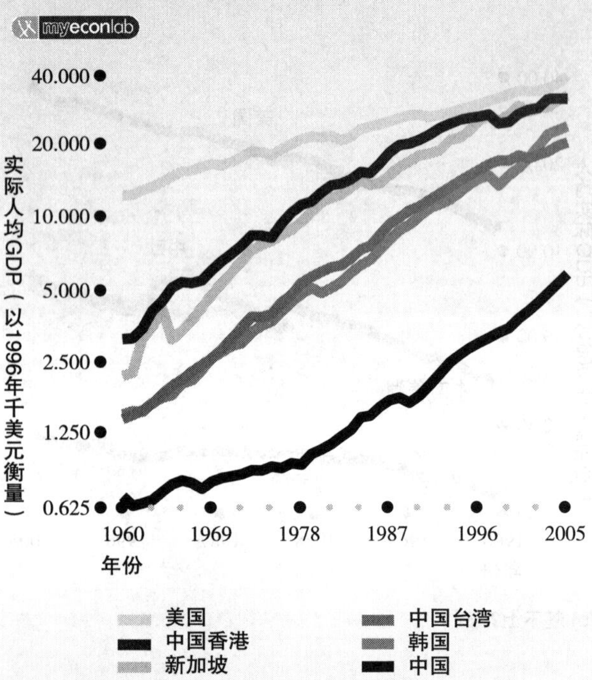

最明显的赶上的例子出现在亚洲的 5 个国家和地区中。从 20 世纪 60 年代初期实际人均 GDP 增长率不到美国的 13% 开始，中国香港、韩国、新加坡和中国台湾一直在缩小与美国之间的差距。而且，中国在 1960 年是一个极为贫穷的发展中国家，现在其人均实际 GDP 已超过了中国香港 1965 年的水平。中国正在以赶上美国的增长率在发展。

资料来源：参见图 24.3。

复习测验

1. 过去 100 年里美国的平均经济增长率是多少？在哪个时期增长最快？在哪个时期增长最慢？
2. 描述美国与其他国家人均实际 GDP 之间的差距。哪些国家的差距在缩小？哪些国家的差距在扩大？哪些国家的差距仍然保持不变？
3. 比较中国香港、韩国、新加坡、中国台湾省和美国的人均实际 GDP 的增长率和水平，中国的人均实际 GDP 落后于其他亚洲国家和地区有多远？

myeconlab **Study Plan 24.2**

有关美国和世界各国经济增长的事实引出了我们将要回答的一些重大问题。我们将从三个角度研究经济增长的原因。第一，我们将考查增长的前提条件以及使之维持的活动。第二，我们将了解经济学家如何衡量经济增长源泉的相对贡献率——被称为经济核算的活动。第三，我们将研究三种经济增长理论，这些理论力图解释影响增长的因素如何相互作用，从而决定了增长率。我们首先分析经济增长的原因。

经济增长的源泉

几千年来，大多数人类社会像漓江渔夫杨松曼那样没有经济增长地生存着。为什么？

当生产要素的数量增加或者先进技术促进生产要素更具生产力的时候，实际 GDP 增长。因此，为了弄清影响实际 GDP 增长率的决定因素，我们必须理解影响生产要素增长率以及生产率的增长速度的决定因素。

我们之所以对实际 GDP 的增长感兴趣，是因为它对提高我们的生活水平有帮助。但是，只有我们每个人生产更多的产品和服务，我们的生活水平才能得到提高。因此，我们主要关注的是那些促进劳动更有效率的因素。我们把所有影响实际 GDP 增长的因素划分为以下因素的提高：

- 总劳动时数
- 劳动生产率

总劳动时数

总劳动时数是一年中所有受雇佣的人工作的总小时数(参见第 22 章)。它用雇佣人数总量与每个工人平均劳动时间的乘积来计算。其中雇佣人数总量等于工作年龄人口的数量乘以**就业—人口比率**（参见第 22 章）。因此，总劳动时数的改变是由于：

1. 工作年龄人口的增长
2. 就业—人口比率的改变
3. 每个工人平均劳动时间的改变

总劳动时数是随着工作年龄人口的增长、就业—人口比率和每个工人平均劳动时间的改变而增长的。

随着人口总量的稳步增长，工作年龄人口数量的增长率和总人口数量的增长率是同步的。但是，由于生育高峰——紧随第二次世界大战之后的高出生率，近年来，美国的工作年龄人口的增长率高于人口的增长率。“婴儿潮”使进入工作年龄人口这个群体的数量在 20 世纪 60 年代和 70 年代早期有了大幅提高。工作年龄人口占总人口的比例从 1960 年的 65%提高到了 2005 年的 77%。

在过去的几十年里，随着劳动参与率的提高，就业—人口比率也得到了提高。但是，因为工作日的缩短和更多的人成为了兼职劳动者，每个工人的平均劳动时间有所下降。就业—人口比率的提高和每个工人平均劳动时间的下降的共同作用使工作年龄人口的平均劳动时间每年大约只有 1 100 小时。

因此，总劳动时数的增加是由于人口的增长而不是每个工人平均劳动时间的改变。

人口增长导致了总劳动时数和实际 GDP 的增加，但是要使人均实际 GDP 增加，劳动必须变得更有生产效率。

劳动生产率

劳动生产率（labor productivity）是每小时劳动所生产的实际 GDP 的数量。它等于总劳动时数除实际 GDP 总量。例如，如果实际 GDP 是 10 万亿美元，总劳动时间是 2 000 亿小时，则劳动生产率为每小时 50 美元。

当劳动生产率增长时，人均实际 GDP 增长，从而人们的生活水平得到提高。

劳动生产率的增长依赖于以下三个方面：

- 实物资本增长
- 人力资本增长
- 技术进步

这三项增长源泉的相互作用，是过去 200 年间生产率超乎寻常增长的主要源泉。让我们依次进行分析。

实物资本增长

实物资本的增长来源于储蓄和投资决策。随着每个工人人均资本量的增加，劳动生产率也得到了提高。在产业革命时期，当每个工人人均资本量增加时，劳动生产率发生了最急剧的上升。用手工工具的生产过程可以创造出精美的东西，但是使用大量人均资本的生产方法与之相比生产率高得多，如汽车厂生产线。毋庸置疑，农场、纺织厂、铁矿厂和钢铁厂、煤矿、建筑工地、化工厂、汽车厂、银行和保险公司以及大型购物中心中资本的积累提高了我们经济的生产率。下次你在观看以古老西部或殖民时代为背景的电影时，仔细观察周围的少量资本。不妨设想一下，与你今天的生产率相比，你在这种环境中生产率会有多高。

人力资本增长

人力资本——人本身积累的技能和知识——是经济增长最基本的源泉。它是提高劳动生产率和技术进步的动力。

最基本的人力技能之一——书写的开发是最早生产率提高的源泉。文字记录的能力让人们从专业化和贸易中大大获益。设想一下，如果所有账户、发票、协议只存在于人的记忆中，要从事任何一种商业活动是多么地困难。

后来，数学的发展为物理、化学与生物过程知识的最终扩展奠定了基础。科学知识的这一根基是 200 年前产业革命和今天信息革命技术进步的基础。

但许多极具生产率的人力资本说来也是非常简单的。它所采取的形式是数百万人学习并反复从事简单生产任务，在这些任务完成的过程中变得更具显著的生产力。

一个经仔细研究过的例子可以说明这种人力资本的重要性。在 1941~1944 年间（二战期间），美国造船厂生产了一些按标准化设计的 2 500 吨位的货船，并取名为“自由之舰”。在 1941 年，建造一艘船需要 120 万个人工小时。到 1942 年，需要 60 万个人工小时，而到 1943 年，只需要 50 万个人口小时。这些年所用的资本并没有发生多少变化，但积累了大量人力资本。数千名工人和管理者从经验中学习，并积累了人力资本，这使生产率在两年中提高了两倍多。

技术进步

实物资本与人力资本积累对经济增长做出了巨大贡献。但技术进步——新技术和新产品的发现与应用做出的贡献更大。

今天人们的生产率比 100 年前提高了许多倍。生产率的提高不是因为我们每个人拥有了更多的蒸汽机和马车，相反，而是因为我们拥有了采用 100 年前还不为人知的技术生产出来的发动机和运输设备，比旧技术更具生产率。技术变革对我们提高生产率做出了巨大贡献。技术进步产生于正式的研发计划以及非正式的反复试验，也包括从我们所拥有的资源中获取更多的新方法的发现。

图 24.5 经济增长的源泉

myeconlab

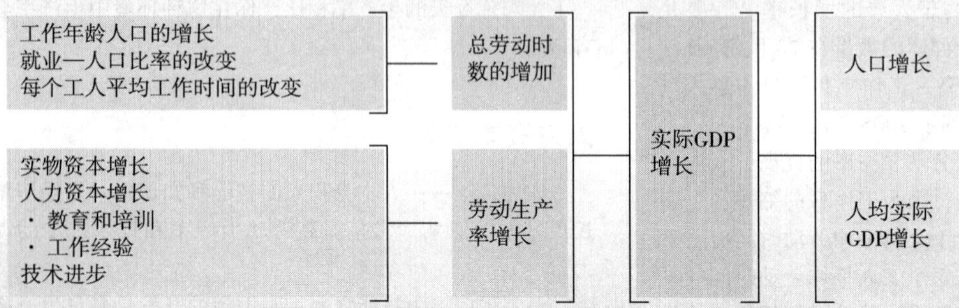

总劳动时数的增长和劳动生产率增长一起决定实际 GDP 增长。人均实际 GDP 的增长主要依靠实际 GDP 增长和人口增长。

为了获得技术变革的好处，就必须增加资本。一些最有力和最基本的技术体现在人力资本上，例如，语言、写作和数学。但大多数技术体现在实物资本上。例如，内燃机带来的好处是数百万马拉的车和马被汽车替代；数码音乐带来的好处是数百万的随身听被 iPod 替代。

图 24.5 总结了我们所描述的经济增长的源泉。它同样也强调，为了人均 GDP 的增长，实际 GDP 的增长率必须要超过人口增长率。

上文说明了人类近期经济增长的源泉，但是在此之前的几千年里，经济几乎没有什么增长。我们已经看到，经济的增长来源于生产率的提高。为什么生产率的增长是一个相对近期的现象？

其原因在于早期的人类（和现在的许多人一样）缺乏一些作为经济增长基本前提的基本社会制度和框架。让我们检验这些前提，从而结束关于经济增长源泉的讨论。

经济增长的前提

经济增长的最基本的前提是适当的*激励*制度。以下 3 种制度对创造激励是至关重要的：

1. 市场
2. 产权
3. 货币交换

*市场*使买者和卖者可以得到信息并相互进行交易，市场价格又向买者和卖者传递引起增加或减少需求量与供给量的信号。市场使人们能够进行专业分工和贸易，并进行储蓄和投资。但为了使市场运行，我们需要产权和货币交换。

*产权*是决定对生产要素、产品与服务的占有、使用和处置的社会安排。产权包括对实物产权（土地、建筑物和资本设备）、金融产权（一个人对另一个人的索取权）和知识产权（例如发明）的权利。明确地建立并实施产权可以给人们一种保证，即便是一个变幻无常的政府也不得没收其收入或储蓄。

*货币交换*方便了各种交易，包括私人财产有序地从一个人手中转移给另一个人手中。产权和货币交换为人们进行专业化和贸易、储蓄和投资以及发现新技术创造了激励。

提供经济增长的前提并非需要一种惟一的政治制度。建立在法治基本原则基础之上的自由民主是发挥此作用最好的制度，它为产权的确立和实施提供了一个坚实的基础。但权威主义政治制度有时也提供了一个经济增长的环境。

早期以打猎和采集为基础的人类社会没有经历经济增长是因为它们缺乏这些前提。当社会形成创造激励的三种关键制度时，经济增长就开始了。但激励制度与建立激励制度的机构的存在并不能确保经济增长的发生。它允许经济增长，但并不能使经济增长一定发生。

复习测验

1. 实物资本增长、人力资本增长和新技术的发明是如何引起经济增长的？
2. 举出一些人力资本如何创造体现在人力和实物资本上的新技术的例子。
3. 市场、产权和货币交换有利于哪些引起经济增长的活动？

myeconlab **Study Plan 24.3**

接下来，你将了解我们如何从数量上衡量各种经济增长源泉的贡献。

增长核算

实物资本、人力资本的积累和新技术的发明带来了经济的增长。但是各种源泉对经济增长的贡献是多少呢？弄清这一问题对于制定政策以达到更快的经济增长来说是至关重要的。布鲁金斯学会的经济学家爱德华·丹尼逊（Edward F.Denison）用增长核算这一工具回答了上述问题。**增长核算**（growth accounting）是从数量的角度来计算各种源泉对实际 GDP 增长的贡献。

为了确定资本增长的贡献，并把它与技术进步和人力资本增长的贡献区分开来，我们需要了解当资本量变化时，劳动生产率是如何变化的。

*收益递减规律*说明，在所有其他投入量不变的情况下，随着一种投入量增加，产出增加但增加量越来越少。这一规律同样适用于资本和劳动。你在第 23 章已经了解这一规律在劳动市场的情况。

运用到资本上，收益递减规律表明，如果既定量的劳动使用了更多资本（技术相同时），*增加的*资本所引起的*增加的*产量随着资本量增加而减少。一个人用两台电脑打字一天所打出的页数要小于一个人用一台电脑所打出的页数的两倍。更一般地说，一小时劳动用 40 美元资本所产生的产出小于一小时劳动用 20 美元资本的 2 倍。但少多少呢？*三一规律*给出了答案。

三一规律

麻省理工学院的罗伯特·索洛（Robert Solow）用美国的资本、劳动小时数和实际 GDP 数据，估算了资本对每小时劳动实际 GDP（即劳动生产率）的影响。他在估算过程中发现了**三一规律**（one third rule），即一般而言，在没有技术变革时，每小时劳动的资本增加 1%带来了劳动生产率*百分之一的三分之一的增加*。三一规律被用来计算每小时劳动的资本增加和技术变革对劳动生产率增长的贡献。现在我们进行这种计算。

假定每小时劳动的资本一年增加了 3%，劳动生产率一年增加了 2.5%。三一规律告诉我们，资本增长对劳动生产率的贡献是 3%的三分之一，即 1%。劳动生产率增长 2.5%中的其他部分来自技术变革。这就是说，技术变革的贡献是 1.5%，即劳动生产率增长的 2.5%减去所估算的资本增长贡献的 1%。

生产率增长放慢和加速的核算

我们可以用三一规律来测量各种要素对美国生产率增长的贡献。图 24.6 表示 1960~2005 年这种情况的结果。在 1960~1973 年间，每年的劳动增长率为 3.7%，其中，资本增长和技术变革对劳动增长率的贡献相当。

在 1973~1983 年间，每年的劳动增长率放慢至 1.7%，人力资本和技术变革的贡献的减小引起了这一减缓。在生产率增长放慢的过程中，技术变革并没有停止。但是它关注的焦点从提高劳动生产率转变为应对能源价格的冲击和环境的保护。

在 1983~1993 年间，每年的劳动生产率增加到 2%，在 1993~2005 年间，它增加为略大于 2.4%。尽管在 20 世纪 90 年代和 21 世纪初的十年的新经济时代，增长率要强劲于20 世纪 70 年代，但却远远落后于急速发展的 60 年代。

实现更快的增长

增长核算告诉我们，为了实现更快的经济增长，我们必须提高实物资本的增长率、技术变革的速度或人力资本的增长率。

为了实现这些目标的主要建议是：

- 刺激储蓄
- 刺激研究和开发
- 把高科技行业作为目标
- 鼓励国际贸易
- 提高教育质量

刺激储蓄 储蓄为投资筹资，而投资引起资本积累。因此，刺激储蓄可以刺激经济增长。东亚经济增长率和储蓄率最高。一些非洲经济增长率和储蓄率最低。

税收激励可以增加储蓄。个人退休金账户（IRA）是税收激励储蓄的一个例子。经济学家主张，对消费征税而不对收入征税提供了更好的储蓄激励。

刺激研究和开发 每个人都可以利用基础研究与开发努力的成果。例如，所有生物技术企业都可以利用基因组合技术。由于基础发明可以被复制，所以，发明者的利润有限，市场对这种活动配置的资源太少。

图 24.6 劳动生产率的增长

myeconlab

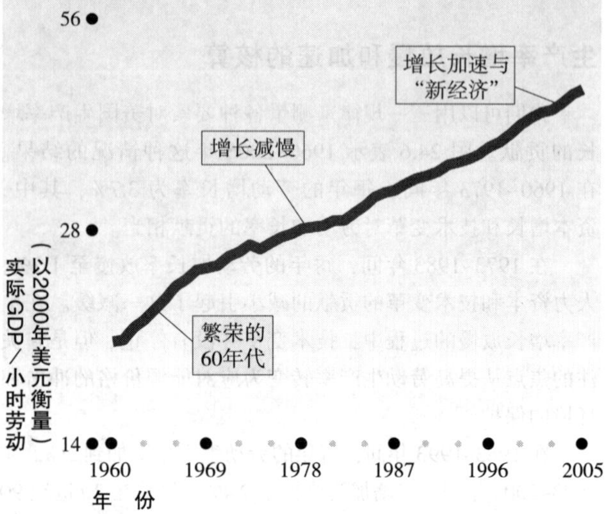

(a) 劳动生产率增长

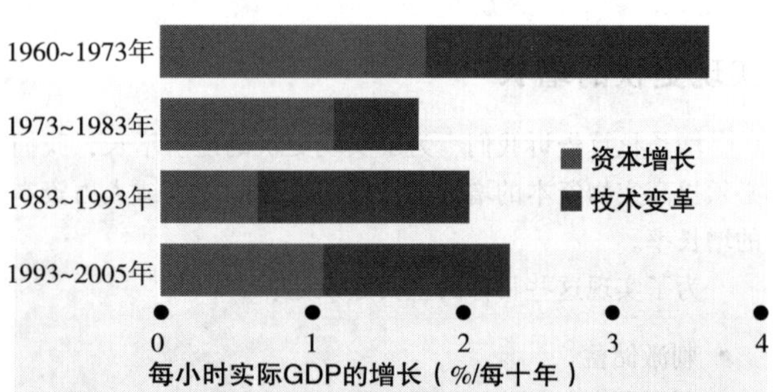

(b) 对劳动生产率增长的贡献

劳动生产率在20世纪60年代增长较快，但在1973~1983年增长减慢。技术变革步伐的变化是劳动生产率增长波动最大的源泉。

资料来源：Bureau of Economic Analysis, Bureau of Labor Statistics, and author's calculations.

政府可以把公共资金直接用于为基础研究筹资，但这种解决办法并不简单可行。它需要有一种把公共资金配置到其最高价值用途的机制。美国国家科学基金是把公共资金配置给大学以筹资并刺激基础研究的一种可能有效的渠道。

把高科技行业作为目标 一些人认为，通过向高科技企业和行业提供公共资金，一个国家能率先利用新技术，并能在其他国家忙于赶上来的一段时间内，赚到高于平均水平的利润。这种战略是有风险的，与无效地把资源用于加快增长类似。

鼓励国际贸易 自由的国际贸易可从专业化与贸易中获益从而刺激增长。今天增长最快的国家正是那些进出口增长最快的国家。

提高教育质量 教育在受教育的人获得的利益之外还有更大的价值。自由市场之所以提供的教育太少，是因为受教育的人不会为超出自身利益之外的利益买单。通过为基础教育提供资金，并确保语文、数学和科学等基本技能的高水平，政府可以对一国的增长潜力做出贡献。还可以通过用税收激励来鼓励改善私人供给，从而刺激和改善教育。

复 习 测 验

1. 三一规律如何把资本增长对生产率的贡献分离出来，并与其他影响生产率增长的因素相区别？
2. 为什么在1973~1983年间劳动生产率增长缓慢？
3. 哪些政策行为可以加快生产率增长？

myeconlab **Study Plan 24.4**

增 长 理 论

我们已经知道，当劳动、实物资本和人力资本数量增加和技术进步时，实际GDP增长。这是否意味着劳动和资本增长以及技术进步引起了经济增长？有可能，但还有其他的原因。这些因素中的某一个因素可能是实际GDP增长的原因，而其他因素是结果。我们必须努力找出影响经济增长的因素如何相互发生作用，使一些经济增长迅速而使另一些经济增长缓慢。而且，我们必须找出一个国家长期增长率有时加快有时放慢的原因。

为了解释经济增长，我们需要一个经济增长理论，可以解释做出贡献的诸因素之间的相互关系，并区分原因和结果。

经济学家在寻找经济增长普遍化理论。他们想了解富国和穷国的经济增长——为什么以及如何使穷国变富和使富国更富有。

当实际 GDP 增长时，经济增长发生。但是在经济衰退的复苏时期，实际 GDP 的微量增加并不是经济增长。经济增长是潜在 GDP 持续的、年复一年的增长。

通过研究当劳动生产率增长时的效应和相互关系，我们开始解释经济增长理论。

劳动生产率增长

劳动生产率的增长是如何改变实际 GDP 的？它如何改变总劳动时数？它如何影响实际工资率——来源于劳动的收入？

我们可以根据第 23 章所学习的古典模型来回答上述问题。因为只有当潜在 GDP 增长时，实际 GDP 持续增长才有可能，所以这个充分就业经济的模型是研究经济增长的理想模型。

如果劳动生产率增长，经济的生产可能性扩大。在任何既定的劳动数量下，实际 GDP 都会增加。劳动的边际产量也会增加，它会增加对劳动的需求。

随着对劳动需求的增加，劳动的供给量不变，实际工资率提高，从而劳动的供给量增加。就业（总劳动时数）增加。

潜在 GDP 的增加有两方面的原因。首先，由于劳动生产率的提高，一定量的就业可以生产更多的实际 GDP。其次，均衡就业量的增加。

描述劳动生产率增长的影响

图 24.7 说明由实物资本或人力资本增加或技术进步引起的劳动生产率提高的影响。

在（a）幅中，生产函数起初是 PF_0，在雇佣 2 000 亿小时劳动时，潜在 GDP 是 12 万亿美元（*A* 点）。

在（b）幅中，劳动需求曲线是 LD_0，劳动供给曲线是 *LS*。实际工资率是每小时 35 美元，均衡就业量是一年 2 000 亿小时。

现在资本增加和技术进步使得劳动生产率增长。在图 24.7（a）中，劳动生产率的增长，使得生产函数向上移动到 PF_1。在原来的各个劳动数量下，生产的实际 GDP 更多。例如，在 2 000 亿小时劳动时，经济可生产的实际 GDP 达到 17 万亿美元（*B* 点）。

在图 24.7（b）中，劳动需求增加而且劳动需求曲线向右移到 LD_1。在原来的每小时 35 美元的实际工资率时，存在劳动短缺。因此，实际工资率上升。在这个例子中，

图 24.7　劳动生产率增长的效应

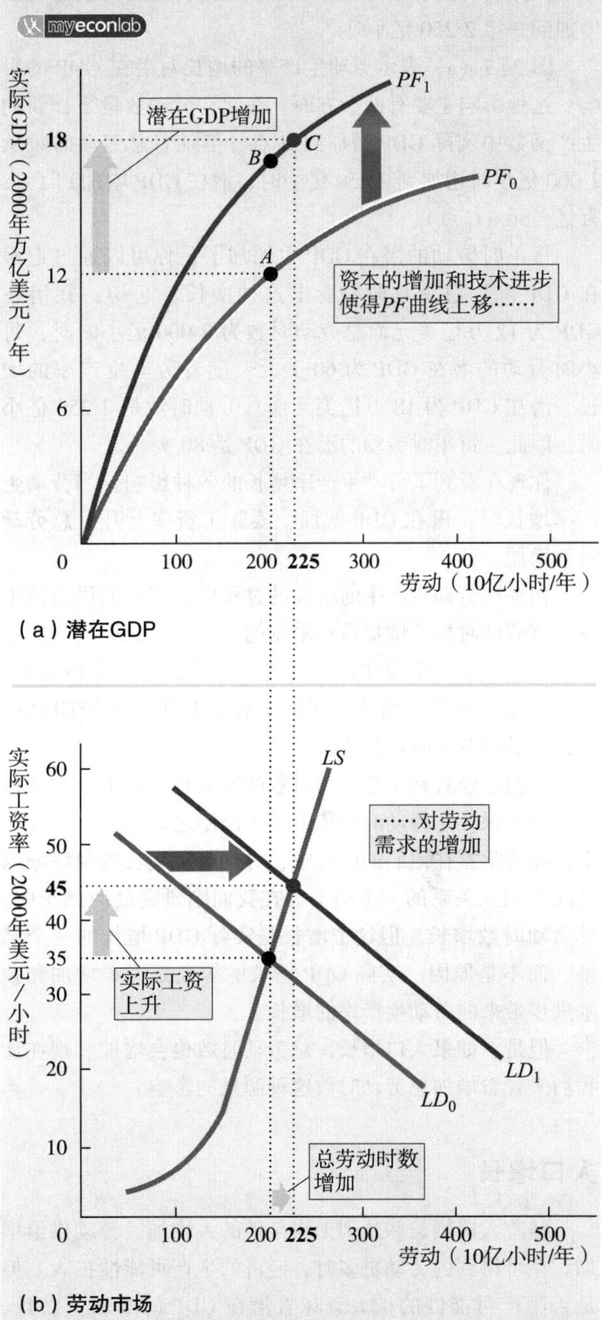

劳动生产率的增长使得生产函数曲线 PF_0 向上移动到 PF_1，如（a）幅所示。同时劳动需求曲线从 LD_0 向右移动到 LD_1，如（b）幅所示。实际工资率增加到每小时 45 美元，总劳动时数从 2 000 亿美元增加到 2 250 亿美元。潜在 GDP 从 12 万亿美元增加到 18 万亿美元。

实际工资率要一直上升到每小时 45 美元，在每小时45 美元时，劳动的需求量等于劳动的供给量，均衡劳动总时数增加到一年 2 250 亿小时。

图 24.7（a）表示劳动生产率的增长对潜在 GDP 的影响。这种影响主要有两个方面。在起初劳动数量下，新的生产函数中实际 GDP 增加到 *B* 点。但随着总劳动时数从 2 000 亿小时增加到 2 250 亿小时，潜在 GDP 增加到了 18 万亿美元（*C* 点）。

每小时劳动的潜在 GDP 也增加了。你可以通过把潜在 GDP 除以总劳动时数看出这种增长。起初，在潜在 GDP 为 12 万亿美元而总劳动时数为 2 000 亿小时时，每小时劳动的潜在 GDP 为 60 美元。随着劳动生产率的增长，潜在 GDP 为 18 万亿美元而总劳动时数是 2 250 亿小时，因此，每小时劳动的潜在 GDP 是 80 美元。

你现在看到了劳动生产率增长的各种影响。当劳动生产率增长时，潜在 GDP 增加，实际工资率上升，总劳动时数增加。

如果在劳动生产率的增长的过程中，劳动的供给量不变，总劳动时数的增加是有限制的。最终，在更高的实际工资率水平下，劳动供给曲线将成为垂直线。在该点上，随着劳动生产率的增长，实际工资率上升，潜在 GDP 增加，但是总劳动时数保持不变。

我们已经看到了总劳动时数的增加是劳动生产率增长的一种结果。总劳动时数和劳动生产率之间的这种相互关系是经济学家在他们的研究中，寻找经济增长的最终原因之间的相互关系的一个例子。在我们刚研究过的例子中，总劳动时数增长，但这个增长是实际 GDP 增长的一个结果，而不是原因。实际 GDP 增长的源泉是资本增加和技术进步带来的劳动生产率的增长。

但是，如果人口增长，总劳动时数也会增加。现在让我们来看看增加总劳动时数这种源泉的影响。

人口增长

随着人口增长和达到工作年龄的人增加，劳动供给增加。在可得到的劳动更多时，经济的生产可能性扩大。但是否生产可能性的扩大意味着潜在 GDP 的增加？而且，这是否也意味着每小时劳动的潜在 GDP 增加？

许多年来，对这些问题的回答引起了经济学家的兴趣。而且，这至今仍然引起热烈的政策争论。例如，在中国，政府鼓励家庭少生晚育。在一些其他国家，例如法国，政府鼓励大家庭。在美国和英国，移民以及移民对人口和劳动市场的影响是一个大问题。

再次，我们用第 23 章已经学过的充分就业经济模型来研究人口增长的影响。

如果人口增长，劳动供给增加。劳动需求和生产函数没有任何变化。通过雇佣更多的劳动，经济能够有更多的产出（沿着生产函数移动），但是在既定劳动数量所能生产的实际 GDP 的数量没有任何变化。

在劳动需求量不变时，随着劳动供给量的增加，实际工资率下降，均衡就业（总劳动时数）增加。增加的劳动时数可以生产更多的产出，并使潜在 GDP 增长。

描述人口增长的影响

图 24.8 显示了人口增长的各种影响。在图 24.8（a）中，劳动需求曲线是 *LD*，最初劳动供给曲线是 LS_0。均衡实际工资率是每小时 35 美元，总劳动时数是一年 2 000 亿小时。在图 24.8（b）中，生产函数（*PF*）表示所雇佣的劳动为 2 000 亿小时时，潜在 GDP 是 12 万亿美元(*A* 点)。

人口增长增加了工作年龄人口数量，而且劳动供给增加。劳动供给曲线右移到 LS_1。在实际工资率为每小时 35 美元时，存在劳动过剩。因此，实际工资率下降。在这个例子中，实际工资率要一直下降到每小时 25 美元。在每小时 25 美元时，劳动的需求量等于劳动的供给量，总劳动时数增加到一年 3 000 亿小时。

图 24.8（b）表示总劳动时数增加对实际 GDP 的影响。随着总劳动时数从 2 000 亿小时增加到 3 000 亿小时，潜在 GDP 从 12 万亿美元增加到了 15 万亿美元（*B* 点）。

因此，人口增长增加了总劳动时数，增加了潜在 GDP，并降低了实际工资率。

人口增长还降低了每小时劳动的潜在 GDP。你可以通过把潜在 GDP 除以总劳动时数看出这种减少。起初，在潜在 GDP 为 12 万亿美元和总劳动时数为 2 000 亿小时时，每小时劳动的潜在 GDP 为 60 美元。在人口增长时，潜在 GDP 为 15 万亿美元而总劳动时数为 3 000 亿小时，每小时劳动的潜在 GDP 是 50 美元。收益递减是每小时劳动的潜在GDP 减少的根源。

经济增长理论是建立在我们刚刚研究过的人口增长和劳动生产率增长的影响的基础上的。

我们将研究三种经济增长理论，每一种理论都提出了有关经济增长过程的一些洞见。但没有一种理论对以下基本问题做出了完整而确定的回答：什么引起经济增长，以及为什么增长率不同。在找到确定的答案之前，经济学还

图 24.8 人口增长的效应

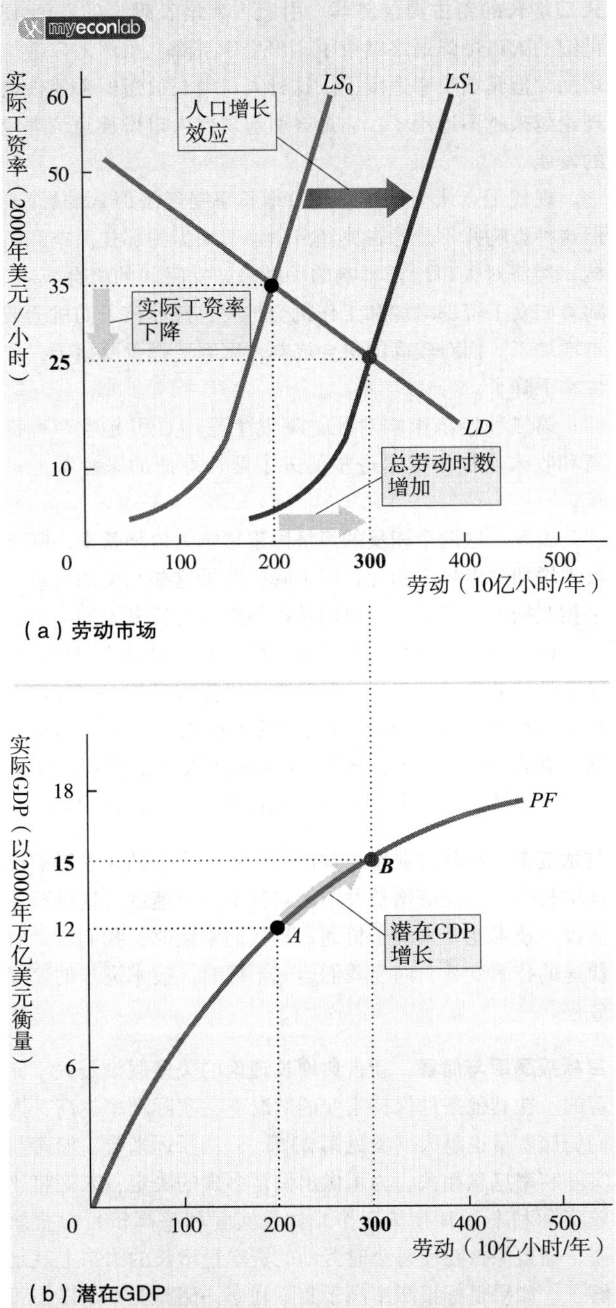

人口的增长导致劳动供给的增加。在 (a) 幅中，实际工资率下降，就业（总劳动时数）增加。在 (b) 幅，总劳动时数的增加使得潜在 GDP 增加。由于劳动的边际生产量减少，人口增长导致实际 GDP 增加，但是每小时劳动的实际 GDP 减少。

有一段路要走。我们研究的三种增长理论是：

- 古典增长理论
- 新古典增长理论
- 新增长理论

古典增长理论

古典增长理论（classical growth theory）认为人均实际 GDP 增长是暂时的，而且当人均实际 GDP 增加高于维持生存水平时，人口爆炸最终使它回到维持生存水平。亚当·斯密、托马斯·罗伯特·马尔萨斯和大卫·李嘉图这些 18 世纪后期和 19 世纪初期的主要经济学家提出了这个理论，但这种观点与马尔萨斯的名字关系最密切，所以有时称为马尔萨斯主义理论。

当代马尔萨斯主义者 今天有许多人是马尔萨斯主义者！他们认为，如果今天全球 62 亿的人口到 2200 年时膨胀到 110 亿，我们就将耗尽所有的资源，人均实际 GDP 下降并回到原始生活水平。马尔萨斯主义者认为，我们必须采取行动抑制人口的增长。

当代马尔萨斯者还指出，全球变暖和气候变化可以作为认为最终人均 GDP 将下降的原因。他们认为随着地球的变暖，两极的冰川的融化，同时海平面将上升，食物生产会下降，陆地面积会缩小，生产可能性降低。

他们所谓的世界末日是今天经济增长的后果，而其来源于人类活动数量扩大与增加所导致地球空气中的二氧化碳含量的日益增多。

古典理论的基本思想 为了了解古典增长理论的基本思想，我们让自己回到 1776 年的世界，当时亚当·斯密第一次解释了这种思想。新独立的 250 万人中的大多数在农场或自己的土地上劳作，并用简单的工具和畜力完成自己的工作。他们平均每天工作 10 小时赚两个先令（按今天的货币略低于 12 美元）。

随后农业技术进步带来了增加农业生产的新型犁和种子。随着农业生产率的提高，农业生产量增加，而且一些农民从乡村来到城市，在城市里他们得到生产并销售农器具。收入增加了，人们看起来繁荣了。但繁荣会持续下去吗？古典增长理论认为不会。

技术进步——无论农业中还是工业——引起新资本投资，新投资使劳动更具有生产力。越来越多的企业创立并雇佣更具生产力的劳动。对劳动的更大需求提高了实际工资率并增加了就业。

在这个阶段，经济增长发生了，每个人都能从中获益。实际 GDP 增加了，而且，实际工资率提高了。但古典经济学家认为，这种新情形不能持续下去，因为它将引起人口爆炸。

古典人口增长理论 当古典经济学家提出关于人口增长的观点时，空前的人口爆炸正在发生。在英国和其他西欧国家，营养和卫生条件的改善降低了死亡率，而出生率居高不下。在几十年间，人口增长极为迅速。例如，在相对稳定的几个世纪之后，英国 1750~1800 年间人口增加了 40%，而在 1800~1830 年间又增加了 50%。同时，估计有 100 万人（1750 年人口的 20%左右）在 1800 年前离开英国到美国和澳大利亚，而且，在整个 19 世纪向外移民一直保持相同的规模。这些事实是古典人口增长理论的经验基础。

为了解释高人口增长率，古典经济学家使用了**维持生存的实际工资率**（subsistence real wage rate）的思想，这是维持生活所必需的最低实际工资。如果真正的实际工资率低于维持生存的实际工资率，一些人就无法生存，而且，人口减少。在古典理论中，当实际工资率高于维持生存的实际工资率时，人口增长。但人口增长增加了劳动量，并引起劳动的收益递减。因此，劳动生产率最终下降。这种悲观的含义使经济学被称为*沉闷的科学*（dismal science）。这个“沉闷”的含义是指，无论发生多少技术变革，实际工资率总是要被拉回到维持生存的水平。

如果每小时劳动的实际 GDP 高于维持生存的水平，人口就会膨胀，这一假设是导致古典增长理论的悲观结论的直接诱因。为了避免这一结论的产生，我们需要一种不同的人口增长观点。

我们将要研究的新古典增长理论提供了这样一种不同的观点。

新古典增长理论

新古典增长理论（neoclassical growth theory）认为，人均实际 GDP 的增长是由于技术变革引起储蓄和投资增加，致使每小时劳动资本量增加。只要技术变革停止，增长就结束。

麻省理工学院的罗伯特·索洛在 20 世纪 50 年代提出了新古典增长理论最普及的形式。但剑桥大学的弗兰克·拉姆在 20 世纪 20 年代就第一次提出这种理论。

新古典增长理论对其古典先驱者最大的突破是关于人口增长的观点。通过考查其关于人口增长的观点，我们将开始分析新古典理论。

人口增长的新古典经济学 引起古典增长理论的欧洲 18 世纪的人口爆炸最终结束了。出生率下降，虽然人口继续增加，但其增长率适度了。这种人口增长放慢似乎使古典理论越来越不适用了。它最终引起现代人口增长经济理论的发展。

现代观点认为，尽管人口增长率受经济因素的影响，但这种影响并不是像古典经济学家所认为的那样简单和机械。经济对人口增长影响的关键是妇女时间的机会成本。随着妇女工资率增加和工作机会扩大，抚养孩子的机会成本增加了。面对较高的机会成本，家庭选择少要孩子，出生率下降了。

第二种经济影响对死亡率发生作用。引起生产率提高和收入增加的技术进步促进了延长寿命的医疗服务进步。

因此，这两个相反的经济因素影响人口增长率。随着收入增加，出生率和死亡率下降。结果这些相反的力量几乎相互抵消，因此，人口增长率与经济增长率无关。

这种现代人口增长观点和支持它的历史趋势均与古典经济学家的观点相反。它还对现代世界末日论——我们总有一天会由于地球养不活太多的人而灭亡——提出了质疑。新古典增长理论采用了这种现代人口增长观。实际 GDP 及其增长率之外的一些其他因素决定着人口增长。

技术变革 在新古典增长理论中，技术变革的速度影响经济增长率，但经济增长并不影响技术变革速度。这种理论假设，技术变革来源于机遇。当我们幸运时，我们就拥有快速的技术变革，而当我们运气不好时，技术进步的速度放慢。

目标报酬率与储蓄 新古典增长理论的关键假设是关于储蓄的。在其他条件保持不变的情况下，实际利率越高，人们的储蓄量也越大（参见第 23 章）。从长远来看，储蓄与实际利率息息相关。为了做出储蓄多少的决定，人们将比较实际利率和*目标报酬率*。如果实际利率高于目标报酬率，储蓄保持在使每小时劳动的资本量增长的水平上就足够了。如果目标报酬率高于实际利率，储蓄就不足以使每小时劳动的资本量保持在当前水平，因此，此时每小时劳动的资本量缩水。如果实际利率等于目标报酬率，储蓄正好足以将每小时劳动的资本量维持在当前水平。

新古典的基本思想 为了了解新古典增长理论的基本思想，设想一个 20 世纪 50 年代中期的世界，当时罗伯特·

索洛正在解释他的思想。美国人正在享受二战后的繁荣。按今天的货币，人均收入为一年 1.2 万美元左右。人口年增长为 1%左右。储蓄和投资约占 GDP 的 18%，足以使每小时劳动的资本量保持不变。人均收入增长，但涨幅并不大。

这时在各种活动中技术开始以较快的速度进步。晶体管使新兴电子行业发生了革命性的变化。新的塑料使家庭用具制造业发生了革命性的变化。喷气式飞机开始代替螺旋桨发动机飞机，并加快了空中运输。

这些技术进步引起新的利润机会。企业扩张，有了新的有利技术，新的企业应运而生。投资与储蓄增长。经济享受着繁荣和增长的新水平。但是，繁荣将会持续下去吗？新古典增长理论认为，繁荣将会持续，但除非技术一直进步，否则增长将不会持续。

根据新古典增长理论，繁荣将会持续下去是因为不存在导致工资下降的古典人口增长。

但如果技术进步由于两个相关的原因而停止，增长将停止。首先，技术变革带来的高利润率引起投资增加和资本积累；其次，资本积累最终引起降低实际利率的收益递减，而且，最终减少储蓄并放慢资本积累。

新古典增长理论的问题 所有经济都可以得到相同的技术，而且，资本在全球自由流动以寻求可以得到的最高实际利率。因此，新古典增长理论意味着，全球的增长率和人均收入水平将趋同。在富国之间存在某种趋同的迹象，如图 24.3（a）所示，但趋同是缓慢的，而且，对所有国家而言趋同看来并不明显，如图 24.3（b）所示。

*新增长理论*克服了新古典增长理论的这个缺点。它还努力解释技术变革率是如何决定的。

新增长理论

新增长理论（new growth theory）认为人均实际 GDP 增长是因为人们在追求利润中所做的选择，而且，增长可以无限的持续下去。斯坦福大学的保罗·罗默在 20 世纪 80 年代期间提出了这种理论，但这种思想要追溯到 20 世纪 30 年代和 40 年代间约瑟夫·熊彼特所进行的工作。

这种理论从有关市场经济的两个事实开始：

- 发现来源于选择
- 发现带来利润，而竞争破坏了利润

发现与选择 当人们发现了一种新产品或技术时，他们认为自己是幸运的。他们是正确的。但做出新发现的速度——以及技术进步的速度——并不由机遇决定。它取决于有多少人寻求新技术，以及他们如何迫切地寻找新技术。

发现与利润 利润刺激了技术变革。竞争的力量压低了利润，因此，为了增加利润，人们一直在寻找低成本的生产方法或人们愿意为之付出高价格的新的更好的产品。发明者可以通过获得专利或版权在几年内保持利润。但最后，新发现被模仿，而且利润消失了。

在新增长理论中两个进一步的事实起了关键作用。这两个事实是：

- 发现是一种资本性公共品
- 知识是一种不遵循边际报酬递减规律的资本

发现是一种资本性公共品 经济学家把那些每个人都可以使用并且一个人的使用并不妨碍其他人的使用的物品称为*公共品*。比如，国防就是一种公共品，知识也是公共品。

在 1992 年，马克·安德森和他的朋友恩里克·比纳开发了一种叫马赛克的浏览器，它为给生产率带来难以想像的提高的两种资本——网景导航器和 IE 浏览器——的发明奠定了基础。

尽管专利权和版权保护新产品和新工艺的发明者或创造者的权利，并能使他们从创新思想中迅速收益，一旦做出了一种有利的新发现，每个人都可以利用它。而且一个人使用一种新发现并不妨碍其他人使用它。你在使用一种网络浏览器时并不会妨碍其他人同时用相同的密码使用。

由于知识是一种公共品，所以随着一种新发现利益的扩散，就可以得到免费的资源了。这些资源之所以免费是因为当它们被利用时并没有放弃什么。它们是零机会成本。因为知识不受收益递减的作用，所以它更特殊。

知识资本不受收益递减的作用 当一种要素固定而另一种要素的数量发生变化时，生产活动就会产生收益递减。增加单位资本量的劳动投入或增加单位劳动的资本投入，都会使边际产量递减——收益递减。

但是，增加知识存量会使劳动和设备的生产率变得更高。因此，知识资本并不会带来收益递减。

知识资本没有经历收益递减的事实是新增长理论的中心见解。而且，这个简单而适用的思想的含义也是惊人的。与古典增长理论和新古典增长理论不同，新增长理论没有增长停止机制。随着资本的积累，资本的收益递减——实际利率下降。但是，人们的创新和求利动机变得越来越强烈。因此，变革发生了，资本变得更具生产力，资本需求上升，实际利率又上升了。

但是，劳动生产率并不一定会随着人们发现能带来更高实际利率的新技术而增长。增长率取决于人们的创新能力。

许多年过后，这种创新能力改变了。语言和书写的发明（两种最基本的人力资本工具），以及之后科学方法的发展与大学和研究机构的建立，引起创新能力的大幅度提高。今天，对基因的深入了解为发展中的生物技术行业带来了利润。而且，计算机技术的惊人进步为信息时代的许多行业创造着巨大的利润机会。

永动经济 如图 24.9 所示，新增长理论把经济作为一种永动机制。

无论我们变得多么富有，我们的欲望是永无止境的。我们总是期望更高的生活水平。在追求更高生活水平的驱使下，人类社会建立了一种激励制度——产权和货币在市场上自由交易，这种制度使得人们能在创新中获利。

创新可以引领更新更好的生产技术的发展和新的更好的产品的出现。

为了利用新技术和生产新产品，新的企业建立起来，而旧的企业退出经营，即企业的诞生和灭亡。随着新企业的诞生和旧企业的灭亡，一些工作被消灭而另一些工作被创造出来。新创造的工作比旧的工作更好，实际工资率更高。与此同时，伴随着更高的工资率和更具生产率的技术，闲暇也增加了。

新的更好的工作导致人们对产品和服务的消费增加，它和增加的闲暇共同带来了更高的生活水平。

但是，我们无止境的欲望仍然存在，因此这个过程会持续下去，进行一轮又一轮的欲望、激励、创新、更新和

图 24.9 永动机制

myeconlab

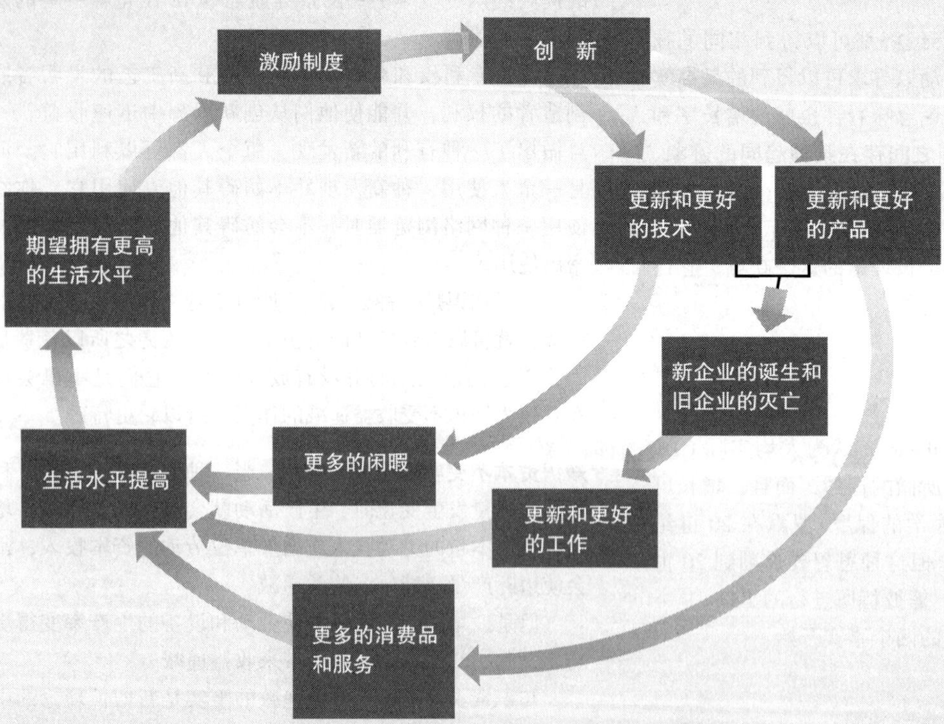

人们想要更高的生活水平，由于受利润激励驱使，导致更新更好的技术和更新更好的产品的出现。这些更新更好的技术和产品反过来导致新企业的诞生和旧企业的灭亡、更新更好的工作、更多的闲暇、更多的消费品和服务，结果是更高的生活水平。但是人们仍期望更高的生活水平，所以这个增长过程一直持续着。

资料来源：Based on a similar figure in *These Are the Good Old Days: A Report on U.S. Living Standards*, Federal Reserve Bank of Dallas 1993 Annual Report.

更好的产品和更高的生活水平的循环。

新增长理论与马尔萨斯理论的对比

马尔萨斯理论和新增长理论是针锋相对的。马尔萨斯主义者认为，繁荣正如我们今天所认识的那样会中止；而新增长理论者认为繁荣是永无止境的。考虑到两种理论关于人口增长的不同观点，这种对立就变得很明确了。

人口增长对于一个马尔萨斯主义者来说是一个问题，而对于一个新增长理论者而言却成了解决问题的办法！人口是最终的经济资源。人口越多产生的欲望也越多。但是，人口规模越大也会带来更大数量的科学发现和技术进步。因此，与其说人口增长是造成人均实际 GDP 下降的根源，不如说人口增长引发了生产率的快速提高和不断上升的人均实际 GDP。虽然资源是有限的，但是人类的创造力和提高生产率的能力却是无限的。

理论的分野

哪一种理论是正确的？也许没有一种理论完全正确，但是它们都告诉我们一些有价值的东西。

古典增长理论提醒我们，我们的物质资源是有限的，而且，在没有技术进步时，我们必然最终要承受收益递减之苦。

新古典增长理论得出了基本相同的结论，但不是因为人口爆炸，相反，新古典理论强调资本收益递减，并提醒我们，我们只通过实物资本积累并不一定能使增长持续下去。我们必须同时不断更新技术、积累人力资本。我们必须利用我们有限的资源变得更富于创造力。

新增长理论强调创造人力资源能力的速度可以抵消收益递减。

新增长理论可能比古典增长理论和新古典增长理论更适应当今世界的面貌。但是，这并不意味着新增长理论就是正确的。

复习测验

1. 劳动生产率的增长对经济增长有什么影响？
2. 人口增长对经济增长有什么影响？
3. 引起悲观结果的古典增长理论的中心思想是什么？
4. 根据新古典增长理论，经济增长的基本原因是什么？
5. 使增长持续的新增长理论的关键见解是什么？

myeconlab **Study Plan 24.5**

◆ 为了完成你对经济增长的研究，请先看一看本章末的阅读材料，并了解经济增长是如何改变中国经济的。

阅读材料：事例与分析

亚洲的经济增长

http://www.nytimes.com

第三季度中国经济飞速增长 9.4%

2005 年 10 月 21日

据周四政府公布的数字，中国经济在今年第三季度飞速增长9.4%，这主要是由于出口的激增、大量的基础设施投资和零售额的稳定增长。

有数字显示，尽管政府多次努力使增长放慢以阻止通货膨胀或经济过热。中国经济——世界经济增长最快的主要国家，并未有所缓和。

去年经济学家和分析师曾预言 2005 年中国的增长将从 2004 年的9.5%降到 8.5%，现在他们不得不多次调整预言数据到更高的增长率。

周四，更多的分析师提高了他们的预言数据。

“这比市场预期增长得更快，”高盛公司的经济学家梁红（音译）说，他预期中国经济今年增长 9.4%，2006 年增长 9%……

许多专家说中国似乎锁定在 9%的经济增长——甚至在它的经济在过去的 20 多年，以超过现代历史上的其他国家更快的速度发展后，并且超过日本和韩国几十年前的长期扩张。

香港花旗集团的经济学家黄一平（音译）说，“它将不会变化。目前，中国政府努力减慢增长势头，但我们没有看到变慢。”……

政策观察

事件的本质

- 中国的实际 GDP 正以大于每年9%的速度增长。
- 中国的经济是世界上经济增长最快的主要国家之一。
- 那些预测中国的经济增长率将会放慢的经济学家已经修改了他们的预言，并认为中国的经济增长率将会加快。
- 预期中国将继续保持 9%的经济增长率。
- 政府试图降低经济增长率的努力看来效果甚微。

经 济 分 析

- 当 1949 年中华人民共和国成立时，中国的收入水平是世界上最低的国家之一。
- 1978年，在邓小平的领导下，中国开始了经济改革。
- 国有企业逐渐减少，外商独资或外商合资以及民营的竞争性企业大量涌现。
- 到 20 世纪 80 年代早期，我们已经看到中国实际 GDP 增长是世界上最快的国家之一。
- 2005 年，中国的实际 GDP 超过 9 万亿美元（根据 2000 年的美元汇率和购买力平价计算——参见第 21 章）。
- 2005 年，美国的实际 GDP 大约是 12 万亿美元（2000 年美元）。
- 2005 年，虽然中国的实际 GDP 落后于美国并不是很多，但中国的劳动投入远远大于美国。
- 2005 年，美国的总劳动时数约为 2 500 亿小时。
- 我们并不知道中国的总劳动时数是多少，但是其就业人数为 7.9 亿，每周平均劳动时间为 40 小时（假定），总劳动时数大约为 16 500 亿小时——是美国的 6 倍还多。
- 因此，2005 年，中国每小时劳动所产生的实际 GDP 约为 5 美元，而美国约为 48 美元。
- 但是，中国的实际 GDP 正在以 9%的速度增长，而美国的实际 GDP 以 2.5%的速度增长。
- 如果保持这个增长率，中国的实际 GDP 将在接下来的 10 年内超过美国。
- 但是，中国每小时劳动所产生的实际 GDP 仍将远远落后于美国。
- 图 1 显示了 2005 年中美两国的经济形势。
- 美国的生产函数是 PF_{US05}，中国的生产函数是 PF_{C05}。
- 美国生产 12 万亿美元的实际 GDP 用了 2 500 亿小时的劳动时间，中国生产 9 万亿美元的实际 GDP 用了 16 500 亿小时的劳动时间。
- 也就是说，美国每小时劳动的生产量是中国的 10 倍左右。
- 图 1 显示了在保持现有的增长率的条件下，到 2015 年时，中美两国的经济形势。
- 美国的生产函数是 PF_{US15}，中国的生产函数是 PF_{C15}。

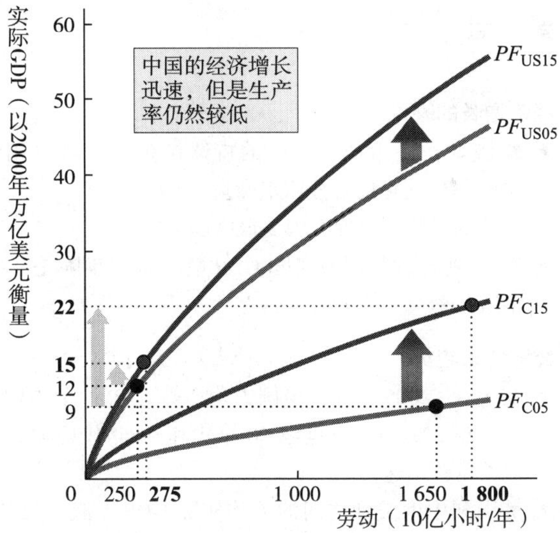

图1　中国和美国的经济增长

- 随着两国人口总数按 1%左右的增长率增加，总劳动时数和实际 GDP 都将增加。
- 到 2015 年，中国的实际 GDP 将超过美国，但其每小时劳动所生产的实际 GDP 仍将落后于美国。

说出你的观点

- 你认为美国可以从中国经济发展中得到什么样的经验，从而促使美国经济增长更快？
- 你认为什么样的税收改革可以提高美国的经济增长率？你支持这些改革吗？为什么？

内容提要

要 点

经济增长的基本要素

- 经济增长是生产可能性的持续扩张，它可以用实际GDP每年变化的百分比来衡量。
- 持续的增长可以使穷国变成富国。
- 70规则告诉我们使实际GDP翻一番的年限是——70/年增长率。

经济增长趋势

- 在1905~2005年间，美国人均实际GDP的平均增长率为每年2%。在20世纪60年代和90年代后期，经济增长比较迅速。
- 美国和中南美洲之间的人均实际GDP差距继续存在。美国和中国香港、韩国、中国台湾省之间的差距有所缩小。美国和非洲、中欧之间的差距有所扩大。

经济增长的源泉

- 经济增长的源泉是总劳动时数的增加和劳动生产率的提高。劳动生产率的提高依靠实物资本和人力资本的增加以及技术进步。
- 经济增长要求一个由市场、产权和货币交换组成的激励制度。

增长核算

- 增长核算衡量资本积累和技术变革对劳动生产率增长的贡献。
- 增长核算使用了三一规律：每小时劳动的资本增加1%引起每小时劳动的实际GDP增加1%的1/3。
- 在20世纪70年代生产率增长放慢的时期内，技术变革并没有停止其贡献。但是它关注的焦点转移到了应付能源价格冲击和环境保护上。
- 通过刺激储蓄、补贴研发，把目标定为（并补贴）高科技行业，鼓励更多的国际贸易以及改善教育质量，可以实现更快的经济增长。

增长理论

- 随着劳动生产率的提高，就业、实际工资率和潜在GDP都提高。
- 随着人口的增长，就业人数和潜在GDP增加，但是实际工资率和每小时劳动所产生的实际GDP降低。
- 在古典理论中，人均实际GDP回到维持生存的水平。
- 在新古典增长理论中，在没有进一步的技术变革时，收益递减的资本带动经济增长到下一个停止点。
- 在新增长理论中，当创新和技术进步时，经济增长以某一比例无限的持续下去。

关键图表

关键术语

古典增长理论	经济增长率
人均实际GDP	70规则
劳动生产率	增长核算
三一规律	维持生存的实际工资率
新古典增长理论	新增长理论

习 题

1. 日本2003年的实际GDP是515万亿日元，2004年是529万亿日元。日本2003年的人口总数是12 770万，2004年是12 790万。计算：
   a. 日本2004年的经济增长率。
   b. 日本2004年的人均实际GDP增长率。
   c. 如果保持日本2004年的经济增长率和人口增长率不变，使日本人均GDP翻一番大约需要多少年？
2. 如果中国的实际GDP以9%的年增长率增长，人口以1%的速度增长，保持此增长速度不变，多少年之后可以使中国的人均实际GDP是2006年的两倍？
3. 下列信息揭示了“长地”这个经济体的经济：

每小时劳动的资本（2000年美元）	每小时劳动的实际 GDP（2000 年美元）
10	3.80
20	5.70
30	7.13
40	8.31
50	9.35
60	10.29
70	11.14
80	11.94

a. 这个经济符合三一规律吗？如果符合的话，解释为什么，并解释如果要符合的话，是多少。

b. 解释你如何做出经济增长核算。

4. 在第 3 题所描述的长地中，2004 年每小时劳动的资本是 40 美元，每小时劳动的实际 GDP 是 8.31 美元。在 2006 年，每小时劳动的资本增加到 50 美元，每小时劳动的实际 GDP 增加到 10.29 美元。

a. 长地发生了收益递减吗？解释为什么发生了，或为什么没发生。

b. 用增长核算找出 2004~2006 年间资本增长对长地生产率增长的贡献。

c. 用增长核算找出 2004~2006 年间技术变革对长地生产率增长的贡献。

5. 如果美国阻止了非法移民的进入，并把数以百万计的工人遣回原籍，解释下列指标将如何变化：

a. 美国的潜在 GDP？

b. 美国的就业？

c. 美国的实际工资率？

对于那些移民归来的国家，解释下列指标将如何变化：

d. 潜在 GDP？

e. 就业？

f. 实际工资率？

6. 如果一项大的投资提高了劳动生产率，解释下列指标将如何变化：

a. 潜在 GDP？

b. 就业？

c. 实际工资率？

如果严重的旱灾降低了劳动生产率，解释下列指标将如何变化：

d. 潜在 GDP？

e. 就业？

f. 实际工资率？

7. 下面信息揭示了“海角”这个经济体的经济。维持生存的实际工资率是每小时 15 美元，只要实际工资率上升到高于这个水平，人口就增加；当实际工资率下降到低于这个水平时，人口减少。海角的生产函数表如下：

劳动（10亿小时/年）	实际 GDP（2000 年 10 亿美元）
0.5	8
1.0	15
1.5	21
2.0	26
2.5	30
3.0	33
3.5	35

起初，海角经济的人口是不变的，每小时劳动所产生的实际 GDP 在维持生存的水平（15 美元）上，然后技术进步使在每个劳动水平上的生产函数上移了 50%。

a. 在海角中最初的实际 GDP 和劳动生产率是多少？

b. 在技术进步之后劳动生产率立即发生了什么变动？

c. 在技术进步之后人口增长率发生了什么变动？

d. 实际 GDP 和每小时劳动所产生的实际 GDP 的最终水平是多少？

8. 根据以下理论，解释人均实际 GDP 增长停止的过程。

a. 古典增长理论

b. 新古典增长理论

c. 新增长理论

批判性思考

1. 在研究了阅读材料后，回答下列问题：

a. 中国 2005 年的实际 GDP 的增长率是多少？

b. 中国每小时劳动所产生的实际 GDP 的增长是因为劳动生产率的提高还是人口的增长？怎样决定每种因素的贡献？

c. 中美之间人均实际 GDP 的差距是否正在缩小？

d. 在目前的集中率水平下，中国人均实际 GDP 需要多少年能和美国的相当?

2. 观察生产率

根据美联储前任主席格林斯潘在 20 世纪 90 年代的观点：IT 投资促进生产率，生产率的提高促进公司利润，公司利润又促进了IT投资，如此循环，引起增长率的无限提高。

《财富》杂志，2006年9月4日

本章所学习的哪一个理论与格林斯潘的理论最一致？

3. 较快的经济增长总是一件好事吗？为较快和较慢的增长辩护，然后得出应该提高增长还是降低增长的结论。

4. **为印度开路——下一个中国**

中国以9%左右的速度增长，计划生育政策使中国的劳动人数在未来的10年开始减少。相反，印度至少在下一代中会使劳动人数增长。

《独立报》，2006年3月1日

a. 假如按预期的人口改变，你认为中国和印度将有更大的经济增长吗？为什么？

b. 如果没有人口增长率的限制，中国的经济还能保持9%的年增长率吗？

c. 印度的人口增长率是1.6%，2005年的经济增长率是8%。中国的人口增长率是0.6%。2005年的经济增长率是9%。到哪一年两国的人均GDP能够翻一番？

网上活动

1. 获得从1960年起美国、中国、南美和墨西哥的人均实际GDP的数据。

a. 根据上述数据画图。

b. 哪个国家的人均实际GDP最低？哪个国家最高？

c. 从1960年起，哪个国家经历了最快的经济增长率？哪个国家最慢？

d. 解释这四个国家的增长率为什么按你发现的顺序排序？

e. 在网站上获得另外四个你感兴趣的国家的数据。描述并解释对这些国家你找到的模型。

2. 给国会议员写一个备忘录，在其中起草那些你认为美国政府必须采取的可以加速美国实际GDP增长率的政策。

第 25 章

货币、价格水平和通货膨胀

有钱走遍天下

货币像火和轮子一样拥有悠久的历史。货币也曾采用过各种各样的形式，北美印第安人用念珠（用贝壳做的珠子），斐济人用鲸鱼的牙齿，早期美洲殖民者用烟草。在埃塞俄比亚和中国西藏自治区，盐巴曾被作为货币。今天，当我们想买东西的时候，我们用硬币或钞票，开支票或拿出借计卡或信用卡。不久以后，我们将用“智能卡”，它可以跟踪支出并可用掌上电脑阅读。所有这些东西都是货币吗？

当我们把一些硬币或钞票存入银行时，它仍然是货币吗？而且，当银行把我们存款账户上的货币贷给其他人时会出现什么情况？如果我们的存款被贷出去了，我们能收回这些钱吗？

美国经济运行中的货币数量受美国联邦储备（简称“美联储”）的调节。美联储是如何影响货币数量的？如果美联储创造了太多的钱或者太少的钱，将会发生什么呢？

学习本章后，你将能：

- 给货币下定义，并描述它的职能
- 解释银行和其他存款机构的经济职能
- 描述美国联邦储备体系的结构和功能
- 解释银行系统如何创造货币
- 解释什么决定了货币的需求和供给以及名义利率
- 解释货币数量在长期如何影响价格水平和通货膨胀率

◆ 在本章，我们学习货币的职能，创造货币的银行的职能，美国联邦储备的职能，以及其对货币数量和货币数量变化的长期影响。在本章末的**阅读材料**中，我们探讨发生在非洲津巴布韦的关于货币和通货膨胀的情形的案例。

什么是货币

念珠、烟草和硬币有什么共同之处呢？它们都是**货币**（money）的例子，即作为支付手段被普遍接受的任何一种商品或符号。**支付手段**（means of payment）是结清债务的方法。当进行了一次支付时，交易各方之间就不再有责任了。因此，念珠、烟草和硬币的共同之处是它们都可作为（或仍然作为）支付手段。但货币还有其他三种职能：

- 交换媒介
- 计价单位
- 价值储藏

交换媒介

交换媒介是一种在产品与服务交换中被普遍接受的东西。没有交换媒介，产品与服务必须直接与其他产品与服务进行交换——称为**物物交换**（barter，也译作“以物易物”）。物物交换要求欲望的双重统一性，但这种情况很少出现。例如，如果你想买一个汉堡包，你可能用一个 CD 来交换汉堡包。但是，你必须找到一个正在出售汉堡包并想买你的 CD 的人。

交换媒介则克服了欲望双重统一性的要求。而货币就扮演了一种交换媒介的角色，因为要出售某种东西的人总会在交换它时接受货币。但是，货币不是惟一的交换媒介，你可以用信用卡买东西，但是信用卡并不是货币。信用卡不能做最终支付，它所产生的债务必须最终通过货币来解决。

计价单位

计价单位是一种双方同意的表示产品与服务价格的衡量标准。为了从你的预算中得到最多的东西，你必须确定多看一场电影是否值它的机会成本。但机会成本并不是美元和美分。它是你必须放弃的冰淇淋、软饮料和咖啡的数量。当所有这些产品都用美元和美分表示时，进行这种计算就容易了（参看表 25.1）。如果一场电影值 6 美元，而 1 包 6 盒装软饮料值 3 美元，你就可以立刻知道，看一场电影值 2 包 6 盒装的软饮料。如果糖豆 50 美分 1 包，一场电影就值 12 包糖豆。你只需要一种计算就可以找出任何一对产品与服务的机会成本。

表 25.1 计价单位（货币职能之一）简化价格比较

产　品	用货币单位表示的价格	用其他产品单位表示的价格
电　影	每场 6 美元	2 包 6 盒装的软饮料
软饮料	每 6 盒装的 3 美元	2 个冰淇淋
冰淇淋	每个 1.50 美元	3 包糖豆
糖　豆	每包 0.50 美元	两块口香糖
口香糖	每块 0.25 美元	一次本地的电话

货币是计价单位：一场电影的价格是 6 美元，一块口香糖的价格是 25 美分，因此，一场电影的机会成本是 24 块口香糖（6.00 美元÷25 美分=24）。

没有计价单位：你走进一家电影院并知道一场电影的价格是 2 包 6 盒装的软饮料。你走进一家糖果店并知道一包糖豆值 2 块口香糖。但你看一场电影值多少块口香糖呢？为了回答这个问题，你走进商店并发现一包 6 盒装的软饮料值 2 个冰淇淋。现在你找到冰淇淋店，在这里一个冰淇淋值 3 包糖豆。现在你拿出了袖珍计算器：1 场电影值 2 包 6 盒的装软饮料，或 4 个冰淇淋，或 12 包糖豆，或 24 块口香糖！

但设想一下，如果你们当地电影院用 2 包 6 盒装软饮料来表示电影的价格，商店把一包 6 盒装软饮料的价格表示为 2 个冰淇淋，冰淇淋店把一个冰淇淋的价格表示为 3 包糖豆，糖豆店把一包糖豆的价格表示为 2 块口香糖。为了找出看电影所必须放弃的软饮料、冰淇淋、糖豆或口香糖，你必须跑遍所有商店并且计算你看一场电影值多少，这该有多麻烦！你根据电影院的标价立刻得出对软饮料的正确答案。但是对其他产品而言，你将必须走进许多不同商店，以确定用一种产品表示的每种产品的价格，然后按对你的决策适用的单位来计算价格。盖住表 25.1 中标有“用货币单位表示的价格”这一栏，并看看要找出看一场电影值多少次本地电话有多困难。这种困难足以使一个人发誓不再看电影！你可以看到如果所有的价格都用美元和美分表示该有多简单。

价值储藏

货币是一种价值储藏手段，其原因在于它可以保存并在以后交换产品与服务。如果货币不是价值储藏，它就不可以作为支付手段。

货币不是单独起着价值储藏作用的。住房、汽车和艺术品也是价值储藏的例子。

商品或符号的价值越稳定，它们发挥价值储藏和作为货币的作用就越好。没有储藏价值是完全稳定的价值。随着时间的流逝，一座房子、一辆车和一件艺术作品的价值都会波动。随着时间的流逝，产品或符号作为货币的价值也会波动。当出现通货膨胀时，它们的价值就会持续下跌。

因为通货膨胀带来了货币价值的持续下跌，在创造货币时，低通胀率和储藏价值同样有用。

今天美国的货币

在今天的美国，货币的组成是：

- 现金
- 银行和其他存款机构的存款

通　货 个人和企业所持有的纸币和硬币称为**通货**（currency，也就是“现金”）。纸币是货币，这可通过政府在纸币上印了“这张钞票是所有公共与私人债务合法的清偿”得到印证。你可以在每张美元纸币上看到这句话。在银行内部，纸币和硬币并不计算成货币。

存　款 在银行和其他存款机构的存款（比如储蓄与贷款协会）也是货币。存款之所以是货币是因为它们可以用于支付。

官方的货币衡量 美国今天两种主要的官方货币衡量指标称为 M1 和 M2。图 25.1 表示组成这两种衡量指标的项目。M1 包括个人和企业拥有的现金和旅行支票加支票存款。M1 不包括银行持有的现金，也不包括美国政府所拥有的现金和支票存款。M2 包括 M1 加储蓄存款、定期存款、货币市场共同基金以及其他存款。你可以看到 M2 几乎是 M1 的 5 倍。你也可以看到现金只占我们的货币的一小部分。

M1 和 M2 真的是货币吗 货币是支付手段。因此，检验一种资产是不是货币就看它是不是作为支付手段。现金通过了检验。但存款如何呢？支票存款是货币，因为可以通过开支票把这种存款从一个人转向另一个人。这种所有权的转移相当于移交货币。由于 M1 由现金加支票存款组成，每一种都是支付手段，所以 M1 是货币。

但 M2 如何呢？M2 中的一些储蓄存款也和 M1 中的支票存款一样可以作为支付手段。你可以在杂货店柜台或加油站使用自动取款机（ATM），也可以直接从你的储蓄账户上，为你的购买进行支付而转移资金。但储蓄存款不是支付手段。这些存款被称为流动性资产。流动性是指很容易转换为支付手段并且没有价值的性质。M2 中的存款不是支付手段，但可以迅速而容易地转换为一种支付手段——现金或支票存款，所以它们可以算作货币。

存款是货币但支票不是 在定义货币时，我们把现金与银行和其他存款机构的存款都包括进来了。但我们并没有包括人们开出的作为货币的支票。为什么存款是货币而支票

图 25.1　两种货币衡量指标

myeconlab

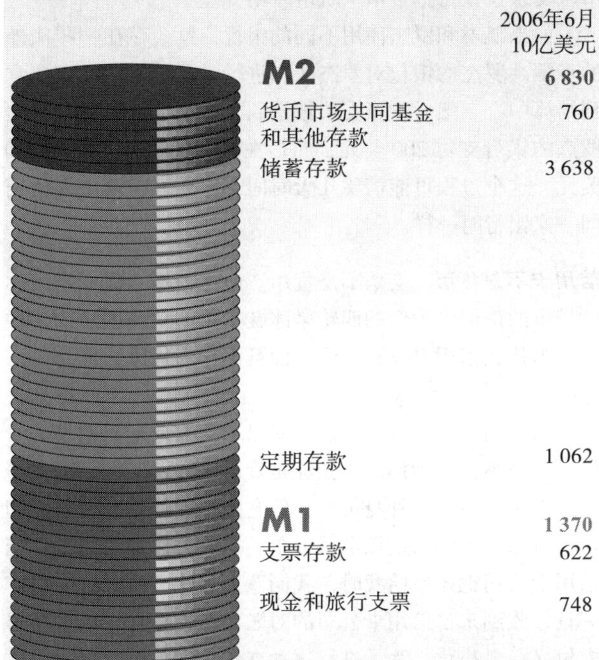

M1　■ 现金和旅行支票
　　■ 在商业银行、储蓄与贷款协会、储蓄银行和信用社的支票存款

M2　■ M1
　　■ 定期存款
　　■ 储蓄存款
　　■ 货币市场的共同基金和其他存款

资料来源：The Federal Reserve Board.

不是呢？

为了说明为什么存款是货币而支票不是，我们考虑凯琳从罗杰的商店 用200美元买了一双四轮旱冰鞋时所发生的情况。当凯琳来到罗杰的商店时，她在莱舍银行自己的存款账户上有500美元。罗杰在他的银行存款账户上有1 000美元——碰巧是在同一家银行。这两个人的总存款是1 500美元。凯琳开出一张200美元的支票。罗杰拿到支票后立即去银行并存起来。罗杰的银行存款余额从1 000美元增加到1 200美元，而凯琳的余额从500美元减少为300美元。凯琳和罗杰的总存款仍然与以前一样：1 500美元。罗杰现在多了200美元，而凯琳比以前少了200美元。

这个交易使得货币从凯琳向罗杰的转移。支票本身绝不是货币。在支票流通时，并没有价值200美元的额外货币。支票让银行把货币从凯琳转给罗杰。

如果凯琳和罗杰使用不同的银行，就会存在一些额外的步骤。罗杰的银行对罗杰账户进行支票贷款，把支票拿到结算中心。然后这张支票被送到凯琳的银行，该银行向罗杰的银行支付200美元，然后在凯琳的账户上贷记200美元。这个过程可能需要几天时间，但原理与两个人使用同一家银行时一样。

信用卡不是货币 支票不是货币。但是信用卡呢？拿出你口袋里的信用卡为你的四轮旱冰鞋支付不是和用货币一样吗？为什么信用卡没有价值，而且不作为货币数量的一部分呢？

当你用支票支付时，往往要出示驾驶证来证明你的身份。你绝不会认为你的驾驶证是货币。它仅仅是一个身份卡。信用卡也是一种身份卡，但它能使你购买东西时立即得到贷款。当你为信用卡销售单签字时，你是在说，“当信用卡公司把账单给我时，我同意为这些产品进行支付。”一旦你收到来自信用卡公司的对账单时，你必须至少使得支付义务最小化。为了进行这种支付，你需要货币——你需要有现金或支票存款来向信用卡公司支付。因此，尽管当你买东西时使用信用卡，但信用卡并不是支付手段，它也不是货币。

复习测验

1. 什么使某种东西成为货币？货币执行什么职能？为什么你认为口香糖不能作为货币？
2. 当把产品作为货币时所引起的问题是什么？
3. 今天美国货币的主要组成部分是什么？
4. 官方的货币衡量指标是什么？所有这些衡量指标真的都是货币吗？
5. 为什么支票和信用卡不是货币？

myeconlab **Study Plan 25.1**

我们已经知道了，美国货币的主要组成部分是银行和其他存款机构的存款。让我们深入分析这些机构。

存款机构

从家庭和企业吸收存款并向其他家庭和企业进行贷款的企业称为**存款机构**（depository institution）。一国的货币由三种类型存款机构的存款组成：

- 商业银行
- 储蓄机构
- 货币市场共同基金

商业银行

商业银行是由通货审计署（在美国财政部）或州代理处批准接受存款和发放贷款的企业。今天美国有将近8 000家商业银行在运营。

利润与谨慎：一种平衡的行为 银行的目的是使其股东的净值最大化。为了达到这个目的，银行贷款得到的利率要

高于它借款所支付的利率。但银行必须进行精心地平衡行为。贷款是有风险的，存款用于高风险、高利率的贷款越多，它不能偿还其储户的可能性越大。而且，如果储户察觉到存在不能偿还的高风险，他们就会提取他们的资金，并造成银行危机。因此，一家银行必须在使用其存款时谨慎从事，使储户的安全性与股东的利润平衡。

准备金和贷款 为了实现储户的安全性，银行把收到的资金分为两部分：准备金和贷款。*准备金*是银行的库存现金加它在联邦储备银行的存款。（我们将在本章后半部分研究联邦储备银行。）银行的库存现金是满足其储户现金需要的准备金。这些现金使你和你的朋友突然半夜为了买比萨而取走现金后的 ATM 机得到补充。银行在联邦储备的账户与你自己的银行账户类似。银行用这些账户来接受和进行支付。商业银行把现金存入联邦储备的账户或从中提取现金来结清与其他银行的债务。

如果银行把所有存款都作为准备金，它就赚取不到任何利润。实际上，银行只把一小部分资金作为准备金，并把其他资金贷出去。银行拥有三类资产：

1. *流动性资产*是美国国库券和商业票据。如果银行需要现金，这些资产就是它们的第一道防线。流动性资产可以出售以及在不存在损失风险情况下立即转换为现金。由于流动性资产实际上是无风险的，所以这些资产的利率低。
2. *投资有价证券*是美国政府长期债券和其他债券。这些资产可以迅速出售并转换为现金，但价格存在波动。由于价格波动，这些资产的风险大于流动性资产，但它们有较高的利率。
3. *贷款*是在双方协议的期限内对固定货币量的承诺。大多数银行的贷款是为公司购买资本设备和投资筹资，以及为家庭——个人贷款——购买汽车和游艇这类耐用消费品筹资。信用卡账户上未清偿的余额也是银行贷款。贷款是银行风险最大的资产，因为贷款在到偿还时间之前不能转变为现金。而且，一些债务人拖欠并不偿还。由于贷款是风险最大的资产，所以，它们带来的利率最高。

储蓄机构

储蓄机构是：

- 储蓄与贷款协会
- 储蓄银行
- 信用社

储蓄与贷款协会 *储蓄与贷款协会*（S&L）是接受支票存款和储蓄以及发放个人、商业贷款以及家庭住房购买贷款的存款机构。

储蓄银行 *储蓄银行*是接受储蓄存款并主营住房购买贷款的存款机构。一些储蓄银行（称为共同储蓄银行）由其储户所拥有。

信用社 *信用社*是由类似企业雇员的社会或经济团体所拥有的存款机构，它接受储蓄存款并主营个人贷款。

货币市场共同基金

*货币市场共同基金*是一个由通过出售基金的股份和持有诸如美国国库券或短期商业票据这类流动性资产的金融机构所经营的基金。

货币市场共同基金的股份和银行存款一样，股东可以根据自己货币市场共同基金账户开支票，但对大部分这些账户是有限制的。例如，所接受的最低存款为 2 500 美元，允许储户开的最小支票是 500 美元。

存款机构的经济职能

所有的存款机构都能从它们对存款支付的利率和贷款的利率之间的差额中获取利润。为什么存款机构能以低利率得到存款，并以较高的利率贷出去呢？它们提供什么服务使储户愿意以低利率存款而使债务人愿意支付较高的利率呢？

存款机构提供了四种人们愿意为之支付的主要服务：

- 创造流动性
- 使获得资金的成本最小
- 使监督债务人的成本最小
- 分摊风险

创造流动性 存款机构创造了流动性。*流动性资产*是能以少量的价值损失很容易地转换为货币的资产。存款机构中的一些负债就是他们自己的货币；另一些是易于转换为货币的高流动性资产。

存款机构通过短期借入和长期贷出创造了流动性。*短期借入*意味着获得存款但随时准备根据即时通知（就支票存款而言，甚至不用通知）偿还存款。*长期贷出*意味着预先安排的，而且通常是很长时期内做出的贷款承诺。例如，当一个人在储蓄与贷款协会进行了存款时，可以在任何时候提取这笔存款。但S&L可能向购房者做出超过20年的贷款承诺。

使获得资金的成本最小 寻找一个人借款可能是成本高昂的业务。设想一下，如果没有存款机构，借款有多麻烦。一个想得到100万美元购买一个新工厂的企业，也许不得不找数以百计的人借款，以便获得资本项目所需要的足够资金。存款机构降低了这种搜寻成本。需要100万美元的企业可以去一个存款机构得到这些资金，存款机构必须向大量的人借款，而不是向一个企业借100万美元。存款机构可以建立一个组织，这个组织能从大量储户中筹集资金，并可以把这项活动的成本分摊到大量债务人中。

使监督债务人的成本最小 贷款是一项有风险的业务，总存在债务人无法偿还的危险。大多数贷出去的钱被企业用于希望获得利润的项目，但有时这些希望无法实现。监督债务人的活动并确保做出具有可能获得利润并避免损失的决策，这种监督是成本高昂而且专业化的活动。设想一下，如果每个借钱给企业的个人都必须产生直接监督该企业的成本，这个成本会多高。通过把资金存入存款机构，个人就避免了这些成本。存款机构通过利用专业化资源进行监督活动，其成本要大大低于不得不单独地进行这种活动时每个个人将产生的成本。

分摊风险 如上所述，贷款是有风险的。总存在不能偿还——拖欠——的可能。贷款给大量不同的个人可以降低拖欠的风险。在这种情况下，如果一个人拖欠贷款，这也是不幸的，但还不是灾难。相反，如果只有一个人借款，而那个人拖欠贷款，整个贷款就没有了。存款机构能使人们以一种有效的方式分摊风险。成千上万个人借钱给任何一个存款机构，而该存款机构又借钱给成百上千甚至是数千个单个企业。如果任何一个企业拖欠贷款，这种拖欠就分摊到所有存款机构的储户上，而不存在单个储户受到高风险的威胁。

金融创新

形成大量的国家货币的存款是金融产品，存款机构不断地寻找改善其产品的方法并赚取更大的利润。发展新的金融产品的过程就是**金融创新**。金融创新的目的是降低存款的成本或增加贷款的收益，或者更简单地说，是增加金融中介机构的利润。影响金融创新有三种主要因素：

- 经济环境
- 技术
- 管制

在20世纪80年代和90年代间，金融创新的速度是超乎寻常的，而所有这三种因素都起了作用。

经济环境 20世纪70年代末和80年代初，高通货膨胀带来高利率。例如，购买住房贷款的利率高达每年15%。

高通胀和高利率为金融创新提供了动力。在传统上，买房通过抵押利率贷款融资。20世纪80年代早期的高利率引起了S&L较高的借款成本。但是，由于他们承诺对住房抵押贷款未付的部分保持低的固定的贷款利率，致使该行业发生了严重亏损。

为了改变这种状况，S&L发展了浮动利率抵押贷款——贷款利率将随着经济环境的改变而改变。浮动利率住房抵押贷款的创造消除了一些买房长期贷款的风险。

技　术 20世纪80年代和90年代，最重要的技术变革是低成本计算和远距离通信的发展。这些新技术对金融产品产生了深远的影响，并带来了许多金融创新。

信用卡使用范围的扩大和日息存款账户的广泛使用是这些新技术产生金融创新的一些例子。

在20世纪80年代之前，由于输入交换数据、计算存款利息和计算未付信用卡余额的成本太高，这些金融产品没有得到普遍使用。但是，在当今的技术水平下，这些产品已普遍使用并给银行带来了高利润。

管　制 大量金融创新的发生是为了逃避管制。例如，Q条例不允许银行对支票存款支付利息。这种管制刺激了银行开发可以开支票和支付利息的新存款，从而摆脱了管制。

金融创新与货币

金融创新给国家货币的构成带来了变化。在S&L、储蓄银行和信用社，支票存款占M1的比例正在上升；但是在商业银行，这一比例正在下降。随着储蓄存款的降低和定期存款和货币市场共同基金的增长，M2的构成也发生了变化。

复习测验

1. 存款机构的职能是什么？
2. 什么是流动性？存款机构是如何创造流动性的？
3. 存款机构是如何降低存贷款的成本以及如何监督债务人的？
4. 存款机构如何分摊风险？

myeconlab Study Plan 25.2

现在，我们已经了解了什么是货币，以及大量的国家货币就是银行和其他机构的存款。接下来我们的任务是学习联邦储备体系及其影响货币数量的方法。

联邦储备体系

美国的中央银行是**联邦储备体系**（Federal Reserve System），通常简称为**美联储**（Fed）。**中央银行**（central bank）是银行的银行，是监管一个国家的储蓄机构与控制货币数量的公共权力机构。作为银行的银行，美联储为花旗银行这样的商业银行提供银行服务。中央银行并不是公民的银行。也就是说，美联储并不为企业和公民个人提供一般性银行服务。

美联储的目标

美联储组织和实施美国的货币政策，这是指它调节流通中的货币数量。美联储的目标是：控制通货膨胀，维持充分就业，稳定经济周期，并促进实现长期增长。完全实现追求这些目标是不可能的，美联储更适当的目标是改善经济状况，并比“无为而治”的方法更接近于这一目标。美联储在改善经济状况中能否成功是一个仁者见仁、智者见智的问题。

为追求最终目标，美联储密切关注利率，特别是**联邦基金率**（federal funds rate）——银行相互之间对隔夜贷款准备金收取的利率。美联储为联邦基金率制定的目标与最终目标一致，并采取措施实现它的目标。

本节考查美联储的政策工具，并考查美联储行为的长期效应。在第 31 章中，我们分析其实施货币政策的短期效应。我们从描述美联储的组织结构开始。

美联储的组织结构

美联储体系结构中的关键部分是：

- 理事会
- 地区联邦储备银行
- 联邦公开市场委员会

理事会 理事会有 7 个成员，他们由总统任命并经参议院批准，每位任期 14 年。任期一般是错开的，因此每两年理事会中有一个位子空出来。总统任命一位理事会成员为任期 4 年的主席，主席可以更换。

联邦储备银行 美联储有 12 个联邦储备银行，图 25.2 所示的每一个联邦储备地区有一个联邦储备银行。这些联邦储备银行为商业银行和其他存款机构提供支票清算服务，持有商业银行准备金账户，为银行贷出准备金，发行像现金那样流通的银行票据。

其中，纽约的联邦储备银行（称为纽约美联储）在联邦储备体系中占据特殊地位，因为它执行联邦公开市场委员会的政策决策。

联邦公开市场委员会 **联邦公开市场委员会**（Federal Open Market Committee，即 FOMC）是美联储的主要决策机构。FOMC 由以下有投票权的成员组成：

- 理事会主席和其他 6 名成员
- 纽约联邦储备银行总裁
- 其他地区联邦储备银行总裁（每年轮换一次，只有 4 位有投票权）

FOMC 几乎每 6 周召开一次会议，回顾经济情况并决定纽约美联储将要采取的行动。

美联储的权力中心

对美联储正式机构的描述给人的印象是：美联储的权力归于理事会。实际上，对美联储的货币政策行为影响最大的是理事会主席，而且，一些有名的人已担任过这一职务。现任主席是普林斯顿大学前经济学教授本·伯南克，他在 2006 年由布什总统任命。他的前任是艾伦·格林斯潘（1987~2006 年）和保罗·沃尔克（1979~1987 年）。

主席的权力和影响来源于三个方面：第一，主席控制会议日程并主导 FOMC 会议。第二，平时经常与向主席提

图 25.2 联邦储备体系

myeconlab

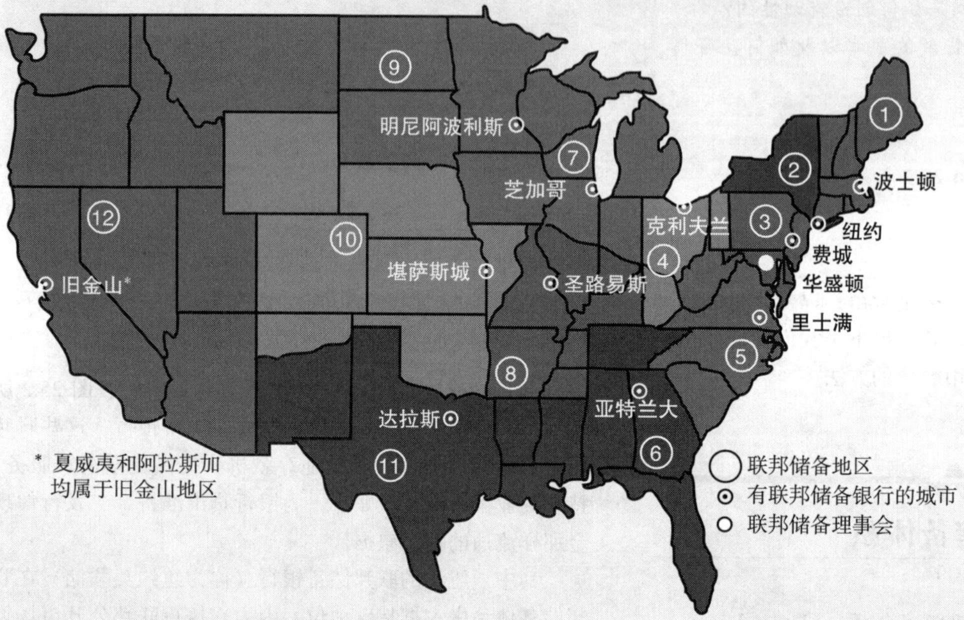

全美国分为 12 个联邦储备地区，每个地区有一家联邦储备银行。（一些较大的地区还有分行。）联邦储备体系理事会位于华盛顿特区。

资料来源：*Federal Reserve Bulletin.*

供货币政策详细知识背景的许多经济学家和其他技术专家接触。第三，主席是美联储的发言人，并且是美联储与总统和政府以及与外国政府及其中央银行接触的主要代表。

美联储的政策工具

联邦储备体系有许多责任，但我们将考查它惟一最重要的责任：监控全美国波动的货币量。美联储怎样控制货币数量呢？它是通过调整银行系统的准备金来控制货币供给。它还通过调整系统准备金并随时准备对银行进行贷款来防止银行破产。美联储主要利用 3 种政策工具来达到其目标：

- 法定准备金率
- 贴现率
- 公开市场操作

法定准备金率 所有的存款机构都被要求把存款的一个最低百分比作为准备金。这一最低百分比被称为**法定准备金率**（required reserve ratio）。美联储决定每一类存款的法定准备金率。2006 年，要求银行对 780 万美元至 4 830 万美元之间的支票存款持有的最低准备金为存款的 3%，存款超过 4 830 万美元时，最低准备金为 10%，其他类型的存款法定准备金为零。

贴现率 **贴现率**（discount rate）是美联储随时准备贷准备金给存款机构的利率。贴现率的变动要由 12 个联邦储备银行中至少一个理事会向 FOMC 提出，并得到美联储理事会的批准。

公开市场操作 **公开市场操作**（open market operation）是指美联储在公开市场买卖美国政府有价证券——美国国库券和债券。当美联储在公开市场上操作时，它与银行或一些其他企业进行交易，但不与联邦政府进行交易。

图 25.3 概括了美联储的组织结构和政策工具。为了了解这些工具是如何运作的，我们需要了解美联储的的资产负债表。

美联储的资产负债表

表 25.2 是 2006 年 6 月美联储的资产负债表。左边的资产是美联储所拥有的东西，右边的负债是它所欠的东

图 25.3　美联储的结构

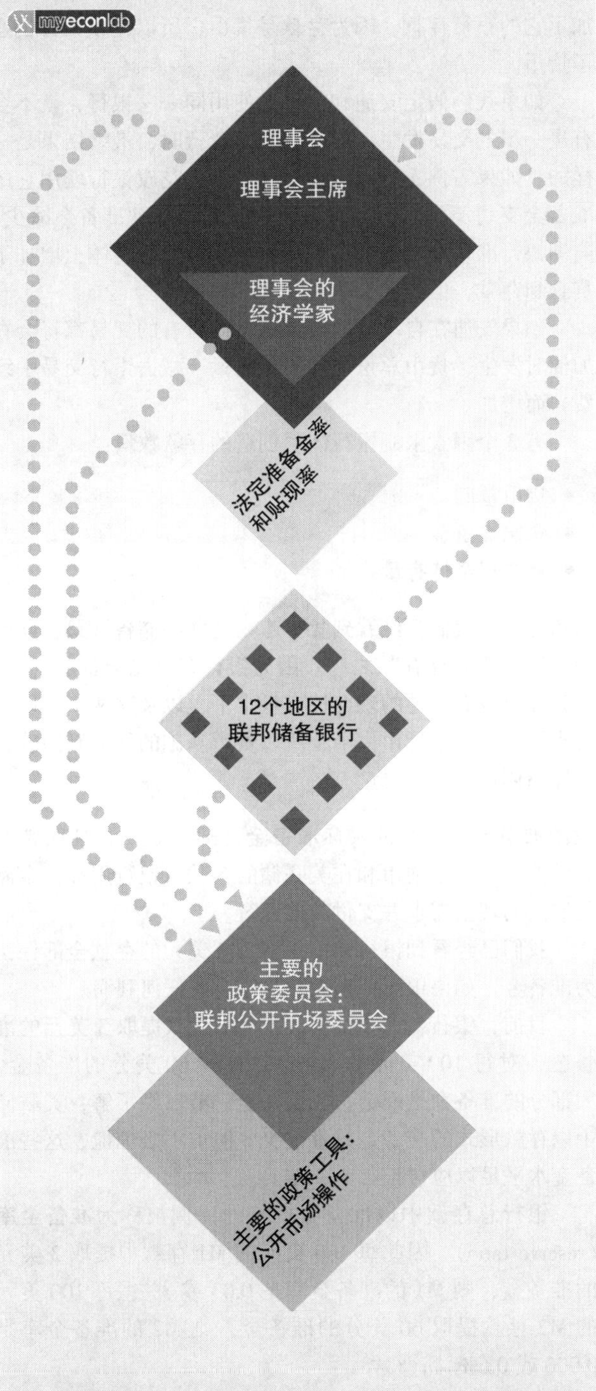

理事会确定法定准备金率，并根据 12 个联邦储备银行的建议确定贴现率。理事会和地区联邦储备银行总裁在 FOMC 上决定公开市场操作。

西。美联储的三种主要资产是：

1. 黄金和外汇
2. 美国政府有价证券
3. 对银行的贷款

黄金和外汇是美联储所持有的国际储备，包括其他央行的存款以及美联储在国际货币基金组织拥有的特别提款权。

美联储的主要资产是政府证券，其中包括短期国库券和长期国债。

当银行准备金不足时，可以从美联储借入准备金，这些准备金在联邦储备体系的资产负债表中以“对银行的贷款”构成资产。

美联储的资产是它的负债的后盾，其负债包括：

1. 联邦储备钞票
2. 银行的存款

联邦储备钞票是我们在日常交易中用的美元钞票。其中一些被公众持有，另一些在银行和其他金融机构的现金箱和金库里。银行的存款是银行准备金的一部分。

你可能感到奇怪的是，为什么联邦储备的钞票被作为美联储的负债。在发行银行券时，这些银行券赋予所有者对发行银行黄金储备的索取权。这些银行券是可转换的纸币，其持有者可以随时按有保障的价格把银行券转换成黄金（或其他的产品，比如白银）。因此，当银行发行银行券时，它就使自己拥有把银行券转换成黄金或白银的负债。现代银行券是不可转换的。不可转换的钞票是不能转换成任何产品的银行券，它的价值来自政府的法令——因此被称为“法定货币”。这些钞票是发行它们的银行的法

表 25.2　美联储 2006 年 6 月的资产负债表

资　产（10 亿美元）		负　债（10 亿美元）	
黄金和外汇	13	联邦储备钞票	754
美国政府有价证券*	762	银行的存款	21
对银行的贷款	—		—
总资产	775	总负债	775

* 包括其他（净）资产

资料来源：Federal Reserve Board.

定负债，它们以持有的有价证券和贷款为基础。联邦储备钞票以美联储持有的美国政府有价证券为基础。

美联储的负债和流通中的硬币（硬币由财政部发行，不属于美联储的负债）共同构成了货币基础。也就是说，**货币基础**（monetary base）是联邦储备钞票、硬币和银行在美联储的存款的总和。之所以称作“货币基础”，是因为它作为支持一国货币供给的基础在起作用。当货币基础变化时，像你所看到的那样，货币供给量也在变化。

复习测验

1. 美国的中央银行是什么？它的职能是什么？
2. 由谁任命美联储理事会成员及主席，他们的任期是多长？
3. 联邦储备体系的3个政策工具是什么？
4. 什么是联邦公开市场委员会？其主要职能是什么？

myeconlab **Study Plan 25.3**

接下来，我们看看银行体系（联邦储备体系和银行）是怎样创造货币的。

银行如何创造货币

银行创造货币。但这并不是指它们在充满烟雾的屋子里繁忙地造假币。请记住，大多数货币是存款而不是通货。银行所创造的是存款，而且他们通过贷款创造存款。

通过贷款创造存款

研究银行货币创造的最简单方法就是考虑当拥有花旗银行发行的Visa卡的安迪用Visa卡买一箱雪佛龙的汽油时会发生什么。当安迪在销售账单上签字时，他从花旗银行贷了款，并有义务在以后偿还该贷款。在交易日的最后一天，雪佛龙的职员携带许多已签字的信用卡销售账单（包括安迪的）来到雪佛龙的银行。我们暂时假定雪佛龙在花旗银行有账户。花旗银行会立即按照账单的金额（扣除银行手续费）贷记雪佛龙的账户。

可以看到，这些交易已经为银行创造了存款和贷款。安迪增加了他的贷款数额（他的信用卡余额），雪佛龙增加了它的银行存款。因为存款是货币，所以花旗银行创造了货币。

如果我们假定安迪和雪佛龙使用同一家银行，就不会有进一步的交易发生。当涉及两家银行时，最终结果是一样的。如果雪佛龙的银行是美洲银行，花旗银行就用它的准备金支付美洲银行。花旗银行贷款增加，准备金减少；美洲银行准备金增加，存款减少。银行体系整体上增加了贷款和存款，但准备金不变。

如果安迪在自动付款机上刷卡，所有的交易都将会在加油时发生，货币总量将随购买数量（减去银行交易手续费）而增加。

有3个因素限制银行体系创造的存款数量：

- 货币基础
- 意愿准备金
- 意愿现金持有量

货币基础 我们已经看到货币基础是联邦储备钞票、硬币和银行在美联储存款之和。因为银行有意愿准备金水平，家庭和企业有意愿的现金持有量水平，以及这两个预期持有水平都依赖于货币供给，所以货币基础的规模制约着银行体系创造的货币总量。

意愿准备金 银行的实际**准备金**（reserves）包括联邦储备钞票、金库中硬币和在美联储的存款。银行用准备金满足储户的现金需求并支付其他银行。

我们已经看到银行并不是将100美元的存款全部保留为准备金。如果银行那样做，将不会有任何利润。

目前，银行对每100美元的M1存款提取3美元的准备金，对每100美元的M2存款提取60美分的准备金。大部分的准备金是现金。我们在上一节已经了解，美联储中以存款形式的准备金数量很少。但也不必惊慌，这些准备金水平足以应付正常业务需要。

银行总存款中以准备金持有的比例被称为**准备金率**（reserve ratio）。因此每100美元的M1存款中提取3美元的准备金，则M1的准备金率是0.03或3%；每100美元的M2存款提取60美分的准备金，则M2的准备金率是0.006或0.6%。

银行的意愿准备金是它所希望持有的准备金。法律要求银行持有不低于银行总存款特定百分比的准备金，这一百分比被称为法定准备金率。

意愿准备金率（desired reserve ratio）是银行希望持有的准备金与存款的比例。在银行日常业务需要的基础上，意愿准备金率超过法定准备金的多少由银行想要节约的数量决定。

当银行的顾客存款或取款时，银行准备金率发生变化。如果存款，准备金和存款增加相同的数量，因此银行准备金率提高；类似地，如果取款，准备金和存款减少相同的数量，准备金率随之降低。

银行的**超额准备金**（excess reserves）是实际准备金减去意愿准备金。只要银行有超额准备金，它们就可以创造货币。当银行准备金盈余时就增加存贷款，当准备金不足，即意愿准备金超过实际准备金时减少存贷款。

但是意愿准备金率越大，银行能从给定的货币基础中创造的存款和货币数量就越少。

意愿现金持有量 我们以现金和银行存款的形式持有货币。以现金形式持有的货币比例并不是不变的。但在给定时间内，人们对每种货币形式的持有数量还是很明确的。

2006 年，对每 1 美元的 M1 存款，我们持有 1.2 美元的现金，每 1 美元的 M2 存款持有 12 美分的现金。

因为家庭和企业想要持有一定比例的现金，当银行存款总量增加时，他们想持有的现金量也增加。因为存款增加时，预期现金持有量也增加，所以当贷款发生和存款增加时，银行的现金减少。我们把现金从银行系统的渗出称为现金漏损。并且称现金漏损与存款之比为**现金漏损率**（currency drain ratio）。

现金漏损率越大，银行系统从给定货币基础中创造的存款和货币量就越少。

货币创造过程

当货币基础增加和银行体系有超额准备金时，货币创造过程开始。这些超额准备金来自于联邦储备体系从银行所购买的有价证券（参见 31 章，具体阐述了联邦储备体系如何进行公开市场操作这一购买业务）。

当联邦储备体系从银行购买有价证券时，银行准备金增加，但存款不变。因此银行有超额准备金，并把它们放贷出去。一系列的事件持续发生。

这一过程一直持续反复，直到所有的准备金都是法定准备金，而超额准备金消失时，共需要 9 个步骤：

1. 银行有超额准备金
2. 银行贷出超额准备金
3. 银行存款增加
4. 货币供给增加
5. 用新货币进行支付
6. 一些新货币仍然在银行存款中
7. 一些新货币属于现金漏损
8. 意愿准备金因存款增加而增加
9. 超额准备金减少，但仍然是正的

这个过程在一系列轮回中反复，但每一轮开始时超额准备金的量都小于前一轮。当超额准备金最终消失时，这一过程结束。图 25.4 阐述了这一过程。

为了使货币创造过程更加具体，让我们来看一个例子。在银行体系中每个银行的法定准备金率是 10%，现金漏损率是 50%或 0.5。（尽管这些比率比美国实际经济中的要大，但它们使这一过程迅速结束，并让你清楚地了解该原理的运行过程 。）

图 25.5 将跟踪这些数字。这一过程从当只有一家银行有 10 万美元的超额准备金，其他所有银行的准备金为零时开始。当银行贷出 10 万美元的超额准备金时，33 333 美元漏损，并由银行以外的人作为现金持有。另外的 66 667 美元仍作为存款存在银行。货币数量现在增加了 10 万美元——存款增加加上持有现金的增加。

增加的 66 667 美元的银行存款引起其 10%的意愿准备金增加，即 6 677 美元。随着存款增加 66 667 美元，实际准备金也增加相同数额。因此，银行现在有超额准备金 60 000 美元。在这个阶段，我们经历了图 25.4 所示的循环第一轮。我们刚才描述的过程会反复进行，但以 60 000 美元的超额准备金开始。图 25.5 表示下两轮。在这个过程结束时，货币总量以货币基础增加的乘数倍增加。在这种情况下，增加的 250 000 美元是货币基础的 2.5 倍。

货币乘数

图 25.5 的序列是过程的前四个阶段，它最终达到流动记录中最后一行所显示的总数。为了说明整个过程，深入分析图中的数字。开始时准备金增加 100 000 美元（记为 A）。在每个阶段，贷款是上一次贷款的 60%，货币数量相应比前期增加 0.6 倍。把这一比例记为 L（$L = 0.6$）。我们可以把货币量增加的完整序列写为：

$$A + AL + AL^2 + AL^3 + AL^4 + AL^5 + \cdots$$

记住，L 是一个比例，因此，在这个序列中的每一个

图 25.4 银行系统如何通过贷款创造货币

myeconlab

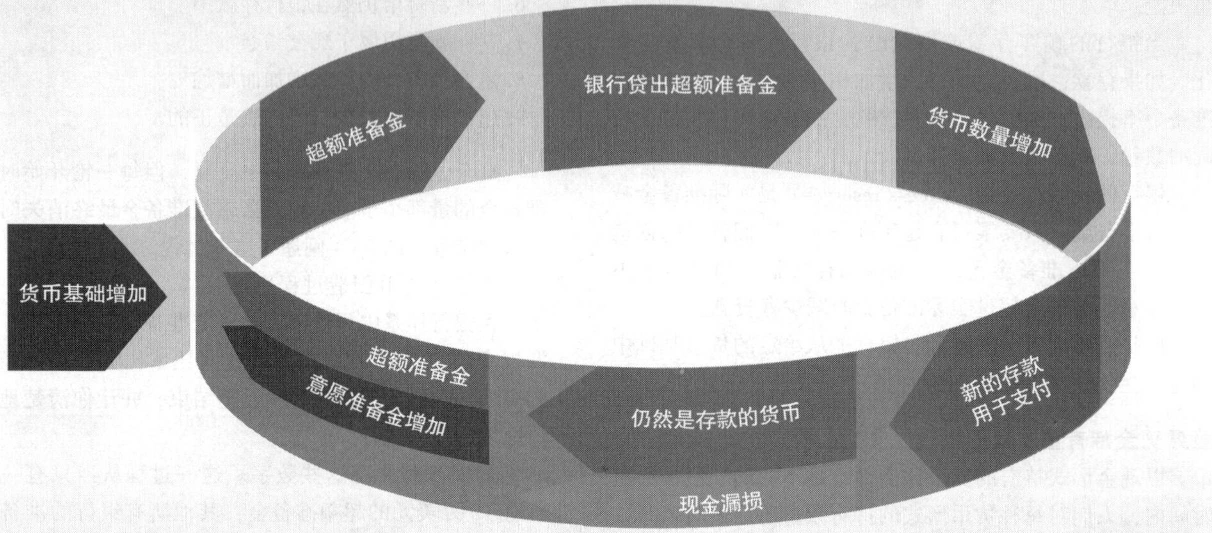

美联储增加了货币基础，这增加了银行准备金，也创造了超额准备金。银行贷出超额准备金，新的存款被创造出来，货币供给增加。新的存款用来支付。这些新增货币中的一部分仍以存款的形式存在银行，一部分以现金漏损的形式流出银行。银行存款增加导致了银行的意愿准备金的增加。但是银行仍然存在超额准备金，尽管比以前小了。这个过程一直反复进行，直到超额准备金消失为止。

阶段，新增贷款和新增货币的总量越来越小。在该过程结束时，所进行的贷款和所创造的货币的总量是该序列的和，即[1]

$$A/(1-L)$$

如果我们用例子中的数字，货币数量的总增加是：

$$\begin{aligned}
&100\ 000\text{ 美元} + 60\ 000\text{ 美元} + 36\ 000\text{ 美元} + \cdots \\
&= 100\ 000\text{ 美元}\ (1 + 0.6 + 0.36 + \cdots\cdots) \\
&= 100\ 000\text{ 美元}\ (1 + 0.6 + 0.6^2 + \cdots\cdots) \\
&= 100\ 000\text{ 美元} \times 1/(1-0.6) \\
&= 100\ 000\text{ 美元} \times 1/(0.4) \\
&= 100\ 000\text{ 美元} \times 2.5 \\
&= 250\ 000\text{ 美元}
\end{aligned}$$

货币乘数（money multiplier）是货币总量变化与货币基础变化的比率。这里，货币基础增加 100 000 美元，货币总量增加 250 000 美元，所以货币乘数是 2.5。

货币乘数的扩大取决于意愿准备金率和现金漏损率。记货币基础为 MB，货币总量为 M，当没有超额准备金时，

$$MB = \text{意愿现金持有量} + \text{意愿准备金}$$

或者

$$M = \text{存款} + \text{意愿现金持有量}$$

记现金漏损率为 a，意愿准备金率为 b，则

---

[1] 这一序列的值被称为收敛几何级数。为了找出这种级数的总和，从求出总和 S 开始。然后把总和写为：

$$S = A + AL + AL^2 + AL^3 + AL^4 + AL^5 + \cdots$$

乘以 L 得出：

$$LS = AL + AL^2 + AL^3 + AL^4 + AL^5 + \cdots$$

然后从第一式中减去第二式得出：

$$S(1-L) = A$$

或者

$$S = A/(1-L)$$

图 25.5　创造货币的过程：一个例子

myeconlab

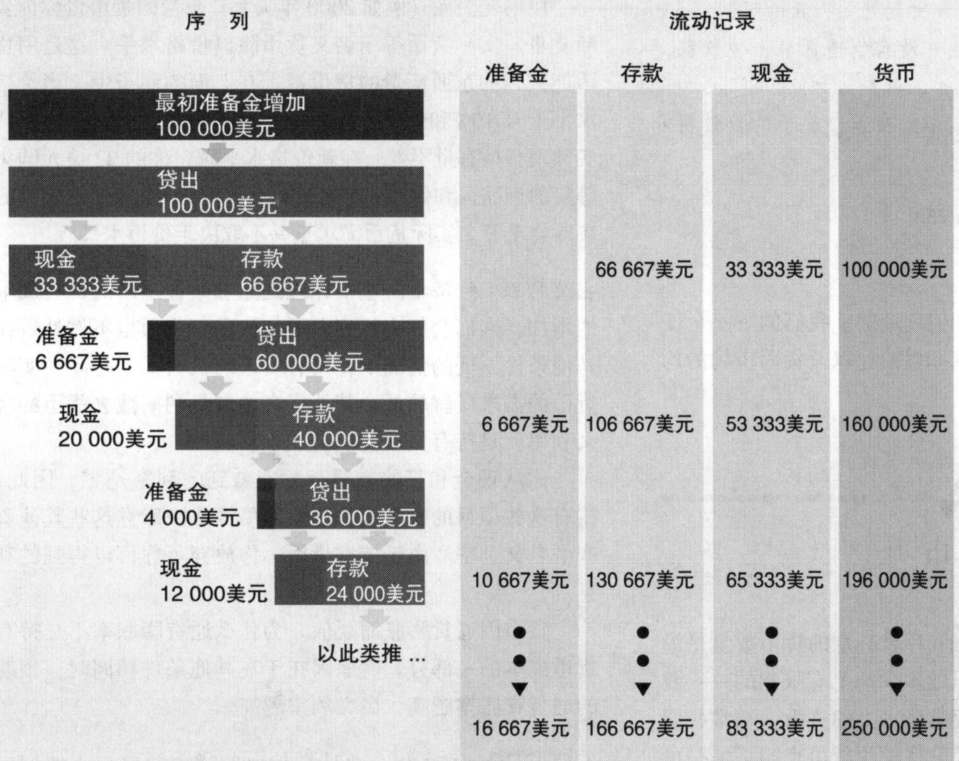

当美联储为银行提供的准备金增加 100 000 美元时，银行贷出这些准备金。在贷出的量中，33 333 美元（33.33%）以现金漏损流出银行，66 667 美元作为存款留下。随着存款的增加，意愿准备金增加了 6 667 美元(意愿准备率 10%)，银行贷出 60 000 美元。在这 60 000 美元中，20 000 美元以现金漏损流出银行，40 000 美元作为存款留下。这个过程反复进行，直到银行创造出了足够的存款来消除其超额准备金时为止。增加的 100 000 美元准备金创造了 250 000 美元货币。

$$意愿现金持有量 = a \times 存款$$
$$意愿准备金 = b \times 存款$$
$$MB = (a + b) \times 存款$$
$$M = (1 + a) \times 存款$$

货币基础的变化量称为 ΔMB，而货币的变化量称为 ΔM，则

$$\Delta MB = (a + b) \times 存款的变化$$
$$\Delta M = (1 + a) \times 存款的变化$$

上述两式相除，可得

$$货币乘数 = \frac{(1 + a)}{(a + b)}$$

如果把图 25.5 的值（$a = 0.5$，$b = 0.1$）应用此例

$$货币乘数 = \frac{(1 + 0.5)}{(0.5 + 0.1)} = \frac{1.5}{0.6} = 2.5$$

美国的货币乘数

美国的货币乘数可以用美国经济中 a 和 b 的值套用上述公式得到。

因为我们对货币的定义有两个：M1 和 M2，也就有两个货币乘数。2006 年，对于 M1 的数字是 $a = 1.20$，$b = 0.03$。因此：

$$\text{M1 乘数} = (1+1.20)/(1.20 + 0.03) = 2.20 / 1.23 = 1.8$$

2006 年，对于 M2 来说：$a = 0.12$，$b = 0.006$，因此：

$$\text{M2 乘数} = (1+0.12)/(0.12 + 0.006) = 1.12 / 0.126 = 8.9$$

复习测验

1. 银行体系是如何创造货币的?
2. 银行体系创造的货币数量要受到哪些因素的限制?
3. 一个银行经理告诉你,他并没有创造货币,他仅仅是贷出人们存在银行的货币。解释他为什么错了。
4. 如果人们决定减持现金,增加存款,货币的数量将如何改变?

myeconlab **Study Plan 25.4**

现在我们知道了货币是如何创造的。我们的下一个任务是学习货币“市场”的需求和供给,以及货币市场的均衡。

货币市场

我们愿意得到的劳动报酬和存款利息的货币数量是没有限制的。但是对于货币存量的多少却是有限制的——我们钱包中的货币或者在银行存款账户上的货币。通常我们喜欢持有货币,而不愿意花掉它或使用货币来购买那些可以带来收益的资产。货币的需求量是人们计划持有的货币存量。持有的货币量必须等于货币的供给量,而促进这个等式的动力来源于货币市场对经济的强有力的影响。我们将在本章的剩余部分分析。

首先,我们需要说明什么决定着人们计划持有货币的数量。

影响货币持有量的因素

人们计划持有货币的数量取决于4个主要因素:

- 价格水平
- 名义利率
- 实际 GDP
- 金融创新

价格水平 用美元衡量的货币量就是名义货币量。在其他条件不变的情况下,名义货币需求量与价格水平是成比例的。在其他条件不变的情况下,如果价格水平增加10%,人们就会比以前多持有10%的名义货币。如果为了每周看电影和买软饮料,你需要持有20美元,如果电影和软饮料的价格——以及你的工资率——提高了10%,你就要把你的货币持有量增加到22美元。

用不变美元(例如2000年美元)衡量的货币量称为实际货币。实际货币等于名义货币除以价格水平。这是用货币能买到的东西衡量的货币量。在上面的例子中,当价格水平上升10%和你的平均现金持有量增加10%时,你保持实际现金持有量不变。在新价格水平时,你的22美元购买等量的产品,和你在原来的价格水平时的20美元是同样的实际货币量。实际货币需求量并不取决于价格水平。

名义利率 经济学的基本原理是随着某种东西的机会成本的增加,人们会努力找到它的替代品。货币也不例外。在其他条件不变的情况下,持有货币的机会成本越高,实际货币的需求量就越低。其他资产的名义利率减去货币的名义利率就是持有货币的机会成本。

你从现金和某些支票存款能赚到的利率是零。因此,持有这些项目的机会成本是储蓄债券或国库券这些其他资产的名义利率。由于持有货币,你放弃了你可以得到的利息。

货币因通货膨胀而贬值。为什么通货膨胀率不是持有货币成本的一部分?其原因在于在其他条件相同时,预期的通货膨胀率越高,名义利率越高。

实际 GDP 家庭和企业计划持有的货币量取决于他们的支出量,而整个经济的货币需求量取决于总支出——实际GDP。

再假设你平均持有20美元就是为了每周看电影和买软饮料。现在设想这些产品与所有其他产品的价格不变,但你的收入增加了。结果,你现在支出多了,而为了给更高支出量筹资所需要在手头持有的货币量也多了。

金融创新 技术变革和新金融产品的出现改变了持有的货币量。金融创新包括:

1. 按日计息的支票存款
2. 支票与储蓄存款之间的自动转账
3. 自动取款机
4. 信用卡和借记卡
5. 网上银行和票据支付

这些创新的出现,是因为计算能力的发展降低了记账成本和保持记录的成本。

我们用货币需求曲线概括这些因素对货币持有量的影响。

货币需求

货币需求（demand for money）是当影响人们希望持有的货币量的所有其他因素不变时，实际货币需求量与名义利率之间的关系。

图 25.6 表示货币需求曲线 *MD*。在其他条件不变的情况下，当利率上升时，持有货币的机会成本增加，而货币实际需求量减少——存在沿着货币需求曲线的向上移动。同样，当利率下降时，持有货币的机会成本减少，货币实际需求量增加——存在沿着货币需求曲线的向下移动。

当某些因素影响到货币持有量改变而不是利率改变时，货币需求量将会改变，货币需求曲线将会移动。让我们研究这些移动。

货币需求曲线的移动

实际 GDP 变动或金融创新改变了货币需求并使实际货币需求曲线移动。

图 25.7 说明了货币需求的变动。实际 GDP 的减少降低了货币需求，并使货币需求曲线从 MD_0 向左移动到 MD_1。实际 GDP 增长有相反的影响：它增加了货币需求，并使需求曲线从 MD_0 向右移动到 MD_2。

金融创新对货币需求曲线的影响更为复杂。它会减少现金的需求，并增加某些类型存款的需求，减少其他类型存款的需求。但是一般而言，金融创新会减少货币需求。

我们将通过研究美国的货币需求来考查实际 GDP 变化和金融创新的影响。

美国的货币需求

图 25.8 表示 1970~2005 年间美国的利率与实际货币需求量之间的关系。每一个点表示某一年的利率与实际货币持有量。在 1970 年，M1 的需求曲线（a 幅）是 MD_0。20 世纪 70 年代初，信用卡的普及减少了对 M1（现金和支票存款）的需求，并使 M1 的需求曲线向左移动到 MD_1。但在这些年间，实际 GDP 增长增加了对 M1 的需求，到 1994 年，M1 的需求曲线向右移动到 MD_2。信用卡

图 25.6　货币需求

myeconlab

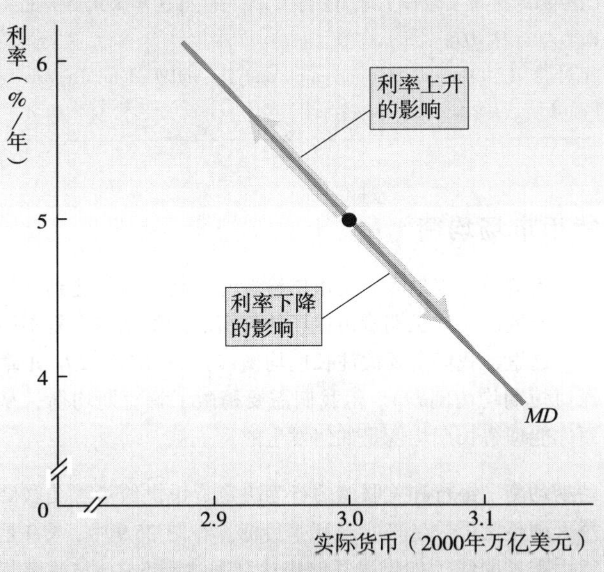

货币需求曲线 *MD* 表示其他条件不变的情况下，人们计划持有的实际货币量与利率之间的关系。利率是持有货币的机会成本。利率变动引起沿着需求曲线的移动。

图 25.7　货币需求的变化

myeconlab

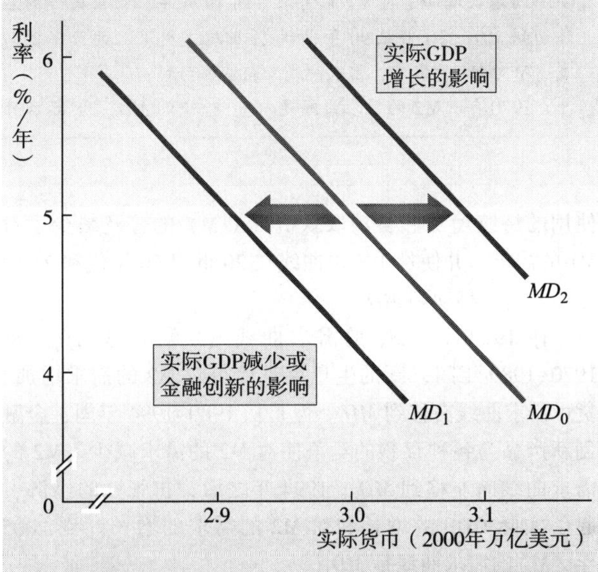

实际 GDP 减少降低了货币需求，并使需求曲线从 MD_0 向左移动到 MD_1。实际 GDP 增长增加了货币需求，并使需求曲线从 MD_0 向右移动到 MD_2。金融创新通常引起货币需求减少。

图 25.8 美国的货币需求

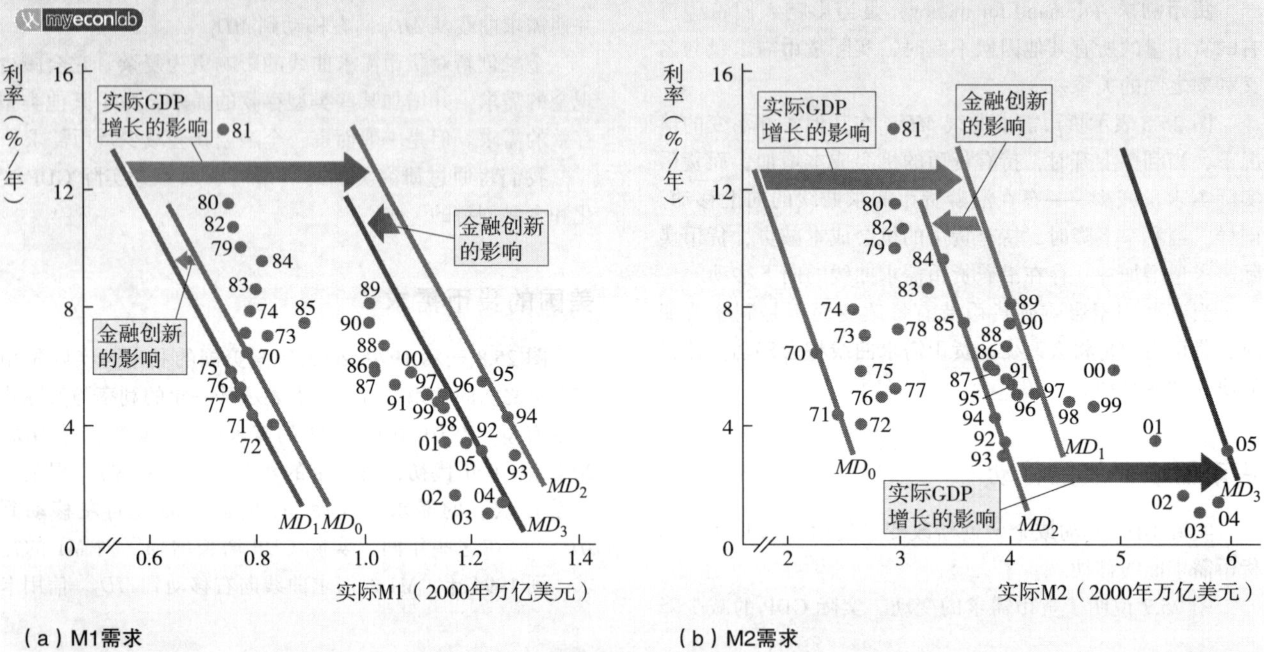

各点表示 1970~2005 年间每年的实际货币量与利率。在 1970 年，M1 需求是（a）幅中的 MD_0。在 70 年代初期，由于金融创新 M1 的需求减少，需求曲线向左移动到 MD_1。但实际 GDP 的增长增加了对 M1 的需求，到 1994 年，需求曲线向右移动到 MD_2。20 世纪 90 年代到 21 世纪，更深入的金融创新减少了对 M1 的需求，需求曲线又向左移动到 MD_3。

1970 年，M2 的需求曲线是（b）幅中的 MD_0。实际 GDP 的增长增加了对 M2 的需求，到 1989 年，需求曲线向右移动到 MD_1。在 20 世纪 90 年代初期，M2 的新替代品减少了对 M2 的需求，需求曲线向左移动到 M2。但在 90 年代后期，实际 GDP 的迅速增长增加了对 M2 的需求，到 2005 年需求曲线又向右移动到 MD_3。

资料来源：Bureau of Economic Analysis and Federal Reserve Board.

使用的持续增加和自动取款机（ATM）的普及减少了对 M1 的需求，并使货币需求曲线在 20 世纪 90 年代和 21 世纪初又向左移动到 MD_3。

在 1970 年，M2 的需求曲线（b 幅）是 MD_0。从 1970~1989 年间，新的生息存款使得对 M2 的需求增加，货币需求曲线右移到 MD_1。但是从 1989~1994 年间，金融创新产品与各种存款的竞争使对 M2 的需求减少。M2 的需求曲线向左移到 MD_2。1994 年之后，扩张性的经济引起了实际 GDP 的增长和对 M2 的需求的增长。到 2005 年，M2 的需求曲线是 MD_3。

现在我们知道了什么决定货币需求。而且，我们已经看到了银行系统如何创造货币。接下来，我们来看看货币市场是如何达到短期和长期均衡的。

货币市场均衡

当货币需求量等于货币供给量时，货币市场达到了均衡。导致短期和长期货币市场的均衡的调整基本上是不同的。这里，我们主要关注长期均衡（我们将在第 27~31 章探讨短期均衡问题）。但我们需要稍微了解短期均衡，从而你能理解长期均衡是如何发生的。

短期均衡 银行和美联储的行为决定货币供给量。美联储每天调整货币数量来实现利率目标。在图 25.9 中，*MD* 是货币需求曲线，如果美联储想让利率达到 5%，它调整货币数量，使得实际货币供给量为 3 万亿美元，货币供给曲线是 *MS*。

均衡利率是 5%。如果利率是 6%，人们将愿意持有

图 25.9　货币市场均衡

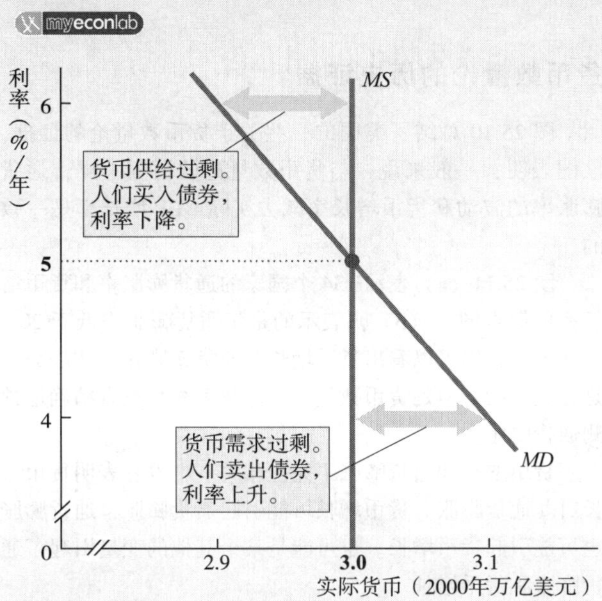

当货币需求量与货币供给量相等时，货币市场达到均衡。

短期：在短期中，给定实际货币数量和实际 GDP，通过调整利率来达到达衡，在这里为每年 5%。

长期：在长期中，可贷资金市场上的供给与需求决定利率，实际 GDP 等于潜在 GDP，通过调整价格水平使得实际货币的供给量与需求量相等，在这里为 3 万亿美元。

比现在更少的货币。他们将买入债券，从而提高它们的价格，使得利率下降。如果利率是 4%，人们将愿意持有更多的货币。他们会卖出债券，从而降低它们的价格，使得利率上升。

长期均衡　在长期中，可贷资金市场的供求决定利率。名义利率等于均衡利率加预期通胀率。影响货币需求的实际 GDP 等于潜在 GDP。因此，价格水平是长期中惟一需要调整的变量。价格水平的调整使实际货币供给量等于需求量。如果美联储改变名义货币数量，价格水平在长期内会与名义货币量以同样的比例变动。在长期中，价格水平的变化与货币数量的变化是成比例的。

复习测验

1. 影响个人和企业计划持有的实际货币数量的主要因素是什么？
2. 名义利率的变化如何改变货币需求量？你如何利用货币需求曲线表示这一影响？
3. 实际 GDP 的变化如何改变货币需求？你如何用货币需求曲线表示这一影响？
4. 金融创新如何改变对 M1 和 M2 的需求？
5. 短期和长期货币市场均衡是怎样决定的？

myeconlab **Study Plan 25.5**

让我们对货币和价格水平之间的长期联系做一个全面的探讨。

货币数量论

从长期来看，价格水平的调整使得实际货币需求量等于实际货币供给量。一个专门介绍价格水平和通货膨胀的理论——货币数量论，解释了价格水平的长期调整。

货币数量论（quantity theory of money）是长期中货币量增加引起价格水平同比例上升的观点。为了解释货币数量论，我们首先需要定义货币流通速度。

货币流通速度（velocity of circulation）是一美元货币每年用于购买组成 GDP 的产品与服务的平均次数。GDP 等于价格水平（P）乘以实际 GDP（Y）；即：

$$GDP = PY$$

用 M 代表货币量。货币流通速度 V 由下式决定：

$$V = PY/M$$

例如，如果 GDP 是 10 000 亿美元（PY = 10 000 亿美元），货币量是 2 500 亿美元，货币流通速度就是 4。

根据货币流通速度的定义，交易方程式告诉我们 M、

V、P和Y是如何联系的。这个等式是：

$$MV = PY$$

在既定的货币流通速度定义时，这个方程式总是正确的——根据定义它是正确的。如果货币量不影响货币流通速度或实际 GDP，交易方程式就变成了货币数量论。在这种情况下，交易方程式告诉我们，从长期来看，价格水平由货币数量决定。这就是：

$$P = M\ (V/Y)$$

这里(V/Y)与M无关。因此，货币量变化一个单位会引起价格水平同比例变化。

我们也可以用增长率来表示交易方程式，[1] 它的形式表示如下：

货币增长率 + 货币流通速度变化率
　　= 通货膨胀率 + 实际 GDP 增长率

求出通货膨胀率为：

通货膨胀率 = 货币增长率 + 货币流通速度变化率
　　　　　　 − 实际 GDP 增长率

从长期来看，货币流通速度变化率不受经济增长率的影响。进一步说，从长期来说，货币流通速度变化率接近于零。在这个假设下，通货膨胀率从长期来讲由以下因素决定：

通货膨胀率 = 货币增长率 − 实际 GDP 增长率

从长期来看，通货膨胀率的波动等于货币增长率的波动减去实际 GDP 的增长率。

也就是说，从长期来看，经济在充分就业的水平上，实际 GDP 等于潜在 GDP，所以实际 GDP 增长率等于潜在 GDP 的增长率。经济增长率可能会受通货膨胀的影响，但是这个影响是很微小的，货币数量论假设影响程度为零。因此，当货币增长率变化时——通货膨胀与货币增长有关，实际 GDP 增长率是给定的，并且是不变的。

货币数量论的历史证据

图 25.10 总结了美国的一些关于货币数量论的证据。该图表明，一般来说，与货币数量论的预测一样，通货膨胀率的波动和货币增长率减去实际 GDP 增长率是一致的。

图 25.11（a）表示 134 个国家的通货膨胀率和货币增长率的散点图。（b）幅表示的是年通货膨胀率低于 20% 的国家。我们可以看出货币增长和通货膨胀在总体趋势上是相关性的，但是货币数量论（深灰色线）没有精确地预测通货膨胀。

货币增长和通货膨胀不完全相关。也没有表明货币增长引起通货膨胀。货币增长可能引起通货膨胀，通货膨胀也可能引起货币增长。也可能是某个其他的变量引起了通货膨胀和货币增长。

图 25.10　美国的货币增长和通货膨胀

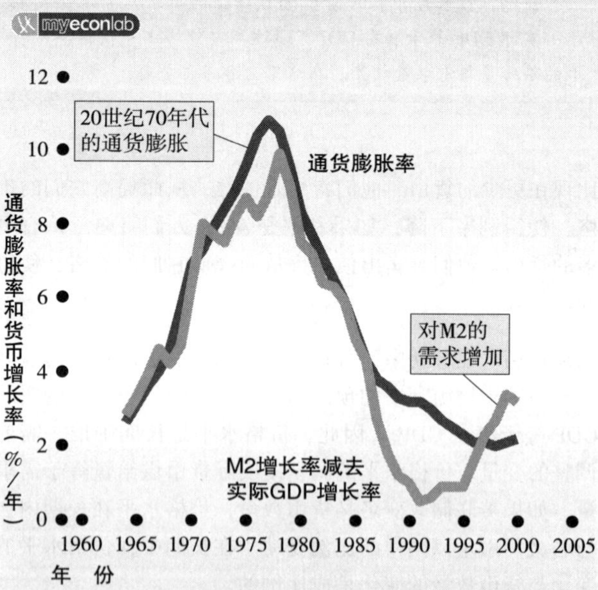

一般来说，通货膨胀率与货币增长率减实际 GDP 增长是相关的——它们同升同降。

资料来源：Federal Reserve and Bureau of Labor Statistics.

---

[1] 为了得到此等式，从 $MV = PY$ 开始。

接着根据等式改变这些变量为相关变量，

$$\Delta MV + M\Delta V = \Delta PY + P\Delta Y$$

用交易方程式除这个等式得到：

$$\Delta M/M + \Delta V/V = \Delta P/P + \Delta Y/Y$$

$\Delta M/M$ 是货币增长率，$\Delta V/V$ 是货币流通速度变化率，$\Delta P/P$ 是通货膨胀率，$\Delta Y/Y$ 是实际 GDP 增长率。

图 25.11　世界上的货币增长和通货膨胀

myeconlab

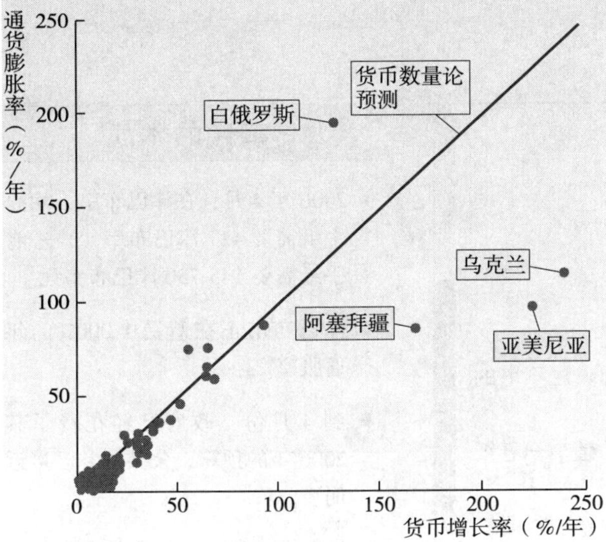

（a）134 个国家：1990~2005年

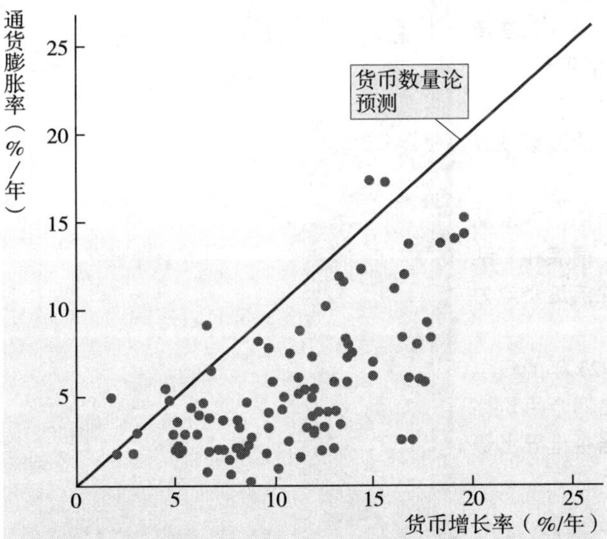

（b）104 个低通胀国家：1990~2005年

(a) 幅中 134 个国家的通货膨胀与货币增长，以及 (b) 幅中的低通胀国家表示货币增长与通货膨胀之间的明确的正相关关系。

资料来源：International Financial Statistics Yearbook, 2006 and International Monetary Fund,World Economic Outlook, April 2006.

复习测验

1. 什么是货币数量论？
2. 什么是货币流通速度？它是如何计算的？
3. 什么是交易等式？交易等式会出错吗？
4. 长期历史证据和国际证据向我们证明了货币数量论的哪些结论？

myeconlab **Study Plan 25.6**

现在我们知道了什么是货币，银行如何创造货币，以及货币数量如何在短期影响利率和在长期影响价格水平。阅读材料通过分析当今发生在津巴布韦的关于货币数量论的实例来结束本章。

内容提要

要　点

什么是货币

- 货币是支付手段。它的功能是作为交换媒介、计价单位和价值储藏。
- 今天，货币由现金和存款构成。

存款机构

- 商业银行、储蓄与贷款协会、储蓄银行、信用社和货币市场共同基金是以其存款作为货币的存款机构。
- 存款机构提供四种主要经济服务：它们创造流动性、使获得资金的成本最小、使监督债务人的成本最小以及分摊风险。

联邦储备体系

- 联邦储备体系是美国的中央银行。
- 美联储通过确定法定准备金率、确定贴现率和进行公开市场操作来影响货币数量。

银行如何创造货币

- 银行通过贷款创造货币。
- 能够创造的货币总量取决于货币基础、意愿准备金率和现金漏损率。

货币市场

- 货币需求量是人们计划持有的货币量。

阅读材料：事例与分析

津巴布韦的货币数量论

http://www.nytimes.com

津巴布韦的价格上升了 900%，日常用品成了奢侈品

2006 年 4 月 25 日

津巴布韦的通货膨胀有多么严重？考虑一下：在靠近破烂不堪的首府中心的一家超市中，手纸的价格是 417 津巴布韦元。

这并不是每卷的价格。417 津巴布韦元只是两叠纸的价值。一卷纸要 145 750 津巴布韦元——按照美元现金，大概要 69 美分。

手纸和这里的其他东西的价格日益飞涨。一个笑话就是 500 津巴布韦元的票据告急，它是现在流通中最小的单位。

但是事实并不是玩笑。有关津巴布韦的没有具体透露的数据显示：手纸、面包、黄油、肉以及甚至以前普遍存在的早茶杯子已经变成了不可思议的奢侈品。所有这些都是恶性通货膨胀带来的后果。现在津巴布韦的年通胀率为 1 000%，这个数字只有在战争期间才能见到。

在最近的十年里，津巴布韦都在遭受严重衰退和高通胀的双重考验，但是近几个月，经济已经失去了所有的靠岸点。2006 的国家预算已经被花费殆尽，政府的服务已经接近崩溃。

哈里雷（津巴布韦的首都——译者注）的饮用水的净化，本来从一个湖的下游的排水口导出，将近一个月已经不能使用。痢疾和霍乱在去年 12 月和今年 1 月席卷了整个城市，整个城市正在轮流遭受电力中断，成堆的没有收集的垃圾堆积在贫民区的街道上。

津巴布韦的通货膨胀并不是历史上最糟糕的——在1923 年的日尔曼德国，每月的价格要涨四倍，而津巴布韦每三个月或者四个月价格才翻一番。也就是说，专家承认津巴布韦的通货膨胀是当今世界上最高的，并持续了一段时间……

事件的本质

- 2006 年 4 月，在津巴布韦，两叠手纸需要 417 津巴布韦元，一卷手纸需要 145 750 津巴布韦元。
- 津巴布韦正在遭受 1 000%的年通胀率。
- 到 4 月份，政府已经花费了其 2006 年的预算，公共服务已接近崩溃。
- 津巴布韦的通货膨胀并不是历史上最高的，但却是当今世界上最高的。

经 济 分 析

▶ 货币数量论解释了通货膨胀的趋势。低的货币数量增长率保持低的通货膨胀。高的货币数量增长率带来高的通货膨胀。

▶ 当货币增长较快和通货膨胀率较高时，货币数量论最容易观察。

▶ 津巴布韦是当今世界上通胀率最高的国家。因此，它为现实中的货币数量理论提供了一个很好的案例。

▶ 在2006 年，年均通货膨胀率接近 1 000%，有些月份甚至超过了 1 000%。

▶ 为了更好地理解年通货膨胀率高达 1 000%，把它转变成月通货膨胀率。平均说来，每个月的价格上升 20%。一杯咖啡在 1 月份要花费 3 津巴布韦元，在 6 月份要花费 9 津巴布韦元，在12 月份要花费 27 津巴布韦元！

▶ 当人们预期价格快速上升的时候，他们预期其持有的货币价值快速下降。因此，他们消费并持有产品而不是货币。

▶ 货币流通速度开始上升。货币流通速度与货币数量无关，但是与货币增长率有关。

▶ 图 1 表示自2000 年以来，津巴布韦的通货膨胀率和货币增长率。

▶ 在2000~2005 年间，货币年增长率从略大于 100%提高到 475%。(津巴布韦的储备银行——国家中央银行——停止公布 2006 年的货币数据。)

▶ 通货膨胀率起初增长比较慢，从 2000 年的 50%到 2002 年的 100%。

▶ 2003 年，随着人们在价格上升太多之前开始卖掉货币并购买产品和服务，通货膨胀率有所下降。

▶ 通货膨胀率继续上升，直到 2006 年的某些月份，年通胀率高达 1 000%。

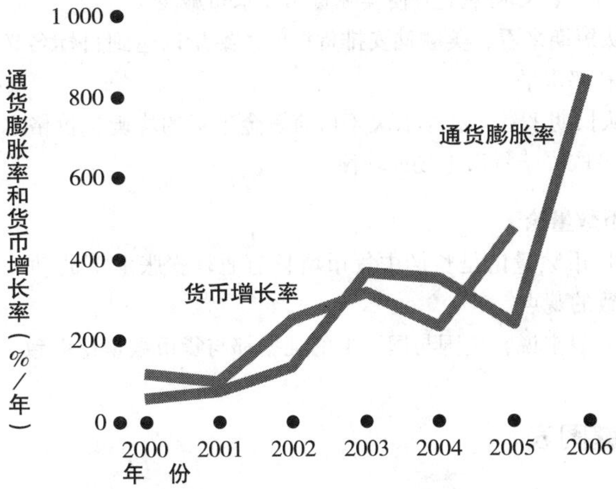

图1　货币增长和通货膨胀

▶ 到 2006 年，价格已经上升到这样的程度：很小的一个产品比如一叠手纸值数百津巴布韦元，大的产品比如一条牛仔裤值 10 000 000 津巴布韦元！

▶ 为了应付所有的零，津巴布韦储备银行开始启动“日出工程”，它重新定义津巴布韦元为去掉三个零。

▶ 用新的津巴布韦元，计价一条牛仔裤仅值 10 000 元。

▶ 津巴布韦储备银行发行的银行钞票是有时间限制的，在 2007 年 7 月 31 日之后，当一些“新的”津巴布韦元取代了旧的之后，旧的津巴布韦元将一文不值。

▶ 去掉三个零并不能解决津巴布韦的通货膨胀问题。它只是使人们更容易接受而已。

▶ 像津巴布韦这样的通货膨胀的发生并不是因为中央银行想制造通货膨胀。它的发生是因为政府不能够得到足够的税收收入，所以中央银行贷款给政府，这就意味着政府支出重新创造了货币。

- 实际货币量等于名义货币量除以价格水平。
- 实际货币需求量取决于名义利率、实际 GDP 和金融创新。名义利率上升使实际货币需求量减少。
- 从短期来看，美联储安排货币的供给量以达到目标名义利率水平。
- 从长期来看，利率取决于可贷资金市场的均衡，价格水平取决于货币市场的均衡。

货币数量论

- 货币数量论是长期中货币增长与通货膨胀上下波动一致的观点。
- 一般来说，美国与国际上的证据都与货币数量论一致。

关键图表

关键术语

货 币	支付手段
物物交换	现金
M1	M2
存款机构	联邦储备体系
中央银行	联邦基金率
联邦公开市场委员会	法定准备金率
贴现率	公开市场操作
货币基础	准备金
准备金率	意愿准备金率
超额准备金	现金漏损率
货币乘数	货币需求
货币数量论	货币流通速度

习 题

1. 在今天的美国，货币包括下列哪些项目：
   a. 花旗银行取款机中的联邦储备钞票
   b. 你的 Visa 卡
   c. 电话内的 25 分硬币
   d. 你钱包中的美元钞票
   e. 你刚刚为支付房租开出的支票
   f. 去年 8 月你为支付学费获得的贷款
2. 沙拉从她在 Lucky S&L 的储蓄账户上提取了 1 000 美元，她留了 50 美元现金，并把余额存入她在伊利诺伊银行的支票账户。M1 和 M2 的直接变动是多少？
3. 在 Zap 的商业银行中：
   准备金 2.5 亿美元
   贷款 10 亿美元
   存款 20 亿美元
   总资产 25 亿美元
   计算银行的预期准备金率。
4. New Transylvania 的银行的预期准备金率为 10%，没有超额准备金。现金漏损率为 50%。然后，中央银行增加了1 200 美元的银行准备金。
   a. 货币基础最初增加多少？
   b. 在第 1 轮的货币创造过程中银行贷出了多少？
   c. 最初的贷款中有多少没有回到银行而作为现金持有？
   d. 对发生的交易进行分类并计算创造的存款数量以及在货币创造过程中的第二轮之后增加的现金持有数量。
5. 给你有关“若克因”经济的下列信息：银行有存款 3 000 亿美元。银行的准备金是 150 亿美元，其中三分之二是存在中央银行的存款。家庭和企业持有钞票 300 亿美元。没有硬币！计算：
   a. 货币基础
   b. 货币数量
   c. 银行的准备金率（%）
   d. 现金漏损率（%）
6. 在第 5 题中，银行没有超额准备金。假设“若克因”银行——中央银行，增加了 5 亿美元的银行准备金。
   a. 货币数量会发生什么变化？
   b. 解释为什么货币数量的变化不等于货币基础的变化。
   c. 计算货币乘数。
7. 在第 5 题中，银行没有超额准备金。假设“若克因”银行，即中央银行，减少了 5 亿美元的银行准备金。
   a. 存款数量会发生什么变化？
   b. 现金数量会发生什么变化？
   c. 货币数量会发生什么变化？
   d. 计算货币乘数。
8. 在英国，现金漏损率是 0.38，且预期准备金率是

0.002。计算英国的货币乘数。

9. 在澳大利亚，M1 的数量是 1 500 亿美元，现金漏损率是 33%且预期准备金率是 8%。计算澳大利亚的货币基础。

10. 下表提供了有关“米龙”货币需求的信息。

	A	B	C
1	r	Y_0	Y_1
2	7	1.0	1.5
3	6	1.5	2.0
4	5	2.0	2.5
5	4	2.5	3.0
6	3	3.0	3.5
7	2	3.5	4.0
8	1	4.0	4.5

A 栏是名义利率 r。B 和 C 栏表示在两个不同实际 GDP 水平（Y_0 是 100 亿美元，Y_1 是 200 亿美元）下的货币需求量。货币数量是 30 亿美元。起初实际 GDP 是 200 亿美元。在“米龙”，如果年利率：

a. 超过 4%，

b. 小于 4%，

c. 等于 4%，

会出现什么情况？

11. 在第 10 题中，“米龙”的经济经历了一次严重的衰退。实际 GDP 减少到 100 亿美元。如果货币供给量不变。

a. 如果年利率是 4%，会出现什么情况？

b. 人们是买入债券还是卖出债券？

c. 利率将上升还是下降？为什么？

12. “克提柯”是一个货币数量论起作用的国家。该国人口、资本存量和技术不变。在第一年中，实际 GDP 是 4 亿美元，价格水平是 200，货币流通速度是 20。在第二年中，货币量比第一年多 20%。

a. 第一年的货币量是多少？

b. 第二年的货币量是多少？

c. 第二年的价格水平是多少？

d. 第二年的实际 GDP 水平是多少？

e. 第二年的货币流通速度是多少？

13. 在第 12 题中所描述的“克提柯”，在第三年，货币量减少到第二年水平的五分之一。

a. 第三年的货币量是多少？

b. 第三年的价格水平是多少？

c. 第三年的实际 GDP 水平是多少？

d. 第三年的货币流通速度是多少？

e. 如果货币数量论这个效应的发生需要一年以上，你预期在“克提柯”第三年的实际 GDP 会发生什么变化？为什么？

批判性思考

1. 研究阅读材料的含义，

a. 描述津巴布韦自 2000 年以来的货币增长率和通货膨胀率。

b. 为什么将所有价格去掉三个零还是不能停止津巴布韦的通货膨胀？

c. 为了停止津巴布韦的通货膨胀，我们必须做些什么？

2. 当巴西迅速的通货膨胀使克鲁塞罗失去作为货币的职能时，下列哪一种产品最有可能取代巴西经济中克鲁塞罗的地位？为什么？

a. 拖拉机部件

b. 香烟

c. 面包

d. 印象派油画

e. 棒球交易卡

3. 下表表示紧随美国内战之后的第一个十年的数据。

	1869 年	1879 年
货币数量	13 亿美元	17 亿美元
实际 GDP（1929 年美元）	74 亿美元	Z
价格水平（1929 年=100）	X	54
货币流通速度	4.50	4.61

资料来源：弥尔顿·弗里德曼和安娜·施瓦兹的《1867~1960 的美国货币史》

a. 计算 1869 年 X 的值。

b. 计算 1879 年 Z 的值。

c. 这些数值和货币数量论的结论一致吗？解释你的答案。

4. **从曲别针到别墅经历了 14 次交易。**

一位 26 岁的蒙特利尔人仅用一枚红色曲别针换成了一座别墅的寻找过程看起来是很成功的。他花费了近一年的时间，经历了 14 次交易，……

CBC 新闻，2006 年 7 月 7 日

a. 物物交易是一种支付方式吗？

b. 当进行电子交易时，物物交易和货币支付一样有效率吗？请解释。

网上活动

1. 浏览 Roy Davies's 的网站，“货币——过去、现在和将来”，阅读关于电子货币的部分。然后回答下列问题：
   a. 什么是电子货币？它采用的可选择的形式有哪些？
   b. 你认为电子货币的广泛使用会限制联邦储备对货币数量的调控能力吗？为什么能或为什么不能？
   c. 当你在互联网上买了一件东西并用支付宝的形式支付时，你是在使用货币吗？请解释其原因。
   d. 作为一种支付手段，为什么电子货币可能比现金更高级呢？

第 26 章

汇率和国际收支

许多货币!

美元 ($)、日元 (¥) 和欧元 (€) 是三种世界货币。但它们只是世界上 100 多种不同货币中的三种。美元 (美国通货) 和日元 (日本通货) 已经流通了很长时间。欧元 (欧盟 12 个成员国的通货) 是新的通货。它在 20 世纪 90 年代问世，但直到 2002 年 1 月 1 日才成为日常使用的纸币和硬币。世界上大多数的国际支付都是使用这三种通货进行。

在 2002 年 8 月，1 美元可以买 1.02 欧元。从 2002~2005 年，美元对欧元贬值，到 2006 年 8 月，1 美元只能买 78 欧分。但相对日元，美元保持在 1 美元 117 日元左右的价值。

为什么美元对欧元贬值？为了稳定美元价值，我们能够或者应该做些什么？

在 1988 年以前，美国人拥有的外国资产超过了外国人拥有的美国资产。但在 1988 年，美国人拥有的外国资产价值刚好等于外国人在美国拥有的资产价值。而在 1988 年后的每一年，余额日益向另一个方向倾斜。外国企业家带着他们巨大的虚拟购物车漫步在美国，而车里装有戈博公司 (Gerber)、凡事通公司、克莱斯勒公司、哥伦比亚影业公司和本杰里公司，所有这些现在都被日本或欧洲公司控股。为什么外国人一直在购买美国企业？

◆在本章，你将发现为什么美国经济变得对外国投资者具有吸引力，什么决定了国际借贷量，以及为什么美元对其他通货波动。在本章末阅读材料中，我们将分析中国的外汇政策，并说明为什么许多美国人受其困扰。

学习本章后，你将能：

- 描述外汇市场，定义汇率，并区分名义汇率和实际汇率
- 解释汇率每天是如何决定的
- 解释汇率的长期趋势以及利率平价和购买力平价
- 描述国际收支账户并解释引起国际赤字的原因
- 描述其他的汇率政策并解释它们的长期影响

货币和汇率

当沃尔玛从日本进口 DVD 影碟机时，它是用日元支付这些影碟机。而当日本航空公司从波音购买飞机时，它是用美元支付。不论何时人们从另一个国家买东西，他们都用那个国家的通货进行交易。这个在国际间进行交易的物品到底是什么并不重要。它可能是一台 DVD 影碟机、一架飞机、保险或银行服务、房地产、政府或公司的股票和债券甚至是整个企业。

外国货币正如美国货币一样。它是由央行发行的纸币和硬币以及银行和其他存款机构的流通币和存款构成。当我们在第 25 章讨论美国货币时，我们区分了通货（纸币和硬币）和存款。但当我们谈论外国货币时，我们指的是外国通货。**外国通货**（foreign currency）是指不论是以纸币、硬币还是银行存款形式的其他国家的货币。

在外汇市场上，我们获得这些外国通货而外国人获得美元。

外汇市场

外汇市场（foreign exchange market）是一国货币与另一国货币进行交换的市场。外汇市场并不是一个市中心像跳蚤市场或者蔬菜水果市场那样的地方。外汇市场是由数以千计的人——进口商和出口商、银行、国际旅行者和被称为外汇经纪人的特许交易员组成。

外汇市场周一早上在澳大利亚悉尼和中国香港开盘，而这时在纽约仍是周日晚上。随着白天的到来，在新加坡、东京、巴林、法兰克福、伦敦、纽约、芝加哥和旧金山的市场相继开盘。当西海岸的市场收盘时，悉尼只在一小时后就开始下一天的业务。外汇市场几乎是日不落的。全世界的交易员通过电话和电脑不断联系，在 2006 年寻常的一天里，外汇市场中（所有通货）近 2 万亿美元易手——一年的交易量超过 400 万亿美元。

汇 率

汇率（exchange rate）是指外汇市场上一种通货与另一种通货交换的价格。例如，在 2006 年 9 月 1 日，1 美元可以买 117 日元或 78 欧分。因此，汇率是每美元 117 日元，或相当于每美元 78 欧分。

汇率是波动的，时升时降。汇率上升被称为美元升值，而汇率下降被称为美元贬值。例如，当汇率从每美元 117 日元上升到每美元 130 日元时，美元升值；而当汇率从每美元 117 日元下降到每美元 100 日元时，美元贬值。

图 26.1 表示 1995~2005 年间美元对在美国进口中起最显著作用的五种通货的汇率——加拿大元、人民币、欧元、墨西哥比索和日元。

该图表明美元通常对墨西哥比索升值，对中国人民币不变，而对其他三种货币上下波动。但在 2002 年以来，美元对加拿大、欧洲和日本的通货都贬值。

当美元升值或贬值时，我们用美元交换的外币量变动。但美元价值的变动并不大可能改变我们真正用来支付进口的和从出口中获得的。原因是价格可能为了抵消汇率变动而变动，并使我们与其他国家交易的条件不变。

为了确定汇率变动是否改变我们从出口中获得的和用来支付进口的，我们需要区分名义汇率和实际汇率。

名义汇率和实际汇率

名义汇率（nominal exchange rate）是用每美元外币单位数表示的美元价值。它是度量一种货币兑换一个单位的另一种货币的数量。

实际汇率（real exchange rate）是外国生产的产品和服务对美国生产的产品和服务的相对价格。它是度量美国一个单位的实际 GDP 可以获得的其他国家的实际 GDP 量。

我们刚刚讨论的汇率和图 26.1 所描述的是名义汇率。为了理解实际汇率，假设日本只生产 DVD 影碟机而美国只生产飞机。一台 DVD 影碟机的价格是 1 万日元，而一架飞机的价格是 1 亿美元。并且，假设汇率——名义汇率——是每美元 100 日元。有了这个信息，我们可以计算出实际汇率，即一架飞机可以购买的 DVD 影碟机量。让我们进行这个计算。

当价格为 1 万日元和汇率为每美元 100 日元时，一台 DVD 影碟机的价格是 100 美元。当一架飞机价格为 1 亿美元和一台 DVD 影碟机价格为 100 美元时，一架飞机可以买 100 万台 DVD 影碟机。实际汇率是每架飞机 100 万台 DVD 影碟机。

在我们的例子中，飞机代表美国的实际 GDP，而 DVD 影碟机代表日本的实际 GDP。因此，日本一台 DVD 影碟机的价格和美国一架飞机的价格代表两国价格水平（GDP 平减指数）。

把美国价格水平称为 P，日本价格水平称为 P^*，名义

图 26.1　美元对五种通货

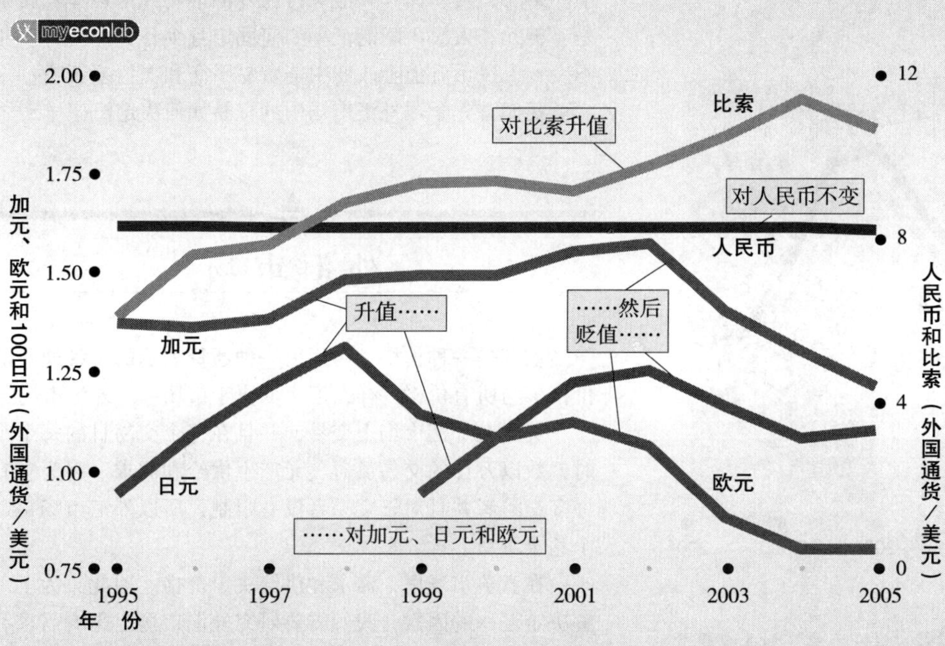

美元通常对墨西哥比索升值，对人民币不变，而对加元、欧元和日元既升值又贬值。2002 年以来，美元对加元、欧元和日元都贬值。

资料来源：Federal Reserve Board.

汇率为每美元 E 日元，而实际汇率为 RER（日本实际 GDP/单位美国实际 GDP）。那么，实际汇率等于

$$RER = E \times (P/P^*)$$

用文字表述就是，实际汇率是名义汇率乘美国价格水平对外国价格水平的比率。

如果名义汇率变动而价格保持不变，实际汇率变动。但如果美元升值（E 上升）且国外价格上升（P^* 上升）同样百分比，实际汇率不变。在上面的例子中，如果汇率上升到每美元 120 日元，一台 DVD 影碟机的价格上升到 12 000 日元，一架飞机仍然可以买 100 万台 DVD 影碟机。

实际汇率是如何变化的？它是和名义汇率以同样方式变动吗？在图 26.1 中，根据每种通货，我们可以通过计算实际汇率回答这些问题。但还有一个更有效的方法测算实际汇率。不用看许多不同通货间的汇率，我们可以看看同美国交易的所有通货的汇率平均数。

贸易加权指数

美元对其他通货的平均汇率，根据在美国国际贸易中的比重把各个通货加权，称为**贸易加权指数**（trade-weighted index）。主要通货的贸易加权指数是一个基于欧洲、澳大利亚、加拿大、日本、瑞典、瑞士和英国通货的指数。

这个指数始于 1973 年，并把那一年定为 100。因此，这个指数告诉我们美元对其他通货的价值占其 1973 年价值的百分比。

图 26.2 中的浅灰色线表示 1995 年以来的名义贸易加权指数。该指数显示美元从 1995~2000 年升值，然后在 2001 年开始贬值。图 26.2 中的深灰色线表示实际贸易加权指数。你可以看到名义汇率和实际汇率同方向移动。但名义汇率比实际汇率升值得少而贬值得多。实际汇率和名义汇率间出现缺口，因为世界其他国家的通货膨胀率比美国的低。

关于汇率的问题

外汇市场上美元的表现，给我们提出了一些在本章余下部分我们要讲的问题。

第一，名义汇率和实际汇率是如何决定的？美元为什

图 26.2 贸易加权指数

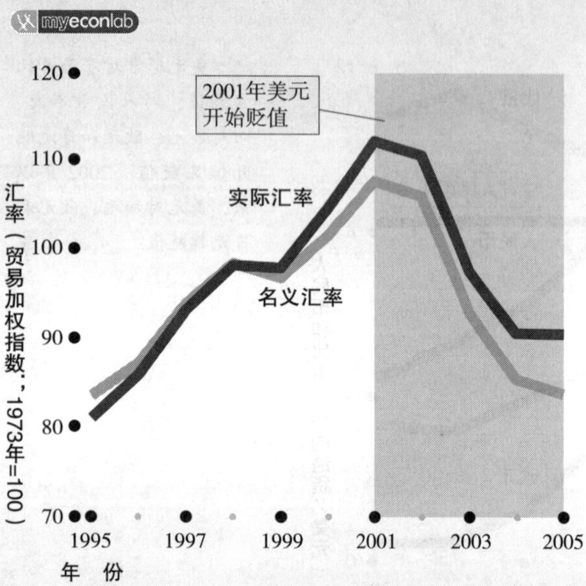

主要通货的名义贸易加权指数（浅灰色线）和主要通货的实际贸易加权指数（深灰色线）升值到 2000 年，随后贬值。名义汇率比实际汇率升值小而贬值大，是因为美国通货膨胀率超过其他主要国家的通货膨胀率。

资料来源：*Economic Report of the President*, 2006.

么在 20 世纪 90 年代升值而在 21 世纪贬值？并且，为什么美元对墨西哥比索升值但对其他通货贬值？

第二，汇率波动如何影响我们的国际贸易和国际收支？特别是，我们是否能通过变动汇率来消灭或至少减少我们的国际赤字？

第三，美联储和其他央行在外汇市场如何运作？特别是，美元和人民币间的汇率如何固定且为什么保持许多年不变？人民币升值会改变中美贸易平衡和支付差额吗？

我们首先学习外汇市场中的交易如何决定汇率。

复习测验

1. 什么是外汇市场？在这个市场中决定什么价格？
2. 区分美元升值和贬值。
3. 世界上的主要通货有哪些？
4. 自 1995 年以来，美元在哪些年份对哪些通货升值？
5. 自 1995 年以来，美元在哪些年份对哪些通货贬值？
6. 名义汇率和实际汇率间的区别是什么？
7. 贸易加权指数度量什么？

myeconlab **Study Plan 26.1**

外汇市场

汇率是一种价格——用另一种通货表示的一种通货的价格。与所有价格一样，汇率取决于市场——外汇市场。

美元在外汇市场上交易，并且在每个交易日的每个小时，数以万计的交易员对美元产生供给和需求。因为它有许多交易者并且对于交易者没有限制，所以外汇市场是一个竞争市场。

在竞争市场里，需求和供给决定价格。因此，为了理解决定汇率的因素，我们需要研究外汇市场上影响需求和供给的因素。但外汇市场有一个与众不同的特点。

对一种货币的需求是对另一种货币的供给

当持有一些其他国家货币的人们想要兑换美元时，他们需要美元并供给其他国家的货币。而当持有美元的人们想要兑换其他国家的货币时，他们供给美元并需要其他国家的货币。

外汇市场中的交易员

因此，影响美元需求的因素也影响欧元、加元、日元的供给。并且，影响其他国家货币需求的因素也影响美元供给。

我们将首先看看外汇市场上影响美元需求的因素。

外汇市场上的需求

人们在外汇市场上购买美元是为了他们能购买美国生产的产品和服务——美国的出口。他们购买美元也是为了他们能购买美国资产——例如债券、股票、企业和房地产，或是为了使他们货币中的一部分能被美元银行账户持有。

外汇市场上美元需求量是交易者在既定时期内，以既定汇率计划购买的量。这个量取决于许多因素，但主要因素有：

1. 汇率
2. 世界对美国出口的需求
3. 美国和其他国家的利率
4. 预期的未来汇率

为了我们能首先单独考查汇率并弄清楚它是如何决定的，我们将首先考查：当其他 3 个影响因素不变的情况下，外汇市场上美元需求量与汇率间的关系——外汇市场的需求法则。在下一节，我们将考虑当其他这些因素变化时会发生什么。

外汇需求法则

需求法则适用于美元，就和它适用于任何人们给予评价的东西一样。在其他条件不变的情况下，汇率越高，外汇市场上美元需求量就越少。例如，如果美元价格从 100 日元上升到 120 日元，但其他都不变化，人们在外汇市场上计划购买的美元数量减少。汇率影响美元需求量有两个原因：

- 出口效应
- 预期利润效应

出口效应　美国出口的价值越大，外汇市场上美元需求量就越大。但美国出口的价值取决于*用外国购买者持有的通货表示的*美国生产的产品和服务价格。并且，这些价格取决于汇率。汇率越低，在其他条件不变的情况下，美国对外生产的产品和服务价格就越低，且美国出口量就越大。因此，如果汇率下降（并且其他影响因素保持不变的情况下），外汇市场上美元需求量增加。

为了说明这种效应，考虑一下波音新型 787 飞机的订单。如果一架 787 的价格是 1 亿美元并且汇率是每美元 90 欧分，对于 KLM（一家欧洲航空公司）来说，这架飞机的价格就是 9 000 万欧元。KLM 觉得这个价格太高，因此不购买新型 787。如果汇率降到每美元 80 欧分并且其他条件不变，现在一架波音 787 的价格下降到 8 000 万欧元。KLM 现在决定购买一架波音 787 并在外汇市场上购买美元。

预期利润效应　对持有美元的预期利润越大，外汇市场上美元需求量就越大。但是预期利润取决于汇率。对于既定的预期的未来汇率，今天汇率越低，今天对购买美元并持有的预期利润就越大，因此今天外汇市场上美元需求量也就越大。

为了弄清楚这种效应，假设瑞穗银行——一家日本银行，预期汇率在年底为每美元 120 日元。如果今天汇率也是每美元 120 日元，瑞穗银行预期购买美元并一直持有到年底则没有利润。但如果今天汇率是每美元 100 日元并且瑞穗银行购买美元，它预计在年底以每美元 120 日元出售那些美元，每美元可赚得 20 日元的利润。

今天汇率越低，在其他条件不变的情况下，对持有美元的预期利润就越大，并且今天外汇市场上美元需求量也就越大。

美元需求曲线

图 26.3 表示外汇市场上的美元需求曲线。在其他条件不变的情况下，汇率变动会引起美元需求量变动，即箭头所示的沿着需求曲线的移动。

我们将在本章的下一节考查改变需求的因素。但首先让我们看看什么决定了美元供给。

外汇市场上的供给

人们出售美元购买其他通货是为了他们能购买外国生产的产品和服务——美国的进口。人们出售美元购买其他通货也是为了购买外国资产——例如债券、股票、企业和房地产，或是为了他们能持有他们用外国通货标价的银行存款的一部分。

外汇市场上美元供给量是交易者在既定时期内，以既定汇率计划出售的量。这个量取决于许多因素，但主要因素是：

图 26.3 美元需求

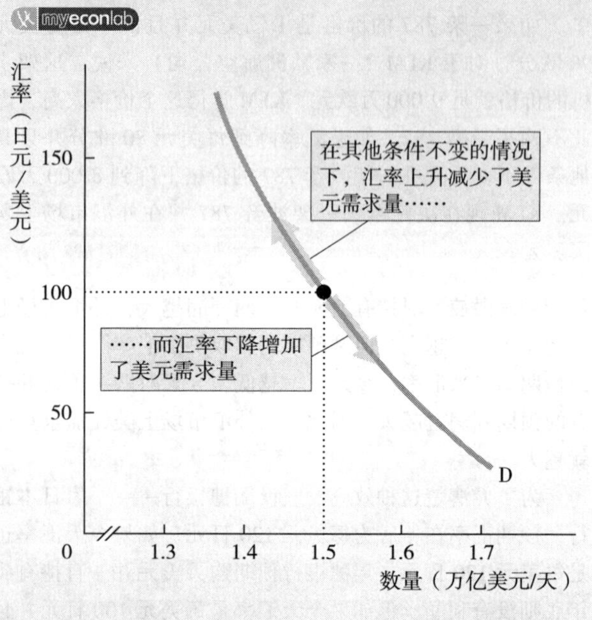

美元需求量取决于汇率。在其他条件不变的情况下，如果汇率上升，美元需求量减少并沿着美元需求曲线向上移动。如果汇率下降，美元需求量增加并沿着美元需求曲线向下移动。

1. 汇率
2. 美国对进口的需求
3. 美国和其他国家的利率
4. 预期的未来汇率

让我们看看，当其他 3 个影响因素保持不变的情况下，外汇市场上美元供给量和汇率间的关系——外汇市场的供给法则。

外汇供给法则

在其他条件不变的情况下，汇率越高，外汇市场上美元供给量就越多。例如，如果汇率从每美元 100 日元上升到 120 日元，且其他条件保持不变，人们在外汇市场上计划卖出的美元量增加。

汇率影响美元供给量有两个原因：

- 进口效应
- 预期利润效应

进口效应 美国进口的价值越大，外汇市场上美元的供给量就越大。但美国进口的价值取决于用美元表示的外国生产的产品和服务价格。这些价格取决于汇率。汇率越高，在其他条件不变的情况下，外国对美国生产的产品和服务价格就越低，且美国的进口量就越大。因此，如果汇率上升（并且其他影响因素保持不变），外汇市场上美元的供给量增加。

预期利润效应 这一效应的作用与对美元需求一样，但是以相反的方向。今天汇率越高，在其他条件不变的情况下，出售美元并持有外国通货的预期利润就越大，因此今天外汇市场上美元供给量越大。

美元供给曲线

图 26.4 表示外汇市场上的美元供给曲线。在其他条件不变的情况下，汇率变动引起美元的供给量变动以及沿着供给曲线的移动，如箭头所示。

图 26.4 美元供给

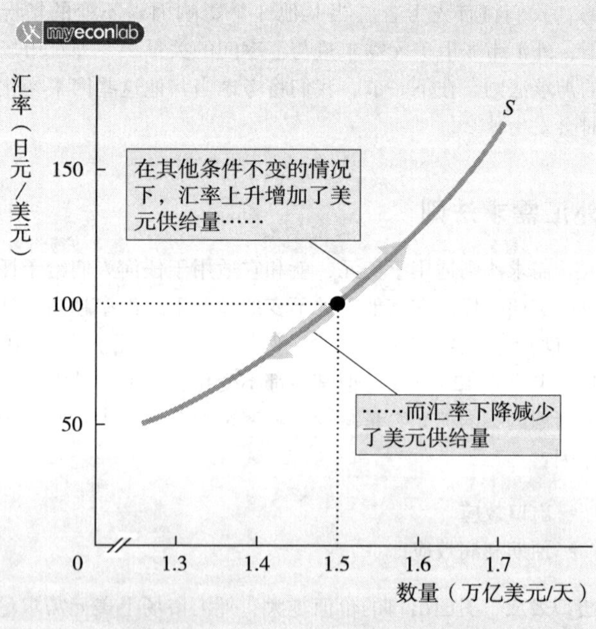

美元供给量取决于汇率。在其他条件不变的情况下，如果汇率上升，美元供给量增加并沿着美元供给曲线向上移动。如果汇率下降，美元供给量减少并沿着美元供给曲线向下移动。

市场均衡

外汇市场上的均衡取决于美联储和其他央行如何操作。在这里，我们将研究当央行排除在市场之外时的均衡。最后一节，我们研究美联储或其他央行在外汇市场上采取另一种行动时的影响。

图 26.5 表示美元需求曲线 D——来源于图 26.3，美元供给曲线 S——来源于图 26.4，以及均衡汇率。

汇率作为需求量和供给量的调节器而起作用。如果汇率太高，就存在过剩——供给量大于需求量。例如在图 26.5 中，如果汇率是每美元 150 日元，就存在美元过剩。如果汇率太低，就存在短缺——供给量小于需求量。例如，如果汇率是每美元 50 日元，就存在美元短缺。

在均衡汇率时，既无短缺也无过剩。供给量等于需求量。在图 26.5 中，均衡汇率是每美元 100 日元。在这个汇率，每天的需求量和供给量都是 1.5 万亿美元。

由于供求的力量，外汇市场一直趋向均衡。外汇交易员一直在寻找他们能得到的最好的价格。如果他们正在卖出，他们想要最高的价格。如果他们正在买入，他们想要最低的价格。信息通过全球计算机网络在交易员间传递，而价格每分钟都在调整，使买入计划和卖出计划平衡。也就是说，每分钟的价格调整使汇率处于其均衡。

图 26.5 表明美元对日元的汇率是如何决定的。美元和其他通货间的汇率也是由类似的方法决定。其他通货间的汇率也是如此。但汇率紧紧联系在一起，以至于通过买入一种通货，卖出并买入第二种，接着再购回第一种是不存在利润的。如果存在这样的利润，交易者就会盯住它，需求和供给就会变化，而汇率会迅速调整。

图 26.5 均衡汇率

myeconlab

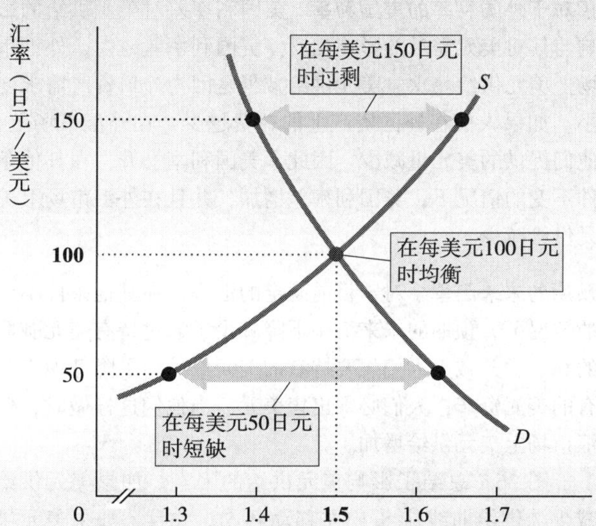

美元需求曲线是 D，美元供给曲线是 S。如果汇率是每美元 150 日元，就存在美元过剩且汇率下降。如果汇率是每美元 50 日元，就存在美元短缺且汇率上升。如果汇率是每美元 100 日元，美元既不存在短缺也不存在过剩，且汇率保持不变。外汇市场处于均衡。

复习测验

1. 外汇市场上哪些是影响美元需求的因素？
2. 举例说明对美元需求的出口效应。
3. 外汇市场上哪些是影响美元供给的因素？
4. 举例说明对美元供给的进口效应。
5. 均衡汇率是如何决定的？
6. 如果外汇市场上存在美元短缺或过剩，会发生什么？

myeconlab **Study Plan 26.2**

需求和供给的变动：汇率波动

当美元需求或供给改变时，汇率变动。现在我们将从市场需求的一方开始，考查使需求和供给变动的因素。

美元需求的变动

外汇市场上美元需求会发生变化，当存在以下变动时：

- 世界对美国出口的需求
- 相对于外国利率的美国利率
- 预期的未来汇率

世界对美国出口的需求 世界对美国出口的需求增加会增加美元需求。为了说明这个效应，考虑波音公司的飞机销售。澳大利亚对航空旅行需求的增加，导致该国航空公司

的全球大采购。他们认为波音 787 客机是理想产品，因此他们从波音订购了 50 架飞机。现在美元需求增加。

相对于外国利率的美国利率 人们和企业购买金融资产是为了赚取收益。与外国资产相比，人们能从美国资产上获得的利率越高，他们购买的美国资产就越多。

关键的不是美国的利率水平，而是美国利率减外国利率——这个差额被称为**美国利率差**（U.S. interest rate differential）。如果美国利率上升且外国利率保持不变，美国利率差增大。美国利率差越大，对美国资产需求就越大，并且外汇市场上对美元需求也就越大。

预期的未来汇率 对于目前既定的汇率，在其他条件不变的情况下，预期的未来汇率上升增加了人们预期持有美元赚取的利润，并增加今天的美元需求。

图 26.6 总结了影响美元需求的因素。世界对美国出口需求的增加、美国利率差上升或预期的未来汇率上升都增加今天的美元需求，并使需求曲线从 D_0 向右移动到 D_1。世界对美国出口需求减少、美国利率差下降或预期的未来汇率下降都减少了今天的美元需求，并使需求曲线从 D_0 向左移动到 D_2。

图 26.6 美元需求的变动

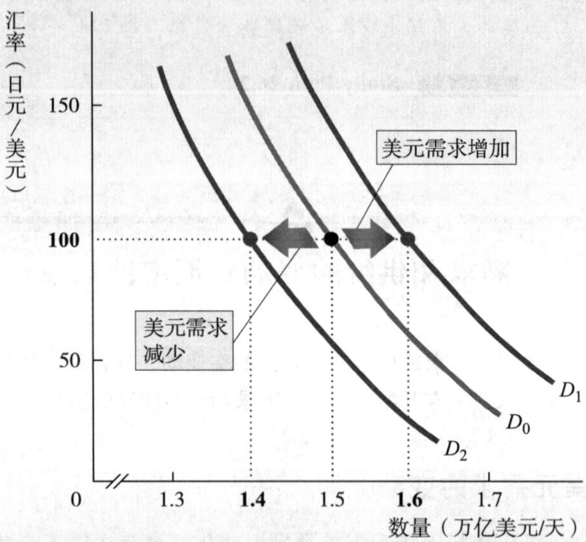

任何一种影响人们计划购买美元量的因素（除汇率外）的变动，都会引起美元需求变动。

美元需求

增加，如果：

- 世界对美国出口的需求增加
- 美国利率差上升
- 预期的未来汇率上升

减少，如果：

- 世界对美国出口的需求减少
- 美国利率差下降
- 预期的未来汇率下降

美元供给的变动

外汇市场上美元供给会发生变动，当存在以下变动时：

- 美国对进口的需求
- 相对于外国利率的美国利率
- 预期的未来汇率

美国对进口的需求 美国对进口需求的增加，则外汇市场上美元供给增加。为了弄清楚原因，还是以沃尔玛购买 DVD 影碟机为例。DVD 影碟机需求增加会使沃尔玛进行全球大采购，沃尔玛决定松下在日本生产的 DVD 影碟机是最佳选择。因此沃尔玛增加对这些影碟机的采购。当沃尔玛进入外汇市场用日元购买松下的 DVD 影碟机时，美元供给增加。

相对于外国利率的美国利率 美国利率差对美元供给的影响与其对美元需求的影响相反。美国利率差越大，外汇市场上美元供给越少。美元供给减少是因为外国资产需求变小。如果人们在外国资产上的花费越少，在外汇市场上，他们提供的美元量减少。因此，美国利率上升，在其他条件不变的情况下，美国利率差增加，并且在外汇市场上美元供给减少。

预期的未来汇率 对于目前既定的汇率，在其他条件不变的情况下，预期的未来汇率下降减少了通过持有美元赚取的利润，并减少人们想要持有的美元量。为了降低他们持有的美元资产，人们必须出售美元。当他们这样做时，外汇市场上美元供给增加。

图 26.7 总结了影响美元供给的因素。如果美元供给减少，供给曲线从 S_0 向左移动到 S_1。并且，如果美元供给增加，供给曲线从 S_0 向右移动到 S_2。

汇率的变动

如果美元需求增加而供给不变，汇率上升。如果美元需求减少而供给不变，汇率下降。同样，如果美元供给减少而需求不变，汇率上升。如果美元供给增加而需求不

图 26.7　美元供给的变动

myeconlab

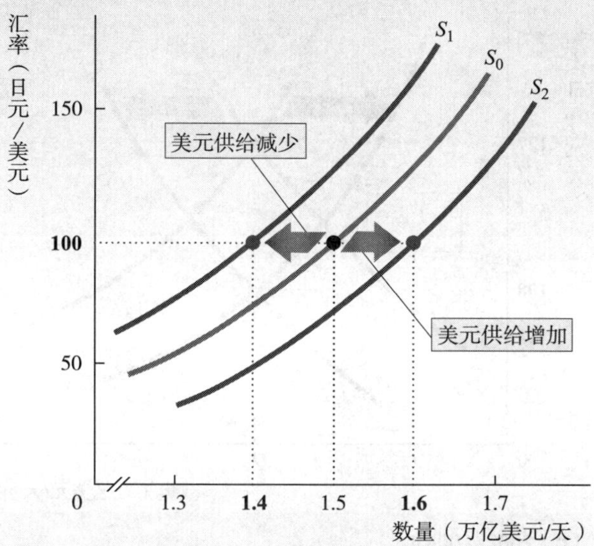

任何一个影响人们计划卖出美元量的因素的变动，除汇率外，都会引起美元供给变动。

美元供给

增加，如果：	减少，如果：
• 美国对进口的需求增加	• 美国对进口的需求减少
• 美国利率差下降	• 美国利率差上升
• 预期的未来汇率下降	• 预期的未来汇率上升

变，汇率下降。

这些预测与其他任何一个市场都一样。现在让我们看看美元历程中的两个阶段。

升值的美元：2000~2002 年　从 2000~2002 年间，美元对日元升值。它从每美元 108 日元上升到 125 日元。对这次升值，图 26.8（a）提供了一个可能的解释。

在 2000 年，需求和供给曲线分别是标有 D_{00} 和 S_{00} 的两条曲线。汇率是每美元 108 日元。

在 2001 年的美国和日本，实际 GDP 增长都减缓。但在日本增长减缓的更多。国际投资者认为他们从美国资产中可以赚取比日本资产更大的利润。因此，资金流入美国。同样，外汇交易员意识到这些利润估计，预期美元对日元升值。美元需求增加，美元供给减少。

在图 26.8（a）中，需求曲线从 D_{00} 向右移动到 D_{02}，供给曲线从 S_{00} 向左移动到 S_{02}。汇率上升为每美元 127 日元。在图中，均衡量保持不变——一个假设。

贬值的美元：2002~2004 年　从 2002~2004 年间，美元对日元贬值。它从每美元 127 日元下跌到 108 日元。对这次贬值，图 26.8（b）提供了一个可能的解释。

在 2002 年，需求和供给曲线分别是标有 D_{02} 和 S_{02} 的两条曲线。汇率是每美元 127 日元。

2003 年，实际 GDP 增长在美国依然低，但在日本有增加。投资者逐渐改变了他们从美国资产和日本资产中赚取利润的看法，并且注意到利润在日本的增加。同样，随着美国利率下降，美国利率差缩小，资金流入日本。并且，根据对这个形势的估计，外汇交易员预期美元对日元贬值。美元需求减少，美元供给增加。

在图 26.8（b）中，需求曲线从 D_{02} 向左移动到 D_{04}，供给曲线从 S_{02} 向右移动到 S_{04}，汇率下降为每美元 108 日元。

汇率预期

我们刚刚研究的汇率变动发生的部分原因是汇率的预期变动。这个解释听起来有点像"自我实现的预言"。那么是什么引起预期变动？答案是，影响一种货币价值相对于另一种货币的价值的更深层次因素的新信息。存在两种因素：

- 利率平价
- 购买力平价

利率平价　货币价值的一种定义是它所能赚得的。两种货币——例如美元和日元——能赚得不同的数额。比如，假设东京的日元银行存款可获 1%的年利率，而纽约的美元银行存款可获 3%的年利率。在这种情况下，为什么有人把钱存在东京？为什么不是所有的钱都流入纽约？答案是因为汇率预期。假设人们预期日元一年升值 2%。美国投资者预期如果他们购买并持有日元一年，他们将会获得 1%的利息，以及从更高的日元（更低的美元）中获得 2%，从而总收益为 3%。因此，在东京和纽约以美元的利率是一样的。这种情形就是**利率平价**（interest rate parity）其中之一，意味着相同的收益率。

由于要对风险进行调查，因此利率平价总是存在的。资金流向可以获得最高收益的地方。如果在几秒钟内纽约得到的收益高于东京，美元需求增加，且汇率上升直到与预期收益率相等。

购买力平价　货币价值的另一种定义是它所能购买到的。

图 26.8 汇率波动

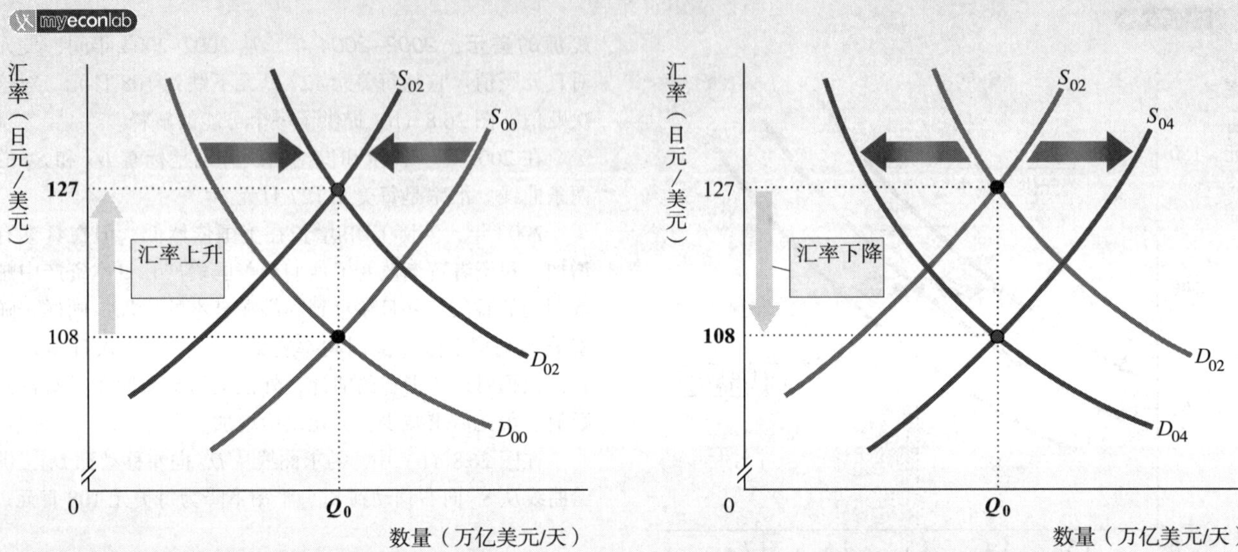

（a）2000~2002年

（b）2002~2004年

从 2000~2002 年间（a 幅），投资者预期在美国的利润比日本高，并且通货交易者预期美元升值。美元需求增加，美元供给减少，美元升值。

从 2002~2004 年间（b 幅），投资者开始预期在日本的利润更高，并且通货交易者预期美元贬值。美元需求减少，美元供给增加，美元贬值。

但两种货币——例如美元和日元——能购买不同量的产品和服务。假设一根记忆棒在东京值 5 000 日元，而在纽约值 50 美元。如果汇率是每美元 100 日元，两种货币就具有相同的价值。你可以在东京或纽约以同样价格购买一根记忆棒。你可以用 5 000 日元或 50 美元表示那个价格，但在两种通货中价格是一样的。

我们刚刚描述的这种情况称为**购买力平价**（purchasing power parity，PPP），意味着同等的货币价值。如果购买力平价不存在，一些有影响力的因素就会起作用。为了了解这些因素，让我们假设一根记忆棒的价格在纽约上涨为 60 美元，但在东京仍保持在 5 000 日元。进一步假设汇率保持在每美元 100 日元。在这种情况下，一根记忆棒在东京仍然值 5 000 日元或 50 美元。但在纽约，它值 60 美元或 6 000 日元。货币在日本比在美国可以买得更多。货币在这两个国家的价值不等。

如果美国所有（或大多数）价格上升而日本并不上升，那么人们将会普遍预期外汇市场上美元价值必定下降。在这种情况下，预期汇率下降。美元需求减少，而美元供给增加。正如预期的，汇率下降。如果汇率下降到每美元 83.33 日元，并且再没有进一步的价格变动，购买力平价就被重新恢复。一根记忆棒在纽约值 60 美元，在东京也值同等的 60 美元（60 × 83.33 = 5 000）。

如果日本和其他国家价格上升而美国保持不变，那么人们将会普遍预期外汇市场上美元价值太低，并将会上升。在这种情况下，预期汇率上升。美元需求增加，而美元供给减少。正如预期的，汇率上升。

即时的汇率反应

对有关外汇市场上影响需求和供给的变量变动的消息，汇率会做出即时反应。通过考虑这些消息创造的预期利润的机会，你会发现为什么反应如此即时。

假设有报道说日本银行正在考虑下周提高利率。如果这个行动被认为可能，那么交易者预期日元需求增加而美元需求减少。他们也预期日元升值而美元贬值。

但为了从日元升值中获益并避免美元贬值的损失，必须在汇率变动前购买日元出售美元。每位交易者都知道其他所有的交易者都分享同一个信息并有类似的预期。并且，每位交易者也知道当人们开始出售美元并购买日元时，汇率将变动。在汇率变动前进行交易意味着立即交易——当一收到改变预期的消息时。

短期和长期的名义汇率和实际汇率

在本章前面，我们区分了名义汇率和实际汇率。到目前为止，我们只解释了名义汇率是如何决定的。并且我们关注了名义汇率的日常波动。现在我们将转向实际汇率，并且解释它是如何决定的。我们也将区分短期和长期。

回顾一下把名义汇率和实际汇率联系起来的公式。公式为：

$$RER = E \times (P / P^{*})$$

在这里，P 是美国的价格水平，P^{*} 是日本的价格水平，E 是名义汇率（日元/美元），而 RER 是实际汇率（日本实际 GDP 量/单位的美国实际 GDP）。

在短期，这个等式决定实际汇率。每次名义汇率变动，美国和日本价格水平不变。因此，E 的变动引起 RER 同等的变动。

但在长期，这个情况完全不同。我们在第 23 章描述的古典二分法认为外汇市场与其他市场一样。在长期里，实际汇率由市场上产品和服务的需求和供给决定。如果日本和美国生产相同的产品（例如，如果两个国家 GDP 只包括记忆棒），购买力平价会使实际汇率等于 1。一根日本的记忆棒与一根美国的记忆棒交换。现实中，虽然每个国家生产的产品存在重叠，但美国实际 GDP 是与日本实际 GDP 不相同的一捆产品和服务。因此，日本和美国实际 GDP 的相对价格——实际汇率——并不是 1，而且是波动的。但市场上千千万万构成实际 GDP 的产品和服务的需求和供给力量决定了这些相对价格。

在长期，实际汇率由市场上产品和服务的需求和供给的实际力量决定，上面的公式必须转换一下来决定名义汇率。也就是说，名义汇率是：

$$E = RER \times (P^{*} / P)$$

这个等式告诉我们，在长期，名义汇率由两个国家均衡的实际汇率和价格水平决定。日本价格水平 P^{*} 上升，引起美元升值——E 上升；而美国价格水平 P 上升，引起美元贬值——E 下降。

在第 25 章你已经学过，在长期，货币量决定价格水平。但货币数量论适用于所有国家。因此，日本货币量决定日本的价格水平，而美国货币量决定美国的价格水平。

那么，在长期，名义汇率是一种货币现象。它是由两国的货币量决定的。

我们刚刚描述的长期因素解释了汇率的大趋势。例如，美元总是对墨西哥比索升值，是因为墨西哥创造货币的速度比美国快，并且墨西哥价格水平上升的速度也比美国快。2002 年以来的美元贬值，是因为美国价格上升的速度平均而言比欧洲、加拿大和日本快。

复习测验

1. 为什么美元需求变动？
2. 为什么美元供给变动？
3. 什么使美元汇率波动？
4. 什么是利率平价？当条件不允许时会发生什么？
5. 什么是购买力平价？当条件不允许时会发生什么？
6. 什么决定短期的实际汇率和名义汇率？
7. 什么决定长期的实际汇率和名义汇率？

myeconlab **Study Plan 26.3**

国际贸易融资

你已经看到汇率是如何决定的。但汇率的效应是什么？通货贬值或升值如何影响我们的国际贸易和国际支付？我们将了解国际贸易的规模、借款和贷款以及记录国际交易的方法，从而为我们解决这些问题奠定基础。这些记录被称为国际收支账户。

国际收支账户

一个国家的**国际收支账户**（balance of payments accounts）记录它的国际贸易、借款和贷款。有三个国际收支账户：

1. 经常账户
2. 资本账户
3. 官方结算账户

经常账户（current account）记录出口到国外的产品和服务的收入、从国外进口产品和服务的支付、国外的净利息收入，以及净转移支付（比如外国援助的支付）。经常账户余额等于出口减进口、净利息收入和净转移支付三项之和。

资本账户（capital account）记录外国在美国的投资减美国在国外的投资。（该账户也有统计误差，是由于测算资本交易时的错误和遗漏造成的。）

官方结算账户（official settlements account）记录**美国官方储备**（U.S. official reserves）——政府持有的外国通货量的变动。如果美国官方储备*增加*，官方结算账户余额是*负的*，原因在于持有外国货币与在国外投资一样。美国在国外的投资在资本账户和官方结算账户里都是负项。

这三个账户的余额之和总是为零。也就是说，为了支付我们经常账户的赤字，我们从国外借的必须大于贷给国外的，或者用减少官方储备来弥补不足。

表 26.1 表示 2005 年美国的国际收支账户。提供外汇给美国的经常账户和资本账户项为加号；耗费美国外汇的项为减号。该表表明 2005 年美国进口超过美国出口，并且经常账户有 7 920 亿美元赤字。我们如何支付超过我们出口价值的进口？也就是说，我们如何支付我们经常账户的赤字？

我们通过向世界其他国家借款来支付。资本账户告诉我们借了多少。我们借了 12 120 亿美元（外国在美国的投资），但贷款 4 440 亿美元（美国在国外的投资）。我们的国外净借款是 12 120 亿美元减 4 440 亿美元，等于 7 680 亿美元。几乎总是存在我们的资本账户和经常账户交易间的统计误差，2005 年，误差为 100 亿美元。把误差和测算的国外净借款结合起来，就得出资本账户余额为 7 780 亿美元。

美国资本账户的余额加经常账户余额等于美国官方储备的变动。在 2005 年，7 780 亿美元的资本账户余额加 -7 920 亿美元的经常账户余额等于-140 亿美元。2005 年美国官方储备减少 140 亿美元。这个数额出现在表 26.1 里为+140 亿美元。当储备减少，我们在国际账户里把这个记为正数，因为储备的减少与从世界其他国家借款一样——政府减少其在外国央行的存款。

表 26.1 的数字给出了 2005 年国际收支账户的一个概况。图 26.9 表示 1980~2005 年间的国际收支的概况。由于经济增长和价格水平上升，国际收支余额中美元价值的变动没有传达许多信息。为了消除增长和通货膨胀的影响，图 26.9 表明国际收支余额占名义 GDP 的百分比。

表 26.1 2005 年美国国际收支账户

经常账户	**10 亿美元**
产品和服务出口	+1 275
产品和服务进口	−1 992
净利息收入	+11
净转移支付	−86
经常账户余额	−792
资本账户	
外国在美国的投资	+1 212
美国在国外的投资	−444
统计误差	10
资本账户余额	+778
官方结算账户	
官方结算账户余额	14

资料来源：Bureau of Economic Analysis.

正如你能看到的，资本账户余额几乎是经常账户余额的镜像。与另两个账户的余额相比，官方结算账户的余额是非常小的。20 世纪 80 年代出现了巨额的经常账户赤字（和资本账户盈余），但从 1987~1991 年下降。随后经常账户赤字每年增加直到 2000 年，2001 年略微减少，然后又增加。

为了更清楚地说明国家的国际收支账户余额到底意味着什么，思考一下你自己的收支账户余额。

个人收支账户余额 个人经常账户记录了从提供生产要素的服务中获得的收入和用于产品和服务的支出。以杰姬为例。她在 2005 年工作并赚得 2.5 万美元的收入。杰姬有价值 1 万美元的投资，给她带来 1 000 美元的利息收入。杰姬的经常账户表明有 2.6 万美元的收入。杰姬支出 1.8 万美元用于购买消费的产品和服务。她还买了一套新房子，这个房子值 6 万美元。因此，杰姬的总支出是 7.8 万美元。杰姬的支出减去她的收入是 5.2 万美元（7.8 万美元减 2.6 万美元）。这个数额就是杰姬的经常账户赤字。

为了支付超出她收入的支出 5.2 万美元，杰姬必须使用她在银行的钱或取得一笔贷款。假设杰姬取得了 5 万美元贷款帮助她买房子，并且这个贷款是她惟一的借款。借

图 26.9 国际收支：1980~2005 年

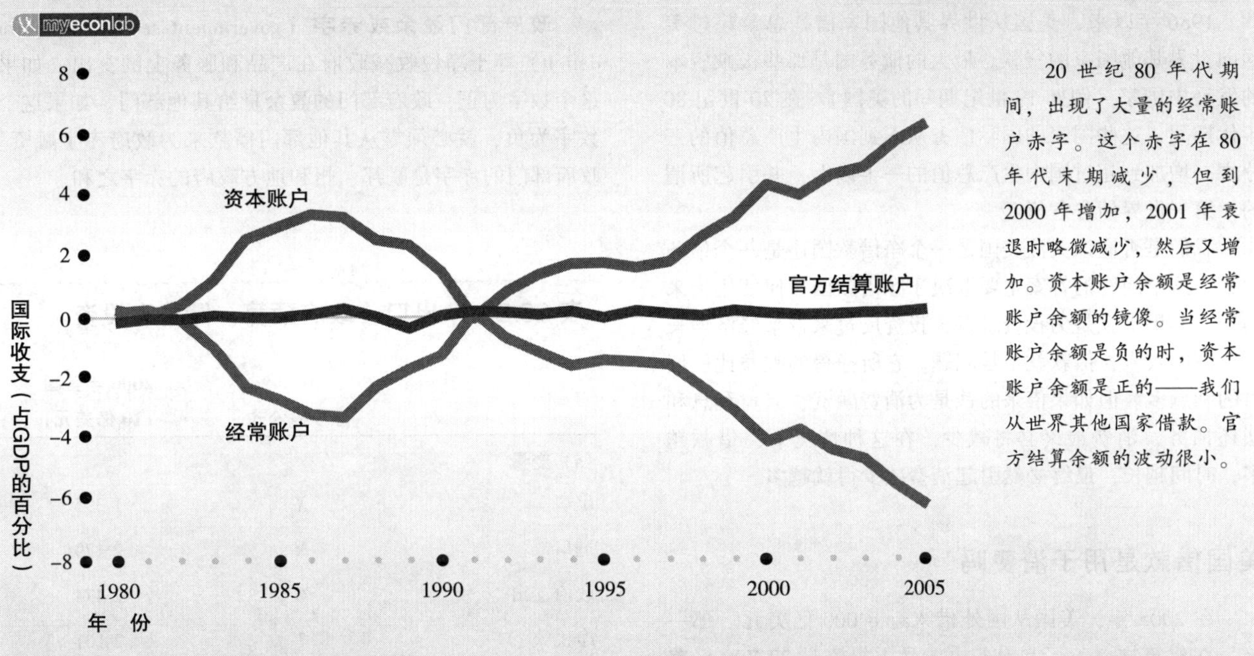

资料来源：Bureau of Economic Analysis.

款是资本账户的流入，因此杰姬的资本账户盈余是 5 万美元。当经常账户赤字是 5.2 万美元和资本账户盈余是 5 万美元时，杰姬仍然缺 2 000 美元。她从自己的银行账户里取出 2 000 美元。她的现金持有量减少 2 000 美元。

杰姬从工作中得到的收入与一国从其出口中得到的收入一样。她从投资中得到的收入与一国从外国人那里得到的利息收入一样。她购买的产品和服务，包括她购买的房子，类似于一国的进口。杰姬的贷款——向其他人的借款——类似于一国从世界其他国家借款。杰姬银行账户的变动与一国官方储备的变动类似。

借款人和贷款人

向世界其他国家借款大于向其他国家贷款的国家被称为**净借款国**（net borrower）。同样，**净贷款国**（net lender）是贷款给世界其他国家大于向其他国家借款的国家。

美国是一个净借款国，但它并不是一直都这样。在整个 20 世纪 60 年代和 70 年代大部分时间，美国是世界其他国家的净贷款国——美国的经常账户盈余且资本账户赤字。但从 20 世纪 80 年代初，除惟一的一年——1991 年，美国成为世界其他国家的净借款国。1992 年以来，美国借款规模迅速增加。

许多国家和美国一样都是净借款国。但少数国家，包括中国、日本和石油丰富的沙特阿拉伯都是净贷款国。在 2005 年，当美国从世界其他国家借款几乎达到 8 000 亿美元时，这三个国家贷出 4 000 亿美元。仅中国就贷出 1 600 亿美元。

债务人和债权人

净借款国可能会减少持有世界其他国家的净资产，或可能会陷入更深的债务中。一国的国外投资总量决定了它是债务国还是债权国。**债务国**（debtor nation）是指在其整个历史中，向世界其他国家的借款大于它向其他国家的贷款的国家。它未清偿的世界其他国家债务量超过它对其他国家索取量。**债权国**（creditor nation）是指在其整个历史中，对世界其他国家的投资大于其他国家对它投资的国家。

在整个 19 世纪，当美国从欧洲借款为西部开发、铁路和工业化融资时，美国是一个债务国。美国偿还了债务，并在20世纪大部分时间成为一个债权国。但随着一系列经常账户赤字的出现，美国在1986年再次成为一个债务国。

1986年以来，美国从世界其他国家借款总量超过美国向世界其他国家的贷款。最大的债务国是那些极缺资本的发展中国家（例如19世纪期间的美国）。在20世纪80年代期间，这些国家的国际债务从不到国内生产总值的三分之一增加到超过国内生产总值的一半以上，并引起所谓的“第三世界债务危机”。

我们是否应该关注美国是一个净借款国还是一个债务国呢？这个问题的答案主要取决于净借款国如何使用借来的钱。如果借款是为投资融资，投资反过来带来经济增长和更高的收入，借款就不是问题。它所挣得的收益比所偿付的利息多。但如果借来的钱是为消费融资、支付利息和偿还债务，消费最终必将减少。在这种情况下，借款越多，时间越长，最终必然引起消费减少得就越多。

美国借款是用于消费吗

在2005年，美国从国外借入近8 000亿美元。那一年，在建筑物、工厂和设备上的私人投资是22 700亿美元，而政府在国防设备和社会项目上的投资是4 300亿美元。所有这些投资增加了国家的资本，并且其中大部分提高了生产率。政府还支出于教育和医疗服务上，这增加了人力资本。美国的国际借款是为私人和公共投资融资，而不是用于消费。

经常账户余额

什么决定一国的经常账户余额和净国外借款？你已经看到净出口（NX）是经常账户中的主要项。我们可以把经常账户余额（CAB）定义为：

经常账户余额 = 净出口 + 净利息收入 + 净转移支付

我们可以通过探讨什么决定净出口来研究经常账户余额，这是因为其余两项都很小并且波动不大。

净出口

净出口由政府预算和私人储蓄与投资决定。为了说明净出口是如何决定的，我们需要回顾一下我们在第21章国民收入和产品账户中学到的一些内容。表26.2将唤醒你的记忆并总结一些计算。

（a）部分列出了需要的国民收入变量以及它们的符号。（b）部分定义了三个余额。**净出口**（net exports）是产品和服务的出口减产品和服务的进口。

政府部门盈余或赤字（government sector surplus or deficit）等于净税收减政府在产品和服务上的支出。如果这个数字为正，政府部门的盈余贷给其他部门。如果这个数字为负，就必须靠从其他部门借款来为政府赤字融资。政府部门的赤字是联邦、州和地方政府的赤字之和。

表26.2 净出口、政府预算、储蓄和投资

	符号和公式	2006年美国（10亿美元）
(a) 变量		
出口*	X	1 395
进口*	M	2 179
政府支出	G	2 474
净税收	T	2 161
投资	I	2 270
储蓄	S	1 799
(b) 余额		
净出口	$X-M$	1 395 − 2 179 = −784
政府部门	$T-G$	2 161 − 2 474 = −313
私人部门	$S-I$	1 799 − 2 270 = −471
(c) 余额间的联系		
国民账户	$Y=C+I+G+X-M$	
	$=C+S+T$	
重新整理：	$X-M=S-I+T-G$	
净出口	$X-M$	−784
等于：		
政府部门	$T-G$	−313
加		
私人部门	$S-I$	−471

资料来源：Bureau of Economic Analysis. The data are for 2006, second quarter, seasonally adjusted at annual rate.

* 衡量出口和进口的国民收入和产品账户与表26.1中收支账户余额的衡量略有不同。

私人部门盈余或赤字（private sector surplus or deficit）是储蓄减投资。如果储蓄超过投资，私人部门盈余贷给其他部门。如果投资超过储蓄，就必须靠从其他部门借款来为私人部门赤字融资。

(b) 部分也表明 2006 年这些余额在美国的价值。如你所看到的，净出口是–7 840 亿美元，赤字是 7 840 亿美元。政府部门净税收收益是 21 610 亿美元，而政府支出是 24 740 亿美元。政府部门赤字是 3 130 亿美元。私人部门储蓄是 17 990 亿美元并且投资是 22 700 亿美元，因此有 4 710 亿美元的赤字。

(c) 部分表明三个余额间的关系。从国民收入和产品账户，我们知道实际 GDP、Y，是消费支出（C）、投资、政府支出和净出口之和。它也等于消费支出、储蓄和净税收之和。重新整理这些等式告诉我们，净出口是政府部门赤字和私人部门赤字之和。2006 年在美国，政府部门赤字为 3 130 亿美元而私人部门赤字为 4 710 亿美元。政府部门赤字加私人部门赤字等于净出口–7 840 亿美元。

三部门余额

你已经看到净出口等于政府部门余额和私人部门余额之和。这三个部门余额如何随时间推移而波动？图 26.10 回答了这个问题。它表明政府部门余额（深灰色线）、净出口（浅灰色线）以及私人部门余额（中灰色线）。

私人部门余额和政府部门余额反方向变动。在 20 世纪 80 年代末期和 90 年代初期，当政府部门赤字增加时，私人部门盈余增加。而在 20 世纪 90 年代和 21 世纪初，当政府部门赤字减少并转变成盈余时，私人部门盈余减少并转变成赤字。

有时，当政府部门赤字增加，像 20 世纪 80 年代前半段那样，净出口负值越来越大。但在 20 世纪 90 年代初后，净出口并没有紧紧跟随政府部门余额。反而，净出口对政府部门和私人部门余额之和做出反应。当私人部门和政府部门都赤字时，净出口为负，并且与私人和政府赤字一起，通过向世界其他国家借款融资。

汇率在哪里

在解释经常账户余额时，我们并没有涉及汇率。难道汇率没有起作用？

在短期，名义汇率下降，降低了实际汇率，这使我们的进口更昂贵而出口更具竞争力。进口消费品更高的价格引起消费减少和储蓄增加。并且，进口资本品更高的价格引起投资减少。在其他条件不变的情况下，储蓄增加或投资减少都会减少经常账户赤字。

但在长期，名义汇率的变动不会引起实际汇率和所有其他实际变量的变动。因此，在长期，名义汇率对影响经常账户余额不起作用。

图 26.10　三部门余额

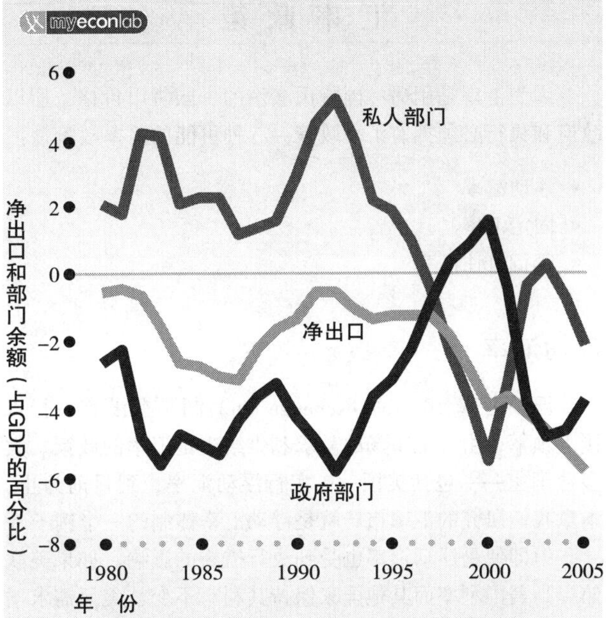

私人部门余额和政府部门余额朝着相反的方向移动。净出口对政府部门和私人部门余额之和做出反应。当私人部门和政府部门都赤字时，该赤字通过净国外借款进行融资。

资料来源：Bureau of Economic Analysis.

复习测验

1. 经常账户记录哪些交易？
2. 资本账户记录哪些交易？
3. 官方结算账户记录哪些交易？
4. 美国是一个净借款国还是一个净贷款国，是一个债务国还是一个债权国？
5. 净出口和部门预算余额间是如何联系的？

myeconlab **Study Plan 26.4**

汇率政策

因为汇率是用另一国货币表示的一国货币价格，所以政府和央行必须拥有汇率政策。三种可能的汇率政策是：

- 浮动汇率
- 固定汇率
- 爬行钉住汇率

浮动汇率

浮动汇率 (flexible exchange rate) 制是在没有央行直接干预下，由外汇市场的需求和供给决定汇率的政策。大多数国家——包括美国——实行浮动汇率，到目前为止，本章我们研究的汇率市场就是浮动汇率体制的一个例子。

但即使是浮动汇率也受到央行措施的影响。如果美联储提高美国利率而其他国家保持其利率不变，美元需求增加，美元供给减少，且汇率上升。（同样，如果美联储降低美国利率，美元需求减少，美元供给增加，且汇率下降。）

在浮动汇率体制中，当央行改变利率，它的目的并不是影响汇率。它是想达到一些其他货币政策的目标（我们将在第 31 章详细讨论这个课题）。

固定汇率

固定汇率 (fixed exchange rate) 制是钉住由政府或央行决定的汇率，并通过在外汇市场上直接干预，从而阻止不受调控的需求和供给因素的政策。从二战末到 20 世纪 70 年代初，世界经济实行固定汇率体制。而中国香港已经实行多年固定汇率并且今天继续实行该政策。

固定汇率需要在外汇市场上积极的干预。

如果美联储想要固定美元对日元的汇率，美联储将必须卖出美元从而阻止汇率上升到目标值以上，并且买入美元阻止汇率下降到目标值以下。

美联储能卖出的美元量没有限度。美联储创造美元并能创造出它选择的量。但美联储能买入的美元量却有限度。限度是由美国官方的外币储备持有量决定。如果储备耗尽，买入美元的干预就会停止。

让我们看看美联储可做的对外汇的干预。

假设美联储想要汇率稳定在每美元 100 日元。如果汇率上升到超过 100 日元，美联储卖出美元。如果汇率下降到低于 100 日元，美联储买入美元。通过这些行动，美联储改变美元供给并使汇率接近目标汇率的每美元 100 日元。

图 26.11 表明外汇市场上美联储的干预。美元供给是 S 且最初美元需求是 D_0。均衡汇率是每美元 100 日元。这个汇率也是美联储的目标汇率，如水平线所示。

当美元需求增加且需求曲线向右移动到 D_1，美联储卖出 100 亿美元。这项措施增加 100 亿美元的供给并阻止汇率上升。当美元需求减少并且需求曲线向左移动到 D_2，美联储买入 100 亿美元。这项措施减少 100 亿美元的供给并阻止汇率下降。

如果美元需求在 D_1 和 D_2 间波动，且平均为 D_0，美联储就可以重复用我们刚刚介绍的方法干预。美联储时买时卖，但总体上它既没买也没卖。

图 26.11 外汇市场干预

myeconlab

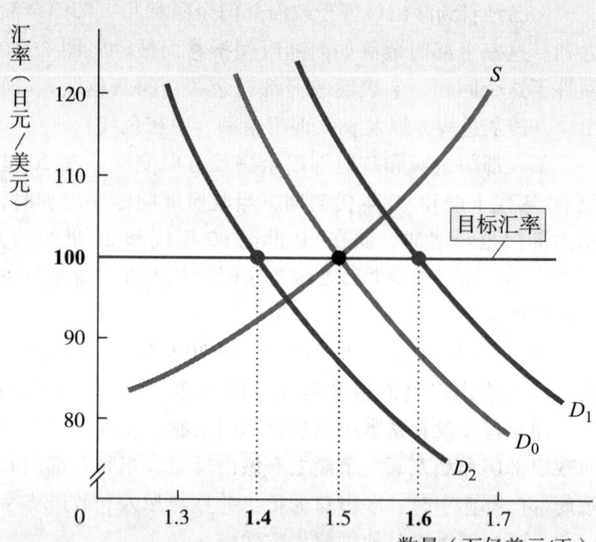

起初，美元需求是 D_0，美元供给是 S，且汇率为每美元 100 日元。美联储为了保持汇率接近目标汇率（本例中的 100 日元），对外汇市场进行干预。如果需求从 D_0 增加到 D_1，美联储卖出美元从而增加供给。如果需求从 D_0 减少到 D_2，美联储买入美元从而减少供给。对市场的单边干预是不能持久的。

但假设美元需求从 D_0 持续增加到 D_1。为了维持汇率在每美元 100 日元，美联储必须卖出美元并买入外国通货，因此美国官方外汇储备增加。在某一点，美联储会放弃每美元 100 日元的汇率并停止积累外汇储备。

现在假设美元需求从 D_0 持续减少到 D_2。在这种情况下，美联储不可能把汇率无限期地维持在每美元 100 日元，为了保持汇率在 100 日元，美联储必须买入美元。当美联储在外汇市场上买入美元，它动用美国官方外汇储备，因此美联储必然减少其外汇储备。最终，美联储会用完其外国通货，从而必须放弃每美元 100 日元的汇率。

爬行钉住汇率

爬行钉住 (crawling peg)　汇率制是选择汇率的一条目标路径，并通过干预外汇市场来实现该路径的政策。美联储从未实行爬行钉住。但一些重要的国家使用该体系。中国放弃其固定汇率后用爬行钉住汇率替代。其他几个发展中国家也使用爬行钉住。

除了目标值变动外，爬行钉住与固定汇率同样地运作。目标有时一月变动一次，而有时每天变动。

爬行钉住背后的思想是阻止从制造汇率波动中的波动预期，并避免发生固定汇率下用完储备或累积储备的问题。（爬行钉住有时也用于控制通货膨胀，我们将在第 31 章考查其作用。）

外汇市场上的中国人民银行

在图 26.1 中，你可以看到美元和人民币间的汇率在几年里都不变。汇率几乎不变的原因是中国央行——中国人民银行实施干预的固定汇率政策。从 1997~2005 年，人民币钉住每美元 8.28 元。自 2005 年以来，人民币略微升值但并不允许自由浮动。自 2005 年以来，人民币一直实行爬行钉住汇率制。

固定人民币汇率（和爬行汇率）的直接后果就是自 2000 年以来，中国累积的美元储备规模巨大。到 2006 年年中，中国官方外汇储备达到 1 万亿美元。

图 26.12（a）表明中国外汇储备（主要是美元）增加的规模。你能看到在 2004 年和 2005 年，外汇储备每年递增 2 000 亿美元。

图 26.12（b）说明市场上用人民币表示的美元价格正

图 26.12　中国的外汇市场及汇率策略

myeconlab

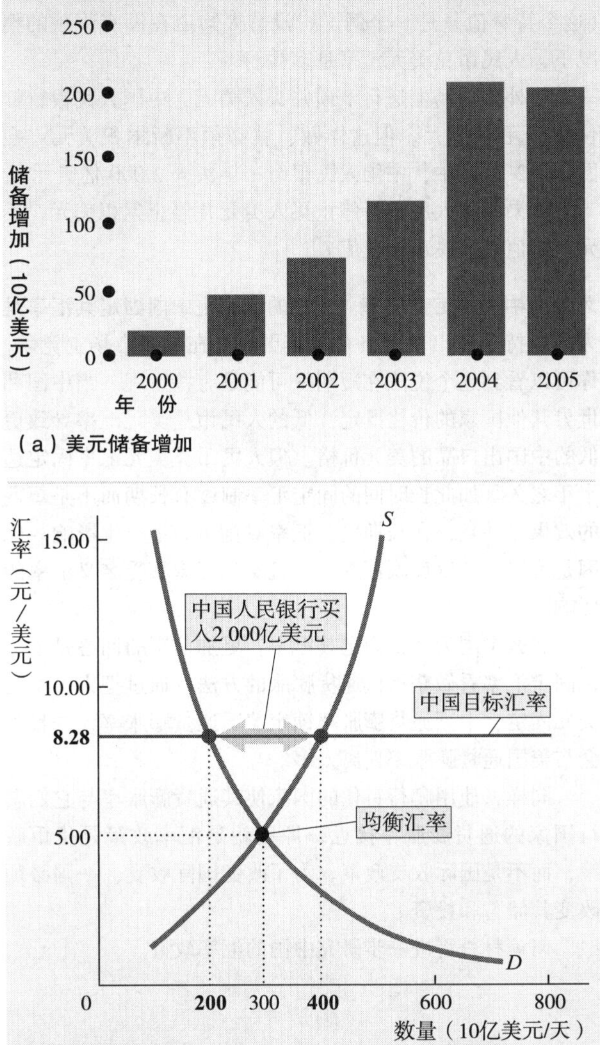

（a）美元储备增加

（b）钉住的人民币

（a）幅表明中国每年增加的美元储备。

（b）幅表明以人民币表示的美元市场。（注：汇率越高意味着美元价值越高，且人民币价值越低。）需求曲线 D 和供给曲线 S 相交点的均衡汇率处于中国的目标汇率每美元 8.28 元之下。为了使汇率钉住目标水平，中国人民银行必须买入美元并增加其外汇储备。

发生着什么，并解释为什么中国储备增加。需求曲线 D 和供给曲线 S 相交于每美元 5 元人民币。如果中国人民银行在外汇市场上不采取行动，这个汇率就是均衡汇率。(这个特殊值只是一个例子。没有人知道在没有干预的情况下，人民币兑美元汇率是多少。)

在外汇市场上进行干预并买入美元，中国人民银行钉住每美元 8.28 元。但这样做，就必须不断累积美元。在图 26.12（b）中，中国人民银行一年买入 2 000 亿美元。

如果中国人民银行停止买入美元并停止累积美元，美元将贬值而人民币将升值。

为什么中国固定其汇率 流行的说法是中国固定其汇率是为了保持低的出口价格并使其更容易在世界市场上竞争。你可以看到这个说法在短期里可能是有些道理。当中国和世界其他国家的价格既定，低的人民币兑美元汇率导致更低的中国出口品的美元价格。但人民币兑美元汇率固定达十年之久。如此长时间的固定汇率制度有长期而不是短期的效果。并且，在长期里，汇率对竞争力不产生影响。原因是价格调整以反映汇率，并且实际汇率不受名义汇率的影响。

那么中国为什么固定其汇率？更加信服的回答是中国把固定汇率看做获得低通货膨胀的方法。通过把人民币与美元固定，中国通货膨胀率锁定美国通货膨胀率，并且不会与美国通货膨胀率偏离太多。

同样，使用爬行钉住的国家使其通货膨胀率与它们爬行国家的通货膨胀率接近。原则就是汇率政策是货币政策，而不是国际收支政策。为了改变国际收支，一国必须改变其储蓄和投资。

阅读材料将进一步研究中国的汇率政策。

复习测验

1. 什么是浮动汇率？它是如何运作的？
2. 什么是固定汇率？它是如何固定的？
3. 什么是爬行钉住汇率？它是如何运作的？
4. 中国在外汇市场上如何操作？为什么？这种操作会产生什么影响？

myeconlab **Study Plan 26.5**

内容提要

要 点

货币和汇率

- 外汇市场上，外国货币是与国内货币交换而得。
- 名义汇率是一种货币相对于另一种货币的价值。
- 实际汇率是一国实际 GDP 相对于另一国实际 GDP 的价格。

外汇市场

- 汇率是由外汇市场上的需求和供给决定。
- 美国的汇率越高，美元需求量越小，美元供给量越大。
- 均衡汇率使美元需求量和供给量相等。

需求和供给的变动：汇率波动

- 世界对美国出口的需求、美国利率差或预期未来汇率的变动都会改变美元需求。
- 美国对进口的需求、美国利率差或预期未来汇率的变动都会改变美元供给。
- 汇率预期受购买力平价和利率平价影响。
- 在长期，名义汇率是一种货币现象，而实际汇率不受名义汇率的影响。

国际贸易融资

- 国际贸易、借款和贷款通过使用外国通货融资。
- 一国的国际交易被记录在经常账户、资本账户和官方结算账户中。
- 经常账户余额与净出口类似，由政府部门余额加私人部门余额决定。

汇率政策

- 汇率可分为浮动、固定或爬行钉住三种体制。
- 为了获得固定或爬行汇率，央行必须干预外汇市场并购买或出售外国货币。

关键图表

关键术语

外国通货	外汇市场
汇　率	名义汇率
实际汇率	贸易加权指数
美国利率差	利率平价
购买力平价	国际收支账户
经常账户	资本账户
官方结算账户	美国官方储备
净借款国	净贷款国
债务国	债权国
净出口	政府部门盈余或赤字
私人部门盈余或赤字	浮动汇率
固定汇率	爬行钉住

习　题

1. 美元汇率从 2004 年的 1.3 加元下降到 2005 年的 1.21 加元，而美元汇率从 2004 年的 108.15 日元上升为 2005 年的 110.11 日元。
   a. 美元对加元是升值还是贬值？
   b. 美元对日元是升值还是贬值？
   c. 在 2004 年和 2005 年，加元对美元的价值是多少？
   d. 在 2004 年和 2005 年，100 日元对美元的价值是多少？
   e. 在 2005 年，加元对美元是升值还是贬值？
   f. 在 2005 年，日元对美元是升值还是贬值？
2. 在 2004 年，欧元区价格水平为 112.4，美国价格水平为 109.1，而名义汇率是每美元 80 欧分。用欧元区实际 GDP 除以美国实际 GDP 表示的实际汇率是多少？
3. 在 2003 年，美国价格水平是 106.3，日本价格水平是 95.4，而用日本实际 GDP 除以美国实际 GDP 表示的实际汇率是 103.6。名义汇率是多少？
4. 世界对玫瑰的需求大增而哥伦比亚是最大的玫瑰生产国。同时，哥伦比亚央行提高利率。外汇市场上哥伦比亚比索会发生什么：
   a. 比索需求？
   b. 比索供给？
   c. 比索需求量？
   d. 比索供给量？
   e. 比索对美元汇率？
5. 在 2002 年，法国巴黎的一家银行欧元存款可获 2.8% 的年利率，而在日本东京的一家银行日元存款可获 0.036%的年利率。在其他都保持不变的情况下，根据风险调整之后，对日元汇率的预期是多少？
6. 英镑是以每英镑 1.82 美元进行交易。这个汇率存在购买力平价。在美国利率为一年 2.5%而在英国利率为一年 3%。
   a. 计算美国利率差。
   b. 从现在起的一年，英镑预期值多少美元？
   c. 哪个国家更可能有较低的通货膨胀率？你如何判断？
7. 你能用 12 960 比索在墨西哥城购买一台手提电脑。如果汇率是每美元 10.8 墨西哥比索，如果购买力平价存在，在得克萨斯的达拉斯你能以什么价格购买到一台相同的电脑？
8. 下表告诉有关美国在 2003 年国际交易的情况。

项　目	10 亿美元
产品和服务进口	1 487
外国在美国的投资	1 051
产品和服务出口	990
美国在国外的投资	456
净利息收入	7
净转移支付	–68
统计误差	–36

   a. 计算经常账户余额。
   b. 计算资本账户余额。
   c. 美国官方储备是增加还是减少？
   d. 在 2003 年，美国是一个净借款国还是一个净贷款国？解释你的答案。
9. 下表告诉有关 2003 年英国经济的一些情况。

项　目	10 亿英镑
消费支出	721
产品和服务出口	277
政府支出	230
净税收	217
投　资	181
储　蓄	162

政策观察

贬值的美元

http://www.nytimes.com

布什帮助与人民币抗争

2006 年 5 月 10 日

经过近三年推动中国的货币更自由的浮动，只产生了一些适度的成效，布什政府仍然显得不情愿指控中国操纵其汇率……

美国生产商和许多国会议员很多年都在抱怨中国把其货币——人民币——人为地维持在对美元的低汇率上，并作为以低廉价格销售其出口品的方法。

美国财政部长约翰·斯诺抵制了威胁北京的要求，并辩称中国领导人正在向一个汇率更加浮动、金融制度更加公开的方向“迈进”。

本周，一位财政部官员再次强调中国朝开放所迈出的步伐。

“如果你看看中国为履行关于把外汇体制放在一个更灵活位置上的承诺所正在做的，”斯诺的首席发言人托尼·弗拉图周一告诉记者，“那么你会看到他们正在这样去做的一些证据。”

但人民币价值变动相对较小。去年 7 月，中国让人民币对美元爬升了 2%，最近又有类似的小幅升值。

当胡锦涛主席上个月在华盛顿与布什会晤时，中国高官重申“稳定”的必要性，并且当他们使人民币更自由的浮动时不会提供暗示。

在 2005 年，美国对中国的贸易赤字猛增到 2 020 亿美元，这个不平衡通常会推升人民币对美元的价值。中国通过买入数千亿以美元计价的储备来阻止人民币升值……

事件的本质

- 美国生产商和国会议员抱怨中国人为地把人民币维持在低水平，从而以低廉价格销售出口品。
- 财政部长约翰·斯诺认为中国正在朝一个更加浮动的汇率迈进。
- 人民币兑美元汇率变动小。
- 人民币在 2005 年 7 月升值并在最近小幅升值。
- 在 2005 年，美国对中国的贸易赤字为 2 020 亿美元。
- 这个不平衡会推升人民币的价值，但中国阻止其发生并增加其美元储备。

经 济 分 析

- 直到 2005 年 7 月，中国汇率被钉在每美元 8.28 元人民币。
- 在 2005 年 7 月，人民币升值（美元贬值）2.1%。
- 自 2005 年 7 月以来，人民币持续但缓慢地对美元升值（美元对人民币贬值）。
- 图 1 表明美元对人民币贬值的轨迹。
- 为了在 2005 年 7 月前钉住人民币并阻止汇率上升超过预期，中国人民银行在外汇市场上买入美元。
- 外汇市场上交易的结果是储备的强劲增长。
- 图2 表明中国储备的积累，到 2006 年，约为 1 万亿美元。
- 美国人关注人民币是因为中国对美国有巨大的贸易顺差。
- 但中国总的经常账户盈余并不大，而只是美国巨大的经常账户赤字的一小部分。
- 图 3 表明美国的经常账户赤字和中国的经常账户盈余。
- 本章的分析解释了经常账户赤字是由于相对于投资，私人和政府储蓄太少引起的。
- 中国储蓄大于投资，而美国投资大于储蓄。
- 美元和中国人民币间名义汇率的变动，不会对改变这些不平衡做出大的贡献。
- 人民币升值的主要影响是减缓中国相对于美国的通货膨胀率。

说出你的观点

- 你认为美国应该向中国施加压力使人民币大幅升值吗？
- 你认为人民币大幅升值符合中国的利益吗？
- 人民币的持续升值如何影响世界贸易？

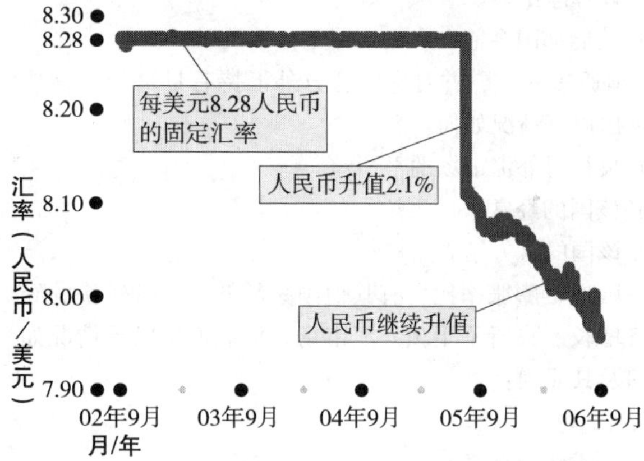

图1　人民币兑美元汇率

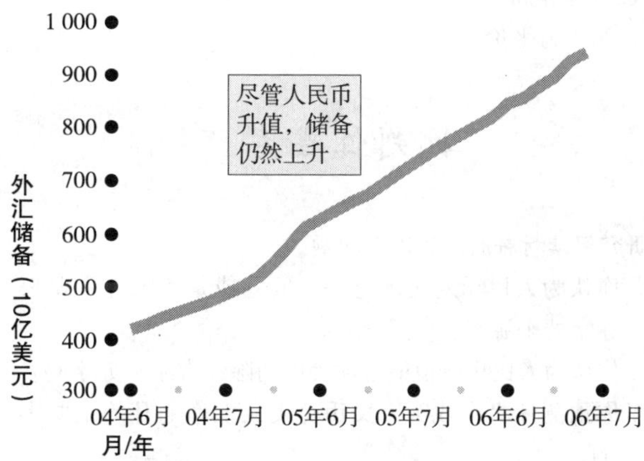

图2　中国的外汇储备累积

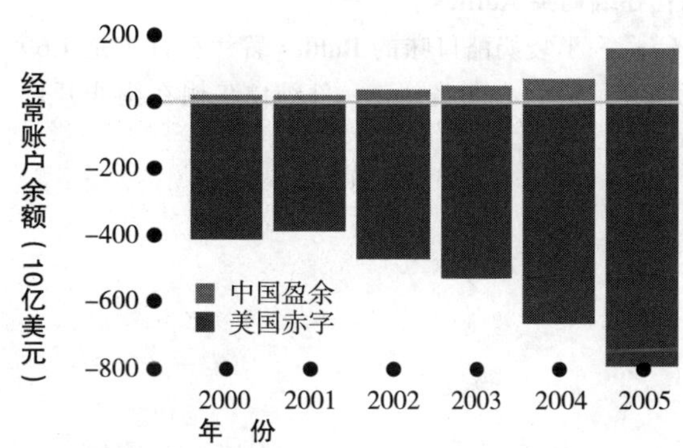

图3　经常账户余额

a. 计算私人部门余额。
b. 计算政府部门余额。
c. 计算净出口。
d. 政府部门余额和净出口间是什么关系？

10. 一国通货升值，并且它的官方外汇持有量增加。你能说出以下情况如何：
a. 央行对外汇市场的干预？
b. 该国的经常账户余额？
c. 该国的官方结算账户？

11. 一国通货膨胀率比所有其他国家都低。它有较快的经济增长。央行不干预外汇市场。你能说出以下情况如何及其原因：
a. 汇率？
b. 经常账户余额？
c. 预期汇率？
d. 利率差？
e. 利率平价？
f. 购买力平价？

批判性思考

1. 研究阅读材料后回答以下问题。
a. 你认为人民币对美国是一个问题或是美国经常账户赤字的来源吗？
b. 你认为人民币升值能帮助美国消除经常账户赤字吗？
c. 你预测什么会成为人民币兑美元汇率上升的主要影响？
d. 如果可以减少美国经常账户赤字，美国政策能做什么？

2. **教训：在缅甸买 Ruffles**

……一小袋奶酪口味的 Ruffles 薯片在日本是 1.69 美元而在缅甸只有 8 美分。一件纯白 T 恤在南非开普敦的商场里值 16 美元……在越南网吧里一个小时是 0.62 美元，在中国是 1.48 美元，而在南非是 3.40 美元。

《洛杉矶时报》，2006 年 4 月 23 日

这些价格是否显示购买力平价不存在？请解释。

3. 《经济学家》杂志用巨无霸价格来确定一种通货是否被低估或高估。在 2006 年 5 月，一个巨无霸在纽约的价格是3.10 美元，在北京是 10.5 元人民币，而在日内瓦是 6.30 瑞士法郎。汇率是每美元 8.03 人民币和每美元 1.21 瑞士法郎。
a. 根据购买力平价，人民币是低估还是高估了？
b. 根据购买力平价，瑞士法郎是低估还是高估了？
c. 你认为在不同国家一个巨无霸价格能对购买力平价提供合理的证明吗？

网上活动

1. 访问 PACIFIC（一个汇率服务机构），阅读有关购买力平价的网页。
a. 什么是购买力平价？
b. 今天，相对于美元，哪种通货最会被高估？
c. 今天，相对于美元，哪种通货最会被低估？
d. 你能给为什么有些通货被高估而有些被低估提供一些建议吗？
e. 你认为关于高估和低估的信息对于通货投机者有用吗？请解释。

2. 访问经济分析局并找有关美国国际收支账户的数据。
a. 美国最近一次的经常账户盈余是什么时候？
b. 美国在产品贸易中盈余还是赤字？
c. 美国在服务贸易中盈余还是赤字？
d. 过去 10 年中，外国在美国的投资发生了什么？
e. 你认为美国国际收支记录值得关注吗？请解释。

扩大生产可能性边界

经济学是关于我们如何处理稀缺的。作为个人，我们通过做出使边际收益和边际成本平衡的选择来处理，以使我们有效地使用稀缺资源。作为社会，我们通过创建鼓励分工和交换的激励体制和社会制度来处理。

这些选择以及引导这些选择的激励体制决定：我们擅长于什么；我们做多少工作；我们在学校如何努力学习以形成我们人力资本的智力技能，并进而决定了我们得到的工作类别和赚到的收入；为将来的大额支出我们储蓄多少；企业和政府对新资本——汽车装配线、电脑和提高互联网服务的光缆、购物中心、高速公路、桥梁和隧道——支出多少；现有资本和自然资源如何集中使用并且它们多快能耗尽或用完；科学家、工程师和其他发明者开发新技术以解决不断出现的新问题。

我们刚刚描述的所有选择结合起来决定了生活水平及其提高的速度——经济增长率。

经济增长若能在几十年中保持稳定的比率，则对任何一个社会来讲它都是惟一影响最大的因素。它引起的转变让善于思考的人们惊讶不已。若经济增长保持较快速度，那么改造一个社会只需几年而不是几十年。如此的转变正发生在多个亚洲国家和地区，这些转变就是经济奇迹。

本编的前两章研究生活水平和经济快速增长的奇迹。第 23 章解释劳动市场均衡如何决定潜在 GDP 和充分就业劳动量、就业和失业率。这一章也解释了资本市场上相关的储蓄和投资决策如何决定资本积累。第 24 章研究经济快速增长的亚洲和美国的经济增长过程。并解释了技术变革和刺激技术变革的激励如何影响增长。

在市场上，使得分工和交换成为可能的货币是经济增长的巨大贡献者。但货币过多会引起生活成本上升而生活水平没有提高。

本编的后两章解释货币的职能和货币对价格水平以及汇率的影响。第 25 章确切地解释了货币是什么，银行如何创造货币，美联储如何影响货币量，以及在长期，货币量如何影响价格水平。第 26 章扩展视角并研究世界上的许多货币：它们的汇率和源于国际贸易和投资的赤字和盈余。

对创新、储蓄和投资的激励

经济学家

"经济进步，在资本主义社会意味着动荡。"

——约瑟夫·熊彼特
《资本主义、社会主义和民主》

约瑟夫·熊彼特（Joseph Schumpeter）是纺织厂主的儿子，1883年出生于奥地利。他在动荡的20世纪20年代从奥地利搬到德国，当时两国正经历恶性通货膨胀。1932年，在大萧条低谷时，他来到美国，并成为哈佛大学的经济学教授。

这位有创造性的经济思想家撰写了有关经济增长和发展、经济周期、政治制度以及经济学家传记等方面的著作。他是一个有主见的人，强烈表达自己的观点并乐意文字战。

熊彼特成为一位未被认识到的现代增长理论的奠基人。他认为，追求利润的企业家对新技术的开发和扩散是经济进步的源泉。但他把经济进步也看做一个创造性毁灭的过程——新利润机会的创造和目前赚钱企业的毁灭。对于熊彼特而言，经济增长和经济周期是同一种现象。

当熊彼特在1950年去世时，他达成了自我表达的一生的雄心：他被视为世界上最伟大的经济学家之一。

问　题

技术变革、资本积累和人口增长相互作用产生了经济增长。但原因是什么而结果又是什么？并且，我们能预期生产率和人均收入都会持续增长吗？

18世纪和19世纪的古典经济学家认为技术进步和资本积累是增长的发动机。但他们也认为，无论成功的人们如何发明生产率更高的技术和投资于新资本，他们注定要生活在维持生存的水平。这些经济学家把他们的结论建立在这样一种信念上：生产率增长引起人口增长，人口增长反过来引起生产率下降。这些古典经济学家认为，无论什么时候经济增长把收入提高到维持生存的水平之上，人口都会增加。他们继续推理：人口的增长引起降低生产率的报酬递减。结果，收入总是必然回到维持生存的水平。只有当收入在维持生存的水平时，人口增长才会得到控制。

被称为新古典增长理论的新方法是在20世纪50年代期间由麻省理工的罗伯特·索洛发展的，并由于这项工作获得诺贝尔经济学奖。索洛是熊彼特的学生。

索洛挑战了古典经济学家的结论。但在20世纪80年代和90年代发展的新经济增长理论又向前迈进了一大步。他们推翻了古典的信念。今天的人口增长理论是：收入增加使人口增长率放缓，这是因为它提高了养育孩子的机会成本，并降低了在孩子身上投资的机会成本，用更高的人力资本武装他们，以使他们更具生产率。生产率和收入提高是因为技术进步，追求利润刺激生产率不断提高的范围实际上是无限的。

当　时

在 1830 年，一个强壮、有经验的农场工人一天可以收割三英亩小麦。所使用的惟一的资本是一把自从罗马时代起就在使用的割小麦的镰刀，而放在麦秸上的支架是 15 世纪佛来明农民发明的。随着新发明的马拉犁、耙和播种机，农民能耕种的小麦多于能收割的。然后，尽管做了很大的努力，没有一个人能制造出能重复镰刀摆动的机器。然后在 1831 年，22 岁的赛勒斯·麦考密克制造了一台可以使用的机器。该机器使拖它的马受到惊吓，但它在几个小时里完成了三个人一天才能作完的事。技术变革提高了农场的生产率并带来了经济增长。古典经济学家认为报酬递减无情地使我们回到维持生存的生活水平，有关生产率增长的事实是否意味着他们错了呢？

现　在

今天的技术使我们的视野开阔到超出了我们这个星球的限制，并且扩大了我们的思维。同步地球卫星使我们有了全球电视、声音和数据通信，以及更准确的天气预报，这又附带提高了农业生产率。在可以预见的未来，我们会有变革电力使用的超导体、虚拟现实主题公园和培训设备、无污染氢气汽车、腕表型电话，以及我们可以谈话的光计算机。配备这些新技术，我们提高了创造更为耀眼技术的能力。一轮技术变革促进又一轮的技术变革似乎是一个永无止境的过程，并使我们的生产率和收入都更高。

有几个人对当今经济学家考虑经济增长方式的革命做出了贡献。接下来你遇到的哥伦比亚大学的经济学教授夏威尔·萨拉·伊·马丁就是其中的一位。

与夏威尔·萨拉·伊·马丁交谈

夏威尔·萨拉·伊·马丁（Xavier Sala-i-Martin）是哥伦比亚大学的经济学教授。他也是美国国家经济分析局的副研究员、世界经济论坛的高级经济顾问、《经济增长》杂志的副主编、Umbele基金会——非洲的未来的创立者和CEO，以及巴塞罗那足球俱乐部经济委员会会长。

萨拉·伊·马丁教授本科就读于巴塞罗那自治大学，研究生就读于哈佛大学，并于1990年在那里获得了博士学位。

在2004年，他被授予Premio Juan Carlos I de Economia奖，该奖一年授予两次，由西班牙银行颁给西班牙和拉美最杰出经济学家。和罗伯特·巴罗一样，他也是《经济增长》第二版（麻省理工大学出版社，2003）的作者，该书是这个课题权威的研究生教材。

迈克尔·帕金与夏威尔·萨拉·伊·马丁就他的工作和经济学家在了解经济增长中取得的进步进行了交谈。

是什么吸引你学习经济学的？

这是一个偶然事件。我想成为富人，因此我问我母亲，“在我家里，谁是最富的人？”她说，“你叔叔约翰。”于是我问，“他学的是什么？”她说，“经济学。”因此我就学了经济学！

在西班牙，没有一个文科学校可让你在那里学习很多东西。18岁的时候，你必须决定你将追随什么事业。如果你选择经济学，你进入经济学院并连续学习经济学五年。因此，你必须用疯狂的方式做出一个决定，像我一样。

经济增长如何成为你研究的主要领域？

我研究经济学？我喜欢它。我研究数理经济学？我也喜欢它，并且我进入了研究生院。在哈佛大学的第二年，杰弗里·撒克斯雇我去玻利维亚。我人生中第一次看到穷人，我震惊了。我决定我应该尽力回答这个问题：“为什么这些人如此贫穷而我们如此富有，并且我们能做什么把他们的状态转变成我们的状态？”我们生活在美国和欧洲的泡沫世界里，而我们并没有意识到穷人到底有多穷。当你亲眼看到贫穷时，很难去想其他。因此，我决定研究经济增长。巧合的是，当我从玻利维亚回来，我被分配做罗伯特·巴罗的助教。他当时正教经济增长，因此我师从于他并最终和他一起合著几本著作，发表多篇论文。

在你最初对经济增长的研究中，你用一些国家和美国各州的数据检验了新古典增长模型。你发现了什么？

新古典理论因为两个原因受到批评。第一，增长来源、技术变革是外生的——不能解释。第二，资本报酬递减的假设看上去暗示在每个国家人均收入应该趋于同一水平。如果你贫穷，你的边际产量应该高。你节省的每个饼干应该产生更大的增长。如果你富有，你的边际产量应该低。你节省的每个饼干应该产生很小的增长。因此，穷国应该比富国增长得更快，并且收入水平的趋同应该发生。趋同没有发生，因此，如批评家所说，新古典理论一定是错的。

这个批评被证明是错的。增长取决于你的饼干的生产率和你节省了多少饼干。如果你不节省任何饼干，你就不会增长，即使你的边际产量很大。

通过资本积累的增长是极其困难的。增长必须通过其他事情（比如技术变革）来实现。

有条件的趋同是这样一个想法：人均收入只有在各国有相似的储蓄率、相似的科技和相似的一切的时候才会趋同。这就是我所证明的。为了使每个相关因素一致，我用地区来检验我的假设：美国的各个州或相似的各国。一旦你小心地使其他都不变，你会看到增长率和收入水平间的负相关关系。

如新古典理论预测的，如果相似，穷国比富国增长得快。因此我的研究表明反驳新古典理论并不是很容易。来源于亚当·斯密、马尔萨斯和李嘉图的报酬递减法则是非常强大的。通过资本积累的增长是极其困难的。增长必须通过其他事情（比如技术变革）来实现。

对于亚当·斯密不知道的国富的本质和原因，今天的我们知道什么？

事实上，虽然在过去的两百多年里一些最杰出的人都在探讨该问题，我们知道的还是惊人的少。我们有一些不容易应用到实际的一般原则。例如，我们知道市场是好的。我们知道要使经济运转，我们需要保证产权。如果有小偷——政府或私人的小偷——能偷走投资收益，没有投资也就没有增长。我们知道激励非常重要。

这些都是一般原则。因为我们知道我们应该质问这些原则：为什么非洲仍如此贫穷？回答是，很难把“市场是好的”和“产权起作用”变成实际行动。我们知道津巴布韦必须保证产权。即使它有政府，也行不通。美国宪法在美国起作用。如果你尽力复制宪法并把这个体制强加于津巴布韦，它仍然行不通。

在收入分配上你已经做了很多工作，并且你说我们已经取得很多进步。有什么证据证明这个结论？

这里有两个问题：贫穷和不平等。当2001年我说贫穷在减少时，每个人都说我疯了。联合国发展报告使用了世界银行的数据，说出的恰恰相反。我说世界银行的方法是有缺陷的。经过广泛的公开辩论后，你可以在《经济学家》看到世界银行修正了它们的贫穷数，而且它们现在同意我的观点即贫穷正在减少。

为什么现在贫穷正在减少？在1970年，世界80%的穷国在亚洲——中国、印度、孟加拉国和印度尼西亚。现在，这些国家的增长是惊人的，并且全球贫困率在下降。是的，如果你看非洲，非洲正在倒退。但是非洲有7亿人，中国有13亿，印度有11亿，印度尼西亚有3亿，亚洲拥有60亿世界人口中的40亿。这些大国在增长，全球贫困不在减少是不可能的。

但是我们关注的是在世界不同地区的贫穷。亚洲做得很好，但非洲不行。不幸的是非洲正朝着相反的方向走。

你个人对非洲已经做了很大的承诺。非洲的问题是什么？这个大陆为什么落后于亚洲？正如你刚才讲的，非洲为什么朝相反的方向走？

首先，非洲是个剧烈动荡的大陆。正如我们说到的，非洲有22次战争。第二，没人在非洲投资。第三，我们在富裕的世界里——美国、欧洲和日本——不让它们交易。因为我们有农业补贴、贸易壁垒以及对他们的产品的关税，他们不可能卖给我们。

非洲应该全球化。他们应该开放，并且我们应该让他们开放。他们应该引入市场。但是为了得到市场，你需要法律体制、警察、透明度、更少的官僚主义。你需要我们现在有的许多事情。他们有的是腐败的经济、严重官僚、没有产权、司法腐败。所有这些都必须改变。

他们需要女性教育。我们遇到的最大的回报率问题之一就是教育女孩。为了教育女孩们，他们将需要建学校，他们需要支付老师工资，他们需要买校服，他们需要激励女孩去学校，这些通常就像一连串的问题。你拉它，你并不推它。教育靠推是没用的。你需要的是让女孩们知道，教育的回报率通过她们离开学校后给她们提供工作是很高的。因此，你需要改变女孩去学校的激励并教育他们自己。那样将增加国民产值，而且会提高健康水平，并会降低人口出生率。

回到贫穷和不平等的问题上，在国家内不平等如何加剧而在全球缩小？

因为大多数不平等来源于一些人生活在富国而一些人生活在穷国这个事实。人们之间很大的差别并不是存在富美国人和穷美国人。相对于美国人和来自于塞内加尔的人之间的差异，美国人彼此很接近。今天正在缩小的国家间的差距——在历史上第一次。工业革命前，每个人都是平等的，平等且贫穷，同等的贫穷。人们生活在维持生存的水平，这也就意味着你有的吃，有的穿，你有房住，直到你死去。没有电影，没有旅行，没有音乐，没有牙刷。仅仅是维持生存。如果天气不好，三分之一的人口会死亡。那就是在公元前10 000年到今天的世界历史。

质疑！质疑一切！

是的，曾经有个国王，曾经有个恺撒，但大多数人是农民。

突然间，工业革命意味着一个小国——英国，起飞并以每年2%的速率增长。英国工人的生活水平不断攀升。然后美国，接着法国，接下来欧洲其他地方，再然后加拿大都开始增长。

根据今天的人口，10亿人富裕了而50亿仍然贫穷。在历史上第一次，这50亿人中的大多数比富人增长得更快。他们正在快速赶上。世界上大部分穷人的收入比美国人的收入增加得快。

你能给刚开始学习经济学的人一些什么建议？

质疑！质疑一切！选择历史和数学课程。并阅读一下我最近喜欢的一本书，比尔·伊斯特利的《白人的负担》*。它表明在帮助人的事情上我们为什么一直没做对的事情。我没有他那么激进。他说什么都不起作用。我认为有一些是起作用的，而我们必须利用起作用的并在此之上建立。但我同意一般原理即和蔼、心好不一定意味着做好事。许多人出于好意却伤害了别人。经济学科教育我们激励是关键。

---

* William Easterly, *The White Man's Burden: Why the West's Efforts to Aid the Rest Have Done So Much Ill and So Little Good*. New York, Penguin Book, 2006.

第 27 章

总供给和总需求

生产与价格

生产增长并且价格上升。但生产增长和价格上升的步伐并不一致。在 1997 年，根据实际 GDP 测算的生产增长 4.5%。以这个增长速度，实际 GDP 大约在 16 年里翻一番。但在 2001 年，增长减缓至不到 1%，以这个速度实际 GDP 大约要用 70 年才能翻一番！

同样，近些年，价格上升速度是在低于 2%到 4%之间。每年 2%的通货膨胀率几乎不被关注。但一年 4%的通货膨胀率开始成为一个问题，尤其是因为人们开始担心它接下来要去往何方。

经济增长和通货膨胀不一致的步伐——即经济周期——是本章和随后两章的主题。在这里，你将会发现引起实际 GDP 增长和通货膨胀步代波动的因素，以及就业和失业关联波动的因素。

◆ 本章解释了实际 GDP 和价格水平的模型——总供给—总需求模型，也称 *AS–AD* 模型。这个模型代表了宏观经济学家对于实际 GDP 和价格水平是如何决定的一致观点。该模型提供了一个框架，能让我们理解使经济扩张、引起通货膨胀以及导致经济周期波动的因素。*AS–AD* 模型也提供了一个框架，从中我们可以看到不同流派的宏观经济学家的一系列观点。

学习本章后，你将能：

- 区分宏观经济的长期和短期
- 解释总供给是如何决定的
- 解释总需求是如何决定的
- 解释实际 GDP 和价格水平是如何决定的，以及总供给和总需求的变动如何引起经济增长、通货膨胀和经济周期
- 描述当今宏观经济学家的主要思想流派

宏观经济的长期和短期

经济体不断受到一些使实际 GDP 偏离潜在 GDP 并使就业偏离充分就业的事件的冲击。自然冲击（如卡特里娜飓风）以及源于文化和意识形态的冲击（如恐怖袭击），都降低了实际 GDP 和就业，并使失业率高于自然失业率。技术上的冲击，比如计算机的发明和广泛应用以及相关的信息技术，提高了实际 GDP 和就业并降低了失业率。

不论冲击的来源或方向是什么，一旦受冲击，实际 GDP 和就业就开始调整的过程。在前一编（第 23 章到第 26 章），我们是在没有考虑对经济的冲击的情况下研究的长期。经济像大海中的小船一样起伏波动，而长期就如同经济中的定位点。我们现在将研究这些波动。但首先我们要弄清楚宏观经济的长期和短期的区别。

宏观经济的长期

宏观经济的长期（macroeconomic long run）是一个时间框架，期间实际工资率有足够长的时间调整以达到充分就业：实际 GDP 等于潜在 GDP，失业处于自然失业率，价格水平与货币量成正比，以及通货膨胀率等于货币增长率减实际 GDP 增长率。

宏观经济的短期

宏观经济的短期（macroeconomic short run）是指某些货币价格具有粘性，因此实际 GDP 可能低于、高于或等于潜在 GDP，并且失业率也可能高于、低于或等于自然失业率。

你将要学的总供给—总需求模型解释了在短期里实际 GDP 和价格水平的行为。它也解释了经济如何最终调整到恢复长期均衡和充分就业。

我们将从学习总供给开始。

总 供 给

实际 GDP 的供给量（Y）是在既定时间内企业计划生产的总量。这个量取决于劳动量、资本量（包括实物资本和人力资本）以及技术状态。

在任何一个既定时间，资本量和技术状态都是固定的。它们取决于过去所做的决策。人口也是固定的。但劳动量并不固定。它取决于人们和企业做出的关于劳动供求的决策。

劳动市场可以处于三种状态中的任何一种：充分就业、高于充分就业或低于充分就业。

在充分就业时的实际 GDP 量等于潜在 GDP，它取决于充分就业时的劳动量、资本量以及技术状态（参见第 23 章）。在经济周期中，就业围绕充分就业波动，而实际 GDP 围绕潜在 GDP 波动。

为了研究劳动市场在不同状态下的总供给，我们要区分总供给的两种时间框架：

- 长期总供给
- 短期总供给

长期总供给

长期总供给（long-run aggregate supply）是长期中实际 GDP 等于潜在 GDP 时，实际 GDP 供给量和价格水平之间的关系。图 27.1 中的长期总供给曲线表明了这种关系。

长期总供给曲线是位于潜在 GDP 处的一条垂线，用 *LAS* 表示。沿着长期总供给曲线，随着价格水平的变动，实际 GDP 仍保持在潜在 GDP 处，在图 27.1 中为 12 万亿美元。长期总供给曲线总是垂直的，并总是位于潜在 GDP 处。

长期总供给曲线垂直是因为潜在 GDP 不受价格水平的影响。这种不受影响的原因是沿着 *LAS* 曲线的移动伴随着两组价格的变动：商品与服务价格（价格水平）和生产要素的价格（特别是货币工资率）。商品与服务价格上升 10%与货币工资率上升 10%相匹配。因为价格水平和货币工资率以相同百分比发生变动，实际工资率在充分就业均衡水平保持不变。因此，当价格水平变动而实际工资率不变时，就业保持不变且实际 GDP 保持在潜在 GDP 处。

一个百事可乐工厂的生产 你可以通过考虑一个百事可乐瓶装厂的生产决策来说明当所有价格变动相同百分比时，为什么实际 GDP 保持不变。这个工厂生产使利润最大化的百事可乐量。如果百事可乐价格和瓶装厂工人工资率上升相同百分比，工厂就没有改变产量的激励。

图 27.1　长期总供给

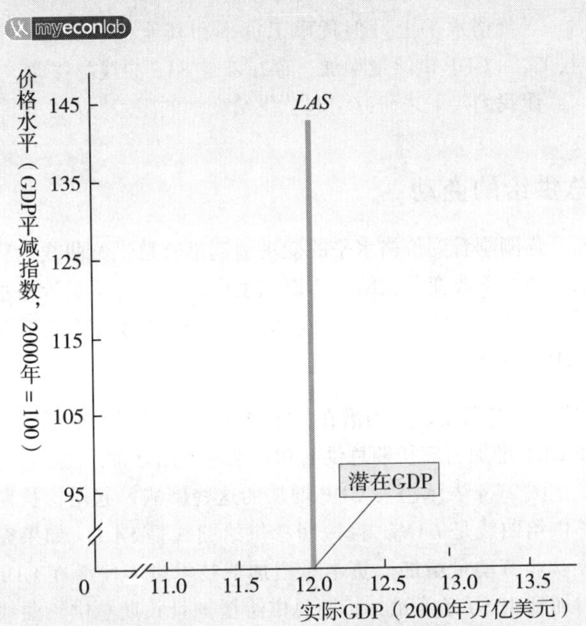

长期总供给曲线（*LAS*）表明潜在 GDP 和价格水平间的关系。潜在 GDP 不受价格水平的影响，因此 *LAS* 曲线是位于潜在GDP 处的一条垂线。

图 27.2　短期总供给

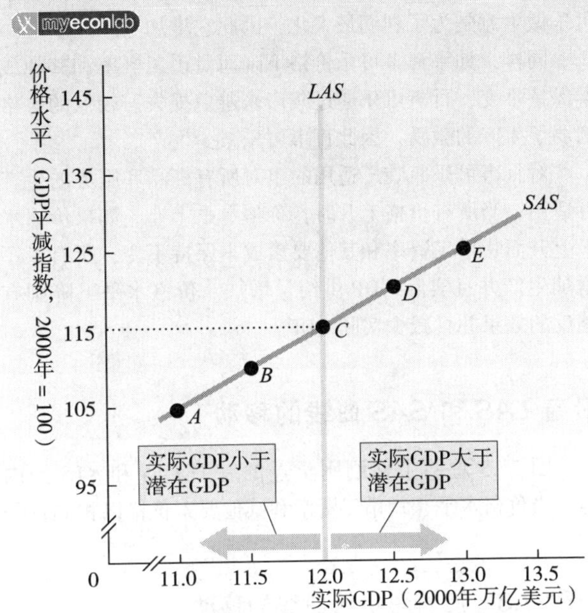

	价格水平（GDP 平减指数）	实际 GDP 供给（2000 年万亿美元）
A	105	11.0
B	110	11.5
C	115	12.0
D	120	12.5
E	125	13.0

短期总供给曲线 *SAS* 和短期总供给表表明，当货币工资率、其他要素价格和潜在 GDP 保持不变时，实际 GDP 供给量和价格水平间的关系。价格水平上升引起实际 GDP 供给量增加：短期总供给曲线向右上方倾斜。

在既定的货币工资率等于充分就业均衡时的实际工资率价格水平下，实际 GDP 供给量等于潜在 GDP，并且 *SAS* 曲线与 *LAS* 曲线相交。在这里，价格水平是 115。价格水平高于 115，实际 GDP 供给量大于潜在 GDP；价格水平低于 115，实际 GDP 供给量小于潜在 GDP。

短期总供给

短期总供给（short-run aggregate supply）是指在短期当货币工资率、其他资源价格和潜在 GDP 保持不变时，实际 GDP 供给量和价格水平之间的关系。图 27.2 中的短期总供给曲线用短期总供给曲线 *SAS* 和短期总供给表表明了这种关系。*SAS* 曲线上的每一点都对应于短期总供给表的一行。例如，*SAS* 曲线上的 *A* 点和表中的 *A* 行告诉我们，如果价格水平是 105，那么实际 GDP 供给量是 11 万亿美元。在短期里，价格水平上升引起实际 GDP 供给量增加。短期总供给曲线向右上方倾斜。

货币工资率既定，当实际工资率处于充分就业的均衡时，只存在一个价格水平。在这个价格水平，实际 GDP 供给量等于潜在 GDP 并且 *SAS* 曲线与 *LAS* 曲线相交。在这个例子中，价格水平是 115。如果价格水平高于 115，实际 GDP 供给量大于潜在 GDP；如果价格水平低于 115，实际 GDP 供给量就小于潜在 GDP。

回到百事可乐工厂　还是以百事可乐瓶装厂为例，你可以看到为什么短期总供给曲线向右上方倾斜。生产量越大，边际成本越高（参见第 2 章）。工厂通过生产使价格等于边际成本的产量来使利润最大化。如果百事可乐价格上升

而货币工资率和其他成本保持不变，百事可乐有增加生产的激励，因为价格上升弥补边际成本上升。而且因为百事可乐做生意是为了利润最大化，因此它增加生产。

同样，如果百事可乐价格下降而货币工资率和其他成本保持不变，百事可乐通过减产来避免损失。较低的价格削弱了生产的激励，因此百事可乐减少生产。

对百事可乐瓶装厂适用的也对所有商品和服务的生产者适用。当所有价格上升时，*价格水平上升*。如果价格水平上升而货币工资率和其他要素成本保持不变，所有工厂增加生产并且实际 GDP 供给量增加。价格水平下降则有相反的效果并且减少实际 GDP。

沿着 *LAS* 和 *SAS* 曲线的移动

图 27.3 总结了你刚刚学过的有关 *LAS* 和 *SAS* 的内容。当价格水平、货币工资率和其他要素价格以相同百分比上升时，相对价格保持不变且实际 GDP 供给量等于潜在 GDP，存在*沿着 LAS* 曲线的移动。

当价格水平上升但货币工资率和其他要素价格不变时，实际 GDP 供给量增加，存在*沿着 SAS* 曲线的移动。

让我们接下来研究引起总供给变动的因素。

图 27.3 沿着总供给曲线的移动

myeconlab

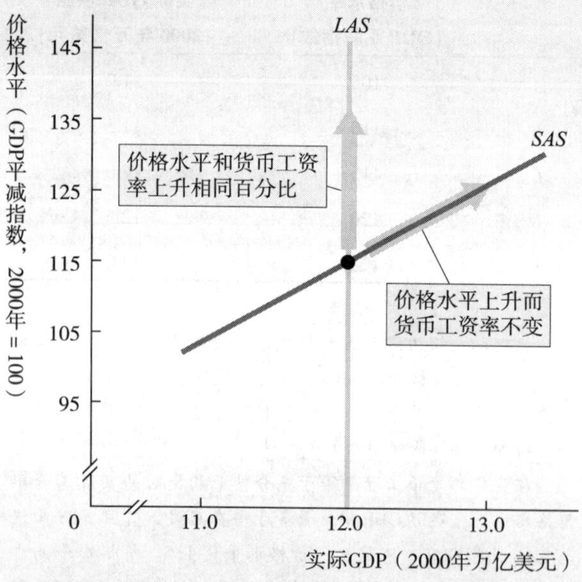

货币工资率和其他要素价格不变时，价格水平上升引起实际GDP 供给量增加，存在沿着短期总供给曲线 *SAS* 的移动。

价格水平与货币工资率和其他要素价格上升相同百分比使实际 GDP 供给量处在潜在 GDP 处不变，存在沿着长期总供给曲线 *LAS* 的移动。

总供给的变动

你刚刚看到价格水平的变动引起沿着总供给曲线的移动，但并不改变总供给。当影响生产计划而并不是价格水平的因素变动时，总供给变动。让我们从考查改变潜在 GDP 的因素开始。

潜在 GDP 的变动 当潜在 GDP 变动时，总供给变动。潜在 GDP 增加引起长期总供给和短期总供给增加。

图 27.4 表示潜在 GDP 增加的这些影响。起初，长期总供给曲线是 LAS_0，且短期总供给曲线是 SAS_0。如果充分就业劳动量增加、资本量增加或技术进步使潜在 GDP 增加到 13 万亿美元，长期总供给增加且长期总供给曲线向右移动到 LAS_1。短期总供给也增加，且短期总供给曲线向右移动到 SAS_1。和我们假设的一样，只有在充分就业时的价格水平保持不变情况下，两条供给曲线移动相同的幅度。

潜在 GDP 由于以下三个原因中的任何一个而增加：

- 充分就业的劳动量增加
- 资本量增加
- 技术进步

让我们看一下影响潜在 GDP 和总供给曲线的因素。

充分就业的劳动量增加 雇佣 100 个工人的百事可乐瓶装厂比其他方面相同但雇佣 10 个工人的厂装更多的百事可乐。对整个经济也是一样的道理。雇佣的劳动量越多，实际 GDP 越大。

随着时间的推移，因为劳动增加，潜在 GDP 增加。但（在资本和技术不变的情况下）只有充分就业劳动量增加，潜在 GDP 才增加。经济周期中的就业波动引起实际 GDP 波动，但实际 GDP 的这些变动是围绕潜在 GDP 的波动，它们并不是潜在 GDP 和长期总供给的变动。

资本量增加 有两条生产线的百事可乐瓶装厂比其他方面相同但只有一条生产线的工厂装更多的百事可乐。对于经济而言，资本量越大，劳动的生产率越高，并且潜在 GDP 越大。资本丰富的美国人均潜在 GDP 远远大于资本相对

图 27.4 潜在 GDP 的变动

myeconlab

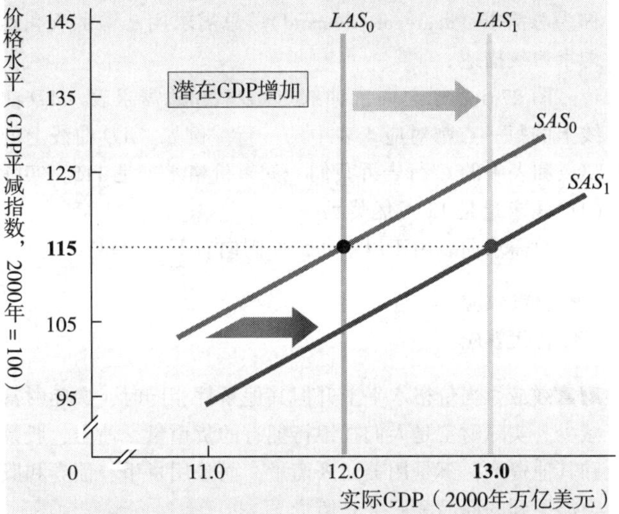

潜在 GDP 增加，增加了长期总供给和短期总供给，并使两条总供给曲线从 LAS_0 向右移动到 LAS_1 和从 SAS_0 向右移动到 SAS_1。

图 27.5 货币工资率的变动

myeconlab

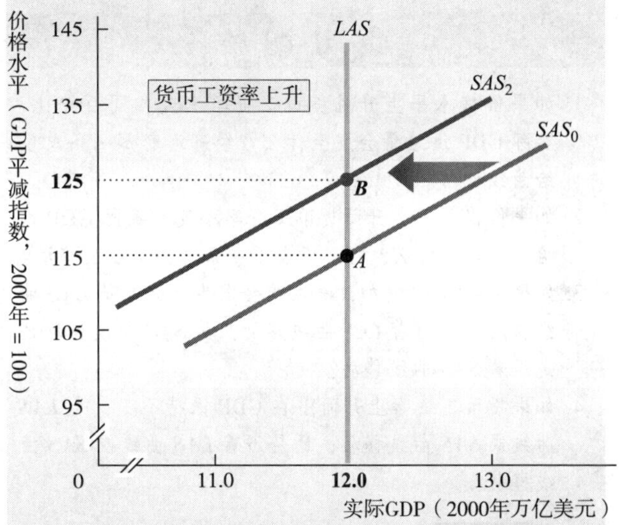

货币工资率上升减少了短期总供给，并使短期总供给曲线从 SAS_0 向左移动到 SAS_2。货币工资率上升并不改变潜在 GDP，因此长期总供给曲线并不移动。

缺乏的中国和俄罗斯。

资本包括人力资本。一个百事可乐工厂由一个有 MBA 学位的经济学专业人才管理，并且劳动力的工作经历平均为 10 年。这个工厂生产的产量大于其他条件完全相同、但由一个没有经过商业培训或经历的人管理并且由对装瓶陌生的年轻劳动力组成的工厂。第一家工厂比第二家拥有更多的人力资本。对整个经济而言，人力资本——人们在学校或通过在职培训所获得的技能——的量越大，潜在 GDP 就越大。

技术进步 一家还在使用前电脑时代机器的百事可乐工厂比拥用最新机器人技术的工厂生产得少。技术变革使企业可以用既定量的投入生产得更多。因此，即使劳动和资本量固定，技术进步增加潜在 GDP。

在过去的两个世纪里，技术进步是增加生产最重要的来源。由于技术进步，今天美国的一个农民可以养活 100 个人，而一名汽车工人一年几乎可以生产 14 辆轿车和卡车。

现在让我们看看货币工资率变动的影响。

货币工资率和其他要素价格的变动 当货币工资率（或其他任何生产要素的价格例如石油）变动时，短期总供给变动但长期总供给不变。

图 27.5 表示货币工资率增加的影响。起初，短期总供给曲线是 SAS_0。货币工资率的上升减少了短期总供给，并使短期总供给曲线向左移动到 SAS_2。

货币工资率的上升减少了短期总供给，这是因为它增加了企业成本。随着成本增加，企业在每种价格水平下愿意供给的产量减少，由 *SAS* 曲线的向左移动所示。

货币工资率的变动不影响长期总供给，这是因为在 *LAS* 曲线上，与货币工资率的变动相伴的是价格水平同百分比的变动。在相对价格不变的情况下，企业没有改变生产的激励，而实际 GDP 仍保持在潜在 GDP 不变。潜在 GDP 不变，长期总供给曲线仍处在 *LAS*。

什么使货币工资率变动 货币工资率变动有两个原因：偏离充分就业以及对通货膨胀的预期。高于自然失业率的失业对货币工资率施加向下的压力，而低于自然失业率的失业对货币工资率施加向上的压力。预期通货膨胀率增加使

货币工资率上升得更快，而预期通货膨胀率下降减缓了货币工资率上升的速度。

复习测验

1. 如果价格水平上升且货币工资率上升相同百分比，实际 GDP 供给量会发生什么？经济沿着哪一条总供给曲线移动？
2. 如果价格水平上升而货币工资率不变，实际 GDP 供给量会发生什么？经济沿着哪一条总供给曲线移动？
3. 如果潜在 GDP 增加，总供给会发生什么？是 *LAS* 曲线移动还是沿着 *LAS* 曲线移动？是 *SAS* 曲线移动还是沿着 *SAS* 曲线移动？
4. 如果货币工资率上升而潜在 GDP 保持不变，是 *LAS* 曲线或 *SAS* 曲线移动，还是沿着 *LAS* 曲线或 *SAS* 曲线移动？

myeconlab **Study Plan 27.1**

总需求

实际 GDP 需求量是实际消费支出（*C*）、投资（*I*）、政府支出（*G*）及出口（*X*）减进口（*M*）之和。即：

$$Y = C + I + G + X - M$$

实际GDP 需求量是个人、企业、政府和外国人计划购买的在美国生产的最终商品和服务的总量。

这些购买计划取决于许多因素，其中一些主要因素是：

- 价格水平
- 预期
- 财政政策和货币政策
- 世界经济

我们首先关注实际 GDP 需求量和价格水平间的关系。为了研究这种关系，我们假设其他所有影响购买计划的因素不变，然后我们提问：实际 GDP 需求量如何随着价格水平的变动而变动？

总需求曲线

在其他条件相同的情况下，价格水平越高，实际 GDP 需求量越少。实际 GDP 需求量和价格水平之间的关系被称为**总需求**（aggregate demand）。总需求用总需求表和总需求曲线描述。

图 27.6 表示总需求曲线（*AD*）和总需求表。*AD* 曲线上的每一点都对应于表中的一行。例如，*AD* 曲线上的 *C′*点和表中的 *C′*行告诉我们，如果价格水平是 115，实际 GDP 需求量是 12 万亿美元。

总需求曲线由于以下两个原因向右下方倾斜：

- 财富效应
- 替代效应

财富效应 当价格水平上升但其他条件相同时，实际财富减少。实际财富是人们在银行拥有的货币量、债券、股票和其他资产，不是用美元来衡量，而是用货币、债券和股票能买到的商品和服务来衡量。

人们由于许多原因储蓄并持有货币、债券和股票。一个原因是为教育支出积累资金。另一个原因是积累足够的资金以满足可能的医疗支出或其他大账单。但最大的原因是积累足够的资金为退休提供收入。

如果价格水平上升，实际财富减少。人们会尽力恢复他们的财富。他们必须增加储蓄，也相当于减少当前消费。这种消费的减少就是总需求的减少。

玛丽亚的财富效应 以玛丽亚的购买计划为例，我们可以看到财富效应是如何起作用的。玛丽亚住在俄罗斯莫斯科。她努力工作了整个夏天并储蓄了 2 万卢布（卢布是俄罗斯的通货），她计划在完成她的经济学学位后用这笔钱读研究生。因此，玛丽亚的财富是 2 万卢布。假定玛丽亚有一份兼职，而这份工作的收入支付她目前的支出。俄罗斯的价格水平上升了 100%，而现在玛丽亚需要 4 万卢布去购买以前 2 万卢布购买的东西。为了尽力弥补她储蓄价值减少的部分，玛丽亚要储蓄更多并减少她目前的支出才能仅维持生存的最低水平。

替代效应 当价格水平上升而其他条件保持不变时，利率上升。原因与你刚刚学过的财富效应相关。价格水平上升减少了人们口袋里和银行账户上货币的实际价值。实际货币量越少，银行和其他贷款人可以从贷款上获取更高的利率。但面对更高的利率，个人和企业推迟购买新资本和耐用消费品的计划并减少支出。

这种替代效应包括用未来商品替代现期商品，并被称

图 27.6 总需求

myeconlab

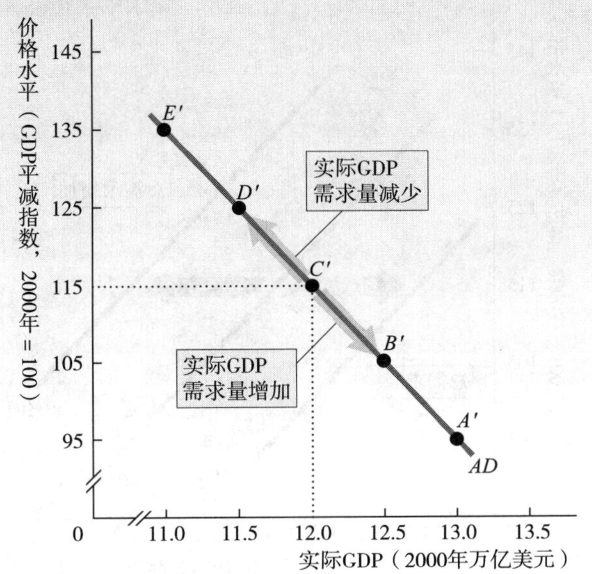

	价格水平（GDP 平减指数）	需求的实际 GDP（2000 年万亿美元）
A′	95	13.0
B′	105	12.5
C′	115	12.0
D′	125	11.5
E′	135	11.0

总需求曲线（*AD*）表示实际 GDP 需求量和价格水平间的关系。总需求曲线是基于表中的总需求表。曲线上从 *A′* 到 *E′* 的每一点都对应于用同样字母标出的表中的行。若价格水平是 115，实际 GDP 需求量是 12 万亿美元，如图中 *C′* 点所示。当其他所有影响总购买计划的因素不变时，价格水平的变动，引起实际 GDP 需求量变动以及沿着 *AD* 曲线的移动。

为时际替代效应——跨越时间的替代。为了增加未来消费而增加储蓄。

为了更清楚地说明这种时际替代效应，考虑你自己购买一台新电脑的计划。在年利率是 5%时，你可能借 2 000 美元去买一台新电脑。但在年利率为 10%时，你可能认为支付过高。你并没有放弃购买电脑的计划，而是决定推迟购买。

第二种替代效应是通过国际价格起作用。当美国价格水平上升而其他条件相同时，美国生产的商品和服务相对于外国生产的商品和服务变得更昂贵。相对价格的变动鼓励人们减少在美国生产的物品上的支出，而更多地支出在外国生产的物品上。例如，如果美国价格水平相对于加拿大价格水平上升，加拿大人购买美国生产的汽车减少（美国出口减少），而美国人更多地购买加拿大生产的汽车（美国进口增加）。美国 GDP 减少。

玛丽亚的替代效应 在莫斯科，玛丽亚也进行了一些替代。她正计划卖掉旧摩托车再去买一部新的。但随着更高的价格水平和更高的利率，她决定再多用旧摩托车一年。而且，随着俄罗斯商品价格急剧上升，玛丽亚用在马来西亚生产的低成本衣服代替原来计划购买的俄罗斯生产的衣服。

实际 GDP 需求量的变动 当价格水平上升而其他条件相同时，实际 GDP 需求量减少——图 27.6 箭头所示的沿着总需求曲线向上移动。当价格水平下降而其他条件相同时，实际 GDP 需求量增加——沿着总需求曲线向下移动。

我们现在看到，当价格水平变动时，实际 GDP 需求量是如何变动的。其他影响购买计划的因素又如何影响总需求？

总需求的变动

除了价格水平以外的任何一种影响购买计划的因素变动都会引起总需求的变动。主要的因素是：

- 预期
- 财政政策和货币政策
- 世界经济

预 期 预期未来收入增加会导致人们今天计划购买的消费品量（特别是昂贵的物品例如汽车）的增加，并增加总需求。

预期未来通货膨胀率上升增加了总需求，是因为人们决定在今天以相对较低的价格购买更多的商品和服务。

预期未来利润增加，增加了企业今天计划进行的投资，并增加总需求。

财政政策和货币政策 政府通过确定和改变税收、转移支付和购买商品和服务来影响经济的努力被称为**财政政策**（fiscal policy）。减少税收或增加转移支付——例如失业津

贴或福利支出——增加总需求。这两个影响都通过增加家庭的可支配收入来实现。**可支配收入**（disposable income）是总收入减税收加上转移支付。可支配收入越大，家庭计划购买的消费品和服务量越大，总需求也越大。

商品和服务上的政府支出是总需求的一个组成部分。因此，如果政府在探测卫星、学校和公路上支出更多，总需求增加。

货币政策（monetary policy）包括经济中利率的变动和货币量的变动。美国的货币量由美联储和银行决定（第25章和第31章描述的过程）。经济中货币量增加，增加了总需求。为了说明为什么货币影响总需求，设想美联储借了军队的直升飞机，装上几百万10美元的新钞票，并像撒糖果一样撒向全美国。人们搜集新得到的货币并计划花掉其中的一部分。因此，商品和服务的需求量增加。但人们并不计划花掉所有的新货币。他们计划把其中一些储蓄起来，并通过银行把其余的贷给其他人。在利率下降时和在利率较低时，人们计划购买更多耐用消费品，而企业计划增加它们的投资。

世界经济 世界经济影响总需求的两个主要因素是汇率和国外收入。汇率是你能用一美元购买的一种外国通货的量。在其他条件保持不变的情况下，汇率上升减少总需求。为了说明汇率如何影响总需求，假设汇率是每美元1.20欧元。一部在芬兰生产的诺基亚手机值120欧元，而在美国生产的相当的摩托罗拉手机值110美元。以美元计算，诺基亚手机值100美元，因此世界各地的人们购买更便宜的芬兰手机。现在假设汇率下降为每美元1欧元。诺基亚手机现在值120美元，并且比摩托罗拉手机贵。人们的购买将会从诺基亚手机转为摩托罗拉手机。美国出口将增加，而美国进口将减少，因此美国总需求将增加。

国外收入的增加，增加了美国出口并增加了美国的总需求。例如，日本和德国收入的增加，增加了日本和德国的消费者和生产者对美国生产的商品和服务的计划支出。

总需求曲线的移动 当总需求变动时，总需求曲线移动。图27.7表示总需求的两种变动，并且总结了引起这些变动的因素。

当预期未来收入、通货膨胀或利润增加，商品和服务上的政府支出增加，税收减少，转移支付增加，货币量增加和利率下降，汇率下降或国外收入增加时，总需求增加且总需求曲线从AD_0向右移动到AD_1。

当预期未来收入、通货膨胀或利润减少，商品和服务上的政府支出减少，税收增加，转移支付减少，货币量减少和利率上升，汇率上升或国外收入减少时，总需求减少且总需求曲线从AD_0向左移动到AD_2。

图 27.7 总需求的变动

myeconlab

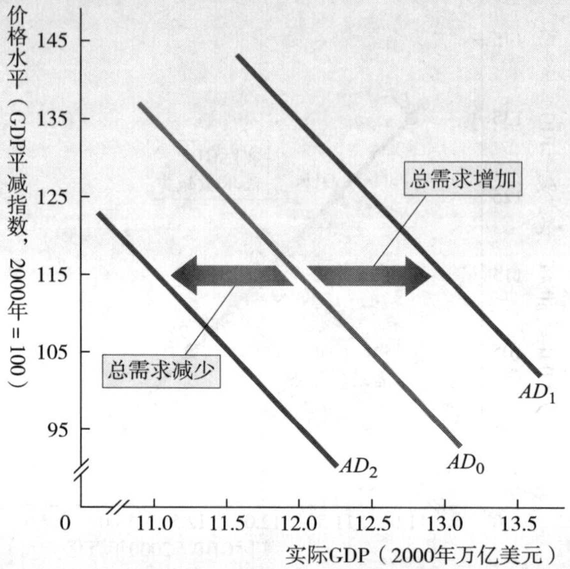

总需求

减少，如果：	增加，如果：
• 预期未来收入、通货膨胀或利润减少	• 预期未来收入、通货膨胀或利润增加
• 财政政策减少政府支出、增加税收或减少转移支付	• 财政政策增加政府支出、减少税收或增加转移支付
• 货币政策减少货币量和提高利率	• 货币政策增加货币量和降低利率
• 汇率上升或国外收入减少	• 汇率下降或国外收入增加

复习测验

1. 总需求曲线表明什么？当存在沿着总需求曲线的移动时，哪些因素变动而哪些因素不变？
2. 总需求曲线为什么向右下方倾斜？
3. 预期、财政政策和货币政策以及世界经济的变动如何改变总需求和总需求曲线？

myeconlab **Study Plan 27.2**

宏观经济均衡

总供给—总需求模型的目的是解释实际 GDP 和价格水平的变动。为了达到这个目的，我们结合总供给和总需求来确定宏观经济均衡。对于每一种时间框架的总供给都存在一种宏观经济均衡：长期均衡和短期均衡。长期均衡是经济朝着一种特定方向的状态。短期均衡是当经济围绕潜在 GDP 波动时的正常状态。

我们首先考查短期来开始对宏观经济均衡的研究。

短期宏观经济均衡

总需求曲线告诉我们每种价格水平下的实际 GDP 需求量，而短期总供给曲线告诉我们每种价格水平下的实际 GDP 供给量。当实际 GDP 需求量等于实际 GDP 供给量时，**短期宏观经济均衡**（short-run macroeconomic equilibrium）发生。也就是说，短期宏观经济均衡发生在 *AD* 曲线和 *SAS* 曲线的交点。图 27.8 表示在价格水平为 115 且实际 GDP 为 12 万亿美元（*C* 点和 *C′*点）时的均衡。

为了说明为什么这个位置是均衡的，考虑一下如果价格水平不是 115 会发生什么。假设，例如价格水平是 125 且实际 GDP 是 13 万亿美元（*SAS* 曲线上的 *E* 点）。实际 GDP 需求量少于 13 万亿美元，因此企业无法卖出它们所有的产出。不必要的存货累积，使企业不仅减少生产而且降低价格。生产和价格要一直下降到企业能出售它们所有的产出为止。只有当实际 GDP 是 12 万亿美元且价格水平是 115 时，才会出现这种情况。

现在假设价格水平是 105 且实际 GDP 是 11 万亿美元（*SAS* 曲线上的 *A* 点）。实际 GDP 需求量超过 11 万亿美元，因此企业无法满足对这种产量的需求。存货减少，并且顾客要争先恐后购买商品和服务。因此，企业增加生产并提高价格。生产和价格要一直上升到企业能满足对它们产出的需求时为止。只有当实际 GDP 是 12 万亿美元且价格水平是 115 时，才会出现这种情况。

在短期，货币工资率是固定的。它并不为了使经济移动到充分就业而调整。因此，在短期，实际 GDP 会大于或小于潜在 GDP。但在长期，货币工资率调整并且实际 GDP 向潜在 GDP 移动。我们将研究这种调整过程。但首先让我们看一下长期均衡中的经济。

图 27.8　短期均衡

myeconlab

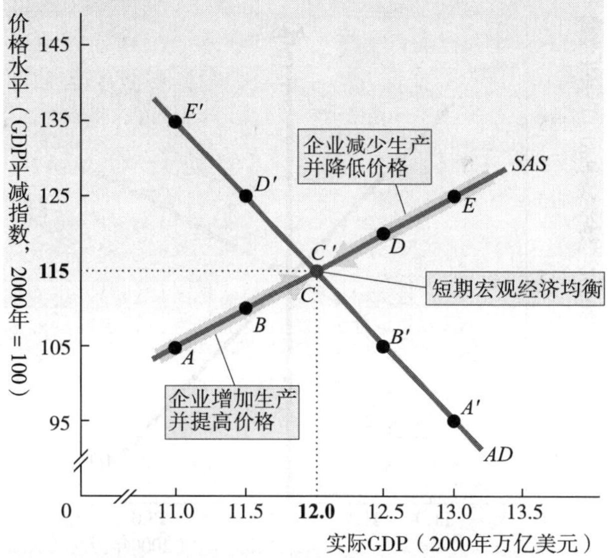

当实际 GDP 需求量等于实际 GDP 供给量——在总需求曲线（*AD*）和总供给曲线（*SAS*）的交点时，短期宏观经济均衡发生。在这里，这种均衡发生在 *C* 点和 *C′*点，这时价格水平为 115 且实际 GDP 为 12 万亿美元。如果价格水平是 125 且实际 GDP 为 13 万亿美元（*E* 点），企业将无法卖出它们的所有产出。它们将减少生产并降低价格。如果价格水平为 105 且实际 GDP 为 11 万亿美元（*A* 点），人们将不能买到他们需要的所有商品和服务。企业将增加生产并提高价格。只有当价格水平为 115 且实际 GDP 为 12 万亿美元时，企业才能卖出它们所生产的，人们才能买到他们所需要的所有商品和服务。这就是短期宏观经济均衡。

长期宏观经济均衡

当实际 GDP 等于潜在 GDP——相当于，当经济处于其长期总供给曲线时，就达到了**长期宏观经济均衡**（long-run macroeconomic equilibrium）。图 27.9 表明长期宏观经济均衡发生在 *AD* 曲线和 *LAS* 曲线的交点。长期宏观经济均衡发生是因为货币工资率的调整。潜在 GDP 和总需求决定价格水平，而价格水平影响货币工资率。在长期均衡中，货币工资率调整到使 *SAS* 曲线通过长期均衡点。

我们将在本章后面部分考查货币工资的调整过程。但

图 27.9 长期均衡

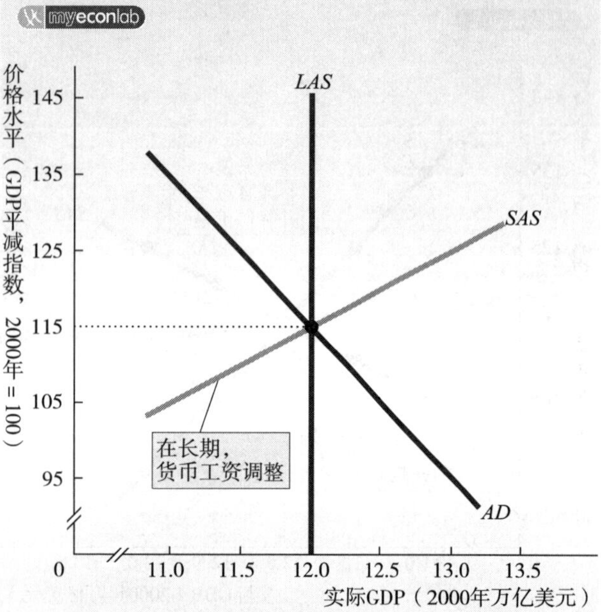

在长期的宏观经济均衡中，实际 GDP 等于潜在 GDP。因此，长期均衡发生在总需求曲线 *AD* 和长期总供给曲线 *LAS* 相交处。在长期，总需求决定价格水平并且对实际 GDP 没有影响。在长期，货币工资率调整，因此 *SAS* 曲线与 *LAS* 曲线在长期均衡价格水平相交。

首先让我们说明 *AS-AD* 模型如何帮助我们理解经济增长和通货膨胀。

经济增长和通货膨胀

经济增长的发生是因为随着时间推移，劳动量增加、资本积累以及技术进步。这些变动增加了潜在 GDP 并使 *LAS* 曲线向右移动。图 27.10 表明了这种移动。潜在 GDP 增长率由劳动增长、资本积累和技术进步的速度决定。

随着时间推移，当总需求的增加大于长期总供给的增加时，通货膨胀发生。也就是说，如果 *AD* 曲线向右移动的幅度大于 *LAS* 曲线向右移动的幅度，通货膨胀发生。图 27.10 表明了这种移动。

如果总需求与长期总供给以同样的速度增加，我们就会经历没有通货膨胀的实际 GDP 增长。

在长期，影响总需求的主要因素是货币数量的增长率。当货币量增加迅速时，总需求增加迅速且通货膨胀率高。当货币量增长率减慢时，在其他条件保持不变的情况下，通货膨胀率最终减少。

美国的经济经历了像图 27.10 所示的那种增长和通货膨胀阶段。但它并没有经历过稳定的增长和稳定的通货膨胀。实际 GDP 在经济周期里围绕潜在 GDP 波动，且通货膨胀波动。当我们研究经济周期时，我们不考虑经济增长。这样，我们可以更清楚地说明经济周期。

经济周期

经济周期的发生是因为总需求和短期总供给波动，但货币工资率的调整不足以快到使实际 GDP 保持在潜在 GDP 处。图 27.11 表示短期宏观经济均衡的三种类型。

在（a）幅中，存在低于充分就业的均衡。**低于充分就业的均衡**（below full-employment equilibrium）是潜在 GDP 超过实际 GDP 时的宏观经济均衡。实际 GDP 与潜在 GDP 间的差额是**产出缺口**（output gap）。当潜在 GDP 超过实际 GDP 时，产出缺口被称为**衰退性缺口**（recessionary gap）。这个名字提醒我们，潜在 GDP 和实际 GDP 间的缺口已打开，可能是因为经济经历了衰退，或者是因为实际

图 27.10 经济增长和通货膨胀

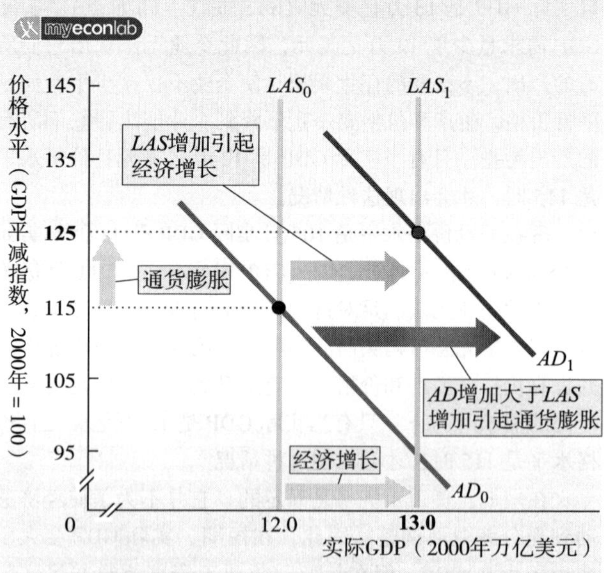

经济增长是潜在 GDP 的持续增长。经济增长表示为 *LAS* 曲线持续向右移动。通货膨胀是价格水平的持续上升。当总需求增加大于长期总供给增加时，通货膨胀发生。

GDP 在增长时，增长慢于潜在 GDP。

图 27.11（a）表明总需求曲线 AD_0 与短期总供给曲线 SAS_0 相交于实际 GDP 是 11.8 万亿美元时，就出现了低于充分就业的均衡。潜在 GDP 是 12 万亿美元，因此衰退性缺口是 0.2 万亿美元。美国经济在 21 世纪初所处的情况与图 27.11（a）类似。

图 27.11（b）是实际 GDP 等于潜在 GDP **充分就业均衡**（full-employment equilibrium）的一个例子。在这个例

图 27.11　经济周期

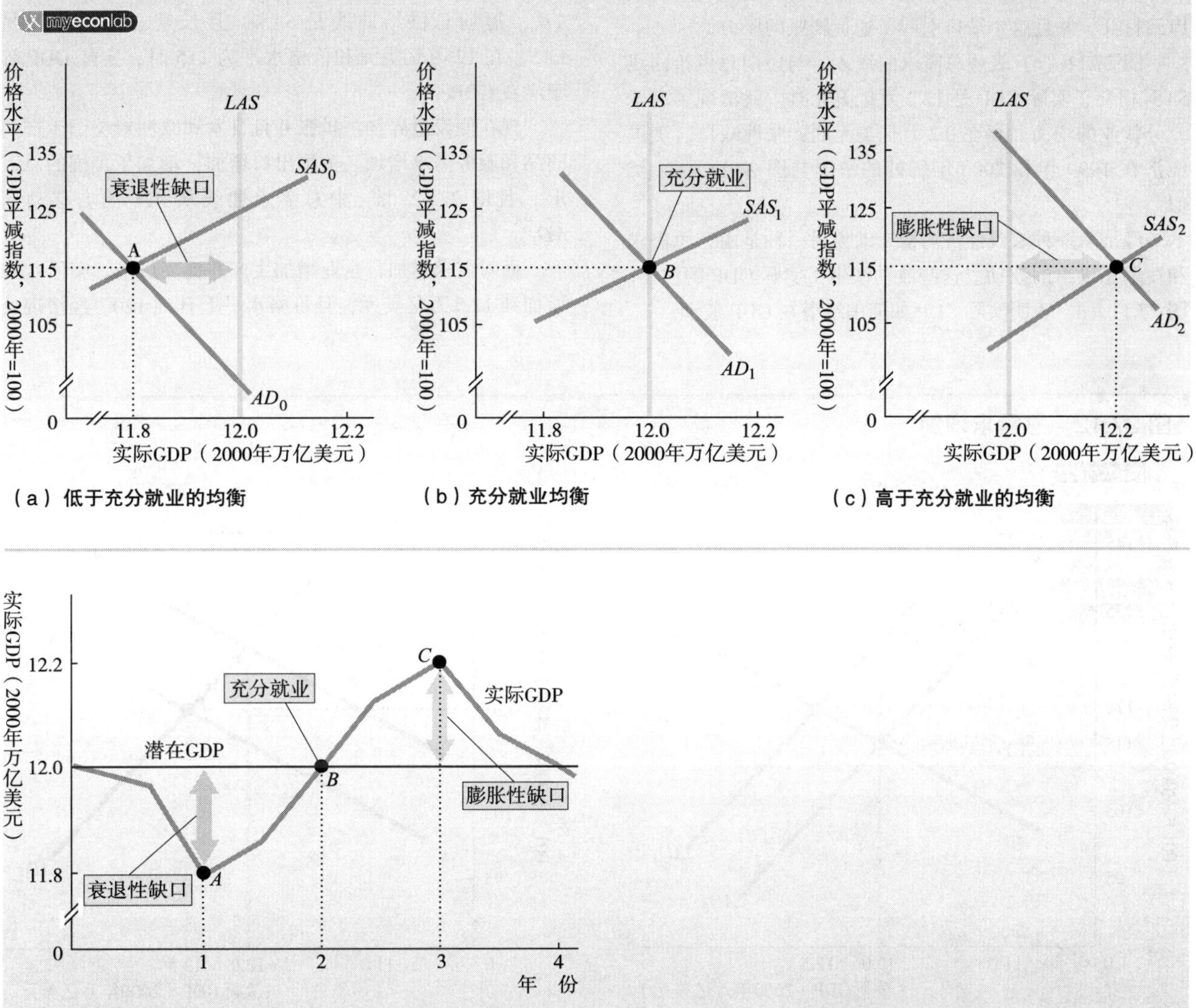

（a）幅表示第一年的低于充分就业均衡；（b）幅表示第二年的充分就业均衡；（c）幅表示第三年的高于充分就业均衡；（d）幅表示在经济周期里实际 GDP 如何围绕潜在 GDP 波动。

第一年，存在衰退性缺口且经济处于 A 点（a 幅和 d 幅）。第二年，经济处于充分就业均衡且经济处于 B 点（b 幅和 d 幅）。第三年，存在膨胀性缺口且经济处于 C 点（c 幅和 d 幅）。

子中，均衡出现在总需求曲线 AD_1 与短期总供给曲线 SAS_1 相交于实际和潜在 GDP 是 12 万亿美元时。美国经济在 1998 年所处的情况与图 27.11（b）类似。

图 27.11（c）表明高于充分就业的均衡。**高于充分就业的均衡**（above full-employment equilibrium）是实际 GDP 超过潜在 GDP 时的宏观经济均衡。当实际 GDP 超过潜在 GDP 时，产出缺口被称为**膨胀性缺口**（inflationary gap）。这个名字提醒我们，实际 GDP 和潜在 GDP 间的缺口已打开，并且这个缺口引起了通货膨胀的压力。

图 27.11（c）表明总需求曲线 AD_2 与短期总供给曲线 SAS_2 相交于实际 GDP 是 12.2 万亿美元时，就出现了高于充分就业的均衡。存在 0.2 万亿美元的膨胀性缺口。美国经济在 1999 年和 2000 年所处的情况与图 27.11（c）类似。

经济从一种宏观经济均衡变动为另一种是由于总需求和短期总供给的波动。这些波动产生了实际 GDP 的波动。图 27.11（d）表明实际 GDP 如何围绕潜在 GDP 波动。

现在让我们看一下这些围绕潜在 GDP 波动的一些根源。

总需求的波动

实际 GDP 围绕潜在 GDP 波动的一个原因是总需求波动。让我们看看当总需求增加时会发生什么。

图 27.12（a）表明经济处于充分就业。总需求曲线是 AD_0，短期总供给曲线是 SAS_0，且长期总供给曲线是 LAS。在 12 万亿美元和价格水平为 115 时，实际 GDP 等于潜在 GDP。

现在假设世界经济扩张并且日本和欧洲对美国生产的商品和服务需求增加。美国出口增加，增加了美国的总需求，且图 27.12（a）中总需求曲线从 AD_0 向右移动到 AD_1。

面对需求增加，企业增加生产并提高价格。实际 GDP 增加到 12.5 万亿美元，且价格水平上升到 120。经济现处

图 27.12 总需求增加

myeconlab

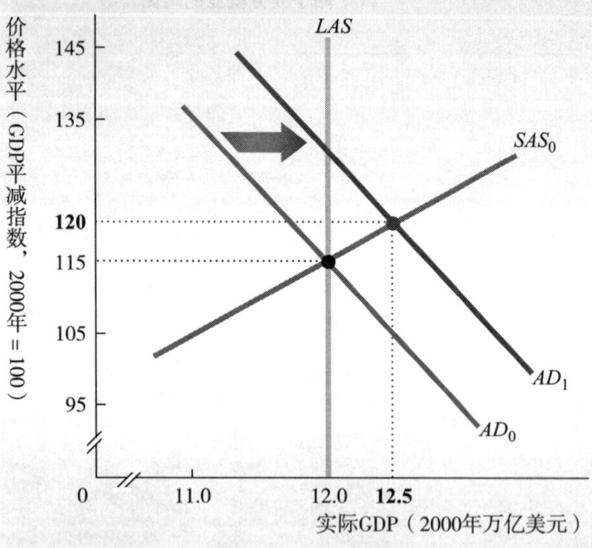

（a）短期效应

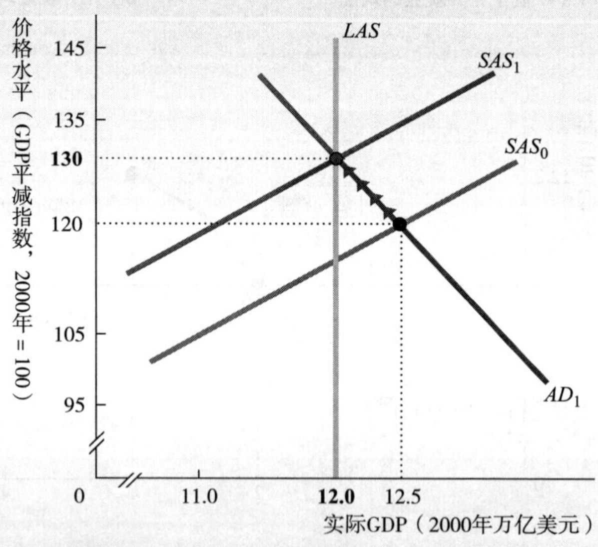

（b）长期效应

总需求增加使总需求曲线从 AD_0 移动到 AD_1。在短期均衡里，实际 GDP 增加到 12.5 万亿美元而价格水平上升到 120。在这种情况下，存在膨胀性缺口。长期里，在（b）幅中，货币工资率上升，且短期总供给曲线向左移动。随着短期总供给减少，SAS 曲线从 SAS_0 移动到 SAS_1 并与总需求曲线 AD_1 相交于更高的价格水平，且实际 GDP 减少。最终，价格水平上升到 130，而实际 GDP 减少为 12 万亿美元——潜在 GDP。

于高于充分就业的均衡。实际 GDP 超过潜在 GDP，且存在膨胀性缺口。

总需求增加提高了所有商品和服务的价格。面对更高的价格，企业增加它们的产出率。在这个阶段，商品和服务的价格上升但货币工资率不变。（回顾当沿着短期总供给曲线移动时，货币工资率不变。）

经济不能永远在超过潜在 GDP 时生产。为什么不能呢？引起实际 GDP 回到潜在 GDP 起作用的因素是什么？

因为价格水平上升而货币工资率不变，工人经历了他们工资购买力的下降而企业利润增加。在这些情况下，工人要求更高的工资，而企业渴望维持自己的就业和产出水平，从而满足那些要求。如果企业不提高货币工资率，它们将失去工人或不得不雇佣生产率低的工人。

当货币工资率上升时，短期总供给曲线开始向左移动。在图 27.12（b）中，短期总供给曲线从 SAS_0 向左移动到 SAS_1。货币工资率上升和 SAS 曲线的移动引起一系列新的均衡位置。沿着调整的路径，实际 GDP 减少而价格水平上升。经济沿着图中箭头所示的总需求曲线向上移动。

最后，货币工资率和价格水平上升同样百分比。在这个时候，总需求曲线 AD_1 与 SAS_1 相交于新的充分就业均衡。价格水平上升到 130，且实际 GDP 回到其开始时的潜在 GDP 处。

总需求的减少与总需求的增加的影响相似，但方向相反。也就是说，总需求减少使总需求曲线向左移动。实际 GDP 减少到低于潜在 GDP，并且衰退性缺口出现。企业降低价格。较低的价格水平提高了工资的购买力，而相对于它们的产出价格而言增加了企业成本，因为货币工资率不变。最终，货币工资率下降且短期总供给曲线向右移动。

现在让我们探讨当总供给变动时，实际 GDP 和价格水平如何变动。

总供给的波动

短期总供给的波动会引起实际 GDP 围绕潜在 GDP 的波动。假设最初实际 GDP 等于潜在 GDP，然后石油价格临时大幅度上升，实际 GDP 和价格水平会发生什么变动？

图 27.13 回答了这个问题。总需求曲线是 AD_0，短期总供给曲线 SAS_0，且长期总供给曲线是 LAS。实际 GDP 为 12 万亿美元，且等于潜在 GDP，而价格水平为 115。然后石油价格上升。面对更高的能源和运输成本，企业减少生产。短期总供给减少且短期总供给曲线向左移动到 SAS_1。价格水平上升到 125，而实际 GDP 减少为 11.5 万亿美元。因为实际 GDP 减少，经济经历衰退。因为价格水平上升，经济经历通货膨胀。衰退和通货膨胀并存被称为**滞胀**（stagflation），在 20 世纪 70 年代中期和 80 年代初期在美国确定发生过这样的滞胀，但这并不常见。

当石油价格回到最初的水平，经济回到充分就业。

图 27.13 总供给减少

myeconlab

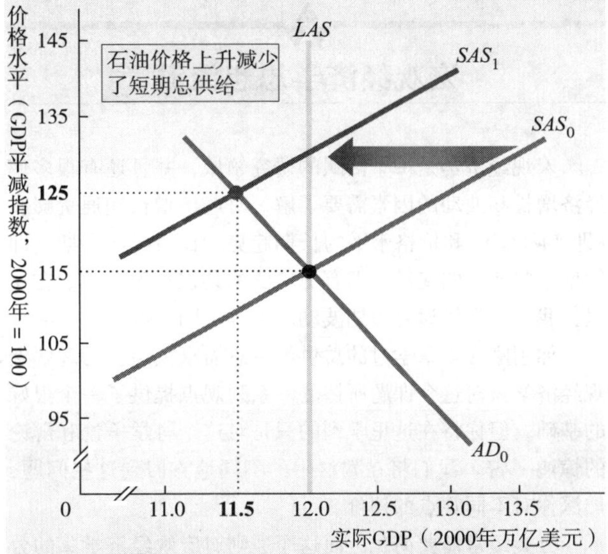

石油价格上升减少了短期总供给并使短期总供给曲线从 SAS_0 移动到 SAS_1。实际 GDP 从 12 万亿美元下降为 11.5 万亿美元，而价格水平从 115 增加到 125。经济经历滞胀。

复习测验

1. 经济增长是由于总需求增加、短期总供给增加或长期总供给增加引起的吗？
2. 通货膨胀是由于总需求增加、短期总供给增加或长期总供给增加引起的吗？
3. 描述短期宏观经济均衡的三种类型。
4. 总需求和短期总供给的波动如何引起实际 GDP 围绕潜在 GDP 的波动？

myeconlab **Study Plan 27.3**

我们可以用 *AS-AD* 模型来解释和阐明宏观经济学其他思想流派的观点。这就是你接下来的任务。

宏观经济学思想流派

宏观经济学是一个活跃的研究领域，并且还有很多使经济增长和波动的因素需要了解。对经济增长和通货膨胀（即实际 GDP 和价格水平的长期趋势）比对经济周期（即短期这些变量的变动）拥有更广泛的共识和确定性。在这里，我们将只探讨对短期波动的各种不同观点。

你刚刚在本章学过的总供给—总需求模型，为理解宏观经济学家对这个课题所持的一系列观点提供了一个很好的基础。但你将在这里学到的只是对这个科学争论和辩论的惊鸿一瞥。我们将在教材中的不同地方回到这些问题，加深你对不同观点的评价。

分类经常需要简化。而这个通则对宏观经济学家的分类也不例外。我们将在这里用到的分类是简单的，而且不会引起误解。我们将把宏观经济学家分成三大思想流派，并依次考查每组的观点，分别是：

- 古典主义
- 凯恩斯主义
- 货币主义

古典主义的观点

古典主义（classical）宏观经济学家认为，经济能够自我调节并总处于充分就业。“古典主义”这一术语来源于经济学创始学派的名字，其中包括亚当·斯密、大卫·李嘉图和约翰·斯图亚特·穆勒。

新古典主义（new classical）认为，经济周期的波动是对运行良好的市场经济的有效响应，这种市场经济受到由技术变革步伐不一致引起的冲击的围攻。

根据有关总需求和总供给的思想，古典主义的观点是可以理解的。

总需求波动 在古典主义的观点中，技术变革是影响总需求和总供给最重要的因素。因为这个原因，古典主义宏观经济学家并不使用 *AS-AD* 框架。但他们的观点却能用这个框架解释。一项提高资本生产率的技术变革引起总需求增加，因为企业增加对新厂房和设备的支出。一项延长了现有资本使用寿命的技术变革则减少了对新资本的需求，从而减少了总需求。

总供给的响应 在古典主义的观点中，处于短期总供给曲线背后的货币工资率是即时且完全浮动的。货币工资率调整迅速足以保持实际 GDP 总是调整到等于潜在 GDP 的劳动市场的均衡。

潜在 GDP 本身波动与总需求波动的原因相同：技术变革。当技术变革的步伐迅速时，潜在 GDP 迅速增加，实际 GDP 也增加。而当技术变革的步伐放慢时，潜在 GDP 的增长率也放慢。

古典主义政策 古典主义政策的观点强调税收潜在地阻碍激励和引起无效率。通过使税收的遏制效应最小化，就业、投资和技术进步处于其有效率的水平且经济以适当和快速的步伐扩张。

凯恩斯主义的观点

凯恩斯主义（Keynesian）宏观经济学家认为，如果不干预，经济几乎不会在充分就业下运行；为了实现充分就业，来自财政政策和货币政策的积极帮助是必需的。

“凯恩斯主义”这一术语来源于 20 世纪最著名的经济学家之一——约翰·梅纳德·凯恩斯的名字。

凯恩斯主义的观点是基于对决定总需求和短期总供给因素的思想。

总需求波动 在凯恩斯主义的观点中，预期是影响总需求最重要的因素。并且，预期是基于群居本能或凯恩斯所称的“动物精神”。一波对未来利润预期的悲观情绪会导致总需求下降并使经济陷入衰退。

总供给的响应 在凯恩斯主义的观点中，处于短期总供给曲线背后的货币工资率在向下的方向是极具粘性的。基本上，货币工资率不会下降。因此，如果存在衰退性缺口，不存在自动的机制可以摆脱它。如果它将要发生，货币工资率下降会增加短期总供给并重新恢复充分就业。但货币工资率不会下降，因此经济陷于衰退中。

现代的凯恩斯主义观点，即称为**新凯恩斯主义**（new Keynesian）观点认为，不仅货币工资率是粘性的，而且商品和服务的价格也是粘性的。在粘性的价格水平，短期总供给曲线在固定价格水平下是水平线。

需要的政策响应 凯恩斯主义的观点要求财政政策和货币政策去主动地抵消引起衰退的总需求的变动。

通过刺激衰退中的总需求，充分就业能被重新恢复。

货币主义的观点

货币主义（monetarist）宏观经济学家认为，假如货币政策稳定且货币增长步伐稳定，经济自动调节并将能在充分就业时正常运行。

“货币主义”这一术语是由 20 世纪杰出的经济学家卡尔·布鲁纳（Karl Brunner）创造，并用来描述他自己的观点和米尔顿·弗里德曼的观点。

根据有关决定总需求和短期总供给因素的思想，货币主义的观点可被解释。

总需求波动 在货币主义的观点中，货币量是影响总需求最重要的因素。并且，美国的货币量由美联储决定。如果美联储保持稳定速度的货币增长，总需求波动将最小化且经济接近充分就业运行。但如果美联储减少货币量或甚至突然放慢增长率，经济会进入衰退。在货币主义的观点中，所有的衰退都来源于不恰当的货币政策。

总供给的响应 货币主义有关短期总供给的观点与凯恩斯主义的观点相同：货币工资率是粘性的。如果经济处于衰退，它不用花费很长的时间，并在没有帮助的情况下恢复到充分就业。

货币主义政策 货币主义的政策观点和古典主义对财政政策的观点一致。税收应该保持在低水平以避免减少潜在 GDP 的遏制效应。假如货币量是保持在稳定增长的路线上，积极的稳定政策对于抵消总需求的变动是不必要的。

未来的路

在接下来的章节里，你将再次遇见凯恩斯主义、古典主义和货币主义的观点。在下一章，我们学习凯恩斯独创的总需求模型。该模型到今天依然有用，因为它解释了支出波动如何被放大并引起总需求变动。接着，我们继续应用 *AS-AD* 模型更为深入地探讨美国的通货膨胀和经济周期。

然后我们的注意力转到短期宏观经济政策——美国政府和国会的财政政策和美联储的货币政策。

复习测验

1. 古典主义宏观经济学的定义特征是什么？古典主义宏观经济学家推荐什么样的政策？
2. 凯恩斯主义宏观经济学的定义特征是什么？凯恩斯主义宏观经济学家推荐什么样的政策？
3. 货币主义宏观经济学的定义特征是什么？货币主义宏观经济学家推荐什么样的政策？

myeconlab **Study Plan 27.4**

为了完成你对总供给—总需求模型的学习，阅读材料通过这个模型的视角探讨 2006 年的美国经济。

阅读材料：事例与分析

现实中的总供给和总需求

http://www.nytimes.com

经修正的增长数据缓解了对通货膨胀的担心

2006年5月26日

昨天，对经济在第一季度可能过热的关注开始缓解，经修正的经济增长数据表明扩张确实强劲，但没有过于强劲。

美国商务部昨天说美国GDP在第一季度扩张5.3%，比上个月首次报道的4.8%有所上升。那是自2003年以来最快的增长率。尽管如此，根据彭博新闻对经济学家的调查，许多人预期增长率为5.8%。

经修正的数字表明相当温和的价格压力，而不是表明第一季度的通货膨胀有比最初预想的更成为问题的迹象。消费支出占了国内生产总值的很大一部分，对5.3%的总的增长贡献了3.63%。起初，政府认为消费支出贡献稍稍多一点。

而核心消费支出排除了能源和食品，并在第一季度上升了2%——与第一份报告中的没有变化。寻找通货膨胀压力减退信号的投资者也因为一封由美联储主席伯南克写给国会联合经济委员会的信而恢复信心，信中提到核心通货膨胀看上去稳定……

虽然语气乐观，但伯南克先生并没有说明当下个月美联储开会讨论提高短期基准利率时，美联储可能会做什么。“当然，只要美联储表明其对价格稳定的承诺，通货膨胀预期就会保持比较低。”他写道……

事件的本质

- 在2006年第一季度，实际GDP以年5.3%的速度增长，是自2003年以来最快的。
- 消费支出（GDP最大的组成部分）对总的增长的贡献为3.63%。
- 美联储主席伯南克缓解了公众对通货膨胀的关注。
- 他说核心通货膨胀看上去稳定且低，但前提是美联储要表明其对价格稳定的承诺。
- 数据表明强劲的扩张，但缓解了对经济可能过热的担心。

经济分析

- 在 2006 年第一季度，美国实际 GDP 以年 5.3%的速度增长，是自 2003 年的年增长率 8.2%的惊人速度之后又一次最快的增长。
- 2005 年全年实际 GDP 稳步增长且通货膨胀率保持稳定。
- 在 2006 年，大多数预测者对实际 GDP 增长不超过潜在GDP 增长有信心，并且很少担心通货膨胀爆发。
- 国会预算办公室对潜在 GDP 和其暗含的产出缺口的预测与这种观点相一致。
- 尽管增长强劲，国会预算办公室预测实际 GDP 低于潜在GDP——存在衰退性缺口——在 2006 年。
- 图 1 表明国会预算办公室对 2005 年全年和 2006 年第一季度衰退性缺口的预测。
- 实际 GDP（深灰色线）比潜在 GDP（浅灰色线）增长得快，因此衰退性缺口缩小。但它并没有消失。
- 国会预算办公室预测的另一个数字对产出缺口的预测提出了疑问。
- 国会预算办公室对自然失业率的预测表明，到 2005 年中期，经济处于充分就业，而到了 2006 年，存在膨胀性缺口。
- 图 2表明实际失业率和国会预算办公室对自然失业率的预测。
- 不论通货膨胀可能保持不变、增加或减少都取决于产出缺口。
- 图 3 表明三种可能性。
- 在 2006 年第二季度，实际 GDP 为 11.4 万亿美元且价格水平为 116，处于短期总供给曲线 *SAS* 和总需求曲线 *AD* 的交点。
- 国会预算办公室对潜在 GDP 的预测是 11.5 万亿美元，且长期总供给曲线处于 LAS_A。
- 如果国会预算办公室对自然失业率的预测给产出缺口提供了一个更好的预测，*LAS* 曲线可能为 LAS_B。
- 但通货膨胀稳定，经济实际看上去更可能处于充分就业，且 *LAS* 曲线处于 LAS_C。

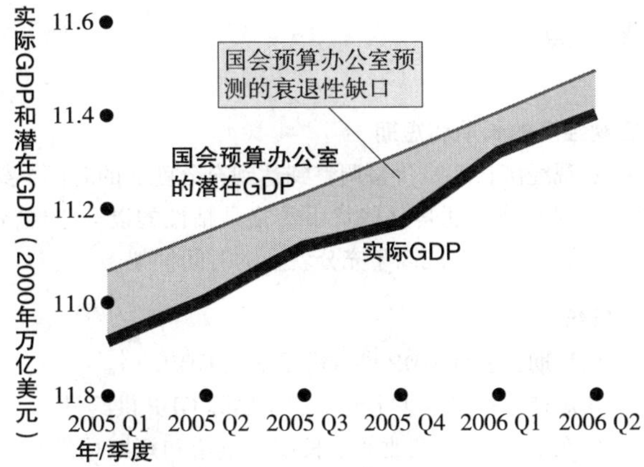

图1　实际GDP和潜在GDP

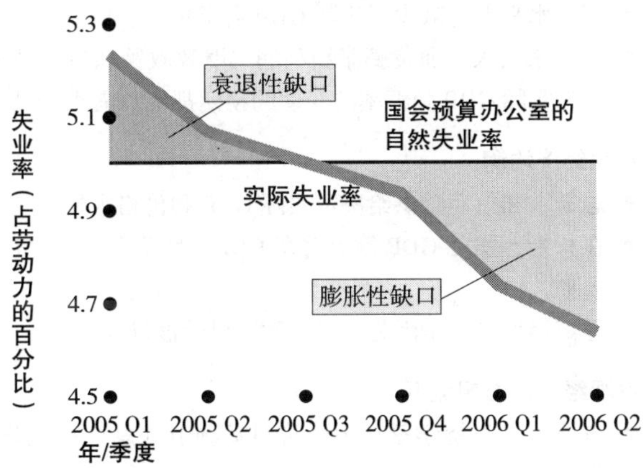

图2　实际失业率和自然失业率

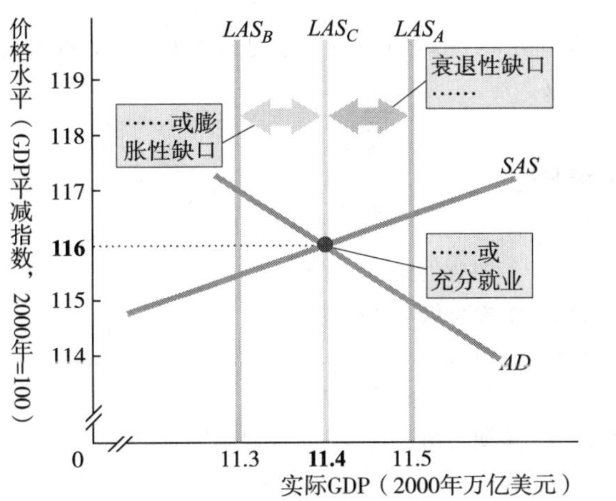

图3　2006年的总供给和总需求

内容提要

要 点

宏观经济的长期和短期

- 宏观经济长期是价格调整到达到充分就业的时间框架。
- 宏观经济短期是某些货币价格是粘性的以至于经济可能低于、等于或高于充分就业的时间框架。

总供给

- 在长期，实际 GDP 供给量是潜在 GDP。
- 在短期，价格水平上升增加了实际 GDP 供给量。
- 潜在 GDP 的变动改变了长期总供给和短期总供给。货币工资率的变动只改变短期总供给。

总需求

- 价格水平上升减少了实际 GDP 需求量。
- 对未来收入、通货膨胀和利润、财政政策和货币政策、世界实际 GDP 和汇率的变动的预期都使总需求变动。

宏观经济均衡

- 总需求和短期总供给决定实际 GDP 和价格水平。
- 在长期，实际 GDP 等于潜在 GDP，且总需求决定价格水平。
- 经济周期发生是因为总需求和总供给波动。

宏观经济学思想流派

- 古典主义经济学家认为经济自动调节并总处在充分就业。
- 凯恩斯主义经济学家认为只有积极的政策才能达到充分就业。
- 货币主义经济学家认为衰退是由于不恰当的货币政策所致。

关键图表

关键术语

宏观经济的长期	宏观经济的短期
长期总供给	短期总供给
总需求	财政政策
可支配收入	货币政策
短期宏观经济均衡	长期宏观经济均衡
低于充分就业的均衡	产出缺口
衰退性缺口	充分就业均衡
高于充分就业的均衡	膨胀性缺口
滞 胀	古典主义
新古典主义	凯恩斯主义
新凯恩斯主义	货币主义

习 题

1. 在美国的历史上不时发生以下事件：
   - 严重的衰退冲击世界经济。
   - 世界石油价格大幅上升。
   - 美国企业预期未来利润下降。

   a. 解释每个事件是否改变短期总供给、长期总供给、总需求或它们的组合。
   b. 从长期均衡的角度出发，解释每个事件分别对美国实际GDP 和价格水平的影响。
   c. 从长期均衡的角度出发，解释这些事件对美国实际 GDP 和价格水平共同的影响。
   d. 描述一位古典主义宏观经济学家、一位凯恩斯主义宏观经济学家和一位货币主义宏观经济学家会如何去回应上述的每个事件。
2. 在美国的历史上不时发生以下事件：
   - 世界经济进入扩张。
   - 美国企业预期未来利润上升。
   - 在战争或国际紧张局势加剧时，政府增加其在商品和服务上的支出。

   a. 解释每个事件是否改变短期总供给、长期总供给、总需求或它们的组合。

b. 从长期均衡的角度出发，解释每个事件分别对美国实际GDP 和价格水平的影响。

c. 从长期均衡的角度出发，解释这些事件对美国实际GDP 和价格水平共同的影响。

3. 在英国，潜在 GDP 为 10 500 亿英镑，且下表表明总需求和短期总供给。

a. 短期均衡的实际 GDP 和价格水平是多少？

b. 英国存在膨胀性缺口还是衰退性缺口？有多大？

价格水平	实际 GDP 需求	短期实际 GDP 供给
	(2001 年 10 亿英镑)	
100	1 150	1 050
110	1 100	1 100
120	1 050	1 150
130	1 000	1 200
140	950	1 250
150	900	1 300
160	850	1 350

4. 在日本，潜在 GDP 为 600 万亿日元，且该表表明总需求和短期总供给：

价格水平	实际 GDP 需求	短期实际 GDP 供给
	(2000 年万亿日元)	
75	600	400
85	550	450
95	500	500
105	450	550
115	400	600
125	350	650
135	300	700

a. 画出总需求曲线和短期总供给曲线图。

b. 短期均衡的实际 GDP 和价格水平是多少？

c. 日本存在膨胀性缺口还是衰退性缺口？有多大？

5. 在 2006 年 9 月，美国经济分析局报道说美国 2006 年第二季度实际 GDP 为 113 880 亿美元，而 2005 年同一季度为 110 020 亿美元。GDP 平减指数为 115.9，比 2005 年同一季度的 112.2 有所上升。国会预算办公室预计 2006 年第二季度潜在 GDP 为 114 910 亿美元，而一年前为 111 460 亿美元。

a. 画出 2005 年与这些数字相对应的总需求曲线、短期总供给曲线和长期总供给曲线图。

b. 在图中，表明到 2006 年第二季度的一年里，总需求曲线、短期总供给曲线和长期总供给曲线是如何移动的。

6. 起初，短期总供给为 SAS_0，且总需求为 AD_0。一些事件改变了总需求，随后，另一些事件改变了总供给。

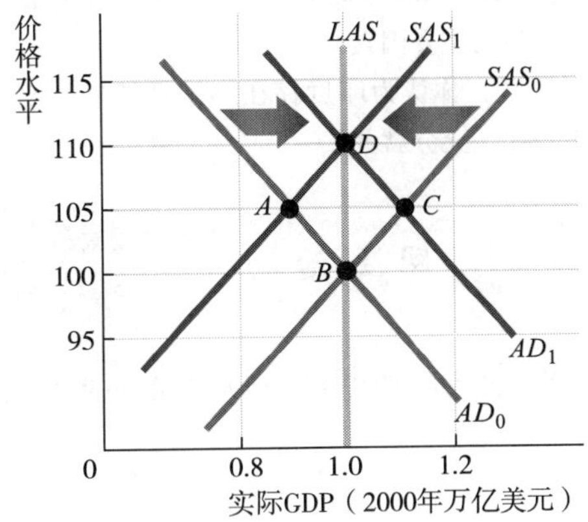

a. 总需求变动后的均衡是多少？

b. 总供给变动后的均衡是多少？

c. 描述可以使总需求从 AD_0 变动到 AD_1 的两个事件。

d. 描述可以使总供给从 SAS_0 变动到 SAS_1 的两个事件。

批判性思考

1. 在你研究了阅读材料中 2006 年美国经济账户后：

a. 描述 2006 年第一季度美国经济的主要特征。

b. 在 2006 年，美国存在衰退性缺口还是膨胀性缺口？你是如何知道的？

c. 运用 AS–AD 模型表明 2005 年第四季度到 2006 年第一季度，引起实际 GDP 增加和价格水平略微上升的总需求和总供给变动。

d. 运用 AS–AD 模型表明，如果美联储提高利率，总需求和总供给会发生的变动。

e. 运用 AS–AD 模型表明，如果联邦政府增加在商品和服务上的支出或进一步减少税收，总需求和总供给会发生的变动。

2. 国际货币基金组织的世界经济展望数据库提供了以下印度在 2004 年、2005 年和 2006 年的数据。

	2004 年	2005 年	2006 年
实际 GDP 增长率	8.1	8.3	7.3
通货膨胀率	4.2	4.7	4.6

a. 长期和短期总供给和总需求的什么变动与这些数字相对应?
b. 画图说明 (a) 题你的答案。
c. 列出你在 (a) 题的答案中描述的可能产生总供给和总需求变动的主要因素。
d. 从以上数据，你认为印度存在膨胀性缺口、衰退性缺口还是处于充分就业?

网上活动

1. 找一些有关美国实际 GDP 和价格水平近期变动和预测的数据。
   a. 你预测明年实际 GDP 是多少?
   b. 你预测明年价格水平是多少?
   c. 你预测通货膨胀率是多少?
   d. 你预测实际 GDP 增长率是多少?
   e. 你预测明年将存在衰退性缺口还是膨胀性缺口?
2. 找一些你有兴趣的另一个国家的实际 GDP 和价格水平近期变动和预测的数据。
   a. 你预测明年实际 GDP 是多少?
   b. 你预测明年价格水平是多少?
   c. 你预测通货膨胀率是多少?
   d. 你预测实际 GDP 增长率是多少?
   e. 将对美国经济和你所选择的另一个国家的经济预测进行一下比较。

第 28 章

支出乘数：凯恩斯模型

经济放大器还是减震器

埃里卡·巴杜以几乎听不见的低语对着麦克风演唱，通过电子扩音器不可思议的作用后，她的歌声响彻整个中央公园。

纽约市长迈克尔·布隆伯格和他的一位秘书正沿着一条路况不太好的街道行驶前往参加一个商务会议。经过一些坑坑洼洼的地带时，汽车轮子不时地弹起与摇摆，但是，车上的乘客却一点也没有受到干扰，这位秘书在本子上写着东西，手一点也不抖，这多亏汽车安装了有效的减震器。

投资和出口的波动就像埃里卡·巴杜的声音和纽约街道上不平坦的道路一样。经济怎样对这些波动做出反应？它是像一台扩音器，加大波动，并把其影响扩大到经济摇滚音乐会上数以百万计的参与者，还是像一辆豪华轿车那样能够减震，为经济中的乘客提供平稳的乘车环境呢？

◆ 在本章中，你将会探讨这些问题。你会明白，当投资或出口的变动导致总支出和实际 GDP 扩大的变动时，怎样引起了衰退或扩张。章末的阅读材料考查了在 2005 年经济上升时企业存货所起的作用。

学习本章后，你将能：

- 解释当价格水平固定时，支出计划是怎样决定的
- 解释当价格水平固定时，实际 GDP 是怎样决定的
- 解释价格水平固定时的支出乘数
- 解释总支出与总需求之间的关系，并解释价格水平变动时的乘数

固定价格与支出计划

我们在本章中研究的凯恩斯模型，描述了极短期的经济。凯恩斯模型将经济周期波峰（扩张结束衰退开始）与经济周期波谷（衰退结束扩张开始）中产生影响的因素分别加以考虑与关注。

在这一模型中，所有企业与你当地的超市一样。它们制定价格，宣传其产品与服务，而销售数量是顾客所愿意购买的数量。如果企业持续售出比计划要多的商品，而且经常没有存货，那么它们最终会提高价格。相反，如果企业持续售出比计划要少的商品，而且总有大量存货，那么它们最终会降低价格。但是，在极短的时间内，它们的价格是固定的。企业维持着它们所制定的价格，所出售的商品数量取决于需求，而不是供给。

对于整个经济而言，固定价格有两种明显的含义：

1. 因为每家企业的价格都是固定的，所以价格水平是固定的。
2. 因为需求决定每家企业所出售的商品数量，所以总需求决定了所出售的产品和服务的总量，即实际 GDP。

因此，要了解价格水平固定时实际 GDP 的波动，我们就必须了解总需求的波动。凯恩斯总支出模型通过确定决定支出计划的因素，解释了总需求的波动。

支出计划

总支出由四部分构成：

1. 消费支出
2. 投资
3. 政府购买支出
4. 净出口（出口减进口）

总支出的这四部分之和等于实际 GDP（参见第 21 章）。

计划总支出（aggregate planned expenditure）等于计划的消费支出、计划的投资、计划的政府购买支出以及计划的出口减计划的进口之和。计划的投资、计划的政府购买支出、计划的出口并不取决于目前的实际 GDP 水平。但是，计划的消费支出却取决于实际 GDP，因为它取决于收入。因为一些消费品要靠进口，所以计划的进口也取决于实际 GDP。

总支出与 GDP的双向联系 由于实际 GDP 影响消费支出与进口，而且消费支出与进口是总支出的组成部分，所以，总支出与 GDP 之间存在着一种双向联系。在其他条件不变的情况下：

- 实际 GDP 的增加会使总支出增加。
- 总支出的增加会使实际 GDP 增加。

你将会了解，当价格水平固定时，总支出与实际 GDP 的这种双向联系如何决定实际 GDP。首先，我们考查一下双向联系中的第一部分：实际 GDP 对计划的消费支出与计划的储蓄的影响。

消费函数与储蓄函数

一些因素影响消费支出和储蓄。其中，较重要的因素是：

- 可支配收入
- 实际利率
- 财富
- 预期未来收入

可支配收入（disposable income）等于总收入减去税收加上转移支付。因为总收入等于实际 GDP，所以可支配收入取决于实际 GDP。为了探讨实际 GDP 与计划的消费支出之间的双向联系，我们重点考查上述其他三种因素不变时消费支出与可支配收入之间的关系。

消费计划与储蓄计划 图 28.1 中表的数据可以用来说明计划的消费支出、计划的储蓄和可支配收入之间的关系。表中给出了各种可支配收入水平下居民计划进行的消费支出和储蓄。要注意的是，在各种可支配收入水平下，消费支出与储蓄之和等于可支配收入。居民的可支配收入仅仅只能用于消费或储蓄，所以，计划的消费支出与计划的储蓄之和总是等于可支配收入。

在其他条件保持不变的情况下，消费支出与可支配收入的关系即为**消费函数**（consumption function）。在其他条件保持不变的情况下，储蓄与可支配收入的关系即为**储蓄函数**（saving function）。我们先来研究消费函数。

消费函数 图 28.1（a）给出了消费函数。其中，纵坐标表示消费支出，横坐标表示可支配收入。在消费函数上标有字母 *A* 至 *F* 的点，分别对应表中的各行数据。例如，在图中的 *E* 点，表示当可支配收入为 8 万亿美元时，消费

图 28.1　消费函数与储蓄函数

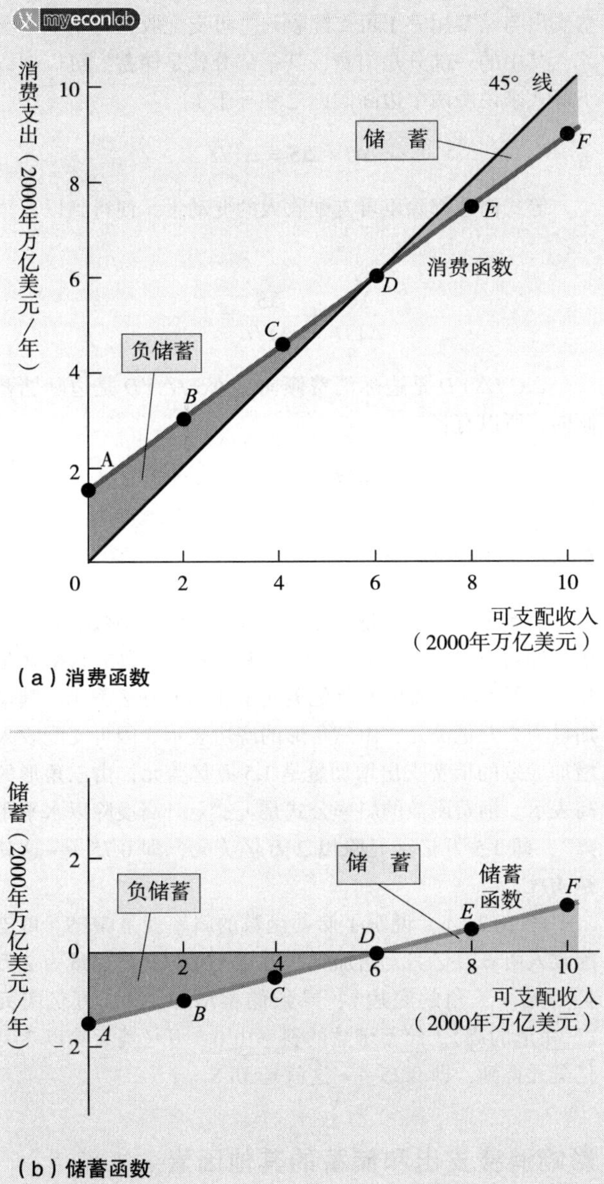

（a）消费函数

（b）储蓄函数

	可支配收入	计划的消费支出	计划的储蓄
	（2000 年万亿美元）		
A	0	1.5	–1.5
B	2	3.0	–1.0
C	4	4.5	–0.5
D	6	6.0	0
E	8	7.5	0.5
F	10	9.0	1.0

表中给出了各种可支配收入水平下计划的消费支出与储蓄。（a）幅给出了消费支出与可支配收入的关系（消费函数）。消费函数的高度表示每种可支配收入水平下的消费支出。（b）幅给出了储蓄与可支配收入的关系（储蓄函数）。储蓄函数的高度表示各种可支配收入水平下的储蓄。消费函数和储蓄函数中自 *A* 至 *F* 各点对应于表中的各行数据。

（a）幅中 45°线的高度表示可支配收入。因此，沿着 45°线，消费支出等于可支配收入。消费支出加上储蓄等于可支配收入。当消费函数在 45°线以上时，储蓄是负数。当消费函数在 45°线以下时，储蓄是正数。在消费函数与 45°线的交点，全部可支配收入都用于消费，储蓄是零。

支出是 7.5 万亿美元。沿着消费函数，随着可支配收入的增加，消费支出也会增加。

在消费函数上的 *A* 点，尽管可支配收入是零，但消费支出却是 1.5 万亿美元。我们把这种消费支出称为自发消费，它是指，即使居民没有现期收入，在极短时期内也会产生的消费支出量。消费支出中超出自发消费的部分即为引致消费，是指可支配收入增加所引起的支出。

45°线　图 28.1（a）中还包含了 45°线，其高度表示可支配收入。在这条线上的每一点，消费支出等于可支配收入。在消费函数位于 45°线以上的部分（*A* 点至 *D* 点），消费支出大于可支配收入。在消费函数位于 45°线以下的部分（*D* 点至 *F* 点），消费支出小于可支配收入。在消费函数与 45°线的交点（*D* 点），消费支出等于可支配收入。

储蓄函数 图 28.1（b）给出了储蓄函数。其中，横坐标与（a）幅中的相同，纵坐标表示储蓄。而且，在储蓄曲线上标有字母 A 至 F 的点，分别对应表中的各行数据。例如，在图中的 E 点，表示当可支配收入为 8 万亿美元时，储蓄是 0.5 万亿美元。沿着储蓄函数，随着可支配收入的增加，储蓄也会增加。在可支配收入低于 6 万亿美元（D 点）时，储蓄是负的。我们把负的储蓄称为负储蓄。当可支配收入大于 6 万亿美元时，储蓄是正的，当可支配收入为 6 万亿美元时，储蓄是零。

请注意图 28.1 中两幅的关系。当（a）幅中消费支出大于可支配收入时，（b）幅中的储蓄是负数。当（a）幅中可支配收入大于消费支出时，（b）幅中的储蓄是正数。当（a）中消费支出等于可支配收入时，（b）幅中的储蓄是零。

当储蓄为负数时（消费支出大于可支配收入时），要用过去的储蓄来支付现在的消费。这种情况虽然不能长久维持，但当可支配收入暂时下降时却会出现。

边际消费倾向与边际储蓄倾向

当可支配收入变动时，消费支出变动的大小取决于边际消费倾向。**边际消费倾向**（marginal propensity to consume，*MPC*）是指可支配收入变动量中用于消费的比例。可以通过消费支出的变动量（ΔC）除以可支配收入的变动量（ΔYD）这样的计算得到。即：

$$MPC = \frac{\Delta C}{\Delta YD}$$

在图 28.1 的表中，当可支配收入由 6 万亿美元增加到 8 万亿美元时，消费支出由 6 万亿美元增加到了 7.5 万亿美元。可支配收入增加 2 万亿美元，导致消费支出增加 1.5 亿美元。*MPC* 就是 1.5 万亿美元除以 2 万亿美元，即 0.75。

边际储蓄倾向（marginal propensity to save，*MPS*）是指可支配收入变动量中用于储蓄的比例。可以通过储蓄的变动量（ΔS）除以可支配收入的变动量（ΔYD）这样的计算得到。即：

$$MPS = \frac{\Delta S}{\Delta YD}$$

在图 28.1 的表中，当可支配收入由 6 万亿美元增加到 8 万亿美元时，储蓄由零增加到了 0.5 万亿美元。可支配收入增加 2 万亿美元，导致储蓄增加 0.5 亿美元。*MPS* 等于 0.5 万亿美元除以 2 万亿美元，即 0.25。

边际消费倾向加上边际储蓄倾向总是等于 1。因为消费支出与储蓄用完了可支配收入。可支配收入每增加 1 美元，其中的一部分是消费，其余部分就是储蓄。可以用以下等式来说明两个边际倾向之和等于 1：

$$\Delta C + \Delta S = \Delta YD$$

等式两边都除以可支配收入的变动量，便得到以下式子：

$$\frac{\Delta C}{\Delta YD} + \frac{\Delta S}{\Delta YD} = 1$$

$\Delta C / \Delta YD$ 是边际消费倾向，$\Delta S / \Delta YD$ 是边际储蓄倾向，所以有：

$$MPC + MPS = 1$$

斜率与边际倾向

消费函数的斜率是边际消费倾向，储蓄函数的斜率是边际储蓄倾向。图 28.2（a）说明了消费函数的斜率就是 *MPC*。可支配收入由 6 万亿美元增加到 8 万亿美元，其增加量为 2 万亿美元，由三角形的底边表示。因可支配收入增加导致的消费支出增加量是 1.5 万亿美元，由三角形的高表示。消费函数的斜率公式是："上升高度除以水平距离"，即 1.5 万亿美元除以 2 万亿美元，即 0.75——这就是 *MPC*。

图 28.2（b）说明了储蓄函数的斜率就是 *MPS*。可支配收入由 6 万亿美元增加到 8 万亿美元，其增加量为 2 万亿美元（三角的底边），导致储蓄增加了 0.5 万亿美元（三角形的高）。储蓄函数的斜率由 0.5 万亿美元除以 2 万亿美元得到，即 0.25——这就是 *MPS*。

影响消费支出和储蓄的其他因素

可支配收入的变动导致消费支出和储蓄的变动，并引起了沿着消费函数和储蓄函数的移动。

沿着消费函数和储蓄函数，所有影响消费支出和储蓄的其他因素（如实际利率、财富、预期未来收入）都是固定的。其他任何一个因素的变化将导致消费函数和储蓄函数的移动。

当实际利率下降或当财富或预期未来收入增加时，消费支出增加，储蓄减少。图 28.3 说明了这些变化对消费函数和储蓄函数的影响。消费函数由 CF_0 上移至 CF_1，

图 28.2　边际消费倾向与边际储蓄倾向

myeconlab

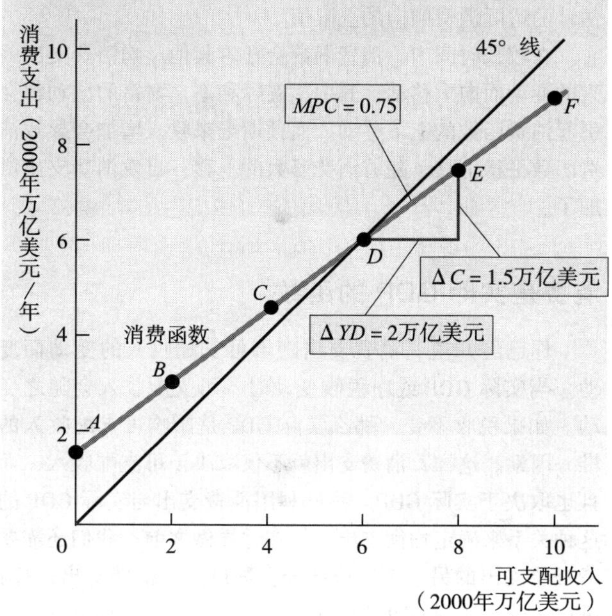

（a）消费函数

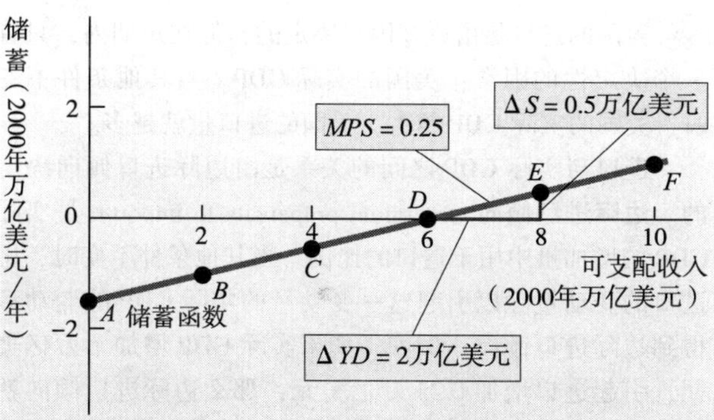

（b）储蓄函数

边际消费倾向 *MPC*，等于其他条件不变时消费支出的变动量除以可支配收入的变动量。可用消费函数的斜率来表示。在（a）幅中，*MPC* 是 0.75。边际储蓄倾向 *MPS*，等于其他条件不变时储蓄的变动量除以可支配收入的变动量。可用储蓄函数的斜率来表示。在（b）幅中，*MPS* 是 0.25。

图 28.3　消费函数与储蓄函数的移动

myeconlab

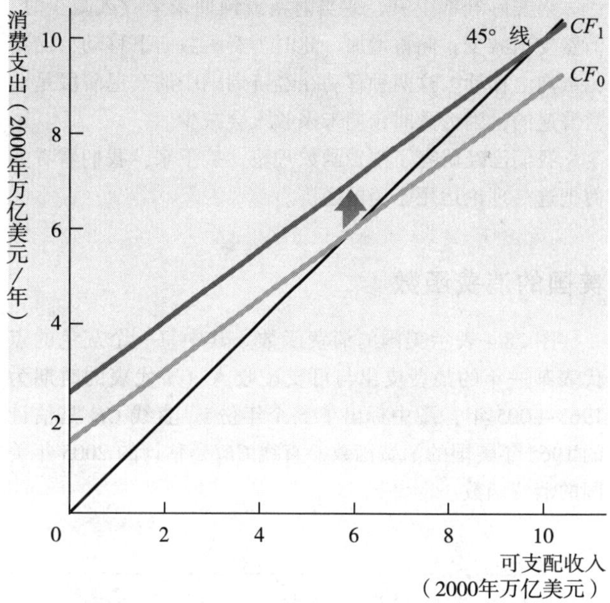

（a）消费函数

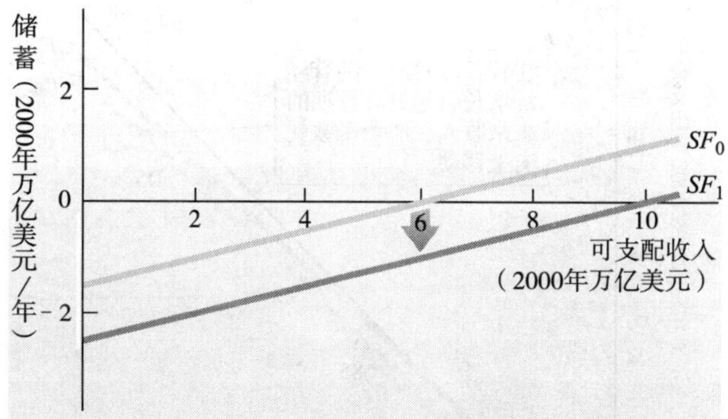

（b）储蓄函数

实际利率的下降、财富的增加或预期未来收入的增加都会导致消费支出增加和储蓄减少。消费函数由 CF_0 上移至 CF_1，储蓄曲线由 SF_0 下移至 SF_1。

实际利率的上升、财富的减少或预期未来收入的减少都会导致消费支出减少和储蓄增加。消费函数向下移动，储蓄函数向上移动。

储蓄函数由 SF_0 下移到 SF_1。这两种移动在经济周期中的扩张阶段是非常普遍的，因为此时预期未来收入会增加。

当实际利率上升，或当财富或预期未来收入减少时，消费支出减少，储蓄增加。此时消费函数向下移动，储蓄函数向上移动。这两种移动在经济周期中的衰退阶段是非常普遍的，因为此时预期未来收入会减少。

我们已经研究了消费函数理论。接下来，我们看看如何把这一理论运用于美国经济。

美国的消费函数

图 28.4 表示美国的消费函数。其中每一个灰色的点代表某一年的消费支出与可支配收入（所代表的时期为 1965~2005 年，图中标出了 5 个年份）。直线 CF_0 是估计的 1965 年美国的消费函数，直线 CF_1 是估计的 2005 年美国的消费函数。

图 28.4 美国的消费函数

myeconlab

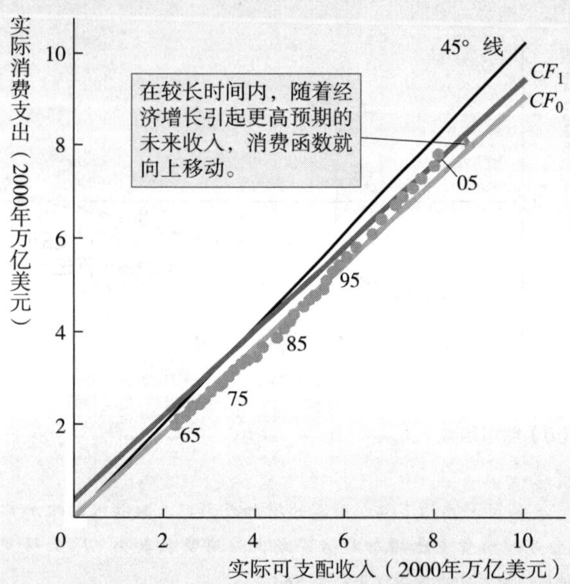

每个灰色的点都代表某一年的消费支出与可支配收入。直线 CF_0 和 CF_1 分别表示估计的美国在 1965 年和 2005 年的消费函数。在这里，（假定）边际消费倾向是 0.9。

图 28.4 中消费函数的斜率是 0.9，这表明，可支配收入每增加 1 万亿美元，消费支出就增加 0.9 万亿美元。这一斜率即为边际消费倾向的估计值，假定它是经济学家所估计的边际消费倾向的上限值。

在较长时间内，消费函数会随着其他影响消费支出因素的变动而向上移动。其中，实际利率、财富的波动都会引起消费函数的上下移动。而预期未来收入增加会导致消费函数平稳上移。随着消费函数的上移，自发消费支出增加了。

消费是实际 GDP 的函数

你已经知道，消费支出随着可支配收入的变动而变动。当实际 GDP 或净税收变动时，可支配收入会随之变动。如果税收不变，那么实际 GDP 是影响可支配收入的惟一因素。这样，消费支出就不仅取决于可支配收入，而且也取决于实际 GDP。我们利用消费支出与实际 GDP 的这种关系来确定均衡支出。但在这样做之前，我们还需要考查总支出的另一个组成部分：进口。与消费支出一样，进口也受到实际 GDP 的影响。

进口函数

美国的进口是由许多因素决定的，但在短期内，只有一个决定性的因素：美国的实际 GDP。当其他条件不变时，美国的实际 GDP 越大，美国的进口量就越多。

进口与实际 GDP 之间的关系是由边际进口倾向决定的。**边际进口倾向**（marginal propensity to import）是实际 GDP 的增加量中用于进口的比例。当其他条件不变时，用进口的变动量除以引起这一变动量的实际 GDP 的变动量得到边际进口倾向。例如，如果实际 GDP 增加 1 万亿美元，引起进口增加 0.25 万亿美元，那么边际进口倾向就是 0.25。

近几年，自北美自由贸易协定（North American Free Trade Agreement, NAFTA）实施以来，美国的进口大幅上升了。例如，1991~2001 年，实际 GDP 增加了 26 570 亿美元，进口增加了 8 610 亿美元。如果在整个 20 世纪 90 年代，除了实际 GDP 外其他因素不变，那么就意味着边际进口倾向是 0.32。但是，由于其他一些因素（例如北美自由贸易协定）增加了进口，因此实际的边际进口倾向小于 0.32。边际进口倾向也许是 0.2，随着全球经济一体化程度的提高，边际进口倾向呈上升趋势。

复习测验

1. 总支出中哪些组成部分受实际 GDP 影响？
2. 定义边际消费倾向。你估算自己的边际消费倾向是多少？在你毕业后，你的边际消费倾向会变吗？为什么？
3. 我们怎样利用边际消费倾向与边际进口倾向来计算实际 GDP 对消费支出与进口的影响？

myeconlab **Study Plan 28.1**

实际 GDP 影响消费支出与进口。但是，消费支出和进口、投资、政府购买支出和出口都影响实际 GDP。你的下一步任务就是研究总支出与实际 GDP 双向联系中的第二方面，并了解计划总支出中各组成部分是怎样相互影响并决定实际 GDP 的。

固定价格水平下的实际 GDP

你将会发现，当价格水平固定时，计划总支出是怎样相互影响从而决定实际 GDP 的。首先，我们研究计划总支出与实际 GDP 之间的关系。

其次，我们将了解，计划支出与实际支出的主要区别。最后，我们要研究均衡支出，即计划总支出和实际支出相等时的情况。

计划总支出与实际 GDP 之间的关系，可以用总支出表或总支出曲线来表示。总支出表列出各种实际 GDP 水平下的计划总支出。总支出曲线是根据总支出表作出的图形。

计划总支出与实际 GDP

在图 28.5 的表中，给出计划总支出的同时，还给出了其各个组成部分的数据。要计算每一给定实际 GDP 水平下的计划总支出，把各个部分加总即可。表中第一栏给出的是实际 GDP，第二栏给出的是各种实际 GDP 水平下的消费支出。实际 GDP 每增加 1 万亿美元，消费支出就增加 0.7 万亿美元——*MPC* 是 0.7。

接下来的两栏给出了投资与政府购买支出的具体数据。投资取决于实际利率和预期的利润率（参见第 23 章）。在某一时点，这些因素决定了某一投资水平。假定投资水平是 2.0 万亿美元；同时，还假定政府购买支出是 2.2 万亿美元。

再接下来的两栏给出了出口和进口数据。出口由国外的一些因素决定，如国外同美国相近的产品与服务的相对价格、汇率。但出口并不直接受美国实际 GDP 的影响。出口是固定不变的，在这里是 1.8 万亿美元。进口随着美国实际 GDP 的增加而增加。美国实际 GDP 增加 1 万亿美元引起进口增加 0.2 万亿美元——边际进口倾向是 0.2。

最后一栏给出了计划总支出——计划的消费支出、投资、政府购买支出以及出口减去进口之和。

图 28.5 绘出了总支出曲线。用横轴表示实际 GDP，用纵轴表示计划总支出。总支出曲线是直线 *AE*。图中标出的 *A* 点至 *F* 点，对应于表中的各行。总支出曲线表示计划总支出（表中最后一栏）与实际 GDP（表中第一栏）的对应关系。

图 28.5 还给出了总支出中各组成部分的曲线。固定部分——投资（*I*）、政府购买支出（*G*）与出口（*X*），由图中的各水平线表示。消费支出（*C*）是代表 *I* + *G* + *X* 的直线与代表 *I* + *G* + *X* + *C* 的直线之间的垂直距离。

要得到 *AE* 曲线，需要从代表 *I* + *G* + *X* + *C* 的直线中减去进口（*M*）。总支出表示对美国生产的产品与服务的支出。但总支出的组成部分——*C*、*I* 和 *G*——包含了进口产品与服务的支出。例如，如果你购买了一部新手机，你的支出就是你消费支出的一部分。但是，如果这部手机是由芬兰制造的诺基亚手机，那么，你在这部手机上的支出就必须从你的消费支出中减去，这样其余额就是你在美国生产的产品与服务上的支出——对美国实际 GDP 的支出。对从芬兰进口的诺基亚手机的支付，并没有增加美国的总支出。

因为进口仅占总支出的一小部分，所以，当用总支出中的其他支出减去进口时，计划总支出仍会随着实际 GDP 的增加而增加，这一点你从图 28.5 中可以看出。

消费支出减去进口的剩余部分，随着实际 GDP 的变动而变动，被称为**引致支出**（induced expenditure）。投资、政府购买支出与出口之和，不随实际 GDP 的变动而变动，被称为**自发支出**（autonomous expenditure）。消费支出与进口也有一个自发支出部分——不随实际 GDP 的变化而变化。考虑自发支出的另一种方式是，它是实际 GDP 等于零时的计划总支出。

在图 28.5 中，自发支出是 6 万亿美元——实际 GDP

图 28.5 总支出

myeconlab

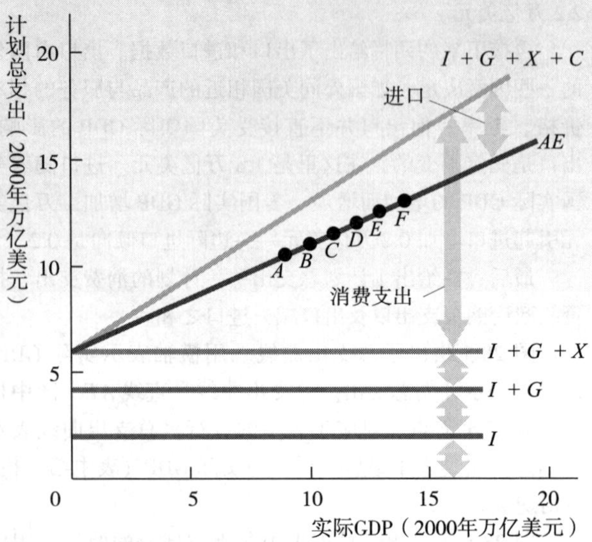

计划总支出是计划的消费支出、投资、政府购买支出、出口减去进口之和。例如，表中的 *B* 行，当实际 GDP 为 10 万亿美元时，计划的消费支出是 7.0 万亿美元，计划的投资是 2.0 万亿美元，计划的政府购买支出是 2.2 万亿美元，计划的出口是 1.8 万亿美元，计划的进口是 2.0 万亿美元。因此，当实际 GDP 为 10 万亿美元时，计划总支出是 11 万亿美元 (7.0+2.0+2.2+1.8–2.0)。总支出表显示，计划总支出随着实际 GDP 的增加而增加。这一关系用图表示出来便是总支出曲线 *AE*。总支出中的消费支出和进口这两部分，随着实际 GDP 的增加而增加。其他组成部分——投资、政府购买支出和出口——不随实际 GDP 的变动而变动。

		计划支出					
	实际 GDP (*Y*)	消费支出 (*C*)	投 资 (*I*)	政府购买支出 (*G*)	出 口 (*X*)	进 口 (*M*)	计划总支出 (*AE* = *C* + *I* + *G* + *X* − *M*)
				(2000 年万亿美元)			
	0	0	2.0	2.2	1.8	0.0	6.0
A	9	6.3	2.0	2.2	1.8	1.8	10.5
B	10	7.0	2.0	2.2	1.8	2.0	11.0
C	11	7.7	2.0	2.2	1.8	2.2	11.5
D	12	8.4	2.0	2.2	1.8	2.4	12.0
E	13	9.1	2.0	2.2	1.8	2.6	12.5
F	14	9.8	2.0	2.2	1.8	2.8	13.0

为零时的计划总支出。实际 GDP 每增加 1 万亿美元，引致支出增加 0.5 万亿美元。

总支出曲线概括了计划总支出与实际 GDP 的关系。但是，什么决定了经济运行中总支出曲线上的那一点呢？什么决定了实际总支出呢？

实际支出、计划支出与实际 GDP

实际总支出总是等于实际 GDP（参见第 21 章）。但是，计划总支出不一定等于实际总支出，因此不一定等于实际 GDP。实际支出与计划支出怎么会不一致呢？为什么支出计划没有得到实施？主要原因在于，企业最终的存货可能超过也可能低于计划存货。消费者实施消费支出计划，政府实施其购买支出计划，进出口也是按计划执行。企业会执行其购买新大楼、建造新工厂及购置新设备的计划。但是，投资中的一个组成部分是企业存货的变动。如果计划总支出小于实际 GDP，那么企业就不能售出它们计划出售的全部产品，其结果是，出现了非计划存货。如果计划总支出大于实际 GDP，那么企业出售的产品就会比它们计划出售的产品要多，其结果是，企业的存货就会降到计划存货水平之下。

均衡支出

均衡支出（equilibrium expenditure）是指当计划总支出等于实际 GDP 时的总支出水平。均衡支出是每个人都按照计划进行支出时的总支出与实际 GDP 水平。当价格水平固定时，均衡支出决定了实际 GDP。当计划总支出与实际总支出不相等时，趋向于均衡支出的过程就会出现。通过整个趋向过程，实际 GDP 得到了调整。接下来，我们来探讨均衡支出与达到均衡支出的这一过程。

图 28.6（a）说明了均衡支出。表中给出了各种实际 GDP 水平下的计划总支出。根据表中各行的数据画出 *AE*

图 28.6　均衡支出

myeconlab

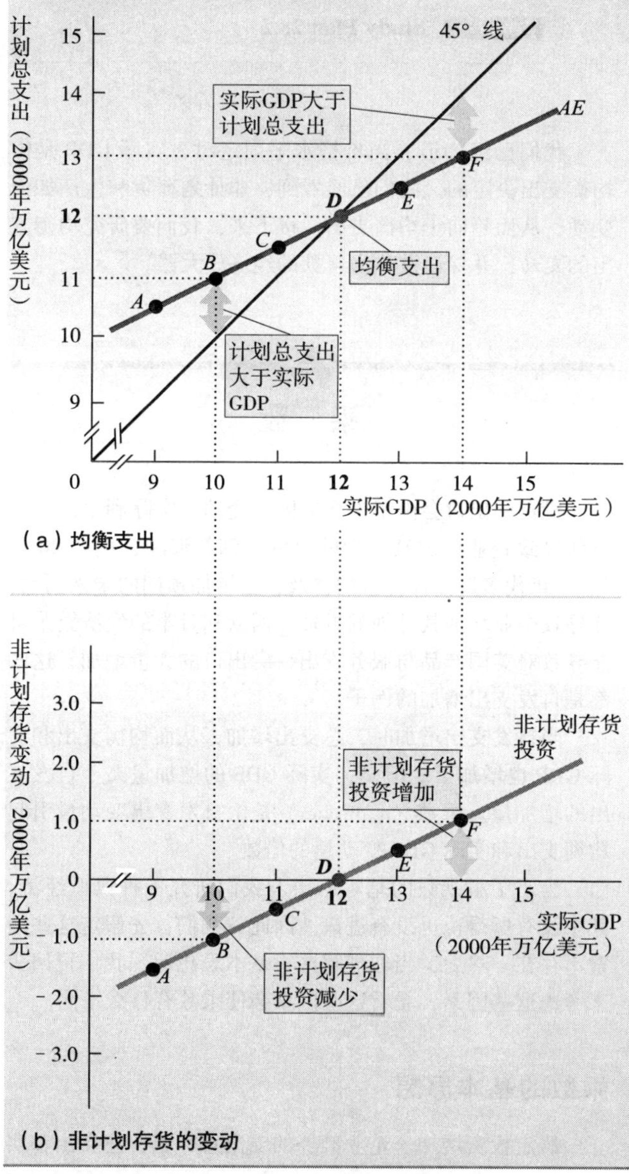

	实际 GDP (*Y*)	计划总支出 (*AE*)	非计划存货 (*Y* - *AE*)
	(2000 年万亿美元)		
A	9	10.5	-1.5
B	10	11.0	-1.0
C	11	11.5	-0.5
D	**12**	**12.0**	**0**
E	13	12.5	0.5
F	14	13.0	1.0

表中给出了各种不同实际 GDP 水平下的计划支出。当实际GDP 为 12 万亿美元时，计划总支出等于实际 GDP。

(a) 幅说明了在 45°线与 *AE* 曲线的交点，当计划总支出等于实际 GDP 时，出现了均衡支出。(b) 幅说明了导致均衡支出的因素。当计划总支出大于实际 GDP 时，存货减少——例如，在两幅图中的 *B* 点。企业增加生产，实际 GDP 增加了。

当计划总支出小于实际 GDP 时，存货增加——例如，在两幅图中的 *F* 点。企业减少生产，实际 GDP 减少了。当计划总支出等于实际 GDP 时，就不会有非计划存货的变动，实际 GDP 保持不变，并处于均衡支出的水平。

曲线，分别对应于 A 点至 F 点的各点。45°线表明，其上各点对应的计划总支出都等于实际 GDP。因此，AE 曲线上位于 45°线以上的部分，表示计划总支出大于实际 GDP；AE 曲线位于 45°线以下的部分，表示计划总支出小于实际 GDP；AE 曲线与 45°线的交点，表示计划总支出等于实际GDP；点 D 表示达到了均衡支出。在该点，实际 GDP 是 12 万亿美元。

趋向均衡

导致总支出向其均衡水平变动的因素是什么？为了回答这一问题，我们必须考查一下总支出远离均衡水平的情况。假定在图 28.6 中，实际 GDP 是 10 万亿美元。当实际GDP 为 10 万亿美元时，实际总支出也是 10 万亿美元。但是，这时的计划总支出是 11 万亿美元，如图 28.6（a）中 B 点所示。计划总支出大于实际总支出。当人们的支出为 11 万亿美元，企业生产的产品和服务价值为 10 万亿美元时，企业的存货就减少了 1 万亿美元，如图 28.6（b）中 B 点所示。由于存货的变动是投资的一部分，实际投资比计划投资要少 1 万亿美元。

实际 GDP 不会长期地保持在 10 万亿美元的水平。企业根据销售情况来确定存货目标。当存货低于目标时，企业会增加生产以恢复目标存货水平。要增加存货，企业就要另外雇佣劳动来增加生产。假定在下期它们增加生产 1 万亿美元。实际 GDP 增加 1 万亿美元达到了 11 万亿美元。但是，计划总支出还是超过了实际 GDP。当实际 GDP 为 11.0 万亿美元时，计划总支出是 11.5 万亿美元，如图 28.6（a）中 C 点所示。存货还是减少了，但比以前减少的要少。当实际 GDP 为 11.0 万亿美元、计划总支出为 11.5 万亿美元时，存货减少了 0.5 万亿美元，如图 28.6（b）中 C 点所示。企业还会雇佣更多的劳动并增加生产，实际 GDP 还会进一步增加。

我们刚才描述的这一过程——计划总支出大于实际 GDP 时，存货减少，生产增加到恢复存货水平——当实际GDP 达到 12 万亿美元时结束。在这一实际 GDP 水平上实现均衡。非计划存货变动量是零。企业不会改变生产水平。

你可以做一个与我们刚才做的类似的实验，但在开始，实际 GDP 水平大于均衡支出。在这种情况下，计划支出小于实际支出，存货增加，从而企业减少生产。与前面相同，实际 GDP 会不断变动（这次会减少），直至达到 12 万亿美元的均衡水平。

复习测验

1. 在均衡支出时，计划总支出与实际 GDP 有什么关系？
2. 均衡支出是如何实现的？什么因素调整实现了均衡？
3. 如果实际 GDP 与总支出小于均衡支出，那么，企业存货会怎样变动？企业会怎样调整它们的生产？实际 GDP 又会怎样变化？
4. 如果实际 GDP 与总支出大于均衡支出，那么，企业存货会怎样变动？企业会怎样调整它们的生产？实际 GDP 又会怎样变化？

myeconlab **Study Plan 28.2**

我们已经知道，当价格水平固定时，实际 GDP 是由均衡支出决定的。我们已经看到，非计划存货和生产如何变动，从而趋向于均衡支出。接下来，我们要研究均衡支出的变动，并探讨被称为乘数的经济放大器。

乘　数

投资和出口会由于许多原因而变动。实际利率的下降可能导致企业增加其计划的投资。创新浪潮，例如 20 世纪 90 年代多媒体计算机的普及，会增加预期的未来利润，并导致企业增加其计划的投资。西欧和日本的经济繁荣可能导致对美国产品与服务支出——出口的大量增加。这些都是自发支出增加的例子。

当自发支出增加时，总支出增加，从而均衡支出和实际 GDP 也增加了。但是，实际 GDP 的增加量大于自发支出的增加量。**乘数**（multiplier）是由自发支出变动量引起均衡支出和实际 GDP 变动量的倍数。

为了了解乘数的基本思想，我们研究一种典型经济，其中没有所得税也没有进口。因此，我们首先假定这些因素不存在。然后，当你理解这一基本思想后，我们再回头来考虑这些因素，看看这些因素会使乘数有什么不同。

乘数的基本思想

假定投资增加。企业额外的支出意味着，总支出和实际 GDP 都会增加。实际 GDP 的增加使得可支配收入增加，在没有所得税时，实际 GDP 和可支配收入的增加量相同。可支配收入的增加导致了消费支出增加。增加的消费支出又会导致总支出增加。实际 GDP 和可支配收入会进一步增加，消费支出还会增加。投资的初始增加导致了总支出的较大增加，因为它导致了消费支出的增加。因自发支出增加所导致的总支出增加的幅度取决于乘数。

图 28.7 中的表给出了计划总支出表。最初，实际 GDP 是 11 万亿美元，计划总支出是 11.25 万亿美元。实际 GDP 每增加 1 万亿美元，计划总支出就增加 0.75 万亿美元。这张总支出表用图形表示就是总支出曲线 AE_0。最初，均衡支出是 12 万亿美元。你能看到，这一均衡是表中的第 *B* 行；在图中，位于曲线 AE_0 与 45°线的交点 *B* 点。

现在假定自发支出增加 0.5 万亿美元。均衡支出会怎样变化？在图 28.7 中你能看到答案。当在原来的计划总支出基础上增加自发支出时，在各种实际 GDP 水平下，计划总支出都增加了 0.5 万亿美元。新的总支出曲线是 AE_1。新的均衡支出位于 AE_1 曲线与 45°线的交点处，对应于表中黑体字（第 *D′*行），这时均衡支出是 14 万亿美元（点 *D′*）。在这一实际 GDP 水平，计划总支出等于实际 GDP。

图 28.7 乘数

myeconlab

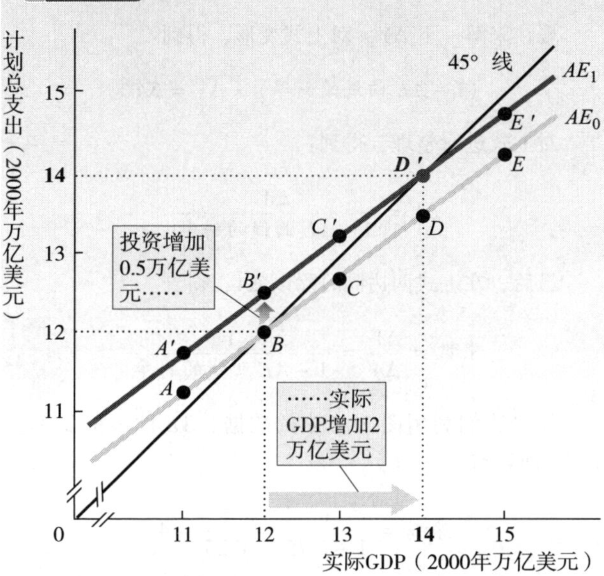

实际 GDP (Y)	计划总支出 原来的 (AE_0)		新的 (AE_1)	
	(2000 年万亿美元)			
11	*A*	11.25	*A′*	11.75
12	***B***	**12.00**	*B′*	12.50
13	*C*	12.75	*C′*	13.25
14	*D*	13.50	***D′***	**14.00**
15	*E*	14.25	*E′*	14.75

自发支出增加 0.5 万亿美元使得 *AE* 曲线向上移动 0.5 万亿美元，从 AE_0 移动至 AE_1。均衡支出从 12 万亿美元增加到 14 万亿美元，增加量是 2 万亿美元。均衡支出的增加量是自发支出增加量的 4 倍，所以，乘数是 4。

乘数效应

在图 28.7 中，自发支出增加 0.5 万亿美元，均衡支出增加了 2 万亿美元。这就是说，自发支出的变动，像埃里卡·巴杜用的电子设备一样，导致了均衡支出扩大的变动。这一扩大的变动就是*乘数效应*——均衡支出的增加量大于自发支出的增加量。乘数大于 1。

最初，当自发支出增加时，计划总支出大于实际 GDP。因此，存货减少了。企业增加生产的目的是把存货恢复到目标水平。随着生产增加，实际 GDP 也增加了。在实际 GDP 的较高水平，*引致支出*增加了。因此，均衡支出增加量等于自发支出的增加量与引致支出的增加量之和。在本例中，引致支出增加了 1.5 万亿美元，所以，均衡支出增加了 2 万亿美元。

尽管我们刚才分析的是自发支出*增加*的效应，但这一分析同样适用于自发支出减少的情况。如果最初总支出曲线是 AE_1，均衡支出和实际 GDP 都是 14 万亿美元。自发支出减少 0.5 万亿美元，使得总支出曲线向下平移 0.5 万亿美元至 AE_0。均衡支出从 14 万亿美元减少到了 12 万亿美元。均衡支出的减少量（2 万亿美元）大于自发支出的减少量（0.5 万亿美元）。

为什么乘数大于 1

我们已经知道，均衡支出的增加量大于自发支出的增加量。这样，乘数就大于 1。这是怎么产生的？为什么均衡支出的增加量大于自发支出的增加量？

乘数之所以大于 1，是因为引致支出增加了——自发支出的增加导致了支出的进一步增加。美国宇航局的太空飞船计划一年的支出是 50 亿美元。这一支出导致美国一年的实际 GDP 直接增加 50 亿美元。但这一过程并未结束，宇航员和工程师们现在有了更高的收入，他们会把所增加的一部分收入用于购买产品和服务。实际 GDP 的增加量现在就变成了初始的 50 亿美元与增加 50 亿美元收入所导致的额外消费支出之和。小汽车、纯平电视、旅游以及其他产品与服务的生产者现在已经增加了收入，他们又会把一部分增加的收入用于产品与服务的消费。额外的收入导致额外的支出，后者又导致了额外的收入。

我们已经知道，自发支出的变动对实际 GDP 有一个乘数效应。但是，乘数效应究竟是多大呢？

乘数的大小

假定经济处于衰退阶段。预期的利润开始看好，企业正计划大量增加投资。世界经济也开始进入扩张阶段，而且出口正在增加。每个人都关注的问题是：经济扩张潜力有多大？这是一个难以回答的问题。但是，在回答这一问题时，需要做的一件重要事情就是计算乘数的大小。

乘数是由自发支出的变动量引起均衡支出的变动量的倍数。要计算这一乘数，我们用均衡支出的变动量除以自发支出的变动量得到。让我们以图 28.7 为例来计算。最初，均衡支出是 12 万亿美元。当自发支出增加 0.5 万亿美元时，均衡支出增加 2 万亿美元，达到了 14 万亿美元的水平。那么：

$$\text{乘数} = \frac{\text{均衡支出的变动量}}{\text{自发支出的变动量}}$$

$$\text{乘数} = \frac{2\text{ 万亿美元}}{0.5\text{ 万亿美元}} = 4$$

乘数与总支出曲线的斜率

乘数的大小取决于总支出曲线的斜率。总支出曲线越陡，乘数就越大。为了说明原因，我们进行一些数学推导。

总支出与实际 GDP 变动，是因为引致支出与自发支出变动。实际 GDP 的变动量（ΔY）等于引致支出的变动量（ΔN）加上自发支出的变动量（ΔA）。即：

$$\Delta Y = \Delta N + \Delta A$$

但是，引致支出的变动是由实际 GDP 的变动量和总支出曲线的斜率决定的。要知道其中的原因，首先必须知道，AE 曲线的斜率等于引致支出的变动量与实际 GDP 的变动量之比。即：

$$AE\text{ 曲线的斜率} = \frac{\Delta N}{\Delta Y}$$

所以，有：

$$\Delta N = AE\text{ 曲线的斜率} \times \Delta Y$$

现在，用这一方程去替换上面第一个方程中的 ΔN，从而有：

$$\Delta Y = AE\text{ 曲线的斜率} \times \Delta Y + \Delta A$$

现在来解一下 ΔY，对上式变形，得到：

$$(1 - AE\text{ 曲线的斜率}) \times \Delta Y = \Delta A$$

对上式进行整理，得到：

$$\Delta Y = \frac{\Delta A}{1 - AE\text{ 曲线的斜率}}$$

最后，在上式两边同时除以 ΔA，得到：

$$\text{乘数} = \frac{\Delta Y}{\Delta A} = \frac{1}{1 - AE\text{ 曲线的斜率}}$$

如果我们利用图 28.7 中的数据，AE 曲线的斜率为 0.75，所以有：

$$\text{乘数} = \frac{1}{1 - 0.75} = \frac{1}{0.25} = 4$$

在没有所得税及不存在进口时，AE 曲线的斜率等于边际消费倾向（MPC）。因此：

$$\text{乘数} = \frac{1}{1 - MPC}$$

由于（$1 - MPC$）等于 MPS。因此，另一个公式是：

$$\text{乘数} = \frac{1}{MPS}$$

再次利用图 28.7 中的数据。我们有：

$$\text{乘数} = \frac{1}{0.25} = 4$$

由于边际储蓄倾向（MPS）是一个分数——在 0 与 1 之间的数——因此，乘数大于 1。

进口与所得税

通常，乘数不仅受到边际消费倾向的影响，而且也受到边际进口倾向和边际税率的影响。进口使得乘数变小了。要知道其中的原因，想想随着投资增加发生了什么。投资的增加使得实际 GDP 增加，实际 GDP 增加又增加了消费支出。但是，投资与消费支出增加中的一部分是对进口产品与服务的支出，而不是对美国生产的产品与服务的支出。只有对美国生产的产品与服务的支出，才能增加美国的实际 GDP。边际进口倾向越大，美国实际 GDP 的变动就越小。

所得税也会使乘数变小。再考虑一下随着投资增加会发生什么。投资增加使实际 GDP 增加。但是，由于所得税增加，可支配收入的增加量少于实际 GDP 的增加量。因此，消费支出的增加量小于税收没有发生变化前的。边际税率越大，可支配收入与实际 GDP 的增加量就越小。

边际进口倾向与边际税率，同边际消费倾向一起决定乘数。它们的共同作用决定 AE 曲线的斜率。

图 28.8 比较了两种情况。在图 28.8（a）中，既没有进口又没有税收。AE 曲线的斜率等于边际消费倾向，在这里是 0.75，乘数是 4。在图 28.8（b）中，进口和税收使 AE 曲线的斜率减少到了 0.5。乘数是 2。

随着时间的推移，乘数的大小会随着税率、边际消费倾向及边际进口倾向的变动而变动。这些因素一直都在变动，从而使得乘数难以预测。但是，它们却不能改变这样一个基本事实：自发支出的初始变动会导致总支出和实际 GDP 较大的变动。

后面的数学注释说明了税收、进口和边际消费倾向对乘数的影响。

乘数过程

乘数效应并不是一次性的、一时的作用。其作用会经历几个月的时间。图 28.9 说明了乘数过程。自发支出增

图 28.8　乘数与 AE 曲线的斜率

myeconlab

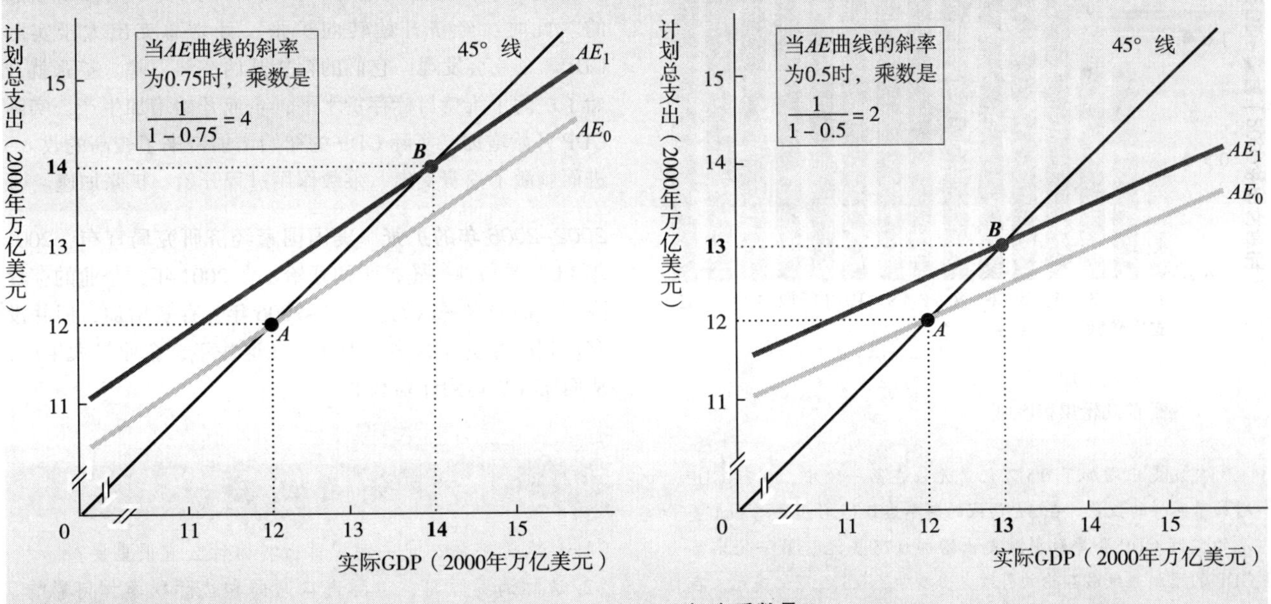

（a）乘数是4

（b）乘数是2

进口与所得税使得 AE 曲线不那么陡峭，并使乘数减少了。在（a）幅中，在没有进口与所得税的情况下，AE 的斜率是 0.75（边际消费倾向），乘数是 4。

但在存在进口与所得税的情况下，AE 曲线的斜率小于边际消费倾向。在（b）幅中，AE 曲线的斜率是 0.5。在这种情况下，乘数是 2。

加了 0.5 万亿美元，此时，实际 GDP 增加了 0.5 万亿美元（第一轮中的浅灰色柱条）。实际 GDP 的增加导致了第二轮引致支出。在 *AE* 曲线的斜率为 0.75 时，引致支出增加量是实际 GDP 的 0.75 倍，所以，实际 GDP 增加 0.5 万亿美元导致支出进一步增加 0.375 万亿美元。引致支出的这一变动（第二轮浅灰色柱条）加上先前支出的增加量（第二轮中的深灰色柱条），这样实际 GDP 就增加了 0.875 万亿美元。第二轮实际 GDP 的增加导致了第三轮引致支出的增加。这一过程，通过连续各轮的作用得以继续。实际 GDP 每一轮的增加量都是前一轮增加量的 0.75 倍，最后，实际 GDP 的增加量达到了 2 万亿美元。

图 28.9 乘数过程

myeconlab

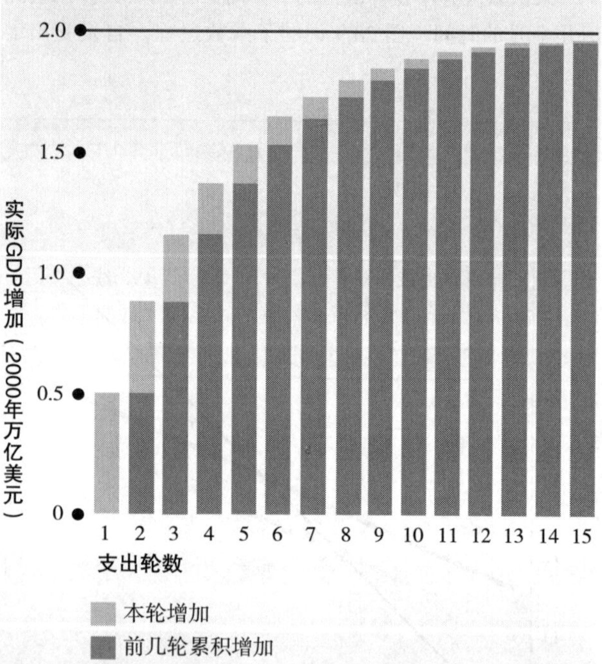

自发支出增加了 0.5 万亿美元。在第一轮中，实际 GDP 增加了同样的数量。在 *AE* 曲线的斜率为 0.75 时，每增加 1 美元的实际 GDP 会导致引致支出增加 0.75 美元。第一轮实际 GDP 的增加导致第二轮的引致支出增加了 0.375 万亿美元。在第二轮结束，实际 GDP 就增加到 0.875 万亿美元。第二轮实际 GDP 0.375 万亿美元的增加量导致第三轮引致支出增加了 0.281 万亿美元。实际 GDP 进一步增加到了 1.156 万亿美元。这一过程还会继续下去，每轮 GDP 的增加量越来越小。当这个过程结束时，实际 GDP 的增加量已达到了 2 万亿美元。

你已经学习了乘数，我们可以用它来研究在经济周期的转折点会发生些什么。

经济周期的转折点

在经济周期的转折点，经济由扩张转向衰退或从衰退转向扩张。经济学家了解这些转折点，就像地震学家了解地震一样。他们了解产生这些转折点的影响因素和机制，但他们却不能预测这些转折点。导致经济周期转折点的因素，是像投资和出口这类自发支出的波动。引起经济向一个新方向变动的势能是乘数。让我们利用所掌握的知识来探讨这些转折点。

衰退的开始 衰退是由自发支出减少，从而导致计划总支出减少引起的。此时，经济开始转向衰退，实际 GDP 大于计划总支出。在这种情况下，企业发现非计划存货增加了。衰退开始了。为了减少存货，企业开始减产，实际 GDP 开始减少。初始实际 GDP 的减少会导致较低的收入，而较低的收入又会导致消费支出减少。乘数作用过程开始，从而出现了衰退。

扩张的开始 我们描述与处于经济周期低谷相反的情况。扩张是由于自发支出增加，因而计划总支出增加所引起的。此时，经济开始转向扩张，计划总支出大于实际 GDP。企业会发现，它们的存货开始突然下降。扩张就开始了。为了维持目标存货水平，企业开始增加生产，实际 GDP 开始增加。实际 GDP 的初始增加带来了较高的收入，进而刺激了消费支出。乘数作用过程开始，扩张加速。

2002~2006 年的扩张 美国国家经济研究局宣布，2001 年 11 月是最新一轮扩张的开始。在 2001 年，企业的存货降到了期望水平以下。2002~2006 年，存货增加，但并没有计划的存货那么多。因此，在这些年，企业扩大生产，从而使存货达到计划水平。

复习测验

1. 什么是乘数？它决定了什么？为什么它很重要？
2. 边际消费倾向、边际进口倾向和边际税率如何影响乘数？
3. 自发支出的波动如何影响实际 GDP？如果自发支出减少了，那么经济会进入经济周期的哪个阶段？

myeconlab **Study Plan 28.3**

乘数与价格水平

我们已经探讨了在极短时间内在价格水平固定时支出的调整。在这一时间框架内，因投资和出口变动所引起的经济波动，并不像迈克尔·布隆伯格乘坐的汽车中的减震器那样起到平滑作用。相反，经济的波动像埃里卡·巴杜的声音一样被放大了。但是，这些结果仅仅当价格水平固定时出现。现在，我们对足够长时间内价格水平变动时的情况进行探讨。

数量与价格的调整

当企业不能赶上销售并且存货低于其目标水平时，它们会增加生产，但是，有时会导致价格上升。同样地，当企业发现非计划存货增加时，它们会减少生产，最终会降价。到目前为止，我们在研究企业销售情况变化时，企业调整生产水平对宏观经济的影响，并没有考虑到价格变动的影响。当单个企业调整价格时，经济的价格水平也会变动。

为了研究实际 GDP 与价格水平的同时决定问题，我们利用*总供给—总需求模型*（在第 27 章解释过）。但要了解总需求是怎样调整的，我们需要探讨总供给—总需求模型与本章所用的均衡支出模型之间的联系。了解这两个模型之间关系的关键，是*总支出*与*总需求*的区别，以及与此相关的*总支出曲线*与*总需求曲线*的区别。

总支出与总需求

总支出曲线表示，在影响计划总支出的其他因素不变的情况下计划总支出与实际 GDP 的关系。总需求曲线表示，在影响总需求的其他因素不变的情况下总需求量与价格水平的关系。接下来，我们来探讨一下这两种关系之间的联系。

总需求曲线的推导

当价格水平变动时，计划总支出会变动，实际 GDP 的需求量也会变动。总需求曲线是向下倾斜的。为什么？有两个主要原因：

- 财富效应
- 替代效应

财富效应 在其他条件不变时，价格水平越高，财富的购买力就越低。例如，假定你在银行里的存款是 100 美元，价格水平是 105。如果价格水平上升到 125，那么你的 100 美元购买的产品与服务数量就减少了。你就没有以前那么富裕了。由于财富减少，你可能会少花钱，多储蓄。在其他条件不变时，价格水平越高，计划总支出就越低。

替代效应 在预期的未来价格水平固定时，目前价格水平的上升使得现在的产品与服务相对于未来的产品与服务而言更昂贵了，因此，会导致延后购买——时际替代。在其他条件不变的情况下，美国价格水平的上升，使得美国生产的产品与服务相对于国外生产的产品与服务更贵了。其结果是，美国的进口增加，出口减少——国际替代。

当价格水平上升时，这两种效应都会减少各种实际 GDP 水平下的计划总支出。因此，当价格水平上升时，总支出曲线向下移动。当价格水平下降时，总支出曲线向上移动。

图 28.10（a）表示 AE 曲线的移动。当价格水平是 115 时，总支出曲线是 AE_0，与 45°线相交于 B 点。均衡支出是 12 万亿美元。如果价格水平上升到 135，那么总支出曲线就会向下移动至 AE_1，与 45°线相交于 A 点。均衡支出下降到 11 万亿美元。如果价格水平下降到 95，那么总支出曲线就会向上移动至 AE_2，与 45°线的交点是 C 点。均衡支出增加到 13 万亿美元。

我们刚才已经看到，在其他条件不变时，当价格水平变动时，总支出曲线移动，均衡支出会变动。但是，在其他条件不变时，当价格水平变动时，总需求量会沿着总需求曲线移动。

图 28.10（b）表示沿着总需求曲线的移动。当价格水平为 115 时，总需求量是 12 万亿美元——AD 曲线上的 B 点。如果价格水平上升到 135，那么总需求量就减少到了 11 万亿美元。沿着总需求曲线向上移动到了 A 点。如果价格水平降低到 95，那么总需求量就增加到了 13 万亿美元。沿着总需求曲线向下移动到了 C 点。

总需求曲线上的各点都对应着均衡支出上的点。图 28.10（a）中均衡支出点 A、B、C 对应着图 28.10（b）中总需求曲线上的 A、B、C 点。

总支出的变动与总需求的变动

当价格水平以外的任何一种因素变动时，总支出曲线

图 28.10 均衡支出与总需求

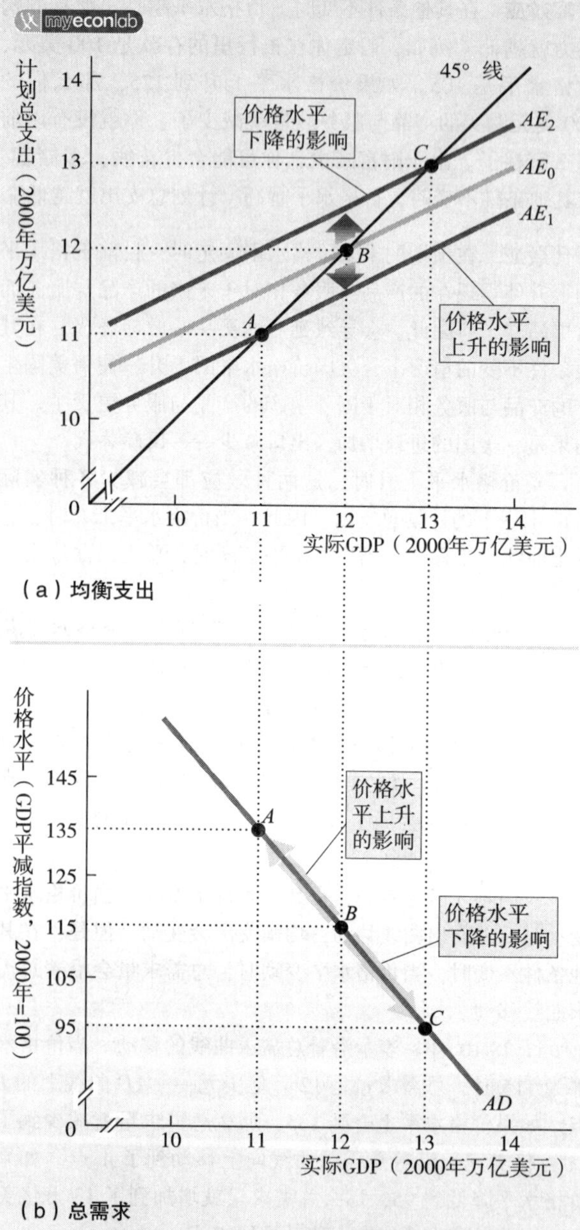

价格水平的变动导致了 AE 曲线的移动和沿着 AD 曲线的移动。当价格水平为 115 时，总支出曲线是 AE_0，均衡点为图中的 B 点，均衡支出是 12 万亿美元。当价格水平上升到 135 时，总支出曲线是 AE_1，均衡点为图中的 A 点，均衡支出是 11 万亿美元。当价格水平下降到 95 时，总支出曲线是 AE_2，均衡点为图中的 C 点，均衡支出是 13 万亿美元。（b）幅中总需求曲线上的 A、B、C 三点分别对应于（a）幅中的 A、B、C 三个均衡支出点。

和总需求曲线都会移动。例如，投资或出口的增加既使计划总支出增加，又使总需求增加，AE 曲线和 AD 曲线都会移动。图 28.11 说明了这种增加的影响。

起初，总支出曲线是（a）幅中的 AE_0，总需求曲线是（b）幅中的 AD_0。当价格水平为 115 时，实际 GDP 是 12 万亿美元，在图 28.11 中的两幅图中经济都处于 A 点。现在假定投资增加了 1 万亿美元。在价格水平为 115 且固定不变时，总支出曲线向上移动至 AE_1。该曲线与 45°线的交点处，均衡支出是 14 万亿美元（B 点处）。14 万亿美元的均衡支出是价格水平为 115 时的总需求量，如（b）幅中的 B 点所示。B 点位于一条新总需求曲线上。总需求曲线向右移至 AD_1。

但是，我们怎么知道 AD 曲线移动了多少呢？乘数决定了这一答案。乘数越大，一定的自发支出变化量引起总需求曲线的移动距离就越大。在本例中，乘数是 2。1 万亿美元的投资增加导致各种价格水平下的总需求量增加了 2 万亿美元。也就是说，自发支出 1 万亿美元的增加量导致总需求曲线向右移动 2 万亿美元的距离。

自发支出的减少导致总支出曲线向下移动，总需求曲线向左移动。你会看到，这些影响与我们上述的变动方向正好相反。如果起初经济位于总支出曲线 AE_1 和总需求曲线上的 B 点，自发支出的减少使得总支出曲线向下移动至 AE_0。总需求量从 14 万亿美元减少到 12 万亿美元，总需求曲线向左移动至 AD_0。

我们来总结一下刚才所发现的规律：

> 如果价格水平以外的其他某种因素变动增加了自发支出，那么，AE 曲线向上移动，AD 曲线向右移动。AD 曲线移动的距离等于自发支出的变动量与乘数的乘积。

均衡的实际 GDP 与价格水平

在第 27 章中，我们已经知道，总需求与短期总供给决定了均衡的实际 GDP 和价格水平。现在，我们对总需求进行深入分析，并已发现投资（或自发支出的任何组成部分）变动导致总需求变动，从而使总需求曲线移动。移动的多少取决于乘数大小。但是，究竟是自发支出的变动最终导致了实际 GDP 的变动和价格水平的变动，还是后二者共同取决于总供给。可以从短期和长期两种时间框架来考虑。首先，我们看看在短期内会发生什么。

短期内总需求增加 图 28.12 描述了这种经济状况。起

图 28.11　总需求的变动

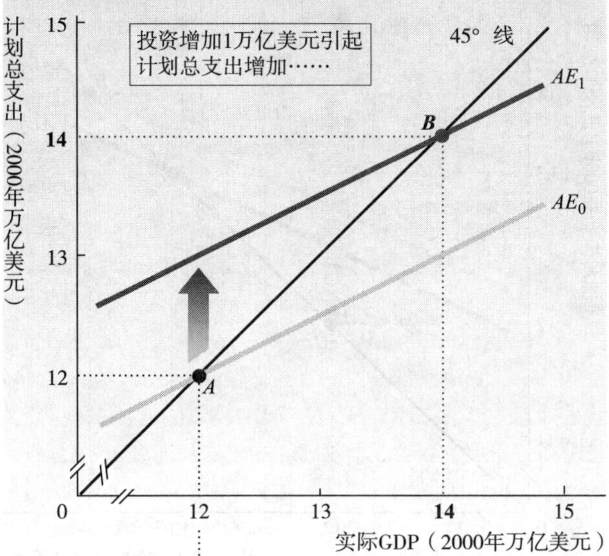

（a）总支出

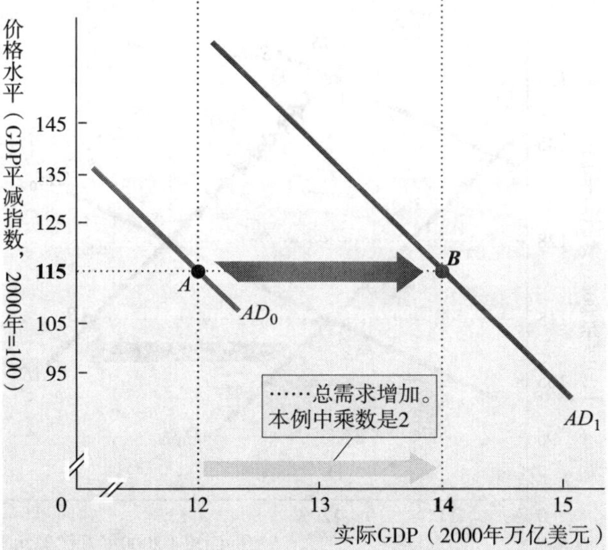

（b）总需求

价格水平是 115。当总支出曲线是 AE_0 时（a 幅），总需求曲线是 AD_0（b 幅）。自发支出的增加导致总支出曲线向上移动至 AE_1。在达到新均衡时，实际 GDP 是 14 万亿美元（B 点）。因为价格水平为 115 时实际 GDP 的需求量增加到了 14 万亿美元，所以总需求曲线向右移动至 AD_1。

图 28.12　短期中的乘数

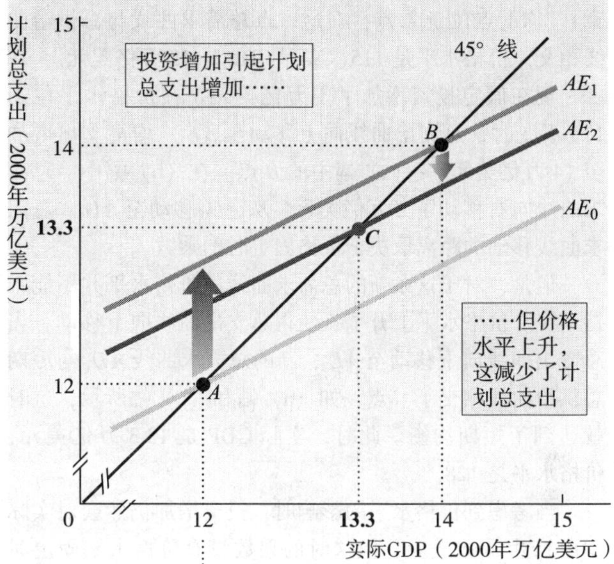

（a）总支出

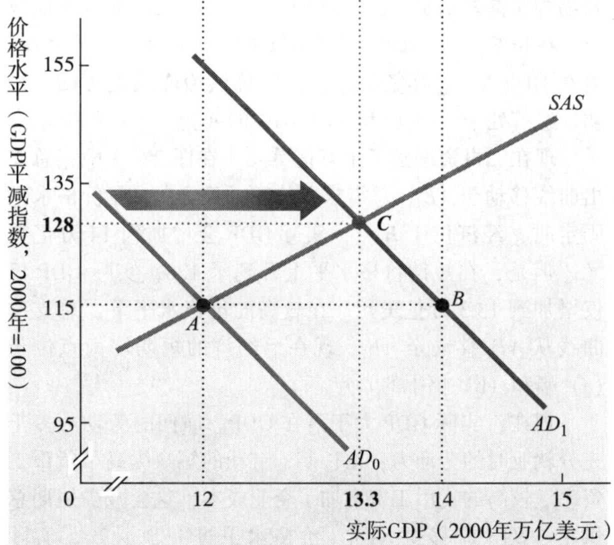

（b）总需求

投资增加导致总支出曲线由 AE_0 移动至 AE_1，总需求曲线由 AD_0 移动至 AD_1。价格水平上升，较高的价格水平使得总支出曲线由 AE_1 下移至 AE_2，在两幅图中，经济都移动到了 C 点。在短期，由于价格是变动的，乘数效应比价格固定时要小。

初，如(a) 幅所示，总支出曲线是AE_0，均衡支出是 12 万亿美元——A 点处。在 (b) 幅中，总需求曲线是AD_0，供给曲线是 SAS（对于 SAS 曲线的解释，请参看第 27 章）。均衡点位于 A 点，在这一点总需求曲线与总供给曲线相交。价格水平是 115，实际 GDP 是 12 万亿美元。

现在假定投资增加了 1 万亿美元。在价格水平位于 115 不变时，总支出曲线向上移动至AE_1。均衡支出增加至 14 万亿美元——(a) 幅中的 B 点。在 (b) 幅中，总需求曲线向右移动了 2 万亿美元，从AD_0移动至AD_1。总需求曲线移动的距离取决于价格固定时的乘数。

但是，对于这条新的总需求曲线，价格水平并不能维持不变。价格水平上升了，使得总支出曲线向下移动。当总支出曲线向下移动至AE_2，新的总需求曲线AD_1与短期总供给曲线相交于 C 点，如 (a) 幅和 (b) 幅所示，这时就达到了短期均衡。此时，实际 GDP 是 13.3 万亿美元，价格水平是 128。

当考虑到价格水平的影响时，投资增加仍然会对实际 GDP 产生乘数效应，但这时的乘数没有价格水平固定时的大。短期总供给曲线越陡峭，价格水平上升越大，影响实际 GDP 的乘数就越小。

长期内总需求增加 图 28.13 说明了总需求增加的长期效应。在长期，实际 GDP 等于潜在 GDP，存在着充分就业。潜在 GDP 是 12 万亿美元，长期总供给曲线是 LAS。最初，经济处于 (a) 幅和 (b) 幅中的 A 点。

现在，投资增加了 1 万亿美元。在图 28.13 中，总支出曲线移动至AE_1，总需求曲线移动至AD_1。在价格水平固定时，经济位于 B 点，实际 GDP 会增加到 14 万亿美元。但是，在短期价格水平上升到了 128，实际 GDP 仅仅增加到 13.3 万亿美元。在较高的价格水平下，总支出曲线从AE_1移动至AE_2。现在，经济的短期均衡点位于 (a) 幅和 (b) 幅中的 C 点。

现在，实际 GDP 大于潜在 GDP。雇佣的劳动力多于充分就业时的劳动力，在长期，劳动的短缺提高了货币工资率。较高的货币工资增加了企业成本，这会减少短期总供给，SAS 左移至SAS_1。价格水平进一步上升，实际 GDP 减少了。存在着沿着AD_1曲线的移动，总支出曲线由AE_2向下移动至AE_0。当货币工资率与价格水平以相同的比例增加时，实际 GDP 又等于潜在 GDP，经济位于 A' 点。在长期，乘数是零。

图 28.13 长期中的乘数

myeconlab

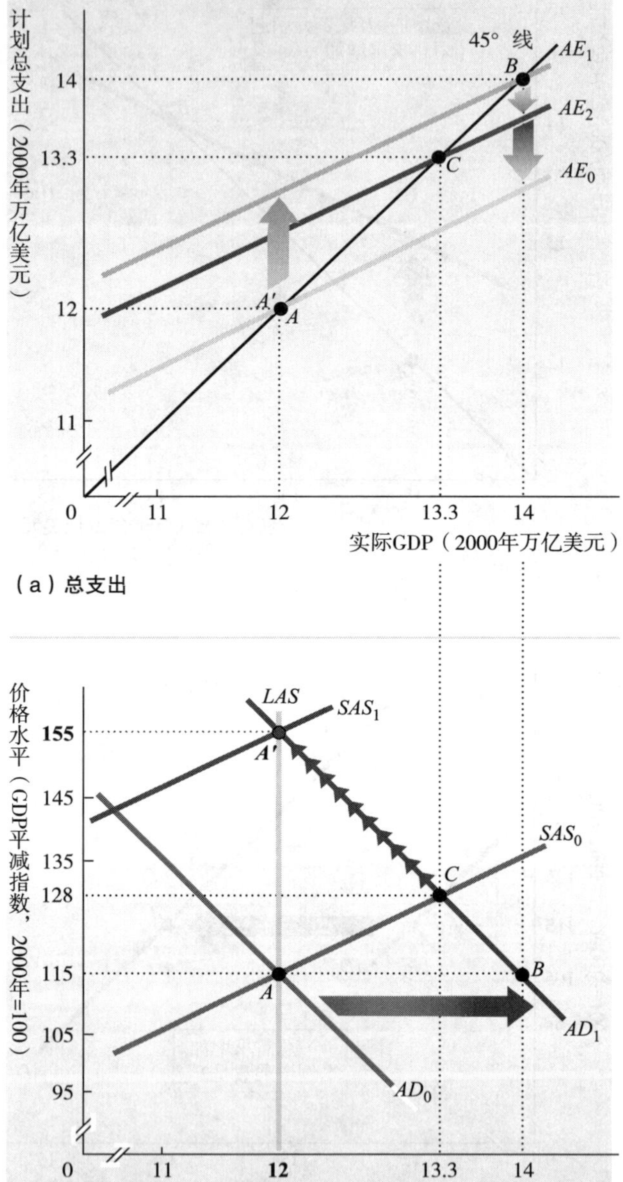

最初，经济位于 A 点，投资增加导致总支出曲线移动至AE_1，总需求曲线移动至AD_1。在短期，经济移动到 C 点。但在长期，货币工资率会提高，短期总供给曲线移动至SAS_1。随着价格水平的提高，总支出曲线会移动，回到AE_0，而经济回到 A'点。在长期，乘数是零。

复习测验

1. 价格水平的变动怎样影响 *AE* 曲线与 *AD* 曲线？
2. 如果在价格水平固定时自发支出增加，那么，*AE* 曲线和 *AD* 曲线会怎样变动？哪条曲线移动的距离是由乘数决定的？为什么？
3. 在短期，自发支出的增加怎样影响实际 GDP 的变动？实际 GDP 的变动量与总需求的变动量相同吗？为什么？
4. 在长期，自发支出的增加怎样影响实际 GDP 的变动？实际 GDP 的变动量与总需求的变动量相同吗？为什么？

myeconlab **Study Plan 28.4**

◆ 现在，你将要根据你学到的总支出波动的知识，研究经济周期以及财政政策、货币政策在平稳经济周期中的作用，同时保持价格稳定和经济持续增长。在第 29 章，我们学习美国经济周期与通货膨胀的知识。在第 30 章和第 31 章，我们要分别学习财政政策和货币政策。但在结束本章的主题之前，请浏览阅读材料中考查 2005 年美国经济的凯恩斯模型。

阅读材料：事例与分析

扩张期的存货

http://www.nytimes.com

季度数据表明经济反弹

2005 年 12 月 1 日

据美国商务部昨天报道，从 7 月到 9 月的这个季度，美国经济的年增长速度达到了 4.3%。这是面对飓风灾害和创记录的高能源成本，自去年第一季度有明显复苏迹象以来最高的增长速度……

“经济在上升，”位于科罗拉多州博尔德市经济研究机构 Action Economics 的首席经济学家麦克·英格伦说道，“许多人可能关心汽油价格，消费者遭受汽油涨价的打击，现在，汽油价格正在下降。”……

此外，美联储昨天在一份地区企业调查报告中说，零售商对节假日购物是乐观的。同时，该报告还指出，消费价格“保持稳定或适度的上涨”……

商务部还报道，按年计算并扣除通货膨胀的影响后，美国的 GDP 增加到了 11.2 万亿美元。如果不对通货膨胀的影响进行调整，经济会以 7.4%的年增长速度增长，美国的 GDP 会达到 12.6 万亿美元。

政府报告的个人消费支出价格指数（用来度量与消费者支出有关的价格）上升了 3.6%，而上个月报告这一指数上涨了 3.7%，第二季度这一指数是 3.3%。

企业存货正以每年 134 亿美元的速度下降，而曾经报道的下降速度是每年 166 亿美元。

消费支出约占经济的 70%，正以每年 4.2%的速度增加，估计 10 月份这一数据是 3.9%，第二季度这一数据是 3.4%。经济学家预期，消费支出会以每年 3.9%的速度增加。

事件的本质

- 在 2005 年第三季度，实际 GDP 增加到了 11.2 万亿美元(每年)，年增长速度为 4.3%。
- 实际消费支出的年增长速度是 4.2%。
- 消费品和服务价格以每年 3.6% 的速度上涨。
- 美联储报道，在价格稳定的情况下支出增加。
- 企业存货以每年 134 亿美元的速度下降。
- 一位经济学家说，“经济正处于上升期。”

经济分析

- 我们可以利用总支出模型来解释这篇新闻稿。
- 这篇文章报道，经济上升，企业存货已经减少。
- 存货减少对实际 GDP 的影响，取决于所减少的是计划存货还是非计划存货。
- 计划存货的降低减少了计划总支出，使得 *AE* 曲线向下移动，而且均衡支出减少。
- 非计划存货减少对 *AE* 曲线没有直接影响，但却意味着实际支出小于计划支出。
- 当实际支出小于计划支出时，实际 GDP 会更快地增长。
- 这篇新闻报道并没有（也不能）说明，所减少的存货是计划存货还是非计划存货。
- 但是，2005 年第三季度实际 GDP 的其他一些特征与非计划存货变动是一致的。
- 右图说明了原因。
- 在 2005 年第三季度（截至 2005 年 9 月 30 日的这一季度），实际 GDP 是 111 150 亿美元，与第二季度相比，增加了 1 130 亿美元（所有值都按 2000 年美元计算）。
- 在第三季度，企业存货减少了 130 亿美元。
- 但是，随着实际 GDP 的增加，企业的计划存货增加了。
- 根据存货与销售额比率，我们可以估算，2005 年第三季度计划存货投资为 110 亿美元。
- 如果这一估计是正确的，那么非计划存货减少了 240 亿美元——参见图 2。
- 计划总支出是 111 390 亿美元，比实际总支出多 240 亿美元——参见图1。
- 根据所假定的 *AE* 曲线的斜率，我们可以计算出均衡支出。
- 在图 1 中，*AE* 曲线的斜率是 0.457（这一值根据 *MPC* 为 0.9、边际税率为 0.27、边际进口倾向为 0.2 等假定数据计算得到）。
- 基于这些假定，均衡支出是 111 590 亿美元。
- 不管其准确数据是多少，均衡支出大于实际支出，实际GDP 的增长速度还在增加。
- 正如这篇新闻稿中所描述的那样，经济处于上升期。

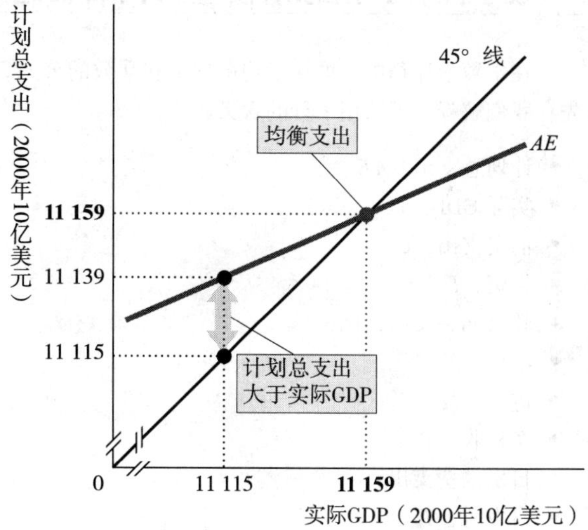

图1　均衡支出

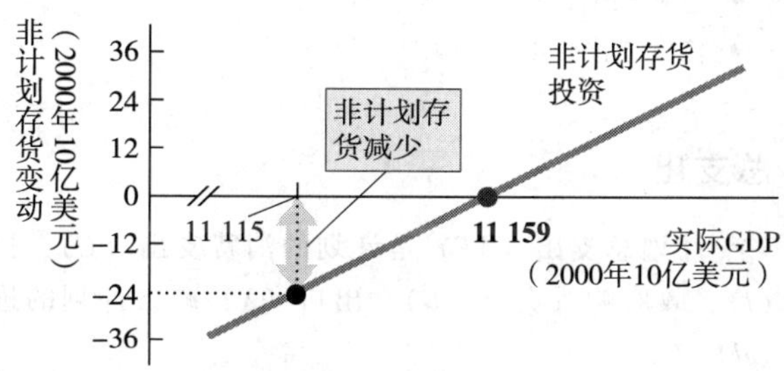

图2　非计划存货的变动

数学注释：凯恩斯模型的代数表述

在本数学注释中，推导了均衡支出和乘数的公式。首先，我们解释一下所用字母的含义。

- 计划总支出，AE
- 实际 GDP，Y
- 消费支出，C
- 投资，I
- 政府购买支出，G
- 出口，X
- 进口，M
- 净税收，T
- 自发消费支出，a
- 自发税，T_a
- 边际消费倾向，b
- 边际进口倾向，m
- 边际税率，t
- 自发支出，A

总支出

计划总支出（AE）是计划的消费支出（C）、投资（I）、政府购买支出（G）、出口（X）减去计划的进口（M）之和。

$$AE = C + I + G + X - M$$

消费函数 消费支出（C）取决于可支配收入（YD），我们可以把消费函数写成

$$C = a + bYD$$

可支配收入等于实际 GDP 减去净税收（$Y - T$）。所以，用（$Y-T$）代替 YD，则消费函数变成

$$C = a + b(Y - T)$$

净税收 T 等于自发税（不依赖于收入）T_a 加上引致税（随着收入的变化而变化）tY。所以，有：

$$T = T_a + tY$$

用上式代替消费函数中的 T。消费函数就变成

$$C = a - bT_a + b(1 - t)Y$$

上式表示，消费支出是实际 GDP 的函数。

进口函数 进口取决于实际 GDP，进口函数是

$$M = mY$$

总支出曲线 用消费函数和进口函数去代替 AE 方程中的 C 和 M。则有：

$$AE = a - bT_a + b(1 - t)Y + I + G + X - mY$$

把上式右边含有 Y 的项放在一起，便得到：

$$AE = (a - bT_a + I + G + X) + [b(1 - t) - m]Y$$

自发支出（A）是（$a - bT_a + I + G + X$），AE 曲线的斜率是 $[b(1 - t) - m]$。因此，正如图 1 所示，AE 曲线方程是：

$$AE = A + [b(1 - t) - m]Y$$

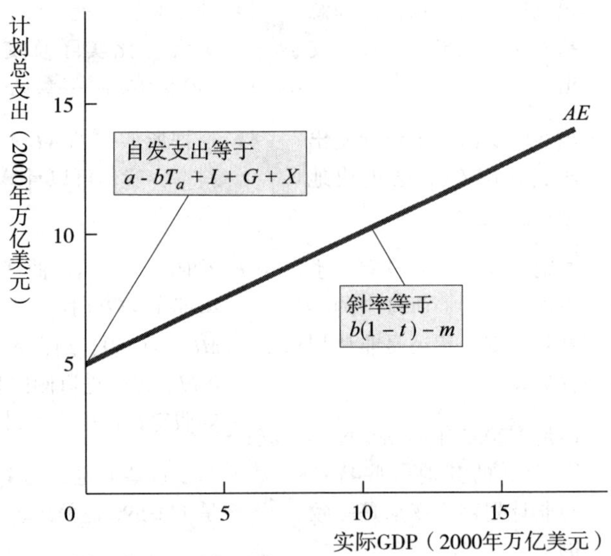

图1 总支出曲线

均衡支出

当计划总支出（AE）等于实际 GDP（Y）时，就实现了均衡支出。即：

$$AE = Y$$

在图 2 中，横轴（实际 GDP）与纵轴（计划总支出）的刻度都是相同的，所以，45°线表示该线上各点的计划

总支出等于实际 GDP。

图 2 表明，AE 曲线与 45°线的交点是均衡支出点。

为了计算均衡支出，求解 AE 曲线与 45°线中的两个未知量 AE 与 Y。先写出两个式子：

$$AE = A + [b(1-t)-m]Y$$
$$AE = Y$$

用 Y 代替 AE 方程中的 AE，得到：

$$Y = A + [b(1-t)-m]Y$$

解出 Y，有：

$$Y = \frac{1}{1-[b(1-t)-m]}A$$

乘　数

乘数等于自发支出（A）的变动所引起的均衡支出和实际 GDP 的变动量除以自发支出的变动量。

自发支出的变动量（ΔA）引起了均衡支出和实际 GDP 的变动量：

$$\Delta Y = \frac{1}{1-[b(1-t)-m]}\Delta A$$

$$\text{乘数} = \frac{1}{1-[b(1-t)-m]}$$

乘数的大小取决于 AE 曲线的斜率 $[b(1-t)-m]$。这一斜率越大，乘数就越大。因此，乘数越大：

- 边际消费倾向（b）越大
- 边际税率（t）越小
- 边际进口倾向（m）越小

在一个没有进口，也不征收所得税的经济中，有 $m=0$，$t=0$。在这种特殊情况下，乘数等于 $1/(1-b)$。如果 b 是 0.75，那么乘数就是 4，如图 3 所示。

在一个存在进口，也征收所得税的经济中，如果 $b=0.75$，$t=0.2$，$m=0.1$，那么乘数就等于 1 除以 $[1-0.75(1-0.2)+0.1]$，即等于 2。可以列举更多的例子说明 b、t 和 m 对乘数的影响。

政府购买支出乘数

政府购买支出乘数等于因政府购买支出变动所引起的均衡支出（Y）的变动量除以政府购买支出（G）的变动量。由于自发支出等于

$$A = a - bT_a + I + G + X$$

所以，自发支出的变动量等于政府购买支出的变动量。即：

$$\Delta A = \Delta G$$

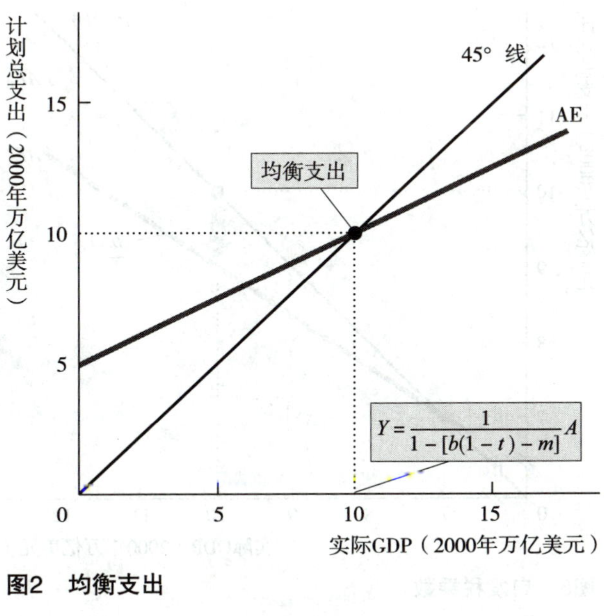

图2　均衡支出

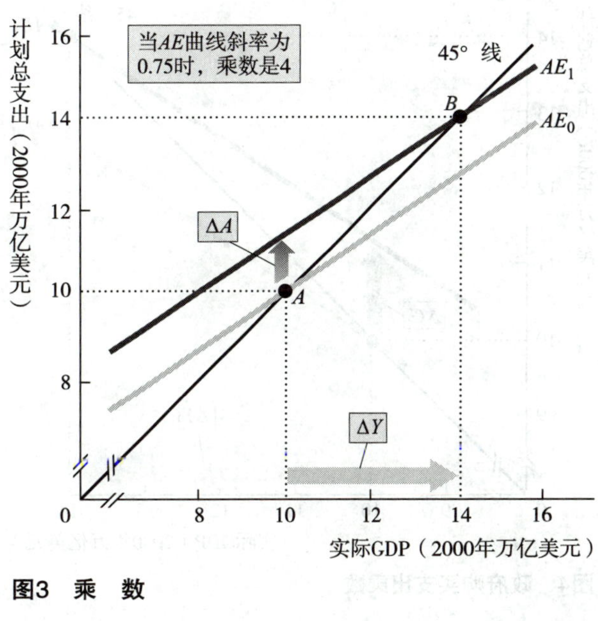

图3　乘　数

从均衡支出 Y 的解中，可以得出：

$$\Delta Y=\frac{1}{1-[b(1-t)-m]}\Delta G$$

政府购买支出乘数等于

$$Y=\frac{1}{1-[b(1-t)-m]}$$

在一个 $t=0$ 与 $m=0$ 的经济中，政府购买支出乘数等于 $1/(1-b)$。如果 b 是 0.75，那么政府购买支出乘数就是 4，如图 4 所示。还可以列举更多的例子并利用上面的公式来说明 b、t 和 m 对政府购买支出乘数的影响。

自发税乘数

自发税乘数等于因自发税（T_a）变动所引起的均衡支出（Y）的变动量除以自发税的变动量。因为自发支出等于

$$A=a-bT_a+I+G+X$$

所以，自发支出的变动量等于（$-b$）与自发税变动量的乘积。即：

$$\Delta A=-b\Delta T_a$$

从均衡支出 Y 的解中，你可以看出

$$\Delta Y=\frac{-b}{1-[b(1-t)-m]}\Delta T_a$$

自发税乘数等于

$$\frac{-b}{1-[b(1-t)-m]}$$

在一个 $t=0$ 与 $m=0$ 的经济中，自发税乘数等于 $-b/(1-b)$。如果 $b=0.75$，那么自发税乘数就是 -3，如图 5 所示。还可以列举更多的例子并利用上面的公式来说明 b、m 和 t 对自发税乘数的影响。

平衡预算乘数

平衡预算乘数等于政府购买支出与自发税同量变动所引起的均衡支出的变动量除以政府购买支出的变动量。因为政府购买支出与自发税的变动幅度相同，因此预算平衡并没有改变。

因政府购买支出变动引起的均衡支出的变动量是

$$\Delta Y=\frac{1}{1-[b(1-t)-m]}\Delta G$$

因自发税变动所引起的均衡支出的变动量是

$$\Delta Y=\frac{-b}{1-[b(1-t)-m]}\Delta T_a$$

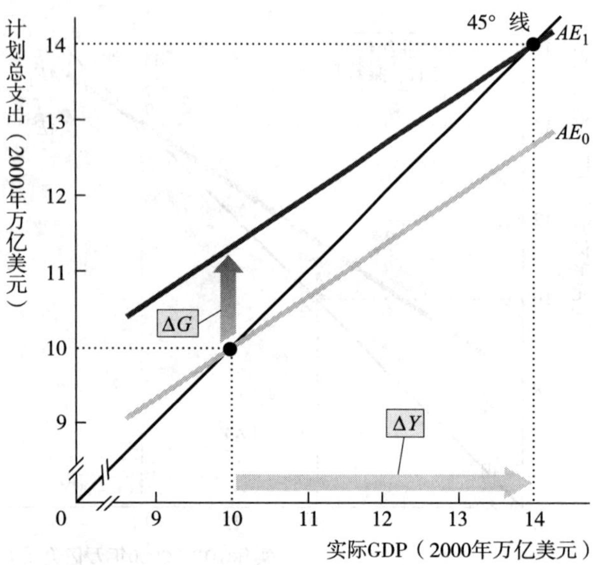

图4 政府购买支出乘数

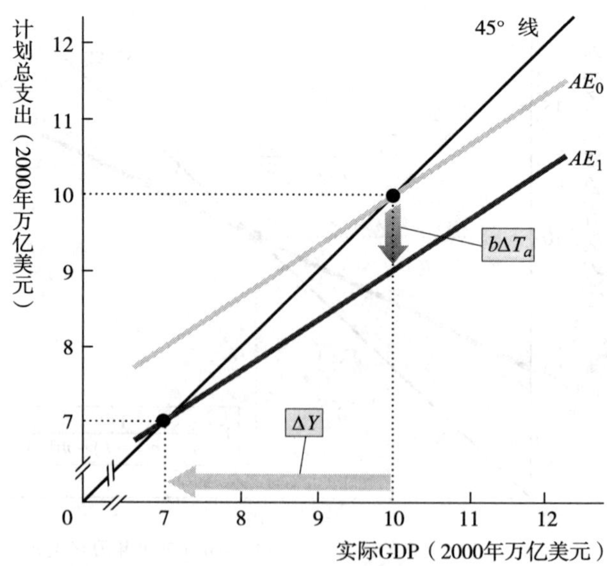

图5 自发税乘数

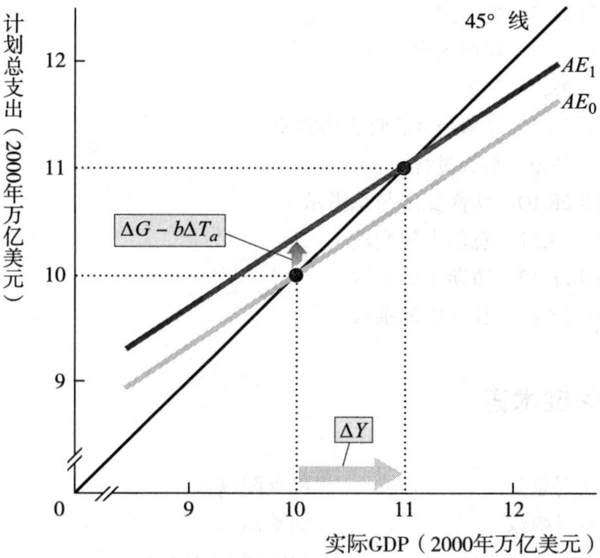

图6 平衡预算乘数

因此，因政府购买支出和自发税同时变动所引起的均衡支出的变动量是

$$\Delta Y = \frac{1}{1-[b(1-t)-m]}\Delta G + \frac{-b}{1-[b(1-t)-m]}\Delta T_a$$

在上式中，

$$\frac{1}{1-[b(1-t)-m]}$$

是等式右边两项的公因式。所以，可以把上面的等式写成

$$\Delta Y = \frac{1}{1-[b(1-t)-m]}(\Delta G - bT_a)$$

AE 曲线向上移动了 $\Delta G - b\Delta T_a$，如图 6 所示。

政府购买支出的变动等于自发税收的变动。即：

$$\Delta G = \Delta T_a$$

从而有：

$$\Delta Y = \frac{1-b}{1-[b(1-t)-m]}\Delta G$$

平衡预算乘数等于

$$\frac{1-b}{1-[b(1-t)-m]}$$

在一个 $t = 0$ 与 $m = 0$ 的经济中，平衡预算乘数是 $(1-b)/(1-b)$，即等于 1，如图 6 所示。还可以列举更多的例子并利用上面的公式来说明 b、m 和 t 如何影响预算平衡乘数。

内容提要

要 点

固定价格与支出计划

- 当价格水平固定时，支出计划决定实际 GDP。
- 消费支出由可支配收入决定，边际消费倾向（*MPC*）决定由可支配收入变动引起的消费支出的变动量。实际GDP 决定可支配收入。
- 进口由实际 GDP 决定，边际进口倾向决定由实际 GDP 变动引起的进口的变动量。

固定价格水平下的实际 GDP

- 计划总支出取决于实际 GDP。
- 当计划总支出等于实际总支出和实际 GDP 时，就实现了均衡支出。

乘 数

- 乘数是自发支出的变动对均衡支出和实际 GDP 变动的扩大效应。
- 乘数是由 *AE* 曲线的斜率决定的。
- *AE* 曲线的斜率受边际消费倾向、边际进口倾向和边际税率的影响。

乘数与价格水平

- 总需求曲线是指其他条件不变时，实际 GDP 的需求量与价格水平之间的关系。
- 总支出曲线是指其他条件不变时，计划总支出与实际 GDP之间的关系。
- 在一定的价格水平下，有一个给定的总支出曲线。价格水平的变动引起计划总支出发生变动，导致总支出曲线移动。价格水平的变动也会引起沿着总需求曲线的移动。
- 由非价格水平变动所引起的自发支出的变动，会导致总支出曲线的移动和总需求曲线的移动。总需求曲线移动的距离取决于乘数的大小和自发支出的变动量。
- 乘数随价格水平的变化而减少，长期内乘数为零。

关键图表

图 28.1 消费函数与储蓄函数
图 28.2 边际消费倾向与边际储蓄倾向
图 28.5 总支出
图 28.6 均衡支出
图 28.7 乘数
图 28.8 乘数与 *AE* 曲线的斜率
图 28.9 乘数过程
图 28.10 均衡支出与总需求
图 28.11 总需求的变动
图 28.12 短期中的乘数
图 28.13 长期中的乘数

关键术语

计划总支出
可支配收入
消费函数
储蓄函数
边际消费倾向
边际储蓄倾向
边际进口倾向
引致支出
自发支出
均衡支出
乘 数

习 题

1. 提供给你英国经济的如下数据。

可支配收入	消费支出
（10 亿英镑/年）	
300	340
400	420
500	500
600	580
700	660

a. 计算边际消费倾向。
b. 计算各种可支配收入水平下的储蓄。
c. 计算边际储蓄倾向。

2. 提供给你澳大利亚经济的如下数据。

可支配收入	储 蓄
（10 亿美元/年）	
0	–5
100	20
200	45
300	70
400	95

a. 计算边际储蓄倾向。

b. 计算各种可支配收入水平下的消费支出。

c. 计算边际消费倾向。

3. 下图给出了海龟岛计划总支出的各个组成部分。

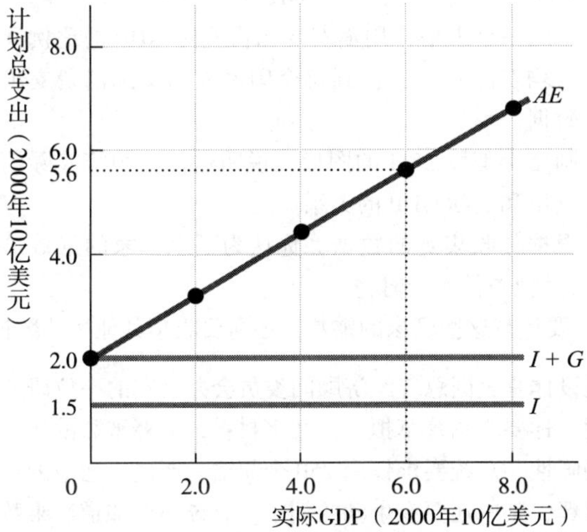

海龟岛没有进口或出口，其居民也不用支付所得税，且价格水平是固定的。

a. 计算自发支出。

b. 计算边际消费倾向。

c. 当实际 GDP 为 60 亿美元时，计划总支出是多少？

d. 当实际 GDP 为 40 亿美元时，存货如何变化？

e. 当实际 GDP 为 60 亿美元时，存货如何变化？

f. 计算乘数。

4. 下表给出了英国计划总支出的各组成部分。数据的单位是 10 亿英镑。

	A	B	C	D	E	F	G
1		*Y*	*C*	*I*	*G*	*X*	*M*
2	*A*	100	110	50	60	60	15
3	*B*	200	170	50	60	60	30
4	*C*	300	230	50	60	60	45
5	*D*	400	290	50	60	60	60
6	*E*	500	350	50	60	60	75
7	*F*	600	410	50	60	60	90

a. 计算自发支出。

b. 计算边际消费倾向。

c. 当实际 GDP 为 2 000 亿英镑时，计划总支出是多少？

d. 如果实际 GDP 是 2 000 亿英镑，那么存货会怎样变化？

e. 如果实际 GDP 是 5 000 英亿镑，那么存货会怎样变化？

f. 计算乘数。

5. 给你加拿大经济的有关数据：自发消费支出为 500 亿美元，投资为 2 000 亿美元，政府购买支出为 2 500 亿美元。边际消费倾向是 0.7，净税收是 2 500 亿美元——假定净税收是一个常数，不随收入的变动而变动。出口是 5 000 亿美元，进口是 4 500 亿美元。

a. 消费函数是什么？

b. *AE* 曲线的方程是什么？

c. 计算均衡支出。

d. 如果投资减少到 1 500 亿美元，均衡支出的变动量是多少？

e. 描述（d）中经济移动到新均衡支出的过程。

f. 计算乘数。

6. 假定经济处于充分就业状态，价格水平是 100，投资乘数是 2。投资增加了 1 000 亿美元。

a. 均衡支出的变动量是多少？

b. 实际 GDP 需求量的直接变动量是多少？

c. 在短期，实际 GDP 的增加量是大于、小于还是等于（b）中实际 GDP 需求量的增加量？

d. 在短期，价格水平会保持在 100 的水平吗？请说明原因。

e. 在长期，实际 GDP 的增加量是大于、小于还是等于（b）中实际 GDP 需求量的增加量？

f. 解释在长期价格水平如何变化。

g. 比较短期的投资乘数与长期的投资乘数。

批判性思考

1. 学习了阅读材料后，回答下面的问题：

a. 如果 2005 年存货的变动是计划投资的一部分，它们在导致 *AE* 曲线移动和均衡支出变动中发挥了怎样的作用？利用类似于经济分析中的图形来回答这一问题。

b. 如果 2005 年存货的变动是非计划投资的一部分，它们在导致 *AE* 曲线移动和均衡支出变动中发挥了怎样的作用？利用类似于经济分析中的图形来回答这一问题。

c. 你认为 2006 年的实际 GDP、总支出和存货投资会发生怎样的变化？ 从新闻材料中，你能得到什么启示？

d. 企业存货的减少是扩张的原因还是结果？

2. **美国经济仍在快速增长**

……经济学家们说，全球经济的强劲增长正推动着美国的出口大幅增加。上周，国际货币基金组织预测，今年世界经济的增长率将高达 4.9%，高于 2005 年 4.8%的水平。

《纽约时报》，2006 年 4 月 28 日

a. 美国出口的增加是导致计划总支出沿着 *AE* 曲线变动还是 *AE* 曲线移动？

b. 假定美国的出口在 2006 年增加了 1 200 亿美元，并且乘数是 1.5。如果其他条件相同，那么，实际 GDP 会增加多少？

c. 假定美国的出口在 2006 年增加了 1 200 亿美元，并且进口也增加了同样的数量。美国经济中还会有乘数效应吗？

d. 假定美国经济在 2006 年处于充分就业时，其出口增加了 1 200 亿美元。美国经济中还会有乘数效应吗？

e. 假定美国经济在 2006 年处于高于充分就业状态，其出口增加了 1 200 亿美元。在这种情况下，总支出、总需求、实际 GDP 和价格水平会怎样变化？

网上活动

1. 收集 1960 年以来美国、中国、南非和墨西哥的人均实际 GDP、消费支出占实际 GDP 的比例这两组数据。

   a. 制成一个表格，用消费支出占实际 GDP 的比例乘以人均实际 GDP，得到每个国家人均实际消费支出的数据。

   b. 画出类似图 28.4 的图形，说明这四个国家实际消费支出和实际 GDP 的关系。

   c. 根据你收集到的数据，你认为哪个国家的乘数最大(其他条件不变时)？

   d. 要计算这些国家的乘数，还需要收集其他哪些数据？

2. 假设你是美国总统经济顾问委员会办公室的一位研究助理。你要为总统草拟一份文字材料，解释乘数的作用与局限性。总统要求仅用 250 个简洁、明确、通俗的字来解释，其中还要有生动的例子。总统还想知道，乘数与目前美国的政策是否有关联，并说明原因。

第29章

美国的通货膨胀、失业和经济周期

通货膨胀加上失业等于痛苦！

回到20世纪70年代，当通货膨胀以两位数在猖獗时，经济学家阿瑟·奥肯提出他所称的痛苦指数。他提出“痛苦”可以通过把通货膨胀率与失业率相加而衡量。在1980年，痛苦指数达到峰值21。2006年痛苦指数只为9。而最低点是发生在1964年，1999年又出现一次，均为6。

通货膨胀和失业使我们痛苦是有充分理由的。我们关注通货膨胀是因为它提高了我们的生活成本。而我们关注失业是因为它或者直接影响我们并夺走我们的工作，或者使我们陷入担心可能会失去工作的恐慌。

我们想要收入快速增长、低失业和低通货膨胀。但我们能同时拥有这些吗？或者我们要面临在它们之中进行权衡吗？

◆本章应用你在第27章学过的总供给—总需求模型解释我们经济中出现的不同的通货膨胀和产出类型。本章还将看一个相关的模型——菲利普斯曲线，并说明通货膨胀和失业之间短期权衡的关系。随后本章运用第23章的古典模型，解释经济周期的波动如何由经济的正常运行引起，以及并不受成本推动因素或总需求波动的影响。

我们从研究演变中的美国经济开始。在本章末的阅读材料中，我们考查当一些人开始担心通货膨胀和经济衰退时的2006年的经济状况。

学习本章后，你将能：

- 描述演变中的美国经济的产出和通货膨胀类型
- 解释需求拉动和成本推动因素如何带来通货膨胀与产出的周期
- 解释通货膨胀和失业之间的短期与长期权衡
- 了解主流经济周期理论和实际经济周期理论如何解释产出和就业波动

美国经济的演变

实际 GDP 和价格水平在不断变化。让我们看看如何用第 27 章的总供给—总需求模型解释这些变化。

假设经济是一个视频，并把总供给—总需求图看做是可定格的。我们可以播放视频——播放即时重放——只要把我们的手指放在定格按扭就可以看以前重要的经济部分。让我们从 1960 年的视频开始播放。

图 29.1 显示经济在 1960 年位于总需求曲线 AD_{60} 和短期总供给曲线 SAS_{60} 的交点。实际 GDP 是 2.5 万亿美元并且 GDP 平减指数是 21。1960 年，实际 GDP 等于潜在 GDP——经济处于长期总供给曲线 LAS_{60} 上。

到了 2005 年，经济达到总需求曲线 AD_{05} 和短期总供给曲线 SAS_{05} 的交点。实际 GDP 是 11.1 万亿美元并且 GDP 平减指数是 112。美国国会预算办公室预测，2005 年的潜在 GDP 为 11.3 万亿美元，因此，均衡状态下的实际 GDP 少于位于 LAS_{05} 上的潜在 GDP。

图 29.1 中由深灰色和浅灰色的点描绘的轨迹表明了三个关键特征：

- 经济增长
- 通货膨胀
- 经济周期

经济增长

在过去的这些年，实际 GDP 增加——如图 29.1 所示点的向右移动。实际 GDP 增加越快，连续点之间的水平距离越大。促使经济增长的因素正是我们在第 24 章探讨的增加潜在 GDP 的因素。潜在 GDP 的增加是因为劳动数量的上升，以及资本积累（实物资本和人力资本）和技术变革引起劳动生产率的提高。

促使经济增长的这些因素在 20 世纪 60 年代最为强劲，在 20 世纪 90 年代又得到加强。但在 20 世纪 70 年代、80 年代初期和 21 世纪初期经济增长都较缓慢。

通货膨胀

在过去的这些年，价格水平上升——如图 29.1 所示点的向上移动。价格水平上升越大，在图中连续点之间的垂直距离越大。引起价格持续上升的主要因素是总需求增加的速度快于潜在 GDP 增长的趋势。所有使总需求增加并且使总需求曲线移动的因素都会影响通货膨胀的速度。但有一个因素——货币量的增加——是总需求持续增加和持续通货膨胀的主要来源。

经济周期

在过去的这些年，经济周期性的增长和衰退——如图 29.1 所示点构成的波浪型图案，其中衰退时期更突出。周期的产生是因为短期总供给的扩张和总需求的增加没有形成一个固定且稳定的速度。

演变中的经济：1960~2005 年

从 1960~1967 年，实际 GDP 增长迅猛并且通货膨胀较低。这是一段潜在 GDP 快速增加而且总需求适度增长的时期。20 世纪 60 年代末通货膨胀的速度加快。

20 世纪 70 年代中期，一系列石油价格的大幅度上升减少了短期总供给，并且快速增加的货币量增加了总需求。短期总供给的减少大于总需求的增加，结果导致快速通货膨胀和衰退的综合——滞胀。

20 世纪 70 年代后期经历了高通货膨胀——价格水平快速上升——但实际 GDP 增加缓慢。到 1980 年，通货膨胀成为一个主要问题，而美联储决定采取严厉行动。美联储把利率提高到前所未有的水平并降低总需求。到 1982 年，总需求下降使经济陷入极度衰退。

1983~1990 年期间，资本积累和稳步的技术变革都使得潜在 GDP 持续增加。工资上涨适中，石油价格下跌并且短期总供给增加。总需求增加和潜在 GDP 增加保持同步。总供给和总需求持续而稳定的增加使实际 GDP 一直增长并且通货膨胀保持稳定。经济从 1982 年的衰退中转变为 1990 年的高于充分就业。

总需求的减少导致了 1991 年经济的衰退。经济再次开始扩张的路线直到 2001 年。从 20 世纪 90 年代后期到 2000 年，扩张使实际 GDP 增加到超过潜在 GDP 的水平，并使就业高于充分就业。接着在 2000 年末和 2001 年初，总需求减少，另一轮衰退开始。这轮衰退适度，随后是缓慢的复苏。到 2005 年，虽然实际 GDP 增加，但仍低于潜在 GDP。

你已经看到 *AS-AD* 模型如何描述引起经济增长、通货膨胀和经济周期并使实际 GDP 和价格水平变动的因素。现在我们将继续用该模型去更进一步探讨通货膨胀和实际

图 29.1　经济增长、通货膨胀和经济周期：1960~2005 年

myeconlab

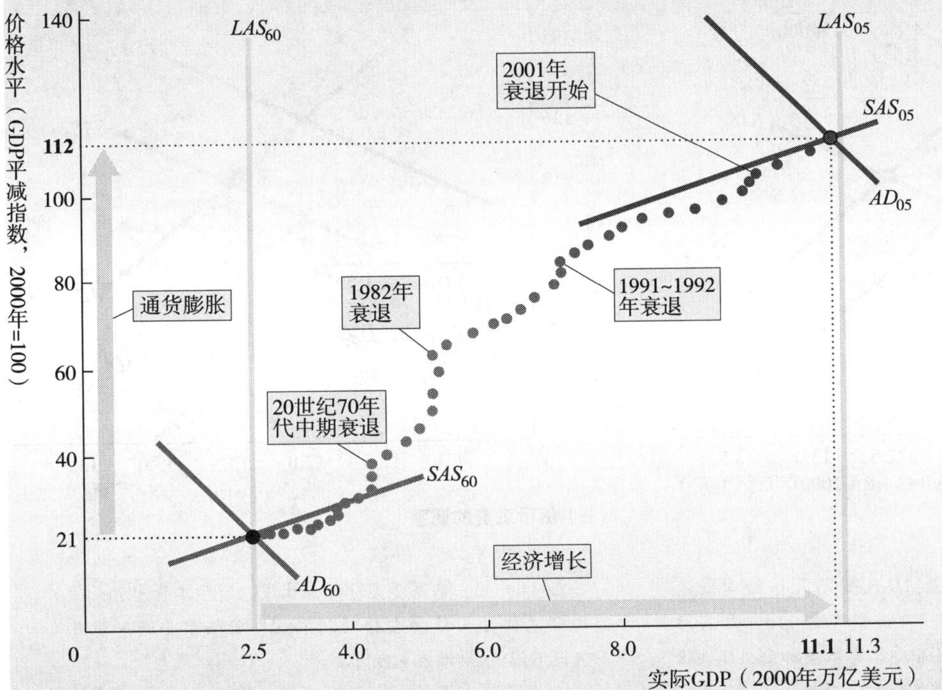

每一点代表特定一年的价格水平和实际 GDP。1960 年，总需求曲线 AD_{60} 和短期总供给曲线 SAS_{60} 决定了这些变量。每一点是由 *AD* 曲线和 *SAS* 曲线的逐步移动决定的。到 2005 年，曲线分别是 AD_{05} 和 SAS_{05}。

在 20 世纪 60 年代实际 GDP 迅速增加而通货膨胀适中；1974~1975 年，实际 GDP 减少，并在 1982 年再次减少。20 世纪 70 年代通货膨胀率迅速上升，但在 1982 年的衰退后开始放缓。从 1982~1989 年，实际 GDP 增长强劲。衰退开始于 1991 年，而随后是进一步强劲且持续的扩张一直到 2001 年的衰退。2001 年后的复苏起初阶段较弱。

资料来源：Bureau of Economic Analysis and Congressional Budget Office.

GDP 的周期。接着我们将运用关注失业和通货膨胀之间权衡关系的相关模型（菲利普斯曲线）。但是 *AS–AD* 和菲利普斯曲线并不是经济学家用来研究周期的惟一模型。我们将通过考虑另一个拓展了古典模型并用一个统一框架解释周期和增长的实际经济周期理论来结束这一章。

复习测验

1. 自 1960 年起的哪个阶段，美国经济增长最快？自 1960 年起的哪个阶段，美国经济增长最慢？
2. 自 1960 年起的哪个阶段，美国通货膨胀上升最快？自 1960 年起的哪个阶段，美国通货膨胀上升最慢？
3. 美国在哪些年份发生衰退？

myeconlab **Study Plan 29.1**

通货膨胀周期

在长期中，通货膨胀是一种货币现象。它发生在货币量的增长快于潜在 GDP 之时。但在短期，许多因素能引起通货膨胀，并且实际 GDP 与价格水平会相互作用。为了研究这些相互的作用，我们区分一下通货膨胀的两个来源：

- 需求拉动型通货膨胀
- 成本推动型通货膨胀

需求拉动型通货膨胀

由于总需求增加而引起的通货膨胀被称为**需求拉动型**

图 29.2 需求拉动的价格水平上升

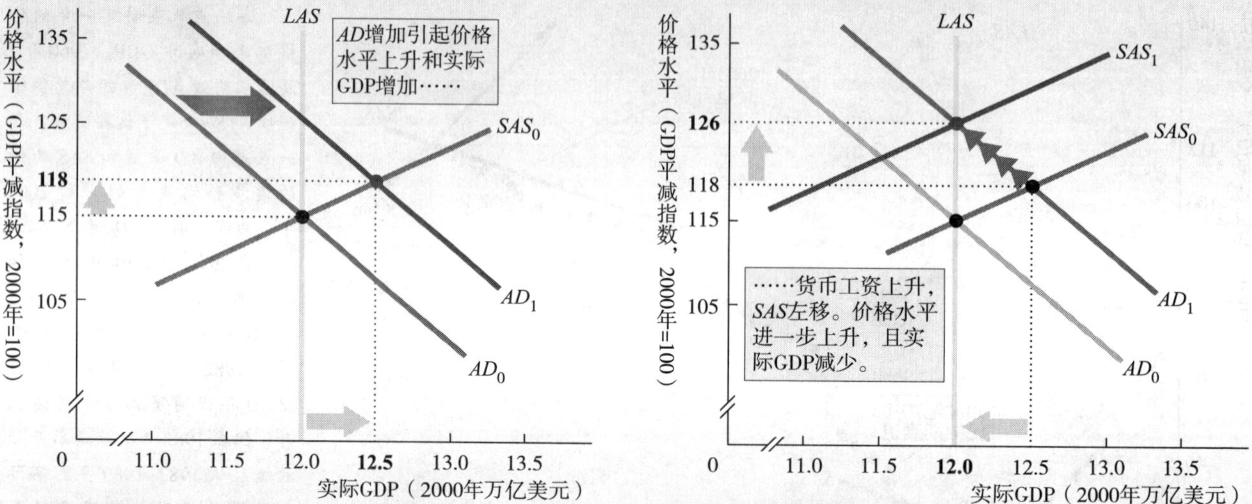

（a）最初的影响

（b）货币工资的调整

在（a）幅中，总需求曲线是 AD_0，短期总供给曲线是 SAS_0，且长期总供给曲线是 LAS。价格水平是 115，且实际 GDP 是 12 万亿美元，等于潜在 GDP。总需求增加到 AD_1，价格水平上升到 118，而实际 GDP 增加到 12.5 万亿美元。

在（b）幅，从高于充分就业出发，货币工资率开始上升，且短期总供给曲线向左移动到 SAS_1。价格水平进一步升高，而实际 GDP 回到潜在 GDP。

通货膨胀（demand-pull inflation）。需求拉动型通货膨胀可以由使总需求变动的任何一种因素引起，例如利率下降、货币量增加、政府支出增加、税收减少、出口增加，或由于预期未来利润增加而刺激投资的增加。

总需求增加的最初影响 假设去年价格水平是 115，且实际 GDP 是 12 万亿美元。潜在 GDP 也是 12 万亿美元。图 29.2（a）说明了这种情况。总需求曲线是 AD_0，短期总供给曲线是 SAS_0，且长期总供给曲线是 LAS。

现在假设美联储降低利率并增加货币量，总需求增加到 AD_1。在潜在 GDP 和货币工资率不变的情况下，长期总供给曲线和短期总供给曲线仍然分别是 LAS 和 SAS_0。

价格水平和实际 GDP 由总需求曲线 AD_1 和短期总供给曲线相交的点所决定。价格水平上升到 118，且实际 GDP 增加到潜在 GDP 之上，为 12.5 万亿美元。失业降到其自然率之下。经济处于高于充分就业的均衡，并存在通货膨胀缺口。事情的下一步就是货币工资率的上升。

货币工资率的反应 实际 GDP 不可能永远维持在潜在 GDP 之上。当失业率低于其自然率时，存在劳动短缺。在这种情况下，货币工资率开始上升。随着它的上升，短期总供给减少，SAS 曲线开始向左移动。价格水平进一步上升，且实际 GDP 开始减少。

在总需求没有进一步变动的时候——即总需求曲线仍是 AD_1——当短期总供给曲线移动到图 29.2（b）中的 SAS_1 时，该过程结束。此时，价格水平上升到 126，而实际 GDP 回到潜在 GDP 的 12 万亿美元，即它初始的水平。

需求拉动的通货膨胀的过程 我们刚刚描述的事件引起的是一次性的价格水平上升，而不是通货膨胀。因为随着通货膨胀的进行，总需求必须持续增加。

总需求能持续增加的惟一途径是货币量能持续增加。假使政府存在预算赤字，并通过出售债券为赤字筹资，假设美联储购买其中一部分债券。当美联储购买债券时，它创造了更多的货币。在这种情况下，总需求逐年增加。总需求曲线一直向右移动。总需求的持续增加给价格水平带来不断上升的压力。经济正在经历需求拉动型通货膨胀。

图 29.3 说明需求拉动型通货膨胀的过程。起始点与图 29.2 所示的一致。总需求曲线是 AD_0，短期总供给曲线是 SAS_0，且长期总供给曲线是 LAS。实际 GDP 是 12 万亿美元，且价格水平是 115。总需求增加，从而总需求曲线移动到 AD_1。实际 GDP 增加到 12.5 万亿美元，且价格水平上升到 118。经济处于高于充分就业的均衡。劳动出现短缺，且货币工资率上升。短期总供给曲线移动到 SAS_1。价格水平上升到 126，且实际 GDP 回到潜在 GDP 水平。

但美联储再次增加货币量，总需求则继续上升。总需求曲线向右移动到 AD_2。价格水平进一步上升到 130，而实际 GDP 又一次超过潜在 GDP，为 12.5 万亿美元。然而，货币工资率再一次上升，使短期总供给减少。SAS 曲线移动到 SAS_2，且价格水平进一步上升到 138。随着货币量的继续增加，总需求增加，且价格水平在持续需求拉动型通货膨胀的过程中上升。

图 29.3　需求拉动型通货膨胀的螺旋式上升

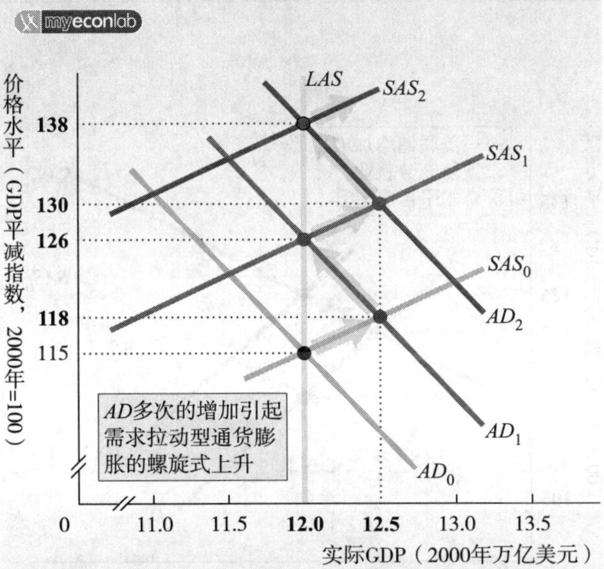

每次货币量增加，总需求增加且总需求曲线从 AD_0 向右移动到 AD_1 再移动到 AD_2，以此类推。每次实际 GDP 增加到高于潜在 GDP，货币工资率上升，且短期总供给曲线从 SAS_0 向左移动到 SAS_1 再移动到 SAS_2，以此类推。存在需求拉动型通货膨胀的螺旋式上升。实际 GDP 在 12 万亿美元和 12.5 万亿美元之间波动。

你刚刚研究的过程引起通货膨胀——持续物价上升的过程。

卡拉马祖的需求拉动型通货膨胀　通过考虑经济中的个别部分，你可以更好地理解我们刚刚描述的通货膨胀过程，比如卡拉马祖的一个汽水灌装厂。起初，当总需求增加，汽水需求增加，且汽水价格上升。面对更高的价格，汽水厂加班工作并增加产量。由于卡拉马祖地区的工厂给工人的待遇都很好，汽水厂发现很难留住最好的人。为了留住最好的，它提供更高的货币工资率。随着工资率的上升，汽水厂的成本也增加。

接下来发生什么取决于总需求。如果总需求保持不变，企业成本增加但汽水的价格没有成本那样快速地上升。因此，企业减少生产。最终，货币工资率和成本与汽水价格同比增加。实际上，汽水厂与其最初的情况一样。它生产的汽水量和雇佣的劳动量都与需求增加前一样。

但如果总需求继续增加，对汽水的需求也会增加，且汽水价格与工资同比上升。汽水厂继续在高于充分就业下经营，而劳动力存在持续短缺。价格和工资在需求拉动型通货膨胀的螺旋上升中相互追赶着上升。

美国的需求拉动型通货膨胀　你刚刚学过的需求拉动型通货膨胀发生在 20 世纪 60 年代末的美国。1960 年，通货膨胀是温和的一年，即 2%，但是到了 1966 年通货膨胀率就缓慢上升到 3%。随后，在 1967 年，政府用于越南战争的支出大幅增加，以及用于社会计划的支出增加和货币量增长率的提高，共同使总需求更快地增加。结果，总需求曲线向右的移动加快，并且价格水平加速上升。实际 GDP 移动到潜在 GDP 之上，而失业率下降到其自然率之下。

在失业低于其自然率，货币工资率开始更迅速的上升，而短期总供给曲线向左移动。美联储的反应是进一步提高货币量的增长率，需求拉动通货膨胀的螺旋式上升开始。到 1970 年，通货膨胀率达到一年 5%。

在以后的几年里，总需求增加得更加迅速，通货膨胀率持续上升。到 1974 年，通货膨胀率达到一年 11%。

接下来，让我们看看总供给的冲击是如何引起成本推动型通货膨胀的。

成本推动型通货膨胀

由于成本上升引起的通货膨胀被称为**成本推动型通货膨胀**（cost-push inflation）。成本上升的两个主要来源是：

1. 货币工资率的上升
2. 原料货币价格的上升

在一个既定的价格水平下，生产成本越高，企业愿意生产的量越少。因此，如果货币工资率上升，或者如果原料（例如石油）价格上升，企业则减少其产品与服务的供给。总供给减少，且短期总供给曲线向左移动。[1] 让我们追踪短期总供给减少对价格水平和实际 GDP 的影响。

总供给减少的最初影响 假设去年价格水平是 115，且实际 GDP 是 12 万亿美元。潜在 GDP 也是 12 万亿美元。图 29.4（a）说明了这种情况。总需求曲线是 AD_0，短期总供给曲线是 SAS_0，且长期总供给曲线是 LAS。今年，为了加强其市场力量并提高石油的相对价格，世界石油生产者形成了一个价格垄断组织。他们提高石油价格，该行为减少了短期总供给。短期总供给曲线向左移动到 SAS_1。价格水平上升到 122，并且实际 GDP 减少到 11.5 万亿美元。经济处于低于充分就业的均衡，且存在衰退性缺口。

这个事件是一次性价格水平上升。它不是通货膨胀。事实上，供给冲击本身并不能引起通货膨胀。一些事情必须发生才能使引起一次性价格水平上升的一次性供给冲击转变成一个持续通货膨胀的过程。货币量必须持久增加。而且，正如你现在将要看到的，货币量有时候确实会增加。

总需求的反应 当实际 GDP 减少时，失业上升到其自然率之上。在这种情况下，往往有关于恢复充分就业的行为的反对与支持的呼声。假设美联储降低利率并增加货币量，总需求增加。在图 29.4（b）中，总需求曲线向右移动到 AD_1，且恢复了充分就业。但价格水平进一步上升到 126。

[1] 某些成本推动因素，例如石油价格上升伴随着可获得石油的减少，减少长期总供给。我们这里将忽略这些影响，且考查只改变短期总供给的成本推动因素。在本章的后面，我们研究对长期总供给冲击的影响。

图 29.4 成本推动的价格水平上升

myeconlab

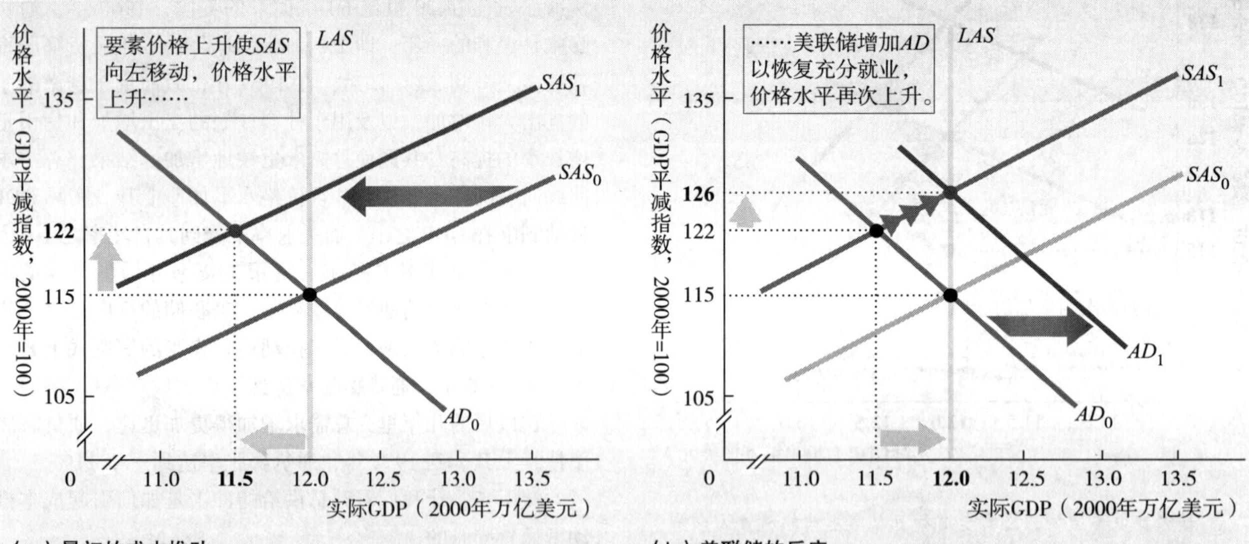

（a）最初的成本推动

（b）美联储的反应

起初，总需求曲线是 AD_0，短期总供给曲线是 SAS_0，而长期总供给曲线是 LAS。总供给的减少（例如，由于世界石油价格上升所引起）使短期总供给曲线移动到 SAS_1。经济移动到短期总供给曲线 SAS_1 与总需求曲线 AD_0 的交点。价格水平上升到 122，且实际 GDP 下降到 11.5 万亿美元。

在（b）幅中，如果美联储的反应是通过增加总需求恢复充分就业，总需求曲线向右移动到 AD_1。经济回到充分就业，但价格水平进一步上升到 126。

成本推动型通货膨胀过程　石油生产者现在看到他们购买的每一件东西的价格都在上升。因此，欧佩克再次提高石油价格以恢复相对高的新价格。图 29.5 继续用图说明了这一情况。短期总供给曲线现在移动到 SAS_2。价格水平上升，而实际 GDP 减少。

价格水平进一步上升至 134，且实际 GDP 减少至 11.5 万亿美元。失业增加到其自然率之上。如果美联储的反应是再增加货币量，总需求增加且总需求曲线移动到 AD_2。价格水平上升得更高——到 138——并且充分就业得到恢复。结果是成本推动通货膨胀的螺旋式上升。价格水平的上升与实际 GDP 的减少相结合被称为**滞胀**(stagflation)。

你可以看到美联储的两难境地。如果当欧佩克提高石油价格时，美联储不做出任何反应，经济维持在低于充分就业的水平。如果美联储为了恢复充分就业而增加货币量，它就引发了又一轮石油价格的上升，将引起货币供给进一步的增加。

图 29.5　成本推动型通货膨胀的螺旋式上升

myeconlab

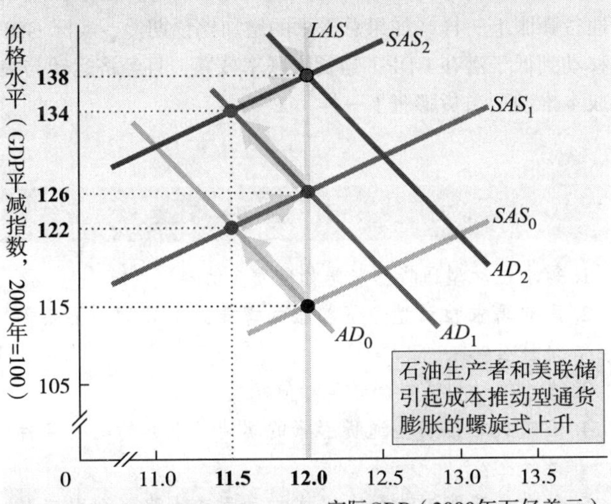

每次发生成本增加，短期总供给曲线从 SAS_0 向左移动到 SAS_1 再移动到 SAS_2，以此类推。每次实际 GDP 降低到潜在 GDP 之下，美联储增加货币量，总需求曲线从 AD_0 向右移动到 AD_1 再移动到 AD_2，以此类推。价格水平从 115 上升到 122、126、134、138，以此类推。存在成本推动型通货膨胀的螺旋式上升，实际 GDP 在 12 万亿美元和 11.5 万亿美元之间波动。

如果美联储对每次石油价格上升的反应都增加货币供给，通货膨胀将沿着欧佩克决定的比率肆虐。但如果美联储压制货币增长，经济仍处于低于充分就业的水平。

卡拉马祖的成本推动型通货膨胀　当经济正经历成本推动型通货膨胀时，卡拉马祖的汽水厂将发生什么？

当石油价格上升时，汽水成本也增加。这些更高的成本减少了汽水供给，提高了其价格并减少了生产产量。汽水厂解雇一些工人。

这种情况要一直持续到美联储增加总需求或石油价格下降为止。如果美联储增加总需求，汽水需求增加，其价格也上升。更高的汽水价格带来更高的利润，则汽水厂增加生产，并重新雇佣被解雇的工人。

美国的成本推动型通货膨胀　你刚刚学过的成本推动型通货膨胀发生在 20 世纪 70 年代的美国。它最初发生在 1974 年，石油输出国组织把石油的价格提高了 4 倍。更高的石油价格减少总供给，这又引起了价格水平更快上升以及实际 GDP 的减少。美联储面临两难处境：它是增加货币量并调节成本推动因素，还是通过限制货币增长来抑制总需求增加？在 1975 年、1976 年和 1977 年，美联储多次允许货币量迅速增加，且通货膨胀快速行进。在 1979 年和 1980 年，欧佩克又一次推动石油价格变得更高。在那时，美联储决定不再用增加货币量应对石油价格的上升。结果就是衰退，但最终通货膨胀下降。

预期的通货膨胀

如果通货膨胀可预期，伴随着你刚刚学过的需求拉动型和成本推动型通货膨胀，实际 GDP 不会发生波动。相反，通货膨胀会与长期的情况一样，即实际 GDP 等于潜在 GDP，失业等于其自然率。图 29.6 解释了原因。

假设去年总需求曲线是 AD_0，短期总供给曲线是 SAS_0，且长期总供给曲线是 LAS。价格水平是 115，且实际 GDP 为 12 万亿美元，也等于潜在 GDP。

为了使事情尽可能简化，假设潜在 GDP 不发生变动，因此 LAS 曲线不会移动。并假设总需求预期增加到 AD_1。

预期总需求增加，货币工资率上升且短期总供给曲线向左移动。如果货币工资率与预期价格水平同比上升，下一年的短期总供给曲线是 SAS_1。

如果总需求证明与预期相同，总需求曲线是 AD_1。短期总供给曲线是 SAS_1，它和 AD_1 共同决定了价格水平为

图 29.6 预期的通货膨胀

myeconlab

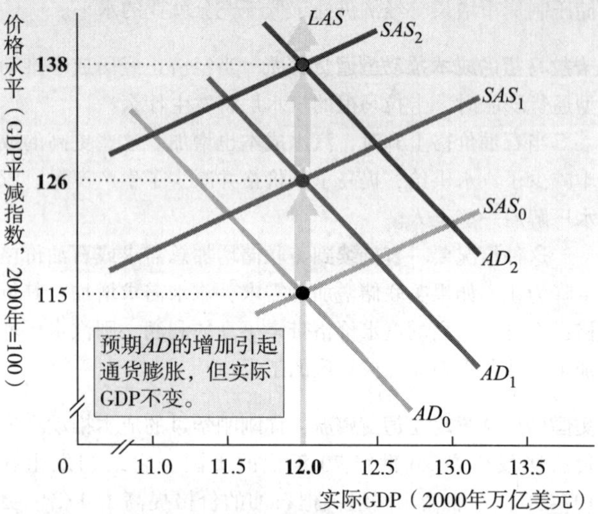

潜在 GDP 是 12 万亿美元。去年，总需求是 AD_0，短期总供给曲线是 SAS_0。实际价格水平与预期价格水平都是为 115。今年，总需求预期增加到 AD_1，而价格水平预期从 115 上升到 126。结果，货币工资率上升，且短期总供给曲线移动到 SAS_1。如果总需求如预期实际增加，实际总需求曲线 AD_1 与预期的总需求曲线相一致。实际 GDP 是 12 万亿美元，且实际价格水平上升到 126。通货膨胀被预期。下一年，该过程继续，随着总需求预期增加到 AD_2 和货币工资率上升，短期总供给曲线移动到 SAS_2。实际 GDP 又一次保持在 12 万亿美元，且价格水平和预期的一样，上升到 138。

126。从去年到今年，价格水平从 115 上升到 126，经济经历了与预期相同的通货膨胀率。如果这个通货膨胀正在进行，下一年（预期）总需求增加且总需求曲线移动到 AD_2。货币工资率的上升反映了预期的通货膨胀，且短期总供给曲线移动到 SAS_2。和预期的一样，价格水平上升到 138。

是什么引起通货膨胀？直接的回答是因为人们预期有通货膨胀、货币工资率和价格水平上升。但预期是正确的。预期总需求增加，而它确实增加了。引起通货膨胀的是实际与预期总需求的增加。

充分就业下预期的通货膨胀正是货币数量论预测的过程。请参见第 25 章并回顾货币数量论。

更广泛的对通货膨胀过程及其短期影响的描述解释了货币数量论的预测为什么不能解释通货膨胀周期。只有正确预测总需求的增加，经济才会沿着图 29.6 描述的路径，并与货币数量论相一致。

预测通货膨胀

为了预知通货膨胀，人们必须预测它。在银行、保险公司、工会、大公司以及某些机构中从事宏观经济预测的经济学家们，专门对通货膨胀进行预测。现有最好的预测是基于所有相关信息的并被称为**理性预期**（rational expectation）。理性预期并不一定是正确的预测。它仅仅是对现有信息最好的预测。它的结果往往是错误的，但没有其他预测能比用现有信息所做出的预测更好。

通货膨胀和经济周期

当对通货膨胀的预测正确，经济在充分就业下运行。如果总需求的增加比预期快，实际 GDP 移动到高于潜在 GDP，通货膨胀率超过预期，且经济运转与在需求拉动的通货膨胀下一样。如果总需求的增加比预期慢，实际 GDP 移动到低于潜在 GDP，通货膨胀率减慢，且经济运转与在成本推动型通货膨胀下一样。

复 习 测 验

1. 需求拉动型通货膨胀是如何发生的？
2. 引起需求拉动型通货膨胀的螺旋式上升的必要条件是什么？
3. 成本推动型通货膨胀是如何发生的？
4. 引起成本推动型通货膨胀的螺旋式上升的必要条件是什么？
5. 什么是滞胀？为什么成本推动型通货膨胀会引起滞胀？
6. 预期通货膨胀是如何发生的？
7. 如果通货膨胀的预测结果不正确，实际 GDP 和价格水平会如何变动？

myeconlab **Study Plan 29.2**

通货膨胀与失业：菲利普斯曲线

另一种研究通货膨胀周期的方法着重考虑通货膨胀和失业之间的关系以及短期权衡，这个关系被称为**菲利普斯曲线**（Philips curve）——如此命名是因为它最先由新西兰经济学家菲利普斯（A.W.Phillips）提出。

为什么我们需要另一种方法研究通货膨胀？*AS-AD* 解释通货膨胀和实际 GDP 波动有什么错误？对这两个问题的第一个回答是：我们总是想研究预期的和实际的通货膨胀率的变动，而为了达到这个目的，菲利普斯曲线比 *AS-AD* 模型提供了一个更简单的工具和更清晰的认知。对这两个问题的第二个回答是：我们总是想研究通货膨胀和实际经济活动（实际 GDP 和失业）之间短期权衡的变动，而菲利普斯曲线又能很好地符合这个目的。

为了开始解释菲利普斯曲线，我们要区别两种时间框架（与总供给的两种时间框架相类似）。我们研究：

- 短期菲利普斯曲线
- 长期菲利普斯曲线

短期菲利普斯曲线

短期菲利普斯曲线（short-run Phillips curve）表示在两个不变条件下通货膨胀和失业之间的关系，这两个不变条件是：

1. 预期通货膨胀率
2. 自然失业率

你刚刚已经看到了什么决定预期的通货膨胀率。第 23 章解释了自然失业率以及影响自然失业率的因素。

图 29.7 显示短期菲利普斯曲线 *SRPC*。假设预期通货膨胀率是一年 10%，且自然失业率是 6%，即图中的 *A* 点。短期菲利普斯曲线通过该点。如果通货膨胀上升到高于其预期率，失业则下降到低于其自然率。通货膨胀率和失业率的共同变动在图中表示为沿着短期菲利普斯曲线从 *A* 点向上移动到 *B* 点。同样，如果通货膨胀率下降到低于其预期率，失业则上升到高于其自然率。在这种情况下，*A* 点沿着短期菲利普斯曲线向下移动到 *C* 点。

短期菲利普斯曲线像短期总供给曲线一样。沿着引起更高价格水平和实际 GDP 增加的 *SAS* 曲线移动，相当于沿着引起通货膨胀率上升和失业率下降的短期菲利普斯曲线从 *A* 点到 *B* 点的移动。

图 29.7　短期菲利普斯曲线

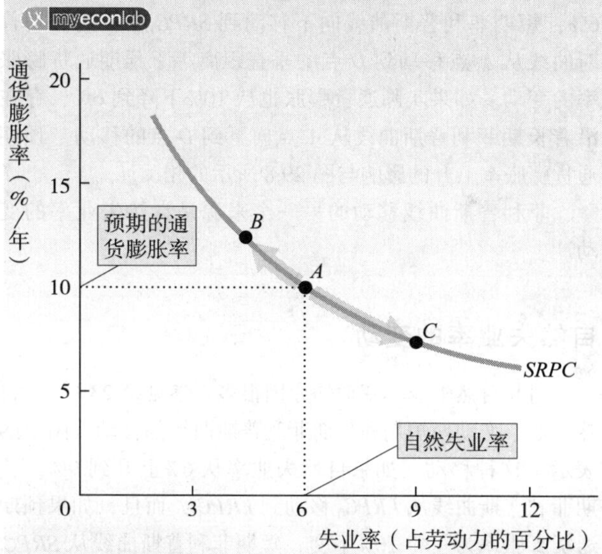

短期菲利普斯曲线（*SRPC*）表示在既定的预期通货膨胀率和自然失业率下，通货膨胀和失业之间的关系。在预期通货膨胀率为一年 10%和自然失业率为 6%时，短期菲利普斯曲线通过 *A* 点。

总需求突然的增加降低了失业并提高了通货膨胀率——沿着短期菲利普斯曲线向上移动到 *B* 点。总需求突然的减少增加了失业而降低了通货膨胀率——沿着短期菲利普斯曲线向下移动到 *C* 点。

同样，沿着引起较低价格水平和实际 GDP 减少的 *SAS* 曲线移动，相当于沿着引起通货膨胀率下降和失业率上升的短期菲利普斯曲线从 *A* 点到 *C* 点的移动。

长期菲利普斯曲线

长期菲利普斯曲线（long-run Phillips curve）表示当实际通货膨胀率等于预期通货膨胀率时，通货膨胀与失业之间的关系。长期菲利普斯曲线在自然失业率时是垂直的。在图 29.8 中，它是垂线 *LRPC*。长期菲利普斯曲线告诉我们，任何一种预期的通货膨胀率在自然失业率下都是可能的。这个观点与 *AS-AD* 模型相一致，预测当通货膨胀可以预期时，实际 GDP 等于潜在 GDP，且失业处在自然失业率。

短期菲利普斯曲线和长期菲利普斯曲线在预期的通货膨胀率上相交。预期通货膨胀率的变动使短期菲利普斯曲线移动，但长期菲利普斯曲线并不移动。

在图 29.8 中，如果预期通货膨胀是一年 10%，短期菲利普斯曲线就是 $SRPC_0$。如果预期通货膨胀下降到一年 6%，短期菲利普斯曲线向下移动到 $SRPC_1$。短期菲利普斯曲线从 *A* 点移动到 *D* 点的垂直距离等于预期通货膨胀率的变动。如果实际通货膨胀也从 10%下降到 6%，存在沿着长期菲利普斯曲线从 *A* 点向下到 *D* 点的移动。预期通货膨胀率上升的影响与图 29.8 所示的相反。

菲利普斯曲线移动的另一个来源是自然失业率的变动。

自然失业率的变动

引起自然失业率变动的原因很多（参见第 23 章）。自然失业率变动使短期和长期菲利普斯曲线都移动。图 29.9 表示了这种移动。如果自然失业率从 6%上升到 9%，长期菲利普斯曲线从 $LRPC_0$ 移动到 $LRPC_1$，而且，如果预期通货膨胀率为一年 10%不变，短期菲利普斯曲线从 $SRPC_0$ 移动到 $SRPC_1$。因为预期通货膨胀率不变，短期菲利普斯曲线 $SRPC_1$ 与长期菲利普斯曲线 $LRPC_1$ 相交（*E* 点），在相同的通货膨胀率下，短期菲利普斯曲线 $SRPC_0$ 与长期菲利普斯曲线 $LRPC_0$ 相交（*A* 点）。

美国的菲利普斯曲线

图 29.10（a）是美国自 1961 年以来通货膨胀率和失业率的散点图。我们可以根据图 29.10（b）中短期菲利普斯曲线的移动解释数据。在 20 世纪 60 年代期间，短期菲利普斯曲线是 $SRPC_0$，自然失业率为 4.5%并且预期通货膨胀率是一年 2%（*A* 点）。20 世纪 70 年代初，短期菲利普斯曲线是 $SRPC_1$，自然失业率为 5%并且预期通货膨胀率是一年 6%（*B* 点）。20 世纪 70 年代末，自然失业率上升到 8%（*C* 点），而短期菲利普斯曲线是 $SRPC_2$。在 1975 年以及 1981 年很短的时间里，预期通货膨胀率急剧上升为一年 9%（*D* 点），且短期菲利普斯曲线是 $SRPC_3$。在 20 世纪 80 年代和 90 年代期间，预期通货膨胀率和失业率下降，且短期菲利普斯曲线向左移动。到 20 世纪 90 年代初，它回到 $SRPC_1$。而到 20 世纪 90 年代中期，它再次回到 $SRPC_0$，并且一直保持到 21 世纪。

图 29.8 短期和长期的菲利普斯曲线

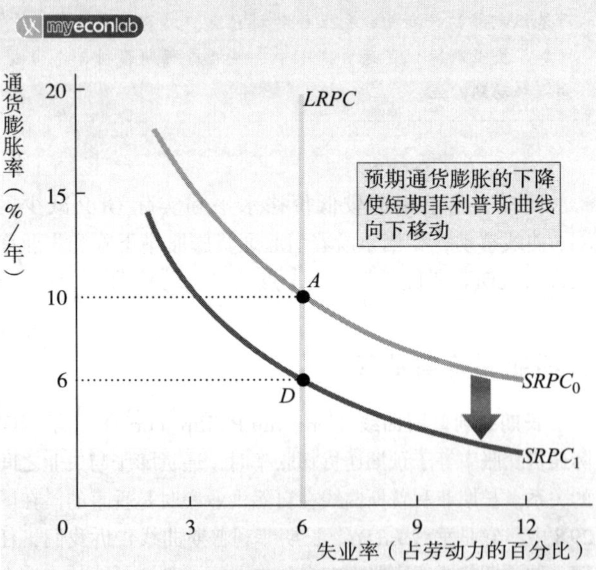

长期菲利普斯曲线是 *LRPC*。预期通货膨胀从一年 10%下降到一年 6%使短期菲利普斯曲线从 $SRPC_0$ 向下移动到 $SRPC_1$。长期菲利普斯曲线并不移动。新的短期菲利普斯曲线和长期菲利普斯曲线相交于新的预期通货膨胀率——*D* 点。

图 29.9 自然失业率的变动

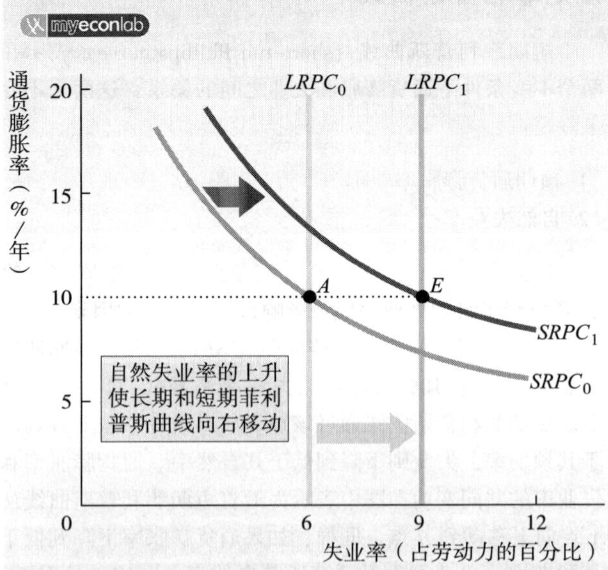

自然失业率的变动使短期和长期菲利普斯曲线都发生移动。自然失业率从 6%上升到 9%使两条菲利普斯曲线向右移动到 $SRPC_1$ 和 $LRPC_1$。新的长期菲利普斯曲线与新的短期菲利普斯曲线相交于预期的通货膨胀率——*E* 点。

图 29.10　美国的菲利普斯曲线

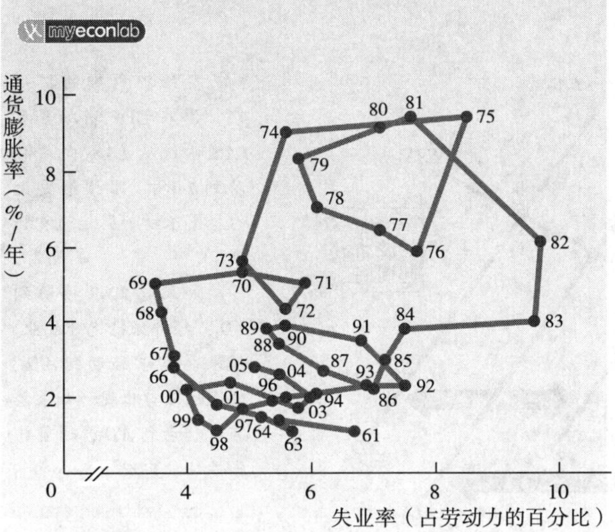

(a) 时间序列

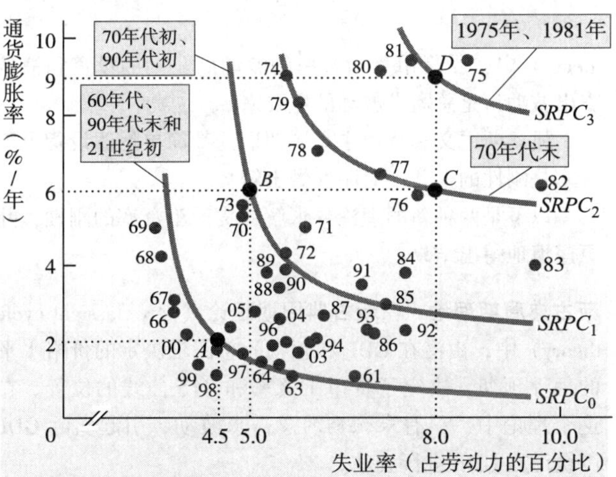

(b) 短期菲利普斯曲线的移动

在 (a) 幅中，每个点代表特定一年里通货膨胀和失业的组合。(b) 幅通过移动的短期菲利普斯曲线解释数据。黑点 A、B、C 和 D 表示不同时期的自然失业率和预期通货膨胀率的组合。20 世纪 60 年代、90 年代末以及 21 世纪初的短期菲利普斯曲线是 $SRPC_0$。20 世纪 70 年代初和 90 年代初的是 $SRPC_1$，20 世纪 70 年代末的是 $SRPC_2$，而 1975 年和 1981 年（很短的时间里）是 $SRPC_3$。

资料来源：Bureau of Labor Statistics and the anthor's calculations and assumptions.

复习测验

1. 你如何用菲利普斯曲线解释通货膨胀突然的变动？
2. 如果预期通货膨胀率上升了 10 个百分点，短期和长期菲利普斯曲线如何变动？
3. 如果自然失业率上升，短期菲利普斯曲线会如何变动？长期菲利普斯曲线会如何变动？预期通货膨胀率会如何变动？
4. 美国有稳定的短期菲利普斯曲线吗？解释有或没有的原因。
5. 美国有稳定的长期菲利普斯曲线吗？

myeconlab **Study Plan 29.3**

经济周期

经济周期容易描述但很难解释，而且经济周期理论依然没有解决，仍然是争论的来源。我们将考查两种理解经济周期的方法：

- 主流经济周期理论
- 实际经济周期理论

主流经济周期理论

主流经济周期理论是当总需求以起伏不定的速率增长时，潜在 GDP 以稳定速率增长。因为货币工资率是粘性的，如果总需求的增长比潜在 GDP 快，实际 GDP 移动到高于潜在 GDP，且通货膨胀缺口出现。如果总需求的增长比潜在 GDP 慢，实际 GDP 移动到低于潜在 GDP，衰退性缺口出现。如果总需求减少，实际 GDP 也会在衰退中减少。

图 29.11 表示了这个周期理论。最初，实际和潜在 GDP 是 9 万亿美元，且长期供给曲线是 LAS_0。总需求曲线是 AD_0，并且价格水平是 105。经济处于充分就业的 A 点。

当潜在 GDP 增加并且 LAS 曲线向右移动到 LAS_1 时，扩张出现。在扩张期中，总需求也增加，且总是比潜在 GDP 增加的多，因此价格水平上升。假设在目前的扩张中，价格水平预期上升到 115，且货币工资率一直处于预

图 29.11 主流经济周期理论

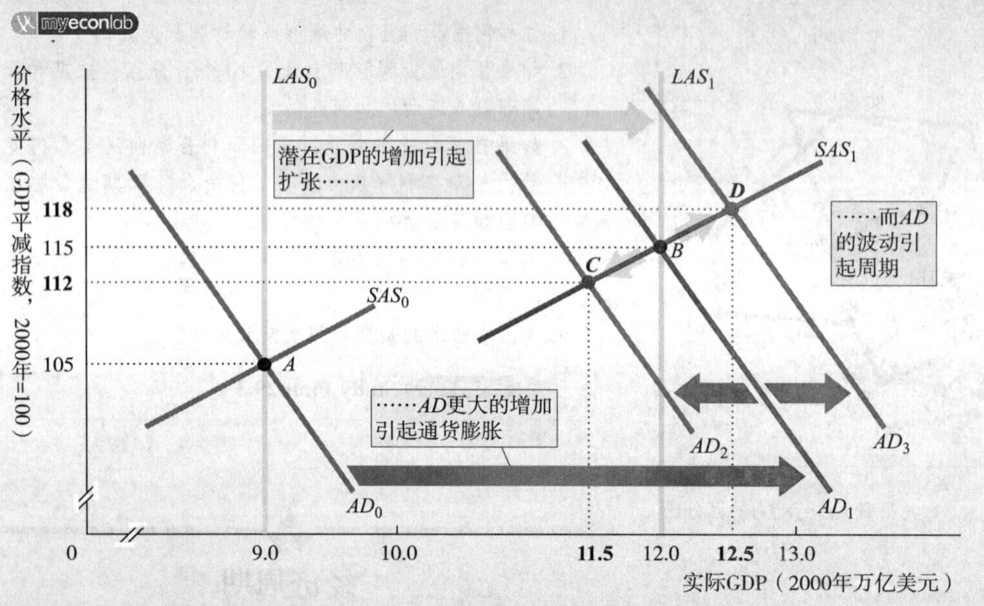

在经济周期的扩张期，潜在 GDP 增加并且 LAS 曲线从 LAS_0 向右移动到 LAS_1。比预期更大的总需求增加引起通货膨胀。

如果总需求移动到 AD_1，经济保持充分就业。如果总需求移动到 AD_2，衰退性缺口出现。如果总需求移动到 AD_3，通货膨胀性缺口出现。

期水平。短期总供给曲线是 SAS_1。

如果总需求增加到 AD_1，那么实际 GDP 增加到 12 万亿美元（新的潜在 GDP 水平），价格水平上升到预期的 115。经济保持在充分就业，而现在是 B 点。

如果总需求较缓慢地增加到 AD_2，实际 GDP 的增加少于潜在 GDP，经济移动到 C 点，实际 GDP 是 11.5 万亿美元并且价格水平是 112。实际 GDP 增加得更慢，通货膨胀也低于预期。

如果总需求较快地增加到 AD_3，实际 GDP 的增加多于潜在 GDP，经济移动到 D 点，实际 GDP 为 12.5 万亿美元并且价格水平为 118。实际 GDP 增长得更快，通货膨胀也高于预期。

增长、通货膨胀和经济周期都来源于潜在 GDP 的持续增加、（一般而言）更快的总需求增加和总需求增长速率的波动。

主流理论有许多特殊的形式，而它们在总需求增长的波动来源以及货币工资粘性的来源上看法不同。

凯恩斯主义周期理论 在**凯恩斯主义周期理论**（Keynesian cycle theory）中，受经济信心波动而驱动的投资波动——归纳为短语“动物精神”——是总需求波动的主要来源。

货币主义周期理论 在**货币主义周期理论**（monetarist cycle theory）中，受货币量增长率的波动而驱动的投资和消费支出波动，是总需求波动的主要来源。

凯恩斯主义和货币主义周期理论都简单地假设货币工资率是刚性的，并未对刚性做出解释。

以下是两种新的理论寻求解释货币工资率的刚性，并更谨慎地得出结果。

新古典周期理论 在**新古典周期理论**（new classical cycle theory）中，由潜在 GDP 和预期的总需求决定的价格水平的理性预期，决定了货币工资率和 SAS 曲线的位置。在这个理论中，只有未预期的总需求波动，引起实际 GDP 围绕潜在 GDP 进行波动。

新凯恩斯主义周期理论 **新凯恩斯主义周期理论**（new Keynesian cycle theory）强调今天的货币工资率是由过去许多谈判得来的这一事实，这也就意味着过去对于目前价格水平的理性预期影响了货币工资率和 SAS 曲线的位置。在这个理论中，未预期的和目前预期的总需求的波动都会引起实际 GDP 围绕潜在 GDP 进行波动。

主流周期理论并没有排除总供给的冲击偶尔发生的可能性。例如，石油价格上涨、大范围的干旱、一次强烈飓风或另一场自然灾害都会引起衰退。但供给冲击并不是主流理论中波动的一般来源。相反，实际经济周期理论把供给冲击放在中心的位置。

实际经济周期理论

最新的经济周期理论被称为**实际经济周期理论**（real business cycle theory，也译作“真实商业周期理论”——译者注）（或 RBC 理论），并把生产率的随机波动作为经济波动的主要来源。这些生产率的波动被假设为主要来源于技术变革速度的波动，但它们也可能有其他来源，例如国际动乱、气候波动或自然灾害。实际经济周期理论的来源可以追溯到小罗伯特·卢卡斯（Robert E. Lucas, Jr.）发动的理性预期革命，但最先证明这种理论作用的是爱德华·普雷斯科特（Edward Prescott）、约翰·劳（John Long）和查尔斯·普洛瑟（Charles Plosser）。今天，实际经济周期理论被称为动态一般均衡分析的广泛研究项目的一部分，且数百名年轻的宏观经济学家致力于该课题的研究。

我们将通过首先研究它的推动力，然后考查把推动力转换为实际 GDP 周期的机制来探究实际经济周期理论。

实际经济周期理论的推动力　实际经济周期理论的推动力是由技术变革带来的生产率的增加率。实际经济周期的理论家认为这种推动力主要由引起新技术创造和使用的研发过程产生的。

为了分离实际经济周期理论的推动力，经济学家运用第 24 章所解释的增长核算。图 29.12 表示美国从 1960~2005 年实际经济周期理论的推动力。你可以看到生产率增长的变动与实际 GDP 的波动是相关的。

在大多数时间里，技术变革是稳定的，生产率以适度的速度增长。但有时生产率加速增长，并且偶尔会下降——平均而言劳动生产率下降。生产率快速增长的时期带来经济周期的扩张，而生产率下降引发衰退。

很容易理解为什么技术变革引起生产率的提高。但它如何降低生产率呢？所有的技术变革最终提高生产率。但如果一开始，技术变革使相当数量的现有资本——特别是人力资本——废弃不用，生产率就会暂时下降。在这个时候，所消灭的工作岗位大于所创造的。企业的破产多于企业的创建。

实际经济周期理论的机制　引起扩张或收缩的生产率变动之后的两个影响是：

图 29.12　实际经济周期理论的推动力

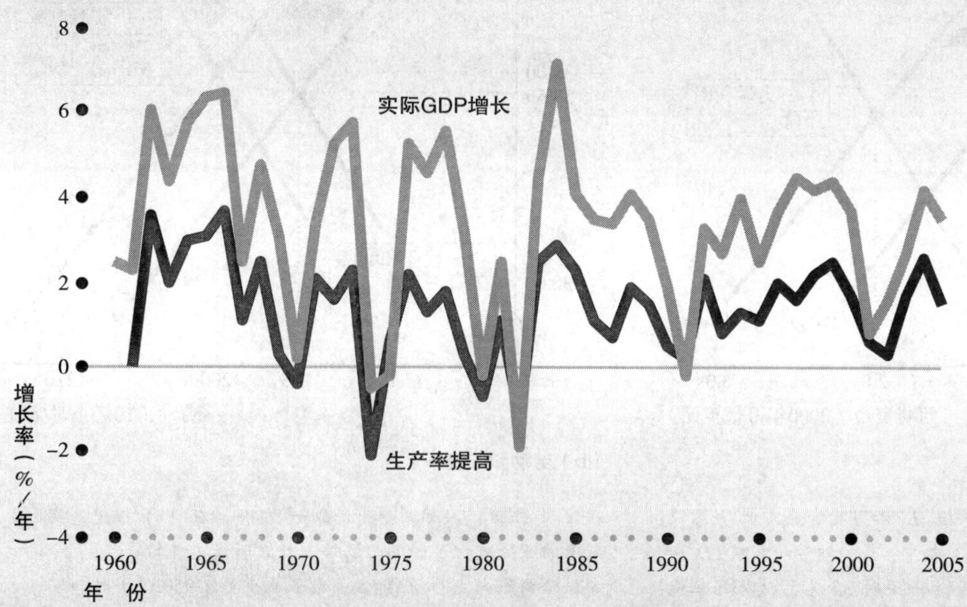

实际经济周期是由导致生产率的增长率波动的技术变革引起的。这里所示的生产率增长的波动是通过运用增长核算（三分之一规则）去除资本积累对生产率增长的贡献计算而来的。生产率波动与实际 GDP 波动是相关的。经济学家还未确定生产率变量实际衡量了什么以及什么引起了生产率的波动。

资料来源：Bureau of Economic Analysis and anthor's assumptions and calculations.

1. 投资需求的变动
2. 劳动需求的变动

我们将研究衰退期的这些影响及其结果。在扩张时，它们的影响和结果与这里所描述的方向相反。

技术变革使一些现有资本废弃不用，并暂时降低生产率。企业预期未来利润减少，并注意到它们的劳动生产率下降。随着预期利润更低，它们削减其对新资本的购买，且随着劳动生产率更低，它们计划解雇一些工人。因此，生产率暂时下降的最初影响是投资需求的减少和劳动需求的减少。

图 29.13 说明生产率下降的两种最初影响。(a) 幅表明可贷资金市场中投资需求减少的影响。可贷资金的需求是 *DLF*，并且可贷资金的供给是 *SLF*（第 23 章对两者进行了解释）。最初，可贷资金的需求是 DLF_0，在实际利率是一年 6%时，均衡的资金量是 2 万亿美元。生产率下降减少了投资需求，且可贷资金的需求曲线 *DLF* 向左移动到 DLF_1。实际利率降到一年 4%，并且均衡可贷资金量降为1.7 万亿美元。

图 29.13（b）表明劳动的需求曲线 *LD* 和劳动的供给曲线 *SD*（在第 23 章进行了解释）。最初，劳动的需求曲线是 LD_0，在实际每小时工资率 35 美元时，均衡就业是一年 2 000 亿小时。生产率下降减少了劳动需求，*LD* 曲线向左移动到 LD_1。

在我们能确定新的就业水平和实际工资率之前，我们需要考虑连锁反应——实际经济周期理论中的主要影响。

关键决策：什么时候工作 根据实际经济周期理论，人们通过进行成本—收益计算来决定什么时候工作。他们比较现期工作得到的收益与以后工作得到的预期收益。你每天在学校都进行这种比较。假设你这门课程的目标是得到 A。为了实现这个目标，你大部分时间刻苦学习。但在期中和期末考试的前几天，你学习特别努力。为什么？因为你认为，临近考试时学习的收益大于还有很长时间考试时

图 29.13 实际经济周期中可贷资金和劳动市场

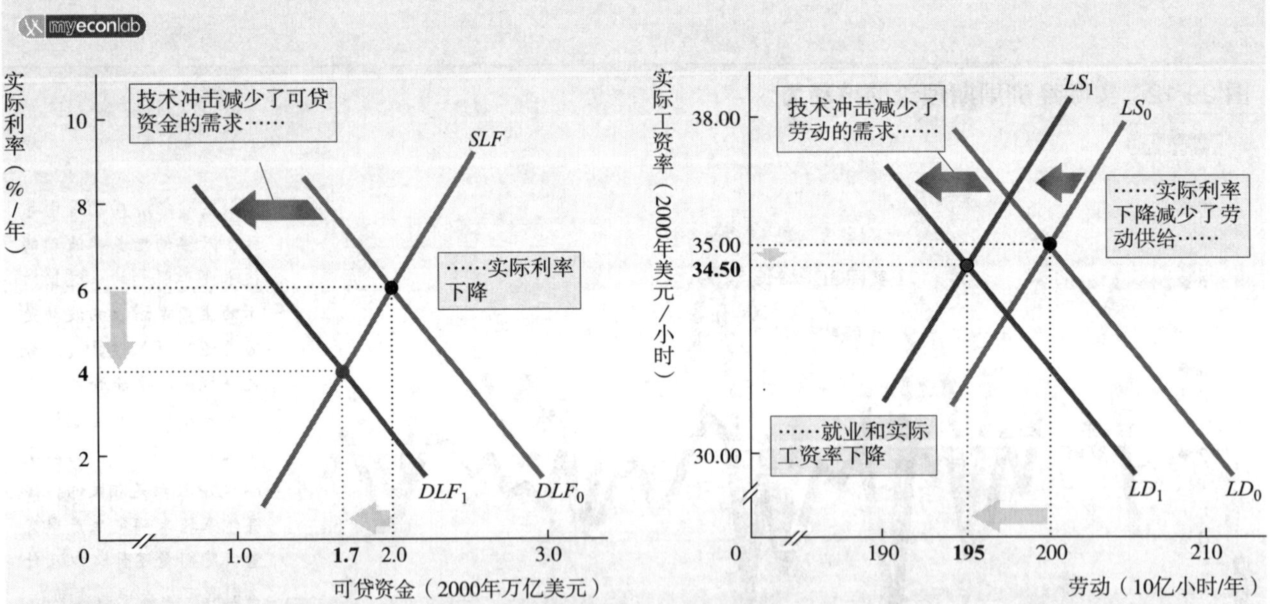

(a) 可贷资金和利率

在 (a) 幅中，可贷资金供给 *SLF* 和可贷资金需求 DLF_0 决定实际利率为一年 6%。在 (b) 幅中，最初的劳动需求 LD_0 和劳动供给 LS_0 决定实际工资率为一小时 35 美元以及就业是 2 000 亿小时。技术变革暂时降低了生产率，并且可贷资金需求和劳动需求都减少。两条需求曲线向左移动到 DLF_1 和 LD_1。

(b) 劳动和工资率

在 (a) 幅中，实际利率下降到一年 4%。在 (b) 幅中，实际利率的下降减少了劳动的供给（什么时候工作的决策），劳动的供给曲线向左移动到 LS_1。就业减少为 1 950 亿小时，实际工资率下降到一小时 34.50 美元。衰退发生了。

学习的收益。因此，在学期中，你把时间用于看电影和其他休闲活动，但在临近考试时，你每晚和周末都学习。

实际经济周期理论认为，工人们的行为和你一样。当实际工资率暂时降低时，他们工作较少的时间，有时甚至不工作。而当实际工资率暂时提高时，他们工作更长的时间。但为了正确比较现期工资率和预期未来工资率，工人们必须利用实际利率。如果实际利率是一年 6%，本周赚到一小时 1 美元的实际工资从现在起的一年中将变为 1.06 美元。如果预期的实际工资率在明年是一小时 1.05 美元，那么今天 1 美元的实际工资看来就不错。通过现在工作更长的时间而从现在起的一年后缩短工作时间，一个人可以得到高出 1%的实际工资率。但假使实际利率是一年 4%。在这种情况下，现在赚到的 1 美元明年值 1.04 美元。现在少工作而明年多工作是使实际工资率高 1%的方法。

因此，什么时候工作的决策取决于实际利率。实际利率越低，在其他条件不变的情况下，今天劳动的供给就越少。许多经济学家认为这种时际替代效应是微不足道的。实际经济周期理论认为这种效应是大的，而且这是实际经济周期理论机制的主要特点。

你在图 29.13（a）中看到了，可贷资金需求的减少降低了实际利率。实际利率的这种下降降低了目前工作的收益，并减少了劳动供给。

在图 29.13（b）中，劳动供给曲线向左移动到 LS_1。生产率降低对劳动需求的影响大于实际利率下降对劳动供给的影响。也就是说，*LD* 曲线向左移动的幅度要比 *LS* 向左移动的大。结果，实际工资率下降到一小时 34.50 美元，就业减少为 1 950 亿小时。衰退开始并在加强。

货币发生了什么　称为实际经济周期理论并不是偶然。它反映了这种理论的中心预测。实际的事情，而不是名义或货币的事情，引起了经济周期。如果货币量变动，总需求也变动。但如果不存在实际的变动——所使用资源和潜在 GDP 都没有变动——货币量的变动仅仅改变价格水平。在实际经济周期理论中，这种结果的出现是因为总供给曲线是 *LAS* 曲线，它使实际 GDP 钉在潜在 GDP 之下。因此当总需求变动时，只有价格水平变动。

周期与增长　引起实际经济周期理论中经济周期冲击与引起经济增长的因素是相同的：技术变革。平均而言，随着技术进步，生产率提高。但生产率并不是以平稳的速度增长。当你在第 24 章学习增长核算时，你会注意到这个事实。在那里，我们集中在生产率增长的缓慢变动趋势上。实际经济周期理论运用了相同的思想，但认为存在对生产率的多次冲击，其中大多数冲击是正面的，但偶尔也有负面的。

对实际经济周期理论的批评和辩护　对于实际经济周期理论的 3 个主要批评是：（1）货币工资率是粘性的，做出另一种假设与明显的事实不一致；（2）时际替代是个很弱的因素，因此不能解释劳动供给和就业变化大而实际工资率变化小；（3）总需求的变动和技术变革都可能引起生产率的冲击。

如果生产率波动是由总需求的波动引起，那么解释它们就需要传统的总需求理论。生产率的波动并不会引起经济周期，而是由它们引起！

基于这个主题，批评者指出增长核算衡量的所谓生产率波动与货币增长率变动和其他总需求变动指标是相关的。

实际经济周期理论的辩护者声称，该理论解释了有关经济周期的宏观经济事实，并与经济增长的事实相一致。实际上，一种理论既解释了增长也解释了周期。解释了缓慢变化的趋势的增长核算也解释了更频繁的经济周期波动。其辩护者还声称，实际经济周期理论与有关劳动供给决策、劳动需求和投资需求决策的广泛微观经济证据，以及有关劳动和资本间收入分配的信息相符合。

复习测验

1. 解释主流的经济周期理论。
2. 主流经济周期理论的四种形式是什么？它们有什么不同？
3. 根据实际经济周期理论，什么引起了经济周期？技术变革速率的波动作用是什么？
4. 根据实际经济周期理论，生产率增长的下降如何影响投资需求、可贷资金市场、实际利率、劳动需求、劳动供给、就业和实际工资率？
5. 对实际经济周期理论的主要批评是什么？它的支持者如何为它辩护的？

myeconlab **Study Plan 29.4**

你可以在下面的阅读材料中，回顾 2006 年美国在通货膨胀和失业之间的权衡，并完成对于通货膨胀和经济周期的学习。

阅读材料：
事例与分析

2006 年短期通货膨胀和失业的权衡

http://www.nytimes.com

适度的上升仍放大了对通货膨胀的担心

2006 年 6 月 15 日

……在今年接任美联储主席后，本·伯南克指出，他认为潜在的通货膨胀率不应该超过一年 2%。其他大多数美联储政策制定者共有的那个艰难目标，反映了对于通货膨胀风险在态度上的主要变化。

正如 20 世纪 30 年代的萧条烙印于经历过它的整整一代美国人身上那样，20 世纪 70 年代的滞胀和 80 年代初的急剧衰退给整整一代经济学家留下了不可磨灭的印记。

"这完全是政权的变更，" 吉米·卡特总统的高级经济顾问巴瑞·伯斯华在通货膨胀高涨那段最糟糕的时期说。

"回到当时，我们一直在讨论失业和通货膨胀之间的权衡，并且我们不清楚哪一个更重要。" 他解释道。"今天，毫无疑问的是，如果不以价格稳定为首要目标，你就无法运行经济。"

现在，美联储的目标是降低"通货膨胀预期"，即使这个影响会减慢已放缓的经济，并通过房地产市场传递另一种冰冷，并可能增加失业。即使每小时工资几乎跟不上在 5 月份上涨了 0.4%的消费价格（包括能源和食品的成本），所有这些使消费价格比前一年高出 4.2%。

然而，把通货膨胀控制在低水平的努力并不是毫无争议的。一些人认为美联储应该容忍稍高的范围，并担心如果美联储确立一个狭窄的从 0~2%的舒适区，它就冒着某些事情变糟的风险——实际的通货紧缩——如果经济遇上困难……

事件的本质

- 美联储想使通货膨胀率接近一年 2%。
- 20 世纪 70 年代的滞胀和 80 年代初期的衰退给伯南克这一代经济学家留下了不可磨灭的印记。
- 在20 世纪 70 年代，经济学家一直在讨论失业和通货膨胀之间的权衡，并且不清楚哪一个更重要。
- 今天，经济学家同意首要目标是价格的稳定。
- 美联储想降低通货膨胀预期，即使其影响会进一步减慢已放缓的经济。
- 一些经济学家认为美联储应该容忍稍高的通货膨胀率，因为负面的冲击可能会引起通货紧缩。

经 济 分 析

- 2006 年 7 月的通货膨胀率（消费者价格指数）是0.4%，且可转换成年通货膨胀率接近 5%。
- 2006 年 7 月的失业率是 4.7%。
- 国会预算办公室预测自然失业率是 5.5%。
- 利用预测的自然失业率，在 2006 年夏经济处于充分就业之上的均衡。
- 图 1 用菲利普斯曲线模型说明 2006 年 7 月美国的经济状况。
- 长期菲利普斯曲线在自然失业率为 5.5%时是 *LRPC*。
- 短期菲利普斯曲线是 $SRPC_0$，并基于预期通货膨胀率是一年 3%的假设。
- 实际通货膨胀率超过预期通货膨胀率。
- 如果美联储不采取任何行动并且经济并未自行减慢，预期通货膨胀率会上升，短期菲利普斯曲线将向上移动，并使通货膨胀和失业之间的权衡更不利。
- 图2 表明，如果美联储减慢总需求的增长率并推动失业率上升，将会发生什么。
- 通货膨胀率降低，经济沿着短期菲利普斯曲线 $SRPC_0$ 向下移动。
- 图 3 表明放缓的通货膨胀的更长期影响。
- 当失业率上升到自然率之上，通货膨胀率减缓，且低于预期通货膨胀率。
- 最终，预期通货膨胀率开始下降，并且短期菲利普斯曲线向下移动。
- 如果美联储把预期通货膨胀率降低到一年 2%，短期菲利普斯曲线向下移动到 $SRPC_1$。
- 文章谈到的一些担忧，即负面冲击会带来通货紧缩是不可能的。
- 但如果美联储不能降低通货膨胀率，通货膨胀的预期很可能会无法固定并增加。

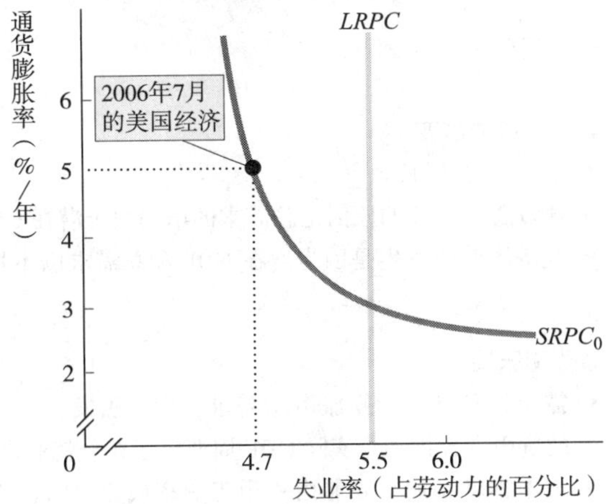

图1　菲利普斯曲线

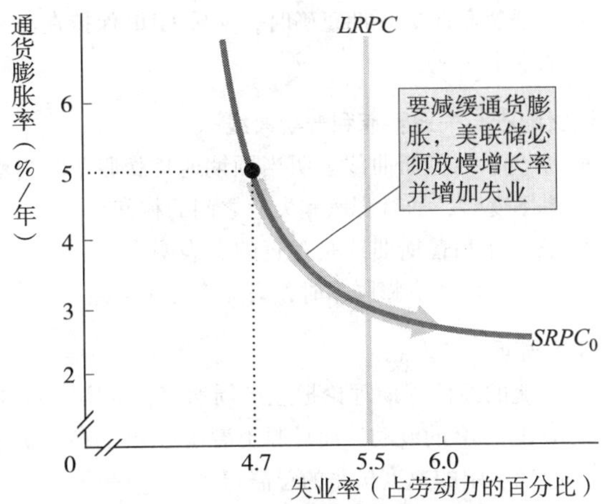

图2　美联储降低货币增长率

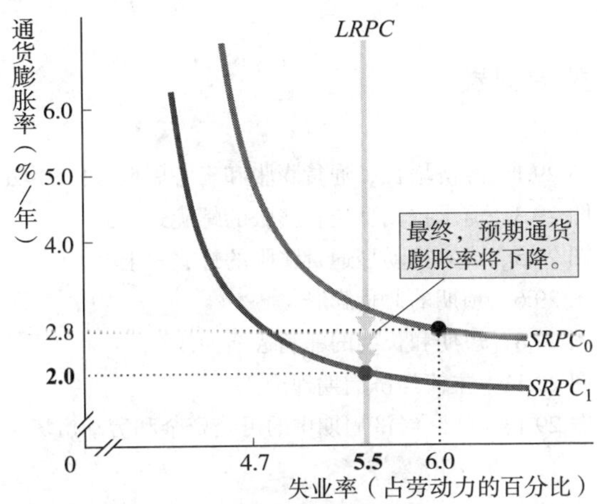

图3　在长期，通货膨胀放缓

内容提要

要 点

美国经济的演变

- 潜在 GDP 增长。
- 通货膨胀持续的原因是总需求的增加快于潜在 GDP。
- 经济周期的发生是因为潜在 GDP 和总需求以不均匀的速度变动。

通货膨胀周期

- 需求拉动型通货膨胀由总需求的增加引发，并由持续的货币增长推动。实际 GDP 周期位于充分就业之上。
- 成本推动型通货膨胀由货币工资率或原材料价格的上升引起，并由持续的货币增长推动。实际 GDP 周期位于低于充分就业的滞胀中。
- 当通货膨胀的预期正确时，实际 GDP 保持在潜在 GDP 的水平。

通货膨胀与失业：菲利普斯曲线

- 短期菲利普斯曲线表明当预期通货膨胀率和自然失业率不变时，通货膨胀和失业之间的权衡。
- 长期菲利普斯曲线是垂直的，表明当实际通货膨胀率等于预期通货膨胀率时，失业率等于自然失业率。

经济周期

- 主流的经济周期理论把经济周期解释为实际 GDP 围绕潜在 GDP 的波动，而且源于潜在 GDP 的稳步扩张和以起伏不定的速度扩张的总需求。
- 实际经济周期理论把经济周期解释为潜在 GDP 的波动，并归结为技术变革对生产率增长影响的变动。

关键图表

关键术语

需求拉动型通货膨胀　成本推动型通货膨胀
滞　胀　理性预期
菲利普斯曲线　短期菲利普斯曲线
长期菲利普斯曲线　凯恩斯主义周期理论
货币主义周期理论　新古典周期理论
新凯恩斯主义周期理论　实际经济周期理论

习 题

1. 下表提供了有关阿根廷经济的信息。A 栏是年份，B 栏是以 2000 年十亿比索为单位的实际 GDP，C 栏是价格水平。

	A	B	C
1	1993	244	97.2
2	1994	257	99.9
3	1995	250	103.1
4	1996	264	103.1
5	1997	286	102.6
6	1998	297	100.8
7	1999	297	99.0
8	2000	284	100.0
9	2001	272	98.9
10	2002	242	129.1
11	2003	263	142.7
12	2004	287	155.8

a. 阿根廷哪些年份经历了通货膨胀？哪些年份经历了通货紧缩？

b. 哪些年份发生衰退？哪些年份发生扩张？

c. 你认为哪些年份通货膨胀率最高？为什么？

d. 这些数据是否表明了阿根廷失业和通货膨胀之间的关系？

用下图回答第 2、3、4 和 5 题。

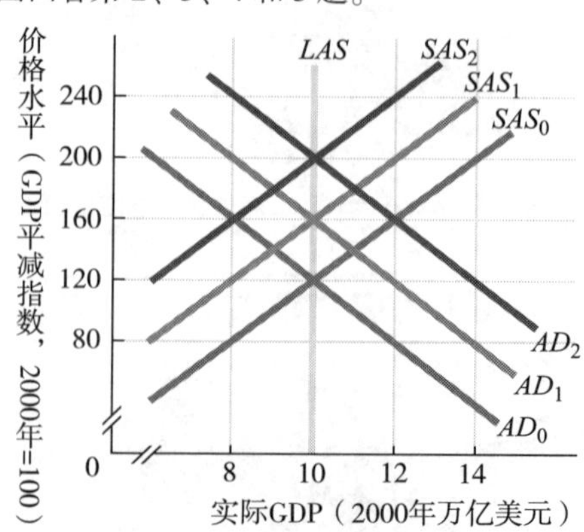

2. 经济最初在 AD_0 曲线和 SAS_0 曲线。以后发生了一些引起需求拉动型通货膨胀的事件。
   a. 列出可能引起需求拉动型通货膨胀的事件。
   b. 利用该图，描述需求拉动型通货膨胀的最初影响。
   c. 利用该图，描述随着需求拉动型通货膨胀螺旋上升的展开会发生什么。
3. 经济最初在 AD_0 曲线和 SAS_0 曲线。以后发生了一些引起成本推动型通货膨胀的事件。
   a. 列出可能引起成本推动型通货膨胀的事件。
   b. 利用该图，描述成本推动型通货膨胀的最初影响。
   c. 利用该图，描述随着成本推动型通货膨胀螺旋上升的展开会发生什么。
4. 经济最初在 AD_0 曲线和 SAS_0 曲线。以后发生了一些引起可预期通货膨胀的事件。
   a. 列出可能引起可预期通货膨胀的事件。
   b. 利用该图，描述可预期通货膨胀的最初影响。
   c. 利用该图，描述随着可预期通货膨胀的进行会发生什么。
5. 假设人们预期通货紧缩（价格水平下降），但总需求曲线保持在 AD_0。
   a. 短期和长期总供给曲线会发生什么变动？（如果需要的话，画出一些新曲线。）
   b. 利用该图描述可预期通货膨胀的最初影响。
   c. 利用该图描述当每个人都明白预期的通货紧缩不会发生时会如何变化。
6. 新西兰储备银行与新西兰政府签署了一份协议，银行同意把通货膨胀维持在低目标范围内。没有完成该目标将使银行行长（相当于美联储主席）失去工作。
   a. 解释这样的安排可能会如何影响新西兰短期的菲利普斯曲线。
   b. 解释这样的安排可能会如何影响新西兰长期的菲利普斯曲线。
7. 一个经济的失业率是 4%并且通货膨胀率是一年 5%，如图中的 A 点所示。

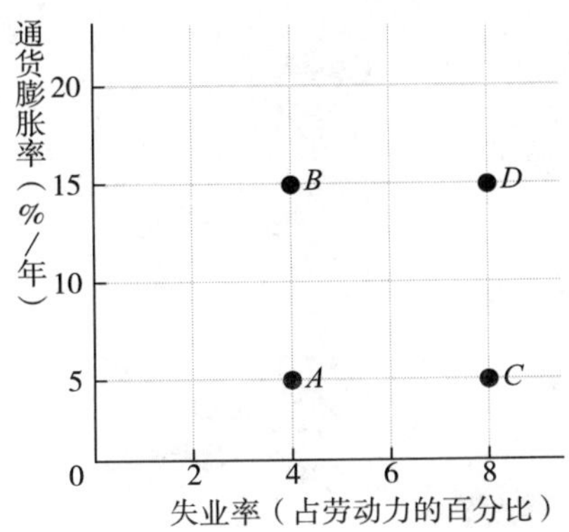

发生了一些使经济按顺时针方向从 A 到 B 到 D 到 C 再回到 A 的事件。
   a. 描述可以引起这个序列的事件。
   b. 在图中画出该序列中经济的短期和长期菲利普斯曲线。
   c. 经济是经历了需求拉动型通货膨胀、成本推动型通货膨胀、可预期的通货膨胀，还是什么都没有经历？
8. 假使实际经济周期理论是对美国的经济周期最好的描述。技术的进步提高了生产率。
   a. 画图说明技术进步对可贷资金市场的影响。
   b. 画图说明技术进步对劳动市场的影响。
   c. 当技术进步时，什么时候工作的决策是什么？

批判性思考

1. 当你研究了阅读材料中对 2006 年美国经济的描述后：
   a. 描述 2006 年 7 月美国经济的主要特征。
   b. 美国在 2006 年 7 月经历了衰退性缺口还是通货膨胀缺口？你是如何知道的？
   c. 运用 AS–AD 模型表示引起 2006 年低失业和高通货膨胀率的总需求和总供给的变动。
   d. 运用 AS–AD 模型表示，如果美联储在 2006 年和 2007 年提高利率和降低货币增长率，总需求和总供给会发生的变动。
   e. 运用菲利普斯曲线模型表示，如果美联储在 2006 年和 2007 年提高利率和降低货币增长率，通货膨胀率和失业率会发生的变动。
2. **实际工资未能与生产率的上升相匹配**

   上个世纪大部分时间，工资和生产率——经济效率的主要衡量指标——一起上升，并在 20 世纪 50 年代和 60 年代迅速上升，而在 70 年代和 80 年代更加迅速地放慢。但最近，生产率收益继续提高而工资增长并未继续。

   《纽约时报》，2006 年 8 月 28 日

   用实际经济周期理论解释这篇新闻中工资和生产率之间的关系。

网上活动

1. 获取有关美国实际 GDP 和价格水平最近的变动和预测的数据。

a. 你对于明年实际 GDP 的预测是多少？
b. 你对于明年价格水平的预测是多少？
c. 你对于通货膨胀率的预测是多少？
d. 你对于实际 GDP 增长率的预测是多少？
e. 你认为明年会出现衰退性缺口还是通货膨胀缺口？

2. 获取有关日本实际 GDP 和价格水平最近的变动和预测的数据。
a. 你对于明年实际 GDP 的预测是多少？
b. 你对于明年价格水平的预测是多少？
c. 你对于通货膨胀率的预测是多少？
d. 你对于实际 GDP 增长率的预测是多少？
e. 比较和对比关于美国和日本经济的预测。

繁荣与萧条

为了治愈一种疾病，医生必须首先了解疾病对不同疗法的反应。这有助于了解引起疾病的机理，但有时，甚至在全部原因被发现前，就可以找到可行的疗法。

治愈经济的疾病与治疗医学疾病类似。我们需要了解经济对于我们可能采用的疗法会如何反应。而且有时，我们尝试进行治疗，尽管我们并不完全了解我们正尽力控制的问题的原因。

你已经看到资本积累和技术变革的速度如何影响长期增长趋势。你学到了围绕长期趋势的波动是由总需求和总供给的变动引起。而且你还学到了总需求和总供给变动的主要来源。

本编的这 3 章解释了经济波动的其他理论。我们从第 27 章开始学习 *AS–AD* 模型。该模型解释了决定短期实际 GDP 和价格水平的因素。该模型也让我们看到关于总波动来源的不同宏观经济思想流派的全貌。

第 28 章解释了凯恩斯总支出模型。这个模型提供了对决定总需求并使它波动因素的描述。凯恩斯模型还解释了，当投资、出口或政府在商品和服务的支出变动时，存货变动如何引发生产变动并带来乘数效应。

在第 29 章，你学到了通货膨胀和经济周期的其他理论。所有这些理论都可以转化成 *AS–AD* 模型。而且这样有助于我们比较和对比相互竞争的观点。但新的实际经济周期理论比 *AS–AD* 模型更擅长运用更多微观经济学的需求和供给模型。大多数经济学家并不赞同实际经济周期的方法。这是一种极端的观点。但是实际经济周期运用的方法依然存在。这个方法是建立一个整个经济的数学模型，然后在计算机模拟中看该模型会产生哪种周期。计算机上的经济可以校准现实的经济，并可以比较周期。计算机模型可用于处理各种的“治疗方法”并观察其影响。不用高等数学的思想就无法详细解释这种新型的经济周期研究。但是第 29 章解释了构成这种研究基础的经济学，并向你展示了实际经济周期理论家所用的模型类型。

你在下一页将要见到的经济学家约翰·梅纳德·凯恩斯是为 *AS–AD* 模型打下基础的第一人，虽然他关于该模型的观点很难被理解。然而，他给宏观经济学带来了一场革命。

经济周期

“经济学家和政治哲学家的思想，无论对错，都比通常所想的更为有力。实际上，这个世界就是由少数精英统治的。”

——约翰·梅纳德·凯恩斯
《就业、利息与货币通论》

经济学家

约翰·梅纳德·凯恩斯（John Maynard Keynes）1883 年出生于英国，是 20 世纪最杰出思想家之一。他写了有关概率和经济学的著作，一次世界大战后代表英国出席凡尔赛和平大会，是国际金融市场（他每天早晨起床后进行的一项活动，并使他赚得和失去了几次财富）投机大师，并在创建国际货币基金组织中扮演了重要的角色。

他是布鲁姆斯伯里团体（Bloomsbury Group）的成员，这是一个杰出艺术家和作家的圈子，其中包括福斯特（E. M. Forster）、伯特兰·罗素和弗吉尼亚·沃尔夫（Virginia Woolf）。

凯恩斯是一个有争议并且机智的人。一个评论家曾抱怨凯恩斯改变了他对某些事情的看法，而凯恩斯反驳说：“当我发现我是错的时，我就会改变想法。你做了什么呢？”

凯恩斯的著作《就业、利息与货币通论》，写于经济大萧条期间并于 1936 年出版，是作为经济学的一个独特分支的宏观经济学的起源。

问　题

在工业革命期间，随着技术变革创造了新工作也消灭了旧工作，人们开始想知道经济是否能创造足够的工作以及用来购买新工业经济生产的所有东西的充足的需求。

让·巴蒂斯特·萨伊表示生产创造足够的收入用于购买生产的一切东西——供给创造它自己的需求——后来这个想法被称作萨伊定律（Say's Law）。

萨伊与凯恩斯在许多问题上存在分歧。让·巴蒂斯特·萨伊 1767 年生于法国里昂（当亚当·斯密的《国富论》出版时，他才 9 岁），由于其对政府和经济的观点而遭受拿破仑的惩罚。如果萨伊活在当今世界，他将率领激进保守者支持更小和更精益的政府。萨伊是那个时代大西洋两岸最著名的经济学家。他的著作《论政治经济学》出版于 1803 年，成为在欧洲和北美最畅销的大学经济学教科书。

随着 20 世纪 30 年代的大萧条变得越严重并且越来越久，萨伊定律越来越不适用了。约翰·梅纳德·凯恩斯把萨伊定律颠倒过来，彻底变革了宏观经济学的思维，并且认为供给不能创造它自己的需求。反而，总生产取决于人们愿意购买什么——总需求。或者如凯恩斯说的，生产取决于有效需求。凯恩斯认为，人们可能拒绝花掉他们所有的收入。如果企业未能把人们计划储蓄的金额用于新资本，需求就会少于供给。在这种情况下，资源可能会不被利用而且是无限期的不被利用。

凯恩斯的影响甚至一直持续到在他的主要著作出版 60 多年后的今天。但是在过去的 20 年里，从一个太长不能被一一提及的杰出宏观经济学家名单中，诺贝尔经济学奖得主小罗伯特·卢卡斯做出了重大的贡献，从而进一步变革了宏观经济学。今天，我们对于经济波动了解的更多了。但是我们仍然不知道所有的答案。宏观经济学仍然是一个生机勃勃、充满争议和令人激动的研究领域。

当　时

凯恩斯努力了解和帮助避免的大萧条是从1929年到20世纪30年代末的一段长期的、极度困难的经济时期。

到1933年萧条最严重的时候，实际GDP下降了30%之多。

对于大萧条的恐惧产生了新政并形成了持续到今天的政治态度。

现　在

一座设计成商店的建筑物为什么除了封起来并让它空着却没有更好的用途？凯恩斯主义者说，没有足够的总需求。实际经济周期理论家并不这样认为。技术变革使该建筑物作为商店的现期生产率降为零。但是预期未来的生产率足以高到把该座建筑物重新装修用作其他目的是没有效率的。因此它仍然被封着。

所有的失业，不论是建筑物还是人，都可以用类似的方法解释。例如，在衰退期，一个培训做商店职员的人为何没有工作？没有足够的总需求是一种回答。另一种回答是现在商店职员的生产率很低，但他们预期的未来生产率足够高，以至于不用付钱给失业的店员进行目前的工作再培训。

自从大萧条以来已经超过75年了。虽然从那时起我们经历过许多次的衰退，但没有一次可以与那次事件的严重性相比。但我们仍经历了经济波动。接下来你将会遇到麻省理工学院教授、当今最杰出的研究经济波动的经济学家和专家之一的李嘉图·卡巴里洛。

与李嘉图·卡巴里洛交谈

李嘉图·卡巴里洛（Ricardo J. Caballero）是麻省理工学院国际经济学的福特教授。他获得过许多荣誉，其中最著名的是获得2002年计量经济联盟的弗里茨奖章和2001年被提名为智利年度经济学家。作为一名极其受人尊重的教师，他是一个被大力追捧的特别演讲人，2005年他在赫尔辛基作了Yrjo Jahnsson讲座。

卡巴里洛教授于1982年获得工学学士学位，1983年在智利天主教大学获得硕士学位。随后他迁居美国，并于1988年在麻省理工学院获得博士学位。

迈克尔·帕金与李嘉图·卡巴里洛就他的工作和经济学家在理解经济波动中取得的进步进行了交谈。

卡巴里洛教授，为什么你决定成为一个经济学家？

是我决定的吗？我相信一个人要么生来就是经济学家要么就不是。我最开始学的是商科，但是当我一开始接触经济学的第一门课时，我就被（好的）经济推理中简单而优雅的逻辑迷住了。考虑到现实经济的复杂性，经济学的分析必然是抽象的。但同时，经济学主要是关于影响数百万人生活的具体和重要的问题。抽象化和相关性——这是一个神奇而奇怪的组合。不是每一个人都对它都感到舒服，但如果你感到了，经济学就是你的。

你的大多数工作是关于经济周期和其他高频现象。我们可以从回顾衰退的成本开始吗？罗伯特·卢卡斯说战后美国的衰退代价很小。你同意吗？

不……但我不确定罗伯特·卢卡斯真正想表达的是否是那个意思。我的感觉是，他想努力推动这个专业更多一点关注于长期增长的问题。降低衰退成本是一个证明他重要观点的有用的辩论工具。

我相信关于衰退代价不高的陈述是不正确的。首先，我认为他对于规模的计算反映出方法中的一些根本缺陷，在该方法中我们用经济学中的工作母机模型不能解释风险和动荡的代价。这个缺陷出现在许多不同的经济学难题中，包括著名的股权溢价之谜。通过数量级，经济模型低估了不开心的代理面对不确定情况时会如何反应。其次，衰退期和中期增长完全分离是非常不可能的。特别是正在进行的生产率增长核心的重构过程，被严重的衰退大大阻碍。

衰退的代价很高是因为它们浪费大量资源，影响实物和人力资本的决策。

在世界的其他部分，特别是拉丁美洲，衰退的成本是什么？

随着衰退的规模和国家消除最严重影响的无力，衰退的成本呈指数级增长。因为它们的经济并不是多样化，欠发达经济遭受更大的冲击，而且它们经历了恶化衰退冲击影响的资本外流。它们国内的金融部门小并且在衰退中经常受损伤，使其难以把稀缺的资源重新分配给那些最需要的人。更糟的是，政府运用财政政策的能力也由于资本外流而受到损害，而货币政策在货币自由流入和负债美元化时也是不可能的。在美国我们认为理所当然的许多简单的事情对于困难中的新兴市场是行不通的。将适用于发达经济反周期的方法生硬地推广用于这些国家时一定要谨慎小心。

据说你的第一个成果，是在你的硕士论文中构建了智利经济的一个宏观经济模型，从比较经济中我们学到了什么？智利经济的运转在本质上像美国经济吗？或者它们存在根本的不同？

在新兴市场中，智利是一个特殊的经济。在之前的许多年，它就开始了支持市场经济的改革，到现在的几十年里，已经有了非常谨慎的对宏观经济的管理。因此，它比很多其他新兴的市场经济更像美国经济一点。然而，两者仍存在重要的不同，也与我在回答前面问题时描述的那类不同。

除了智利的特性，在某些深层次上，宏观经济原理和更普遍的经济原理在每一个地方都是一样。它都是关于激励、权衡、努力、承诺、纪律、透明度、保险等等。但是不同的经济体的难处各有不同，因此，经济的实践就存在着丰富的多样性。

在美国最近的扩张期，一些资产价格——特别是房价——看上去可能正经历投机性泡沫，而你最近对于泡沫做了一些研究。我们该如何判断我们正看到的是一个泡沫，或者是由基本的市场力量驱动的一轮快速增长？

先解决当务之急。我认为我们需要习惯投机性泡沫的存在。理由是在当今世界的储户可用于储存价值的金融资产存在大量短缺。因为这个短缺，“虚拟的”资产准备着随时出现。特殊的泡沫来来去去——从纳斯达克到房地产到商品——但总体更加稳定。

我不认为泡沫和基本的市场力量之间存在着像人们描述得那么清晰的界限。可能除了流动性危机时期，所有的资产中都有泡沫的成分，只是程度不同而已。

你研究了资本突然停止从国外流进一个经济体的情况。从这个研究中你吸取了什么教训？

新兴市场最基本的教训是资本流动的不稳定。有时这种不稳定只是放大了国内的问题，但更多其他情况下，它们是动荡的直接来源。

然而观察的结论并不是资本流动应该被限制，正如我们不会因为要减少银行挤提存款的可能性而关闭美国的银行一样。相反，很多的不稳定性来自与国际资本市场不充分的融合，使得新兴市场无流动资金并成为专家和投机者的目标。对于短期和中期，主要的政策教训是，突然停止资本流动一定要放在新兴市场宏观经济政策设计的中心。这对于设计货币和财政政策，以及国际储备金的管理实践和国内金融市场管制都有深远的含义。

新兴市场最基本的教训是资本流动的不稳定。

美国经常项目的赤字很大并且这些年一直在增大，在世界上的美元债务水平也在上升。你看到在这个过程中美国或世界其他地方的任何危险吗？

我认为美国持续的经常项目赤字并不是异常现象的结果，正如传统观点认为的异常现象会在突然的碰撞中消失。然而，我的观点是这些赤字正是我前面提及到的由于全球金融资产短缺引起的大量资产流入对应物。美国比欧洲和日本具有更好的增长潜力，并能提供比新兴的亚洲和产油国更好的金融资产服务，这些都使得美国更能吸引国际私人和公共投资者。

……美国比欧洲和日本具有更好的增长潜力，能提供比新兴的亚洲和产油国更好的金融资产服务，这些都使得美国更能吸引国际私人和公共的投资者。

没有大的冲击，这个过程可能会持续一段相当长的时间。但冲击确实发生，在某种意义上，举债就是危险的。然而，由于缺少在世界范围内实施旨在一方面提高增长潜力另一方面推进国内金融发展的结构性改革，因此并没有多少我们能做的或者应该做的。

你给那些刚开始研究经济学并想成为经济学家的人的建议是什么？如果他们不在美国，他们是否应该像你一样来这里进行研究生学习？

世界上没有其他地方能够像美国这样攻读博士和进行经济学的研究。然而，这只是成为经济学家这个过程中最后一个阶段。在世界各地有许多杰出的经济学家，特别是在应用经济方面。

我相信最重要的一步是学会像经济学家一样去思考。我听米尔顿·弗里德曼说过，他知道许多经济学家从来没有念过博士课程，同样也有许多完成了博士学位但并不是真正的经济学家。在这个问题上，我同意他的观点。一个好的本科课程以及谈论经济学是成为经济学家的第一步。生活里几乎所有的一切都有其经济学的角度——寻找它并与你的朋友探讨它。它不会提升你的社会生活，但它会使你成为一个更好的经济学家。

生活里几乎所有的一切都有其经济学的角度——寻找它……

第30章

财政政策

国会山上的平衡行动

2007 年，美国联邦政府计划从美国人挣的每 1 美元中征收 18.2 美分税，从美国人挣的每 1 美元中支出 21.1 美分。因此，政府预计的赤字规模大约相当于每美元收入的 3 美分——总赤字为 3 700 亿美元。联邦政府赤字已经不是新鲜事了。除了 1998~2001 年这 4 年之外，从 1970 年开始，每年政府预算就一直是赤字。赤字带来债务，每个美国人承担的联邦政府债务大约是 29 000 美元。

税收给经济带来了什么样的影响?它们是否破坏就业和生产呢?

如果政府预算不平衡影响大吗？政府持续赤字并累积成巨额债务会有什么样的影响？它们会放慢经济增长的速度吗？它们会成为你和你的孩子未来的负担吗?

政府支出对经济有什么样的影响？政府在产品和服务上的 1 美元支出与其他人支出的 1 美元是否具有同样的效果？支出创造了更多的就业机会还是给就业带来了不利的影响?

◆ 这些都是你将在本章要学的财政政策所涉及到的问题。在本章末的**阅读材料**中，我们可以探讨 2007 年的联邦预算，并与 2000 年也就是克林顿政府的最后一年的联邦预算进行比较。

学习本章后，你将能：

- 描述联邦预算的过程及近年来政府支出、税收、赤字和债务的状况
- 解释财政政策对就业和潜在 GDP 的供给方效应
- 解释赤字对投资、储蓄和经济增长的影响
- 解释财政政策选择如何在代际之间再分配收益和成本
- 解释财政政策如何稳定经济周期

联邦预算

美国政府关于支出和税收收入的年度报告以及其承认并支持这些支出与税收的法规组成**联邦预算**（federal budget）。联邦预算目的有两个：

1. 为联邦政府的活动提供资金
2. 实现宏观经济目标

20世纪30年代的大萧条之前，联邦预算仅有第一个目的。第二个目的是对大萧条的反应。通过联邦预算来实现诸如充分就业、稳定经济增长及价格稳定的宏观经济目标被称作**财政政策**（fiscal policy）。本章我们主要讨论联邦预算的第二个目的。

机构和法规

2007年美国总统和国会制定的财政政策时间表如图30.1所示。

图 30.1 2007财年联邦预算时间表

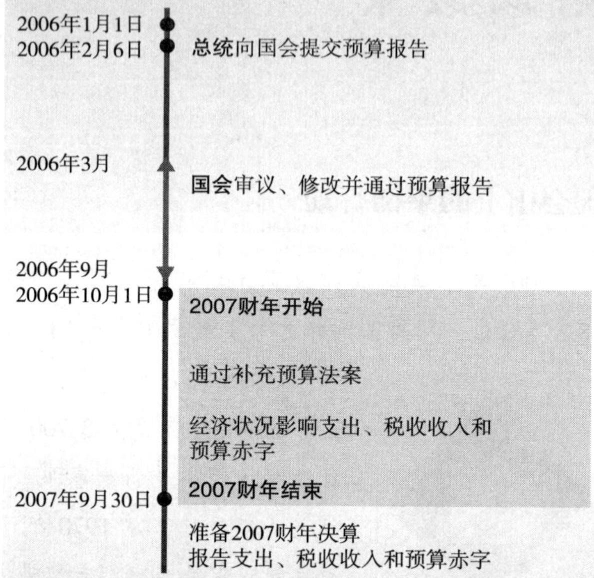

联邦预算流程从2月份的总统提案开始。国会审议、修改这些提案，并且在每一财年的10月1日之前形成预算。总统签署预算法案以付诸法律或者否决整个提案。在整个财年中，国会可能也会通过一些补充的预算法案。在财政年度结束之后再计算预算结果。

总统和国会的职责 每年2月份总统向国会提交一个预算，当国会在9月份通过预算法案后，总统或者签署这项法案以付诸法律，或者否决整个预算提案。总统没有权力否决预算提案中的部分项目而批准其他项目——也就是择项选择权。长期以来许多州长拥有择项选择权，1996年，国会曾试图把这些权力赋予美国总统。但是1998年最高法院规定，宣布总统的择项选择权不符合宪法。虽然预算是由总统提出并最后批准的，但是制定支出和税收的权力仍旧属于国会。

国会根据总统的预算报告开始审议。众议院和参议院在各自的预算委员会中提出他们对预算提案的建议。在两院的正式会议中，双方最终解决分歧，一系列的支出法案与总体预算法案也会被两院在下一财政年度开始之前通过。财政年度从每年的10月1日开始至下一年的9月30日结束。2007财年从2006年的10月1日开始。

在一个财年中，美国国会常常会通过一些补充的预算法案，且预算结果也会受到国家经济运行状况的影响。例如，当衰退开始时，税收收入会减少，政府福利支出会增加。

1946年就业法案 **1946年就业法案**（Employment Act of 1946）具有划时代的意义，财政政策就是在这个框架内运作的，根据这个法案国会宣布：

> ……利用一切可行的手段，协调和利用所有的计划、职能部门与资源，最大化促进就业、生产和购买力，这是联邦政府一贯的政策和责任。

这项法案明确了为实现低失业率、经济增长和价格稳定等目标政府采取行动的职责。1978年的《充分就业与平衡增长法案》通常被称为《汉弗莱—霍金斯法案》，比1946年的就业法案更进一步，它明确了4%失业率的目标。但这个目标从来就没有被当成一个不变的政策目标。1946年就业法案规定，总统必须在经济顾问委员会每年编写的《美国总统经济报告》中，就当前的经济形势和采取的政策做出阐述。

经济顾问委员会 1946年就业法案要求建立总统经济顾问委员会。委员会包括一位主席和两位其他成员，他们全都是暂时离开大学或者公共服务部门1年或2年的经济学家。2006年，布什总统经济委员会的主席爱德华·拉齐尔

就来自斯坦福大学。**经济顾问委员会**（Council of Economic Advisers）监测国家经济状况，向总统和公众通报当前的国家经济状况，对未来经济走向做出最好的预测。这种经济智力活动是预算决策过程中的重要数据来源。

让我们看看最近的美国联邦预算。

2007 年预算的概要

表 30.1 描述了布什总统提交的 2007 年联邦预算的主要项目。各项目的数额是在 2007 财年之初——2006 年 10 月 1 日预计的。注意表中的三个主要部分：*税收收入*是政府的收入来源，*支出*是政府的花费，*赤字*是指政府支出超过其税收收入的部分。

税收收入 2007 财年计划的税收收入是 2.521 万亿美元。这些税收收入有 4 个来源：

1. 个人所得税
2. 社会保障税
3. 公司所得税
4. 间接税

2007 年，政府收入的最大来源是*个人所得税*，预计可达到 1.098 万亿美元。这些税收是个人对其收入支付的税负。政府收入的第二大来源是*社会保障税*。社会保障税由雇员和他们的雇主缴纳，为政府的社会保障计划提供资金。政府收入的第三来源是*公司所得税*，这些税收主要来自公司的利润。最后，联邦收入最小的部分来自*间接税*，主要是对汽油、酒类和一些其他商品的销售所征的税。

表 30.1 2007 财年的联邦政府预算

项 目	预 算（10 亿美元）	
税收收入	**2 521**	
个人所得税		1 098
社会保障税		949
公司所得税		297
间接税		177
支 出	**2 891**	
转移支付		1 738
产品和服务支出		837
债务利息		316
赤 字	**370**	

资料来源：*Budget of the United States Government, Fiscal Year 2007*, Table 14.1.

支 出 支出可以分为三大类：

1. 转移支付
2. 产品和服务支出
3. 债务利息

*转移支付*是政府支出中最大的项目，它主要支付给个人、企业、政府的其他层次以及世界上的其他国家。2007 年，这一项目的支出预计为 1.738 万亿美元，其中包括社会保障支出、医疗保险和医疗救助计划、失业救济、福利支付、农产品补贴、对州和地方政府的拨款补助、对发展中国家的援助以及联合国之类国际机构的会费。转移支付，尤其是医疗保险和医疗救助计划，在政府支出中的比重持续增长，这也是关注的重点和政治争论的焦点。

*产品和服务支出*是指对最终产品与服务的支出。在 2007 年，该项支出预计可达 8 370 亿美元。这些支出主要包括：对国防支出、国内安全、艾滋病防治的研究、美国国内税务署使用的电脑、政府车辆、联邦公路和大坝等。近几年，产品和服务支出已经下降了。联邦预算的这部分支出就是反映在支出—收入循环流与国民收入和产品账户中*政府对产品和服务的支出*（参见第 21 章）。

*债务利息*是指政府对债务支付的利息。2007 财年，这一支出预计为 3 160 亿美元——大约占总支出的 10%。利息支付如此之多是因为政府债务总额已经超过了 4 万亿美元，这是由于 20 世纪 70 年代、80 年代、90 年代及近年来的财政赤字不断上升造成的。

盈余或赤字 政府预算差额等于税收收入减去支出：

预算差额 = 税收收入 – 支出

如果税收收入超过了支出，那么政府预算就会出现**预算盈余**（budget surplus）。如果支出超过税收收入，那么政府预算就会出现**预算赤字**（budget deficit）。如果税收收入等于支出，政府达到**预算平衡**（balanced budget）。在 2007 财年，预计支出 2.891 万亿美元，预计税收收入为 2.521 万亿美元，政府预计的财政预算赤字为 3 700 亿美元。

数额如此之大难以想像，很难把它纵向比较。为了更好地理解税收收入、支出和赤字的大小，我们常常把它们表示为占 GDP 的比重。这样表示是为了让我们看看政府活动相对经济规模到底有多大，还可以帮助我们研究随着时间的推移政府规模的变化情况。

美国 2007 年联邦预算有什么样的特征？让我们看一下近些年来的美国联邦预算。

从历史角度来看预算

图 30.2 表示 1980 年以来美国政府的税收收入、支出以及预算盈余或赤字。直至 1997 年，联邦预算一直处于赤字状态。1970 年，联邦政府第一次出现赤字。1983 年赤字达到最高，占 GDP 的比重为创纪录的 5.2%，如图所示。1989 年美国赤字开始下降，但在 1990~1991 年美国经济衰退期间又开始上升。在 20 世纪 90 年代扩张时期，联邦赤字逐渐缩小，并且在 1998 年，联邦政府出现自 1969 年以来的第一次预算盈余。但是到了 2002 年，预算又开始变为赤字。

为什么预算赤字在 80 年代增加而在 90 年代末消失了呢？答案就在于支出和税收收入的变化。但是支出和税收收入组合中的哪一部分改变会使赤字增大或者减少呢？让我们更详细地看一下税收收入和支出。

税收收入 图 30.3（a）表示的是 1980~2006 年以来税收收入的各组成部分占 GDP 的百分比。在 1983~1986 年之间，公司所得税与个人所得税的削减减少了总的税收收入。从 1986~1991 年，税收占 GDP 的百分比并没有大的变化。个人所得税支付在 90 年代一直上升，但在 2000 年后却大幅下降。

支 出 图 30.3（b）表示的是 1980~2006 年以来政府支出的各组成部分占 GDP 的百分比。总支出在 1989 年之前有轻微下降，在 90 年代之初开始增加，从那以后直至 2000 年一直平稳下降，从 2000 年以后又开始增加。对产品和服务支出在 2001 年之前一直下降。由于 2001 年 9 月 11 日恐怖袭击的发生，有关安全方面的产品和服务支出在 2002 年大幅增加。转移支付在这段期间一直增加。债务利息占 GDP 的百分比在 80 年代基本保持稳定，在 90 年代末及 21 世纪初几年轻微下降。为了理解债务利息的作用，我们需要了解政府预算平衡和债务的联系。

预算平衡与债务 政府在预算出现赤字时需要借债，在预算出现盈余时则要还债。**政府债务**（government debt）是政府所借债务的总额。它是指过去预算赤字累积总和减去预算盈余累积总和。政府预算赤字增加了政府的债务。持续的预算赤字会自我膨胀：预算赤字导致了借款的增加；

图 30.2 预算盈余与赤字

myeconlab

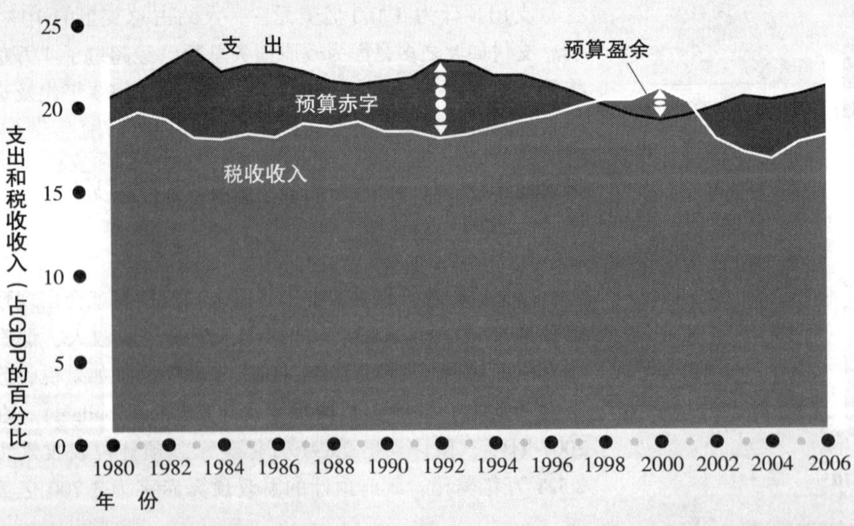

该图表示的是 1980~2006 年美国联邦政府的支出、税收收入和预算差额。在 20 世纪 80 年代，由于税收收入减少及支出的增加，巨额的预算赤字一直持续上升。1998 年，由于税收收入的增加及支出的减少（占 GDP 百分比），预算出现盈余。但当 2002 年安全支出费用增加和税收削减之后，联邦预算再次出现赤字。

资料来源：*Budget of the United States Government, Fiscal Year 2007*, Table 14.2.

借款的增加又会导致更大的利息支付；而更大的利息支付会导致更大的赤字。这就是 20 世纪 70 年代至 80 年代预算赤字增加的情况。

图 30.4 描述了自 1940 年以来政府债务的两种度量方法。总债务包括社会保障支付中政府欠后代的款项。净债务是公众承担的债务，它不包括社会保障支付。

在第二次世界大战结束时，政府债务（占 GDP 的百分比）处在这个时期的高位。一直到了 1974 年，预算盈余及快速的经济增长降低了债务占 GDP 的比例。整个 20 世纪 70 年代，小规模预算赤字使债务占 GDP 的百分比小幅增加，在 80 年代和 1990~1991 经济衰退时出现大规模预算赤字，使债务占 GDP 的百分比急剧上升。在 20 世纪

图 30.3 联邦政府税收收入和支出

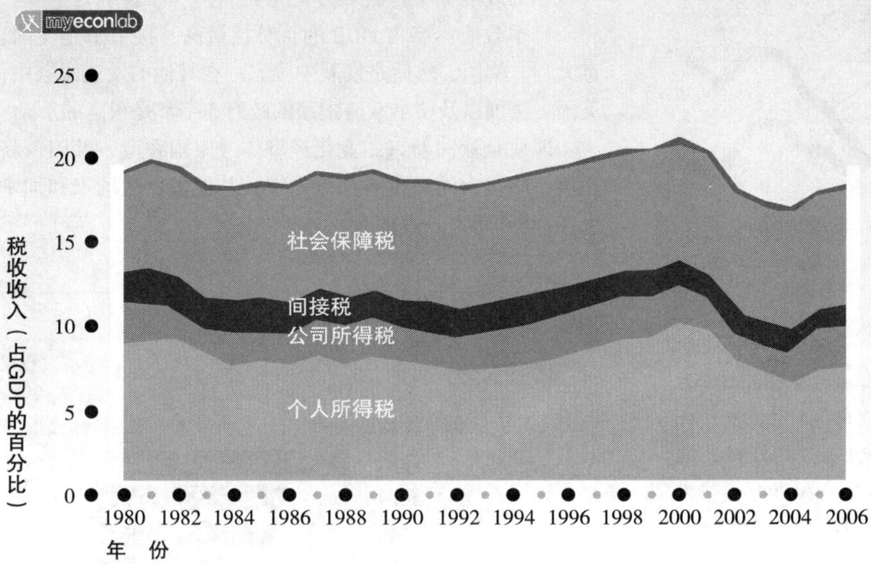

（a）税收收入

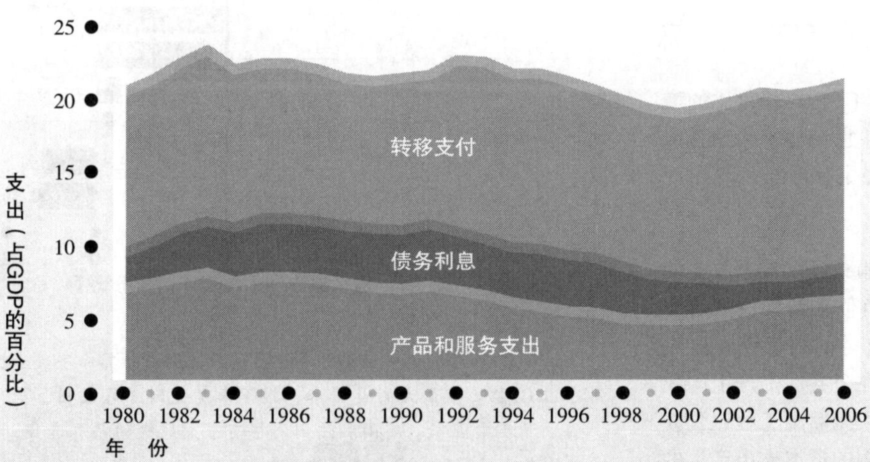

（b）支 出

在（a）幅中，个人所得税和公司所得税占 GDP 的百分比在 80 年代一直比较稳定，在 90 年代则持续上升，到了 2000~2004 年期间则大幅下降，但从 2004 年后这个百分比又开始上升。税收收入的其他组成部分仍然保持稳定。

在（b）幅中，产品和服务支出占 GDP 的比重在 2001 年之前一直处于下降状态，但从那以后由于安全支出的大幅增加而开始上升。转移支付在这个期间一直在增加。债务利息在 80 年代基本保持稳定，由于 90 年代预算赤字的减少及 2002~2003 年间的低利率，债务利息在 20 世纪 90 年代及 21 世纪初开始下降。

资料来源：*Budget of the United States Government, Fiscal Year 2007* Table 14.2.

图 30.4 联邦政府债务

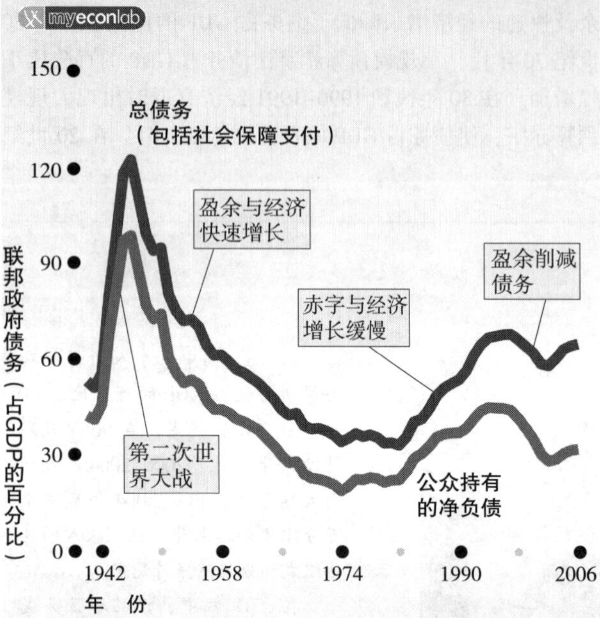

政府的债务与净债务（过去年份预算赤字累积总和减去预算盈余累积总和）在二次世界大战结束时达到最高点。从那以后直至 1974 年，债务占 GDP 的百分比一直在下降，但随后又开始上升。债务占 GDP 的百分比经过 70 年代末的明显下降后，在 80 年代又开始上升，并一直持续到 1995 年，从 1995 年以后开始下降直至 2002 年，以后又开始上升。

资料来源：*Budget of the United States Government, Fiscal Year 2007*, Table 7.1.

90 年代中期，当经济扩张时，债务占 GDP 的百分比的增长速度开始减慢。在 90 年代后期与 21 世纪初，当预算出现盈余时，债务占 GDP 的百分比下降了，但当预算出现赤字时其增长速度又开始上升。

债务与资本 企业和个人负债是为了购买可以带来收益的资产（即资本）。事实上，人们通过负债来购买资产重要的原因就是资产的收益超过了债务支付的利息。在这方面，政府与企业和个人相类似。许多在公共性资产上的政府支出都会产生收益。政府在公路、大型灌溉工程、公立学校和大学、公共图书馆以及国防方面的资本支出产生的社会收益率远大于政府支付的债务利息。

但是美国政府的总债务已经超过了 4 万亿美元，是政府资本存量的 4 倍。实际上，一些政府债务是为了支付公共消费支出和转移支付，而这些支出并不产生社会收益。这种债务就要由后代人来负担。

美国政府的预算平衡与其他国家相比有什么不同？

全球视角下的美国政府预算

图 30.5 把 2006 年美国政府预算放在一个全球视角下来分析。在这一年，几乎全球所有国家都存在着预算赤字。全球所有政府的预算赤字总额约占全球 GDP 的 3%——总的政府赤字将近 2 万亿美元。

日本政府赤字占 GDP 的百分比最高，接下来是美国、意大利、德国，然后是发展中国家。在其他的发达国家中，英国、法国以及整个欧盟国家的政府赤字都是很高的。

即使是亚洲新兴工业化经济体（中国香港、韩国、新加坡、中国台湾）也有预算赤字。其他的发达国家和加拿大在 2006 年有预算盈余。

图 30.5 2006 年全球政府预算

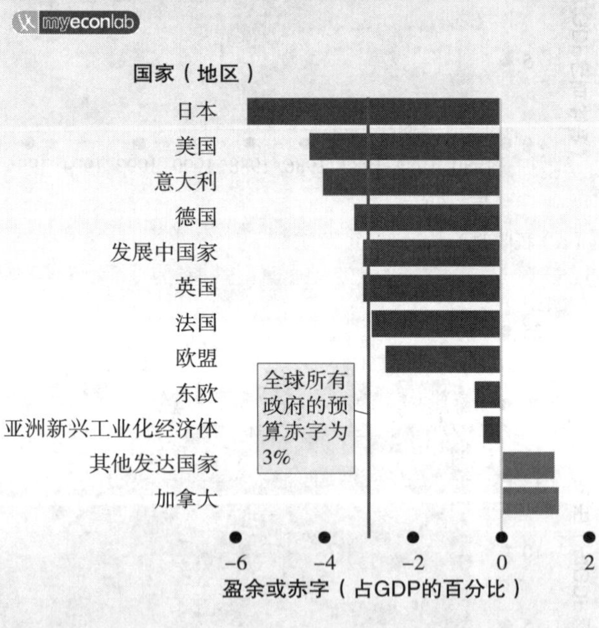

在 2006 年，大多数国家和地区的政府存在预算赤字。赤字占 GDP 比重最大的是日本，接下来是美国、意大利、德国。发展中国家、英国和法国同样有很大规模的预算赤字。其他发达国家和加拿大有预算盈余。

资料来源：International Monetary Fund, *World Economic Outlook*, April 2006.

州与地方政府预算

美国的全部政府部门包括州和地方政府以及联邦政府。在 2005 年，联邦政府支出大约有 2.5 万亿美元，州和地方政府支出将近 1.7 万亿美元。这些支出的大部分用在公立学校和公立大学（5 500 亿美元）、地方警察与消防部门和公路建设方面。

联邦、州和地方政府在税收收入、支出及预算余额方面的共同作用影响着经济运行。但是，州和地方政府的预算不是为了稳定整个国家经济或者使国家经济运行得更有效率。因此，有时当联邦政府削减税收或支出时，州和地方政府的做法却正好相反，这在一定程度上抵消了联邦政府的政策效果。例如，在 2001 年，当联邦税收占 GDP 的百分比开始下降时，州与地方政府的税收却增加了。

复习测验

1. 什么是财政政策？谁制定的？制定财政政策旨在影响什么？
2. 总统在财政政策的制定中有什么特殊作用？
3. 众议院与参议院的预算委员会在财政政策制定中起什么样的特殊作用？
4. 每年美国联邦预算的时间安排是什么？一个财政年度什么时候开始？什么时候结束？
5. 如今美国联邦政府的预算是赤字还是盈余？

myeconlab **Study Plan 30.1**

现在你知道了什么是财政预算，以及税收收入和支出主要包括哪些部分，现在我们该研究财政政策的影响了。我们将首先开始学习税收对就业、总供给及潜在 GDP 的影响。接着，我们将研究预算赤字的影响和财政政策如何在各代之间进行再分配。最后，我们会研究财政政策对需求方面的影响，以及财政政策如何成为稳定经济周期的一种工具。

供给方：就业和潜在 GDP

财政政策对就业、潜在 GDP 和我们将要分析到的总供给方面有重要影响。这些影响被称为**供给方效应**(supply-side effects)，相信这种影响的重要性的经济学家通常被称为供给经济学家。为了研究这种影响，我们首先看在没有税收的情况下，充分就业和潜在 GDP 是如何决定的，然后再引入所得税，看它如何影响经济结果。

充分就业和潜在 GDP

我们在第 23 章学过充分就业的劳动量和潜在 GDP 是如何决定的。在充分就业水平上，通过实际工资率的调整，劳动供给量等于劳动需求量，潜在 GDP 就是劳动在充分就业水平时创造的实际 GDP。

图 30.6 说明了一种充分就业的情况，在（a）幅，劳动的需求曲线是 *LD*，劳动的供给曲线是 *LS*。当实际工资率为每小时 30 美元以及一年中有 2 500 亿个小时的劳动量时，经济就处于充分就业水平上。

在图 30.6（b）中，生产函数是 *PF*，当 2 500 亿个小时的劳动量就业时，实际 GDP（同时也是潜在 GDP）是 13 万亿美元。

接下来，我们看所得税是如何改变潜在 GDP 的。

所得税的影响

所得税是通过改变充分就业的劳动数量来影响潜在 GDP 和总供给。所得税降低了人们工作的积极性，在工人能赚取的养家糊口的工资和企业支付的劳动成本之间加入了一个楔子，结果得到的是一个较少的劳动数量和一个较低的潜在 GDP。

图 30.6 说明了这种结果。在劳动市场上，所得税没有影响到劳动需求，需求曲线仍然是 *LD*。原因是企业计划雇佣的劳动数量只是取决于劳动生产率和劳动成本（也就是实际工资水平）。

图 30.6 所得税对总供给的影响

myeconlab

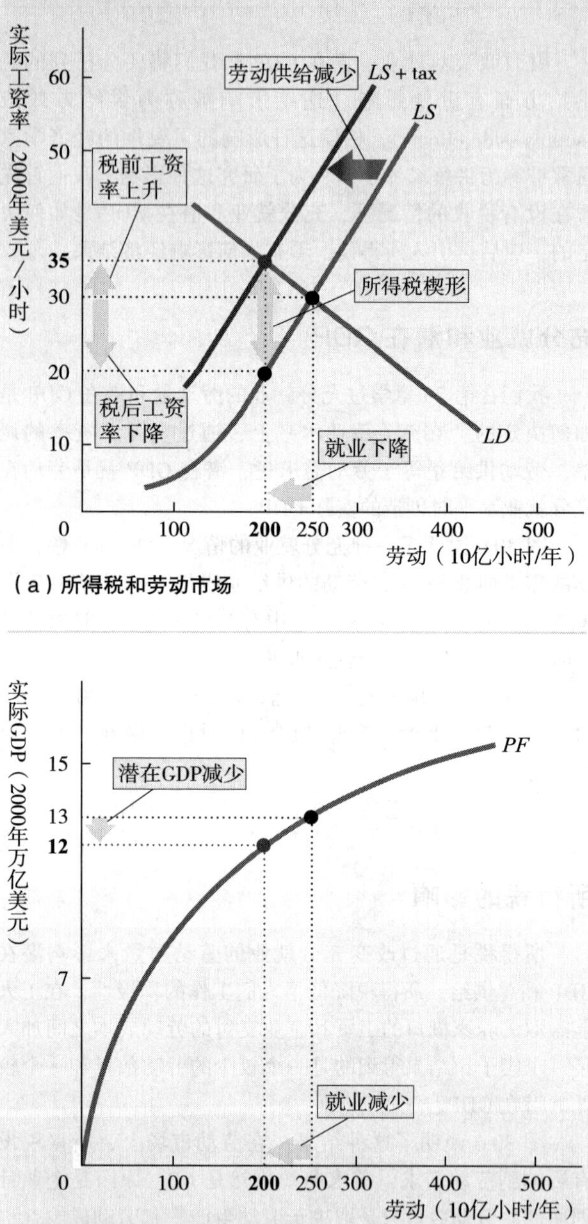

（a）所得税和劳动市场

（b）所得税和潜在GDP

在（a）幅中，没有所得税情况下，实际工资率是每小时30美元，劳动量是2 500亿小时。在（b）幅中，潜在GDP为13万亿美元。所得税使得劳动供给曲线左移至*LS*+tax。税前的工资水平增加到每小时35美元，税后的工资水平降到每小时20美元，而且劳动数量减少到2 000亿小时。劳动的减少带来了潜在GDP的降低。

但是劳动的供给的确变动了。在没有所得税的情况下，实际工资水平是每小时30美元，一年中可供雇佣的劳动为2 500亿小时。所得税降低了工人工作的积极性，减少了劳动供给，原因是在税前所得的每1美元，工人必须按税率交给政府一部分的钱。因此工人在决定提供劳动时，依据的是税后工资水平，所得税使得劳动供给曲线左移到*LS*+tax。*LS*曲线和*LS*+tax曲线之间的垂直距离就是税收的数额。由于少量的劳动供给，税前的工资水平上升到每小时35美元，但是税后的工资水平降低到每小时20美元。税前和税后工资率的缺口被称为**税收楔形**（tax wedge）。

在新的均衡点上，每年就业劳动量是2 000亿小时——要少于没有税收的情况。由于充分就业的劳动数量减少，潜在GDP降低，随之，总供给也减少了。

在这个例子中，税率很高——35美元的工资率中有15美元的税额，大约占43%。一个较低的税率对就业和潜在GDP的影响会小一些。

税率增加到高于43%的话，劳动供给的减少会超过图30.6中所显示的结果。均衡的就业数量和潜在GDP也会下降得更多。减税将会增加劳动供给，提高均衡就业量以及潜在GDP水平。

消费税以及税收楔形

我们刚刚提到税收楔形仅仅是影响劳动供给决策的一部分。对消费支出征税加大了这一楔形，原因是消费税提高了消费品和服务的价格，正好等于实际工资率的削减量。

劳动供给的激励取决于一个小时的劳动可以买到的产品和服务。向产品和服务征税越多，税后工资水平就越低，劳动供给激励也就越小。如果所得税率是25%，消费税是10%，则赚取的1美元只能买到65美分的产品和服务，税收楔形就是35%。

一些现实世界中的税收楔形

2004年的诺贝尔经济学奖获得者亚利桑那州立大学的爱德华·普雷斯克特（Edward C. Prescott），估计了许多国家的税收楔形。美国税收楔形包括13%的消费税和32%的所得税。所得税率包括社会保障税，而且它是一个边际税率。

在工业国家中，美国的税收楔形是相对较小的。普雷斯克特估计法国的税收楔形率为33%的消费税和49%的收入所得税。英国介于法国和美国之间。图30.7表示这三个国家税收楔形的构成。

图 30.7 三个国家的税收楔形

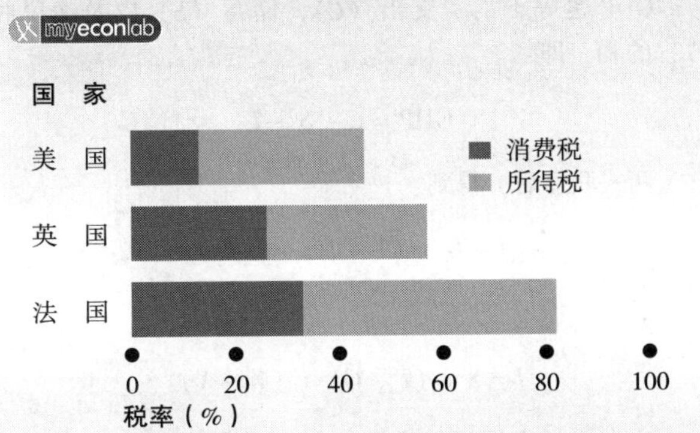

法国和英国的税率比美国的高，税率是解释三个国家人均潜在 GDP 存在差异的主要原因。

资料来源：Edward C. Prescott, *American Economic Review*, 2003.

图 30.8 拉弗曲线

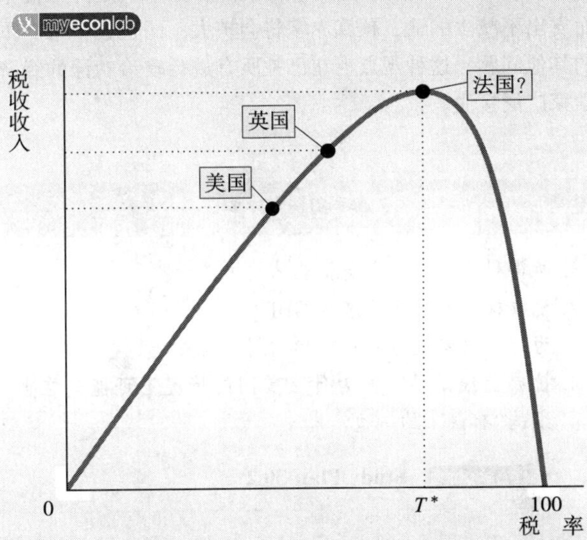

拉弗曲线表示税率和税收收入之间的关系。当税率低于 T^* 时，税率的增加会带来税收收入的增加；在 T^* 时，税收收入达到最大；当税率超过 T^* 时，税率增加会减少税收收入。

税收楔形重要吗

依据普雷斯克特的估计，税收楔形对就业和潜在 GDP 有重要的影响。法国的潜在 GDP 比美国低 14%（人均），两国总体上的差距就在于税收楔形的不同。

英国的潜在 GDP 比美国低 41%（人均），大约 1/3 的差额是由于税收楔形的不同造成的（剩余部分可归因于不同的生产率水平）。

税收收入与拉弗曲线

税收对于就业量影响的一个有趣的结果是高税率并不总是能带来更多的税收收入。税率越高，从 1 美元中得到的税收收入越多，但是高税率会导致人们挣的钱减少，这两个方面对税收收入的作用是相反的。

税收收入与税率之间的关系被称为**拉弗曲线**（Laffer curve）。曲线的名称来源于阿瑟·拉弗（Arthur B. Laffer），他是里根总统经济政策顾问委员会的成员之一。他在餐巾上画了一条这样的曲线，用以说明降低税率可以增加税收收入。

图 30.8 给出的就是这样一条拉弗曲线。横轴表示税率，纵轴表示总的税收收入。当税率低于 T^* 时，税率的增加就会增加税收收入；在当税率等于 T^* 时，税收收入达到最大；当税率高于 T^* 时，税率的增加会减少税收收入。

大部分人认为美国处在拉弗曲线的上升阶段，英国也处在上升阶段，但是法国可能接近最大值点，或者甚至超过该点。

来自供给方的争论

在 1980 年以前，很少有经济学家注意税率对就业和潜在 GDP 的供给方的影响，当罗纳德·里根任总统时，一些供给学派的经济学家开始宣扬降低税率，阿瑟·拉弗就是其中一员。阿瑟·拉弗和他的支持者在主流经济学界没有很高的名望，但是在一段时间里，他们非常有影响力。他们论证的降低税率将会增加就业和产出是正确的，但是他们提出的降低税率将会增加税收收入，减少预算赤字并不正确。如果这种预测是正确的话，美国就处于拉弗曲线的“有误”的一边了。由于美国税率是工业化国家中最低的，上述现象并不可能遇见。当罗纳德·里根政府降低税率后，预算赤字却增加了，这一事实证实了这种观点。

供给学派经济学因为与阿瑟·拉弗有关系而失去了光环，渐渐被称为“巫术经济学”。但是主流的经济学家，包括马丁·费尔德斯坦（Martin Feldstein），一位哈佛大学教授同时也是里根政府的首席经济顾问，肯定了减税的激励作用，但是他持有的是一般的观点：如果只是降低税率而支出不减少的话，预算赤字将会扩大，而且会带来严重的其他问题，这种观点现在已被所有进行政治劝谏的经济学家广泛接受。

复习测验

1. 所得税税率怎样影响就业的均衡数量？
2. 税收楔形怎样影响潜在 GDP？
3. 为什么消费税与税收楔形的测算有关？
4. 拉弗曲线是什么？为什么美国的情况不可能处在曲线的"有误"的一边？

myeconlab **Study Plan 30.2**

我们现在知道了税率对潜在 GDP 的影响。但是这种作用影响的是实际 GDP 的水平，不是它的增长率。接下来看看税收和预算赤字对影响经济增长速度的储蓄和投资方面的作用。

供给方：投资、储蓄和经济增长

我们在第 21 章已经学过如何通过国民储蓄和向其他国家借款来为投资进行融资。在第 23 章，我们研究了影响投资和储蓄决策的因素，以及实际利率如何调整使储蓄和借款、投资和贷款计划得到协调。在第 24 章，我们学习了投资是如何增加资本存量以及对实际 GDP 的增长发挥作用的。

我们在第 23 章讨论可贷资金市场的时候，注意到了政府预算赤字（或盈余）会影响可贷资金市场。但是我们研究的市场均衡中，政府预算是平衡的。现在我们来研究政府预算赤字如何改变可贷资金市场的均衡。我们首先回顾投资的融资来源。

投资的融资来源

GDP 等于消费支出（C），投资（I），政府支出（G）以及净出口（$X-M$）之和，即

$$GDP = C + I + G + (X - M)$$

GDP 也等于消费支出（C），储蓄（S）以及净税收（T）的和，即

$$GDP = C + S + T$$

两式联立后，得到：

$$I + G + (X - M) = S + T$$

或

$$I = S + (T - G) + (M - X)$$

这个式子告诉我们投资（I）是由储蓄（S）、政府储蓄（$T-G$）以及向其他国家的借款（$M-X$）构成的。储蓄和向他国借款是储蓄的私人来源，记为 PS，则

$$PS = S + (M - X)$$

投资等于私人储蓄与政府储蓄之和，即

$$I = PS + (T - G)$$

- 如果 $T>G$，则政府部门预算盈余，政府储蓄是正的；
- 如果 $G>T$，则政府部门预算赤字，政府储蓄是负的。

当政府部门预算盈余，它对投资融资是有利的，但是当政府部门预算赤字时，它会占用一部分私人储蓄。

图 30.9 说明了 1973~2005 年美国投资融资的来源。该图表明了在 20 世纪 90 年代，投资明显增长是因为向他国借款的增加以及政府财政赤字的减少。在 21 世纪，私人储蓄以及向他国借款同时为投资和增长的政府赤字买单。

财政政策通过以下两种方式影响投资和储蓄：

- 税收影响储蓄激励，并改变了可贷资金的供给。
- 政府储蓄（预算盈余或赤字）是总储蓄和可贷资金供给的组成部分。

税收以及储蓄激励

利息税削弱了储蓄激励，在储户赚得的税后利息率和公司支付的利息率之间形成一个楔形。它的作用与所得税类似，但是由于两个原因作用更大。

首先，对劳动所得征税会减少劳动就业数量，降低潜在 GDP，而对资本收入征收所得税会减少储蓄和投资的数量，减缓了实际 GDP 的增长速度。对资本收入征收所得

图 30.9 美国投资的融资

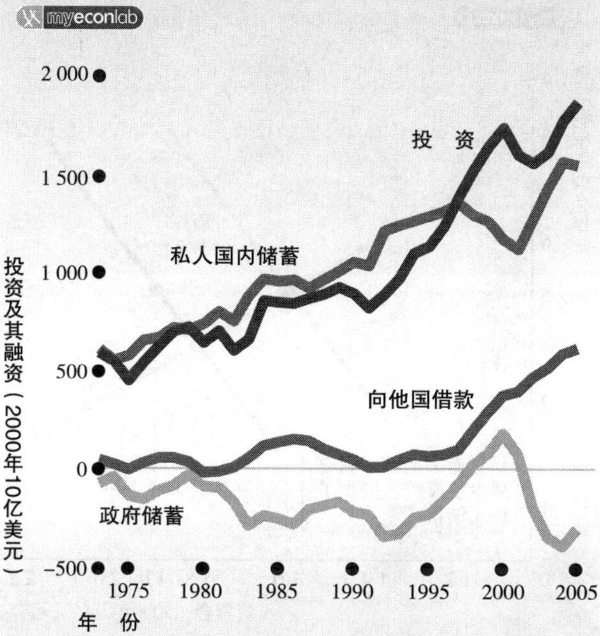

在 20 世纪 90 年代，不断增加的美国投资来源于向他国借款以及政府赤字的减少。在 21 世纪初的几年中，美国的投资和增长的预算赤字来源于向他国借款和私人储蓄的增加。

资料来源：Bureau of Economic Analysis and Office of Management and Budget.

税就会形成一个卢卡斯楔形(参见第 20 章）——造成潜在 GDP 与本应该存在的潜在 GDP 之间的差距加大。

其次，因为通货膨胀与利息收入税相互作用的方式，对利息收入征收的真实税率远远高于对劳动收入征收的税率。我们在学习税收对储蓄和投资的影响前，先分析这种相互作用。

实际利率的税率 影响投资和储蓄计划的利率就是实际的税后利率，实际的税后利率是实际利率减去对实际利息收入征收的税收。然而，这些税收数额取决于名义利率，而不是实际利率。因此，通货膨胀率越高，利息收入的真实税率也就越高。举个例子，假设实际利率为每年 4%，税率是 40%。

如果没有通货膨胀，名义利率等于实际利率，对利息征收 4%的税就是 1.6%（4%的 40%），则实际税后利率就是 4% - 1.6% = 2.4%。

如果一年的通货膨胀率是 6%，名义利率是 10%，对 10%的利息征税就是 4%（10%的 40%），那么，实际的税后利率就是 4% - 4% = 0。在这个例子中，真实税率不是 40%，而是 100%！

所得税对储蓄与投资的影响 在图 30.10 中，初始时没有税收。政府部门的预算也是平衡的。可贷资金的需求曲线同时也是投资需求曲线，用 *DLF* 表示。可贷资金的供给曲线同时也是储蓄供给曲线，用 *SLF* 表示。均衡利率是每年 3%，借贷基金的均衡数量是每年 2 万亿美元。

对利息收入征税对于可贷资金的需求没有影响，企业计划借款和投资的数量取决于资本的生产率以及它的成本——就是实际利率。但是利息收入税削弱了人们储蓄和贷款的激励，减少了可贷资金的供给。因为对于税前赚取的每 1 美元收入，储户需要按既定的税率交给政府一部

图 30.10 对资本收入征税的影响

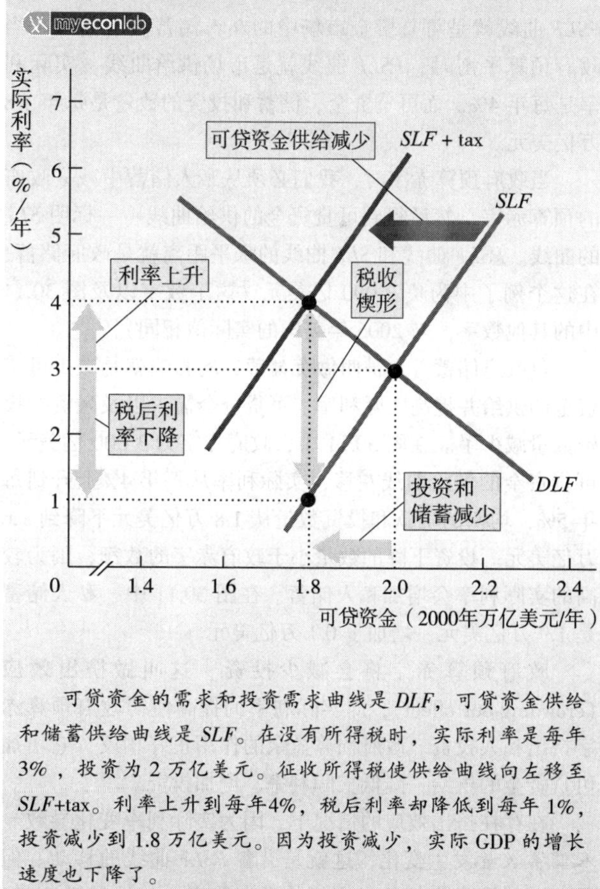

可贷资金的需求和投资需求曲线是 *DLF*，可贷资金供给和储蓄供给曲线是 *SLF*。在没有所得税时，实际利率是每年 3%，投资为 2 万亿美元。征收所得税使供给曲线向左移至 *SLF*+tax。利率上升到每年4%，税后利率却降低到每年 1%，投资减少到 1.8 万亿美元。因为投资减少，实际 GDP 的增长速度也下降了。

分。因此，储户会依据税后的实际利率来决定储蓄数量。

当征收利息税后，储蓄就会减少，可贷资金的供给曲线就会向左移至 *SLF*+tax，所要交纳的税金就是 *SLF*+tax 曲线和 *SLF* 曲线的垂直距离。由于可贷资金供给的减少，利率上升到每年 4%，但是税后利率却降低到每年 1%，在利率和税后利率之间形成了一个税收楔形，可贷资金的均衡数量减少了，同时，投资和储蓄也减少了。

对投资和储蓄征收所得税的影响有可能很大。在高通货膨胀率时期，这些影响可能特别大。

我们已经知道了税收是如何影响私人储蓄的。接下来我们再讨论政府储蓄是如何影响可贷资金市场的。

政府储蓄

当政府预算盈余时，政府储蓄是正的；当政府预算赤字时，政府储蓄是负的；当政府预算平衡时，政府储蓄为零。

在图 30.11 中，*DLF* 曲线就是可贷资金的需求曲线，*PSLF* 曲线就是可贷资金市场中的私人储蓄供给曲线。当政府预算平衡时，*PSLF* 曲线就是市场供给曲线，实际利率是每年 4%，而可贷资金、储蓄和投资的数量是每年 1.8 万亿美元。

当政府预算赤字时，我们必须从私人储蓄中减去政府的预算赤字，然后得到可贷资金的供给曲线——标明 *SLF* 的曲线。*PSLF* 曲线和 *SLF* 曲线的水平距离就是政府储蓄，在这个例子中为负 3 000 亿美元（这个数字以及图 30.11 中的其他数字，与 2006 年美国的实际值相同）。

负政府储蓄（也被叫做负储蓄）的影响就是减少可贷资金的供给并提高实际利率。可贷资金需求以及融资的投资数量减少了。在图 30.11 中，政府赤字为 3 000 亿美元，可贷资金的供给曲线左移，实际利率从每年 4%上升到每年 5%，均衡的贷款和投资数量从 1.8 万亿美元下降到 1.6 万亿美元。投资下降的数量小于政府赤字的数额，因为较高的实际利率会增加私人储蓄。在图 30.11 中，私人储蓄是 1.9 万亿美元，增加了 0.1 万亿美元。

政府预算赤字将会减少投资，这叫做**挤出效应**（crowding-out effect），即实际利率的提高使得政府预算赤字挤出私人投资。政府预算盈余的作用正好相反，它增加可贷资金的供给，降低实际利率，增加投资。

在存在挤出效应的情况下，因为实际利率变化导致私人储蓄数量发生变化，这就是沿着 *PSLF* 曲线的移动。但是，可贷资金市场的私人供给没有改变，也就是说，*SLF* 曲线没有移动。假设政府储蓄的变动改变了私人储蓄，*PSLF* 曲线会发生移动，这种可能性叫做李嘉图—巴罗效应。如此命名是因为它是由 19 世纪英国经济学家大卫·李嘉图首次提出，并由美国哈佛大学的罗伯特·巴罗在 20 世纪 70 年代到 20 世纪 80 年代验证的。**李嘉图—巴罗等价**（Ricardo-Barro equivalence）是这样一个命题：税收和政府借款是等价的，即政府预算赤字对实际利率或投资没有影响。

李嘉图—巴罗等价背后的推理如下：当政府出现预算赤字时，对于无法用税收来支付的产品和服务，一定会通过发行债券来解决。政府必须为债券支付一定的利息，那么在未来就会收取更多的税收来支付未偿余额产生的越来越多的利息。纳税者是理性的，可以做出理性的预见。他们预计在将来要支付更高的利息，那么他们的可支配收入

图 30.11 挤出效应

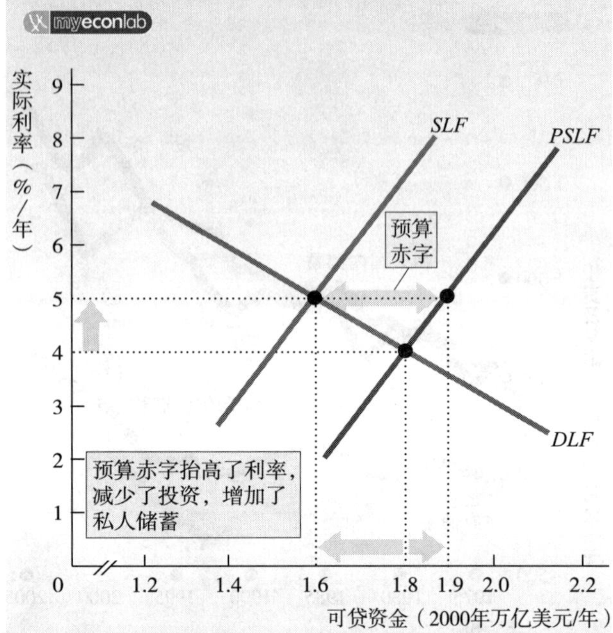

可贷资金的需求曲线是 *DLF* 曲线，可贷资金的私人供给是 *PSLF* 曲线。当政府预算平衡时，实际利率是每年 4%，投资为每年 1.8 万亿美元。政府预算赤字就是政府的负储蓄，我们必须从私人储蓄中减去政府的预算赤字，然后得到可贷资金的供给曲线 *SLF* 曲线。实际利率上升了，投资减少了（被挤出了），私人储蓄增加了。

就更低了。预期未来可支配收入减少会增加储蓄。如果纳税者想中和预算赤字对他们消费计划的影响，则他们增加的储蓄一定等于政府预算赤字中的负储蓄。

这一结果是比较极端的，可能在现实中不会发生。纳税者可能会按李嘉图—巴罗提到的方向那样做出反应，但是在数量上并不按他们所提出的那样。因此，政府预算赤字的影响可能位于图 30.11 和李嘉图—巴罗所说情形之间。政府预算赤字增加提高了实际利率，挤出了部分的私人投资，但是，它也引起了私人储蓄的增加，以期在未来获得更多税收。

复习测验

1. 为什么对利息收入征税的影响要大于对劳动收入的征税影响？
2. 对利息收入征税是怎样影响实际利率、储蓄以及投资的？
3. 政府预算赤字会挤出投资吗？怎么样挤出？
4. 李嘉图—巴罗等价是什么？为什么它不可能完全发生？

myeconlab **Study Plan 30.3**

现在我们知道了政府预算赤字是如何影响储蓄和投资的。由于预算赤字挤出了部分投资，它减缓了实际 GDP 的增长速度。接下来，我们来看看财政政策对代际再分配的影响。

财政政策的代际效应

预算赤字对于下一代是一种负担吗？如果是，如何承担这种负担？预算赤字是未来代际的惟一负担吗？社会保障基金的赤字又会是怎么样的呢？谁持有政府为赤字融资所发行的债券重要吗？这些债券被国外的人持有又怎么样呢？偿还这些债券比偿还美国人持有的债券会带来更大的负担吗？

要回答这些问题，我们要使用一种工具，叫做**代际会计**（generational accounting）——这是测算每代人终生税负和收益的会计体系。这个会计体系是由宾夕法尼亚大学的阿兰·奥尔巴赫和波斯顿大学的 Laurance Kotlikoff 共同提出的。美国的代际会计是由宾夕法尼亚大学的肯特·斯密特和克利夫兰联邦储备银行的 Jagadeesh Gokhale 共同来核算的。

代际会计和现值

所得税和社会保障税是由那些有工作的人支付的。社会保障收益将在他们退休后支付给他们。当比较税收和收益时，我们必须把人们工作时缴纳的税费和他们退休后所拿到的收益进行比较。当比较不同时点上一定金额的价值时，我们要引入一个现值的概念，**现值**（present value）是指今天投资一定数额的货币，在考虑它所赚得的利息的情况下，这笔货币会在未来增长至一定数额。我们采用现值可以比较今天和 2030 年的美元，或者是今天和将来任意某年的美元。

举个例子来说，假设年利率是 5%，今天投入的 1 000 美元，按这个利率，在 50 年后将会达到 11 467 美元的收益。因此，2056 年的 11 467 美元的现值（2006 年）是 1 000 美元。

通过这种现值计算方法，我们可以估算美国政府以养老金和医疗福利的形式亏欠老一辈美国人的巨额债务。

但是，设定的利率、税率和收益的增长率会严重影响我们得到的结果。比如，年利率为 3%时，到 2056 年 11 467 美元的现值为 2 616 美元（2006 年）。利率越低，未来某一给定数值的现值越大。

因为对计算现值时采用的合理利率存在不确定性，其他可行的办法是估计现值的变化区间。

采用代际会计和现值，经济学家们已经估计了联邦政府面对社会保障负债的情形。他们发现了一个“定时炸弹”!

社会保障这颗“定时炸弹”

当 20 世纪 30 年代新政中引入社会保障制度时，根本就没有预料到现今的人口统计情形。现今美国人口的年龄分布中，二战后高出生率时出生的人口占主要比例，这也被称为婴儿潮一代，共有 7 700 万名“婴儿潮人”。

到 2008 年，这代人中最早出生的人将要领取社会保障救济金。到 2011 年，他们开始有资格享受社会医疗保险。到 2030 年，这些婴儿潮人将全部退休，与 2006 年相比，享受社会保障体系赡养的人口将翻番。

根据现有社会保障法律，联邦政府有义务按照公开宣称的数额比例为这群公民支付养老金和医疗保险。这些承诺其实就是政府的债务，实际上相当于政府为弥补预算赤字而发行的公债。

为了全面评估政府承诺支出的规模，经济学家使用了财政不平衡这个概念。**财政不平衡**（fiscal imbalance）是指政府承诺支出的各种补贴的现值减去税收收入的现值之差。财政不平衡是衡量政府真实债务规模的一种尝试。

Gokhale 和斯密特估计 2003 年的财政不平衡规模为45 万亿美元（使用其他利率或增长率计算，这个数字可能是 29 万亿或 65 万亿美元）。为了看清 45 万亿美元有多大，请注意，2003 年美国全年的 GDP 是 11 万亿美元，这样财政不平衡大约是一年生产总值的 4 倍。

联邦政府怎样才能应对社会保障支付呢？Gokhale 和斯密特认为改变四种可选择的财政政策可能会实现：

- 提高所得税
- 提高社会保障税
- 削减社会保障福利
- 削减联邦政府可自由支配支出

他们估计，如果从2003 年开始仅仅改变其中一项政策，所得税需要提高 69%，或社会保障税提高 95%，或社会保障福利削减 56%。政府甚至要终止其一切可自由支配支出包括国防支出，还不一定能偿付这笔账。

当然，如果联合使用这四种政策，那么每一种政策单独使用时所带来的痛苦也会减轻。但是，这种痛苦仍会严重。更糟糕的是，推迟使用这些政策会使这些数字上升。不采取任何行动，财政不平衡将从 2003 年的 45 万亿美元上升到 2008 年的 54 万亿美元。

代际不平衡

财政不平衡必须最终被纠正，到那时人们既不愿意支付更高的税收也不愿意接受较低的补贴。代际不平衡告诉我们谁将支付。**代际不平衡**（generation imbalance）是假设当代人乐意接受目前的这种税收和福利水平的条件下，财政不平衡在当代人和后代人之间的分配。

图 30.12 估计了财政不平衡怎样在当代人（1988 年之前出生）和后代人（1988 年或之后出生）之间进行分布的。同时也说明了不平衡的主要来源是医疗保险制度。社会保障中的养老金福利引发了财政不平衡，但这些福利超过当代人支付的水平。当代人支付的医疗保险费用少于

图 30.12 财政不平衡和代际不平衡

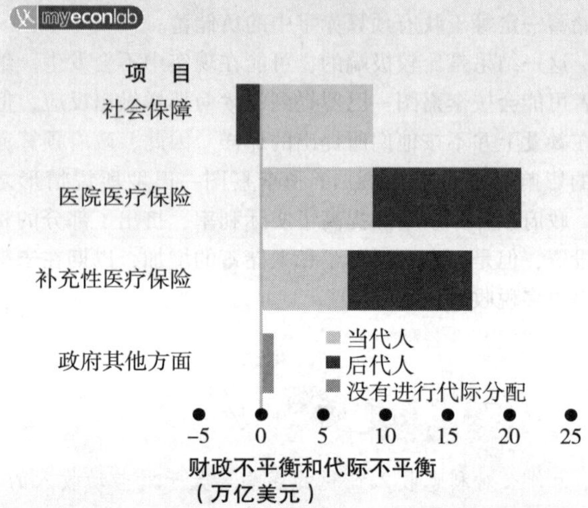

条形图显示了财政不平衡的构成比例。最大的组成部分是超过 20 万亿美元的医疗保险福利，这部分福利也是代际不平衡的主要组成部分。社会保障救济金全部由当代人支付。

资料来源：Jagadeesh Gokhale and Kent Smetters, *Fiscal and Generational Imbalances: New Budget Measures for New Budget Priorities*, Washington, D.C: The AEI Press, April 2003.

50%，而平衡支出的任务就落在了后代人的身上。如果把所有的支出加在一起，当代人仅仅支付 43%的财政不平衡，而后代人将要支付 57%。

因为估计的财政不平衡如此巨大，如何解决尚无良策，但是我们可以预言结果是降低收益和提高税收。这些税收的其中之一可能是通货膨胀税——利用发行新货币偿还债务同时创造通胀。但是我们会在下一章中看到，美联储将会抵制利用通胀来应对不平衡。

国际债务

到目前为止，在我们讨论的政府赤字与债务中，忽略了其他国家的作用。我们最后来讨论国际债务的作用和规模。

我们已经看到，向他国借款是投资融资的一个来源。我们还能看到，这种来源的投资融资在 20 世纪 90 年代末与 21 世纪初数量变得更加巨大。

向他国借款的贡献有多大呢？有多少投资我们是利用向他国借款来支付的呢？同时，又有多少美国政府债务是

表 30.2 2006 年 6 月美国的国际债务

	万亿美元
(a) 美国负债	
美国银行存款	0.8
美国政府债券	2.2
美国公司债券	2.1
美国公司权益	2.3
其他（净值）	–2.2
总 计	5.2
(b) 美国政府债券	
其他国家持有	2.2
美国人持有	1.9
总 计	4.1

资料来源：Federal Reserve Board.

由海外所拥有？

表 30.2 回答了这些问题。在 2006 年 6 月，美国拥有国际净债务 5.2 万亿美元，其中，有 2.2 万亿是美国政府债务。美国公司曾使用了 4.4 万亿美元的外国资金（2.1 万亿的债券和 2.3 万亿的普通股）。超过一半的政府未偿债务被外国人所拥有。

美国的国际债务是重要的，因为若偿还这些债务，美国就要把实际资源转移到其他国家。为了弥补巨大的净出口赤字，美国需要出口超过进口的盈余。为使盈余变为可能，美国人必须增加储蓄，减少消费。前进的道路上还将面临一些艰难的选择。

复习测验

1. 什么是现值？
2. 解释财政不平衡与代际不平衡的区别。
3. 估计 2003 年美国的财政不平衡有多大？它是怎样在当代人和后代人之间划分的？
4. 美国财政不平衡的来源及当代人和后代人面对的痛苦选择分别是什么？
5. 美国政府债务有多少被其他国家所拥有？

myeconlab **Study Plan 30.4**

你现在知道经济学家是怎样评估财政不平衡了，知道了这些不平衡的成本怎样跨代划分。我们还学习了美国的国际债务的含义和规模。接下来将探讨财政政策作为稳定经济周期的一种工具并结束本章。

稳定经济周期

财政政策能够同时影响总供给和总需求，而改变总需求的政策能用来稳定经济周期。

1. 相机抉择的财政政策
2. 自动稳定的财政政策

如果一种财政行为是由国会法案推出的，我们称之为**相机抉择的财政政策**（discretionary fiscal policy）。它要求改变当前的支出计划或税法。例如，增加国防支出或削减所得税税率各自都是一种相机抉择的财政政策。

如果一种财政行为是由经济运行的状况产生的，我们称之为**自动稳定的财政政策**（automatic fiscal policy）。例如，失业的增加导致对失业人员救济支付的增加，收入的降低导致税收收入的减少。

政府支出变化和税收变化对总需求有乘数效应。第 28 章解释了乘数的基本原理，第 28 章末的数学注释说明了财政政策乘数的数学演算，接下来我们将依次探讨这些内容。

政府支出乘数

政府支出乘数（government expenditure multiplier）是指政府购买产品和服务的支出变化对总需求变动的放大效应。政府支出是总支出的组成部分，因此当政府支出变化时，总需求就会发生变化。实际 GDP 发生变化从而引起消费支出发生变化，由此进一步导致总支出将要发生变化。乘数过程发生。

国家安全乘数 2001 年 9 月 11 日的恐怖袭击，引发人们重新估计国家安全需求，政府支出增加。增加的支出首先引起飞机制造商、边境安全设备商、安全设备工人的收入增加。状况变好的安全设备工人增加消费支出。随着收益的增长，全美国范围内其他商业开始繁荣，工人工资水平得到提高。消费支出的第二轮增加促使收入进一步增长。这种乘数效应帮助终结了 2001 年的经济衰退。

自主税收乘数

自主税收乘数（autonomous tax multiplier）是指自主税收的变化对总需求的放大效应。减少税收提高了可支配收入，进一步导致消费支出增加。降低税收相当于增加政府支出，但是自主税收乘数却小于政府支出乘数。原因是1美元的税收减少产生的影响小于1美元的支出增加。减税导致消费支出的增量取决于消费者的边际消费倾向。例如，边际消费倾向如果是0.75，那么税收减少1美元仅仅使消费支出增加75美分。在这个例子中，税收乘数是政府支出乘数的0.75倍。

布什减税乘数 从2002年开始，国会通过了布什政府的一系列减税措施。这些措施具有乘数效应。随着可支配收入的增加，人们增加了消费支出。这笔消费支出的增加使另外一些人的收入增加，从而刺激更多的消费支出。像增加国家安全防御支出、减税及其乘数效应帮助结束了美国2001年的经济衰退。

平衡预算乘数

平衡预算乘数（balanced budget multiplier）是指在政府预算平衡水平不改变的条件下，同时改变政府的支出和税收带来的总需求放大效应。因为增加1美元的政府支出所带来的总需求增量比减少1美元的税收所带来的增量大，平衡预算乘数为正。因此，当政府支出与税收都增加1美元时，总需求将增加。

图 30.13 扩张的财政政策

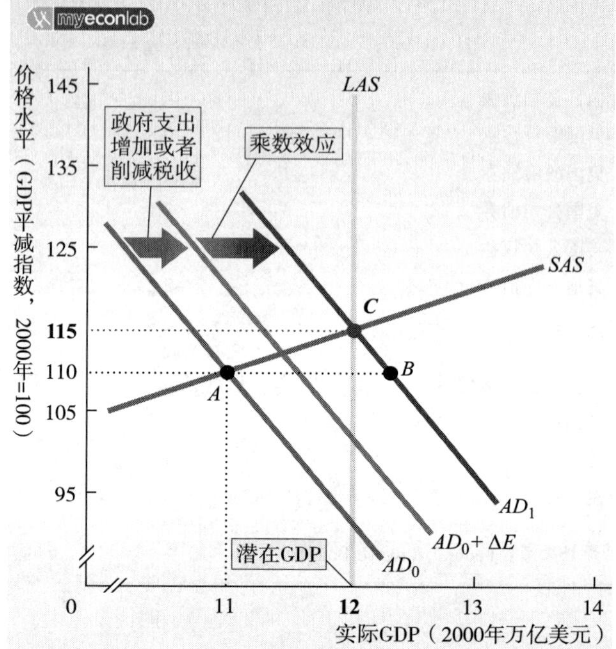

潜在GDP为12万亿美元，实际GDP为11万亿美元，存在1万亿美元的衰退性缺口。增加政府支出或者减少税收，使总支出增加ΔE。乘数增加引致支出，总需求曲线向右移动到AD_1，价格水平上升到115，实际GDP增长到12万亿美元，衰退性缺口被消除。

相机抉择的财政政策

如果实际GDP低于潜在GDP，我们就可以利用相机抉择的财政政策去尝试恢复充分就业。政府可能增加产品和服务的支出，减少税收或两者同时使用。这些措施将增加总需求。如果适时调整这些措施，调整的规模也适度，就可以恢复充分就业。图30.13显示，潜在GDP为12万亿美元，但实际GDP只有11万亿美元，二者之间存在1万亿美元的**衰退性缺口**（参见第27章）。为了恢复充分就业，政府采取相机抉择的财政政策。增加政府支出或减少税收，使总支出增加ΔE。假设这是支出计划中仅有的变化，图30.13中总需求曲线AD将变为$AD_0+\Delta E$。但是财政政策措施会启动乘数过程，它使人们增加消费支出。随着乘数过程的进行，总需求进一步增加，总需求曲线AD向右移动到AD_1。

如果价格水平不变，经济将从A点移动到AD_1上的B点。但是总需求的增加与向上倾斜的SAS曲线的共同作用将使价格水平上升。经济水平移动到C点，此时恢复了充分就业水平。

图30.14说明的是相反的情况，相机抉择的财政政策用来消除通货膨胀压力。政府通过减少购买产品和服务的支出或增加税收来降低总需求。在图中，财政政策措施使总支出减少ΔE，总需求曲线AD移动到$AD_0-\Delta E$。总支出的初始减少启动了乘数过程，使消费支出减少。乘数过程进一步减少总需求，总需求曲线AD向左移动到AD_1。

在图30.14中，价格水平不变时，经济水平将从A点移动到AD_1上的B点。但是，总需求的减少与向上倾斜的SAS曲线的共同作用将使价格水平降低，所以经济水平移动到C点，此时膨胀性缺口被消除，避免了通货膨胀，经济恢复到充分就业水平。

图 30.14　紧缩的财政政策

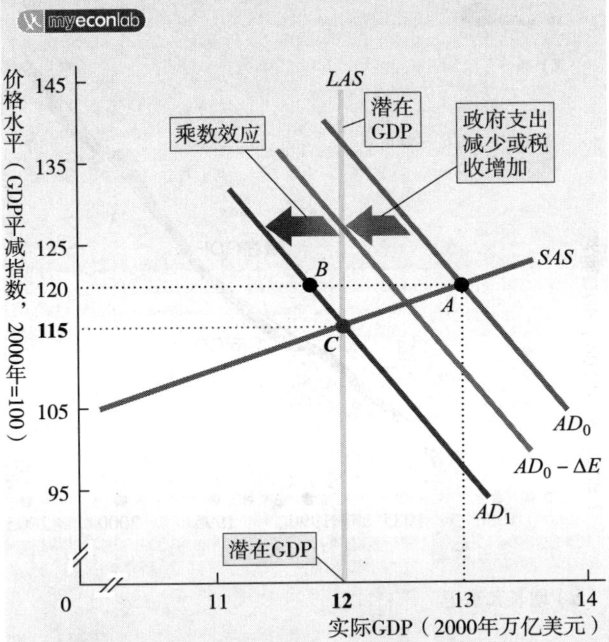

潜在 GDP 为 12 万亿美元，实际 GDP 为 13 万亿美元，存在1 万亿美元的膨胀性缺口。政府支出的减少或者税收的增加使支出减少了 ΔE，乘数减少引致支出，总需求曲线向左移动到 AD_1，价格水平下降到 115，实际 GDP 减少到 12 万亿美元，膨胀性缺口被消除。

图 30.13 和图 30.14 所示的财政政策看起来简单易行：计算衰退性缺口或膨胀性缺口和乘数大小，改变政府支出或税收，消除缺口。实际上，事情没有那么简单。

相机抉择的财政政策的局限性

相机抉择的财政政策的实施会受到三种时滞的严重制约：

- 认识时滞
- 立法时滞
- 作用时滞

认识时滞　认识时滞是指找出所需的财政政策措施所花费的时间。这个过程包括两个方面：评估当前经济运行状况和预测未来经济发展趋势。

立法时滞　立法时滞是指国会通过改变税收或支出所需的法律所花费的时间。这个过程很费时间，因为国会的每个成员对关于税收或支出计划改变到最好的水平会有不同的看法，因此就需要长期的讨论和委员会会议来协调相互冲突的观点。也许经济会在今天的财政刺激下受益，但是等到国会通过法案，需要的可能是另一个不同的财政药方。

作用时滞　作用时滞是指从实施税收或支出改变的政策到其对实际 GDP 能感应的影响所花费的时间。这个时滞一部分取决于政府部门反应的速度，另一部分取决于居民和厂商改变开支计划的时间。

经济预测水平在近些年来有所改进，但是仍然不精确，经常有误差。由于三种时滞的存在，相机抉择的财政政策可能不会使实际 GDP 趋向潜在 GDP，甚至反而会产生该财政政策想要纠正的新问题。

现在我们来看一下自动稳定的财政政策。

自动稳定器

自动稳定的财政政策是指税收收入和支出随实际 GDP 波动的一种结果。具有这些特征的财政政策被称为**自动稳定器**（automatic stabilizer），因为它们在政府没有采取直接措施时对稳定实际 GDP 产生作用。这一名称借用了工程学中的一些装置，如减震器、自动调温器以及使飞机和轮船在大气和海洋中稳定运行的复杂装置而抽象得来的。

引致税收　从预算收入方面看，税法规定税率，而不是税收的数额。税收数额取决于税率和收入。而收入随实际 GDP 变化而变化，所以税收收入取决于实际 GDP。税收随实际 GDP 变化而变化，我们称之为**引致税收**（induced tax）。当实际 GDP 在一次经济扩张中增长时，工资和利润增加，且征得的税收（引致税收）也增加；当实际 GDP 在经济衰退中降低时，工资和利润下降，且征得的引致税收也减少。

需审核的支出　在预算支出方面，政府制定计划给那些符合规定的人群或企业支付补贴。这些计划的支出被称为**需审核的支出**（needs-tested spending），它会促使取决于个人和企业经济状况的转移支付的产生。在经济衰退时，失业率很高，经济状况变差的人数增多，在失业救济和食物券方面需要审核的支出也会增长。当经济扩张时，失业率降低，经历经济困难的人数相应减少，因此这方面需要救济的支出也就降低。

引致税收和需审核支出的减少降低了自主支出（如投

资和出口）变化的乘数效应。因此，它们缓和经济扩张或衰退，使实际 GDP 更加稳定。通过削弱实际 GDP 与可支配收入之间的联系，从而减少实际 GDP 的变化对消费支出的影响，乘数效应取得上述结果（即缓和经济扩张或衰退）。实际 GDP 增加，引致税收增加，需审核的支出减少，因此可支配收入不会像实际 GDP 那样增加很多。结果是消费支出也不会增加那么多，因此乘数效应减弱了。

我们可以通过观察经济周期中政府预算赤字的波动来研究自动稳定器的作用。

经济周期中的预算赤字 图 30.15（a）和（b）分别表示 1983~2005 年间的经济周期和政府预算赤字波动。两幅中都用阴影标出了衰退时期。比较两幅图，你可以发现经济周期与预算赤字之间的关系。当经济处于扩张期时，预算赤字下降（在图中，赤字减少意味着赤字趋近于零）。当经济扩张放慢，经济衰退开始之前，预算赤字增加。衰退期间赤字持续增加，衰退结束后仍会持续一段时间。然后，经济扩张已经开始了，预算赤字又一次开始减少。

预算赤字随着经济周期波动是因为税收收入和支出都随实际 GDP 波动。当实际 GDP 在经济扩张增加时，税收收入增加而转移支付减少，因此预算赤字自动减少。当实际 GDP 在经济衰退减少时，税收收入减少而转移支付增加，预算赤字自动增加。投资和出口的波动对实际GDP有乘数效应。但是预算赤字波动能降低可支配收入的波动从而使乘数效应变小。它们减弱了经济扩张和衰退。

周期性平衡和结构性平衡 因为政府预算平衡随经济周期波动，我们需要一种度量这种平衡的方法，并告诉我们这种预算平衡是暂时的周期现象还是持续的现象。暂时的周期性盈余或赤字会随着充分就业的实现而消失，持续的盈余或赤字需要政府采取措施来消除。

为了确定预算平衡是持续性的还是暂时性的周期现象，经济学家提出了结构性预算平衡和周期性预算平衡的概念。**结构性盈余或赤字**（structural surplus or deficit）是预算平衡发生在充分就业水平时的经济中，此时实际 GDP 等于潜在 GDP。**周期性盈余或赤字**（cyclical surplus or deficit）是实际盈余或赤字减去结构性盈余或赤字。也就是说，周期性盈余或赤字是预算平衡的一部分，它们完全是由于实际 GDP 不等于潜在 GDP 而产生的。例如，假设预算赤字是 1 000 亿美元，经济学家确定有 250 亿美元的结构性赤字，此时周期性赤字就是 750 亿美元。

图 30.15 经济周期和预算赤字

myeconlab

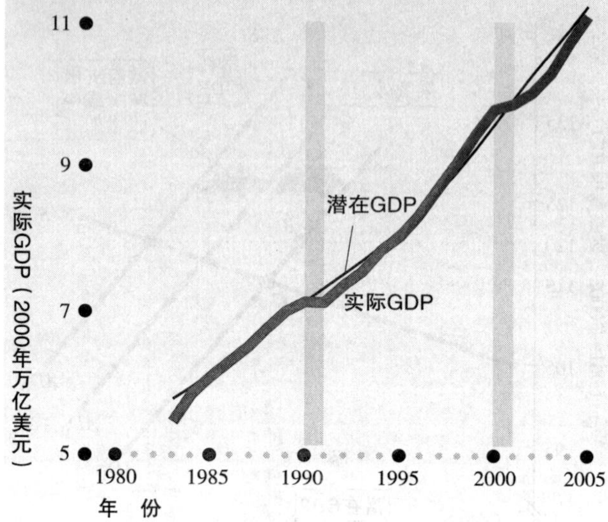

（a）增长和衰退

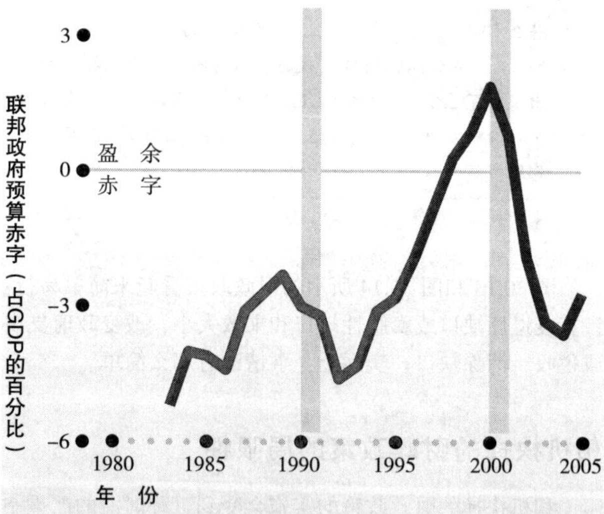

（b）联邦政府预算赤字

当实际 GDP 围绕潜在 GDP 上下波动时（a 幅），预算赤字也随之波动（b 幅）。经济衰退期间（阴影部分年份），税收收入减少，转移支付增加，且预算赤字增加。在衰退来临前实际 GDP 增长速度放慢时和衰退过去后实际 GDP 增长开始加速时，赤字也会增加。

资料来源：Bureau of Economic Analysis, Congressional Budget Office, and Office of Management and the Budget.

图 30.16　周期性盈余和赤字与结构性盈余和赤字

myeconlab

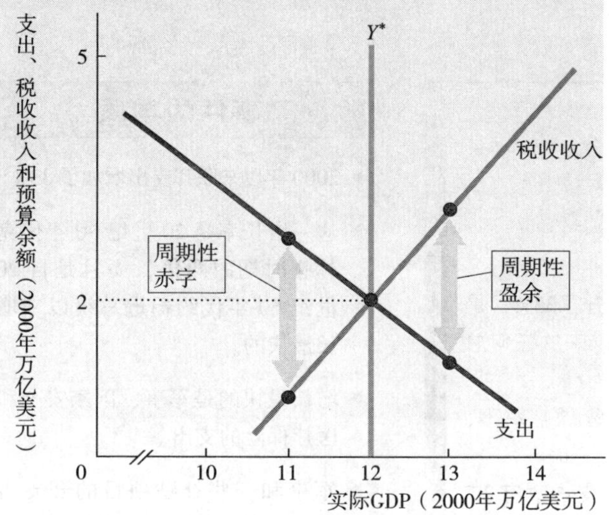

（a）周期性赤字和周期性盈余

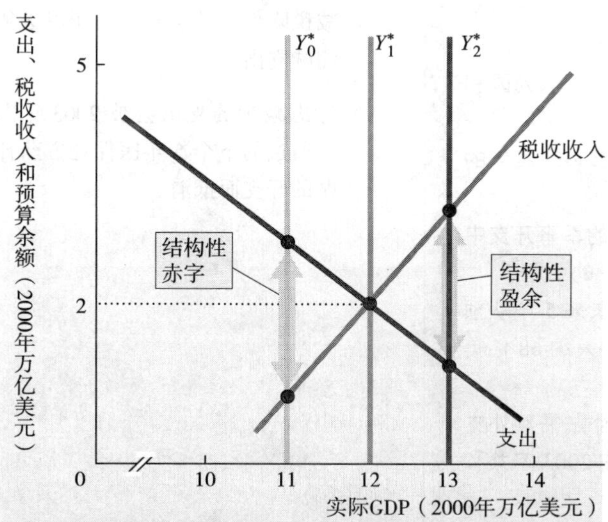

（b）结构性赤字和结构性盈余

在 (a) 幅中，潜在 GDP 是 12 万亿美元。当实际 GDP 小于潜在 GDP 时，预算为周期性赤字；当实际 GDP 大于潜在 GDP 时，预算为周期性盈余。当实际 GDP 等于潜在 GDP 时，政府预算是平衡的。在 (b) 幅中，如果实际 GDP 和潜在 GDP 都是 11 万亿美元，存在结构性赤字；如果实际 GDP 和潜在 GDP 都是 13 万亿美元，就会存在结构性盈余。

图 30.16 阐明了周期性盈余或赤字与结构性盈余或赤字的概念。深灰色曲线表示政府支出。支出曲线向下倾斜是因为作为政府支出组成部分的转移支付随实际 GDP 的增加而减少。浅灰色曲线表示税收收入。税收收入向上倾斜是因为税收收入的大部分随收入和实际 GDP 的增加而增加。

在图 30.16（a）中，潜在 GDP 是 12 万亿美元。如果实际GDP 等于潜在 GDP，此时政府预算平衡。支出和税收收入均为 2 万亿美元。如果实际 GDP 小于潜在 GDP，支出就会超过税收收入从而存在周期性赤字。如果实际 GDP 大于潜在 GDP，支出小于税收收入从而存在周期性盈余。

在图 30.16（b）中，如果实际 GDP 和潜在 GDP 都是 11 万亿美元（Y_0^*），政府存在结构性赤字。如果实际 GDP 和潜在 GDP 都是 12 万亿美元（Y_1^*），此时预算平衡——结构余额为零。如果实际 GDP 和潜在 GDP 都是 13 万亿美元（Y^*_2），政府存在结构性盈余。

美国联邦预算是一种结构性赤字，从 20 世纪 70 年代早期开始一直就是这种状况。结构性赤字从 1992~2000 年一直在减小，2000 年几乎消失了。但是从 2000 年以来，结构性赤字一直在增加。相对于结构性赤字，周期性赤字已经很小了。

联邦政府正面对一些棘手的财政政策挑战。

复习测验

1. 联邦政府怎样利用财政政策来稳定经济周期？
2. 为什么政府支出乘数大于自主税收乘数？
3. 为什么当支出与税收使总需求增加时平衡预算增加？
4. 引致税收和需审核的支出作为自动稳定器怎样使经济周期趋于缓和？
5. 我们怎样才知道一个预算赤字是否需要政府采取行动来消除它？

myeconlab **Study Plan 30.5**

◆ 我们已经明白了财政政策怎样影响潜在 GDP、实际 GDP 的增长率和实际 GDP 的波动。阅读材料探讨 2007 年的预算并与克林顿时期的财政政策相比较。

阅读材料：事例与分析

政策观察

当今的财政政策

http://www.nytimes.com

80%的有效预算无法消减

2006年4月6日

……自从布什总统执政以来，联邦政府总支出已经上升了33%，是克林顿政府时期增长速度的两倍，并且比自约翰逊总统以来的任何总统任期内的增长都快。

但是，最快增长用于共和党在很大程度上都支持的领域：军事、国内安全和在40年内最大幅度增加的医疗保险。

军事和所谓的补贴计划（如医疗保险计划）目前的开支占政府2.7万亿美元预算的4/5，并且还将保持比经济或通货膨胀更快的增长速度。鉴于政治现实，这些费用开支实际上不在削减之列。

由于减税会挤压政府收入，所以几乎所有缩减预算赤字的策略都集中在不到五分之一的政府支出上，这些政府开支是用于一些国内可自由支配（或"相机抉择"）的项目上，比如教育、科研、国家公园和太空计划。

在国内可自由支配的项目的支出——就是国会每年都必须拨款的项目——2001~2005年上涨了31%。

对预算激烈争执的结果是：是否将超过5 000亿美元的军事开支中的70亿美元转移到健康和教育项目上来，而非争论更广泛的话题。

比如，如果众议院共和党领袖取得胜利，国会将在未来5年从预期增长的补贴项目如医疗保险计划和医疗救助计划中削减大约68亿美元。

但是那些节省下来的钱会由于在5年内医保处方药补贴需额外支出385亿美元的开支而消失，而这些医保处方药补贴是在2003年共和党领导的国会中通过的。

事件的本质

- 2000年以来联邦支出增加了33%。
- 这一增长率是20世纪90年代克林顿时期的两倍，而且是自20世纪60年代约翰逊总统以来增长最快的。
- 增长最快的是军事、国家安全和医疗保险的支出。
- 军事和一些补贴项目的开支占2.7万亿美元的财政预算的80%，并且不在消减之列。
- 减税降低了政府收入，所以必须缩减支出。
- 考虑减少的支出会被2003年国会通过的下个5年医保处方药补贴的开支而抵消。

经济分析

- 新闻文章比较了布什政府时期和克林顿政府时期的财政支出的增长。
- 图 1 表示 2000 年和 2007 年的联邦预算的大致情形。克林顿时期用的是 2000 年的数据，当前布什政府的情况用的是 2007 年数据。
- 支出大幅增加。转移支付增加 4 840 亿美元；国防支出增加了 2 340 亿美元；其他支出增加了 1 210 亿美元。总支出增长了 1.039 万亿美元。
- 税收收入的增加远低于支出的增加。个人所得税减少了 20 亿美元。企业所得税增加了 910 亿美元，社会保障税和间接税增加了 2 240 亿美元。总税收增加了 4 800 亿美元。
- 联邦预算平衡从 2000 年的 1 890 亿美元盈余变为 2007 年的3 700 亿美元赤字。
- 图2 用占 GDP 的百分比表示了预算数据。用这种方式来看预算，强调了预算在联邦政府和其他经济部门之间的资源配置。
- 相对于 GDP，支出增加要小些。你可以看到，转移支付和非国防支出的增加超过国防支出的增加。
- 图 2 也强调了个人所得税的减少。这些税收的减少和后来从盈余转为赤字都是布什政府主要的财政政策事件。
- 这些财政政策在劳动市场和资本市场产生供给方效应、代际效应和稳定效应。
- 从盈余到赤字的摆动，差额 5 590 亿美元，已经由增加国外借款的 3 000 亿美元和挤出私人支出的 2 590 亿美元来融资。
- 减税会产生正的供给方效应，但是增加政府支出会产生负挤出效应。
- 财政赤字的增加会增加转移给下一代的负担。
- 同时增加支出和减税会增加总需求，并且帮助经济走出衰退。
- 据美国国会预算办公室估计，2006 年实际 GDP 仍低于潜在 GDP。

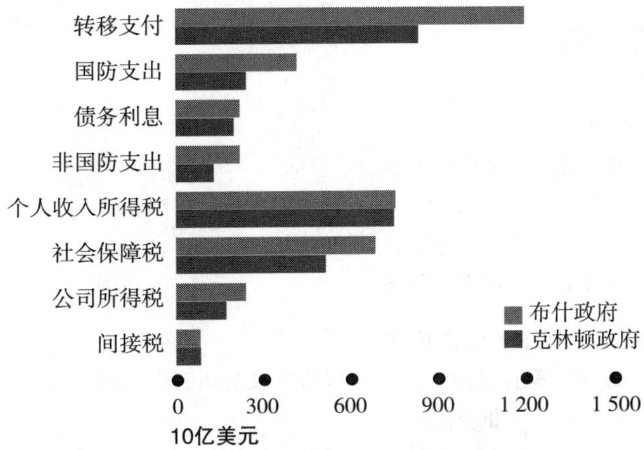

图1 布什政府预算和克林顿政府预算

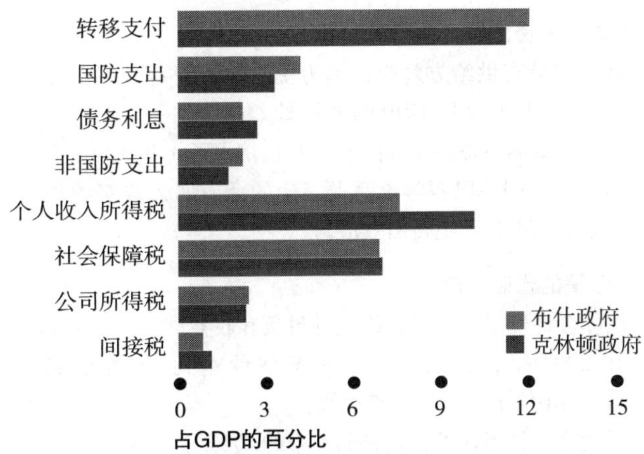

图2 布什政府预算和克林顿政府预算占GDP的百分比

说出你的观点

- 你认为当前的联邦财政政策是合适的吗？
- 你更加赞成减税和减少支出还是增加税收和支出，或者是增加税收减少支出？请解释你的观点。

内容提要

要　点

联邦预算

- 联邦预算用来实现宏观经济目标。
- 税收收入可以超过、等于或低于支出——则预算就会是盈余、平衡或赤字。
- 预算赤字形成政府债务。

供给方：就业和潜在 GDP

- 财政政策有供给方效应，因为税收削弱工作激励，并且降低就业和潜在 GDP。
- 美国税收楔形是很大的，但是与其他的工业国相比并不大。
- 拉弗曲线描述了税率和所得税收入金额之间的关系。

供给方：投资、储蓄和经济增长

- 财政政策有供给方效应，因为税收削弱储蓄和投资激励，这将降低实际 GDP 的增长率。
- 政府预算赤字提高了实际利率并且挤出了一些投资。
- 如果李嘉图—巴罗等价命题正确的话，那么政府的预算赤字就不会产生挤出效应。

财政政策的代际效应

- 代际会计度量了每代人终生的税负和收益。
- 在 2003 年，美国财政不平衡估计达到 45 万亿美元——4 倍于一年的生产总值。
- 后代将支付当代人福利补贴其中的 57%。
- 大约一半的美国政府债务是由世界上其他国家持有的。

稳定经济周期

- 财政稳定可以是自动的或者相机抉择的。
- 相机抉择改变政府支出或税收可以改变总需求，但会受到决策滞后、正确诊断和预测经济状况的难度所阻碍。
- 财政政策中的自动变化可以调节经济周期。

关键图表

图 14.6　所得税对总供给的影响
图 30.10　对资本收入征税的影响
图 30.13　扩张的财政政策
图 30.14　紧缩的财政政策

关键术语

联邦预算
1946 年就业法案
预算盈余
预算平衡
供给方效应
拉弗曲线
李嘉图—巴罗等价
现　值
代际不平衡
自动稳定的财政政策
自主税收乘数
自动稳定器
需审核的支出
周期性盈余或赤字
财政政策
经济顾问委员会
预算赤字
政府债务
税收楔形
挤出效应
代际会计
财政不平衡
相机抉择的财政政策
政府支出乘数
平衡预算乘数
引致税收
结构性盈余或赤字

习　题

1. 政府提议提高劳动收入的税率，要求你报告这一措施的供给方效应。用合理的图表回答下面的问题，并用不需要精确的数字指明一些变化的方向。
   a. 劳动供给将会怎样变化？为什么？
   b. 劳动需求将会怎样变化？为什么？
   c. 均衡就业水平将怎样变化？为什么？
   d. 均衡税前工资率怎样变化？为什么？
   e. 均衡税后工资率怎样变化？为什么？
   f. 潜在 GDP 将怎样变化？
   g. 如果同时提高劳动收入税率，政府减少销售税率以保持税收所得不变，你怎么样回答以上问题的变化？
   h. 你有什么证据提供给政府来支持这种观点：降低劳动收入的税收可以增加就业、潜在 GDP 和总供给？
2. 假设 2007 年美国的投资是 16 000 亿美元，储蓄是 14 000 亿美元，政府对产品和服务的支出为 15 000 亿美元，出口是 20 000 亿美元，进口是 25 000 亿美元。
   a. 税收收入是多少？
   b. 政府预算平衡是多少？
   c. 政府对投资发挥了正面影响还是负面影响？
   d. 什么样的财政政策措施可能增加投资和加快经济增长？解释财政政策是怎么样起作用的。

3. 假设2007年中国的投资是4 000亿美元，储蓄是4 000亿美元，税收收入为5 000亿美元，出口是3 000亿美元，进口是2 000亿美元。
   a. 计算政府支出。
   b. 政府预算平衡是多少?
   c. 政府对投资发挥了正面影响还是负面影响?
   d. 什么样的财政政策可能增加投资和加快经济增长?解释财政政策是怎样起作用的。
4. 政府增加支出1 000亿美元，税收收入不变。
   a. 解释这种财政政策对可贷资金供给的影响。
   b. 解释这种财政政策对实际利率、储蓄和投资的影响。
   c. 你对问题a的回答是否要以李嘉图—巴罗等价成立为前提?
5. 假设政府改变税法，并非征收名义资本收入所得税，而是对资本计算应税所得额之前用利率减去通货膨胀率。使用适当的图表来解释并阐述这种变化对以下几项带来的影响。
   a. 资本收入的税率
   b. 可贷资金的供给
   c. 可贷资金的需求
   d. 投资和实际利率
6. 假设资本收入所得税是以名义利率为基准（就如美国和大多数国家一样）。并且假设通货膨胀率上升了5%。使用适当的图表来解释并阐述这种变化对面下几项带来的影响。
   a. 资本收入所得的税率
   b. 可贷资金的供给
   c. 可贷资金的需求
   d. 均衡投资
   e. 均衡实际利率
7. 经济处于衰退期，衰退性缺口很大。
   a. 描述可能发生的相机抉择和自动的财政政策。
   b. 提出不会带来财政赤字的相机抉择财政政策的方案。
   c. 解释这种情况下相机抉择财政政策的风险性。
8. 经济很景气，并且通货膨胀也很严重。
   a. 描述可能发生的相机抉择和自动的财政政策。
   b. 描述不会产生严重的负面供应方效应的相机抉择财政政策的紧缩方案。
   c. 解释这种情况下相机抉择财政政策的风险。
9. 经济处于衰退期，衰退性缺口很大，还存在预算赤字。
   a. 我们能知道这类预算赤字是结构性的还是周期性的吗？请解释你的答案。
   b. 我们能知道这时自动稳定器是增加还是减少总需求吗？请解释你的答案。
   c. 如果增加政府支出，结构性赤字或盈余将会发生什么变化？解释你的观点。
10. 经济很景气，膨胀性缺口也很大且存在预算赤字。
   a. 我们能知道这类预算赤字是结构性的还是周期性的吗？请解释你的答案。
   b. 我们能知道这种自动稳定器是增加还是减少总需求吗？请解释你的答案。
   c. 如果减少政府支出，结构性赤字或盈余将会发生什么变化？解释你的观点。

批判性思考

1. 学习阅读材料
   a. 描述2000年克林顿总统时期财政预算与2007年布什总统时期财政预算的主要区别。
   b. “预算激烈争执”表明政府支出失去控制了吗？解释为什么。
   c. 你认为2007年的预算是平衡的吗？如果是，你认为政府应该减少支出还是增加税收？如果你认为预算不平衡，解释为什么不平衡。
2. 思考2007年美国预算的供给方效应。
   a. 在潜在GDP的水平上，降低所得税率最主要的影响是什么?
   b. 降低所得税率是如何影响实际工资率和实际利率的?
   c. 降低所得税收的主要成本是什么?
3. **全面的税法条款检查不合时宜**

   国会里的一些右翼分子声称减少的税额自己会支付的。尽管他们一直坚持，但是仍有充足的证据和多数专家认为情况并非如此……

   《华盛顿邮报》，2006年4月24日

   a. 解释“减少的税额自己会支付”的意思。这种声明暗示了关于税收乘数的什么?
   b. 为什么减少的税额自己不会支付?
4. **2006年赤字前景光明，但长远来看前景暗淡**

   联邦预算赤字今年将缩小到自2001年以来最低的水平，……预算办公室估计2006年的财政赤字将于9月30日结束，有2 600亿美元。

   《纽约时报》，2006年8月18日

a. 2006 年美国经济发生什么事件使得联邦预算赤字缩小到自 2001 年以来最低的水平？
b. 你认为 2006 年联邦预算赤字是周期性赤字还是结构性赤字？为什么？

网上活动

1. 访问“国家中心的政策分析思路办公室”，点击“Dick Armey 单一税率”和“单一税率自由案例”。当你研究了这两页后，回答下列问题：
a. Dick Armey's 计划的主要的特点是什么？
b. 单一税率自由案例是什么？
c. 你为什么认为单一税率通常是由保守主义者支持而不是自由主义者？
2. 访问美国政府预算网站，用从这家网站找到的信息回答：
a. 描述本年度财政预算的主要特点。
b. 分析本年度预算的需求方效应。
c. 分析本年度预算的供给方效应。

第 31 章

货币政策

货币政策能做什么

在每年的八次例行会议上，美联储会宣布截至下次决议之前利率是升是降，还是保持不变。每个交易日，纽约的联邦储备银行都在金融市场上进行各种操作，以执行美联储的决策，从而保证目标利率的实现。金融市场交易员和经济新闻的记者们常常通过观察经济来取得一些关于美联储下次召开会议的线索。

美联储是如何制定利率决策的呢？为了保证利率维持在目标水平上，纽约的联邦储备银行每天在做些什么？联邦的利率变化又是如何影响经济的？美联储通过降低利率能够加快经济增长并降低失业吗？美联储通过提高利率能够抑制通货膨胀吗？

美联储的货币政策策略是逐渐演化而来的。目前这样的政策策略并不是被使用的惟一一种。当前的货币政策策略是最好的吗？与其他的货币政策策略相比，它的利益与风险是什么？

◆ 在第 25 章，你已经了解了美联储的职能及其对价格水平和通胀率的长期影响。在本章，你将会学习长期和短期中美联储的货币政策。你还会学习到美联储如何影响利率，利率又是如何影响经济的。你将认识到执行货币政策的各种不同方式。在本章末的**阅读材料**中，你将会看到美联储在通货膨胀和衰退之间，试图引导经济进入稳定的阶段时所面临的两难境地。

学习本章后，你将能：

- 描述美国货币政策的目标以及设置和实现这些目标的基本框架
- 解释美联储是如何制定它的利率决策并达到利率目标的
- 解释美联储影响通货膨胀率的传导渠道
- 解释并比较各种不同的货币政策策略

货币政策目标和基本框架

一个国家的货币政策目标以及设置和实现这些目标的基本框架是从中央银行和政府之间的关系中产生的。

我们将描述美国货币政策目标和基本框架，并就取得这些目标所进行的职责分配做出说明。

货币政策目标

货币政策的目标最终是政治性的。美国货币政策的目标是由联邦储备系统理事会批准制定的，并由1913年联邦储备法案及其后续的修正案规定。

联邦储备法案 对美联储的授权最近由2000年国会通过的美联储修正案予以明晰。2000年法案表达了这一授权：

> 联邦储备系统理事会和联邦公开市场委员会应维持货币和信贷总水平的长期增长，其总量水平要与在经济的长期中扩大生产的潜力相称，从而有效地促进就业最大化、价格稳定和适度的长期利率目标的实现。

目标和手段 对美联储货币政策目标的描述分为两个不同的部分：对目标或者最终目的的陈述，以及美联储应该采取哪些手段实现这些目标。

货币政策的目标 这些目标就是“就业最大化、稳定的价格和适度的长期利率”。在长期，这些目标相互协调并相互促进。但是，在短期，这些目标之间可能发生冲突。让我们更进一步地来探讨这些目标。

实现“就业最大化”这个目标，意味着需要维持潜在GDP的最大可持续增长率，使得实际GDP更接近潜在GDP。这也意味着要保持失业率接近自然失业率水平。

实现“价格稳定”这个目标，意味着保持一个较低的通货膨胀率（甚至可能接近于0）。

实现“适度的长期利率”这个目标，意味着让长期名义利率要尽量接近（甚至等于）长期实际利率。

价格稳定是关键目标。它是就业最大化和适度的长期利率两个目标的根源。价格稳定为家庭和企业做出储蓄和投资决策并带来经济增长提供了最好的环境条件。因此，价格稳定促进了潜在GDP的最大化的可持续增长率。

价格稳定实现了适度的长期利率水平，因为名义利率反映通货膨胀率。名义利率等于实际利率加上通货膨胀率。如果价格稳定，名义利率将接近于实际利率，那么大部分时间内这个利率很可能是适度的。

在短期，美联储要面临着通货膨胀和利率之间、通货膨胀和实际GDP、就业以及失业之间的权衡。采取一项旨在降低通货膨胀率、实现价格稳定的措施，意味着要提高利率，而这又会降低就业和实际GDP，短期内使得失业率上升。

实现这些目标的手段 2000年法案指出美联储可以通过“维持货币和信贷总水平的长期增长，其总量水平要与在经济的长期中扩大生产的潜力相称”。你可能会认识到这一表述与第25章中的货币数量论是一致的。“在经济的长期中扩大生产的潜力”是指潜在GDP的增长率。“货币和信贷总水平”指货币和贷款的总量。通过将货币量的增长率与潜在GDP的增长率保持一致，预期美联储能够维持充分就业和保持价格水平的稳定。

为了追求货币政策的目标，美联储必须使价格稳定和就业最大化的一般概念变得精确和可操作性。

可操作的“价格稳定”目标

美联储使用消费价格指数（CPI）来确定价格稳定的目标是不是得到实现。不过，美联储对核心CPI（不包括食品和燃料的CPI）给予了最密切的关注。核心CPI的增长率就是**核心通胀率**（core inflation rate）。

美联储之所以如此重视核心通胀率，是因为它比总的CPI通胀率波动要小得多，美联储相信它提供的是一个测量价格稳定目标实现与否的更好的指标。

图31.1显示了自1990年以来核心通胀率沿着总的CPI通胀率变化的趋势。你可以从中看出为什么美联储认为核心通胀率是一个更好的指标。它的波动更趋于平滑，而且代表了更宽波幅的总CPI通胀的一种趋势。

美联储没有界定价格稳定。但是它并不完全认为价格稳定就意味着核心通胀率应该等于零。美联储前主席艾伦·格林斯潘认为：“价格稳定应被视为这样一种经济环境，在其中通货膨胀低而稳定，以致它不在实质上进入家庭和企业的决策。”他还相信：“一个具体的通货膨胀数字目标是毫无帮助的、错误的精确度追求。”[1]

格林斯潘的继任者本·伯南克似乎更为明确地认为，每年在1%~2%之间核心通胀率就等同于价格稳定。这个

---

[1] Alan Greenspan, “Transparency in Monetary Policy,” *Federal Reserve of St. Louis Review*, 84 (4) , 5-6, July/August 2002.

图 31.1 可操作的价格稳定目标：核心通货膨胀

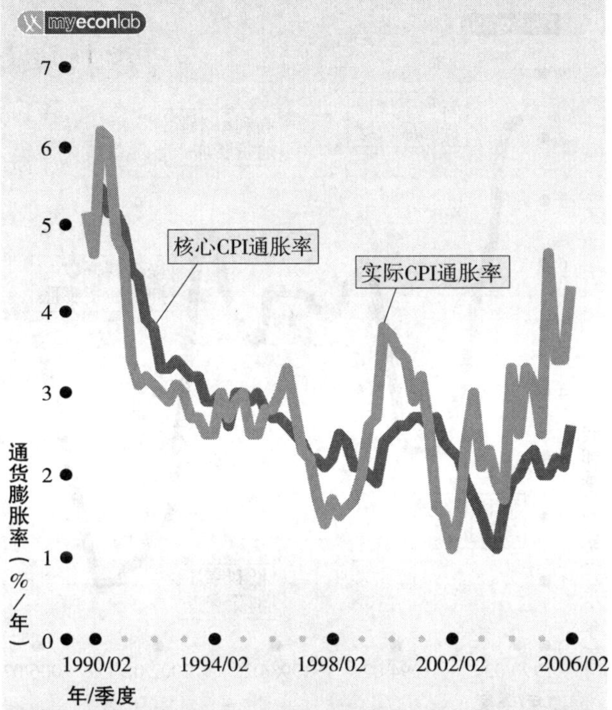

CPI 通胀率比核心通胀率波动得更剧烈。如果核心通胀率处在 1%~2%之间被视为价格稳定，那么美联储在 1999 年以及 2002~2005 年之间达到了价格稳定的目标。在其他所有年份，通胀率都高于价格稳定的水平。

资料来源：Bureau of Labor Statistics.

比率已将你在第 22 章遇到的 CPI 测量通货膨胀的向上偏差考虑在内。

可操作的“就业最大化”目标

美联储把稳定的价格（每年 1%~2%的核心通胀率）作为货币政策基本目标，并且是取得其他两个目标的手段。但是，美联储也很关注经济周期，试图在通货膨胀和衰退之间取得稳定的平衡。为了测量相对于充分就业状态下产出和就业的情况，美联储要察看很多指标，包括劳动力参与率、失业率、产能利用衡量、住宅市场上的活动、股票市场以及由地方联邦储备银行搜集的地域性信息。所有这些数据都在美联储的《褐皮书》里进行总结。

虽然美联储考虑的数据范围很宽广，但是有一个数字非常突出，它是作为对相对于潜在 GDP 的总需求的总体状况的概括。这个数字就是**产出缺口**——实际 GDP 相对潜在 GDP 偏离的百分比。

当产出缺口为正时，这是一个膨胀性缺口，它带来了通胀率的上升。当产出缺口为负时，这是一个衰退性缺口，它导致了产出损失，使得就业低于充分就业的均衡水平。因此，美联储总是试图使产出缺口最小化。

货币政策的责任

在美国，谁为货币政策负责？美联储、国会和总统分别担任什么样的职责？

美联储的职责 联邦储备法案规定，联邦储备系统理事会和联邦公开市场委员会（FOMC）共同为货币政策行为负责。我们在第 25 章描述过 FOMC 的构成。FOMC 在每年的八次例行会议上做出货币政策的决策，并以一个简短的解释将这一决策传达出去。FOMC 会议三周后，全部的备忘录出版。

国会的职责 在制定货币政策上，国会不起作用，但是，联邦储备法案要求理事会必须就货币政策向国会报告。美联储每年做两次这样的报告，一次在 2 月，一次在 7 月。这些报告和美联储主席在国会的陈词，以及连同 FOMC 的备忘录一起，向立法者和公众传达美联储在货币政策上的基本思路。

总统的职责 美国总统的正式职责被限定为任命美联储理事会成员和主席。但是有些总统——理查德·尼克松就是其中一位——还试图影响美联储的决策。

现在你知道了货币政策的目标，并能描述取得这些目标的基本框架和职责分配。下一步的任务就是了解美联储是如何操作这些货币政策的。

复 习 测 验

1. 货币政策的目标有哪些？
2. 在长期和短期内，货币政策的这些目标彼此一致还是相互冲突？
3. 什么是核心通胀率？它和总的 CPI 通胀率有什么不同？
4. 谁为美国的货币政策负责？

myeconlab **Study Plan 31.1**

货币政策的操作

在这一节，我们要描述美联储操作货币政策的方法，并解释美联储的货币政策策略。我们在本章最后一节再来评价美联储的策略，并介绍和比较各种不同的货币政策策略。

选择政策工具

货币政策工具（monetary policy instrument）是美联储为实现货币政策目标所控制的经济变量。作为货币基础的惟一发行者，美联储是一个垄断者。像所有的垄断者一样，它可以固定其生产量，让市场决定价格；或者它能够固定其产品的价格，让市场去选择产量。

第一个决策就是是否在外汇市场上固定美国货币的价格——汇率。实行固定汇率制的国家无法取得货币政策的独立性。美国实行浮动汇率制，并采取独立的货币政策（第26章解释了外汇市场以及影响汇率的各种因素）。

即使是在浮动汇率下，美联储仍然要做出政策工具的选择。它可以决定货币基础或短期利率这样的目标。美联储就此两个变量的任一个进行设定时，它就无法再设定另一个。其中一个变量的值就是另一个变量的结果。如果美联储决定减少货币基础，利率就会上升；如果美联储决定提高利率，货币基础就会下降。因此，美联储必须决定将这两个变量中的哪一个列为目标。

联邦基金利率

美联储对货币政策工具的选择，和其他大多数国家的中央银行一样，就是短期利率。给定短期利率，美联储准许汇率和货币量去寻找自己的均衡值，而没有事先设定它们应该到达什么样的值。

美联储的目标利率是**联邦基金利率**（federal funds rate），这是银行之间的隔夜拆借利率。

图 31.2 表示 1990 年以来的联邦基金利率。你可以看到，在 1990 年联邦基金利率是 8.25%，2000 年为 6.5%。在两个高联邦基金利率时期，美联储打算采取行动降低通胀率。

在 2002~2004 年期间，联邦基金利率创出历史新低。其原因是，通货膨胀每年固定在 2%附近，美联储对衰退

图 31.2 联邦基金利率

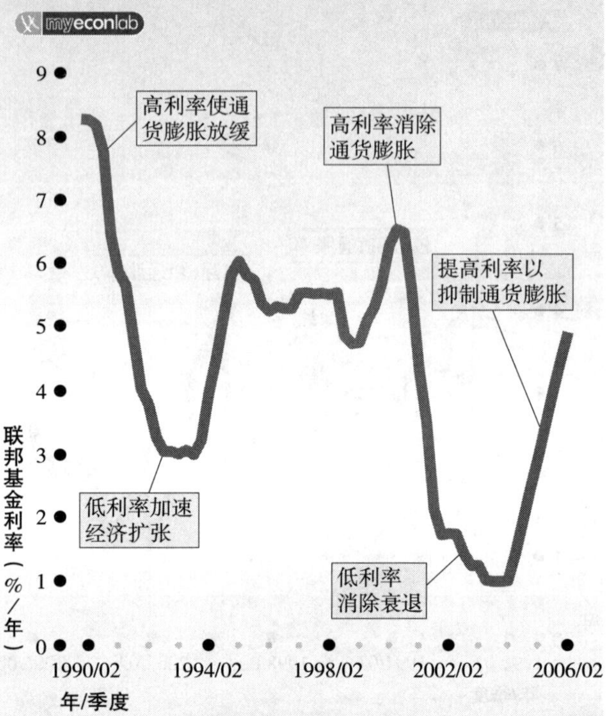

美联储为联邦基金利率设置目标，然后采取行动以使利率接近这一目标。当美联储打算放缓通货膨胀时，它采取提高联邦基金利率的行动。当通货膨胀很低，美联储意欲消除衰退时，它采取降低联邦基金利率的行动。

资料来源：Board of Governors of the Federal Reserve System.

的关心胜过了对通胀的担心，因此美联储把重心更多地放在了避免衰退上。

尽管美联储可以改变任意它想改变的联邦基金利率的大小，不过一般而言，联邦基金利率仅以四分之一个百分点变动。[2]

美联储如何决定联邦基金利率的适当水平？如果已经做出决策，美联储如何使联邦基金利率达到目标水平呢？我们现在来回答这两个问题。

[2] 四分之一个百分点也被称作 25 基础点。一个基础点是一个百分点的一百分之一。

美联储的决策制定策略

有两个可供选择的决策制定策略可供使用，它们被总结为两个专业术语：

- 工具规则
- 目标规则

工具规则　**工具规则**（instrument rule）是在以当前的经济状态为基础的水平下设置政策工具的货币政策决策规则。最著名的工具规则是泰勒规则，其中的工具就是联邦基金利率，这一规则是通过公式使联邦基金利率对通胀率和产出缺口做出反应（我们接下来将描述泰勒规则）。

为了执行泰勒工具规则，FOMC 通过获取目前的通胀率和产出缺口值而简单的得出最优的估计值，然后机械地计算出所要设定的联邦基金利率水平。

目标规则　**目标规则**（targeting rule）是在使最终政策目标的预测等于最终目标的水平上，设置政策工具的货币政策决策规则。如果最终政策目标是 2%的通胀率，并且工具是联邦基金利率，那么，目标规则会将联邦基金利率设在使得对通胀率的预测等于 2%的水平上。

为了执行这样的目标规则，FOMC 必须收集和处理大量经济信息以及经济体对冲击和政策的反应方式。之后，FOMC 还必须处理所有这些数据，从而对政策工具的最佳水平做出判断。

FOMC 备忘录表明，美联储遵循的是目标规则策略。但是，有些经济学家认为由 FOMC 决定的利率可以通过泰勒规则得到很好的描述。下一节我们来看对联邦基金利率的影响。

对联邦基金利率的影响

斯坦福大学的经济学家约翰·泰勒为联邦基金推荐了一个规则，按照他所说的，这个规则描述了 FOMC 复杂决策过程中审慎考虑的结果。**泰勒规则**（taylor rule）认为联邦基金利率（*FFR*）应设定为：均衡的实际利率（泰勒认为是每年 2%）加上建立在通胀率基础（*INF*）上的量和产出缺口（*GAP*）。公式如下（所有值都取百分比）：

$$FFR = 2 + INF + 0.5\ (INF - 2)\ + 0.5GAP$$

换言之，泰勒规则设定联邦基金利率为：2%加上通胀率，然后加上通胀率对均衡的实际利率（确切的说就是 2%这个目标）偏离的一半，再加上产出缺口的一半。

泰勒认为，如果美联储遵循这个规则，经济表现将会

图 31.3　对联邦基金利率的影响

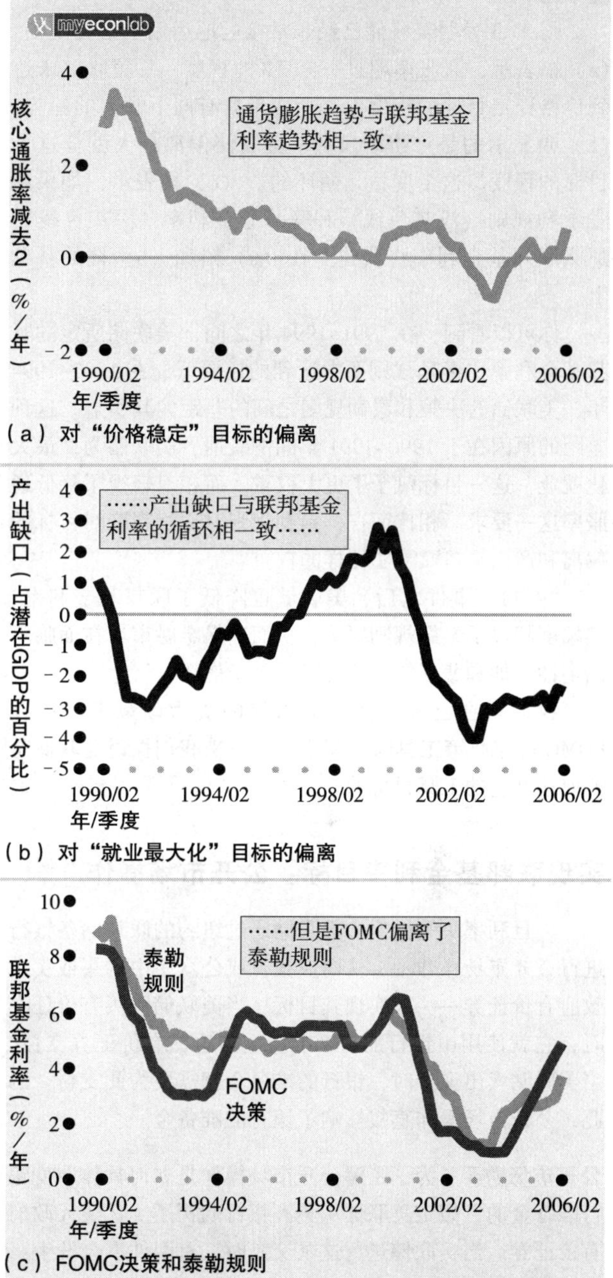

（c）FOMC决策和泰勒规则

联邦基金利率的下降趋势紧随（a）幅中通胀率向 2%下降的趋势，联邦基金利率随着（b）幅中的产出缺口循环而变化，但是 FOMC 在（c）幅中的决策并不完全与泰勒规则公式相符。

资料来源：Board of Governors of the Federal Reserve System, Congressional Budget Office, and Bureau of Labor Statistics.

比历史上的表现要好。但是他也认为，美联储已经很接近遵守这一规则了。

图 31.3 表明美联储已经非常接近地运用了泰勒规则。(a) 幅表示，通胀率超过每年 2%的程度——美联储未达到价格稳定目标的程度。这个变量具有向下倾斜的趋势。(b) 幅显示的是产出缺口——美联储偏离最大就业这个目标的程度。这个变量是循环的。(c) 幅表示，如果遵守泰勒规则（浅灰色线）和联邦基金利率（深灰色线），那么联邦基金利率将会建立在 (a) 幅和 (b) 幅的基础上。

你可以看到，在 1991~1994 年之间，美联储所定的联邦基金利率比泰勒规则要求达到的还要低。在 1992~1994 年，美联储的决策和泰勒规则之间的差距尤其明显。这种差距的原因在于 1990~1991 年间的衰退，美联储为“最大化就业”这一目标赋予了更大权重，而相对轻视了降低通胀率这一要求。相比而言，泰勒规则对通货膨胀对目标的偏离和产出缺口赋予了同样的权重。

“9·11”事件之后，美联储也降低了联邦基金利率，其幅度超过了泰勒规则要求，从而确保金融市场在面临不确定性增加和悲观情绪蔓延时不至于崩溃。

我们现在已经描述了美联储的货币政策工具以及 FOMC 设定政策工具时的策略。接下来我们探讨美联储是如何达到它的工具目标的。

实现联邦基金利率目标：公开市场操作

一旦利率决策做出，美联储通过纽约的联邦储备银行进行**公开市场操作**——从商业银行或公众手中购买或卖出政府有价证券——来实现其目标。当美联储购买有价证券时，它就使用由银行的新增准备金为这些有价证券支付。当美联储卖出证券时，银行的准备金就需要为此支付。因此，公开市场操作直接影响了银行的准备金。

公开市场购买 为了了解公开市场操作是如何具体改变银行准备金的，假定美联储从美洲银行购买了 1 亿美元政府有价证券。当美联储进行这项交易时，有两件事会发生：

1. 美洲银行减少了 1 亿美元有价证券，美联储增加了 1 亿美元有价证券。
2. 美联储将 1 亿美元存入美洲银行在美联储的储蓄账户，从而为有价证券进行支付。

图 31.4 说明了在美联储和美洲银行资产负债表上这些行动的效应。有价证券的所有权从美洲银行转移给了美联储，所以美洲银行的资产减少了 1 亿美元，美联储的资产增加了 1 亿美元，如图中浅灰色箭头的指向，从美洲银行指向美联储。

美联储将 1 亿美元存入美洲银行在美联储的账户，为有价证券进行支付，如图中深灰色箭头的指向，从美联储指向美洲银行。

美联储的资产和负债各增加了 1 亿美元。美洲银行的总资产没有变：它卖掉了有价证券，增加了准备金。

公开市场出售 如果美联储在公开市场上卖出 1 亿美元政府有价证券，则：

1. 美洲银行将增加 1 亿美元的有价证券，美联储将减少 1 亿美元的有价证券。
2. 美洲银行通过其在美联储的准备金储蓄账户为这些有价证券支付。

图 31.5说明了在美联储和美洲银行资产负债表上这些行动的效应。有价证券的所有权从美联储转移给了美洲银行，所以美联储的资产减少了 1 亿美元，如图中浅灰色箭头指向，从美联储指向美洲银行。

美洲银行使用了其准备金中的 1 亿美元来支付这笔

图 31.4 美联储在公开市场上购买有价证券

myeconlab

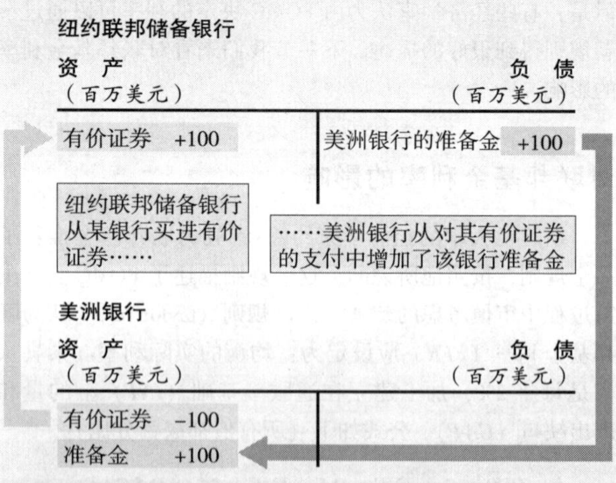

当美联储在公开市场上购买有价证券时，它创造了银行准备金。美联储的资产和负债都增加了，卖出证券的银行通过有价证券换取准备金。

图 31.5 美联储在公开市场上出售有价证券

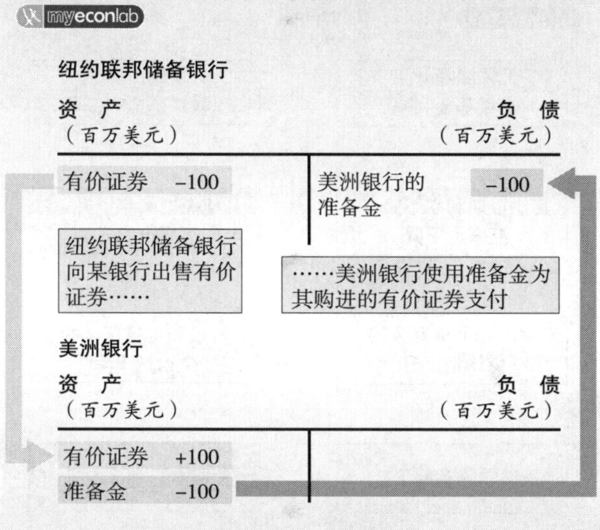

当美联储在公开市场上出售有价证券时，它减少了银行储备。美联储的资产和负债都降低了，购买有价证券的银行通过准备金换取有价证券。

有价证券，如图中深灰色箭头指向，从美洲银行指向美联储。

美联储的资产和负债都减少了 1 亿美元。美洲银行的总资产没有变：它用准备金购买了有价证券。

准备金市场上的均衡

为了解公开市场操作是如何改变联邦基金利率的，首先我们必须明白在联邦基金市场（在这个市场上银行可以进行隔夜拆借）和银行准备金市场上发生了什么。

联邦基金利率越高，隔夜拆借的供给量就越大，需求量越小。均衡的联邦基金利率能够使得供给量和需求量相等。

观察那些决定联邦基金利率的因素的另一个相同的方法，是考虑对银行准备金的供给和需求。银行持有准备金以满足法定准备金率的要求，从而确保支付能力。但是准备金的持有是有高昂代价的。若不持有它们，而将其在联邦基金市场上贷出的话，可以获得联邦基金利息。联邦基金利率越高，持有银行准备金的机会成本就越高，银行节约其准备金的持有量的激励就越大。

图 31.6 银行准备金市场

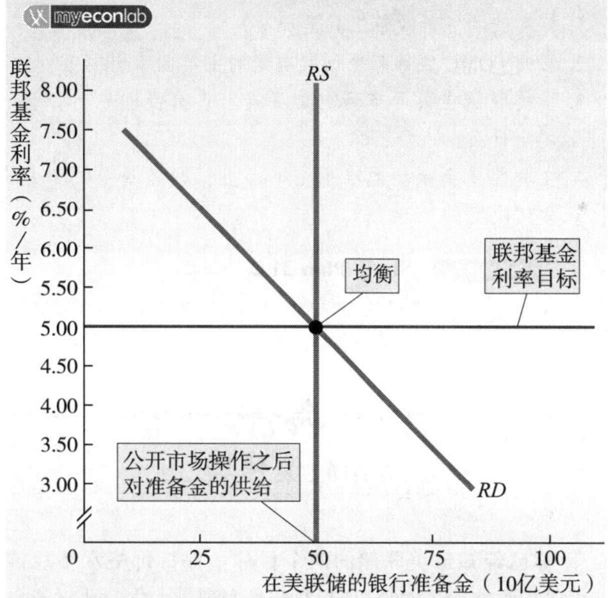

对准备金的需求曲线是 *RD*。准备金的需求量随着联邦基金利率的上升而下降，因为联邦基金利率是持有准备金的机会成本。准备金的供给曲线是 *RS*。美联储运用公开市场操作使得准备金的供给量在联邦基金利率目标水平下（本例中为每年 5%）等于需求量（本例中为 500 亿美元）。

因此，银行对准备金的需求量取决于联邦基金利率。其他条件保持不变的情况下，联邦基金利率越高，准备金需求就越小。

图 31.6 显示的是银行准备金市场。*x* 轴表示在美联储的银行准备金存款量，*y* 轴表示联邦基金利率。对准备金的需求为 *RD* 曲线。

美联储的公开市场操作决定了准备金的供给，如图中 *RS* 曲线所示。若要降低准备金存款，美联储就实施公开市场出售；若要提高准备金存款，美联储实施公开市场购买。

银行准备金市场的均衡决定了联邦基金利率，使得银行准备金的需求量和供给量相等。通过公开市场操作，美联储调节准备金供给，从而使联邦基金利率维持在目标水平。

复习测验

1. 美联储的货币政策工具是什么？
2. 影响 FOMC 联邦基金利率决策的主要因素有哪些？
3. 当美联储在公开市场上购买或出售有价证券时，会发生什么？
4. 在联邦基金市场或准备金市场上，联邦基金利率是如何决定的？

myeconlab Study Plan 31.2

图 31.7 联邦基金利率变化的涟漪效应

myeconlab

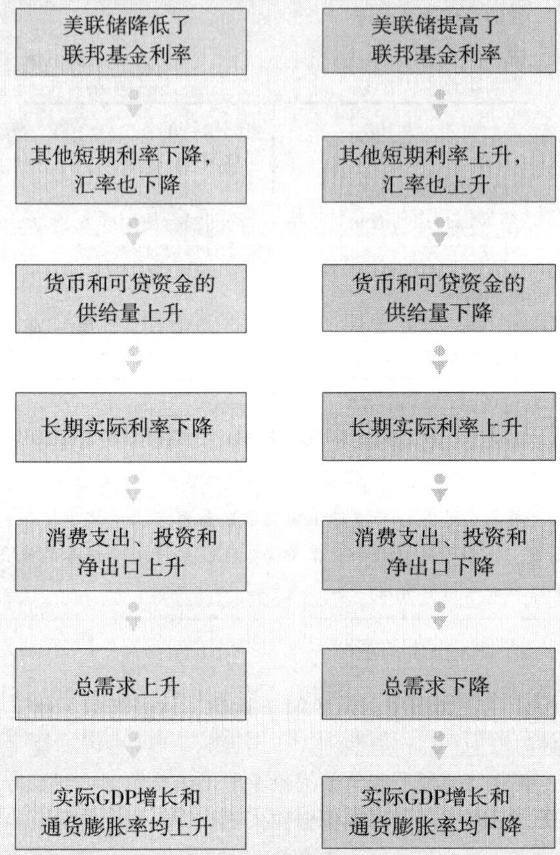

货币政策传导

你已经知道美联储的两个目标：保持价格水平稳定（年通胀率维持在大约 2%左右）和实现最大化就业（产出缺口接近于 0）。你已经看到，美联储如何运用其权力将联邦基金利率设定在意愿水平。现在，我们追踪联邦基金利率变化中发生的一系列事件，去看看这些事件是如何实现最终政策目标的。我们首先快速浏览传导过程，然后更进一步地观察其中的每一步。

快速浏览

当美联储降低联邦基金利率时，其他的短期利率和汇率也会下降。货币数量和可贷资金的供给量上升。长期实际利率下降。实际利率的下降使得消费支出和投资增加。汇率下降则让美国的出口产品更为便宜，进口品更为昂贵。因此，净出口增加。更加容易取得银行贷款加强了低利率对总支出的效应。总需求增加，使得实际 GDP 和相对于应该达到的价格水平升高。实际 GDP 增长和通货膨胀加速。

当美联储提高联邦基金利率时，我们刚才回顾的一系列事件都将结束，其效应朝着相反方向。

图 31.7 给出了联邦基金利率降低和提高所引起的这些涟漪效应的图解式概括。

这些涟漪效应时间持续在一到两年之间。利率和汇率效应是瞬间的。对货币和银行贷款的效应往往要在若干星期之后，并持续作用几个月。实际长期利率迅速变化，且短期利率变化也经常在预料之中。支出计划改变，而实际 GDP 增长约在一年后也会放缓。联邦基金利率变化之后的一年到两年之间，通胀率也会变化。但是，这些时滞并不是完全可预测的，或长或短。

我们接下来观察传导过程中的每一个阶段，首先从利率效应开始。

利率变化

FOMC 做出的货币政策决策的第一个效应是联邦基金利率的变化。之后，其他利率也将发生变化。这些利率效应发生很快，而且相对来说也是可以预测的。

图 31.8 表示三种利率的波动：联邦基金利率、短期票据利率和长期债券利率。

联邦基金利率 一旦 FOMC 宣布一项新的联邦基金利率，

图 31.8　三种利率

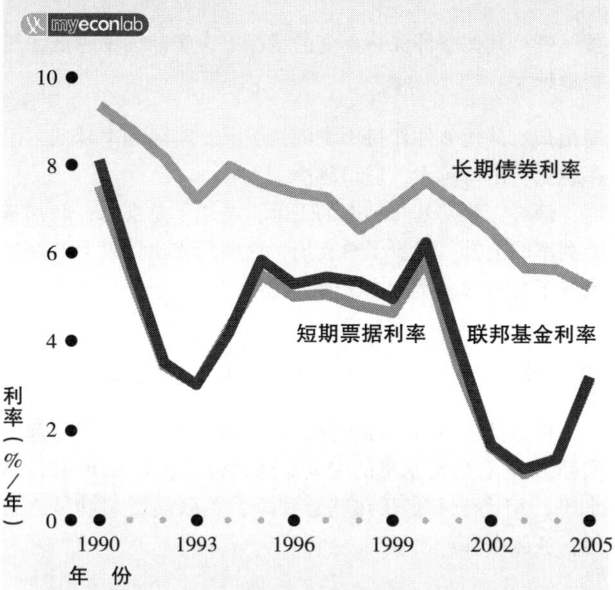

短期利率——联邦基金利率和短期票据利率——移动路径非常接近。长期债券利率比短期利率要高，其波动小于短期利率。

资料来源：Board of Governors of the Federal Reserve System.

纽约联邦储备就会做出必要的公开市场操作，以达到该利率目标。图 31.8 中的利率变化的发生是毫无疑问的。它们因美联储的货币政策而来。

短期票据利率　短期票据利率是联邦政府对三个月期国库券所支付的利率。它和美国企业对短期贷款支付的利率相似。值得注意的是，短期票据利率非常接近联邦利率。这两个利率几乎是相等的。

使这两种利率如此接近的，是一个有力的替代效应。商业银行可以选择如何持有它们的短期流动资产。而且，对另一家银行的隔夜拆借是短期证券（如国库券）非常接近的替代。如果国库券的利率比联邦基金利率高，隔夜拆借贷款的供给量就会下降，对国库券的需求就会增加。国库券的价格上升，利率下降。

同样地，如果国库券的利率比联邦基金利率低，隔夜拆借贷款的供给量就会增加，对国库券的需求则下降。国库券的价格下跌，利率上升。

当国库券的利率和联邦基金利率接近时，银行就没有在进行隔夜拆借还是购买国库券之间进行转换的激励。国库券市场和联邦基金市场就处于均衡状态。

长期债券利率　长期债券利率是对大企业发行的债券进行支付的利率。它是企业为购买新资本所进行融资而支付的利率，同时也影响着它们的投资决策。

长期债券利率有两个突出的特征：它比短期利率高，比短期利率的波动要小。

长期利率比短期利率高，其原因在于长期贷款比短期贷款风险要大。为提供长期贷款供给的激励，借出人必须要取得对额外风险的补偿。没有对额外风险的补偿，那么就只有短期贷款供给。

长期利率比短期利率波动小的原因是，它受未来短期利率预期和当前短期利率的双重影响。长期借贷的一个可选方案是使用一系列的短期证券进行借贷。如果长期利率超过了预期的未来短期利率的平均值时，人们将借出长期贷款，借入短期贷款。长期利率就会下跌。如果长期利率低于预期的未来短期利率的平均值时，人们将借入长期贷款，借出短期贷款。长期利率就会上升。

这些市场因素使得长期利率接近于预期的未来短期利率的平均值（加上与长期贷款相联系的额外的风险溢价）。预期的未来短期利率的平均值比当前的短期利率波动要小。

汇率波动

汇率对美国的利率相对于其他国家利率的变化——*美国利率差*——会做出反应。我们在第 26 章解释了这一影响。

当美联储提高联邦基金利率时，美国利率差就会上升，其他条件不变的情况下，美元增值。当美联储降低联邦基金利率时，美国利率差下降，其他条件不变的情况下，美元贬值。

除美国利率差异之外，还有很多因素影响汇率，因此，当美联储改变联邦基金利率时，汇率并不经常按照保持其他条件不变的情况时那种方式变化。所以，在货币政策影响汇率时，很多其他因素也会使得汇率发生改变。

货币和银行贷款

货币和银行贷款的数量在美联储改变其目标联邦基金利率时会发生改变。联邦基金利率的上升会减少货币和银行贷款的数量，反之，联邦基金利率的下降则会增加货币和银行贷款的数量。这些变化之所以会发生，有两个原因：由银行体系所创造的存贷款量的变动和货币需求量的变动。

你已经看到，为了改变联邦基金利率，美联储必须改变银行的准备金量。银行准备金的变动改变货币基础，从而带来银行体系创造出来的存贷款量变动。联邦基金利率的上升，减少了准备金，也降低了银行的存贷款量；联邦基金利率的下降，增加了准备金，也增加了银行的存贷款量。

由银行体系创造的货币量必然为家庭和企业所拥有。利率的变化改变了货币需求量。利率的下降增加了货币需求量，而利率的上升减少了货币需求量。

货币量以及银行贷款供给量上的变动，直接影响了消费和投资计划。如果货币增多且贷款更容易，消费者和企业就会倾向于多花钱；反之，如果货币减少且贷款更困难，消费者和企业就会倾向于少花钱。

长期实际利率

可贷资金市场上的供求决定了长期实际利率，它等于长期名义利率减去预期通货膨胀率。长期实际利率影响支出决策。

在长期，可贷资金市场上的供求仅仅取决于实际因素——储蓄和投资决策。但是在短期里，当价格水平不是充分灵活时，可贷资金的供给就会受银行贷款供给的影响。联邦基金利率的变动，改变了银行贷款的供给，从而改变了可贷资金的供给，以及改变了可贷资金市场上的利率。

联邦基金利率的下降，使得银行贷款供给增加，这增加了可贷资金的供给，并且降低了均衡的实际利率。联邦基金利率的上升，使得银行贷款供给减少，这减少了可贷资金的供给，并且提高了均衡的实际利率。

实际利率的这些变动和我们描述过的其他因素一起，改变着支出计划。

支出计划

联邦基金利率变化产生的涟漪效应，改变了总支出的三个部分：

- 消费支出
- 投资
- 净出口

消费支出 其他条件保持不变的情况下，实际利率越低，消费支出量越大，储蓄量越小。

投　资 其他条件保持不变的情况下，实际利率越低，投资量越大。

净出口 其他条件保持不变的情况下，实际利率越低，汇率越低，出口越大，进口越小。

最终，联邦基金利率的下降，增加了总支出；联邦基金利率的上升，减少了总支出。这些总支出计划上的变动改变了总需求、实际 GDP 和价格水平。

总需求、实际 GDP 和价格水平的变动

传导链中最后一环就是总需求的变动，以及所引起的实际 GDP 和价格水平的变动。通过改变实际 GDP 和价格水平，相比于不变联邦基金利率，美联储影响其最终目标：通胀率和产出缺口。

美联储与衰退的斗争

如果通货膨胀低且实际 GDP 低于潜在 GDP 水平，美联储要采取措施，以恢复充分就业。图 31.9 表明，美联储措施的效应开始于银行准备金市场，终止于实际 GDP 市场。

银行准备金市场 图 31.9（a）显示的是银行准备金市场，FOMC 把目标联邦基金率从每年 5%降到每年 4%。为了达到这一新的目标，纽约联邦储备购买证券，将银行系统的准备金供给从 RS_0 提高到 RS_1。

货币市场 伴随着准备金的提高，银行通过增加贷款和货币供给的增加创造大量存款。短期利率下降，货币需求量增加。在图 31.9（b）中，货币供给量从 MS_0 增加到 MS_1，利率从每年 5%下降到每年 4%，货币量从 3 万亿美元增加到3.1 万亿美元。货币市场上的利率和联邦基金利率通过前面讲到的利率强有力的替代效应，彼此之间保持相对接近。

可贷资金市场 银行通过贷款创造货币。在长期，银行贷款供给增加与价格水平的上升是相匹配的，而实际的贷款量是不变的。但是在短期，由于价格的粘性，银行贷款供给的增加提高了（实际的）可贷资金的供给。

在图 31.9（c）中，可贷资金供给曲线从 SLF_0 向右移动到 SLF_1。可贷资金的需求用 DLF 表示，实际利率从每

图 31.9　美联储与衰退的斗争

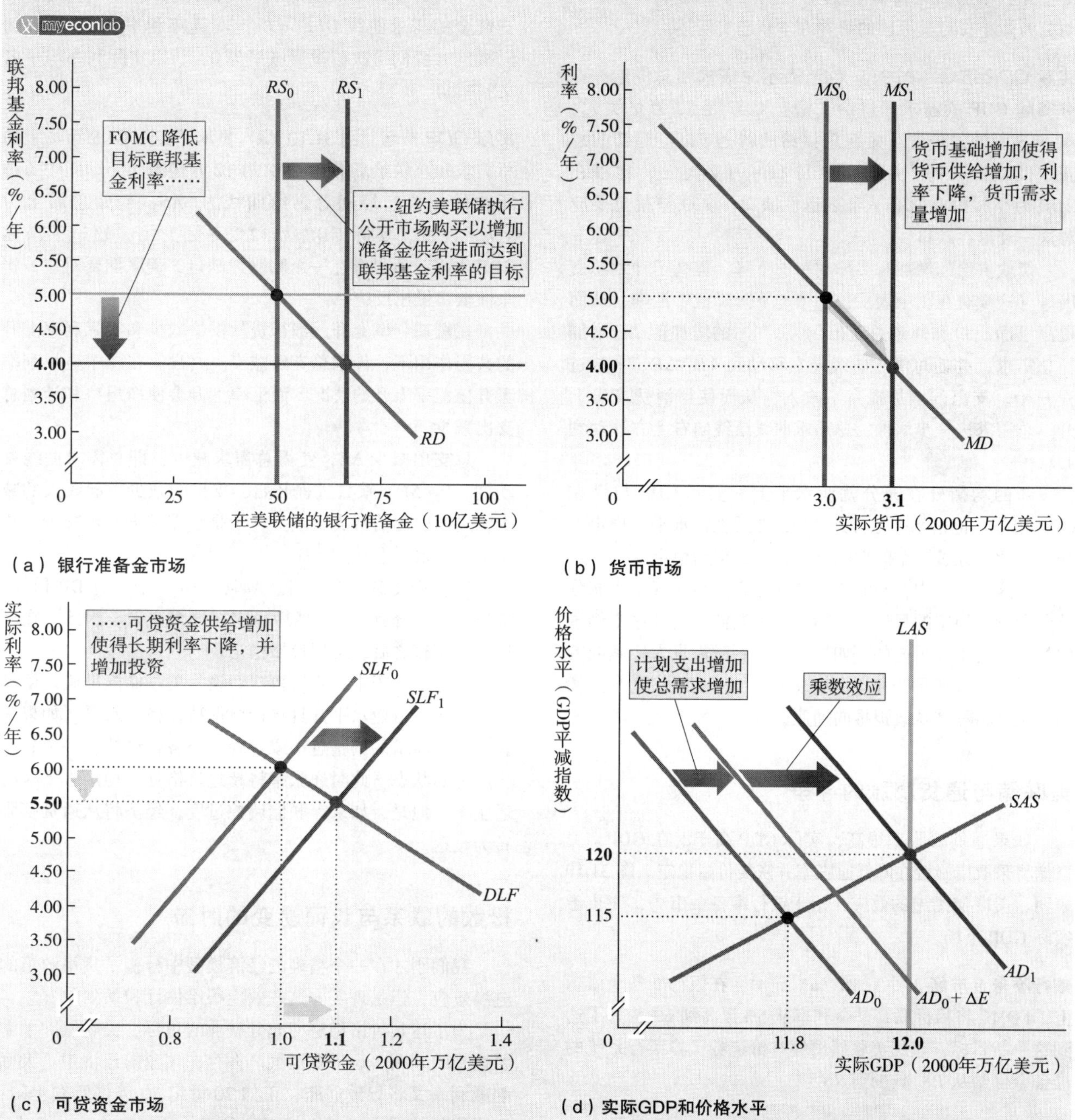

在（a）幅中，FOMC 将联邦基金利率目标从 5%降低到 4%。纽约美联蓄在公开市场上购买有价证券，将银行准备金供给从 RS_0 增加到 RS_1 从而达到了新的联邦基金利率目标。

在（b）幅中，货币供给从 MS_0 增加到 MS_1，短期利率下降，货币需求量增加。短期利率和联邦基金利率变化相同的量。

在（c）幅中，银行贷款供给的增加使可贷资金供给增加，即从 SLF_0 到 SLF_1，实际利率下降。投资增加。

在（d）幅中，计划总支出增加。总需求曲线移动到 $AD_0+\Delta E$，最后向右移动到 AD_1。实际 GDP 提高到潜在 GDP 水平，价格水平上升。

年6%下降到5.5%。（这里我们假定了一个零通胀率，使得实际利率与名义利率相等。）长期利率比短期利率的变动更为微小，对其原因的解释在本章已有所述。

实际GDP市场 图31.9（d）表示总需求和总供给——对实际GDP的需求和供给。潜在GDP是12万亿美元，即LAS所处的位置。短期总供给曲线是SAS，起初的总需求曲线是AD_0。实际GDP是11.8万亿美元，比潜在GDP为小，因此就有一个衰退性缺口。美联储就是要应对这一衰退性缺口。

贷款供给的增加和实际利率的下降，提高了计划总支出。（这没有在图中表示，利率的下降降低了汇率，从而提高了净出口和计划总支出。）总支出的增加值ΔE增加了总需求，并使总需求曲线向右移动到$AD_0+\Delta E$。乘数过程开始。支出的增加提高了收入，从而使得消费支出上升。总需求进一步增加，总需求曲线最终向右上方移动到AD_1。

新的均衡处在充分就业水平上。实际GDP与潜在GDP相等。价格水平上升到120，然后在该水平上稳定下来。因此，经过一个时期的调整，价格得到稳定。

在这个例子中，我们假设美联储完美地实现了对充分就业和价格稳定的目标。实际上，美联储想达到这个例子中的精准是不大可能的。如果美联储刺激需求太轻微或者太滞后，经济还是会经历一场衰退。如果美联储刹车太猛烈，又会将经济从衰退推向通胀。

美联储与通货膨胀的斗争

如果通货膨胀率很高，实际GDP高于潜在GDP，美联储将采取措施旨在降低通胀率并恢复价格稳定。图31.10表明，美联储措施的效应开始于银行准备金市场，终止于实际GDP市场。

银行准备金市场 图31.10（a）显示，在银行准备金市场上，FOMC将目标联邦基金利率从5%提高到6%，为了达到这一新目标，纽约美联储出售有价证券，将银行系统的准备金供给从RS_0减少到RS_1。

货币市场 随着准备金的减少，银行通过减少贷款使存款收缩，货币供给减少。短期利率上升，货币需求量减少。在图31.10（b）中，货币供给从MS_0减少到MS_1，年利率从5%上升到6%，市场上的货币数量从3万亿美元减少到2.9万亿美元。

可贷资金市场 随着准备金的减少，银行必须相应减少贷款的供给。（实际）可贷资金供给减少，如图31.10（c）所示，可贷资金供给曲线从SLF_0向左移动到SLF_1。结合可贷资金的需求曲线DLF可得，实际年利率从6%上升到6.5%。（我们再次假设通胀率为0，所以实际利率等于名义利率。）

实际GDP市场 图31.10（d）显示了实际GDP市场上的总需求和总供给。潜在GDP为12万亿美元，即图中LAS所在的位置。短期总供给曲线为SAS，初始总需求为AD_0。现在，实际GDP为12.2万亿美元，超过了潜在GDP水平，所以存在一个膨胀性缺口，美联储要对这一膨胀性缺口做出反应。

在短期利率上升、银行贷款供给减少和实际利率上升的共同作用下，计划总支出减少。（没有在图中显示利率上升使汇率上升的情况，而汇率上升会使净出口和计划总支出减少。）

总支出减少ΔE，使得总需求减少，即总需求曲线移动到$AD_0-\Delta E$。乘数过程开始，支出的减少引起收入的减少，进而引起消费支出减少，于是总需求进一步减少，总需求曲线最后左移到AD_1。

经济恢复到充分就业。实际GDP与潜在GDP相等。价格水平下降到120，然后稳定在这个水平。因此，在经过一轮调整之后，出现价格稳定。

在这个例子中，我们再次假设，美联储能准确地使经济达到充分就业水平并且将价格保持在稳定水平。如果美联储对总需求的调整过小或过晚，经济将维持在一个有通胀压力的状态，此时通胀率将超过价格处于稳定水平时的通胀率；但是，如果美联储调控过度，经济将从通货膨胀转为衰退。

松散的联系与长而易变的时滞

我们刚才在一个精确的经济模型中分析了货币政策的涟漪效应，但是现实中这些效应很难估计和预测。

为了达到价格稳定与充分就业的目标，美联储除了需要恰当的判断，还需要运气。在存在失业的经济中，大幅削减利率又将导致通胀，正如20世纪70年代所发生的；在通胀的情况下，若大幅提高利率，经济又会产生失业，正如1981~1991年所发生的。

联邦基金利率与最终的政策目标之间的联系很松散，这就难免会出现一些不想要的政策结果。长而易变的时滞更是增加了美联储制定政策的难度。

联邦基金利率与支出之间的松散联系 影响支出计划的实

图 31.10　美联储与通货膨胀的斗争

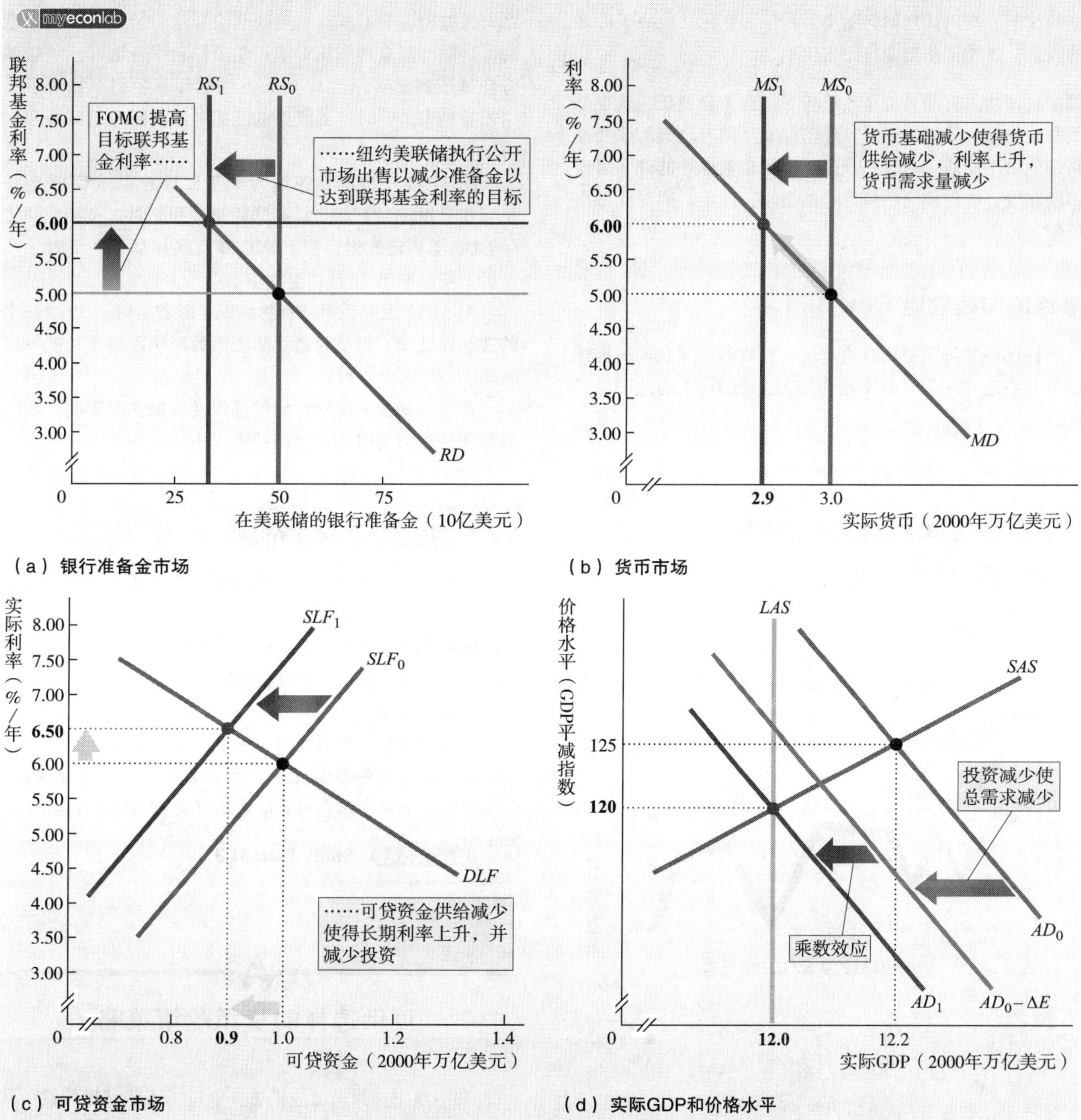

在（a）幅中，FOMC 将联邦基金利率从 5%提高到 6%。纽约美联储在公开市场上出售有价证券，将银行准备金供给从 RS_0 减少到 RS_1 从而达到了新的联邦基金利率目标。

在（b）幅中，货币供给从 MS_0 减少到 MS_1，短期利率上升，货币需求量减少。短期利率和联邦基金利率变化相同的量。

在（c）幅中，银行贷款供给的减少使可贷资金供给减少，即从 SLF_0 到 SLF_1，实际利率上升。投资减少。

在（d）幅中，计划总支出减少。总需求减少，AD 曲线从 AD_0 向左移动到 AD_1。实际 GDP 下降到潜在 GDP 水平，价格水平下降。

际长期利率与联邦基金利率之间的联系也极为松散。此外，长期实际利率如何随名义利率变化还取决于对通货膨胀的预期。支出计划如何随实际利率而变化又取决于许多的因素，这使得预测变得相当困难。

调整过程中的时滞 货币政策传导过程十分漫长，这也是美联储的最大障碍。而且，经济并非是随着政策的改变而精确地做出反应。更进一步说，除了政策以外的许多因素不断在变，会促使一些新形势的出现，政策必须对此做出反应。

最终的实践检验

你已经学习了货币政策理论，它真的按照我们所描述的方式在起作用吗？答案是肯定的，图 31.11 为此提供了证据。

在图 31.11 中，浅灰色线表示目标联邦基金利率与长期债券利率之差。通过观察长期债券利率与联邦基金利率之间的差距，我们就知道美联储改变这一情况是相当困难的。当联邦基金利率相对于长期债券利率降低时，美联储将会试图刺激实际 GDP 增长。当联邦基金利率相对于长期债券利率上升时，美联储试图抑制通货膨胀，减缓实际 GDP 的增长。

图 31.11 中的深灰色线为一年之后的实际 GDP 增长率，你会发现当 FOMC 提高联邦基金利率时，一年后的实际 GDP 增长将放慢；当 FOMC 降低联邦基金利率时，一年后的实际 GDP 增长将会加快。

图 31.11 没有说明通货膨胀率是随着实际 GDP 增长率的波动而波动，但是对通货膨胀率的影响需要更长的一段时间。

你已经知道美联储是如何操作及该操作的影响。我们最后通过探讨美联储其他调控方式来结束本章。

图 31.11 利率和实际 GDP 增长

myeconlab

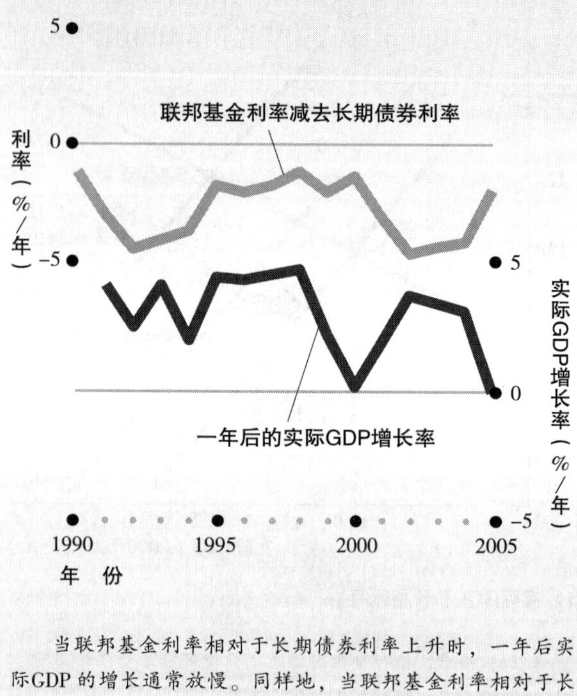

当联邦基金利率相对于长期债券利率上升时，一年后实际GDP 的增长通常放慢。同样地，当联邦基金利率相对于长期债券利率下降时，一年后实际 GDP 增长率将上升。

资料来源：Interest rates, see Fig. 15.8; real GDP growth, Bureau of Economic Analysis.

复习测验

1. 描述经济中货币政策传导的渠道以及解释为什么每个渠道都运行。
2. 利率会随着美联储的措施而波动吗？
3. 美联储的措施如何影响汇率？
4. 美联储的措施如何影响实际 GDP？经过多长时间实际GDP 才能对美联储的政策变化做出反应？
5. 美联储的措施是如何影响通货膨胀率的？经过多长时间通货膨胀率会对美联储的政策变化做出反应？

myeconlab **Study Plan 31.3**

可供选择的货币政策策略

在本章中，我们已经描述并分析了美联储操作货币政策的方法，但是存在多种货币政策策略可供美联储选择。在本章的最后部分，我们考查不同的政策选择，并解释为什么美联储偏好于运用我们已描述的调整利率的方法而非其他方法。

我们可以将货币政策策略分为两大类：工具规则与目标规则。你会发现美联储使用与泰勒规则相似的目标规则策略，但是泰勒规则是联邦基金利率的工具规则，所以美联储不会采用纯粹或简单的工具规则，也不会采纳其他可能的工具与目标规则。

美联储可能会选择下列四种不同的货币政策策略，其中有一个为工具规则，其余三个均为目标规则。

- 货币基础工具规则
- 货币目标规则
- 汇率目标规则
- 通胀率目标规则

货币基础工具规则

虽然美联储运用公开市场操作来实现目标联邦基金利率，它也可以用实现货币基础的目标水平来代替。

使用规则来设定货币基础的思想首先由卡内基—梅隆大学的经济学家贝纳特·麦克卡伦（Bennet T. McCallum）提出，所以该货币基础规则就以他的名字命名。

麦克卡伦规则（McCallum rule）使得货币基础的增长率随着长期实际 GDP 的平均增长率的变化和中期货币基础的周转率变化而变化。

该规则基于*货币数量论*（参见第 9 章）。麦克卡伦的思想是使得货币基础的增长率等于目标通货膨胀率加上长期实际 GDP 增长率减去中期货币周转率的增长率。这样通货膨胀率将接近目标的通胀率。经济将趋于充分就业状态。

与泰勒规则相比，麦克卡伦规则在某些方面更具优势。如果运用泰勒规则来达到目标利率，美联储必须估计长期均衡的实际利率与产出缺口。

在我们前面所描述的泰勒规则中，长期均衡的实际年利率为 2%，若通胀率与产出缺口为零，联邦基金利率将被设定在这个水平。但是如果长期均衡的实际年利率不等于 2%，那么根据泰勒规则设定的利率要么偏高要么偏低，利率偏高将导致持续性的衰退，利率偏低又将加速持续性的通胀。

同样地，如果美联储高估产出缺口，它就会设置一个过高的联邦基金利率而导致持续性的衰退，反之，如果美联储低估产出缺口，它将会设置一个过低的联邦基金利率，导致持续性的通胀。

因为麦克卡伦规则不受实际利率与产出缺口的影响，所以也就不会出现那些泰勒规则所遇到的问题。

与泰勒规则相比，麦克卡伦规则的缺点在于依赖货币需求与货币基础需求的合理稳定。

美联储认为货币需求与货币基础需求的变动将引起利率的大幅波动，反过来又将导致总需求的大幅波动。

货币目标规则

在 1948 年，诺贝尔奖获得者米尔顿·弗里德曼提出了针对货币数量的目标规则，弗里德曼的 ***k* 百分比规则**（*k*-percent rule）就是使货币量以每年百分之 *k* 的速度增长，而 *k* 等于潜在 GDP 的增长率。

同麦克卡伦规则一样，弗里德曼的 *k* 百分比规则也依赖于货币需求的稳定性，换一种说法，也就是依赖于货币周转率的稳定性。弗里德曼调查了货币与名义 GDP 的数据后，认为货币周转率是宏观经济变量中最稳定的变量之一，可以利用它来实现稳定的价格水平和较小的经济周期波动。

弗里德曼的思想直到 20 世纪 70 年代才占统治地位，那时美国的通胀率增加到了 10%之多，其他主要国家甚至更高。

20 世纪 70 年代中期，在公开宣布抑制通货膨胀中，大多数国家的中央银行采纳了 *k* 百分比规则来决定货币数量的增长率。美联储也开始关注包括 M1 与 M2 的总货币增长率。

80 年代初期，在采纳 *k* 百分比规则的国家中通胀率开始下降。但是一个接着一个，这些国家都抛弃了 *k* 百分比规则。

当货币需求稳定并可预测——货币周转率稳定，货币目标规则就能起作用，但是在 80 年代，可能今天也一样，银行系统的技术进步导致了货币需求波动很大且不可预测。这使得货币目标规则变得不可靠。货币目标下，总需求因货币需求波动而波动。在以利率为目标情况下，总需求与货币需求（和货币周转率）的波动无关。

汇率目标规则

如果美联储愿意，它可以干涉外汇市场来达到目标汇率。固定汇率就是一种可能的汇率目标。美联储能用一篮子其他货币来固定美元的价值，如*贸易加权指数*（参见第 10 章）。

但是，如果一国使用固定汇率政策，那么就不能控制其通货膨胀率，原因是*购买力平价*会使参与国际贸易的商品的国内价格与国外价格一致。如果一个电脑芯片在洛杉矶卖 100 美元，假设汇率为 1 美元兑换 120 日元，那么电脑芯片在东京的价格就应该为 12 000 日元（不考虑税率差异)。如果购买力平价不起作用，那么就存在低价买入高价卖出赚取差价的可能。这种贸易将通过竞争摊薄利润和消除价格差异。

因此，可贸易商品的价格（以及长期中所有商品和服务的价格），由于其他国家美元价值的绑定，其他国家平均的价格水平一定会以和美国国内的价格水平相同的速率上升。

美联储运用爬行钉住汇率这种达到通胀目标的手段，可以避免直接的通货膨胀联系（参见第 26 章）。为了达到目标，美联储可以使汇率等于美国的通胀率与目标通胀率之差。如果其他国家的平均通胀率为 3%，而美国想把通胀率维持在 2%的水平，美联储就应按每年 1%的幅度使美元升值，以应对其他货币的贸易加权指数。

一些面临通货膨胀问题的发展中国家使用这种货币政策策略来降低通货膨胀率。采用这种方法的主要原因是这些国家缺少运行良好的债券与隔夜拆借市场，所以他们无法使用依赖于银行系统这些特征的政策方法。

使用爬行钉住汇率方法来实现通货膨胀目标的主要缺点是实际汇率通常以难以预期的方式变化。美国与其贸易伙伴之间的**实际汇率**（real exchange rate）为一篮子商品与服务在美国与其他国家的相对价格。与其他国家的 GDP 相比，美国的 GDP 中包括很大比例的高技术产品和服务，所以当这些物品的相对价格变化，实际汇率也就变化了。使用爬行钉住汇率来达到目标通胀率时，我们需要识别实际汇率的变动并且抵消它。这是一项很难完成的任务。

通货膨胀率目标规则

通货膨胀率目标（inflation rate targeting）是中央银行做出公开承诺的一种货币政策策略。

1. 达到一个明确的通货膨胀目标
2. 解释政策措施怎样达到这一目标

在美联储的众多策略中，通货膨胀目标是最受关注的。实际上，有些经济学家把它看成是美联储目前能做到的一小步。基于上述原因，我们将更详细地解释这一政策策略。哪些国家在使用通货膨胀目标？他们是如何做到的？他们又达到了什么目标？

通货膨胀目标制定者 从 20 世纪 90 年代中期开始，一些主要的中央银行开始实施通货膨胀目标。中央银行使用通货膨胀最好的例子是英格兰银行、加拿大银行、新西兰储备银行和瑞典中央银行（Riksbank 银行）。欧洲中央银行也在尝试通货膨胀目标。日本与美国这两个最重要的工业经济大国却没有运用这一货币政策策略。有趣的是，联邦储备委员会主席本·伯南克、理事会成员弗雷德里克·马什金（Frederic S. Mishkin）都是经济学教授（分别是普林斯顿大学和哥伦比亚大学的教授），他们共同研究并撰写了关于这一课题的重要文章和著作。他们的大致结论是，以通货膨胀目标来引导货币政策是明智的。

通货膨胀率目标是怎样实施的 通货膨胀目标设定为 CPI 增长率的范围，通常这个范围是每年 1%~3%，目标是平均通货膨胀率稳定在每年 2%的水平上。因为货币政策的运作时滞很长，如果通胀率超过了上述范围，人们将预期在以后的两年内中央银行会调整通胀率到目标水平。

所有以通货膨胀率为目标的中央银行都将隔夜拆借利率（等同于联邦基金利率）作为政策工具，并且他们将公开市场操作作为达到理想的隔夜拆借利率的工具。

为了解释他们的政策行为，通货膨胀目标制定者发布通货膨胀报告来描述当前的经济状况以及对未来两年的发展预期。报告还解释中央银行目前的货币政策及该政策为什么和怎样达到通货膨胀目标。

通货膨胀率目标实现了什么 以通货膨胀为目标的政策目的是设定清楚公开的货币政策目标，建立可解释的框架，保持低而稳定的通货膨胀率，并且使就业率维持在稳定的高水平。

通货膨胀目标能实现的两个目标已得到共识，通货膨胀目标者的通货膨胀报告提高了关于货币政策进程的讨论和理解水平。

通货膨胀目标是否比美联储当前实行的非公开的目标更有助于实现低而稳定的通胀率呢？这一点并不是很确定。即使没有包含正式的通胀目标，近几年美联储自身的记录也令人印象深刻。

但是，货币政策是关于通胀预期的管理。很清楚的是，明确的通胀目标应是管理预期的一种明智的方式。

当问题变得困难时，通货膨胀目标就更有吸引力了。很难想像一个严格坚持通货膨胀目标的中央银行会允许通货膨胀像 20 世纪 70 年代那样飙升。也很难想像，如果货币政策由一个明确的通货膨胀目标来引导，会出现像日本过去十年所经历的通货紧缩与持续衰退。

关于通货膨胀的争辩还将继续！

为什么要有规则

你也许会疑惑为什么所有货币政策策略都涉及到规则。为什么美联储不是去做每天、每一个月、每一年它能做得最好的事情？答案就在于你刚刚学过的这些内容。货币政策旨在管理通货膨胀的预期。在金融市场与劳动市场，人们必须做出长期承诺。因此，当计划是基于正确预期通货膨胀结果时，这些市场运作得最好。一个易懂的货币政策规则有利于营造一个环境，在这个环境中，通货膨胀更容易被预见和管理。

复习测验

1. 四种主要的实行货币政策的策略是什么（除了美联储使用的那种以外）？
2. 简要说明为什么美联储拒绝其他策略。

myeconlab **Study Plan 31.4**

当你完成货币政策的学习时，请看一下阅读材料并观察 2006 年美联储的政策挑战。

阅读材料：事例与分析

现实中的货币政策

http://www.nytimes.com

在一项政策转变中，美联储中止了维持两年的利率攀升

2006年8月9日

……2004年6月后连续17次会议都决定加息，中央银行此次投票决定将基准利率稳定在5.25%。决策者认为他们需要更多的时间观望经济走向，以决定有没有必要进一步提升利率。

伴随这项决策的一份声明中，美联储承认通货膨胀已经在加速。但它预测房地产市场的渐趋平静所导致的经济增长的缓慢只能使消费品价格水平上升程度低于以往。

……这项政策转变主要是源自美联储主席伯南克的令人难忘的货币政策目标："软着陆"——能让经济增长缓慢以使消费降温、消除通货膨胀压力但又不至于导致大量的失业。

……很多经济学家说他们不赞同美联储乐观的展望，他们说价格和工资水平都会比一年前攀升得更快更明显，而且没有迹象表明它们会放慢步伐。

……伯南克先生在他就任美联储主席之前和之后，都声称他对价格稳定的定义是"核心"通货膨胀率（不包括能源和食物价格）介于1%~2%之间。但是用美联储偏好的核心通货膨胀率统计出的当年价格比上年更高，约为2.9%。这是11年里最剧烈的升幅。

……美联储前负责人而目前在宏观经济顾问公司任经济预测员的劳伦斯·梅耶预言，为了缓和显著的通货膨胀，一定会采取比软着陆更强的政策。为了达到此效果，他说，失业上升将会持续一段时间……

事件的本质

- 2006年夏，核心通货膨胀率达到2.9%。
- 在2006年8月8日的会议上，美联储注意到通货膨胀率过高，但认为不需要进一步提高利率就能抑制通货膨胀。
- 因此，美联储决定把联邦基金利率保持在5.25%的水平。
- 他们希望透过"软着陆"，使得通货膨胀率的降低不会导致大量的失业。
- 很多经济学家并不认同美联储的做法，反而认为没有迹象能表明通货膨胀减慢了。
- 经济学家劳伦斯·梅耶预言，为了缓和显著的通货膨胀，美联储一定会采取比软着陆更强的政策，而这会导致失业上升并持续一段时间。

经济分析

- 在 2006 年年中，核心通货膨胀率高得不能使价格保持稳定了。
- 图 1 比较了 2006 年第二季度和 2005 年第二季度的状态。
- 2005 年的总需求曲线是 AD_{05}，短期总供给曲线是 SAS_{05}，实际 GDP 是 11 万亿美元，价格水平是 112。
- 2006 年的总需求曲线是 AD_{06}，短期总供给曲线是 SAS_{06}，实际 GDP 是 11.4 万亿美元，价格水平是 116。
- 一年之间，实际 GDP 上升了 3.6%，而用 GDP 平减指数计算出的价格水平上升了 3.6%。
- 一年的核心通货膨胀率刚好低于 3%。在这种情况下，美联储希望减低通货膨胀率。
- 然而，美联储面对一个不确定的未来，而且必须基于它对经济未来一年走向的预测来设定利率水平。
- 2006 年夏，美联储预期在没有进一步的货币政策措施的情况下，经济增长减慢，而通货膨胀率会下降。因此，美联储保持联邦基金利率不变。
- 一些经济学家认为美联储是错的，必须使利率进一步上升方能有效地使增长过快的经济减温。
- 图 2 表明当美联储是错的时，2007 年第二季的通货膨胀维持在过高水平的情况。
- 在 2007 年年中，总需求曲线是 AD_{07}，短期总供给曲线是 SAS_{07}，实际 GDP 是 11.9 万亿美元，而价格水平是 122。
- 图2 也表明美联储对 2007 第二季度的预期。
- 在 2007 年年中，总需求的增长会减慢至 $AD_{07\ Fed}$，短期总供给曲线是 $SAS_{07\ Fed}$，实际 GDP 是 11.7 万亿美元，价格水平是 118。
- 通货膨胀率和实际 GDP 增长率减慢了，而通货膨胀也回到价格稳定的范围。

说出你的观点

- 你会认为美联储 2006 年 8 月维持利率水平是对的吗？
- 如果你是美国联邦公开市场委员会（FOMC）的成员，你今天会赞成何种利率水平？请说明你的理由。

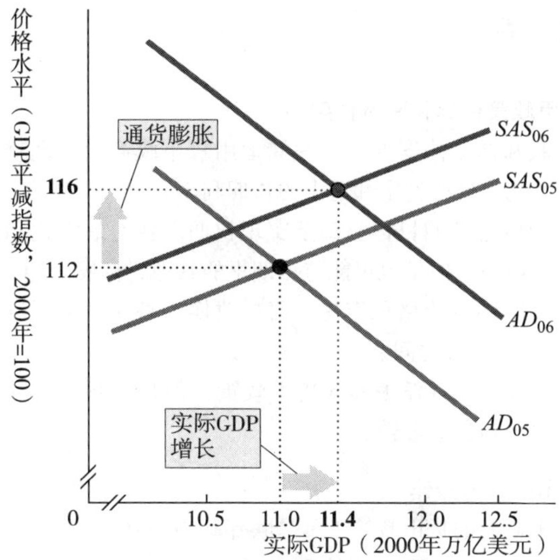

图1 2005~2006年实际GDP和通货膨胀率

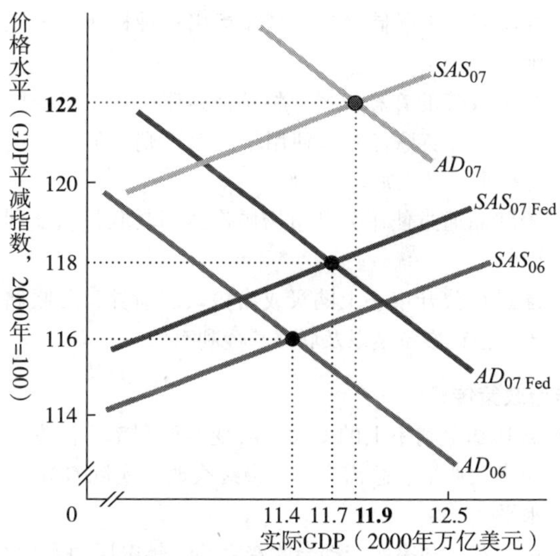

图2 2006~2007年的可能性

内容提要

要 点

货币政策目标和基本框架

- 联邦储备法案要求美联储运用货币政策以实现就业最大化、价格稳定和适中的长期利率。
- 价格稳定的目标有助于实现长期内就业最大化和较低的利率，但是也可能与短期里的其他目标发生冲突。
- 美联储将价格稳定这一目标改换为将通胀率限制在每年1%~2%之间。
- FOMC有责任去实施货币政策，但是美联储必须要向国会和公众报告。

货币政策的操作

- 美联储的货币政策工具是联邦基金利率。
- 美联储设置联邦基金利率目标，每年八次宣布其政策变动。
- 货币政策的*工具规则*使得该工具对经济状况做出预测性反应。美联储*确实*不是在运用一种机械式的工具规则。
- 货币政策的*目标规则*，将预测通胀率的工具视同目标通胀率。美联储*确实*使用了一个规则，但是其措施很像一个工具规则。
- 美联储通过使用公开市场操作达到其联邦基金利率目标。
- 通过在公开市场上购买或出售政府债券，美联储能够改变银行准备金以及联邦基金利率。

货币政策传导

- 联邦基金利率上的变动会改变其他利率、汇率、货币和贷款数量、总需求，并最终会改变实际GDP和价格水平。
- 联邦基金利率的变动会改变大约一年以后的实际GDP，还会改变甚至更长时滞后的通胀率。

可供选择的货币政策策略

- 其他主要的策略是货币基础工具规则、货币目标规则、汇率目标规则或者通胀率目标规则。
- 规则之所以优于货币政策中的判断力，是因为它们能更好地使中央银行管理通胀预期。

关键图表

关键术语

核心通胀率	货币政策工具
联邦基金利率	工具规则
目标规则	泰勒规则
麦克卡伦规则	k百分比规则
实际汇率	通货膨胀率目标

习 题

1. 假如美联储需要把通货膨胀率稳定在每年1%~2%之间，但没必要把通货膨胀趋势固定在1.5%。美联储实现了它的目标。
   a. 如果初始的价格水平是100，则：
      i. 计算10年之后有可能出现的最高的价格水平。
      ii. 计算10年之后有可能出现的最低的价格水平。
      iii. 10年之后的价格水平的不确定性的范围有多大？
   b. 这类通货膨胀目标能不能很好地为金融市场服务？能否给通货膨胀预望提供可靠的依据？
2. 假如美联储需要把通货膨胀率稳定在每年0%~3%之间，而且必须把通货膨胀趋势固定在此范围的正中间。美联储完成了它的任务。
   a. 如果初始的价格水平为100，10年后的价格水平大概是多少？
   b. 比较这个经济体与问题1中的经济体。哪个经济体的通货膨胀在长期中拥有较大的确定性？哪个在短期中拥有较大的确定性？
3. 假设英格兰银行决定遵循泰勒规则。2005年，英国一年的通货膨胀率为2.1%，产出缺口是-0.3%。那么，英格兰银行应该设定多少的回购利率（相当于英国的联邦基金利率)？

4. 假设新西兰储备银行遵循泰勒规则。2005 年，它设置官方现金利率（相当于新西兰的联邦基金利率）为每年 5.8%。如果新西兰的通货膨胀率是 3.0%，它的产出缺口是多少？

5. 假设加拿大银行遵循麦克卡伦规则。加拿大银行的通货膨胀目标定在一年 1%~3%之间。加拿大的长期实际 GDP 增长率是一年 2.4%。

   如果货币基础的流通速度是 2，请回答：

   a. 可能出现的最高的货币基础增长率是多少？

   b. 可能出现的最低的货币基础增长率是多少？

6. 下图表明一个假想的自由国的经济状况。总需求曲线是 AD，而短期总供给曲线是 SAS_A，潜在 GDP 是 3 000 亿美元。

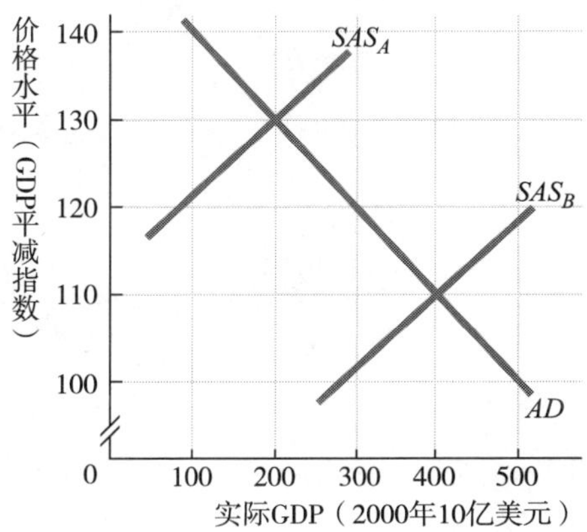

   a. 价格水平和实际 GDP 是多少？

   b. 自由国存在失业问题或者通货膨胀问题吗？为什么？

   c. 如果中央银行不采取任何货币政策措施，你预料自由国将会发生什么事？

   d. 你会建议中央银行采取何种货币政策措施，而你认为采取那样的措施后会有怎样的效果？

7. 如上题，如果自由国总供给曲线是 AD，潜在 GDP 是 3 000 亿美元，但短期总供给曲线是 SAS_B。

   a. 价格水平和实际 GDP 是多少？

   b. 自由国存在失业问题或者通货膨胀问题吗？为什么？

   c. 如果中央银行不采取任何货币政策，你预料自由国将会发生什么事？

   d. 你会建议中央银行采取何种货币政策，而你认为采取那样的政策后会有怎样的效果？

8. 假设第 6 题中，自由国的短期总供给曲线是 SAS_B，而潜在 GDP 增加到 3 500 亿美元。

   a. 如果中央银行降低联邦基金利率，并且在公开市场上购买证券，自由国会发生什么变化？

   b. 如果中央银行提高联邦基金利率，并且在公开市场上出售证券，自由国会发生什么变化？

   c. 你会向中央银行建议去提高或降低联邦基金利率吗？为什么？

9. 假设第 6 题中，在自由国的短期总供给曲线是 SAS_A，然而一场干旱使潜在 GPD 下降到 2 500 亿美元。

   a. 如果中央银行降低联邦基金利率，并且在公开市场上购买证券，自由国会发生什么变化？

   b. 如果中央银行提高联邦基金利率，并且在公开市场上出售证券，自由国会发生什么变化？

   c. 你会建议中央银行提高或降低联邦基金利率吗？为什么？

批判性思考

1. 仔细学习阅读材料然后回答以下问题；

   a. 美联储是如何以与其他经济学家截然不同的方法预期通货膨胀的？

   b. 为什么美联储在 2006 年 8 月保持联邦基金利率不变？

   c. 在当时的信息情况下，你认为美联储做出了一个正确的决策吗？为什么？

   d. 在现有的信息情况下，你认为美联储做出了一个正确的决策吗？为什么？

2. 美联储在 20 世纪 90 年代初期控制了通货膨胀，导致了经济衰退。你认为在通货膨胀率很低的情况下，有可能避免经济衰退吗？请解释你的回答。

3. **美联储不着急降息**

   尽管有迹象表明通货膨胀压力已经开始消除了，但最近的会议表明，美联储似乎不准备降低短期利率。理由是不确定性：房地产市场的不确定性，经济增长的不确定性，而且最重要的是，通货膨胀的不确定性……“不确定性”之类的词在会议记录里出现了 5 次。

   《纽约时报》，2006 年 10 月 12 日

   a. 如果通货膨胀率上升，美联储决定不改变联邦基金利率的话，会给美国经济带来什么影响？

   b. 如果通货膨胀率降低，美联储决定不改变联邦基金利率的话，会给美国经济带来什么影响？

4. 尽管 9 月份的的核心价格水平（不包括食物与能源价格）一直上升，美国劳工部声称美国消费价格总水平下降了 0.5%……

CNN.com, 2006 年 10 月 18 日

如果美联储遵循泰勒规则，透过这篇短文给予的信息，美联储应该对联邦基金利率做出怎样的调整？

网上活动

1. 浏览美联储的网站，并搜集关于核心通货膨胀率、总的 CPI 通胀率和联邦基金利率的最新数据，然后回答下列问题。
   a. 美联储正尝试着为经济加温还是降温？你为什么这样认为？
   b. 在最近几个月里，你认为美联储采取了什么公开市场操作？
   c. 鉴于美联储最近的行动，你判断在随后的几个月会有怎样的连锁反应？
   d. 你认为美联储最近一系列的行动会对债券价格、股票价格和汇率带来怎样的影响？
2. 浏览美国经济分析局和劳工统计局并留意现在的经济状况。
   a. 基于美国经济现状，你预测美联储会调高、调低利率还是保持利率水平？
   b. 为你的预测及理由写一份简洁的摘要。

权衡还是免费午餐

想达到某个目标，有可能需要放弃其他目标——这导致了政策权衡。譬如，政府或许想增加国防支出和刺激商业投资。但如果国防支出要增加，要么税收收入必须增加要么借贷必须增加。这两种为国防支出增加的方法中的其中一种都会使实际利率上升，导致商业投资减少（或者挤出）。政府面临着国防支出和商业投资之间的权衡。

与此类似，美联储或许想避免通货膨胀率和失业率的上升。但如果美联储提高利率去抑制通货膨胀，可能会减少支出和增加失业。在这个例子中，美联储面临着通货膨胀和失业之间的权衡。

如果采取某项政策要达到某种目标，在执行过程当中，其他一些目标（不管是有意的还是无意的）也同时达到，那么我们说就会产生政策免费午餐。譬如，政府希望治理大量的失业。与此同时，政府又想增加国防支出。如果政府通过增加国防支出，就会刺激总需求和推进就业，它就是在享用一顿免费午餐。它获得更多的国防支出的同时也使失业减少。

与此类似，美联储或许想保持通货膨胀稳定的同时刺激经济增长率。如果低通胀带来较低的未来不确定性，并且能刺激储蓄和投资，美联储就能同时获得低通胀与更快的实际 GPD 增长。于是它享受了一顿免费午餐。

这一编的两章描述了财政政策（第 30 章）和货币政策（第 31 章）制定的制度框架，同时描述了政策工具并分析了政策的效果。探讨经济政策需要运用你在之前章节所学的知识。

财政政策同时影响潜在 GDP 水平及其增长率。财政政策也会影响实际 GDP 围绕潜在 GDP 的波动。因此，要研究财政政策，我们需要运用充分就业经济的古典模型、增长模型和经济波动的总供给—总需求模型。

货币政策通过改变利率来操作，影响价格水平和长期内的通货膨胀、影响实际 GDP 围绕潜在 GDP 的波动、影响短期内通货膨胀率的周期。因此，要研究货币政策，我们需要运用决定利率水平的可贷资金市场模型，决定通货膨胀趋势的货币数量论和关于经济波动的总供给—总需求模型。

这些有关政策性的章节作为你的宏观经济学知识的最为重要的部分，需要汲取你在前面章节学到的所有知识。

你将在下一页遇到米尔顿·弗里德曼，他深刻地影响了我们对宏观经济政策的理解。

激励与惊奇

"通货膨胀无论在何处一直都是货币现象。"

——米尔顿·弗里德曼
《货币理论的反革命》

经济学家

米尔顿·弗里德曼（Milton Friedman）1912年生于纽约市一个贫穷的移民家庭。他在罗格斯大学度过大学生活，在哥伦比亚大学获得博士学位，当时正好是大萧条时期。从1977年到他2006年去世，弗里德曼教授一直是斯坦福大学胡佛研究所高级研究员。但当他在"芝加哥学派"（芝加哥大学里发展出来的一套经济学方法，其理论基石是自由市场能够有效地配置资源，而且稳定和少量的货币供给可以带来宏观经济的稳定）作为领军人物的1946~1983年间，已经声名大噪。

弗里德曼帮助我们更进一步理解宏观经济表现的决定因素，而且阐明了货币数量的效应。因为这些工作，他在1977年被授予诺贝尔经济学奖。

通过对基本经济原理的推理，弗里德曼（与2006年诺贝尔经济学奖得主埃德蒙·费尔普斯一起）预测持续的需求刺激不会增加产出，而只会带来通货膨胀。

当20世纪70年代产出增长缓慢而通货膨胀高企的时候，弗里德曼俨然是一位先知了，在那个时候，他的政策药方被冠以货币主义的称号，并受到全世界的拥戴。

问　题

财政政策和货币政策要解决的主要问题是：使实际GDP的可持续增长率尽可能得到最快速的发展，维持价格稳定，使实际GDP围绕潜在GDP波动的易变性达到最小化。

所有的财政政策和货币政策措施都是通过影响人们或企业所面临的激励而发挥作用。这些激励能够从两种方式进行影响，一是以一种好理解的和可预料的方式，一是出乎意料的方式。

政策能否被预测或出乎意料有那么重要吗？

经济学家认为它确实重要，而且认为可预测的政策措施的效果比出乎意料的政策更好。

一个政府，若能致力于建立一个可预测的且不易受反复无常的变化影响的税收和支出制度，那么它就能创造出一种环境，使得人们的自利决策能够更好地服务于社会利益。

一个中央银行若能采用得到广泛理解的目标，设定它的政策工具以达到这一目标，并在它的目标框架内解释这些政策选择，这样的中央银行能比任意妄为并给金融市场带来惊慌的中央银行更好地达到宏观政策的目标。

但在政策目标应该是什么的问题上还存在着诸多争论。财政政策应该瞄准长期增长和代际平衡目标，还是短期稳定目标？货币政策应该服务于一些明确的通货膨胀目标、货币存量增长目标，还是一些隐含的目标（包括产出、就业水平和通货膨胀率）？这些问题的答案始终没有确定下来。

现　在

通过谨慎地分析美国与其他国家现有的和预期的经济情况，美联储努力维护宏观经济稳定并避免像大萧条那样的灾难。

在大萧条的那些年里，美联储也组织了国家的银行与金融系统，以稳定价格水平和避免总需求的急剧下降。

当 1997 年亚洲金融危机威胁到全球金融系统的稳定时，美联储把准备金注入美国的各大银行，以保证他们不需要卖出证券。同样地，2001 年 9 月 11 日的恐怖袭击发生之后，美联储为银行系统装备上充足的准备金。

当　时

当人们对银行失去信心的时候，经济会发什么？人们会去银行提取存款。这些提款引起更多的提款，像是滚雪球一样，最后导致成恐慌。缺乏存款使得银行无法支付提款，只能去收回所有贷款，于是先前建全的企业面临巨大的财务危机。它们关张并解雇员工。衰退加剧，最后演变成萧条。银行破产及其带来的国家货币供给与信用下降是加剧并延长美国大萧条的主要原因。但这些事件告诉我们稳定的金融机构的重要性，要建立联邦存款保险机构来防范未来的金融危机。大萧条使得美联储更加意识到自己拥有影响并改善金融市场表现的权力与责任。

近些年，我们一直在享受低通胀和可持续经济增长。这一宏观经济成效在一定程度上可以归功于美联储一直坚持的货币政策。接下来，你将遇到彼得·艾尔兰，他是波士顿学院的教授，同时也是里士满美联储的前任研究经济学家。

与彼得·艾尔兰交谈

彼得·艾尔兰（Peter N. Ireland）是波士顿学院的经济学教授。艾尔兰教授出生于马萨诸塞州剑桥，在芝加哥大学获得学士、硕士及博士学位。艾尔兰教授在里士满美联储开始自己的职业生涯，担任研究经济学家，在回到波士顿老家前，他同时也在罗格斯大学执教。他的研究涉及大量的与宏观经济货币政策有关的理论、经验及政策问题。迈克尔·帕金与彼得·艾尔兰就他的工作和执行经济政策中的挑战进行了交谈。

什么吸引你走进经济学的？

当我刚踏入大学，我还是犹豫不决，不知道自己想选什么专业。但在上了不同领域的一些课程之后，我发现最喜欢的是经济学。

我尤其享受经济学充分利用了数学和统计学（我常常会发现它们非常有意思）定量分析的精确性的同时，涉及到很多对我来说非常重要的政治和社会问题。

而且，当我还在芝加哥读大学的时候，我很幸运地在罗伯特·福格尔教授那里做一名研究助理——诚如你所知，他后来获得了诺贝尔经济学奖。这是无与伦比的重要经历，它教会我在经济研究中耐心与坚持的价值。很多时候，一个难以处理的经济问题的答案就在那里等着人们发现——这只是谁愿意投入时间和辛勤去在相关数据里寻找和筛选的事情罢了。

研究经济学家在地区联邦储备银行都做些什么？

联邦储备银行的经济学家肩负很多任务。通过写作和公开演说，经济学家们的工作能在当地社区与美联储之间架起联络的桥梁。另外，通过他们的一些基础研究，他们帮助美国的货币政策制定。

但美联储研究经济学家最重要的工作也许是在联邦公开市场委员会的每次会议之前给联邦储备银行行长作一次简报。每年八次，每一家银行的研究成员都会齐聚一堂向他们的行长重温最新的经济数据，并且用他们的理论和统计模型来分析这些数据。所有这些工作都是用来回答一个重要问题：在联邦公开市场委员会会议里，行长应该建议利率上升、下降还是保持原有水平？

我确实很享受那份工作。能够应用我攻读博士时候学到的经济学来解决一个具体政策问题，确实非常激动人心。而且一想到我的工作也许能给美联储制定正确的政策一个小小的但又与众不同的帮助时，我的感觉非常好。

你能否就我们当前所了解的总波动情况谈一下你的看法？工资粘性起作用吗？实际经济周期理论所强调的技术

冲击的作用是什么？

找到经济周期波动的起源始终是宏观经济学的一个重要和鲜活的研究课题。不同的经济学家对这个问题都有不同的看法，我自己则喜欢采取一种公正的、兼收并蓄的观点。

我赞同货币主义者和凯恩斯主义经济学的观点，他们认为货币政策能够凭借名义价格与名义工资的刚性，在短期起到重要且真实的作用。但与此同时，我认为实际经济周期理论里含有真理成分——它强调技术冲击。在我看来，实际经济周期理论提供的最重要的洞见也许是它发现了货币政策和财政政策制定者不能或不愿意响应的某些类型的冲击。

在我看来，实际经济周期理论提供的最重要的洞见也许是它发现了货币政策和财政政策制定者不能或不愿意响应的某些类型的冲击。

比如，我们假定进口石油的价格突然急剧上升，事实上它也曾对战后美国造成巨大的影响。当某种含有负面技术冲击的事件冲击经济的时候，通货膨胀和失业率都会上升，于是人们无法观察到菲利普斯曲线的这两个变量的此消彼长关系。美联储为消除通货膨胀和失业率的同步上升而尝试做的任何事情反而有可能把事情弄得更糟。

但这故事也有让人快乐的一面。假设这个经济体经历了生产率不平常的快速增长——像在美国 20 世纪 90 年代或者像今天我们所享受到的那样。这些就像是实际经济周期理论中的正面技术冲击，会伴随低通胀与低失业。再一次地，菲利普斯曲线失效了。在这种情况下，美联储一箭双雕，可以安稳地坐享熊掌与鱼了。

一些经济学家赞成使用货币政策规则调整联邦基金利率来响应最近的通货膨胀与产出现状（泰勒规则）。你对此规则有何看法？

我认为泰勒规则非常有用，因为它给货币政策制定者一个简单而系统的方法来比较现在与过去的状况。假设今天的联邦基金利率低于泰勒规则建议的最优水平，然后联邦公开市场委员会的成员知道，鉴于现有经济状况，现在的货币政策比以往的更具有扩张性。因此，如果联邦公开市场委员会的成员希望政策更具有扩张性，他们就有足够信心相信自己是在正确的道路上。但如果联邦公开市场委员会的成员希望政策更接近中性或者甚至是更具有紧缩性的，那么泰勒规则会警告他们说，联邦基金利率有必要进一步提高了。

其他经济学家赞同这样的一种货币政策规则，它调节货币基础增长率以锁定实际 GDP 与周转率的长期趋势（麦克卡伦规则）。你对此规则有何看法？

再次回到这个话题，我的看法依然是比较折衷的。我也觉得麦克卡伦规则对货币政策制定来说是一个很有价值的指南——也是同样的原因，我认为泰勒规则是有用的。

我觉得，经济学家常常跌入陷阱之中，即如果有两个模型 A 和 B，如果模型 A 曾经能帮他们去理解数据的话，他们就会觉得模型 B 就一定是错的。当然，如果模型 B 做出的预测有系统性的错误，那么它理所当然要被它更成功的竞争者所淘汰。但在很多情况下，不同的模型更是彼此互补的而不是非此即彼的。

考虑一下 2003 年秋天的美国经济状况。联邦基金利率异常地低，所以泰勒规则会告诉我们货币政策非常温和——正如假设，它将把经济拉出衰退。与此同时，基础货币和广义货币总额以一定速度增长，那么，麦克卡伦规则就会同样告诉我们，货币政策正在适度地扩张。因此，这种情况下，鉴于两个不同模型得出完全一致的结论，我们能够更有信心地认为美联储运作得十分妥当。

想想我们对总体波动已有的了解和还未达到的了解，你如何看待宏观经济稳定政策这个任务？

也是挺矛盾的，因为宏观经济学在这几十年学习到的关于稳定政策的两个重要教训都是应用在长期上的。第一个教训是，在长期中，通货膨胀率是取决于中央银行选择的货币增长率；换言之，中央银行是有责任去控制通货膨胀的。而第二个教训是，在长期中，通货膨胀与失业之间不存在此消彼长的关系。

总而言之，这两个教训暗示着美联储的首要任务是保持一个低且稳定的通货膨胀率。而且达到这个目标也不需要牺牲美联储的另一目标——低失业。

受这一长期目标的制约，美联储可以做力所能及的事来稳定实际的经济状况。但难题在于我们之前谈论过的情境：即不同的冲击会引起美联储不同的政策反应。因此，美联储的官员和他们的研究顾问必须努力工作去继续建立模型，用以辨别任何情况下影响经济的不同类型的冲击。综上所述，美联储追求稳定目标时，必须非常谨慎，以避免重蹈覆辙——即便这会使经济发展的速度不能永远迎合一些观察者所期待的那么快。

你会给一个开始学习经济学的学生什么建议？经济学是一个很好的专业吗？除了经济学，你会建议学生们选修什么专业？

对大学生来说，我绝对认为经济学是一个非常好的专业。除了我刚才说的，即经济学是如何综合其他很有意思的学科领域，同时经济学也是学生们通往各行各业的基石。当然，很多经济学专业的人去做生意或进入金融业，但也有发现他们也能胜任法律或公共政策的职务。或者你今天是经济学专业的，谁知道你以后会不会读经济学博士，成了经济学教授，并且成为热卖的经济学原理教科书的作者呢！严肃地说，你的经济学学历能让你胜任很多不同的工作。

联邦储备局的首要任务是保持一个低且稳定的通货膨胀率。

我会推荐那些刚开始学习经济学的人至少要去选修几门其他课程，比如统计学、计量经济学（尤其经济统计学）和数学——因为经济学会越来越数量化。但我同样也认为选修政治科学、社会学和心理学将会非常有用，尤其是它们提出新的难题，而这些难至今尚未从经济学的观点给予充分的重视和阐释。

第32章 国际贸易

学习本章后，你将能：

- 描述国际贸易的趋势和模式
- 解释比较优势的含义以及为什么所有国家能够从国际贸易中获益
- 解释为什么国际贸易限制会减少进口量、出口量和我们的消费可能性
- 解释有关纠正国际贸易限制以及这些缺陷是如何产生的争论
- 解释为什么美国会限制国际贸易

丝绸之路和吭吸声

自古以来，人们不断地拓展其贸易范围到力所能及的地方。在13世纪，马可·波罗开辟了连接欧洲和中国的丝绸之路。如今，装有汽车和电子产品的集装箱货轮与装有新鲜农产品的波音747往返于航道和航空，运送着价值数十亿美元的产品。为什么人们竭尽所能与其他国家的人们进行贸易呢？

1994年，美国与加拿大、墨西哥签定了北美自由贸易协定，简称NAFTA。由于工作从高工资水平的美国密西根转移到低工资水平的墨西哥，一些人预测会出现“童话中巨人的吭吸声”。美国能同低于美国工资水平的国家竞争吗？

中国工人的收入甚至低于墨西哥，如今几乎我们所买的每件制成品似乎都是中国制造的。美国如何与低工资水平的中国以及其他低工资水平的亚洲国家竞争呢？除了制作好莱坞电影和制造大型客机，美国还有哪些产业具有优势呢？

通过对进口品征税和实行配额，限制美国从中国和其他国家进口，这是否是一个好主意呢？

◆ 在本章，我们将学习国际贸易，了解所有国家是如何通过与其他国家进行贸易而获益的。你会发现无论工资水平有多高，所有国家都可以参与竞争。你也会发现，尽管事实上国际贸易能给所有国家带来收益，但是各国政府仍会限制贸易。在本章末的**阅读材料**中，我们将会关注美国与中国正在不断增加的贸易往来，并探讨中美两国为什么都能从中获益。

国际贸易的模式和趋势

进口品（imports）是指从他国所购买的产品和服务。**出口品**（exports）是指本国向他国所出售的产品和服务。美国进口和出口最重要的东西是什么呢？大多数人可能会认为像美国这样富裕的国家会进口原材料和出口产成品。尽管这是美国国际贸易的一个特征，但却不是最重要的一个特征。大部分美国的进口品和出口品是产成品。美国出售给外国推土机、飞机、超级计算机和科学设备，却从国外购买电视机、DVD 播放器、蓝色牛仔裤和 T 恤衫。美国还是一个农产品和原材料的主要出口国。同时也进口和出口大量的服务。

产品贸易

产成品占美国出口的 55%，占进口的 68%。工业材料（原材料和半成品）占出口的 14%和进口的 15%，而农产品则仅占出口的 8%和进口的 4%。美国最大的单个进出口项为资本品和汽车。产品贸易仅占美国出口总额的 70%和进口总额的 84%。其他的国际贸易均为服务贸易。

服务贸易

你可能会想一个国家如何“出口”和“进口”服务。这里有一些例子说明。

如果你乘坐法国航空公司从纽约飞往法国度假，那么你就从法国进口了运输服务。你在法国度假期间所花的旅馆和餐饮费用也将被视为进口服务。同样地，一个法国学生在美国的度假消费则认为是美国向法国出口了服务。

当美国从韩国进口电视机，负责运输这些货物的船主可能是希腊人，但是，货物的投保公司可能是英国公司。支付运输费和保险费也是进口服务。同样地，美国船务公司将加利福尼亚的葡萄酒运到东京，运输费用则是美国对日本出口的一项服务。这些类型的服务贸易在美国国际贸易中的比重很大，并呈上升趋势。

国际贸易的地理模式

美国和世界的其他很多国家和地区都有贸易联系，但是加拿大是美国最大的贸易伙伴。2006 年，美国出口总额中的 20%流向加拿大，进口总额中的 17%来自加拿大。日本是美国第二大贸易伙伴。在 2006 年，它占到美国出口总额的 8%和进口总额的 9%。与美国进行贸易最大的地区是欧盟和拉丁美洲。在 2006 年，欧盟与美国的贸易占美国当年出口总额的 24%和进口总额的 23%，而拉丁美洲则占美国出口总额的 20%和进口总额的 18%。

贸易量趋势

在 1960 年，美国出口了其当年总产出的 3.5%，而产品和服务的进口占其 4%。2006 年，美国出口了当年总产出的 10%，而产品和服务的进口占其 15%。

在出口方面，资本品、汽车、食物和原材料仍是大项，占据了出口总额中相对稳定的较大份额。但是进口结构却发生了较大变化——食品和原材料进口持续下降。在 20 世纪 70 年代，燃料进口显著增加，但是在 80 年代燃料进口却减少了。机械的进口一直在增长，至今已达到美国总进口的 50%。

净出口和国际借贷

净出口（net exports）是指出口总额减去进口总额。在 2006 年，美国净出口为−7 800 亿美元，意味着美国的进口总额比出口总额多 7 800 亿美元。当进口大于出口时，正如 2006 年所发生的那样，美国就会向国外借款或者出售本国的资产。当出口大于进口时，美国则会向国外发放贷款或者购买他国资产。

myeconlab **Study Plan 32.1**

国际贸易的收益

产生国际贸易的基本因素是比较优势，而比较优势存在的前提是机会成本不同。第 2 章曾谈到这些理论，也曾学习过乔和利兹从分工和交换中获益的例子。

乔和利兹分别生产一种不同的产品然后互相进行交换。大多数国家不会出现只生产一种产品而从他国进口其他产品的极端情况。如果一国将稀缺资源转向生产那些具有比较优势的产品和服务，那么该国会增加所有产品的消费。

为了说明这个结果是如何产生的，我们可以将从乔和利兹例子中学到的基本思想运用到国与国之间的贸易中。我们首先回顾如何用生产可能性边界计算机会成本，然后探讨不同的机会成本是如何产生比较优势以及给个人和国家从贸易中带来收益的，尽管没有一个国家只专门生产一种产品。

F 国的机会成本

如图 32.1 所示，F 国（一个虚构的国家）在生产可能性边界上及生产可能性边界内的任何一点生产谷物和汽车（假定 F 国在所有其他产品的产出上保持不变）。F 国居民消费他们自己生产的所有谷物与汽车，如图中的 A 点。也就是说，F 国每年生产和消费 150 亿蒲式耳谷物和 800 万辆汽车。F 国生产 1 辆汽车的机会成本是多少？

通过计算生产可能性边界上 A 点的斜率，我们可以回答这个问题。生产可能性边界斜率的大小能衡量一种产品相对于另一种产品的机会成本。为了测量边界上 A 点的斜率，过 A 点作生产可能性边界的切线并计算该切线的斜率。回忆一下，一条直线的斜率的公式是 y 轴表示的变量值的变化除以 x 轴表示的变量值的变化。这里，y 轴表示的变量单位是 10 亿蒲式耳谷物，x 轴表示的变量单位是百万辆汽车。因此，该斜率就表示谷物的变化量除以汽车的变化量。

如图 32.1 所示，在三角形边上 A 点，如果汽车数量每增加 200 万辆，谷物产量将会下降 180 亿蒲式耳。因此，该斜率是 180 亿除以 200 万等于 9 000。每多生产 1 辆汽车，F 国居民就必须放弃 9 000 蒲式耳谷物。因此，一辆汽车的机会成本是 9 000 蒲式耳谷物。等于说，9 000 蒲式耳谷物值 1 辆汽车。对于 F 国居民来说，这些机会成本就是他们所面临的价格。1 辆汽车的价格是 9 000 蒲式耳谷物，9 000 蒲式耳谷物的价格就是 1 辆汽车。

图 32.1 F 国的机会成本

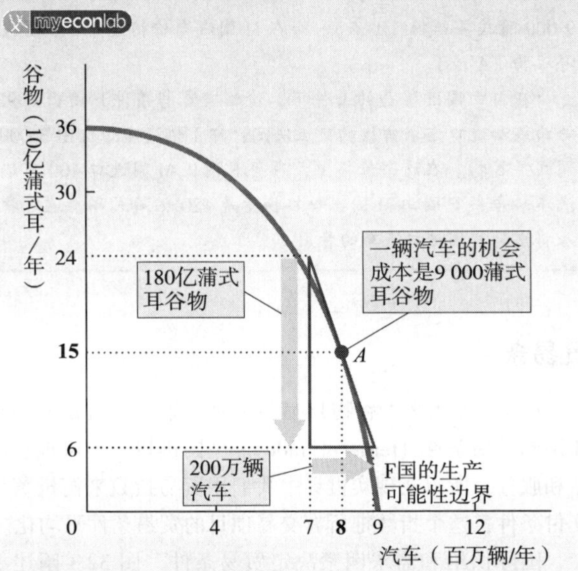

F 国每年生产和消费 150 亿蒲式耳谷物和 800 万辆汽车。也就是说，居民在生产可能性边界上的 A 点进行生产和消费。机会成本等于生产可能性边界上切线的斜率。这个三角形告诉我们，在 A 点为了得到 200 万辆汽车，必须放弃 180 亿蒲式耳谷物。也就是说，在 A 点，200 万辆汽车的机会成本是 180 亿蒲式耳谷物。换句话说，1 辆汽车的机会成本是 9 000 蒲式耳谷物，或 9 000 蒲式耳谷物的机会成本是 1 辆汽车。

M 国的机会成本

图 32.2 表示 M 国（另一个虚构的国家）的生产可能性边界。就像 F 国居民一样，M 国居民消费他们生产的谷物和汽车。M 国在 A' 点上每年消费 180 亿蒲式耳谷物和 400 万辆汽车。

让我们计算一下 M 国的机会成本。在 A' 点，1 辆汽车的机会成本等于 M 国生产可能性边界上切线的斜率。该斜率等于 60 亿蒲式耳谷物除以 600 万辆汽车，即1 辆汽车等价于 1 000 蒲式耳谷物。多生产 1 辆汽车，M 国居民必须放弃 1 000 蒲式耳谷物。因此，1 辆汽车的机会成本是 1 000 蒲式耳谷物，或 1 000 蒲式耳谷物的机会成本是 1 辆汽车。这些机会成本是 M 国所面临的价格。

比较优势

汽车在 M 国要比在 F 国便宜。在 F 国，1 辆汽车价值 9 000 蒲式耳谷物，而在 M 国仅值 1 000 蒲式耳。但在 F 国谷物却比 M 国便宜。在 F 国，9 000 蒲式耳谷物与 1 辆汽车等价，而在 M 国同样量的谷物却与 9 辆汽车等价。

M 国在汽车生产上具有比较优势，F 国在谷物生产上具有比较优势。一个国家在生产一种产品上具有**比较优势**（comparative advantage）意味着该国在生产这种产品上具有比任何其他国更低的机会成本。接下来我们将研究，

图 32.2 M 国的机会成本

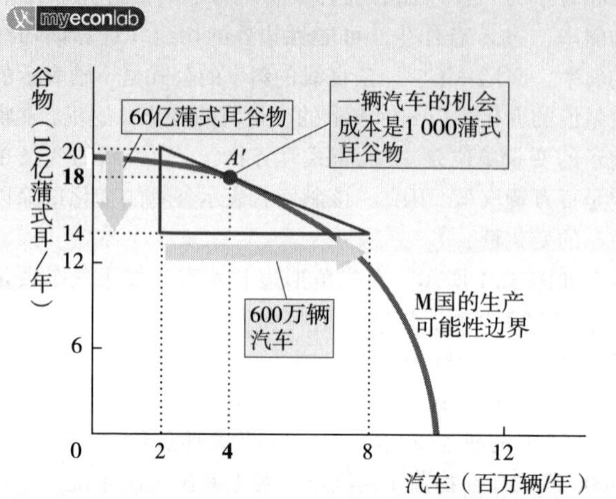

M 国在其生产可能性边界上的 A'点上，每年生产和消费 180 亿蒲式耳谷物和 400 万辆汽车。机会成本等于生产可能性边界上切线的斜率。这个三角形的边告诉我们，在 A'点，要得到 600 万辆汽车必须放弃 60 亿蒲式耳谷物。也就是说，在 A'点，600 万辆汽车等价于 60 亿蒲式耳谷物。等于说，1 辆汽车的机会成本是 1 000 蒲式耳谷物，或 1 000 蒲式耳谷物的机会成本是 1 辆汽车。

机会成本差异和比较优势是如何在国际贸易中产生收益的。

从贸易中获益：购买比生产更便宜

如果 M 国能以 F 国生产谷物的成本购买 F 国生产的谷物，那么 M 国可以用 1 辆汽车去购买 9 000 蒲式耳谷物。这比在 M 国种植谷物的成本低多了，因为在 M 国需要 9 辆汽车才能生产 9 000 蒲式耳谷物。如果 M 国居民能以较低价格购买 F 国生产的谷物，他们将获得一些收益。

如果 F 国居民能以 M 国生产汽车的成本购买 M 国生产的汽车，那么 F 国将能用 1 000 蒲式耳谷物获得 1 辆汽车。因为在 F 国需要 9 000 蒲式耳谷物才能生产 1 辆汽车，F 国从这一机会中获得收益。

在这种情形下，M 国居民与 F 国居民互换谷物和汽车是有意义的。但在何种价格下，F 国和 M 国会从国际贸易中互惠呢？

图 32.3 汽车的国际贸易

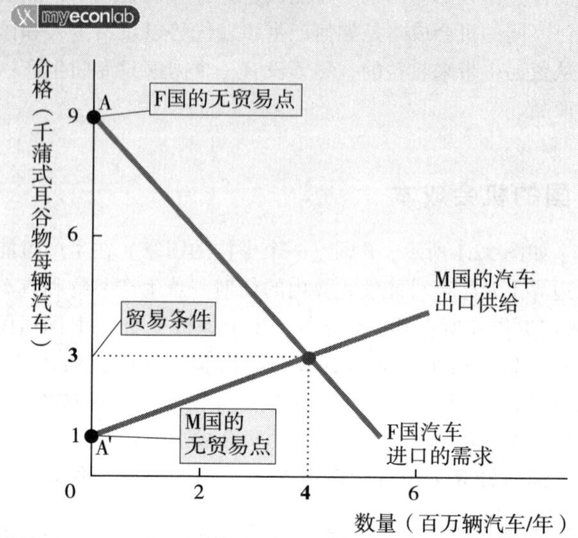

F 国汽车进口的需求曲线向下倾斜，M 国汽车出口的供给曲线向上倾斜。在没有国际贸易的时候，在 F 国汽车价格是 9 000 蒲式耳谷物（A 点），而在 M 国汽车价格是 1 000 蒲式耳谷物（A'点）。

在自由国际贸易的条件下，价格（贸易条件）由出口供给曲线和进口需求曲线的交点决定：即 1 辆汽车等价于 3 000 蒲式耳谷物。在这个价格上，每年 F 国从 M 国进口 400 万辆汽车。每年 F 国向 M 国出口谷物量是 120 亿蒲式耳，这笔收入将支付 F 国进口汽车的费用。

贸易条件

F 国必须用多少谷物与 M 国交换 1 辆汽车就是 F 国与 M 国的**贸易条件**（terms of trade）。美国进口和出口很多产品和服务，所以在现实世界中我们用贸易指数来衡量贸易支付条件，这个指数把所有交易项目的贸易条件平均化。

国际供给和需求因素决定贸易条件。图 32.3 阐述了在 F 国和 M 国之间形成的国际汽车市场中的这些因素。x 轴表示参与国际贸易的汽车的数量。y 轴表示汽车的价格。这个价格就是贸易条件：1 辆汽车所等价的谷物量。如果没有国际贸易发生，F 国一辆汽车的价格是 9 000 蒲式耳谷物，它的机会成本由 A 点表示。图 32.3 中没有贸易的 A 点就是图 32.1 中的 A 点。汽车价格（贸易条件）

在国际市场上越低，F 国居民越愿意从 M 国多进口汽车。这个现象通过图中反映F 国汽车进口的向下倾斜需求曲线可以说明。

另外，如果没有国际贸易发生，在 M 国的汽车价格是 1 000 蒲式耳谷物，它的机会成本通过 A'点表示。在图 32.3 中没有贸易的 A'点就是图 32.2 中的 A'点。这表示在国际市场上汽车价格越高，M 国居民越愿意向 F 国居民出口汽车。这个现象通过图 32.3 中反映 M 国汽车出口的向上倾斜供给曲线可说明。

国际汽车市场决定均衡贸易条件（价格）和贸易量。当贸易进口需求曲线与贸易出口供给曲线相交时均衡就产生了。在这个例子中，均衡贸易条件为3 000 蒲式耳谷物交换 1 辆汽车。F 国每年进口和M 国每年出口 400 万辆汽车。可以看到这个贸易条件低于无贸易时 F 国的价格而高于无贸易时 M 国的价格。

平衡贸易

M 国每年的汽车出口数量为 400 万辆，正好等于 F 国每年的进口数量。F 国如何为所进口的汽车支付呢？答案就是通过出口谷物。F 国会出口多少谷物呢？你可以从 F 国必须用 3 000 蒲式耳谷物去交换 1 辆汽车计算得出。因此，F 国会用 120 亿蒲式耳谷物去交换 400 万辆汽车。F 国每年出口 120 亿蒲式耳谷物，这等于 M 国每年的谷物进口数量。

M 国每年用 400 万辆汽车去交换 120 亿蒲式耳谷物，而 F 国则每年用 120 亿蒲式耳谷物去交换 400 万辆汽车。贸易是平衡的。对每一个国家来说，它的进口收入等于它的出口支出。

生产和消费的变动

我们可以看到，国际贸易使得 F 国居民通过以比较高的价格卖出他们生产的谷物而买到比自己生产更便宜的汽车成为可能。同样地，国际贸易也使 M 国可以以较高的价格卖掉汽车然后以比自己生产谷物更低的价格购买谷物，这样两国都获益了。是什么使得两国都有获益的可能性呢？伴随着这些收益，生产和消费有何变化？

一个经济体若与其他经济体没有贸易往来，那么它的生产可能性和消费可能性相等。没有贸易，该经济体只能消费自己生产的产品。但在有贸易的前提下，一个经济体可以消费产自不同国家的不同数量的产品。生产可能性边界描绘的是一国生产能力的最大值而不是指该国的消费能力最大值。图 32.4 将帮助你了解一国与其他国家发生贸易往来时生产可能性与消费可能性之间的区别。

首先，关注图 32.4 中的两幅图：表示 F 国情形的(a)幅和表示 M 国情形的（b）幅。在图 32.1 和 32.2中的生产可能性边界在图 32.4 中再次出现。两条黑线的斜率代表的是在没有国际贸易的前提下这两个国家的机会成本。F 国居民在 A 点生产和消费，而 M 国居民在A'点生产和消费。1辆车的机会成本在 F 国是9 000 蒲式耳谷物而在 M 国是 1 000 蒲式耳谷物。

消费可能性 图 32.4 中两幅图上的浅灰色线表示的是在有国际贸易的情况下一国的消费可能性。这两条浅灰线具有相同的斜率，斜率的值就是世界市场上以谷物计量的一辆汽车的机会成本：一辆汽车的机会成本为 3 000 蒲式耳谷物。消费可能性边界的斜率对两个国家来说是相同的，因为它的大小等于世界市场的价格。但是一个国家在消费可能性边界上所处的位置取决于这个国家的生产可能性。一个国家不能在其生产可能性边界以外进行生产，所以它的消费可能性边界曲线与其生产可能性边界曲线相交。因此，在没有国际贸易的情况下，F 国可以选择在 B 点进行消费；或者在有国际贸易的情况下，在浅灰色消费可能性线上的任意一点进行消费。

自由贸易均衡 在有国际贸易的情况下，M 国的汽车生产商可以以更高的价格出售他们的汽车。因此，他们会提高汽车的产量。同时，M 国的谷物生产商只能以较低的价格卖出谷物，他们会减少生产谷物的产量。M 国的生产商会通过沿着生产可能性边界曲线的移动来调整产出，直到 M 国的机会成本等于世界价格（也就是世界市场的机会成本）。当 M 国在图 32.4（b）中的 B'点进行生产时，这种情形就会出现。

但是 M 国居民并不在 B'点进行消费，也就是说，他们既没有提高他们的汽车消费量也没有降低他们的谷物消费量。相反，他们出售一部分他们生产的汽车给 F 国用以交换 F 国生产的一些谷物。这两个国家进行国际贸易。但是为了弄清楚会产生怎样的结果，我们首先要明白在 F 国发生了什么。

在 F 国，汽车制造商只能接受较低的价格，谷物生产商可以以更高的价格卖出他们的谷物，结果 F 国生产商会降低其汽车产量而提高其谷物产量。他们通过沿着生产可能性边界的移动来调整其产出，直到以谷物表示的生产 1 辆汽车的机会成本与世界价格（也就是世界市场的机会成本）相等。他们在（a）幅中移向 B 点。但是 F 国居民并

图 32.4 扩大的消费可能性

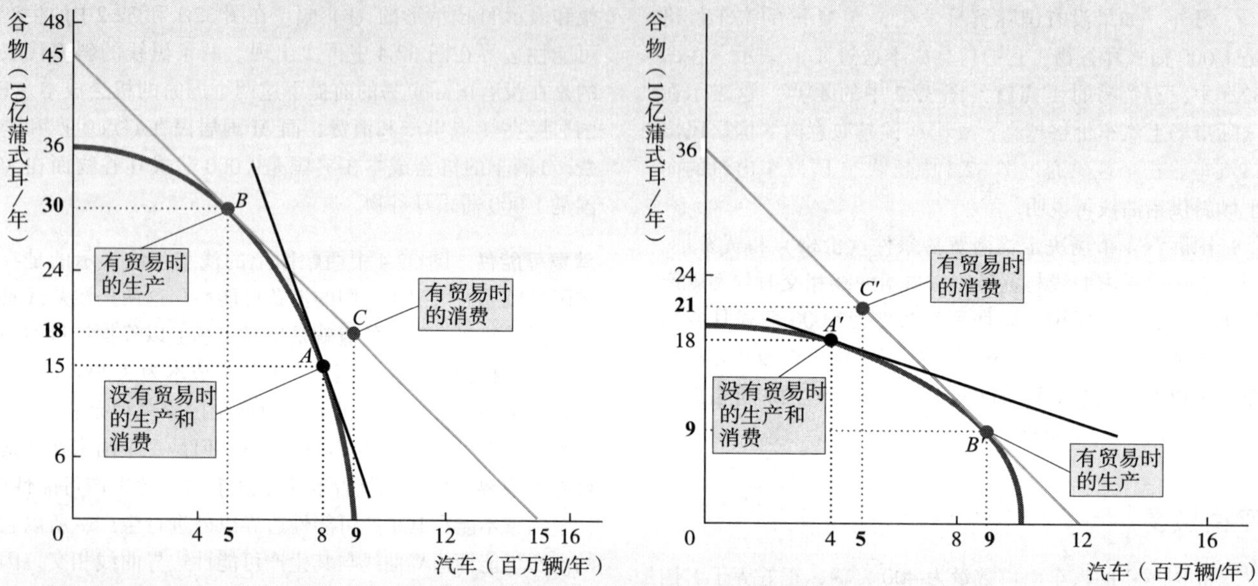

（a）F 国　　（b）M 国

在没有国际贸易的情况下，F 国居民在 *A* 点生产和消费，生产 1 辆车的机会成本是 9 000 蒲式耳谷物（即 a 幅中黑线的斜率）。同样地，M 国在没有贸易的条件下其居民在 *A′*点生产和消费，此时 1 000 蒲式耳谷物的机会成本是 1 辆汽车（即 b 幅中黑线的斜率）。

通过国际交易，就如每张图中的浅灰色线所示，1 辆汽车可以换 3 000 蒲式耳谷物。在（a）幅中，我们可以看到，从 *A* 点到 *B* 点，F 国减少其汽车的生产同时增加其谷物的生产。F 国出口谷物进口汽车，在 *C* 点消费。F 国居民比以前自己生产本地区的消费品——*A* 点时有了更多的汽车和谷物。

在（b）幅中，从 *A′*点到 *B′*点，M 国增加其汽车的生产同时减少其谷物的生产。M 国出口汽车进口谷物，在 *C′*点消费。M 国居民比以前自己生产本地区的消费品——*A′*点时有了更多的汽车和谷物。

不在 *B* 点消费。相反，他们用生产出来的多余的谷物与 M 国交换相对便宜的汽车。

图 32.4 向我们展示了两国的消费数量。在图 32.3 中可以看出 M 国每年出口 400 万辆汽车而 F 国每年进口同等数量的汽车。我们还可以看到 F 国每年出口 120 亿蒲式耳谷物而 M 国每年进口同等数量的谷物。因此，F 国每年消费少于其产量的 120 亿蒲式耳谷物，而每年消费多于其产量的 400 万辆汽车。F 国在图 32.4（a）中的 *C* 点进行消费。

同样地，我们也能看到 M 国每年消费多于其产量的 120 亿蒲式耳谷物而消费少于其产量的 400 万辆汽车。M 国在图 32.4（b）中的 *C′*点进行消费。

计算从贸易中获得的收益

从图 32.4 可以直观地看出从国际贸易中获得的收益。如果没有国际贸易，F 国在其生产可能性边界上的 *A* 点（a 幅）进行生产和消费。有了国际贸易，F 国在其生产可能性边界之外的 *C* 点（a 幅）进行消费。在 *C* 点，F 国每年比以前多消费 30 亿蒲式耳谷物和多消费 100 万辆汽车。汽车和谷物的消费量都增加了，超出生产可能性边界的那部分就是 F 国从国际贸易中获得的收益。

同时，M 国也获益了。没有国际贸易时，M 国在生产可能性边界上的 *A′*点（b 幅）进行生产和消费。有了国际贸易，M 国在生产可能性边界曲线之外的 *C′*点进行消费。

有了国际贸易，M 国每年比以前没有国际贸易的情况下多消费 30 亿蒲式耳谷物和多消费 100 万辆汽车。这就是 M 国每年从国际贸易中获得的收益。

两国都获益

M 国和 F 国之间的贸易不会造成一方赢一方输。两国都是赢者。F 国出售谷物、M 国出售汽车都会使这些产品的需求增加，因为国外需求加进了国内需求。随着需求增加，价格会随之上升。

F 国购买汽车、M 国购买谷物都会使这些产品的供给增加，因为国外供给加进了国内供给。随着供给增加，价格会随之下降。

现实中贸易的获益

上面我们所研究的是一个假想的经济模型，M 国和 F 国都会从国际贸易中获益。这种情况并不仅仅发生在假想经济模型中，在真实的全球经济中这种情况每天都在发生。

全球经济中的比较优势 我们从韩国购买电视机和 DVD 播放器，从欧洲购买机械，从中国香港购买时尚产品。作为交换，我们也出售机器、谷物、木材、飞机、电脑和金融服务。这些国际贸易产生的根源都源于比较优势，正如我们上面提到的经济模型中 M 国和 F 国之间的国际贸易。所有的国际贸易都源于比较优势，甚至是像工具和机械这类的相似品之间的贸易。乍一看可能会对国家之间的产成品贸易感到迷惑。为什么每个发达国家不生产他们国家人民所需要购买的一切产成品呢？

相似品的贸易 美国为什么在生产用于出口的汽车同时又从加拿大、日本、韩国和西欧进口大量的汽车？美国生产所有他们需要购买的汽车是不是更有意义呢？毕竟美国具有生产汽车的最好的技术。在美国的汽车生产工人当然具有与加拿大、西欧和亚洲同行相同的生产率。那么为什么美国在某些类型的汽车生产上具有比较优势而亚洲和欧洲在另一些类型的汽车生产上具有比较优势？

偏好的多样化和规模经济 问题的部分答案在于人们偏好的多样化。我们还是以汽车作为例子。一些人偏好跑车，一些人偏好豪华高级大客车，一些人偏好常规的汽车，一些人偏好 SUV 车而还有些人偏好小货车。除了汽车的不同大小和类型，汽车的不同特性影响着人们的偏好。一些汽车耗油少，一些汽车具有良好的性能，一些汽车内部空间宽大、坐着舒适，一些汽车具有大的后备箱，一些汽车是四轮驱动的而另一些仅前轮驱动，有些车具有像希腊庙宇那样的冷却装置，另外一些车外形极似楔子。人们的偏好由于这些特性而不同。对汽车偏好的巨大多样性意味着人们价值观的多样化，使得人们愿意在市场上购买自己心仪的汽车。

关于迷惑的另一部分答案在于规模经济——随着生产规模的扩大，平均生产成本将会呈下降趋势。在这样的情形下，越来越大的生产规模导致平均成本不断下降。很多产品的生产包括汽车都具有规模经济效应。举例来说，假设一家汽车生产商生产的特殊的样式和设计的汽车仅几百辆（或者也许有几千辆），这家生产商必须比那些生产成千上万的特殊式样的汽车生产商使用更多的劳动和更少的自动化生产设备。在生产少量汽车的工厂必然是使用劳动密集型生产方式，这样生产成本就会很高。在生产很多汽车的工厂使用的是自动化生产流水线，生产成本会变得很低。也就是说，为了降低成本，必须使用自动化生产流水线生产大量的汽车。

人们的不同偏好和规模经济共同决定了机会成本，从而产生了比较优势，促使相似品之间大量的国际贸易的产生。伴随着国际贸易的开展，每个汽车生产商拥有向全世界的市场进行汽车销售的机会。每个生产商可以在一些特定的产品领域内实行专业化分工，然后向全世界销售他们的产品。这种安排可以同时满足对大众车大量生产的要求以及每个国家一小部分人对汽车的个性化需求。

在汽车生产市场出现的现象同样也出现在其他很多行业，尤其是那些生产特殊设备和零部件的产业。例如，美国出口电脑的 CPU 芯片而进口内存条，出口电脑主机却进口 PC 机，以及出口特殊录像机设备的同时进口 DVD 播放器。那些相似的但又有少许区别的制成品之间的国际贸易是有利可图的。

复习测验

1. 国际贸易收益的基本来源是什么?
2. 在哪种情形下国家可以从国际贸易中获益?
3. 一国应该出口哪些产品与服务是由什么决定的?
4. 一国应该进口哪些产品与服务是由什么决定的?
5. 什么是比较优势? 在国际贸易中是什么在决定贸易量和类型?
6. 所有国家都从国际贸易中获益而没有输者的情况是如何发生的?
7. 举例说明当今世界的比较优势。
8. 为什么美国既出口汽车又进口汽车?

myeconlab Study Plan 32.2

你现在可以理解为什么在自由贸易下所有国家可以从中获益。但在当今世界并不存在完全的自由贸易。现在我们简单回顾一下国际贸易限制的历史和影响。我们可以体会到自由贸易会带来最大可能的利益而国际贸易限制的代价却是高昂的。

国际贸易限制

为了保护本国产业免受来自国外竞争的压力，政府限制国际贸易，主要通过以下两种方式：

1. 关税
2. 非关税壁垒

关税（tariff）是一种当进口产品越过国界时由进口国征收的税收。**非关税壁垒**（nontariff barrier）是除了征收关税以外的其他限制国际贸易的措施。比如对进口数量的限制和限制进口的许可证管制等都是非关税壁垒的方式。首先，我们来了解一下关税。

关税的历史

如今的美国关税与历史水平相比属于较温和的状态。图 32.5 表示的是平均关税率，即总关税额占总进口额的比例。从图中可以看出，平均关税率在 1933 年达到 20% 这个最高值。那年是《斯姆特—霍利关税法》通过之后的第三年，美国 1/3 的进口产品征收的关税率达到了 60%。图 32.5 表示的 1933 年的平均关税率是 60%×1/3，即 20%。而现在，美国的关税率仅不到 2%。

1947 年，美国同其他 22 个国家签定了**关税与贸易总协定**（General Agreement on Tariffs and Trade，即 GATT）。自它成立起，GATT 组织开展了一系列“回合”的谈判，使得关税征收逐步地减少。最后的乌拉圭回合谈判始于 1986 年，结束于 1994 年，其结果是建立了**世界贸易组织**（World Trade Organization，即 WTO）。

2001 年，WTO 着手进行了一个被世人称为“多哈发展议程”的庞大计划，寻求创建包括农产品在内的所有产品与服务自由贸易的国际环境。该计划的主要目的是在发达国家向发展中国家开放市场。在 2003 年坎昆会议、2004 年日内瓦会议和 2005 年中国香港会议中，该计划取得了有限的进展，目前这一计划还在进行之中。

除了参加 GATT 和 WTO 组织外，美国还是**北美自由贸易协定**（North American Free Trade Agreement，即 NAFTA）的签署国。这个协定自 1994 年 1 月1 日生效，在 15 年内逐步从根本上消除美国、加拿大和墨西哥之间的国际贸易壁垒。

在世界上的其他地方，欧盟组织已经消除了其成员国之间的贸易壁垒，欧盟创造了世界上最大的无关税的统一大市场。1994 年亚太经合组织（APEC）讨论决定从原则上向一个贸易自由区努力，该自由区包括中国、东亚和南太平洋的所有经济体、智利、秘鲁、墨西哥以及美国和加拿大。这些国家里包括快速发展的国家，它们承诺建立全球自由贸易区。

虽然在实现自由贸易的共识下各国都付出了努力，但是某些产品在贸易中仍征收很高的关税。这些面临最高关税的产品包括纺织品和鞋子，对这些产品的出口征收的关税率平均超过了 10%。有些个别产品面临的关税远远高于平均水平。举例来说，你为购买一条牛仔裤支付 30 美元时，实际上相当于比未对纺织品征收关税的情况下多付了 7 美元。还有些产品也被纳入关税保护的行列，包括农产品、能源、化学产品、矿物和金属。在关税保护下，当你消费肉类、乳酪和糖时会比自由贸易的条件下支付得多。

引诱政府征收关税的原因是：首先征收关税会提高财政收入；其次关税使政府能满足进口竞争行业中的特殊利益集团的需求。但是，就如我们所见那样，自由国际贸易带来的巨大利润会抵消不征收关税带来的损失。现在让我们来了解原因。

图 32.5 美国 1930~2006 年的关税

myeconlab

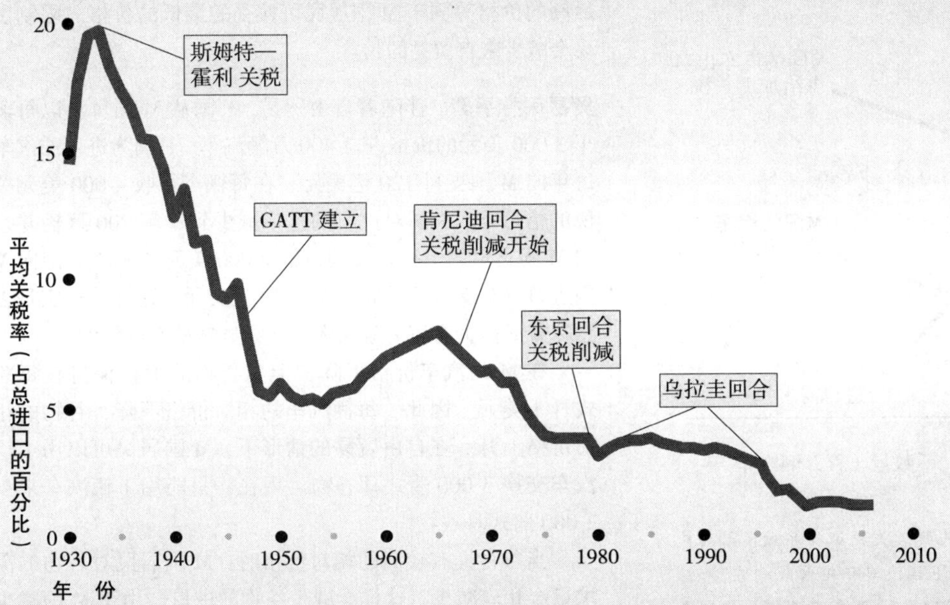

1930 年《斯姆特—霍利关税法》使得美国关税在 1933 年达到了平均关税率的最大值即 20%（1/3 的进口产品被征收 60% 的关税）。自 1947 年 GATT 建立以来，通过一系列回合的谈判，关税呈稳定下降的趋势，图中标出了最著名的几个回合。现今的美国关税比历史上任何时期都低。

资料来源：U.S. Bureau of the Census, *Historical Statistics of the United States, Colonial Times to 1970*, Bicentennial Edition, Part 1 (Washington, D.C., 1975)；Series U–212: updated from *Statistical Abstract of the United States:* various editions.

关税是如何起作用的

为了了解关税如何起作用，让我们回到 F 国 和 M 国之间进行贸易往来的例子。图 32.6 表示只有这两个国家作为贸易商的国际汽车市场。汽车的贸易量和价格取决于 M 国的汽车出口供给曲线和 F 国的汽车进口需求曲线的交点。

在图 32.6 中，两国按图 32.3 的方式进行汽车和谷物的交易：M 国出口汽车，F 国出口谷物。F 国一年进口的汽车数量是 400 万辆，汽车的世界市场价格是 3 000 蒲式耳谷物。图 32.6 显示的是以货币计量而不是以蒲式耳谷物计量，而且这种计量是以 1 蒲式耳谷物 1 美元价格进行衡量的，因此汽车的价格就是 3 000 美元。

现在假设 F 国的政府也许在汽车生产商的压力下决定对汽车进口征收关税。并且假定每辆车征收 4 000 美元的关税（这是一个高额关税，但是 F 国的汽车生产商厌烦了来自 M 国的竞争）。这样会发生什么呢？

- F 国的汽车供给减少
- F 国的汽车价格上升
- F 国进口汽车的数量减少
- F 国的政府征收关税
- 资源的使用是无效率的
- 出口品的价值与进口品的价值改变相同的量，贸易保持了平衡

汽车供给变化 F 国不可能按 M 国出口供给的价格进口汽车。进口价格一定会在原来的基础上加上 4 000 美元的关税，所以 F 国的供给曲线向左移动。新的供给曲线表示的是“M 国的汽车出口供给加上关税”。M 国原来的出口供给曲线与新的供给曲线之间的垂直距离就是每辆车 4 000 美元的关税。

汽车价格上涨 新的均衡发生在汽车的新的供给曲线和F国的进口需求曲线的交点。这个均衡点处在 6 000 美元的

图 32.6 关税效应

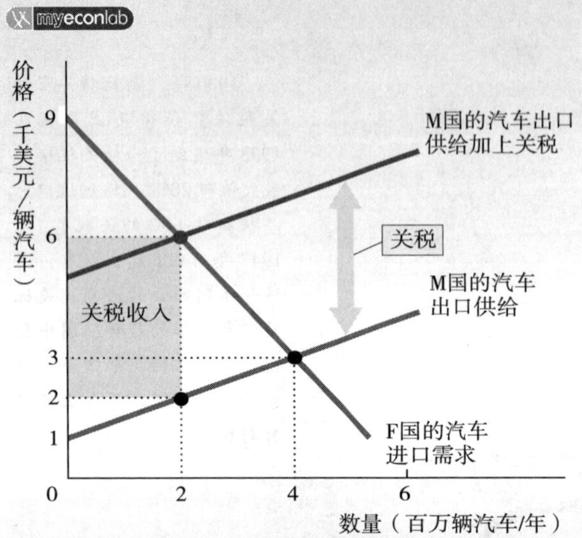

F 国向 M 国征收汽车进口关税。关税征收导致F 国居民不得不为汽车支付更高的价格，F 国汽车供给曲线向左移动。原来的供给曲线与新的供给曲线之间的垂直距离就是每辆车 4 000 美元的关税。F 国的汽车价格上升，汽车进口数量减少。F 国政府对每辆汽车征收 4 000 美元的关税，进口汽车的数量为 200 万辆，关税收入有 80 亿美元。F 国谷物出口收益减少，因为现在 M 国汽车出口收入减少了。

汽车价格上，比原先自由贸易条件下的价格上涨了3 000 美元。

进口减少 每年汽车进口数量从 400 万辆缩减到 200 万辆。在 6 000 美元的高价时，国内汽车生产商将会增加他们的生产。国内谷物生产将会因为资源流向扩张的汽车业而有所下降。

关税收入 F 国居民在进口汽车上的总支出是每辆车 6 000 美元乘以 200 万辆进口量（即 120 亿美元）。但是这些钱并没有都流向 M 国。他们仅得到每辆车 2 000 美元的收入，即出口 200 万辆汽车的总收入为 40 亿美元。剩下的每辆车 4 000 美元的收入（200 万辆总共 80 亿美元的收入）都被 F 国政府以关税的形式剥夺了。

无效率 F 国居民愿意对每单位进口汽车支付 6 000 美元，但是该车的机会成本为 2 000 美元。因此，交易一辆额外的汽车会增加收入。事实上，这些收益——人们愿意支付比机会成本高的价格——直到每年贸易 400 万辆汽车而达到最大。仅当 400 万辆汽车进行贸易时，F 国居民愿意支付的最高的价格等同于 M 国居民可接受的最低的价格。限制贸易会减少来自贸易的收益。

贸易保持平衡 伴随着自由贸易，F 国从 M 国每年以每辆车 3 000 美元的价格进口 400 万辆汽车。F 国为进口的汽车每年向 M 国支付 120 亿美元。在每辆车征收 4 000 美元关税的情形下，F 国对汽车的进口减少到每年 200 万辆并且向 M 国支付的价格减少到每辆 2 000 美元。每年 F 国向 M 国进口汽车支付的总额减少到 40 亿美元。这样的事实是否意味着 F 国拥有贸易盈余呢？答案显然是不可能的。

在 M 国汽车价格下降，但是谷物的价格保持在每蒲式耳 1 美元。因此，每辆汽车的相对价格下降，谷物的相对价格上升。在自由贸易的情形下，M 国居民可以用 1 辆汽车交换 3 000 蒲式耳谷物。现在，只能用 1 辆汽车来买 2 000 蒲式耳谷物。

当谷物拥有较高的相对价格时，M 国居民对谷物的需求量会相应减少，这样会减少谷物的进口。由于 M 国减少谷物进口量，F 国谷物出口会减少。事实上，F 国的谷物生产减少有两个原因：首先是对 M 国的谷物销售数量的减少；其次是不断扩大的汽车业的资源竞争逐渐增强。关税的征收导致 F 国谷物产业规模的缩减。

乍一看这似乎是一对矛盾体，一国对汽车进口征收关税会伤害到本国的出口产业，降低谷物的出口量。我们可以这样来思考：M 国居民用 F 国支付给他们的汽车出口的收入来支付谷物。如果他们出口较少的汽车，M 国将无法承担购买同量谷物的费用。事实上，在没有国际借贷的情况下，M 国必须缩减它的谷物进口量以此来弥补因汽车出口被征收关税而带来的收入的损失。M 国的谷物进口价值被削减到 40 亿美元，这个量正好可以与 M 国汽车出口低收入相持平。国际贸易仍旧保持平衡，关税对进口和出口的缩减量是一致的。关税对贸易收支并没有影响，只是减少了两国的交易量。

我们刚才推导出的结论可能是我们对国际经济学的最大误解的方面。在无数的情形下，政治家和一些其他人要求征收关税以此来降低贸易赤字，或者呼吁降低关税来平衡贸易赤字。人们不能真正理解关税的内涵，从而得出了这样的结论。

现在让我们研究非关税壁垒。

非关税壁垒

非关税壁垒的两种主要形式是：

1. 配额
2. 自愿出口限制

配额（quota）是指对特定的进口产品的数量进行限制，并详细规定了该产品在给定期内进口的最大数量。**自愿出口限制**（voluntary export restraint，即 VER）是指两国政府之间达成协议，出口国的政府同意限制本国的出口量。

配额政策在纺织品和农产品上表现得尤为突出。VER 运用在美国与日本广泛的产品贸易，最近越来越多地运用在美国与中国的纺织品的贸易中（参见章末的阅读材料）。

配额是如何起作用的

假设 F 国在汽车进口上实行每年 200 万辆的配额限制。图 32.7 显示了这个措施的影响。图中垂直线表示的是每年的配额限制，即每年 200 万辆汽车。F 国汽车进口商从 M 国购买这一数量，价格为每辆汽车 2 000 美元。然而由于每年对汽车进口量限制在 200 万辆，F 国居民愿意支付 6 000 美元来购买一辆车，这一价格也是 F 国汽车的价格。

进口品的价值降低到 40 亿美元（与征收关税的情况一样）。在汽车出口收入降低而谷物的相对价格有所上升的情况下，M 国会削减对谷物的进口量，这也同征收关税的效果一样。

配额和关税之间的关键区别在于谁获得了出口商的供给价格和国内价格间的差额。在征收关税时，进口国的政府获得了这个差价。而在实行配额的情况下，进口商获得了这个差价。

VER 是如何起作用的

VER 与配置给每个出口商的配额类似。VER 的效应与配额的效应相似，但是与配额不同在于出口价格和国内价格之间的差额由国外出口商而不是国内进口商获得。出口国的政府必须在制造商中建立分配限制出口数量的程序。

图 32.7　配额效应

myeconlab

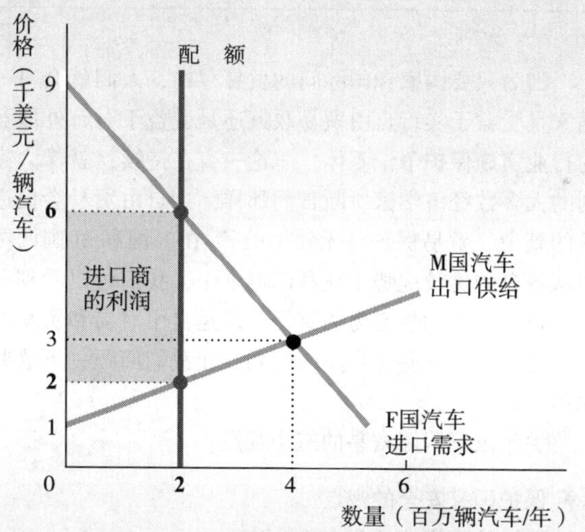

F 国对从 M 国进口的汽车实行每年 200 万辆的配额限制。这一数量用图中标有“配额”字样的垂直线表示。由于F国汽车进口量被限制在 200 万辆，F 国汽车的价格增加至 6 000 美元。因为 M 国愿意以每辆汽车 2 000 美元的价格出口汽车，所以进口汽车是有利可图的。因此，存在着进口配额的竞争。

复习测验

1. 一国可用来限制国际贸易的工具有哪些？
2. 限制国际贸易的做法是如何从国际贸易中获益的？
3. 哪种方式对国家最有利：限制贸易、不参与贸易或者进行自由贸易？为什么？
4. 对进口征收关税会对进口量和出口量起到哪些影响？
5. 在没有国际借贷的前提下，关税和其他的国际贸易限制是如何影响进出口总额和贸易收支的？

myeconlab **Study Plan 32.3**

我们现在来研究一下对国际贸易实行限制的争论，以及了解为什么限制贸易经常是不正确的。

反对贸易保护的观点

因为只要国家和国际间的贸易存在，人们就会对一个国家是受益于实行自由贸易政策还是受益于对有外国竞争的行业实施保护争论不休。争论一直在持续，就像大家看到的大多数经济学家所断言的那样，“自由贸易会促进各国的繁荣，贸易保护是无效率的。”在 F 国和 M 国两国如何从各自的比较优势中获利的例子中，我们可以看到一个关于自由贸易的强有力的例子。但是自由贸易和贸易保护争论之间存在一些更广泛的问题。让我们回顾一下这些问题。

关于限制国际贸易的三个观点：

- 保护国家安全的观点
- 保护幼稚产业的观点
- 关于倾销的观点

保护国家安全的观点

保护国家安全的观点是指一国必须保护生产防御性设备和武器的产业，以及那些防御产业中原材料和其他中间投入所依赖的那些产业。但是这种观点经不住推敲。

首先，这个观点是以国家之间处于相对封闭状态为前提的。若在战争时期，国内没有哪个产业不是为国防做贡献的。

其次，贸易保护如果是为了增加一个战略性产业的产出，还不如给该产业中的企业实行补贴更有效率，当然这些补贴来自于税收。这种补贴将使得该产业能够保持适当的生产规模，并且自由国际贸易也将使消费者面临的价格保持在全球市场的水平。

保护幼稚产业的观点

所谓**保护幼稚产业**（infant-industry argument）是指必须保护一个新产业使之成长为能在国际市场上竞争的成熟产业。这种观点的理论基础是动态比较优势理论，这种动态比较优势可以在干中学中得到提升（参见第 2 章）。

干中学是生产率增长的强大发动机，比较优势确实可以因为人们在工作中得到的经验而有所发展和改变。但是这些事实无法证明保护幼稚产业的观点。

首先，保护幼稚产业的观点仅在当从干中学中的获益不仅使该幼稚产业中企业的所有者和工人受益，而且这些利益还要能溢出惠及其他的产业时才是有效的。举例来说，在飞机生产上干中学会形成强大的生产率收益。但几乎所有的这些收益会使波音公司的股东、员工以及其他飞机制造商受益。因为获益者同样也是做出决策、承担风险和衡量得失的人，所以当他们决定生产规模时，会考虑动态收益。在这种情况下，几乎没有利润会外溢到经济的其他部门，所以无需政府提供帮助来获得有效的产出。

其次，即使政府愿意扶持幼稚产业，向这个产业内的企业提供源于税收的补贴会更加有效率。这种补贴能够鼓励这个行业尽快成熟并与来自世界有效率的生产者竞争，而且还能让消费者以世界市场的价格来购买产品。

关于倾销的观点

倾销（dumping）是指一个外国企业以低于其生产成本的价格出口。倾销可能是一个企业想要取得全球垄断时运用的手段。在这种情况下，外国企业以低于成本的价格出售产品迫使进口国国内的企业退出。一旦国内的这些企业都退出时，这个外国企业将会利用它的垄断地位以更高的价格出售产品。倾销经常被作为提高暂时性关税的正当理由，也称为补偿性关税。

但是，一直有强有力的理由抵制因倾销而实行的贸易保护政策。首先，因为一个企业的成本很难确定，所以倾销很难察觉。结果，倾销检查只是看企业的出口价格是否低于其国内价格。但这种检查说服力不强，因为企业在需求对价格的敏感性高的市场会降低其价格，而以较高的价格向需求对价格敏感性不高的市场进行销售，这是合理的。

第二，很难想出有哪一种产品是全球自然垄断下生产的。因此，即使某一行业的所有国内企业都破产时，找到外国供给的替代品并以竞争市场决定的价格购买该产品总是很有可能的。

第三，如果产品和服务真的处于全球自然垄断，那么最好的处理方式是管制——就像国内垄断一样，但这种管制需要寻求国际合作。

我们分析的三个国际贸易保护的观点具有一定的可信度。但是对这些观点的反驳更加有理，并没有使得保护主义观点盛行。这些观点并不是我们所遇见的全部观点，还有许多其他的新观点反对全球化、支持贸易保护主义。其中最常见的保护主义的观点是：

- 保障就业
- 允许与他国廉价的劳动竞争
- 带来多样化和稳定性
- 对不严格的环境标准加以惩罚
- 保护本国文化
- 防止发达国家剥削发展中国家

保障就业

这种观点认为当美国从巴西购买鞋子或从中国台湾地区购买衬衫时，本国的这些产业的工人将会失业。在没有收入和没有前途的预期下，这些工人会成为政府福利政策需要关注的人群，并且他们的花费也会减少，产生涟漪效应，带来更多的失业。解决这一问题的可行方式是禁止从国外进口便宜的产品并保护美国的就业。这一观点也同样经不起推敲，主要有三个理由。

第一，自由贸易确实影响了一些就业，但是它也创造了一些其他的工作岗位。自由贸易使得在劳动分配上形成了全球的理性选择，劳动资源被配置到具有高价值的工作中去。纺织品国际贸易使得美国减少了成千上万纺织工人的就业，很多工厂关闭了。但是其他国家纺织厂开业，创造了成千上万的就业机会。成千上万的美国工人得到了比纺织工人更多报酬的就业机会，因为美国的出口产业在不断地扩大并提供了许多新的职业。因此，相比消失的工作，更多的工作被创造出来。

第二，进口创造就业。进口会增加销售进口产品的零售业的就业机会以及为那些产品服务的行业的就业机会。进口还会通过在他国创造收入增加职位，而这些收入又会消费在美国制造的产品和服务的进口上。

第三，虽然贸易保护确实会保障特定行业的就业，但这样做成本很高。举例来说，直到 2005 年，美国纺织业的就业受国家间协议——多种纤维协定的保护。据美国国际贸易委员会（ITC）估计，正是由于配额限制，否则国内的纺织业的 7.2 万个就业机会将会消失，美国每年的纺织品支出为 159 亿美元或每个家庭 160 美元，高于在自由贸易的情形。同样地，ITC 估计保留每一份纺织品职位每年要承担 221 000 美元的成本。

允许与他国廉价的劳动竞争

美国消除了与墨西哥进行贸易时的关税，人们说当工作涌向墨西哥时，听到了一种“巨人的吮吸声”（如漫画中所示）。让我们分析这个观点到底错在哪里。

一单位产出的劳动成本等于工资率除以劳动生产率。例如，如果美国汽车工人 1 小时赚 30 美元，生产 15 单位的产出，那么 1 单位产出的平均劳动成本为 2 美元。如果墨西哥的一个汽车装配工人 1 小时赚 3 美元，生产 1 单位的产出，那么 1 单位产出的平均劳动成本为 3 美元。其他条件保持不变，工人劳动生产率越高，其工资率越高。高工资水平的工人具有高的生产率。低工资的工人拥有低生产率。

虽然从平均水平来讲，高工资的美国工人具有比低工资的墨西哥工人更高的生产率，但产业之间还是存在着差异。美国劳动在某些行业中具有相对较高的生产率。例如，美国工人在电影制作、金融服务和定制化电脑芯片上比金属和一些标准机器零部件生产具有相对高的劳动生产率。在那些美国具有比较优势的产业，美国工人相对墨西哥同行具有相对更高的劳动生产率。通过开展自由贸易，增加美国那些具有比较优势的产品和服务的生产和出口，减少美国本国生产并增加那些贸易伙伴具有比较优势的产品和服务的进口。这样美国可以使自己和其他国家的居民都得益。

“我不知道到底会发生什么——前一分钟我在密西根州的夫林特工作，随后在童话中巨人的吮吸声中，突然我来到了墨西哥。”

带来多样化和稳定性

与把所有的鸡蛋放在一个篮子里相比，多样化的投资组合具有更小的风险。这一理论对一个经济体的生产同样适用。多样化的经济受波动影响小于只生产一到两种产品的经济。

但是像美国、日本和欧盟这样大的、富裕的、多样化的经济体不存在这类稳定性的问题。甚至像沙特阿拉伯这样仅生产一种产品（即石油）的国家却能够从具有比较优势的产业专业化分工中收益，然后它可以向其他国家进行广泛的投资以稳定本国的收入和消费。

对不严格的环境标准加以惩罚

这种贸易保护的观点认为，许多贫穷的国家例如墨西哥，没有像美国那样制定环境保护政策，因为墨西哥愿意被污染但是美国不愿意，在没有关税的情形下美国不可能与它竞争。如果像墨西哥这种不发达的国家想要与发达的、环保的国家进行自由贸易，必须改善本国的环境并达到美国的标准。

这种对国际贸易实行限制的观点是站不住脚的。首先，并不是所有不发达国家的环境标准都比美国差。一些贫穷的国家确实在环保上做的不好，可是也有一些国家为此制定了严格的法律。其次，贫穷的国家并不像发达国家那样承担得起治理环境的费用。墨西哥和其他一些发展中国家希望通过自由贸易迅速使收入增长，以此来使本国环境变得更好。一旦他们的收入增加，发展中国家将利用与它们意愿相符的手段来改善自己的环境。第三，贫穷的国家在做“脏”活上具有比较优势，这样可以帮助发达国家达到比以往更高的环境标准。

保护本国文化

保护本国文化的观点在美国并不多见，但是在加拿大和欧洲这种观点很普遍。

这种在图书、杂志、电影和电视节目中表达出的担忧就是：自由贸易意味着美国的统治地位形成和本地文化的终结。进一步推理，保护本国“文化”产业不受自由贸易的影响以保证本国文化一致性是有必要的。

对这些产业的保护很普遍，通常采用非关税壁垒的形式。例如，对电台、电视节目和报刊杂志上报道内容的地方管制就属于这种方式。

保护文化统一性的观点是没有价值的。为了可以获得很多的经济利润，作者、出版商和传播者想要限制来自国外的竞争，这对本国文化没有实际的威胁。事实上，许多所谓美国文化产品的生产者并不是美国人，而是非常有才能的他国公民，但这些文化产品确保了美国文化一致性在好莱坞的生存！

防止发达国家剥削发展中国家

有关贸易保护的另一个观点是必须限制国际贸易以防止发达工业国通过低工资来剥削发展中国家的贫苦人民。

童工和低廉劳动是受谴责的严重的问题。通过与不发达国家的贸易，美国增加由这些不发达国家生产的产品的需求，也增加了对这些国家劳动的需求。当对发展中国家的劳动需求增加时，这些国家的工资率也会提高。因此，国际贸易可以增加发展中国家居民的就业机会、提高他们的收入，而不是剥削发展中国家的居民。

我们已经回顾了支持和反对贸易保护的各种观点。其中一个反对贸易保护的观点得到了广泛的支持和认同。贸易保护容易引发报复性关税甚至贸易战。关于贸易战的最典型的例子发生于20世纪30年代大萧条时期，当时美国开征了斯姆特—霍利关税。随后，许多国家陆续对此征收了报复性关税，在短时期内，国际贸易几乎消失了。这对所有的国家来说都是巨大的损失。国际上为了防止这种自我损失的行为在未来再次出现，推行了新的国际协调机制，从而催生了关贸总协定、北美自由贸易协定、亚太经合组织以及欧盟的产生。

复习测验

1. 我们能否通过限制国际贸易来实现国家安全的目标、促进新兴产业的发展或抑制国外垄断企业？如果可以，请解释为什么。
2. 我们能否通过限制国际贸易来增加就业，为外国的低工资提供补偿，使经济更加多样化，补偿代价高昂的环境政策，保护本国文化或是保护发展中国家免受剥削？如果可以，请解释为什么。
3. 反对国际贸易限制的主要观点是什么？

myeconlab **Study Plan 32.4**

为什么要对国际贸易进行限制

尽管有许多反对贸易保护的争论，为什么我们还要对贸易进行限制？有两个关键原因：

- 关税收入
- 寻租

关税收入

政府的税收成本是很大的。在像美国那样的发达国家，一个完善的税收征收体系可以征收到几千亿美元的所得税和营业税收入。要保证这一税收征收体系正常运行，事实上要求大多数经济交易必须在有良好的审计过的财务记录的公司之间进行。如果没有良好的审计过的财务记录，税收征收机关（美国国家税务局）的实际工作将会受到很多阻碍。尽管有良好的审计过的财务账户，一部分潜在的税收收入也会被遗漏。不过，在一些工业发达国家，所得税和营业税仍然是其财政收入的主要组成部分，关税只占了很小的一部分。

但是，发展中国家的政府在从他们的国民那里征收税收却很困难。许多经济活动都以几乎没有财务记录的非正式经济形式出现，所以这些国家的税收中所得税和营业税只占了很少的一部分。有正规审计的财务记录的经济交易却只有国家贸易。因此，这些发展中国家就把国际贸易当做一个增加税收的领域，并且运用得比发达国家要广泛。

寻　租

寻租是国际贸易被限制的主要原因。**寻租**（rent seeking）是从贸易中为了获取利益而进行游说和其他类型的政治活动。一般而言，自由贸易增加消费可能性，但并不是每个人都能从中获益甚至有些人会遭受损失。自由贸易给一些人带来了收益却增加了另一部分人的成本，但总收益超过了总成本。不平等的成本和收益分配是使更自由的国际贸易无法实施的重要原因。

回到F国和M国之间汽车和谷物交易的例子，在自由贸易下，F国的所有谷物制造商和那些不用承担缩减汽车行业规模成本的汽车制造商都从中获益。这些成本是转换成本，并不是长期成本。F国转向自由贸易的成本由变成谷物生产商的汽车制造商及其雇员承担。在M国，自由贸易的收益属于汽车制造商与不用承担缩小谷物行业的转换成本的谷物生产商。受损失的是不得不转为生产汽车的谷物生产商及其雇员。

总体上，获益的人数远多于受损失的人数。因此，人均收益变小，但那些遭受损失的人其人均损失则变大。因为落到承担者的损失很大，这将使蒙受相当数量损失的人有动力游说反对自由贸易。另一方面，受益者组织起来以达成自由贸易是没有报酬的。贸易收益对任何一个人而言太少了，以至于不愿意在致力于自由贸易的政治组织上花费大量的时间和金钱。因自由贸易而遭受重大损失的人将发现，加入一个反对自由贸易的政治组织是有利可图的。每个组织都在优化，即权衡收益和成本，选择对自身有利的最佳措施。然而，反对自由贸易的组织比赞成自由贸易的组织必然会从事更多的政治游说活动。

补偿受损者

如果自由国际贸易收益总体上超过成本，受益者为什么不付给损失者补偿金呢？这样的话，每个人都会愿意进行自由贸易。就某种程度而言，这种补偿的确存在。当美国国会通过与加拿大和墨西哥的北美自由贸易协定时，它建立了一个5 600万美元的基金用来支持和再培训因新贸易协定而失业的人。在NAFTA推行开始的6个月，只有5 000名工人申请到该基金计划的帮助。

更自由的国际贸易的受损者也通过正常失业补偿安排间接得到补偿。但只有有限的尝试用来补偿损失者。全面补偿不能实施的主要原因在于找出所有损失者并估计他们损失的价值的成本过大。而且，是否是由于自由贸易而艰难度日还是由于其他本人可控的原因而引起的难于判断。此外，一些人在某个时点是受害者，但事实上却最终获益。在密西根失业的年轻汽车工人在明尼阿波利斯成为一名计算机组件工人，他厌恶失业与搬家。但一两年后，回顾以往，他发现自己是幸运的。他搬了家但增加了他的收入并且更好地保障了工作的稳定性。

一般而言，因为我们没有补偿那些自由贸易的受害者，所以贸易保护主义在美国经济与政治生活中普遍存在并且永久存在着。

复习测验

1. 对进口品征收关税的两个主要理由是什么？
2. 哪种类型的国家会从征收关税中获得最大的收益？列举相关国家的例子来说明。
3. 美国是否有必要通过关税来提高政府财政收入？请加以解释。
4. 如果国际贸易限制的代价很高的话，为什么人们还会运用它们？为什么从贸易获收益的人们不组织足够强的政治力量来保证其利益的实现呢？

myeconlab Study Plan 32.5

◆我们已经看到为什么所有的国家都能从分工和贸易中获益。通过生产本国具有比较优势的产品并拿出一部分与别国的产品进行交换，我们扩大了自身的消费可能性。而进行贸易限制会降低本国的收益。开放实行自由贸易，本国销售产品的市场扩大了，并且产品的相对价格上升。同样地，我们购买产品的市场也扩大了，购买品的相对价格下降了。

阅读材料考查了生产的全球化，还考查了随着中国的生产和中国与美国之间贸易的扩大给美洲人和亚洲人带来的收益。

内容提要

要 点

国际贸易的模式和趋势

- 当今国家之间存在着巨额贸易，其中大部分贸易流是发达工业化国家之间的制成品。
- 自 1960 年以来，美国的国际贸易量几乎增加了 3 倍。

国际贸易的收益

- 比较优势是贸易获益的根本来源。
- 比较优势存在于国与国之间的机会成本不同的情况。
- 通过提高一国具有比较优势的产品和服务的生产，然后将增加的产出中的一部分用于国际贸易，那么一国可以在它的生产可能性边界之外的点进行消费。
- 在没有国际借贷的情况下，随着价格调整至反映产品和服务的国际供给与需求，贸易达到平衡。
- 世界价格会使交易双方的生产和消费计划达到平衡。在均衡价格下，贸易达到平衡。
- 比较优势解释了世界为什么会发生国际贸易。
- 相似品之间的贸易产生于不同偏好下的规模经济。

国际贸易限制

- 国家通过关税、配额和自愿出口限制来限制国际贸易。
- 国际贸易限制提高了进口产品的国内价格，降低了进口数量，减少了进口总额。
- 国际贸易限制也减少了出口总额，减少的数量正好等于进口总额的减少量。

反对贸易保护的观点

- 贸易保护对保护国家安全、保护幼稚产业和反倾销是必要的，这些观点缺乏充分的根据。
- 有关贸易保护能增加就业，让本国与他国廉价劳动竞争，促使经济多样化和稳定，处罚那些不严格的环境标准，保护国家文化，并能防止发达国家剥削发展中国家的理论从根本上来说是有缺陷的。

为什么要对国际贸易进行限制

- 贸易限制产生是因为关税能提高政府收入，贸易保护对大多数人来说损失很小，但却使少数人人均获益很多。

关键图表

关键术语

进口品	出口品
净出口	比较优势
贸易条件	关 税
非关税壁垒	关税与贸易总协定
世界贸易组织	北美自由贸易协定
配 额	自愿出口限制
保护幼稚产业的观点	倾 销
寻 租	

习 题

1. 下表表示 Virtual Reality 的生产可能性信息：

电视机（每天）		计算机（每天）
0	和	36
10	和	35
20	和	33
30	和	30
40	和	26
50	和	21
60	和	15
70	和	8
80	和	0

a. 计算 Virtual Reality 生产 10 台电视机时，1 台电视机的机会成本。

b. 计算 Virtual Reality 生产 40 台电视机时，1 台电视机的机会成本。

c. 计算 Virtual Reality 生产 70 台电视机时，1 台电视机的机会成本。

d. 运用以上各小题的答案，描述 1 台电视机的机会成本与在 Virtual Reality 生产的电视机数量之间的关系。

2. 下表表示 Vital Sign 的生产可能性信息：

电视机（每天）		计算机（每天）
0	和	18.0
10	和	17.5
20	和	16.5
30	和	15.0
40	和	13.0
50	和	10.5
60	和	7.5
70	和	4.0
80	和	0

a. 计算 Vital Sign 生产 10 台电视机时，1 台电视机的机会成本。

b. 计算 Vital Sign 生产 40 台电视机时，1 台电视机的机会成本。

c. 计算 Vital Sign 生产 70 台电视机时，1 台电视机的机会成本。

d. 运用以上各小题的答案，描述 1 台电视机的机会成本与在 Vital Sign 生产的电视机数量之间的关系。

3. 假设没有国际贸易，第 1 题中的 Virtual Reality 生产和消费 10 台电视机，而第 2 题中的 Vital Sign 生产 60 台电视机。现假定两国进行交易：

a. 哪个国家应该出口电视机？

b. 每个国家对各自生产的不同产品的数量应如何调整？

c. 每个国家对各自消费的不同产品的数量应如何调整？

d. 在自由贸易中，你如何看待这些贸易条件（1 台电视机的价格用每台电视机等值多少台计算机来表述）？

4. 假设没有国际贸易，Virtual Reality 生产和消费 50 台电视机，而 Vital Sign 生产 20 台电视机。现假定两国进行交易：

a. 哪个国家应该出口电视机？

b. 每个国家对各自生产的不同产品的数量应如何调整？

c. 每个国家对各自消费的不同产品的数量应如何调整？

d. 在自由贸易中，你如何看待这些贸易条件（1 台电视机的价格用每台电视机等值多少台计算机来表述）？

5. 将习题 1、2 的各产品生产总量与习题 3、4 中各产品生产总量比较：

a. 自由贸易是否增加或减少了这两种情况下电视机与电脑生产的总产量？为什么？

b. 两种情况下 Virtual Reality 的电视机价格发生了什么变化？为什么出现了在一个情况下上涨而另一情况下下跌？

c. 两种情况下 Vital Sign 的电脑价格发生了什么变化？为什么出现了在一个情况下上涨而另一情况下下跌？

6. 比较习题 3 和习题 4 之间的国际贸易：

a. 为什么 Virtual Reality 在一种情况下出口电视机而在另一种情况下进口电视机呢？

b. 在两种情况下电视机的生产者或电脑生产者是否都获利？

c. 消费者是否在不同的情况下都获利？

7. 下图描绘的是国际市场上大豆的数据：

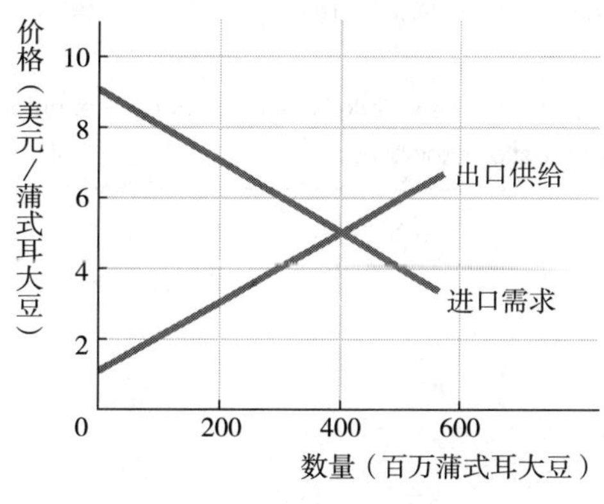

阅读材料：事例与分析

政策观察

全球化带来的收益

http://www.nytimes.com

中美双方希望在纺织品贸易上达成协议

2005年11月7日

布什政府官员昨天透露：对三年内中国向美国出口纺织品激增的限制性协议将有望在本周达成。

……贸易摩擦可能会阻碍从中国进口纺织品，许多美国零售商出于这方面的担心在下大订单时已经显得犹豫不决了。据报道，这个交易量跟去年夏天达成的限制中国向欧盟出口服装协议中规定的贸易量很接近，而这导致了零售商的供给受到阻碍。

……在2004年，据美国贸易代表办公室称，中国从美国进口了2.78亿美元的纺织品，但中国向美国出口的纺织品数量却是这个数目的52倍，也就是146亿美元。人口普查局的数据显示，在2002年美国在纺织品和服装生产企业有651 000个就业机会，还不足1990年的二分之一。

……中国政府上个月报道称，今年的前8个月中国对美国的纺织品出口增加了54%，达到了177亿美元，而美国官方则认为增加了46%。

美国夏洛特的瓦乔维亚银行的高级经济学家马克•维特纳昨天称，北卡罗来纳州在1972年有350 000个纺织品就业岗位，但10年后这些岗位中超过90%都会消失。他还说生产并没有大幅度减少是因为从中国的进口鼓励了北卡罗来纳州的企业投资于自动化的机械，这样也减少了工资的支出。

中国今年的前8个月向美国出口了7亿双袜子，而4年前中国袜子的出口量还不足1 200万双。牛仔裤、内衣和其他劳动密集型产品与2004年相比也增加了10倍。

事件的本质

- 美国希望中国能同意对其向美国出口纺织品进行限制。
- 在2004年，中国每花费1美元在美国制造的纺织品上，美国就花费了52美元在中国制造的纺织品上。
- 美国纺织品生产的就业率下降，这在北卡罗来纳州尤为显著。
- 在2005年的前8个月，中国向美国的纺织品出口增加了54%。
- 在2005年的前8个月，中国向美国出口了7亿双袜子，而4年前这项出口量仅为1 200万双。
- 从中国进口的牛仔裤和内衣，2005年比2004年增加了10倍。

经济分析

- 在自由贸易条件下，产品在它们机会成本最低的地方生产。
- 中国比美国生产服装的机会成本要低。
- 美国专门生产自身具有比较优势的产品，然后从中国进口服装，这样中美双方都获益。
- 美国获益是因为美国的衣服成本降低了；中国获利是因为中国能以比成本更高的价格向美国出口服装。
- 美国获益还因为能以比成本高的价格向中国出口大型客机等产品；中国获利还因为能以较低的价格购得大型客机等产品。
- 表 1 包含了一些例证性的数据，而图 1 则直观地把这些数据表示出来。
- 美国可以生产耐克套装或其他产品和服务。美国每生产1 单位耐克套装的机会成本是 1 单位其他产品和服务。
- 中国也可以生产耐克套装或其他产品和服务，但中国每生产 1 单位耐克套装机会成本是 0.5 单位的其他产品和服务。
- 但是，如果中国生产耐克套装而美国生产其他产品和服务，那么中美两国均可增加消费可能性。
- 在图 2 中，中国生产 40 套耐克套装，而美国生产 100 单位其他产品和服务。
- 如果这两个国家以 1 单位耐克套装同 0.75 单位其他产品和服务的比例进行交换，那么美国将以较低的机会成本获得耐克套装而中国则以高于生产套装的机会成本价格出售套装。
- 表 1 显示了所有交易的可能性，每个国家都可以沿着图2 所示的贸易线进行交易。
- 美国购买中国产品，同时中国购买美国产品。

说出你的观点

- 你认为美国是否应该与中国和其他低收入的亚洲国家进行自由贸易？
- 你是否同意美国采取措施以保持服装生产的就业岗位？请解释。

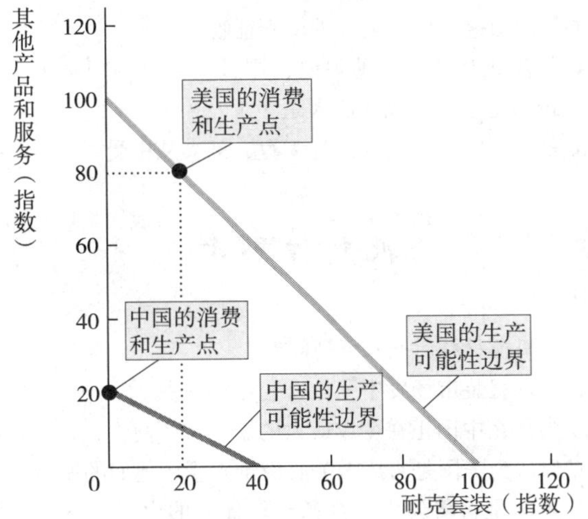

图 1　无贸易

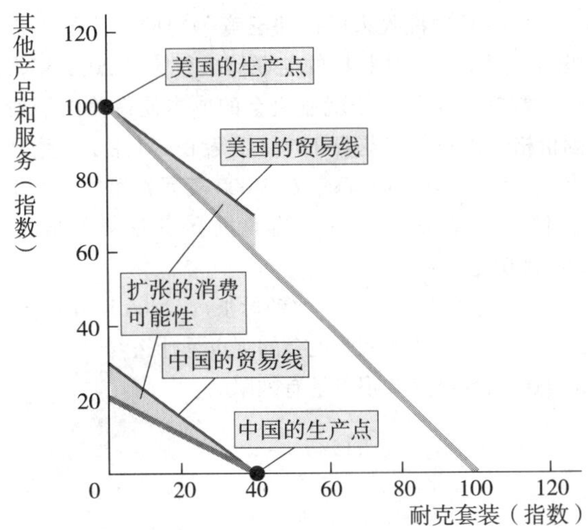

图 2　自由贸易

耐克套装	其他产品和服务：生产可能性 美国	生产可能性 中国	贸易可能性 美国	贸易可能性 中国
0	100			
20	80	20	100	30
40	60	10	85	15
100	0	0	70	0

表 1　中国和美国的生产可能性和贸易可能性

a. 如果不存在贸易往来，两国的大豆价格是多少？
b. 在自由贸易下，大豆的价格是多少？
c. 大豆的交易数量是多少？

8. 如果向习题 7 中的大豆进口商征收
a. 每蒲式耳 2 美元的关税，则进口大豆的国家中大豆价格是多少？关税收入是多少？
b. 如果配额为 3 亿蒲式耳大豆，谁会从中受益？

批判性思考

1. 学习阅读材料后回答下列问题。
a. 全球服装市场发生了什么变化？
b. 为什么中国正在变成最大的服装生产商？
c. 你认为美国是否应该关心由谁来生产他们的服装？
d. 美国是否将失去它具备比较优势的生产领域？解释你的回答。

2. **更高的代价**

……通过税收来保护缺乏竞争力的行业的工作是极为愚蠢的……达拉斯的美联储银行曾在 2002 年报道称：制糖业增加一个就业机会的成本使得美国消费者因价格上涨每年多花费 826 000 美元。乳品工业增加一个就业机会的成本是每年 685 000 美元，而生产女士手提包的制造业增加一个就业机会，花费的成本是 263 000 美元。

《纽约时报》，2006 年 6 月 26 日

a. 文章提到的增加就业机会的观点是什么？
b. 解释为什么这些观点是有缺陷的？
c. 增加这些就业是否有价值？

3. **新援助计划对贫困人群的承诺未使穷人印象深刻**

……美国、欧盟和日本计划取消几乎所有来自世界上贫困国家中的 50 个国家几乎所有产品的关税与配额……免税、无配额条款的计划在发展中国家实施是有差异的，导致了一些谈判者认为该计划必须推广开来……

《纽约时报》，2005 年 12 月 15 日

a. 美国、欧盟和日本为什么仅想消除来自于最贫困国家的进口产品的贸易壁垒？
b. 谁将在消除贸易壁垒的计划中获益？谁将承担损失？
c. 为什么该计划在发展中国家是有差异的？

网上活动

1. 学习阅读材料中“钢铁倾销”一文，回答下列问题：
a. 限制钢铁进口的观点是什么？
b. 评价该观点，你认为它是否正确？为什么？
c. 你是否赞同取消钢铁进口？为什么？
d. 如果你居住在另一个钢铁生产国家，你是否会做出不同的选择？为什么？

2. 访问“公民国际贸易视野”、美国商务部、加拿大政府网，回顾对北美贸易协定的三项评价并回答下列问题：
a. 公民国际贸易视野的评价是什么？
b. 美国商务部与加拿大政府的评价又是什么？
c. 你认为哪种观点是正确的？为什么？
d. 你是否会支持 NAFTA？为什么？

这个世界很小

国际贸易和国际借贷规模不论是以绝对美元计算还是以占世界总产量的百分比计算每年都在扩大。新加坡这个国家进出口产品和服务的总量超过了本国的产量。中国在20世纪80年重新登上了世界经济的舞台，现在已经是制成品的主要生产国。

由于如今的经济世界变小以及通讯以难以想像的速度发展，国际经济活动不断扩大。但是如今的世界不是一个新的世界。从有历史记录以来，人类的贸易规模在增大，贸易的距离也在不断地被拉长。西方文明古国的希腊和罗马不仅在地中海地区开展贸易，甚至将贸易区域拓展到阿拉伯海岸。伟大的东方文明在印度洋沿岸进行贸易往来。直到中世纪，威尼斯贸易商和如马可·波罗这样的探险家一直通过陆地进行着广泛的东西方的贸易往来。1497年，瓦斯科·达·伽玛发现了一条绕过非洲好望角连通大西洋与印度洋的航线，这是东西方贸易的一条新的通路，这个发现最终带来了在西方市场上东方产品价格的猛增。

欧洲人发现，美洲大陆和随之开辟的大西洋贸易持续稳定地推动着经济全球化发展的进程。因此，20世纪90年代的发展代表着人类的视野在持续不断地开阔。

第32章描述和解释了产品与服务的国际贸易。在这一章里，读者可以熟悉所有时代的最重大政策：自由贸易与贸易保护主义的对比以及有关全球化的争论。这一章还解释了各国如何从自由国际贸易中获益。

我们还可以看到，对竞争实行保护将会给一小部分人带来大利益而大多数人会有小的损失。其实实施贸易保护主义时带来的损失大于收益，但因为损失被稀释，而收益却比较集中，贸易保护主义者总是有他们的支持者和政治后盾。

第32章没有解释国际收支赤字和盈余的问题。我们可在**宏观经济学**这门课程中学到这方面的知识。在宏观经济学里，大家将会学到国际贸易赤字不是由效率的高低决定而是由一国的支出和储蓄决定的。在其他条件相同的情况下，高储蓄率的国家必然会产生国际收支盈余。

在当今世界，经济全球化是个大事件，它一直吸引着大家的关注。在下一页里，你可以了解第一个提出比较优势理论的经济学家大卫·李嘉图，还可以碰到当今国际经济学领军人物之一的哥伦比亚大学的贾格迪什·巴格瓦蒂教授。

国际贸易的收益

在一个完全自由贸易的系统里，每一个国家会自然地把资本和劳动投入到自身收益最大的产业中去。

——大卫·李嘉图

*《政治经济学及其赋税原理》*1817 年

经济学家

大卫·李嘉图（1772~1832 年）在一次周末乡下旅行时无意中读到亚当·斯密的《国富论》，当时他是一位 27 岁就相当成功的证券经纪人。从此，大卫·李嘉图投入其中并转而成为了那个时代最著名的经济学家，也是至今伟大的经济学家之一。他众多的贡献之一就是建立了比较优势理论，为现代国际贸易理论奠定了基础。大卫·李嘉图用英国与葡萄牙在服装与葡萄酒的贸易往来例证了这种理论。

“关税与贸易总协定”是为了反对 20 世纪 30 年代因各国强行向邻国征收高税率的关税从而导致彼此恶性竞争而缔结的。这一协定首先是亚当·斯密和大卫·李嘉图的逻辑理论的胜利。

问　题

直到 18 世纪中期，人们仍然相信国际贸易的目的在于保持出口大于进口并不断增加本国的黄金储备。如果黄金不断地被积累，这将被视为该国很繁荣；如果黄金由于国际贸易赤字而流向别国，该国将面临货币危机与贫困。这些思想被称为重商主义，而重商主义者是那些与传教士一样提倡狂热追求国际收支盈余的人。如果出口没有超过进口，重商主义者就想要限制进口。

18 世纪 40 年代，大卫·休谟认为随着货币（黄金）数量的变化，价格水平将产生同样的变化，而该国的实际财富并未受到影响。18 世纪 70 年代，亚当·斯密提出限制进口将会降低从专业化分工中得到的收益，从而使一国变穷。30 年后大卫·李嘉图证明了比较优势定律，并证实了自由贸易的优越性。重商主义理论事实上已濒临破产，但具有强大的政治势力。

随着 19 世纪的到来，重商主义者的影响力逐渐退出了历史的舞台，而北美和西欧在越来越自由的贸易环境中繁荣起来。尽管对经济的认识有显著的进步，但重商主义没有真正地消亡过。20 世纪 20 年代和 30 年代，重商主义有一段短暂而全面的复苏期，当时提高关税带来了国际贸易的崩溃并加剧了大萧条。二次世界大战之后，关税与贸易总协定（GATT）建立，重商主义又一次被平息下去。

但重商主义仍挥之不去。现代重商主义者经常表示美国应该限制中国进口并减少对中国的贸易赤字，同时还担心北美自由贸易协定会导致美国经济的衰退。如果让大卫·休谟、亚当·斯密和大卫·李嘉图对这些观点进行评论，那该是一件有趣的事情。但我们知道他们会说什么——他们说的与对 18 世纪重商主义者说的一样。而且，他们今天仍然是正确的。

当　时

在 18 世纪，当重商主义者与经济学家对自由贸易是否应该赞同或反对进行了唇枪舌剑的争论时，交通技术限制了国际贸易的收益。载着少量物品的船只来往于大西洋一般需花费近一个月的时间。但潜在的收益却是巨大的，因而刺激人们削减航运的成本。19 世纪 50 年代，快速帆船发展起来，这大大缩短了从波士顿到利物浦的航程，两地之间的往来只需 12.25 天的时间。半个世纪过后，1 万吨重的轮船航海于美国与英国之间只需 4 天时间。随着航运时间缩短与航运成本的降低，国际贸易带来的收益日渐增长，贸易量也逐渐扩大了。

现　在

集装箱货运船一直在改变着国际贸易，对国际贸易的持续扩张做出了贡献。今天，大多数产品由集装箱（金属盒）装载穿梭于各大洋之间。集装箱技术通过缩减操作流程而降低了航海成本，货物很难被盗，从而也降低了保险成本。无法想像满载着电视机或录音机的货船在这种技术的缺失下开展国际贸易。空运把高价值和易损品如鲜花、新鲜食品像快递一样递送到各地。波音 747 飞机满载着货物每天在美国的大城市间往来，或是飞越大西洋与太平洋到达目的地。

在下一页你可以了解到世界上最与众不同的国际经济学家之一的贾格迪什·巴格瓦蒂。他的贡献在于让人们明白了国际贸易和贸易政策对经济的增长与发展的影响以及帮助塑造现今国际贸易格局的重要作用。

与贾格迪什·巴格瓦蒂交谈

贾格迪什·巴格瓦蒂（Jagdish Bhagwati）是哥伦比亚大学教授。巴格瓦蒂教授1934年出生于印度，先后就读于英国剑桥大学、麻省理工学院和牛津大学，学成后归国。1968年，他回到了麻省理工学院任教。1980年转聘至哥伦比亚大学。巴格瓦蒂教授是一名多产的学者，在全球发行的主流报刊和杂志上发表过文章，巴格瓦蒂教授因在科学工作与对公共政策的影响一直受人敬重。他最伟大的成就不仅在国际贸易领域，也涉及到发展问题和对政治经济学的研究。

迈克尔·帕金曾就贾格迪什·巴格瓦蒂的著作，以及自李嘉图的先驱性著作问世后经济学家对经济全球一体化的收益的研究进展采访了贾格迪什·巴格瓦蒂。

贾格迪什·巴格瓦蒂教授，是什么吸引你去研究经济学的？

如果你出生于印度，那里满目贫瘠，很容易对经济学产生兴趣，运用经济学能够带来繁荣，并创造出工作岗位以改变贫困的局面。

后来我发现经济学家中较宽泛的两种类型：一种将经济学作为枯燥的数学工具来看待；一种将它视为一门社会科学。

如果剑桥大学专攻复杂的数理经济学，我在那里就读期间便会转到其他系学习。不过我所接触到的剑桥经济学者中许多都是这个领域的佼佼者，这些人将经济学视为一门社会学科。因此，我将经济学看做一个改变印度贫困的工具，令我立刻着迷。

在剑桥大学对你影响最大的是哪位？

影响最大的是哈里·约翰逊（Harry Johnson），他是一位加拿大的年轻人，精力充沛并且有着深厚的分析才能。他不像那些羞涩保守的英国导师，而是友好的、热情的、受到周围学生支持的教师。哈里·约翰逊最近移居到了芝加哥，在那里他成为市场导向的芝加哥学派中最有影响力的人士之一。此外，还有琼·罗宾逊夫人（Joan Robinson），她被公认为全球最有影响力的女性经济学家。

当我从剑桥大学前往麻省理工学院就读时，感觉像是从一个剑桥到了另一个剑桥，幸运地从一个充满杰出经济学家的地方转到另一个好地方。在麻省理工学院期间，我结识了后来获得诺贝尔奖的保罗·萨缪尔森和罗伯特·索罗。1986年我成为麻省理工学院的教师，他们两位与我成为了很好的同事和朋友。

离开了剑桥和麻省理工，你去了牛津大学，然后回到印度，你在印度都做了些什么？

我加入了在新德里成立的计划委员会，在那里，我的第一个项目是寻求将最底层的30%印度人口脱离贫困到达“最低收入”保障水平的途径。

你会如何解决呢？

我最主要的方法是“增大蛋糕”。我的研究表明不同的经济和政治体制对最低层30%“蛋糕”的分配并没有显著影响。因此，“增大蛋糕”是反贫困战略的重要(但不是惟一)组成部分。为了对改变贫困产生良好效果，印度规划者也致力于发展教育、医疗、社会改革和土地改革。同时，低收入者和社会弱势群体分享经济进步收益的渠道也增加了，比如增加无担保信用额度等。

今天，这种战略还没有反对者。许多经验性工作表明当经济增长时贫困也将减少。我们很容易看出对人类福利如此重要的结论是由实践得出来的。

你为什么在1968年离开印度去美国麻省理工从事学术工作？

移民的决定通常反映了个人因素，这一点在我身上有所体现，麻省理工提供的教授岗位确实能使人下决心移民。同时，它也确实是世界上最著名的学府。但是，在麻省理工处于世界最领先的不是工程学和科学，而是语言学（因为有乔姆斯基教授）和经济学（因为有保罗·萨缪尔森教授）。加入麻省理工学院是一个大的突破：我每年都被那些卓越的学生和世界最富有创造性的经济学家所鼓舞和激励。

我最主要的方法是“增大蛋糕”。……今天，这种战略还没有反对者，许多经验性工作表明当经济增长时贫困也将减少。

我们经常在大众图书中看到有关公平交易和平等市场的概念。那么公平贸易和自由贸易有什么区别呢？市场又如何出现不平等现象呢？

自由贸易仅指没有贸易壁垒，比如关税、补贴和配额等。贸易壁垒使贸易产品的国内价格与国际价格相异。当贸易壁垒存在时，资源就不能得到有效率地运用。李嘉图时代的经济学原理告诉我们为什么自由贸易对大家都有益以及贸易壁垒为什么有害，当然我们对经济学原理的理解与它刚刚创立时相比显得更深刻了。

在另一方面，公平贸易几乎总是反对自由贸易的秘密武器。如果你的对手很难对付，你仅仅说不能承受公平贸易是不可能实行贸易保护的。如果你宣称你的对手也是一个非公平贸易者，这可能是一个更好的理由。随着国际竞争的加剧，对非公平贸易的反对呼声越来越多了。贸易保护主义者对自由和公平贸易的反对声也越来越弱了，尽管还有退而求其次的要求公平贸易而不要求自由贸易者。

公平贸易几乎总是反对自由贸易的秘密武器。

在第二次世界大战结束后，通过了关税与贸易总协定，并且进行了几个回合的多边贸易谈判，削减了贸易壁垒。你会怎样评价关税与贸易总协定以及后来的世界贸易组织的贡献呢？

关税与贸易总协定对发达国家之间工业制成品的自由贸易做出了巨大贡献。GATT规则将关税界定在谈判上限水平，这阻止了关税的提高，并阻止了如20世纪30年代那样发生的关税战争，在那次关税战争中，双方和报复性关税壁垒都提高，损害了每个人的利益。

在乌拉圭回合结束时，关税与贸易总协定转为世界贸易组织，世界贸易组织在机构作用上加强了。比如说，它建立了关税与贸易总协定所没有的贸易争端解决机制。世界贸易组织在很多方面都很有建树，扩展到新领域，如环境、知识产权保护和投资规则。

追求多边自由贸易，使得诸如北美贸易协定和欧盟这些双边贸易协定的出现。你如何看待当今世界的双边自由贸易区？

很不幸，现在双边自由贸易区一直在扩张。据估计，已有的加上一些规划的有400个！每个双边协定给予它的贸易伙伴优于他国的待遇。由于现在有如此多的双边协定，比如美国与约旦之间、美国和以色列之间，基于产品出口地之上的不同关税导致了无序的结果。“原产地规则”必须经过协商确定产自哪里，比如说，是产自约旦还是产自中国台湾地区，如果约旦有一项优惠关税而中国台湾地区没有，中国台湾地区的要素便会进入约旦的产品的制造。

我将由此产生的优惠关税和原产地规则之间的交叉关系比作“意大利面条”问题。世界贸易体系充斥着这些激增的双边贸易。这种复杂性与对所有WTO成员国执行普通关税的多边体系之简洁性形成对比。

我们现在正面临一个不协调的且无效率的贸易政策世界。欧盟与不同的非欧盟国家签订双边自由贸易协定，美国也是同样的做法。对于欧盟与美国的这种做法，长期奉行多边主义的亚洲国家也不得不屈服于这种混乱局面。

如果美国带头通过改写条例使得这些双边协定的签订极为困难，世界贸易体系的灾祸或许能避免。

我们现在正面临一个不协调的且无效率的贸易政策世界。

尽管经济学所指的收益来自多边自由贸易，追求这个目标的主要组织 WTO 正在经历反全球化运动的困难时期。我们如何评价全球化运动中 WTO 的工作前景？

反全球化运动由不同的行为主义者组成。从本质而言，他们都认为自己是全球化现象中的利益相关者。但在这种体系中有想要筹钱的人，像吸血鬼电影那样，就有想要赚钱的人。前者想被人所接受，后者希望被倾听。两种不同的观点很快磨合在一起，寻求在如 WTO 2000 年 11 月的西雅图会议成员那样的国际会议上发言的机会。这种声音石破天惊。随着这些事件的发生，那些想要系统严密地进行提升全球化经济作用的组织更多地登上舞台。

但 WTO 仍被认为在一些重要方面决策出错，比如推行的贸易制裁凌驾于环境保护之上。例如，美国立法禁止进口没有使用驱逐海龟装置的虾，印度与其他国家怨声载道，但 WTO 支持这项美国法规，对事实的无视让反对者得以证明他们的言论——海龟也强烈抗议 WTO 的决定！

对刚开始学习经济学的学生你有何建议？经济学是否适合作为主修科目？

我会说，绝对适合。尤其是经济学家对制定好的政策有三种独特的视角。

首先，经济学家追求行动所带来的后续效应。

其次，经济学家强调若不运用实证方法便无法判断一项政策的有效性。有一句谚语说的便是这种情况：当问到某人的丈夫为人如何时，经济学家会说，“看他与什么做比较？”

最后，经济学家独有地、系统性地将社会成本和社会收益理论引入到政策分析当中去。

高于充分就业的均衡

Above full-employment equilibrium A macroeconomic equilibrium in which real GDP exceeds potential GDP.

绝对优势

Absolute advantage A person has an absolute advantage if that person is more productive than another person.

逆向选择

Adverse selection The tendency for people to enter into agreements in which that can use their private information to their own advantage and to the disadvantage of the less-informed party.

总需求

Aggregate demand The relationship between the quantity of real GDP demanded and the price level.

总劳动时数

Aggregate hours The total number of hours worked by all the people employed, both full time and part time, during a year.

计划总支出

Aggregate planned expenditure The sum of planned consumption expenditure, planned investment, planned government expenditure on goods and services, and planned exports minus planned imports.

配置效率

Allocative efficiency A situation in which we cannot produce more of any good without giving up some of another good that we *value more highly*.

反托拉斯法

Antitrust law A law that regulates and prohibits certain kinds of market behavior, such as monopoly and monopolistic practices.

自动财政政策

Automatic fiscal policy A fiscal policy action that is triggered by the state of the economy.

自动稳定器

Automatic stabilizers Mechanisms that stabilize real GDP without explicit action by the government.

自发支出

Autonomous expenditure The sum of those components of aggregate planned expenditure that are not influenced by real GDP. Autonomous expenditure equals the sum of investment, government expenditure, exports, and the autonomous parts of consumption expenditure and imports.

自主税收乘数

Autonomous tax multiplier The magnification effect of a change in taxes on aggregate demand.

平均成本价格规则

Average cost pricing rule A rule that sets price to cover cost including normal profit, which means setting the price equal to average total cost.

平均固定成本

Average fixed cost Total fixed cost per unit of output.

平均产量

Average product The average product of a factor of production. It equals total product divided by the quantity of the factor employed.

平均总成本

Average total cost Total cost per unit of output.

平均可变成本

Average variable cost Total variable cost per unit of output.

国际收支账户

Balance of payments accounts A country's record of international trading, borrowing, and lending.

平衡预算

Balanced budget A government budget in which tax revenues and outlays are equal.

平衡预算乘数

Balanced budget multiplier The magnification effect on aggregate demand of a simultaneous change in government expenditure and taxes that leaves the budget balanced.

进入壁垒

Barriers to entry Legal or natural constraints that protect a firm from potential competitors.

物物交换

Barter The direct exchange of one good or service for other goods and services.

低于充分就业的均衡

Below full-employment equilibrium A macroeconomic equilibrium in which potential GDP exceeds real GDP.

艰难的权衡

Big tradeoff The conflict between equality and efficiency.

双边垄断

Bilateral monopoly A situation in which a single seller (a monopoly) faces a single buyer (a monopsony) .

黑 市

Black market An illegal market in which the price exceeds the legally imposed price ceiling.

预算赤字

Budget deficit A government's budget balance that is negative-outlays exceed tax revenues.

预算线

Budget line The limits to a household's consumption choices.

预算盈余

Budget surplus A government's budget balance that is positive-tax revenues exceed outlays.

经济周期

Business cycle The periodic but irregular up-and-down movement in production.

资 本

Capital The tools, equipment, buildings, and other constructions that businesses use to produce goods and services.

资本账户

Capital account A record of foreign investment in a country minus its investment abroad.

资本积累

Capital accumulation The growth of capital resources, including human capital.

资本存量

Capital stock The total quantity of plant, equipment, buildings, and business inventories.

俘获论

Capture theory A theory of regulation that states that regulation is in the self-interest of producers.

卡特尔

Cartel A group of firms that has entered into a collusive agreement to restrict output and increase prices and profits.

中央银行

Central bank A bank's bank and a public authority that regulates the nation's depository institutions and controls the quantity of money.

其他条件相同

Ceteris paribus Other things being equal-all other relevant things remaining the same.

环比加权产出指数

Chain-weighted output index An index that uses the prices of two adjacent years to calculate the real GDP growth rate.

需求变动

Change in demand A change in buyers' plans that occurs when some influence on those plans other than the price of the good changes. It is illustrated by a shift of the demand curve.

供给变动

Change in supply A change in sellers' plans that occurs when some influence on those plans other than the price of the good changes. It is illustrated by a shift of the supply curve.

需求量变动

Change in the quantity demanded A change in buyers'

plans that occurs when the price of a good changes but all other influences on buyers' plans remain unchanged. It is illustrated by a movement along the demand curve.

供给量变动

Change in the quantity supplied A change in sellers' plans that occurs when the price of a good changes but all other influences on sellers' plans remain unchanged. It is illustrated by a movement along the supply curve.

古典的

Classical A macroeconomist who believes that the economy is self-regulating and that it is always at full employment.

古典二分法

Classical dichotomy At full employment, the forces that determine the real variables are independent of those that determine the nominal variables.

古典增长理论

Classical growth theory A theory of economic growth based on the view that the growth of real GDP per person is temporary and that when it rises above subsistence level, a population explosion eventually brings it back to subsistence level.

古典模型

Classical model A model of the economy that determines the real variables-real GDP, employment and unemployment, the real wage rate, consumption, saving, investment, and the real interest rate-at full employment.

科斯定理

Coase theorem The proposition that if property rights exist, if only a small number of parties are involved, and transactions costs are low, then private transactions are efficient.

勾结协定

Collusive agreement An agreement between two (or more) producers to restrict output, raise the price, and increase profits.

计划体制

Command system A method of allocating resources by the order (command) of someone in authority. In a firm a managerial hierarchy organizes production.

公共资源

Common resource A resource that is rival and nonexcludable.

比较优势

Comparative advantage A person or country has a comparative advantage in an activity if that person or country can perform the activity at a lower opportunity cost than anyone else or any other country.

竞争性市场

Competitive market A market that has many buyers and many sellers, so no single buyer or seller can influence the price.

互补品

Complement A good that is used in conjunction with another good.

规模报酬不变

Constant returns to scale Features of a firm's technology that lead to constant long-run average cost as output increases. When constant returns to scale are present, the LRAC curve is horizontal.

消费者均衡

Consumer equilibrium A situation in which a consumer has allocated all his or her available income in the way that, given the prices of goods and services, maximizes his or her total utility.

消费者价格指数

Consumer Price Index (CPI) An index that measures the average of the prices paid by urban consumers for a fixed "basket" of the consumer goods and services.

消费者剩余

Consumer surplus The value (or marginal benefit) of a good minus the price paid for it, summed over the quantity bought.

消费支出

Consumption expenditure The total payment for consumer goods and services.

消费函数

Consumption function The relationship between consumption expenditure and disposable income, other things remaining the same.

可竞争市场

Contestable market A market in which firms can enter and leave so easily that firms in the market face competition from potential entrants.

合作均衡

Cooperative equilibrium The outcome of a game in which the players make and share the monopoly profit.

版 权

Copyright A government-sanctioned exclusive right granted to the inventor of a good, service, or productive process to produce, use, and sell the invention for a given number of years.

核心通胀率

Core inflation rate A measure of inflation based on the core CPI-the CPI excluding food and fuel.

成本推动型通货膨胀

Cost-push inflation An inflation that results from an initial increase in costs.

经济顾问委员会

Council of Economic Advisers The President's council whose main work is to monitor the economy and keep the President and the public well informed about the current state of the economy and the best available forecasts of where it is heading.

爬行钉住

Crawling peg A policy regime is one that selects a target path for the exchange rate with intervention in the foreign exchange market to achieve that path.

债权国

Creditor nation A country that during its entire history has invested more in the rest of the world than other countries have invested in it.

需求的交叉弹性

Cross elasticity of demand The responsiveness of the demand for a good to a change in the price of a substitute or complement, other things remaining the same. It is calculated as the percentage change in the quantity demanded of the good divided by the percentage change in the price of the substitute or complement.

截面图

Cross-section graph A graph that shows the values of an economic variable for different groups or categories at a point in time.

挤出效应

Crowding-out effect The tendency for a government budget deficit to decrease investment.

现金漏损率

Currency drain ratio The ratio of currency to deposits.

现 金

Currency The notes and coins held by individuals and businesses.

经常账户

Current account A record of receipts from exports of goods and services, payments for imports of goods and services, net income and net transfers received from the rest of the world.

周期性盈余或赤字

Cyclical surplus or deficit The actual surplus or deficit minus the structural surplus or deficit.

周期性失业

Cyclical unemployment The fluctuating unemployment over the business cycle.

无谓损失

Deadweight loss A measure of inefficiency. It is equal to the decrease in total surplus that results from an inefficient level of production.

债务国

Debtor nation A country that during its entire history has borrowed more in the rest of the world than other countries have lent in it.

通货紧缩

Deflation A negative inflation rate-a process in which the price level is falling.

需　求
Demand The entire relationship between the price of the good the quantity demanded of it when all other influences on buyers' plans remain the same. It is illustrated by a demand curve and described by a demand schedule.

需求曲线
Demand curve A curve that shows the relationship between the quantity demanded of a good and its price when all other influences on consumers' planned purchases remain the same.

劳动需求
Demand for labor The relationship between the quantity of labor demanded and the real wage rate when all other influences on firms' hiring plans remain the same.

可贷资金需求
Demand for loanable funds The relationship between the quantity of loanable funds demanded and the real interest rate when all other influences on borrowing plans remain the same.

货币需求
Demand for money The relationship between the quantity of money demanded and the nominal interest rate when all other influences on the amount of money that people wish to hold remain the same.

需求拉动型通货膨胀
Demand-pull inflation An inflation that results from an initial increase in aggregate demand.

存款机构
Depository institution A firm that takes deposits from households and firms and makes loans to other households and firms.

折　旧
Depreciation The decrease in the capital stock that results from wear and tear and obsolescence.

派生需求
Derived demand Demand for a factor of production, which is derived from the demand for the goods and services produced by that factor.

意愿准备金率
Desired reserve ratio The ratio of reserves to deposits that banks want to hold.

边际替代率
Diminishing marginal rate of substitution The general tendency for a person to be willing to give up less of good y to get one more unit of good x, and at the same time remain indifferent, as the quantity of good x increases.

边际收益递减
Diminishing marginal returns The tendency for the marginal product of an additional unit of a factor of production to be less than the marginal product of the previous unit of the factor.

边际效用递减
Diminishing marginal utility The decrease in marginal utility as the quantity consumed increases.

同方向相关
Direct relationship A relationship between two variables that move in the same direction.

贴现率
Discount rate The interest rate at which the Fed stands ready to lend reserves to depository institutions.

贴　现
Discounting The conversion of a future amount of money to its present value.

丧失信心的工人
Discouraged workers People who are available and willing to work but have not made specific efforts to find a job within the previous four weeks.

相机抉择的财政政策
Discretionary fiscal policy A fiscal action that is initiated by an act of Congress.

规模不经济
Diseconomies of scale Features of a firm's technology that lead to rising long-run average cost as output increases.

可支配收入
Disposable income Aggregate income minus taxes plus transfer payments.

占优策略均衡

Dominant strategy equilibrium A Nash equilibrium in which the best strategy for each player is to cheat (deny) regardless of the strategy of the other player.

倾 销

Dumping The sale by a foreign firm of exports at a lower price than the cost of production.

双头垄断

Duopoly A market structure in which two producers of a good or service compete.

动态比较优势

Dynamic comparative advantage A comparative advantage that a person or country possesses as a result of having specialized in a particular activity and then, as a result of learning-bydoing, having become the producer with the lowest opportunity cost.

利润分成管制

Earnings sharing regulation A regulation that if a firm's profits rise above a target level, they must be shared with the firm's customers.

经济折旧

Economic depreciation The change in the market value of capital over a given period.

经济效率

Economic efficiency A situation that occurs when the firm produces a given output at the least cost.

经济增长率

Economic growth rate The annual percentage change in real GDP.

经济增长

Economic growth The expansion of production possibilities that results from capital accumulation and technological change.

经济信息

Economic information Data on price, quantities, and qualities of goods and services and factors of production.

经济模型

Economic model A description of some aspect of the economic world that includes only those features of the world that are needed for the purpose at hand.

经济利润

Economic profit A firm's total revenue minus its total cost.

经济租

Economic rent Any surplus-consumer surplus, producer surplus or economic profit. The income received by the owner of a factor of production over and above the amount required to induce that owner to offer the factor for use.

经济理论

Economic theory A generalization that summarizes what we think we understand about the economic choices that people make and the performance of industries and entire economies.

经济福利

Economic welfare A comprehensive measure of the general state of economic well-being.

经济学

Economics The social science that studies the choices that we make as we cope with scarcity and the incentives that influence and reconcile those choices.

规模经济

Economies of scale Features of a firm's technology that lead to a falling long-run average cost as output increases.

范围经济

Economies of scope Decreases in average total cost that occur when a firm uses specialized resources to produce a range of goods and services.

效率工资

Efficiency wage A real wage rate that is set above the equilibrium wage rate and that balances the costs and benefits of this higher wage rate to maximize the firm's profit.

有效市场

Efficient market A market in which the actual price embodies all currently available relevant information. Resources are sent to their highest-values use.

富有弹性的需求

Elastic demand Demand with a price elasticity greater than 1; other things remaining the same, the percentage change in the quantity demanded exceeds the percentage change in price.

供给弹性

Elasticity of supply The responsiveness of the quantity supplied of a good to a change in its price, other things remaining the same.

1946年就业法案

Employment Act of 1946 A landmark Congressional act that recognizes a role for government actions to keep unemployment low, the economy expanding, and inflation in check.

就业人口比率

Employment-to-population ratio The percentage of people of working age who have jobs.

企业家才能

Entrepreneurship The human resource that organizes the other three factors of production: labor, land, and capital.

均衡支出

Equilibrium expenditure The level of aggregate expenditure that occurs when aggregate planned expenditure equals real GDP.

均衡价格

Equilibrium price The price at which the quantity demanded equals the quantity supplied.

均衡数量

Equilibrium quantity The quantity bought and sold at the equilibrium price.

超额准备金

Excess reserves A bank's actual reserves minus its desired reserves.

汇 率

Exchange rate The value of the U.S. dollar in terms of other currencies in the foreign exchange market.

排他性

Excludable A good or service or a resource is excludable if it is possible to prevent someone from enjoying the benefit of it.

扩 张

Expansion A business cycle phase between a trough and a peak-a period in which real GDP increases.

预期效用

Expected utility The average utility arising from all possible outcomes.

出 口

Exports The goods and services that we sell to people in other countries.

外部不经济

External diseconomies Factors outside the control of a firm that raise the firm's costs as the industry produces a larger output.

外部经济

External economies Factors beyond the control of a firm that lower the firm's costs as the industry produces a larger output.

外部性

Externality A cost or a benefit that arises from production and falls on someone other than the producer, or a cost or a benefit that arises from consumption and falls on someone other than the consumer.

生产要素

Factors of production The resources used to produce goods and services.

联邦预算

Federal budget The annual statement of the outlays and tax revenues of the government of the United States, together with the laws and regulations that approve and support those outlays and taxes.

联邦基金率

Federal funds rate The interest rate that the banks charge each other on overnight loans.

联邦公开市场委员会

Federal Open Market Committee The main policy-making organ of the Federal Reserve System.

联邦储备体系

Federal Reserve System (the Fed) The central bank of the United States.

最终产品

Final good An item that is bought by its final user during the specified time period.

企 业

Firm An economic unit that hires factors of production and organizes those factors to produce and sell goods and services.

财政不平衡

Fiscal imbalance The present value of the government's commitments to pay benefits minus the present value of its tax revenues.

财政政策

Fiscal policy The government's attempt to achieve macroeconomic objectives such as full employment, sustained long-term economic growth, and price level stability by setting and changing tax rates, making transfer payments, and purchasing goods and services.

固定汇率

Fixed exchange rate An exchange rate pegged at a value decided by the government or central bank and that blocks the unregulated forces of demand and supply by direct intervention in the foreign exchange market.

浮动汇率

Flexible exchange rate An exchange rate is determined by demand and supply with no direct intervention in the foreign exchange market by the central bank.

外国通货

Foreign currency The money of other countries regardless of whether that money is in the form of notes, coins, or bank deposits.

外汇市场

Foreign exchange market The market in which the currency of one country is exchanged for the currency of another.

四企业集中率

Four-firm concentration ratio A measure of market power that is calculated as the percentage of the value of sales accounted for by the four largest firms in an industry.

搭便车问题

Free-rider problem The absence of an incentive for people to pay for what they consume.

摩擦性失业

Frictional unemployment The unemployment that arises from normal labor turnover-from people entering and leaving the labor force and from the ongoing creation and destruction of jobs.

充分就业

Full employment A situation in which the quantity of labor demanded equals the quantity supplied. At full employment, there is no cyclical unemployment-all unemployment is frictional and structural.

充分就业平衡

Full-employment equilibrium A macroeconomic equilibrium in which real GDP equals potential GDP.

博弈论

Game theory A tool that economists use to analyze strategic behavior-behavior that takes into account the expected behavior of others and the recognition of mutual interdependence.

GDP平减指数

GDP deflator One measure of the price level, which is the average of current-year prices as a percentage of base-year prices.

关税与贸易总协定

General Agreement on Tariffs and Trade An international agreement signed in 1947 to reduce tariffs on international trade.

代际会计

Generational accounting An accounting system that measures the lifetime tax burden and benefits of each generation.

代际不平衡

Generational imbalance The division of the fiscal imbalance between the current and future generations, assuming that the current generation will enjoy the existing levels of taxes and benefits.

基尼系数

Gini ratio The ratio of the area between the line of equality and the Lorenz curve to the entire area beneath the line of equality.

产品与服务

Goods and services All the objects that people value and produce to satisfy human wants.

政府预算赤字

Government budget deficit The deficit that arises when the government spends more than it collects in taxes.

政府预算盈余

Government budget surplus The surplus that arises when the government collects more in taxes than it spends.

政府债务

Government debt The total amount that the government has borrowed. It equals the sum of past budget deficits minus the sum of past budget surpluses.

政府支出

Government expenditure Goods and services bought by the government.

政府支出乘数

Government expenditure multiplier The magnification effect of a change in government expenditure on goods and services on equilibrium expenditure and real GDP.

政府部门盈余或赤字

Government sector surplus or deficit An amount equal to net taxes minus government expenditure on goods and services on aggregate demand.

大萧条

Great Depression A decade (1929-1939) of high unemployment and stagnant production throughout the world economy.

国内生产总值

Gross domestic product (GDP) The market value of all final goods and services produced within a country during a given time period.

总投资

Gross investment The total amount spent on purchases of new capital and on replacing depreciated capital.

增长核算

Growth accounting A tool that calculates the contribution to real GDP growth of each of its sources.

赫芬达尔–赫希曼指数

Herfindahl-Hirschman Index A measure of market power that is calculated as the square of the market share of each firm (as a percentage) summed over the largest 50 firms (or over all firms if there are fewer than 50) in a market.

人力资本

Human capital The knowledge and skill that people obtain from education, on-the-job training, and work experience.

恶性通货膨胀

Hyperinflation An inflation that exceeds 50 percent a month.

隐性租金率

Implicit rental rate The firm's opportunity cost of using its own capital.

进　口

Imports The goods and services that we buy from people in other countries.

激　励

Incentive A reward that encourages or a penalty that discourages an action.

激励制度

Incentive system A method of organizing production that uses a market-like mechanism inside the firm.

收入效应

Income effect The effect of a change in income on consumption, other things remaining the same.

需求的收入弹性

Income elasticity of demand The responsiveness of demand to a change in income, other things remaining the same. It is calculated as the percentage change in the quantity demanded divided by the percentage change in income.

无差异曲线

Indifference curve A line that shows combinations of goods among which a consumer is indifferent.

个人可转换配额

Individual transferable quota (ITQ) A production limit that is assigned to an individual who is free to transfer the quota to someone else.

引致支出

Induced expenditure The sum of the components of aggregate planned expenditure that vary with real GDP. Induced expenditure equals consumption expenditure minus imports.

引致税收

Induced taxes Taxes that vary with real GDP.

缺乏弹性的需求

Inelastic demand A demand with a price elasticity between 0 and 1; the percentage change in the quantity demanded is less than the percentage change in price.

幼稚产业论

Infant-industry argument The argument that it is necessary to protect a new industry to enable it to grow into a mature industry that can compete in world markets.

低档品

Inferior good A good for which demand decreases as income increases.

通货膨胀率目标

Inflation rate targeting A monetary policy strategy in which the central bank makes a public commitment to achieve an explicit inflation rate and to explain how its policy actions will achieve that target.

通货膨胀率

Inflation rate The annual percentage change in the price level.

膨胀性缺口

Inflationary gap The amount by which real GDP exceeds potential GDP.

信息成本

Information cost The opportunity cost of economic information-the cost of acquiring information on prices, quantities, and qualities of goods and services and resources.

工具规则

Instrument rule A decision rule for monetary policy that sets the policy instrument at a level that is based on the current state of the economy.

知识产权

Intellectual property rights Property rights for discoveries owned by the creators of knowledge.

利率平价论

Interest rate parity A situation in which the rates of return on assets in different currencies are equal.

利 息

Interest The income that capital earns.

中间品

Intermediate good An item that is produced by one firm, bought by another firm, and used as a component of a final good or service.

反向相关

Inverse relationship A relationship between variables that move in opposite directions.

投 资

Investment The purchase of new plant, equipment, and buildings and additions to inventories.

工作配给

Job rationing The practice of paying a real wage rate above the equilibrium level and then rationing jobs by some method.

工作搜寻

Job search The activity of looking for an acceptable vacant job.

凯恩斯主义

Keynesian A macroeconomist who believes that left alone, the economy would rarely operate at full employment and that to achieve full employment, active help from fiscal policy and monetary policy is required.

凯恩斯主义周期理论

Keynesian cycle theory A theory that fluctuations in investment driven by fluctuations in business confidence-summarized in the phase "animal spirits" -are the main source of fluctuations in aggregate demand.

k百分比规则

k-percent rule A rule that makes the quantity of money grow at a rate of k percent a year, where k equals the growth rate of potential GDP.

劳 动

Labor The work time and work effort that people devote to producing goods and services.

劳动力参与率

Labor force participation rate The percentage of the working-age population who are members of the labor force.

劳动力

Labor force The sum of the people who are employed and who are unemployed.

劳动市场

Labor market The market in which households supply and firms demand labor services.

劳动生产率

Labor productivity The quantity of real GDP produced by an hour of labor.

工 会

Labor union An organized group of workers whose purpose is to increase wages and to influence other job conditions.

拉弗曲线

Laffer curve The relationship between the tax rate and the amount of tax revenue collected.

土 地

Land All the gifts of nature that we use to produce goods and services.

需求定律

Law of demand Other things remaining the same, the higher the price of a good, the smaller is the quantity demanded of it; the lower the price of a good, the larger is the quantity demanded of it.

边际收益递减

Law of diminishing returns As a firm uses more of a variable input, with a given quantity of other inputs (fixed inputs), the marginal product of the variable input eventually diminishes.

供给定律

Law of supply Other things remaining the same, the higher the price of a good, the greater is the quantity supplied of it.

干中学

Learning-by-doing People become more productive in an activity (learn) just by repeatedly producing a particular good or service (doing).

合法垄断

Legal monopoly A market structure in which there is one firm and entry is restricted by the granting of a public franchise, government license, patent, or copyright.

垄断限价

Limit pricing The practice of setting the price at the highest level that inflicts a loss on an entrant.

线性相关

Linear relationship A relationship between two variables that is illustrated by a straight line.

生存工资

Living wage An hourly wage rate that enables a person who works a 40-hour work week to rent adequate housing for not more than 30 percent of the amount earned.

长 期

Long run A period of time in which the quantities of all resources can be varied.

长期总供给

Long-run aggregate supply The relationship between the quantity of real GDP supplied and the price level in the long run when real GDP equals potential GDP.

长期平均成本曲线

Long-run average cost curve The relationship between the lowest attainable average total cost and output when both plant size and labor are varied.

长期行业供给曲线

Long-run industry supply curve A curve that shows how the quantity supplied by an industry varies as the market price varies after all the possible adjustments have been made, including changes in plant size and the number of firms in the industry.

长期宏观经济均衡

Long-run macroeconomic equilibrium A situation that occurs when real GDP equals potential GDP-the economy is on its long-run aggregate supply curve.

长期菲利普斯曲线

Long-run Phillips curve A curve that shows the relationship between inflation and unemployment when the actual inflation rate equals the expected inflation rate.

洛伦兹曲线

Lorenz curve A curve that graphs the cumulative percentage of income or wealth against the cumulative percentage of households.

M1 A meas ure of money that consists of currency and traveler's checks plus checking deposits owned by individuals and businesses.

M2 A measure of money that consists of M1 plus time deposits, savings deposits, and money market mutual funds, and other deposits.

宏观经济的长期

Macroeconomic long run A time frame that is sufficiently long for the real wage rate to have adjusted to achieve full employment: real GDP equal to potential GDP, unemployment equal to the natural unemployment rate, the price level is proportional to the quantity of money, and the inflation rate equal to the money growth rate minus the real GDP growth rate.

宏观经济的短期

Macroeconomic short run A period during which some money prices are sticky and real GDP might be below, above, or at potential GDP and unemployment might be above, below, or at the natural rate of unemployment.

宏观经济学

Macroeconomics The study of the performance of the national economy and the global economy.

边　际

Margin When a choice is changed by a small amount or by a little at a time, the choice is made at the margin.

边际利益曲线

Marginal benefit curve A curve that shows the relationship between the marginal benefit of a good and the quantity of that good consumed.

边际利益

Marginal benefit The benefit that a person receives from consuming one more unit of a good or service. It is measured as the maximum amount that a person is willing to pay for one more unit of the good or service.

边际成本定价规则

Marginal cost pricing rule A rule that sets the price of a good or service equal to the marginal cost of producing it.

边际成本

Marginal cost The opportunity cost of producing one more unit of a good or service. It is the best alternative forgone. It is calculated as the increase in total cost divided by the increase in output.

边际外部成本

Marginal external cost The cost of producing an additional unit of a good or service that falls on people other than the producer.

边际私人收益

Marginal private benefit The benefit from an additional unit of a good or service that the consumer of that good or service receives.

边际私人成本

Marginal private cost The cost of producing an additional unit of a good or service that is borne by the producer of that good or service.

边际产量

Marginal product The increase in total product that results from a oneunit increase in the variable input, with all other inputs remaining the same. It is calculated as the increase in total product divided by the increase in the variable input employed, when the quantities of all other inputs are constant.

劳动的边际产量

Marginal product of labor The change in real GDP that results from an additional hour of labor when all other influences on production remain the same.

边际消费倾向

Marginal propensity to consume The fraction of a change in disposable income that is consumed. It is calculated as the change in consumption expenditure divided by the change in disposable income.

边际进口倾向

Marginal propensity to import The fraction of an increase in real GDP that is spent on imports.

边际储蓄倾向

Marginal propensity to save The fraction of an increase in disposable income that is saved. It is calculated as the change in saving divided by the change in disposable income.

边际替代率

Marginal rate of substitution The rate at which a person will give up good y (the good measured on the yaxis) to get an additional unit of good x (the good measured on the x-axis) and at the same time remain indifferent (remain on the same indifference curve) .

边际收益产量

Marginal revenue product The change in total revenue that results from employing one more unit of a factor of production (labor) while the quantity of all other factors remains the same. It is calculated as the increase in total revenue divided by the increase in the quantity of the factor (labor) .

边际收益

Marginal revenue The change in total revenue that results from a one-unit increase in the quantity sold. It is calculated as the change in total revenue divided by the change in quantity sold.

边际社会收益

Marginal social benefit The marginal benefit enjoyed by society-by the consumer of a good or service (marginal private benefit) plus the marginal benefit enjoyed by others (marginal external benefit) .

边际社会成本

Marginal social cost The marginal cost incurred by the entire society-by the producer and by everyone else on whom the cost falls-and is the sum of marginal private cost and marginal external cost.

边际效用

Marginal utility The change in total utility resulting from a one-unit increase in the quantity of a good consumed.

每美元支出的边际效用

Marginal utility per dollar The marginal utility from a good divided by its price.

市　场

Market Any arrangement that enables buyers and sellers to get information and to do business with each other.

市场失灵

Market failure A state in which the market does not allocate resources efficiently.

可贷资金市场

Market for loanable funds The markets in which households, firms, governments, banks, and other financial institutions borrow and lend.

市场收入

Market income The wages, interest, rent, and profit earned in factor markets and before paying income taxes.

市场力量

Market power The ability to influence the market, and in particular the market price, by influencing the total quantity offered for sale.

麦克卡伦规则

McCallum rule A rule that makes the growth rate of the monetary base respond to the long-term average growth rate of real GDP and medium-term changes in the velocity of circulation of the monetary base.

支付手段

Means of payment A method of settling a debt.

微观经济学

Microeconomics The study of the choices that individuals and businesses make, the way these choices interact in markets, and the influence of governments.

最小有效规模

Minimum efficient scale The smallest quantity of output at which the long-run average cost curve reaches its lowest level.

最低工资

Minimum wage A regulation that makes the hiring of labor below a specified wage rate illegal. The lowest wage at which a firm may legally hire labor.

货币主义

Monetarist A macroeconomist who believes believes that the economy is self-regulating and that it will normally operate at full employment, provided that monetary policy is not erratic and that the pace of money growth is kept steady.

货币主义周期理论

Monetarist cycle theory A theory that fluctuations in both investment and consumption expenditure, driven by fluctuations in the growth rate of the quantity of money, are the main source of fluctuations in aggregate demand.

货币基础

Monetary base The sum of Federal Reserve notes, coins and banks' deposits at the Fed.

货币政策工具

Monetary policy instrument A variable that the Fed can control directly or closely target.

货币政策

Monetary policy The Fed conducts the nation's monetary policy by changing interest rates and adjusting the quantity of money.

货　币

Money Any commodity or token that is generally acceptable as the means of payment.

货币收入

Money income Market income plus cash payments to households by the government.

货币乘数

Money multiplier The ratio of the change in the quantity of money to the change in the monetary base.

货币价值

Money price The number of dollars that must be given up in exchange for a good or service.

货币工资率

Money wage rate The number of dollars that an hour of labor earns.

垄断竞争

Monopolistic competition A market structure in which a large number of firms compete by making similar but slightly different products.

垄　断

Monopoly A market structure in which there is one firm, which produces a good or service that has no close substitutes and in which the firm is protected from competition by a barrier preventing the entry of new firms.

买方垄断

Monopsony A market in which there is a single buyer.

道德风险

Moral hazard A situation in which one of the parties to an agreement has an incentive after the agreement is made to act in a manner that brings additional benefits to himself or herself at the expense of the other party.

乘　数

Multiplier The amount by which a change in autonomous expenditure is magnified or multiplied to determine the change in equilibrium expenditure and real GDP.

纳什均衡

Nash equilibrium The outcome of a game that occurs when player A takes the best possible action given the action of player B and player B takes the best possible action given the action of player A.

国家债务

National debt The amount that the government owes to all the people who have made loans to cover the government deficits.

国民储蓄

National saving The sum of private saving (saving by households and businesses) and government saving.

自然垄断

Natural monopoly A monopoly that occurs when one firm can supply the entire market at a lower price than two or more firms can.

自然失业率

Natural unemployment rate The unemployment rate when the economy is at full employment. There is no cyclical unemployment; all unemployment is frictional, structural, and seasonal.

需审核的支出

Needs-tested spending Government spending on programs that pay benefits to suitably qualified people and businesses.

负外部性

Negative externality An externality that arises from either production or consumption and that imposes an external cost.

负相关

Negative relationship A relationship between variables that move in opposite directions.

新古典增长理论

Neoclassical growth theory A theory of economic growth that proposes that real GDP per person grows because technological change induces a level of saving and investment that makes capital per hour of labor grow.

净借款国

Net borrower A country that is borrowing more from the rest of the world than it is lending to it.

净出口

Net exports The value of exports of goods and services minus the value of imports of goods and services.

净投资

Net investment Net increase in the capital stock-gross investment minus depreciation.

净贷款国

Net lender A country that is lending more to the rest of the world than it is borrowing from it.

净现值

Net present value The present value of the future flow of marginal revenue product generated by capital minus the cost of the capital.

净税收

Net taxes Taxes paid to governments minus transfer payments received from governments.

新古典主义

New classical A macroeconomist who holds the view that business cycle fluctuations are the efficient responses of a well-functioning market economy bombarded by shocks that arise from the uneven pace of technological change.

新古典周期理论

New classical cycle theory A rational expectations theory of the business cycle that regards unexpected fluctuations in aggregate demand as the main source of fluctuations of real GDP around potential GDP.

新增长理论

New growth theory A theory of economic growth based on the idea that real GDP per person grows because of the choices that people make in the pursuit of profit and that growth can persist indefinitely.

新凯恩斯主义

New Keynesian A macroeconomist who holds the view that not only is the money wage rate sticky but also that the prices of goods and services are sticky.

新凯恩斯主义周期理论

New Keynesian cycle theory A rational expectations theory of the business cycle that regards unexpected and currently expected fluctuations in aggregate demand as the main source of fluctuations of real GDP around potential GDP.

名义汇率

Nominal exchange rate The value of the U.S. dollar expressed in units of foreign currency per U.S. dollar.

名义GDP

Nominal GDP The value of the final goods and services produced in a given year valued at the prices that prevailed in that same year. It is a more precise name for GDP.

名义利率

Nominal interest rate The number of dollars that a unit of capital earns.

再生性自然资源

Nonexcludable A good or service or a resource is nonexcludable if it is impossible (or extremely costly) to prevent someone from benefiting from it.

不可再生自然资源

Nonrenewable natural resources Natural resources that can be used only once and that cannot be replaced once they have been used.

非竞争性

Nonrival A good or service or a resource is nonrival if its use by one person does not decrease the quantity available for someone else.

非关税壁垒

Nontariff barrier Any action other than a tariff that restricts international trade.

正常品

Normal good A good for which demand increases as income increases.

正常利润

Normal profit The return that an entrepreneur can expect to receive on the average.

北美自由贸易协定

North American Free Trade Agreement An agreement, which became effective on January 1, 1994, to eliminate all barriers to international trade between the United States, Canada, and Mexico after a 15-year phasing-in period.

官方结算账户

Official settlements account A record of the change in official reserves, which are the government's holdings of foreign currency.

寡 头

Oligopoly A market structure in which a small number of firms compete.

三一规律

One third rule The rule that, on the average, with no change in technology, a 1 percent increase in capital per hour of labor brings a 1/3 percent increase in labor productivity.

公开市场操作

Open market operation The purchase or sale of government securities-U.S. Treasury bills and bonds-by the Federal Reserve in the open market.

机会成本

Opportunity cost The highest-valued alternative that we give up to get something.

产出缺口

Output gap Real GDP minus potential GDP.

专 利

Patent A government-sanctioned exclusive right granted to the inventor of a good, service, or productive process to produce, use, and sell the invention for a given number of years.

收益矩阵

Payoff matrix A table that shows the payoffs for every possible action by each player for every possible action by each other player.

完全竞争

Perfect competition A market in which there are many firms each selling an identical product; there are many buyers; there are no restrictions on entry into the industry; firms in the industry have no advantage over potential new entrants; and firms and buyers are well informed about the price of each firm's product.

完全价格歧视

Perfect price discrimination Price discrimination that extracts the entire consumer surplus.

完全富有弹性的需求

Perfectly elastic demand Demand with an infinite price elasticity; the quantity demanded changes by an infinitely large percentage in response to a tiny price change.

完全无弹性的需求

Perfectly inelastic demand Demand with a price elasticity of zero; the quantity demanded remains constant when the price changes.

菲利普斯曲线

Phillips curve A curve that shows a relationship between inflation and unemployment.

庇古税

Pigovian taxes Taxes that are used as an incentive for producers to cut back on an activity that creates an external cost.

政治均衡

Political equilibrium The outcome that results from the choices of voters, firms, politicians, and bureaucrats.

正外部性

Positive externality An externality that arises from either production or consumption and that provides an external benefit.

正相关

Positive relationship A relationship between two variables that move in the same direction.

潜在GDP

Potential GDP The value of production when all the economy's labor, capital, land, and entrepreneurial ability are fully employed; the quantity of real GDP at full employment.

贫 困

Poverty A state in which a household's income is too low to be able to buy the quantities of food, shelter, and clothing that are deemed necessary.

掠夺性定价

Predatory pricing Setting a low price to drive competitors out of business with the intention of setting the monopoly price when the competition has gone.

偏 好

Preferences A description of a person's likes and dislikes.

现 值

Present value The amount of money that, if invested today, will grow to be as large as a given future amount when the interest that it will earn is taken into account.

价格上限管制

Price cap regulation A regulation that specifies the highest price that the firm is permitted to set.

价格上限

Price ceiling A regulation that makes it illegal to charge a price higher than a specified level.

价格歧视

Price discrimination The practice of selling different units of a good or service for different prices or of charging one customer different prices for different quantities bought.

价格效应

Price effect The effect of a change in the price on the quantity of a good consumed, other things remaining the same.

需求的价格弹性

Price elasticity of demand A unitsfree measure of the responsiveness of the quantity demanded of a good to a change in its price, when all other influences on buyers' plans remain the same.

价格下限

Price floor A regulation that makes it illegal to trade at a price lower than a specified level.

价格水平

Price level The average of the prices that people pay for all the goods an services that they buy as measured by a price index.

价格接受者

Price taker A firm that cannot influence the price of the good or service it produces.

委托–代理问题

Principal-agent problem The problem of devising compensation rules that induce an *agent* to act in the best interest of a *principal*.

最小差别原理

Principle of minimum differentiation The tendency for competitors to make themselves identical as they try to appeal to the maximum number of clients or voters.

私人物品

Private good A good or service that is both rival and excludable.

私人信息

Private information Information that is available to one person but is too costly for anyone else to obtain.

私人部门盈余或赤字

Private sector surplus or deficit An amount equal to saving minus investment.

生产者剩余

Producer surplus The price of a good minus its minimum supplyprice, summed over the quantity sold.

产品差异化

Product differentiation Making a product slightly different from the product of a competing firm.

生产效率

Production efficiency A situation in which the economy cannot produce more of one good without producing less of some other good.

生产函数

Production function The relationship between real GDP and the quantity of labor employed when all other influences on production remain the same.

生产可能性边界

Production possibilities frontier The boundary between the combinations of goods and services that can be produced and the combinations that cannot.

生产配额

Production quota An upper limit to the quantity of a good that may be produced in a specified period.

生产率增长减缓

Productivity growth slowdown A situation in which the growth rate of output per person sags.

利　润

Profit The income earned by entrepreneurship.

累进所得税

Progressive income tax A tax on income at an average rate that increases with the level of income.

产　权

Property rights Social arrangements that govern the ownership, use, and disposal of anything that people value that are enforceable in the courts.

比例所得税

Proportional income tax A tax on income at a constant average rate, regardless of the level of income.

公共物品

Public good A good or service that is both nonrival and nonexcludable-it can be consumed simultaneously by everyone and from which no one can be excluded.

公共提供

Public provision The production of a good or service by a public authority that receives its revenue from the government.

购买力平价

Purchasing power parity The equal value of different monies.

需求量

Quantity demanded The amount of a good or service that consumers plan to buy during a given time period at a particular price.

供给量

Quantity supplied The amount of a good or service that producers plan to sell during a given time period at a particular price.

货币数量论

Quantity theory of money The proposition that in the long run, an increase in the quantity of money brings an equal percentage increase in the price level.

配　额

Quota A quantitative restriction on the import of a particular good, which specifies the maximum amount that can be imported in a given time period.

收益率管制

Rate of return regulation A regulation that requires the firm to justify its price by showing that the price enables it to earn a specified target percent return on its capital.

理性预期

Rational expectation The most accurate forecast possible, a forecast that uses all the available information, including knowledge of the relevant economic forces that influence the variable being forecasted.

理性无知

Rational ignorance The decision not to acquire information because the cost of doing so exceeds the expected benefit.

实际经济周期理论

Real business cycle theory A theory of the business cycle that regards random fluctuations in productivity as the main source of economic fluctuations.

实际汇率

Real exchange rate The relative price of foreign-produced goods and services to U.S.-produced goods and services.

实际人均GDP

Real GDP per person Real GDP divided by the population.

实际国内生产总值

Real gross domestic product (real GDP) The value of final goods and services produced in a given year when valued at constant prices.

实际收入

Real income A household's income expressed as a quantity of goods that the household can afford to buy.

实际利率

Real interest rate The quantity of goods and services that a unit of capital earns. It is the nominal interest rate adjusted for inflation and is approximately equal to the nominal interest rate minus the inflation rate.

实际工资率

Real wage rate The quantity of goods and services that an hour's work can buy. It is equal to the money wage rate divided by the price level and multiplied by 100.

衰　退

Recession A business cycle phase in which real GDP decreases for at least two successive quarters.

衰退性缺口

Recessionary gap The amount by which potential GDP exceeds real GDP.

参考基础期

Reference base period The period in which the CPI is defined to be 100.

累退所得税

Regressive income tax A tax on income at an average rate that decreases with the level of income.

管　制

Regulation Rules administered by a government agency to influence economic activity by determining price, product standards and types, and conditions under which a new firm may enter an industry.

相对价格

Relative price The ratio of the price of one good or service to the price of another good or service. A relative price is an opportunity cost.

可再生自然资源

Renewable natural resources Natural resources that can be used repeatedly without depleting what is available for future use.

租金上限

Rent ceiling A regulation that makes it illegal to charge a rent higher than a specified level.

寻　租

Rent seeking The pursuit of wealth by capturing economic rent-consumer surplus, producer surplus, or economic profit.

租　金

Rent The income that land earns.

法定准备金率

Required reserve ratio The minimum percentage of deposits that banks are required to hold as reserves.

转售价格维护

Resale price maintenance Agreement between a manufacturer and a distributor on the price at which the product will be sold.

保留价格

Reservation price The highest price that a buyer is willing to pay for a good.

准备金率

Reserve ratio The fraction of a bank's total deposits that are held in reserves.

准备金

Reserves A bank's reserves consist of notes and coins in its vaults plus its deposit at the Federal Reserve.

李嘉图–巴罗等价

Ricardo-Barro equivalence The proposition that taxes and government borrowing are equivalent-a budget deficit has no effect on the real interest rate or investment.

风 险

Risk A situation in which more than one outcome might occur and the probability attached to each possible outcome can be estimated.

竞争性

Rival A good or service or a resource is rival if its use by one person decreases the quantity available for someone else.

70规则

Rule of 70 A rule that states that the number of years it takes for the level of a variable to double is approximately 70 divided by the annual percentage growth rate of the variable.

储 蓄

Saving The amount of income that households have left after they have paid their taxes and bought their consumer goods and services.

储蓄函数

Saving function The relationship between saving and disposable income, other things remaining the same.

稀缺性

Scarcity Our inability to satisfy all our wants.

散点图

Scatter diagram A diagram that plots the value of one variable against the value of another.

搜寻活动

Search activity The time spent looking for someone with whom to do business.

个人利益

Self-interest The choices that you think are best for you.

短 期

Short run The period of time in which the quantity of at least one factor of production is fixed and the quantities of the other factors can be varied. The fixed factor is usually capital-that is, the firm has a given plant size.

短期总供给

Short-run aggregate supply The relationship between the quantity of real GDP supplied and the price level when the money wage rate, the prices of other resources, and potential GDP remain constant.

短期行业供给曲线

Short-run industry supply curve A curve that shows the quantity supplied by the industry at each price when the plant size of each firm and the number of firms in the industry remain the same.

短期宏观经济平衡

Short-run macroeconomic equilibrium A situation that occurs when the quantity of real GDP demanded equals the quantity of real GDP supplied-at the point of intersection of the AD curve and the SAS curve.

短期菲利普斯曲线

Short-run Phillips curve A curve that shows the tradeoff between inflation and unemployment, when the expected inflation rate and the natural unemployment rate remain the same.

停业点

Shutdown point The output and price at which the firm just covers its total variable cost. In the short run, the firm is indifferent between producing the profit-maximizing output and shutting down temporarily.

发信号

Signal An action taken by an informed person (or firm) to send a message to uninformed people or an action taken outside a market that conveys information that can be used by the market.

单一价格垄断

Single-price monopoly A monopoly that must sell each unit of its output for the same price to all its customers.

斜 率

Slope The change in the value of the variable measured on the y-axis divided by the change in the value of the variable measured on the x-axis.

社会利益

Social interest Choices that are the best for society as a whole.

社会利益理论

Social interest theory A theory that politicians supply the regulation that achieves an efficient allocation of resources.

滞 涨

Stagflation The combination of inflation and recession.

策 略

Strategies All the possible actions of each player in a game.

结构性盈余或赤字

Structural surplus or deficit The budget balance that would occur if the economy were at full employment and real GDP were equal to potential GDP.

结构性失业

Structural unemployment The unemployment that arises when changes in technology or international competition change the skills needed to perform jobs or change the locations of jobs.

补 贴

Subsidy A payment made by the government to a producer.

维持生存的实际工资率

Subsistence real wage rate The minimum real wage rate needed to maintain life.

替代品

Substitute A good that can be used in place of another good.

替代效应

Substitution effect The effect of a change in price of a good or service on the quantity bought when the consumer (hypothetically) remains indifferent between the original and the new consumption situations-that is, the consumer remains on the same indifference curve.

沉没成本

Sunk cost The past cost of buying a plant that has no resale value.

供 给

Supply The entire relationship between the price of a good and the quantity supplied of it when all other influences on producers' planned sales remain the same. It is described by a supply schedule and illustrated by a supply curve.

供给曲线

Supply curve A curve that shows the relationship between the quantity supplied of a good and its price when all other influences on producers' planned sales remain the same.

劳动供给

Supply of labor The relationship between the quantity of labor supplied and the real wage rate when all other influences on work plans remain the same.

可贷资金供给

Supply of loanable funds The relationship between the quantity of loanable funds supplied and the real interest rate when all other influences on lending plans remain the same.

供给方效应

Supply-side effects The effects of fiscal policy on employment, potential GDP, and aggregate supply.

对称原则

Symmetry principle A requirement that people in similar situations be treated similarly.

目标规则

Targeting rule A decision rule for monetary policy that sets the policy instrument at a level that makes the forecast of the ultimate policy target equal to the target.

关 税

Tariff A tax that is imposed by the importing country when an imported good crosses its international boundary.

税收归宿

Tax incidence The division of the burden of the tax between the buyer and the seller.

税收楔形

Tax wedge The gap between the before-tax and after-tax wage rates.

泰罗规则

Taylor rule A rule that sets the federal funds rate at the equilibrium real interest rate (which Taylor says is 2 percent a year) plus amounts based on the inflation rate and the output gap.

技术变革

Technological change The development of new goods and of better ways of producing goods and services.

技术效率

Technological efficiency A situation that occurs when the firm produces a given output by using the least amount of inputs.

技 术

Technology Any method of producing a good or service.

贸易条件

Terms of trade The quantity of goods and services that a country exports to pay for its imports of goods and services.

时间序列图

Time-series graph A graph that measures time (for example, months or years) on the x-axis and the variable or variables in which we are interested on the y-axis.

总成本

Total cost The cost of all the productive resources that a firm uses.

总固定成本

Total fixed cost The cost of the firm's fixed inputs.

总产量

Total product The total output produced by a firm in a given period of time.

总收益检验

Total revenue test A method of estimating the price elasticity of demand by observing the change in total revenue that results from a change in the price, when all other influences on the quantity sold remain the same.

总收益

Total revenue The value of a firm's sales. It is calculated as the price of the good multiplied by the quantity sold.

总效用

Total utility The total benefit that a person gets from the consumption of goods and services.

总可变成本

Total variable cost The cost of all the firm's variable inputs.

权 衡

Tradeoff A constraint that involves giving up one thing to get something else.

贸易加权指数

Trade-weighted index The average exchange rate, with individual currencies weighted by their importance in U.S. international trade.

公地的悲剧

Tragedy of the commons The absence of incentives to prevent the overuse and depletion of a resource.

交易成本

Transactions costs The opportunity costs of making trades in a market. The costs that arise from finding someone with whom to do business, of reaching an agreement about the price and other aspects of the exchange, and of ensuring that the terms of the agreement are fulfilled.

趋 势

Trend The general tendency for a variable to move in one direction.

约束协定

Tying arrangement An agreement to sell one product only if the buyer agrees to buy another, different product.

美国利率差

U.S. interest rate differential The U.S. interest rate minus the foreign interest rate.

美国官方储备

U.S. official reserves The government's holding of foreign currency.

不确定性

Uncertainty A situation in which more than one event might occur but it is not know which one.

失业率

Unemployment rate The number of unemployed people expressed as a percentage of all the people who have jobs or are looking for one. It is the percentage of the labor force who are unemployed.

单位需求弹性

Unit elastic demand Demand with a price elasticity of 1; the percentage change in the quantity demanded equals the percentage change in price.

功利主义

Utilitarianism A principle that states that we should strive to achieve "the greatest happiness for the greatest number of people."

效 用

Utility The benefit or satisfaction that a person gets from the consumption of a good or service.

财富效用

Utility of wealth The amount of utility that a person attaches to a given amount of wealth.

货币流通速度

Velocity of circulation The average number of times a dollar of money is used annually to buy the goods and services that make up GDP.

自愿出口限额

Voluntary export restraint An agreement between two governments in which the government of the exporting country agrees to restrain the volume of its own exports.

优惠券

Voucher A token that the government provides to households, which they can use to buy specified goods and services.

工 资

Wages The income that labor earns.

财 富

Wealth The value of all the things people own at a point in time-the market value of their assets.

工作年龄人口

Working-age population The total number of people aged 15 years and over.

世界贸易组织

World Trade Organization An international organization that places greater obligations on its member countries to observe the GATT rules.

索　引

Key terms and pages on which they are defined appear in **boldface.**
关键术语及其定义出现的页码用**黑体**字标出。